Vietnam

Mason Florence
Robert Storey

LONELY PLANET PUBLICATIONS
Melbourne • Oakland • London • Paris

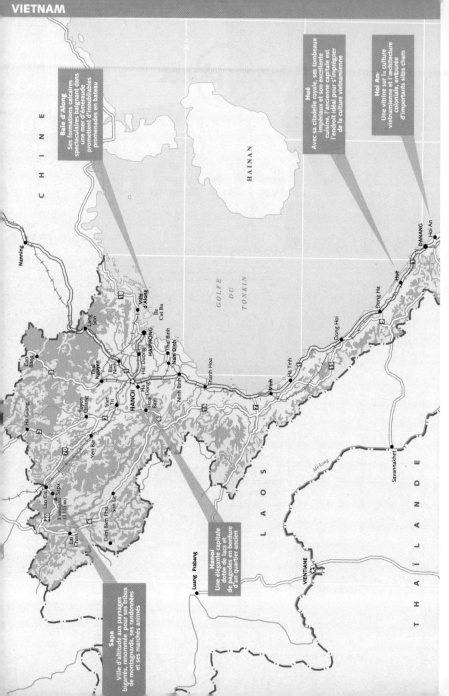

VIETNAM

Baie d'Along
Ses formations calcaires spectaculaires baignant dans une mer d'émeraude promettent d'inoubliables promenades en bateau.

Hué
Avec sa citadelle royale, ses tombeaux impériaux et son excellente cuisine, l'ancienne capitale est l'endroit idéal pour s'imprégner de la culture vietnamienne.

Hoi An
Une vitrine sur la culture vietnamienne et l'architecture coloniale, entourée d'importants sites cham.

Sapa
Ville d'altitude aux paysages bigarrés, renommée pour ses tribus de montagnards, ses randonnées et ses marchés animés.

Hanoi
Une élégante capitale bordée de lacs et de pagodes en bordure d'un quartier ancien.

CHINE

HAINAN

GOLFE DU TONKIN

LAOS

THAÏLANDE

Nanning

Cao Bang
Ha Giang
Lang Son
Tuyen Quang
Thai Nguyen
Bac Ninh
Viet Tri
HANOI
Hoa Binh
Ha Dong
HAIPHONG
Hai Duong
Ville d'Along
Île Cat Ba
Thai Binh
Nam Dinh
Ninh Binh
Thanh Hoa
Vinh
Ha Tinh
Dong Hoi
Dong Ha
Hué
DANANG
Hoi An

Lao Cai
Sapa
Fansipan (3 143 m)
Lai Chau
Dien Bien Phu
Son La
Yen Bai

Mekong
Savannakhet

Luang Prabang
VIENTIANE

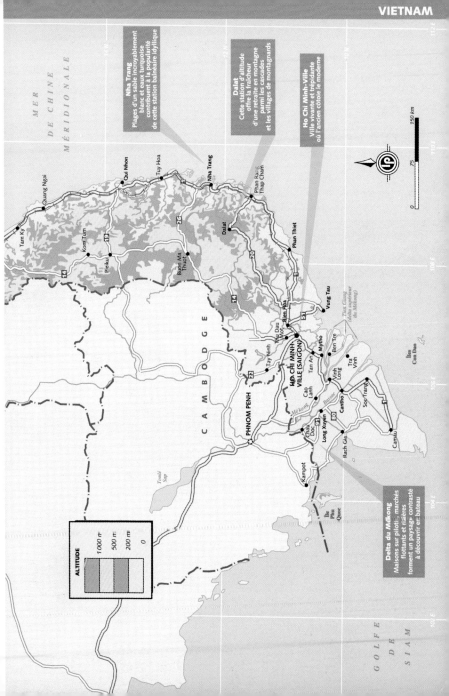

VIETNAM

Nha Trang
Plages d'un sable incroyablement blanc et eaux turquoise contribuent à la popularité de cette station balnéaire idyllique

Dalat
Cette station d'altitude offre la fraîcheur d'une retraite en montagne parmi les cascades et les villages de montagnards

Ho Chi Minh-Ville
Ville vivante et trépidante où l'ancien côtoie le moderne

Delta du Mékong
Maisons sur pilotis, marchés flottants et rizières forment un paysage contrasté à découvrir en bateau

ALTITUDE

1 000 m
500 m
200 m
0

MER DE CHINE MÉRIDIONALE

CAMBODGE

PHNOM PENH

GOLFE DE SIAM

Tonlé Sap

Tam Kỳ
Quang Ngai
Kon Tum
Pleiku
Qui Nhon
Tuy Hoa
Buôn Ma Thuột
Nha Trang
Phan Rang Tháp Chàm
Dalat
Phan Thiet
Tay Ninh
Nhu Dau Mot
Biên Hòa
Vung Tau
HO CHI MINH VILLE (SAIGON)
Tan An
Mytho
Ben Tre
Vinh Long
Tra Vinh
Cao Lanh
Cantho
Soc Trang
Chau Doc
Long Xuyen
Rach Gia
Camau
Kampot
Iles Con Dao

Tien Giang (delta supérieur du Mékong)

Mékong
Bassac

Ile Phu Quoc

0   75   150 km

Vietnam
4e édition française – Juin 1999
Traduite de l'ouvrage *Vietnam* (5th edition)

Publié par
Lonely Planet Publications 1, rue du Dahomey, 75011 Paris

Autres bureaux Lonely Planet
Australie PO Box 617, Hawthorn, Victoria 3122
États-Unis 150 Linden St, Oakland, CA 94607
Grande-Bretagne 10a Spring Place, London NW5 3BH

Photographies
De nombreuses photos publiées dans ce guide sont disponibles auprès
de notre agence photographique Lonely Planet Images (e-mail :
lpi@lonelyplanet.com.au)

Photo de couverture
Symbole chinois de longévité : un motif qui orne couramment les
temples et pagodes du Vietnam ; Mason Florence (Lonely Planet
Images)

Traduction de
Hélène Bellecave, Claire Fournier et Isabelle Sassier

Dépôt légal
Juin 1999

ISBN 2 84070 097 2
ISSN 1242-9244

Texte et cartes © Lonely Planet 1999
Photos © photographes comme indiqués 1999

Imprimé par The Bookmaker Pty Ltd
Imprimé en Chine

Bien que les auteurs et
l'éditeur aient essayé
de donner des
informations aussi
exactes que possible,
ils ne sont en aucun
cas responsables des
pertes, des problèmes
ou des accidents que
pourraient subir les
personnes utilisant cet
ouvrage.

Table des matières

Table des matières – Cartes

INDEX DES CARTES

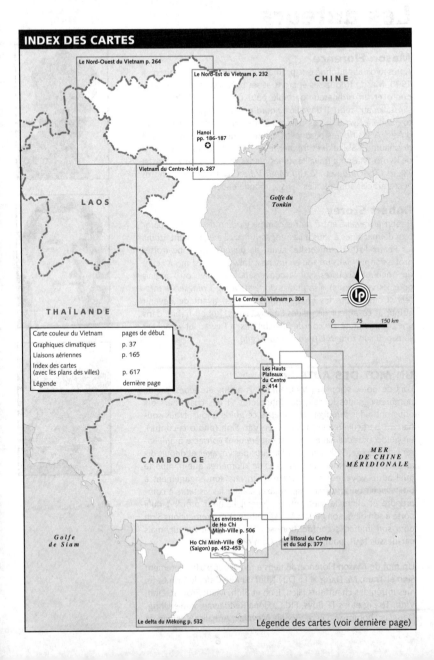

Les auteurs

Mason Florence

Après avoir abandonné une prometteuse carrière dans le rodéo en 1990, Mason troqua ses éperons et ses bottes contre un appareil photo et un ordinateur portable pour quitter son Colorado et s'installer au Japon. Il travaille aujourd'hui comme journaliste photographe à Kyoto et passe la moitié de son temps sur les routes d'Asie. A ses heures perdues, il restaure une vieille ferme au toit de chaume à Shikoku et fréquente les bars les plus assourdissants de Kyoto. Mason a travaillé sur les guides *Japan*, *South-East Asia*, *Kyoto City Guide* et *Ho Chi Minh-Ville City Guide*. Ses photos et ses articles sont publiés dans le monde entier.

Robert Storey

Robert a travaillé entre autres comme gardien de zoo et réparateur de machines à sous à Las Vegas… mais il a également étudié les Beaux-Arts à l'université, avant de devenir un globe-trotter professionnel. Sans un sou en poche à Taiwan, il s'est mis à écrire des manuels scolaires (sur la conversation créative ou l'anglais pour les voyageurs). Il a publié *Understanding Chinese Characters* (Comprendre les idéogrammes chinois) avant de devenir auteur et co-auteur de guides Lonely Planet. Robert habite dans une communauté agricole de 50 habitants, à Taiwan, et va publier sous peu son roman *Life in the Fast Lane*.

UN MOT DES AUTEURS

Lors de notre séjour au Vietnam, nous avons été aidés par de nombreux guides locaux, des interprètes et des chauffeurs qui nous ont aidés à rédiger et à mettre ce guide à jour. Nous souhaitons particulièrement citer M. Le Van Sinh (photo ci-contre), un guide extraordinaire qui s'est entièrement consacré à améliorer cet ouvrage. Sinh a vraiment le virus des voyages et depuis dix ans, il a probablement couvert plus de kilomètres que n'importe quel autre voyageur au Vietnam. A travers son engagement à promouvoir un tourisme responsable, à aider les visiteurs à comprendre et aimer le Vietnam, on perçoit l'amour profond qu'il porte à son pays, son peuple et à sa culture. Nous remercions Sinh pour son immense contribution, ses "trucs" de voyageur, mais par-dessus tout, pour son amitié. Cam on rat nhieu !

Un mot de Mason Florence. Je tiens à remercier particulièrement Sinh et Tram, M. Dang et Le Duy Nhut du Kim Cafe, le Sinh Cafe, mes intrépides chauffeurs Hien, Linh et Binh, Mark Procter, Linh, Vinh, Thang et les TF Boys, FREC, Fiona Reddaway, Jamie Uhrig, Douglas Thompson, Gino, Virginie Meyniac, Annalisa Koeman de l'IUCN, Mike Gebbie, Richard Craik, Peter Murray, Hans Kemp et Justin Giffin.

Je décerne les lauriers de la patience à tous les membres de Lonely Planet qui ont aidé à concevoir cette édition, notamment Joyce Connolly et Glenn Beanland.

A propos de l'ouvrage

Le guide Lonely Planet *Vietnam, Laos & Cambodia*, écrit par Daniel Robinson (Vietnam et Cambodge) et Joe Cummings (Laos) fut le premier à consacrer un chapitre au Vietnam. La seconde édition traitait uniquement du Vietnam et fut mise à jour par Robert Storey, grâce aux recherches de Daniel Robinson. Robert est également l'auteur des troisième et quatrième éditions. Cette cinquième édition a été mise à jour par Mason Florence.

REMERCIEMENTS

Merci infiniment à tous ceux qui nous ont écrit suite à la précédente édition, pour nous envoyer leurs anecdotes ou leurs conseils. Vos noms apparaissent à la fin de l'ouvrage.

Un mot de l'éditeur

Michel MacLeod a assuré la coordination éditoriale de cet ouvrage. Philippe Maitre a créé la maquette de ce livre.

Nous remercions Catherine Frémont, Rose-Hélène Lempereur, Laurent Courcoul, Evelyne Haumesser et Régis Couturier pour leur collaboration au texte.

Cartes et illustrations sont dues à Glenn Beanland et son équipe : Tim Fitzgerald, Rachael Scott, Chris Thomas et Paul Piaia. Caroline Sahanouk a assuré l'adaptation des cartes en français.

Margie Jung a conçu la couverture. Quentin Frayne a coordonné la reactualisation du chapitre *Langue*. Simon Borg a créé les pages de titre et dessiné les illustrations de Ho Chi Minh.

Tous nos remerciements vont également à Andy Nielson, Barbara Aitken et Graham Imeson pour leur constante collaboration avec le bureau français, ainsi qu'à Anne Mulvaney pour le mark-up.

Avant-propos

LES GUIDES LONELY PLANET

Tout commence par un long voyage : en 1972, Tony et Maureen Wheeler rallient l'Australie après avoir traversé l'Europe et l'Asie. A cette époque, on ne disposait d'aucune information pratique pour mener à bien ce type d'aventure. Pour répondre à une demande croissante, ils rédigent le premier guide Lonely Planet, un fascicule écrit sur le coin d'une table.

Depuis, Lonely Planet est devenu le plus grand éditeur indépendant de guides de voyage dans le monde, et dispose de bureaux à Melbourne (Australie), Oakland (États-Unis), Londres (Royaume-Uni) et Paris (France).

La collection couvre désormais le monde entier, et ne cesse de s'étoffer. L'information est aujourd'hui présentée sur différents supports, mais notre objectif reste constant : donner des clés au voyageur pour qu'il comprenne mieux les pays qu'il visite.

L'équipe de Lonely Planet est convaincue que les voyageurs peuvent avoir un impact positif sur les pays qu'ils visitent, pour peu qu'ils fassent preuve d'une attitude responsable. Depuis 1986, nous reversons un pourcentage de nos bénéfices à des actions humanitaires.

Remises à jour. Lonely Planet remet régulièrement à jour ses guides, dans leur totalité. Il s'écoule généralement deux ans entre deux éditions, parfois plus pour certaines destinations moins sujettes au changement. Pour connaître l'année de publication, reportez-vous à la page qui suit la carte couleur, au début du livre.

Entre deux éditions, consultez notre journal gratuit d'informations trimestrielles *Le Journal de Lonely Planet* ou le Minitel 3615 lonelyplanet (1,29 F/mn), où vous trouverez des informations de dernière minute sur le monde entier. Sur notre nouveau site Internet www.lonelyplanet.fr, vous aurez accès à des fiches pays régulièrement remises à jour. D'autres informations (en anglais) sont disponibles sur notre site anglais www.lonelyplanet.com.

Courrier des lecteurs. La réalisation d'un livre commence avec le courrier que nous recevons de nos lecteurs. Nous traitons chaque semaine des centaines de lettres, de cartes postales et d'e-mails, qui sont ajoutés à notre base de données, publiés dans notre journal d'information ou intégrés à notre site Internet. Aucune information n'est publiée dans un guide sans avoir été scrupuleusement vérifiée sur place par nos auteurs.

Recherches sur le terrain. Nos auteurs recueillent des informations pratiques et donnent des éclairages historiques et culturels pour mieux appréhender le contexte culturel ou écologique d'un pays.

Lonely Planet s'adresse en priorité aux voyageurs indépendants qui font la démarche de partir à la découverte d'un pays. Nous disposons de multiples outils pour aider tous ceux qui adhèrent à cet esprit : guides de voyage, guides de conversation, guides thématiques, cartes, littérature de voyage, journaux d'information, banque d'images, séries télévisées et site Internet.

Les auteurs ne séjournent pas dans chaque hôtel mentionné. Il leur faudrait en effet passer plusieurs mois dans chacune des villes ; ils ne déjeunent pas non plus dans tous les restaurants. En revanche, ils inspectent systématiquement ces établissements pour s'assurer de la qualité de leurs prestations et de leurs tarifs. Nous lisons également avec grand intérêt les commentaires des lecteurs.

La plupart de nos auteurs travaillent sous le sceau du secret, bien que certains déclinent leur identité. Tous s'engagent formellement à ne percevoir aucune gratification, sous quelque forme que ce soit, en échange de leurs commentaires. Par ailleurs, aucun de nos ouvrages ne contient de publicité, pour préserver notre indépendance.

Production. Les auteurs soumettent leur texte et leurs cartes à l'un de nos bureaux en Australie, aux États-Unis, au Royaume-Uni ou en France. Les secrétaires d'édition et les cartographes, eux-mêmes voyageurs expérimentés, traitent alors le manuscrit. Trois à six mois plus tard, celui-ci est envoyé à l'imprimeur. Lorsque le livre sort en librairie, certaines informations sont déjà caduques et le processus se remet en marche...

ATTENTION !

Un guide de voyage ressemble un peu à un instantané. A peine a-t-on imprimé le livre que la situation a déjà évolué. Les prix augmentent, les horaires changent, les bonnes adresses se déprécient et les mauvaises font faillite. Gardez toujours à l'esprit que cet ouvrage n'a d'autre ambition que celle d'être un guide, pas un bréviaire. Il a pour but de vous faciliter la tâche le plus souvent possible au cours de votre voyage.

N'hésitez pas à prendre la plume pour nous faire part de vos expériences.

Toutes les personnes qui nous écrivent sont gratuitement abonnées à notre revue d'information trimestrielle le *Journal de Lonely Planet*. Des extraits de votre courrier pourront y être publiés. Les auteurs de ces lettres sélectionnées recevront un guide Lonely Planet de leur choix. Si vous ne souhaitez pas que votre courrier soit repris dans le Journal ou que votre nom apparaisse, merci de nous le préciser.

Envoyez vos courriers à Lonely Planet, 1 rue du Dahomey, Paris 75011

ou vos e-mails à : bip@lonelyplanet.fr

Informations de dernières minutes : 3615 lonelyplanet (1,29 F/mn)
www.lonelyplanet.fr et www.lonelyplanet.com

COMMENT UTILISER VOTRE GUIDE LONELY PLANET

Les guides de voyage Lonely Planet n'ont pour seule ambition que d'être des guides, pas des bibles synonymes d'infaillibilité. Nos ouvrages visent à donner des clés au voyageur afin qu'il s'épargne d'inutiles contraintes et qu'il tire le meilleur parti de son périple.

Contenu des ouvrages. La conception des guides Lonely Planet est identique, quelle que soit la destination. Le chapitre *Présentation du pays* met en lumière les diverses facettes de la culture du pays, qu'il s'agisse de l'histoire, du climat ou des institutions politiques. Le chapitre *Renseignements pratiques* comporte des informations plus spécifiques pour préparer son voyage, telles que les formalités d'obtention des visas ou les précautions sanitaires. Le chapitre *Comment s'y rendre* détaille toutes les possibilités pour se rendre dans le pays. Le chapitre *Comment circuler* porte sur les moyens de transport sur place.

Le découpage du reste du guide est organisé selon les caractéristiques géographiques de la destination. Vous retrouverez toutefois systématiquement la même trame, à savoir : centres d'intérêt, possibilités d'hébergement et de restauration, où sortir, comment s'y rendre, comment circuler.

Présentation des rubriques. Une rigoureuse structure hiérarchique régit la présentation de l'information. Chaque chapitre est respectivement découpé en sections, rubriques et paragraphes.

Accès à l'information. Pour faciliter vos recherches, consultez le sommaire en début d'ouvrage et l'index détaillé à la fin de celui-ci. Une liste des cartes et une "carte des cartes" constituent également des clés pour se repérer plus facilement dans l'ouvrage.

L'ouvrage comporte également une carte en couleur, sur laquelle nous faisons ressortir les centres d'intérêt incontournables. Ceux-ci sont décrits plus en détails dans le chapitre *Renseignements pratiques*, où nous indiquons les meilleures périodes pour les visiter et où nous suggérons des itinéraires. Les chapitres régionaux ouvrent sur une carte de situation, accompagnée d'une liste de sites ou d'activités à ne pas manquer. Consultez ensuite l'index, qui vous renverra aux pages *ad hoc*.

Cartes. Les cartes recèlent une quantité impressionnante d'informations. La légende des symboles employés figure en fin d'ouvrage. Nous avons le souci constant d'assurer la cohérence entre le texte et les cartes, en mentionnant sur la carte chaque donnée importante présente dans le texte. Les numéros désignant un établissement ou un site se lisent de haut en bas et de gauche à droite.

Remerciements
Nous exprimons toute notre gratitude aux lecteurs qui nous ont fait part de leurs remarques, expériences et anecdotes. Leurs noms apparaissent à la fin de l'ouvrage.

Introduction

Rendu tristement célèbre par la guerre, le Vietnam possède une civilisation unique et riche ainsi que des paysages spectaculaires, et son peuple est particulièrement hospitalier. Si la guerre du Vietnam continue indiscutablement à hanter la conscience de tous ceux qui se rappellent les combats, le pays vit aujourd'hui en paix.

Lorsque le Sud est tombé entre les mains des communistes du Nord en 1975, le Vietnam s'est trouvé pratiquement isolé du reste du monde. On ne savait plus vraiment ce qu'il s'y passait. L'effondrement du bloc de l'Est et la fin de la guerre civile au Cambodge ont néanmoins fait baisser la tension dans la région et ont permis au gouvernement de Hanoi de changer de cap. L'isolement a laissé la place à l'ouverture.

Au même moment, la nouvelle administration présidentielle aux États-Unis a sensiblement modifié la politique américaine à l'égard du Vietnam, pour des motifs essentiellement politiques et économiques. Ainsi, pour la première fois depuis plus d'une génération, les voyageurs ont pu visiter un pays en paix avec lui-même et avec ses voisins.

La plupart des visiteurs restent bouche bée devant la beauté des sites naturels du Vietnam. Le delta du fleuve Rouge au nord, le delta du Mékong au sud et presque toute la bande côtière forment un véritable patchwork de rizières d'un vert scintillant, entretenues par des paysannes à chapeau conique. Une grande partie des 3 451 km de côtes est constituée de plages et de lagunes de rêve. Nombre d'endroits sont ombragés grâce aux palmiers ou aux casuarinas. Ailleurs, ce sont des dunes de sable qui s'étendent à perte de vue, ou encore les versants abrupts des contreforts des monts Truong Son.

Entre les deux deltas, les rizières bordant la côte de la mer de Chine méridionale laissent place à de hautes montagnes couvertes d'une forêt tropicale exubérante. Il suffit de s'éloigner un peu du littoral pour se rafraîchir dans les chutes et les cascades des Hauts Plateaux. Là vivent des dizaines de groupes ethno-linguistiques différents (tous montagnards) qui représentent une diversité plus importante que dans la plupart des autres pays d'Asie.

Les visiteurs s'étonnent généralement de la variété d'images, de sons, de goûts et de senteurs émanant d'une société à la civilisation fort ancienne, mais qui s'est frottée tout au long de ce siècle au monde occidental. Il n'y a rien de plus agréable que de s'installer à une échoppe dans un marché pour goûter la cuisine locale au milieu de vendeurs de fruits tropicaux et de jeunes badauds. Ou de siroter un citron pressé devant une cascade des Hauts Plateaux, les

pieds dans l'eau, tout comme les jeunes mariés en lune de miel. Ou encore de répondre à l'invitation d'un bonze en se rendant à sa pagode pour suivre les prières selon les anciens rites mahayana, accompagnées de chants, de tambours et de gongs.

Sur la trentaine de pays que j'ai visités, le Vietnam est de loin le plus beau de tous. J'y ai vu plus de nuances de vert que je ne pensais possible. Où que l'on pose les yeux, ce ne sont que rizières cultivées à la main du lever du jour à la tombée de la nuit, ou montagnes couvertes de forêts. Du train qui me conduisait le long de la côte, j'ai aperçu aussi une infinité de plages immaculées et totalement désertes…

David Fisher

Les Vietnamiens accueillent les étrangers avec plaisir, sauf, bien sûr, s'ils se comportent en conquérants. Peu importe de quel côté ils se sont battus, eux et leur famille, durant la guerre : pratiquement tous les Vietnamiens traitent les visiteurs avec beaucoup de gentillesse, y compris les Américains, et souhaitent établir des contacts avec le monde extérieur. Le terme "capitalisme" n'est plus aujourd'hui un anathème, et le commerce privé a fleuri au Vietnam et engendré un tourbillon d'activités à Ho Chi Minh-Ville, à Hanoi et dans d'autres cités qui ne demandent qu'à relancer l'économie.

En raison de leur remarquable croissance économique, la plupart des États d'Asie du Sud-Est ont vu leurs prix grimper. Avec la pollution croissante, l'environnement est devenu nettement moins enchanteur que par le passé. Les rizières ont fait place aux complexes industriels et à leurs noires fumées, les bicyclettes aux bus touristiques, les toits de chaume aux hôtels de luxe ou aux tours de bureaux.

Le Vietnam échappe encore à cette règle. On peut y voyager dans le temps, car il est resté à l'abri des développements touristiques et des investissements étrangers pendant près de vingt ans, du fait du régime communiste. Ce n'est que depuis quelques années seulement que le pays accueille de nombreux voyageurs, et les conditions de séjour se sont nettement améliorées.

Bien que fort récentes, la libéralisation de l'économie et l'ouverture sur l'extérieur ont déjà suscité des changements spectaculaires. Ce pays au charme et à la beauté légendaires fait ses premiers pas timides dans le monde moderne. C'est l'occasion ou jamais de partir à sa découverte.

Présentation du Vietnam

HISTOIRE

Au grand étonnement des visiteurs, on ne trouve guère qu'une vingtaine de noms de rues principales dans les villes et les villages du Vietnam. Ce sont ceux des grands héros nationaux qui, pendant 2 000 ans, ont guidé le pays dans ses guerres de libération successives et dont les exploits ont servi d'exemple à des générations de patriotes.

Préhistoire

Les origines du peuple vietnamien sont enveloppées de mystère et de légendes. Des découvertes archéologiques récentes indiquent que le plus ancien peuplement du Vietnam du Nord remonte à environ 500 000 ans. Des cultures mésolithiques et néolithiques y apparurent il y a 10 000 ans. Ces groupes auraient pratiqué une forme primitive d'agriculture dès 7000 av. J.-C. La culture très élaborée de Dong Son, à l'âge du bronze, date des environs du IIIe siècle av. J.-C.

Du Ier au VIe siècle, le sud de ce qui est maintenant le Vietnam faisait partie du royaume "hindouisé" de Funan, réputé pour le raffinement de ses arts. Les habitants de Funan possédaient un système de canaux très compliqué, à la fois pour la navigation et pour l'irrigation des rizières. Le port principal du royaume, Oc-Eo, se trouvait dans l'actuelle province de Kien Giang. Des fouilles archéologiques ont révélé que le Funan entretenait d'importants contacts avec la Chine, l'Indonésie, l'Inde, la Perse et les pays méditerranéens. L'une des pièces les plus extraordinaires trouvées à Oc-Eo est un médaillon romain en or, de l'an 152, sur lequel figure le portrait de l'empereur Antonin le Pieux. Au milieu du VIe siècle, le Funan est attaqué par le royaume pré-angkorien de Chen-la, qui va progressivement annexer tout son territoire.

A la fin du IIe siècle, le royaume hindou du Champa s'installe sur le site de l'actuelle Danang. Tout comme le Funan, il "s'hindouise" grâce à des relations commerciales très intenses avec l'Inde et à l'arrivée de prêtres et de lettrés indiens (en fait, les Cham adoptent l'hindouisme comme religion, le sanskrit comme langue sacrée, et empruntent beaucoup à l'art indien). Au VIIIe siècle, l'empire du Champa se tourne vers le sud et gagne les territoires de ce qui est aujourd'hui Nha Trang et Phan Rang. Le Champa est, dans une certaine mesure, un pays de pirates vivant en partie de pillages organisés le long de toute la côte indochinoise, d'où un état de guerre permanent avec les Vietnamiens au nord et les Khmers à l'ouest. De splendides sculptures cham ornent ainsi le musée de Danang.

La férule chinoise (200 av. J.-C. – 938)

Quand les Chinois conquièrent le delta du fleuve Rouge au IIe siècle av. J.-C., ils trouvent une société féodale fondée sur la chasse, la pêche et la culture sur brûlis. Ces proto-Vietnamiens font aussi du commerce avec les autres peuples de la région. Au long des quelques siècles suivants, un bon nombre de colons, de bureaucrates et d'intellectuels chinois s'installent dans le delta du fleuve Rouge, s'appropriant de grandes étendues de terre. Les Chinois tentent d'imposer aux Vietnamiens un système d'État centralisé et de les siniser de force, mais certains seigneurs locaux s'opposeront fermement à ces efforts.

L'acte de résistance le plus célèbre est sans aucun doute la rébellion des sœurs Trung (Hai Ba Trung). En l'an 40 de notre ère, les Chinois exécutent un très puissant seigneur féodal. Sa veuve et la sœur de celle-ci rallient des chefs de tribu, lèvent une armée et conduisent une révolte qui oblige le gouverneur chinois à s'enfuir. Les sœurs se proclament alors reines de l'entité vietnamienne nouvellement indépendante.

Cependant, trois ans plus tard, les Chinois contre-attaquent et écrasent les Vietnamiens. Plutôt que de se rendre, les sœurs Trung se jettent dans la rivière Hat Giang.

Les premiers Vietnamiens vont alors emprunter aux Chinois nombre de techniques inconnues d'eux : l'araire en fer menée par des animaux de trait pour labourer, les digues et les systèmes d'irrigation. Désormais, l'agriculture vietnamienne se consacrera essentiellement au riz, qui est resté l'aliment quotidien de base. Mieux nourrie, la population augmente. A cette époque, les ports du Vietnam sont d'importants jalons sur la route maritime entre la Chine et l'Inde. Les Vietnamiens sont convertis au confucianisme et au taoïsme par les lettrés chinois venus s'installer au Vietnam comme administrateurs ou réfugiés. Les Indiens qui font route vers l'est implantent le bouddhisme theravada (ou hinayana) dans le delta du fleuve Rouge, tandis que les Chinois introduisent le bouddhisme mahayana.

Les bonzes apportent leurs connaissances scientifiques et médicales des civilisations indienne et chinoise. Les bouddhistes vietnamiens deviennent ainsi rapidement les meilleurs médecins, botanistes et érudits de leur pays.

Aux IIIe et VIe siècles, l'administration chinoise tyrannique – elle a imposé les travaux forcés et ne cesse de réclamer des tributs – doit faire face à une série de rébellions. Toutes sont écrasées. Pour marquer leur domination, les Chinois rebaptisent en 679 le pays du nom d'Annam, ce qui signifie "le Sud pacifié". Toutefois, la mémoire collective se nourrira au fil des siècles de ces actes courageux contre la tutelle chinoise, un passé qui fait à jamais partie de l'identité vietnamienne.

Le Vietnam indépendant (Xe siècle)

Après l'effondrement de la dynastie des Tang en Chine au début du Xe siècle, les Vietnamiens se révoltent contre l'autorité chinoise. En 938, Ngo Quyen vainc les armées chinoises lors d'une bataille sur la rivière Bach Dang, mettant ainsi un point final à un millénaire de dictature chinoise. Il crée un État vietnamien indépendant.

Dinh Bo Linh, après avoir réussi à maîtriser l'anarchie qui suit la mort de Ngo Quyen, passe en 968 un accord avec la Chine : en échange de la reconnaissance par la Chine de leur indépendance de fait, les Vietnamiens acceptent la suzeraineté chinoise et paient pour cela un tribut triennal.

La dynastie fondée par Dinh Bo Linh est renversée en 980 par Le Dai Hanh, premier souverain de la lignée des Le antérieurs, qui vont régner jusqu'en 1009.

La dynastie des Ly (1010-1225)

Du XIe au XIIIe siècle, l'indépendance du royaume du Vietnam (Dai Viet) se consolide avec les empereurs de la dynastie des Ly, fondée par Ly Thai To. Ils réorganisent le système administratif, fondent la première université (le temple de la Littérature, à Hanoi), développent l'agriculture et construisent la première digue destinée à contrôler les crues du fleuve Rouge. Du fait de leurs liens culturels étroits avec la Chine, les lettrés confucéens se discréditent, tandis que les bouddhistes qui ont aidé les Ly à prendre le pouvoir sont soutenus par la dynastie.

Cependant, la philosophie confucéenne du gouvernement et de la société – prédominance de l'éducation, des célébrations rituelles et de l'autorité du pouvoir – réaffirme son influence en 1075, lorsque la première génération d'étudiants sort du temple de la Littérature. Après plusieurs années d'études essentiellement classiques, ces jeunes lettrés entrent dans le service public, devenant ainsi ce que l'Occident appellera des mandarins. Les grandes lignes du système de gouvernement mandarinal vietnamien, selon lequel l'État est dirigé par une classe de lettrés recrutés sur concours, datent de cette époque.

Les Chinois, les Khmers et les Cham ne cessent d'attaquer le Vietnam durant la dynastie des Ly. Ils sont à chaque fois repoussés, en grande partie grâce au célèbre stratège et tacticien Ly Thuong Kiet

Dynasties (Vietnam indépendant)	
Dynastie	**années**
Dynastie des Ngo	939-965
Dynastie des Dinh	968-980
Dynastie des Le antérieurs	980-1009
Dynastie des Ly	1010-1225
Dynastie des Tran	1225-1400
Dynastie des Ho	1400-1407
Dynastie des Tran postérieurs	1407-1413
Dynastie chinoise	1414-1427
Dynastie des Le postérieurs	1428-1524
(règne nominatif jusqu'en 1788)	
Dynastie des Mac	1527-1592
Les seigneurs Trinh du Nord	1539-1787
Les seigneurs Nguyen du Sud	1558-1778
Dynastie des Tay Son	1788-1802
Dynastie des Nguyen	1802-1945

(1030-1105), mandarin de sang royal vénéré, aujourd'hui encore, comme un héros national.

La conquête du territoire cham permet aux Vietnamiens d'accroître leurs surfaces cultivées. Elle s'accompagne toutefois d'une politique de colonisation qui impose les structures sociales régissant le Nord dans les territoires nouvellement occupés. Ce processus ne tient aucun compte du potentiel technologique et culturel des Cham (dont la civilisation est détruite). Il permet en revanche la création de villages homogènes, depuis la frontière chinoise jusqu'au golfe de Siam.

La dynastie des Tran (1225-1400)

Après des années de querelles intestines, la dynastie des Tran renverse celle des Ly. Les Tran accroissent les surfaces cultivées pour nourrir une population toujours plus nombreuse et améliorent les digues du fleuve Rouge.

Au XIIIe siècle, le terrible guerrier mongol Kubilai Khan réussit enfin à conquérir la Chine et réclame le droit de traverser le territoire vietnamien pour attaquer le Champa. Les Vietnamiens refusent, mais l'armée mongole, forte de quelque 500 000 hommes, passe outre. Les maigres troupes vietnamiennes du général Tran Hung Dao repoussent les envahisseurs, les forçant à retourner en Chine. Têtus, les Mongols reviennent avec, cette fois, 300 000 soldats. Tran Hung Dao leur tend un piège : il attaque la flotte mongole sur la rivière Bach Dang à marée haute, puis ordonne un repli stratégique pour les inciter à rester pour combattre. La bataille dure de longues heures jusqu'à ce que la marée descende. C'est alors qu'une contre-offensive vietnamienne oblige les navires ennemis à battre en retraite ; mais les Mongols s'empalent sur des piques de bambou plantées la veille dans le lit de la rivière. La flotte tout entière est capturée ou coulée.

Quand Ho Qui Ly renverse la dynastie des Tran en 1400, les Tran loyalistes et les Cham (qui ont pillé Hanoi en 1371) demandent aux Chinois d'intervenir. Ceux-ci acceptent volontiers et prennent le contrôle du Vietnam en 1407. Ils imposent leur culture et leur mode de vie à la population, ainsi que de lourdes taxes et le travail forcé. En emportant en Chine les archives nationales, ils causent en outre une perte irréparable à la civilisation vietnamienne. Le grand poète Nguyen Trai (1380-1442) traduit la domination chinoise en ces termes :

Toute l'eau de la Mer orientale ne saurait suffire à effacer la tache de leur ignominie. Tous les bambous des Montagnes méridionales ne sauraient donner assez de papier pour pouvoir dresser la longue liste de leurs crimes.

La dynastie des Le postérieurs (1428-1524)

Enfant d'une famille nombreuse et prospère du village de Lam Son, dans la province de Thanh Hoa, Le Loi devient une célébrité en mettant sa richesse au service des pauvres. Les autorités chinoises lui proposent de devenir mandarin, mais il refuse. Dès 1418,

Le Loi voyage à travers le pays pour rallier les populations à la cause antichinoise, préparant l'insurrection de Lam Son. Malgré plusieurs défaites, il gagne le respect des paysans en interdisant à ses hommes de piller, même quand ils meurent de faim. Il finit par vaincre les Chinois en 1428 et se proclame empereur sous le nom de Ly Thai To, fondant ainsi la dynastie des Le postérieurs. Le Vietnam d'aujourd'hui voit en Le Loi l'un de ses plus grands héros.

Après la victoire de Le Loi sur les Chinois, Nguyen Trai, ancien compagnon d'armes de l'empereur, écrit sa fameuse "Grande Proclamation" (*Binh Ngo Dai Cao*), traduisant bien l'irrésistible esprit d'indépendance du Vietnam :

Notre peuple a forgé au Vietnam, il y a longtemps déjà, une nation indépendante dotée de sa propre civilisation. Nous avons nos montagnes et nos rivières, nos coutumes et nos traditions, toutes différentes de celles des pays étrangers du Nord… Nous avons parfois été faibles et parfois puissants, mais nous n'avons jamais manqué de héros.

Cette dynastie perd le pouvoir véritable en 1524, mais régnera officiellement jusqu'en 1788. Le Loi et ses successeurs se lancent dans un vaste programme de réformes agraires et de redistribution des terres. Ils partent également à la conquête des terres cham dans le sud. Au XVe siècle, le Laos doit reconnaître la suzeraineté du Vietnam.

Le Vietnam de la dynastie des Le tente de se libérer de la domination intellectuelle et culturelle des Chinois. La tradition locale prévaut dans les domaines juridique, religieux et culturel. La langue vietnamienne gagne les faveurs des lettrés – qui lui ont toujours préféré le mandarin – et de nombreuses œuvres littéraires de grande qualité voient le jour. Des réformes juridiques accordent aux femmes la quasi-égalité des droits au sein de la famille, mais deux groupes restent privés de leurs droits civiques : les esclaves (la plupart prisonniers de guerre) et, bizarrement, les

acteurs. Soulignons que les élites continuent à s'exprimer en chinois et à suivre les modes de vie du géant voisin. Le néo-confucianisme reste de règle quand il s'agit de moralité sociale et politique.

Les seigneurs Trinh et Nguyen

Le Vietnam est divisé tout au long des XVIIe et XVIIIe siècles. Les seigneurs Trinh gouvernent le Nord, sous le règne officiel des Le postérieurs. Le Sud est tenu par leurs rivaux, les seigneurs Nguyen, qui reconnaissent aussi la dynastie des Le. Les Trinh ne parviendront pas à annexer le territoire des Nguyen. En revanche, ceux-ci, beaucoup mieux armés (ils se sont équipés auprès des Portugais), vont étendre leur contrôle sur les territoires khmers du delta du Mékong, en les peuplant de Vietnamiens. Au milieu du XVIIe siècle, le Cambodge se voit forcé d'accepter la suzeraineté vietnamienne.

Le bouddhisme bénéficie de la protection à la fois des Trinh et des Nguyen qui font construire des pagodes dans tout le pays. Ce bouddhisme vietnamien a intégré petit à petit des pratiques animistes et taoïstes, ainsi que le culte des ancêtres.

Les premiers contacts avec l'Occident

Les sources chinoises font remonter les premiers contacts entre Vietnamiens et Européens à 166, quand des voyageurs en provenance de la Rome de Marc Aurèle arrivent dans le delta du fleuve Rouge.

Les premiers marins portugais débarquent à Danang en 1516, suivis par des missionnaires dominicains onze ans plus tard. Pendant les décennies suivantes, les Portugais développent leur commerce avec le Vietnam et établissent à Faifo (aujourd'hui Hoi An, près de Danang) une colonie commerciale aux côtés de celles du Japon et de la Chine.

Des missionnaires franciscains venus des Philippines s'installent dans le Vietnam central en 1580, suivis en 1615 par les jésuites que le Japon vient d'expulser. En 1637, les Hollandais obtiennent le feu vert pour installer des postes commerciaux au nord. Un souverain Le choisit même une Hollandaise parmi ses six épouses. La première tentative anglaise de pénétration du marché vietnamien se solde par le meurtre d'un agent de la Compagnie des Indes orientales à Hanoi en 1613.

L'un des premiers missionnaires à venir au Vietnam est le très brillant père jésuite français Alexandre de Rhodes (1591-1660). Il est l'inventeur du *quoc ngu,* l'alphabet phonétique fondé sur le latin avec lequel le vietnamien s'écrit toujours aujourd'hui. Tout au long de son ministère, le père de Rhodes ne cessa de faire la navette entre Hanoi, Macao, Rome et Paris, cherchant des appuis et des fonds pour ses activités, combattant à la fois l'opposition coloniale portugaise et l'intraitable bureaucratie du Vatican. Condamné à mort en 1645 pour entrée illégale au Vietnam, il finit par être expulsé, et les deux prêtres qui le secondaient sont décapités.

La fin du XVIIᵉ siècle voit le départ de la plupart des marchands européens, le commerce avec le Vietnam ne s'étant pas révélé suffisamment lucratif. Toutefois, les missionnaires restent et l'Église catholique s'implante mieux au Vietnam que dans aucun autre pays d'Asie, à l'exception des Philippines, sous la férule espagnole depuis quatre siècles. Les Vietnamiens (surtout dans le Nord) s'avèrent très réceptifs mais l'interdiction par Rome du culte des ancêtres et de la polygamie limite l'ampleur des conversions. En outre, l'insistance des catholiques sur le salut individuel va à l'encontre de l'ordre établi confucéen. Il n'est donc pas rare que les autorités mandarinales restreignent les activités des missionnaires et persécutent leurs adeptes. Tout cela n'empêche pas la Cour impériale de s'entourer d'un groupe de lettrés, d'astronomes, de mathématiciens et de physiciens, tous… jésuites.

Les missionnaires européens n'hésitent pas à utiliser des moyens séculiers dans le but de convertir toute l'Asie au catholicisme. D'ailleurs, les missionnaires français, qui ont supplanté les Portugais au XVIIIᵉ siècle, mènent campagne pour que leur pays joue un rôle croissant au Vietnam, tant sur le plan militaire que politique.

La rébellion des Tay Son (1771-1802)

En 1765, une révolte antigouvernementale éclate dans la ville de Tay Son, près de Qui Nhon. Trois frères d'une riche famille de marchands la mènent : Nguyen Nhac, Nguyen Hue et Nguyen Lu. En 1773, les "rebelles Tay Son" (comme on les nomme) contrôlent tout le centre du Vietnam et s'empareront, dix ans plus tard, de Saigon et du reste du Sud. Après avoir tué le prince régnant et sa famille (ainsi que 10 000 Chinois résidant à Cholon), Nguyen Lu devient roi du Sud, et Nguyen Nhac roi du Centre.

Le prince Nguyen Anh, seul survivant de la dynastie déchue, s'enfuit au Siam demander une aide militaire et rencontre un missionnaire jésuite français, le père Pigneau de Béhaine (évêque d'Adran), qu'il mandate auprès du roi de France pour solliciter son aide. Afin de prouver sa bonne foi, il confie au jésuite son fils Canh, alors âgé de quatre ans. L'exotique délégation fait sensation à son arrivée à Versailles en 1787. Louis XVI autorise l'expédition militaire puis revient sur sa décision. Le père Pigneau a toutefois réussi à convaincre des marchands français des Indes de lui acheter deux navires, des armes et du ravitaillement. Avec une armée composée de quelque 400 déserteurs français recrutés par ses soins, le missionnaire appareille de Pondichéry en juin 1789.

Pendant ce temps, les rebelles Tay Son renversent les seigneurs Trinh du Nord et proclament leur allégeance à la dynastie des Le postérieurs. Au lieu d'en appeler aux Tay Son, l'empereur Le, incapable de contrôler le pays, se tourne vers les Chinois. Ceux-ci, ravis de l'occasion qui leur est offerte, dépêchent une armée de 200 000 hommes.

En 1788, le troisième des frères, Nguyen Hue, se proclame empereur sous le nom de

Quang Trung. Soutenu par le peuple, il prend la tête de ses troupes pour chasser les Chinois. Il y réussit l'année suivante à Dong Da (près de Hanoi), l'une des plus célèbres victoires de l'histoire vietnamienne. Cependant, elle fut de courte durée : il mourut peu après, en 1792.

Dans le royaume du Sud, l'héritier de la dynastie déchue, Nguyen Anh (l'un des rares survivants de la dynastie des Nguyen), dont les troupes sont entraînées par les jeunes aventuriers français de Pigneau de Béhaine, repousse peu à peu les Tay Son. Nguyen Anh se proclame empereur en 1802 sous le nom de Gia Long, fondant ainsi la dynastie des Nguyen. Quand il s'empare de Hanoi, sa victoire est totale. Le Vietnam est enfin réunifié après deux siècles de divisions, et Hué devient la nouvelle capitale du pays.

Empereurs (dynastie des Nguyen)

empereur	règne
Gia Long	1802-1819
Minh Mang	1820-1840
Thieu Tri	1841-1847
Tu Duc	1848-1883
Duc Duc	1883
Hiep Hoa	1883
Kien Phuc	1883-1884
Ham Nghi	1884-1885
Dong Khanh	1885-1889
Thanh Thai	1889-1907
Duy Tan	1907-1916
Khai Dinh	1916-1925
Bao Dai	1925-1945

La dynastie des Nguyen (1802-1945)

Pour consolider les bases chancelantes de la dynastie, l'empereur Gia Long fait appel aux tendances conservatrices de l'élite qui s'est sentie menacée par la vague de réformes des Tay Son.

Il se lance également dans un vaste programme de travaux publics pour remettre sur pied le pays dévasté par près de trente ans de guerre. La route Mandarine reliant Hué à Hanoi et à Saigon date de cette époque, de même qu'une série de citadelles en forme d'étoile (inspirées de Vauban) dans les capitales de province. Tous ces projets pèsent lourd sur la population en termes d'impôts, de conscription militaire et de corvées.

Le fils de Gia Long, l'empereur Minh Mang, consolide l'État et met en place un gouvernement fortement centralisé. Élevé lui-même dans la pensée confucéenne, il favorise l'éducation traditionnelle confucéenne qui consiste à mémoriser et à interpréter de manière orthodoxe les classiques de Confucius et les textes anciens de l'histoire chinoise. Cette politique provoque une sclérose de l'enseignement et des sphères d'activité qui en dépendent.

Par ailleurs, Minh Mang s'affirme nettement hostile au catholicisme qu'il ressent comme une menace pour l'État confucéen, et s'oppose par extension à toute influence occidentale. Sept missionnaires et un nombre inconnu de catholiques vietnamiens sont exécutés dans les années 1830, ce qui déclenche la colère des catholiques français qui réclament l'intervention de leur armée au Vietnam.

De violentes révoltes éclatent durant cette période, tant au nord qu'au sud du pays, et la situation ne fait que s'aggraver durant les deux décennies suivantes. Comble de malchance, l'agitation sociale dans les deltas s'accompagne d'épidémies de variole, de périodes d'intense sécheresse, d'invasions de sauterelles et, plus grave encore, de ruptures répétées des digues du fleuve Rouge, par suite de la négligence du gouvernement.

Les premiers empereurs Nguyen poursuivent la politique expansionniste de leurs prédécesseurs en pénétrant au Cambodge et jusqu'au large front montagneux, à l'ouest. Ils s'emparent d'immenses territoires au Laos et disputent au Siam le contrôle d'un empire khmer affaibli.

L'empereur Thieu Tri succède en 1841 à Minh Mang et s'empresse d'expulser la plupart des missionnaires étrangers. L'empereur Tu Duc, au pouvoir de 1848 à 1883, continue à gouverner selon les préceptes conservateurs de Confucius et à imiter les pratiques qing des Chinois. Tu Duc, comme Thieu Tri, fait réprimer les révoltes paysannes avec la plus grande brutalité.

La tutelle française (1859-1954)

Depuis que Pigneau de Béhaine a plaidé auprès de Louis XVI la cause de son protégé Nguyen Anh, l'Indochine commence à intéresser certains milieux en France. Il faut attendre l'avènement du Second Empire pour que cet intérêt se généralise au nom du catholicisme, du commerce, de la patrie, de la stratégie et des idéaux – le fanatisme de la *mission salvatrice* – et que s'ébauche un grand projet colonial à long terme qui battra toutefois de l'aile pendant quarante ans. Une poignée d'aventuriers indisciplinés et téméraires vont cependant le faire aboutir.

L'aventure militaire française commence au Vietnam dès 1847, avec le pilonnage du port de Danang destiné à punir Thieu Tri pour ses mauvais traitements à l'égard des missionnaires catholiques. Onze ans plus tard, une flotte conjointe de quatorze navires de guerre venus de France et de la colonie espagnole des Philippines prend Danang d'assaut après le massacre de plusieurs missionnaires. Les maladies tropicales faisant des ravages parmi les soldats, et l'appui des catholiques vietnamiens tardant à se matérialiser, la force d'intervention laisse une petite garnison à Danang et lève le camp. Elle profite des vents de la mousson pour cingler vers le sud et s'emparer de Saigon début 1859. Elle met la main sur une énorme quantité de canons, d'armes et de monnaies de cuivre. L'histoire raconte que les Français mettent le feu aux entrepôts de riz.

En 1861, la bataille de Ky Hoa (Chi Hoa) marque le début de la fin des hostilités dans le Sud entre les Français victorieux et les Vietnamiens. Il s'ensuit une guérilla de résistance populaire dirigée par les lettrés locaux et qui s'oppose à l'envahisseur. Les rivières truffées d'embuscades piègent les petites embarcations françaises, les bases ne sont plus ravitaillées et les Vietnamiens qui coopèrent avec les Français sont exécutés.

En 1862, Tu Duc signe un traité cédant aux Français les trois provinces orientales de la Cochinchine. Il s'engage en outre à leur verser une grosse indemnité de guerre, à laisser les missionnaires prêcher où bon leur semble et à ouvrir plusieurs ports au commerce français et espagnol. Pour se procurer l'argent nécessaire, il doit autoriser la vente de l'opium du Nord et en vendre le monopole aux Chinois. En outre, Tu Duc déprécie les mandarinats en créant des charges de rang inférieur.

Une offensive française, en 1867, casse le moral de la résistance et oblige les rebelles lettrés encore en vie à fuir le delta. La Cochinchine devient une colonie française et les paysans se résignent à la non-violence. Parallèlement, les classes les plus élevées de la société vietnamienne se mettent à prôner une certaine coopération avec les Français, afin d'assurer l'avenir technologique et économique du pays.

Les Vietnamiens auraient pu probablement réduire l'impact de l'arrivée des forces maritimes européennes et préserver leur indépendance, mais l'imagination et le dynamisme nécessaires leur ont peut-être fait défaut. En fait, la Cour impériale de Hué, raidie dans son conservatisme confucéen, se comporte jusque vers 1850 comme si l'Europe n'existait pas, ou presque. Des événements tels que la guerre de l'Opium en Chine à partir de 1839 auraient dû pourtant lui servir d'avertissement.

Les Français interviennent à nouveau entre 1872 et 1874. Jean Dupuis, un marchand qui remonte le fleuve Rouge pour ravitailler en sel et en armes un général du Yunnan, s'empare de la citadelle de Hanoi. Le capitaine Francis Garnier, officiellement dépêché pour raisonner Dupuis, poursuit l'aventure en s'emparant à son tour de Hanoi. Il décide de se rendre dans le delta du fleuve Rouge avec sa flotte de guerre pour lever tribut auprès des forteresses provinciales. Ces exactions restent impunies jusqu'au jour où Garnier, tombé dans les mains des Drapeaux noirs (Co Den), armée semi-autonome de soldats chinois, de Vietnamiens et de montagnards farouchement anti-occidentaux, trouvera la mort.

Le Nord sombre alors dans le chaos : les Drapeaux noirs continuent leurs pillages ; des gangs locaux s'organisent pour punir les Vietnamiens francophiles (particulièrement les catholiques) ; des milices chinoises surgissent, payées à la fois par les Français et par les empereurs Nguyen ; certains "héritiers" de la dynastie des Le revendiquent le trône ; enfin, les tribus montagnardes se révoltent. Comme l'autorité du gouvernement central s'effondre, Tu Duc finit par solliciter l'aide des Chinois, ainsi que l'appui des Anglais et même des Américains.

En 1882, des troupes françaises menées par le capitaine Henri Rivière prennent Hanoi, mais se heurtent à la résistance de l'armée régulière chinoise et surtout à celle des Drapeaux noirs. L'année suivante, des unités de Drapeaux noirs montent une embuscade à Cau Giay et tuent Rivière ainsi que trente-deux autres Français. La tête coupée du capitaine est alors exhibée triomphalement de hameau en hameau.

En 1883, les Français attaquent Hué quelques semaines seulement après la mort de Tu Duc et imposent un traité de protectorat à la Cour impériale. C'est alors que commence une lutte tragi-comique pour la succession, ponctuée par les disparitions mystérieuses des empereurs et des révolutions de palais. A Duc Duc et Hiep Hoa succèdent Kien Phuc pour à peine deux ans, puis un empereur âgé de quatorze ans, Ham Nghi, qui régnera de 1884 à 1885. Lorsqu'en 1884 Ham Nghi décide enfin, avec ses conseillers, de déménager la Cour dans les montagnes pour pouvoir y diriger la résistance, les Français ont avec eux suffisamment de mandarins pour légitimer leur poulain, l'empereur Dong Khanh. Ham Nghi résiste mais il est trahi en 1888.

Les Français le capturent et l'exilent en Algérie. L'Union indochinoise (composée de la Cochinchine, de l'Annam, du Tonkin, du Cambodge, du Laos et du port de Qin Zhou Wan en Chine), scellée en 1887, mit fin effectivement à l'existence d'un État vietnamien indépendant. Une certaine résistance au colonialisme persistera dans plusieurs parties du pays tout au long de la présence française, mais l'Union indochinoise met un terme à l'expansionnisme des Vietnamiens, qui se voient contraints de rendre les terres gagnées sur le Cambodge et le Laos.

Les autorités coloniales perpétuent la tradition séculaire des dynasties vietnamiennes en entreprenant d'ambitieux travaux publics. Elles construisent une ligne de chemin de fer reliant Hanoi à Saigon, des ports, des digues, un vaste système d'irrigation et de drainage, et créent des services publics et des instituts de recherche. Les paysans sont très lourdement imposés pour financer cette politique d'équipement, et l'économie rurale traditionnelle s'en trouve profondément bouleversée. Toujours dans un but lucratif, les Français s'octroient en outre les monopoles de l'alcool, du sel et de l'opium.

La France injecte en outre des capitaux là où ils peuvent être rentables : dans les mines de charbon, d'étain, de tungstène et de zinc, dans les plantations de thé, de café et de caoutchouc. Les entrepreneurs français se bâtissent la réputation de sous-payer et de maltraiter leurs employés vietnamiens. Sur les 45 000 travailleurs engagés dans une plantation de caoutchouc Michelin entre 1917 et 1944, 12 000 mourront de maladie ou de sous-alimentation. La terre, comme le capital, se concentre dans les mains d'une infime partie de la population (en Cochinchine, 2,5% de la population possèdent 45% des terres). Se forme alors un sous-prolétariat de paysans sans terre et déracinés, au mieux condamnés au métayage et redevables d'un loyer représentant jusqu'à 60% de leurs récoltes. Si les paysans vietnamiens possédaient pour la plupart leurs propres terres avant l'arrivée des Français, près de 70% d'entre eux doivent les louer dans les années 30. La politique coloniale française appauvrit donc les Indochinois, et cette région affaiblie devient de moins en moins intéressante pour l'industrie française.

L'anticolonialisme des Vietnamiens

La grande majorité des Vietnamiens ne cesseront jamais d'aspirer à l'indépendance du pays. Ces élans nationalistes bouillonnants se traduisent souvent par une hostilité ouverte à l'égard des Français. Certains choisissent de publier journaux et livres patriotiques, d'autres tentent d'empoisonner la garnison française de Hanoi.

Bien que corrompue, et malgré la valse des empereurs, la Cour impériale de Húe veut rester le centre du nationalisme vietnamien. C'est ainsi qu'à sa mort, le servile Dong Khanh est remplacé par un empereur âgé de dix ans, Thanh Thai. Celui-ci régnera de 1889 à 1907, date à laquelle les Français découvrent qu'il complote contre eux. Déporté à l'île de la Réunion, Thanh Thai y restera jusqu'en 1947.

Son fils et successeur, l'empereur Duy Tan, n'a pas encore vingt ans quand il prépare avec le poète Tran Cao Van une rébellion générale à Hué, en 1916. Les Français découvrent le pot aux roses au dernier moment. Ils font décapiter Tran Cao Van et expédient Duy Tan à la Réunion. Le docile empereur Khai Dinh lui succède et règne sans gloire jusqu'en 1925. A sa mort, le trône revient à son fils, Bao Dai, alors âgé de douze ans, qui apprend la nouvelle en France où il fait ses études. Bao Dai abdiquera en 1945.

Des nationalistes vietnamiens, comme le lettré et patriote Phan Boi Chau (qui rejette la domination française, mais non les idées et la technologie occidentales), se tournent vers le Japon et la Chine, espérant y trouver à la fois aide et inspiration politique. Leur espoir se renforce après la victoire du Japon sur les Russes en 1905, victoire prouvant à toute l'Asie que l'Occident n'est pas invincible. La révolution de Sun

Yat-sen, en 1911, intéresse vivement les cercles nationalistes vietnamiens.

Le Viet Nam Quoc Dan Dang (VNQDD), parti nationaliste des classes moyennes créé sur le modèle du Guomindang (Parti nationaliste) chinois, voit le jour en 1927. Parmi ses pères fondateurs se trouve Nguyen Thai Hoc, que les Français font guillotiner "pour l'exemple" avec douze de ses camarades en 1930, après la tentative de rébellion de Yen Bai.

Autre source d'agitation nationaliste : les Vietnamiens qui, à travers leur séjours en France, ont découvert la liberté politique, auxquels s'ajoutent 100 000 autres Vietnamiens envoyés en Europe défendre la France pendant la Première Guerre mondiale.

Néanmoins, les anticolonialistes les plus efficaces sont les communistes, les seuls à vraiment comprendre les frustrations et les aspirations de la population – tout spécialement celles des paysans – et à canaliser et organiser leurs revendications.

L'histoire institutionnelle du communisme vietnamien, très liée à la carrière politique de Ho Chi Minh (1890-1969), est assez compliquée. En résumé, le premier groupe marxiste en Indochine s'appelle la Ligue de la jeunesse révolutionnaire vietnamienne (Viet Nam Cach Manh Thanh Nien Dong Chi Hoi), fondée en 1925 à Canton par Ho Chi Minh. Cette ligue devient en février 1930 le Parti communiste vietnamien (Dang Cong San Viet Nam), puis en octobre le Parti communiste indochinois (Dang Cong San Dong Duong). En 1941 naît, toujours sous la houlette de Ho Chi Minh, la Ligue pour l'indépendance du Vietnam, plus connue sous le nom de Viet Minh. Sa résistance à l'occupation japonaise lui vaut l'aide des Chinois et des Américains. Elle organise un vaste mouvement politique pendant la Seconde Guerre mondiale. En dépit de son ample programme nationaliste et de ses dénégations, le Viet Minh est, depuis le premier jour, chapeauté par les communistes.

Les grandes grèves ouvrières de la fin des années 20 montrent la réussite des communistes. Pendant la révolte du Nghe

Tinh (1930-1931), les comités révolutionnaires prennent le contrôle d'une partie des provinces de Nghe An et Ha Tinh (c'est pourquoi tant de rues s'appellent *Xo Viet Nghe Tinh*), et ce n'est qu'après une vague de terreur sans précédent que les Français reprennent la situation en main. Une autre révolte éclate dans le Sud en 1940. Les Français répondent par une autre répression qui, cette fois, affaiblit gravement l'infrastructure des communistes. Toutefois, les prisons françaises, remplies de cadres du parti, se transforment vite en "universités" où l'on enseigne la théorie marxiste-léniniste.

La Seconde Guerre mondiale

A la défaite de la France en 1940, l'amiral Jean Decoux, nommé gouverneur d'Indochine par le régime de Vichy, signe un accord autorisant la présence de troupes japonaises au Vietnam. Les Japonais pensent tirer profit des ressources naturelles et de la position stratégique de la zone mais, pour des raisons qui leur sont propres, laissent aux Français le soin d'assurer la gestion du pays.

Le Viet Minh est le seul groupe à s'opposer activement à l'occupation japonaise, ce qui explique pourquoi il reçoit, à partir de 1944, des fonds et des armes de l'US Office of Strategic Services (OSS), l'ancêtre de la CIA. La générosité américaine donne au Viet Minh l'espoir que les États-Unis appuieront un jour ses aspirations à l'indépendance. Elle se révèle également utile à Ho Chi Minh, qui peut se targuer du soutien de Washington.

En mars 1945, alors que l'offensive vietminh s'intensifie et que le gouvernement Decoux complote pour résister aux Japonais, ces derniers renversent l'amiral mis en place par Vichy et envoient soldats et fonctionnaires en prison. Ils installent alors un régime fantoche – théoriquement indépendant au sein de la "grande sphère japonaise de prospérité d'Asie orientale" – sous l'autorité de l'empereur Bao Dai. Le traité de 1883 faisant de l'Annam et du Tonkin des protectorats français est abrogé. Éclate alors une terrible famine, due en partie à des inondations et à des ruptures de digues mais, surtout, à la politique japonaise. Les Nippons ont en effet forcé les paysans à abandonner leurs cultures vivrières pour se lancer dans la culture industrielle, et ils réquisitionnent le riz à leur profit. Sur une population totale de 10 millions, 2 millions de Vietnamiens du Nord vont ainsi mourir de faim.

Au printemps 1945, le Viet Minh contrôle une grande partie du pays, essentiellement dans le Nord. A la mi-août, après l'explosion de la bombe atomique à Hiroshima et à Nagasaki, Ho Chi Minh crée le Comité de libération nationale. Profitant du vide politique, il lance un appel au soulèvement général qu'on appellera plus tard la Révolution d'août (Cach Mang Thang Tam). Immédiatement après, le Viet Minh prend le contrôle total du Nord. Au centre du Vietnam, l'empereur Bao Dai abdique en faveur du nouveau gouvernement, qui ne tarde pas à le nommer "Conseiller suprême". Dans le Sud enfin, le Viet Minh entre dans un gouvernement bien instable aux côtés de partis non communistes. Le 2 septembre 1945 à Hanoi, Ho Chi Minh, entouré d'agents américains de l'OSS, proclame l'indépendance de la République démocratique du Vietnam (dont bien des termes reprennent directement ceux de la Déclaration d'indépendance américaine), lors d'un grand rassemblement sur la place Ba Dinh à Hanoi. Il écrira pas moins de huit lettres au président Truman et au Département d'État pour réclamer une aide américaine. Sans obtenir la moindre réponse.

Le désarmement des forces d'occupation japonaises en Indochine n'est pas une question prioritaire lors de la conférence de Potsdam de 1945. Les Alliés décident alors que le Guomindang acceptera la reddition japonaise au nord du 16e parallèle et que les Britanniques feront de même au sud de cette ligne.

Le chaos le plus total règne à Saigon lorsque les Britanniques débarquent : les colons français, furieux, ont repris les choses en main et rivalisent avec des

Ho Chi Minh

Parmi les quelque cinquante noms adoptés dans sa longue vie par Nguyen Tat Thanh (1890-1969), celui de Ho Chi Minh est resté. Fils d'un modeste lettré farouchement nationaliste, le fondateur du Parti communiste vietnamien et président de la République démocratique du Vietnam de 1946 jusqu'à sa mort a fait ses études au lycée Quoc Hoc de Hué. D'abord enseignant à Phan Thiet, il parcourt ensuite les mers comme apprenti cuisinier sur un navire français et découvre l'Amérique du Nord, l'Afrique, puis l'Europe. C'est là qu'il va s'établir et acquérir peu à peu ses convictions politiques, tour à tour jardinier, balayeur, serveur, retoucheur de photos, chauffeur…

Après Londres, Nguyen Ai Quoc ("Nguyen le Patriote") s'installe à Paris et s'attache à défendre l'idée d'une Indochine indépendante. Dès 1919, il propose au président américain Wilson un projet d'indépendance du Vietnam. En 1920, il est membre fondateur du Parti communiste français. Fin 1923, il part pour Moscou rejoindre l'Internationale ouvrière socialiste qui, deux ans plus tard, l'envoie à Guangzhou (Canton) où il fonde la Ligue de la jeunesse révolutionnaire du Vietnam, ancêtre du Parti communiste indochinois et du Parti communiste vietnamien.

Incarcéré à Hong Kong au début des années 30, il regagne l'Union soviétique, passe en Chine et ne retrouve son pays qu'en 1941, après trente années d'absence. A 51 ans, il crée avec ses lieutenants le front Viet Minh, pour mettre fin à la colonisation française et à l'occupation japonaise. Arrêté par les nationalistes chinois en 1942, il reste un an leur prisonnier.

En août 1945, le Japon prépare sa reddition et, suite à la révolution d'Août, Ho Chi Minh prend le contrôle d'une grande partie du pays. En septembre, il achève la Déclaration d'indépendance du Vietnam qu'il proclame tout près de l'endroit où se dresse aujourd'hui son mausolée.

Le retour des Français le contraint, avec le Viet Minh, de constituer une résistance armée, huit années durant, jusqu'à la victoire de Dien Bien Phu en 1954. Dès lors, il conduira les affaires du Nord-Vietnam. Mais, à sa mort en septembre 1969, le Nord n'a toujours pas triomphé du Sud.

Celui que ses admirateurs appellent affectueusement "oncle Ho" (Bac Ho) est le père de la nation. En revanche, on ne lui connaît pas d'enfant. Comme son ancien ennemi, le président sud-vietnamien Ngo Dinh Diem, il est toujours resté célibataire.

groupes vietnamiens au bord de la guerre civile. Ne disposant que de 1 800 soldats anglais, indiens et ghurkas, le général Gracey ordonne aux militaires japonais vaincus de l'aider à rétablir l'ordre ! Il fait aussi sortir de prison et armer 1 400 parachutistes français qui déferlent sur la ville, renversent le Comité de gouvernement du Sud, font irruption dans les maisons et les boutiques vietnamiennes, frappant indifféremment hommes, femmes et enfants. Le Viet Minh et ses alliés répliquent en appelant à la grève générale et en entamant une campagne de terrorisme à l'encontre des Français. Le 24 septembre, le général Leclerc, commandant suprême des forces françaises en Indochine, arrive à Saigon. Il proclame : "Nous sommes venus réclamer notre héritage."

Le chaos n'a pas épargné Hué. La bibliothèque impériale a été détruite (des documents d'une valeur inestimable servent à envelopper le poisson sur le marché). La situation ne vaut guère mieux dans le Nord, où 180 000 soldats du Guomindang, en fuite devant les communistes, pillent tout sur leur chemin vers Hanoi. Ho Chi Minh tente en vain de calmer le jeu et finit par accepter un retour temporaire des Français, afin de se débarrasser du Guomindang anticommuniste, qui soutient les partis nationalistes contre le Viet Minh. La plupart des soldats du Guomindang sont expédiés à Taiwan, et les Français autorisés à rester cinq ans de plus. En échange, la France reconnaît au Vietnam un statut d'État libre à l'intérieur de l'Union française.

Les Anglais veulent s'en aller, les Français veulent rester. Ho Chi Minh, pour sa part, souhaite le départ des Chinois, et l'administration Truman n'est pas aussi anticolonialiste que celle de Roosevelt. Les Français réussissent à reprendre le contrôle du Vietnam, du moins formellement. Mais quand ils bombardent Haiphong en novembre 1946 sous un obscur prétexte, provoquant la mort de centaines de civils, le Viet Minh perd patience. Quelques semaines plus tard, des combats éclatent à Hanoi, marquant le début de la guerre d'Indochine. Ho Chi Minh et ses troupes se retirent dans les montagnes. Ils y resteront environ huit ans.

La guerre d'Indochine (1946-1954)

La soif d'indépendance dans ce pays est si grande que la France n'arrive pas à réaffirmer son contrôle. En fait, malgré une aide américaine massive et le soutien d'Indochinois anticommunistes qui, en 1949, se sont joints à "l'État libre" de Bao Dai dans l'Union française, cette guerre est perdue pour la France.

Comme Ho Chi Minh le déclare alors aux Français : "Vous pouvez tuer dix de mes hommes pour un des vôtres, mais, même avec cet avantage, vous perdrez et je gagnerai."

Il faudra cependant au Viet Minh huit ans de lutte pour contrôler la quasi-totalité du Vietnam et du Laos voisin. Le 7 mai 1954, à Dien Bien Phu, après un siège de cinquante-sept jours, plus de 10 000 soldats français à moitié morts de faim se rendent au Viet Minh. La conférence de Genève s'ouvre le lendemain. Chargée de négocier la fin du conflit, elle aboutit huit semaines plus tard. Les accords de Genève prévoient un échange de prisonniers, la division temporaire du Vietnam en deux zones séparées par la rivière Ben Hai (près du 17e parallèle), la libre circulation des personnes à travers le 17e parallèle durant trois cents jours, et la tenue d'élections nationales le 20 juillet 1956. Le bilan de cette guerre cruelle a été, côté français, de plus de 35 000 soldats tués et de 48 000 blessés. Il est plus lourd encore du côté vietnamien.

Le Sud-Vietnam

Après la signature des accords de Genève, le Sud-Vietnam est gouverné par Ngo Dinh Diem, un catholique farouchement anticommuniste dont le frère a été tué par le Viet Minh en 1945. L'assise de son pouvoir se trouve renforcée par la présence de quelque 900 000 réfugiés – la plupart d'entre eux catholiques – qui ont fui le communisme du Nord pendant les fameux trois cents jours de passage autorisé. Diem est convaincu en 1955 que si les élections ont lieu, Ho Chi Minh l'emportera. Il refuse donc d'appliquer les accords de Genève, avec l'assentiment des États-Unis. Il organise à la place un référendum sur le maintien ou non de son gouvernement. Il aurait été approuvé par 98,2% des voix, mais le scrutin a été, en fait, complètement truqué (à Saigon, les "oui" dépassent d'un tiers le nombre des électeurs inscrits). Diem s'autoproclame alors président de la République du Sud-Vietnam. Il est reconnu comme tel par la France, les États-Unis, la Grande-Bretagne, l'Australie, la Nouvelle-Zélande, l'Italie, le Japon, la Thaïlande et la Corée du Sud.

Diem consolide assez bien son pouvoir les premières années. Il vient même à bout du syndicat du crime Binh Xuyen et des armées privées constituées par les sectes religieuses Hoa Hao et caodaïste. A l'occasion d'une visite officielle, le président américain Eisenhower cite Diem comme "l'homme providentiel" de l'Asie. Néanmoins, plus le temps passe, plus il se montre tyrannique avec la dissidence. Le gouvernement devient vite une affaire de famille (la belle-sœur de Diem, pourtant peu aimée des Vietnamiens, a le titre de Première Dame du pays ; le beau-père de Diem, lui, occupe le poste d'ambassadeur aux États-Unis). Le népotisme flagrant de Diem choque les esprits.

Sa réforme agraire annule complètement le programme de redistribution des terres mis en place par le Viet Minh dans les années 40. Son favoritisme envers les catholiques exaspère en outre les bouddhistes. Au début des années 60, le Sud entre dans une grande fièvre anti-Diem dirigée par les étudiants et le clergé bouddhique. Plusieurs bonzes s'immolent par le feu.

Quand Diem utilise ses contacts français pour tenter des négociations avec Hanoi, les États-Unis sont prêts à appuyer un coup d'État. En novembre 1963, Diem est renversé et assassiné. Une série de gouverneurs militaires lui succèdent, tous fidèles à sa politique de répression.

Le Nord-Vietnam

Les accords de Genève stipulent que la République démocratique du Vietnam, composée de toute la partie située au nord du 17e parallèle, retourne sous l'autorité de Hanoi. Le nouveau gouvernement cherche à éliminer toute résistance susceptible de menacer son pouvoir. En outre, il met en place un programme radical de réforme agraire : 1,5 million de paysans reçoivent chacun environ un demi-hectare de terre. Des dizaines de milliers de petits et gros propriétaires terriens, parfois dénoncés aux comités de sécurité par des voisins jaloux, sont arrêtés. Des procès plus que sommaires condamnent à mort 10 000 à 15 000 personnes, et en envoient 50 000 à 100 000 autres en prison. En 1956, le Parti, confronté à de graves agitations paysannes, reconnaîtra que les tribunaux populaires de la réforme agraire sont allés trop loin et lancera une "Campagne pour la rectification des erreurs".

Le 12 décembre 1955, peu après la proclamation de la République du Sud-Vietnam par Diem, les États-Unis ferment leur consulat à Hanoi.

La guerre Nord-Sud

Dans le Sud, la guérilla communiste a déjà mené des actions ponctuelles pour déstabiliser Diem, mais la campagne de "libération" de cette partie du pays ne commence vraiment qu'en 1959. Hanoi change de stratégie et abandonne la lutte politique pour la lutte armée. La piste Ho Chi Minh, qui existe depuis plusieurs années, est prolongée peu après. En avril 1960, le Nord décrète la mobilisation générale et, huit mois plus tard, Hanoi annonce la formation du Front national de libération (FNL) pour un Vietnam neutre, le retrait de toutes les troupes étrangères et la réunification progressive du pays. Le Sud utilise alors le terme méprisant (à l'époque) de Viet-Cong pour se référer au FNL. C'est en fait l'abréviation de Viet Nam Cong San, c'est-à-dire "communiste vietnamien". Les soldats américains préféreront lui donner le surnom de "Charlie".

La situation militaire du gouvernement de Diem se détériore dès le début de l'offensive du FNL. En 1962, le programme des hameaux stratégiques (Ap Chien Luoc) est amorcé. Il s'inspire d'une tactique utilisée avec succès, dans les années 50, par les Britanniques en Malaisie. Ce programme a pour but de regrouper les paysans dans des hameaux fortifiés, de manière à priver le Viet-Cong de tout soutien. L'incompétence et la brutalité avec lesquelles sont menées ces opérations font l'objet de nombreuses critiques. Ce programme s'avère surtout inefficace, car le Viet-Cong réussit à infiltrer bon nombre de ces hameaux et même à en prendre le contrôle. A la mort de Diem, le gouvernement sud-vietnamien finit par y renoncer. Après la guerre, le Viet-Cong reconnaîtra que cette tactique a largement entravé son action.

A partir de 1964, il ne s'agit plus seulement d'une bataille contre le Viet-Cong puisque des unités de l'Armée nord-vietnamienne (ANV) s'infiltrent au Sud. Au début de 1965, le gouvernement de Saigon se trouve dans une situation désespérée. Les désertions dans l'ARVN (Armée de la République du Vietnam), dont l'état-major est connu pour sa corruption et son incompétence, atteignent le nombre de 2 000 par mois. Si elle perd 500 hommes environ et un chef-lieu de district par semaine, on ne compte qu'un seul officier supérieur de l'ARVN blessé en dix ans. L'armée se prépare à évacuer Hué et Danang, les Hauts Plateaux semblant sur le point de tomber. L'état-major sud-vietnamien concocte même un plan pour transporter son QG de Saigon à la péninsule de Vung Tau (cap Saint-Jacques), plus facile à défendre et à quelques minutes seulement des navires pouvant lui permettre de fuir en cas d'urgence. C'est dans ce contexte que les États-Unis envoient leurs premières troupes.

L'entrée en guerre des Américains

C'est en 1820 que les Américains posent pour la première fois un pied au Vietnam,

lorsque l'équipage du voilier *Franklin,* commandé par le capitaine White, fait escale à Saigon. En 1845, le capitaine Percival, commandant le bateau de guerre *Constitution*, envoie à terre un groupe armé pour sauver un évêque français condamné à mort à Hué ; plusieurs officiers vietnamiens sont alors pris en otage. Comme cela ne suffit pas pour convaincre l'empereur Thieu Tri de libérer l'évêque, les hommes de Percival ouvrent le feu sur une foule de civils. Puis, dans les années 1870, l'empereur Tu Duc mandate le respectable lettré Bui Vien à Washington pour obtenir un soutien international contre les Français. Bui Vien rencontre le président Grant, mais repart bredouille car les accréditations qu'il a présentées ne sont pas conformes.

L'Occident croit de plus en plus à la théorie du grand complot international communiste, qui renverserait un gouvernement après l'autre en livrant des guerres de libération (la fameuse "théorie des dominos"). Le début de la guerre de Corée en 1950 conforte encore davantage les Occidentaux dans leur position. Elle permet aux Américains de voir la guerre coloniale française comme un rouage important de la vaste lutte contre l'expansion communiste. En 1954, l'aide militaire américaine à l'effort de guerre français représente 2 milliards de dollars. Quatre ans plus tôt, 35 soldats américains avaient été dépêchés au Vietnam comme membres du Groupe de conseil et d'assistance militaires (MAAG), chargés officiellement d'enseigner le maniement des armes américaines. Cette date marque le début de la présence militaire américaine au Vietnam, pour vingt-cinq ans.

En 1950, la République populaire de Chine établit des relations diplomatiques avec la République démocratique du Vietnam, suivie de peu par l'Union soviétique. Pourtant, Ho Chi Minh est au pouvoir depuis cinq ans. En réaction, Washington reconnaît le gouvernement profrançais de Bao Dai. Le Département d'État américain, qui n'arrête pas de fustiger ceux qui ont "abandonné la Chine" au communisme, s'opposera désormais à toute initiative communiste, quelle qu'elle soit.

La situation militaire continuant de se détériorer au Sud-Vietnam, l'administration Kennedy (1961-1963) expédie de plus en plus de conseillers militaires. A la fin de 1963, on compte 16 300 hommes de troupe américains dispersés dans le pays.

La guerre du Vietnam sera le thème clé des élections présidentielles américaines de 1964. Le candidat républicain, le sénateur Barry Goldwater, s'avère le plus jusqu'au-boutiste lorsqu'il déclare que, s'il est élu, Ho Chi Minh devra stopper la guerre, "sinon il ne restera pas assez de terre nord-vietnamienne pour y faire pousser du riz". Beaucoup d'Américains n'ont pas oublié que l'armée chinoise est venue au secours de la Corée du Nord. Ils craignent que l'histoire se répète et n'écartent pas la possibilité d'une guerre nucléaire avec l'URSS. Tous ces scénarios-catastrophe amènent les électeurs à voter massivement pour Lyndon Johnson.

Ironie du sort, le "candidat de la paix" opte rapidement pour un engagement américain au Vietnam toujours plus important. Un "incident" dans le golfe du Tonkin va en effet modifier la stratégie américaine : deux destroyers américains, le *Maddox* et le *Turner Joy*, affirment avoir été attaqués sans raison alors qu'ils se trouvaient loin des côtes nord-vietnamiennes. Une enquête révélera plus tard que la première attaque a eu lieu alors que le *Maddox* croisait dans les eaux territoriales du Nord-Vietnam pour appuyer un commando sud-vietnamien en mission secrète, et que la seconde attaque n'a tout simplement jamais eu lieu.

Le président Johnson ordonne à ses avions d'effectuer 64 incursions au Nord. Ces bombardements ne sont que les premiers d'une liste infiniment longue ; ils affecteront bientôt toutes les routes et tous les ponts, ainsi que 4 000 des 5 788 villages du Nord-Vietnam. Deux avions américains sont alors touchés et l'un des pilotes, le lieutenant Everett Alvarez, devient le premier prisonnier de guerre américain du conflit. Il ne sera libéré que huit ans plus tard.

Indigné et abusé, le Congrès vote alors, à l'unanimité moins deux voix, la Résolution du golfe du Tonkin, qui donne au président le pouvoir de "prendre toutes les mesures nécessaires pour repousser toute attaque armée contre les forces américaines et pour éviter toute agression future". On saura bien plus tard que le gouvernement Johnson avait en fait rédigé la résolution avant même que les prétendues attaques n'aient eu lieu. Cette résolution dispensera les présidents américains d'en référer au Congrès pour toute décision concernant la guerre au Vietnam. Elle sera annulée en 1970.

Les premières troupes de combat américaines débarquent à Danang en mars 1965, afin d'assurer la défense de la base aérienne. Pour protéger et soutenir les "boys", il faut sans cesse en envoyer d'autres. C'est ainsi qu'en décembre 1965 on dénombre 184 300 militaires américains au Vietnam et déjà 636 morts. Ces chiffres passent à 385 300 hommes et 6 644 morts douze mois plus tard. En décembre 1967, les soldats sont au nombre de 485 600. On compte alors plus de 16 000 morts. En 1967, 1,3 million d'hommes, comprenant les Sud-Vietnamiens et les "forces militaires du monde libre", ont pris les armes pour défendre le gouvernement de Saigon, soit un habitant sur quinze.

A l'inefficace programme des hameaux stratégiques s'est substituée en 1966 une nouvelle politique de "pacification", de "ratissage et destruction" et de "zones de feu à volonté". La pacification consiste à installer des civils progouvernementaux à la tête des mairies, écoles et dispensaires de tous les villages, sous la protection de soldats pour empêcher le Viet-Cong de s'infiltrer. La protection des villages est renforcée, car les unités mobiles de ratissage fouillent le pays (souvent en hélicoptère) à la chasse aux maquisards vietcong. Il faut au besoin évacuer les villageois pour que les Américains puissent nettoyer leur région déclarée "zone de feu à volonté", à coups de bombes, napalm, artillerie et tanks. Pendant ce temps, la CIA lance une "opération Phoenix", qui consiste à éliminer les cadres vietcong en recourant à l'assassinat, à l'enlèvement ou à l'incitation à la désertion.

Cette politique porte plus ou moins ses fruits. Les forces américaines contrôlent les campagnes pendant la journée et doivent les abandonner au Viet-Cong la nuit. Celui-ci sait parfaitement infiltrer les villages "pacifiés". Sans armes lourdes telles que tanks ou avions, les maquisards infligent de lourdes pertes aux Américains et à l'ARVN en tendant des embuscades, en posant des mines et des pièges. Les "zones de feu à volonté" sont censées éviter les victimes civiles, mais les bombardements de toutes sortes et les arrosages au napalm n'épargnent pas les villageois. Les survivants rejoignent bien souvent les rangs du Viet-Cong.

Le tournant de la guerre

En janvier 1968, les troupes nord-vietnamiennes attaquent à Khe Sanh, dans la zone démilitarisée. Cette bataille, la plus grande de la guerre, est en partie une manœuvre de diversion pour mieux surprendre l'ennemi la semaine suivante avec l'offensive du Têt.

L'offensive du Têt marque un tournant décisif dans la guerre. Au cours de la soirée du 31 janvier 1968, alors que le pays célèbre le Nouvel An lunaire, le Viet-Cong lance une formidable offensive dans plus de cent villes et villages, y compris à Saigon. Devant les caméras de télévision, un commando vietcong fait irruption dans la cour de l'ambassade américaine, en plein centre de Saigon.

Voilà longtemps que les forces américaines veulent s'affronter au Viet-Cong dans une bataille ouverte plutôt que dans une guérilla où l'on ne voit jamais l'ennemi. L'offensive du Têt leur en donne l'occasion. Bien que pris de court (un cruel échec pour les renseignements militaires américains), les Sud-Vietnamiens et les Américains contre-attaquent très vite avec une énorme puissance de feu, bombardant et pilonnant les villes surpeuplées. Si un grand nombre de combattants vietcong

périssent, que dire de la population civile... A Ben Tre, un officier américain expliquera : "Nous avons dû détruire la ville pour la sauver."

L'offensive du Têt a coûté la vie à près de 1 000 soldats américains et 2 000 soldats de l'ARVN, mais les pertes vietcong sont estimées à 32 000 personnes. Sans oublier les 500 Américains et les 10 000 Nord-Vietnamiens qui ont péri dans la bataille de Khe Sanh une semaine auparavant. Selon les estimations américaines, 165 000 civils auraient péri au cours des trois semaines qui ont suivi le début de l'offensive. De plus, on dénombre 2 millions de nouveaux réfugiés.

Le Viet-Cong ne réussit pas à tenir les villes plus de trois à quatre jours (à l'exception de Hué dont ils gardent le contrôle vingt-cinq jours). Les survivants se replient systématiquement dans la jungle. Destinée à soulever le peuple vietnamien contre les Américains et à faire déserter ou changer de camp les soldats de l'ARVN, cette offensive n'atteint pas son but. Le général Westmoreland, commandant des forces américaines au Vietnam, est persuadé que le soulèvement a été, sur le plan militaire, un grave échec pour les communistes, qui admettront plus tard ne s'être jamais remis de leurs pertes. Westmoreland réclame alors en vain 206 000 hommes supplémentaires. Il est remplacé en juillet par le général Creighton Abrams.

Si, à première vue, le Viet-Cong a perdu la bataille, il est loin d'avoir perdu la guerre. Après avoir entendu crier victoire pendant des années, bon nombre d'Américains sont sous le choc. Ils ont vu les massacres et le chaos de Saigon dans leurs journaux télévisés. Le gouvernement perd très nettement son crédit auprès de ses administrés. L'opinion publique américaine trouve désormais disproportionné le prix à payer pour cette guerre, tant en dollars qu'en vies humaines. C'est en ce sens que le Viet-Cong sort grand gagnant de l'offensive du Têt.

Les manifestations contre la guerre au Vietnam envahissent les campus et se multiplient dans la rue. Voyant sa popularité dégringoler dans les sondages, le président Johnson renonce à se représenter aux élections.

Richard Nixon doit son élection, en partie, à son "plan secret" pour arrêter la guerre. Beaucoup pensent qu'il s'agit d'une invasion militaire du Nord-Vietnam. Dévoilée en juillet 1969, la "doctrine Nixon" appelle en fait les nations d'Asie à compter davantage sur elles-mêmes en matière de défense et à ne plus espérer l'intervention des États-Unis lors de leurs éventuelles guerres civiles. La stratégie de Nixon prône la "vietnamisation", c'est-à-dire le désengagement des troupes américaines auprès des militaires sud-vietnamiens.

Le premier semestre de 1969 n'en est pas moins marqué par un renforcement de la présence américaine. Le nombre de soldats américains au Vietnam atteint son maximum en avril : 543 400. A la fin de l'année, ils ne sont déjà plus que 475 200. Les Américains ont perdu au combat 40 024 des leurs durant l'année 1969, et les Sud-Vietnamiens 110 176. Tandis que les combats font rage, le chef de la diplomatie de Nixon, Henry Kissinger, entame à Paris d'âpres négociations avec son homologue nord-vietnamien, Le Duc Tho.

En 1969, les États-Unis ont commencé à bombarder secrètement le Cambodge. L'année suivante, l'armée de terre américaine pénètre dans ce pays pour en extirper des unités de l'ARVN. Cette nouvelle escalade déclenche la colère des Américains jusque-là restés passifs, qui se joignent alors aux grandes manifestations pacifistes. La télévision américaine diffuse tous les jours des reportages de manifestations, de grèves d'étudiants et même d'immolations. Quatre manifestants sont abattus par la Garde nationale, lors d'un meeting pacifiste à l'université de Kent State, dans l'Ohio.

L'émergence d'organisations comme les Vétérans du Vietnam contre la guerre montre bien que ceux qui exigeaient le retrait des troupes américaines du Vietnam n'étaient pas tous des "étudiants dégonflés

craignant la conscription". Pas de doute, cette guerre est en train de déchirer les États-Unis. Elle provoque aussi l'indignation en Europe, où se déroulent de gigantesques manifestations qui ébranlent l'OTAN. La campagne contre la guerre atteint même Saigon, où, au sein d'un mouvement pacifiste, de jeunes étudiants idéalistes prennent de terribles risques en protestant contre la présence américaine chez eux.

En 1971, le *New York Times* publie, après une bataille juridique remontée jusqu'à la Cour suprême, des extraits d'un rapport ultrasecret sur l'engagement américain en Indochine. Connu sous le nom de Papiers du Pentagone, ce rapport fut effectué à la demande du Département de la Défense. Il explique en détail comment les militaires et les anciens présidents ont systématiquement menti au Congrès et au public américain. Ces révélations exaspèrent les Américains et les renforcent dans leurs sentiments pacifistes. Le *New York Times* avait obtenu cette étude de l'un de ses auteurs converti au pacifisme, Daniel Ellsberg, qui est du coup poursuivi pour espionnage, vol et complot. Éclate alors ce qui deviendra la fameuse affaire du Watergate (en fait des "plombiers de la Maison Blanche" venus soi-disant stopper les "fuites"). Elle révèle que ces plombiers ont notamment cambriolé, sur ordre de Nixon, le cabinet du psychiatre d'Ellsberg pour y trouver des preuves. Un juge accorde alors le non-lieu.

Au printemps 1972, les Nord-Vietnamiens lancent une offensive au-delà du 17e parallèle. Les États-Unis redoublent les pilonnages sur le Nord et minent sept ports. A la fin de l'année, les bombardements sur Hanoi et Haiphong doivent servir à arracher au Nord-Vietnam des concessions à la table des négociations. Henry Kissinger et Le Duc Tho parviennent finalement à s'entendre. Les accords de Paris, signés le 27 janvier 1973 par les États-Unis, le Nord-Vietnam, le Sud-Vietnam et le Viet-Cong, portent sur un cessez-le-feu, l'établissement d'un Conseil national pour la réconciliation et la concorde, le retrait total des forces de combat américaines, et la libération de 590 prisonniers de guerre américains. L'accord ne fait pas mention des 200 000 soldats nord-vietnamiens déployés dans le Sud.

Richard Nixon est réélu en novembre 1972, peu avant la signature des accords de paix à Paris. Néanmoins, le scandale du Watergate l'éclabousse dès l'année suivante : il a en effet couvert un certain nombre d'irrégularités durant sa campagne de réélection. Les Papiers du Pentagone et le Watergate contribuent à éveiller une telle méfiance à l'égard des généraux et du président que le Congrès adopte une résolution interdisant toute participation militaire américaine en Indochine après le 15 août 1973. Nixon est amené à démissionner en 1974. Gerald Ford lui succède.

Au total, 3,14 millions d'Américains (dont 7 200 femmes) ont servi dans les forces armées pendant la guerre du Vietnam. Le bilan officiel des pertes humaines fait état de 58 183 Américains (dont 8 femmes) morts dans les combats ou portés disparus. Presque le double de celles de la guerre de Corée. Selon le Pentagone en 1972, les États-Unis ont perdu 3 689 avions, 4 857 hélicoptères et utilisé 15 millions de tonnes de munitions. Le coût direct de la guerre a été officiellement évalué à 165 milliards de dollars, mais il faut au moins doubler ce chiffre pour coller à la réalité économique. En comparaison, les États-Unis avaient dépensé 18 milliards pour la guerre de Corée.

A la fin de 1973, le nombre de Sud-Vietnamiens tués au combat était de 223 748. Les pertes dans les rangs de l'armée nord-vietnamienne et du Viet-Cong s'élèvent à 1 million d'hommes. Environ 4 millions de civils – 10% de la population du Vietnam – ont été tués ou blessés pendant la guerre, dont une bonne partie au nord, du fait des bombardements américains. Plus de 2 200 Américains et de 300 000 Vietnamiens sont toujours portés disparus. Selon toute vraisemblance (mais les informations manquent), l'URSS et la Chine – qui ont fourni toutes leurs armes aux Nord-Vietnamiens et au Viet-Cong – n'ont pas eu à déplorer de victimes.

Les autres engagements étrangers

L'Australie, la Nouvelle-Zélande, la Corée du Sud, la Thaïlande et les Philippines envoient des troupes au Sud-Vietnam dans le cadre de ce que les Américains appellent les "Forces militaires du monde libre". Washington cherche à internationaliser l'effort de guerre pour légitimer le sien. Les Coréens (presque 50 000), les Thaïlandais et les Philippins reçoivent une aide substantielle des États-Unis.

La participation de l'Australie à la guerre du Vietnam constitue son engagement à l'étranger le plus important depuis 1940. En tout, 46 852 militaires australiens ont servi au Vietnam, dont 17 424 appelés. Le contingent néo-zélandais s'incorpore aux forces australiennes basées près de Baria (au nord de Vung Tau).

L'Armée royale thaïlandaise participe directement à la guerre entre 1967 et 1973. La Thaïlande sert en même temps de base aux B 52 et aux avions de chasse américains. Les Philippines se limitent à envoyer des unités non combattantes pour effectuer un travail d'"action civique". Quant aux soldats sud-coréens présents au Sud-Vietnam de 1965 à 1971, on se souvient de leur exceptionnelle capacité au combat, mais aussi de leur extrême brutalité.

La presse n'a pratiquement jamais parlé du (bref) rôle joué par Taiwan, pourtant bien embarrassant pour les États-Unis. A l'époque de la guerre, Washington ne reconnaît encore que le Guomindang comme gouvernement légitime de toute la Chine. Depuis 1949, date à laquelle les communistes lui ont infligé la défaite, le président taiwanais Tchang Kaï-chek jure ses grands dieux qu'il va "récupérer le continent". Quand le président Johnson demande à Taiwan de fournir environ 20 000 hommes, Tchang Kaï-chek envoie immédiatement des troupes à Saigon, avec l'objectif d'atteindre rapidement le chiffre de 200 000 hommes ! A l'évidence, le vieux nationaliste tente d'utiliser le Vietnam comme tremplin pour envahir la grande Chine et entraîner du même coup les États-Unis dans sa guerre personnelle contre les communistes chinois. Les Américains, loin d'être dupes, lui demandent de rappeler ses troupes, ce qu'il fait.

Enfin, l'Espagne a participé à l'effort de guerre. Le régime du général Franco est en effet considéré par les États-Unis comme un rempart contre le communisme. Il a envoyé en observateurs une cinquantaine de militaires.

La chute du Sud (1975)

En 1973, les États-Unis rapatrient l'ensemble de leur personnel militaire, à l'exception d'un petit contingent de techniciens et d'agents de la CIA. Les bombardements sur le Nord-Vietnam cessent et les prisonniers de guerre américains sont libérés. Cependant, la guérilla persiste. Seule différence : les combats se "vietnamisent" radicalement. Les puissances étrangères n'en continuent pas moins de financer le conflit. L'Amérique fournit des armes, des munitions et du carburant aux troupes sud-vietnamiennes. L'URSS et la Chine apportent un soutien identique aux Nord-Vietnamiens.

Bien que les États-Unis ne soient plus directement impliqués dans les hostilités, certaines organisations pacifistes, telles que le Centre des ressources d'Indochine, font toujours pression sur le gouvernement américain pour qu'il mette fin à son assistance financière et militaire au Sud-Vietnam. A deux voix près, ces requêtes manquent d'aboutir lors d'un vote au Sénat. Si les pacifistes ne parviennent pas à empêcher tout financement, ils réussissent en revanche à le réduire considérablement. En 1975, l'Amérique accorde une aide de 700 millions de dollars aux Sud-Vietnamiens, dont les besoins étaient estimés à plus du double. Les stocks de munitions et de carburant sont alors au plus bas.

Cela n'a pas échappé aux Nord-Vietnamiens qui intensifient leur approvisionnement en matériel militaire. En janvier 1975, ils lancent une attaque terrestre massive sur le 17e parallèle, avec tanks et artillerie lourde. L'invasion – en violation des Accords de Paris – sème la panique dans l'armée et le gouvernement sud-vietnamiens qui, jusque-là, ont toujours pu compter sur les Américains. En mars, l'ANV occupe rapidement la région de Buon Ma Thuot, zone stratégique des Hauts Plateaux du centre. Privé de ses conseillers habituels, le président Thieu commet l'erreur d'ordonner un repli stratégique sur des positions plus défendables. Contre toute attente, les troupes sud-vietnamiennes ne reçoivent pas l'ordre de résister, mais celui d'abandonner leurs bases de Pleiku et de Kon Tum, sur les Hauts Plateaux du centre. Totalement improvisée, leur retraite est une véritable catastrophe. Les troupes nord-vietnamiennes, parfaitement disciplinées, interceptent ces soldats en déroute. Les soldats sud-vietnamiens désertent en masse pour sauver leurs familles.

Des brigades entières fuient vers le sud, rejoignant ainsi les centaines de milliers de civils qui bloquent déjà la RN 1. Les unes après les autres, les villes de Buon Ma Thuot, Quang Tri, Hué, Danang, Qui Nhon, Tuy Hoa, Nha Trang sont abandonnées par leurs défenseurs sans un seul coup de feu. Les troupes sud-vietnamiennes s'enfuient si rapidement que l'armée du Nord arrive à peine à les suivre. Le Congrès américain, exaspéré par cette guerre et son coût élevé, refuse toutefois de voter l'aide d'urgence que le président Nixon, en vacances forcées depuis un an, s'était engagé à octroyer dans une telle éventualité.

Au pouvoir depuis 1967, le président Nguyen Van Thieu démissionne le 21 avril 1975 et quitte le pays, emportant avec lui des millions de dollars mal acquis. Amer d'avoir été lâché par les États-Unis, il le fait savoir et choisit Londres pour retraite.

Le président Thieu est remplacé par le vice-président Tran Van Huong, qui cède la place au général Duong Van Minh une semaine plus tard. Le 30 avril 1975 au

Un départ désorganisé

Le sort de milliers d'Amérasiens constitue l'un des tragiques héritages de la guerre du Vietnam. A l'époque, les mariages et unions plus ou moins formelles entre soldats américains et femmes vietnamiennes furent nombreux, et la prostitution importante. Mais au moment de rentrer au pays, les Américains abandonnèrent leurs "femmes" ou leurs petites amies, les laissant élever des enfants de père blanc ou noir dans une société peu ouverte au métissage.

Après la réunification, ces Amérasiens furent souvent maltraités par la société vietnamienne, voire abandonnés par leur mère et par leur famille. Beaucoup se retrouvèrent à la rue. Surnommés les "enfants de la poussière", ils se virent refuser les filières éducatives et les opportunités professionnelles.

Le Programme de départ organisé (en anglais *Orderly Departure Programme* ou ODP), mené sous les auspices du Haut-Commissariat des Nations unies pour les réfugiés (HCR), a été créé pour permettre l'installation en Occident (essentiellement aux États-Unis) de réfugiés amérasiens ou politiques qui auraient, faute de quoi, essayé de fuir par terre ou par mer. Des milliers de Vietnamiens et leurs familles se sont envolés pour les Philippines, où ils ont pu suivre des cours d'anglais pendant six mois avant de se rendre aux États-Unis.

De nombreux enfants amérasiens connurent le malheur supplémentaire d'être adoptés par des candidats à l'émigration qui les abandonnèrent dès leur arrivée aux États-Unis, les laissant se débrouiller seuls. L'organisme Asian American Lead (☎ 202 518 6737, 1352 Q St NW, Washington DC 20009, USA) a beaucoup œuvré pour la formation et le soutien de ces enfants amérasiens et de leurs parents.

L'ODP, qui prenait essentiellement en charge les Sud-Vietnamiens, n'a pas réussi à endiguer le raz-de-marée des réfugiés du Nord. Après l'ouverture de la frontière sino-vietnamienne, en 1990, beaucoup ont en effet pris le train pour la Chine, d'où ils ont pu gagner Hong Kong et obtenir ainsi le statut de *boat people*. Cependant, les camps de réfugiés de cette petite colonie britannique ont connu une telle affluence que la population a protesté. C'est ainsi qu'est née la "lassitude des réfugiés".

Comme presque tous les arrivants entraient dans la catégorie des immigrés économiques plutôt que celle de réfugiés politiques, le gouvernement de Hong Kong a essayé de les rapatrier de force en 1990, au grand dam des États-Unis et du HCR. Hong Kong, reculant provisoirement, a conclu un accord avec le Vietnam sur la base d'un programme associant rapatriement volontaire et forcé. Les personnes acceptant de rentrer au Vietnam ne devaient pas être pénalisées, retrouvaient leur citoyenneté et recevaient pendant plusieurs mois une indemnité mensuelle de réinstallation de 30 $US à la charge du HCR.

Le rapatriement volontaire n'a pas fonctionné comme prévu : certains volontaires sont revenus à Hong Kong quelques mois plus tard, demandant une nouvelle indemnité. Le rapatriement obligatoire a donc suivi sans tarder. Le programme a été efficace puisque, depuis fin 1992, pratiquement plus aucun réfugié vietnamien ne s'est présenté à Hong Kong.

Parmi les milliers de Vietnamiens cherchant refuge à Hong Kong se trouvait un petit noyau de délinquants pour lesquels aucun pays n'était prêt à dérouler le tapis rouge. Ces réfugiés, confinés derrière leurs barbelés, organisèrent plusieurs manifestations pour attirer l'attention sur leur sort. De violentes émeutes ont éclaté en 1995 et 1996 ; certains réfugiés se sont alors échappés des camps et se cachent peut-être encore à Hong Kong, survivant dans l'illégalité grâce au vol, à la contrebande, à la prostitution et au trafic de drogue.

matin, après seulement 43 heures d'exercice, Duong Van Minh rend les armes dans le Palais de l'indépendance à Saigon, rebaptisé depuis Palais de la réunification.

Quelques heures avant la reddition du Sud-Vietnam, les derniers Américains sautent dans les hélicoptères qui les attendent sur le toit de leur ambassade et embarquent sur des navires mouillant non loin de là. Ainsi prend fin un conflit de plus de dix ans, que les États-Unis ont mené sans jamais déclarer la guerre au Nord-Vietnam.

Les Américains ne sont pas les seuls à partir. La désintégration du Sud a également poussé 135 000 Vietnamiens à quitter leur pays. Au cours des cinq années qui suivent, 545 000 de leurs compatriotes feront de même. Ceux qui ont fui par mer sont connus dans le monde entier sous le nom de *boat people*.

Après la réunification

Le jour de leur victoire, les communistes rebaptisèrent Saigon du nom de Ho Chi Minh-Ville. Ce changement ne fut que le premier d'une longue succession.

Ni le Nord ni le Sud n'ont prévu une victoire si soudaine. Hanoi n'a pas de plan particulier pour intégrer les deux parties du pays, dont les systèmes économiques et sociaux divergent tant.

Les dirigeants du Nord doivent faire face aux conséquences d'un conflit long et cruel, qui a littéralement coupé le pays en deux. Chaque camp est animé d'une amertume (pour ne pas dire une haine) bien compréhensible. En outre, les problèmes sont aussi nombreux que difficiles à résoudre. Comment estimer le nombre de champs minés ? L'économie est exsangue. D'innombrables hectares de cultures sont imprégnés de poisons chimiques. Des millions de Vietnamiens sont blessés dans leur corps comme dans leur âme. Sur le plan diplomatique, le pays est isolé car ses anciens alliés ne souhaitent plus, ou ne peuvent plus, lui fournir une aide importante. Certes, la paix est de retour mais, à bien des égards, les effets de la guerre se font toujours sentir.

Jusqu'à la réunification officielle du Vietnam, en juillet 1976, le Sud reste sous la coupe d'un Gouvernement révolutionnaire provisoire. Toutefois, le Parti communiste ne fait pas vraiment confiance à l'intelligentsia urbaine du Sud, pas même à ceux qui ont soutenu le Viet-Cong. Le Nord dépêche donc une armada de cadres au Sud pour assurer la transition. Cette politique est peu appréciée de ceux qui ont milité contre le gouvernement de Thieu et sont pourtant privés de postes à responsabilités.

Après de longs mois de débat à Hanoi, les partisans d'un rapide passage vers le socialisme dans le Sud (y compris la collectivisation des terres) l'emportent haut la main. D'énormes efforts sont accomplis pour résoudre les problèmes sociaux du Sud, qui compte des millions d'analphabètes et de chômeurs, plusieurs centaines de milliers de prostituées et de drogués, et des dizaines de milliers de délinquants, petits et grands. On les encourage à partir à la campagne dans les nouvelles fermes collectives. Hormis certains effets bénéfiques, le passage au socialisme est en fait un désastre pour l'économie du Sud.

La réunification s'accompagne en outre d'une impressionnante répression politique. Les autorités avaient promis qu'il n'y aurait pas de règlements de compte, mais des centaines de milliers de personnes liées à l'ancien régime se voient confisquer leur maison et leurs biens. Ils sont arrêtés, emprisonnés et expédiés sans procès dans des "camps de rééducation".

Hommes d'affaires, intellectuels, artistes, journalistes, écrivains, syndicalistes, bonzes, prêtres, pasteurs... des dizaines de milliers de personnes sont arrêtées et détenues dans des conditions épouvantables. Pourtant, certains ont combattu Thieu et les bellicistes.

Parmi les riches, quelques-uns peuvent acheter leur remise en liberté. La plupart d'entre eux voient cependant leurs biens, meubles et immeubles, confisqués purement et simplement. La majorité de ces victimes seront libérées quelques années plus tard, les autres croupiront presque dix ans dans les camps sous le prétexte qu'ils sont d'"obstinés contre-révolutionnaires". Cette purge et les conditions économiques ont contraint des centaines de milliers de Sudistes à fuir leur pays par mer ou par route, en passant par le Cambodge (voir l'encadré *Un départ désorganisé*).

La purge n'affecte pas seulement les anticommunistes, mais aussi leurs familles. Aujourd'hui encore, les enfants de nombre d'anciens "contre-révolutionnaires" sont plus ou moins exclus de la société. Ils n'obtiennent pas en général leur *ho khau*, sorte de permis de résidence qu'il faut présenter pour s'inscrire à l'école, chercher du travail, posséder une ferme, un logement ou une entreprise.

Les relations avec la Chine au nord et ses alliés khmers rouges à l'ouest ne tardent pas à se détériorer. Affaibli par la guerre, le Vietnam semble assailli par ses ennemis.

Une campagne contre le capitalisme est lancée en mars 1978 : le gouvernement peut ainsi saisir les propriétés et commerces privés. La plupart des victimes étant d'origine chinoise, les relations avec la Chine ne peuvent guère s'améliorer. Parallèlement, les attaques répétées des Khmers rouges contre les villages frontaliers incitent le Vietnam à envahir le Cambodge à la fin de 1978. Les Vietnamiens chassent du pouvoir les Khmers rouges au début de l'année suivante, et établissent, à Phnom Penh, un régime favorable à Hanoi.

La Chine considère l'attaque contre ses alliés khmers rouges comme la dernière des insultes. Ses troupes envahissent le Vietnam en février 1979 et livrent bataille durant dix-sept jours avant de se retirer.

Pendant dix ans, les Khmers rouges mènent au Cambodge une guérilla incessante contre les Vietnamiens, avec le soutien de la Chine et de la Thaïlande. Le Vietnam retire ses troupes du Cambodge en septembre 1989. La guerre civile cambodgienne se termine officiellement en 1992. Les forces de maintien de la paix des Nations unies sont chargées de surveiller

l'application des accords de paix. Alors que les Khmers rouges ne cessent de violer ces accords, le Vietnam n'est plus engagé dans le conflit. Pour la première fois depuis le début de la Seconde Guerre mondiale, le pays vit en paix.

L'ouverture

La récente libéralisation des lois sur les investissements étrangers et l'assouplissement des règles de délivrance des visas de tourisme semblent indiquer que le pays s'ouvre sur le monde extérieur.

En 1969, la Suède a été le premier pays occidental à établir des relations diplomatiques avec Hanoi. Depuis lors, la plupart des pays occidentaux ont eux aussi renoué des liens.

Suivant l'exemple d'ouverture à l'Ouest de l'Union soviétique en 1984, date à laquelle Mikhail Gorbatchev prit les rênes du pays, le Vietnam choisit en 1986 le réformiste Nguyen Van Linh comme secrétaire général du Parti. Les changements radicaux que connaissaient l'Europe de l'Est et l'URSS ne plaisaient pas pour autant à Hanoi. On y fustigeait l'entrée de nouveaux ministres non communistes dans les gouvernements des pays de l'Est, et l'on voyait derrière les révolutions démocratiques l'influence en sous-main des pays impérialistes.

Le secrétaire général Linh déclara d'ailleurs à la fin de 1989 : "Nous rejetons résolument le pluralisme, le multipartisme et les partis d'opposition". Le gouvernement n'en réclama pas moins, en février 1990, plus d'ouverture et d'esprit critique. Aussitôt, ce fut une avalanche d'articles, d'éditoriaux et de lettres de lecteurs pour condamner la corruption, l'inaptitude et le niveau de vie des dirigeants, alors que le peuple continuait à vivre dans une extrême pauvreté.

Déconcerté par une critique aussi violente, le pouvoir resserra son contrôle sur la littérature, les arts et les médias, en lançant une campagne "contre les déviances idéologiques". La responsabilité du mécontentement public fut imputée aux impérialistes de l'étranger. Le ministre de l'Intérieur écrivit alors dans le journal de l'armée :

Par le biais de leurs moyens de communication modernes, de leurs journaux, de lettres et de cassettes vidéo, ils s'en sont pris violemment au marxisme-léninisme et à la direction du Parti, lui faisant porter le chapeau de toutes nos difficultés socio-économiques pour réclamer le pluralisme, le multipartisme et la démocratie bourgeoise.

En juin 1991, Nguyen Van Linh, âgé de 75 ans, est souffrant et usé. Il cède son poste de secrétaire général du Parti à son Premier ministre, Do Muoi. Réputé conservateur, celui-ci promet néanmoins de poursuivre les réformes économiques entreprises par Linh.

Le changement de direction provoque alors de grands bouleversements au sein du bureau politique et du Comité central. Par vagues, nombre de membres sont poussés à démissionner pour être remplacés par des dirigeants plus jeunes et plus libéraux. L'effondrement brutal de l'URSS, deux mois plus tard, oblige le gouvernement à réitérer ses positions : non au pluralisme politique, oui à l'accélération des réformes économiques.

Do Muoi se rend alors à Pékin, en novembre 1991, en compagnie de son Premier ministre Vo Van Kiet, pour mettre un terme à douze ans de discorde entre les deux pays. Un an plus tard, le Premier ministre chinois Li Peng leur rend la politesse en venant à Hanoi.

Aujourd'hui, les relations sino-vietnamiennes restent tendues, même si l'on se fait de grands sourires devant les caméras de télévision. Cela n'empêche pas le commerce de prospérer de part et d'autre de la frontière sino-vietnamienne, qu'il soit légal ou non.

De même, les tensions qui opposaient le Vietnam à son ancien redresseur de torts, les États-Unis, se relâchent considérablement. Début 1994, l'Amérique a levé l'embargo économique qui frappait le Nord-Vietnam depuis 1960. Cette mesure permet au pays d'obtenir des prêts du Fonds monétaire international (FMI), d'importer des produits de haute technologie et de conclure directement des marchés avec les sociétés américaines. Les relations diplomatiques avec les États-Unis ont été entièrement rétablies. Les Américains ont installé une ambassade à Hanoi et le Vietnam en possède une à Washington.

Par ailleurs, le Vietnam continue à renforcer ses relations avec la France avec le sommet de la francophonie organisé à Hanoi en novembre 1997.

GÉOGRAPHIE

Le Vietnam s'étend sur 1 600 km le long de la côte est de la péninsule indochinoise. Avec 326 797 km² (329 566 km², eaux territoriales comprises), sa superficie représente un peu plus que celle de l'Italie. Ses côtes s'étendent sur 3 451 km et ses frontières terrestres sur 3 818 km. Le Vietnam partage 1 555 km de frontière avec le Laos, 1 281 km avec la Chine et 982 km avec le Cambodge.

Les Vietnamiens décrivent souvent leur pays comme une tige de bambou portant un panier de riz à chaque extrémité. Sa forme fait penser à un S, avec deux grandes plaines au nord et au sud séparées au centre par une bande de terre étroite (50 km au point le moins large).

Les deux grandes zones cultivées sont le delta du fleuve Rouge (15 000 km²) au nord et celui du Mékong (60 000 km²) au sud. Les alluvions du fleuve Rouge et de ses affluents (canalisés dans leurs lits par 3 000 km de digues) ont élevé le niveau de ces cours d'eau au-dessus de celui des plaines alentour. Des brèches dans les digues provoquent donc de terribles inondations.

Montagnes et collines couvrent les trois-quarts du pays. Le plus haut sommet est le Fansipan, ou Phan Si Pan, (3 143 m) dans les monts Hoang Lien, à l'extrême nord-ouest du Vietnam. Les monts Truong Son (la Cordillère annamitique) forment les Hauts Plateaux et courent le long des frontières du Laos et du Cambodge.

La plus grande métropole est Ho Chi Minh-Ville (souvent encore appelée Saigon), suivie de Hanoi, Haiphong et Danang.

GÉOLOGIE

Le Vietnam présente diverses particularités géologiques étonnantes, la plus frappante étant de loin les formations karstiques. Le karst est une pierre à chaux accidentée dans laquelle l'érosion a créé des fissures, des grottes, des affaissements et des rivières souterraines. Le Vietnam du Nord compte de spectaculaires formations karstiques, notamment dans les environs de la baie d'Along, de la baie de Bai Tu Long et de Tam Coc. Dans les deux baies, un immense plateau calcaire s'est progressivement enfoncé dans l'océan. Les anciens pics se dressent hors de la mer comme des doigts verticaux pointés vers le ciel. A Tam Coc, les formations sont similaires, mais encore au-dessus du niveau de la mer. Dans le Sud, on peut voir une série moins impressionnante de ces formations vers la région de Ha Tien, dans le delta du Mékong. Les montagnes de Marbre, près de Danang au centre du Vietnam, en sont un autre exemple.

Toutes les montagnes ne sont pas en pierre calcaire. Ainsi, les chaînes du littoral, près de Nha Trang et au col de Hai Van (Danang) sont parsemées d'impressionnants blocs de granit.

La partie occidentale des Hauts Plateaux du centre (près de Buon Me Thuot et Pleiku) est connue pour son sol volcanique rouge, extrêmement fertile. Les Hauts Plateaux se résument cependant à des terres élevées plutôt plates, et guère spectaculaires.

Le Mékong possède l'un des deltas les plus grands du monde, composé de limons fins qui gagnent du terrain sur la mer depuis des millions d'années. Très fertile, il abrite une luxuriante végétation tropicale. Le delta du Mékong continue à croître à raison d'environ 100 m par an. Le réchauffement de la planète pourrait néanmoins l'inonder.

CLIMAT

Il n'y a pas de bonne ou de mauvaise saison pour visiter le Vietnam. Quand une région est humide, froide ou encore brûlante, il en existe toujours une autre qui est ensoleillée et agréablement tempérée.

Le Vietnam jouit d'un climat remarquablement diversifié grâce à l'étendue de ses latitudes et à la multiplicité de ses altitudes. Bien que le pays tout entier se trouve placé dans la zone intertropicale, les conditions locales varient de l'hiver glacial, dans les montagnes les plus au nord, à la chaleur subéquatoriale permanente, dans le delta du Mékong. Comme environ un tiers du Vietnam se trouve à plus de 500 m au-dessus du niveau de la mer, la plus grande partie du pays jouit d'un climat subtropical, et même tempéré au-dessus de 2 000 m.

Situé dans la zone des moussons de l'Est asiatique, le Vietnam en connaît deux par an. Elles rythment la vie rurale. La mousson d'hiver touche essentiellement la partie située au nord de Danang et arrive par le nord-est entre octobre et mars. Elle entraîne des hivers frais et humides sur toutes les régions situées au nord de Nha Trang et un temps doux et sec au sud. D'avril-mai à octobre, la mousson du sud-ouest pousse ses vents chargés d'humidité accumulée dans l'océan Indien et le golfe de Siam. Elle apporte un temps chaud et

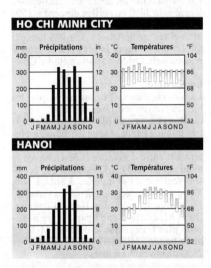

humide dans tout le pays, sauf dans les régions protégées par les montagnes (comme dans les basses régions côtières du centre ou le delta du fleuve Rouge).

Entre juillet et novembre, des typhons aussi violents qu'imprévisibles viennent souvent de l'océan, à l'est. Ils frappent le centre ou le nord du pays, causant de terribles dévastations.

La majeure partie du Vietnam reçoit environ 2 000 mm de pluie par an, bien que certaines régions des Hauts Plateaux soient plus arrosées (jusqu'à 3 300 mm).

Le Sud

Cette région bénéficie d'un climat sub-équatorial, avec une saison sèche et une saison humide. Celle-ci dure de mai à novembre (juin, juillet et août sont les mois les plus humides). Cette période est marquée par des averses torrentielles brèves mais quasi quotidiennes, en général l'après-midi. La saison sèche se prolonge de décembre à avril. De la fin février à mai, le temps est très chaud et très humide, mais la situation s'améliore à l'arrivée des pluies d'été.

La température moyenne annuelle à Ho Chi Minh-Ville est de 27°C. Elle dépasse légèrement 30°C en avril et descend à 21°C en janvier. En moyenne, l'humidité est de 80% et les précipitations de 1 979 mm par an. La température la plus froide jamais relevée à Ho Chi Minh-Ville a été 14°C.

Le Centre

La mousson du sud-ouest arrose peu les basses terres côtières (d'avril-mai à octobre) car la cordillère annamitique est très humide pendant cette période. La plupart des précipitations sur la bande côtière arrivent entre décembre et février avec la mousson du nord-est. C'est ainsi que la saison sèche dure de janvier à août à Nha Trang, mais de décembre à mars à Dalat.

Comme le reste des Hauts Plateaux, Dalat bénéficie d'une température beaucoup plus fraîche que le delta du Mékong ou la bande côtière. Il y fait entre 20° et 25°C de novembre à mars.

L'hiver froid et humide des basses terres côtières du centre-nord s'accompagne de brouillard et de crachin.

Le Nord

Les zones situées au nord du 18e parallèle ont deux saisons : l'hiver et l'été. L'hiver, assez frais et humide, vient avec la mousson irrégulière du nord-est et dure normalement de novembre à avril. Février et mars se caractérisent par un éternel crachin que les Vietnamiens appellent "poussière de pluie". Les étés chauds commencent en mai, durent jusqu'en octobre et apportent parfois des typhons dévastateurs.

ÉCOLOGIE ET ENVIRONNEMENT

L'environnement au Vietnam n'est pas désastreux mais certains indices sont alarmants. Le Vietnam étant un pays agricole pauvre et à forte densité de population, les habitants disputent fréquemment les mêmes ressources aux plantes ou aux animaux indigènes.

Le déboisement est peut-être le problème le plus grave. A l'origine, presque tout le Vietnam était couvert de forêts profondes. Depuis l'arrivée des premiers hommes, ces forêts ont progressivement perdu du terrain. Il restait encore 44% de la couverture forestière d'origine en 1943, mais 29% en 1976, 24% en 1983 et seulement 20% en 1995. Fort heureusement, les récents projets de reboisement conduits par le ministère de la Forêt, ainsi que l'interdiction, en 1992, des exportations de bois brut, ont conduit à une nette augmentation de la couverture forestière, qui s'élevait début 1998 à 28%.

De plus, le ministère de l'Éducation a intégré dans les programmes scolaires la plantation des arbres et leur entretien. Mais toutes ces mesures n'empêchent pas la déforestation de progresser toujours plus vite que le reboisement.

Le défrichement favorise les inondations en aval des bassins de captage, l'érosion irréversible des sols, l'envasement des rivières, des ruisseaux, des lacs et réservoirs, de même qu'il réduit l'habitat naturel des animaux sauvages. Sans compter les imprévisibles changements de climat.

Jusqu'à présent, le Vietnam n'a guère souffert de la pollution industrielle pour la simple raison que les industries sont rares. Cependant, l'essor économique et démographique laisse présager des problèmes écologiques. Depuis quelques années, la stupéfiante augmentation de motocyclettes bruyantes vomissant leurs gaz nocifs fait redouter le pire.

FAUNE ET FLORE
Flore

Malgré les ravages du déboisement, la végétation du Vietnam est celle que l'on attend d'un pays tropical : luxuriante et diversifiée.

On estime que les forêts abritent encore plus de 12 000 espèces de végétaux ; 7 000 seulement ont été identifiées et 2 300 servent à l'homme : nourriture, médicaments, fourrage pour les animaux et produits à base de bois.

Faune

Le Vietnam possède une faune sauvage intéressante, qui hélas s'éteint à une vitesse inquiétante. Si la cause essentielle en est la destruction de l'habitat naturel, la chasse, le braconnage et la pollution jouent également un rôle non négligeable.

Avec ses plaines équatoriales, ses plateaux tempérés et même des sommets alpins, le Vietnam abrite une faune sauvage extrêmement riche. On y trouve pas moins de 273 espèces de mammifères, plus de 800 d'oiseaux (le chapitre *Renseignements pratiques* sont indiqués quelques guides ornithologiques), 180 de reptiles, 80 d'amphibiens, des centaines de types de poissons et des milliers de sortes d'invertébrés.

Espèces en danger

La vie sauvage est très gravement menacée au Vietnam : les forêts se réduisent comme une peau de chagrin, les voies d'eau sont de plus en plus polluées. Le braconnage incontrôlé (de nombreux habitants, dans les régions reculées, se sont emparés des armes abandonnées par les Américains) a décimé, et parfois exterminé, de nombreuses espèces dans le pays. Ainsi, le gouvernement a été amené à porter 54 types de mammifères et 60 types d'oiseaux sur la liste des espèces en danger. Le tapir et le rhinocéros de Sumatra sont deux espèces déjà éteintes. Il ne resterait plus au maximum que 20 koupreys et de 20 à 30 rhinocéros de Java dans le pays.

Parmi les animaux faisant partie des espèces protégées, citons l'éléphant, le rhinocéros, le tigre, le léopard, l'ours noir, l'ours à miel, le singe au nez retroussé, l'entelle douc (un singe remarquable pour la variété des couleurs de son pelage), le gibbon unicolore, le singe rhésus, le sérow (sorte de bouquetin), l'écureuil volant, le kouprey (un buffle des forêts), le banteng (sorte de buffle sauvage), le cerf, le paon, le faisan, le crocodile, le python, le cobra et la tortue.

Il semble que certains animaux sauvages regagnent les zones reboisées. On a vu ainsi réapparaître des oiseaux, des poissons et des crustacés dans les nouvelles mangroves. Des régions où l'on croyait les grands animaux exterminés par la guerre et le braconnage s'avèrent aujourd'hui des havres de biodiversité et d'abondance. Les forêts, qui recouvraient jadis tout le territoire, abritent encore de spectaculaires spécimens tels que le tigre, l'éléphant d'Asie, la panthère longibande et l'ours à miel, même si leur nombre diminue en raison de la chasse et de la destruction de leur habitat. Toutefois, à moins que le gouvernement ne prenne des mesures immédiates (notamment celle d'interdire la vente et l'exportation des peaux de tigre et de l'ivoire), des centaines d'espèces de mammifères, d'oiseaux et de plantes disparaîtront au cours des dix prochaines années. Le tourisme de masse risque en outre d'accélérer la destruction des espèces endémiques, ainsi que l'explique un voyageur :

Pour les vendre, les Vietnamiens arrachent aux fonds marins des coraux vivants multicolores, qui, bien sûr, meurent et blanchissent au bout de

Faune et flore du Vietnam

A l'origine, le Vietnam était presque entièrement recouvert de forêts, depuis les vastes mangroves bordant le littoral jusqu'aux denses forêts tropicales des régions montagneuses. Au cours des millénaires, les forêts ont été graduellement repoussées, d'abord par un défrichement progressif en faveur des cultures – celle du riz, entre autres –, puis par la croissance démographique et les ravages de la guerre.

Beaucoup de choses ont été dites sur les effets catastrophiques de la guerre du Vietnam en termes humains et économiques ; mais il faut savoir que ce fut aussi l'opération la plus intensive de destruction d'un environnement naturel : un véritable "écocide". Les forces armées américaines ont ainsi déversé 72 millions de litres d'herbicides (Agents orange, blanc et bleu, ainsi nommés en raison de la couleur des bidons) sur 16% des terres du Sud-Vietnam, dans le but de priver d'abri les troupes vietcong.

Bien que les cicatrices de la guerre soient encore visibles et la plus grande partie des dommages irréversibles, des programmes de reboisement ont été mis en place, et l'on note quelques signes encourageants. Dans les forêts naturelles d'altitude, comme celles du nord-ouest, on retrouve des rhododendrons sauvages, des bambous nains et de nombreuses variétés d'orchidées. Le littoral du centre, plus sec, abrite des pinèdes. Quant aux deltas, ils sont recouverts de forêts de palétuviers, lesquelles constituent de précieux viviers de poissons et de crustacés, ainsi qu'un refuge pour de nombreuses espèces d'oiseaux qui viennent s'y nourrir.

On rencontre des oiseaux rares et peu connus que l'on croyait disparus ; d'autres attendent encore d'être découverts, notamment dans les immenses forêts en bordure du Laos. Ainsi, le faisan d'Edwards, espèce que l'on croyait éteinte à l'état sauvage, a été récemment redécouvert. Parmi d'autres espèces rares ou en voie de disparition repérées par des expéditions scientifiques, on note le canard musqué à ailes blanches et l'ibis de Davison.

Même sans être un expert, on remarquera quelques oiseaux : hirondelles et martinets survolant les champs et les cours d'eau ; vols de fringillidés au bord des routes et dans les

quelques heures. Les récifs coralliens ont suffisamment rétréci pour que les touristes ne les grignotent pas davantage. Si vous souhaitez rapporter des souvenirs, essayez donc de choisir autre chose que du corail ou des coquillages rares.

Le Vietnam est l'un des rares pays au monde où les zoologistes répertorient des espèces de grands mammifères jusqu'alors inconnues, ce qui ne s'était jamais produit depuis près d'un demi-siècle. En 1992, un buffle fut découvert à Vu Quang. Appelé muntjac de Vu Quang, cet herbivore habite la forêt et ressemble à une petite antilope, bien que, sur le plan génétique, il s'apparenterait plutôt au buffle. A la même époque, au début des années 90, quelques spécimens du rhinocéros le plus rare au monde, le rhinocéros de Java, furent repérés dans le parc national de Nam Cat Tien, au sud-ouest de Dalat. Le gouvernement se préoccupe de la protection de l'environnement, et le Vietnam a aujourd'hui beaucoup à offrir aux amateurs de faune sauvage. Au total, les 87 réserves que compte le pays occupent environ 3,3% du territoire. De récentes mesures ont permis notamment la protection d'une zone s'étendant de part et d'autre de la frontière avec le Laos, laquelle inclut les provinces de Nghe An,

Faune et flore du Vietnam

rizières ; rossignols et martins dans les jardins et les bosquets. Le Vietnam constitue une escale importante pour les échassiers migrateurs qui quittent leur zone de reproduction en Sibérie pour gagner leurs quartiers d'hiver en Australie. Une réserve côtière a été créée à l'embouchure du fleuve Rouge pour la protection de ces oiseaux, qui comptent des espèces rares, comme le bécasseau spatule, le chevalier tacheté et la petite spatule.

Ces dernières années, les zoologistes ont découvert au Vietnam des espèces de mammifères jusqu'alors inconnues : en 1992, John MacKinnon, chercheur au World Wildlife Fund (rebaptisé dans l'intervalle le World Wide Fund for Nature), a repéré à Vu Quang, dans le nord-est du pays, un buffle encore jamais répertorié. C'est le quatrième grand mammifère terrestre à avoir été découvert au cours de ce siècle. En 1994, une nouvelle espèce de muntjac a été identifiée dans la même région. On

pense que le territoire de ces deux animaux couvre les régions frontalières du Laos et du Cambodge, de Nghe An à Dak Lak. L'intérêt scientifique et écologique de ces récents épisodes n'a pas échappé aux autorités vietnamiennes : le gouvernement vient d'augmenter la superficie de la réserve de 16 000 à 60 000 hectares et a interdit l'exploitation forestière dans le parc.

Les scientifiques ne font que commencer à inventorier la faune et la flore du pays (vous apercevrez peut-être des macaques, des singes rhésus et des écureuils), et certains se demandent si d'autres trésors biologiques sont encore à découvrir dans les régions isolées.

Le muntjac de Vu Quang, l'une des espèces récemment découvertes dans les forêts du nord du Vietnam

David Andrew

Ha Tinh et Quang Binh au Vietnam et de Bolikhamsai et Khamuan au Laos. Cette zone sert de refuge à la biodiversité de la région. Cette région abrite en outre deux des espèces de singes les plus menacées, l'entelle langour et l'entelle de Ha Tinh, et probablement aussi d'autres animaux rares, voire encore inconnus.

Il est déconseillé de chercher à les voir dans leur environnement naturel car on risquerait ainsi d'accentuer la menace qui pèse déjà sur eux, d'autant plus que de nombreux commerçants misent sur les touristes pour acheter des crânes et des peaux de bêtes sauvages.

L'incessante destruction des milieux d'habitat naturel et le braconnage ont mis de nombreux animaux rares sur la liste des espèces en voie de disparition. Pour certaines, le seul espoir pourrait être les programmes d'élevage en captivité.

Parcs nationaux

Au moment où nous mettons sous presse, le Vietnam compte dix parcs nationaux et d'intéressantes réserves naturelles, dont le nombre ne cesse de croître. Les parcs sont peu visités, car les voyageurs ont tendance à ne pas sortir des sentiers touristiques battus, faute de temps ou de curiosité. En

Les parcs nationaux

Parc	Chapitre	Caractéristiques	Accès	Meilleure période
Cuc Phuong	Centre-Nord	randonnées, grottes, Centre de protection des primates, oiseaux, rares entelles du Tonkin	voiture/moto	octobre à mars
Nam Cat Tien	Hauts Plateaux du Centre	primates, éléphants, oiseaux, rhinocéros, tigres	voiture/moto puis bateau	novembre à février
Ba Be	Nord-Est	lacs, forêt primaire, cascades, pics, ours, singes, oiseaux	transports en commun jusqu'à Cho Ra, puis moto/4x4	avril à novembre
Bach Ma	Centre	randonnées, chutes d'eau, oiseaux, tigres, primates	voiture/moto	février à septembre
Cat Ba	Nord-Est	randonnées, grottes, villages de minorités, singes, sangliers, cerfs, gibier d'eau	minibus/moto	avril à août
Yok Don	Hauts Plateaux du Centre	groupes ethniques, promenades à dos d'éléphant	4x4/moto	novembre à février

outre, certains parcs, situés dans des régions reculées, ne sont pas toujours faciles d'accès.

Les plus beaux parcs (et les plus accessibles) sont ceux de Cat Ba, Ba Be et Cuc Phuong au nord, Bach Ma au centre et Nam Cat Tien et Yok Don au sud (consultez le tableau page ci-contre pour plus de détails sur les moyens d'accès). Le service qui gère les parcs nationaux prévoit une mise en valeur des parcs et réserves existants, ainsi que l'ouverture de nouveaux sites protégés. Informez-vous à ce sujet.

Le parc national de Cat Ba s'étend sur une île superbe, qu'un flot régulier de touristes rejoint par bateau chaque été. Le parc national de Ba Be, aux impressionnantes chutes d'eau, est accessible depuis Hanoi, où l'on peut louer une jeep ou une moto. Le parc national de Cuc Phuong, moins fréquenté, est facile d'accès depuis Hanoi, et l'on peut y faire de belles randonnées. Aux environs de Hué, le parc national Bach Ma est également peu visité en dépit de son intérêt écotouristique. Celui de Nam Cat Tien, dans les Hauts Plateaux du sud, est quant à lui assez difficile à atteindre et donc peu fréquenté, mais très apprécié des ornithologues amateurs. Dans la même région, le parc national de Yok Don n'offre pas de paysages spectaculaires, mais abrite des tribus minoritaires locales.

Pour tenter d'éviter une catastrophe écologique et hydrologique, le gouvernement a sélectionné des dizaines de milliers de kilomètres carrés de forêt pour y créer une centaine de zones protégées, parcs nationaux ou réserves naturelles. Plus de quarante de ces réserves (dont les nouveaux parcs nationaux) ont déjà reçu une accréditation officielle. Les écologistes espèrent que les réserves seront suffisamment grandes pour contenir des populations viables de chaque espèce ; en effet, les écosystèmes tropicaux abritent un grand nombre d'espèces différentes mais en faible densité pour chacune. De plus, l'agrandissement des parcs nationaux et des forêts protégées au Vietnam n'est pas toujours compatible avec les impératifs de développement : comme en Occident, même les meilleurs projets peuvent ne jamais aboutir.

Le braconnage constitue un autre problème qu'aucun voyageur ne doit négliger. Souvent équipés d'armes à feu, les braconniers les utilisent pour chasser illégalement, mais aussi pour tenir à distance les éventuels témoins, tout comme les forces de l'ordre ! Ils peuvent aussi rançonner, éventuellement, les gens sur leur passage. Quiconque s'aventure dans la jungle, notamment celle qui couvre les régions limitrophes du Laos et du Cambodge, court toujours le risque d'être touché par une balle. Les autorités découragent donc les touristes de visiter ces zones reculées. Les scientifiques qui souhaitent y effectuer des recherches doivent normalement se munir de quelques fusils-mitrailleurs AK 47 pour assurer leur protection... Bien évidemment, ce type de précaution est superflu dès lors qu'on ne s'éloigne pas des parties les plus visitées des parcs nationaux.

J'ai rencontré le directeur du parc national de Bach Ma. Il a exprimé le souhait d'accueillir davantage de visiteurs, employé des termes comme "écotourisme" et expliqué que l'intérêt des étrangers pour le programme des parcs nationaux était vital si l'on voulait obtenir l'engagement du gouvernement.

Tim Weisselberg

Les parcs nationaux possèdent en outre un atout non négligeable : ils font partie des rares endroits au Vietnam où l'on ne cherche pas à tout prix à vendre quelque chose aux touristes.

INSTITUTIONS POLITIQUES

Le Vietnam compte un grand nombre d'institutions politiques.

La République socialiste du Vietnam (RSV, Cong Hoa Xa Hoi Chu Nghia Viet Nam) a vu le jour en juillet 1976 en tant qu'État unifié réunissant la République démocratique du Vietnam (Nord-Vietnam) et la République du Vietnam (Sud-Vietnam) vaincue. D'avril 1975 à juillet 1976, le Sud a été dirigé, tout au moins officiellement, par le Gouvernement révolutionnaire provisoire (GRP).

Officiellement, le gouvernement épouse la philosophie politique marxiste-léniniste. Ses institutions politiques s'inspirent largement des modèles soviétique et chinois, et en particulier de leur faculté à engendrer des monceaux de paperasserie administrative.

La devise nationale figurant en haut de tous les documents officiels est *Doc Lap, Tu Do, Hanh Phuc,* ce qui signifie "Indépendance – Liberté – Bonheur". Elle est tirée d'une des devises de Ho Chi Minh. Certains Vietnamiens courageux prétendent que les tirets séparant les mots de la devise sont en fait des signes de soustraction !

Le système politique vietnamien est dominé par le Parti communiste vietnamien (Dang Cong San Viet Nam), ou PCV, qui réunit 2 millions de membres. Son influence se ressent à chaque échelon de la vie politique et sociale du pays.

Depuis la fondation du Parti par Ho Chi Minh en 1930, la direction a toujours été collective. Sa structure décentralisée a été une nécessité, la direction ne pouvant pas toujours communiquer avec ses divers comités, d'où cette marge considérable d'initiative dévolue aux dirigeants locaux. Cette pratique a néanmoins encouragé la corruption à l'échelon local, fléau que Hanoi a eu beaucoup de mal à enrayer.

Les médias officiels en ont rapporté de nombreux exemples. Ha Trong Hoa, responsable du Parti dans la province de

Thanh Hoa, a transformé ses policiers en gangsters de type mafieux et a exercé un pouvoir absolu pendant des années, jusqu'à ce que l'autorité centrale intervienne et l'empêche de nuire. En 1994, l'armée a arrêté Pham Chi Tin, le fils d'un responsable du Parti. Avec la police de Nha Trang, il faisait régner la terreur sur la population de la région. Il avait même été jusqu'à enlever un touriste de Hong Kong pour soutirer une rançon à sa famille. C'est ce qui a décidé Hanoi à intervenir.

Comparé à certains partis frères, le PCV sait faire preuve d'une relative souplesse et ses dirigeants ne sont pas trop doctrinaires.

Le bureau politique, constitué d'une douzaine de membres, est l'instance suprême du PCV. Il surveille le fonctionnement du Parti au jour le jour et a le pouvoir de donner des directives au gouvernement. Le bureau politique est formellement élu par le comité central, dont les 125 membres à part entière et la cinquantaine de suppléants se réunissent une ou deux fois par an seulement.

Les congrès du Parti, pendant lesquels les grands changements de politique ont été décidés après un long processus de discussions et de consultations en coulisses, se sont tenus en 1935, 1951, 1960, 1976, 1982, 1986, 1991, 1996 et 1997. Les derniers ont reflété de profonds désaccords au sein du Parti sur la voie que devrait suivre le communisme vietnamien. Des alliances se faisaient et se défaisaient entre conservateurs et dogmatiques pour s'opposer à la tendance pragmatique. Le poste de président du Parti reste vacant depuis la mort de Ho Chi Minh, en 1969.

L'Assemblée nationale unicamérale (Quoc Hoi) est la plus haute instance législative du Vietnam. Ses 500 députés environ, dont le mandat dure cinq ans, représentent chacun 100 000 électeurs. Le rôle de cette assemblée est d'approuver – généralement à l'unanimité – les décisions du bureau politique et la législation instaurée par le Parti, durant les sessions semestrielles, qui durent environ une semaine.

Le Conseil d'État fait office de présidence collective du pays. Ses membres, au nombre de 15 à l'époque de la rédaction de ce guide, sont élus par l'Assemblée nationale. Le Conseil d'État s'acquitte des tâches de l'Assemblée lorsqu'elle n'est pas en session. Le Conseil des ministres est également élu par l'Assemblée nationale. Il fonctionne de la même façon qu'un cabinet occidental.

Des milliers de membres ont été exclus du PCV durant les années 80 et le début des années 90. Ce coup de balai avait pour but de réduire la corruption (chronique aux yeux d'un public exaspéré), mais aussi de faire place aux jeunes et aux ouvriers. Comme en Chine, une gérontocratie gouverne le Vietnam. Il est rare que les fonctionnaires de haut rang prennent leur retraite. Petit à petit, ils disparaissent tout simplement de la scène politique.

Vingt-cinq ministères d'État sont placés sous la tutelle des responsables nommés ci-dessus. Malgré la théorie officielle de l'égalité des sexes, les femmes restent sous-représentées dans le Parti, particulièrement au plus haut niveau. Il n'y a pas eu une seule femme au bureau politique depuis 1945.

Les membres de l'Assemblée nationale et des comités populaires sont élus au suffrage universel. La majorité électorale est fixée à 18 ans. Tout le monde doit voter, y compris par procuration (ce qui est très répandu). Ainsi, le taux de participation atteint 100% à chaque consultation, ce qui confère sa légitimité au processus. Seuls les candidats qui ont reçu l'aval du Parti sont autorisés à se présenter. Les partis d'opposition n'ont pas droit de cité. On a vu apparaître quelques partis indépendants sur les listes provisoires, mais ils doivent obtenir le feu vert du gouvernement pour être définitivement retenus.

L'armée n'est pas une force politique en soi, mais les hommes politiques influents et les hauts fonctionnaires vietnamiens sont presque tous issus de ses rangs.

Le gouvernement reste hésitant sur le découpage politique du pays. La structure

Le Parti

En 1997, au cours du Xe congrès du Parti, l'équipe dirigeante du pays a été élue pour un mandat de cinq ans :

Président   Tran Duc Luong
Vice-président   Nguyen Thi Binh
Secrétaire général   Le Kha Phieu
Premier ministre   Phan Van Khai

Premiers ministres adjoints :
Nguyen Manh Cam
   relations économiques internationales
Nguyen Cong Tan
   agriculture et développement
Pham Gia Khiem
   science, éducation, santé, culture
   et environnement
Nguyen Tan Dung
   économie nationale
Ngo Xun Loc
   industrie, communications et transports,
   travaux publics et urbanisme

des provinces du Sud a été complètement réorganisée après la réunification. Puis, le 1er juillet 1989, plusieurs provinces aux frontières définies en 1975 ont subi un nouveau découpage, et il y en a eu d'autres depuis. Le dernier a eu lieu en 1996 : huit nouvelles provinces ont été créées, ce qui en porte désormais le nombre à 61. Même les Vietnamiens ont du mal à s'y retrouver.

En juillet 1995, le Vietnam a adhéré à l'ASEAN (Association des nations d'Asie du Sud-Est). En novembre de la même année, le président Bill Clinton a annoncé que les relations entre les États-Unis et le Vietnam étaient officiellement "normalisées".

ÉCONOMIE

Le Vietnam est l'un des pays les plus pauvres d'Asie. Le PNB par habitant est estimé à moins de 300 $US. La dette extérieure auprès de pays à devises fortes s'élève à environ 1,4 milliard de $US

(souscrite essentiellement auprès de la Russie, du Fonds monétaire international et du Japon). Incapable de rembourser ces dettes, le Vietnam est officieusement en situation de faillite depuis les années 80.

Un compromis signé en 1996 a réduit de 50% la dette du Vietnam, le solde étant à rembourser progressivement. L'assainissement de l'économie du pays rend plus probable un remboursement final. Le Vietnam espère émettre de nouvelles obligations à l'étranger d'ici la fin du siècle.

Bien que le Vietnam dispose d'une main-d'œuvre zélée et instruite, son économie est rongée par l'insuffisance des salaires, une infrastructure médiocre, le déficit commercial, le chômage, le sous-emploi et, récemment encore, une inflation galopante (de 700% en 1986, 30% en 1989, 50% en 1991, 3% en 1996 et 8% en 1998).

L'économie a aussi gravement souffert de la guerre (les raids américains sur le Nord n'ont pas laissé un seul pont debout, et le Viet-Cong en a fait sauter un bon nombre au Sud). Le gouvernement reconnaît que le fiasco économique actuel est dû à la politique, avant tout idéologique, qui a été menée après la réunification, à la corruption et au poids des dépenses militaires.

Le Vietnamien moyen réussit malgré tout à survivre économiquement ; la façon dont il y parvient reste un mystère. A Ho Chi Minh-Ville, les salaires ne dépassent pas 50 à 90 $US par mois, un luxe par rapport au reste du pays où ils n'en atteignent souvent pas la moitié. A la campagne, on peut s'en tirer en cultivant un potager et en construisant soi-même sa maison. Dans des villes comme Ho Chi Minh-Ville ou Hanoi, on cumule les petits boulots et l'on vit totalement du système D. Les femmes n'ont souvent pas d'autre solution que de se livrer à la prostitution occasionnelle. Chez les fonctionnaires et les policiers, la tentation de se laisser corrompre est forte.

Le Vietnam et la Russie restent officiellement les meilleurs amis du monde, ce qui n'empêche pas les Vietnamiens d'exprimer ouvertement leur hostilité envers les rares experts russes restés chez eux. Cette amertume vient du sentiment fort répandu que la ruine de l'économie vietnamienne a été provoquée par les diktats de Moscou. Les portraits, autrefois omniprésents, de Marx et de Lénine étaient le signe de l'influence étrangère à l'origine de la plupart des mesures impopulaires du Parti vietnamien, notamment la collectivisation et la planification centralisée. Il ne faut donc pas s'étonner si l'écroulement de l'Union soviétique a fait pratiquement disparaître ces reliques du jour au lendemain, en 1991.

Réformes économiques

Sans l'aide soviétique et les récentes réformes de type capitaliste, le Vietnam aurait bien pu faire la culbute. Le pays a commencé à restructurer sérieusement son économie à partir du VIe congrès du Parti, en décembre 1986, au moment où le réformiste Nguyen Van Linh a repris les rênes.

Dès l'apparition de la loi sur la propriété, les entreprises familiales ont poussé comme des champignons. Cependant, c'est le Sud, fort de son expérience capitaliste, qui fournit les talents, l'esprit d'entreprise et le dynamisme nécessaires à la réussite de cette réforme. Depuis que Hanoi a "repensé" l'économie du pays en adoptant pour tout le Vietnam les principes en vigueur dans l'ex-Sud, on entend dire que la bataille finale a été remportée par le Sud.

Conséquence directe de ces réformes, le Vietnam est passé d'un statut de pays importateur de riz, au milieu des années 80, à la place de deuxième exportateur du monde, juste derrière la Thaïlande, en 1997.

Après dix années de chute rapide et continue, l'économie du pays a amorcé son redressement à la fin des années 80. A cela, il faut ajouter que les chiffres officiels de la croissance ne tiennent pas compte de l'existence d'une économie souterraine elle aussi en pleine croissance. C'est ainsi que les échanges dus à la contrebande à la frontière vietnamo-cambodgienne dépassent largement ceux du commerce officiel. Autre fait difficile à reconnaître pour le gouvernement : l'économie urbaine se développe beaucoup plus vite que celle des campagnes, creusant encore l'écart déjà significatif des niveaux de vie. Conséquence : les autorités craignent de voir se produire au Vietnam un phénomène que la Chine connaît bien, à savoir l'exode massif des populations rurales vers des villes déjà surpeuplées.

Jusqu'en 1991, les principaux partenaires commerciaux du Vietnam étaient l'URSS et les autres membres du Comecon (Conseil pour une assistance économique mutuelle – l'équivalent de l'Union européenne pour le bloc de l'Est). Le Comecon fonctionnait surtout sur un système de troc, permettant ainsi au Vietnam d'échanger son pétrole brut, son bois et sa canne à sucre contre du pétrole raffiné, des machines et des armes. Comme la valeur des produits agricoles vietnamiens ne suffisait pas à compenser l'achat de matériel militaire coûteux, l'URSS subventionnait l'économie vietnamienne, d'où une énorme dette en roubles.

La disparition du Comecon et de l'URSS en 1991 aurait pu mettre le Vietnam dans une situation de faillite. Fort heureusement pour le pays, il n'en a rien été. Hanoi a en effet tout de suite su réagir en établissant des relations commerciales en devises fortes avec la Chine, Hong Kong, le Japon, Singapour, la Corée du Sud, Taiwan, la Thaïlande et les nations occidentales. Pour ne pas en avoir fait autant, certains pays de l'ancien bloc de l'Est ont vu leur économie s'écrouler avec celle de l'URSS.

Le passage difficile d'une économie socialiste fondée sur le troc à celle d'un marché libre en devises fortes n'est pas encore terminé. La mauvaise qualité des produits manufacturés vietnamiens (bicyclettes, chaussures, et même dentifrice) les rend pratiquement invendables face aux produits étrangers. Le libre-échange avec les pays capitalistes a eu pour première conséquence la fermeture de nombreuses entreprises d'État, dont les employés ont dû rejoindre les rangs déjà serrés des chômeurs. Même les planteurs de canne à sucre ont été touchés : les raffineries étatisées, mal équipées, produisaient un sucre de si mauvaise qualité que le sucre importé a remplacé pendant quelque temps la production domestique.

Le gouvernement vietnamien a pris certaines mesures protectionnistes en procédant à des "interdictions temporaires d'importation" pour laisser une chance aux industries du pays. La contrebande a aussi trouvé son compte. Cependant, le Vietnam retrouve peu à peu une place sur les marchés étrangers. Les faibles coûts de la main-d'œuvre, le dynamisme et l'esprit d'entreprise de la population ne manqueront pas de stimuler les industries vietnamiennes tournées vers l'export.

La libéralisation de l'économie a eu un effet spectaculaire sur les *joint-ventures,* et les investisseurs étrangers sont nombreux. Les joint-ventures les plus rentables sont les hôtels, encore que certains de ces "investissements" relèvent de la spéculation immobilière : les étrangers n'ont, en effet, pas le droit d'acheter une maison ou un terrain, mais une entreprise le peut si l'un de ses partenaires est vietnamien. La Corée, Singapour et Taiwan arrivent en tête des investisseurs.

L'ingérence politique n'a malheureusement pas complètement disparu. Les ministères regorgent en effet de petits et moyens fonctionnaires relativement improductifs et incompétents, qui se sentent menacés par le vent nouveau. Malgré leurs succès récents, les réformateurs ne font pas encore autorité.

La bureaucratie vietnamienne, l'incompétence de ses cadres, la corruption et les changements permanents de législation continuent à irriter les investisseurs étrangers. L'État reconnaît officiellement le droit à la propriété intellectuelle, mais fait preuve d'un grand laxisme dans la pratique. Brevets, droits d'auteur ou noms de marques sont ouvertement piratés. Le prix des taxes et les droits d'État augmentent constamment sans préavis. Certaines municipalités ont forcé des compagnies étrangères à embaucher des employés d'agences d'État, qui ne sont parfois que les "fils à papa" du Parti.

Entraves économiques

Bureaucrates récalcitrants ou non, les réformes ont déjà gagné assez de terrain pour qu'on imagine mal revenir en arrière. Ces réformes ont néanmoins suscité une brutale réaction conservatrice. Au lieu de décliner, le secteur étatisé s'est étoffé. Diverses lois gouvernementales entravent ou empêchent le fonctionnement des affaires privées autrement qu'en joint-venture avec une compagnie appartenant à l'État. Souvent, ce type d'entreprises tourne mal et beaucoup d'investisseurs étrangers commencent à déchanter. En 1996, le nombre de projets d'investissements étrangers au Vietnam a baissé de 17% par rapport à l'année précédente.

L'un des symptômes les plus visibles de cette réaction anti-économique fut la campagne contre les "maux sociaux" lancée en fanfare fin 1995. Empruntant des phrases à la vaine "campagne spirituelle" chinoise des années 80, le gouvernement a décrété que les mauvaises idées occidentales "polluaient" la société vietnamienne, et qu'il fallait "éliminer" cette pollution. Exception faite de la pollution étrangère évidente comme la prostitution, la drogue et le karaoké, l'un des principaux préjudices identifiés est l'usage de l'anglais dans les publicités. La police vietnamienne a ainsi reçu l'ordre de détruire les panneaux publicitaires anglais : des entreprises étrangères comme Coca-Cola et Sony ont assisté, incrédules, à l'anéantissement par d'enthousiastes vigiles de leurs campagnes, qui se chiffraient en millions de dollars. Des cassettes vidéo et audio et des magazines étrangers jugés socialement pernicieux ont été brûlés sur des bûchers publics.

Les investisseurs étrangers ayant menacé de se retirer du pays, les autorités vietnamiennes ont lâché un peu du lest. Malgré cela, la presse vietnamienne continue à se répandre périodiquement sur les maux sociaux, et tous les commerces doivent posséder une enseigne en vietnamien plus grande que celle en anglais.

Les touristes furent également affectés par la campagne contre les maux sociaux.

Pendant le premier semestre 1996, les autorités refusèrent toute prorogation de visa. Puis, en juin 1996 (pendant le huitième congrès du Parti), tous les visas touristiques furent refusés. Ces restrictions faillirent signifier l'effondrement de l'industrie du tourisme, et le gouvernement fut forcé de battre en retraite et céder du terrain. L'industrie n'a commencé à s'en remettre que vers la fin de l'année, et, pour 1996, les revenus liés au tourisme ont accusé une baisse d'environ 30%.

La privatisation des grandes industries nationalisées n'a pas encore commencé. L'État privatisera probablement Vietnam Airlines, les banques, les télécommunications, etc. Cette génération de dirigeants socialistes pourra-t-elle se résoudre à vendre aux enchères les principaux biens du pays ? Si tel est le cas, il faudra que le Vietnam se dote d'une Bourse. Le gouvernement avait promis d'ouvrir un marché des capitaux avant la fin 1995, mais le projet semble avoir été remis *sine die*.

Sur un plan plus optimiste, le Vietnam enregistre des taux de croissance commerciale d'environ 8 à 9% par an depuis quelques années. En 1995, le Vietnam a intégré l'ASEAN. Selon les observateurs, cette décision bénéficiera à l'économie du pays et encouragera de nouvelles réformes.

Hanoi fait tout son possible pour limiter la restructuration (*doi moi*) du Vietnam au domaine économique, de peur que des idées telles que le pluralisme et la démocratie ne viennent saper la structure du pouvoir en place. Le Vietnam prend actuellement modèle sur la Chine, qui allie libéralisation économique et sévère contrôle politique, et n'en semble pas moins capable de relancer l'économie. L'ex-Union soviétique, où la libéralisation politique a précédé la restructuration économique, représente pour le Vietnam l'exemple à ne pas suivre.

La crise économique qui paralyse l'Asie depuis plusieurs années a eu des conséquences non négligeables au Vietnam. D'innombrables joint-ventures prometteuses, notamment celles qui dépendaient de fonds asiatiques, se sont effondrées. De nombreux ouvriers vietnamiens qui travaillaient en Corée, par exemple, ont perdu leur emploi et sont rentrés au pays. Dans le même temps, la fermeture d'usines coréennes et taiwanaises implantées au Vietnam a fait grimper le taux de chômage. De plus, les importations et les exportations accusent une baisse régulière depuis 1996.

Alors qu'en 1997, les monnaies thaïlandaise, indonésienne et coréenne s'effondraient par rapport au dollar américain, le cours du dong vietnamien est parvenu à rester ferme après une première dévaluation d'environ 10% (1 \$US = 12 000 dongs). Malgré cela, pendant l'été 1998, la banque gouvernementale a réajusté le taux de change, une première fois à près de 13 000 dongs, la seconde fois à 14 000 dongs. Au moment où nous mettons sous presse, les Vietnamiens (qui s'étaient laissé aveugler par une décennie de prospérité) se montrent de plus en plus inquiets quant à la capacité de leur pays à échapper au marasme économique.

POPULATION ET ETHNIES

En 1997, le Vietnam comptait 76,5 millions d'habitants, ce qui en fait le treizième pays du monde par la population. On trouve 84% de Vietnamiens d'origine et 2% de Chinois, auxquels s'ajoutent des Khmers, des Cham et une cinquantaine de groupes ethnolinguistiques.

Pour un pays agricole, la densité démographique – 225 personnes au km^2 – est forte. Elle passe à 1 000, voire davantage, dans presque tout le delta du fleuve Rouge. L'espérance de vie est de 67 ans, et la mortalité infantile de 42 pour mille (source : Ined).

La croissance se maintient à 2,1% par an. Très récemment encore, l'idéologie marxiste toute-puissante ne permettait pas d'envisager une politique de planning familial. Pendant une quinzaine d'années, on a encouragé la formation de familles nombreuses. Même si cette tendance s'est inversée, les effets de cette politique dureront longtemps encore. Au XXIe siècle, la population va vraisemblablement doubler avant que la croissance 0 ne soit atteinte.

MASON FLORENCE

MASON FLORENCE

MASON FLORENCE

Reconnaissables à leurs bijoux et agrafes en argent, les Thaï constituent la plus importante ethnie montagnarde, dont les sous-groupes sont différenciés par la couleur des tuniques. Les Thaï noirs **(en haut, au milieu à gauche et en bas)** vivent essentiellement dans les montagnes autour de Dien Bien Phu, de Tuan Giao et de Son La, tandis que les Thaï blancs **(au milieu à droite)** habitent les environs de Mai Chau et de Lai Chau

MASON FLORENCE

En haut à gauche, en bas à droite : Alors que les hommes des tribus montagnardes adoptent de plus en plus le costume vietnamien ou occidental, les femmes préservent l'individualité de chaque groupe ethnique en portant des bijoux et des vêtements décorés de couleurs et de motifs traditionnels

En bas : Les marchés des Hauts Plateaux et des provinces du Nord représentent le meilleur endroit pour acheter les costumes colorés des ethnies montagnardes

En haut : Les marchés hebdomadaires et les fêtes sont des moments privilégiés pour échanger les dernières nouvelles autour d'une table colorée

MASON FLORENCE

MASON FLORENCE

MASON FLORENCE

MASON FLORENCE

Une excursion dans
les montagnes offre de
nombreuses occasions
d'aller à la rencontre
des populations locales,
dont l'intimité n'est
malheureusement pas
toujours respectée.
Ayez l'obligeance de
demander la permission
avant de photographier
quelqu'un, la réponse est
généralement positive et
marque parfois le début
d'une nouvelle amitié

LES MINORITÉS ETHNIQUES AU VIETNAM

Si les Chinois et les Vietnamiens d'origine habitent essentiellement dans les centres urbains et les régions du littoral, le reste des ethnies, soit environ 10% de la population vietnamienne totale, vit pour la plupart dans les Hauts Plateaux. Plusieurs d'entre elles dénombrent environ un million de personnes, tandis que d'autres ne compteraient plus qu'une centaine d'individus. C'est dans le nord-ouest, sur le massif montagneux à la frontière de la Chine et du Laos, que résident les tribus montagnardes les plus préservées, alors que beaucoup d'ethnies des Hauts Plateaux du centre et du Sud peuvent être difficiles à distinguer des Vietnamiens.

Les Français les appelaient les Montagnards, terme que ces minorités utilisent encore lorsqu'elles parlent français ou anglais. Les Vietnamiens les nomment souvent avec désobligeance les Moi, ce qui signifie "sauvages" et reflète malheureusement un sentiment populaire très répandu. Le gouvernement actuel préfère néanmoins le terme de "minorités nationales". Certaines vivent au Vietnam depuis des milliers d'années, d'autres ont émigré dans la région au cours des derniers siècles.

Historiquement, les habitants des Hauts Plateaux ont pu jouir d'une quasi-indépendance, tant que leurs dirigeants reconnaissaient la souveraineté du Vietnam et payaient tributs et taxes. La Constitution de 1980 a ainsi aboli deux de ces régions, établies pour les minorités ethniques en 1959. Pendant la guerre du Vietnam, dans les années 60 et au début des années 70, communistes et Américains ont enrôlé activement des combattants parmi les Montagnards des Hauts Plateaux du centre. Récemment seulement, les restrictions spéciales ont été abrogées pour les touristes américains souhaitant visiter les minorités montagnardes de la région de Dalat.

La plupart des ethnies ont le même mode de vie, rural et agricole, et se distinguent souvent surtout par des différences de langue, de physionomie et de costumes traditionnels (reportez-vous aux chapitres qui leur sont plus particulièrement consacrés dans cette section, ainsi que dans celle qui traite des différentes langues). On retrouve des similarités dans l'architecture de leurs villages, dans les cérémonies et rituels. Beaucoup sont semi-nomades et pratiquent la culture sur brûlis, ce qui a considérablement nui à l'environnement.

Ces pratiques menaçant les forêts déjà amoindries, le gouvernement essaie d'encourager les minorités à se sédentariser, à cultiver du riz en rizières inondées à des altitudes moins élevées, et des produits destinés à la vente, comme le thé, le café et la cannelle. Malgré certains avantages, comme des subventions à l'irrigation, un meilleur accès à l'enseignement et aux soins de santé, de nombreuses minorités, farouchement indépendantes, demeurent le plus souvent méfiantes à l'égard de la majorité vietnamienne vivant dans les plaines.

Comme dans d'autres régions d'Asie, une grande variété d'influences extérieures ont lentement effrité la riche identité culturelle propre à tant de minorités ethniques vietnamiennes. Très peu de tribus portent encore le costume traditionnel. Seules les femmes des villages reculés, à l'extrême nord, s'en revêtent généralement. Si des facteurs comme l'introduction de l'électricité, la médecine moderne ou l'enseignement sont d'incontestables avantages, cette évolution s'accompagne d'un abandon de nombreuses traditions ancestrales.

Une influence externe plus récente, et peut-être tout aussi menaçante, est l'effet du tourisme. La situation des différentes minorités ethniques ne peut qu'empirer avec le nombre croissant de touristes, les contacts de plus en plus fréquents avec les gens de la plaine et le développement du commerce. Dans certaines régions, comme à Sapa, les adorables enfants, qui auparavant dévisageaient les étrangers avec de grands yeux ronds, sont devenus moins timides et attendent souvent de l'argent ou un bonbon.

Les minorités vietnamiennes jouissent d'une grande autonomie et, bien que la langue nationale officielle soit le vietnamien, tous les enfants des ethnies continuent à apprendre leur dialecte (si vous voulez apprendre quelques phrases utiles, reportez-vous au chapitre *Langues*). Dans ces régions, policiers et militaires sont souvent membres d'ethnies locales, et l'Assemblée nationale de Hanoi est représentée par un bon nombre de minorités ethniques. Certes, la discrimination n'est pas institutionnalisée mais, dans les domaines de l'éducation et de l'économie, les Montagnards se retrouvent en bas de l'échelle. Malgré l'amélioration de l'enseignement scolaire rural, beaucoup se marient tôt, ont des enfants et meurent jeunes. Ceux qui vivent plus près des centres urbains et du littoral ont un sort plus enviable.

Thay

Population : 1,2 million
Provinces : Bac Can, Bac Giang, Cao Bang, Lang Son, Quang Ninh, Thai Nguyen

Les Thay constituent la plus importante ethnie montagnarde. Ils vivent dans les basses vallées des provinces du Nord. On les reconnaît très facilement à leurs vêtements indigo ou noirs. Ils portent souvent un fichu de la même couleur et, parfois, une sorte de machette dans un fourreau accroché à leur ceinture. Ils vivent traditionnellement dans des maisons en bois sur pilotis, mais leur longue proximité avec les Vietnamiens d'origine a entraîné une évolution progressive vers un habitat en brique et en terre.

Les Thay sont également connus pour leur habileté à cultiver le riz en rizières inondées, ainsi que le tabac, les fruits, les herbes et les épices. D'un point de vue religieux, ils sont très proches des Vietnamiens (bouddhisme, confucianisme et taoïsme), mais ils vénèrent aussi des génies et esprits locaux. Au XVIe siècle, ils élaborèrent leur propre écriture, et la littérature et les arts thay (musique, chansons folkloriques, poèmes et danses) ont acquis une certaine renommée.

Thaï

Population : plus de 1 million
Provinces : Hoa Binh, Lai Chau, Nghe An, Son La

Comme les Thay, les Thaï viennent du sud de la Chine. Ils se sont établis en bordure des rivières fertiles qui servaient à l'irrigation. Les théories varient quant à leur relation réelle avec les Thaï du Siam (Thaïlande), de même que la référence aux couleurs dans les sous-groupes comme les Thaï rouges, noirs et blancs. Certains prétendent que ces couleurs reprennent celles des jupes portées par les femmes ; d'autres qu'elles correspondent aux noms des fleuves Noir et Rouge voisins. Les Thaï noirs se trouvent surtout à Son La (les femmes portent des chemisiers et des coiffes de couleurs vives), tandis que les

Thaï blancs sont concentrés à Hoa Binh (leurs femmes portent des habits plus discrets ou des vêtements occidentaux). Les hommes s'habillent, pour la plupart, comme les Vietnamiens d'origine.

Les villages contiennent généralement quarante à cinquante maisons à pilotis en bambou. Les Thaï, dont l'écriture date du Ve siècle, ont produit une littérature allant de la poésie aux chants d'amour, en passant par les contes populaires. Si vous séjournez à Ban Lac (province de Mai Chau), vous aurez peut-être la chance d'assister à un de leurs spectacles de musique et de danse.

Muong

Établis principalement dans la province de Hoa Binh, les Muong, à domination masculine, habitent des *quel*, regroupés en *muong*. Chaque muong est dirigé par un *lang*. Bien qu'ils soient, à origine, proches des Vietnamiens de souche, dont ils sont aujourd'hui difficiles à distinguer, les Muong ont une culture très riche, qui les rapproche davantage des Thaï. Les femmes muong portent de longues jupes et des chemisiers courts, et les hommes une chemise et un pantalon bleu indigo.

Ils sont connus pour leur littérature folklorique, leur poèmes et leurs chants, tous remarquables et, pour l'essentiel, traduits en vietnamien. Leurs instruments de musique préférés sont le gong, les tambours, la flûte de Pan, la flûte et le violon à deux cordes. Ils cultivent désormais le riz en rizières inondées, même si, par le passé, le riz pluvial (en cultures sèches) constituait leur aliment de base.

> **Population :**
> plus de 900 000
> **Provinces :**Hoa Binh, Thanh Hoa

Nung

Les Nung revêtent généralement des vêtements noirs et indigo et des coiffes. Regroupées en petits villages, les maisons nung sont divisées en deux parties – l'une servant d'habitation et l'autre de lieu de travail et de culte. Du culte des ancêtres jusqu'aux fêtes traditionnelles, les Nung s'apparentent aux Thay sur le plan de la vie spirituelle et sociale. Les jeunes mariées nung exigent de leur futur époux l'apport d'une forte dot, et la tradition veut que l'héritage se fasse de père en fils, signe d'influence chinoise.

Dans la plupart des villages nung, on fait appel à des médicastres pour faire fuir les mauvais esprits et soigner les malades. Connus pour leurs talents en matière de jardinage, les Nung récoltent des légumes, des fruits, des épices et du bambou. Ils s'illustrent également par leur artisanat : meubles en bambou, vannerie, travail de l'argent et fabrication de papier.

> **Population :** 700 000
> **Provinces :** Bac Thai, Cao Bang, Ha Bac, Lang Son, Tuyen Quang

Hmong

Depuis qu'ils ont émigré de Chine, au XIXe siècle, les Hmong sont l'une des plus grandes communautés ethniques du Vietnam, et des plus démunies. Ils se divisent en divers sous-groupes, parmi lesquels les Hmong noirs, blancs, rouges, verts et Fleur, avec pour chacun de subtiles variations dans le costume traditionnel. Les plus faciles à reconnaître sont les Hmong noirs, dont les habits de toile épaisse sont teints à l'indigo. Les femmes portent une jupe, des sortes de guêtres

> **Population :**
> plus de 550 000
> **Provinces** Cao Bang, Ha Giang, Lai Chau, Lao Cai, Nghe An, Tuyen Quang, Son La, Yen Bai

et un chapeau cylindrique. Dans le groupe Hmong Fleur, les hommes sont habillés en bleu nuit et noir ; le costume des femmes est un peu plus sophistiqué que celui des Hmong noirs, avec une coiffe en laine. De plus, les femmes Hmong se parent de grands colliers en argent, de nombreux bracelets et de boucles d'oreille.

Les Hmong vivent en altitude ; ils cultivent le riz, font pousser des légumes, des fruits et des plantes médicinales (y compris l'opium) ; ils élèvent des porcs, des vaches, des poules et des chevaux. On les trouve partout en Asie du Sud-Est, et beaucoup d'entre eux ont aussi fui vers l'Ouest, demandant l'asile en qualité de réfugiés.

Jarai

La minorité jarai est la plus nombreuse des Hauts Plateaux du centre, particulièrement aux environs de Pleiku. Les villages portent souvent le nom d'une rivière ou d'un ruisseau proche, ou encore celui d'un chef de tribu. Le *nha-rong* se trouve habituellement au centre du village. Les femmes jarai demandent les hommes en mariage par l'intermédiaire d'une marieuse, qui remet à l'élu un bracelet de cuivre. Les croyances et rituels animistes sont encore très courants, et les Jarai manifestent leur respect envers leurs ancêtres et la nature par le biais d'une cohorte de génies (*yang*). Les esprits populaires incluent le Roi du Feu (Po Teo Pui) et le Roi de l'Eau (Po Teo La), qu'ils invoquent pour faire venir la pluie.

Les femmes jarai portent des chemises indigo sans manches et de longues jupes. Plus peut-être que n'importe quelle autre ethnie montagnarde, les Jarai sont connus pour leurs instruments de musique, depuis des "gongs" à cordes jusqu'à des tubes de bambou qu'ils utilisent comme flûtes et percussions.

Population :
plus de 190 000
Provinces :
Dac Lac, Gia Lai,
Khanh Hoa, Phu Yen

Bahnar

Les Bahnar portent le même costume que les Jarai. On pense qu'ils ont émigré il y a bien longtemps depuis le littoral jusqu'aux Hauts Plateaux du centre. Animistes, ils vénèrent des arbres comme le banian et le ficus. Ils observent leur propre calendrier traditionnel, qui impose dix mois de culture – les deux autres étant consacrés aux obligations sociales et personnelles (mariage, tissage, achat et vente de nourriture et de marchandises, cérémonies et fêtes). Traditionnellement, lorsqu'un bébé atteignait son premier mois, une cérémonie avait lieu en son honneur : on lui perçait les lobes après lui avoir soufflé dans les oreilles, le rendant ainsi officiellement membre du village. Les bébés qui mouraient avant d'avoir eu les oreilles percées étaient, disait-on, emmenés dans un pays peuplé de singes par une déesse aux oreilles noires appelée Duy-dai. Les Bahnar sont connus pour leurs sculptures sur bois, notamment celles qui servent à décorer les maisons funéraires.

Population : 135 000
Provinces :
Kon Tum, Binh Dinh,
Phu Yen

Sedang

Originaires des Hauts Plateaux du centre, les Sedang se retrouvent jusqu'au Cambodge. A l'instar de beaucoup de leurs voisins, ils ont subi des siècles de guerres et d'invasions. Les femmes portent de

Population :
plus de 95 000
Provinces :
Kon Tum, Quang
Ngai, Quang Nam

longues jupes et s'enroulent le buste dans une sorte de sarong. Les Sedang n'ont pas de nom de famille et pratiquent, dit-on, une totale égalité des sexes. Ils prennent soin aussi bien de leurs neveux ou nièces que de leurs propres enfants, ce qui crée une forte tradition de solidarité fraternelle. Bien que la plupart des cérémonies spirituelles et culturelles soient liées à l'agriculture, certaines de leurs coutumes sont sans équivalent, comme la cession des tombes, le partage des biens avec les défunts et les accouchements à l'orée des bois.

Dao

Les Dao forment l'un des groupes ethniques les plus importants du Vietnam. Ils vivent surtout dans les provinces du Nord-Ouest, le long des frontières avec la Chine et le Laos. Les femmes arborent différents costumes, le plus typique associant des vêtements tissés à la main et des perles et pièces en argent (la richesse d'une femme se calcule, dit-on, au poids des pièces de monnaie qu'elle porte sur elle). Leurs longs cheveux sont noués dans un grand turban rouge ou brodé. Les Dao pratiquent le culte des ancêtres et des esprits ("Ban Ho") et sacrifient, au cours de rituels complexes, des cochons et des chiens. Leur proximité avec la Chine explique l'usage courant de la médecine traditionnelle et la ressemblance de l'écriture Nom Dao aux idéogrammes chinois.

Population :
plus de 470 000
Provinces :Régions
frontalières avec la
Chine et le Laos, Sapa

Ede

Les femmes ede portent généralement une veste brodée de couleurs vives et des bijoux et perles en cuivre et argent. Polythéistes, les Ede vivent en communautés dans de longues maisons sans poutres et en forme de bateau, construites sur pilotis, qui abritent souvent des familles élargies. Un tiers de l'espace est réservé à l'usage collectif ; le reste est réparti en petits quartiers, de manière à créer une certaine intimité pour les couples mariés. Comme chez les Jarai, c'est la famille de la fille qui demande le garçon en mariage. Le couple marié vit avec la famille de la femme, et les enfants portent le nom de famille de leur mère. L'héritage est réservé exclusivement aux femmes, en particulier à la benjamine de la famille.

Population :
plus de 24 000
Provinces Gia Lai, Kon
Tum, Dac Lac

Freiner l'expansion démographique nécessite des efforts colossaux face au manque d'instruction et à la faiblesse des revenus. Il faut d'abord faire disparaître la croyance que plus on est nombreux, plus on est fort. D'autre part, les moyens de contraception modernes restent chers pour un couple de Vietnamiens moyens. La plupart n'ont toujours recours qu'aux préservatifs, à l'avortement ou aux fausses couches provoquées pour limiter le nombre d'enfants.

En matière de contrôle des naissances, le gouvernement vietnamien manie la carotte et le bâton. On promet aux couples qui limitent leur famille à deux enfants ou moins, des avantages dans l'éducation, le logement, la santé et l'emploi (bien que faute de moyens, ces promesses restent souvent lettre morte). Le bâton est réservé à ceux qui ont plus de deux enfants : pour commencer, le gouvernement peut refuser la déclaration de naissance au troisième enfant (nécessaire pour obtenir une carte d'identité, s'inscrire à l'école et obtenir divers permis très importants). Si les parents ont un emploi dans l'administration, ils peuvent être renvoyés. En général, les gratifications ont été efficaces en milieu urbain : les familles de deux enfants sont désormais la norme à Hanoi et Ho Chi Minh-Ville. Toutefois, les campagnes de planning familial n'ont eu que peu d'impact sur le taux de natalité dans les régions rurales.

Les Vietnamiens d'origine

Les Vietnamiens (autrefois appelés Annamites) ont commencé à former un groupe ethnique distinct entre 200 av. J.-C. et 200 de notre ère. Cette ethnie est le fruit de la fusion entre un peuple de souche indonésienne, des Viet et des Thaï immigrés du nord, et des Chinois venus s'installer au fur et à mesure de l'expansion de l'Empire céleste au IIe siècle. Outre l'influence chinoise, la civilisation vietnamienne s'est aussi laissé fortement inspirer par l'Inde, à travers les Cham et les Khmers. Néanmoins, la culture vietnamienne était déjà suffisamment forte au début du millénaire

de domination chinoise pour que le pays conserve son indépendance.

Les Vietnamiens cultivent le riz depuis des milliers d'années, d'où leur préférence pour les régions de faible altitude, plus adaptées à la riziculture. Au début de notre ère, ils sont peu à peu descendus vers le sud, le long de l'étroite bande côtière, écrasant les Cham au XVe siècle et, trois siècles plus tard, prenant le delta du Mékong aux Khmers. Ils ont toujours eu tendance à se méfier des Hauts Plateaux (et de leurs habitants).

Les Vietnamiens émigrés sont appelés Vietnamiens d'outre-mer (*Viet Kieu*). Les Vietnamiens locaux ne les aiment pas, car ils les trouvent arrogants, gâtés, privilégiés : un jugement vraisemblablement teinté de jalousie. Dans les années 80, la police surveillait de près les Viet Kieu de retour au pays. Tous leurs interlocuteurs avaient droit à un interrogatoire en règle. Ce n'est heureusement plus vrai de nos jours. La politique officielle incite aujourd'hui ces immigrés à revenir s'établir au Vietnam. Nombre de Viet Kieu sont sans illusion sur cette politique des bras ouverts et y voient davantage une volonté de faire venir leur argent, leur savoir-faire et profiter de leurs relations professionnelles. Comme il arrive encore que la police leur soutire de l'argent, on peut comprendre cette réaction. La presse vietnamienne souligne d'ailleurs fréquemment le rôle que jouent dans l'économie locale les fonds envoyés par les émigrés à leur famille.

Les Chinois d'origine

L'ethnie chinoise (Hoa) constitue la principale minorité du Vietnam. La plupart des Chinois sont installés dans le Sud, particulièrement à Cholon, la sœur jumelle de Saigon. Bien que les familles de ces Chinois d'origine vivent depuis longtemps au Vietnam, ils ont toujours voulu garder leur identité, leur langue, leur système scolaire et même leur citoyenneté. Ils se sont organisés en communautés ou "congrégations" (*bang*), selon leur province d'origine et le

Malthus contre Marx

La théorie de l'économiste Malthus (1766-1834), selon laquelle une croissance démographique excessive risquait d'appauvrir massivement un pays, n'eut pas l'heur de plaire au pape ni à Marx (1818-1883). Pour le fondateur du marxisme, l'augmentation de la population et de la production allaient de pair. Malthus, pour Marx, était en quelque sorte un suppôt du capitalisme.

Moscou vit même dans le contrôle des naissances une stratégie typiquement capitaliste destinée à affaiblir les pays du tiers-monde. Telle était la doctrine à l'époque où le Vietnam prit le marxisme pour modèle économique, s'inspirant du grand frère soviétique. Le planning familial n'avait donc pas droit de cité, et les mères de plus de dix enfants étaient récompensées du titre de "mères héroïques". A l'effondrement du bloc soviétique, en 1991, les autorités de Hanoi ont reconsidéré leur politique socio-économique et reconnu la menace que représente une croissance démographique galopante. Désormais, le planning familial incite les couples à ne pas avoir plus de deux enfants.

dialecte de leurs ancêtres. Les congrégations les plus importantes proviennent du Fujian (Phuoc Kien en vietnamien, Foukien dans l'ancienne graphie française), de Canton (Quang Dong en vietnamien, ou Guangdong en chinois), de Hainan (Hai Nam), de Chaozhou (Tieu Chau) et de la région des Hakka (Nuoc Hue en vietnamien, ou Kejia en chinois mandarin).

Au cours des années 50, le président Diem a vainement essayé d'intégrer les populations chinoises du Sud-Vietnam. Les Chinois ont également résisté à la vietnamisation dans le Nord.

Leur esprit d'entreprise est proverbial. Ils contrôlaient la moitié de l'activité économique du pays avant la chute du Sud-Vietnam en 1975. Nul doute que les Vietnamiens éprouvent une grande animosité à leur égard pour des raisons historiques, mais aussi pour leur réussite dans le domaine du commerce. Les Chinois ont d'ailleurs fait en partie les frais d'une campagne idéologique en 1978, lancée officiellement à l'encontre les "éléments bourgeois", en réalité contre eux. C'est l'un des éléments qui ont motivé en 1979 l'intervention militaire chinoise et entraîné le départ d'un tiers de la communauté. Les dirigeants vietnamiens reconnaissent aujourd'hui que ce fut une grave et coûteuse erreur pour le pays.

Les autres minorités

Le Vietnam possède l'un des mélanges ethnolinguistiques les plus complexes de toute l'Asie. Beaucoup de ces 54 minorités ethniques distinctes ont des relations assez proches réparties dans les pays voisins : le Laos, la Chine méridionale et le Cambodge, ainsi que la Thaïlande et le Myanmar. La plupart des minorités du Vietnam, qui totaliseraient entre six et huit millions d'individus, résident dans les Hauts Plateaux du centre et les régions montagneuses du nord-ouest, quelques-unes étant établies sur les plaines côtières du sud.

Les Khmers. Originaires du Cambodge, les Khmers sont environ 700 000, concentrés dans le sud-ouest du delta du Mékong. Ils pratiquent le bouddhisme hinayana (theravada).

Les Indiens. Presque tous les Indiens du Sud-Vietnam viennent du sud de l'Inde. Les rares à ne pas avoir fui le pays en 1975 demeurent à Ho Chi Minh-Ville et pratiquent leur religion au temple hindou Mariamman ou à la mosquée centrale.

Les Occidentaux. Le Vietnam compte parmi ses citoyens quelques Occidentaux qui, pour la plupart, sont des métis américano-vietnamiens, franco-vietnamiens ou franco-chinois.

Reportez-vous également aux pages consacrées aux *Minorités ethniques au Vietnam*, plus haut dans ce chapitre, et à *Royaume du Champa*, dans le chapitre *Le Centre du Vietnam*.

SYSTÈME ÉDUCATIF

Le Vietnam offre un excellent niveau d'instruction, comparé aux autres pays du tiers-monde. Le gouvernement proclame que 95% de la population sait lire, mais la réalité ramène plutôt ce chiffre à 82%, ce qui est déjà une performance. Avant la colonisation, le niveau d'instruction de la majorité de la population était assez rudimentaire. En 1939, seuls 15% des enfants en âge scolaire allaient à l'école, et 80% des Vietnamiens étaient analphabètes.

A la fin du XIXᵉ siècle, l'un des rares sujets sur lesquels colonialistes français et nationalistes vietnamiens s'accordaient était le suivant : le système éducatif traditionnel confucéen – fondement même du service civil mandarinal – avait besoin de profondes réformes. Des concours mandarinaux eurent lieu au Tonkin jusqu'en 1914, et en Annam jusqu'en 1945. De nombreux dirigeants de la lutte pour l'indépendance de l'Indochine ont fait leurs études dans des lycées français réservés à l'élite bourgeoise, comme le lycée Albert-Sarraut à Hanoi et le lycée Chasseloup-Laubat à Ho Chi Minh-Ville.

Bien que les enfants de résidents étrangers soient théoriquement admis dans les écoles vietnamiennes, la majorité fréquente des établissements privés spéciaux. Ils sont onéreux, mais les parents qui travaillent pour une compagnie étrangère sont parfois remboursés des frais de scolarité (pour plus de détails sur les écoles, reportez-vous aux chapitres sur *Hanoi* et *Ho Chi Minh-Ville*).

ARTS
Danse

Les minorités ethniques possèdent naturellement leurs propres traditions en matière de danse, qui diffèrent énormément de celles des Vietnamiens de souche. Dans la plupart des tribus montagnardes, presque tous les danseurs sont des femmes, mais dans quelques-unes seuls les hommes sont autorisés à danser. Quantité d'études anthropologiques ont été réalisées ces dernières années dans le but de préserver et de faire revivre ces traditions.

Musique

Bien que fortement influencée par la Chine et, au sud, par les traditions musicales khmère et cham, la musique vietnamienne possède un style et une instrumentation très originaux. Le système traditionnel de transcription musicale et l'échelle pentatonique (cinq notes) sont d'origine chinoise. La musique chorale vietnamienne est unique en ce sens que la mélodie doit correspondre aux tons : elle ne peut pas monter sur un mot au ton descendant.

La musique vietnamienne comprend trois grandes catégories :

Le folklore, qui inclut les chansons enfantines, les berceuses, les chants d'amour ou de travail, les lamentations et les chants funèbres. Ces chants sont en général *a capella*.

La musique classique (ou "musique savante") est assez rigide et cérémonieuse. Elle était jouée à la Cour impériale, et aussi pour distraire les mandarins. Un orchestre traditionnel se compose de quarante musiciens. Il existe deux types de musique de chambre classique : *hat a dao* (originaire du Nord) et *ca Hue* (originaire du Centre).

Le théâtre, qui inclut des chants, des danses et des instruments.

Chaque minorité ethnolinguistique du Vietnam possède ses propres traditions musicales, avec souvent des costumes colorés et des instruments tels que la flûte à anche, le lithophone (proche du xylophone), le sifflet de bambou, les gongs et des instruments à cordes fabriqués avec des calebasses. Il existe des conservatoires de musique vietnamienne traditionnelle et de musique classique occidentale à Hanoi, Hué et Ho Chi Minh-Ville.

Aussi étrange que cela puisse paraître, la musique populaire vietnamienne diffusée dans le monde entier est essentiellement produite en Californie, par des Viet Kieu. L'une des raisons du faible nombre d'artistes au Vietnam même est que leurs cassettes sont aussitôt piratées, ce qui les prive des revenus auxquels ils pourraient prétendre. Les Vietnamiens expatriés sont donc les seuls à bénéficier d'une sécurité financière qui leur permette de poursuivre leur carrière musicale.

Littérature

On distingue traditionnellement trois genres littéraires :

La littérature orale traditionnelle (*truyen khau*) se perpétue depuis des temps immémoriaux. Elle comprend les légendes, les chansons folkloriques et les proverbes.

La littérature sino-vietnamienne (*Han Viet*), qui s'écrivait en caractères chinois (*chu nho*), remonte à 939, lors de la fondation du premier royaume vietnamien indépendant. Cette littérature, influencée par les textes confucéens et bouddhistes, obéissait à de strictes règles métriques et de versification.

La littérature moderne (*quoc am*) recouvre la totalité des écrits en caractères *nom* ou en écriture latinisée, le *quoc ngu*. Le premier grand texte écrit en nom, *Van Te Ca Sau* ("Ode à un alligator"), date du XIIIe siècle. La littérature écrite en quoc ngu a joué un grand rôle dans le nationalisme vietnamien.

L'un des chefs-d'œuvre de la littérature vietnamienne, *La Légende de Kieu* (Kim Van Kieu), fut écrit au début du siècle dernier – période marquée par une grande activité littéraire – par Nguyen Du (1765-1820), poète, homme de lettres, mandarin et diplomate.

Architecture

Dans ce domaine, les Vietnamiens n'ont jamais eu les talents de leurs voisins les Khmers, bâtisseurs des temples d'Angkor au Cambodge, ni des Cham, dont on peut admirer, dans le Sud, les superbes tours de brique à la maçonnerie incroyablement sophistiquée.

Pour l'essentiel, les Vietnamiens ont construit en bois, ou dans des matériaux trop fragiles pour résister au climat tropical. Comme, par ailleurs, presque tous les édifices de pierre qu'ils avaient érigés ont été détruits au cours des innombrables guerres féodales et autres invasions, il subsiste très peu d'architecture prémoderne au Vietnam.

Le pays regorge de pagodes et de temples vieux de plusieurs siècles, mais, le plus souvent, rebâtis plusieurs fois sans respect pour l'architecture originale. Des éléments modernes ont été intégrés : les auréoles en néon qui ornent les Bouddhas n'en sont qu'un des exemples les plus flagrants.

Les Vietnamiens pratiquent le culte des ancêtres, ce qui explique la multiplicité des tombes datant de plusieurs siècles, ainsi que des temples érigés à la mémoire de mandarins de haut rang, de membres de la famille royale et d'empereurs.

Les différents monuments aux morts vietnamiens tombés lors des guerres contre les Chinois, les Français et les Américains comportent souvent un obélisque en ciment où sont inscrits les mots *To quoc ghi cong* ("Le pays se souviendra de leurs exploits"). Un grand nombre de pierres tombales recouvrent en fait des sépultures vides : pour la plupart, les combattants ont été enterrés là où ils sont tombés.

Peinture

Peinture traditionnelle. La peinture sur soie remonte au XIIIe siècle. Elle fut longtemps le domaine réservé de calligraphes lettrés qui aimaient représenter la nature. Avant l'avènement de la photographie, ils réalisaient les portraits des défunts pour le culte des ancêtres. On peut encore en voir quelques-uns (généralement des bonzes) dans les pagodes.

Peinture moderne. Au cours du XXe siècle, la peinture vietnamienne a subi une forte influence de l'Occident. Les œuvres récentes tirent davantage leur inspiration de thèmes politiques que de préoccupations esthétiques ou artistiques. Selon un document officiel, la guerre contre les Français et les Américains a fourni aux peintres un "riche matériel humain : les soldats de l'Armée populaire faisant face aux avions ennemis, les paysans et les ouvrières membres de la milice tenant le fusil d'une main et continuant à travailler de l'autre, les jeunes volontaires réparant les routes en un temps record..., de vieilles femmes offrant le thé à des canonniers anti-aériens...". Vous pourrez voir quantité d'œuvres de ce style au musée des Beaux-Arts de Hanoi.

La récente libéralisation économique a convaincu beaucoup de jeunes artistes d'abandonner les thèmes révolutionnaires pour se concentrer sur des sujets plus commerciaux. Certains sont revenus à la peinture sur soie, d'autres se lancent dans de nouvelles expériences. Le nu a fait une apparition notable : on peut voir là le signe d'une volonté de se conformer aux goûts occidentaux ou bien l'expression d'une sensualité longtemps réprimée.

On peut trouver des tableaux de qualité courante et très bon marché (de 10 à 50 $US) dans les boutiques de souvenirs des hôtels et sur les marchés. Les œuvres des jeunes artistes sont exposées dans deux galeries d'art gérées par le gouvernement : l'Association artistique vietnamienne, au 511 P, Tran Hung Dao, à Hanoi, et l'Association des Beaux-Arts de Ho Chi Minh-Ville (☎ 08-823-0026, 218 A, Đ Pasteur, district n°1). Ces tableaux sont vendus entre 30 et 50 $US, mais certains artistes demandent parfois jusqu'à dix fois plus. Il faut savoir que la contrebande existe – le tableau du "célèbre artiste vietnamien" que vous avez repéré ne sera pas forcément un original, mais, qui sait, cela ne l'empêchera pas pour autant d'être intéressant.

Sculpture

La sculpture vietnamienne, qui s'inspirait autrefois de thèmes religieux, était considérée comme un art annexe à l'architecture, particulièrement dans les pagodes, les temples et les tombeaux. On peut encore voir des stèles centenaires gravées (blocs de pierre sculptés ou colonnes) commémorant la construction d'une pagode ou un événement national important (comme par exemple la pagode Thien Mu à Hué ou le temple de la Littérature à Hanoi).

Dans la civilisation cham, d'étonnantes statues de grès sculpté ornent les sanctuaires hindouistes ou bouddhistes. La sculpture cham, profondément influencée par l'art indien, a su incorporer, au fil des siècles, des éléments indonésiens et vietnamiens. La plus grande collection de sculptures cham au monde est exposée au musée cham de Danang.

L'art du laque

Ce sont les Chinois qui ont initié les Vietnamiens à l'art du laque au milieu du XVe siècle. Auparavant, ces derniers utilisaient ce vernis uniquement à des fins pratiques, pour rendre les objets étanches. Au cours des années 30, des professeurs japonais, appelés par l'école des Beaux-Arts de Hanoi, enseignèrent de nouveaux styles et de nouvelles méthodes de production des laques. Leur influence est encore visible dans certains laques vietnamiens, particulièrement ceux produits dans le Nord. En dépit d'une publication gouvernementale affirmant en 1985 que "le laque traite maintenant des thèmes révolutionnaires et réalistes et ne cesse de progresser", la plupart des laques vendus dans le commerce sont incrustés de nacre dans un style purement traditionnel.

Le laque est une résine extraite de l'"arbre à laque", le sumac (cay son). Ce latex, blanc crémeux à l'état brut, devient noir (son then) ou marron (canh dan, couleur "aile de cafard") après avoir baigné dans la résine une quarantaine d'heures, dans un récipient en fer. L'objet à laquer (traditionnellement en teck) reçoit d'abord un fixateur, puis dix couches de laque au minimum. Il faut laisser sécher chaque couche une semaine, puis la poncer, d'abord avec une pierre ponce puis avec un os de seiche, avant d'appliquer la couche suivante. Un laque spécialement raffiné est utilisé pour la onzième et dernière couche, que l'on polit avec une fine poussière de charbon et de la chaux avant de passer à la décoration. Les motifs peuvent être gravés en léger relief, peints ou incrustés de nacre, de coquille d'œuf, d'argent ou même d'or.

Céramique

La production de céramique (*gom*) est une tradition très ancienne au Vietnam. Autrefois, on modelait les objets sur un moule en osier et on les cuisait au four. La fabrication de la céramique est ensuite devenue très raffinée ; chaque dynastie a imposé ses propres techniques et ses motifs particuliers.

Cinéma

La bande d'actualités réalisée à l'occasion de la proclamation d'indépendance par Ho Chi Minh, en 1945, a marqué les débuts du cinéma vietnamien. Par la suite, des reconstitutions de certains épisodes de la bataille de Dien Bien Phu ont été tournées.

Avant la réunification, l'industrie cinématographique sud-vietnamienne se contentait de produire des séries B spectaculaires et à petit budget. Très récemment encore, Hanoi fixait comme but à toute réalisation du 7e art de "mobiliser les masses pour la reconstruction économique, l'édification du socialisme et la lutte pour la réunification nationale". Les "ouvriers dévoués à l'industrialisation socialiste", les "vieilles mères risquant leur vie pour aider l'Armée populaire" et les "enfants prêts à braver tous les dangers" figuraient parmi les thèmes favoris.

L'assouplissement de la censure idéologique qui pesait sur toutes les formes de création artistique a connu de nombreux à-coups, mais, ces dernières années, l'élargissement progressif de la liberté d'expression a bénéficié à l'art cinématographique comme aux autres. Toutefois, les transformations radicales que connaît actuellement l'Europe de l'Est ont provoqué un regain de paranoïa au sein des instances gouvernementales, ainsi qu'un renforcement de leur contrôle.

Théâtre et marionnettes

Le théâtre vietnamien intègre harmonieusement la musique, le chant, la récitation, la déclamation, la danse et le mime. On en distingue cinq types :

Le théâtre classique s'appelle *hat tuong* dans le Nord et *hat boi* dans le Sud. Nettement influencé par l'opéra chinois, il a probablement été introduit au Vietnam au XIIIe siècle par les envahisseurs mongols, jusqu'à ce qu'ils ne soient repoussés par Tran Hung Dao. Le théâtre hat tuong, très cérémonieux, emprunte sa gestuelle et ses décors à l'opéra chinois. Un orchestre de six musiciens, dominé par le tambour, l'accompagne. Les spectateurs apportent souvent leur propre tambour pour manifester leurs réactions au cours du déroulement de l'intrigue.

Le hat tuong comprend un nombre limité de personnages caractéristiques, immédiatement identifiables grâce à un maquillage et des costumes symboliques. Ainsi, un visage maquillé en rouge représente le courage, la loyauté et la fidélité. Les traîtres et les personnages cruels se blanchissent le visage. Les habitants des plaines ont la figure peinte en vert, les montagnards en noir. Horizontaux, les sourcils signifient l'honnêteté, en accent circonflexe, la cruauté, et tombants, la lâcheté. Selon la façon dont il tripote sa barbe, on peut reconnaître les émotions (réflexion, inquiétude, colère, etc.) qui animent un personnage masculin.

Le théâtre populaire (*hat cheo*) se spécialise dans la satire sociale. On y chante et déclame avec des mots de tous les jours, en recourant à de nombreux proverbes et dictons. La plupart des mélodies sont d'origine paysanne.

Le théâtre moderne (*cai luong*), né au sud au début du siècle, est largement influencé par l'Occident.

Le théâtre parlé (*kich noi* ou *kich*), inspiré du théâtre occidental, est apparu dans les années 20. Il trouve ses adeptes parmi les étudiants et les intellectuels.

Les marionnettes conventionnelles (*roi can*) et les **marionnettes aquatiques** (*roi nuoc*), art exclusivement vietnamien, tirent leurs intrigues des mêmes légendes et du même passé que les autres formes de théâtre traditionnel. L'art des marionnettes aquatiques trouverait son origine dans l'entêtement de marionnettistes du delta du fleuve Rouge, déterminés à continuer leur spectacle malgré une inondation (reportez-vous aux pages consacrées au *Théâtre de marionnettes aquatiques* dans le chapitre *Hanoi*).

Aujourd'hui, des dizaines de troupes et compagnies subventionnées jouent dans tout le pays les différents répertoires du théâtre vietnamien. On peut assister à des spectacles de marionnettes aquatiques au zoo d'Ho Chi Minh-Ville, à Hanoi et à la pagode Thay, près de Hanoi.

RÉGLES DE CONDUITE

Informez-vous sur la culture vietnamienne avant votre départ, et respectez les différences culturelles plutôt que d'essayer de les changer.

Culture traditionnelle

Prestige. Faire bonne figure est synonyme de prestige, et le prestige est important en Orient. Toutes les familles, même les plus pauvres, doivent dépenser une fortune pour un mariage. Que la cérémonie coûte cher et endette le jeune couple pour longtemps importe beaucoup moins que le risque de perdre la face.

Canons de beauté. Les Vietnamiens n'aiment que les peaux claires. Voilà pourquoi vous pouvez voir, par beau temps, d'élégantes Vietnamiennes abriter leur visage sous un parapluie. Comme au XIXᵉ siècle en Europe, il est de mauvais ton, même dans la classe paysanne, d'afficher un visage tanné. Les femmes aux champs tentent de se préserver du soleil en portant des chemisiers à manches longues, des gants, un chapeau conique, et s'enveloppent la tête dans une serviette. Dire à une Vietnamienne qu'elle a la peau blanche est un grand compliment ; la féliciter pour son "joli bronzage" serait une insulte.

Situation des femmes. Au Vietnam comme dans la plupart des pays asiatiques, la femme doit assumer des tâches nombreuses et pénibles, mais elle ne joue aucun rôle au niveau décisionnel. Les Vietnamiennes se sont révélées de redoutables combattantes dans la guérilla, comme peuvent en témoigner les soldats américains. A la fin de la guerre, on les a payées de belles paroles seulement pour les remercier de leur contribution. Ce sont les hommes qui ont accaparé les postes importants au sein du gouvernement. Dans les campagnes, elles travaillent aux champs, cassent les pierres sur les chantiers et portent des paniers de 60 kilos.

Les femmes semblent tirer parti de la récente politique gouvernementale des "deux enfants par famille". En effet, elles sont de plus en plus nombreuses à repousser l'échéance du mariage afin de poursuivre leurs études. Si 50% de la population étudiante est féminine, il semble néanmoins que ces compétences ne soient guère mises à profit à leur sortie de l'université.

L'ouverture du Vietnam sur l'Occident capitaliste a engendré un triste phénomène : l'arrivée de proxénètes déguisés en "prospecteurs de talents". Ils font miroiter des emplois lucratifs dans les pays industrialisés à des Vietnamiennes naïves, qui découvrent, une fois sur place, la supercherie. Sans argent pour retourner au pays, elles n'ont d'autre choix que de se livrer à la prostitution. Des gangs japonais se sont fait une spécialité de cette forme particulière de recrutement.

Géomancie. Pour comprendre et agir sur ce qui l'entoure, un Vietnamien s'adressera à un géomancien. Les Vietnamiens appellent cet art *phong thuy*, ce qui signifie "eau du vent", mais beaucoup d'Occidentaux le désignent sous son nom chinois, *fengshui*.

C'est lui qui détermine l'orientation d'une maison, d'une salle de réunion (*dinh*), d'une tombe ou d'une pagode pour concilier à ses occupants les esprits favorables. L'emplacement de la tombe d'un ancêtre pose particulièrement problème : le terrain et l'orientation choisis rendront les esprits plus ou moins favorables aux descendants du défunt... Il en est de même pour l'emplacement de l'autel de famille que possède chaque foyer vietnamien.

Les affaires marchent mal ? Un géomancien conseillera peut-être de changer la porte ou la fenêtre de place. Si c'est inefficace, il faudra essayer d'installer la tombe des ancêtres ailleurs. Un esprit angoissé peut fort bien retrouver la sérénité avec un peu d'argent liquide (une donation à un temple, par exemple), particulièrement s'il souhaite construire un bâtiment qui "bouche la vue" à l'esprit en question. La date à laquelle débute la construction est également cruciale.

On pense que le concept de la géomancie est né en Chine. Bien que les communistes (tant chinois que vietnamiens) la classent avec dédain dans les superstitions à oublier, elle n'a pas perdu son influence sur le comportement des gens.

Badauds. Dans l'arrière-pays, le seul fait de rester simplement debout dans son coin peut attirer les regards et attiser la curiosité, des enfants surtout. Aussitôt, c'est l'attroupement autour de vous. On risque de vous suivre partout, même jusqu'aux toilettes !

Être le nez dans un journal ou prendre des notes aura un effet encore plus attractif. Certains badauds vont venir coller leur nez sur votre carnet, d'autres oseront peut-être vous le prendre des mains pour pouvoir mieux regarder. Les Vietnamiens n'aiment pas que l'on prenne des notes sur ce qu'ils disent ou ce qu'ils montrent, en particulier dans le Nord. Il vaut peut-être mieux éviter de le faire devant des policiers.

Entrer sans frapper. On fait peu de cas de la vie privée au Vietnam, aussi n'espérez pas que les gens frapperont à votre porte avant d'entrer. On peut très bien être nu comme un ver dans sa chambre d'hôtel et voir la femme de chambre faire irruption sans prévenir. Vérifiez s'il existe un verrou qui ne peut être ouvert de l'extérieur avec une clef. A défaut, coincez une chaise

contre la porte. Sinon, il ne vous reste plus qu'à sourire.

Ong Tay et Ba Tay. Les enfants adorent apostropher les visiteurs *Ong Tay !* (M l'Occidental) ou *Ba Tay !* (Mme l'Occidentale) à la peau blanche. Ils le font pour attirer votre attention, vous qui êtes si différent d'eux. Souvent, des enfants s'enhardiront à venir vous tirer les poils des bras ou des jambes (pour voir s'ils sont vrais !) ou se pousseront mutuellement pour vous toucher. On peut même, rarement tout de même, se faire pincer ou recevoir un coup de pied, par jeu, non par méchanceté.

Encore récemment, on prenait tous les Occidentaux pour des Russes et on les interpellait fréquemment par un *Lien Xo !* (Union soviétique), simplement pour souligner leur impopularité. Cette expression péjorative a perdu de sa faveur en raison de la raréfaction des conseillers techniques russes et de la diminution des touristes des pays de l'Est, qui n'ont plus les moyens de s'offrir un voyage au Vietnam.

Sur les marchés, les vendeuses chercheront sans doute à vous séduire par un *Dong Chi !* (camarade) qui se veut une marque d'affection quasi maternelle.

Si vous circulez à bicyclette, vous entendrez également des Vietnamiens vous dire *Tay di xe dap*, ce qui signifie tout simplement "Occidental qui voyage à vélo". Voilà une périphrase bien singulière, dans un pays où ce moyen de locomotion est roi ! Toutefois, n'oubliez pas qu'autrefois la plupart des étrangers se montraient au volant de Citroën, de jeeps ou de Volga noires, et qu'aujourd'hui on les voit surtout dans des Toyota blanches. De plus, presque tous les Vietnamiens roulent à bicyclette, mais ils l'abandonneraient sans regret au profit d'une moto ou d'une voiture si leurs moyens le leur permettaient. A leurs yeux, toute personne qui choisit délibérément un tel véhicule est manifestement un peu dérangée.

A faire et ne pas faire
Habillement. Montrez-vous aussi respectueux que possible des codes vestimen-

taires, notamment dans les lieux de prière (évitez shorts et débardeurs, et retirez toujours vos chaussures avant de pénétrer dans un temple). En général, les Vietnamiens sont très conservateurs en matière d'habillement, surtout à la campagne, et le nudisme et le monokini sont à proscrire absolument.

Salutations. On se salue traditionnellement en joignant les deux mains devant soi et en inclinant légèrement la tête. L'habitude européenne de se serrer la main a pris maintenant le pas sur l'habitude ancienne. Toutefois, les bonzes et les bonzesses peuvent saluer à l'ancienne ; mieux vaut alors leur répondre de la même façon.

Cartes de visite. C'est une chose très utile et courante au Vietnam. Comme partout ailleurs en Asie orientale, il est de bon ton d'échanger ses cartes pour la plus petite transaction. Faites-en imprimer avant votre départ et proposez-en à tout le monde. A Bangkok et Hong Kong, vous les obtiendrez en l'espace d'une vingtaine de minutes pour un prix très abordable. N'oubliez pas d'indiquer votre profession.

Les baguettes qui tuent. Une paire de baguettes plantées verticalement dans un bol de riz ressemble beaucoup aux bâtons d'encens que l'on brûle pour les morts. C'est donc un puissant symbole de mort qui n'est apprécié nulle part en Orient.

Signes du pied. Comme les Chinois et les Japonais, les Vietnamiens sont obsédés par la propreté des sols, et il est d'usage de retirer ses chaussures en entrant chez quelqu'un. Dans ce cas, votre hôte vous fournira sans doute des chaussons. On se déchausse à l'intérieur de la plupart des temples bouddhiques, mais ce n'est pas une règle universelle. Faites comme les autres. Si vous voyez une pile de chaussures à la porte, c'est un signe !

Il est très mal élevé de diriger ses orteils vers autrui, sauf s'il s'agit d'un ami intime. Quand vous vous asseyez par terre, croisez les jambes dans la position du lotus pour éviter de montrer vos plantes de pieds à vos voisins. Ne tournez jamais la pointe des pieds vers des représentations du Bouddha ou vers les petits autels que l'on voit dans la plupart des foyers. Si vous êtes assis sur une chaise lors d'une réunion formelle, ne croisez pas les jambes.

Chapeau bas ! La correction exige que l'on se découvre devant une personne âgée ou tout autre individu digne de respect, comme un moine, et que l'on incline la tête avant de s'adresser à eux. En Asie, la tête est le point symbolique le plus élevé ; en conséquence, ne touchez ni ne tapotez quelqu'un sur la tête.

Pauvres célibataires ! Si l'on annonce à un Vietnamien qu'on est célibataire ou divorcé et qu'on se passe parfaitement de la compagnie des bambins, on risque de le mettre fort mal à l'aise. Le fait de ne pas avoir fondé de famille est considéré comme une malchance, et ceux qui doivent subir ce triste sort sont plus à plaindre qu'à envier.

Presque tout le monde vous demandera si vous êtes marié et si vous avez des enfants. Si vous êtes jeune et célibataire, dites simplement que ce n'est "pas encore" fait ; cette demi-vérité sera acceptée. En revanche, les célibataires de plus de 30 ans sauront judicieusement mentir et les divorcés (fort mal vus) prétendre que leur ex-conjoint est décédé !

Respecter les autres. Les voyageurs qui parcourent l'Asie, où les questions de forme sont capitales, doivent faire très attention aux signes de respect. A ce propos, un étranger résidant au Vietnam déclare ceci :

Si je vous écris, c'est principalement pour vous demander de supplier vos lecteurs, avec force et clarté (en caractères gras, si nécessaire), de témoigner un peu de respect aux populations locales. Se battre pour faire baisser de 10 cents le prix d'un cyclo-pousse ou se réjouir d'y être parvenu est une bien piètre "gloire" et une bien vilaine chose. Ces gens ont visiblement besoin d'argent. Faute de mieux, les touristes devraient au moins se montrer cordiaux et respectueux. Le sourire, ça marche à merveille ici… Ce que j'ai observé récemment, dans ce pays où je travaille, m'a ouvert les yeux sur le fait que l'impérialisme est toujours vivant. Parce qu'ils détiennent le pouvoir financier, certains étrangers se comportent comme s'ils étaient par essence supérieurs. L'impérialiste d'antan débarquait avec son fusil et son uniforme, celui d'aujourd'hui arrive avec son appareil photo.

Steve McNicholas

Voici dix bons conseils à l'intention des personnes censées rencontrer des hauts fonctionnaires ou des hommes d'affaires :

- Avoir toujours le sourire et être aimable.
- Ne pas se plaindre de tout à tout le monde.
- Jouer sur l'humour si l'on veut critiquer, afin d'éviter la confrontation.
- S'attendre à des retards et en tenir compte dans son emploi du temps.
- Ne jamais montrer sa colère – jamais ! Sortir de ses gonds est non seulement grossier, mais on y perd la face.
- Ne pas avoir l'esprit compétitif mais coopératif. On y gagne en efficacité.
- Ne jamais jouer au grand seigneur auquel tout est dû, ou alors s'attendre à être mis un moment à l'écart.
- Éviter les questions trop personnelles.
- S'asseoir, siroter du thé et échanger des petits cadeaux (offrir des cigarettes, par exemple) est le prélude incontournable à toute relation d'affaires.
- S'attendre aux pires tracasseries de la bureaucratie, dont la mentalité est restée très confucéenne.

Calendrier lunaire

Le calendrier lunaire vietnamien ressemble beaucoup au calendrier chinois. La première année correspond à l'an 2637 av. J.-C., et chaque mois lunaire a 29 ou 30 jours, ce qui fait des années de 355 jours. Une année bissextile revient approximativement tous les 3 ans : on ajoute alors un mois entre le

3e et le 4e mois pour faire coïncider l'année lunaire avec l'année solaire. Autrement, on finirait par avoir un décalage entre les saisons formelles et celles de la nature. Pour trouver à quelle date du calendrier grégorien (solaire) correspond une date lunaire, regardez un calendrier vietnamien ou chinois.

Au lieu de diviser le temps en siècles, le calendrier vietnamien utilise des unités de 60 années appelées *hoi*. Chaque hoi se compose de 6 cycles de 10 ans (*can*) et de 5 cycles de 12 ans (*ky*), qui ont lieu simultanément. Le nom de chaque année du cycle contient le nom can suivi du nom ky ; ce système ne produit jamais deux fois la même combinaison.

Les 10 branches célestes du cycle can sont les suivantes :

Giap	l'eau dans la nature
At	l'eau dans la maison
Binh	le feu allumé
Dinh	le feu qui couve
Mau	le bois
Ky	le bois à brûler
Canh	le métal
Tan	le fer forgé
Nham	la terre vierge
Quy	la terre cultivée

Les 12 branches zodiacales du *ky* sont les suivantes :

Tỷ	le rat
Suu	le buffle
Dan	le tigre
Mau	le lapin
Thin	le dragon
Ty	le serpent
Ngo	le cheval
Mui	le bouc
Than	le singe
Dau	le coq
Tuat	le chien
Hoi	le cochon

Ainsi, si l'année 1998 était celle du Tigre (Mau Dan), 1999 sera celle du Lièvre (Ky Mau) et 2000 celle du Dragon (Canh Thin).

RELIGION

Quatre grandes philosophies et religions ont façonné la vie spirituelle du peuple vietnamien : le confucianisme, le taoïsme, le bouddhisme et le christianisme. Au fil des siècles, le confucianisme, le taoïsme et le bouddhisme se sont mélangés aux croyances populaires chinoises et à l'ancien animisme vietnamien pour former la "Religion triple", ou *Tam Giao*. Le confucianisme, qui est davantage un système de morale sociale et politique qu'une religion, a pris divers aspects religieux. Le taoïsme, au départ une philosophie ésotérique pour lettrés, s'est mêlé au bouddhisme, très populaire auprès des paysans. Beaucoup d'éléments taoïstes sont ainsi devenus les composantes de la religion populaire. Interrogés sur la religion qu'ils pratiquent, la plupart des Vietnamiens répondent généralement qu'ils sont bouddhistes, même s'ils suivent plutôt le confucianisme pour leurs devoirs familiaux ou civiques. Toutefois, leur compréhension de la nature et du cosmos relève du système taoïste.

Histoire du bouddhisme

Le bouddhisme a pénétré le Vietnam au IIe siècle sous ses deux formes : le Theravada, grâce à des pèlerins de retour des Indes ; le Mahayana, par l'intermédiaire de moines chinois. Il a pourtant fallu plusieurs siècles pour que cette religion devienne populaire.

Le bouddhisme a bénéficié de la protection royale entre les Xe et XIIIe siècles. La hiérarchie bouddhique était reconnue par l'État, la construction de pagodes financée par les dynasties, et le clergé participait à l'administration du pays. Dès le XIe siècle, chaque village avait sa pagode, au point que le bouddhisme était devenu la religion officielle au milieu du XIIe siècle.

Aux XIIIe et XIVe siècles, les lettrés confucéens ont peu à peu remplacé les bonzes vietnamiens aux postes de conseillers de la dynastie des Tran. Les confucéens accusaient les bouddhistes de fuir leurs responsabilités envers leurs familles et leur pays, puisque leur doctrine prônait le retrait des choses de ce monde.

Le zodiaque vietnamien

Pour connaître votre signe zodiacal vietnamien, il vous suffit de chercher votre année de naissance dans le tableau ci-dessous (nous avons indiqué les années à venir ; vous saurez ainsi ce qui vous attend). Mais attention : l'astrologie vietnamienne épousant le calendrier lunaire, le Nouvel An tombe habituellement fin janvier ou début février. Si vous êtes né en janvier, il vous faut donc retenir l'année zodiacale précédant votre année de naissance.

Rat	1924	1936	1948	1960	1972	1984	1996
Buffle	1925	1937	1949	1961	1973	1985	1997
Tigre	1926	1938	1950	1962	1974	1986	1998
Lapin	1927	1939	1951	1963	1975	1987	1999
Dragon	1928	1940	1952	1964	1976	1988	2000
Serpent	1929	1941	1953	1965	1977	1989	2001
Cheval	1930	1942	1954	1966	1978	1990	2002
Bouc	1931	1943	1955	1967	1979	1991	2003
Singe	1932	1944	1956	1968	1980	1992	2004
Coq	1933	1945	1957	1969	1981	1993	2005
Chien	1934	1946	1958	1970	1982	1994	2006
Cochon	1935	1947	1959	1971	1983	1995	2007

C'est l'invasion chinoise de 1414 qui a permis au confucianisme de s'imposer et provoqué la destruction de nombreuses pagodes et manuscrits bouddhiques. Ce n'est qu'avec les seigneurs Nguyen (1558-1778), au sud du pays, que les bouddhistes ont pu inverser cette tendance.

La renaissance du bouddhisme en tant que grande religion nationale a commencé vers 1920. Elle a été ponctuée de plusieurs tentatives d'unification des différents courants. Au début des années 60, dans le Sud, des bonzes et des laïques bouddhistes ont joué un grand rôle dans l'opposition au régime de Ngo Dinh Diem.

Pendant des siècles, les croyances et les idéaux bouddhiques des élites éclairées ont très peu touché les masses rurales (90% de la population), dont les traditions orales étaient fortes d'une pratique quotidienne. Les gens ordinaires se souciaient peu de la philosophie du pouvoir et cherchaient plutôt à résoudre leurs problèmes immédiats par une aide de l'ordre du surnaturel.

Petit à petit, les différents bouddhas et bodhisattvas mahayana se sont trouvés mélangés au mysticisme, à l'animisme, au polythéisme et au tantrisme hindou, ainsi qu'aux multiples divinités du panthéon taoïste. La Religion triple s'est développée contre le gré des bonzes, qui souhaitaient maintenir un semblant d'orthodoxie et de pureté doctrinale dans le bouddhisme. Bien que la majeure partie de la population n'ait qu'une vague notion des doctrines bouddhiques, elle invite les bonzes à participer aux cérémonies fondamentales de la vie, comme les funérailles. Les pagodes sont devenues pour les Vietnamiens à la fois un abri temporel et un refuge spirituel dans un monde incertain.

Après 1975, de nombreux bonzes, dont ceux qui s'étaient activement opposés à la guerre et au gouvernement sud-vietnamien, ont été arrêtés et envoyés en camp de rééducation. Le régime communiste a alors fermé les temples et interdit la formation de nouveaux bonzes. La plupart de ces interdictions de culte sont à présent levées et le bouddhisme regagne timidement du terrain.

Le bouddhisme mahayana

Le bouddhisme mahayana (Dai Thua ou Bac Tong, ce qui signifie "Qui vient du Nord" et donc de la Chine, également connu sous les noms d'école de la Grande Roue, école du Grand Véhicule ou encore bouddhisme du Nord) est la religion dominante au Vietnam. La principale secte mahayana du pays est Zen (Dhyana ou Thien en vietnamien) que l'on l'appelle aussi école de la méditation. La deuxième grande secte du pays, Dao Trang (école du Pur pays), ne compte des adeptes que dans le Sud.

Le bouddhisme mahayana diffère du Theravada sur plusieurs points importants. Alors que le bouddhisme theravada aspire à la sainteté (arhat) qui le mènera au nirvana, l'idéal mahayaniste est celui du bodhisattva, qui fait tout pour acquérir les vertus essentielles (générosité, moralité, patience, vigueur, concentration et sagesse), mais qui choisit, même après avoir atteint la perfection, de rester dans le monde pour sauver les autres.

Les mahayanistes voient en Bouddha Gautama l'une des infinies manifestations de l'ultime Bouddha. Ces bouddhas et bodhisattvas, aussi nombreux que les univers sur lesquels ils règnent, ont donné naissance dans la religion populaire vietnamienne – avec sa kyrielle de déités et d'esprits taoïstes – à un panthéon de divinités accompagnées de leurs assistants, dont on peut se gagner les grâces par des prières et des offrandes.

Les pagodes vietnamiennes du bouddhisme mahayana présentent certaines constantes. Devant la pagode se dresse généralement une statue blanche représentant Quan The Am Bo Tat en position debout (Avalokiteçvara Bodhisattva en hindi, Guanyin en chinois). Une variante de cette divinité la montre avec de nombreux bras et parfois même des yeux et des oreilles multiples, qui lui permettent de tout toucher, de tout voir et de tout entendre. On l'appelle alors Chuan De (Qianshou Guanyin en chinois).

A l'intérieur du sanctuaire principal se trouvent des représentations des trois

Bouddhas : A Di Da (prononcez A Zi Da ; Amitabha) ou le Bouddha du passé ; Thich Ca Mau Ni (Sakyamuni ou Siddhartha Gautama) ou le Bouddha historique ; enfin, Di Lac (prononcez Zi Lac ; Maitreya), le Bouddha du futur. A proximité apparaissent les représentations des huit Kim Cang (génies des Points cardinaux), des La Han (arhats) et de plusieurs Bo Tat (bodhisattvas) comme Van Thu (Manjusri), Quan The Am Bo Tat (Avalokiteçvara) et Dia Tang (Ksitigartha).

Parfois, à côté, un autel est réservé aux divinités taoïstes telles que Ngoc Hoang (l'empereur de Jade) et Thien Hau (la déesse de la Mer ou reine du Paradis). Thien Hau porte le nom de Tin Hau à Hong Kong, et de Matsu à Taiwan. Chaque pagode dispose d'un autel pour les tablettes funéraires à la mémoire des bonzes décédés (souvent enterrés dans des stupas près de la pagode), mais aussi de laïcs.

Le bonze vietnamien est chargé de répondre aux besoins spirituels et aux superstitions des paysans. Il est libre de recourir aux traditions du taoïsme ou à la philosophie du bouddhisme. Un bonze peut vivre en ermite dans une montagne perdue ou s'occuper d'une pagode dans une rue animée. Ses fonctions peuvent l'amener à prédire l'avenir, fabriquer et vendre des talismans (*fu*), réciter des incantations lors de funérailles, conseiller où construire une maison, ou même exercer l'acupuncture.

Le bouddhisme theravada

Le bouddhisme theravada (Tieu Thua ou Nam Tong, ce qui signifie "Qui vient du sud", appelé également hinayana, école de la Petite Roue, école du Petit Véhicule et bouddhisme du Sud) est originaire de l'Inde. Il se pratique essentiellement dans la région du delta du Mékong, au sein des communautés d'origine khmère. La secte theravada la plus importante, au Vietnam, est l'école disciplinaire ou Luat Tong.

L'école theravada est au fond une forme de bouddhisme plus ancienne et, selon ses adeptes, moins corrompue que les écoles mahayana disséminées dans l'est de l'Asie

et la région himalayenne. L'école theravada est appelée école du Sud car elle a emprunté l'Inde par la route du sud, traversant tout le Sud-Est asiatique ; alors que l'école du Nord vient du nord par le Népal, le Tibet, la Chine, la Corée, la Mongolie et le Japon. L'école du Sud essayant de préserver ou de limiter les doctrines bouddhiques aux seuls canons codifiés lors de la première époque du bouddhisme, l'école du Nord lui a donné le nom de hinayana, ou Petit Véhicule, par opposition au Grand Véhicule qui la qualifie car elle va au-delà des premiers enseignements, afin de mieux répondre aux besoins de ses adeptes.

Le confucianisme

Philosophie religieuse plutôt que religion organisée, le confucianisme (Nho Giao ou Khong Giao) a forgé le système social du Vietnam et grandement influencé la vie quotidienne, tout comme les croyances de sa population.

Confucius (Khong Tu) est né en Chine en 550 av. J.-C. Il voyait en l'homme un être formé par la société mais capable de la modifier. Il a donc élaboré un code éthique pour guider celui-ci dans ses relations sociales. Ce code spécifie les obligations de chacun envers sa famille, la société et l'État. L'essence du confucianisme repose sur le devoir et la hiérarchie.

Selon la philosophie confucéenne, introduite au Vietnam par les Chinois lorsqu'ils régnaient sur le pays (de 111 av. J.-C. à 938), seul l'empereur, mandaté par le Ciel pour gouverner, peut intercéder en faveur de sa nation auprès des puissances du Ciel et de la Terre. Seule la vertu acquise par l'éducation donne le droit (le mandat divin) d'exercer le pouvoir politique : un manque de vertu aurait pour conséquence le retrait de ce mandat, sanctionnant ainsi un souverain injuste. Les désastres naturels ou les défaites sur le champ de bataille signifiaient sa perte du mandat divin.

La philosophie confucéenne était, en un sens, assez démocratique : la vertu ne pouvant s'acquérir que par les études. L'éducation prenait donc le pas sur la naissance, d'où la nécessité d'étendre le système éducatif à une population plus large. Jusqu'au début de ce siècle, la philosophie et les textes confucéens formaient les bases du système d'éducation vietnamien. C'est pourquoi on a enseigné à d'innombrables générations de jeunes gens des villages et des villes leurs devoirs envers la famille (notamment le culte des ancêtres) et la communauté. Il était essentiel de bien connaître sa place dans la hiérarchie sociale et de se comporter en conséquence.

Par un système de concours d'entrée dans la fonction publique, l'État sélectionnait les meilleurs étudiants du pays et les invitait à rejoindre la classe des mandarins, dont le pouvoir n'avait rien d'héréditaire. L'éducation donnait alors non seulement accès à la vertu, mais permettait également d'obtenir un avancement social et politique. Ce système éducatif explique le grand respect des Vietnamiens pour le talent intellectuel et littéraire, d'où sa réputation aujourd'hui encore.

En devenant conservatrices et rétrogrades, les institutions politiques fondées sur le confucianisme ont fini par se discréditer, comme dans tous les pays sous influence chinoise. Cette tendance réactionnaire a dominé au Vietnam au XVe siècle, avec des souverains despotiques qui mettaient plus l'accent sur leurs droits divins que sur leurs responsabilités.

Le taoïsme

Le taoïsme (Lao Giao ou Dao Giao) est né en Chine. On le doit à Laozi (Laotse selon la transcription ancienne) ou Thai Thuong Lao Quan, surnom qui signifie, littéralement, le Grand Vieux Maître. Ce philosophe aurait vécu au VIe siècle av. J.-C., mais son existence est mise en doute. L'Histoire veut pourtant que Confucius en personne aurait aimé consulter ce gardien des archives impériales.

Il est peu probable que Laozi ait tenté de faire de sa philosophie une religion. On attribue à Chang Ling la responsabilité de l'avoir officiellement déclarée religion en 143 av. J.-C. Plus tard, le taoïsme s'est divisé en deux, le culte des Immortels et la Voie du Professeur divin.

Comprendre le taoïsme n'a rien de facile. Cette philosophie préconise la contemplation et la vie simple. Son idéal est de revenir au dao (tao selon la transcription ancienne, c'est-à-dire la Voie, le principe de l'univers). Seule une élite, tant en Chine qu'au Vietnam, a été capable de saisir une telle philosophie, fondée sur plusieurs correspondances (par exemple le corps humain, réplique microcosmique du macrocosme) et des contradictions complémentaires (am et duong, équivalents vietnamiens du yin et du yang). Pour cette raison, le Vietnam compte peu de pagodes proprement taoïstes, l'essentiel de ce rituel étant absorbé par le bouddhisme chinois et vietnamien. Les dragons et les démons qui décorent le toit des temples en sont une preuve.

Selon la cosmologie taoïste, Ngoc Hoang, l'empereur de Jade (en chinois : Yu Huang), dont la demeure est dans les cieux, dirige un monde de divinités, de génies, d'esprits et de démons dans lesquels les forces de la nature sont incarnées par des êtres surnaturels et de grands personnages historiques devenus dieux. Cet aspect du taoïsme fait partie de la vie quotidienne des Vietnamiens sous la forme de superstitions et de croyances mystiques et animistes. Nombre des pratiques de sorcellerie et de magie, dont se nourrit aujourd'hui la religion populaire vietnamienne, tirent leur origine du taoïsme.

Le culte des ancêtres

Chez les Vietnamiens, le culte des ancêtres est l'expression rituelle de la piété filiale (hieu). Il existait bien avant le confucianisme ou le bouddhisme. Certains le considèrent comme une religion en soi.

Le culte des ancêtres est fondé sur la croyance que l'âme du défunt survit après sa mort et protège ses descendants. Étant donné l'influence que les esprits des ancêtres exercent sur la vie de chacun, il n'est pas seulement honteux de les contrarier ou de ne pas leur accorder le repos, mais carrément dangereux. Une âme sans descendant est vouée à une errance éternelle, puisqu'elle ne recevra jamais aucun hommage.

Les Vietnamiens ont coutume de vénérer et d'honorer régulièrement les esprits de leurs ancêtres, particulièrement à l'anniversaire de leur mort. Ils offrent ce jour-là des sacrifices au dieu de la Maison et à l'âme des ancêtres. Prières et offrandes sont alors censées permettre la prospérité ou de recouvrer la santé. Les ancêtres sont également informés des joies et des peines de la famille, mariages, succès aux examens ou décès. Trois choses sont nécessaires à ce culte : la possession d'un autel familial, la propriété d'un morceau de terrain pour assurer financièrement l'"entretien" des ancêtres, et la désignation d'un descendant direct masculin du défunt, qui sera chargé de perpétuer le culte.

Dans beaucoup de pagodes se dressent des autels arborant des plaques commémoratives et des photos de défunts. En voyant ces photos de visages si jeunes, on se demande pourquoi la mort les a fauchés si tôt. S'agit-il de victimes de la guerre ? L'explication est moins triste : la plupart de ces défunts ont vécu longtemps après la séance chez le photographe. Plutôt que d'exposer l'image d'un parent âgé ou décati, les survivants ont préféré en choisir une plus flatteuse.

Le caodaïsme

Le caodaïsme est une religion locale vietnamienne qui tente de créer la religion idéale en associant les philosophies religieuses de l'Est et de l'Ouest. Elle a été fondée au début des années 20 par Ngo Minh Chieu, qui aurait reçu des "révélations" de l'au-delà.

Le pittoresque quartier général du père fondateur se trouve à Tay Ninh, à 96 km au nord-ouest d'Ho Chi Minh-Ville. Cette religion compte près de deux millions de fidèles au Vietnam.

Pour plus d'informations, reportez-vous à la rubrique *Tay Ninh* dans le chapitre *Les environs de Ho Chi Minh-Ville*.

La secte bouddhiste Hoa Hao

La secte Hoa Hao (Phat Giao Hoa Hao) est apparue dans le delta du Mékong en 1939. Elle a été fondée par le jeune Huynh Phu So, après qu'il eut étudié les sciences occultes avec les éminents spécialistes. Guéri miraculeusement d'une maladie chronique, So a commencé à prêcher un bouddhisme réformé auprès du petit peuple, en s'appuyant sur la foi personnelle plutôt que sur des rites. Sa philosophie préconise la simplicité du culte et nie le besoin d'un intermédiaire entre les êtres humains et l'Être suprême.

En 1940, les Français ont essayé de réduire au silence Huynh Phu, qu'ils appelaient le "bonze fou". Faute de pouvoir l'arrêter, ils l'ont envoyé dans un asile où il s'est empressé de convertir le psychiatre vietnamien chargé de son cas. Pendant la Seconde Guerre mondiale, la dynamique secte Hoa Hao a formé sa propre milice grâce à des armes fournies par les Japonais. En 1947, le Viet Minh a fini par assassiner Huynh Phu, s'aliénant ainsi tous les membres de ce qui était devenu une véritable force politique et militaire dans le delta du Mékong, particulièrement autour de Chau Doc. L'aventure militaire des Hoa Hao a pris fin en 1956 avec la décapitation publique d'un des chefs de la guérilla, capturé par le gouvernement de Diem. Une bonne partie de l'armée Hoa Hao a alors rejoint le Viet-Cong. La secte aurait actuellement 1,5 million d'adeptes.

Le catholicisme

Le catholicisme a été introduit au Vietnam au XVIe siècle par des missionnaires venus du Portugal, d'Espagne et de France. Les jésuites français et les dominicains portugais étaient à cette époque particulièrement actifs. Dès 1659 ont été nommés les premiers évêques du Vietnam, et les premiers prêtres autochtones neuf ans plus tard. Selon certaines estimations, on comptait quelque 800 000 catholiques au Vietnam en 1685. Le catholicisme a dû reculer et parfois entrer dans la clandestinité pendant les trois siècles suivants, alors que le premier édit promulgué pour interdire toute activité missionnaire remonte à 1533. Les plus dures persécutions envers les missionnaires et leurs fidèles ont eu lieu au cours des XVIIᵉ et XVIIIᵉ siècles.

Les exactions contre les catholiques ont, dans une grande mesure, servi de prétexte aux Français pour conquérir le Vietnam. Sous la domination française, l'Église catholique a bénéficié d'un statut spécial et renforcé son influence. Bien qu'elle ait assimilé quelques aspects, limités, de la culture vietnamienne, elle a réussi, contrairement au bouddhisme, à conserver sa pureté doctrinale.

Aujourd'hui, le Vietnam est le second pays catholique d'Asie, après les Philippines. Les catholiques représentent en effet 8 à 10% de la population. Le président Ngo Dinh Diem et nombre des 900 000 réfugiés qui ont fui en 1954 le Nord-Vietnam pour gagner le Sud étaient catholiques. Dès cette date dans le Nord, et à partir de 1975 dans le Sud, les catholiques ont perdu énormément de liberté religieuse, notamment en matière d'ordination des prêtres et d'éducation religieuse. A l'instar de l'Union soviétique, les Églises sont officiellement assimilées à des institutions capitalistes et considérées comme une forme de contrepouvoir dangereuse pour le gouvernement.

Depuis 1990, l'État conduit une politique plus libérale. Malgré l'absence de prêtres, la religion catholique effectue un retour en force. Le délabrement des édifices religieux suppose des restaurations difficiles à financer mais les dons des Vietnamiens et des Viet Kieu y contribuent peu à peu.

Le protestantisme

Les premiers protestants sont arrivés au Vietnam en 1911. Les 200 000 pratiquants vietnamiens sont en majorité des montagnards des Hauts Plateaux. Les protestants ont été doublement malchanceux car ils ont d'abord été persécutés par Diem, l'ancien président du Sud-Vietnam, puis par les communistes.

Jusqu'en 1975, l'Alliance chrétienne et missionnaire a été le groupe protestant le plus actif au Sud-Vietnam. Après l'assassinat de Diem en 1963, elle a pu se développer beaucoup plus facilement. Toutefois, la réunification a apporté à nouveau son lot de persécutions. Souvent formés par les missionnaires américains, de nombreux pasteurs ont connu la prison. En revanche, depuis 1990, les autorités semblent laisser l'Église protestante en paix.

L'islam

Les musulmans, essentiellement des Khmers et des Cham, constituent environ 0,5% de la population du Vietnam. Ho Chi Minh-Ville a compté quelques petites communautés de Malais, d'Indonésiens et de musulmans du sud de l'Inde, qui se sont presque toutes enfuies en 1975. Aujourd'hui, les quelque 5 000 musulmans de Ho Chi Minh-Ville (dont une poignée d'Indiens du Sud) pratiquent leur culte dans une douzaine de mosquées, y compris la grande mosquée centrale.

Les commerçants arabes sont arrivés en Chine au VIIᵉ siècle et se sont probablement arrêtés au Vietnam sur leur chemin. La preuve la plus ancienne d'une présence islamique au Vietnam est un pilier couvert d'inscriptions arabes remontant au Xᵉ siècle, trouvé près de la ville côtière de Phan Rang. Il semble que l'islam se soit répandu parmi les réfugiés cham fuyant au Cambodge après la destruction de leur royaume en 1471. Ceux-ci ont peu à peu réussi à convertir leurs cousins restés au Vietnam.

Les Cham vietnamiens se considèrent musulmans tout en n'ayant que de vagues notions de la théologie et des lois islamiques. Leur communauté possède très peu de copies du Coran et leurs imams ont du mal à lire l'arabe. Alors que les musulmans des autres latitudes prient cinq fois par jour, les Cham ne prient que le vendredi et ne respectent le ramadan que trois jours et non un mois. Leurs prières consistent à réciter quelques versets du Coran dans un arabe impur.

Le rite des ablutions est remplacé par une série de gestes qui rappellent la façon dont on tire l'eau d'un puits. La circoncision se pratique symboliquement sur les garçons de 15 ans ; à cette occasion, le chef religieux mime la délicate opération avec un couteau de bois.

Les Cham du Vietnam ne se rendent pas en pèlerinage à La Mecque et, s'ils ne mangent pas de porc, ils consomment de l'alcool. Ils incorporent en outre à leurs rites des éléments animistes et le culte des dieux hindous. Ils ont même emprunté des mots arabes usuels du Coran pour les transformer en noms de divinités.

Les chefs religieux cham portent une robe blanche et un turban très sophistiqué avec des pompons or, rouges ou marron. La taille des pompons indique leur rang hiérarchique.

L'hindouisme

Le royaume du Champa a été profondément influencé par l'hindouisme, et beaucoup de tours cham, qui servaient de sanctuaires hindous, contiennent un *lingam* (symbole phallique de Shiva) que Vietnamiens et Chinois vénèrent encore. Après la chute du Champa au XVe siècle, la plupart des Cham restés au Vietnam se sont convertis à l'islam tout en continuant de pratiquer différents rites et coutumes brahmaniques (de la caste supérieure hindoue).

Renseignements pratiques

A NE PAS MANQUER

Le Vietnam offre une telle variété de sites, et pour tous les goûts, qu'il est difficile d'établir des priorités. Les fanatiques de plages voudront connaître Nha Trang, et les plus aventureux l'île de Phu Quoc. Considérée comme le joyau des Hauts Plateaux du centre, la ville de Dalat, où vivent de nombreuses minorités ethniques, a des allures de parc naturel, avec ses cascades et son climat montagnard tempéré. La baie d'Along, aux superbes formations rocheuses, grottes et falaises, mériterait de figurer parmi les merveilles du monde. Non loin, l'île de Cat Ba recueille également les suffrages de tous ceux qui ont fait l'effort de s'y rendre. La pagode des Parfums et Tam Coc offrent des paysages similaires, la mer exceptée. Sapa et Bac Ha, tout proches, donnent un aperçu de la vie des minorités, à proximité des montagnes bordant la frontière chinoise. Villages de minorités et randonnées sont les attractions de Mai Chau. La route rocailleuse menant à Dien Bien Phu traverse l'une des contrées les plus sauvages et les plus reculées du Vietnam, abritant par ailleurs de nombreuses minorités ethniques. Le delta du Mékong, plus diversifié qu'on ne l'imagine, déroule les sites magnifiques de Cantho, Soc Trang et Chau Doc, fréquemment visités.

Les mordus d'histoire et d'architecture seront séduits par Hué et Hoi An. Pour ceux que passionne la guerre du Vietnam, quel meilleur lieu que l'ancienne zone démilitarisée ?

Lorsque vous aurez admiré tout à loisir les paysages vietnamiens, peut-être souhaiterez-vous savoir ce qu'ils recouvrent : la grotte de Phong Nha constitue l'endroit idéal pour cette découverte.

N'oublions pas les grandes villes : Ho Chi Minh-Ville l'indépendante, dont l'élégance coloniale fanée, la merveilleuse cuisine et la vie nocturne trépidante ne font pas oublier qu'elle est le laboratoire expérimental des réformes économiques du pays. Hanoi, avec ses monuments, ses parcs, ses lacs et ses boulevards bordés d'arbres, est le siège d'un pouvoir qui cherche encore sa voie.

SUGGESTIONS D'ITINÉRAIRES
Une semaine

Le Nord. De Hanoi, passez deux jours dans la baie d'Along et/ou à Mai Chau, puis visitez en une journée la pagode des Parfums et/ou Tam Coc. Il vous restera un peu de temps pour profiter de la capitale et de ses délices.

Le Sud. De Ho Chi Minh-Ville, on peut passer une journée aux tunnels de Cu Chi, deux ou trois jours dans le delta du Mékong et un ou deux jours à Vung Tau ou Long Hai. Vous pourrez consacrer le reste du temps à visiter Ho Chi Minh-Ville, vous restaurer, faire des courses et la fête.

Deux semaines

Le Nord. Suivez l'itinéraire suggéré d'une semaine dans le Nord, puis allez dans les montagnes du Nord-Est (notamment Sapa et Bac Ha) et/ou faites une excursion dans les parcs nationaux de Cuc Phuong, de Ba Be ou de Cat Ba.

Le Sud. Après l'itinéraire d'une semaine indiqué plus haut, allez à Dalat et Nha Trang. Si vous avez le temps, visitez Hoi An, puis revenez à Ho Chi Minh-Ville en avion depuis Danang.

Un mois

Un mois suffit pour découvrir les principaux sites. Depuis le sud (vous pouvez suivre cet itinéraire à l'envers, depuis Hanoi), suivez l'itinéraire de deux semaines jusqu'à Hoi An ou Danang, puis allez à Hué, d'où de nombreux voyageurs font une excursion dans la zone démilitarisée. Ensuite, suivez l'itinéraire de deux semaines vers le nord en direction de Hanoi. Vous pouvez regagner Hanoi en avion ou continuer jusqu'en Chine par voie terrestre.

Deux mois

Deux mois vous permettront de tout voir en détail. Outre les itinéraires déjà cités, consacrez davantage de temps à l'exploration du delta du Mékong et faites un saut jusqu'à la ravissante île de Phu Quoc. Visitez les dunes de sable géantes de Phan Thiet, au sud de Nha Trang. Si vous vous rendez dans la partie occidentale des Hauts Plateaux du Centre, ne ratez pas Kon Tum. N'oubliez pas la grotte de Phong Nha, au nord de la zone démilitarisée. A l'extrême nord, vous pouvez visiter des lieux reculés comme Dien Bien Phu, Cao Bang et la baie de Bai Tu Long.

PRÉPARATION AU VOYAGE
Quand partir

Il n'y a pas de bonne ou de mauvaise saison pour visiter le Vietnam. Quand une région est humide, froide ou suffocante, une autre présente un climat ensoleillé et agréablement tempéré.

Il faut se souvenir que le Têt (le Nouvel An vietnamien, qui tombe fin janvier ou début février) est une période où tous les vols et tous les hôtels affichent complet longtemps à l'avance. Sa célébration dure une bonne semaine, et le chaos règne dans tout l'Extrême-Orient plus d'une semaine avant et deux semaines après. Vous aurez certainement des difficultés à réserver des billets d'avion ou des chambres d'hôtel au moins une semaine avant et deux semaines après le Têt. Cette fête a des répercussions dans toute l'Asie orientale (voir les pages consacrées au Têt, plus loin dans ce chapitre).

Cartes

D'excellentes cartes de Ho Chi Minh-Ville, Hanoi, Danang, Hué et quelques autres grandes villes sont publiées régulièrement. Malheureusement, les plans des localités de moindre importance sont quasi inexistants. La plupart des Vietnamiens n'ont jamais vu un plan de la ville où ils vivent.

Presque toutes les librairies du Vietnam vendent des cartes de l'ensemble du pays. Elles ne sont toutefois pas très détaillées et souvent périmées de plusieurs années. Dans les capitales provinciales, on peut parfois se procurer la carte régionale.

Difficiles à trouver, les cartes topographiques extrêmement détaillées sont une mine pour les randonneurs et les cyclistes. Les meilleures furent produites par les Américains pendant la guerre du Vietnam, mais elles ne sont pas à jour : les villes ont changé de nom et de nouvelles artères ont été créées. Gecase Company (une entreprise publique) en a publié de nouvelles, mais il faut une autorisation spéciale pour s'en procurer. On vous demandera peut-être des justifications sur l'usage que vous en ferez et/ou une garantie, donnée par un habitant local, qu'elles ne sortiront pas du pays. Toutefois, elles sont parfois en vente dans les rues de Hanoi et de Ho Chi Minh-Ville.

Si vous obtenez cette autorisation, vous trouverez les cartes topographiques (3 $US pièce, mais vous devez en acheter 10 au minimum) auprès de la Gecase (☎ 845 2670 ; fax 842 4216), 28, avenue Nguyen Van Troi, district de Phu Nhuan, Ho Chi Minh-Ville, juste à côté de la pagode Vinh Nghiem.

Vous pouvez vous procurer le *Vietnam travel atlas*, atlas routier commenté en cinq langues dont le français, publié par Lonely Planet. Nelles propose une grande carte pliante du Vietnam, du Cambodge et du Laos. Des excellentes "cartes de navigation opérationnelle" sont publiées aux États-Unis pour la navigation aérienne. Elles sont conçues pour être utilisées en combinaison avec un dispositif GPS, qui reçoit un signal satellite et repère votre position exacte. Très détaillées, elles sont en caractères latins mais les frontières des provinces n'y figurent pas.

Que prendre avec soi

Chargez-vous le moins possible. N'oubliez pas que vous allez faire des achats au Vietnam, en particulier des vêtements qui sont bon marché.

Quel genre de bagages choisir ? Les sacs à dos sont les plus commodes à porter. On case mieux, dans les bus et les trains, les sacs sans armature ou avec une armature intérieure. Une fermeture à glissière doit vous permettre de fermer le sac avec un cadenas. Certes, le risque de se le faire ouvrir à la lame de rasoir existe, mais un cadenas évite au moins le chapardage dans les hôtels et les aéroports. Dans les bus et les trains, où les voleurs sont légion, attacher votre bien avec un câble antivol vous évitera bien des déconvenues.

En outre, prévoyez un petit sac à dos léger et pliable. Il vous permettra de laisser votre gros bagage à l'hôtel ou dans les consignes des gares.

Les "bananes" sont idéales pour mettre le plan de la ville, une pellicule photo et de menus objets. Évitez toutefois d'y ranger vos chèques de voyage ou votre passeport, histoire de ne pas faire le bonheur des pickpockets. Les réfractaires au sac à dos peuvent opter pour un sac de voyage, plus facile à porter qu'une valise. Certains se transforment d'ailleurs en sac à dos en bricolant un peu les lanières.

Pensez léger et compact au moment de faire vos bagages, chaque gramme compte. N'oubliez pas que les tenues aux couleurs foncées sont moins salissantes.

De toute façon, vous achèterez des vêtements sur place, les tentations ne manquant pas au Vietnam et dans les pays voisins.

Les chaussures de sport ou de jogging sont confortables, lavables et légères. Vous apprécierez aussi les sandales, bien adaptées à la chaleur tropicale – Ho Chi Minh lui-même en portait lors de ses apparitions publiques. Les tongs en caoutchouc se portent beaucoup dans le Sud, y compris avec une tenue habillée. En revanche, dans le Nord, un étranger en tongs passe pour un personnage exotique, même aux yeux d'un Vietnamien qui en est lui-même chaussé.

Un couteau suisse ou similaire est indispensable. Inutile de prendre le plus sophistiqué : une lame bien aiguisée, un ouvre-boîtes et un décapsuleur suffisent amplement. Pour lutter contre l'humidité ambiante, envelop-pez vos affaires séparément dans des sacs en plastique. Enfin, voici une liste d'affaires à emporter. Peu importe si vous oubliez quelque chose d'essentiel, vous le trouverez probablement sur place, tout du moins à Ho Chi Minh-Ville et à Hanoi.

Passeport, visa, papiers (certificat de vaccination, diplômes, photocopie du certificat de mariage, carte d'étudiant), argent, ceinture-portefeuille, billet d'avion, carnet d'adresses, cartes de visite, photos d'identité (environ 10), calculatrice, couteau suisse, appareil photo plus accessoires et piles neuves, boules Quiès, lectures, cadenas, sangle ou câble antivol pour attacher les bagages dans le train, lunettes de soleil, liquide pour les verres de contact, réveil, gourde, lampe électrique avec piles et ampoules, peigne, compas, petit sac à dos pliable, pantalon, short, chemise, T-shirt, blouson léger, K-way ou similaire, protège-pluie pour le sac, pull (seulement en hiver), rasoir, nécessaire à couture, cuillère, chapeau de soleil, crème solaire, papier hygiénique, tampons, brosse à dents, dentifrice, déodorant, shampooing, lessive, sous-vêtements, socquettes, tongs, coupe-ongles, pince à épiler, crème ou lotion antimoustiques, produit contre les piqûres d'insectes, serviettes rafraîchissantes, préservatifs, contraceptifs, médicaments habituels et trousse à pharmacie (reportez-vous à la rubrique *Santé* plus loin dans ce chapitre).

Les amateurs de deux-roues ont intérêt à emporter leur matériel : casque, Cataphotes, rétroviseur, de quoi réparer un pneu, etc.

Un dernier conseil : indiquez vos noms et adresses sur vos bagages, ainsi qu'à l'*intérieur*, les compagnies aériennes perdant parfois des sacs.

Le port du short, surtout chez une femme, passe plutôt pour indécent dans la plupart des régions. Récemment encore, les Vietnamiennes ne portaient pas de short en public, même dans les rizières et par très grosse chaleur. Mais les choses évoluent, surtout dans Ho Chi Minh-Ville la délurée, qui adopte avant tout le monde les dernières tendances occidentales et où les femmes ont commencé à porter des shorts aux alentours de 1994 ; puis Hanoi a suivi le mouvement, copié sur les touristes occidentaux. D'abord classiques, les shorts ont rapidement adopté un style plus audacieux. Les hommes commencent eux aussi à porter des bermudas larges. Hors les grandes villes touristiques, le short reste un vêtement osé, surtout dans les régions de l'extrême nord et des Hauts Plateaux du Centre.

Les maillots de bain deux-pièces n'ont rien de choquant, à condition qu'ils ne soient pas réduits au minimum (seule exception peut-être, et avec réserve, les piscines d'hôtel fréquentées par les étrangers). Sur les plages publiques, on reste plus conventionnel. Le naturisme n'est toléré nulle part, pas même dans les stations balnéaires ou thermales.

Nous vous déconseillons absolument les chaussures de montagne alignant 25 œillets de part et d'autre. Si elles sont épatantes pour grimper, vous risquez de regretter d'en porter devant chaque foyer, temple ou même hôtel où vous devrez les enlever. Compte tenu du climat, généralement chaud, et de la nécessité d'ôter ses chaussures, optez plutôt pour des tongs ou des sandales. Veillez à les choisir suffisamment confortables pour vos pérégrinations et assez serrées si vous circulez à moto.

Si vous avez le pied particulièrement grand, vous risquez d'avoir du mal à vous chausser au Vietnam.

TOURISME RESPONSABLE

L'arrivée au Vietnam du tourisme de masse exerce à la fois des effets positifs et négatifs. Il injecte des dollars dans l'économie, crée des emplois et rend la mondialisation plus présente dans les esprits, mais les voyageurs doivent garder à l'esprit les éventuelles retombées de leur visite sur l'ensemble du pays. On peut limiter considérablement les effets néfastes du tourisme, tant national qu'international, si l'on se comporte en voyageur responsable, respectueux des cultures et des coutumes. En réduisant les conséquences sur l'environnement, sur la culture des minorités et la situation socio-économique, chaque visiteur peut apporter sa contribution. Sensibilisez-vous et pliez-vous aux coutumes locales (voir *Règles de conduite* dans le chapitre *Présentation du Vietnam*).

En Asie, l'ampleur de la prostitution est un état de fait, triste mais bien réel. Dans une récente campagne visant à combattre les fléaux sociaux, le gouvernement a fortement sanctionné l'industrie du sexe, mais sans éradiquer le problème. Évitez les bars proposant avant tout ce type de services, tels que les "bars oms", et ne recourez jamais à ce genre de prestations. L'exploitation sexuelle des enfants est un autre problème majeur en Asie ; ne la laissez pas s'implanter solidement au Vietnam. En réponse à ce type d'abus, certains pays, dont l'Australie, la Nouvelle-Zélande, l'Allemagne, la Suède, la Norvège, la France et les États-Unis, poursuivent en justice leurs ressortissants accusés de pédophilie dans un pays étranger.

Les Vietnamiens sont peu conscients des enjeux liés à l'environnement et de leur responsabilité en la matière. Beaucoup d'entre eux ignorent que le fait de jeter leurs déchets n'importe où peut s'avérer néfaste. Essayez de les sensibiliser subtilement en montrant l'exemple, et débarrassez-vous de vos déchets de façon responsable.

La faune vietnamienne est très menacée par la consommation nationale d'animaux et par le commerce illégal de produits dérivés au niveau mondial (voir *Faune et flore*, dans le chapitre *Présentation du Vietnam*). Bien qu'il puisse paraître "exotique" de goûter du muntjac, de la chauve-souris, de la grenouille, du cerf, de l'hippocampe, de l'aileron de requin et du serpent (dans du vin) – ou d'acheter des produits fabriqués à partir d'espèces animales ou végétales en voie de disparition , cela signifiera que vous acceptez et soutenez de telles pratiques et renchérira la demande. Refusez poliment en expliquant à votre hôte la raison de ce refus.

De même, divers produits de la forêt tels que le rotin, les orchidées et des plantes médicinales sont menacés. Certains sont cultivés par la population locale et constituent pour elle une source de revenus supplémentaires, tout en protégeant certaines zones naturelles de l'exploitation et de la dégradation, mais la plus grande partie de ces produits est encore récoltée directement dans les forêts vietnamiennes, elles-mêmes en déclin.

Lorsque vous admirez des barrières de corail, que vous pratiquez la plongée ou le bateau, ne touchez pas le corail vivant et n'y ancrez pas votre embarcation, car cela entrave le développement du corail. Si l'organisateur de l'excursion le fait alors même qu'il se trouve à proximité d'une zone sableuse, tentez de le dissuader et dites que vous êtes prêt à nager jusqu'au corail.

Le Vietnam abrite de nombreuses formations calcaires ou de karst. Lorsque vous visitez des grottes calcaires, sachez que le fait de toucher les formations gêne leur croissance et les noircit. Ne brisez pas les stalactites ou les stalagmites, car elles mettent des centaines d'années à se reconstituer. Ne faites pas de graffitis sur les formations, ni sur les parois des grottes ou sur les autres roches.

Enfin, n'emportez ni n'achetez de "souvenirs" provenant de sites historiques ou de zones naturelles.

Les organismes suivants travaillent à réduire l'impact du tourisme sur les paysages et l'héritage culturel vietnamiens. Basés au Vietnam, ils peuvent fournir de meilleurs renseignements et conseils sur le tourisme responsable.

World Conservation Union (IUCN)
   Vietnam Capacity Building for Sustainable Tourism Project, IPO Box 60, Hanoi
Vietnam National Administration of Tourism (Director, Institute for Tourism Development Research), 30A Ly Thuong Kiet, Hanoi

OFFICES DU TOURISME

Les offices du tourisme vietnamiens ne sont pas comme ceux des autres pays. En Europe occidentale ou au Japon, vous recevez toujours des brochures gratuites, des plans et des suggestions, notamment sur les moyens de transport, l'hébergement, les excursions… Ces offices du tourisme nationaux ou provinciaux ne font pas de bénéfice et sont en grande partie financés par l'industrie du tourisme.

Au Vietnam, la situation est très différente. Les offices du tourisme sont des organismes d'État à but totalement lucratif dont le premier souci est de vendre des excursions. En fait, ce sont plutôt des agences de voyages qui représentent pour l'État vietnamien l'une des premières sources de devises fortes. Cartes et brochures – quand elles existent – sont donc à vendre.

Vietnam Tourism (Tong Cong Ty Du Lich Viet Nam) et Saigon Tourist (Cong Ty Du Lich Thanh Pho Ho Chi Minh) sont les plus anciennement établis. Toutefois, chaque province possède aujourd'hui au moins un organisme de ce type, tandis que les grandes villes comptent des douzaines d'"offices du tourisme" concurrentiels appartenant à l'État. De nombreuses sociétés privées se sont associées avec les organismes d'État, ce qui rend encore plus nébuleuse la distinction entre ces "offices du tourisme" et les agences de voyages privées. L'adresse de Vietnam Tourism en France est 4, rue Chérubini, 75002 Paris (☎ 01 42 86 86 37 ; fax 01 42 60 43 32).

VISAS ET FORMALITÉS
Passeports

Un passeport est essentiel. Si le vôtre approche de sa date d'expiration, faites-le renouveler. De nombreux pays ne vous délivreront pas de visa si votre passeport expire dans moins de six mois. Vérifiez qu'il vous reste quelques pages vierges pour les visas d'entrée et les tampons de sortie : il pourrait s'avérer gênant de se retrouver à court de pages vierges, trop loin d'une ambassade pour obtenir un nouveau passeport ou faire ajouter des pages.

Évitez de perdre votre passeport, car en faire établir un autre vous coûtera du temps et de l'argent. Il est préférable d'avoir avec soi un permis de conduire, une carte d'étudiant, d'identité ou un autre document comportant votre photo, car certaines ambassades exigeront cette identification avant de vous délivrer un nouveau passeport. Il peut donc se révéler très utile de garder un passeport périmé. ,

Il pourra également s'avérer utile de garder séparément le numéro et la date de délivrance de votre passeport, ainsi qu'une photocopie de celui-ci ou de votre extrait de naissance. Ajoutez également les numéros de vos chèques de voyage, les détails de votre assurance de voyage et environ 300 $US en cas de besoin (les hôtels d'un certain standing disposent d'un coffre-fort pour les objets précieux où vous pourrez placer vos documents).

Si vous avez perdu votre passeport et êtes ressortissant d'un pays qui n'entretient pas de relations diplomatiques avec le Vietnam, ne vous désespérez pas. Au cas où les services de l'immigration ne parviendraient pas à retrouver votre bien, on vous délivrera des documents vous autorisant à quitter le pays ; vous pourrez peut-être même rester jusqu'à expiration de votre visa (dont la validité est enregistrée par l'immigration).

Visas

Le Vietnam accueillerait certainement beaucoup plus de touristes si l'obtention d'un visa était moins compliquée. Bien que les formalités aient été simplifiées, cela prend du temps et revient toujours un peu cher. De plus, les visas vietnamiens sont frappés de nombreuses restrictions.

L'une d'elles, et non des moindres, est que le visa doit spécifier exactement votre point d'entrée et de sortie du pays. Le Vietnam est peut-être le seul pays au monde à imposer cette restriction. Cependant, vous pouvez modifier le point de sortie après votre arrivée au Vietnam, en vous adressant aux services de l'immigration (il en existe dans chaque capitale de province) ou au ministère des Affaires étrangères à Hanoi. Le coup de tampon vous coûtera 25 $US. Ce simple changement peut prendre de un à trois jours ; pour accélérer la formalité, on vous facturera un supplément pour "service express".

Le mieux est de faire la demande de visa par l'intermédiaire d'un voyagiste plutôt que directement à l'ambassade. En effet, à titre individuel, vous devez absolument fournir votre passeport original à l'ambassade qui y apposera le visa, alors que les agences de voyages peuvent *éventuellement* l'obtenir sur feuillet libre *si vous le leur demandez*. Le voyagiste a simplement besoin d'une photocopie de votre passeport, plus deux ou trois photos (le nombre varie selon les pays). Évitez de laisser votre passeport à l'agence, sinon le visa sera appliqué à l'intérieur, même si vous avez spécifié le contraire.

Un visa sur papier libre vous évitera de laisser votre passeport à la réception de l'hôtel (tenu de vous déclarer à la police), à une agence de voyages locale (pour vous obtenir un laissez-passer), ou dans l'un des nombreux services administratifs. Au Vietnam, tout le monde réclame votre passeport ou votre visa pour une raison ou une autre. A force de passer d'une main à l'autre, ce précieux bout de papier peut bien se perdre, et il vaut mille fois mieux se retrouver sans visa que sans passeport.

Bangkok a toujours été l'endroit le plus commode pour obtenir un visa vietnamien. Les agences de voyages des pays voisins s'y adressent, car cela revient beaucoup moins cher et s'avère bien plus efficace que de déposer la demande auprès des ambassades locales (notamment celle de Pékin). Les agences de Bangkok facturent environ 40 $US l'obtention d'un visa de tourisme ordinaire. Nombre de voyagistes proposent des forfaits avec visa et billet aller-retour inclus (Bangkok-Ho Chi Minh-Ville à l'aller, Hanoi-Bangkok au retour) ; tentez votre chance du côté de Soi Khao San (Khao San Rd) à Bangkok.

Pour plus de détails sur le site web de Lonely Planet, qui a des liens avec les informations les plus récentes sur les visas, reportez-vous à la section sur *Internet,* plus loin dans ce chapitre.

Visas de tourisme. Pour leur obtention, comptez 5 jours ouvrables à Bangkok (2 pour un visa express), le même délai en Malaisie, de 5 à 10 jours à Hong Kong et 10 jours ouvrés à Taiwan.

Les ressortissants français, belges et suisses devront débourser respectivement 350 FF en espèces en allant directement à l'ambassade (ou 450 FF par correspondance), 2 000 FB et 70 FS, présenter un passeport d'une validité d'au moins 6 mois après l'arrivée dans le pays, remplir 2 formulaires et fournir 2 photos pour l'obtention du visa de tourisme.

Les visas de tourisme autorisent un séjour unique de 30 jours. Attention ! le visa précise la date exacte d'arrivée et de départ. Il faut donc organiser son plan de route longtemps à l'avance. On ne peut arriver au Vietnam ne serait-ce que la veille de la date stipulée sur le visa. Si vous repoussez votre voyage de deux semaines, il ne vous restera plus que 16 jours pour visiter le pays.

En théorie, on peut entrer au Vietnam avec la lettre d'un répondant et faire apposer le visa dans son passeport à l'arrivée moyennant 110 $US. Dans la pratique, cela pose plus de problèmes qu'autre chose. Ce procédé est non seulement onéreux mais compliqué à mettre en œuvre. Il ne s'applique en général qu'aux groupes organisés. Seules quelques rares agences de voyages sont autorisées à délivrer cette lettre de répondant, aussi n'est-ce pas une solution pour la plupart des voyageurs. Si vous optez pour cette solution, disposez de la somme exacte en liquide et en dollars US, car on ne trouve pas de bureau de change avant le service de l'immigration.

Les détenteurs d'un visa n'ont pas pour autant la partie gagnée. Ce sont les services de l'immigration qui décident de la durée de votre séjour, même si celle-ci figure déjà sur le visa. C'est chose rare, mais il arrive que les fonctionnaires de l'immigration accordent arbitrairement un séjour plus court que celui prévu sur le visa. Ainsi, vos 30 jours peuvent se trouver réduits à une semaine. Dès que le visa a été tamponné, vérifiez la durée accordée. Au cas où l'on vous octroie une seule semaine, vous pouvez obtenir la rectification sur place, sinon vous devrez vous rendre à la police de l'immigration et demander une prorogation. Croyez-en notre expérience, les services de l'immigration tiendront compte de votre apparence physique : évitez les tenues négligées et même le short, veillez à être rasé de près.

Ayez toujours quelques photos sur vous au cas où la police de l'immigration vous demanderait de remplir un (des) formulaire(s) supplémentaire(s) – cela est fréquent – sans que l'on sache vraiment pourquoi. Une photo est exigée sur chaque document. Bien sûr, vous croiserez toujours un photographe à l'aéroport prêt à vous rendre service… moyennant des honoraires substantiels.

Visas d'affaires. Le visa d'affaires présente plusieurs avantages : sa validité de 3 mois, ses éventuelles entrées multiples, son effet sur les autorités bureaucratiques. En outre, il permet de travailler (moyennant toutes sortes de taxes et le respect d'un certain nombre de règlements administratifs, qui changent d'une semaine à l'autre).

L'obtention d'un visa de ce type ne présente plus grande difficulté. Il est plus aisé de confier cette mission aux voyagistes, mais il coûte environ quatre fois plus qu'un visa ordinaire. N'oubliez pas toutefois les recommandations formulées plus haut : à votre arrivée, les fonctionnaires de l'immigration peuvent très bien vous octroyer un mois de séjour, alors que la validité de votre visa est de 3 mois.

Un second visa d'affaires existe, valide 6 mois. Pour l'obtenir, adressez-vous au Vietnam. S'il vous est accordé, vous devrez vous rendre à l'étranger (en général à Phnom Penh ou à Vientiane) pour le récupérer auprès d'une ambassade vietnamienne.

Visas d'études. Un visa d'études se demande d'ordinaire après l'arrivée. Vous pouvez très bien entrer au Vietnam avec un visa de tourisme, vous inscrire à des cours de vietnamien puis déposer une demande de changement de statut auprès de la police de l'immigration. Bien entendu, vous êtes censé régler votre scolarité et fréquenter des cours à raison de 10 heures par semaine au minimum pour prétendre au statut étudiant.

Visas de résident. Seuls quelques rares étrangers peuvent remplir les conditions nécessaires à l'obtention d'un visa de résident. Pour y parvenir, le plus simple consiste sans doute à épouser un(e) habitant(e) du pays, bien qu'une telle entreprise nécessite une montagne de paperasses. Les époux de ressortissants vietnamiens disposent de quelques avantages : outre le visa de résident, ils peuvent, par exemple, posséder la moitié des biens du couple (y compris les biens immobiliers).

Les visas de résident coûtent environ 170 $US pour six mois, plus 170 $US pour chaque prorogation de six mois.

Prorogation de visas. A Ho Chi Minh-Ville et à Hanoi, une prorogation de visa coûte environ 30 $US, mais vous devriez sans doute confier cette mission à une agence de voyages et non pas vous adresser à la police de l'immigration. La procédure prend 1 à 2 jours ; une photo est nécessaire. Au besoin, vous pouvez faire une demande de prorogation plusieurs semaines à l'avance. Officiellement, vous avez droit à une seule prorogation de 30 jours au maximum.

Méfiez-vous, ces règles peuvent être modifiées sans préavis. Au début des années 90, on accordait deux prorogations de visas (60 jours), puis *plus aucune* en 1995 ; depuis 1996, une seule prorogation (30 jours) est devenue possible. Les changements impromptus et arbitraires sont monnaie courante au Vietnam, prenez-y garde.

En général, la prorogation s'obtient aisément en passant par une agence fiable jouissant des bonnes relations. Mieux vaut avoir affaire le moins possible avec la bureaucratie.

N'importe quelle capitale provinciale est censé proroger un visa, mais les villes hautement touristiques en ont davantage l'habitude. Hué et Vung Tau ont la réputation de ne pas faire de difficultés.

J'ai fait proroger mon visa à Vinh, pour 2 $US seulement. Un peu plus tard, à Saigon, on m'a dit qu'il n'était pas valable. La police a annulé ma première prorogation et m'a obligé à débourser pour une seconde, sans compter l'amende de 10 $US que j'ai dû acquitter pour les 13 jours de dépassement de séjour. J'ai également perdu trois journées à négocier avec la bureaucratie.

Gerhard Heinzel

Officiellement, même si votre visa a été prorogé dans un coin perdu (Vinh, par exemple), la police de l'immigration de l'aéroport devrait l'accepter et vous laisser quitter le pays sans problème.

Visas à entrées multiples. Vous pouvez vous rendre au Cambodge, au Laos ou n'importe quel autre pays depuis le Vietnam, puis y revenir en utilisant votre visa vietnamien initial à une seule entrée. Il faut cependant faire une demande de visa de retour avant de quitter le Vietnam. Sinon, vous devrez recommencer la procédure longue et chère pour un nouveau visa. Les visas de retour s'obtiennent assez facilement à Hanoi ou Ho Chi Minh-Ville si une agence de voyages se charge des démarches – comptez un délai de 1 ou 2 jours et 25 $US environ.

Les voyageurs peuvent tenter la démarche eux-mêmes mais risquent de s'attirer les foudres des bureaucrates vietnamiens, qui ont horreur de ce genre d'initiative individuelle.

N'oubliez pas que votre visa à entrées multiples doit mentionner par quel moyen vous reviendrez au Vietnam. Ainsi, si vous prenez l'avion du Vietnam au Cambodge et que vous souhaitiez revenir par voie terrestre, votre visa doit l'indiquer. Cela peut toutefois être rectifié à l'ambassade vietnamienne au Cambodge, au cas où vous auriez omis de le faire.

Si vous possédez déjà un visa à entrées multiples pour le Vietnam, inutile de demander un visa de retour.

Laissez-passer

Les étrangers devaient auparavant posséder un laissez-passer intérieur (*giay phep di lai*) pour pouvoir quitter la ville par laquelle ils étaient entrés dans le pays. La mesure s'appliquait également aux Vietnamiens entre 1975 et 1988, pour éviter qu'ils ne s'enfuient. Hanoi ayant aboli cette obligation en 1993, plus personne n'en a besoin (il reste toutefois des gens pour vous affirmer le contraire, histoire de vous vendre un faux "laissez-passer intérieur").

Qui dit abolition d'une règle ne dit pas forcément sa disparition, en tout cas au Vietnam. C'est ainsi que la police de nombreux villages et petites villes fait encore la loi, sans tenir compte des décisions de Hanoi. Certains gouvernements de province voient en outre dans les laissez-passer un bon moyen de gagner quelques dollars. Ces laissez-passer sont en fait de simples photocopies signées par un membre de la police. La sagesse commande donc de se renseigner sur place.

Certains gouvernements provinciaux exigent en outre que vous engagiez un guide ou louiez une voiture de la province, alors que vous êtes déjà dans une voiture de location de l'État !

Parmi les endroits où un laissez-passer est actuellement nécessaire, figurent le village Lat (à Dalat), les villages de minorités aux environs de Buon Ma Thuot et Pleiku, l'île de Hon Khoai et les villages reculés dans les montagnes du Nord-Ouest. Les détails sur leur obtention figurent dans les chapitres sur les régions.

Ne vous fiez pas cependant aux seules informations de ce guide, car les directives changent. Nous sommes heureux de signaler que Hanoi fait pression pour mettre fin à l'absurdité des laissez-passer et que ceux-ci sont de moins en moins exigés.

Assurance de voyage
Il est conseillé de souscrire une assurance médicale couvrant votre voyage afin d'éviter les pénalités d'annulation sur les billets d'avion ou le paiement d'un billet supplémentaire si vous devez écourter votre séjour pour cause de maladie ; les frais médicaux en cas de maladie ou de blessure ; ou afin de vous prémunir contre le vol ou la perte de vos biens.

Si vous avez à suivre un traitement médical, gardez bien toutes les factures et les copies de votre dossier pour la compagnie d'assurance – dans votre propre langue si possible. Si vous vous faites dévaliser, il vous faudra un rapport de police (bonne chance !) pour pouvoir être rembourse par votre assureur.

De nombreux organismes de voyage pour étudiants proposent des polices d'assurance. Certaines sont très peu chères, mais n'offrent qu'une couverture minimale. Lisez attentivement les textes en petits caractères car il est facile de se faire piéger par des clauses restrictives.

Permis de conduire
En théorie, le permis de conduire français est reconnu. Il est toutefois prudent de se munir d'un permis de conduire international avant le départ. Dans la plupart des pays, il n'est valable qu'un an. Faites-en la demande juste avant votre départ. Certains pays délivrent cependant un permis de conduire international valable plusieurs années (renseignez-vous auprès de vos autorités compétentes). Vérifiez qu'il s'applique également aux motos, si vous souhaitez en conduire une.

Carte d'étudiant internationale
Grâce à la carte d'étudiant internationale (ISIC, réservée aux étudiants de moins de 26 ans), les étudiants européens obtiennent souvent des remises intéressantes sur les vols internationaux, mais pas sur les lignes intérieures. Pour l'obtenir, renseignez-vous auprès de votre université. Elle n'est pas délivrée au Vietnam et n'est d'aucune utilité sur place.

Carnet de vaccinations
Utile, quoique non indispensable, ce carnet international mentionne tous vos vaccins. Le Vietnam le délivre également.

Autres formalités
Les personnes souhaitant travailler au Vietnam ont tout intérêt à se munir de photocopies de leurs diplômes universitaires et de lettres de recommandation. Si vous voyagez avec votre conjoint, emportez une photocopie de votre livret de famille, cela vous ser-

vira en cas de problèmes avec les autorités judiciaires, médicales ou bureaucratiques.

Une dizaine de photos d'identité devraient vous suffire pour les visas si vous projetez de visiter plusieurs pays, mais également pour une demande de prorogation ou tout autre document. Les photos doivent avoir un fond neutre.

Photocopies

La première chose à faire est de photocopier votre passeport et votre visa vietnamien : vous allez croiser nombre de personnes qui vous demanderont de leur laisser vos papiers, notamment les réceptionnistes d'hôtel, sous prétexte de devoir les faire enregistrer par la police, alors qu'ils veulent surtout s'assurer que vous réglerez bien votre note et ne déroberez pas les serviettes ! Certains hôtels acceptent les photocopies, mais la plupart préfèrent les originaux. Indispensables en cas de perte de vos papiers, les photocopies vous éviteront de vous retrouver sans document face aux autorités (police, bureau des chemins de fer, compagnies aériennes, etc.).

Si la police vous arrête dans la rue et vous demande votre passeport, présentez une photocopie plutôt que l'original, en expliquant que ce dernier se trouve à l'hôtel. Le simple fait de confier vos documents à quelqu'un vous place toujours en position très vulnérable.

AMBASSADES ET CONSULATS
Ambassades et consulats du Vietnam

Les adresses suivantes indiquent les ambassades du Vietnam à l'étranger. Les consulats sont également indiqués si nécessaire.

Belgique
(☎ (2) 374 7961, fax 374 9376)
130 Avenue de la Floride, 1180 Uccle
Cambodge
(☎ 05-1881 1804, fax 236 2314)
436 bd Preach, Monivong, Phnom Penh
Canada
(☎ 613-236 0772, fax 236 2704)
226 Maclaren St, Ottawa, Ontario K2P 0L9

Chine
(☎ 010-532 1125, fax 532 5720)
32 Guanghua Lu, Jianguomen Wai, Beijing
Consulat :
(☎ 020-652 7908, fax 652 7808)
Jin Yanf Hotel, 92 Huanshi Western Rd, Guangzhou
Consulat :
(☎ 22-591 4510, fax 591 4524)
15th floor, Great Smart Tower Bldg, 230 Wanchai Rd, Hong Kong
France
(☎ 01 44 14 64 00, fax 01 45 24 39 48)
62-66, rue Boileau, 75016 Paris
Laos
(☎ 214-13409)
1 Thap Luang Rd, Vientiane
Consulat :
(☎ 412-12239, fax 12182)
418 Sisavang Vong, Savannakhet
Philippines
(☎ 2-500 364/508 101)
54 Victor Cruz, Malate, Metro Manila
Suisse
(☎ (22) 798 98 66, fax 798 98 58)
13 chemin Taverney, 1218 Grand Saconnex
Thaïlande
(☎ 2-251 7201/251 5836)
3/1 Wireless Rd, Bangkok

Ambassades étrangères au Vietnam

Les ambassades de Hanoi et les consulats de Ho Chi Minh-Ville délivrent très peu de visas, sauf pour le Laos et le Cambodge. Vous pourrez néanmoins avoir différentes bonnes raisons de vous rendre à l'ambassade de votre pays. Certaines (trop rares !) possèdent une bibliothèque où l'on peut lire la presse de son pays. Si vous résidez longtemps au Vietnam, vous devriez faire enregistrer votre passeport à votre ambassade (cela facilite la délivrance d'un nouveau passeport en cas de perte ou de vol). Pensez à faire enregistrer votre passeport auprès de votre ambassade si vous souhaitez voyager dans des régions éloignées. Les ambassades peuvent vous aider à obtenir une procuration pour un vote ou vous procurer des formulaires de déclaration de revenus. Les ambassades peuvent aussi vous inscrire pour un vote ou vous procurer des formulaires de déclaration des revenus. Elles conseillent les hommes d'affaires et interviennent parfois en cas de litiges commerciaux.

N'en espérez pas trop. Si vous êtes réellement dans le besoin, de nombreuses ambassades vous laisseront vous débrouiller seul. Il n'y a guère de chance pour que la vôtre vous prête de l'argent ou vous fournisse un billet de retour. Elle ne vous sortira pas non plus de prison si vous avez enfreint la loi, mais pourra s'assurer que vous êtes bien traité. Enfin, n'oubliez pas que les gens *travaillent* dans les ambassades. Ne les dérangez pas pour des questions triviales.

La liste suivante indique les adresses de certaines ambassades étrangères à Hanoi et de certains consulats à Ho Chi Minh-Ville.

Belgique
  (☎ 845 2263, fax 845 7165)
  48-50 Nguyên Thai Hoc, Hanoi
Cambodge
  (☎ 825 3788, fax 826 5225)
  71 Pho Tran Hung Dao, Hanoi
  Consulat :
  (☎ 829 2751, fax 829 2744)
  41 Đ Phung Khac Khoan, district n°1,
  Ho Chi Minh-Ville
Canada
  (☎ 823 5500, fax 823 5333)
  31 Pho Hung Vuong, Hanoi
  Consulat :
  (☎ 824 2000, fax 829 4528)
  203 Đ Dong Khoi, Suite 102, district n°1,
  Ho Chi Minh-Ville
Chine
  (☎ 845 3736, fax 823 2826)
  46 Pho Hoang Dieu, Hanoi
  Consulat :
  (☎ 829 2457, fax 829 5009)
  39 Đ Nguyen Thi Minh Khai,
  Ho Chi Minh-Ville
France
  (☎ 825 2719, fax 826 4236)
  57 Pho Tran Hung Dao, Hanoi
  Consulat :

  (☎ 829 7231, fax 829 1675)
  27 Đ Nguyen Thi Minh Khai, district n°1,
  Ho Chi Minh-Ville
Laos
  (☎ 825 4576, fax 822 8414)
  40 Pho Quang Trung, Hanoi
Thaïlande
  (☎ 823 5092, fax 823 5088)
  63-65 Pho Hoang Dieu, Hanoi
  Consulat :
  (☎ 822 2637, fax 829 1002)
  77 Đ Tran Quoc Thao, district n°3,
  Ho Chi Minh-Ville

DOUANE

Si vous entrez au Vietnam par la voie des airs, les formalités de douane sont généralement rapides et superficielles. A moins que la machine à rayons X n'indique que votre sac à dos est rempli d'armes ou d'héroïne, c'est l'affaire de quelques minutes.

En revanche, si vous arrivez par voie terrestre, attendez-vous à une fouille rigoureuse. Vos bagages pourront être entièrement vidés. A croire que le Vietnam ne veut vraiment pas de visiteurs arrivant par la route.

Vous avez le droit d'importer, hors taxes, 200 cigarettes, 50 cigares ou 250 grammes de tabac, 2 litres d'alcool, un maximum de 50 \$US en cadeaux, plus une quantité raisonnable de bagages et d'effets personnels. Il est en revanche interdit de faire entrer de l'opium, des armes, des explosifs, et du "matériel culturel impropre à la société vietnamienne".

Au plus fort de la campagne contre les "maux sociaux" de 1996, les inspecteurs des douanes ont reçu une circulaire mentionnant des amendes de 20 millions de dong (1 820 \$US) en cas d'importation ou d'exportation de tout produit donnant une image négative du Vietnam. Cela incluait ce guide, le populaire CD-Rom *Vietnam: A Portrait*, et toutes les cassettes ou CD de musique produits par les Vietnamiens vivant à l'étranger. Heureusement, cette règle n'était pas scrupuleusement appliquée, et la psychose du mal social semble s'être calmée. Mieux vaut tout de même ne pas laisser ce genre d'objets en évidence. Les touristes peuvent apporter une quantité illimitée de devises étrangères. Ils doivent les déclarer à l'arrivée sur le formulaire de douane. Théoriquement, en quittant le pays, vous devez avoir avec vous les reçus de toutes les devises étrangères que vous avez dépensées mais, dans la pratique, les autorités s'en moquent éperdument.

Il faut également déclarer les métaux précieux (particulièrement l'or), les bijoux, les boissons alcoolisées, les appareils photo, vidéo et électroniques. Les taxes douanières s'appliquent sur l'or, les bijoux et les diamants. Déclarer ces biens présente l'avantage de simplifier les formalités au retour, mais n'oubliez pas que l'on peut vous demander de les montrer au moment de votre départ pour prouver que vous ne les avez pas vendus au marché noir.

En pratique, vous ne risquez pas d'ennuis, sauf si vous transportez une énorme quantité de produits ou un objet de grande valeur. L'importation et l'exportation de devises vietnamiennes et d'animaux vivants sont interdites.

QUESTIONS D'ARGENT
Monnaie nationale

La monnaie nationale au Vietnam est le dong. On trouve actuellement des billets de 200 d, 500 d, 1 000 d, 2 000 d, 5 000 d, 10 000 d, 20 000 d et 50 000 d. Il est difficile d'obtenir la monnaie sur les grosses coupures de 50 000 dongs dans les coins retirés du pays.

Maintenant que, contrairement à son vœu, Ho Chi Minh a été canonisé, on peut voir son portrait sur *tous* les billets de banque. Les pièces de monnaie n'ont aujourd'hui plus cours, mais le dong valait 10 hao et 100 xu. Tous les prix en dongs donnés dans ce livre sont calculés sur la base de 1 $US = 12 950 d.

Il n'y a pas si longtemps, de nombreux hôtels et restaurants de catégorie supérieure exigeaient des dollars US et refusaient les devises vietnamiennes. En 1994, le gouvernement a interdit cette pratique et toute transaction officielle doit aujourd'hui être affichée et s'effectuer en dongs uniquement. Nombre d'endroits ne continuent pas

moins d'indiquer leurs prix en dollars et effectuent le "change" sur place.

Même si le billet vert n'a plus court, nous préférons citer les prix en dollars, car cette pratique reste courante dans le pays (pour les chambres d'hôtel, les billets d'avion…). Par ailleurs, les Vietnamiens eux-mêmes donnent souvent les prix en dollars, et le dong est peu commode à utiliser : ainsi, une nuit dans un hôtel de catégorie moyenne revient facilement à 300 000 dongs, et un vol intérieur Hanoi/Ho Chi Minh-Ville vous coûtera 2,2 millions de dongs ! Nous ne saurions trop vous conseiller d'emporter une calculette pour convertir les prix.

Les Américains avaient introduit au Sud-Vietnam les pratiques bancaires occidentales. A la réunification, les chèques, cartes de crédit, billets de banque et comptes en banque du Sud-Vietnam ont perdu toute leur valeur. Ce démantèlement du système bancaire a rendu quasiment impossible l'envoi de mandats au Vietnam. Pour pallier cette lacune, Hanoi a créé plus tard la société Cosevina, qui permet aux Vietnamiens d'outre-mer d'envoyer de l'argent à leurs familles.

Le gouvernement cherche actuellement à rejoindre le système bancaire mondial. Les instruments monétaires de type capitaliste refont leur apparition, comme les chèques de voyage, les cartes de crédit, les mandats télégraphiques et même les lettres de change. Seuls le compte courant et son chéquier sont encore inexistants.

L'or s'utilise beaucoup pour les grosses transactions, vente de maison ou de voiture. Si vous demandez à quelqu'un le prix de sa maison, il vous donnera probablement le montant en taels d'or.

Taux de change

Pays	Unité	Dongs
Belgique	1 FB	397,94 d
Canada	1 $CAN	9 161 d
États-Unis	1 $US	13 885 d
France	1 FF	2 447 d
Singapour	1 $S	8 258 d
Suisse	1 FS	10 015 d
Taiwan	1 $NT	430,01 d
Thaïlande	1 B	381,46 d

Change

Le dong connaît des hauts et des bas. Chaque fois que le gouvernement a fait fonctionner la planche à billets pour enrayer l'endettement du pays, cela a provoqué une très forte inflation et de fréquentes dévaluations. En 1991, le dong a perdu près de la moitié de sa valeur, puis il est remonté l'année suivante de près de 35% par rapport au dollar, devenant ainsi l'une des meilleures devises de l'année pour les investisseurs ! En effet, le recours à la planche à billets a été abandonné, le commerce extérieur a été redressé, et en 1992, pour la première fois depuis la réunification, la balance commerciale vietnamienne a été positive. Plus récemment, la crise économique asiatique, qui a ravagé les économies thaïlandaise, coréenne et indonésienne, a provoqué une chute du dong de près de 15% par rapport au dollar.

Assurez-vous que les chèques de voyage et les dollars que vous emportez ne sont pas trop chiffonnés et ne comportent aucun graffiti. Le cas échéant, des employés tatillons vous les refuseront purement et simplement. A l'inverse, certains voyageurs ont eu quant à eux des difficultés pour changer des dollars qui avaient l'air trop "neufs", l'employé de banque pensant qu'il s'agissait de faux billets…

Bien que l'on puisse en théorie changer des francs français, des marks, des livres sterling, des yens ou d'autres monnaies importantes, le dollar américain demeure en réalité la devise préférée. Veillez à emporter suffisamment de dollars US en liquide ou de chèques de voyage pour tout votre séjour, et conservez-les dans un endroit sûr, par exemple dans une banane. Ne les rangez pas tous au même endroit. Si vous perdez votre argent, la situation devient assez critique, sauf si vous empruntez à un autre voyageur ou que l'on vous en envoie (ce qui n'est possible qu'à Ho Chi Minh-Ville ou à Hanoi).

Une fois au Vietnam, prenez garde aux faux billets et pièces, particulièrement les billets de 20 000 d et 50 000 d, qui sont importés de Chine. Le problème ne se pose pas si vous changez votre argent dans une banque, mais la situation est différente sur le marché libre.

La Vietcombank, qui n'est autre que la Banque du commerce extérieur du Vietnam (Ngan Hang Ngoai Thuong Viet Nam), est celle qui offre le plus de facilités pour changer les devises étrangères et les chèques de voyage, bien que d'autres établissements bancaires proposent les mêmes prestations. Ils ouvrent généralement de 8h à 15h en semaine, jusqu'à 12h le samedi et ferment le dimanche et les jours fériés, ainsi qu'une heure et demie à l'heure du déjeuner.

Les chèques de voyage se changent uniquement dans les banques de change habilitées pour ces transactions. Malheureusement, il n'en existe pas toujours dans chaque ville (ni même dans chaque province). Détail ennuyeux : vous ne trouverez aucune banque aux postes-frontières avec le Cambodge et le Laos, ni à Lao Cai et Dong Dang (deux points de passage très fréquentés à la frontière chinoise). Dans ces endroits, seul le marché noir peut vous dépanner. De plus, les succursales de la Vietcombank aux aéroports de Ho Chi Minh-Ville et de Hanoi ne fonctionnent qu'aux heures d'ouverture des banques ; elles sont donc fermées aux heures de départ et d'arrivée de la moitié des vols ! Il est donc impératif de ne pas compter uniquement sur les chèques de voyage : vous serez peut-être obligé d'affronter le marché noir dès votre arrivée. Pour ce genre de transaction, gardez une provision raisonnable de dollars US en coupures de valeur différente.

Si vous ne possédez que des chèques de voyage, vous pourrez obtenir des dollars US en liquide dans les banques de change habilitées, moyennant une commission de 2% (les autres banques prennent parfois davantage). Contrairement à d'autres banques, la Vietcombank ne prend pas de commission sur le change de chèques de voyage en dongs.

Si vos chèques de voyage sont libellés dans une autre monnaie que le dollar US, vous risquez d'avoir du mal à les changer. Si vous insistez, certaines banques vous les changeront peut-être en dongs, mais en pre-

Une monnaie instable

L'histoire du dong est marquée du sceau de l'instabilité. A l'époque de l'Indochine française, il s'appelait piastre. En 1954, la partition du Vietnam a impliqué la création de deux dongs distincts : celui du Nord, celui du Sud. Un an avant la réunification, 1 \$US valait 450 dongs du Sud-Vietnam.

En 1976, le Gouvernement révolutionnaire provisoire (GRP) supprime le dong sud-vietnamien et impose une nouvelle monnaie, le dong GRP. La parité entre les deux monnaies s'établit non pas sur la base de 1/1, mais de 500/1, en faveur du dong GRP. En outre, les Sud-Vietnamiens n'ont le droit de changer qu'un maximum de 200 dongs par famille. Cette démonétisation subite du Sud-Vietnam a pour effet immédiat de réduire à la pauvreté une population plutôt aisée et de provoquer rapidement l'effondrement de l'économie. Seuls les plus prévoyants, qui avaient conservé leur richesse en or ou en bijoux, seront un tant soit peu épargnés par la crise.

En 1977, les deux dongs (nord-vietnamien et GRP) sont dévalués et "réunifiés". Dans le Nord, la parité est de 1/1, dans le Sud de 1/1,2. Les Sud-Vietnamiens jouissent donc cette fois d'un léger avantage, maigre compensation de la perte de 500 % qu'avait subie leur monnaie l'année précédente.

L'année 1985 connaît la dernière tentative de parité monétaire. Comme l'inflation dévalue rapidement le dong, le gouvernement décide d'émettre une nouvelle monnaie à un taux dix fois supérieur à l'ancienne. Chaque famille ne pourra cette fois obtenir que l'équivalent de 2 000 dongs anciens en nouveaux billets, avec certaines dérogations. Plutôt que de mettre un frein à la hausse des prix, comme le gouvernement l'avait espéré, l'émission de la nouvelle monnaie provoqua à nouveau une terrible inflation. Aujourd'hui, les vieux billets de 20 dongs ne valent même pas le prix du papier sur lequel ils sont imprimés.

nant au passage une commission substantielle (peut-être 10%) pour compenser d'éventuelles fluctuations du marché ; souvent, elles ne connaissent pas les derniers taux de change des monnaies autres que le dollar US.

Les banques de change observent les principaux jours fériés. Si vous arrivez en période de Nouvel An lunaire, vous les trouverez peut-être fermées trois à quatre jours d'affilée.

A votre départ, vous pouvez reconvertir une quantité raisonnable de dongs en dollars, sans reçu officiel ; reste à définir ce que chacun entend par "raisonnable". La plupart des visiteurs n'ont rencontré aucune difficulté, mais un reçu officiel permet d'éviter toute contestation. Légalement, vous ne pouvez pas emporter de dongs hors du Vietnam.

Les petites valeurs que représentent les billets vietnamiens impliquent des centaines de billets à compter à chaque opération de change. Les coupures se remettent habituellement sous forme de grosses liasses attachées avec un élastique, mais il faut absolument les compter, aussi lente que soit cette opération. Contre 100 \$US, on vous remettra environ 1,3 millions de dongs, c'est-à-dire une grosse liasse de billets de 5 000 dongs qui ne tiennent pas dans une banane : autant dire qu'il vous faudra trouver une solution pour les transporter au cours de votre périple.

Les cartes Visa, MasterCard et JCB sont à présent acceptées dans toutes les grandes villes et sur quelques sites touristiques (à Dalat, dans la baie d'Along…). La commission appliquée est de 3% pour le règlement d'un achat ou d'une note d'hôtel. Vous pouvez obtenir de l'argent liquide avec une de ces cartes à la Vietcombank, dans la plupart des villes. Comptez 4% de commission dans les banques et 5% dans les hôtels.

Quelques banques à Ho Chi Minh-Ville ont installé des distributeurs de billets acceptant les cartes de retrait étrangères telles que GlobalAccess, Cirrus, Interlink, Plus, Star, Accel, The Exchange ou Explore. Le paiement s'effectue en dongs, avec prélèvement automatique d'une commission.

Les étrangers effectuant de fréquents séjours au Vietnam pour affaires, travail ou voyages ont le droit d'ouvrir un compte à la Vietcombank, en dongs ou en dollars US. Il existe des comptes de dépôt à vue et à terme rapportant tous deux des intérêts. La Vietcombank peut concéder des lettres de crédit à ceux qui se consacrent à l'import-export, voire octroyer des prêts.

Enfin, Thomas Cook propose un service baptisé MoneyGram qui a comme objectif de transférer de l'argent en une quinzaine de minutes depuis votre pays d'origine jusqu'au Vietnam. Il peut constituer – à l'instar d'éventuels concurrents – un atout pour votre voyage.

Marché noir Le marché noir est le système bancaire vietnamien officiel. Où le trouver ? En fait, presque partout. Le terme de "marché noir" est peut-être trop fort car il évoque des transactions clandestines, alors qu'elles sont tout à fait ouvertes. Les chauffeurs de taxi et certains commerces (bijouteries, agences de voyages) échangeront vos dollars US contre des dongs et vice versa. Même si cette pratique est illégale, personne ne cherche réellement à faire respecter la loi. N'oubliez pas pour autant que les taux de change au marché noir sont moins intéressants que ceux du marché officiel. En règle générale, vous perdrez 1 à 5% sur vos transactions. Dans certains endroits loin de tout (comme Sapa), vous pourrez changer vos chèques de voyage au marché noir moyennant une commission exorbitante de 10%.

Si l'on vous aborde dans la rue en vous proposant un taux plus avantageux que l'officiel, vous pouvez être sûr que c'est un coup monté. Toute offre trop alléchante masque systématiquement une escroquerie.

Sécurité

Le Vietnam compte sa part de pickpockets. Plutôt que de perdre votre argent liquide ou vos chèques de voyage (sans parler de votre passeport), autant mettre à l'abri des mains baladeuses les grosses sommes et autres objets précieux. Parmi les diverses astuces aptes à contrecarrer les projets des pickpockets, citons les poches cousues à l'intérieur des pantalons, les bandes velcro pour fermer les poches, une banane plate à mettre sous ses vêtements ou une pochette sous sa chemise. Un gilet porté sous le blouson sera idéal dans les rares endroits frais du Vietnam – option irréalisable en été et dans le Sud, où il fait trop chaud pour porter une épaisseur supplémentaire.

Une réserve secrète sera bien appréciée en cas de vol (pourquoi pas dans la doublure de votre sac à dos ?).

Coût de la vie

Le Vietnam est l'une des destinations les plus avantageuses d'Asie du Sud-Est, bien que l'hébergement soit plus onéreux qu'il ne le mérite (pour plus de renseignements, voir la rubrique *Hébergement* de ce chapitre).

Le coût de votre voyage dépendra de vos goûts et de vos penchants pour le luxe. Les ascètes peuvent ne dépenser que 10 $US par jour et, si l'on voyage sac au dos, on vit très bien avec 20 à 25 $US. En revanche, si vous louez une voiture, ce que beaucoup de voyageurs finissent par faire, votre budget s'en ressentira lourdement. Emprunter le bus ou le train permet de considérables économies.

Les factures sont souvent gonflées pour les étrangers, notamment dans les boutiques de souvenirs et certains restaurants. De même, des chauffeurs de taxi et de bus réclament fréquemment plusieurs fois le prix vietnamien. Ne croyez pas pour autant que tout le monde cherche à vous rouler : malgré leur extrême pauvreté, beaucoup de Vietnamiens ne demandent que le prix local pour de nombreux biens et services.

Pourboire et marchandage

Les Vietnamiens ne s'attendent pas à un pourboire proportionnel au montant de l'addition, mais seront heureux si vous le faites. Pour quelqu'un gagnant 50 $US par mois, un pourboire de 1 $US représente une demi-journée de travail ! Les hôtels de luxe ont tendance à facturer un service de 10 à 15% outre la commission gouvernementale de 12,5% par chambre. Ce service peut être considéré comme obligatoire, même s'il est probable que seule une infime proportion reviendra aux employés. Nous vous suggérons de donner un pourboire au personnel de ménage si vous restez quelques jours dans le même hôtel (0,50 ou 1 $US suffit). Si vous avez loué les services d'un guide ou d'un chauffeur qui aura passé du temps avec vous, un pourboire semble également de rigueur. Même chose si vous faites une excursion d'une journée en groupe : les guides et les chauffeurs sont payés une poignée de cerises. Les voyageurs en excursion à bord d'un minibus se cotisent généralement pour réunir une somme d'argent à répartir entre le guide et le chauffeur. Un dollar par jour et par personne semble raisonnable. Rien ne vous empêche bien sûr de donner plus ou de ne pas donner du tout s'il y a une bonne raison à cela.

Pourboire ne veut pas dire nécessairement argent, mais aussi petit présent. Vous ferez des heureux en offrant des cigarettes aux hommes vietnamiens (les femmes ne fument presque jamais). Aux marques locales, fort mal vues, préférez les étrangères, américaines en tête, en particulier des 555 (la cigarette préférée de Ho Chi Minh). Vous renouvellerez votre stock à n'importe quel coin de rue, auprès de petits stands proposant des cigarettes étrangères moins chères qu'en duty-free ! Il est de coutume de laisser une petite obole lors de la visite d'une pagode, surtout si le bonze vous a servi de guide. Vous trouverez un tronc prévu à cet effet.

Beaucoup d'étrangers imaginent que les Vietnamiens n'ont qu'une idée en tête, les rouler. C'est faux : il est inutile de discuter pour tout. Parfois en revanche, le marchandage est fondamental. Dans les régions touristiques, les vendeurs de cartes postales ont la réputation de prendre cinq fois le tarif ordinaire.

La plupart des chauffeurs de cyclomoteurs et de motocyclettes tentent également de gonfler les prix réservés aux étrangers ; essayez de connaître à l'avance la valeur normale, puis négociez en conséquence. N'oubliez jamais qu'il ne faut pas "perdre la face" en Asie (reportez-vous à la rubrique *Règles de conduite* dans le précédent chapitre). Marchander ne veut pas dire s'affronter, bien au contraire. Il faut garder le sourire et ne jamais crier. Les Occidentaux ont tendance à prendre le marchandage trop au sérieux et se vexent s'ils n'arrivent pas à faire baisser les prix de moitié. Que vous obteniez un rabais de 10 ou 50%, menez toujours vos transactions avec le sourire. L'affaire se conclut quand vous remettez l'argent – et si quelqu'un s'en est mieux tiré que vous, inutile de ruminer, vous gâcheriez votre plaisir de voyager !

Taxes

Le prix des articles inclut toujours les taxes. Seuls certains hôtels ou restaurants ajoutent 12,5% de taxe et le service, et cela doit être indiqué clairement (demandez si vous n'êtes pas sûr).

Pour ceux qui travaillent au Vietnam, la question des impôts reste totalement floue. L'impôt sur le revenu est en principe de 40 à 50%, selon ce que vous gagnez. Dans la pratique, peu de Vietnamiens déclarent tous leurs revenus. En tant que résident étranger, vous pouvez théoriquement être imposé sur votre "revenu mondial", ce qui inclut l'argent que vous ne gagnez pas au Vietnam ! Inutile de préciser que la plupart des expatriés oublient de déclarer les revenus qu'ils perçoivent à l'étranger.

Le gouvernement chercherait des moyens de freiner l'évasion fiscale. Si les percepteurs se mettent à appliquer la loi, ce sera un désastre pour l'économie du pays.

POSTE ET COMMUNICATIONS
Tarifs postaux

Les tarifs intérieurs sont incroyablement bon marché. L'affranchissement d'une lettre revient à 0,04 $US. Les tarifs postaux internationaux sont similaires à ceux des pays européens : envoyer une carte postale en Europe ou aux Etats Unis vous reviendra ainsi à 0,50 $US. Cela peut vous sembler bon marché mais c'est en fait prohibitif pour les Vietnamiens. Si vous avez l'intention d'entretenir une correspondance avec des Vietnamiens, laissez-leur des timbres pour plusieurs lettres. Ou bien achetez des carnets de timbres sur place que vous remporterez avec vous et joignez-en quelques-uns à vos courriers pour la réponse.

Envoyer du courrier

Dans tout le pays, les bureaux de poste sont généralement ouverts de 6h à 20h environ, week-end et jours fériés compris (même pendant le Têt).

Le courrier international envoyé d'un endroit autre que les grandes villes peut mettre plus d'un mois pour arriver. En revanche, le courrier qui part de Ho Chi Minh-Ville et de Hanoi par avion pour l'Ouest ne met pas plus d'une dizaine de jours, à condition de franchir sans encombre les services de "sécurité" (autrement dit, s'il n'est pas considéré comme subversif). Le service d'expédition express (EMS), disponible à Ho Chi Minh-Ville et à Hanoi, peut ne prendre que quatre jours.

L'inspection des colis ne se pratique quasiment plus. Veillez à ce que le paquet ne soit pas trop volumineux. Évitez les cassettes vidéo et autres objets de même catégorie si vous ne voulez pas rencontrer de problème.

L'EMS fonctionne en direction des pays les plus développés et de quelques autres, tels le Mozambique et l'Éthiopie. Cela peut être deux fois plus rapide que le courrier aérien normal, le principal avantage étant que l'envoi est enregistré. L'EMS fonctionne également entre Ho Chi Minh-Ville et Hanoi, assurant la distribution le lendemain, et à destination de villes moins importantes telles que Danang et Nha Trang. Les tarifs domestiques sont très raisonnables : 0,35 $US pour une lettre de moins de 20 grammes.

Transporteurs privés. Des transporteurs privés peuvent expédier des petits paquets ou documents à l'étranger et dans le pays. Pour les envois internationaux, comptez environ 35 à 60 $US (selon la destination) jusqu'à 500 g, et environ 5 à 17 $US pour chaque tranche de 500 g supplémentaire. Pour le service domestique, prévoyez environ 20 $US jusqu'à 500 g et 5 $US pour chaque tranche de 500 g supplémentaire.

DHL Worldwide Express travaille au départ de la poste de Ho Chi Minh-Ville (☎ 823 1525) et de son siège (☎ 844 6203, fax 844 5387), situé 253 Dai Lo Hoang Van Thu, district Tan Binh, Ho Chi Minh-Ville. A Hanoi, DHL (☎ 846 7020, fax 823 5698) se trouve 49 Pho Nguyen Thai Hoc, district de Ba Dinh. Vous pourrez joindre les bureaux de province aux numéros suivants : Dong Nai (☎ 828094), Haiphong (☎ 842 596), Nha Trang (☎ 822499) et Vung Tau (☎ 853932).

Le siège de Federal Express (☎ 829 0747, fax 829 0477) se situe 1 Đ Nguyen Hau, district n°1, à Ho Chi Minh-Ville. Hors de Ho Chi Minh-Ville, appelez le numéro vert de Federal Express (☎ 018-829 0747).

United Parcel Service (☎ 824 3597, fax 824 3596) dispose d'un bureau à la poste, 2 Đ Cong Xa Paris, district n°1, Ho Chi Minh-Ville.

TNT Express Worldwide a son siège (☎ 844 6460/844 6476/844 6478, fax 844 6592) 56 Đ Truong Son, section 2, district de Tan Binh, Ho Chi Minh-Ville.

Il existe deux bureaux d'Airborne Express (☎ 829 4310/829 4315, fax 829 2961) à Ho Chi Minh-Ville : l'un à la poste et l'autre au siège (☎ 829 2976), 80C Đ Nguyen Du, district n°1.

Expédier des marchandises. Si vous souhaitez expédier chez vous des meubles vietnamiens, passez par un transitaire international.

Au Vietnam, le plus important est la société Saigon Van (☎ 829 3502 ; fax 821 3003), 76 Đ Ngo Duc Ke, district n°1, Ho Chi Minh-Ville. Il existe une succursale plus petite à Hanoi (portable 090-404087 ; fax 824 0944), 21 Pho Ngo Van So. Cette compagnie est associée à la compagnie internationale Atlas Van Lines.

Son concurrent se situe à Hanoi : JVK International Movers (☎ 826 0334 ; fax 822 0143), 5A Pho Yet Kieu.

Recevoir du courrier

Chaque ville, village ou communauté rurale est équipé d'une poste. Ces bureaux, le plus souvent ornés d'un néon lumineux, sont désignés par le terme *Buu Dien*.

L'acheminement du courrier est en général fiable et rapide. Vous n'avez pas de souci à vous faire si votre enveloppe ou votre colis n'offre aucune tentation. En général, les lettres et cartes postales normales arrivent à bon port. L'un de nos correspondants à Ho Chi Minh-Ville affirme que son courrier a récemment été ouvert et des coupures de journaux concernant l'économie vietnamienne censurées.

Dans les postes d'Ho Chi Minh-Ville et de Hanoi, le service de poste restante fonctionne bien. Ailleurs, rien n'est moins sûr : plus la ville est petite, moins il est probable qu'elle puisse offrir cette prestation. Les étrangers doivent acquitter 0,04 $US pour chaque lettre qu'ils viennent retirer.

Retirer un petit colis venu de l'étranger n'est pas toujours de la plus grande facilité. La douane exige parfois d'en inspecter le contenu en votre présence. Vous devez alors aller présenter à la douane la note écrite que vous remet le préposé de la poste (à Ho Chi Minh-Ville, le bureau des douanes pour les colis en provenance de l'étranger se situe à l'arrière de la grande poste). Il faut alors remplir de nombreux formulaires, acquitter certains droits (environ 1 $US au total), présenter son passeport. Vous assistez ensuite à l'ouverture et à l'inspection de votre paquet. Puis il sera refermé avant de disparaître dans quelque obscur bureau avec passeport, formulaires et un autre droit que vous aurez acquitté. Désormais, il vous suffit d'attendre – cela peut durer quelques heures – pour récupérer votre bien quand on vous appellera.

N'oubliez pas votre passeport et les quelques formulaires à faire tamponner avant de quitter les lieux.

Si vous jouez de malchance, la douane risque de vous demander d'acquitter une taxe d'importation. Si votre colis contient des livres, des documents, des cassettes vidéo, des disquettes d'ordinateur ou tout autre produit "dangereux", il est fort possible qu'une seconde inspection soit nécessaire. Cela peut prendre alors entre quelques jours et… quelques semaines. Mais vous ne devrez tout de même pas patienter tout ce temps dans la salle d'attente !

Téléphone

Numéros utiles. Voici quelques numéros de téléphone utiles, mais ne vous étonnez pas si votre interlocuteur ne parle que le vietnamien.

Ambulance	☎ 115
Renseignements téléphoniques	☎ 116
Renseignements divers	☎ 118
Pompiers	☎ 114
Opérateur international	☎ 110
Indicatif international	☎ 00
Police	☎ 113
Horloge parlante	☎ 117

Toutes les grandes villes possèdent un service de renseignements divers (☎ 108), qui vous donnera aussi bien un numéro de téléphone ou des horaires de train et d'avion que les taux de change et les derniers résultats de football. On peut généralement demander un opérateur parlant français.

Appels internationaux. Les tarifs des télécommunications internationales sont, au Vietnam, parmi les plus élevés du monde ; à moins qu'il ne s'agisse d'une affaire extrêmement importante, mieux vaut attendre d'être à Hong Kong, Bangkok ou Singapour pour passer vos appels.

Si vous vivez au Vietnam, vous serez peut-être tenté de vous abonner à un service de *callback*, ce qui réduira grandement votre facture téléphonique. Le Vietnam est néanmoins l'un des rares pays à considérer

Indicatifs téléphoniques

Province	Capitale	Indicatif
1 Lai Chau	Dien Bien Phu	☎ 023
2 Lao Cai (21)*	Lao Cai	☎ 020
3 Ha Giang	Ha Giang	☎ 019
4 Cao Bang	Cao Bang	☎ 026
5 Lang Son	Lang Son	☎ 025
6 Quang Ninh	Along	☎ 033
7 Bac Giang (13)	Bac Giang	☎ 0240
8 Thai Nguyen (20)	Thai Nguyen	☎ 0280
9 Bac Can (20)	Bac Can	☎ 0281
10 Tuyen Quang	Tuyen Quang	☎ 027
11 Yen Bai (21)	Yen Bai	☎ 029
12 Son La	Son La	☎ 022
13 Phu Tho	Viet Tri	☎ 021
14 Vinh Phuc	Vinh Yen	☎ 021
16 Bac Ninh (13)	Bac Ninh	☎ 0241
17 Hai Duong	Hai Duong	☎ 032
19 Thai Binh (17)	Thai Binh	☎ 036
20 Hung Yen	Hung Yen	☎ 032
21 Ha Tay	Ha Dong	☎ 034
22 Hoa Binh (28)	Hoa Binh	☎ 018
23 Ha Nam (18)	Ha Nam	☎ 0351
24 Nam Dinh	Nam Dinh	☎ 0350
25 Ninh Binh	Ninh Binh	☎ 030
26 Thanh Hoa (36)	Thanh Hoa	☎ 037
27 Nghe An (37)	Vinh	☎ 038
28 Ha Tinh (38)	Ha Tinh	☎ 039
29 Quang Binh (39/40)	Dong Hoi	☎ 052
30 Quang Tri (39/40)	Dong Ha	☎ 053
31 Thua Thien-Hué (39/40)	Hué	☎ 054
33 Quang Nam (43)	Tam Ky	☎ 0510
34 Quang Ngai (47)	Quang Ngai	☎ 055
35 Kon Tum (46)	Kon Tum	☎ 060

cela comme illégal et, si vous vous faites prendre, vous encourez de sévères pénalités. On peut appeler la province ou l'étranger dans beaucoup d'hôtels, mais à quel prix !

C'est un peu moins cher à la poste. Les communications par opérateur sont facturées pour trois minutes au minimum, même si vous n'en utilisez qu'une. Le prix de la minute sera plus élevé que pour un appel direct. Évitez donc l'opérateur, au Vietnam comme ailleurs, et appelez en automatique.

Les étrangers ne sont pas autorisés à appeler l'international en PCV, alors que les Vietnamiens peuvent le faire. En effet, la DGPT (Direction générale des postes et

Indicatifs téléphoniques

Province	Capitale	Indicatif
36 Binh Dinh (44)	Qui Nhon	☎ 056
37 Gia Lai	Pleiku	☎ 059
38 Phu Yen (45)	Tuy Hoa	☎ 057
39 Dac Lac (47)	Buon Ma Thuot	☎ 050
40 Khanh Hoa (45)	Nha Trang	☎ 058
41 Ninh Thuan	Phan Rang	☎ 068
42 Lam Dong (49)	Dalat	☎ 063
43 Binh Phuoc (61)	Dong Xoai	☎ 065
44 Tay Ninh (70)	Tay Ninh	☎ 066
45 Binh Duong (61)	Thu Dau Mot	☎ 065
46 Dong Nai (60)	Bien Hoa	☎ 061
47 Binh Thuan (48)	Phan Thiet	☎ 062
48 Ba Ria (72)	Vung Tau	☎ 064
50 Long An (62)	Tan An	☎ 072
51 Tien Giang (63)	Mytho	☎ 073
52 Ben Tre (71)	Ben Tre	☎ 075
53 Tra Vinh	Tra Vinh	☎ 074
54 Vinh Long (64)	Vinh Long	☎ 070
55 Dong Thap (66)	Cao Lanh	☎ 067
56 An Giang (67)	Long Xuyen	☎ 076
57 Kien Giang	Rach Gia	☎ 077
58 Cantho (65)	Cantho	☎ 071
59 Soc Trang	Soc Trang	☎ 079
60 Bac Lieu (69)	Bac Lieu	☎ 0781
61 Camau (69)	Camau	☎ 0780

Municipalité	Indicatif téléphonique
15 Hanoi (29)	☎ 04
18 Haiphong (15)	☎ 031
32 Danang (43)	☎ 0511
49 Ho Chi Minh-Ville 50 (gouv.) 51/55 (privé)	☎ 08

* les chiffres entre parenthèses représentent le numéro d'immatriculation des véhicules pour chaque province

votre carte de crédit ou de vos chèques de voyage, vous ne pourrez pas prévenir par PCV les organismes concernés. C'est particulièrement fâcheux si l'on vous a dérobé tout votre argent liquide et si vous devez demander de l'aide à l'étranger.

Les appels internationaux vous reviendront moins cher si vous utilisez l'UniphoneKad, la carte que propose la compagnie des téléphones. On ne peut l'utiliser que dans des publiphones spéciaux, essentiellement à Ho Chi Minh-Ville et dans les halls des grands hôtels. Il existe quatre sortes de cartes : à 30 000 d, 60 000 d, 150 000 d et à 300 000 d. Ces deux dernières s'utilisent pour appeler partout, alors que les deux premières ne fonctionnent que pour les appels locaux.

D'après notre expérience, les appels internationaux coûtent plus chers que les tarifs affichés, même lorsque vous utilisez une carte téléphonique. La seule réduction en vigueur, de 15%, s'applique entre 23h et 7h du matin, plus le dimanche et les jours fériés.

Appels en automatique

Région	Première minute	Par minute
Pays environnants	de 3 $US à 3,70 $US	de 2,40 $US à 2,70 $US
Europe et Amérique du Nord	4,10 $US	3,10 $US
Moyen-Orient et Afrique	4,50 $US	3,50 $US

Remarque : les appels sont facturés par incréments de six secondes.

Appels locaux. A l'exception de certains numéros (comme les pompiers ou les renseignements), les numéros de téléphone de Hanoi et de Ho Chi Minh-Ville comportent sept chiffres. En dehors de ces deux villes, les numéros sont à six chiffres.

Au Vietnam, chaque province a son indicatif (reportez-vous au tableau *Indicatifs téléphoniques des provinces*).

On peut téléphoner localement de tous les hôtels et restaurants, le plus souvent gratuitement.

communications) gagne moins d'argent sur un appel en PCV que sur un appel facturé au Vietnam. Toutefois, comme la plupart des habitants du pays ne peuvent s'offrir un appel international, on leur permet d'appeler en PCV leurs parents à l'étranger (en supposant que ces derniers leur envoient de l'argent). Sachez donc qu'en cas de perte de

Le prix des appels nationaux longue distance est raisonnable, surtout en automatique.

Une communication entre Hanoi et Ho Chi Minh-Ville en pleine journée, donc en plein tarif, revient à 0,45 $US la minute. En passant par un opérateur, il vous en coûte 0,82 $US la minute, avec une facturation de trois minutes au minimum. Vous pouvez économiser jusqu'à 20% en téléphonant entre 22h et 5h.

Téléphones portables. Comme dans les autres pays en développement, le Vietnam investit beaucoup d'argent dans le réseau cellulaire, opération moins onéreuse que le déploiement de milliers de kilomètres de câbles en cuivre ou en fibre optique. Bientôt, les touristes pourront appeler avec leur propre téléphone portable… En attendant, les étrangers résidant au Vietnam peuvent faire une demande de téléphone cellulaire à Hanoi ou à Ho Chi Minh-Ville. Ce service, en plus de ses autres avantages, permet d'éviter les installations électriques vietnamiennes décrépites, dont les grésillements et parasites sont une véritable plaie.

Les compagnies spécialisées dans les téléphones portables à Ho Chi Minh-Ville sont Call-Link (☎ 822 0288), 5 Đ Nguyen Hau, district n°1, et MobiFone (☎ 835 1410), 750 Đ Dien Bien Phu, district n°10. A Hanoi, contactez MobiFone (☎ 835 6696), au 44H Pho Lang Ha.

Fax, télex et télégrammes

La plupart des grandes postes et des grands hôtels touristiques offrent un service (international et local) de fax, télégramme et télex. Les prix pratiqués dans les hôtels sont un peu plus élevés que ceux des bureaux de poste.

Si votre ordinateur portable est équipé d'un modem intégré, vous serez tenté de le connecter à n'importe quelle ligne téléphonique pour envoyer un fax. Sachez que c'est illégal. Le gouvernement vietnamien tient à ce que tous les télécopieurs soient déclarés, et cela inclut les modems.

En Occident, le télex est désormais une technologie désuète remplacée par le fax et

le courrier électronique. Le Vietnam, pour sa part, l'utilise encore (principalement dans les banques), mais il est là aussi en voie d'extinction ; la plupart des grandes postes, néanmoins, continuent d'offrir ce type de service, facturé à la minute, avec un minimum d'une minute, et si lent (environ 50 mots/minute) que la brièveté est de rigueur.

Les guichets des télégraphes des grands bureaux de poste sont ouverts 24h/24, 7j/7.

Les télégrammes sont facturés au mot (y compris ceux des adresses) avec un minimum de 7 mots. Le prix du mot varie de 0,30 à 0,60 $US selon le pays de destination.

E-mail et accès Internet

Les services d'accès en ligne pour le grand public n'ont fait leur retour au Vietnam que très récemment. A l'été 1997, les autorités, craignant peut-être un trop-plein d'informations arrivant librement des quatre coins de la planète, ont fait fermer tous les cybercafés (en confisquant au passage les ordinateurs). Heureusement, ces établissements réapparaissent tout doucement, définitivement nous l'espérons. Les services en ligne sont accessibles depuis ces cybercafés et depuis les ordinateurs situés dans les halls d'entrée des pensions.

Si vous avez déjà une adresse e-mail avec un fournisseur d'accès non vietnamien et que vous désirez y accéder, vous devrez le charger par un service tel que Hotmail (opération très facile dans les cybercafés de Hanoi, Ho Chi Minh-Ville, Nha Trang, Hoi An et Danang). Malheureusement, les fournisseurs d'accès internationaux populaires tels que CompuServe, America Online et Asia Online n'ont pas de connexion locale au Vietnam. Les férus de cette technologie devraient se rendre compte du fait que les propriétaires de cybercafés n'apprécieront pas du tout qu'on essaie de changer la configuration de leurs ordinateurs pour recevoir des mails.

L'accès à Internet coûte entre 0,06 $US et 0,25 $US la minute. L'impression coûte entre 0,08 $US et 0,16 $US la page.

INTERNET

Le World Wide Web est une véritable mine pour les voyageurs. On peut se documenter sur son voyage, chercher des prix imbattables pour son billet d'avion, réserver des hôtels, consulter les prévisions météo et discuter avec des habitants du pays ou d'autres voyageurs sur les endroits à voir (ou à éviter).

Le meilleur site pour commencer votre exploration du Web est bien sûr celui de Lonely Planet (www.lonelyplanet.com). Vous y trouverez des infos sur les conditions de voyage dans de nombreux pays, des cartes postales d'autres voyageurs et le bulletin Thorn Tree, où vous pouvez poser vos questions avant de partir ou faire part de vos conseils en revenant. Des informations de voyage et des mises à jour des guides les plus populaires sont également disponibles. La section subWWWay propose des liens avec d'autres sites utiles pour la préparation d'un voyage.

Comble de l'ironie, les meilleurs renseignements en ligne sur le Vietnam sont dispensés par son vieil ennemi, les États-Unis. Les auteurs sont pour la plupart des Vietnamiens vivant aux États-Unis. Les sites sont en anglais et en vietnamien.

Internet évoluant d'un jour à l'autre, nos commentaires sur les sites risquent vite d'être dépassés. Toutefois, nous avons visité quelques adresses, que nous recommandons vivement.

Le site le plus complet sur le Vietnam actuel est peut-être celui de Destination Vietnam (www.destinationvietnam.com). Publié pendant des années en format papier, ce magazine se trouve depuis peu sous forme entièrement électronique. Les renseignements donnés couvrent de nombreux domaines de la vie vietnamienne : les voyages, l'art, l'histoire, la culture, et même l'adoption. Le site propose une galerie d'art contemporain vietnamien en ligne, des sous-sections permettant d'approfondir un sujet particulier et suffisamment de liens intéressants pour vous garder connecté pendant des semaines !

Autre excellente adresse, fort populaire, Vietnam Adventures Online (www.vietna-madventures.com) regorge d'informations pratiques pour les voyageurs. Elle présente des aventures chaque mois et propose des prix intéressants sur des voyages.

Vietnam Online (www.vietnamonline.com) est sur le Web depuis 1995 et reçoit de très nombreux visiteurs. Le site donne des conseils de voyage très utiles et couvre de façon complète la question de l'emploi et des opportunités de travail au Vietnam.

Grâce à ces sites, vous devriez trouver des liens pour le journal *Democracy Newsletter*, le Miss Vietnam Tet Pageant, des collections de photos du Vietnam, la Vietnamese Professional Society et d'autres sites.

Enfin, si vous effectuez une recherche sur le Net avec les mots-clés "Vietnam", "Ho Chi Minh-Ville", "Hanoi", "Têt" ou "Tet" (orthographe anglaise), vous devriez trouver des réponses intéressantes.

LIVRES

Il existe en français de nombreux ouvrages sur le Vietnam. Notre liste n'est certes pas exhaustive mais elle contribuera à vous donner une idée assez complète sur le pays, son histoire et sa culture.

Lonely Planet

Les randonneurs à vélo, à pied et autres souhaiteront sûrement emporter un exemplaire du *Vietnam Travel Atlas* de Lonely Planet. En anglais uniquement, le *Vietnamese Phrasebook* vise à vous enseigner quelques rudiments de la langue, mais également à vous distraire durant vos longs trajets en bus. Et si vous cherchez à tout savoir sur Ho Chi Minh-Ville, vous pouvez vous procurer le *Ho Chi Minh City Guide*. Le guide *South-East Asia on a shoestring* consacre un chapitre au Vietnam, mais il est moins détaillé que celui que vous êtes en train de parcourir.

Histoire et politique

Le Vietnam d'avant 1975 a inspiré de nombreux auteurs français mais la quasi-totalité de ces ouvrages est malheureusement épuisée, comme ce superbe livre de photos accompagnées de textes de Jean Lacouture, *Vietnam : voyage à travers une victoire*

(Seuil, 1976), à dénicher chez les bouquinistes. Pour un panorama général, on lira le *Que sais-je ?* sur *Le Vietnam*, de Pierre-Richard Feray (n°398, 1996), qui permettra au lecteur pressé d'avoir un aperçu des données politiques et économiques.

Pour ceux qui souhaitent approfondir la question, mentionnons deux livres de référence. *Histoire du Vietnam des origines à 1858* (éd. Sudestasie, 1993) est une vaste étude réalisée par un historien universitaire renommé, Le Thanh Khoi ; cet ouvrage a obtenu le prix de l'Académie des sciences d'outre-mer. Quant à *La Société vietnamienne, 1882-1902*, du sociologue Nguyen Van Phong (PUF), elle analyse les premiers mouvements indépendantistes.

Mentionnons également l'*Histoire de l'Indochine : la perle de l'Empire (1624-1954)* (Albin Michel, 1998) de Philippe Héduy, un ouvrage complet et accessible.

Véritable somme historique, *Viêt-nam, 1920-1945*, de Ngo Van (éd. L'insomniaque, 1995), est une chronique de la révolution et de la contre-révolution sous la domination coloniale. Cet ouvrage présente par ailleurs l'intérêt d'être un témoignage de première main : l'auteur a en effet vécu les drames de la lutte anticolonialiste.

Les plus déterminés peuvent consulter en bibliothèque les ouvrages fondamentaux (mais épuisés) de Paul Mus, professeur au Collège de France. L'auteur y démontre pourquoi l'arrivée de Ho Chi Minh ne fut pas, selon lui, une rupture dans l'histoire du Vietnam mais bien une continuité.

Le Vietnam de l'après-guerre a suscité beaucoup moins d'intérêt chez les écrivains français que le Vietnam d'avant 1975. On recommandera néanmoins un ouvrage collectif, *Vietnam : l'histoire, la terre, les hommes*, sous la direction d'Alain Ruscio (L'Harmattan, 1993), qui, bien qu'assez orienté par la vision marxiste des événements, se révèle une étude complète et claire du Vietnam au XXᵉ siècle. L'essai de Trinh Van Thao, professeur de sociologie à l'université d'Aix-en-Provence, *Du confucianisme au communisme* (L'Harmattan, 1990), est également à conseiller.

La littérature en langue anglaise (ou plutôt américaine) est en revanche très abondante, notamment sur les années de guerre et leurs conséquences. Ces ouvrages n'ont généralement pas été traduits, à l'exception notable de *L'Innocence perdue : un Américain au Vietnam*, de Neil Sheehan (Seuil, coll. "Points actuels", 1990). L'auteur, ancien reporter au Vietnam, a mis seize ans à rédiger ce récit lauréat du prix Pulitzer et considéré comme l'un des ouvrages fondamentaux sur la guerre.

Sur la vie au Vietnam pendant la guerre contre les Américains, vue par un Vietnamien, on pourra lire en français *Vie souterraine sous l'occupation américaine*, de Nguyen Sang. Autre ouvrage sur la présence américaine au Vietnam, mais vue cette fois de l'autre côté, *Les Américains et la guerre du Vietnam*, de Jacques Portes (Complexe, coll. "Questions du XXᵉ siècle", 1993), analyse les conséquences de cette guerre sur la société américaine.

Dernier point de vue pour compléter ce panorama : *Mémoires d'un Vietcong*, de Truong Nhu Tang (Flammarion, 1985), ancien ministre de la Justice réfugié en France depuis 1978.

Sur la guerre d'Indochine, les ouvrages ne manquent pas mais on peut conseiller *la Guerre d'Indochine : 1945-1954*, de Jacques Dalloz (Seuil, coll. "Points histoire", 1987) et *La Guerre française d'Indochine : 1945-1954, La mémoire du siècle*, d'Alain Ruscio (Complexe, 1992). D'Alain Ruscio toujours, un ouvrage sur la bataille de Dien Bien Phu : *Dien Bien Phu, la fin d'une illusion* (L'Harmattan, 1987).

Autre ouvrage intéressant pour les mordus de cette période, les archives sur la guerre d'Indochine sont rassemblées dans un même ouvrage et présentées par Philippe Devillers : *Paris, Saigon, Hanoi, les archives de la guerre, 1944-1947* (Gallimard/Julliard, coll. "Archives", 1988).

Sur l'histoire plus immédiate, on se procurera un témoignage sur le départ des boat people : *Les Enfants de Thai Binh*, de Duyen Anh (Fayard, coll. "Les Enfants du fleuve", 1993).

LA FÊTE DU TÊT

Le Têt Nguyen Dan (fête du premier jour), qui annonce le Nouvel An lunaire, est la fête la plus importante du calendrier vietnamien. Connue sous le nom de Têt, elle représente bien plus que le Nouvel An de notre calendrier grégorien. Les familles se rassemblent et espèrent obtenir la chance pour l'année à venir ; les esprits des ancêtres sont accueillis dans la maison familiale et les liens familiaux se resserrent. Le Têt constitue également l'anniversaire de tous les Vietnamiens : le jour du Têt, tout le monde vieillit d'un an.

La fête tombe entre le 19 janvier et le 20 février de notre calendrier ; sa date précise change chaque année du fait des différences entre les calendriers solaire et lunaire. Les trois premiers jours suivant le Nouvel An sont fériés, mais de nombreux Vietnamiens prennent toute la semaine de vacances, notamment dans le Sud.

Les festivités débutent sept jours avant le Nouvel An, lorsque les Tao Quan – les trois esprits du foyer, dans chaque maison – montent aux cieux et rapportent à l'empereur de Jade les événements de l'année passée. Ces dieux du foyer sont parfois décrits sous la forme d'une seule personne, appelée Ong Tao, Ong Lo ou Ong Vua Bep. Le jour où les Tao Quan montent aux cieux, chevauchant des poissons, on peut observer dans tout le pays les Vietnamiens lâcher des carpes vivantes dans les rivières et les lacs. Des autels sont dressés et chargés d'of-

Tao Quan

Une des légendes autour des Tao Quan raconte l'histoire d'un bûcheron et de sa femme qui vivaient heureux jusqu'au jour où le bûcheron, terrifié à l'idée de ne plus pouvoir assurer leur subsistance, se mit à boire et à battre sa femme ; celle-ci ne put le supporter et partit. Quelque temps après, oubliant les malheurs de sa première union, elle épousa un chasseur.

Un jour, peu de temps avant le Nouvel An vietnamien, un mendiant se présenta à sa porte alors que son mari était parti chasser. Elle lui offrit à manger, et reconnut son premier mari. Paniquée par le retour de son second mari, elle cacha le mendiant sous une botte de paille. Affamé, et ignorant la présence du mendiant, le chasseur mit le feu à la paille pour faire rôtir le gibier qu'il venait de tuer. De crainte que le chasseur ne tue sa femme s'il découvrait sa présence, le mendiant brûla vif sans émettre un son. La pauvre femme, bouleversée, comprit alors que son premier mari mourait en silence pour la sauver et, sans hésiter, se jeta dans le feu pour l'accompagner dans la mort. Le pauvre chasseur crut qu'elle se tuait par sa faute ; incapable de vivre sans elle, il se jeta à son tour dans le feu.

Tous trois périrent, dans un acte de générosité qui toucha si profondément l'empereur de Jade qu'il fit d'eux des dieux ; il leur donna pour mission de veiller, du foyer, au bien-être des Vietnamiens.

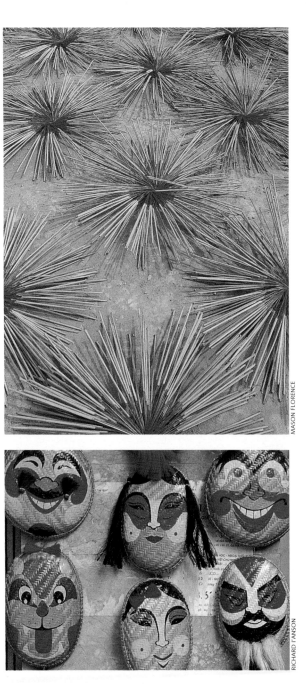

MASON FLORENCE

RICHARD I'ANSON

En haut : ces assortiments de bâtons d'encens séchant au soleil font partie des surprenantes scènes de rue qui se multiplient avant le Têt, lorsque les Vietnamiens préparent en masse leurs offrandes pour les temples

En bas : les festivités du Têt sont celles qui apportent le plus de couleurs et d'animation dans les rues

En haut : pendant les quelques jours qui précèdent le Têt, le pays tout entier se couvre de fleurs et les Vietnamiens affluent vers les marchés pour choisir les décorations colorées qui viendront égayer leur maison

En bas : le culte des ancêtres joue un rôle essentiel dans la culture vietnamienne, et le Têt est le moment propice pour apaiser les esprits. Les autels des temples disparaissent alors sous des montagnes d'offrandes de billets factices, de nourriture et d'encens

frandes de nourriture, d'eau fraîche, de fleurs, de noix de bétel et de carpes vivantes pour le transport céleste. Par cette préparation du départ des dieux, les Vietnamiens espèrent faire l'objet d'un rapport favorable et attirer la chance pour l'année à venir.

Au cours de la semaine précédant la fête, on se rend également dans les cimetières pour inviter les esprits des parents morts à venir participer aux célébrations. Les absents regagnent leur foyer afin que toute la famille soit réunie pour la fête. Les liens se resserrent pour permettre à la nouvelle année de partir sur de nouvelles bases, les dettes sont payées et tout est nettoyé, même les tombes des ancêtres.

A l'instar de la tradition occidentale de l'arbre de Noël, les maisons vietnamiennes sont décorées d'arbres. On dresse un arbre du Nouvel An *(cay neu)* pour repousser les mauvais esprits. Le kumquat a la préférence, mais on trouve également des branches de pêcher *(dao)* dans le Nord, alors que, dans le Sud et le Centre, on orne plutôt les maisons de branches d'abricotier *(mai)*. Le marché aux fleurs d'Ho Chi Minh-Ville, qui occupe la quasi-totalité du boulevard Nguyen Hue, offre un superbe spectacle. A Hanoi, le quartier des rues Hang Dau et Hang Ma se transforme en un véritable marché de kumquats et de branches de pêcher. On peut également s'émerveiller des décorations rouge et or qui attendent preneur dans les rues adjacentes au marché Dong Xuan, interdites à la circulation pour l'occasion. Au cours des quelques jours précédant le Nouvel An, l'excitation est presque palpable dans les marchés. Les gens se précipitent pour acheter décorations ou nourriture, et les motos chargées de branches et de kumquats encombrent les rues.

Pour la plupart des familles, cette époque de l'année revient très cher : le kumquat à lui seul se vend 50 $US, bien souvent les économies de toute une année. En outre, on offre aux enfants des enveloppes rouges contenant des grosses sommes de *li xi*, l'argent de la chance. Les Vietnamiens considèrent ces dépenses comme nécessaires pour s'attirer les faveurs des dieux pendant l'année à venir.

A l'image des fêtes dans le monde entier, une grande partie des célébrations tourne autour de la nourriture. Le plat de base du Têt est le *banh chung*, un étrange carré de viande de porc gras et de pâte de haricot disposés entre deux couches de riz gluant *nep*. La préparation est emballée dans des feuilles de *dong* (bananier) et ficelée avec des brindilles de bambou, ce qui lui donne l'apparence d'un cadeau. On en voit partout des piles entières, et on vous invitera certainement à en goûter. Dans le Sud, on sert également un plat similaire, rond, le *banh day*.

Le banh chung est souvent accompagné de *mang*, un plat de pousses de bambou bouillies et de porc frit mariné dans du *nuoc mam*. La plupart des visiteurs n'apprécient guère ces préparations, dont les ingrédients simples symbolisent les temps difficiles que les Vietnamiens ont pu connaître dans le passé. En guise de dessert, le *mut*, des fruits confits (pommes, prunes, voire tomates), est fort apprécié, de même que les fruits frais tels que les fruits rouges de dragon et les pastèques.

La veille du Nouvel An, les Tao Quan reviennent sur terre. Aux douze coups de minuit, tous les problèmes de l'année passée s'envo-

Le banh chung

La légende des gâteaux *banh chung* est née du roi Huong Vuong VI et de ses 22 fils, tous dignes de lui succéder. Afin de choisir son dauphin, le roi ordonna à ses fils de parcourir le monde à la recherche de mets délicats inconnus de lui : lui succéderait celui qui lui rapporterait le meilleur de tous. Tous les fils partirent sauf un, Lang Lieu, qui resta au palais, car il ne savait par où commencer ses recherches. Dans sa détresse, un génie féminin lui apparut. "L'homme ne peut vivre sans riz", lui dit-elle ; elle lui révéla alors la recette du banh chung. Lorsque le moment fut venu pour le roi de goûter les 22 mets, il fut amèrement déçu par ce qu'avaient rapporté de leurs voyages 21 de ses fils. Goûtant pour finir celui qu'avait concocté Lang Lieu, il le trouva délicieux. Apprenant le rôle du génie, il fut impressionné par cette aide divine et choisit Lang Lieu comme successeur.

lent et font place à de joyeuses festivités dont le but, semble-t-il, est de faire le plus de bruit possible, à l'aide de tambours et autres instruments à percussion. On utilisait également des pétards, mais ceux-ci ont été interdits en 1995. Vous pourrez toutefois entendre des enregistrements de pétards sur des magnétophones. Tout ce qui est bruyant est accepté, tant que cela permet d'accueillir les dieux de retour et d'éloigner les mauvais esprits qui rôderaient.

Les festivités du Nouvel An sont primordiales, car les Vietnamiens pensent qu'elles influent sur l'année à venir. Ainsi, ils essaient de ne pas se montrer impolis ou coléreux. Par ailleurs, on ne peut coudre, faire le ménage, jurer ou briser des objets, car cela risquerait d'attirer les mauvais esprits. De même, il est crucial que le premier visiteur de la journée soit une personne "convenable" : le visiteur idéal est un homme, de préférence riche, marié et père de plusieurs enfants. Si on accueille parfois volontiers des étrangers comme premiers visiteurs, ce n'est pas toujours le cas, et mieux vaut donc éviter de se présenter spontanément chez un Vietnamien le premier jour du Têt (si vous êtes invité, faites-vous confirmer l'heure exacte à laquelle vous êtes attendu). Parmi les premiers visiteurs à bannir se trouvent les femmes célibataires d'un certain âge, de même que les personnes ayant perdu leur emploi ou un membre de leur famille, ou eu un accident au cours de l'année précédente, signes de malchance. Ces infortunés et leurs familles, parfois mis au ban de leur communauté, doivent alors passer les fêtes du Têt enfermés chez eux.

La danse de la Licorne, propre au sud du pays, est une procession menée par des hommes arborant des drapeaux aux couleurs claires, suivis de la licorne elle-même (constituée de plusieurs hommes en uniforme ajusté) puis d'une autre créature mythique, le Dia (un homme portant un masque qui représente la lune). Des tambours et des cymbales ferment la procession. Celle-ci commence tôt le premier jour du Têt, s'arrêtant à chaque maison et boutique du quartier pour obtenir une obole. Les Vietnamiens se montrent généreux, car ils considèrent la licorne comme un symbole de richesse, de paix et de prospérité. La licorne doit cependant mériter ses présents, souvent suspendus au balcon ou à la fenêtre du premier étage. Elle est soulevée par une pyramide humaine, de façon à pouvoir attraper et saisir les présents dans sa bouche.

A Hanoi, le *co nguoi*, ou échecs humains, est une activité très pratiquée au cours des semaines suivant le Têt. Toutes les pièces humaines du jeu d'échecs proviennent du même village, Lien Xa, dans la province septentrionale de Ha Tay. Ce sont de beaux jeunes gens, célibataires, n'ayant connu aucun décès dans leur famille l'année précédente ni aucun autre signe de malchance. On joue aux échecs chinois. Bien que les coups et les pièces soient différents de notre jeu occidental, le but est identique : capturer le chef de l'équipe opposée, en l'occurrence le "général". La finale se joue au temple de De Thich, qui fut le bras droit de l'empereur de Jade et dieu des Échecs.

Hormis la veille du Nouvel An, le Têt ne donne pas lieu à des célébrations particulièrement tumultueuses : il ressemble plutôt à un jour de Noël à l'occidentale, paisible et familial. Mis à part les difficultés de transport et de logement, la fête du Têt constitue une excellente occasion pour visiter le pays. Vous ferez l'expérience du contraste entre la frénésie des jours précédant la fête et le calme qui lui succède. Où que vous résidiez, il est fort probable que l'on vous invitera aux festivités.

Ces prochaines années, le Têt est prévu aux dates suivantes : 5 février 2000, 24 janvier 2001, 12 février 2002 et 1er février 2003.

Si vous êtes au Vietnam à cette époque, apprenez cette phrase : *Chúc mùng nam mói !* (Bonne année !)

Michelle Bennett

Peuple, culture et société

Pour mémoire, mais surtout pour les passionnés de l'histoire des Cham et du royaume du Champa qui auraient le temps de consulter en bibliothèque, citons quelques ouvrages fondamentaux sur la question, rédigés par des chercheurs français pendant la période coloniale et introuvables en librairie : *Les États hindouisés d'Indochine et d'Indonésie*, de Georges Coedes (Paris, 1928) ; *L'Art du Champa et son évolution*, de Philippe Stern (Toulouse, 1942) ; *Le royaume du Champa*, de Georges Maspero (Paris et Bruxelles, 1928).

Vous trouverez à Hanoi des exemplaires bon marché de *Vietnam, Civilisation et Culture*, de Pierre Huard et Maurice Durand (École française d'Extrême-Orient), et de *Ethnic Minorities in Vietnam*, de Dang Nghiem Van, Chu Thai Son et Luu Hung (Foreign Language Publishing House, 1984). Ces deux ouvrages présentent les divers groupes ethniques qui habitent au Vietnam, encore que le second mêle l'ethnologie avec quelque propagande critiquable. Également disponible à Hanoi et à Ho Chi Minh-Ville, l'excellent ouvrage de référence *Vietnam's Famous Ancient Pagodas*, de Vo Van Tuong (Social Sciences Publishing House, 1992), livre de belles photos en couleurs, avec un texte en anglais, français, chinois et vietnamien.

Pour mieux comprendre l'évolution récente que connaît le Vietnam, on se plongera dans la lecture de *Viêt-Nam* et de *L'Esprit du Viêt-Nam*, de Nhung Agustoni-Phan (Olizane, 1995 et 1997). S'appuyant sur l'analyse de thèmes clés (la diaspora, la femme vietnamienne, l'intelligentsia, l'identité nationale, l'État et le peuple), l'auteur dresse un bilan de la société actuelle. Dans la même veine, on lira avec intérêt *La Colline des anges* (Seuil, 1993), de Jean-Claude Guillebaud et Raymond Depardon : le regard, avec 20 ans de recul, d'un ancien correspondant de guerre et d'un photographe sur le Vietnam contemporain.

Ceux qui souhaitent se plonger dans l'ambiance du train Ho Chi Minh-Ville - Hanoi se délecteront à la lecture de l'ou-

vrage divertissant de Philippe de Baleine, *Le Petit Train du Vietnam* (Rocher, 1995). Le voyage en train sert en réalité de prétexte à l'auteur pour brosser des portraits sur le vif et dépeindre de savoureuses tranches de vie.

La revue trimestrielle *Études vietnamiennes*, publiée à Hanoi en français et en anglais, est riche en informations. Chaque numéro est consacré à un thème particulier, abordé de façon très sérieuse par des universitaires, quoique les questions politiques et historiques tendent à être toujours un peu trop partiales.

Cher mais néanmoins unique en son genre, le *Manuel d'archéologie d'Extrême-Orient : le Vietnam*, de Louis Bezacier (Picard, 1972), a l'avantage d'être disponible.

Richement documenté et illustré, *Hué, cité impériale du Vietnam*, d'Ann Helen et Walter Unger (Abbeville, 1995), réjouira les amoureux de cette ville impériale. Dans un tout autre registre, mais fort agréable à consulter, la *Cuisine vietnamienne*, de Zha Zhan-Mei (librairie You Feng, 1990), est un petit livre de recettes superbement illustré. Vous pourrez opter également pour *La Cuisine vietnamienne* (Orphie, 1997) qui, en une quarantaine de recettes simples, vous initiera aux délices de cette gastronomie.

Littérature

Il existe peu de romans vietnamiens traduits en français, mais les rares exceptions méritent largement d'être lues.

Ce sont les éditions Des femmes qui ont fait connaître au public français Duong Thu Huong. Ancienne communiste engagée dans la lutte anti-américaine, Duong Thu Huong connut la prison après-guerre pour ses écrits. *Au-delà des illusions* (Philippe Picquier, 1996) est un magnifique roman d'amour qui, lors de sa parution en 1985, s'est vendu à plus de 100 000 exemplaires, en dépit de la censure. En opposant la pureté de l'amour d'une femme au cynisme et au mépris de ses amants, il donne à voir la dégradation des valeurs morales et la corruption des relations humaines sous le régime totalitariste. *Paradis aveugle* (éd. Des femmes, 1991), qui a reçu le prix Fémina du livre étranger, raconte le désenchantement d'une société dont l'idéal ne s'est pas réalisé. *Roman sans titre* (éd. Des femmes, 1992) est un livre critique sur la société vietnamienne actuelle. *Histoire d'amour racontée avant l'aube* (éd. de l'Aube, 1995) aborde le drame d'une vie privée brisée par le système politique.

Né en 1936, Nguyên Quang Thân s'est engagé dès 1950 dans la résistance anticoloniale. L'excellent *Au large de la terre promise* (Philippe Picquier, 1997) met en lumière les ambitions, les défis et les nouveaux appétits de personnages partagés entre le vieux système totalitaire agonisant et le monde nouveau qui se dessine.

Pham Thi Hoai appartient, quant à elle, à une génération de jeunes écrivains marquée par les auteurs vietnamiens des années 30, eux-mêmes inspirés par le romantisme français. L'écriture de *La Messagère de cristal* (éd. Des femmes, 1991) est cependant plus moderne que celle de Duong Thu Huong. *Menu de dimanche* (Actes Sud, 1997) est un recueil de nouvelles reflètant le Vietnam communiste.

Autre écrivain à découvrir : Nguyen Huy Thiep. Né en 1950 à Hanoi, il raconte dans *Un général à la retraite* (L'Aube Poche, 1994) le désenchantement et la difficile reconversion d'une société combattante en une société civile. Du même auteur et chez le même éditeur, les nouvelles publiées dans *Le Cœur du tigre* (1995) nous immergent dans le Vietnam d'aujourd'hui.

Écrivain de l'immigration, Duyên Anh présente moins d'intérêt pour qui veut découvrir la littérature vietnamienne d'aujourd'hui. *Nostalgies provinciales* et *Dans la tourmente* (Fayard, 1993 et 1994) racontent la guerre d'Indochine vue et vécue par des enfants vietnamiens.

Classique parmi les classiques au Vietnam, mentionnons le poème épique de Nguyen Du, poète du XVIIIe siècle : *Kim Van Kieu* (Gallimard, coll. "Connaissance de l'Orient", 1987).

La thématique de la guerre n'a pas fini d'être une source d'inspiration. Bao Ninh, dans *Le Chagrin de la guerre* (Philippe Pic-

quier, 1994), nous conte par le menu les affres d'un homme de 30 ans qui revient après dix années de guerre. A travers l'écriture, il essaie de surmonter ses tourments intérieurs mais le passé resurgit douloureusement. Cet ouvrage, qui a remporté un prix de littérature au Vietnam en 1993, reste néanmoins interdit sur place dans son édition originale. A noter aussi une *Anthologie de la littérature populaire du Vietnam*, de Huu Ngoc et Françoise Corrèze (L'Harmattan, 1982), préfacée par Yves Lacoste, directeur de la revue de géopolitique *Hérodote*.

Jacques Dournes a rassemblé certains chants et poèmes de la littérature orale de deux minorités vietnamiennes dans deux recueils : *Florilège jörai* (Sudestasie, 1987) et *Florilège sré* (Sudestasie, 1990). Dans un tout autre genre, on peut citer la trilogie d'Erwan Bergot, ancien légionnaire nostalgique du Vietnam français : *Le Courrier de Saïgon*, *La Rivière des Parfums*, *Le Maître de Bao Tan* (Armand Colin, coll. "Idées").

Littérature étrangère

D'Anne Daurbrun, on lira le premier roman, *Retour à Saigon* (Philippe Picquier, 1997), qui dessine la vie quotidienne vietnamienne par petites touches, à travers le regard d'une jeune femme retournant au Vietnam à la mort de son père.

Autres ouvrages d'écrivains occidentaux qui n'ont plus à prouver leur talent : *Un Américain bien tranquille*, de Graham Greene (Laffont, 1979), probablement l'un des romans sur le Vietnam les plus lus, et *Un gentleman en Asie* (Rocher, 1993), de Somerset Maugham, ou le regard d'un esthète sur la Birmanie, le Siam, la Cochinchine et l'Annam jusqu'à Haiphong en 1922/1923.

Et enfin, plusieurs livres de Marguerite Duras : *L'Amant*, bien sûr (Minuit, 1984), une histoire d'amour entre la narratrice et un riche Chinois, située dans le Saigon des années 30. Ce livre valut à l'auteur le prix Goncourt, a été traduit dans plus de vingt langues et est devenu un best-seller mondial ; *L'Amant de la Chine du Nord* (Gallimard, coll. "Folio", 1993), remake du précédent ; et surtout *Un barrage contre le*

Pacifique (Gallimard, 1978), l'un de ses premiers ouvrages. A lire ou à relire avant de partir.

Guides de la faune

Il n'existe que peu de bons ouvrages sur la vie sauvage du Vietnam, et les références qui suivent ne se trouvent qu'en langue anglaise. *A Guide to the Birds of Thailand* (Philip Round et Boonsong Lakagul, Saha Kam Bhaet Company, 1991) couvre la majorité, voire l'intégralité des espèces d'oiseaux du Vietnam et se révèle particulièrement précis sur les espèces du Centre et du Sud du pays.

Un peu dépassé et difficile à utiliser, l'ouvrage *A Field Guide to the Birds of South-East Asia* (Ben King, Martin Woodcock et Edward Dickinson, 1975) couvre la totalité du territoire vietnamien.

Ces deux livres ne sont pas en vente au Vietnam, mais vous devriez les trouver à Bangkok (auprès de Asia Books).

LIBRAIRIES

A l'étranger. En France, plusieurs librairies sont spécialisées sur l'Asie. C'est le cas de *Fenêtre sur l'Asie*, 45, rue Gay-Lussac, 75005 Paris (☎ 01 43 29 44 74) ; *Sudestasie*, 17, rue du Cardinal-Lemoine, 75005 Paris (☎ 01 43 25 18 04) ; *You Feng*, 45, rue Monsieur-le-Prince, 75006 Paris (☎ 01 43 25 89 98) et *Le Phénix*, 72, bd de Sébastopol, 75003 Paris (☎ 01 42 72 70 31). Une autre bonne source d'information vous est offerte avec la librairie du *musée Guimet*, 19, place d'Iéna, 75116 Paris (☎ 01 40 73 88 08), riche en documentation artistique et archéologique. Elle est ouverte tous les jours, sauf le mardi, de 10h à 18h.

Librairies de voyage. Vous trouverez également un vaste de choix de cartes et de documentation aux librairies suivantes :

Ulysse, 26, rue Saint-Louis-en-l'Île, 75004 Paris, (☎ 01 43 25 17 35) (fonds de cartes exceptionnel)
L'Astrolabe, 46, rue de Provence, 75009 Paris, (☎ 01 42 85 42 95), et 14, rue Serpente, 75006 Paris, ☎ 01 46 33 80 06

Au Vieux Campeur, 2, rue de Latran, 75005 Paris, (☎ 01 43 29 12 32)
Itinéraires, 60, rue Saint-Honoré, 75001 Paris, (☎ 01 42 36 12 63), Minitel 3615 Itinéraires
Planète Havas Librairie, 26, avenue de l'Opéra, 75001 Paris, (☎ 01 53 29 40 00)
Voyageurs du monde, 55, rue Sainte-Anne, 75002 Paris, (☎ 01 42 86 17 38)
En province :
Hémisphères, 15, rue des Croisiers, 14000 Caen, (☎ 02 31 86 67 26)
L'Atlantide, 56, rue St-Dizier, 54000 Nancy, (☎ 03 83 37 52 36)
Les Cinq Continents, 20, rue Jacques-Cœur, 34000 Montpellier, (☎ 04 67 66 46 70)
Magellan, 3, rue d'Italie, 06000 Nice, (☎ 04 93 82 31 81)
Ombres blanches, 50, rue Gambetta, 31000 Toulouse, (☎ 05 61 21 44 94)

CINÉMA

Depuis le début des années 90, on peut dire que le cinéma français a commencé à s'intéresser au Vietnam. *L'Amant* (1991), dont l'intrigue se déroule à la fin des années 20, souleva une vive polémique : Jean-Jacques Annaud a-t-il compris, oui ou non, les sentiments de Marguerite, a-t-il trahi sa pensée, a-t-il fait un film démagogique ? A la dernière question, on peut répondre oui sans sourciller.

Indochine (1991), beau film officiel de Régis Wargnier, avec Catherine Deneuve, obtint l'Oscar du meilleur film étranger et scella les relations diplomatiques franco-vietnamiennes.

Dien Bien Phu, de Pierre Schoendoerffer (1991), est davantage un témoignage personnel de la célèbre bataille du même nom.

Le film qui recueille les suffrages, *L'Odeur de la papaye verte*, de Tran Anh Hung (1993), raconte le "Vietnam mental" du réalisateur. Après une journée de marche, une petite paysanne vietnamienne, âgée de dix ans, arrive en ville pour entrer au service d'une famille bourgeoise. Un Tran Anh Hung qui récidive en 1995 avec *Cyclo*, comédie dramatique mettant un scène un conducteur de cyclo-pousse à Ho Chi Minh-Ville, qui bascule dans la délinquance et le crime sous la pression du milieu.

Presque tous les films réalisés par les Américains sur le Vietnam portent sur la guerre, mais la plupart ont été tournés aux Philippines. Parmi les films de guerre les plus connus, citons *Apocalypse Now* de Francis Ford Coppola (1976) ; *Voyage au bout de l'enfer* de Michael Cimino (1978) ; *Rambo* de Ted Kotcheff (1982) ; *Platoon* et *Né un 4 Juillet* d'Oliver Stone (1986 et 1989) ; *Full Metal Jacket* de Stanley Kubrick (1987) et *Good Morning Vietnam* de Barry Levinson (1988). La scène du film *Voyage au bout de l'enfer* où les prisonniers américains sont contraints de jouer à la roulette russe sous l'œil de leurs geôliers conserve une puissance visuelle et dramatique inoubliable.

VIDÉO

L'Odeur de la papaye verte est disponible en vidéo à la Médiathèque des Trois mondes, 63 bis, rue du Cardinal-Lemoine, 75005 Paris (☎ 01 42 34 99 00).

JOURNAUX ET MAGAZINES

Le *Vietnam News* est un quotidien en langue anglaise. Malgré son nom, il contient essentiellement des informations étrangères (y compris la page sportive).

L'un des deux meilleurs magazines du Vietnam est le mensuel *Vietnam Economic Times* (VET). Il publie des analyses sérieuses et constitue un résumé très bien rédigé des informations du mois. Son supplément gratuit, *The Guide*, est une excellente source de renseignements sur les loisirs ; on le trouve dans les hôtels, les bars et les restaurants des grandes villes. Pour les abonnements, contactez le magazine à Hanoi (☎ 845 2411, fax 845 1888), au 175 Pho Nguyen Thai Hoc, ou à Ho Chi Minh-Ville (☎ 835 6718, fax 835 6716), au 528 Đ Dien Bien Phu, district n°10.

L'hebdomadaire en langue anglaise *Vietnam Investment Review* est un magazine sérieux (bien que l'on se demande si le monde des affaires vietnamien connaît une animation susceptible de justifier un tirage hebdomadaire). Son supplément gratuit, *Time Out*, est très utile pour s'informer sur les spectacles de Ho Chi Minh-Ville et de Hanoi, mais il consacre de nombreuses pages aux expatriés et son intérêt pour les voyageurs est donc limité. Pour les abonnements et les renseignements publicitaires, adressez-vous à Ho Chi Minh-Ville (☎ 839 8300, fax 839 8304) au 122 Đ Nguyen Thi Minh Khai, district n°1, et à Hanoi (☎ 845 0537, fax 845 7937) au 175 Pho Nguyen Thai Hoc.

Autre hebdomadaire, le *Saigon Times* se consacre largement aux informations économiques ; il ne comporte que peu d'autres rubriques intéressantes. Il est publié par le Saigon Times Group (☎ 829 7166, fax 829 4294), dont les bureaux se trouvent au 35 Đ Nam Ky Khoi Nghia, district n°1, Ho Chi Minh-Ville.

Le magazine *Vietnam Today* est publié par Communication Indochine Pty Ldt (☎ 65-356 4326, fax 356 4327), c/o 17 Jalan Rajah n°06-19, Diamond Tower, Singapour 1232. Il possède deux bureaux au Vietnam, l'un à Ho Chi Minh-Ville (☎ 862 5093, fax 862 5094), c/o 75/3 Đ Su Van Hanh, district n°10, l'autre à Hanoi (☎ 843 4095, fax 823 5412), c/o Pho Ly Nam De, district de Hoan Kiem.

Journaux et magazines étrangers importés se trouvent très facilement à Ho Chi Minh-Ville, à Hanoi et dans certaines autres grandes villes. Ailleurs, ils sont rares.

RADIO ET TÉLÉVISION
Radio vietnamienne

La Voix du Vietnam émet sur ondes courtes, ondes moyennes et sur la bande FM environ 18 heures par jour. Les programmes sont surtout musicaux, avec néanmoins des journaux en vietnamien, en anglais, en français et en russe.

Si vous ratez un bulletin, vous pourrez toujours écouter le suivant car il ne change pas en cours de journée. Vous trouverez les programmes dans le quotidien *Vietnam News*.

La Voix du Vietnam a commencé à émettre en 1945. Pendant la guerre, elle a fait beaucoup de propagande en direction du Sud. Cette station-radio a également utilisé, de 1968 à 1976, les transmetteurs de

Radio Havana-Cuba pour délivrer son message aux Américains.

La radio nationale vietnamienne diffuse des programmes d'information et de musique de 7h à 23h. Vous pouvez l'écouter à Ho Chi Minh-Ville sur plusieurs fréquences : 610 kHz et 820 kHz sur ondes moyennes, et 78.5 MHz, 99.9 MHz et 103.3 MHz sur la bande FM.

Les mordus de l'actualité feront bien d'emporter une petite radio à ondes courtes. On peut facilement capter, surtout la nuit, des infos, de la musique et des émissions dans plusieurs langues, dont le français. Leur réception dépend toutefois de facteurs imprévisibles, allant des conditions ionosphériques à la position des taches solaires.

Radios étrangères

Radio France International (116, av. du Président-Kennedy, BP 9516 Paris, ☎ 01 44 30 89 69), Radio Canada International (17, av. Matignon, 75008 Paris, ☎ 01 44 21 15 15 ; PO Box 6000, Montréal HCC 3A8, e-mail http://www.rcinet.ca) et ou Radio Suisse Internationale (106, route de Ferney, 1202 Genève, ☎ (22) 910 33 88) diffusent de nombreux programmes. Renseignez-vous, avant votre départ, auprès du service des auditeurs, sur la grille des fréquences sujettes à modifications.

Télévision vietnamienne

La télévision vietnamienne a vu le jour en 1970 et ses programmes n'ont guère évolué depuis. Il existe actuellement trois chaînes à Hanoi et à Ho Chi Minh-Ville et deux chaînes dans le reste du Vietnam. Elles diffusent leurs émissions du lundi au samedi, de 9h à 11h30 et de 19h à 23h. Le dimanche, un programme supplémentaire a lieu de 15h à 16h. Les journaux en anglais sont diffusés le soir, un peu après 22h. Parfois, les matchs de football et d'autres sports sont retransmis à des horaires inattendus : 1h30 du matin, par exemple.

Télévision par satellite

La télévision par satellite est désormais largement répandue, surtout dans les meilleurs hôtels et les bars haut de gamme. Hong Kong's Star TV est la chaîne la plus regardée, ainsi que CNN, Sports Channel, ABN (Asian Business News) et Channel V (une chaîne de MTV).

SYSTÈMES VIDÉO

Il est difficile de savoir quelle est la norme vidéo officielle au Vietnam. En effet, la plupart des télévisions et magnétoscopes récents vendus aujourd'hui dans le pays sont multistandards. Les trois standards présents sont PAL, NTSC et SECAM.

PHOTOGRAPHIE ET VIDÉO
Films et matériel

Vous trouverez presque partout des pellicules papier couleur mais vérifiez la date de validité. Évitez d'acheter vos pellicules dans les échoppes de souvenirs : elles ont peut-être rôti au soleil depuis trois mois. Les prix sont parfaitement raisonnables et il est inutile d'en emporter de l'étranger.

On peut se procurer des diapositives couleur à Hanoi et Ho Chi Minh-Ville mais ailleurs, n'y comptez pas trop. Dans les stations touristiques comme Nha Trang et la baie d'Along, essayez les boutiques de souvenirs des hôtels. Les pellicules noir et blanc sont en voie de disparition. Si les boutiques spécialisées en possèdent encore, mieux vaut apporter son propre stock.

Beaucoup de touristes sillonnent le Vietnam en camping-car ou en minibus ; or, le plancher métallique est souvent brûlant, détail auquel on ne songe pas quand le véhicule est climatisé. Nombre de voyageurs ont "grillé" les pellicules laissées dans leurs sacs à dos, posés à leurs pieds.

Tous les lieux touristiques disposent de boutiques de développement de photos. La plupart sont équipées de machines perfectionnées qui effectuent des tirages couleur en une heure. Les tarifs s'élèvent à environ 5 \$US en fonction du format choisi. La qualité est plutôt bonne. Précisez si vous voulez du brillant ou du mat.

Les diapos couleur sont développées rapidement (trois heures) à Hanoi et Ho Chi Minh-Ville ; ailleurs, c'est impossible.

Comptez 5 $US par rouleau, et sachez que la plupart des boutiques ne montent pas le film sous cache (qui est un service payant) si vous ne le demandez pas.

La plastification ne coûte pas grand chose. Cherchez les enseignes mentionnant "Ep Plastic". Il est vivement recommandé de plastifier les photos que vous souhaitez offrir, afin de les protéger du climat tropical vietnamien. Les photos non plastifiées s'abîment et moisissent.

Les appareils photo sont assez chers au Vietnam et le choix limité : il est préférable d'apporter le sien. Des piles au lithium (nécessaires pour beaucoup d'appareils photo à préréglage automatique) sont disponibles dans la plupart des villes, mais pas toujours à l'intérieur du pays.

Photographie

Certains sites touristiques prennent une "taxe photo" d'environ 0,50 $US ou une "taxe vidéo" de 2 à 5 $US. Si le personnel ne vous donne pas de reçu, cela signifie que l'argent a toutes les chances de finir dans leur poche et vous devriez refuser de payer.

Photographier les personnes

Pour photographier quelqu'un, particulièrement un membre d'une tribu montagnarde, il faut vous armer de patience et vous montrer très respectueux des coutumes locales. La beauté et les couleurs des apparats vietnamiens et celles des paysages offrent de multiples occasions. Souvenez-vous, cependant, que vous êtes un visiteur et que vos actes peuvent être perçus comme impolis ou blessants. Il est important de faire bonne impression, car d'autres voyageurs suivront. Notre propos n'est pas de condamner la prise de photos, mais simplement de faire comprendre l'effet que peut provoquer un appareil photo. Le marché du week-end de Sapa, très fréquenté, en constitue un exemple parfait : il est souvent envahi par une foule de touristes arborant des appareils photo, ce qui peut paraître oppressant pour la population locale. Si les Hmong, hardis, se prêtent volontiers à une séance de pose (l'achat d'un de leur pro-

duits artisanaux facilitera l'opération), d'autres groupes tels que les Dzao sont beaucoup plus réservés : ils n'ont que trop entendu la phrase "il me faut cette photo !", lancée par des touristes sans scrupule qui les poursuivaient à travers le marché.

A l'instar de leurs homologues chinois et japonais, les Vietnamiens adorent se faire tirer le portrait. Cela est quasiment obsessionnel, et la pose est immuable : raide, de face, les bras le long du corps. Les centaines, voire les milliers de photos qu'ils collectionnent d'eux-mêmes se ressemblent toutes. Ces clichés semblent avoir pour but de prouver qu'ils sont allés à tel endroit. Comme la plupart d'entre eux n'ont pas les moyens de s'acheter un appareil, ils s'adressent aux légions de photographes qui hantent les sites touristiques, dont certains développent les photos et les envoient à leurs clients, d'autres se contentant de vendre la pellicule non développée. Les Vietnamiens ont souvent du mal à comprendre que les Occidentaux puissent prendre autant de photos sans poser eux-mêmes au premier plan. Lorsqu'un Occidental montre ses plus belles photos à un Vietnamien, celui-ci les trouve "ennuyeuses", car il n'y a presque aucun personnage dessus.

Sécurité à l'aéroport

Les redoutables appareils à rayons X ne posent plus de problème : ces antiques "fours à micro-ondes" soviétiques qui pouvaient abîmer vos pellicules ont été remplacés par du matériel moderne importé d'Allemagne, sans danger pour les films. Le seul risque que court votre pellicule est d'être arrachée de l'appareil si vous essayez de filmer les formalités de sécurité de l'aéroport.

Les autorités semblent bien plus se préoccuper des cassettes vidéo que des pellicules. Étonnamment, sortir du pays est davantage un problème que d'y entrer (on s'attendrait à la situation inverse). Les choses se compliquent avec ce que les autorités nomment le "matériel culturel". Les cassettes vidéo constituent un matériel culturel qui doit être visionné par les "experts" du ministère de la Culture. Heureusement, ces contrôles se limitent aux vidéo commerciales, et la cassette de vos vacances ne sera probablement pas concernée.

HEURE LOCALE

Le Vietnam, comme la Thaïlande, est en avance de sept heures sur l'heure du méridien de Greenwich (temps universel). Sa proximité de la ligne équatoriale ne rend pas nécessaire un horaire d'été, et l'heure reste donc invariable. Ainsi, quand il est midi à Hanoi ou à Ho Chi Minh-Ville, il est 6h du matin à Paris en hiver, 7h en été.

ÉLECTRICITÉ

Le courant est en général de 220 volts (50 hertz) au Vietnam, mais on trouve encore parfois du 110, toujours en 50 hertz.

Le Sud est essentiellement équipé de prises plates, de style américain, en 220 volts. La plupart des prises du Nord sont rondes, comme souvent en Europe, avec du 220 volts. Si le voltage ne figure pas sur ou près de la prise, cherchez-le sur une ampoule ou un appareil électrique. Les prises n'ont que deux fiches – il n'y a jamais de prise de terre.

Les installations électriques ne sont pas des modèles de sécurité. Soyez particulièrement prudents dans les régions isolées où les fils dénudés peuvent provoquer des incendies et des électrocutions.

Par temps de sécheresse, les coupures de courant sont fréquentes, car le Vietnam produit son électricité grâce à des centrales hydrauliques. L'usage de la climatisation et la croissance industrielle n'arrangent rien. Pour parer à une telle situation, on projette de construire une centrale électrique sur le delta du Mékong, mais nul ne sait quand les travaux débuteront.

Depuis longtemps, le Nord du pays bénéficie d'un excédent d'énergie hydroélectrique, mais la société de consommation a changé la situation et les pannes surviennent en été, lorsque les gens mettent en route leur climatisation. En 1994, l'ouverture d'une nouvelle ligne à haute tension reliant le Nord au Sud a grandement résorbé les insuffisances en électricité dont souffrait Ho Chi Minh-Ville.

Dans les régions rurales, l'électricité dépend de générateurs diesel que l'on allume et éteint sans crier gare ; mieux vaut toujours avoir sa lampe électrique à portée de main et se méfier des fréquentes surtensions. Les propriétaires d'appareils électroniques sensibles devront s'équiper de régulateurs de tension ou, mieux encore, utiliser des batteries rechargeables.

POIDS ET MESURES

Le Vietnam utilise le système métrique international. Deux mesures de poids ont en outre été empruntées aux Chinois, le tael et le catty. 1 catty = 0,6 kg. Il y a 16 taels dans 1 catty, donc 1 tael équivaut à 37,5 grammes. Le tael sert toujours dans la vente de l'or.

BLANCHISSAGE/NETTOYAGE

On trouve généralement dans les hôtels du personnel disposé à laver les vêtements pour l'équivalent d'un dollar ou deux. On nous a toutefois rapporté des exemples de prix très exagérés ; mieux vaut donc les vérifier au préalable. Les plus grands hôtels les affichent parfois. Les hôtels petits budgets n'ont pas de sèche-linge, c'est le soleil qui s'en charge. Prévoyez donc au moins une journée et demie pour la lessive et le séchage, surtout pendant la saison humide.

SANTÉ

Les grandes avancées économiques réalisées récemment se sont accompagnées de progrès sur le plan médical. Le problème de la malnutrition, qui sévissait auparavant et rendait les populations plus exposées aux maladies, semble se résorber. En outre, les campagnes de vaccination permettent d'enrayer la propagation des affections.

Ceci dit, de sérieuses difficultés persistent, notamment dans les campagnes. Certes, les étrangers qui règlent les soins en devises fortes auront plus de chances d'être bien soignés, mais les dollars ne peuvent pas faire apparaître, comme par magie, ce qui n'existe pas. Vous pourrez toujours attendre une analyse de sang ou une radiographie si le dispensaire local ne dispose même pas d'un thermomètre ou d'une aspirine. Si vous tombez malade en pleine campagne, rejoignez vite Ho Chi Minh-Ville. Si votre état nécessite une intervention chirurgicale ou n'importe quel autre traitement intensif, n'hésitez pas à vous envoler pour Bangkok, Hong Kong ou d'autres pays disposant d'infrastructures adéquates.

A la campagne, vous verrez sans doute des Vietnamiens couverts de longues zébrures rouges sur le cou et le dos. Dans la médecine populaire traditionnelle, de nombreuses maladies sont attribuées au "souffle empoisonné" (*trung gio*). Le mauvais souffle peut s'évacuer si l'on se gratte la peau avec une cuiller, une pièce, etc., ce qui laisse des marques. Les résultats ne sont pas particulièrement esthétiques, mais les habitants affirment que ce traitement est efficace contre le rhume, la fatigue, les maux de tête et autres affections courantes. Quant à savoir si le traitement est moins douloureux que la maladie, il faut l'essayer pour se faire une opinion.

Une autre technique, empruntée aux Chinois, fait sortir le souffle empoisonné à l'aide de coupelles en bambou que l'on applique sur la peau du patient comme une ventouse. On met un très bref instant dans la coupelle un coton imbibé d'alcool enflammé, afin d'y faire le vide avant de l'appliquer. En refroidissant, la coupelle laisse sur la peau une marque circulaire rouge, laide mais indolore, qui disparaît au bout de quelques jours.

Vous trouverez les coordonnées des meilleurs centres médicaux dans la rubrique

Avertissement

La santé en voyage dépend du soin avec lequel on prépare le départ et, sur place, de l'observance d'un minimum de règles quotidiennes. Les risques sanitaires sont généralement faibles si une prévention minimale et les précautions élémentaires d'usage ont été envisagées avant le départ.

Renseignements des chapitres *Ho Chi Minh-Ville* et *Hanoi*, les deux seules villes où les normes sanitaires peuvent être comparées à celles des pays occidentaux.

Guides de la santé en voyage

Un guide sur la santé peut s'avérer utile. *Les maladies en voyage* du Dr Éric Caumes (Points Planète), *Voyages internationaux et santé* de l'Organisation mondiale de la santé (OMS) et *Saisons et climats* de Jean-Noël Darde (Balland) sont d'excellentes références.

Ceux qui lisent l'anglais pourront se procurer *Travel with Children* de Maureen Wheeler (Lonely Planet Publications) qui donne des conseils judicieux pour voyager à l'étranger avec des enfants en bas âge.

Avant le départ

Assurances. Il est conseillé de souscrire une police d'assurance qui vous couvrira en cas d'annulation de votre voyage, de vol, de perte de vos affaires, de maladie ou encore d'accident. Les assurances internationales pour étudiants sont en général d'un bon rapport qualité/prix. Lisez avec la plus grande attention les clauses en petits caractères : c'est là que se cachent les restrictions.

Vérifiez notamment que les "sports à risques", comme la plongée, la moto ou même la randonnée ne sont pas exclus de votre contrat, ou encore que le rapatriement médical d'urgence, en ambulance ou en avion, est couvert. De même, le fait d'acquérir un véhicule dans un autre pays ne signifie pas nécessairement que vous serez protégé par votre propre assurance.

Vous pouvez contracter une assurance qui réglera directement les hôpitaux et les médecins, vous évitant ainsi d'avancer des sommes qui ne vous seront remboursées qu'à votre retour. Dans ce cas, conservez avec vous tous les documents nécessaires.

Attention ! avant de souscrire une police d'assurance, vérifiez bien que vous ne bénéficiez pas déjà d'une assistance par votre carte de crédit, votre mutuelle ou votre assurance automobile. C'est bien souvent le cas.

Quelques conseils. Assurez-vous que vous êtes en bonne santé avant de partir. Si vous partez pour un long voyage, faites contrôler l'état de vos dents. Nombreux sont les endroits où l'on ne souhaiterait pas une visite chez le dentiste à son pire ennemi.

Trousse médicale de voyage

Veillez à emporter avec vous une petite trousse à pharmacie contenant quelques produits indispensables. Certains ne sont délivrés que sur ordonnance médicale.

☐ des **antibiotiques** à utiliser uniquement aux doses et périodes prescrites, même si vous avez l'impression d'être guéri avant. Chaque antibiotique soigne une affection précise : ne les utilisez pas au hasard. Cessez immédiatement le traitement en cas de réactions graves.

☐ un **antidiarrhéique** et un **réhydratant**, en cas de forte diarrhée, surtout si vous voyagez avec des enfants.

☐ un **antihistaminique** en cas de rhumes, allergies, piqûres d'insectes, mal des transports – évitez l'alcool.

☐ un **antiseptique** ou un désinfectant pour les coupures, les égratignures superficielles et les brûlures, ainsi que des **pansements gras** pour les brûlures.

☐ de l'**aspirine** ou du paracétamol (douleurs, fièvre).

☐ une **bande Velpeau** et des **pansements** pour les petites blessures.

☐ une **paire de lunettes de secours** (si vous portez des lunettes ou des lentilles de contact) et la copie de votre ordonnance.

☐ un **produit contre les moustiques**, un **écran total**, une **pommade pour soigner les piqûres et les coupures** et des **comprimés pour stériliser l'eau**.

☐ une **paire de ciseaux**, une **pince à épiler** et un **thermomètre à alcool**

☐ une petite **trousse de matériel stérile** comprenant une seringue, des aiguilles, du fil à suture, une lame de scalpel et des compresses.

Si vous suivez un traitement de façon régulière, n'oubliez pas votre ordonnance (avec le nom du principe actif plutôt que la marque du médicament, afin de pouvoir trouver un équivalent local, le cas échéant). De plus, l'ordonnance vous permettra de prouver que vos médicaments vous sont légalement prescrits, des médicaments en vente libre dans certains pays ne l'étant pas dans d'autres.

Attention aux dates limites d'utilisation et aux conditions de stockage, parfois mauvaises (les faux médicaments sont fréquents en Afrique). Il arrive également que l'on trouve, dans des pays en développement, des produits interdits en Occident.

Dans de nombreux pays, n'hésitez pas, avant de partir, à donner tous les médicaments et seringues qui vous restent (avec les notices) à un centre de soins, un dispensaire ou un hôpital.

Vaccins. Il n'existe pas de vaccins obligatoire actuellement pour se rendre au Vietnam. Cependant, sur la fiche d'informations médicales que vous remplirez peut-être en arrivant dans le pays, on vous suggère de vous faire vacciner contre la fièvre jaune et le choléra et d'être en possession d'un certificat international de vaccination le prouvant. En théorie, les autorités peuvent exiger que vous ayez eu ces vaccins si vous arrivez au Vietnam moins de six jours après avoir séjourné ou transité dans un pays où sévissent la fièvre jaune et le choléra. Dans la plupart des cas, on ne vous demandera rien. Il est néanmoins prudent de se faire faire les vaccins nécessaires, obligatoires ou non.

Plus vous vous éloignez des circuits classiques, plus il faut prendre vos précautions. Il est important de faire la différence entre les vaccins recommandés lorsque l'on voyage dans certains pays et ceux obligatoires. Au cours des dix dernières années, le nombre de vaccins inscrits au registre du Règlement sanitaire international a beaucoup diminué. Seul le vaccin contre la fièvre jaune peut encore être exigé pour passer une frontière, parfois seulement pour les voyageurs qui viennent de régions contaminées.

Faites inscrire vos vaccinations dans un carnet international de vaccination que vous pourrez vous procurer auprès de votre médecin ou d'un centre.

Planifiez vos vaccinations à l'avance (au moins six semaines avant le départ) car certaines demandent des rappels ou sont incompatibles entre elles. Même si vous avez été vacciné contre plusieurs maladies dans votre enfance, votre médecin vous recommandera peut-être des rappels contre le tétanos ou la poliomyélite, maladies qui existent toujours dans de nombreux pays en développement. Les vaccins ont des durées d'efficacité très variables ; certains sont contre-indiqués pour les femmes enceintes. Voici les coordonnées de quelques centres de vaccination à Paris :

Hôtel-Dieu, centre gratuit de l'Assistance Publique (☎ 01 42 34 84 84), 1, Parvis Notre-Dame, 75004 Paris.

Assistance Publique Voyages, service payant de l'Hôpital de la Pitié-Salpêtrière (☎ 01 45 85 90 21), 47, bd de l'Hôpital, 75013 Paris.

Institut Pasteur (☎ 01 45 68 81 98, Minitel 3615 Pasteur), 209, rue de Vaugirard, 75015 Paris.

Air France, centre de vaccination (☎ 01 41 56 66 00, Minitel 3615 VACAF), aérogare des Invalides, 75007 Paris.

La médecine traditionnelle

Les Vietnamiens se soignent beaucoup par les plantes. Cette médecine d'origine chinoise s'est en effet révélée très efficace. Pas question, là encore, de pratiquer l'automédication. Si vous voulez recourir aux plantes médicinales, consultez un spécialiste. Il y en a plusieurs dans chaque communauté chinoise, notamment à Ho Chi Minh-Ville, Hanoi et Hoi An.

Vous apprendrez alors beaucoup de choses sur votre corps. Un médecin traditionnel prendra votre pouls et dira s'il est fuyant ou filant, par exemple. Les médecins traditionnels ont identifié plus de trente différentes sortes de pouls : vide, lent, tendu, irrégulier, régulièrement irrégulier, etc. Il examinera alors votre langue pour voir si elle est glissante, sèche, pâle, grasse, si elle a un revêtement épais ou pas de revêtement du tout. S'il a découvert que vous avez une chaleur humide, comme le montrent un pouls fuyant et une langue rouge et grasse, il vous prescrira les plantes correspondant à votre état.

Un traitement traditionnel consiste à faire brûler à fleur de peau des moxas, petites boules de plantes semblables à du coton. On peut également placer la boule sur une tranche de gingembre, puis l'allumer. L'idée est de créer le maximum de chaleur sans brûler le patient. La méthode est censée soulager grandement certaines affections telles que l'arthrite.

Peut-on soigner les gens avec de petites aiguilles ? L'acupuncture a en tout cas ses adeptes, et son efficacité est prouvée. Des interventions chirurgicales importantes ont ainsi été pratiquées (notamment au niveau de la tête) avec l'acupuncture pour seule anesthésie, en faisant passer un courant de faible intensité à travers les aiguilles.

Bien que l'idée de devenir un plantoir d'aiguilles ne semble pas à certains follement séduisante, l'opération est indolore si elle est pratiquée correctement. Il est crucial de savoir exactement où planter l'aiguille. Les acupuncteurs ont relevé plus de 2 000 points d'application, dont 150 sont couramment utilisés. On ne connaît pas le mécanisme exact de l'acupuncture. Chaque point d'insertion est relié à un organe, une glande ou une articulation par un canal d'énergie, ou méridien, parfois très éloigné de l'endroit à soigner.

Les aiguilles non stérilisées exposent aux risques de contagion du sida ; mieux vaut donc apporter ses propres aiguilles.

Vaccins

Maladie	Durée du vaccin	Précautions
Choléra		Ce vaccin n'est plus recommandé.
Diphtérie	10 ans	Recommandé en particulier pour l'ex-URSS.
Fièvre jaune	10 ans	Obligatoire dans les régions où la maladie est endémique (Afrique et Amérique du Sud) et dans certains pays lorsque l'on vient d'une région infectée. A éviter en début de grossesse.
Hépatite virale A Hépatite virale B	5 ans (environ) 10 ans (environ)	Il existe un vaccin combiné hépatite A et B qui s'administre en trois injections La durée effective de ce vaccin ne sera pas connue avant quelques années.
Tétanos et poliomyélite	10 ans	Fortement recommandé.
Thyphoïde	3 ans	Recommandé si vous voyagez dans des conditions d'hygiène médiocres.

Il existe de nombreux centres en province, en général liés à un hôpital ou un service de santé municipal. Vous pouvez obtenir la liste de ces centres de vaccination en France en vous connectant sur le site Internet www.france.diplomatie.fr/infopra/avis/annexe.html, émanant du ministère des Affaires étrangères.

Le serveur Minitel 3615 Visa Santé fournit des conseils pratiques, des informations sanitaires et des adresses utiles sur plus de 150 pays. Le 3615 Ecran Santé dispense également des conseils médicaux. Attention ! le recours à ces serveurs ne dispense pas de consulter un médecin. Vous pouvez également vous connecter au site Internet Lonely Planet (www.lonelyplanet.com/health/health.htm/hlinks.htm) qui est relié à l'OMS (Organisation mondiale de la santé).

Précautions élémentaires

Faire attention à ce que l'on mange et ce que l'on boit est la première des précautions à prendre. Les troubles gastriques et intestinaux sont fréquents même si la plupart du temps ils restent sans gravité. Ne soyez cependant pas paranoïaque et ne vous privez pas de goûter la cuisine locale, cela fait partie du voyage. N'hésitez pas également à vous laver les mains fréquemment.

Eau. Règle d'or : ne buvez jamais l'eau du robinet (même sous forme de glaçons). Préférez les eaux minérales et les boissons gazeuses, tout en vous assurant que les bouteilles sont décapsulées devant vous. Évitez les jus de fruits, souvent allongés à l'eau. Attention au lait, rarement pasteurisé. Pas de problème pour le lait bouilli et les yaourts. Thé et café, en principe, sont sûrs puisque l'eau doit bouillir.

Pour stériliser l'eau, la meilleure solution est de la faire bouillir durant quinze minutes. N'oubliez pas qu'à haute altitude, elle bout à une température plus basse et que les germes ont plus de chance de survivre.

Un simple filtrage peut être très efficace mais n'éliminera pas tous les micro-organismes dangereux. Aussi, si vous ne pouvez faire bouillir l'eau, traitez-la chimiquement. Le Micropur (vendu en pharmacie) tuera la plupart des germes pathogènes.

Alimentation. Fruits et légumes doivent être lavés à l'eau traitée ou épluchés. Ne mangez pas de glaces des marchands de rue. D'une façon générale, le plus sûr est de vous en tenir aux aliments bien cuits. Attention aux plats refroidis ou réchauffés. Méfiez-vous des poissons, des crustacés et des viandes peu cuites. Si un restaurant semble bien tenu et qu'il est fréquenté par des touristes comme par des gens du pays, la nourriture ne posera probablement pas de problèmes. Attention aux restaurants vides !

Nutrition. Si votre alimentation est pauvre, en quantité ou en qualité, si vous voyagez à la dure et sautez des repas ou s'il vous arrive de perdre l'appétit, votre santé risque très vite de s'en ressentir, en même temps que vous perdrez du poids.

Assurez-vous que votre régime est équilibré. Œufs, tofu, légumes secs, lentilles (dahl en Inde) et noix variées vous fourniront des protéines. Les fruits que l'on peut éplucher (bananes, oranges et mandarines par exemple) sont sans danger et vous apportent des vitamines. Essayez de manger des céréales et du pain en abondance. Si la nourriture présente moins de risques quand elle est bien cuite, n'oubliez pas que les plats trop cuits perdent leur valeur nutritionnelle. Si votre alimentation est mal équilibrée ou insuffisante, prenez des vitamines et des comprimés à base de fer. Dans les pays à climat chaud, n'attendez pas le signal de la soif pour boire. Une urine très foncée ou l'absence d'envie d'uriner indiquent un problème. Pour de longues randonnées, munissez-vous toujours d'une gourde d'eau et éventuellement de boissons énergisantes. Une transpiration excessive fait perdre des sels minéraux et peut provoquer des crampes musculaires. Il est toutefois déconseillé de prendre des pastilles de sel de façon préventive.

Problèmes de santé et traitement

Les éventuels ennuis de santé peuvent être répartis en plusieurs catégories. Tout d'abord, les problèmes liés au climat, à la géographie, aux températures extrêmes, à l'altitude ou aux transports ; puis les maladies dues au manque d'hygiène ; celles transmises par les animaux ou les hommes ; enfin, les maladies transmises par les insectes. De simples coupures, morsures ou égratignures peuvent aussi être source de problèmes.

L'autodiagnostic et l'autotraitement sont risqués ; aussi, chaque fois que cela est possible, adressez-vous à un médecin. Ambassades et consulats pourront en général vous en recommander un. Les hôtels cinq-étoiles également, mais les honoraires risquent aussi d'être cinq-étoiles (utilisez votre assurance).

Vous éviterez bien des problèmes de santé en vous lavant souvent les mains, afin de ne pas contaminer vos aliments. Brossez-vous les dents avec de l'eau traitée. On peut attraper des vers en marchant pieds nus ou se couper dangereusement sur du corail.

Santé au jour le jour

La température normale du corps est de 37°C ; deux degrés de plus représentent une forte fièvre. Le pouls normal d'un adulte est de 60 à 80 pulsations par minute (celui d'un enfant est de 80 à 100 pulsations ; celui d'un bébé de 100 à 140 pulsations). En général, le pouls augmente d'environ 20 pulsations à la minute avec chaque degré de fièvre.

La respiration est aussi un bon indicateur en cas de maladie. Comptez le nombre d'inspirations par minute ; entre 12 et 20 chez un adulte, jusqu'à 30 pour un jeune enfant et jusqu'à 40 pour un bébé, elle est normale. Les personnes qui ont une forte fièvre ou qui sont atteintes d'une maladie respiratoire grave (pneumonie par exemple) respirent plus rapidement. Plus de 40 inspirations faibles par minute indiquent en général une pneumonie.

Décalage horaire

Les malaises liés aux voyages en avion apparaissent généralement après la traversée de trois fuseaux horaires (chaque zone correspond à un décalage d'une heure). Plusieurs fonctions de notre organisme – dont la régulation thermique, les pulsations cardiaques, le travail de la vessie et des intestins – obéissent en effet à des cycles internes de 24 heures, qu'on appelle rythmes circadiens. Lorsque nous effectuons de longs parcours en avion, le corps met un certain temps à s'adapter à la "nouvelle" heure de notre lieu de destination – ce qui se traduit souvent par des sensations d'épuisement, de confusion, d'anxiété, accompagnées d'insomnie et de perte d'appétit. Ces symptômes disparaissent généralement au bout de quelques jours, mais on peut en atténuer les effets moyennant quelques précautions :

• Efforcez-vous de partir reposé. Autrement dit, organisez-vous : pas d'affolement de dernière minute, pas de courses échevelées pour récupérer passeports ou chèques de voyage. Évitez aussi les soirées prolongées avant d'entreprendre un long voyage aérien.

• A bord, évitez les repas trop copieux (ils gonflent l'estomac !) et l'alcool (qui déshydrate). Mais veillez à boire beaucoup – des boissons non gazeuses, non alcoolisées, comme de l'eau et des jus de fruits.

• Abstenez-vous de fumer pour ne pas appauvrir les réserves d'oxygène ; ce serait un facteur de fatigue supplémentaire.

• Portez des vêtements amples, dans lesquels vous vous sentez à l'aise ; un masque oculaire et des bouchons d'oreille vous aideront peut-être à dormir.

Demandez conseil aux habitants du pays où vous vous trouvez : si l'on vous dit qu'il ne faut pas vous baigner à cause des méduses, des crocodiles ou de la bilharziose, suivez leur avis.

Affections liées à l'environnement

Coup de chaleur. Cet état grave, parfois mortel, survient quand le mécanisme de régulation thermique du corps ne fonctionne plus : la température s'élève alors de façon dangereuse. De longues périodes d'exposition à des températures élevées peuvent vous rendre vulnérable au coup de chaleur. Évitez l'alcool et les activités fatigantes lorsque vous arrivez dans un pays à climat chaud.

Symptômes : malaise général, transpiration faible ou inexistante et forte fièvre (39°C à 41°C). Là où la transpiration a cessé, la peau devient rouge. La personne qui souffre d'un coup de chaleur est atteinte d'une céphalée lancinante et éprouve des difficultés à coordonner ses mouvements ; elle peut aussi donner des signes de confusion mentale ou d'agressivité. Enfin, elle délire et est en proie à des convulsions. Il faut absolument hospitaliser le malade. En attendant les secours, installez-le à l'ombre, ôtez-lui ses vêtements, couvrez-le d'un drap ou d'une serviette mouillés et éventez-le continuellement.

Coup de soleil. Sous les tropiques, dans le désert ou en altitude, les coups de soleil sont plus fréquents, même par temps couvert. Utilisez un écran solaire et pensez à couvrir les endroits qui sont habituellement protégés, les pieds par exemple. Si les chapeaux fournissent une bonne protection, n'hésitez pas à appliquer également un écran total sur le nez et les lèvres. Les lunettes de soleil s'avèrent souvent indispensables.

Infections oculaires. Évitez de vous essuyer le visage avec les serviettes réutilisables fournies par les restaurants, car c'est un bon moyen d'attraper une infection oculaire. Si vous avez les mains sales après un trajet poussiéreux, ne vous frottez pas les yeux tant que vous n'aurez pas pu vous laver. Souvent, des yeux qui brûlent ou démangent ne sont pas le résultat d'une infection mais simplement les effets de la poussière, des gaz d'échappement ou du soleil. L'utilisation d'un collyre ou des bains oculaires réguliers sont conseillés aux plus sensibles. Il est dangereux de soigner une simple irritation par des antibiotiques. La conjonctivite peut venir d'une allergie.

Insolation. Une exposition prolongée au soleil peut provoquer une insolation. Symptômes : nausées, peau chaude, maux de tête. Dans ce cas, il faut rester dans le noir, appliquer une compresse d'eau froide sur les yeux et prendre de l'aspirine.

Mal des transports. Pour réduire les risques d'avoir le mal des transports, mangez légèrement avant et pendant le voyage. Si vous êtes sujet à ces malaises, essayez de trouver un siège dans une partie du véhicule où les oscillations sont moindres : près de l'aile dans un avion, au centre sur un bateau et dans un bus. Évitez de lire et de fumer. Tout médicament doit être pris avant le départ ; une fois que vous vous sentez mal, il est trop tard.

Miliaire et bourbouille. C'est une éruption cutanée (appelée bourbouille en cas de surinfection) due à la sueur qui s'évacue mal : elle frappe en général les personnes qui viennent d'arriver dans un climat à pays chaud et dont les pores ne sont pas encore suffisamment dilatés pour permettre une transpiration plus abondante que d'habitude. En attendant de vous acclimater, prenez des bains fréquents suivis d'un léger talcage, ou réfugiez-vous dans des locaux à air conditionné lorsque cela est possible. Attention ! il est recommandé de ne pas prendre plus de deux douches savonneuses par jour.

Mycoses. Les infections fongiques dues à la chaleur apparaissent généralement sur le cuir chevelu, entre les doigts ou les orteils (pied d'athlète), sur l'aine ou sur tout le corps (teigne). On attrape la teigne (qui est un champignon et non un parasite animal) par le contact avec des animaux infectés ou en marchant dans des endroits humides, comme le sol des douches.

Pour éviter les mycoses, portez des vêtements amples et confortables, en fibres naturelles, lavez-les fréquemment et séchez-les bien. Conservez vos tongues dans les pièces d'eau. Si vous attrapez des champignons, nettoyez quotidiennement la partie infectée avec un désinfectant ou un savon traitant et séchez bien. Appliquez ensuite un fongicide et laissez autant que possible à l'air libre. Changez fréquemment de serviettes et de sous-vêtements et lavez-les soigneusement à l'eau chaude. Bannissez absolument les sous-vêtements qui ne sont pas en coton.

Maladies infectieuses et parasitaires

Bilharzioses. Les bilharzioses sont des maladies dues à des vers qui vivent dans les vaisseaux sanguins et dont les femelles viennent pondre leurs œufs à travers la paroi des intestins ou de la vessie.

On se contamine en se baignant dans les eaux douces (rivières, ruisseaux, lacs et retenues de barrage) où vivent les mollusques qui hébergent la forme larvaire des bilharzies. Juste après le bain infestant, on peut noter des picotements ou une légère éruption cutanée à l'endroit où le parasite est passé à travers la peau. Quatre à douze semaines plus tard, apparaissent une fièvre et des manifestations allergiques. En phase chronique, les symptômes principaux sont des douleurs abdominales et une diarrhée, ou la présence de sang dans les urines.

Si par mégarde ou par accident, vous vous baignez dans une eau infectée (même les eaux douces profondes peuvent être infestées), séchez-vous vite et séchez aussi vos vêtements. Consultez un médecin si vous êtes inquiet. Les premiers symptômes de la bilharziose peuvent être confondus avec ceux du paludisme ou de la typhoïde.

Diarrhée. Le changement de nourriture, d'eau ou de climat suffit à la provoquer ; si elle est causée par des aliments ou de l'eau contaminés, le problème est plus grave. En dépit de toutes vos précautions, vous aurez peut-être la "turista", mais quelques visites aux toilettes sans aucun autre symptôme n'ont rien d'alarmant. La déshydratation est le danger principal que fait courir toute diarrhée, particulièrement chez les enfants. Ainsi le premier traitement consiste à boire beaucoup : idéalement, il faut mélanger huit cuillerées à café de sucre et une de sel dans un litre d'eau. Sinon du thé noir léger, avec peu de sucre, des boissons gazeuses qu'on laisse se dégazéifier et qu'on dilue à 50% avec de l'eau purifiée, sont à recommander. En cas de forte diarrhée, il faut prendre une solution réhydratante pour remplacer les sels minéraux. Quand vous irez mieux, continuez à manger légèrement. Les antibiotiques peuvent être utiles dans le traitement de diarrhées très fortes, en particulier si elles sont accompagnées de nausées, de vomissements, de crampes d'estomac ou d'une fièvre légère. Trois jours de traitement sont généralement suffisants et on constate normalement une amélioration dans les 24 heures. Toutefois, lorsque la diarrhée persiste au-delà de 48 heures ou s'il y a présence de sang dans les selles, il est préférable de consulter un médecin.

Diphtérie. Elle prend deux formes : celle d'une infection cutanée ou celle d'une infection de la gorge, plus dangereuse. On l'attrape au contact de poussière contaminée sur la peau, ou en inhalant des postillons d'éternuements ou de toux de personnes contaminées. Pour prévenir l'infection cutanée, il faut se laver souvent et bien sécher la peau. Il existe un vaccin contre l'infection de la gorge.

Dysenterie. Affection grave, due à des aliments ou de l'eau contaminés, la dysenterie se manifeste par une violente diarrhée, souvent accompagnée de sang ou de mucus dans les selles. On distingue deux types de dysenterie : la dysenterie bacillaire se caractérise par une forte fièvre et une évolution rapide ; maux de tête et d'estomac et vomissements en sont les symptômes. Elle dure rarement plus d'une semaine mais elle est très contagieuse. La dysenterie amibienne, quant à elle, évolue plus graduellement, sans fièvre ni vomissements, mais elle est plus grave. Elle dure tant qu'elle n'est pas traitée, peut réapparaître et causer des problèmes de santé à long terme. Une analyse des selles est indispensable pour diagnostiquer le type de dysenterie. Il faut donc consulter rapidement.

Gastro-entérite virale. Provoquée par un virus et non par une bactérie, elle se traduit par des crampes d'estomac, une diarrhée et parfois des vomissements et/ou une légère fièvre. Un seul traitement : repos et boissons en quantité.

Giardiase. Ce parasite intestinal est présent dans l'eau souillée ou dans les aliments souillés par l'eau. Symptômes : crampes d'estomac, nausées, estomac ballonné, selles très liquides et nauséabondes, et gaz fréquents. La giardiase peut n'apparaître que plusieurs semaines après la contamination. Les symptômes peuvent disparaître pendant quelques jours puis réapparaître, et ceci pendant plusieurs semaines.

Hépatites. L'hépatite est un terme général qui désigne une inflammation du foie. Elle est le plus souvent due à un virus. Dans les formes les plus discrètes, le patient n'a aucun symptôme. Les formes les plus habituelles se manifestent par une fièvre, une fatigue qui peut être intense, des douleurs abdominales, des nausées, des vomissements, associés à la présence d'urines très foncées et de selles décolorées presque blanches. La peau et le blanc des yeux prennent une teinte jaune (ictère). L'hépatite peut parfois se résumer à un simple épisode de fatigue sur quelques jours ou semaines.

Hépatite A. C'est la plus répandue et la contamination est alimentaire. Il n'y a pas de traitement médical ; il faut simplement se reposer, boire beaucoup, manger légèrement en évitant les graisses et s'abstenir totalement de toutes boissons alcoolisées pendant au moins six mois.

L'hépatite A se transmet par l'eau, les coquillages et, d'une manière générale, tous les produits manipulés à mains nues. En faisant attention à la nourriture et à la boisson, vous préviendrez le virus. Malgré tout, s'il existe un fort risque d'exposition, il vaut mieux se faire vacciner.

Hépatite B. Elle est très répandue, puisqu'il existe environ 30 millions de porteurs chroniques dans le monde. Elle se transmet par voie sexuelle ou sanguine (piqûre, transfusion). Évitez de vous faire percer les oreilles, tatouer, raser ou de vous faire soigner par piqûres si vous avez des doutes quant à l'hygiène des lieux. Les symptômes de l'hépatite B sont les mêmes que ceux de l'hépatite A mais, dans un faible pourcentage de cas, elle peut évoluer vers des formes chroniques dont, dans des cas extrêmes, le cancer du foie. La vaccination est très efficace.

Hépatite C. Ce virus se transmet par voie sanguine (transfusion ou utilisation de seringues usagées) et semble donner assez souvent des hépatites chroniques. La seule prévention est d'éviter tout contact sanguin, car il n'existe pour le moment aucun vaccin contre cette hépatite.

Hépatite D. On sait encore peu de choses sur ce virus, sinon qu'il apparaît chez des sujets atteints de l'hépatite B et qu'il se transmet par voie sanguine. Il n'existe pas de vaccin mais le risque de contamination est, pour l'instant, limité.

Hépatite E. Il semblerait que cette souche soit assez fréquente dans certains pays en développement, bien que l'on ne dispose pas de beaucoup d'éléments actuellement. Similaire à l'hépatite A, elle se contracte de la même manière, généralement par l'eau. De forme bénigne, elle peut néanmoins être dangereuse pour les femmes enceintes. A l'heure actuelle, il n'existe pas de vaccin.

Maladies sexuellement transmissibles. La blennorragie, l'herpès et la syphilis sont les plus connues. Plaies, cloques ou éruptions autour des parties génitales, suppurations ou douleurs lors de la miction en sont les symptômes habituels ; ils peuvent être moins aigus ou inexistants chez les femmes. Les symptômes de la syphilis finissent par disparaître complètement, mais la maladie continue à se développer et provoque de graves problèmes par la suite. On traite la blennorragie et la syphilis par les antibiotiques.

Les maladies sexuellement transmissibles (MST) sont nombreuses mais on dispose d'un traitement efficace pour la plupart d'entre elles.

La seule prévention des MST est l'usage systématique du préservatif lors des rapports sexuels.

Typhoïde. La fièvre typhoïde est une infection du tube digestif. La vaccination n'est pas entièrement efficace et l'infection est particulièrement dangereuse.

Premiers symptômes : les mêmes que ceux d'un mauvais rhume ou d'une grippe, mal de tête et de gorge, fièvre qui augmente régulièrement pour atteindre 40°C ou plus. Le pouls est souvent lent par rapport à la température élevée et ralentit à mesure que la fièvre augmente. Ces symptômes peuvent être accompagnés de vomissements, de diarrhée ou de constipation.

La deuxième semaine, quelques petites taches roses peuvent apparaître sur le corps. Autres symptômes : tremblements, délire, faiblesse, perte de poids et déshydratation. S'il n'y a pas d'autres complications, la fièvre et les autres symptômes disparaissent peu à peu la troisième semaine. Cependant, un suivi médical est indispensable, car les complications sont fréquentes, en particulier la pneumonie (infection aiguë des poumons) et la péritonite (éclatement de l'appendice). De plus, la typhoïde est très contagieuse.

Mieux vaut garder le malade dans une pièce fraîche et veiller à ce qu'il ne se déshydrate pas.

Vers. Fréquents en zones rurales tropicales, on les trouve dans les légumes non lavés ou la viande trop peu cuite. Ils se logent également sous la peau quand on marche pieds nus (ankylostome). Souvent l'infection ne se déclare qu'au bout de plusieurs semaines. Bien que bénigne en général, elle doit être traitée sous peine de complications sérieuses. Une analyse des selles est nécessaire.

VIH/sida. L'infection à VIH (virus de l'immunodéficience humaine), agent causal du sida (syndrome d'immunodéficience acquise) est présente dans pratiquement tous les pays et épidémique dans nombre d'entre eux. La transmission de cette infection se fait : par rapport sexuel (hétérosexuel ou homosexuel – anal, vaginal ou oral) d'où l'impérieuse nécessité d'utiliser des préservatifs à titre préventif ; par le sang, les produits sanguins et les aiguilles contaminées. Il est impossible de détecter la présence du VIH chez un individu apparemment en parfaite santé sans procéder à un examen sanguin.

Il faut éviter tout échange d'aiguilles. S'ils ne sont pas stérilisés, tous les instruments de chirurgie, les aiguilles d'acupuncture et de tatouages, les instruments utilisés pour percer les oreilles ou le nez peuvent transmettre l'infection. Il est fortement conseillé d'acheter seringues et aiguilles avant de partir.

Les chiffres officiels portant sur le nombre de personnes infectées par le VIH ou atteintes du sida au Vietnam sont vagues. Bien que les campagnes de sensibilisation au problème du VIH et du sida soient partout présentes, la ligne officielle est d'affirmer que seuls les prostituées et les toxicomanes sont menacés par l'infection. Les préservatifs sont en vente dans tout le pays.

Toute demande de certificat attestant la séronégativité pour le VIH (certificat d'absence de sida) est contraire au Règlement sanitaire international (article 81).

Affections transmises par les insectes

Voir également plus loin le paragraphe Affections moins fréquentes.

Fièvre jaune. Pour plus de détails, consultez plus haut l'encadré sur les vaccinations.

Paludisme. Le paludisme, ou malaria, est transmis par un moustique, l'anophèle, dont la femelle pique surtout la nuit, entre le coucher et le lever du soleil.

Le paludisme survient généralement dans le mois suivant le retour de la zone d'endémie. Symptômes : maux de tête, fièvre et troubles digestifs. Non traité, il peut avoir des suites graves, parfois mortelles. Il existe différentes espèces de paludisme, dont celui à Plasmodium falciparum pour lequel le traitement devient de plus en plus difficile à mesure que la résistance du parasite aux médicaments gagne en intensité.

Les médicaments antipaludéens n'empêchent pas la contamination mais ils suppriment les symptômes de la maladie. Si vous voyagez dans des régions où la maladie est endémique, il faut absolument suivre un traitement préventif. La chimioprophylaxie fait appel à la chloroquine (seule ou associée au proguanil), ou à la méfloquine en fonction de la zone géographique du séjour. Renseignez-vous impérativement auprès d'un médecin spécialisé, car le traitement n'est pas toujours le même à l'intérieur d'un même pays.

Tout voyageur atteint de fièvre ou montrant les symptômes de la grippe doit se faire examiner. Il suffit d'une analyse de sang pour établir le diagnostic. Contrairement à certaines croyances, une crise de paludisme ne signifie pas que l'on est touché à vie.

Coupures, piqûres et morsures

Coupures et égratignures. Les blessures s'infectent très facilement dans les climats chauds et cicatrisent difficilement. Coupures et égratignures doivent être traitées avec un antiseptique et du mercurochrome. Évitez si possible bandages et pansements qui empêchent la plaie de sécher.

Les coupures de corail sont particulièrement longues à cicatriser, car le corail injecte un venin léger dans la plaie. Portez des chaussures pour marcher sur des récifs, et nettoyez chaque blessure à fond.

La prévention antipaludique

Le soir, dès le coucher du soleil, quand les moustiques sont en pleine activité, couvrez vos bras et surtout vos chevilles, mettez de la crème anti-moustiques. Les moustiques sont parfois attirés par le parfum ou l'après-rasage.

En dehors du port de vêtements longs, l'utilisation d'insecticides (diffuseurs électriques, bombes insecticides, tortillons fumigènes) ou de répulsifs sur les parties découvertes du corps est à recommander. La durée d'action de ces répulsifs est généralement de 3 à 6 heures. Les moustiquaires constituent en outre une protection efficace à condition qu'elles soient imprégnées d'insecticide (non nocif pour l'homme). L'Organisation mondiale de la santé (OMS) préconise fortement ce mode de prévention. De plus, ces moustiquaires sont radicales contre tout insecte à sang froid (puces, punaises, etc.) et permettent d'éloigner serpents et scorpions.

Il existe désormais des moustiquaires imprégnées synthétiques très légères (environ 350 g) que l'on peut trouver en pharmacie. A titre indicatif, vous pouvez vous en procurer par correspondance auprès du Service médical international (SMI) 9, rue Ambroise-Thomas, 75009 Paris (☎ 01 44 79 95 95 ; fax 01 44 79 95 94).

Notez enfin que, d'une manière générale, le risque de contamination est plus élevé en zone rurale et pendant la saison des pluies.

Méduses. Les conseils des habitants vous éviteront de faire la rencontre des méduses et de leurs tentacules urticants. Certaines espèces peuvent être mortelles mais, en général, la piqûre est seulement douloureuse. Des antihistaminiques et des analgésiques limiteront la réaction et la douleur.

Piqûres. Les piqûres de guêpe ou d'abeille sont généralement plus douloureuses que dangereuses. Une lotion apaisante ou des glaçons soulageront la douleur et empêcheront la piqûre de trop gonfler. Certaines araignées sont dangereuses mais il existe en général des anti-venins. Les piqûres de scorpions sont très douloureuses et parfois mortelles. Inspectez vos vêtements ou chaussures avant de les enfiler.

Punaises et poux. Les punaises affectionnent la literie douteuse. Si vous repérez de petites taches de sang sur les draps ou les murs autour du lit, cherchez un autre hôtel. Les piqûres de punaises forment des alignements réguliers. Une pommade calmante apaisera la démangeaison.

Les poux provoquent des démangeaisons. Ils élisent domicile dans les cheveux, les vêtements ou les poils pubiens. On en attrape par contact direct avec des personnes infestées ou en utilisant leur peigne, leurs vêtements, etc. Poudres et shampooings détruisent poux et lentes ; il faut également laver les vêtements à l'eau très chaude.

Sangsues et tiques. Les sangsues, présentes dans les régions de forêts humides, se collent à la peau et sucent le sang. Les randonneurs en retrouvent souvent sur leurs jambes ou dans leurs bottes. Du sel ou le contact d'une cigarette allumée les feront tomber. Ne les arrachez pas, car la morsure s'infecterait plus facilement. Une crème répulsive peut les maintenir éloignés. Utilisez de l'alcool, de l'éther, de la vaseline ou de l'huile pour vous en débarrasser. Vérifiez toujours que vous n'avez pas attrapé de tiques dans une région infestée : elles peuvent transmettre le typhus.

Serpents. Plusieurs espèces de serpents venimeux vivent au Vietnam, le plus connu étant le cobra. Un petit serpent très venimeux, vert, se cache dans les bambous, les hautes herbes et également dans les petites mares. Tous les serpents de mer, immédiatement reconnaissables à leur queue plate, sont venimeux. En raison de leur petite gueule, cependant, ils ne peuvent s'attaquer aux hommes facilement.

Portez toujours bottes, chaussettes et pantalons longs pour marcher dans la végétation à risque. Ne hasardez pas la main dans les trous et les anfractuosités et faites attention lorsque vous ramassez du bois pour faire du feu. Les morsures de serpents ne provoquent pas instantanément la mort et il existe généralement des anti-venins. Il faut calmer la victime, lui interdire de bouger, bander étroitement le membre comme pour une foulure et l'immobiliser avec une attelle. Trouvez ensuite un médecin et essayez de lui apporter le serpent mort. N'essayez en aucun cas d'attraper le serpent s'il y a le moindre risque qu'il pique à nouveau. On sait désormais qu'il ne faut absolument pas sucer le venin ou poser un garrot.

Affections moins fréquentes

Choléra. Les cas de choléra sont généralement signalés à grande échelle dans les médias, ce qui permet d'éviter les régions concernées. La protection conférée par le vaccin n'étant pas fiable, celui-ci n'est pas recommandé. Prenez donc toutes les précautions alimentaires nécessaires. Symptômes : diarrhée soudaine, selles très liquides et claires, vomissements, crampes musculaires et extrême faiblesse. Il faut consulter un médecin ou aller à l'hôpital au plus vite, mais on peut commencer à lutter immédiatement contre la déshydratation qui peut être très forte. Une boisson à base de cola salée, dégazéifiée et diluée au 1/5e ou encore du bouillon bien salé seront utiles en cas d'urgence.

Dengue. Il n'existe pas de traitement prophylactique contre cette maladie propagée par les moustiques. Poussée de fièvre, maux de tête, douleurs articulaires et musculaires précèdent une éruption cutanée sur le tronc qui s'étend ensuite aux membres puis au visage. Au bout de quelques jours, la fièvre régresse et la convalescence commence. Les complications graves sont rares.

Encéphalite japonaise. Il y a quelques années, cette maladie virale était pratiquement inconnue. Longtemps endémique en Asie tropicale (ainsi qu'en Chine, en Corée et au Japon), de récentes épidémies ont éclaté pendant la saison des pluies en Thaïlande du Nord et au Vietnam. Un moustique nocturne (le culex) est responsable de sa transmission, surtout dans les zones rurales près des élevages de cochons ou des rizières, car les porcs et certains oiseaux nichant dans les rizières servent de réservoirs au virus.

Veillez à vous faire vacciner contre cette affection si vous passez un mois ou plus dans une zone à risque (certaines parties du Vietnam), si vous y faites plusieurs séjours successifs ou si une épidémie se déclare pendant votre visite.

Symptômes : fièvre soudaine, frissons et maux de tête, suivis de vomissements et de délire, aversion marquée pour la lumière vive et douleurs aux articulations et aux muscles. Les cas les plus graves provoquent des convulsions et un coma. Chez la plupart des individus qui contractent le virus, aucun symptôme n'apparaît.

Les personnes les plus en danger sont celles qui doivent passer de longues périodes en zone rurale pendant la saison des pluies (de juillet à octobre). Si c'est votre cas, il faudra peut-être vous faire vacciner.

Filarioses. Ce sont des maladies parasitaires transmises par des piqûres d'insectes. Les symptômes varient en fonction de la filaire concernée : fièvre, ganglions et inflammation des zones de drainage lymphatique ; œdème (gonflement) au niveau d'un membre ou du visage ; démangeaisons et troubles visuels. Un traitement permet de se débarrasser des parasites, mais certains dommages causés sont parfois irréversibles. Si vous soupçonnez une possible infection, il vous faut rapidement consulter un médecin.

Leptospirose. Cette maladie infectieuse, due à une bactérie (le leptospire) qui se développe dans les mares et les ruisseaux, se transmet par des animaux comme le rat et la mangouste.

On peut attraper cette maladie en se baignant dans des nappes d'eau douce, contaminées par de l'urine animale. La leptospirose pénètre dans le corps humain par le nez, les yeux, la bouche ou les petites coupures cutanées. Les symptômes, similaires à ceux de la grippe, peuvent survenir 2 à 20 jours suivant la date d'exposition : fièvre, frissons, sudation, maux de tête, douleurs musculaires, vomissements et diarrhées en sont les plus courants. Du sang dans les urines ou une jaunisse peuvent apparaître dans les cas les plus sévères. Les symptômes durent habituellement quelques jours voire quelques semaines. La maladie est rarement mortelle.

Évitez donc de nager et de vous baigner dans tout plan d'eau douce, notamment si vous avez des plaies ouvertes ou des coupures.

Maladie de Chagas (trypanosomiase américaine). Cette affection parasitaire se rencontre dans les zones rurales éloignées de l'Amérique du Sud et centrale. Elle est transmise par une punaise qui se cache dans les fissures, les feuilles de palmiers et les toits de chaume, d'où elle redescend la nuit pour se nourrir. Un œdème dur et violet apparaît à l'endroit de la piqûre au bout d'une semaine environ. En général, le corps surmonte la maladie sans aide extérieure mais elle peut persister. Il est préférable de dormir sous une moustiquaire imprégnée, utiliser des insecticides et des crèmes contre les insectes.

Maladie de Lyme. Identifiée en 1975, cette maladie est due à une bactérie appelée Borrélia transmise par des morsures de tiques.

Aujourd'hui encore, elle n'est pas toujours diagnostiquée, car elle peut présenter des symptômes très divers. Consultez un médecin si, dans les 30 jours qui suivent la piqûre, vous observez une petite bosse rouge entourée d'une zone enflammée. A ce stade, les antibiotiques constitueront un traitement simple et efficace. Certains symptômes ultérieurs peuvent se produire, comme par exemple une sorte d'arthrite gagnant les genoux. Le meilleur moyen d'éviter ce type de complications est de prendre ses précautions lorsque vous traversez des zones forestières. Emmitouflez-vous le plus possible dans vos vêtements, utilisez un produit répulsif contenant un diéthyl-toluamide, ou un substitut plus léger pour vos enfants. A la fin de chaque journée, vérifiez que ni vous, ni vos enfants, ni votre animal familier n'avez attrapé de tiques. La plupart des tiques ne sont pas porteuses de la bactérie.

Méningite à méningocoques. Il est recommandé de se faire vacciner pour voyager dans certaines parties du Vietnam. Postillons et éternuements suffisent à propager le germe. Cette maladie très grave attaque le cerveau et peut être mortelle.

Symptômes : taches disséminées sur le corps, fièvre, trouble de la conscience, fort mal de tête, hypersensibilité à la lumière et raideur du cou. La mort peut survenir en quelques heures. Il faut se faire soigner immédiatement. Le vaccin est efficace pendant plus de quatre ans mais renseignez-vous quand même sur les épidémies.

Opisthorchiase. Cette maladie parasitaire se contracte en consommant des poissons d'eau douce, crus ou insuffisamment cuits.

Le risque d'attraper cette maladie reste toutefois assez faible. L'intensité des symptômes dépend du nombre de parasites ayant pénétré dans l'organisme. A des niveaux faibles, on ne remarque pratiquement rien. Quand la contamination est importante, on souffre d'une fatigue générale, d'une fièvre légère, d'un gonflement ou d'une sensibilité du foie ou de douleurs abdominales générales. En cas de doute, il faut faire analyser ses selles par un médecin compétent.

Rage. Très répandue, cette maladie est transmise par un animal contaminé : chien, singe et chat principalement. Morsures, griffures ou même simples coups de langue d'un mammifère doivent être nettoyés immédiatement et à fond. Frottez avec du savon et de l'eau courante, puis nettoyez avec de l'alcool. S'il y a le moindre risque que l'animal soit contaminé, allez imédiatement voir un médecin. Même si l'animal n'est pas enragé, toutes les morsures doivent être surveillées de près pour éviter les risques d'infection et de tétanos. Un vaccin anti-rabique est désormais disponible. Il faut y songer si vous pensez explorer des grottes (les morsures de chauves-souris peuvent être dangereuses) ou travailler avec des animaux. Cependant, la vaccination préventive ne dispense pas de la nécessité d'un traitement antirabique immédiatement après un contact avec un animal enragé ou dont le comportement peut paraître suspect.

Rickettsioses. Les rickettsioses sont des maladies transmises soit par des acariens (dont les tiques), soit des poux. La plus connue est le typhus. Elle commence comme un mauvais rhume, suivi de fièvre, de frissons, de migraines, de douleurs musculaires et d'une éruption cutanée. Une plaie douloureuse se forme autour de la piqûre et les ganglions lymphatiques voisins sont enflés et douloureux.

Le typhus transmis par les tiques menace les randonneurs en Afrique australe qui risquent d'attraper les tiques du bétail et des animaux sauvages.

Le typhus des broussailles est transmis par des acariens. On le rencontre principalement en Asie et dans les îles du Pacifique. Soyez prudent si vous faites de la randonnée dans des zones rurales d'Asie du Sud-Est.

Tétanos. Cette maladie parfois mortelle se rencontre partout, et surtout dans les pays tropicaux en voie de développement. Difficile à soigner, elle se prévient par vaccination. Le bacille du tétanos se développe dans les plaies. Il est donc indispensable de bien nettoyer coupures et morsures. Premiers symptômes : difficulté à avaler ou raideur de la mâchoire ou du cou. Puis suivent des convulsions douloureuses de la mâchoire et du corps tout entier.

Tuberculose. Bien que très répandue dans de nombreux pays en développement, cette maladie ne présente pas de grand danger pour le voyageur. Les enfants de moins de 12 ans sont plus exposés que les adultes. Il est donc conseillé de les faire vacciner s'ils voyagent dans des régions où la maladie est endémique. La tuberculose se propage par la toux ou par des produits laitiers non pasteurisés faits avec du lait de vaches tuberculeuses. On peut boire du lait bouilli et manger yaourts ou fromages (l'acidification du lait dans le processus de fabrication élimine les bacilles) sans courir de risques.

Typhus. Voir plus haut *Rickettsioses*.

Santé au féminin
Grossesse. La plupart des fausses couches ont lieu pendant les trois premiers mois de la grossesse. C'est donc la période la plus risquée pour voyager. Pendant les trois derniers mois, il vaut mieux rester à distance raisonnable de bonnes infrastructures médicales, en cas de problèmes. Les femmes enceintes doivent éviter de prendre inutilement des médicaments. Cependant, certains vaccins et traitements préventifs contre le paludisme restent nécessaires. Mieux vaut consulter un médecin avant de prendre quoi que ce soit.

Pensez à consommer des produits locaux, comme les fruits secs, les agrumes, les lentilles et les viandes accompagnées de légumes.

Problèmes gynécologiques. Une nourriture pauvre, une résistance amoindrie par l'utilisation d'antibiotiques contre des problèmes intestinaux peuvent favoriser les infections vaginales lorsqu'on voyage dans des pays à climat chaud. Respectez une hygiène intime scrupuleuse et portez jupes ou pantalons amples et sous-vêtements en coton.

Les champignons, caractérisés par une éruption cutanée, des démangeaisons et des pertes, peuvent se soigner facilement. En revanche, les trichomonas sont plus graves ; pertes blanches et sensation de brûlure lors de la miction en sont les symptômes. Le partenaire masculin doit également être soigné.

Il n'est pas rare que le cycle menstruel soit pertubé lors d'un voyage.

TOILETTES

Les lieux d'aisance sont souvent des toilettes à la turque, simple trou pratiqué dans le sol. En guise de chasse d'eau, vous devez remplir d'eau le seau mis à la disposition des usagers et le vider dans le trou. En outre, certains experts affirment que la position accroupie est meilleure pour le système digestif.

Les hôtels les plus raffinés sont équipés de toilettes occidentales plus familières, mais on ne trouve que des latrines à la turque dans les hôtels bas de gamme et les lieux publics comme les restaurants ou les gares.

L'absence de toilettes publiques semble gêner davantage les femmes que les hommes. On voit souvent des Vietnamiens se soulager en public, mais c'est apparemment inadmissible socialement de la part des femmes.

En général, si vous voyez une poubelle à côté de la cuvette, c'est là que devrait atterrir votre papier hygiénique. Le problème est le suivant : dans de nombreux hôtels, le système d'évacuation des eaux n'est pas prévu pour du papier. C'est le cas en particulier dans les vieux établissements où le réseau de plomberie, antique, a été conçu avant l'ère du papier toilette. De même, dans les régions rurales où il n'existe pas d'usine de traitement des eaux usées, elles sont évacuées dans une fosse septique souterraine où l'intrusion de papier hygiénique provoquerait un beau gâchis. Par égard pour les relations internationales, soyez attentionné et jetez le papier dans la poubelle.

Le papier hygiénique est généralement fourni dans les hôtels mais rarement dans les toilettes des gares ferroviaires ou routières, ni dans d'autres établissements publics. Prévoyez d'en avoir sur vous en permanence.

Les Vietnamiens pauvres qui ne peuvent s'offrir de papier hygiénique (ce qui est souvent le cas) utilisent de l'eau et leur main gauche. Il y a souvent un seau et une écope à cet effet à côté de la cuvette. Si vous avez voyagé dans d'autres régions d'Asie du Sud-Est, vous devriez avoir l'habitude.

SEULE EN VOYAGE

Tout comme la Thaïlande et d'autres pays à prédominance bouddhique, le Vietnam, en général, ne présente pas de véritable danger pour les Occidentales qui voyagent non accompagnées.

Il n'en est pas de même pour les Asiatiques, en particulier si elles sont jeunes. Toute Asiatique accompagnée d'un Occidental sera automatiquement qualifiée de "prostituée vietnamienne". Il ne vient à l'idée de personne qu'ils peuvent être mariés ou simples amis. Elle est asiatique, donc vietnamienne ; elle accompagne un Occidental, donc elle se prostitue. Il est difficile de faire admettre un autre point de vue aux Vietnamiens.

En fait, de nombreux Vietnamiens croient que les Occidentaux viennent "voler leurs femmes". Les femmes asiatiques voyageant au Vietnam avec un compagnon occidental ont raconté avoir été fréquemment insultées. Les insultes sont lancées en vietnamien et, si l'on n'en comprend pas le sens, on ne peut cependant pas se tromper sur les regards hostiles et les gestes obscènes. Il arrive que la situation dégénère ; sous l'effet de l'alcool, les Vietnamiens peuvent lancer des pierres ou ce qui leur tombe sous la main.

Les couples mixtes désireux de visiter le Vietnam n'ont aucun recours. Sans être paranoïaque à l'excès, quelques précautions et conseils peuvent s'avérer utiles.

- Éviter les démonstrations d'affection (se tenir la main, etc.), mais le simple fait de marcher dans la rue peut susciter des insultes.
- Voyager en groupe, car quatre personnes ensemble risquent moins de rencontrer des ennuis.
- S'habiller "comme une étrangère". Sachez que coudre sur ses vêtements des pièces portant des caractères chinois ou japonais peut opérer des merveilles. Une femme a obtenu de bons résultats en cousant sur son sac à dos un drapeau coréen.
- Les Vietnamiennes portent généralement les cheveux longs et non attachés. Sans aller jusqu'à faire couper les vôtres, attachez-les ou nattez-les.

- En cas de confrontation, répondez à votre interlocuteur sur le même ton, dans n'importe quelle langue *autre* que le vietnamien. Il comprendra peut-être qu'il prend une étrangère pour une "putain vietnamienne". Gageons qu'il pourra même s'excuser !
- Si vous êtes tenté d'en venir aux mains avec un Vietnamien qui insulte votre compagne, sachez que parmi les spectateurs se trouvent peut-être des membres de la famille ou des amis de votre offenseur et qu'ils pourraient se liguer contre vous.

COMMUNAUTÉ HOMOSEXUELLE

En général, les homosexuels peuvent voyager au Vietnam sans trop de désagréments. Il n'existe aucune loi contre les relations avec une personne du même sexe, du moins pas dans le sens du harcèlement officiel.

Le gouvernement continue cependant de faire fermer les endroits où se retrouvent les homosexuels. Mystérieusement, les lieux cités dans les médias sont souvent la proie de descentes peu de temps après. La plupart des lieux de rencontre pour homosexuels se font donc assez discrets. Il existe, néanmoins, une communauté dynamique au Vietnam, notamment à Hanoi et Ho Chi Minh-Ville, qui n'est nullement intimidée et se retrouve autour de certains lacs à Hanoi ou dans des cafés, de plus en plus nombreux, à Ho Chi Minh-Ville.

Les comportements de la population locale indiquent qu'il s'agit encore d'un interdit, même si l'absence de lois ne fait planer aucun danger (et même si les autorités n'hésitent pas à intervenir dans une petite fête). En 1997, le premier mariage homosexuel masculin au Vietnam a fait grand bruit, à l'instar de la première union entre deux femmes, dans le delta du Mékong, en 1998.

Étant donné le nombre croissant de personnes du même sexe, homosexuelles ou non, séjournant ensemble dans des hôtels, les Vietnamiens ne cherchent pas à connaître le lien qui unit deux voyageurs. Il est toutefois préférable de rester discret quant à ses habitudes. Comme pour les couples hétérosexuels, les démonstrations d'affection en public sont à proscrire, c'est une règle de base. Les Vietnamiens du même sexe, amis ou autre, se promènent souvent main dans la main, il n'y a donc aucune raison que les étrangers ne puissent les imiter.

La meilleure façon de s'informer sur le sujet est encore Internet en consultant le site d'Utopia (www.utopia-asia.com), qui regorge d'informations et de contacts. Il vous renseignera notamment sur la légalité de l'homosexualité au Vietnam et vous donnera un peu de terminologie homosexuelle locale.

Tout récemment sorti, l'ouvrage *The Men of Vietnam*, de Douglas Thompson, est un guide de voyage fort complet sur le Vietnam, destiné aux homosexuels. On peut le commander en ligne par le site mentionné ci-dessus.

VOYAGEURS HANDICAPÉS

Le Vietnam n'est pas idéal pour les voyageurs handicapés, bien que de nombreux Vietnamiens le soient eux-mêmes, suite à des blessures de guerre. La circulation effrénée, la pénurie de trottoirs, l'absence d'ascenseurs et les toilettes à la turque sont en effet sources de difficultés.

VOYAGEURS SENIORS

Les Vietnamiens ont un profond respect pour les personnes âgées. Pourtant, celles-ci peuvent rencontrer les mêmes difficultés que les voyageurs handicapés. En outre, comme dans d'autres pays d'Asie, il n'est pas rare de se faire éjecter d'une file d'attente par une femme très âgée et toute petite qui joue des coudes.

Il n'existe aucune réduction pour les retraités ni aucune carte internationale qui soit acceptée. N'hésitez pas néanmoins à sortir votre carte pour tenter d'obtenir un prix.

VOYAGER AVEC DES ENFANTS

En règle générale, les enfants étrangers sont très bien accueillis au Vietnam. Ils suscitent beaucoup l'intérêt des Vietnamiens, qui les adorent et voudront jouer avec eux.

Si dans les grandes villes les distractions ne manquent pas pour les enfants, dans les petites agglomérations et dans les campagnes, ils risquent de s'ennuyer. Nous recommandons les zoos, les parcs et les boutiques de crèmes glacées, parmi les meilleures d'Asie du Sud-Est ! A Ho Chi Minh-Ville, il faut les emmener au parc aquatique et à Hanoi, au cirque et au spectacle des marionnettes aquatiques.

Les amoureux de la nature choisiront peut-être de faire une randonnée avec leurs enfants dans un des immenses parcs ou réserves naturels du pays.

Le parc national de Cuc Phuong (voir le chapitre *Le Vietnam du Centre-Nord*), notamment, abrite le Centre d'aide aux primates en voie de disparition. Vous pourrez découvrir les efforts réalisés pour protéger et élever en captivité des espèces menacées de singes.

Ceux qui pratiquent l'anglais pourront se procurer *Travel with Children* de Maureen Wheeler (Lonely Planet Publications), qui donne des conseils judicieux pour voyager à l'étranger avec des enfants en bas âge.

ORGANISMES UTILES
Chambre de commerce
Vietcochamber, la Chambre de commerce et d'industrie, est censée faciliter les contacts entre les entreprises étrangères et vietnamiennes. Elle peut également apporter son concours dans l'obtention ou la prorogation des visas d'affaires.

Vietcochamber publie la liste des entreprises gouvernementales et de leurs points de contact. Elle a des bureaux à Ho Chi Minh-Ville, Hanoi et Danang.

Organisations non gouvernementales
Il existe au Vietnam plusieurs organisations non gouvernementales (ONG) : caritatives, humanitaires, etc.

L'une d'elles, Vietnam Assistance for the Handicapped (☎ 703-847 9582, fax 448 8207), PO Box 6554, McLean, Va 22106, USA, s'occupe plus particulièrement des nombreux amputés et invalides de guerre.

DÉSAGRÉMENTS ET DANGERS
Choc culturel
Une voyageuse nous fait part de ses impressions :

A Ho Chi Minh-Ville, des scènes, des bruits ou des odeurs extrêmement déplaisants m'ont choquée, mais la gentillesse des gens a vite effacé ces impressions désagréables. Les enfants dans les rues étaient adorables. Les Vietnamiens sont souriants, travailleurs et font face aux difficultés de leur vie quotidienne avec humour, espoir et amitié. C'était super.

Audrey Snoddon

Prenez les précautions nécessaires pour vous prémunir de cette minorité, certes très présente, d'arnaqueurs et de voleurs, et vous pourrez profiter des 99,9% restants de la population, constitués de gens charmants et honnêtes.

Vols
Les Vietnamiens n'hésitent pas à proclamer que leurs villes sont très dangereuses et remplies de criminels. Le Sud d'avant la réunification, Saigon en tête, était infesté de délinquants spécialisés en vol à la tire et autres crimes… Les plus audacieux n'hésitèrent pas, après la chute de Saigon, à détrousser les troupes nord-vietnamiennes. L'exécution de quelques-uns calma les autres, et la délinquance disparut presque complètement d'un jour à l'autre.

Elle semble néanmoins réapparaître, prête à prendre sa revanche. Nous avons eu d'innombrables récits de vols de rue, notamment à Ho Chi Minh-Ville. Même si vous avez l'impression d'être en sécurité, soyez constamment sur vos gardes et faites preuve de bon sens.

Un conseil à Ho Chi Minh-Ville : ne laissez aucun objet précieux pendre de vos vêtements, notamment les sacs et les bijoux, même fantaisie, qui pourraient tenter les voleurs.

Prenez garde aux voleurs à moto ; ils ont pour spécialité d'arracher sacs à main et appareils photo aux touristes qui se promènent à pied ou en cyclo-pousse. Certains pratiquent même du "grand art" et sont capables de se saisir à l'arraché de vos objets de valeur par la vitre baissée de votre voiture. Des étrangers racontent qu'on leur a arraché leurs lunettes et volé leur stylo dans la poche.

Les pickpockets (souvent des enfants, des femmes avec leur bébé ou des vendeurs de journaux) constituent également un sérieux problème, surtout dans les quartiers touristiques de Ho Chi Minh-Ville, tels que les rues Dong Khoi et Pham Ngu Lao. Les enfants, aussi adorables puissent-ils paraître, sont très doués pour détrousser les gens de leur portefeuille ou de tout ce qui peut se trouver dans un sac à main ou dans une poche. Il faut rester très vigilant (particulièrement envers les groupes d'enfants), et il faudra parfois empêcher les gamins de s'approcher de vous. Tous ne sont pas des voleurs, bien sûr, et beaucoup tentent de survivre en vendant des cartes postales et des souvenirs. Cependant, beaucoup savent très bien exploiter la faiblesse des adultes pour les enfants.

Il est préférable de ne pas poser vos affaires par terre lorsque vous vous restaurez. Sinon, prenez la précaution de les attacher à votre siège. Tout objet que vous laisserez sans surveillance un court instant peut disparaître comme par enchantement.

On a vu aussi des "taxi-girls" (souvent des travestis) approcher des Occidentaux, les serrer dans leurs bras et leur demander s'ils ont envie de "s'amuser un peu". Puis elles se ravisent subitement et tournent les talons… non sans avoir au passage dérobé une montre ou un portefeuille.

Une des dernières arnaques en vogue à Ho Chi Minh-Ville est très bien mise en scène et mériterait d'être filmée. Un homme est abordé dans la rue par deux superbes femmes. L'une d'elle lui saisit les testicules, qu'elle serre violemment. Portant une attention trop exclusive à ses "bijoux de famille", l'homme se trouve délesté avant d'avoir eu le temps d'émettre le moindre cri : la partenaire de la castratrice en ayant profité pour vider les poches du malheureux. Il faudra en général plusieurs minutes

pour récupérer et se rendre compte de la situation, ce qui laisse bien assez de temps au duo de choc pour prendre le large.

Des voyageurs nous ont raconté dernièrement que, dans des bus publics longue distance, ils ont été drogués puis dépouillés de leurs biens. La chose est vite faite : un voyageur sympathique vous propose un "Coca", qui n'est autre qu'un cocktail à base d'hydrate de chloral, un puissant hypnotique. Quelques heures plus tard, vous vous réveillez… et tous vos effets ont disparu avec votre "nouvel ami".

Sachez que ces voleurs ont plus d'un tour dans leur sac. Si vous êtes méfiant, ils vont jouer les malins. Un voyageur que nous connaissons bien nous a raconté que son voisin côté couloir s'était penché devant lui sous prétexte de baisser la vitre, tandis qu'un complice profitait de la diversion pour additionner de somnifère sa bouteille d'eau. Gardez vos boissons en lieu sûr, le bouchon bien fermé.

Nous ne nous sommes jamais sentis menacés. A Ho Chi Minh-Ville, on m'a vivement déconseillé de me promener au bord de l'eau, même en plein jour, car l'une des techniques de vol consiste à pousser les gens dans l'eau pour s'emparer de leur sac.

Javier Jimenez

Reste le problème de vos compagnons de voyage. On constate amèrement que certains voyageurs à petit budget "subventionnent" leur séjour en dépouillant n'importe qui, y compris leurs compagnons de voyage, ou, pis encore, les Vietnamiens eux-mêmes – en quittant un restaurant sans payer la note, en ne donnant pas à un guide la somme prévue au départ, etc. Nous connaissons même quelqu'un qui a volontairement roulé son chauffeur de 40 $US, sous prétexte que la climatisation était tombée en panne le dernier jour. Assez ignoble !

Finalement, pour éviter le vol, mieux vaut ne pas emporter d'objets de valeur. Belles montres, bijoux et autres gadgets électroniques suscitent toujours les convoitises…

SAVEURS
DU VIETNAM

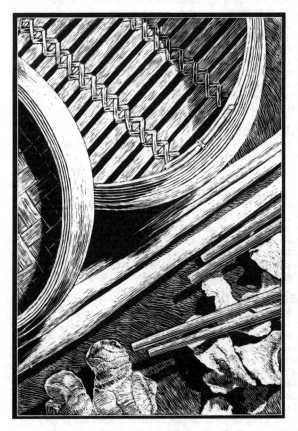

Le Vietnam a une cuisine aussi extraordinaire que variée – près de 500 plats différents. Elle arrive sur votre table joliment présentée, pour des prix très raisonnables.

Le pays regorge d'ingrédients savoureux ; même si sa cuisine a subi les influences coloniales des Chinois et des Français, elle demeure unique. Ce caractère original est dû en grande partie au *nuoc mam*, une sauce de poisson fermenté, à l'abondance des légumes frais et des herbes et à la prédominance du riz. La proximité de la mer et la présence de deux grands deltas sur le territoire vietnamien favorisent également l'utilisation de poissons et de fruits de mer dans de nombreux plats.

L'autre grande influence culinaire tire son origine de Hué, la capitale des empereurs de la dynastie Nguyen. L'empereur Tu Duc réclamait que son thé soit préparé avec la rosée de la nuit. Chaque repas devait être composé de 50 plats, préparés par 50 cuisiniers et servis par 50 domestiques ; les cuisiniers de l'empereur mirent donc au point des techniques de cuisine et de présentation très élaborées pour s'assurer la satisfaction de l'empereur. Ces recettes sont à l'origine de certains délicats mélanges de saveurs dans la cuisine vietnamienne actuelle.

Les ustensiles

La cuisine vietnamienne était, par tradition, préparée dans l'âtre, considéré comme la partie la plus importante de la maison. En l'absence de fours, les aliments étaient bouillis, préparés à la vapeur, grillés ou rôtis. Les ustensiles culinaires se composaient de plats de cuisson en terre, de baguettes et d'instruments en bambou, de woks et de l'indispensable récipient pour cuire le riz. Les herbes et les épices étaient écrasées à l'aide d'un pilon et d'un mortier.

La plus grande partie de ces ustensiles trouvent encore leur place dans les cuisines actuelles, même si les gazinières ont remplacé les foyers. Certains restaurants perpétuent la tradition en servant la nourriture dans des plats en terre semblables à des samovars, dont le haut est ouvert et dont les braises, au centre, conservent la chaleur.

Les habitudes de table

Les repas occupent une grande place dans la vie sociale, et il est de mise, à table, de respecter une certaine étiquette. Même si, par politesse, vos hôtes ne vous feront aucune réflexion, il est préférable de se plier à certaines règles. Lorsque vous êtes invité, il est de bon ton d'apporter un petit cadeau, des fleurs par exemple (qui ne doivent jamais être blanches, couleur du deuil).

Contrairement à nos habitudes occidentales, selon lesquelles chacun mange dans sa propre assiette, le repas, dans la plupart des pays asiatiques, est une affaire communautaire. Différents plats trônent sur la table, destinés à être partagés. Le plus souvent, chacun plonge ses propres baguettes dans les plats, quoique l'on présente parfois des cuillères ou des baguettes spéciales pour le service. Dîner en compagnie de trois ou quatre autres personnes vous permet donc de goûter plusieurs plats différents, et de nombreux étrangers finissent par préférer cette forme de convivialité à l'individualisme occidental. Si vous

vous restaurez à la même table que des Vietnamiens, il se peut que vos commensaux déposent avec leurs baguettes les meilleurs morceaux dans votre bol de riz, façon de vous traiter en invité de marque.

Personne ne s'offusquera si vous réclamez des couverts. Certains endroits n'en disposent pas, mais des cuillères sont en général présentées avec les baguettes.

Pour manger à la vietnamienne, placez dans votre bol du riz pris dans le grand plat communautaire. A l'aide des baguettes, recouvrez-le de poisson, de viande ou de légumes (ne versez jamais les sauces directement dans votre bol). Placez toute la nourriture dans votre bol avant de commencer à manger, et ne picorez pas dans les plats communautaires avec vos baguettes. Puis approchez le bol de vos lèvres et enfournez la nourriture dans la bouche avec les baguettes. Les Vietnamiens s'amusent toujours de voir des étrangers garder le bol sur la table, laissant aux baguettes le soin de faire un voyage long et précaire. Lorsque vous faites passer un plat ou que vous vous saisissez de quelque chose, utilisez vos deux mains et remerciez avec un petit signe de tête.

Chaque hôte qui se respecte doit proposer de la nourriture à ses invités, même s'ils n'ont pas faim. Même lorsque vous serez totalement repu, on vous en proposera encore. Assurez-vous d'être vraiment affamé avant d'aller manger quelque part, et feignez d'être rassasié le plus tôt possible. De cette façon, vous ne devrez vous resservir qu'une ou deux fois.

Les repas à l'extérieur

Vous n'aurez jamais très loin à aller pour manger à l'extérieur : les restaurants (*nha hang*) de toutes sortes abondent. A moins de prendre vos repas dans les hôtels de luxe ou les établissements ultra-chics, les prix sont très bas. Les endroits les moins onéreux sont les échoppes de rue, limitées pour la plupart par le nombre d'ingrédients possibles et donc le plus souvent spécialisées dans quelques plats. Un bol de nouilles coûte environ 0,50 $US.

Des restaurants sans prétention, aux murs en bambou et carton, proposent des plats à base de riz, de viande et de légumes pour 1 $US. La plupart des cafés et des restaurants corrects vous nourriront moyennant 2 à 5 $US. Grâce à l'assouplissement des lois régissant la co-entreprise, on a vu apparaître récemment, dans les villes, des restaurants d'un standing un peu plus élevé. Les spécialités vietnamiennes sont encore plus savoureuses lorsqu'on les déguste à une terrasse de style français ou au bord de l'eau. Attention cependant : dans les établissements haut de gamme, la note grimpe vite ; méfiez-vous, les petites choses apéritives qui surgissent sur la table sont payantes !

Si la plupart des restaurants servent exclusivement de la cuisine vietnamienne, certains cafés préparent des plats occidentaux. Naturellement, les Vietnamiens ont toutefois beaucoup plus de talent pour concocter leur propre cuisine – la pizza vietnamienne est particulièrement célèbre. Les restaurants occidentaux sont malgré tout de plus en plus nombreux, et les cuisiniers vietnamiens apprennent peu à peu à satisfaire les palais occidentaux. En outre, on trouve de plus en plus de chefs français et italiens expatriés proposant leurs spécialités.

Il n'existe pas de créneau horaire précis pour se restaurer. Sachez que les cafés (en particulier les cafés pour les voyageurs) sont en général ouverts la plus grande partie de la journée et tard dans la nuit. Les échoppes de rue ouvrent tôt le matin et ferment tard le soir. Les restaurants ouvrent pour le déjeuner entre 11h et 14h et pour le dîner entre 17h et 22h.

Les viandes exotiques

Excepté dans les établissements de luxe, aucun restaurant vietnamien digne de ce nom ne saurait se passer d'un ou deux chiens affamés traînant autour des tables pour quémander un morceau, mais les amis des chiens seront peut-être choqués d'apprendre que leurs chers compagnons peuvent aussi figurer au menu ! La plupart des Vietnamiens, néanmoins, ne mangent pas de viande de chien ; il s'agit d'un plat très spécial, populaire surtout dans le Nord, où il est censé porter bonheur tant qu'on le consomme pendant la seconde moitié du mois lunaire. Pour trouver (ou éviter) les endroits qui servent de la viande de chien, cherchez l'enseigne indiquant *thit cho* ou *thit cay*.

Bien qu'il puisse paraître "exotique" de goûter des viandes inhabituelles telles que le muntjac, la chauve-souris, la grenouille, le cerf, l'hippocampe, les ailerons de requin et le serpent, sachez que la plupart de ces espèces sont menacées. La consommation de ces animaux indiquent que vous approuvez et soutenez de telles pratiques, et renchérit la demande.

Heureusement, grâce à de nouvelles lois sur la capture et la vente des animaux en voie de disparition, il est devenu extrêmement difficile de se procurer ces viandes. On vous proposera néanmoins toujours du serpent, qui passe pour avoir des vertus médicinales et aphrodisiaques : plus l'animal est venimeux, plus il est prisé (donc cher). Les cobras tiennent le haut du pavé, quoique les pythons soient beaucoup plus charnus. De telles ripailles ne sont pas à la portée de toutes les bourses. En outre, méfiez-vous : si elle n'est pas bien cuite, la viande de serpent peut être porteuse d'un parasite appelé pentastomide.

L'addition

La plupart des étrangers sont surpris de constater que les restaurants vietnamiens n'affichent pas les prix sur le menu. Ceci est compréhensible lorsqu'on sait que les Vietnamiens ont l'habitude de manger en groupe. La note reflète alors le prix total du repas. Dans ce cas, faites-vous préciser le tarif après avoir passé commande. Les Vietnamiens le savent ; ils posent toujours la question, aussi n'hésitez pas à le faire, sous peine d'éprouver un choc au moment de l'addition. Pour l'obtenir, attirez poliment l'attention d'un serveur et faites mine d'écrire en l'air sur une feuille imaginaire. Une fois la note obtenue, vérifiez bien le total : l'erreur ou la surévaluation ne sont pas inhabituelles lorsqu'il y a plusieurs convives ou que de nombreux plats ont été commandés.

Les serviettes humides enveloppées dans du plastique que l'on vous apporte souvent en fin de repas sont en principe gratuites, mais il se

GREG ELMS

SHOULD BE IN
LONELY PLANET

14ª HUNG VU
HUE CITY

XUAN TRAN
CAFETERIA
CƠM BÌNH DÂN
BÚN BÒ HUẾ

MASON FLORENCE

En haut : les petits restaurants de plein air proposent à des prix défiant toute concurrence quelques plats typiques réellement délicieux qu'il suffit d'indiquer du doigt sur le présentoir

Au milieu : les principales villes du pays et les pensions pour petits budgets abritent souvent des snacks (particulièrement friands de dollars) qui regorgent de petites douceurs, telles les crêpes aux bananes

En bas : Les Vietnamiens prennent un soin particulier à confectionner de subtiles décorations qui iront embellir les plats les plus modestes

RICHARD I'ANSON

En haut : au Vietnam, une simple pause repas peut facilement se transformer en véritable festin, ici dans un restaurant de Hué

Au milieu : les étalages des marchés et des petits commerces de rues offrent une grande variété de légumes frais

En bas : les restaurants de plein air servent des mets de très bonne qualité et permettent de découvrir, au gré du voyage, toute la diversité des cuisines régionales du Vietnam

Le nuoc mam

Le *nuoc mam* est une sorte de sauce de poisson fermentée – repérable à son odeur – sans laquelle les Vietnamiens ne sauraient manger. Si le nuoc mam est à la cuisine vietnamienne ce que la sauce soja est à la cuisine japonaise, beaucoup de restaurants d'hôtels n'en mettent pas systématiquement sur la table des Occidentaux, sachant que l'odeur fait parfois fuir les clients. Le nuoc mam est pourtant très bon quand on s'y habitue, et certains voyageurs en rapportent même quelques bouteilles dans leurs bagages. Cette sauce s'obtient en laissant fermenter pendant quatre à douze mois des poissons très salés dans d'énormes cuves en céramique.

Le prix du nuoc mam varie considérablement selon sa qualité. Les vrais amateurs soutiennent que le kérosène à haute teneur possède un arôme beaucoup plus doux que les variétés bon marché. La différence reste subtile pour les étrangers.

Si le nuoc mam n'est pas assez fort pour vous, essayez le *mam tom*, une sauce aux crevettes extrêmement piquante que les soldats américains appelaient parfois "gaz lacrymogène viet-cong". Elle accompagne souvent la viande de chien ; les étrangers la trouvent souvent plus répugnante à ingérer que l'animal lui-même.

peut que l'on vous fasse payer entre 0,04 et 0,20 \$US (un petit prix qui dépend de la propreté de vos mains). Mieux vaut ne pas se les passer sur le visage : on nous a déjà signalé que cela provoquait des irritations oculaires. Il est toutefois difficile de savoir si l'irritation est due à une bactérie ou aux produits utilisés pour laver les serviettes.

En-cas

Nem : cette grande spécialité vietnamienne, un petit rouleau appelé aussi *cha gio* dans le Sud, est faite d'une crêpe de riz remplie de porc, de crabe, de vermicelles, de *moc nhi* (champignons de mer comestibles) émincés, d'oignons, de champignons et d'œufs. Le tout est frit dans l'huile jusqu'à ce que la crêpe de riz devienne brune et craquante. Les *nem rau* en sont la version végétarienne.

Variation sur ce thème, les rouleaux de printemps, plus grands, s'appellent *banh trang* dans le Sud et *banh da* dans le Nord. On roule soi-même ses ingrédients dans une crêpe de riz translucide. C'est délicieux, mais évitez l'horrible sauce aux crevettes.

Essayez donc les autres en-cas, que vous trouverez facilement partout au Vietnam :

banh cuon : crêpe de riz cuite à la vapeur, roulée et fourrée de porc émincé et de moc nhi, servie avec du *nuoc mam cham*.

oc nhoi : boulettes d'escargot, de porc, d'oignons verts hachés, de nuoc mam et de piment, enveloppées dans des feuilles de gingembre et cuites dans des coquilles d'escargot.

gio : porc maigre assaisonné puis réduit en pâte, avant d'être enveloppé dans des feuilles de bananier et bouilli.
cha : porc haché frit dans sa graisse ou grillé sur des braises.
cha que : cha assaisonné de cannelle.
chao tom : canne à sucre grillée roulée dans de la pâte de crevette.
dua chua : salade de germes de soja rappelant vaguement le kimchi coréen.

Les plats occidentaux ne manquent pas non plus. Vous trouverez de l'excellent pain français absolument partout, du fromage à tartiner et même du saucisson.

Les biscuits vietnamiens ne sont pas inoubliables, mais s'améliorent lentement. Les gâteaux secs importés de Chine sont franchement infects, à l'exception d'une marque portant l'étiquette "Coconut Crackers".

Plats principaux

Les menus présentent les plats groupés selon leur ingrédient principal. Ainsi, tous les plats à base de poulet sont ensemble, de même que les différentes déclinaisons autour du bœuf, etc. Voici quelques plats parmi les plus courants :

cha ca : filet de poisson grillé sur des braises, généralement servi avec des nouilles, de la salade verte, des cacahuètes grillées et une sauce à base de nuoc mam, de citron et d'huile spécialement volatile.
ech tam bot ran : beignets de cuisse de grenouille accompagné de nuoc mam cham et de piment.
rau xao hon hop : légumes frits.
bo bay mon : viande de bœuf caramélisée.
com tay cam : riz aux champignons avec du poulet et de fines lamelles de porc parfumées au gingembre.

Riz

La base de la cuisine vietnamienne est le riz blanc nature (*com*), accompagné d'un vaste choix de légumes, de viande, de poisson, et d'épices. Le riz sert également à l'élaboration de produits dérivés tels que l'alcool de riz et les nouilles.

Nouilles

Les plats de nouilles vietnamiennes (*pho*) se mangent à toute heure du jour, mais plus particulièrement au petit déjeuner. Quant aux Occidentaux qui les préféreraient au déjeuner, qu'ils se rassurent : ils trouveront le matin du pain, du fromage et des œufs.

Les nouilles se consomment généralement en soupe. Il existe trois types de nouilles à soupe : les blanches (*banh pho*), faites avec de la farine de riz, les transparentes, confectionnées avec de la farine de riz mélangée à de la poudre de manioc (*mien*), et les jaunes, à base de farine de blé (*mi*). Les soupes de nouilles se servent en général avec du bouillon (*nuoc leo*) ou sans (*kho* signifie "sec"). Voici les plats les plus consommés :

lau : soupe de poisson et de légumes.

mien luon : soupe aux vermicelles et aux anguilles, accompagnée de champignons, d'échalotes, d'omelette émincée et de poulet.

bun thang : plat de nouilles de riz avec des morceaux de poulet et d'omelette et des crevettes déposées par-dessus. On la sert avec du bouillon de poule, de crevettes séchées et d'os de porc.

xup rau : soupe de légumes.

canh kho hoa : bouillon aigre, censé rafraîchir les personnes ayant passé beaucoup de temps au soleil.

Cuisine végétarienne

Comme les bonzes bouddhistes mahayana sont de stricts végétariens (du moins en principe), la cuisine végétarienne vietnamienne (*an chay*) est ancestrale et fait partie intégrante de la cuisine traditionnelle. Les ingrédients étant peu onéreux, c'est une cuisine incroyablement bon marché.

Les jours de pleine lune (le 15ᵉ jour du mois lunaire) ou de nouvelle lune (le dernier jour), beaucoup de Vietnamiens et de Chinois ne mangent pas de viande, ni même de nuoc mam. Les échoppes des marchés servent à cette occasion des plats végétariens.

Pour connaître les jours de pleine ou nouvelle lune, consultez un calendrier vietnamien.

Desserts

Voici une liste des sucreries (*do ngot*) et desserts (*do trang mieng*) que vous avez des chances de goûter :

banh chung : gâteau de riz gluant, de forme carrée, traditionnel du Têt (voir la rubrique *La fête du Têt*, plus avant dans le chapitre). On le fourre de haricots, d'oignons et de viande de porc, puis on l'enveloppe dans des feuilles avant de le faire bouillir une dizaine d'heures.

banh deo : gâteau de farine de riz gluant séché, mélangé à une préparation sucrée et fourré de fruits confits, de graines de sésame, de graisse, etc.

ban dau xanh : gâteau de haricots mungo. Servi avec du thé chaud, il fond sous la langue.

mut : fruits ou légumes confits à base, entre autres, de carottes, de noix de coco, de kumquats, de calebasses, de gingembre, de graines de lotus, de tomates...

banh bao : pâtisserie chinoise fourrée, en forme de sein avec un mamelon. L'intérieur est sucré mais la couche externe, pâteuse, est composée de viande, d'oignons et de légumes. On le mange souvent trempé dans de la sauce de soja.

banh it nhan dau : mets traditionnel à la substance un peu collante, composé de riz gluant, de haricots et de sucre. Cuit à la vapeur, il est présenté dans une feuille de bananier pliée en pyramide. On le vend souvent sur les bacs traversant le delta du Mékong.

banh it nhan dua : variante du banh it nhan dau dans laquelle la noix de coco remplace les haricots.

Les glaces

Les glaces (*kem*) ont fait leur apparition industrielle au Vietnam lors de la présence des Américains : pendant la guerre, l'approvisionnement en crèmes glacées fut même une priorité. L'armée américaine loua les services de deux entreprises d'outre-Atlantique, Foremost Dairies et Meadowgold Dairies, pour construire des dizaines d'usines de crèmes glacées dans tout le pays. La population locale a fini par y prendre goût. Quinze ans après la disparition des produits Foremost dans la République socialiste, le logo orange et blanc de la société figurait encore bien en évidence dans les présentoirs des glaciers. Le gouvernement vietnamien a toutefois récemment ordonné que ces vieux logos soient partout enlevés, pour encourager ces entreprises à revenir s'installer au Vietnam. De fait, Foremost a rouvert une usine en 1994.

kem dua ou *kem trai dua* : délicieux mélange de glace, de fruits confits et de chair tendre et gélatineuse de noix de coco. On le sert dans une petite coquille de noix de coco.

yaourt : yaourt glacé et sucré, vendu dans les échoppes de crèmes glacées.

Fruits

On trouve des fruits (*qua* ou *trai*) toute l'année, mais les plus typiques d'entre eux connaissent de courtes saisons.

banane verte : vendue sur les marchés, elle est généralement bien mûre et meilleure que la jaune.

avocat : souvent consommé dans un verre avec de la glace, édulcoré avec du sucre ou du lait concentré.

anone : également appelé pomme-cannelle ou corossol, ce fruit, lorsqu'il est mûr, possède une chair molle et noire autour de la tige.

noix de coco : mûre, elle n'est consommée que par les enfants, ou en confiture. Les adultes la préfèrent jeune, quand sa chair est encore gélatineuse et son lait plus frais. Dans la région de Ha Tien, dans le delta du Mékong, il existe une variété de noix de coco à la chair délicieuse, mais sans lait.

jaque : de la taille d'une très grosse pastèque, ce fruit possède des quartiers de couleur orange vif à la texture légèrement caoutchouteuse.

pomelo : grosse orange ou pamplemousse à la peau verte, dont la chair tire sur le pourpre.

papaye : sa chair orange a le goût du melon. Les graines noires possèdent, dit-on, des vertus contraceptives pour les femmes.

Boissons
Café

Le café vietnamien est excellent. Le café planté dans les Hauts Plateaux du Centre, autour de Buon Ma Thuot, est particulièrement réputé. Une précision s'impose : vous devrez certainement le diluer avec de l'eau chaude, car les Vietnamiens le préparent très fort et très sucré. Si vous commandez un café au lait, on vous servira un café additionné de 30 à 40% de lait concentré sucré. Les restaurants fréquentés par des étrangers ont toujours une bouteille isotherme d'eau chaude pour vous permettre de consommer votre café plus ou moins fort. Demandez un grand verre, car le café ultrasucré est immanquablement servi dans un "dé à coudre", ce qui vous laisse peu de place pour ajouter de l'eau.

Le café en poudre (*ca phe tan* ou *ca phe bot*) a fait son entrée au Vietnam en 1996… un désastre ! Beaucoup présument que les étrangers préfèrent le café en poudre. Précisez bien que vous souhaitez du café vietnamien fraîchement passé (*ca phe phin*), et non de l'instantané importé. Les Vietnamiens préfèrent le passer à table, à la française. Pour le café glacé, on applique la même méthode, avec un verre de glace placé sous le filtre.

Thé

Dans le Sud, le thé est bon marché mais assez décevant : il sent le parfum et son goût fait penser à la colle des enveloppes. On sert toujours du thé aux invités dans les maisons ou les entreprises vietnamiennes, et il est impoli de refuser.

Le thé cultivé dans le Nord, bien meilleur, est nettement plus corsé : préparez-vous au choc de la théine. Le thé du Nord est similaire au thé vert chinois et se vend presque toujours en vrac plutôt qu'en sachets. Les Vietnamiens ne mettent jamais de lait ni de sucre dans du thé vert. Ils vous prendront pour des fous si vous le faites.

On trouve du thé importé (en sachets) dans les grandes villes, rarement dans l'arrière-pays. Son prix est tout à fait raisonnable, inutile d'en emporter de chez vous. La plupart des restaurants dénicheront du citron et du sucre pour votre thé, mais pas toujours de lait.

Eaux minérales

Il existe un grand choix d'eaux minérales (*nuoc suoi*) depuis que les Vietnamiens ont réalisé que les étrangers étaient prêts à payer un bon prix pour des eaux conditionnées dans des bouteilles en plastique.

On peut acheter de l'eau minérale de bonne qualité à environ 1 $US la grande bouteille en plastique (voir notre encadré *C'est la vie*, dans ce chapitre).

Si vous préférez l'eau gazeuse, cherchez la marque Vinh Hao (disponible dans le Sud uniquement). Généralement servie avec de la glace, du citron et du sucre, c'est un régal ! Sous cette forme, on l'appelle *so-da chanh*.

Lait de coco

Rien de plus rafraîchissant quand il fait chaud qu'un lait de noix de coco (*nuoc dua*). Les Vietnamiens lui prêtent des vertus calmantes. Les sportifs, par exemple, n'en boivent jamais avant une compétition. Les noix de coco de Ha Tien (dans le delta du Mékong) sont connues pour la délicatesse de leur chair.

C'est la vie

Lᴀ Viei

En affaires, il est notoire que les Vietnamiens préfèrent copier les idées de leurs voisins plutôt que de créer leur propre créneau. Si les restaurants, les hôtels, les noms de rues et les programmes d'excursions illustrent cette tendance, le meilleur exemple en est peut-être celui du marché de l'eau minérale.

En 1989, La Vie, marque française d'eau minérale, fut le premier fabricant étranger à s'installer au Vietnam. Des variantes étonnamment ressemblantes au logo rouge, blanc et bleu, et portant le même nom, ont entre-temps surgi dans tout le pays. Au dernier recensement, il existait plus d'une douzaine d'imitations, portant parfois des noms sans signification tels que La Viei, La Vu, La Vi et La Ve – sans compter celles qui en ont une : La Vif, La Vide, La Viole...

Boissons gazeuses

La marque locale Tri Beco offre une gamme de boissons gazeuses parfumées aux fruits et peu sucrées, qui coupent mieux la soif que celles d'importation. Elle produit également une sorte de Coca-Cola, au goût moins prononcé que l'original mais tout à fait buvable, le Tri Beco Coca. Dans le Nord, on l'appelle Feti Cola. Le *nuoc khoang kim boi*, excellente boisson aux fruits de production locale, coûte 0,20 $US la bouteille.

A l'époque où les Etats-Unis levèrent leur embargo, en 1994, Pepsi battait Coca-Cola sur le marché vietnamien, fait notoire s'il en est ! Coca-Cola a cependant frappé fort, avec une campagne promotionnelle spectaculaire, et semble détenir maintenant la plus grande part de marché. On trouve partout du Sprite et du 7-Up. Les boissons diététiques, avec leurs habituelles substances suspectées d'être cancérigènes, se rencontrent dans certains supermarchés des grandes villes ; elles coûtent cher.

Alcools

Bière. La Saigon Export et la Saigon Lager sont les deux marques de bière locales. En boîte, elles valent 30% de moins que les bières importées et 50% de moins en bouteille. La 333, la Castel, la Huda et la Halida sont d'autres marques vietnamiennes.

Les bières provinciales, moins chères mais plus diluées, sont vendues en bouteilles. Un visiteur de passage les définissait ainsi : "boisson intermédiaire entre la bière de régime et le thé glacé".

Tâchez de retenir les mots *bia hoi* (bière pression), que vous trouverez dans la plupart des cafés. La qualité varie d'un établissement à l'autre, mais cette bière est en général tout à fait buvable et très bon marché (environ 0,25 \$US le litre). Les établissements qui servent de la bière pression offrent également des plats savoureux et peu onéreux.

De nombreuses bières étrangères sont brassées sous licence au Vietnam, parmi lesquelles BGI, Carlsberg, Heineken et Vinagen.

Vins. L'appellation *ruou* est attribuée à une cinquantaine de variétés de "vins". Attention ! il s'agit pour la plupart de vins de riz (*ruou de*). Les moins chers ne s'utilisent que pour cuisiner.

Autre spécialité vietnamienne, le vin de serpent (*ruou ran*) n'est autre qu'un vin de riz dans lequel macère un serpent. On attribue à la chair de celui-ci des vertus toniques, et le breuvage est censé guérir toutes sortes d'affections, de l'héméralopie (diminution de la vision dès que le jour baisse) à l'impuissance.

Faites l'expérience du serpent que l'on tue sous vos yeux et dont on verse immédiatement le sang dans votre tasse. Pour profiter de toutes les vertus curatives du serpent, les Vietnamiens recommandent de boire son sang avec de l'alcool de riz et de manger sa vésicule biliaire crue. Les spécialistes de ces préparations conseillent également de placer le cœur encore battant dans un verre d'alcool de riz et de tout boire cul sec. Ce cocktail est censé posséder des effets aphrodisiaques. Pour les moins aventureux, les vins importés sont de plus en plus nombreux.

La technique vietnamienne de champagnisation laisse encore quelque peu à désirer : le breuvage qu'ils servent actuellement a un léger goût de rouille… A l'occasion, vous trouverez peut-être une bouteille de mousseux russe, laquelle risque d'avoir séjourné longtemps dans les rayonnages, en plein soleil.

Liqueurs. Les alcools (*ruou manh*) chinois sont très bon marché ; ils ont un goût de diluant et une odeur d'essence diesel. La vodka est l'un des rares produits que l'ex-Union soviétique continue d'exporter. On trouve aussi de la vodka locale fabriquée à Hanoi.

Comme partout ailleurs en Asie, les "nouveaux riches" vietnamiens préfèrent les marques étrangères, telles que le Johnny Walker Black. Dans les restaurants haut de gamme, vous verrez des hommes d'affaires ou des hauts fonctionnaires aux joues empourprées vider ce genre de bouteille en un rien de temps.

Violence

A la différence de certaines villes occidentales, la violence n'est pas un sport populaire au Vietnam. Il n'existe quasiment pas de terroristes revendiquant une cause politique. La violence contre les étrangers est extrêmement rare et vous n'avez pas à vous inquiéter à ce sujet. En règle générale, le vol n'implique aucune atteinte à la vie – comme ailleurs, on s'en prendra plutôt à votre argent et/ou à vos objets de valeur.

Toutefois, il y a eu de rares incidents avec armes à feu, notamment sur des routes de campagne isolées. Pendant deux ans, un gang a terrorisé les automobilistes dans la région de Danang : ils les arrêtaient et leur braquaient un revolver sous le nez. Après plus de soixante vols à main armée, les membres du gang ont été arrêtés en 1994 et condamnés à mort. Un autre gang dans le delta du Mékong a dérobé des bateaux de touristes sous la menace d'armes à feu, avant d'être intercepté.

Les Vietnamiens se disputent souvent dans la rue, histoire de sauver la face ou de savoir qui va payer. Deux jeunes gens un peu machos peuvent ainsi se houspiller devant leur petite amie respective. En cas d'accrochage mineur, on se menace gentiment pour savoir qui va payer le phare brisé ou le poulet écrasé, mais il y a rarement effusion de sang. Bref, les étrangers n'ont rien à voir dans ces disputes.

En règle générale, même si vous êtes de taille à vous défendre ou que vous maîtrisez parfaitement un art martial, ne vous battez pas avec un Vietnamien – d'une part par courtoisie, d'autre part car ces affrontements débouchent souvent sur un combat à plusieurs. Combien de fois un étranger macho s'est-il retrouvé à l'hôpital parce que le Vietnamien chétif avec lequel il se querellait a fait appel à ses copains ? Si vous vous retrouvez dans ce type de situation, ravalez votre fierté et cherchez un autre moyen d'évacuer votre frustration.

Abus de confiance

Chacun a sa petite anecdote à raconter sur les gentils guides vietnamiens qui emmè-

nent les touristes dans des restaurants coûteux et encaissent leur commission.

Parfois la commission est comprise dans le prix (dans le cas d'un arrangement entre un guide ou un chauffeur et un restaurant), mais, le plus souvent (comme dans le "ghetto à routards" de la rue Pham Ngu Lao, à Ho Chi Minh-Ville), vous commencez par payer le prix normal, puis l'hôtel vous réclame jusqu'à la moitié du tarif d'une nuit pour la personne qui vous a amené.

En théorie, ce petit jeu serait acceptable si vous ne déboursiez rien en plus et si la personne qui vous a conseillé était sincère, mais le cas est difficile à trouver. Mieux vaut en fait ne pas trop se prêter à ce système. A Ho Chi Minh-Ville, en particulier, si vous connaissez l'hôtel où vous descendez, vous pouvez signaler à son propriétaire que le conducteur de cyclo-pousse, qui ne vous aura jusque-là peut-être pas quitté d'une semelle (même si vous l'avez plusieurs fois prié de partir), n'a rien à voir dans le choix de son établissement. Mais n'allez pas plus loin.

Souvent, la crainte de se faire extorquer une commission conduit à suspecter tout le monde, sans aucune raison. Un guide, dans le delta du Mékong, nous a rapporté qu'un jour les gens de son groupe, affamés, avaient absolument insisté pour s'arrêter dans un restaurant, à l'entrée de Cantho. Il leur expliqua qu'ils atteindraient bientôt un restaurant qu'il connaissait et fut aussitôt accusé de vouloir toucher une commission. Leur affirmant le contraire, il leur expliqua qu'il s'agissait simplement d'un bon restaurant. Les voyageurs, énervés, exigèrent de s'arrêter dans le premier établissement qui arborerait l'enseigne "restaurant". Ainsi fut fait ; le guide constata alors, non sans amusement, qu'il s'agissait en fait d'un bar où les hommes peuvent prendre un verre, chanter au karaoké et se livrer à des attouchements sur des prostituées. Dans le cadre de la campagne gouvernementale contre les fléaux sociaux, les maisons de tolérance ont en effet été interdites, mais ont rouvert sous une enseigne différente – "restaurant", en l'occurrence. Malgré les mises en garde de leur guide, les voyageurs entrèrent dans l'établissement. Ils comprirent leur erreur lorsque la "mama-san" s'avéra incapable de leur apporter un menu, et s'excusèrent auprès du guide.

Dans la plupart des cas, les guides emmènent leurs groupes dans des endroits servant de la bonne cuisine. Même s'ils obtiennent une commission, une partie de l'arrangement (notamment dans les zones rurales, au moment de la pause-déjeuner) veut que l'établissement serve alors une meilleure cuisine qu'à l'accoutumée, préparée avec plus de précautions d'hygiène, de manière à satisfaire des voyageurs étrangers tatillons. Vous ne connaîtrez jamais le fin mot de l'histoire, alors ne vous gâchez pas la journée pour si peu.

Le problème ne se limite pas aux guides. On nous a souvent signalé que dans les zones touristiques (surtout Ð Dong Khoi et Dai Lo Nguyen Hue, à Ho Chi Minh-Ville) les hommes voyageant seuls étaient abordés par de prétendues prostituées. Une fois la conversation engagée intervient un troisième personnage, le soi-disant mari en colère qui hurle qu'un étranger va violer sa femme. Un attroupement se crée et l'"époux bafoué" exige une centaine de dollars US en guise de "compensation" du préjudice subi. Un autre voyageur raconte :

J'ai entendu parler d'une escroquerie à Saigon où les femmes accompagnent un Occidental à l'hôtel. Une fois qu'ils sont dans la chambre, un policier (l'est-il réellement ?) frappe à la porte et réclame un bakchich pour fermer les yeux sur la présence d'une prostituée, alors que l'homme croyait avoir fait juste une rencontre agréable et ne pensait pas avoir affaire à une péripatéticienne.
Andrew H

Méfiez-vous des entourloupes sur les locations de moto dont certains voyageurs ont fait l'objet à Ho Chi Minh-Ville : au moment de louer la moto, le propriétaire vous fournit un cadenas de qualité et vous suggère de l'utiliser. Ce qu'il ne précise pas, c'est qu'il a un double de la clef et que quel-

qu'un va vous suivre pour "voler" la moto à la première occasion. Il vous faudra alors la rembourser, ou renoncer à votre passeport, visa, caution ou autres biens que vous aurez laissés.

Plus couramment, votre moto ne veut pas démarrer alors que vous l'aviez garée dans une zone protégée par un gardien. Justement le gardien, comme par hasard, connaît quelqu'un qui pourra vous la réparer. Le réparateur arrive, remet en place les pièces qu'il avait dérobées et, miracle, le moteur tourne. Ce sera 10 \$US, s'il vous plaît.

Les escrocs et les voleurs sont bien sûr toujours à l'affût de nouvelles astuces pour soutirer de l'argent à des touristes quelque peu naïfs. Impossible de dresser la liste de tous les tours dont vous pourriez être la victime, le meilleur conseil étant peut-être de conserver votre scepticisme et d'être prêt à discuter dès lors qu'on s'en prend sans raison valable à votre argent.

Malgré tout cet éventail d'arnaques, sachez que tous les Vietnamiens ne sont pas là pour vous escroquer. Nous avons fait un constat inquiétant au Vietnam, par rapport aux pays voisins tels que la Thaïlande ou le Laos : les étrangers ne font pas confiance à la population locale. Certains accuseront les guides de voyage de trop mettre les touristes en garde contre les dangers et désagréments potentiels ; il faut en fait tenter d'établir une différence entre les "bons" et les "méchants", sans se fermer systématiquement aux personnes que l'on rencontre.

Cela n'est pas toujours facile. Il est même arrivé à l'un des premiers auteurs de ce guide, pourtant voyageur éprouvé et spécialiste du Vietnam, d'être dupé par un vieil ami vietnamien : celui-ci, qui l'avait rejoint sur les routes pour la mise à jour de ce guide, en 1996, tenta à l'insu de l'auteur d'extorquer des commissions aux établissement qui souhaitaient figurer dans le guide Lonely Planet !

Un dernier conseil, qui paraîtra peut-être étrange de notre part : nous voyons beaucoup de voyageurs qui passent leur temps le nez dans le guide. La crainte de "se faire avoir" les conduit à ne croire personne si "ce n'est pas dans le livre" ! Gardez l'esprit ouvert, sachez à peu près le prix des choses et fiez-vous à votre jugement (comme doit le faire tout bon rédacteur de guide de voyage).

Mendicité des jeunes

Juste au moment où vous allez planter vos baguettes dans un succulent repas vietnamien, vous sentez quelqu'un qui tire votre manche. Vous vous retournez et découvrez un adorable petit garçon de 8 ans, tenant dans les bras sa petite sœur de 3 ans. Elle a le ventre tout gonflé, tend sa main vers vous et ses yeux affamés sont fixés sur votre plat fumant de poulet aux légumes et au riz. C'est la dure réalité de la pauvreté. Que faire ?

Mieux vaut sans doute offrir de la nourriture que de l'argent. Ce sont souvent les parents qui, pour assouvir parfois leur soif ou leur goût du jeu plutôt que nourrir leurs enfants ou les envoyer à l'école, forcent ceux-ci à mendier. Certains n'ont même pas de parents.

Alors, que faire pour aider ces mendiants, dont la plupart sont sous-alimentés, illettrés et sans avenir ? Bonne question… à laquelle nous souhaiterions pouvoir répondre (reportez-vous à la liste des *Organismes utiles*, plus avant dans ce chapitre, pour trouver celles qui acceptent les dons. Quant à savoir ce qu'il convient de faire dans de telles situations, à vous de trancher.

Engins de guerre non explosés

Quatre armées différentes se sont employées durant trois décennies à mitrailler, pilonner, miner, piéger et bombarder le territoire vietnamien. A la fin des combats, presque tout ce matériel mortel est resté exactement là où on l'avait déposé. Les Américains estiment qu'au moins 150 000 tonnes d'engins non explosés jonchent le sol du pays.

Depuis 1975, plusieurs milliers de Vietnamiens ont été tués ou mutilés en défrichant paisiblement leurs champs, où ces bombes avaient été "oubliées". Vous ne risquez rien dans les villes, les régions cultivées, les petites routes et chemins fréquentés. Toutefois, ne sortez pas des sentiers battus, au sens strict du terme. Les champs de mines sont connus des gens du coin, mais pas signalés ! En avril 1997, plusieurs enfants ont trouvé la mort dans l'explosion d'une bombe datant de la guerre du Vietnam, dans une cour d'école de la province de Nghe An.

Ne touchez *jamais* ces "reliques" de guerre. Certaines demeurent actives pendant des décennies et peuvent exploser.

Les obus contenant du phosphore blanc présentent le plus gros danger. L'élément actif de cette substance ne se détériore en effet pas aussi vite que les explosifs et s'enflamme dès qu'il entre en contact avec l'air. Cet explosif cause des dégâts incroyables et dévore tout, littéralement. Seul moyen de le désamorcer : l'extirper avec une lame de rasoir. Le phosphore terrifie même les ferrailleurs les plus téméraires.

Ne marchez pas dans les cratères de bombes – on ne sait jamais ce qui peut rester au fond.

Animaux marins

Si vous adorez nager et faire de la plongée sous-marine, sachez que toutes sortes de créatures plus ou moins dangereuses peuplent les fonds marins. Les plus terribles vivent en eaux chaudes ; plus vous descendez vers le Sud pour vous baigner, plus vous risquez de faire de mauvaises rencontres. La liste de ces animaux est longue et englobe les requins, les méduses, les poissons-pierres, les poissons-scorpions, les serpents de mer et les vives (pastenagues), pour ne citer qu'eux. Ne vous privez pas de baignade pour autant, la plupart d'entre eux évitent les êtres humains (ou l'inverse), et le nombre des accidents, mortels ou non, est relativement faible. Faites simplement preuve d'un peu de prudence.

Les méduses se déplacent en groupe, il est donc assez facile de les éviter avant de plonger dans l'eau. Les gens de la région vous indiqueront si c'est la "saison des méduses" (habituellement l'été). En général, plus on s'approche de l'équateur, plus les méduses sont venimeuses. Certaines espèces sont potentiellement mortelles mais, dans la plupart des cas, les piqûres sont simplement douloureuses. Versez abondamment du vinaigre sur la blessure, cela désactivera la piqûre avant qu'elle ne "s'enflamme". Un produit antihistaminique ou analgésique peut également être prescrit par un médecin pour atténuer la réaction cutanée et calmer la douleur (voir notre rubrique *Santé).*

Les poissons-pierres, les poissons-scorpions et les vives séjournent plutôt en eaux peu profondes. Ils sont difficiles à voir et vous risquez de les sentir en mettant le pied dessus ! Pour vous protéger, le meilleur moyen consiste encore à porter des chaussures spéciales. Pour en soigner les piqûres, plongez la plaie dans l'eau la plus chaude possible et demandez conseil à un médecin.

Tous les serpents de mer sont venimeux, mais normalement ils n'attaquent pas. En outre, leurs petits crochets se situent en arrière de la gueule, et ils éprouveraient quelques difficultés à mordre une proie aussi volumineuse qu'un être humain.

Bruit

Le bruit peut facilement porter sur les nerfs au Vietnam. Surtout la nuit, quand la pétarade des motos se joint à la cacophonie provenant des salles de danse, cafés, salles de jeux vidéo, bars à karaoke, restaurants et autres. Si votre chambre d'hôtel se trouve à proximité d'un de ces endroits, vous aurez du mal à trouver le sommeil. Dans certaines villes, les vendeurs de glaces et de soupes sont particulièrement exaspérants avec leurs petites voitures à bras équipées d'un lecteur de cassettes au son tonitruant.

Les Vietnamiens semblent être immunisés contre le bruit. En réalité, un café qui ne disposerait pas d'un haut-parleur diffusant une musique assourdissante aurait quelque peine à se faire une clientèle locale ; les étrangers déguerpissent dès que la musique démarre. Ceux qui "tiendront le choc" le temps d'un repas ou d'une tasse de café retrouveront difficilement leurs esprits.

Le bruit diminue fort heureusement à partir de 22h ou 23h, rares étant les établissements ouverts au-delà. Le calme ne règne alors que jusqu'aux alentours de 5h, heure à laquelle la plupart des Vietnamiens sortent du lit (voir l'encadré sur *La Voix du Vietnam*, dans le chapitre sur les Hauts Plateaux du Centre). C'est alors à nouveau le tintamarre de la circulation et des radios. Essayez d'obtenir une chambre d'hôtel sur cour ou… utilisez des bouchons à oreilles !

QUESTIONS JURIDIQUES
Droit civil

Les Français ont donné aux Vietnamiens le code Napoléon. Beaucoup de ces lois n'ont pas été abrogées, alors qu'elles sont parfois contraires à la législation ultérieure. Entre 1960 et 1975, le Sud-Vietnam modifia largement son droit commercial, pour se rapprocher du droit américain. Après la réunification, les lois de type soviétique furent appliquées à tout le pays, ruinant les propriétaires privés. Parmi les réformes économiques récentes, figure une foule de nouvelles lois sur la propriété. Beaucoup sont dues aux conseils des Nations unies, du Fonds monétaire international et autres organisations internationales. La rapidité avec laquelle les lois sont promulguées est un véritable défi pour ceux qui doivent les interpréter et les faire respecter.

Sur le papier, tout paraît simple. Dans la pratique, les lois ne font jamais autorité. Les dignitaires locaux les interprètent à leur goût, souvent contre les désirs de Hanoi. Cela pose de graves problèmes aux entreprises en joint-venture : les étrangers convoqués au tribunal suite à des litiges ont généralement été soumis à rude épreuve. Il est particulièrement difficile d'intenter une action en justice contre une entreprise appartenant à l'État, même en cas d'escroquerie évidente. Le gouvernement a la réputation d'annuler subitement des permis, de retirer des licences, voire de déchirer des contrats écrits. L'indépendance judiciaire n'existe pas.

Il n'est donc pas surprenant que la plupart des litiges se règlent en dehors des tribunaux. En général, on obtient de meilleurs résultats avec une cartouche de cigarettes qu'avec un avocat.

Drogue

On se souvient que les combattants américains usaient de drogues puissantes, douces et dures. Le départ de cette clientèle après 1975, la haute surveillance policière et l'extrême pauvreté ont eu alors raison de ce marché. Toutefois, le retour du tourisme fait renaître ce commerce. Le problème de l'héroïne est très inquiétant et n'amuse pas du tout les autorités. On vous proposera peut-être de la marijuana et, occasionnellement, de l'opium. Céder à la tentation est très risqué. Quantité de policiers en civil patrouillent dans les rues. En cas d'arrestation, vous risquez une longue peine de prison et/ou une amende importante.

L'exportation de la drogue, illégale, connaît également un renouveau. Le Vietnam a acquis une mauvaise réputation, et les douaniers du pays où vous débarquerez fouilleront vos bagages de fond en comble. En bref, consommer de la drogue est une opération périlleuse au Vietnam. En rapporter chez vous serait une folie.

Police

Les journaux officiels reconnaissent eux-mêmes que la police est corrompue. En 1998, un reportage évoquait même un phénomène multiplié par neuf depuis 1997 ! Comme dans bon nombre d'autres pays, les bas salaires et le faible niveau d'études et de formation en sont la cause.

En cas de problème ou de vol, la police ne fera souvent rien d'autre que d'établir un rapport pour votre compagnie d'assurance. Parfois, on exigera un "pourboire" pour ce service, qui peut être un paquet de Marlboro comme 100 $US.

Le gouvernement a essayé de mettre un frein aux pires excès. En 1996, un policier a été emprisonné après avoir tiré mortellement sur un motocycliste qui refusait de payer sur-le-champ une "amende" pour une pseudo-violation du code de la route. Hanoi a averti les gouvernements provinciaux que tout policier surpris en train d'extorquer des fonds aux touristes serait renvoyé et incarcéré, mais cette mesure est-elle véritablement appliquée ?

Ces mesures ont effrité l'enthousiasme avec lequel les policiers réclamaient directement des pots-de-vin aux étrangers. Le problème n'est toutefois pas éradiqué. En particulier en moto (ou même en tant que passager dans une voiture), vous pouvez vous faire arrêter sans raison apparente et être soumis à une "amende". Ces amendes sont généralement négociables ; les enchères peuvent commencer à 25 $US, puis descendre jusqu'à 5 $US. En général, si vous insistez pour obtenir un reçu officiel, l'amende s'élèvera à 25 $US. Sans reçu, vous ne débourserez que 5 $US. Refusez de payer peut entraîner la saisie de votre véhicule.

En 1998, nous avons été arrêtés par la police dans une ville du delta du Mékong, simplement après avoir demandé le nom d'une rivière toute proche à l'office du tourisme. A peine étions-nous partis que notre véhicule a été stoppé sous le prétexte que nous avions brûlé un feu rouge (inexistant !). On nous a conduits immédiatement au poste de police pour nous interroger : nous "dressions des cartes sans autorisation". En bout de course, l'amende de 50 $US que l'on nous demandait est passée à 30 $US – sans reçu, évidemment.

Cela dit, ne versez pas dans une paranoïa excessive. Certes, la police vietnamienne est un fléau, et il vous faudra parfois payer, mais ce ne sera jamais ruineux. Pour garder le sourire, faites comme les Vietnamiens et considérez ces "amendes" comme des "taxes". Sachez également que vous n'êtes pas spécialement visé en tant qu'étranger. Les policiers préfèrent en effet s'en prendre aux Vietnamiens, auxquels ils peuvent plus facilement extorquer de l'argent.

Les étrangers qui sont au Vietnam pour un long séjour et tentent de monter une entreprise peuvent s'attendre à des visites régulières de policiers venant percevoir "taxes" et "contributions". Ils s'adresseront plutôt à des employés vietnamiens qu'à un dirigeant étranger. L'affaire se corse du fait que la plupart des policiers (environ 75%) sont en civil. Comment savoir si l'on a vraiment un policier en face de soi ? Il ne vous reste plus que l'intuition.

HEURES D'OUVERTURE

Les Vietnamiens se lèvent dès potron-minet. Les bureaux, les musées et la plupart des boutiques commencent leur journée à 7h ou 8h le matin, selon la saison, et la finissent vers 16h ou 17h. La pause-déjeuner est sacrée, et tout est pratiquement fermé entre 12h et 13h30. Dans les administrations, les horaires de fermeture s'étalent la plupart du temps entre 11h30 et 14h. Les Vietnamiens ont tendance à prendre leur repas à heures fixes, qu'ils aient faim ou non. Les interrompre dans cette tranche horaire passe pour tout à fait inconvenant. De même, si vous engagez un guide ou un chauffeur pour la journée, respectez scrupuleusement ses pauses-repas. Ne retardez pas l'heure du déjeuner jusqu'à 13h, vous risquez d'acquérir la réputation d'être un fort mauvais patron !

La plupart des administrations fonctionnent le samedi jusqu'à midi, mais ferment toute la journée le dimanche. Les musées restent généralement fermés le lundi, et les temples ouvrent chaque jour, toute la journée. Beaucoup de petites boutiques privées, de restaurants et d'échoppes travaillent 7j/7, et même tard dans la nuit – nécessité fait loi.

JOURS FÉRIÉS ET MANIFESTATIONS CULTURELLES

La politique influence tout, même les jours fériés. Signe de la nouvelle ouverture du Vietnam, des fêtes comme Noël, le 1er janvier, le Têt (la nouvelle année lunaire) et l'anniversaire de Bouddha ont été décrétées à nouveau jours chômés, après quinze ans d'oubli. Voici la liste des jours fériés vietnamiens :

Nouvel An (Tet Duong Lich)
1er janvier

Anniversaire de la fondation du Parti communiste vietnamien (Thanh Lap Dang CSVN)
3 février – le Parti communiste vietnamien fut fondé le 3 février 1930.

Anniversaire de la Libération (Saigon Giai Phong)
30 avril – la date de la reddition de Saigon est commémorée dans tout le pays ; de nombreuses villes et provinces célèbrent également l'anniversaire de leur propre "libération" (en mars ou avril 1975) par l'armée nord-vietnamienne.

Journée internationale du travail (Quoc Te Lao Dong)
1er mai – ce jour tombe le lendemain de l'anniversaire de la Libération (d'où deux jours de congé).

Anniversaire de Ho Chi Minh (Sinh Nhat Bac Ho)
19 mai

Anniversaire de Bouddha (Dan Sinh)
8e jour de la 4e lune (généralement en juin)

Fête nationale (Quoc Khanh)
2 septembre – elle commémore la proclamation à Hanoi, par Ho Chi Minh, de la Déclaration d'indépendance de la République démocratique du Vietnam, le 2 septembre 1945.

Noël (Giang Sinh)
25 décembre

On récite des prières spéciales dans les pagodes vietnamiennes et chinoises les jours de pleine et de nouvelle lunes. Beaucoup de bouddhistes adoptent un régime végétarien ces jours-là qui, selon le calendrier lunaire chinois, tombent les 14e et 15e jours du mois ainsi que le dernier (29e ou 30e) jour du mois finissant et le premier du nouveau mois.

Les principales fêtes religieuses ci-après tiennent compte de la date lunaire ; vérifiez sur un calendrier vietnamien leur équivalent grégorien :

Têt (Tet Nguyen Dan)
Du 1er au 7e jours de la 1re lune – le Nouvel An lunaire vietnamien est la fête la plus importante de l'année. Elle tombe fin janvier ou début février. La population a droit à 3 jours fériés mais beaucoup prennent toute la semaine. Peu de boutiques restent ouvertes (voir la rubrique *La fête du Têt*, plus avant dans le chapitre).

Fête des morts (Thanh Minh)
5e jour de la 3e lune – les familles vont se recueillir sur les tombes de leurs morts (bien nettoyées quelques jours auparavant) et font des offrandes de fleurs, de nourriture, de bâtons d'encens et de messages votifs.

Naissance, illumination et mort de Bouddha
8e jour de la 4e lune – des lanternes décorent les pagodes, les temples et les maisons. Le soir se déroulent des processions. Ce jour est récemment redevenu officiellement férié.

Solstice d'été (Doan Ngu)
5e jour de la 5e lune – on fait des offrandes aux esprits, aux fantômes et au dieu de la Mort pour éloigner les épidémies. Des effigies humaines sont brûlées afin de fournir au dieu de la Mort les âmes dont il a besoin pour son armée.

Jour des âmes errantes (Trung Nguyen)
15e jour de la 7e lune – c'est la deuxième plus grande fête de l'année. On fait des offrandes de nourriture et de cadeaux, dans les maisons et les pagodes, pour les âmes errantes des morts oubliés.

Fête de la mi-automne (Trung Thu)
15e jour de la 8e lune – cette fête se célèbre avec des gâteaux en forme de lune, faits de riz gluant et fourrés de graines de lotus et de pastèque, de cacahuètes, de jaunes d'œuf de cane, de raisin et de sucre. Les enfants promènent le soir des lanternes de toutes les couleurs en forme de barque, licorne, dragon, langouste, carpe, lièvre, crapaud, etc. La procession se déroule au son de tambours et de cymbales.

Anniversaire de Confucius
28e jour de la 9e lune

ACTIVITÉS SPORTIVES
Clubs de remise en forme
Le gouvernement vietnamien met fortement l'accent sur la gymnastique, discipline obligatoire à l'école, du primaire à l'université. Parmi les autres sports populaires auprès des Vietnamiens, mentionnons le tennis, le badminton, le tennis de table et le hand-ball.

Les clubs de remise en forme des grands hôtels sont accessibles moyennant une cotisation à la journée ou au mois. Certains acceptent de recevoir les personnes étrangères à l'hôtel.

Jeux d'argent
Après la levée de l'interdiction communiste qui frappait les jeux d'argent depuis quatorze ans, ceux-ci ont refait leur apparition. Les courses de chevaux font à nouveau un tabac à Ho Chi Minh-Ville.

En 1994 s'est ouvert à Do Son Beach, près de Haiphong, le premier casino depuis la réunification. En toute légalité, les machines à sous ont commencé à envahir les clubs à karaoke installés dans les petites rues des grandes villes.

La loterie nationale est omniprésente. Les vendeurs de billets (essentiellement des enfants) ne se laissent pas facilement décourager. Ces enfants à l'air misérable ne gagnent que 12% de la valeur nominale de chaque ticket vendu, 1% allant directement au marchand et les 87% restants, à l'État.

Le billet le moins cher coûte 2 000 dongs (0,16 $US), le gros lot s'élevant à 50 millions de dongs (4 000 $US).

La loterie nationale a un concurrent clandestin : le *danh de,* jeu basé sur les nombres et censé rapporter de meilleures cotes. Citons encore les dominos (*tu sat*), sur lesquels les gens aiment parier en cachette, et les combats de coqs. Quelques Chinois de Cholon bâtissent une grande réputation au mah-jong.

Golf
Lorsque les Français ont quitté le Vietnam, les conseillers de Ho Chi Minh dénoncèrent le golf comme une pratique bourgeoise. Après la chute du Sud-Vietnam, tous les terrains de golf furent fermés et transformés en coopératives agricoles. La pratique de ce sport fut interdite jusqu'en 1992. Sa réhabilitation permet désormais aux membres du gouvernement de poursuivre à leur tour la petite balle blanche, avec des voitures électriques pour se déplacer. Le comble du chic est de s'inscrire à un country-club, ce qui coûte vraiment très cher : comptez un minimum de 20 000 $US.

Néanmoins, vous pourrez jouer en invité dans la plupart des clubs, moyennant un droit d'entrée assez élevé. Il faut souvent être introduit par l'un des membres du club.

Pour plus de détails, reportez-vous aux chapitres sur les différentes régions, où nous indiquons les clubs et les parcours.

Natation et plongée sous-marine
Avec ses 3 451 km de côtes au climat essentiellement tropical, le Vietnam peut s'enor-

gueillir de plages de rêve – toutefois moins nombreuses qu'on ne le croit. Tout le Sud du pays est, en effet, dominé par le delta du Mékong. Aussi luxuriante, verdoyante et attirante soit-elle, cette région n'en est pas moins fort boueuse et ses plages ne sont souvent que des marais de mangroves. Cependant, Hon Chong, en face du golfe de Siam, dispose d'agréables plages. Plus belles encore sont, entre autres, celles de l'île voisine de Phu Quoc, également sur le golfe de Siam.

Vung Tau, près de Ho Chi Minh-Ville, la plage de sable la plus au sud de la côte orientale, est très fréquentée, mais ses eaux sont malheureusement polluées. Plus au nord, la plage de Mui Ne, près de Phan Thiet, est nettement plus propre et plus belle. Elle est néanmoins plus éloignée de Ho Chi Minh-Ville. Si vous allez de plage en plage le long de la côte, arrêtez-vous à Ca Na, à mi-chemin entre Phan Thiet et Nha Trang.

Nha Trang est incontestablement devenue la première station balnéaire du Vietnam grâce à son climat égal, aux petites îles et aux superbes possibilités d'hébergement.

En remontant au nord, vers Danang, vous trouverez d'autres belles plages, notamment Doc Let et Cua Dai, au sable fin, près de Hoi An. Beaucoup d'autres, pour la plupart non exploitées, restent à explorer le long de cette côte dont le climat est cependant plus capricieux. La meilleure saison s'étend de mai à juillet, alors que les fortes marées rendent la baignade dangereuse en hiver.

La région de Danang bénéficie d'une bande de 30 kilomètres de sable blanc et dont les plages, qui portent différents noms vietnamiens, sont plus connues sous le nom de "China Beach".

A Hué, l'hiver est carrément pénible, et la situation empire à mesure qu'on remonte vers le nord. L'été en revanche, les plages sont extrêmement fréquentées, essentiellement par des vacanciers vietnamiens. Cua Lo (près de Vinh), Sam Son (près de Thanh Hoa) et Do Son (près de Haiphong) sont les plages du Nord les plus connues.

Les Vietnamiens aiment la plage, tout en vouant à la mer un respect craintif. Ils préfèrent nettement patauger avec de l'eau jusqu'aux genoux que plonger ou nager. Ils sont plus à l'aise dans les rivières ou les piscines publiques.

Le surf et la planche à voile font tout juste leur apparition, et ils sont sûrement appelés à se développer.

On peut louer des équipements de schnorchel et de plongée dans plusieurs stations balnéaires, non sans prendre quelques précautions. Le matériel n'est pas toujours de la meilleure qualité, et l'on risque de vous louer des bouteilles d'air comprimé à moitié vides. On nous a même raconté que certains bateaux n'hésitaient pas à retourner vers la côte dès que le vent se levait, abandonnant ainsi d'infortunés plongeurs. Bien sûr, les accidents de plongée se produisent également dans les pays aux normes mais il est préférable de prendre ici encore plus de précautions, sans partir du principe que l'équipement et l'entraînement proposés sont aux normes internationales.

Pour plus de détails sur les plages, reportez-vous aux rubriques des chapitres sur les régions.

COURS DE LANGUE

Si vous souhaitez apprendre le vietnamien, vous trouverez des cours à Ho Chi Minh-Ville, à Hanoi et dans d'autres villes. Pour obtenir un visa d'étudiant, vous devez être inscrit dans une université officielle (et non un cours privé ou particulier) et suivre un minimum de 10 heures de cours par semaine. Les cours de langue sont quotidiens, durent généralement 2 heures et coûtent environ 5 \$US.

L'accent varie beaucoup entre le Nord et le Sud. Les étudiants étrangers qui apprennent le vietnamien à Hanoi, puis s'installent à Ho Chi Minh-Ville pour trouver du travail (ou l'inverse) constatent souvent avec regret qu'ils ne peuvent communiquer. La majorité des professeurs des universités du Sud viennent du Nord et vous affirmeront que le vietnamien parlé dans le Nord est "le seul correct" ! Alors, même si vous étudiez à l'université d'Ho Chi Minh-Ville, il vous faudra peut-être prendre des cours particuliers (très bon marché, de toute façon) avec un professeur local qui vous aidera à vous débarrasser de votre accent du Nord.

Pour plus de renseignements et de coordonnées sur les cours de vietnamien, reportez-vous à *Cours de langue* dans les chapitres *Ho Chi Minh-Ville* et *Hanoi*.

TRAVAILLER AU VIETNAM

De 1975 à 1990 environ, les travailleurs étrangers au Vietnam étaient essentiellement des conseillers et des spécialistes de l'ex-bloc de l'Est. La plupart ont quitté le pays avec la fin de l'ère communiste.

L'ouverture du Vietnam aux pays capitalistes a soudainement créé toutes sortes de possibilités de travail pour les Occidentaux. Ne vous imaginez pas y faire fortune pour autant.

Les Occidentaux les mieux payés sont ceux qui travaillent au sein d'organismes officiels tels que l'ONU et dans les ambassades, à moins qu'ils n'aient été engagés par des sociétés étrangères pour mettre sur pied des opérations en joint-venture. Très recherchés, les spécialistes de haute technologie peuvent percevoir eux aussi des rémunérations substantielles.

Néanmoins, ces emplois sont rares sur le marché. Pour la grande majorité des voyageurs, les cours de langues à donner sont encore les plus faciles à trouver.

L'anglais demeure de loin la langue étrangère la plus populaire auprès des étudiants vietnamiens, mais 10% d'entre eux souhaitent apprendre le français.

Le chinois est généralement enseigné par des professeurs locaux. On recherche aussi parfois des professeurs de japonais, d'allemand, d'espagnol et de coréen.

Les universités d'État recrutent certains enseignants étrangers, rémunérés en moyenne 2 \$US de l'heure. Ils jouissent en outre d'un logement de fonction et du renouvellement illimité de leur visa. Ceci implique souvent de signer un contrat d'un an, par exemple.

Les cours de langue privés ainsi que les cours particuliers essaiment un peu partout. C'est ce genre d'emploi qu'obtiennent la plupart des étrangers qui viennent d'arriver au Vietnam. Le secteur privé offre une rémunération un peu plus élevée : 3 à 4 \$US de l'heure selon l'endroit où vous enseignez. Néanmoins, les écoles privées ne procurent pas les mêmes avantages que les établissements publics. Un visa d'affaires est indispensable, et l'école n'est pas toujours en mesure de vous aider. Pour contourner la difficulté, vous pouvez vous inscrire à des cours de vietnamien à l'université et obtenir ainsi un visa d'étudiant, mais sachez que l'on peut très bien exiger votre assiduité aux cours.

Plus rentables, les cours particuliers rapportent environ 5 \$US, voire plus, de l'heure. Vous travaillerez alors à votre compte, et les autorités peuvent décider de fermer l'œil ou non sur vos activités.

Ceux qui ont enseigné une langue étrangère au Vietnam auront tous connu une expérience différente. Lisez plutôt le témoignage de ce professeur d'anglais à Ho Chi Minh-Ville :

Un nombre incalculable d'écoles sont prêtes à vous embaucher. A Ho Chi Minh-Ville, le salaire horaire tourne autour de 4 \$US. Certaines écoles exigeront que vous ayez un visa d'affaires, d'autres n'y prêteront guère attention. Je ne vous conseille pas de signer un contrat si l'école n'a pas une *excellente* réputation (par exemple, d'autres étrangers y travaillent et avec bonheur). Quels que soient les accords signés, ils sont souvent bafoués. On peut ainsi très bien baisser votre salaire à votre insu (recomptez soigneusement les billets dans l'enveloppe) et le directeur, décider de changer votre cours au moment où vous arrivez en classe avec celui que vous avez préparé. Le laisser-aller règne sur tous les fronts. Les classes sont bondées (jusqu'à 60 élèves) et vous vous retrouvez en train de beugler dans un micro, histoire de couvrir le vacarme de la circulation ou la voix de vos collègues qui braillent eux aussi dans les salles voisines. Dans ces classes énormes, hormis quelques hochements de tête symboliques en signe de respect pour leur professeur, les étudiants se montrent souvent peu coopératifs : ils discutent entre eux pendant le cours, arrivent en retard, partent avant la fin, etc.

La solution, je crois, est de donner des cours privés. Les étudiants sont bien plus motivés et plus respectueux, surtout si vous conservez une classe de taille humaine. Pourtant, le laisser-aller est toujours monnaie courante. Régulièrement, on vous supprime votre cours sans raison apparente, ou un groupe d'étudiants décident de ne pas y assister, sans prévenir. Bref, tout est susceptible de changer au dernier moment. Demandez qu'on vous règle deux semaines de cours à l'avance et les choses s'amélioreront, mais l'école ne sera d'accord que si vous-même vous êtes digne de confiance et ne pratiquez pas l'absentéisme. En d'autres termes, il vous faut avoir fait vos preuves pour vous bâtir une réputation. Vous pouvez gagner de 5 à 10 $US de l'heure, selon le nombre de vos étudiants en cours et les moyens de l'école. J'ai un diplôme d'enseignant, mais il est rarement obligatoire ; beaucoup de gens enseignent sans être diplômés.

Les autorités doivent connaître mes activités depuis le début, mais elles ne m'ont jamais causé le moindre ennui. Je travaille avec un visa de tourisme et je me suis toujours débrouillé ainsi. D'autres professeurs de ma connaissance ont obtenu un visa d'affaires par le biais de sociétés locales qui le négocient afin d'exercer leur influence sur les autorités, en affirmant que ces enseignants travaillent pour elles en qualité de "consultants".

Trouver un travail d'enseignant s'avère relativement facile dans des villes comme Ho Chi Minh-Ville et Hanoi et parfois possible dans des villes universitaires moins importantes ; dans les plus petites villes, les salaires proposés sont moins élevés et les possibilités de travail plus rares, aussi fiez-vous plutôt au bouche à oreille qu'aux rares offres d'emploi.

Certains journalistes et photographes étrangers se débrouillent pour gagner leur vie en vendant leurs articles et leurs photos à des agences de presse occidentales. Si vous avez trouvé un poste à l'AFP, tant mieux pour vous ; sachez cependant que la plupart des journalistes doivent travailler en indépendants et leurs appointements peuvent se révéler tout à fait corrects comme totalement insuffisants.

Travail bénévole

Vous pouvez contacter le Centre d'informations sur les ONG (fax 832 8611, gocentr@netnam.org.vn), La Thanh Hotel, 218 Doi Can, Hanoi. Il est en contact avec la plupart des ONG internationales présentes au Vietnam.

Parmi les ONG dont le travail est remarquable et qui recherchent des bénévoles, citons la Christina Noble's Children's Foundation (☎ 08-822 2276, fax 820 3484), 38 Đ Tu Xuong, district n°3, Ho Chi Minh-Ville ou 10 Great George St, London SW1 3AE, Royaume-Uni, et le Saigon Children's Charity (scc@hcmc.netnam.vn). Il est préférable de prendre contact avec ces organismes avant de s'y rendre.

HÉBERGEMENT

Le boom touristique a tout d'abord conduit à une pénurie de lits d'hôtel ; aujourd'hui, suite à la frénésie de construction et à la baisse de la fréquentation touristique, les possibilités d'hébergement sont excédentaires. Au moment de la rédaction de ce guide, on notait à Ho Chi Minh-Ville et à Hanoi une demi-douzaine d'hôtels haut de gamme dont la construction avait été arrêtée et qui risquaient même, dit-on, de ne jamais ouvrir leurs portes. Même le célèbre Saigon Floating Hotel a récemment fermé ; il a été remorqué de la rivière Saigon jusqu'à Palau, dans le Pacifique ouest.

Dans les grandes villes, on trouve quantité de chambres d'hôtel d'un standing international, dont les prix ont considérablement baissé ces derniers temps. Cette chute des prix touche les établissements de toutes catégories, au grand bénéfice des voyageurs. Lors de notre séjour, on trouvait des chambres dans des hôtels 4-étoiles (dont la plupart affichaient un taux d'occupation de 20%) à 88 $US ! En haute saison, toutefois, il faut peut-être chercher un peu, notamment dans les lieux fort fréquentés. Hoi An, par exemple, connaît toujours une pénurie de chambres.

Hormis dans les grands centres touristiques, les voyageurs à petit budget se plaignent souvent du prix des hôtels. La plupart des établissements hôteliers d'État continuent à pratiquer des tarifs préférentiels : les étrangers paient plus cher que les Vietnamiens (généralement le double). Le gouvernement soutient qu'étant plus riches, les étrangers peuvent se permettre de payer plus.

Les taxes font également grimper les prix. Le gouvernement vietnamien impose une taxe de 12,5% par chambre, à laquelle les autorités locales ajoutent notamment un impôt sur le revenu, une taxe sur les bénéfices, une taxe sur les entreprises et un impôt foncier. S'y ajoute enfin la taxe fourre-tout dénommée "droit d'ajustement", qui englobe l'argent que l'on donne à des policiers. Les taxes foncières et autres sont redevables même si l'hôtel compte peu de clients, de sorte que les moins fréquentés doivent prendre plus cher sous peine de faire faillite.

Certaines lois obligent les hôtels et les pensions à réviser leurs normes afin d'être habilités à recevoir des clients étrangers. Ceci explique qu'un hôtel apparemment convenable vous refuse une chambre alors qu'il est vide. Inutile dans ce cas de discuter. Les propriétaires ne vont pas risquer d'ennuis avec la police pour vous louer une chambre mais peuvent vous indiquer les établissements qui acceptent les étrangers.

En théorie, cette réglementation devrait éviter aux touristes étrangers de loger dans des endroits dangereux et insalubres. En réalité, la raison en est beaucoup moins honorable. Dans certains lieux, on interdit tout simplement aux étrangers de séjourner dans des hôtels privés afin de favoriser ceux de l'État, même s'ils offrent souvent de meilleures prestations. Si les hôtels agréés sont complets, vous serez forcé de dormir "à l'hôtel aux mille étoiles", c'est-à-dire dans la rue.

Réservations

Une réservation ne vous garantit quasiment rien, à moins que vous n'ayez réglé le montant de la chambre à l'avance. Cela peut se faire par l'intermédiaire de certaines agences de voyages, mais ne comptez pas trop sur des hôtels bon marché. De toute

façon, vous trouverez presque toujours à vous loger sans réservation (sauf pendant les fêtes du Têt et les dix jours suivants, pendant lesquels il est impératif de réserver). De plus, une réservation vous empêchera le plus souvent de négocier le prix de la chambre.

Camping

Le camping ne jouit pas d'une grande popularité chez les Vietnamiens, probablement parce que des millions d'entre eux ont passé les années de guerre sous la tente, le plus souvent comme soldats ou réfugiés. Même à Dalat, où des groupes de jeunes viennent souvent passer des vacances au vert, on ne trouve pratiquement pas d'équipement à louer. En maints endroits, les gouvernements locaux interdisent le camping aux étrangers.

La jeune génération semble avoir pris goût au camping (tant qu'on trouve un bar à karaoke à proximité). Dans les stations balnéaires telles que la plage de Mui Ne, près de Phan Thiet, camper en bord de mer est devenu la dernière mode (et bien plus abordable que la location d'un bungalow).

Le plus difficile consiste à trouver un endroit isolé, où les curieux et les policiers ne vous feront pas d'histoires. A Ho Chi Minh-Ville et à Hanoi, des agences de voyages privées innovantes proposent des circuits organisés de groupe avec nuit sous la tente, dans les parcs nationaux notamment.

Dortoirs

Il existe des dortoirs (*nha tro*) partout, notamment dans les gares ferroviaires et routières, mais la plupart sont officiellement interdits aux étrangers. L'État ne cherche pas seulement à vous soutirer de l'argent pour l'hébergement, mais aussi à vous protéger des risques de vol la nuit, qui sont loin d'être minces ! Aux yeux des Occidentaux, ces endroits ne répondent le plus souvent à aucun critère de confort : les lits consistent généralement en un bat-flanc et une natte.

L'idée de dortoirs confortables destinés à héberger uniquement des étrangers (et équipés de vrais matelas) a fait son chemin. Certains de ces "dortoirs" sont en fait des chambres à deux lits que vous partagerez avec un autre voyageur. Vous en trouverez sans doute dans certains mini-hôtels privés, dans les régions les plus fréquentées par les voyageurs à petit budget. Le quartier autour de Pham Ngu Lao à Ho Chi Minh-Ville est une pionnière en la matière. On peut raisonnablement s'attendre à voir se développer ce type d'hébergement à l'avenir.

Hôtels

La plupart des grands hôtels (*khach san*) et des pensions (*nha khach* ou *nha nghi*) appartiennent à l'État ou à des joint-ventures, bien que le nombre d'hôtels privés (ou "mini-hôtels") augmente rapidement.

On assiste à une certaine confusion parmi les termes "single", "double", "double occupancy" et "twin". Une "single" est une chambre à un lit, même si deux personnes y dorment. Si la chambre contient deux lits, il s'agit alors d'une "twin", même si une seule personne l'occupe. Si deux personnes occupent la même chambre, il s'agit d'une "double occupancy" (double occupation) ; dans la plupart des cas, il n'y a *aucun supplément* pour ce type de prestation. La confusion surgit lorsqu'à certains endroits "double" fait référence à des lits jumeaux dans la même chambre, alors qu'ailleurs le terme signifie double occupation. On ne compte plus les touristes qui ont dû payer un supplément pour lits jumeaux, alors qu'ils désiraient simplement un lit pour deux personnes. Un conseil : visitez toujours la chambre, pour être sûr d'obtenir ce que vous souhaitez et ne pas payer inutilement un supplément.

La plupart des hôtels disposent maintenant de chambres avec salle de bains attenante ; demandez à voir la chambre. Parfois, la salle de bains est attenante mais les toilettes sont à l'extérieur. S'il n'existe pas de salle d'eau dans votre hôtel, essayez de chercher des bains publics locaux (*tam goi*), qui se font de plus en plus rares.

Quelques hôtels n'hésitent pas à facturer la note du guide ou du chauffeur au prix "étranger", dès qu'il savent que c'est vous qui payez. Refusez, c'est totalement illégal. Leurs chambres doivent être facturées au même prix que pour les habitants du pays.

Les Vietnamiens ne rêvent plus que de climatisation, véritable symbole de prestige. Ils trouvent plus important d'avoir la climatisation qu'une salle de bains attenante. Ne vous étonnez pas si votre guide vous réclame une chambre climatisée (trois fois plus chère qu'avec ventilateur) et vous dit le lendemain qu'il n'a pas fermé l'œil à cause du froid.

Il peut s'avérer utile de demander un reçu au moment de régler la note (et de le conserver), surtout si vous avez séjourné assez longtemps à cet endroit. Il se produit en effet des confusions sur le nombre de jours réglés et dus, principalement dans les petits hôtels mal gérés où l'équipe de jour ne sait pas forcément ce qu'a encaissé l'équipe de nuit, et vice-versa.

Sachez que de nombreux hôtels possèdent une aile récente luxueuse et une ancienne aile sordide, avec toute une gamme de tarifs dans les deux bâtiments. Ainsi, les prix des chambres d'un hôtel populaire de Ho Chi Minh-Ville vont de 15 à 75 \$US.

Les chambres bon marché se situent souvent au dernier étage, peu d'hôtels disposant d'ascenseurs.

Même les hôtels les plus grands et les plus élégants peuvent consentir des réductions pour un long séjour. Il faut savoir que "long" peut signifier trois jours ou davantage. Réserver par l'intermédiaire d'agences de voyages étrangères ou domestiques peut aussi donner droit à des rabais. Pour des raisons pratiques, les tarifs mentionnés dans ce guide sont ceux d'une nuit.

Voici la liste des noms d'hôtels les plus courants :

Binh Minh	le Soleil levant
Bong Sen	le Lotus
Cuu Long	les Neuf Dragons
Doc Lap	l'Indépendance
Ha Long	le Dragon descendant
Hoa Binh	la Paix
Huong Sen	le Parfum du lotus

Huu Nghi	l'Amitié
Thang Long	le Dragon montant
Thong Nhat	la Réunification
Tu Do	la Liberté

Sécurité dans les hôtels. Disons qu'elle n'est pas vraiment parfaite, même si un gardien veille à chaque étage, généralement en possession d'une clé de votre chambre.

En règle générale, ne laissez pas traîner votre passeport, votre appareil photo ou des objets de valeur dans votre chambre. Nombre d'hôtels vous le rappellent par un avertissement au mur. Si vous disposez d'un placard fermant à clé, utilisez-le et gardez la clé sur vous. Au besoin, placez-y une chaîne et un cadenas.

Sinon, déposez le tout dans le coffre de l'hôtel. Les établissements modestes remettent à leurs clients un cadenas pour fermer leur porte de chambre dénuée de serrure. Petit conseil : procurez-vous un cadenas à combinaison de bonne qualité (dont vous seul aurez la clé).

Enregistrement à la police. A l'époque où les Soviets dictaient la marche à suivre aux Vietnamiens, tous les clients d'hôtel devaient déposer leur passeport et/ou leurs visa à la réception afin que le personnel aille les faire enregistrer au poste de police. Les services de police n'hésitaient pas non plus à débarquer dans votre chambre pour vous interroger sur les raisons de votre séjour, sa durée, votre pays d'origine, votre destination future, et terminaient l'entretien en vous demandant un bakchich. Vous pouviez récupérer vos papiers à votre départ, si on ne les avait pas égarés…

Désormais, l'enregistrement auprès des services de police n'est plus officiellement obligatoire mais, les autorités provinciales faisant leur propre loi, rien n'a vraiment changé. A Hanoi ou à Ho Chi Minh-Ville, il est inutile de déposer passeport ou visa à la réception, même si on vous le réclame par souci de "sécurité" (en fait, pour éviter que vous partiez sans payer). A Cantho, la police consulte obligatoirement passeport et visa (l'un et l'autre sont requis) et n'accepte

pas les photocopies. La police de Danang demande que vous déposiez l'original de votre visa ainsi que la carte verte d'entrée (le formulaire que l'on remplit en arrivant à l'aéroport), mais vous dispense de présenter votre passeport.

Autrement dit, ces réglementations ne sont pas claires et chaque ville que vous visitez aura ses propres règles arbitraires, susceptibles de changer d'une minute à l'autre. Tant pis si la plupart des étrangers rechignent à laisser leurs précieux documents passer de main en main avec le risque qu'ils se perdent. Les auteurs de ce guide ont connu quelques frayeurs : un jour, nous avons eu l'extrême déplaisir de trouver nos passeports sur le comptoir déserté. Le personnel était parti dîner en les laissant là où n'importe qui aurait pu les prendre et s'en aller ! A deux reprises, on nous a rendu des passeports qui n'étaient pas les nôtres ! D'autres voyageurs ont bien récupéré leur passeport, mais un mauvais visa. Quand vous quittez un hôtel, vérifiez soigneusement vos papiers. Si quelqu'un a embarqué par mégarde des documents vous appartenant, vous ne pouvez que prier le ciel pour qu'il constate son erreur et revienne.

Si l'hôtel perd votre passeport, votre visa ou votre carte d'entrée, quelle compensation obtiendrez-vous ? La réponse est simple : aucune.

Loger chez l'habitant
On peut louer des chambres chez l'habitant, mais ce dernier doit en avertir la police (si les autorités locales l'exigent), même s'il s'agit de parents. La police peut très bien – et elle ne s'en prive pas – vous refuser arbitrairement ce droit et vous contraindre à loger dans un hôtel agréé pour étrangers.

Locations
La location d'une maison de taille moyenne à Ho Chi Minh-Ville coûte environ 50 $US par mois pour une famille vietnamienne. Pour les étrangers, c'est une autre histoire. Les autorités locales fixent le prix et 85% du montant de la location va au gouvernement, d'où le manque d'enthousiasme de

nombreux propriétaires. Quand vous aurez emménagé dans votre nouvelle maison, les autorités peuvent revenir sur leur décision et vous renvoyer sans préavis.

Par conséquent, les étrangers en sont réduits à louer de coûteuses villas ou de ruineux appartements. En 1996, le gouvernement a publié le décret 56/CP, qui régit la location des maisons aux étrangers. Il est censé réduire le prix des locations mais, en réalité, il impose aux propriétaires de nouvelles taxes, qui ne feront qu'augmenter le prix des loyers. Les protestations d'expatriés influents (comme le personnel de l'ambassade ou des investisseurs étrangers) ont retardé l'application de cette nouvelle législation. En tout état de cause, il semble que louer une maison au Vietnam coûtera encore plus cher dans un futur proche.

De ce fait, beaucoup d'expatriés finissent par résider dans de petits hôtels. Pour les séjours de longue durée, on peut négocier de gros rabais. Mieux vaut passer d'abord une nuit dans l'hôtel pour s'assurer qu'il est vraiment propre et calme et que la plomberie fonctionne, avant de débourser un mois de loyer.

DISTRACTIONS
Cinéma
La plupart des villes ont leurs salles de cinéma (*rap*) et elles sont indiquées, à l'aide d'un symbole particulier, sur les plans des villes.

Les films occidentaux ont remplacé les productions d'Europe de l'Est. Les films doublés sont étonnants : une seule personne assure en effet la totalité du doublage. On a déjà du mal à s'habituer à Arnold Schwartzenegger parlant vietnamien, alors imaginez le résultat lorsqu'il est doublé par une voix féminine flûtée ! Le Vietnam a entrepris de tourner ses propres films de kung-fu, qui supplantent progressivement ceux importés jusqu'alors de Chine, de Hong Kong ou de Taiwan.

Les Vietnamiens aiment également beaucoup les films d'amour mais la censure vietnamienne apprécie peu la nudité et le sexe, alors que la violence ne la fait pas broncher.

Discothèques
Les salles de bal et les discothèques, bannies lors de la réunification, ont rouvert depuis 1990, bien que certaines danses (comme l'érotique lambada, par exemple) restent interdites. Les jeunes qui ne peuvent pas s'offrir une nuit en ville improvisent souvent des surprises-parties avec des cassettes pirates de musique occidentale. On donne même, maintenant, des cours de danse moderne dans les écoles, et on peut même trouver des pistes de danse à l'ancienne.

Karaoke
Pour la majorité des Occidentaux, le karaoke est à peu près aussi tentant qu'un gecko rôti à la sauce aux crevettes. Ce phénomène a pourtant envahi l'Asie et vous aurez du mal à l'éviter.

Pour les non-initiés, sachez qu'il s'agit simplement d'un système qui vous permet de chanter sur fond d'orchestre préenregistré, le texte de la chanson défilant en plusieurs langues, au choix, sur un écran vidéo. Il ne vous reste plus qu'à prendre le micro et chanter. Certains bars possèdent des équipements très perfectionnés, mais la technique ne fait jamais mieux que le chanteur. A quelques exceptions près, le résultat est abominable. Les Vietnamiens n'apprécient le karaoke qu'à plus de 150 décibels.

Attention ! beaucoup de bars à karaoke encaissent des pourcentages cachés : la bière n'est peut-être qu'à 1 \$US, mais on vous demandera un substantielle contribution pour l'usage du micro et des cassettes vidéo, dont le prix peut doubler en version étrangère.

Bars
Les bars vietnamiens sont le plus souvent des bars à karaoke. Toutefois, le nombre croissant d'expatriés (notamment à Ho Chi Minh-Ville) a provoqué une éclosion de bars de style occidental. Beaucoup sont tenus par des couples (généralement un mari occidental et une femme vietnamienne). Sans la bière Tiger, ils serait souvent identiques à leurs équivalents de Paris,

Berlin ou New York. Fléchettes, cuisine mexicaine, musique rock, mobilier en chêne et CNN... on oublie où l'on se trouve.

Vidéothèques

L'ouverture du Vietnam sur l'extérieur est en train de donner des migraines aux agents de la censure. Malgré tous leurs efforts, les douaniers ne sont pas parvenus à endiguer le flot de cassettes vidéo qui pénètrent clandestinement dans le pays. Le piratage de cassettes est devenu une industrie, et celles-ci sont vendues ou louées sur tout le territoire. Les plus recherchées sont les kung-fu de Hong Kong, les films pornographiques occidentaux ou japonais et les clips à la mode. Les films sur la guerre du Vietnam sont également très demandés.

Évidemment, la plupart des Vietnamiens ne peuvent pas s'offrir un magnétoscope, mais ce n'est pas un problème. Des mini-vidéothèques spontanées ont éclos : un magnétoscope, quelques chaises, des rideaux pour dissuader les spectateurs clandestins et un prix d'entrée minimal (0,25 $US environ). Les plus "chics" proposent même boissons et nourriture à leurs clients.

MANIFESTATIONS SPORTIVES

Le football est, comme souvent, le sport qui attire le plus de spectateurs. Le tennis a également beaucoup de succès. Les Vietnamiens sont extrêmement doués pour le badminton et aiment aussi le volley-ball et le tennis de table.

ACHATS

En règle générale, tâchez de trouver une boutique qui ne s'adresse pas uniquement aux touristes et affiche les prix. Dans les endroits touristiques, n'hésitez pas à marchander pour les articles sans étiquette, sachant que le vendeur annoncera un premier prix de deux à cinq fois supérieur au prix réel. Les articles avec étiquette peuvent se négocier, mais le plus souvent les prix sont fixes.

Vous devrez vous accoutumer à une habitude fâcheuse : beaucoup de vendeurs ont tendance à vous mettre leurs articles sous le nez, les uns après les autres, et à vous pousser à l'achat. Cette méthode de vente est passablement gênante pour celui qui a juste envie de jeter un coup d'œil.

Antiquités

L'"antiquité instantanée", avec une étiquette à 2 $US pour une théière ou une assiette en céramique, est une grande spécialité vietnamienne. Rien ne vous empêche d'acheter une fausse antiquité tant que vous ne payez pas le prix d'une vraie. En revanche, le fait d'acheter un objet ancien ou qui le paraît, sans certificat d'exportation officiel, peut poser problème :

A l'aéroport de Hanoi, un fonctionnaire des douanes a repéré les deux vases en porcelaine que j'avais achetés et m'a demandé d'aller les faire estimer au ministère de la Culture de Hanoi, ou de payer une amende de 20 $US. Naturellement, aucun délégué du ministère de la Culture n'était prévu à l'aéroport pour effectuer une évaluation. J'en étais quitte pour payer l'amende ou rater mon avion.

Anna Crawford Pinnerup

Ce qu'il advient des "antiquités confisquées" est une bonne question. Certains disent que les autorités les revendent aux boutiques de souvenirs. Appelons cela du recyclage.

Artisanat

Vous pourrez rapporter des laques, des objets incrustés de nacre, de belles porcelaines (y compris d'énormes éléphants), des vêtements, des coussins, des draps, des nappes richement brodées, des cartes de vœux peintes sur soie, des sceaux en bois, des peintures à l'huile, des aquarelles, des stores en perles de bambou, des nattes en roseau, des tapis de style chinois, des bijoux et de la maroquinerie.

Costume traditionnel

L'*ao dai* (prononcer aho-zaï) est le costume traditionnel des Vietnamiens, hommes et femmes. Un ao dai en prêt-à-porter coûte entre 10 et 20 $US. Sur mesure, c'est nettement plus cher. Les prix varient selon les magasins et les tissus choisis.

Les Vietnamiennes portent des chapeaux coniques pour se protéger du soleil ou de la pluie. Les meilleurs sont fabriqués dans la région de Hué.

Les voyageurs adorent les T-shirts. Comptez environ 2 $US pour un modèle imprimé et environ 3,50 $US pour un motif brodé. Attention toutefois aux tailles : "large" en Asie correspond à un "medium" occidental. Si vous êtes plutôt corpulent, vous devrez faire tailler vos chemises sur mesure.

Les sandales sont des souvenirs pratiques à rapporter et ne coûtent pas cher (environ 3,50 $US). Il n'est cependant pas facile d'en trouver aux tailles occidentales. Assurez-vous qu'elles vous vont avant de les acheter. Certaines ne sont pas très bien faites, attention aux ampoules !

Philatélie

Vous trouverez des albums de timbres de collection dans les bureaux de poste des principales villes, ainsi que dans certains hôtels ou librairies. Il existe encore des timbres de l'ancien régime sud-vietnamien.

Pierres précieuses

Le Vietnam produit de fort belles pierres précieuses de qualité. Des fausses sont en circulation, et souvent de piètre qualité. Ne vous privez pas pour autant d'en acheter, si vous trouvez un modèle qui vous plaît, mais ne vous imaginez pas dénicher le diamant superbement taillé pour une bouchée de pain. Certains voyageurs pensent pourtant pouvoir acheter des pierres au Vietnam et les revendre chez eux avec un bénéfice. Ce genre de commerce est incontestablement l'affaire de spécialistes bien introduits dans ce milieu.

Musique

A Ho Chi Minh-Ville et à Hanoi, vous trouverez un choix étonnant de cassettes audio, dont la plupart sont piratées. Il s'agit surtout de tubes enregistrés en Californie par des Vietnamiens d'outre-mer, puis importés en contrebande au Vietnam. Les dernières chansons en vogue à Hong Kong et à Taiwan (du rock, en général) sont également disponibles. Le hard-rock, de type occidental, ne plaît qu'à une petite minorité d'avant-garde.

Le Vietnam ne fabrique pas encore de disques compacts, mais cela ne saurait tarder. La plupart sont des disques d'importation, dont 80% sont des copies pirates en provenance de Chine et donc très bon marché. Officiellement, les autorités sont censées faire obstacle à ces pratiques illégales, mais la réalité est tout autre.

Matériel électronique

Vous ferez sans doute de meilleures affaires en achetant vos appareils électroniques dans les ports en duty-free tels que Hong Kong ou Singapour. Toutefois, du fait du marché noir (contrebande) qui porte aussi sur les articles détaxés, il peut être intéressant d'acheter au Vietnam.

Attention tout de même à la garantie ! Seuls les produits importés légalement par un agent agréé en bénéficient, mais celle-ci est valable au Vietnam uniquement. Sachez aussi que beaucoup d'articles sont importés au "marché gris", c'est-à-dire légalement, mais par un intermédiaire autre que l'agent agréé. Dans ce cas, vous paierez les taxes d'importation, mais non la commission versée à l'agent officiel, et sans la moindre garantie. Certains articles possèdent cependant une garantie internationale, ce qui pourrait apparemment résoudre le problème.

Lunettes

Dans les grandes villes, vous trouverez quantité d'opticiens qui vendent des lunettes à moins de 10 $US. Si ce prix est quasiment imbattable, le bas de gamme de la lunette n'est pas d'une grande qualité : les montures ultra bon marché, fabriquées au Vietnam ou importées de Chine, sont pour la plupart de la camelote qui rouille vite et se casse. En général, les mêmes boutiques vendent aussi des montures fabriquées en Europe à un prix beaucoup plus élevé, mais le matériel rudimentaire utilisé pour vérifier et surfacer les verres vous garantit presque à coup sûr un produit final peu satisfaisant.

Cela dit, il existe deux ou trois endroits à Ho Chi Minh-Ville et à Hanoi où vous trouverez des lunettes de qualité. Les montures et les verres vous coûteront le même prix qu'en Occident, mais le tarif de la main-d'œuvre pour l'examen de vos yeux et le surfaçage des verres est très abordable.

Pour plus de détails, voir la rubrique *Achats* dans les chapitres *Ho Chi Minh-Ville* et *Hanoi*.

Souvenirs de guerre

Dans les lieux touristiques, vous pourrez facilement acheter tout ce qui ressemble peu ou prou à des vestiges de la guerre du Vietnam. Toutefois, la plupart de ces objets sont des reproductions et vous n'avez guère de chances d'en dénicher d'authentiques.

Au fond de petites ruelles, d'ingénieux tailleurs savent très bien couper des uniformes de l'armée américaine et les ateliers de ferronnerie ont appris à fabriquer des casques, des baïonnettes et autres plaques militaires.

Les briquets Zippo à l'intérieur desquels est gravée de la "poésie de soldat" semblent très recherchés. Soit vous payez un supplément pour un briquet cabossé qui ressemble à une relique, soit vous en achetez un flambant neuf à moindre prix.

Avant d'acheter de vieilles balles ou des éclats d'obus, notamment près de l'ancienne zone démilitarisée (DMZ), n'oubliez pas que, *même si ce sont des faux*, on peut vous vendre de vraies balles contenant de la poudre.

Quoi qu'il en soit, il est illégal de transporter des munitions ou des armes sur les compagnies aériennes, et vous serez arrêté dans la plupart des pays si l'on découvre ce genre d'objets dans vos bagages.

Comment s'y rendre

Pour préparer votre voyage, vous trouverez des adresses, des témoignages de voyageurs, des informations pratiques et de dernière minute dans *Le Journal de Lonely Planet,* notre trimestriel gratuit (écrivez-nous pour être abonné), ainsi que dans le magazine *Globe-Trotters,* publié par l'association Aventure du Bout du Monde (ABM, 7, rue Gassendi, 75014 Paris, France, ☎ 01 43 35 08 95). Le *Guide du voyage en avion* de Michel Puysségur (48 FF, éd. Michel Puysségur) vous donnera toutes les informations possibles sur la destination et le parcours de votre choix.

Le Centre d'information et de documentation pour la jeunesse (CIDJ, 101 quai Branly, 75015 Paris, France, ☎ 01 44 49 12 00) édite des fiches très bien conçues : "Réduction de transports pour les jeunes" n°7.72, "Vols réguliers et vols charters" n°7.74, "Voyages et séjours organisés à l'étranger" n°7.51. Il est possible de les obtenir par correspondance : se renseigner sur Minitel 3615 CIDJ pour le coût des fiches – entre 10 et 15 FF) en envoyant un chèque au service Correspondance.

Le magazine *Travels,* publié par Dakota Éditions, est une autre source d'informations sur les réductions accordées aux jeunes sur les moyens de transports, notamment les promotions sur les vols. Il est disponible gratuitement dans les universités, les lycées et les écoles de commerce françaises.

Depuis la Belgique, la lettre d'information *Farang* (La Rue 8a, 4261 Braives) traite de destinations étrangères. L'association Wegwyzer (Beenhouwersstraat 24, B-8000 Bruges, ☎ (50) 332 178) dispose d'un impressionnant centre de documentation réservé aux adhérents et publie un magazine en flamand, *Reiskrand,* que l'on peut se procurer à l'adresse ci-dessus.

En Suisse, Artou (Agence en recherches touristiques et librairie), 8, rue de Rive, 1204 Genève, ☎ (022) 818 02 40 (librairie du voyageur) et 18, rue de la Madeleine, 1003 Lausanne, ☎ (021) 323 65 54, fournit des informations sur tous les aspects du voyage. A Zurich, vous pourrez vous abonner au *Globetrotter Magazin* (Rennweg 35, PO Box, CH-8023 Zurich, ☎ (01) 211 77 80) qui, au travers d'expériences vécues, renseigne sur les transports et les informations pratiques.

VOIE AÉRIENNE
Aéroports et compagnies aériennes

L'aéroport Tan Son Nhat de Ho Chi Minh-ville est le pivot aérien international le plus actif du Vietnam, devant l'aéroport Noi Bai de Hanoi. Quelques rares vols internationaux desservent également Danang.

La compagnie Vietnam Airlines (Hang Khong Viet Nam) est une entreprise d'État. La majorité des lignes internationales desservant le Vietnam sont exploitées par Viet-

---

AVERTISSEMENT

En raison de l'évolution constante du marché et de la forte concurrence régissant l'industrie du tourisme, les renseignements présentés dans ce chapitre restent purement indicatifs. En particulier, les tarifs des vols internationaux et les horaires sont toujours susceptibles d'être modifiés.

De plus, l'administration et les compagnies aériennes semblent prendre un malin plaisir à concevoir des formules relativement complexes. Assurez-vous, auprès de la compagnie aérienne ou d'une agence de voyages, que vous avez bien compris les modalités de votre billet.

Avant de vous engager, nous vous recommandons de vous renseigner auprès de votre entourage et de faire le tour des compagnies et des agences, en comparant les tarifs et les conditions proposés par chacune.

nam Airlines en association avec des compagnies étrangères. Ainsi, avec un billet "Vietnam Airlines", vous pouvez fort bien être transporté par Cathay Pacific ou Thai Airways International.

Pour procurer à Vietnam Airlines une concurrence nécessaire, la compagnie Pacific Airlines (avec un personnel de bord tchèque) a été mise en service en 1992. Elle propose un nombre très restreint de liaisons internationales, ne reliant le Vietnam qu'à Taiwan et Macao. Cependant, les prix de Pacific Airlines sont un peu moins élevés que ceux de Vietnam Airlines, et les appareils sont tous neufs.

Acheter vos billets

Pour trouver des billets d'avion à un prix avantageux, mieux vaut vous adresser à une agence de voyages qu'à une compagnie aérienne, celle-ci restant prisonnière de ses tarifs officiels. Mais attention : il vous faut absolument demander quelles restrictions s'appliquent à votre billet. Trop de voyageurs, en effet, se retrouvent contraints de modifier leur itinéraire à mi-chemin ; soyez donc prudent avant d'acheter un billet d'avion qui ne sera pas aisément remboursable.

Le seul moyen d'obtenir une réduction intéressante sur le prix des vols à destination du Vietnam est d'acheter un billet de groupe. En théorie, vous êtes censé effectuer l'aller et le retour avec les participants du voyage organisé. En pratique, il est évidemment possible que vous ne voyiez jamais le groupe en question, ni même ses accompagnateurs. Cependant, une fois délivrés, ces billets ne peuvent être modifiés : les dates d'arrivée et de départ sont fixes et la partie non utilisée n'est pas remboursable.

Autre solution : les billets APEX (Advance Purchase Excursion). S'ils ne coûtent pas cher, ils sont peu souples et ne peuvent être modifiés. Il faut les acheter au moins deux ou trois semaines avant le départ, les escales ne sont pas toujours autorisées, les durées de séjour minimales et maximales parfois contraignantes. A moins de vouloir absolument revenir à une date fixe, mieux vaut ne prendre qu'un aller, les frais d'annulation étant en général très élevés.

Beaucoup de billets à tarif réduit sont valables deux mois, six mois ou un an, et permettent de multiples arrêts aux dates de votre choix. Malheureusement, il en existe fort peu à destination du Vietnam. En revanche, vous n'aurez aucun mal à vous en procurer pour Bangkok, d'où vous devriez pouvoir rejoindre le Vietnam aisément et à prix modéré.

Quelques compagnies offrent jusqu'à 25% de réduction aux étudiants munis d'une carte d'étudiant internationale. Une lettre officielle de leur établissement universitaire peut être exigée. Plusieurs compagnies aériennes proposent également des réductions aux moins de 26 ans. Ces réductions ne portent que sur les tarifs normaux de la classe économique. Il est donc impossible de cumuler un billet APEX et une réduction pour étudiant.

Les systèmes de "primes-fréquence" peuvent vous faire gagner un billet gratuit, ou d'autres avantages, si vous accumulez un certain kilométrage sur les avions d'une même compagnie aérienne. Adressez-vous à votre compagnie préférée pour obtenir un numéro de compte d'habitué ; chaque fois que vous achetez un billet d'avion et/ou que vous vous présentez à l'enregistrement au départ d'un vol, informez l'employé de ce numéro de compte. Gardez vos billets et vos cartes d'embarquement, car il arrive que les compagnies se trompent dans l'attribution des heures de vol. Vous recevrez, par la poste, un relevé mensuel chiffré de vos déplacements ; à défaut, vous n'obtiendrez pas votre prime. Vous devriez recevoir par courrier des relevés périodiques vous informant du kilométrage accumulé. De nombreuses compagnies ont des périodes "rouges" pendant lesquelles on ne peut pas voyager gratuitement (Noël et le Nouvel An lunaire en sont de bons exemples).

Il faut absolument éviter d'acheter un billet de type "retour au point de départ" (*back to front*). Le principe est le suivant : vous résidez au Vietnam, où les billets d'avion sont assez chers, et vous voulez vous rendre à Bangkok, où ils sont bien meilleur marché. Vous pouvez réserver votre billet à Bangkok, le régler par chèque ou par carte de crédit et vous le faire envoyer par un ami ou un voyagiste.

Tout le problème est là : disposant d'ordinateurs, les compagnies aériennes sauront que votre billet a été émis à Bangkok et non au Vietnam et refuseront de vous laisser embarquer. Des associations de consommateurs ont porté ce type de pratiques devant les tribunaux pour y mettre un terme. Les résultats sont très mitigés. Dans la plupart des pays, la loi protège en effet la compagnie aérienne plutôt que ses clients.

En résumé, le billet n'est valable qu'à partir du pays où il a été acheté. Ce principe ne s'applique pas quand vous payez plein tarif, puisque vous vous privez de la réduction offerte par les agences de Bangkok.

Il est difficile d'obtenir des réservations pour des vols depuis/vers le Vietnam au moment des vacances, notamment aux alentours du Nouvel An lunaire (période du Têt), qui tombe entre fin janvier et mi-février. Si vous prévoyez de vous trouver au Vietnam durant cette période (au moment où la diaspora vietnamienne vient visiter la famille), faites vos réservations largement à l'avance pour ne pas rester bloqué à Bangkok à l'aller ou à Ho Chi Minh-Ville au retour.

En dehors de ces périodes de grande affluence, il est relativement aisé de se procurer un billet pour quitter le pays, mais, par mesure de précaution, réservez votre départ au moins quelques jours à l'avance.

N'oubliez pas que le Vietnam n'est pas le seul pays à célébrer le Nouvel An lunaire : c'est aussi la fête principale à Singapour, à Macao, en Chine, à Taiwan et en Corée, de même qu'au sein des importantes minorités chinoises de Thaïlande et de Malaisie. Comme tout le monde part au même moment, avions, trains et hôtels affichent complet dans tout l'Extrême-Orient. La pagaille commence environ une semaine avant le Nouvel An lunaire et dure encore deux semaines supplémentaires.

Mettez un antivol sur tous vos sacs et valises. Certains voyageurs se sont fait dérober des objets dans leurs bagages après l'enregistrement.

Passagers ayant des besoins particuliers

La plupart des compagnies internationales sont équipées pour accueillir les voyageurs handicapés, les personnes accompagnées d'enfants en bas âge et même les enfants voyageant seuls.

Les compagnies peuvent aussi servir des menus spécifiques (végétariens, casher, etc.) si vous les prévenez à l'avance.

En principe, les enfants de moins de deux ans voyagent à 10% du tarif adulte correspondant. Quelques rares compagnies les prennent même gratuitement. Les grandes compagnies internationales fournissent généralement couches, lingettes, talc et tout l'attirail nécessaire à l'hygiène des bébés. Pour les enfants entre deux et douze ans, le prix des vols internationaux s'élève généralement à 50% du prix ordinaire d'un vol ou à 67% du prix d'un vol à tarif réduit. Actuellement, la plupart des tarifs aériens sont susceptibles d'être réduits.

Europe francophone

Le Vietnam est devenu une destination touristique en vogue. Les compagnies ont suivi le mouvement et, la concurrence aidant, les tarifs marquent une légère tendance à la baisse. Toutefois, au moment de la rédaction de ce guide, les prix avaient connu une certaine hausse par rapport à ceux que nous avions relevés 2 ans avant. La possibilité d'obtenir un bon prix dépendra donc des dates de votre voyage et du temps dont vous disposerez pour examiner les offres des agences de voyage et des compagnies.

Air France assure trois vols hebdomadaires entre Paris et Ho Chi Minh-Ville. Les tarifs commencent à 6 401 FF aller-retour (pour un séjour compris entre 7 et 45 jours). Il existe également trois vols hebdomadaires (tarif aller-retour à partir de 6 501 FF) à destination de Hanoi. En basse/haute saison, Lauda Air assure des vols, *via* Vienne, pour 4 830/6 630 FF.

Vietnam Airlines (à l'instar d'Aeroflot) ne vend pas directement au public ; il faut donc passer par une agence de voyage qui pourra vous proposer des vols à tarifs négociés. C'est d'ailleurs généralement par ce biais que l'on trouve les prix les plus intéressants.

La majorité des voyagistes offrent différents vols pour Ho Chi Minh-Ville et Hanoi, sur différentes compagnies et à différents tarifs. Les prix les moins élevés commencent, en basse saison, à environ 4 300 FF, mais impliquent le plus souvent un certain nombre de conditions (moins de 26 ans ou plus de 60 ans, séjour compris entre 7 et 45 jours, etc.). Pour la haute saison, les prix se situent plutôt autour de 5 500 voire 6 000 FF. La règle est toujours la même : comparer avant de faire son choix.

Pour la Belgique, en basse saison, comptez environ 27 180 FB pour un aller-retour au départ de Bruxelles et 23 170 FB pour les moins de 25 ans. Le tarif en haute saison se situe aux alentours de 31 700 FB.

Depuis Genève ou Zurich, en Suisse, un vol aller-retour pour Ho Chi Minh-Ville devrait se situer entre environ 900 FS en basse saison et 1 600 FS en haute saison.

A titre indicatif, vous trouverez ci-dessous quelques compagnies ou voyagistes offrant des prestations intéressantes sur le Vietnam. Consultez également les agences de voyages figurant dans la rubrique *Voyages organisés*.

Vietnam Airlines
   24, rue du Renard, 75004 Paris
   (☎ 01 44 54 39 00)
Air France
   119, avenue des Champs-Elysées, 75008 Paris
   (☎ 0 802 802 802)
Lauda Air
   15, rue de la Paix, 75002 Paris
   (☎ 0802 825 825)
Fuaj (Fédération unie des auberges de jeunesse)
   9, rue Brantôme, 75003 Paris (☎ 01 48 04 70 30) ; Minitel 3615 Fuaj (1,01 FF la minute).
Usit Voyages
   85, bd Saint-Michel, 75005 Paris (☎ 01 43 29 69 50). De nombreuses agences en France

Voyageurs en Asie du Sud-Est
   55, rue Sainte-Anne, 75001 Paris
   (☎ 01 42 86 16 88)
Connections
   Le spécialiste belge du voyage pour les jeunes et les étudiants. Plusieurs agences en Belgique : Rue du Midi, 19-21, 1000 Bruxelles (☎ 2 550 01 00) ; Av. Adolphe-Buyl, 78, 1050 Bruxelles (☎ 2 647 06 05). Nederkouter, 120, 9000 Gand (☎ 9 223 90 20). Rue Sœurs-de-Hasque, 7, 4000 Liège (☎ 4 223 03 75)
Eole
   Chaussée de Haecht 43, 1210 Bruxelles
   (☎ 2 217 27 44)
Acotra World
   110, rue du Marché aux Herbes, 1000 Bruxelles (☎ 2 512 86 07)
Jerrycan
   11, rue Sauter, 1205 Genève (☎ 22 346 92 82)
SSR
   Cette coopérative de voyages suisse propose des vols à prix négociés pour les étudiants jusqu'à 26 ans et des vols charters pour tous (tarifs un peu moins chers au départ de Zurich) : 20, bd de Grancy, 1006 Lausanne (☎ 21 617 56 27). 3, rue Vignier, 1205 Genève (☎ 22 329 97 33).

Canada

Pour se procurer un billet à prix réduit au Canada, la démarche est sensiblement la même qu'ailleurs : faites le tour des agences de voyages jusqu'à ce que vous trouviez une bonne affaire.

Travel CUTS (☎ 888-838 2887), l'office national des étudiants canadiens, possède des bureaux dans plusieurs villes du pays, notamment Vancouver, Edmonton, Toronto et Ottawa. Il n'est pas obligatoire d'être étudiant pour bénéficier de ses prestations.

Il n'existe pas à l'heure actuelle de vol direct entre le Canada et le Vietnam, et les Canadiens transitent le plus souvent par Hong Kong.

Le prix d'un billet aller-retour depuis Toronto est de 2 020 $C en basse saison et 3 739 $C en haute saison. Depuis Vancouver, il faut compter en basse saison 1 155 $C pour un aller simple et 1 725 $C pour un aller-retour, 1 220 $C et 2 605 $C en haute saison.

Cambodge

Royal Air Cambodge et Vietnam Airlines assurent des vols quotidiens entre Phnom Penh et Ho Chi Minh-Ville (177 $US l'aller simple et 234 $US l'aller-retour). Au départ du Cambodge, il faut acquitter une taxe d'aéroport de 5 $US. Si votre séjour au Cambodge ne dépasse pas un mois, vous pouvez, pour 20 $US, obtenir un visa à votre arrivée à l'aéroport de Phnom Penh.

Chine

China Southern Airlines et Vietnam Airlines se partagent les liaisons entre la Chine continentale et le Vietnam, sur des Tupolev 134 connus pour leur consommation impressionnante de carburant. Le seul vol direct au départ de Ho Chi Minh-Ville à destination de la Chine vous conduira à Guangzhou (Canton). Tous les autres vols transitent par Hanoi. Un aller simple de Guangzhou à Hanoi coûte 140 $US, le trajet dure 1 heure 30. Un aller simple de Guangzhou à Ho Chi Minh-Ville revient à 240 $US, le trajet prend 2 heures 30. Pour un aller-retour sur ces vols, multipliez par deux le prix de l'aller.

Le vol Pékin-Hanoi de China Southern Airlines fait escale à Nanning (Quangxi), où l'on peut donc s'arrêter. Malheureusement, ce vol est très fréquenté par les commerçants (en fait des contrebandiers). Vous aurez non seulement du mal à trouver de la place, mais devrez vous préparer à d'exaspérantes fouilles de bagages et à des tracasseries douanières à Hanoi. L'arrivée à Nanning est à peine plus facile – les douaniers chinois sont chatouilleux en matière de drogue. Si vous avez un look qui ne les inspire pas, armez-vous de patience pour la grande fouille.

Corée

Korean Air, Asiana et Vietnam Airlines assurent les liaisons entre Séoul et Ho Chi Minh-Ville à raison d'au moins un vol quotidien, qui dure 4 heures 45. Les tarifs aller simple et aller-retour les moins élevés sont actuellement à 190/340 $US. Il existe aussi au minimum trois vols directs Séoul-Hanoi par semaine.

Pour obtenir des billets à prix réduit, une bonne adresse à Séoul, juste derrière l'hôtel de ville : l'agence Joy Travel Service (☎ 776-9871 ; fax 756-5342), 10e étage, 24-2 Mukyo-dong, Chung-gu.

Hong Kong. Hong Kong est, après Bangkok, le principal point de départ vers le Vietnam. Les vols quotidiens entre Hong Kong et Ho Chi Minh-Ville durent 2 heures 30. Les liaisons, également quotidiennes, entre Hanoi et Hong Kong ne prennent qu'une heure trois quarts.

A Hong Kong, une agence de voyages s'est spécialisée dans les vols à prix réduit et les voyages à la carte au Vietnam : Phoenix Services (☎ 2722 7378, fax 2369 8884), room B, 6e étage, Milton Mansion, 96 Nathan Rd, Tsimshatsui,Kowloon.

Cathay Pacific, la compagnie aérienne de Hong Kong, et Vietnam Airlines se partagent la liaison quotidienne entre Hong Kong et Ho Chi Minh-Ville (280 $US l'aller simple et 530 $US l'aller-retour). Il existe également des vols directs entre Hong Kong et Hanoi (255 $US l'aller simple et 490 $US l'aller-retour). L'option la plus vendue, l'open jaw à 525 $US, permet de faire à l'aller Hong Kong-Ho Chi Minh-Ville et au retour Hanoi-Hong Kong (ou vice versa).

Indonésie

Vietnam Airlines ne dessert pas l'Indonésie. Par ailleurs, Garuda Airlines a récemment suspendu les liaisons avec le Vietnam (elles reprendront vraisemblablement lorsque la crise économique qui frappe l'Indonésie sera maîtrisée).

Japon

Les tarifs aériens ont baissé de façon sensible ces dernières années au Japon, et l'on peut y trouver des billets à des prix très intéressants. Les moins élevés au départ de Tokyo ou d'Osaka sont proposés par Korean Air (avec escale à Séoul) : à partir de 375 $US pour un billet aller-retour à dates fixes, valable 60 jours.

Vietnam Airlines partage avec Japan Airlines une liaison directe quotidienne entre

Osaka et Ho Chi Minh-Ville, d'une durée d'environ 5 heures 30. Le tarif est de 420 \$US l'aller simple et 750 \$US l'aller-retour (vols à dates fixes, valables dix jours)

Les demandes de visa au Japon sont très onéreuses et prennent un temps fou ; en outre, les agences de voyages japonaises facturent des frais élevés pour effectuer les démarches. Il est plus judicieux d'obtenir votre visa ailleurs, en Corée par exemple.

Laos

Les compagnies Lao Aviation et Vietnam Airlines sont associées sur le trajet Vientiane-Hanoi (87 \$US l'aller simple et 174 \$US l'aller-retour) ou Vientiane-Ho Chi Minh-Ville (135/270 \$US).

Macao

La compagnie Pacific Airlines assure la liaison entre Macao et Ho Chi Minh-Ville. Curieusement, cette compagnie propose également un vol direct Danang-Macao.

Malaisie

Malaysia Airlines et Vietnam Airlines se partagent la ligne Kuala Lumpur-Ho Chi Minh-Ville (115 \$US l'aller simple, 235 \$US l'aller-retour). Le vol dure 2 heures. Il existe également des vols Kuala Lumpur-Hanoi (170 \$US l'aller simple, 340 \$US l'aller-retour), d'une durée de 3 heures 10.

Philippines

Philippines Airlines et Vietnam Airlines assurent toutes deux la liaison Manille-Ho Chi Minh-Ville. En classe économique, le meilleur tarif est de 165 \$US l'aller simple et 290 \$US l'aller-retour. La durée du vol est de 2 heures 30.

Singapour

Singapore Airlines et Vietnam Airlines offrent un service commun quotidien entre Ho Chi Minh-Ville et Singapour. Le temps de vol est de 2 heures. Le tarif est de 180 \$US l'aller simple et 350 \$US l'aller-retour. La plupart des vols au départ de Singapour desservent ensuite Hanoi. Pour un aller simple Singapour-Hanoi, comptez 225 \$US.

Taiwan

Comme un grand nombre de Taiwanais se rendent au Vietnam, Taiwan est devenu un lieu d'embarquement idéal pour le Vietnam, avec quantité de vols proposés par quatre compagnies concurrentes. Le trajet prend environ 3 heures.

Attention ! les deux pays n'ont pas établi de relations diplomatiques, et l'obtention d'un visa passe par Bangkok et prend 10 jours ouvrables. Bien des voyageurs jugent ce délai beaucoup trop long.

La compagnie taiwanaise China Airlines assure, en association avec Vietnam Airlines, une liaison quotidienne entre Ho Chi Minh-Ville et Taipei. Il existe aussi cinq vols hebdomadaires Hanoi-Taipei, et trois vols directs Ho Chi Minh-Ville-Kaohsiung par semaine. Les billets excursion valables 30 jours sont les moins chers, mais la plupart des voyageurs optent pour ceux de 90 jours. Les tarifs les moins chers s'élèvent à 340 \$US l'aller simple et 520 \$US l'aller-retour.

La compagnie Pacific Airlines propose les tarifs les plus bas sur les trajets Ho Chi Minh-Ville-Taipei et Ho Chi Minh-Ville-Kaohsiung, à 455 \$US l'aller-retour.

EVA Airways se targue d'être la compagnie taiwanaise la plus luxueuse et, de fait, ses prix s'en ressentent. Elle propose quelques réductions sur ses longs courriers, tels Los Angeles-Taipei-Ho Chi Minh-Ville. Pour un billet excursion aller-retour entre Taipei et Ho Chi Minh-Ville, le tarif monte à 550 \$US.

Les voyagistes de Taiwan affichent des prix très bas pour les vols aller-retour (420 \$US), mais il s'agit de billets de groupe qu'il faut réserver longtemps à l'avance et qui n'autorisent aucune modification.

L'agence de voyages Jenny Su Travel (☎ 02-2594 7733/2596, fax 2592 0068), 10e étage, 27 Chungshan N Rd, Section 3, Taipei) possède une longue expérience et une bonne réputation, et propose des tarifs réduits.

Thaïlande

Bangkok ne se trouve qu'à 1 heure 10 d'avion de Ho Chi Minh-Ville. C'est actuellement le principal port d'embarquement des vols pour le Vietnam. La Thai, Air France et Vietnam Airlines assurent des vols quotidiens entre Bangkok et Ho Chi Minh-Ville dont le tarif varie de 95 à 115 $US l'aller simple. Comptez environ le double pour l'aller-retour. Certains vols poursuivent sur Danang. Il existe aussi des vols directs entre Bangkok et Hanoi (environ 100 $US l'aller simple).

De nombreux voyageurs choisissent le billet open jaw, qui permet d'arriver soit à Ho Chi Minh-Ville soit à Hanoi, puis de repartir à Bangkok par l'autre ville. Ces billets valent environ 210 $US.

A Bangkok, les voyageurs à petit budget vont à Khao San Rd pour dénicher de bonnes affaires.

Taxe d'aéroport

La taxe à acquitter pour les vols internationaux est de 10 $US, payables en dongs ou en dollars US. Les enfants âgés de moins de deux ans en sont exonérés.

VOIE TERRESTRE

Les étrangers peuvent actuellement franchir la frontière vietnamienne à six endroits. Comme il n'existe aucune possibilité de changer de l'argent du côté vietnamien, prenez sur vous des dollars US en espèces (en petites coupures de préférence). Autre solution : le marché noir, qui vous permettra de changer les monnaies locales (dong vietnamien, renminbi chinois, kip laotien et riel cambodgien). Essayez tout de même de trouver une banque ou un bureau de change officiel, car les taux du marché noir sont à juste titre réputés pour être peu intéressants, voire carrément malhonnêtes.

La police vietnamienne aux postes-frontières est particulièrement chicaneuse. A l'entrée, on ne vous accordera peut-être qu'un séjour d'une semaine malgré le visa d'un mois figurant sur votre passeport. La plupart des voyageurs trouvent plus simple de quitter le Vietnam par voie terrestre plutôt que d'y entrer. Au passage des frontières, il est fréquent que les voyageurs doivent acquitter une "taxe d'immigration" et/ou un "droit de douane". Même s'ils savent parfaitement que cette pratique est illégale, les douaniers vietnamiens ont pris l'habitude de soutirer ainsi de l'argent aux touristes, et sans aucun scrupule.

Dans la plus pure tradition bureaucratique, les Vietnamiens demandent un visa spécial pour franchir la frontière par voie terrestre. Ce visa coûte plus cher et est plus long à obtenir que le visa touristique ordinaire pour entrer au Vietnam par avion. Des voyageurs ont pu franchir la frontière par voie terrestre avec un visa standard, en soudoyant les gardes du poste-frontière. Toutefois, on a mis récemment un frein à ces pratiques, et il n'est plus possible d'enfreindre les lois en achetant les gardes.

Ne jouez pas au plus finaud avec les gardes des postes-frontières vietnamiens. Mon expérience personnelle m'a fait passer une nuit dans le "noman's land", car le lieu d'entrée indiqué sur le visa de ma petite amie n'était pas correct. Cela nous a valu d'être renvoyés en Chine avec un visa provisoire de 48 heures (et de 40 $US !). Je n'ai qu'un conseil : assurez-vous que votre visa est correctement apposé avec les lieux d'entrée et de sortie appropriés. Incidemment, les contrôles de narcotiques sont courants : on videra entièrement votre sac à dos.

Scott Hemphill

Cambodge

Il n'est pas conseillé de voyager par voie terrestre au Cambodge, en raison d'éventuelles attaques des Khmers rouges ou d'autres bandits armés. A l'heure où nous mettons sous presse, la situation n'en reste pas moins instable. Sur les grands axes, il ne devrait rien vous arriver. Il est toutefois plus prudent de prendre l'avion et de vous renseigner sur place avant de vous décider.

Le seul poste-frontière entre le Cambodge et le Vietnam ouvert aux Occidentaux se trouve à Moc Bai, qui relie la province de Tay Ninh (Vietnam) à celle de Svay Rieng (Cambodge). Les autres points de passage sont jugés trop risqués.

Des bus relient tous les jours Phnom Penh à Ho Chi Minh-Ville (*via* Moc Bai), pour 5 ou 12 $US, selon que vous choisissez un véhicule à air conditionné ou une vieille guimbarde. Au Vietnam, les tickets s'achètent au terminus de Phnom Penh, 155 D Nguyen Huc, à Ho Chi Minh Ville, à côté de l'hôtel Rex ; le bus part à 5h du 145 D Nguyen Du. Il présente un inconvénient majeur : on doit attendre que tout le monde ait rempli les formalités de douane à la frontière. Cette procédure peut prendre des heures.

Un autre moyen plus rapide et moins cher pour rejoindre la frontière consiste à prendre l'un des taxis collectifs qui relient directement Ho Chi Minh-Ville au poste-frontière de Moc Bai. Certains taxis ne font payer que 20 $US pour 4 personnes. Renseignez-vous à Ho Chi Minh-Ville dans les agences de voyages et les cafés de la rue Pham Ngu Lao, et comparez les prix.

Un autre moyen, peu cher mais plus compliqué, consiste à prendre l'un des nombreux bus qui se rendent au Grand Temple caodai de Tay Ninh (pour seulement 4 $US) et descendre à Go Dau, où la route forme une fourche. Là, pour 0,50 $US, des moto-taxis vous conduiront au poste-frontière de Moc Bai. Vous passerez à pied du côté cambodgien, où des taxis collectifs climatisés vous emmèneront à Phnom Penh (comptez environ 5 $US par personne).

Pour passer cette frontière, vous avez besoin d'un visa cambodgien (délivré en sept jours ouvrables) et d'un visa de ré-entrée pour le Vietnam si vous y revenez ensuite par avion ou par un autre pays.

Si vous empruntez cet itinéraire pour entrer au Vietnam ou en sortir, votre visa d'entrée ou de ré-entrée doit indiquer que vous passez par le poste-frontière de Moc Bai. Si tel n'est pas le cas, n'oubliez pas de faire cette rectification auprès de l'ambassade du Vietnam à Phnom Penh.

Chine

On ne peut traverser la frontière sino-vietnamienne que de 7h à 16h (heure vietnamienne) ou de 8h à 17 h (heure chinoise). Réglez vos montres en traversant la frontière. Il est une heure de plus en Chine qu'au Vietnam. Aucun des deux pays n'applique l'heure d'été.

Actuellement, les voyageurs étrangers peuvent traverser la frontière sino-vietnamienne en deux endroits (la porte de l'Amitié et Lao Cai) ; le troisième (Mong Cai) n'est accessible qu'aux ressortissants vietnamiens et chinois.

Porte de l'Amitié. Le poste-frontière le plus fréquenté est la ville vietnamienne de Dong Dang, à 164 km au nord-est de Hanoi. La ville chinoise la plus proche de la frontière est Pinxiang (à environ 10 km au nord du poste). Le point de passage (*porte de l'Amitié*) s'appelle Huu Nghi Quan en vietnamien et Youyi Guan en chinois.

Dong Dang est une localité sans intérêt. La ville la plus proche est Lang Son, à 18 km au sud (reportez-vous au chapitre sur *Le Nord-Est*). Bus et minibus sont fréquents entre Hanoi et Lang Son. Pour parcourir les 18 km séparant Dong Dang de Lang Son, la solution la moins chère est de louer une moto pour environ 1,50 $US. Des minibus sillonnent également les rues à la recherche de passagers. Assurez-vous qu'ils vous emmènent bien à Huu Nghi Quan. Il existe un autre poste-frontière mais Huu Nghi Quan est le seul autorisé aux étrangers. Il faut s'attendre à un contrôle de douane entre Lang Son et Dong Dang, et parfois patienter longtemps pendant que les douaniers fouillent de fond en comble les bagages des voyageurs vietnamiens et chinois. La moto peut alors se révéler plus rapide que le bus, car vous n'aurez pas à attendre que l'on ait fini de fouiller vos compagnons de voyage. Ce n'est toutefois un problème que lorsqu'on va vers le sud, vers Lang Son, et pas dans l'autre sens.

Du côté chinois, de la frontière jusqu'à Pinxiang, le trajet dure 20 minutes en bus ou en se partageant un taxi (le prix du taxi revient alors à 3 $US). Pinxiang est reliée par chemin de fer à Nanning, la capitale de la province chinoise du Guangxi. Les trains pour Nanning partent de Pinxiang à 8h et 13h30. Les bus, plus fréquents (toutes les 30 minutes), accomplissent le trajet en 4 heures et coûtent 4 $US.

Il faut parcourir 600 m à pied entre les postes-frontières vietnamien et chinois.

Un train bihebdomadaire relie Pékin à Hanoi *via* la porte de l'Amitié. Il dessert de nombreuses villes chinoises où on peut le prendre ou le quitter. La totalité du trajet s'échelonne sur 2 951 km et dure environ 55 heures, dont 3 (dans le meilleur des cas) sont consacrées aux contrôles douaniers.

Sous réserve de modifications, les horaires sont actuellement les suivants : le train n°M2-315-5 part de Pékin à 8h30 le dimanche et le jeudi et arrive à Hanoi à 11h30 le mercredi et le dimanche. Dans l'autre sens, le train n°M1-316-6 quitte Hanoi à 14h le mardi et le vendredi et arrive en gare de Pékin à 19h40 le vendredi et le lundi. Voici les horaires détaillés :

Gare	Direction de Hanoi	Direction de Pékin
Pékin	8h30	19h40
Zhengzhou	15h53	12h06
Hankou (Wuhan)	14h59	17h35
Wuchang (Wuhan)	22h03	6h
Changsha	2h47	1h14
Hengyang	5h08	22h52
Guilin	11h05	17h01
Nanning	17h32	7h16
Pinxiang	0h04	0h56
Dong Dang	3h30	8h
Hanoi	11h30	14h

Tous les horaires sont donnés en heure vietnamienne.

Un conseil : comme les billets de train pour la Chine sont chers à Hanoi, certains voyageurs préfèrent acheter un billet pour Dong Dang, traverser la frontière à pied, puis racheter un billet de train chinois de l'autre côté.

Les horaires des trains assurant la liaison Hanoi-Dong Dang sont les suivants :

Train n°	Départ de Dong Dang	Arrivée à Hanoi
HD4	8h30	20h
HD2	16h10	0h35

Train n°	Départ de Hanoi	Arrivée à Dong Dang
HD3	5h40	13h50
HD1	21h55	5h10

Sachez que la porte de l'Amitié est à plusieurs kilomètres de Dong Dang et que vous devrez payer pour vous y faire emmener en moto. Mieux vaut acheter un billet Hanoi-Pinxiang, puis, une fois à Pinxiang, en racheter un pour Nanning ou au-delà.

Lao Cai-Hekou. Une voie ferrée longue de 762 km, inaugurée en 1910, relie Hanoi à Kunming, dans la province chinoise du Yunnan. La ville frontière du côté vietnamien est Lao Cai, à 294 km de Hanoi. Côté chinois, la ville frontalière s'appelle Hekou et se trouve à 468 km de Kunming.

Les autorités chinoises et vietnamiennes ont mis en service une liaison ferroviaire internationale directe entre Hanoi et Kunming, dont les horaires sont les suivants :

Gare	Direction de Hanoi	Direction de Kunming
Kunming	14h45	6h
Yi Liang	16h50	3h31
Kai Yuan	22h45	21h32
Hekou	7h20	9h30
Lao Cai	7h40	7h
Hanoi	20h20	21h30

Les lignes intérieures circulent également tous les jours de chaque côté de la frontière. Côté chinois, le trajet Kunming-Hekou dure environ 17 heures. Côté vietnamien, les horaires sont les suivants :

Train n°	Départ de Lao Cai	Arrivée à Hanoi
LC4	9h40	20h10
LC2	18h	4h10

Train n°	Départ de Hanoi	Arrivée à Lào Cai
LC3	5h10	15h35
LC1	21h45	7h55

Mong Cai-Dongxing. Le troisième poste-frontière vietnamien, moins connu, est à Mong Cai, dans l'extrême nord-est du pays, juste en face de la ville chinoise de Dongxing. Officiellement, il n'est accessible qu'aux citoyens vietnamiens et chinois.

Laos

Comme au Cambodge, il faut être particulièrement prudent lorsqu'on voyage au Laos. La route reliant Luang Prabang et Vientiane traverse un endroit très dangereux (Kasi) infesté de bandits hmong et de guérilleros. Chaque année, on déplore de nombreux morts. En 1995, deux touristes français se sont fait tirer dessus près de Kasi (ils ont survécu) et, en 1996, un agent de tourisme français a été tué par balles. Toute la zone s'étendant de l'est de Luang Prabang à Xieng Khuang est considérée extrêmement dangereuse.

En revanche, la région frontalière avec le Vietnam n'est pas considérée comme risquée. On peut actuellement traverser la frontière en deux endroits : Lao Bao et le col de Keo Nua. Renseignez-vous sur l'ouverture aux voyageurs étrangers des postes de Mong Cai et de Tay Trang.

Lao Bao. L'obscur village vietnamien de Lao Bao se trouve sur la route nationale 9, à 80 km à l'ouest de Dong Ha et à 3 km à l'est du Laos. Juste de l'autre côté de la frontière s'étend la province de Savannakhet, au sud du Laos, mais il n'y a pas de ville frontière.

Un bus international assure la liaison entre Danang (Vietnam) et Savannakhet, *via* Dong Ha et Lao Bao. Au Laos, vous ne pourrez le prendre qu'à Savannakhet. En principe, il fonctionne les dimanche, mardi et jeudi, mais cela est très relatif. Sur cette ligne, le trajet de Dong Ha à Savannakhet se monte à 15 \$US pour les étrangers. Côté vietnamien, les départs se font à 4h de Danang, à 10h de Dong Ha et à 14h de Lao Bao. L'arrivée à Savannakhet a lieu à 19h. Les douaniers laotiens et vietnamiens sont réputés pour demander des bakchichs.

Des bus locaux se rendent des deux côtés de la frontière. Il est certes plus économique de voyager dans ces bus que dans l'express qui traverse la frontière, mais c'est bien plus fatigant. D'une part, il faut marcher 1 km entre les postes-frontières vietnamien et laotien. D'autre part, le terminus du bus de Dong Ha est à Lao Bao, qui se trouve à 3 km du poste-frontière (on peut aussi parcourir la distance en moto). Entre Dong Ha et Lao Bao, le prix d'un ticket oscille entre 1 et 4 \$US, selon que le bus est "très confortable" ou "normal". En principe, deux départs sont assurés par jour (tôt le matin et vers 12h), mais les horaires sont approximatifs, car le bus ne part que lorsqu'il est plein.

En territoire laotien, à 500 m de la frontière, vous trouverez un restaurant où vous pourrez également passer la nuit, si vous en demandez l'autorisation. Aucun hôtel n'est installé dans les parages, et l'infrastructure touristique est des plus rudimentaires.

Pour pénétrer au Laos, vous devez produire un visa, obtenu à Ho Chi Minh-Ville, Hanoi ou Danang. Si vous entrez ou quittez le Vietnam par cet itinéraire, votre visa vietnamien doit indiquer que vous passez par le poste-frontière de Lao Bao. Si vous avez un visa vietnamien de ré-entrée, vous pouvez le faire compléter à l'ambassade du Vietnam de Vientiane ou au consulat du Vietnam de Savannakhet.

Côté laotien, la route traverse la piste Ho Chi Minh, à découvrir, bien qu'il n'y ait pas grand-chose à voir !

Col de Keo Nua. La route nationale 8 vietnamienne traverse la frontière au col de Keo Nua, à une altitude de 734 m. Le poste-frontière s'appelle Cau Treo en vietnamien.

Du côté vietnamien, la plus proche agglomération importante est Vinh, à quelque 80 km de la frontière, que l'on atteint par la nationale 8. Côté laotien, la ville de Tha Khaek, juste en face de Kakhon Phanom en Thaïlande, est à environ 200 km de la frontière. Au moins un bus international quotidien, plus des bus locaux, vont au poste-frontière de part et d'autre, mais ne le traversent pas.

VOIE MARITIME

Nombreux sont les Vietnamiens, opposés au régime en place, à avoir quitté leur pays par bateau depuis 1975. Le nombre de réfugiés politiques est cependant en nette diminution depuis 1990, grâce au programme d'expatriation et à l'ouverture de la frontière avec la Chine, qui a rendu l'aventure moins risquée. Aujourd'hui, peu de Vietnamiens fuient encore leur pays faute d'endroit où aller : la plupart des nations occidentales, lassées d'être compatissantes, ne leur accordent plus le statut de réfugiés.

Il semble difficile aux touristes étrangers d'arriver ou de repartir légalement par la mer. D'interminables discussions sont en cours, visant à autoriser les bateaux de croisière de luxe à faire escale dans les ports vietnamiens ; une étape de ce type a été consentie en 1996. Toutefois, le navire en question était une délégation officielle transportant des représentants de pays de l'ASEAN, et bénéficiait donc de la bénédiction politique de Hanoi.

Les principaux ports du Vietnam sont Haiphong, Danang, Vung Tau et Ho Chi Minh-Ville. Tous accueillent les navires marchands provenant, pour la plupart, de Singapour, de Taiwan et de Thaïlande.

Les yachts et les bateaux de pêche entrant sans autorisation dans les eaux territoriales vietnamiennes sont arraisonnés et leur équipage incarcéré jusqu'au paiement en devises de l'amende infligée.

VOYAGES ORGANISÉS

Il est très facile de mettre sur pied un circuit une fois arrivé au Vietnam (reportez-vous à la rubrique *Circuits organisés* dans le chapitre *Comment circuler*), et c'est probablement plus amusant. En fait, la seule chose que vous gagnerez en réservant avant le départ, c'est un peu de temps. Si votre temps est plus compté que votre argent, optez alors pour un circuit organisé à l'avance,

Presque toutes les agences assurent des circuits standard en minibus à travers le Vietnam, réglés comme des métronomes. Plus intéressants, des voyagistes proposent des itinéraires spéciaux pour cyclistes, randonneurs, ornithologues amateurs, anciens combattants, fanatiques de 4x4 ou mordus de cuisine vietnamienne.

Les très fortunés peuvent visiter le Vietnam en hélicoptère spécialement affrété. On a réfréné les abjectes excursions de type tourisme sexuel, organisées depuis le Japon, mais les périples avec massages et séances d'acupuncture licites n'ont rien à se reprocher.

Si vous avez un centre d'intérêt particulier et souhaitez réunir un groupe, essayez le réseau Internet. Plusieurs tour-opérateurs indépendants situés en Asie se feront un plaisir de vous organiser un circuit à la carte *via* le réseau. L'un d'eux, Luc Fournier, un Canadien français qui a beaucoup voyagé, peut être joint par e-mail à l'adresse suivante : asianet@public.cast.ch.net.

A l'heure actuelle, l'un des rares tour-opérateurs basés au Vietnam pratiquant des prix étudiés et dotés d'un site Web est TF Handspan à Hanoi (www.geocities.com/thetropics/cabana/8240/tfhandspan.html).

Vous pouvez également vous adresser aux agences spécialisées suivantes :

France

Outre les grands classiques qui disposent de points de vente un peu partout en France (Akiou, Kuoni, Nouvelles Frontières), citons d'autres agences spécialisées :

Asia
1, rue Dante, 75005 Paris (☎ 01 44 41 50 10 ; Minitel 3515 Asia). Voyages à la carte (guide et chauffeur), circuits classiques et itinéraires culturels.

Asika
26, rue Milton, 75009 Paris (☎ 01 42 80 41 11). Grand tour du Vietnam et approche variée des différentes régions. Circuits en petits groupes ou en individuel, de 15 à 22 jours.

Association française des amis de l'Orient
19 avenue d'Iéna, 75116 Paris (☎ 01 47 23 64 85), dans l'annexe du musée Guimet. Séjours ultra-culturels, avec des conférenciers professionnels. Un à deux voyages par an.

Atalante
10, rue des Carmes,75005 Paris (☎ 01 55 42 81 00). 36-37, quai Arloing, 69256 Lyon Cedex 09 (☎ 78 64 16 16). 9, rue de la Tour, Case Postale 76, CH 1000, Lausanne 9 (☎ (21) 312 34 22).Randonnée du Nord au Sud, de 16 ou de 23 jours.

Chinesco
162, bd Massena, 75013 Paris (☎ 01 45 85 69 69). Cette agence spécialisée sur l'Asie propose de nombreux séjours de durées variables.

Esprit d'Aventure et Terre d'Aventure
6, rue Saint-Victor, 75005 Paris (☎ 01 53 73 77 77 ; Minitel 3615 Terdav). 9, rue des Remparts-d'Ainay, 69002 Lyon (☎ 04 78 42 99 94).

Hit Voyages
21, rue des Bernardins, 75005 Paris (☎ 01 43 54 17 17). Voyages à la carte, circuits organisés au Vietnam, et circuits combinés Vietnam-Laos.

Maison de l'Indochine
76, rue Bonaparte, 75006 Paris (☎ 01 40 51 95 15). Un large éventail de circuits de 15, 18 et 23 jours.

Orients
29 et 36, rue des Boulangers, 75005 Paris (☎ 01 40 51 10 40). Un circuit en petit groupe de 15 à 20 personnes sur 20 jours.

Voyageurs en Asie du Sud-Est
Voir coordonnées plus haut dans *Voie aérienne*. Circuits en groupe et voyages à la carte.

Belgique et Suisse

Vous pouvez examiner les offres des agences cités dans la rubrique *Voie aérienne*, plus haut dans ce chapitre.

Canada

Global Adventures
(☎ 800-781 2269/604-940 2220, fax 940 2233, www.portal.ca/~global)
Propose des formules de 12 jours en kayak de mer dans la baie d'Along.

Vietnam

Vidotour
(☎ 829 1438, fax 829 1435, e-mail vidotour@bdvn.vnmail.vn.net)
41, rue Dinh Tien Hoang, district n°1, Ho Chi Minh-Ville.
Cette agence de voyages de bonne réputation, gérée par des non-Vietnamiens, propose toute une série de circuits haut de gamme, intéressants, dans le Sud-Est asiatique et le Vietnam. Elle a des correspondants dans le monde entier.

Comment circuler

AVION

Vietnam Airlines détient le quasi monopole des vols intérieurs ; Pacific Airlines, nouvelle venue, assure quelques liaisons. Vasco (Vietnam Air Services Company) ne possède pas de ligne régulière : cette compagnie étrangère en joint-venture est spécialisée dans les vols charters, sur des petits avions et des hélicoptères.

Les bureaux de réservation de Vietnam Airlines à Ho Chi Minh-Ville et Hanoi sont les deux plus actifs du pays. Juste avant les périodes de vacances, il faut savoir jouer des coudes pour acheter un billet d'avion : les Vietnamiens ne sont guère disciplinés devant un guichet, et il n'y a rien de plus ardu que de se frayer un chemin dans la masse mouvante des corps. Pour éviter cette pagaille, prenez votre billet dans un bureau de réservation, moins bondé. Beaucoup d'agences de voyages vendent des billets pour les lignes intérieures sans frais supplémentaires ; ils sont directement commissionnés par la compagnie.

Il est impératif de se munir de son passeport et/ou de son visa pour réserver une place sur un vol intérieur. On vous demandera également ces documents au comptoir d'enregistrement de l'aéroport, puis au contrôle de sécurité. Les Vietnamiens eux-mêmes doivent montrer leur carte d'identité.

La plupart des succursales de Vietnam Airlines acceptent les paiements par chèques de voyage et cartes de crédit. La compagnie a retiré de la circulation tous ses appareils soviétiques, pour les remplacer par des avions occidentaux neufs. Tous les appareils de Pacific Airlines sont de tout nouveaux Boeing et Airbus.

Vasco affrète des petits avions et des hélicoptères. Tous les pilotes sont occidentaux, mais le gouvernement exige la présence à bord d'un observateur vietnamien. Si vous souhaitez prendre des vues aériennes, le gouvernement impose que vous emmeniez un photographe du ministère de la Défense.

Le prix varie de 850 \$US à 1700 \$US de l'heure. On vous prendra un supplément de 150 \$US pour survoler le littoral ou voler de nuit, et 300 \$US si vous gardez l'appareil jusqu'au lendemain. Le photographe officiel se paie 100 \$US de l'heure, développement de la pellicule inclus : les autorités s'en chargent elles-mêmes et vérifient qu'aucun secret militaire n'est dévoilé avant de vous restituer bobine et tirages. Les vidéos aériennes sont également autorisées. Vasco possède des succursales à Hanoi, Ho Chi Minh-Ville et Vung Tau.

Les liaisons Hanoi-Ho Chi Minh-Ville ne survolent jamais le Laos ni le Cambodge, bien que cette ligne soit plus directe, car les

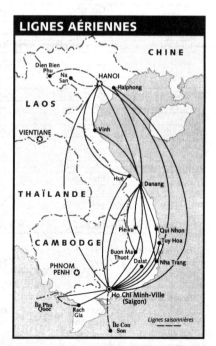

LIGNES AÉRIENNES

CHINE

Dien Bien Phu
Na San
HANOI
Haiphong

LAOS

VIENTIANE

Vinh

Hué
Danang

THAÏLANDE

Pleiku
Qui Nhon
Tuy Hoa

CAMBODGE
Buon Ma Thuot
Dalat
Nha Trang

PHNOM PENH

Ho Chi Minh-Ville (Saigon)

Île Phu Quoc
Rach Gia

Île Con Son

Lignes saisonnières

Vietnamiens n'ont simplement pas envie de payer les droits de survol. Tous les avions font l'aller-retour dans la journée (voir notre encadré *Services des lignes intérieures*, qui couvre toutes les liaisons possibles à l'intérieur du Vietnam).

Les compagnies retiennent 10 \$US en cas de remboursement d'un billet intérieur non utilisé. Si vous l'avez acheté chez un voyagiste, vous perdrez 5% supplémentaires (la commission de l'agence).

Northern Flight Service Company (☎ 827 4409, fax 827 2780), au 173 Pho Truong Chinh, propose un service d'hélicoptères chartérisés entre Hanoi et Along, le samedi uniquement. Elle demande 175 \$US par personne (20 \$US supplémentaires vous assurent le transport vers l'aéroport Gia Lam de Hanoi et le port d'Along, une promenade en bateau de 4 à 5 heures et le déjeuner dans la baie d'Along). Les mêmes hélicoptères peuvent être loués pour un

Service des lignes intérieures

Vietnam Airlines

Depuis	Vers	Fréquence	Tarif éco	1re classe
Danang	Buon Ma Thuot	5/semaine	42 \$US	-
	Haiphong	3/semaine	77 \$US	-
	Nha Trang	3/semaine	42 \$US	-
	Pleiku	1/jour	42 \$US	-
	Qui Nhon	3/semaine	42 \$US	-
	Vinh	3/semaine	54 \$US	-
Hanoi	Danang	3/jour	77 \$US	92 \$US
	Dien Bien Phu	4/semaine	50 \$US	-
	Hué	2/jour	77 \$US	92 \$US
	Na San (Son La)	1/semaine	42 \$US	-
	Nha Trang	1/jour	112 \$US	-
Ho Chi Minh-Ville	Buon Ma Thuot	2/jour	50 \$US	-
	Dalat	4/semaine	35 \$US	-
	Danang	3/jour	77 \$US	92 \$US
	Haiphong	2/jour	146 \$US	208 \$US
	Hanoi	7/jour	146 \$US	208 \$US
	Hué	2/jour	77 \$US	92 \$US
	Nha Trang	2/jour	50 \$US	-
	Phu Quoc	1/jour	54 \$US	-
	Pleiku	1/jour	54 \$US	-
	Qui Nhon	5/semaine	54 \$US	-
	Rach Gia	5/semaine	54 \$US	-
Phu Quoc	Rach Gia	saisonnier	35 \$US	-

Pacific Airlines

Depuis	Vers	Fréquence	Tarif éco	1re classe
Hanoi	Ho Chi Minh-Ville	1/jour	146 \$US	-

Vasco Airlines

Depuis	Vers	Fréquence	Tarif éco	1re classe
Ho Chi Minh-Ville	Con Son	1/semaine	150 \$US	-

usage privé moyennant 2 000 $US de l'heure.

Taxe d'aéroport

La taxe intérieure est de 20 000 d, uniquement payable dans cette monnaie. Les enfants de moins de deux ans en sont dispensés.

BUS

Le Vietnam dispose d'un important réseau de bus et autres véhicules de transports en commun vétustes, qui couvre pratiquement tout le pays. Toutefois, rares sont les voyageurs qui les utilisent ; vous en comprendrez aisément la raison en lisant les paragraphes qui suivent.

La sécurité routière n'est pas le point fort du Vietnam. Avec la multiplication des véhicules à moteur, il devient de plus en plus dangereux d'emprunter les routes nationales à deux voies pour se rendre d'une ville à l'autre. De terribles collisions entre bus, camions et autres véhicules sont hélas devenus un spectacle familier sur la route nationale 1 (RN 1). Le Vietnam ne dispose d'aucun service de secours d'urgence ni même d'un réseau d'ambulances adéquat : en cas d'accident, vous risquez de rester plusieurs heures sans recevoir le moindre soin.

Dans la mesure du possible, voyagez uniquement de jour. En fait, beaucoup de conducteurs refusent de s'aventurer de nuit dans la campagne ; les routes ne sont pas éclairées et présentent souvent d'énormes ornières, des ponts effondrés et quantité de bicyclettes et de piétons (sans parler des chiens et des poulets), totalement indifférents à la circulation automobile. Cependant, des bus de nuit circulent, pour ceux qui aiment vivre dangereusement.

Les groupes organisés voyagent généralement dans des bus japonais modernes, climatisés et confortables. Ces véhicules sont trop onéreux pour les compagnies publiques, qui possèdent des bus de fabrication coréenne (presque neufs), russe (des années 70), américaine (datant de 1965) et française (des antiquités).

Les bus coréens (généralement Hyundai), souvent climatisés, sont les plus confortables. Vous les rencontrerez exclusivement sur les trajets longs comme Ho Chi Minh-Ville-Hanoi (2 jours sans interruption !). Ils sont équipés de magnétoscopes et de redoutables machines à karaoke. Il suffit de fermer les yeux (ou de mettre un bandeau) pour ignorer les sanglantes vidéos kung-fu, mais réussir à dormir pendant les séances de karaoke relève de l'exploit.

La grande majorité des bus vietnamiens sont russes ou américains. Ils ne se distinguent guère : les deux modèles semblent avoir été conçus pour un usage militaire. S'ils ont été repeints avec une charmante fantaisie, l'ajout de nombreux sièges supplémentaires ôte tout espace pour les jambes. N'escomptez pas prendre vos aises en achetant deux tickets (donc deux places) : il vous faudrait vous battre pour préserver votre acquis face à l'afflux de passagers ! Dans de nombreux bus, on ne tient que debout. Les bagages sont entassés là où c'est possible, ce qui signifie bien souvent sur le toit. La police arrête fréquemment les bus pour surcharge mais les laisse repartir après un rapide arrangement (5 $US). Plus ennuyeux, les pannes mécaniques sont fréquentes.

Les bus français deviennent rares, ce qui n'est guère surprenant après 50 années de service ! On se demande comment les Vietnamiens peuvent encore faire rouler ces vieilles guimbardes. Ces musées ambulants hoquettent, grincent et se traînent sur les routes à 30 km/h ; où que vous alliez, ce sera lentement.

Néanmoins, les voyages en bus présentent le grand intérêt d'offrir des "contacts personnels" avec le peuple vietnamien. Voyager sur les genoux les uns des autres, faute de place, crée des liens.

Décrire l'organisation des transports en bus est tout sauf aisé. De nombreuses villes disposent de différentes gares routières en fonction des destinations (au nord ou au sud de la ville) ou du type de service proposé (interurbain, longue distance, express ou ordinaire).

Un système ingénieux

Sur les bus vétustes, les moteurs sont souvent équipés d'un ingénieux système de refroidissement fonctionnant par gravité. Il complète le radiateur qui ne suffit plus quand ces archaïques véhicules sont, comme c'est la règle, lourdement surchargés, et prévient la surchauffe. Un bidon est fixé au toit de la cabine et relié au moteur au moyen d'un tuyau qui passe par la vitre du conducteur. Un robinet d'arrêt lui permet de contrôler le flux. Depuis le toit, le bidon d'eau froide s'écoule lentement dans le moteur et l'eau chaude gicle du trop-plein du radiateur. Quand le bidon est vide, le bus s'arrête à l'une des nombreuses pompes à eau présentes sur les principales routes et le remplit à nouveau.

Si le réseau de transports routiers vietnamien est incroyablement bon marché et couvre la quasi-totalité du pays, il présente de nombreux inconvénients. Routes défoncées, bus antiques, pannes fréquentes, surcharge chronique, vitesses moyennes faibles, sièges inconfortables, sont monnaie courante

La plupart des bus longue distance partent à l'aube. Il arrive qu'une demi-douzaine de véhicules partent à la même heure et pour la même destination, généralement vers 5h30. A peine partis, ils cherchent une station-service qui fonctionne (ce qui est parfois difficile en raison des coupures de courant). Pourquoi ne font-ils pas le plein la veille du départ ? Mystère.

Quelques bus circulent de nuit depuis l'abandon du couvre-feu en 1989, mais ni les passagers, ni les conducteurs ne raffolent de ces voyages nocturnes. Pour les petits trajets, certains bus ou taxis ne partent qu'une fois pleins, mais jamais après 16h.

N'accordez pas une confiance aveugle aux conducteurs de bus. La plupart sont honnêtes, mais pas tous. Au dire de certains voyageurs, un chauffeur peut vous offrir de vous conduire gracieusement à la porte de votre hôtel. Là, il vous suggérera d'entrer pour demander une chambre. Pendant ce temps, le bus disparaîtra en emportant vos bagages. On peut aussi vous les dérober pendant les arrêts. En principe, attachés sur le toit, ils ne craignent rien mais seront toutefois exposés constamment à la poussière de la route, voire à des averses violentes. N'acceptez aucune boisson de vos compagnons de route ; on risque de vous droguer pour vous voler.

La restauration pose quelques problèmes durant ces voyages interminables. Les chauffeurs s'arrêtent toujours dans les pires restaurants (chers et infects) et touchent parfois une petite commission du restaurateur. C'est dans les arrêts routiers que la nourriture est la meilleure mais, comme vous le constaterez vite, les chauffeurs optent souvent pour des restaurants séparés.

Classes

L'appellation "express" (*toc hanh*) est plutôt floue au Vietnam. Les véritables express sont nettement plus rapides que les bus locaux, qui stoppent à chaque hameau bordant la nationale pour prendre et déposer les gens du coin avec leurs produits.

La plupart des express sont néanmoins aussi poussifs que les bus de province. Leur moyenne excède rarement 35 km/h, celle d'un bus local étant de 15 à 25 km/h. Par définition, une moyenne est une moyenne : sur de fréquents courts tronçons de route, la vitesse atteint 100 km/h, ce qui est amplement suffisant pour déclencher un accident grave.

Les vrais express présentent l'avantage d'embarquer en priorité sur les bacs, ce qui fait gagner une heure ou plus à chaque traversée. En outre, sensiblement plus chers que les bus ordinaires, ils sont moins bondés.

Réservations

Les bus partent tôt le matin. Si vous n'envisagez pas de discuter le prix avec le chauffeur, il est préférable d'acheter votre ticket la veille.

Tarifs

Ils sont négligeables, même si les étrangers paient parfois cinq fois le prix normal. S'ils dépendent du type de transport, ils reviennent en général à 0,02 $US par kilomètre.

Billets open

Dans tous les lieux fréquentés par les backpackers, on peut voir de nombreuses publicités pour le "Open Date Ticket" ou "Open Ticket". Il s'agit en fait d'un service de bus s'adressant spécifiquement aux voyageurs étrangers à petit budget. Ces bus circulent entre Ho Chi Minh-Ville et Hanoi, avec la possibilité de monter ou descendre dans n'importe quelle grande ville traversée, sans être contraint de respecter une date fixe. Il vous sera proposé principalement deux types de billets, à des prix vraiment abordables . Ho Chi Minh Ville-Hué pour 27 $US et Hué-Hanoi pour 16 $US. Les trajets plus courts entre ces villes coûtent moins cher.

Tout compte fait, nous n'aimons pas tellement ce système. Une fois que vous avez acheté votre billet, vous ne pouvez plus changer d'avis. Si vous n'êtes pas satisfait du service rendu par la compagnie, tant pis. Autre inconvénient : cela isole réellement de la population. Il est bon d'avoir des

contacts autres qu'avec le chauffeur du bus. Acheter des tickets de minibus au fur et à mesure de son périple revient un peu plus cher, mais cela confère beaucoup plus de souplesse.

Ces billets sont néanmoins tentants et ont beaucoup de succès. Nous vous recommandons de vous les procurer dans les cafés de Ho Chi Minh-Ville et de Hanoi.

MINIBUS

Il existe deux catégories de minibus : les publics et les charters.

Minibus publics

Les minibus publics (détenus par des sociétés privées) ne concernent que le marché intérieur. Ils partent lorsqu'ils sont pleins et s'arrêtent en chemin pour ramasser le plus grand nombre de passagers possible. Il peuvent également faire le tour de la ville pour "chasser" de nouveaux clients avant de prendre la route nationale. Les fréquents arrêts pour se lester ou se délester de passagers, de bagages et de poulets peuvent rendre le trajet interminable. Bref, c'est une réplique – à petite échelle – des bus publics. Ces minibus sont regroupés aux abords des gares routières mais peuvent passer vous prendre à votre hôtel.

Minibus charters

Au Vietnam, la majorité des voyageurs indépendants privilégient ce moyen de locomotion à la demande. Certains ne transportent que des étrangers, d'autres s'adressent également aux Vietnamiens fortunés. Ces véhicules sont véritablement luxueux : l'air conditionné est de rigueur et les sièges confortables. Beaucoup plus chers que les bus publics, ils restent malgré tout très abordables.

Dans les endroits touristiques, on ne manquera pas de vous proposer des places dans ces minibus charters. Les petits hôtels et les cafés sont les meilleurs endroits pour obtenir des renseignements. Néanmoins, certains cafés sans scrupules vous vendent un billet au prix touristique puis vous font monter dans un bus local branlant.

Lorsqu'ils ne sont pas complets, les minibus charters peuvent prendre des passagers en route. Toutefois, les compagnies dignes de ce nom ne prennent pas plus de passagers qu'il y a de sièges et n'acceptent pas les voyageurs ayant trop de bagages. Si vous payez le prix fort pour un minibus charter surchargé, vous êtes victime d'une escroquerie.

TRAIN

Les 2 600 kilomètres du réseau ferroviaire vietnamien (Duong Sat Viet Nam) se déploient le long de la côte entre Ho Chi Minh-Ville et Hanoi et relient la capitale à Haiphong. Les trains sont peut-être encore plus lents que les bus kamikazes, mais on y voyage plus confortablement et en bien plus grande sécurité. Les responsables des chemins de fer ont d'ailleurs amélioré le confort aux touristes étrangers. Aussi, il est désormais possible de voyager en couchette climatisée dans les express.

Avant d'opter pour le bus ou le train, vérifiez les heures d'arrivée : trouver un hôtel à 3h du matin n'a rien d'amusant. Les express vietnamiens restent lents, comparés à leurs équivalents occidentaux. Cet inconvénient s'atténue toutefois avec l'amélioration des voies et du matériel. L'express le plus rapide entre Hanoi et Ho Chi Minh-Ville met 36 heures, soit 48 km/h en moyenne. Le plus lent parcourt ces 1 726 km en 44 heures, à une vitesse moyenne de 39 km/h.

Des trains régionaux effectuent seulement une partie du trajet, comme Ho Chi Minh-Ville/Nha Trang par exemple. Leur locomotive s'essouffle souvent à 15 km/h. Une des raisons de cette excessive lenteur est le fait qu'il n'existe qu'une seule voie entre Ho Chi Minh-Ville et Hanoi : les trains ne peuvent se croiser qu'en certains points équipés d'une voie d'attente, le retard de l'un provoquant donc le retard de l'autre.

Les vols à bord des trains sont fréquents. Les Vietnamiens vous diront que les gamins traînant dans les gares et sur les quais sont des voyous en puissance. Des voleurs sont devenus experts dans l'arrachage des sacs par la fenêtre au moment où le train s'ébranle. Mieux vaut rester à proximité de vos bagages et les attacher, surtout la nuit.

Les enfants qui lancent des pierres au passage du train constituent un autre impondérable. Certains passagers ayant été gravement blessés, nombre de conducteurs insistent pour qu'on baisse le volet métallique, occultant ainsi paysage.

Vous ne pouvez normalement pas voyager avec plus de 20 kilos de bagages, encore que le contrôle ne soit pas bien strict. Si vous dépassez largement cette limite, vous pouvez, sans trop bourse délier, les enregistrer en bagages non accompagnés. Ce procédé est très pratique pour les bicyclettes. Assurez-vous que le train dans lequel vous voyagez est bel et bien équipé d'un wagon de fret (la plupart en ont), faute de quoi vos bagages risquent d'arriver après vous.

Vous restaurer pendant le voyage n'est pas un problème. Des vendeurs envahissent les wagons lors des arrêts en gare pour vous proposer de quoi manger, boire et fumer. Toutefois, le prix des billets longue distance incluent les repas, servis par la compagnie. Vous pouvez aussi faire provision de vos mets favoris avant un long trajet.

Horaires

Les trains à numéro impair se dirigent vers le sud, ceux à numéro pair, vers le nord. Le train le plus rapide, l'*Express de la Réunification*, circule entre Ho Chi Minh-Ville et Hanoi en ne faisant que quelques haltes. Si vous voulez vous arrêter dans une petite bourgade entre ces deux grandes villes, vous devrez emprunter un train local, plus lent. Outre ce parcours Ho Chi Minh-Ville/Hanoi, de petites lignes secondaires relient Hanoi à Haiphong et à la frontière chinoise.

Le système de réservations ferroviaires n'est malheureusement pas encore informatisé. Vous n'aurez aucune difficulté à vous procurer un billet à Ho Chi Minh-Ville ou à Hanoi, mais ce sera beaucoup moins facile à partir d'une étape. Ainsi, si vous souhaitez prendre l'*Express de la Réunification* de

La ligne ferroviaire Hanoi/Ho Chi Minh-Ville

La construction de ces 1 726 km de ligne ferroviaire entre Hanoi et Ho Chi Minh-Ville – le Transindochinois – a commencé en 1899, sous le gouverneur général Paul Doumer, et s'est achevée en 1936. A la fin des années 30, le trajet Hanoi/Ho Chi Minh-Ville durait 40 heures et 20 minutes, à une vitesse moyenne de 43 km/h. Pendant la Seconde Guerre mondiale, les Japonais employaient massivement ce réseau : il fut donc saboté par les Viet Minh et bombardé par l'aviation américaine. Après la guerre, la restauration du Transindochinois fut entreprise.

Durant la guerre d'Indochine avec la France, les Viet Minh détruisirent massivement le chemin de fer, démontant parfois plusieurs kilomètres de voie en une nuit. En représailles, les Français introduisirent en 1948 deux trains blindés équipés de canons à tourelles, de mitrailleuses antiaériennes, de lance-grenades et de mortiers (des trains similaires sont utilisés de nos jours au Cambodge sur le front Phnom Penh/Battambang). Pendant cette période, les Viet Minh réussirent à mettre en service 300 km de voie ferrée dans une région entièrement sous leur contrôle (entre Ninh Hoa et Danang), que les Français sabotèrent à leur tour.

A la fin des années 50, le Sud, grâce à l'aide financière américaine, reconstruisit les 1 041 km de voie entre Ho Chi Minh-Ville et Hué. Entre 1961 et 1964, on dénombra 795 attaques vietcong sur le réseau, ce qui conduisit à l'abandon forcé de larges portions, dont l'embranchement de Dalat. Un énorme effort de reconstruction fut déployé de 1967 à 1969 et trois tronçons remis en service : l'un dans le voisinage immédiat de Ho Chi Minh-Ville, un autre entre Nha Trang et Qui Nhon et un troisième entre Danang et Hué.

En 1960, le Nord avait réparé 1 000 km de voie ferrée, principalement entre Hanoi et la Chine. Pendant la guerre aérienne entre les États-Unis et le Vietnam-Nord, le réseau ferroviaire fut bombardé à maintes reprises. Aujourd'hui, on voit encore des cratères de bombes autour de presque tous les ponts de chemin de fer et les gares ferroviaires du Nord.

Après la réunification, le gouvernement décida aussitôt de rétablir la liaison ferroviaire entre Hanoi et Ho Chi Minh-Ville, en symbole de l'unité vietnamienne. Lorsque les *Express de la Réunification (Thong Nhat)* furent inaugurés, le 31 décembre 1976, 1 334 ponts, 27 tunnels, 158 gares et 1 370 aiguillages avaient été réparés.

Nha Trang à Hué, les employés de la gare de Nha Trang ne sont pas toujours informés des disponibilités et, parfois, ne peuvent vous vendre de billet, quand bien même il reste des places à bord du train. Ce problème finira par se résoudre un jour.

Six *Express de la Réunification* quittent quotidiennement la gare de Ho Chi Minh-Ville entre 9h et 22h30. Le même nombre de trains quittent Hanoi entre 5h et 18h40.

Il existe en outre un service régional. L'un de ces trains quitte Ho Chi Minh-Ville chaque jour à 18h, pour arriver à Nha Trang à 5h30. Au retour, le départ de Nha Trang se fait à 18h. Le train atteint Ho Chi Minh-Ville à 4h20. Un autre dessert Hué au départ

de Ho Chi Minh-Ville, tous les jours à 10h. Il revient de Hué à 10h10.

Les horaires variant tous les six mois, nous nous contenterons de vous donner une idée des fréquences et de la durée des trajets. Les horaires des trains sont disponibles dans la majorité des gares, et vous pouvez les photocopier. A une certaine époque, ces photocopies étaient délivrées gratuitement dans quelques gares, mais cette pratique semble avoir disparu. Il faut savoir que les horaires des trains ne varient strictement à rien lors des festivités du Têt : l'*Express de la Réunification* arrête de fonctionner pendant 9 jours (4 jours avant la fête proprement dite et jusqu'à 4 jours plus tard).

Tarifs de l'Express de la Réunification, depuis Hanoi

Hanoi-Ho Chi Minh-Ville (HCMV) ; 44/40 heures

Gare de départ	Distance de Hanoi	Siège dur	Siège rembourré	Couchette inférieure	Couchette médiane	Couchette supérieure	Couchette rembourrée
Nam Dinh	87 km	3/3 \$US	3/3 \$US	5/6 \$US	5/5 \$US	4/5\$US	5/6 \$US
Ninh Binh	115 km	4/4 \$U	4/4 \$US	6/7 \$US	6/6\$US	6/6 \$US	7/8 \$US
Thanh Hoa	1 551 km	5/6 \$US	6/6 \$US	9/10 \$US	9/9 \$US	8/9 \$US	10/11 \$US
Vinh	319 km	9/10 \$US	9/10 \$US	17/18 \$US	15/18 \$US	14/15\$US	17/19 \$US
Dong Hoi	522 km	14/16 \$US	16/17 \$US	27/29 \$US	24/27 \$US	22/27 \$US	28/32 \$US
Dong Ha	622km	17/18 \$US	18/20 \$US	32/35 \$US	27/32 \$US	26/29 \$US	33/38 \$US
Hué	688 km	19/20 \$US	20/22 \$US	35/38 \$US	32/35 \$US	28/32\$US	36/32 \$US
Danang	791 km	21/23 \$US	23/25 \$US	40/44 \$US	36/40 \$US	33/32 \$US	42/36 \$US
Quang Ngai	928km	25/27 \$US	27/29 \$US	47/51 \$US	43/49 \$US	38/43 \$US	49/56 \$US
Dieu Tri	1 096 km	29/32 \$US	32/35 \$US	55/61 \$US	50/55 \$US	45/55 \$US	57/50 \$US
Tuy Hoa	1 195 km	32/35 \$US	35/38 \$US	60/66 \$US	55/60 \$US	53/55 \$US	62/72 \$US
Nha Trang	1 315 km	38/41 \$US	41/45 \$US	72/79 \$US	65/72 \$US	59/65 \$US	75/86 \$US
Thap Cham	1 408 km	41/44 \$US	44/48 \$US	77/84 \$US	70/77 \$US	62/70 \$US	80/92 \$US
HCMV	1 726 k	46/49 \$US	49/54 \$US	87/95 \$US	78/87 \$US	70/78 \$US	90/103 \$US

Hanoi-HCMV ; 36 heures

Gare de départ	Distance de Hanoi	Siège rembourré	Couchette inférieure	Couch. média.	Couch. supér.	Couch. dure	Couch. rembour.	Couch. ventil.
Vinh	319 km	12 \$US	20 \$US	18 \$US	17 \$US	21 \$US	21 \$US	27 \$US
Hué	688 km	25 \$US	41 \$US	38 \$US	35 \$US	45 \$US	45 \$US	57 \$US
Danang	791 km	29 \$US	48 \$US	44 \$US	40 \$US	51 \$US	51 \$US	66 \$US
Dieu Tri	1 096 km	40 \$US	66 \$US	61 \$US	55 \$US	71 \$US	71 \$US	91 \$US
Nha Trang	1 315 km	52 \$US	85 \$US	79 \$US	72 \$US	93 \$US	93 \$US	119 \$US
HCMV	1 726 km	82 \$US	103 \$US	95 \$US	89 \$US	111\$US	111 \$US	143 \$US

Trois voies ferrées relient Hanoi à d'autres villes du Nord. L'une d'elles aboutit au port d'Haiphong, la deuxième se dirige vers Lang Son et la frontière chinoise du nord-est, puis vers Nanning, en Chine. La dernière continue vers le nord-ouest jusqu'à Lao Cai et rejoint Kunming, en Chine.

N'oubliez *jamais* de conserver votre billet jusqu'à ce que vous soyez sorti de la gare d'arrivée. Les voyageurs qui le jettent à leur descente du train se retrouvent bloqués par des contrôleurs, qui leur interdisent de quitter les lieux. Dans ce cas, on peut vous contraindre à racheter un billet plein tarif.

Classes

Les chemins de fer vietnamiens comporte cinq classes distinctes : le siège en bois (dur), le siège rembourré (mou), la couchette en bois (dure), la couchette rembourrée ordinaire, et la couchette rembourrée climatisée. Il est difficile de trouver de la place sur les sièges en bois, qui sont les seuls à la portée de la majorité des Vietnamiens. Les sièges en bois sont tolérables pendant la journée, mais encore moins confortables qu'un bus la nuit. Les sièges rembourrés sont recouverts de vinyle.

Les couchettes en dur, les plus économiques, se trouvent dans des compartiments sans porte, sur deux fois trois niveaux. Les Vietnamiens paraissant peu apprécier l'altitude, les couchettes du haut sont les moins chères. Nous vous conseillons celles du milieu, les couchettes du bas étant facilement envahies le jour par des voyageurs sans siège.

Les couchettes rembourrées se répartissent sur deux niveaux (soit 4 lits par compartiment fermé), toutes au même prix.

L'express le plus rapide propose en outre des couchettes rembourrées dans des compartiments climatisés.

Réservations

La demande dépasse fréquemment l'offre. Les réservations doivent être faites au moins un jour à l'avance, trois jours à l'avance pour une couchette.

La présentation du passeport et du visa peut être exigée pour acheter un billet.

Il n'est pas obligatoire de prendre son billet à la gare. Beaucoup de voyagistes, d'hôtels et de cafés s'en chargent moyennant une petite commission.

Si vous arrivez tôt (par exemple à 7h30) dans une gare ferroviaire du centre du Vietnam, on peut vous dire qu'il n'y a plus de places pour Hanoi ou Ho Chi Minh-Ville. Cela signifie simplement qu'il n'y en a pas *pour l'instant*, mais qu'il y en aura peut-être à partir de 20h, quand les bureaux de ces villes auront téléphoné pour donner l'état des réservations. Vous n'avez pas à payer de bakchich pour ces billets de dernière minute, il vous suffit de rester dans les parages, d'être poli et persévérant. Là encore, le truchement d'une agence de voyages peut épargner cette épreuve. Bien sûr, il arrive que le train soit effectivement complet.

Vous ne pouvez réserver que depuis votre point de départ. A Nha Trang, par exemple, vous pouvez réserver une place pour Danang, mais pas pour le trajet Danang-Hué. Les gares étant souvent éloignées du centre, mieux vaut faire la réservation de votre prochain parcours en descendant du train.

Si vous voyagez avec une bicyclette (pour laquelle vous payez un petit supplément), sachez qu'il n'est possible de la sortir du wagon des bagages accompagnés qu'à certaines gares.

Tarifs

Le train est officiellement quatre fois plus cher pour les étrangers que pour les Vietnamiens. Le billet Ho Chi Minh-ville/Hanoi en couchette économique revient à 100 $US, prix à comparer au coût de l'avion (173 $US).

Certains voyageurs réussissent à payer le prix pratiqué pour les locaux, un exploit à peu près impossible si l'on n'a pas le type asiatique. Même dans ce cas, vous devez demander à un ami d'acheter votre billet, puisqu'on exige une pièce d'identité au guichet. Le prix "étranger" ou "citoyen vietnamien" et le nom de l'acheteur figurent de toute façon sur le billet, aussi n'espérez pas berner un contrôleur, même en vous cachant.

Les tarifs en vigueur dépendent de la vitesse du train, les plus rapides étant les plus chers. La première partie du tableau ci-contre indique les prix des *Express de la Réunification*, qui relient Ho Chi Minh-Ville à Hanoi en 44 et 40 heures. La seconde partie indique les tarifs, plus chers, de celui qui ne met que 36 heures.

Transporteurs privés

A l'heure où nous rédigions cet ouvrage, Victoria Hotels and Resorts (☎ 933 0318, fax 933 0319, e-mail victoria@fpt.vn), au 33A, Pham Ngu Lao, Hanoi, inaugurait une nouvelle ligne ferroviaire entre Hanoi et Ho Chi Minh-Ville. Le trajet sera plus court, et le train promet d'être luxueux. Néanmoins, ces services risquent de coûter. Contactez directement la société pour les tarifs et les horaires.

VOITURE ET MOTO

Du fait de l'inconfort et du manque de fiabilité des transports publics vietnamiens, la location d'un véhicule est une option fréquemment adoptée. Avoir son propre moyen de locomotion donne une souplesse maximale pour s'arrêter où et quand on le désire.

Le mauvais état des routes peut ralentir votre allure et fatiguer le conducteur. En général, les artères principales sont bitumées et raisonnablement entretenues, mais les inondations peuvent causer des problèmes saisonniers. Un gros typhon creusera d'énormes nids de poule et, dans les contrées reculées, les routes en terre se transformeront en un océan de gadoue. Mieux vaut les affronter avec une voiture ou une moto tout-terrain. Les routes montagneuses sont particulièrement dangereuses : glissements de terrain, chutes de pierres et conducteurs perdant le contrôle de leur véhicule donneront au moins du piment à votre voyage.

Si les pompes des stations-service affichent "Regular" (normal), "Super-Unleaded" (super sans plomb), ou autre, cela ne signifie rien sinon que la machine a été achetée à l'étranger. L'essence possède toutefois un indice d'octane : 86 est le plus bas et 95 le plus élevé, mais on voit parfois plusieurs graduations intermédiaires.

De petits stands, postés le long des grands axes routiers, proposent de l'essence (*xang*) et de l'huile (*dau*) au marché noir, dans des bouteilles de limonade. Dans les campagnes, vous verrez ces bouteilles empilées au bord de la route à proximité des stands. A Ho Chi Minh-Ville, où cette pratique est interdite, les vendeurs coincent entre deux briques un journal enroulé sur lui-même et placé à la verticale. Ce signe est connu en milieu urbain pour indiquer l'emplacement d'un stand d'essence. Attention : ce carburant de marché noir contient souvent du kérosène (moins cher), ce qui risque fort d'endommager votre moteur. Ne l'utilisez qu'en cas d'urgence. Si le vendeur vous soutient que l'essence en bouteille est aussi chère que celle des stations classiques, mieux vaut passer votre chemin.

Si vous voyagez en moto, vous pourrez en principe la rentrer dans l'hôtel. En voiture, essayez de trouver un hôtel équipé d'un garage ou d'une enceinte clôturée, ou un garage couvert indépendant. La nuit, il n'est pas prudent de laisser sa voiture dans la rue.

A moto, prenez garde aux coups de soleil, voire aux brûlures. Couvrez les zones exposées ou protégez-les avec un écran total. Pensez également aux violentes averses qui s'abattent par intermittence.

Munissez-vous de combinaisons ou de ponchos imperméables, surtout pendant la mousson. Les crèmes solaires sont rares au Vietnam, mais vous trouverez partout des équipements de pluie.

Code de la route

Il est tout bonnement inexistant. Le plus gros véhicule gagne la partie par défaut. Sur la route, faites particulièrement attention aux enfants, qui parfois jouent à la marelle au beau milieu des grands axes routiers ! Quantité de petits garçons raffolent du jeu jeu qui consiste à projeter bras et jambes devant un véhicule en pleine course et à les rétracter à la dernière seconde.

Les enfants s'amusent à jeter des cailloux sur les véhicules, en particulier dans le Nord. Le bétail qui traverse la route est également dangereux : percutez une vache à moto, et vous voilà transformé en hamburger.

Contrairement à la plupart des pays où la circulation est à droite, il est interdit, dans les villes vietnamiennes, de tourner à droite à un feu rouge. Il est facile d'oublier cette particularité, et la police vous infligera une amende.

Si vous êtes impliqué dans un accident, sachez qu'il ne faut surtout pas appeler la police. Elle confisque le véhicule de chaque partie, que le propriétaire soit responsable ou non, et exige le paiement d'une coquette somme (environ 100 $US) pour le récupérer. Quand deux Vietnamiens ont un accident, ils polémiquent généralement pendant une demi-heure pour savoir qui est en tort. Le premier qui est à bout d'arguments dédommage l'autre, et l'affaire est close. Votre qualité d'étranger vous place en position d'infériorité lors de ces tractations. Peut-être est-il plus prudent de feindre quelque blessure et de proposer à l'autre partie une indemnisation des dommages mineurs. Si la manœuvre échoue et qu'on vous réclame une compensation financière excessive, vous pourrez toujours suggérer l'arbitrage de la police. On vous croira assez fou pour mettre votre menace à exécution, et l'on conclura sans doute les négociations dans les plus brefs délais.

Voiture. Si les policiers font fréquemment payer aux conducteurs toutes sortes d'infractions réelles ou imaginaires, on n'a jamais vu quelqu'un se faire arrêter pour excès de vitesse. Au Vietnam, on conduit systématiquement à la vitesse d'un Grand Prix.

Les coups de klaxon à tous les piétons et bicyclettes sont la règle de base d'une conduite prudente. Les gros véhicules pourraient tout aussi bien posséder une sirène permanente.

Le port de la ceinture de sécurité n'est pas obligatoire ; les Vietnamiens se moquent même des étrangers qui insistent pour l'attacher. En fait, vous aurez bien du mal à trouver une voiture équipée de ceintures de sécurité et d'un airbag : la plupart des Vietnamiens démontent ces articles "gênants".

D'après la loi, on est censé rouler en codes la nuit. Cela semble assez élémentaire, pourtant de nombreux chauffeurs roulent tous feux éteints, croyant économiser du carburant.

Moto. Aux termes de la loi, un vélomoteur est un engin motorisé à deux roues d'une capacité de 50 cc ou moins, pourvu ou non de pédales de bicyclette. Les motos, quant à elles, sont des véhicules supérieurs à 50 cc. Au Vietnam, vous n'avez pas besoin de permis pour circuler sur un vélomoteur. En revanche, pour vous déplacer à moto, vous devrez produire un permis de conduire international précisant que la conduite à moto vous est autorisée. En principe, les étrangers qui résident au Vietnam depuis six mois doivent se procurer un permis de conduire vietnamien, qui restera valable le temps de leur visa. S'ils font prolonger ce dernier, ils devront faire prolonger d'autant leur permis de conduire.

Sur le plan technique, la capacité maximale autorisée par la loi est, pour les motos, de 125 cc. Bien entendu, vous verrez circuler de plus grosses cylindrées, classifiées motocycle. Pour les conduire, leurs propriétaires doivent être membres d'une association de motocyclistes et se porter volontaires pour accomplir certains devoirs civiques (participer aux défilés patriotiques, aux événements sportifs, etc.). Quiconque désire rouler sur ces engins doit se plier à des démarches administratives considérables et s'attendre à de fréquents contrôles de police. Pour la plupart, les conducteurs de ces machines sont fils d'officiels de haut rang, qui parviennent apparemment à se faufiler entre les mailles de la réglementation. Certains étrangers jouissant de privilèges diplomatiques semblent également trouver le moyen de contourner la législation.

Le vol des deux-roues étant un problème constant, les grandes villes possèdent des parkings (*giu xe*) réservés aux bicyclettes et aux motos, en général une partie du trottoir délimitée par une simple corde. La garde de votre véhicule vous coûtera 0,20 \$US. Lorsque vous le déposez, un numéro est inscrit à la craie sur le siège ou agrafé au guidon, et l'on vous remet un reçu. Si vous l'égarez, le retrait de votre véhicule ne sera pas une mince affaire, surtout si les équipes de gardiens ont changé dans l'intervalle. En dehors de ces parkings signalés, certains étrangers demandent tout bonnement à un inconnu de surveiller leur machine. Comme l'explique un voyageur, cette idée n'est pas toujours judicieuse :

Nous avons demandé à des Vietnamiens de garder un œil sur notre moto pendant que nous partions explorer une plage dans une crique voisine. À notre retour, nos nouveaux "amis" avaient démonté certains éléments essentiels du moteur, qu'il nous a fallu leur racheter.

Les Vietnamiens doivent posséder une assurance-responsabilité pour leur moto, mais les étrangers ne sont pas couverts et il n'existe actuellement aucun moyen de régler ce problème. Si vous souhaitez vous assurer en cas de dommages corporels ou de décès, vous devez souscrire un contrat auprès d'une compagnie étrangère (vérifiez que les accidents de deux-roues sont inclus dans votre police). Prenez cette précaution avant votre départ.

Il est question que les autorités imposent le port du casque. La plupart des Vietnamiens dédaignent cette protection, parce qu'elle représente un investissement financier trop lourd et qu'elle convient mal au climat tropical. Vous trouverez des casques de qualité à Ho Chi Minh-Ville et à Hanoi pour 50 $US, ou une "coquille d'œuf" bas de gamme à 15 $US. Les motards peuvent se munir de leur casque, s'ils sont sûrs de le supporter sous la chaleur étouffante.

Légalement, une moto ne peut transporter que deux personnes, mais nous avons vu jusqu'à sept passagers sur un deux-roues (plus des bagages). En général, cette règle est respectée en ville et largement ignorée ailleurs.

Location

Voiture. Le Vietnam n'admet pas encore la location de voiture sans chauffeur mais vous trouverez des véhicules avec chauffeur un peu partout. Compte tenu du prix de la main-d'œuvre, louer un véhicule avec chauffeur et guide est une option sensée même pour les budgets serrés. Si vous êtes plusieurs, le prix par personne et par jour peut être très raisonnable.

Hanoi et Ho Chi Minh-Ville ne manque pas d'organismes officiels, de compagnies publiques et privées qui louent des voitures avec chauffeur. La location d'une voiture japonaise récente (avec chauffeur) auprès de Vietnam Tourism revient à 0,45 $US le kilomètre, avec un forfait minimal quotidien. Les compagnies privées, les organismes de tourisme provinciaux et d'autres agences offrent les mêmes prestations. Il est tout à fait possible de marchander. Quand vous serez parvenu à un accord, faites établir un contrat afin d'éviter toute contestation ultérieure.

Pour de simples excursions dans les environs de Ho Chi Minh-Ville ou de Hanoi, une voiture avec chauffeur louée à la journée coûte moins cher qu'à l'heure. Sachez qu'une journée compte 8 heures ou moins, avec une distance totale parcourue inférieure à 100 km. Sur cette base, une voiture de fabrication russe coûte 25 $US par jour (4 $US l'heure) ; un modèle japonais, 35/40 $US par jour (5/6 $US l'heure) suivant la taille et l'ancienneté ; et une limousine, 64 $US par jour (8 $US l'heure).

Il peut être avantageux de louer un minibus si vous formez un groupe nombreux. Avec 8 à 12 places environ, le prix par personne est encore moins élevé que celui d'une voiture. Ce type de véhicule offre l'avantage d'une garde au sol élevée permettant de passer aisément sur des routes accidentées.

Pour les mauvaises routes du Nord-Ouest du Vietnam, le seul véhicule sûr est le 4x4. Sans quatre roues motrices, les routes montagneuses bourbeuses peuvent être meurtrières. Les moins chers (et les moins confortables) sont les russes ; les 4x4 coréens ou japonais sont mieux adaptés.

A l'exception des véhicules russes et de ceux qui n'ont plus d'âge, la plupart bénéficient de l'air conditionné. Ces voitures climatisées ne revenant pas plus cher, spécifiez votre choix quand vous négociez le prix. Toutefois, notre propre expérience nous a appris qu'un véhicule non climatisé peut avoir son avantage.

Beaucoup de voyageurs ont loué des voitures à des particuliers. Certains n'ont pas eu à s'en plaindre, contrairement à d'autres. Ces soi-disant guides avec voitures offrent des tarifs défiant toute concurrence, mais ils ne sont pas assurés, et la loi leur interdit de transporter des touristes. Les conducteurs sont parfois suicidaires, et les véhicules, dans un état mécanique déplorable. De plus, vous risquez des ennuis avec la police. En général, mieux vaut trouver des compagnons et louer voiture et chauffeur auprès d'un organisme digne de confiance.

Presque tous les véhicules sont équipés d'un lecteur de cassettes. Apportez donc les vôtres ou achetez-en sur les marchés locaux.

Moto. On peut aujourd'hui louer une moto dans de nombreux endroits : cafés, agences de voyages, magasins spécialisés, hôtels, etc. Si vous ne voulez pas conduire, des conducteurs de cyclo-pousse seront tout à fait disposés à vous servir de chauffeur et de guide pour quelque 6 $US par jour. Toutefois, veillez à trouver quelqu'un qui vous semble compétent et d'un commerce agréable.

Le prix de location d'une moto dépend de sa taille. Pour une 50 cc (le modèle le plus populaire), vous paierez environ 7 $US par jour, avec un kilométrage illimité. Les prix commencent à 10 $US pour une moto courante, avec un supplément pour le kilométrage.

Faut-il ou non laisser un dépôt de garantie sous forme d'argent ou autre ? La plupart des motos récentes valent dans les 2 000 $US, et laisser une caution pour couvrir leur valeur réelle représente une somme considérable. Certains loueurs préfèrent donc conserver votre passeport ou votre visa jusqu'au retour de leur véhicule. Certes, vous remettez alors votre sort entre leurs mains, mais sachez qu'aucun d'eux n'a jamais perdu ces documents ni refusé de les restituer. Il est néanmoins plus sage de signer une convention (rédigée de préférence en français ou dans toute autre langue que vous comprenez) qui indiquera clairement la nature de l'engin loué, le coût de la location, le montant de l'indemnité due en cas de vol, etc. Les loueurs professionnels disposent généralement de convention-type.

Sur la plupart des motos, les rétroviseurs ont été démontés ou tournés de telle façon qu'ils ne puissent pas se casser. Cette pratique s'impose, surtout à Ho Chi Minh-Ville où l'on circule "au coude à coude". En revanche, si vous roulez sur les grands axes, nous vous conseillons de positionner vos rétroviseurs correctement. Il est toujours bon de savoir qu'un énorme camion fonce derrière vous.

Achat

Voiture. Les étrangers qui bénéficient du statut de résident peuvent acheter une voiture, mais ce serait une folie. En effet, en dehors de Hanoi et de Ho Chi Minh-Ville, un conducteur non vietnamien est pratiquement sûr de se faire arrêter par la police et de voir son véhicule confisqué.

Les sociétés étrangères peuvent également acquérir une voiture. Elles engagent alors généralement un chauffeur vietnamien plutôt que de laisser leurs salariés étrangers au volant. Les véhicules appartenant à des non-Vietnamiens portent une plaque d'immatriculation spéciale.

Moto. Hormis pour les résidents officiels, il est illégal d'acheter une moto pour visiter le Vietnam. Il est toutefois possible de contourner la loi, moyen sur lequel les autorités ont jusqu'à présent fermé les yeux. Pour ce faire, achetez un engin que vous déclarez au nom d'un ami vietnamien fiable. Certains vendeurs peuvent également vous permettre de laisser la moto achetée au nom de leur magasin. Vous devez alors faire confiance au propriétaire, ce qui, la plupart du temps, n'entraîne aucune mésaventure.

Que faire de la moto quand vous aurez bouclé votre itinéraire ? Si vous revenez dans la ville où vous l'avez acquise, vous pourrez la revendre au magasin qui vous l'a fournie (à un prix inférieur, s'entend). L'autre solution consiste à la céder à un voyageur ; mieux vaut donc acheter un véhicule bon marché. Les panneaux d'affichage des cafés de Ho Chi Minh-Ville et de Hanoi sont fort utiles à cet égard. Rappelez-vous, toutefois, qu'il est illégal d'acheter une moto et que vous risquez à tout instant de sévères pénalités.

Les motos japonaises sont les meilleures, mais aussi les plus chères. La Honda Dream recueille tous les suffrages… et a toutes les chances de se faire voler. Une Dream neuve coûte environ 2 700 $US.

A moins de dénicher une Honda d'occasion, affaire exceptionnelle, rabattez-vous sur une Minsk 125 cc, de fabrication russe, qui se vend en première main environ 550 $US. Sa qualité médiocre vous évitera de craindre le vol. Le moteur à deux temps dévore l'essence, et il faut mélanger manuellement l'essence et l'huile (veillez à n'employer que de l'huile deux-temps). Les bougies s'encrassent fréquemment ; prévoyez toujours une bougie de rechange et une clé adaptée. Malgré toutes ces contraintes, c'est une moto puissante, et on trouve facilement des pièces détachées et des gens pour la réparer. La Minsk présente l'énorme avantage de particulièrement bien tenir la route sur terrain boueux.

La Bonus, fabriquée à Taiwan, constitue un compromis raisonnable entre la Minsk et la Honda Dream. Neuve, cette 125 cc coûte environ 1 900 \$US. Elle a une bonne tenue de route sur le bitume, mais pas dans la boue.

D'autre motos, fabriquées en Europe de l'Est, se vendent à bas prix. Elles sont de mauvaise qualité et parfois illégales quand leur moteur dépasse les 125 cc.

BICYCLETTE

Au Vietnam, la bicyclette représente indubitablement le meilleur et le plus populaire moyen de transport pour circuler dans les villes et les bourgades. Aux heures de pointe, les rues sont bondées de cyclistes tâchant de négocier les carrefours sans feux de signalisation. Les gens n'arrêtent pas de se télescoper mais qu'importe, les chutes ne présentent aucune gravité ; la densité de la circulation interdit la vitesse. Les étrangers à bicyclette sont souvent salués avec enthousiasme par les Vietnamiens, étonnés de les voir pédaler…

Dans les campagnes, la bicyclette est le véhicule utilitaire par excellence. Vous verrez fréquemment des paysans transporter ainsi trois cochons ou 300 kg de légumes. On ne peut que s'émerveiller de la bonne tenue de ces charges.

Le pays est idéal pour les longs parcours à bicyclette : le relief est plat ou modérément montagneux, les routes principales tout à fait praticables et le trafic routier très clairsemé. Si la fatigue vous gagne, vous pouvez toujours charger votre vélo sur un bus ou dans le wagon à bagages d'un train.

Des groupes de cyclistes occidentaux commencent à visiter le Vietnam. Les terres plates de la région du delta du Mékong sont l'un des lieux privilégiés pour les longues excursions. La route côtière serait tout à fait faisable si la circulation insensée ne la rendait dangereuse.

Il est préférable d'éviter le vélo pendant les mois d'hiver au nord de la zone démilitarisée, à plus forte raison si vous allez du sud au nord. En effet, le vent de la mousson souffle du nord, et il n'y a rien de plus déprimant que de pédaler constamment avec un vent froid dans le nez.

Vous pourrez acheter un VTT ou un vélo à 10 vitesses dans une des quelques boutiques spécialisées de Hanoi et de Ho Chi Minh-Ville. Mieux vaut apporter le vôtre si vous projetez de faire de longues distances. Les VTT sont les bicyclettes les plus appropriées pour circuler au Vietnam, les montures légères risquant de ne pas résister aux nids de poule occasionnels et aux routes défoncées. Apportez également tout le matériel nécessaire (casque, feux de nuit, rétroviseur et nécessaire de réparation), car vous ne trouverez rien de ce genre sur le marché local. Pour les longues randonnées, prévoyez des pièces de rechange comme des rayons, des chambres à air, une pompe, des câbles de frein et une gourde. Prenez aussi quelques outils : une clef multi-usage et une petite bouteille de lubrifiant pour la chaîne. Une sonnette, la plus stridente possible, fait partie du matériel indispensable. Des gants rembourrés amortissent les chocs sur les routes défoncées. Il vous faut aussi une petite trousse pour réparer les chambres à air. N'oubliez pas de dégonfler vos pneus avant de charger dans l'avion, car votre bicyclette voyagera probablement dans une cabine non pressurisée, ce qui peut faire éclater les chambres à air.

Les hôtels et certaines agences de voyages commencent à louer des bicyclettes. Les prix varient, mais comptez environ 1 \$US par jour ou 0,20 \$US l'heure.

Il existe des réparateurs de bicyclettes dans toutes les villes et les villages du pays. Généralement, ces boutiques se signalent par une pompe, un casque militaire renversé et une vieille boîte à munitions pleine de boulons et de clés.

Faire gonfler ses pneus coûte 0,05 $US ; réparer une crevaison revient à peu près à 0,50 $US, selon la taille de la rustine. On emploie généralement des rustines que l'on applique en les brûlant. C'est plus long que d'utiliser de la colle, mais la réparation est efficace.

Beaucoup de voyageurs achètent une bicyclette bon marché en arrivant et la revendent ou en font cadeau à un ami vietnamien à la fin de leur séjour. Le premier prix d'une bicyclette fabriquée localement est d'environ 30 $US, mais elle sera de piètre qualité. Un vélo chinois à peu près digne de ce nom, sans changement de vitesse, coûte 60/80 $US ; un VTT taiwanais, 200 $US environ et un vélo japonais, aux alentours de 300 $US. On trouve parfois des bicyclettes de fabrication européenne, notamment les Mifa allemandes (environ 70 $US), les Eska tchèques (120 $US) et les Peugeot françaises (230 $US).

Les vélos fabriqués au Vietnam ont tous le même cadre (mixte) et ne se différencient que par leurs accessoires. Les cadres vietnamiens sont solides, mais les accessoires produits localement (freins, pédalier, pédales, vitesses et chambres à air) sont à éviter.

Vous verrez souvent deux Vietnamiens sur le même vélo, ce n'est généralement *pas* une bonne idée d'en faire autant, comme l'a constaté un voyageur :

J'ai loué un vélo à Saigon et j'ai eu l'idée géniale de vouloir transporter mon ami sur le porte-bagages pour rentrer à l'hôtel. A peine avions-nous fait quelques mètres que le pneu arrière a éclaté ! Je suis retourné à la boutique (en cyclo) et j'ai raconté que j'avais eu un accident. On ne m'a fait payer qu'un supplément de 3 $US. Conclusion : ces vélos chinois bon marché peuvent supporter le poids de deux Vietnamiens, mais apparemment pas le nôtre.

Thilo Shönfeld

EN STOP

Nous ne recommandons pas ce type de transport, qui n'est sûr dans aucun pays. Les voyageurs qui décident de se déplacer en auto-stop prennent un risque certain, même s'il est limité. Mieux vaut pratiquer le stop à plusieurs et toujours prévenir quelqu'un de l'endroit où l'on se rend.

Cela étant, les Occidentaux ne rencontrent pas de difficultés pour faire de l'auto-stop. Au Vietnam, c'est un mode de transport qui ne surprend pas les chauffeurs locaux, habitués à être fréquemment hélés par des piétons sur le bord de la route. Si vous voulez arrêter un bus, un camion ou tout autre véhicule, tendez le bras et agitez-le de haut en bas, perpendiculairement au sens de la circulation.

Les chauffeurs s'attendent généralement à ce que vous payiez votre passage. Certains vous l'offrent, mais n'y comptez tout de même pas trop. Si vous avez une tête d'étranger, vous serez sûrement pris très rapidement.

Il est préférable de faire le trajet du Nord au Sud, de Hanoi à Saigon, car la plupart des gens vont dans le sens inverse, payant leur trajet en voiture pour remonter au Nord. Il est donc facile de trouver un de ces véhicules redescendant à vide. Il suffit d'aller dans les grands hôtels et de s'entendre, la veille, avec les chauffeurs. J'ai également fait du stop en bord de route. Certains conducteurs y sont habitués et savent exactement combien demander. Toutefois, à certains endroits, le trafic est pratiquement inexistant. Mieux vaut alors s'y prendre très tôt.

Ivan Kasimoff

On en apprend beaucoup sur un véhicule en examinant sa plaque minéralogique. Les informations qui suivent devraient vous aider à prendre le bon bus et à ne pas faire signe, par erreur, à un camion de l'armée.

Il existe différents types de plaques minéralogiques. Les immatriculations en blanc sur fond vert signalent un véhicule gouvernemental. Celles des particuliers sont en noir sur fond blanc. Fond blanc aussi, avec des lettres vertes, pour le corps diplomatique, avec les lettres NG en rouge.

Les résidents étrangers ont les mêmes plaques que les diplomates, avec les lettres

NN pour les distinguer. Les véhicules militaires sont immatriculés en blanc sur fond rouge.

Les nombres à deux chiffres de la plupart des provinces sont répertoriés dans l'encadré *Codes provinciaux* du chapitre *Renseignements pratiques*.

A PIED

Les longues marches sont à proscrire en plaine, en raison de la chaleur tropicale et de la végétation très dense. Des randonnées sont cependant possibles en certains endroits, comme l'extrême nord du pays et les régions des Hauts Plateaux du Centre. Le pire de vos tracas viendra sans doute de la police. Il vous faudra peut-être des autorisations, en particulier si vous voulez passer la nuit dans des villages montagnards reculés et dépourvus d'hôtels.

Dans le Sud, région tropicale, la nuit tombe brusquement après un très bref crépuscule. En conséquence, consultez votre montre et calculez le temps nécessaire pour regagner la civilisation, ou préparez-vous à passer une nuit à la belle étoile.

Si vous préférez la course à la marche, il est intéressant de noter que la première course longue distance a eu lieu au Vietnam à la fin des années 80, lorsqu'un Occidental a couru de Hanoi jusqu'à Danang. Ne nous étonnons donc pas si les Vietnamiens prennent les étrangers pour des fous.

BATEAU

Le Vietnam compte un très grand nombre de voies d'eau partiellement navigables, les plus importantes étant sans conteste les multiples bras du Mékong. Des croisières panoramiques d'une journée sont organisées sur les rivières à Hoi An, Danang, Hué, Tam Coc et même Ho Chi Minh-Ville. Les bateaux sont utilisés comme mode de transport uniquement dans le delta du Mékong.

Parmi les croisières en mer, celle qui dessert les îles au large de Nha Trang est particulièrement prisée. Il est très pratique d'aller en bateau du delta du Mékong à l'île Phu Quoc. Si vous visitez la baie d'Along, la croisière autour des îles bordant le littoral

est quasiment obligatoire. Méfiez-vous de l'état du bateau : les petites embarcations à moteur (ou sans) ne sont pas rapides. Si l'eau est agitée, ces coquilles de noix vous ballotteront désagréablement et gêneront ceux qui sont prédisposés au mal de mer. Certains des petits bateaux de rivière ne peuvent accueillir que 3 ou 4 personnes. Si vous embarquez, il est prudent de mettre votre appareil photo dans un sac en plastique pour le protéger.

Dans certaines parties du Vietnam (notamment le delta du Mékong), vous devrez effectuer des traversées en bac et prendre alors quelques précautions. Les passagers sont invités à quitter les voitures pendant que celles-ci sont embarquées. Vérifiez que vos bagages ne craignent rien. Ne restez pas debout entre deux véhicules garés sur le ferry : ils peuvent rouler et vous seriez pris en sandwich. Prenez votre billet avant d'embarquer : il faut parfois l'acheter d'un côté de la rivière et le présenter à la sortie de l'autre côté. En revanche, sur certains petits bacs (qui ne transportent pas de voitures), le billet s'achète à bord.

TRANSPORTS LOCAUX
Bus

Au Vietnam, les transports urbains par bus comptent parmi les pires de toute l'Asie. Les réseaux de bus de Hanoi et de Ho Chi Minh-Ville se sont améliorés ces dernières années, mais ils sont à des années-lumière de celui de Hong Kong et, d'une façon générale, ne constituent pas un moyen de transport idéal. Fort heureusement, vous avez beaucoup d'autres solutions.

Taxi

Les taxis à l'occidentale avec compteur ont fait leur apparition à Ho Chi Minh-Ville en 1994 et se sont rapidement développés dans les autres villes.

Pour plus de renseignements, voir les rubriques *Comment s'y rendre* et *Comment circuler* de chaque ville. Hanoi compte plus de compagnies de taxis que n'importe quelle autre ville vietnamienne et a même dépassé Ho Chi Minh-Ville.

Cyclo-pousse

Le cyclo-pousse *(xich lo)* est un moyen de transport remarquablement pratique. Bon marché, non polluants, ils vous permettront de circuler sans encombre dans les villes vietnamiennes, où il n'est pas toujours facile de s'orienter. Qui plus est, ce moyen de déplacement vous donnera bonne conscience en matière de respect de l'environnement. On ne peut en dire autant des motocyclettes qui crachotent des gaz nocifs.

Des groupes de conducteurs de cyclo-pousse stationnent en permanence à proximité des hôtels et des marchés. Bon nombre d'entre eux parlent quelques mots d'anglais (dans le Sud, ce sont souvent des vétérans de l'armée) ou de français.

Pour être sûr d'avoir été compris, il est prudent de montrer au conducteur votre destination sur un plan.

Les conducteurs de cyclo-pousse sont tous des hommes, dont l'âge varie entre 15 et 60 ans environ. Parmi les jeunes, beaucoup ont quitté le monde rural pour venir chercher fortune à Hanoi ou Ho Chi Minh-Ville. Sans endroit où dormir, il leur arrive de passer la nuit dans leur cyclo. La plupart des conducteurs louent leur véhicule pour 1 \$US la journée. Les plus fortunés achètent leur propre cyclo-pousse pour 200 \$US, ce qui requiert un permis de résidence dans la ville où ils exercent leur activité. Les habitants émigrés des campagnes ne peuvent donc pas acquérir leur outil de travail. Plusieurs membres d'une même famille exercent souvent cette profession et se partagent le véhicule. Le métier n'est pourtant guère lucratif : le prix moyen au kilomètre est d'environ 0,20 \$US. Il faut presque toujours marchander : les chauffeurs savent qu'un dollar (ou son équivalent en dongs) n'a rien d'exorbitant pour un Occidental.

Si vous ne parvenez pas à vous entendre avec le chauffeur de cyclo qui attend devant votre hôtel, n'hésitez pas à héler un de ses confrères. L'important est de se mettre d'accord sur le prix *avant* la course, sous peine de devoir affronter une somme exagérée à l'arrivée.

Depuis 1995, les autorités exigent des conducteurs de cyclo-pousse qu'ils obtiennent leur permis, ce qui les oblige à passer un examen de sécurité routière.

N'oubliez pas de vous munir de monnaie avant d'emprunter un cyclo, car certains chauffeurs diront ne pas pouvoir vous rendre la monnaie sur un billet de 5 000 d. Un cyclo-pousse revient moins cher à l'heure qu'au kilomètre. Le prix moyen s'élève à 1 \$US l'heure.

J'avais fait toute une séance de marchandage gestuel avec un chauffeur de cyclo-pousse, pour découvrir à la fin de la course qu'il négociait en dollars et moi en dongs ! A sa grande déception, il a obtenu 10 000 d et non 10 \$US, mais j'ai eu un mal fou à m'en sortir.

Mike Conrad

Il faut préciser que ces quiproquos sont parfois sincères et ne constituent pas systématiquement une tentative d'escroquerie. En fait, personne, pas même un Vietnamien, ne peut louer un cyclo-pousse pour 1 000 d. Le prix de la course aurait dû être 1 \$US. La meilleure solution est de marchander tout en écrivant le montant noir sur blanc.

Récemment, à Ho Chi Minh-Ville, on a entendu parler de voyageurs agressés par leur conducteur de cyclo. Le chauffeur prend un raccourci dans une sombre ruelle où l'attendent ses complices. En 1998, un médecin américain en mission bénévole, venu rendre une visite amicale à un patient, a été retrouvé assassiné : la dernière fois où on l'a vu, il prenait un cyclo pour rentrer à son hôtel. La leçon à retenir, peut-être, est de ne recourir aux cyclos-pousse qu'en journée. Jusqu'à présent, le problème se limite à Ho Chi Minh-Ville, mais rien ne garantit que le reste du pays sera épargné.

Honda om (moto-taxi)

Les *Honda om* sont des motos ordinaires sur lesquelles le client s'installe à l'arrière, autrement dit des moto-taxis. N'espérez pas les voir équipées d'un compteur : négociez le tarif à l'avance. La course est un peu plus chère qu'en cyclo-pousse pour les courtes

S'orienter en ville

Il est facile de se repérer dans les villes vietnamiennes, et pour cause : le vietnamien s'écrit en caractères latins. On peut donc au moins lire les plans et les panneaux de rue (même si leur prononciation est incompréhensible !). Aucun problème pour savoir où l'on se trouve, les indications abondent. Quasiment toutes les boutiques et tous les restaurants indiquent leur adresse à côté de leur nom. Les noms des rues figurent parfois en abrégé sur les panneaux (par exemple, DBP pour la rue Dien Bien Phu).

La plupart du temps, les numéros de rue se suivent, les pairs faisant face aux impairs. Signalons tout de même d'importantes exceptions à la règle. Dans certains endroits, des immeubles qui se suivent sont numérotés 15A, 15B, 15C, etc., alors qu'ailleurs ils sont numérotés 15D, 17D, 19D, etc. Parfois même, à Ho Chi Minh-Ville et à Danang notamment, l'ancien système de numérotation se mélange au nouveau. Une adresse peut donc porter le numéro 1743/697. Dans certains cas (par exemple dans Đ Lac Long Quan, où se trouve la pagode Giac Lam, à Ho Chi Minh-Ville), plusieurs rues, avec chacune leurs propres numéros, ont été réunies en une seule sans que la numérotation en ait été modifiée. Lorsque vous la parcourez, les chiffres commencent aux unités et vont jusqu'aux centaines (voire milliers), puis reviennent aux unités.

Les postiers vietnamiens connaissent les abréviations et les termes anglo-saxons tels que "street" (st), "road" (rd) et "boulevard" (blvd), mais ce n'est pas ce que vous verrez indiqué sur les panneaux dans Ho Chi Minh-Ville. Il existe plusieurs façons de traduire le mot "rue" en vietnamien. A Ho Chi Minh-Ville, on utilise principalement les termes "Dai Lo" et "Duong".

Quelques tuyaux : certains restaurants sont baptisés d'après leur adresse. Ainsi, "Nha Hang 51 Nguyen Hue (*nha hang* signifie restaurant) se trouve au numéro 51 Đ Nguyen Hue. Si vous voyagez en bus ou en voiture, une bonne manière de s'orienter est de chercher la poste – les mots suivant Buu Dien (poste) sur le panneau correspondent au nom du district, de la ville ou du village où vous vous trouvez.

distances, à peu près identique pour de plus longs parcours. C'est un moyen de transport tout à fait honorable, à condition de ne pas avoir trop de bagages.

Dans les endroits populaires (marchés, hôtels, gares routières), vous verrez quantité de chauffeurs de Honda om à la recherche de clients. Leur comportement est suffisamment ostensible pour ne pas les rater. Toutefois, vous risquez d'avoir du mal à en trouver si vous marchez simplement dans la rue. Il n'existe pas de procédure particulière pour trouver un motocycliste acceptant de faire le taxi. Vous pouvez essayer d'en héler un ou demander à un Vietnamien de vous en trouver un.

Xe lam

Les *xe lam* sont de mini-camionnettes à trois roues utilisées pour le transport des passagers et des marchandises. Ils sont généralement équipés d'un moteur de scooter qui pétarade et crache d'épaisses volutes de fumée bleue.

A pied

La connaissance de certaines règles locales de survie pour les piétons vous évitera de finir écrasé, tout spécialement à Ho Chi Minh-Ville. La méthode occidentale consiste à prendre son élan et à courir de l'autre côté de l'artère. Quelle erreur ! Un vrai Saigonnais traverse très lentement, pour donner aux motocyclistes le temps d'apprécier sa position et de choisir de quel côté le contourner.

Sachez qu'un Vietnamien en moto ne s'arrête *jamais*, ne ralentit même pas, mais qu'il ne cherche pas non plus à vous écraser. Surtout ne faites pas de mouvement brusque. Bonne chance !

Traverser une rue à Ho Chi Minh-Ville est tout un art. Il faut se déplacer lentement mais être sûr de soi et ne pas hésiter, sauf si un bus arrive. Dans ce cas, les conseils ci-dessus ne s'appliquent pas, il faut… COURIR !

Ron Settle

Particularité du delta du Mékong
Les deux moyens de transport les plus utilisés dans le delta du Mékong sont le *xe dap loi*, un chariot tracté par une bicyclette, et le *xe Honda loi*, tracté par une moto.

CIRCUITS ORGANISÉS
Si vous décidez de louer une voiture avec chauffeur et guide, vous aurez la possibilité de choisir votre itinéraire et de voyager en toute liberté.

Le coût dépendra de l'organisme ou de l'agence avec lequel vous traiterez. Vous paierez plus cher dans les bureaux de tourisme officiels tels que Saigon Tourist ou Vietnam Tourism. Une excursion organisée par leur intermédiaire revient à 50 ou 60 $US par jour et par personne (moins si vous êtes plusieurs à partager les chambres).

Les étudiants bénéficient d'une réduction de 15% sur présentation de leur carte d'étudiant internationale et d'une lettre officielle de leur université.

Ces prix comprennent l'hébergement dans un hotel de classe touriste (comptez au moins 25 $US la nuit pour une chambre individuelle), un guide qui vous accompagnera partout, un guide local dans chacune des provinces visitées, un chauffeur et une voiture. Insistez pour avoir un guide parlant couramment une langue que vous connaissez, ce qui est souvent un problème avec les guides officiels. Le prix de la voiture est calculé sur une base kilométrique, mais il dépend du type de véhicule choisi. N'oubliez pas de demander une copie de votre itinéraire à l'agence de voyages. Si vous constatez ultérieurement des modifications, ce document vous servira de référence. Si votre guide souhaite vous l'emprunter, donnez-lui une photocopie afin de rester en accord. Un voyageur raconte :

Notre guide était incroyablement têtu et arrogant, toujours certain d'en savoir plus que nous. Dès que nous tentions de lui dire quelque chose, il développait une surdité soudaine. Dès qu'il avait des doutes sur quelque chose (comme l'emplacement d'un hôtel, le nom d'un temple, etc.), il nous empruntait notre guide Lonely Planet.

Les services d'un bon guide s'avèrent précieux, car il vous sert d'interprète et de compagnon de voyage. Il vous aide également à économiser, en marchandant les prix à votre place et en vous évitant des problèmes avec la police. Un mauvais guide peut en revanche vous gâcher le plaisir. Avant de partir, soyez sûr que vous vous entendrez bien et mettez-vous d'accord sur le prix. La rémunération moyenne d'un guide privé est généralement de 5 à 7 $US par jour. Il est d'usage de lui accorder une prime à l'arrivée si vous êtes satisfait de ses services.

Un guide appartenant à une agence officielle vous coûtera 20 $US par jour, dont peut-être 5 $US seulement iront dans sa propre poche.

Si vous louez les services d'un guide privé, vous devez aussi prendre en charge ses frais personnels (avec un guide officiel, il n'y a pas de règle, il faut le lui demander). Cela coûtera forcément moins cher si vous partagez les frais avec d'autres voyageurs.

Les voyageurs en solo peuvent recruter un guide possesseur d'une moto. Dans ce cas, il faut régler l'essence et les parkings. Si la police vous arrête, n'allez *surtout pas* dire que cette personne vous sert de guide, car il lui est interdit d'exercer cette activité sans licence. Vous déclarerez donc qu'il s'agit d'un "ami". Bien sûr, s'il doit payer une amende, vous la lui rembourserez. En général, on peut faire baisser le montant de la pénalité à 5 $US, voire moins.

Le meilleur moment pour chercher un guide semble être le matin, dans les cafés, entre 7 et 9h. Sinon, tentez votre chance le soir, la majorité des bons guides travaillant pendant la journée. A Hanoi et Ho Chi Minh-Ville, ce sont souvent des femmes qui vous serviront de guides pour faire le tour de la ville et des environs. Il est rarissime d'en trouver une qui accepte de partir pour un long circuit.

Hanoi

Hanoi est émaillée de lacs, d'avenues ombragées et de jardins publics verdoyants où flânent de jeunes amoureux en jeans tandis que leurs vénérables aînés répètent les mouvements lents de la gymnastique chinoise. Les commerçants prospères de Hanoi sont le reflet vivant des réformes économiques récentes du pays, tandis que le mode de vie traditionnel se perpétue dans une vieille ville pleine de charme, témoin du riche héritage culturel de la cité.

La capitale de la République socialiste du Vietnam (RSV) compte un million d'habitants, et chacun la perçoit d'un œil différent. La plupart des étrangers de passage la trouvent reposante et pleine de charme. Hanoi paraît en tout cas infiniment plus séduisante que Ho Chi Minh-Ville : moins de circulation, moins de bruit et de pollution, davantage d'arbres et d'espace. Si d'aucuns la considèrent comme le Paris asiatique, les Parisiens peuvent voir dans cette comparaison une insulte ou un compliment. Le centre de Hanoi constitue un véritable musée d'architecture, avec ses bâtiments ocres à l'inimitable charme colonial. Ses habitants ont la réputation d'être plus réservés, mais aussi plus accueillants, que leurs compatriotes du Sud.

Pour les étrangers, Hanoi a longtemps fait figure de ville à éviter. Bon nombre d'Occidentaux – voyageurs à petit budget ou hommes d'affaires – avaient en effet régulièrement maille à partir avec la police, surtout à l'aéroport, où les autorités arrêtaient les étrangers sur le départ et leur infligeaient une amende sous n'importe quel prétexte.

La mauvaise réputation de la ville, due à ce harcèlement et à sa résistance aux réformes économiques, amena les investisseurs à lui préférer Ho Chi Minh-Ville et d'autres villes du Sud. Les vieux fonctionnaires opposés aux réformes sont maintenant à la retraite, et la nouvelle génération, vierge de nostalgie passéiste, sait pertinem-

A ne pas manquer

- Promenez-vous dans les rues animées de la vieille ville
- Visitez les étonnants musées, les pagodes et l'impressionnant temple de la Littérature
- Assistez à un spectacle des célèbres marionnettes sur eau
- Rendez visite à "l'Oncle Ho" "en chair et en os" dans le mausolée de Ho Chi Minh
- Goûtez aux délices culinaires, découvrez les cafés et la vie nocturne du Hanoi d'aujourd'hui
- Partez un jour en excursion vers la célèbre pagode des Parfums, étonnant ensemble de temples et de sanctuaires bouddhiques

HANOI

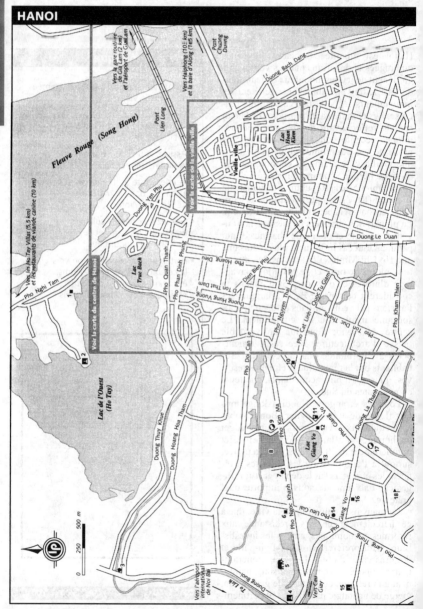

Vers la gare routière
de Gia Lam (2 km)
et l'aéroport de Gia Lam

Pont
Chuong
Duong

Vers Haiphong (105 km)
et la baie d'Along (165 km)

Duong Bach Dang

Pont
Lien Long

Fleuve Rouge (Song Hong)

Lac Hoan Kiem

Vieille ville

Voir la carte de la vieille ville

Vers les Ho Tay Villas (5,5 km)
et les restaurants de viande canine (10 km)

Duong Yen Phu

Voir la carte du centre de Hanoi

Pho Nghi Tam

Lac
Truc Bach

Duong Quan Thanh

Pho Phan Dinh Phung

D Ton That Dam

Pho Hoang Dieu

Dien Bien Phu

Duong Le Duan

Duong Hung Vuong

Pho Nguyen Thai Hoc

Quoc Tu Giam

Pho Kham Thien

Pho Ton Duc Thang

Pho Cat Linh

Lac de l'Ouest
(Ho Tay)

Duong Thuy Khue

Duong Hoang Hoa Tham

Pho Doi Can

1

2

3

4

5

6

7

8

9

10

11

12

13

14

15

16

17

18

Pho Son Ma

Pho Giang

Lac
Giang Vo

Duong La Thanh

Pho Ngoc Khanh

Pho Lieu Giai

Pho Giang Vo

Pho Lang Trung

To Lich

Duong Buoi

Vers l'aéroport
international
de Noi Bai

Vers Cau Giay

0   250   500 m

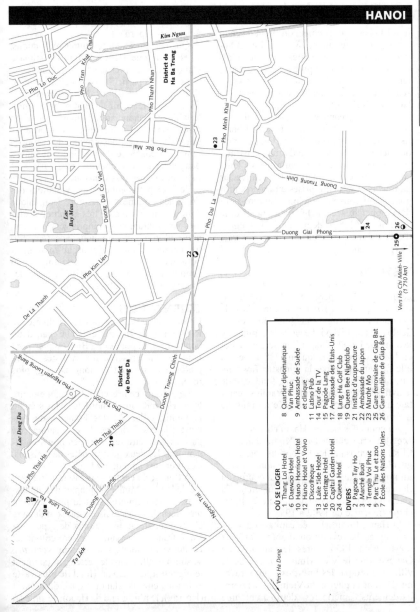

HANOI

OÙ SE LOGER
1 Thang Loi Hotel
6 Daewoo Hotel
10 Hano Horison Hotel
12 Hano Hotel et Volvo
   Discothèque
13 Lake Side Hotel
16 Heritage Hotel
20 Capital Garden Hotel
24 Queen Hotel

DIVERS
2 Pagode Tay Ho
3 Marché Buoi
4 Temple Voi Phuc
5 Parc Thu Le et zoo
7 École des Nations Unies
8 Quartier diplomatique
   Van Phuc
9 Ambassade de Suède
   et clinique
11 Latino Pub
14 Tour de la TV
15 Pagode Lang
17 Ambassade des États-Unis
18 Lang Ha Golf Club
19 Queen Bee Nightclub
21 Institut d'acupuncture
22 Ambassade du Japon
23 Marché Mo
25 Gare ferroviaire de Giap Bat
26 Gare routière de Giap Bat

ment où se situe son intérêt. Les comportements ont évolué très vite, et le Hanoi d'aujourd'hui est radicalement différent de celui d'il y a quelques années à peine. Les étrangers, qu'ils soient touristes, hommes d'affaires, étudiants ou expatriés, sont revenus. Quant aux investisseurs, ils regardent à présent la ville avec l'enthousiasme réservé à Ho Chi Minh-Ville.

Les commerçants et les restaurateurs ont bénéficié les premiers de la récente libéralisation économique de Hanoi. Fini le temps des achats dans des grands magasins aux rayons déserts. Les rues ont retrouvé leurs couleurs et leur animation. On rénove les bâtiments et des entreprises étrangères proposent leur concours, en joint-venture, pour développer le secteur hôtelier. Hanoi et le reste du Nord possèdent un grand potentiel d'industries manufacturières orientées vers l'exportation.

HISTOIRE

Le site de Hanoi fut habité dès la période néolithique. L'empereur Ly Thai To y transféra sa capitale en 1010 et rebaptisa la ville du nom de Thang Long (cité du Dragon déployé). Hanoi devint ensuite la capitale de la dynastie Le (établie par l'empereur Le Loi en 1428), qui régna jusqu'en 1788, année où elle fut renversée par la dynastie Tay Son. Lorsque l'empereur Gia Long, fondateur de la dynastie Nguyen, décida d'établir sa capitale à Hué, Hanoi fut reléguée au rang de métropole régionale.

Au cours des siècles, Hanoi changea souvent de nom. Celui de Dong Kinh (capitale de l'Est) fut repris par les Européens pour désigner le Nord du Vietnam : le Tonkin. La ville fut nommée Hanoi ("ville dans la courbe du fleuve" en vietnamien) par l'empereur Tu Duc, en 1831. Elle servit de capitale à l'Indochine française de 1902 à 1953.

Si Hanoi fut proclamée capitale du Vietnam après la révolution d'août 1945, ce n'est qu'en 1954, après les accords de Genève, que le Viet Minh – chassé de la ville en 1946 par les Français – put y revenir. Durant la guerre du Vietnam, les bombardements américains détruisirent une partie de la cité, tuant des centaines de civils. Les traces de ces temps difficiles ont à présent disparu.

Quelles que soient ses autres réalisations, il est clair que Ho Chi Minh constitua à Hanoi, et dans presque tout le Nord, une police d'État particulièrement efficace. Pendant quarante ans, les Nord-Vietnamiens durent en effet subir un État policier impitoyable : dénonciations anonymes d'un réseau secret d'indicateurs, détention arbitraire des moines, des prêtres, des propriétaires terriens et de tous les individus jugés dangereux pour le pouvoir, sans parler des listes noires des dissidents, de leurs enfants et de leurs petits-enfants. Les violations des droits de l'homme et le désordre économique entraînèrent la fuite de très nombreux réfugiés vers l'étranger, y compris vers la Chine, pourtant loin d'être un modèle de démocratie. Paradoxalement, le brusque revirement politique et économique des années 90 conduit aujourd'hui les autorités à s'inquiéter de l'afflux des réfugiés chinois.

ORIENTATION

Hanoi s'étire le long des rives du fleuve Rouge (Song Hong), enjambé par deux ponts, le vieux pont Long Bien (ancien pont Paul-Doumer, réservé aux cyclistes et aux piétons) et le pont Chuong Duong, plus récent.

Le plaisant centre-ville de Hanoi entoure le lac Hoan Kiem. Au nord de ce lac s'étend la vieille ville, que les Français dénommaient la cité indigène. Elle se caractérise par ses rues étroites, dont les noms changent tous les deux ou trois pâtés de maisons. Les touristes aiment à y loger.

A l'ouest du centre se dressent le mausolée de Ho Chi Minh et la plupart des ambassades ; ces dernières sont le plus souvent installées dans des maisons qui sont de purs chefs d'œuvre architecturaux de type classique français, remontant à l'ère coloniale. De nouveaux hôtels, issus de joint-ventures, se sont installés dans le secteur, notamment le gigantesque Daewoo Hotel, le plus vaste et le plus cher de Hanoi. Le lac de l'Ouest (Ho Tay), le plus grand de Hanoi, se situe au nord du mausolée de Ho Chi Minh et devient un autre quartier touristique.

Cartes

On trouve maintenant plusieurs cartes correctes en vente dans les librairies de Hanoi pour environ 1 $US.

RENSEIGNEMENTS
Questions d'argent

La principale succursale de la Vietcombank se trouve au 47-49 Pho Ly Thai To, dans un imposant bâtiment, qui est l'un des plus majestueux de la ville et pourrait par lui-même constituer une véritable attraction touristique. La banque est ouverte de 7h30 à 11h30 et de 13h à 15h30, sauf le samedi après-midi, le dimanche et les jours fériés. De nombreuses autres succursales, plus modestes, sont réparties en ville.

Les autres banques étrangères ou en joint-ventures disposent de succursales véritablement opérationnelles (et non de simples bureaux de représentation), mais leur taux de commission est beaucoup plus élevé que celui de la Vietcombank. En voici la liste :

ANZ Bank
 (☎ 825 8190, fax 825 8188)
 14 Pho Le Thai To (sur la rive ouest du lac Hoan Kiem)
Bank of America
 (☎ 825 0003, fax 824 9322)
 27 Pho Ly Thuong Kiet
Barclays Bank
 (☎ 825 0907, fax 825 0789)
 33A Pho Pham Ngu Lao
Chinfon Commercial Bank
 (☎ 825 0555, fax 825 0566)
 55 Pho Quang Trung
Citibank
 (☎ 825 1950, fax 824 3960)
 17 Pho Ngo Quyen
Crédit Lyonnais
 (☎ 825 8102, fax 826 0080)
 10 Pho Trang Thi
Hongkong Bank
 (☎ 826 9994, fax 826 9941)
 8 Pho Tran Hung Dao

ING Bank
 (☎ 824 6888/826 9216)
 International Centre Building
 17 Pho Ngo Quyen
Standard Chartered
 (☎ 825 8970, fax 825 8880)
 27 Pho Ly Thai To

Poste et communications

La poste principale (Buu Dien Trung Uong ; ☎ 825 7036 ; fax 825 3525), 75 Pho Dinh Tien Hoang (entre Pho Dinh Le et Pho Le Thach), occupe tout un pâté de maisons en face du lac Hoan Kiem. Elle ouvre de 6h30 à 20h, le guichet des télégrammes fonctionnant 24h/24. L'entrée centrale mène au comptoir des services postaux (envoi de courrier, réception de colis en provenance du Vietnam et service philatélique).

A gauche se trouvent les services domestiques de télex, télégramme et téléphone (☎ 825 5918).

Le bureau des télécommunications internationales (☎ 825 2030) se situe à l'angle de Pho Dinh Tien Hoang et de Pho Dinh Le et ouvre de 7h30 à 21h30.

Les courriers internationaux implantés à Hanoi sont les suivants :

DHL
 (☎ 846 7020, fax 823 5698)
 49 Pho Nguyen Thai Hoc
Federal Express
 (☎ 824 9054, fax 825 2479)
 6C Pho Dinh Le
TNT
 (☎ 843 4535, fax 843 4550)
 15 Pho Ly Nam De
UPS
 (☎ 824 6483, fax 824 6464)
 4C Pho Dinh Le

Internet

Les cybercafés sont de plus en plus nombreux. Le plus intéressant est peut-être l'Emotion Cybernet Café, au 52 Pho Ly Thuong Kiet.

Par ailleurs, plusieurs cafés-agences de voyages pour voyageurs à petit budget de Pho Hang Bac (dans la vieille ville) offrent un service Internet. "Dix minutes de connections gratuites" est le dernier slogan publicitaire pour attirer les clients (le précédent, "une bière chinoise gratuite", est battu haut la main). Essayez le A to Z Queen Cafe (☎ 826 0860, <queenaz@fpt.vn>), 65 Pho Hang Bac TF Handspan (☎ 828 1996, <tfhandspn@hn.vnn.vn>), 116 Pho Hang Bac ou le Love Planet Cafe (☎ 828 4864, <loveplanet@hn.vnn.vn>), 18 Pho Hang Bac.

Agences de voyages

Privées ou non, les agences de voyages ne manquent pas à Hanoi. Elles se chargent de l'organisation de circuits, de la location de voitures, des réservations aériennes ou de la prorogation des visas. Certaines pratiquent les mêmes tarifs que Vietnam Tourism, d'autres sont jusqu'à deux fois moins chères. De nombreux hôtels proposent également des circuits, le plus souvent sous-traités par les agences dont vous trouverez la liste ci-dessous. Même si les prix sont souvent les mêmes, le fait de réserver directement à l'agence peut donner une meilleure idée des gens avec qui vous allez voyager.

Au moment où nous mettons sous presse, certains tour-opérateurs pour voyageurs à petit budget de Hanoi se livrent une guerre commerciale sans merci. Nous avons reçu des échos négatifs sur Green Bamboo Tours. En revanche, des voyageurs nous ont récemment dit beaucoup de bien des "gens sympa" de TF Handspan ainsi que de Love Planet, du Queen Cafe et du Ann Cafe. La puissante alliance entre le Sinh Cafe de Ho Chi Minh-Ville et l'agence d'État Hanoi Toserco draine une part importante du marché touristique.

De nouvelles agences ouvrent sans cesse, et celles qui existent changent souvent. La liste qui suit n'est donc pas définitive. Faites le tour des agences, sans oublier celles-ci :

Petits budgets

A to Z Queen Cafe
(☎ 826 0860, fax 825 0000, <queenaz@fpt.vn>)
65 Pho Hang Bac

Green Bamboo Tours
(☎ 826 8752)
49 Pho Nha Chung

Lotus Cafe
(☎ 826 8642)
42V Pho Ly Thuong Kiet

Love Planet
(☎ 828 4864, fax 828 0913, <loveplanet@hn.vnn.vn>)
18 Pho Hang Bac

Meeting Cafe
(☎ 825 8812)
59B Pho Ba Trieu

Orient Cafe
(☎ 824 7390)
53 Pho Tran Hung Dao

Real Darling Cafe
(☎ 826 9386, fax 825 6562)
33 Pho Hang Quat

Red River Tours
(☎ 826 8427, fax 828 7159, <redrivertours@netnam.org.vn>)
73 Pho Hang Bo

Sinh Cafe
(☎ 828 7552, fax 822 6055)
18 Pho Luong Van Can
(☎ 934 0535)
56 Pho Hang Be
(☎ 926 0038) 52 Pho Bang Bac

TF Handspan
(☎ 828 1996, fax 825 7171, <tfhandspn@hn.vnn.vn>)
116 Pho Hang Bac

Catégorie moyenne à supérieure

Ann Tours
(☎ 822 0018, fax 832 3866)
26 Pho Yet Kieu

Best Service Travel
(☎ 826 2386, fax 826 9285)
72 Pho Ba Trieu

Ecco Voyages
(☎ 825 4615, fax 826 6519)
50A Pho Ba Trieu

Ecomtour
(☎ 825 4935)
15 Pho Trang Thi

Especen
(☎ 826 6856, fax 826 9612)
79E Pho Hang Trong

Exotissimo Travel
(☎ 828 2150, 828 2146)
26 Pho Tran Nhat Duat
Hanoi Toserco
(☎ 978 0004, fax 822 6055)
8 Pho To Hien Thanh
Hanoi Tourism
(☎ 826 6714, fax 825 4209)
18 Pho Ly Thuong Kiet
Hanoi Youth Tourism
(☎ 825 4628, fax 824 6463)
14A Pho Phan Chu Trinh
OSC-First Holiday
(☎ 824 0464, fax 826 9219)
22 Pho Phan Chu Trinh
Vietnam Tourism
(☎ 826 4154, fax 825 7583)
30A Pho Ly Thuong Kiet

Librairies

A quelques minutes à pied du lac Hoan Kiem, la Thang Long Bookshop (☎ 825 7043, 55 Pho Trang Kien) est la plus grande et la meilleure librairie de Hanoi. On peut recommander aussi sa voisine du n°53, la Trang Tien Bookshop (☎ 934 2782).

La Hanoi Bookstore (Hieu Sach Hanoi, ☎ 824 1616, 34 Pho Trang Tien), climatisée, propose un bon assortiment de magazines étrangers et, au sous-sol, un choix de romans classiques en anglais.

Vous trouverez des livres français à la Librairie vietnamienne francophone (☎ 825 7376), au 64 Pho Trang Tien, près du croisement avec Pho Hang Bai.

La Foreign Language Bookshop (☎ 824 8914), 61 Pho Trang Tien, propose un choix limité de livres en français, anglais et autres langues.

Le bureau de Thê Gioi Publishers (☎ 825 3841), 46 Pho Tran Hung Dao, publie des livres d'information en anglais sur le Vietnam et compte quelques petites boutiques en ville.

Des librairies de livres d'occasion sont installées 80B Pho Ba Trieu et 42 Pho Hang Bo.

Bien que ce ne soit pas son activité principale, Xunshasaba (☎ 825 2313 ; fax 825-9881), 32 Pho Hai Ba Trung, gère une petite

librairie. Ceux qui souhaitent importer au Vietnam des livres, des films, des CD, etc. ne peuvent le faire que *via* cette association.

Bibliothèques. La Bibliothèque nationale et les Archives (☎ 825 3357) se situent 31 Pho Trang Thi. La bibliothèque de Hanoi (☎ 825 4817) est installée 47 Pho Ba Trieu et la bibliothèque des Sciences (☎ 825 2345), 26 Pho Ly Thuong Kiet.

Organismes utiles

Le bureau consulaire du ministère des Affaires étrangères se dresse 6 Pho Chu Van An, à proximité du mausolée de Ho Chi Minh. Le centre de presse du ministère des Affaires étrangères (☎ 825 4697) se tient 10 Pho Le Phung Hieu.

Le siège de la Vietcochamber (☎ 825 2961, 825 3023 ; fax 825 6446) et la Chambre de commerce et d'industrie du Vietnam (☎ 826 6235 ; fax 825 6446) se trouvent 33 Pho Ba Trieu, de même que la Trade Service Company.

Le Vietnam Trade Information Centre (☎ 826 3227 et 826 4038), 46 Pho Ngo Quyen, renseigne les personnes en voyage d'affaires.

Le service des Relations internationales du ministère de l'Information (☎ 825 3152) occupe le 58 Pho Quan Su.

La délégation générale de l'Alliance française au Vietnam est sise 42 Pho Yet Kieu (☎ 826 6970 ; fax 826 6977) et l'École française internationale, Trong Trunong Amsterdam, Giang Vo (☎ 834 6567 ; fax 823 2023).

Organismes internationaux

Citons, parmi les plus importants :

Bird (Banque internationale pour la reconstruction et le développement - Banque mondiale)
(☎ 843 2461, fax 843 2471)
53 Pho Tran Phu
FAO (Organisation des Nations unies pour l'alimentation et l'agriculture ; TC Luong Thuc Va Nong Nghiep)
(☎ 825 7239)
3 Pho Nguyen Gia Thieu

HANOI

Les fléaux sociaux

...des voyageurs nous informèrent qu'avant leur départ les touristes devaient soumettre les photographies prises pendant leur séjour au département vietnamien des Exportations culturelles, sous peine de se les voir confisquer à l'aéroport. L'ambassade australienne nous confirma ces dires.

Après avoir fait développer les pellicules correspondant à nos cinq semaines de séjour, nous nous rendîmes à ce fameux département, en périphérie de Hanoi. On nous confisqua nos photos en nous demandant d'apporter immédiatement les souvenirs achetés aux fins de contrôle, puis on nous pria de revenir le lendemain, jour de notre départ.

Alors que nous étions pressés par le temps, nous fûmes interrogés pendant plus d'une heure au sujet de certains clichés qui, d'après les autorités, montraient la culture vietnamienne sous un jour peu flatteur.

Clichés et négatifs en question furent confisqués, et on nous factura les contrôles de nos photos, négatifs et souvenirs, en nous menaçant d'une lourde amende.

On nous informa qu'il faudrait attendre trois jours pour obtenir l'autorisation d'emporter notre sculpture ou la laisser si nous voulions prendre notre avion. Après avoir parlementé, nous prîmes finalement la route de l'aéroport – avec la sculpture – pour découvrir que les douaniers ne se donnaient même pas la peine de vérifier nos bagages, nos appareils photo ou les papiers délivrés par le Département.

Nous avons alors pensé à ce pauvre touriste qui passait après nous et qui devait soumettre plus de 52 pellicules et un an d'achats de souvenirs à ces autorités. Nous aurions pu éviter tous ces tracas en nous rendant directement à l'aéroport.

Nigel et Michelle Gough

FMI (Fonds monétaire international)
 (☎ 824 3351, fax 825 1885)
 12 Pho Trang Thi, bureau 308
FNUAP (Fonds des Nations unies pour les activités en matière de population ; Quy LHQ Ve Hoat Dong Dan So)
 (☎ 823 6632, fax 823 2822)
 Khu Giang Vo - Khoi 3
IUCN (World Conversation Union)
 (☎ 826 5172, fax 825 8794)
 13 Pho Tran Hung Dao, IPO Box 60
OMS (Organisation mondiale de la santé)
 (☎ 825 7901, fax 823 3301)
 2A, quartier diplomatique Van Phuc
ONUDI (Organisation des Nations unies pour le développement industriel ; Chuong Trinh Cua LHQ Ve Phat Trien)
 (☎ 825 7495, fax 825 9267)
 25-29 Pho Phan Boi Chau
UE (Union européenne)
 (☎ 821 6961, fax 821 5361)
 104 Pho Tran Hung Dao, 3e étage

UNHCR (Haut-Commissariat aux réfugiés des Nations Unies ; Cao Uy LHQ Ve Nguoi Ti Nan)
 (☎ 825 6785, fax 823 2055)
 60 Pho Nguyen Thai Hoc
UNICEF (UN Children's Fund ; Quy Nhi Dong LHQ)
 (☎ 826 1170, fax 826 2641)
 72 Pho Ly Thuong Kiet

Services médicaux

L'établissement hospitalier le plus récent et le mieux équipé de Hanoi est le Vietnam International Hospital (☎ 574 0740). Son personnel est composé de médecins de différents pays et parlant plusieurs langues. Il offre en outre un service d'urgences ouvert 24h/24 (☎ 574 1111).

Juste à côté, dans Pho Giai Phong, l'hôpital Bach Mai (Benh Vien Bach Mai, ☎ 852 2004/852 2083) dispose d'un service international, où les médecins parlent anglais.

L'hôpital Viet Duc (Benh Vien Viet Duc ; ☎ 825 3531), 40 Pho Tranh Thi, est un autre établissement de bonne réputation. En outre, il est situé dans le quartier central, où séjournent la plupart des touristes, et les médecins parlent anglais, français et allemand.

L'hôpital de l'Amitié (Benh Vien Huu Nghi ; ☎ 825 2231), 1 Pho Tran Khanh Du, bénéficie d'un matériel extrêmement moderne et ses médecins parlent anglais. Ses activités se limitent aux consultations, et il faut s'adresser ailleurs pour la chirurgie et les traitements intensifs.

Dans le quartier diplomatique Van Phuc, la clinique suédoise (☎ 825 2464) fait face à l'ambassade de Suède. Si elle n'est pas réservée à ses ressortissants, le coût de la consultation (80 $US) risque de rebuter nombre de voyageurs. Cependant, une assurance de voyage doit couvrir ces frais. Un médecin assure une garde 24h/24.

La clinique de l'ambassade de France (☎ 825 2719), 49 Pho Ba Trieu, fonctionne 24h/24, pour ses ressortissants uniquement.

Asia Emergency Assistance (AEA International, ☎ 934 0555 ; fax 934 0556) possède une clinique au 31 Pho Hai Ba Trung. Les résidents étrangers y obtiendront toute information pour un traitement de longue durée ou pour une évacuation d'urgence. International SOS Assistance (☎ 824 2866) offre les mêmes services.

Le Hanoi Family Medical Practice/ Medex (☎ 843 0748, fax 846 1750, ☎ mobile 090-401919) au A1, quartier diplomatique Van Phuc, 109-112 Pho Kim Ma, est également équipé d'un service d'urgence ouvert en permanence.

En cas de problèmes dentaires, le Vietnam International Hospital, mentionné plus haut, comporte des dentistes dans son personnel soignant. Vous pouvez aussi aller à la Dental Clinic (☎ 846 2864, ☎/fax 823 0281, ☎ mobile 090-401919), dans le bâtiment A2 du quartier diplomatique Van Phuc, 101-102 Pho Kim Ma.

Le Dr Rafi Kot, praticien privé de très bonne réputation, officie dans les mêmes bureaux que la Dental Clinic et nous a été chaudement recommandé par plusieurs voyageurs et expatriés. On peut le joindre au ☎ 843 0748 (☎ mobile 090-401919).

Écoles

Les expatriés souhaitant scolariser leurs enfants à Hanoi choisissent en général parmi les établissements suivants :

Amsterdam School
(☎ 832 7379, fax 832 7535)
Pho Giang Vo
Hanoi International School
(☎ 832 9828)
301 Pho Lieu Giai
Rainbow Montessori School
(☎ 826 6194)
18B Pho Ngo Van So
École des Nations unies
(☎ 823 4910, fax 846 3635)
2C Pho Van Phuc

LACS, TEMPLES ET PAGODES
Pagode au Pilier unique

Cette très célèbre pagode (Chua Mot Cot) fut construite par l'empereur Ly Thai Tong, qui régna de 1028 à 1054. La légende veut que l'empereur, affligé de ne pas avoir de descendance, rêva de Quan The Am Bo Tat (déesse de la Miséricorde), assise sur une fleur de lotus et lui tendant un enfant mâle. Ly Thai Thong épousa peu après une jeune paysanne, qui lui donna un fils. En 1049, en témoignage de sa gratitude, il fit édifier la pagode au Pilier unique. Tout en bois, elle repose sur un pilier de pierre de 1,25 m de diamètre et figure une fleur de lotus, symbole de pureté, surplombant une mer de tristesse. Détruite par les Français avant qu'ils n'abandonnent la ville, en 1954, elle fut reconstruite par le nouveau gouvernement. Elle se dresse Pho Ong Ich Kiem, près du mausolée de Ho Chi Minh.

Pagode Dien Huu

Son entrée se situe à quelques mètres de l'escalier menant à la pagode au Pilier unique. Entourée d'un jardin, cette petite pagode est l'une des plus ravissantes de Hanoi. Les vieilles statues de bois et de céramique que l'on peut admirer sur l'autel ne ressemblent en rien à celles que l'on voit dans le Sud du pays. Avec un peu de chance, vous rencontrerez un vieux bonze qui pratique l'acupuncture sous le porche de la pagode.

Temple de la Littérature

Le temple de la Littérature (Van Mieu) offre un cadre agréable, loin des rues bruyantes de Hanoi. Érigé en 1070 par l'empereur Ly Thanh Tong, il fut dédié à Confucius (Khong Tu en vietnamien), afin d'honorer les lettrés et les grands écrivains. Ce temple constitue un rare exemple d'architecture vietnamienne traditionnelle bien préservée, et sa visite mérite le détour.

Ici fut inaugurée, en 1076, la première université du Vietnam, destinée à l'instruction des princes et des fils de mandarins. En 1484, l'empereur Le Thanh Tong ordonna l'édification de stèles portant les noms, lieux de naissance et hauts faits des lauréats au concours du doctorat, qui se déroulait tous les trois ans depuis 1442. Des 116 stèles figurant les 116 sessions tenues de 1442 à 1778 (date à laquelle cette pratique prit fin), il n'en reste aujourd'hui que 82. En 1802, l'empereur Gia Long transféra l'université nationale à Hué, sa nouvelle capitale. Les derniers travaux effectués ici remontent à 1920 et 1956.

L'ensemble du temple se divise en cinq cours intérieures. L'allée et la porte centrale étaient réservées à l'empereur, les allées latérales aux mandarins lettrés d'une part, aux mandarins militaires d'autre part.

Un portique, surmonté d'une inscription priant les visiteurs de descendre de cheval, précède l'entrée principale. Le pavillon Khue Van (datant de 1802), à l'extrémité de la deuxième cour, constitue l'un des plus beaux exemples d'architecture vietnamienne. Les 82 stèles, véritables joyaux du temple, sont alignées de part et d'autre de la troisième cour. Chacune d'elles repose sur une tortue de pierre.

Le temple de la Littérature se trouve à 2 km à l'ouest du lac Hoan Kiem. Son enceinte (350 m de long sur 70 m de large) est entourée par Pho Nguyen Thai Hoc Pho

Ton Duc Thang, Pho Quoc Tu Giam (où se situe l'entrée) et Pho Van Mieu. Il est ouvert du mardi au dimanche, de 8h30 à 11h30 et de 13h30 à 16h30 (entrée : 0,50 \$US).

Une petite boutique de souvenirs se tient à l'intérieur.

Lac Hoan Kiem

Le lac Hoan Kiem (lac à l'Épée restituée) scintille dans un écrin d'arbres centenaires, en plein cœur de Hanoi. Selon la légende, le Ciel aurait donné à l'empereur Ly Thai To (Le Loi) une épée magique pour chasser les Chinois du Vietnam. Alors qu'il se promenait sur le lac, une fois la paix revenue, une tortue d'or géante émergea de l'eau, s'empara de l'épée et disparut dans les profondeurs. D'où le nom du lac, puisque la tortue rendit l'épée à ses propriétaires divins.

La petite pagode de la Tortue, surmontée d'une étoile rouge, se dresse sur un îlot au milieu du lac. Elle fait souvent figure d'emblème de la ville. Les bords du lac connaissent une grande activité vers 6h, lorsque les habitants du quartier viennent y pratiquer la gymnastique, le jogging ou le badminton.

Temple Ngoc Son

Datant du XVIIIe siècle, le temple de la montagne de Jade s'élève sur une île paisible et ombragée, au nord du lac Hoan Kiem. Il est dédié à l'érudit Van Xuong, au général Tran Hung Dao (vainqueur des Mongols au XIIIe siècle) et à La To, saint patron des physiciens.

Son accès se fait par le pont de bois laqué rouge The Huc (Soleil levant), construit en 1885. A gauche du portique du temple se dresse un obélisque dont le sommet ressemble à un pinceau (ouvert tous les jours de 8h à 17h, entrée : 0,10 \$US).

Lac de l'Ouest

Deux légendes expliquent les origines du lac de l'Ouest (Ho Tay), également appelé le lac de la Brume ou le Grand Lac. Selon la première, le roi Dragon étouffa un méchant renard à neuf queues dans sa tanière, au cœur d'une forêt se trouvant à cet emplace-

Pagode ou temple ?

"Pagode" et "temple" sont des termes qui reviennent constamment lorsqu'on voyage au Vietnam. Ils peuvent cependant prêter à confusion, particulièrement si l'on revient de Chine, car les Vietnamiens ne les utilisent pas de la même façon que les Chinois. En Chine, une pagode (*bata*) est en général une grande tour octogonale destinée à recevoir les cendres des disparus. Un temple chinois (*miao* ou *si*) est un lieu de culte fort fréquenté.

Pour les Vietnamiens, par contre, une pagode (*chua*) est un lieu de culte, où il est fort peu probable que vous trouviez une tour abritant les cendres des défunts. Le temple (*den*) est davantage un endroit destiné à honorer de grands personnages historiques (tels Confucius, Tran Hung Dao, voire Ho Chi Minh) qu'un lieu de culte. Le temple caodai répond un peu aux deux définitions. Le caodaïsme associe tant de philosophies différentes qu'il est difficile de dire s'il s'agit d'un temple, d'une pagode, d'une église ou d'une mosquée.

MASON FLORENCE

Offrandes aux ancêtres et aux dieux

ment. La seconde raconte qu'un bonze vietnamien nommé Khong Lo rendit un grand service à l'empereur de Chine au XIe siècle. Il reçut en retour une grande quantité de bronze qu'il utilisa pour fondre une énorme cloche. On entendait tinter cette cloche jusqu'en Chine, au point qu'un jour le Bufflon d'or crut entendre l'appel de sa mère. Il courut alors vers le sud et, s'apercevant de sa méprise, piétina le site de Ho Tay jusqu'à le transformer en lac.

En réalité, le lac se forma lorsque le fleuve Rouge déborda de son lit. Le tracé de ce cours d'eau changea plusieurs fois, inondant tour à tour différentes régions et créant des bandes de terre par accumulation de limons. Les inondations ont été en partie maîtrisées grâce à la construction de digues, comme celle sur laquelle passe la nationale qui longe le fleuve.

La circonférence du lac de l'Ouest est de 13 km. Il fut autrefois ceinturé de palais et de pavillons, détruits au cours des multiples guerres féodales.

La **pagode Tran Quoc** se tient sur la rive, au bout de Pho Thanh Nien, entre le lac de l'Ouest et le lac Truc Bach. Une stèle datant de 1639 relate l'histoire du site. Cette pagode, l'une des plus anciennes du Vietnam, fut restaurée au XVe siècle, puis en 1842. Le jardin contient de nombreuses tombes de bonzes.

La rive sud du lac est bordée de nombreux restaurants de poissons en plein air (voir la rubrique *Où se restaurer*, plus loin dans ce chapitre), tandis que sur la rive nord se sont construits de luxueux hôtels et villas.

Lac Truc Bach

La Pho Thanh Nien, bordée de flamboyants, sépare le lac Truc Bach (lac de Soie blanche) du lac de l'Ouest. Au XVIIIe siècle, les seigneurs Trinh édifièrent un palais au bord du lac. Plus tard, le palais devint une maison de correction pour les concubines impériales ayant trahi leur maître ; elles étaient condamnées à tisser une soie blanche très fine.

Le **temple Quan Thanh** (Den Quan Thanh) se dresse au bord du lac Truc Bach, près de l'intersection de Ð Thanh Nien et de

Radio Hanoi et Jane Fonda

En 1972, alors que la guerre du Vietnam faisait rage, l'actrice américaine Jane Fonda défraya la chronique en se rendant à Hanoi et en défendant la cause des Nord-Vietnamiens sur Radio Hanoi International. Aucun autre citoyen américain ne le fit à l'époque, et son initiative eut d'autant plus de retentissement qu'elle était alors fort célèbre.

Légalement, son voyage ne posait pas de problème. Cependant, il provoqua un tel scandale aux États-Unis qu'on faillit amender l'Internal Security Act, afin d'interdire à tout citoyen américain de se rendre dans un pays en guerre contre les USA.

Ceci dit, Jane Fonda n'était pas la première à braver de tels tabous. Pendant la Seconde Guerre mondiale, une Américaine appelée "la Rose de Tokyo" avait fait à la radio de la propagande pour les Japonais et encouru les foudres de la justice après la victoire des Alliés. Bien que des associations de vétérans aient réussi à persuader des sénateurs américains de traîner Jane Fonda devant les tribunaux, on n'en arriva pas à cette extrémité.

Si certains n'ont jamais pardonné son geste à l'actrice, d'autres n'ont cessé de l'admirer. Pour eux, en effet, Jane Fonda n'a fait qu'exercer sa liberté d'expression à l'encontre d'une guerre qu'elle réprouvait. Ils rappellent également que l'actrice tenta, à Hanoi, de rendre visite aux pilotes américains détenus dans la prison surnommée le "Hanoi Hilton", mais que sa demande fut rejetée par les autorités nord-vietnamiennes.

Voici une partie de l'intervention de Jane Fonda sur Radio Hanoi, le 22 août 1972, à l'intention des troupes américaines au Vietnam :

"Ici Jane Fonda. Au cours de mon séjour de deux semaines en République démocratique du Vietnam, j'ai eu l'occasion de visiter bon nombre d'endroits et de rencontrer des gens de tous horizons – ouvriers, paysans, étudiants, artistes et danseurs, historiens, journalistes, actrices de cinéma, soldats, femmes de la milice, membres d'organisations féministes, écrivains. Je n'oublierai jamais comment un fermier, évacué de Hanoi, m'offrit sans hésiter le meilleur abri individuel, à moi, une Américaine, tandis que les bombes tombaient autour de nous. J'ai partagé l'abri avec sa fille. Nous étions serrées l'une contre l'autre, joue contre joue. Cela se passait sur la route de Nam Dinh, où j'ai vu la destruction systématique de cibles civiles, écoles, hôpitaux, pagodes, usines, maisons et routes.

Depuis que je suis ici, je sais sans l'ombre d'un doute que Nixon ne pourra venir à bout de la volonté de ce peuple et qu'il n'arrivera pas à transformer le Vietnam, Nord et Sud, en une colonie des États-Unis, à coups de bombardements, d'invasions et d'agressions. Il suffit d'aller dans les campagnes et d'écouter les paysans décrire leur vie avant la révolution pour comprendre que les bombes ne font que renforcer leur détermination à résister.

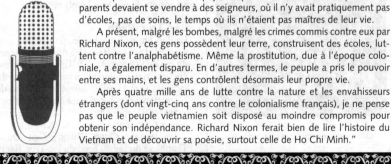

J'ai parlé à de nombreux paysans qui me racontaient le temps où leurs parents devaient se vendre à des seigneurs, où il n'y avait pratiquement pas d'écoles, pas de soins, le temps où ils n'étaient pas maîtres de leur vie.

A présent, malgré les bombes, malgré les crimes commis contre eux par Richard Nixon, ces gens possèdent leur terre, construisent des écoles, luttent contre l'analphabétisme. Même la prostitution, due à l'époque coloniale, a également disparu. En d'autres termes, le peuple a pris le pouvoir entre ses mains, et les gens contrôlent désormais leur propre vie.

Après quatre mille ans de lutte contre la nature et les envahisseurs étrangers (dont vingt-cinq ans contre le colonialisme français), je ne pense pas que le peuple vietnamien soit disposé au moindre compromis pour obtenir son indépendance. Richard Nixon ferait bien de lire l'histoire du Vietnam et de découvrir sa poésie, surtout celle de Ho Chi Minh."

Pho Quan Thanh. Sa construction remonte à la dynastie Ly (1010-1225), qui le dédia à Tran Vo (le dieu du Nord) dont les symboles de pouvoir sont la tortue et le serpent. La statue et la cloche de bronze datent de 1677.

Pagode Tay Ho
Cette pagode (Phu Tay Ho), le lieu de culte le plus fréquenté de Hanoi, reçoit de nombreux fidèles le 1er et le 15e jour du mois lunaire. Ils espèrent séduire la chance et détourner le malheur.

Pagode des Ambassadeurs
La pagode des Ambassadeurs (Quan Su ☎ 825 2427), siège officiel du bouddhisme de Hanoi, attire une foule nombreuse – surtout des femmes âgées – durant les fêtes du Têt. Au XVIIe siècle, un bâtiment adjacent accueillait les ambassadeurs des pays bouddhiques. La pagode abrite aujourd'hui une douzaine de bonzes et de religieuses. Jouxtant l'édifice, une petite boutique vend des objets rituels. Sise 73 Pho Quan Su (entre Pho Ly Thuong Kiet et Pho Tran Hung Dao), elle ouvre tous les jours, de 7h30 à 11h30 et de 13h30 à 17h30.

Temple Hai Ba Trung
Situé à environ 2 km au sud du lac Hoan Kiem, Pho Tho Lao, ce temple fut fondé en 1142 pour honorer la mémoire des sœurs Trung, héroïnes nationales du Ier siècle. Une statue représente les deux sœurs à genoux, les bras levés, comme si elles allaient s'adresser à la foule. Certains disent que la statue figure en fait les deux sœurs (qui avaient été proclamées reines du Vietnam) après leur défaite, prêtes à se noyer dans une rivière plutôt que de se rendre aux Chinois.

MAUSOLÉE DE HO CHI MINH
Tout comme Lénine et Staline avant lui, et plus tard Mao, Ho Chi Minh repose dans un cercueil de verre, devant lequel défilent en permanence écoliers et touristes. Contrairement aux vœux de Ho Chi Minh, qui souhaitait être incinéré, ce mausolée de marbre gris fut construit entre 1973 et 1975, avec des matériaux provenant de différentes régions du Vietnam. Son architecture évoque une maison commune traditionnelle ou encore une fleur de lotus. Lorsqu'ils assistent aux défilés et cérémonies officielles de la place Ba Dinh, les hauts dignitaires du régime se tiennent devant le mausolée.

Le mausolée est fermé au public 3 mois par an – habituellement du 5 septembre à début décembre – lorsque le corps de Ho Chi Minh est envoyé en Russie pour restauration. Autrement, il ouvre tous les jours (sauf les lundi et vendredi), de 8h à 11h. L'entrée est gratuite. Les étrangers peuvent directement se rendre au bureau d'entrée, 5 Pho Ngoc Ha, sans faire la queue.

Les photos ne sont autorisées qu'à l'extérieur du bâtiment. Les visiteurs doivent donner leurs noms puis déposer sacs et appareils photo à l'entrée, proche de Pho Chua Mot Cot. Apportez votre passeport en cas de contrôle d'identité. Attention : en dépit de ce que vous dira peut-être le gardien, ce service est *gratuit*. Une vidéocassette de 20 minutes sur Ho Chi Minh est en vente dans une dizaine de langues, y compris le français.

Des gardes d'honneur escortent les visiteurs, marchant sur une file, jusqu'à l'entrée du mausolée. A l'intérieur, des gardes en uniforme blanc, postés tous les cinq pas, ajoutent un aspect solennel au spectacle macabre du vieillard embaumé. Il règne en ces lieux une atmosphère aseptisée qui fait froid dans le dos. Les règles suivantes ne souffrent pas d'exception :

- Défense de porter un short, un débardeur, etc.
- Défense d'entrer avec un sac ou une caméra.
- Une attitude respectueuse est exigée à tout moment.
- Pour des raisons de bienséance évidentes, il est formellement interdit de prendre des photographies à l'intérieur du mausolée.
- Défense d'avoir les mains dans les poches.
- Défense de garder son chapeau à l'intérieur du mausolée. Bien que le règlement ne le mentionne pas explicitement, évitez de demander aux gardiens : "Est-il mort ?"

HANOI

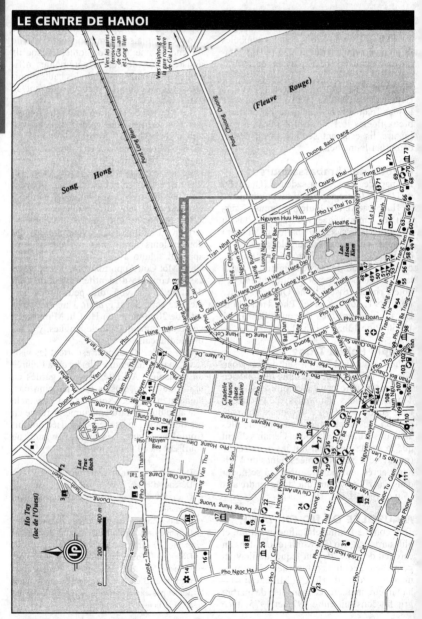

LE CENTRE DE HANOI

LE CENTRE DE HANOI

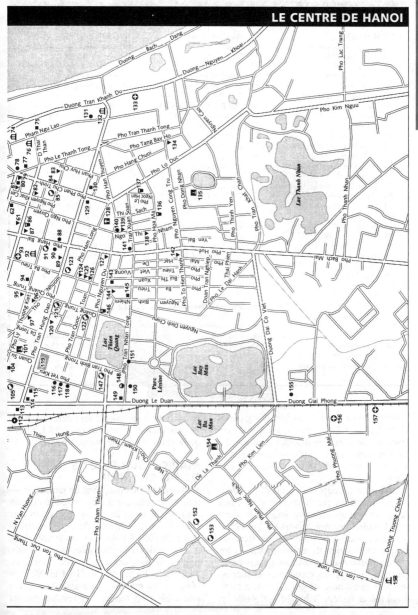

HANOI

LE CENTRE DE HANOI

Bon nombre de visiteurs sont des groupes d'étudiants, et il est intéressant d'observer leurs réactions et d'en discuter avec eux. La plupart témoignent d'un profond respect et d'une certaine admiration pour Ho Chi Minh.

Bien que la majeure partie des Vietnamiens soit déçue par le communisme, peu de gens (du moins les plus jeunes) se montrent hostiles ou amers envers Ho lui-même. On le considère comme le libérateur du peuple vietnamien du colonialisme, et les erreurs politico-économiques qui suivirent sont attribuées à ses camarades et successeurs. Bien entendu, ce point de vue est renforcé par le système éducatif, qui vante les hauts faits et les talents du libérateur. Avec un peu de chance, vous assisterez à la relève de la garde devant le mausolée.

MAISON SUR PILOTIS DE HO CHI MINH

Derrière le mausolée, dans un jardin parfaitement entretenu et à proximité d'un bassin à carpes, s'élève la maison (Nha San Bac Ho) où Ho Chi Minh vécut par intermittence, de 1958 à 1969. Construite sur pilotis à la façon des habitations des minorités ethniques vietnamiennes, elle a été conservée en l'état. On ne sait si Ho Chi Minh y séjourna longtemps ; la maison aurait été une cible trop tentante si les Américains

LE CENTRE DE HANOI

avaient suspecté qu'elle l'abritait. Le palais présidentiel jouxte la maison. Magnifiquement restaurée, cette demeure coloniale de 1906 était la résidence du gouverneur général d'Indochine. Le palais est aujourd'hui utilisé pour des réceptions officielles.

MUSÉES

Pratiquement tous les musées de Hanoi ferment le dimanche et durant les deux heures du déjeuner.

Musée Ho Chi Minh

Le musée Ho Chi Minh (Bao Tang Ho Chi Minh) se divise en deux sections, "le passé" et "l'avenir". La visite commence par le passé et se dirige vers l'avenir, dans le sens des aiguilles d'une montre. Les expositions sont de facture très moderne et chaque salle détient un message (paix, bonheur, liberté, etc.).

Les services d'un guide parlant anglais s'avèrent nécessaires, les symboles n'étant pas faciles à décrypter. Ne manquez pas la Ford Edsel 1958 qui crève le mur (publicité américaine symbolisant l'échec militaire américain au Vietnam).

Le musée jouxte le mausolée de Ho Chi Minh et ouvre tous les jours, de 8h à 11h et de 13h30 à 16h30. Les photos étant interdites, il faut laisser sacs et appareils photo au vestiaire.

HANOI

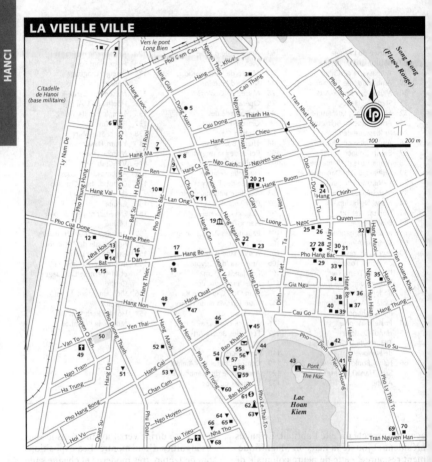

LA VIEILLE VILLE

Musée de l'Armée

Ouvert tous les jours, le musée de l'Armée (Bao Tang Quan Doi) se situe Pho Dien Bien Phu. A l'extérieur sont exposés des avions et du matériel récupérés sur l'ennemi durant les guerres d'Indochine et du Vietnam. De superbes maquettes reproduisent les grandes batailles de l'histoire du Vietnam, y compris celles du siège de Dien Bien Phu et de la prise de Saigon. Il est ouvert du mardi au jeudi de 8h à 11h et de 13h30 à 16h30 ; le billet d'entrée coûte 0,80 \$US.

Non loin de là se dresse la **tour hexagonale du Drapeau**, l'un des monuments symboles de la ville.

Musée d'Histoire

Installé 1 Pho Pham Ngu Lao, à l'est du théâtre municipal, ce musée (Bao Tang Lich Su) hébergeait autrefois le musée de l'École française d'Extrême-Orient – elle fut créée en 1898 par Paul Doumer, alors gouverneur général de l'Indochine. Sa construction fut achevée en 1930. Il expose différentes

HANOI

LA VIEILLE VILLE

OÙ SE LOGER
1 Chains First Eden Hotel
2 Galaxy Hotel
3 Dong Xuan Hotel
10 Hung Hiep Hotel
12 Asia Hotel
17 Fortuan Hotel
21 My Kinh Hotel
23 TF Handspan Tour
Guesthouse et bureau ;
The Whole Earth
Vegetarian Restaurant
24 Anh Dao Hotel
25 Van Xuan Hotel
26 Camilla Hotel
29 A-Z Queen Cafe
31 Kim Tin Hotel
34 Mai Phuong Hotel
35 Royal Hotel
37 Binh Minh Hotel
38 Anh Sinh Hotel
39 Time Hotel
40 Phu Long Hotel
46 Trang An Hotel
52 Hang Ngoc Hotel
54 Nam Phuong Hotel
65 Hoa Long Hotel
69 Energy Hotel et Hanoi
Star Mart
70 Binh Minh Hotel et China
Southern Airlines

OÙ SE RESTAURER
7 Thang Long Restaurant
8 Baan Thai Restaurant
9 Cha Ca La Vong
11 Tuyet Nhung
13 Restaurant Cha Ca 66
15 Pho Gia Truyen (restaurant
de nouilles)
16 Bat Dan Cafe
22 Old Darling Cafe
27 Sinh Cafe
30 Love Planet et Kim Cafe
33 Tandoor Indian
Restaurant
36 Lonely Planet Cafe
44 Dinh Lang Restaurant et
Thuy Ta Cafe
45 No Noodles
47 Real Darling Cafe
48 Tin Tin Bar & Cafe
51 Cyclo Bar & Restaurant
53 Pho Bo Dac Biet Noodle
Shop
56 Mama Rosa
57 Le Café des Arts
60 Sukiyaki
63 Five Royal Fish
Restaurant
64 Thu Huong Chinese
Restaurant
66 Moca Cafe

68 Mediterraneo
Restaurant
DIVERS
4 Cua O Quan Chuong
(Ancienne porte de l'Est)
5 Marché Dong Xuan
6 Dai Dong Centropell
14 Bia Hoi Ha Chau Quan
18 Red River Tours
19 Mémorial
20 Pagode
28 The Pan Flute Shop
32 Royal Palace Nightclub
41 Monument des Martyrs
42 Théâtre des marionnettes
aquatiques
43 Temple Ngoc Son
49 Temple protestant
50 Marché Hang Da
55 Poste
58 Polite Pub
59 Golden Cock Bar
61 ANZ Bank
62 Statue de Le Thai To
67 Cathédrale Saint-Joseph

collections illustrant l'histoire turbulente du pays, notamment la préhistoire vietnamienne (périodes paléolithique et néolithique), les civilisations protovietnamiennes (2000 à 1000 av. J.-C.), la culture Dong Son (du IIIe siècle av. J.-C. au IIIe siècle), la culture Oc-Eo (Funan) du delta du Mékong (du Ier au VIe siècles), la civilisation du royaume Champa (du IIe au XVe siècles) et du royaume khmer, plusieurs dynasties vietnamiennes et leur résistance contre les Chinois, la lutte contre les Français et l'histoire du parti communiste vietnamien.

Ce musée est ouvert du vendredi au mercredi de 8h15 à 11h45 et de 13h30 à 17h ; l'entrée coûte 0,80 \$US.

Musée de la Révolution

Tout proche du musée d'Histoire, ce musée (Bao Tang Cach Mang), 25 Pho Long Dan, retrace de manière originale l'histoire de la révolution vietnamienne. Il est ouvert de 8h à 11h30 et de 13h30 à 16h, du lundi au dimanche, et l'admission coûte 0,80 \$US.

Maison Centrale

Ce musée d'un genre très particulier (☎ 934 2253, 1 Pho Hoa Lo, à l'angle de Pho Hai Ba Trung) est tout ce qui subsiste de l'ancienne prison de Hoa Lo, surnommée "le Hanoi Hilton" par les prisonniers de guerre américains pendant la guerre du Vietnam (l'un d'eux, Pete Peterson, devint le premier ambassadeur des États-Unis au Vietnam après le rétablissement des relations diplomatiques entre les États-Unis et le Vietnam, en 1995).

Ce vaste complexe carcéral fut construit par les Français en 1896. Prévu à l'origine pour accueillir 450 prisonniers, il en contenait, selon les registres, près de 2 000 dans les années 1930 ! La prison a été récemment rasée pour laisser place à un gratte-ciel, mais le bâtiment de façade a été préservé, restauré et transformé en musée.

Les objets exposés ont trait pour l'essentiel à l'activité de la prison jusqu'au milieu des années 1950, et notamment à la guerre d'indépendance avec les Français. Dans les salles sombres, on peut ainsi voir une guillotine et d'autres instruments de torture. Le musée est ouvert de 8h à 11h et de 13h à 16h (entrée : 0,80 $US).

Musée de la Géologie
Installé 6 Pho Pham Ngu Lao, le musée de la Géologie (Bao Tang Dia Chat) décrit l'histoire des phénomènes géologiques qui ont conduit à la formation de paysages magnifiques tels que celui de la baie d'Along. La plupart des explications sont toutefois indiquées en vietnamien. Il est ouvert de 8h à 12h et de 13h30 à 16h30, du lundi au samedi (entrée libre).

Musée des Garde-Frontières
Consacré aux amicaux jeunes gens en uniforme que vous avez croisés à l'aéroport ou aux postes-frontières, ce musée (Bao Tang Bien Phong), 2 Pho Tran Hung Dao, ouvre de 8h à 11h du lundi au samedi (entrée libre).

Musée de l'Aviation
Le musée de l'Aviation (Bao Tang Khong Quan) est l'un des plus grands du Vietnam et, bien qu'il n'attire que peu de visiteurs étrangers, il présente beaucoup d'intérêt.

Mig soviétiques, avions de reconnaissance, hélicoptères et matériel antiaérien sont exposés à l'extérieur. La grande salle contient des mortiers, des mitrailleuses et des bombes de fabrication américaine. Vous pouvez vous faire photographier aux commandes d'un Mig et admirer une exposition de peintures de guerre, de facture très soviétique, et des portraits de Ho Chi Minh. Ce musée se trouve Ð Truong Chinh, dans le district de Dong Da (au sud-ouest de la ville). A environ 5 km de la gare ferroviaire, c'est une bonne course en cyclo-pousse.

Musée des Beaux-Arts
Sous l'occupation française, le bâtiment du musée (Bao Tang My Thuat) abritait le ministère de l'Information. Vous découvrirez des sculptures, des peintures, des laques, des céramiques, ainsi que d'autres œuvres dans la plus pure tradition vietnamienne. Si vous achetez des reproductions d'antiquités, demandez un certificat, à produire à la douane lorsque vous quitterez le pays.

Derrière le temple de la Littérature, le musée des Beaux-Arts, 66 Pho Nguyen Thai Hoc (au coin de Pho Cao Ba Quai), ouvre du mardi au dimanche, de 8h à 12h et de 13h30 à 16h30.

Musée des Femmes
Les touristes adorent ce musée (Bao Tang Phu Nu), 36 Pho Ly Thuong Kiet, qui rend hommage aux femmes qui ont combattu pendant la guerre. Au 4e étage, vous découvrirez les vêtements traditionnels des 54 minorités ethniques du Vietnam. La plupart des explications sont traduites en anglais.

Maison commémorative
En 1945, Ho Chi Minh rédigea la déclaration d'indépendance du Vietnam dans cette maison, au 48 Pho Hang Ngang. Située au nord du lac Hoan Kiem, dans la vieille ville, la maison est devenue un musée.

LA CITADELLE DE HANOI
A l'ouest de la vieille ville, la citadelle, construite par l'empereur Gia Long, qui régna de 1802 à 1819, sert aujourd'hui de base militaire et de résidence pour les officiers de haut rang, elle est fermée au public.

Sachez qu'il n'en reste plus grand-chose : elle fut presque totalement détruite par les troupes françaises en 1894 et achevée par les bombardements américains.

OPÉRA

Construit en 1911, le magnifique opéra de Hanoi (☎ 825 4312), dont la salle peut accueillir 900 personnes, se trouve à l'extrémité est de Pho Trang Tien. Il a connu pendant trois ans de très importants travaux de rénovation, lesquels viennent de prendre fin. C'est depuis l'une de ses loges qu'une délégation annonça, le 16 août 1945, la prise de la ville par les Viet Minh.

Des spectacles sont donnés régulièrement en soirée. En vietnamien, l'opéra s'appelle Nha Hat Lon, ou "Grand Théâtre".

CATHÉDRALE SAINT-JOSEPH

Cette cathédrale néogothique, aux belles tours carrées, à l'autel très travaillé et aux superbes vitraux, fut consacrée en 1886. La création de la première mission catholique de Hanoi remonte à 1679.

L'entrée principale de la cathédrale Saint-Joseph est ouverte tous les jours, de 5h à 7h et de 17h à 19h, pendant les offices religieux. Pour la visiter dans l'intervalle, passez par les bâtiments de l'évêché de Hanoi, au 40 Pho Nha Chung.

PONT LONG BIEN

Ouvert en 1902, l'ancien pont Paul-Doumer (1 682 m de long) enjambe le fleuve Rouge, à 600 m au nord du nouveau pont Chuong Duong. Il assuma jusqu'en 1983 tout le trafic routier, piétonnier et ferroviaire entre les deux rives.

Les bombardiers américains en firent l'une de leurs cibles favorites, et les Vietnamiens s'employèrent à le réparer tant bien que mal après chaque attaque. On dit que lorsque les prisonniers de guerre américains furent employés à la réparation du pont, l'aviation américaine cessa ses bombardements.

PARC THU LE ET ZOO

Le parc Thu Le et le zoo (Bach Thu Thu Le), avec leurs pelouses ombragées et leurs étangs, se situent à 6 km à l'ouest du lac Hoan Kiem. L'entrée donne sur Đ Buoi, au nord de Pho Ngoc Khanh. Le zoo ouvre tous les jours de 6h à 18h.

ACTIVITÉS
Centres de remise en forme

Certains hôtels internationaux ouvrent leur club au public moyennant un droit d'entrée. Le Clark Hatch Fitness Centre (☎ 826 6919, poste 8881), au Sofitel Metropole Hotel, est l'un des meilleurs, tout comme le Daewoo Hotel Fitness Centre (☎ 835 1000). Les tarifs sont moins élevés au Planet Hotel (☎ 843 5888). Le Hanoi Club (☎ 823 8115), 76 Pho Yen Phu, propose une gamme complète de prestations. Si vous résidez longtemps à Hanoi, essayez de vous inscrire au Hanoi Private Club (☎ 852 9108), 8 Pho Chua Boc.

Golf

Seul et unique terrain de golf dans le Nord du Vietnam, King's Valley est un parcours de neuf trous, à 45 km à l'ouest de Hanoi, au pied du Ba Vi. L'adhésion s'élève à 5 000 $US. Le club est ouvert aux visiteurs.

Dans la partie ouest de Hanoi et en face de la tour de la TV, le Lang Ha Golf Club (☎ 835 0908), 16A Pho Lang Ha, est un terrain d'exercice, ouvert tous les jours aux membres et aux visiteurs, de 6h à 22h.

Rugby

Une équipe d'amateurs joue de temps en temps à Hanoi. Pour plus de détails, renseignez-vous au Pear Tree Pub (☎ 825 7812), 78 Pho Tho Nhuom.

Natation

Les piscines des hôtels Sofitel Metropole et Daewoo ne sont ouvertes qu'aux clients et aux membres des clubs. Près du lac de l'Ouest, la piscine des Ho Tay Villas (☎ 825 8241) accueille tout public (3 $US). Également à proximité du lac, le Thang Loi Hotel ouvre au public ses cours de tennis et sa piscine (10 $US).

Weekend Warriors

Les activités qu'ils proposent sont assez variées : randonnées le week-end, fêtes impromptues ou toute idée qui a germé dans la tête d'un membre. Ils publient parfois leur programme dans *Timeout*, la rubrique loisirs de la *Vietnam Investment Review*.

Massages

Le gouvernement a sévèrement limité le nombre d'établissements autorisés à proposer des massages. Pour le moment, vous pourrez vous faire masser en tout bien tout honneur au Hoa Binh Hotel, au Planet Hotel, au Dan Chu Hotel et au Thang Loi Hotel, pour 6 $US l'heure. Le Hanoi Hotel et le Saigon Hotel demandent quant à eux 8 $US l'heure. Le Clark Hatch Fitness Centre, au Sofitel Metropole Hotel, dispose également d'un salon, de même que l'Eva Club, au 2e étage du Hom Market, au nord-est du croisement de Pho Hué et Pho Tran Xuan Soan.

COURS DE LANGUES

L'université nationale de Hanoi (☎ 858 1468) détient la plus grosse part du marché de l'apprentissage du vietnamien, dans le nord du pays. Le Vietnamese Language Centre se situe à l'intérieur de l'Université polytechnique, dont les entrées se trouvent Ð Giai Phong et Pho Dai Co Viet et qui abrite également un dortoir pour les étudiants étrangers (Nha A-2 Bach Khoa) ; c'est l'endroit idéal pour se renseigner sur les cours. Si vous vous inscrivez, vous pourrez profiter du dortoir (les chambres coûtent 150 à 250 $US par mois).

Le Hanoi Foreign Language College, Vietnamese Language Centre (☎ 826 2468) dispense également des cours de vietnamien. Si le campus principal se trouve à 9 km de Hanoi, un autre campus, plus petit, est situé beaucoup plus près du centre-ville, 1 Pho Pham Ngu Lao. Le prix des cours varie selon le nombre d'étudiants ; les cours particuliers ne devraient pas excéder 5 $US l'heure.

.   Le lycée français Alexandre-Yersin est situé Truong Phap Quoc Tc, Amsterdam, Giang Vo, Hanoi (☎ 843 6779).

CIRCUITS ORGANISÉS

L'éventail des excursions est vaste, quelle qu'en soit la durée. Les cafés pour voyageurs (voir la rubrique *Où se restaurer* de ce chapitre) proposent les circuits les moins chers.

FÊTES ET FESTIVALS

Les fêtes du Têt, le Nouvel An lunaire vietnamien, se déroulent fin janvier ou début février (reportez-vous à la section sur le *Têt* dans le chapitre *Renseignements pratiques*). Cette période coïncide avec de nombreuses festivités dans Hanoi et ses environs. Une semaine avant le Têt, un marché aux fleurs s'installe Pho Hang Luoc, près du marché Dong Xuan. A partir du jour de l'An, et pendant deux semaines, un concours floral se déroule dans le parc Lénine.

Le 13e jour du 1er mois lunaire, dans le village de Lim (province de Ha Bac), des groupes de filles et de garçons se livrent traditionnellement au *hat doi*, sorte de duel vocal où les groupes se répondent. Des tournois d'échecs et des combats de coqs ont également lieu.

Le 15e jour du 1er mois lunaire, ne manquez pas les rencontres de catch de la butte Dong Da, site du soulèvement contre les envahisseurs chinois, mené par l'empereur Quang Trung (Nguyen Hue) en 1788.

La fête nationale du Vietnam, le 2 septembre, se célèbre sur la place Ba Dinh, l'immense esplanade devant le mausolée de Ho Chi Minh, avec un grand rassemblement populaire et un feu d'artifice. Le lac Hoan Kiem se prête à des courses de bateaux.

OÙ SE LOGER

Presque toutes les pensions bon marché sont installées dans le centre de Hanoi, dans un rayon de 1 km autour du lac Hoan Kiem. A la différence de Ho Chi Minh-Ville, où elles sont alignées côte à côte dans le même quartier, elles sont ici plus éparpillées, mais se trouvent toutes en majorité dans la vieille ville ou à proximité.

Où se loger – petits budgets

L'un des rares endroits à posséder un dortoir est le *A to Z Queen Cafe* (☎ 826 0860, fax 825 0000, <queenaz@fpt.vn>, 65 Pho Hang Bac), dans la vieille ville. Les lits en dortoir coûtent 2,50 $US, et les doubles très sommaires avec ventil. entre 6 et 8 $US.

Non loin à pied du précédent, la sympathique *TF Handspan Guesthouse* (☎ 828

LA VIEILLE
VILLE

Plus que millénaire, la vieille ville de Hanoi, ou " 36 Pho Phuong " ("les 36 rues"), est l'un des quartiers les plus animés et les plus pittoresques de Hanoi ; on peut y faire l'acquisition d'un pyjama en soie aussi bien que d'une pierre tombale.

Ce quartier commerçant s'est développé le long du fleuve Rouge et d'une plus petite rivière, le To Lich, qui traversaient alors le centre de la ville par un réseau complexe de canaux et de cours d'eau aux berges encombrées d'embarcations. Pendant la mousson, le niveau des eaux pouvait monter de 8 m, et des digues, encore visibles le long de Tran Quang Khai, furent construites pour protéger la ville.

Partir à la découverte de ce dédale de petites rues est une expérience mémorable. Certaines voies s'élargissent, alors que d'autres se rétrécissent en un labyrinthe de ruelles minuscules. Le quartier est célèbre pour ses "maisons-tunnels", dont la façade étroite dissimule de très longues pièces. Elles furent construites ainsi pour échapper aux taxes, qui étaient indexées sur la largeur des façades. La loi féodale exigeait également que les maisons se limitent à deux étages et, par respect pour le souverain, ne dépassent pas en hauteur le Palais royal. On trouve aujourd'hui des bâtisses plus hautes (de six à huit étages) mais aucun "immeuble" à proprement parler qui dépare l'ensemble.

Au XIIIe siècle, les trente-six corporations de la ville s'établirent chacune dans une rue différente (d'où le nom de "36 rues"). En vietnamien, *Hang* signifie marchandise, et ce mot est habituellement suivi du nom du produit traditionnellement vendu dans cette rue. Ainsi, Hang Gai signifie "rue de la Soie" (pour les autres, reportez-vous à la liste ci-contre). Aujourd'hui, cependant, le nom de la rue ne correspond plus toujours à ce qui y est vendu.

Les occasions de faire fondre votre réserve de dongs sont presque infinies : vêtements de laine, cosmétiques, fausses lunettes de soleil Ray-Ban, aliments de luxe, T-shirts imprimés, instruments de musique, matériel de plomberie, herbes médicinales, bijoux en or et en argent, offrandes religieuses, épices, nattes et bien d'autres choses encore (consultez également la partie *Achats,* plus loin dans ce chapitre).

Parmi les rues spécialisées, citons Hang Quat, où l'on vend des cierges rouges, des urnes funéraires, des drapeaux et autres articles religieux, et Hang Gai, plus élégante avec ses soieries, broderies, laques, peintures et marionnettes aquatiques. Les sacs de couchage en soie et les élégants *ao dai* sont très recherchés. Enfin, aucune visite de la vieille ville ne serait complète sans un petit tour au marché de Dong Xuan, rues Hong Khoi et Dong Xuan, reconstruit après l'incendie de 1994.

Si vous ne souhaitez rien dépenser, vous pouvez bien sûr vous contenter de vous imprégner de l'atmosphère de ce quartier, qui a conservé un peu du mode de vie des siècles passés. Quelle que soit votre préférence, le circuit que nous vous proposons vous donnera un aperçu passionnant de la culture et de l'histoire vietnamiennes.

La découverte de la vieille ville peut durer quelques minutes ou une journée entière. Un point de départ logique est le **temple Ngoc Son**, dans la partie nord du lac Hoan Kiem. Après avoir emprunté le **pont** de

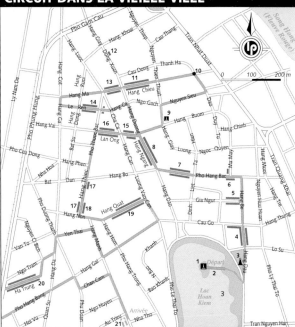

CIRCUIT DANS LA VIEILLE VILLE

Les amateurs de bonnes affaires et de lèche-vitrines aimeront flâner dans la vieille ville, dont les rues sont envahies par des centaines d'articles des plus utiles aux plus décoratifs

RICHARD I'ANSON

RICHARD I'ANSON

Les noms des 36 rues de la vieille ville

nom de la rue	signification		
Bat Dan	Bols en bois	Hang Ga	Poulet
Bat Su	Bols chinois	Hang Gai	Soie/lin
Cha Ca	Poisson grillé	Hang Giay	Papier
Chan Cam	Instruments à cordes	Hang Giay	Chaussures
		Hang Hanh	Oignon
		Hang Hom	Corbeille
Cho Gao	Marché au riz	Hang Huong	Encens
Gia Ngu	Pêcheurs	Hang Khay	Plateau
Hai Tuong	Sandales	Hang Khoai	Patate douce
Hang Bac	Argent	Hang Luoc	Peigne
Hang Be	Bateau	Hang Ma	Vœux
Hang Bo	Grand panier	Hang Mam	Poisson macéré
Hang Bong	Coton	Hang Manh	Rideau de bambou
Hang Buom	Voile	Hang Muoi	Sel
Hang But	Balai	Hang Ngang	Rue transversale
Hang Ca	Poisson	Hang Nona	Chapeau
Hang Can	Poids	Hang Phen	Aluminium
Hang Chai	Bouteille	Hang Quat	Éventail
Hang Chi	Fil	Hang Ruoi	Ver
Hang Chieu	Tapis	Hang Than	Charbon de bois
Hang Chinh	Pot	Hang Thiec	Étain
Hang Cot	Treillage de bambou	Hang Thung	Tonneau
		Hang Tre	Bambou
Hang Da	Cuir	Hang Trong	Tambour
Hang Dao	Teinture (de la soie)	Hang Vai	Tissu
Hang Dau	Haricot	Lo Ren	Forgerons
Hang Dau	Huile	Lo Su	Cercueil
Hang Dieu	Tuyau	Ma May	Rotin
Hang Dong	Cuivre	Ngo Gach	Brique
Hang Duong	Sucre	Thuoc Bac	Herbes médicinales

BÉTHUNE CARMICHAEL

RICHARD I'ANSON

Même si le nom des rues ne correspond plus vraiment aux marchandises qui occupent les étalages aujourd'hui, la spécialité de chaque échoppe se laisse aisément deviner et la vieille ville est une véritable caverne d'Ali Baba, qui satisfera les esprits les plus curieux

bois laqué rouge **The Huc**, faites une pause devant le **Monument des martyrs**, érigé en mémoire des combattants qui périrent pour l'indépendance du Vietnam. Continuez vers le nord en prenant Hang Dau. Vous passez devant le **Théâtre de marionnettes aquatiques** (un encadré lui est consacré un peu plus loin dans ce chapitre), puis vous vous trouvez bientôt entouré de magasins de chaussures de tous styles, formes et tailles, ce qui prouve l'importance que les habitants de Hanoi accordent à cet article. Après avoir traversé Cau Go, pénétrez dans le **marché aux fleurs**, installé à l'extrémité est de Pho Gia Nhu. Revenez dans Hang Be et continuez vers le nord jusqu'à Hang Bac. Tournez à gauche. Vous arrivez à un croisement où l'on sculpte à la main des pierres tombales. Continuez dans Hang Bac. Après une succession de bijouteries pimpantes, tournez à droite dans Hang Ngang, où se succèdent les magasins de confection. Prenez à nouveau à droite dans Hang Buom. Vous arrivez au petit **temple Bach Ma** ("temple du Cheval blanc"), pagode ornée d'un palanquin funéraire rouge, dont les gardes à barbe blanche passent la journée à siroter du thé. La légende veut que le roi Ly, désespéré par l'effondrement répété des remparts, vint implorer l'aide divine. Sa prière fut exaucée : un cheval blanc apparut devant le temple et le guida jusqu'à l'endroit où il pourrait bâtir son enceinte en toute sécurité. L'**ancienne porte Est**, Cua O Quan Chuong, est d'ailleurs encore visible dans Tran Nhat Duat, à l'extrémité est de Hang Chieu. Repartez vers l'ouest dans Hang Chieu, où plusieurs boutiques vendent des nattes en paille et de la ficelle. Vous débouchez ensuite dans l'une des rues les plus intéressantes, Hang Ma (littéralement "rue de la Contrebande"), où l'on vend des "faux billets" destinés à être brûlés lors des cérémonies bouddhistes (il y a même des billets de 5 000 $US !). A l'oreille, dirigez-vous vers les ateliers où l'on travaille le métal, à l'angle de Lo Ren et de Thuoc Bac. Repartez vers le sud dans Hang Duong, tournez à droite devant les boutiques de linge de maison et continuez jusqu'à Lan Ong, où les herboristeries exhalent des parfums entêtants.

Pour finir, reprenez vers le sud en passant devant les ferblantiers de Hang Thiec, puis tournez à gauche vers Hang Quai, dont les échoppes exposent des autels et des statues bouddhistes. Si vous en avez le temps, flânez vers l'ouest jusqu'aux boutiques de cuir de Ha Trung, avant de reprendre vers l'est et finir votre promenade à la magnifique **cathédrale Saint-Joseph**, de style néogothique (reportez-vous au texte de présentation plus haut dans ce chapitre).

Mason Florence et Juliet Coombe

1996, ☎/fax 825 7171, <tfhandspn@hn.vnn.vn>, 116 Pho Hang Bac) propose des doubles propres avec clim. (certaines avec s.d.b.) de 10 à 12 $US.

Le **Real Darling Café** (☎ 826 9386, fax 825 6562, 33 Pho Hang Quat) se présente comme "probablement le meilleur café pour touristes de Hanoi". Il a quelques doubles de 6 à 10 $US et des lits en dortoir pour 3 à 4 $US.

La **Lotus Guesthouse** (☎ 826 8642, fax 826 8642, 42V Pho Ly Thuong Kiet) est une pension sympathique, paisible, propre et bon marché. Elle loue quelques lits en dortoir pour 4 $US et des chambres entre 6 et 15 $US.

Plus petit mais également agréable, le **Mai Phuong Hotel** (☎ 826 5341, 32 Pho Hang Be) fait payer de 6 à 10 $US pour ses doubles et de 12 à 15 $US pour ses triples.

Pratique, le **Bodega Cafe** (☎ 826 7784/826 7787, 57 Pho Trang Tien) propose de bonnes chambres pas trop chères (de 15 à 20 $US), mais la nourriture est moyenne.

Autre adresse à noter, le **Trang Tien Hotel** (☎ 826 6115, fax 825 1416, 35 Pho Trang Tien), où les chambres doubles, de 8 à 60 $US, sont d'un très bon rapport qualité-prix.

A l'est du lac Hoan Kiem et à proximité du fleuve Rouge, la **Tong Dan Guesthouse** (☎ 826 5328, 17 Pho Tong Dan) loue des doubles entre 9 et 28 $US.

Dans la vieille ville, le **Kim Tin Hotel** (☎ 825 3740, fax 825 3741, 8 Pho Hang Bac) possède un salon fastueux (qui fait également office de bijouterie). Les chambres (de 18 à 25 $US la double) sont très correctes.

Autre établissement bon marché et néanmoins élégant, le **Fortuan Hotel** (☎ 828 1324, fax 828 1323, 18 Pho Hang Bo), où les chambres simples/doubles, propres, sont proposées à 15/20 $US.

Le **Time Hotel** (☎ 825 9498, fax 824 2348, 6 Pho Cau Go) vient tout juste d'ouvrir dans le quartier "chaussures" de la vieille ville. Les chambres doubles coûtent entre 15 et 35 $US. Presque à côté, le **Phu Long Hotel** (☎ 826 6074, fax 825 3124, 12 Pho Cau Go), du même style, demande de 20 à 40 $US pour des doubles bien tenues.

Juste après l'angle de la rue du Time Hotel et du Phu Long Hotel, deux pensions bon marché sont installées dans Pho Hang Be : le **Anh Sinh Hotel** (☎ 826 1331), au n°49, un peu défraîchi mais avec des lits en dortoir pour 3 à 4 $US et des doubles entre 7 et 12 $US.

Sur le trottoir d'en face, au n°50, le **Binh Minh Hotel** (☎ 826 7356, fax 824 7183), très similaire, fait payer 4 $US pour un lit en dortoir et de 8 à 15 $US pour une chambre double.

Les voyageurs arrivant de Ninh Binh avec le circuit du Sinh Cafe seront peut-être déposés au **Dong Xuan Hotel** (☎ 828 4474, fax 928 0124, 26 Pho Cao Thang), qui appartient à l'agence d'État Hanoi Toserco. Les chambres doubles avec ventil./clim. valent de 6 à 8/10 $US, et les triples/quadruples de 15/20 $US.

Le **Van Xuan Hotel** (☎ 824 4743, fax 824 6475, 15 Pho Luong Ngoc Quyen) appartient lui aussi à l'agence Hanoi Toserco. La double avec clim. est à 10 $US, et la double avec s.d.b. et balcon entre 15 et 25 $US. L'hôtel possède également un sauna et un salon de massage.

A côté, au 13 Pho Luong Ngoc Quyen, le **Camilla Hotel** (☎ 828 3583) est très fréquenté, et les doubles sont proposées entre 12 et 18 $US.

L'**Hotel 30/4** (Khach San 30/4, ☎ 826 0807, fax 822 1818, 115 Pho Tran Hung Dao), dont le nom commémore l'entrée des troupes nord-vietnamiennes dans Ho Chi Minh-Ville le 30 avril 1975, appartient à l'État. Situé en face de la gare ferroviaire, il dispose de chambres vastes et bruyantes pour 7 à 10 $US, ou 25 $US avec s.d.b. C'est un hôtel vieillot, quelque peu délabré, mais il ne manque pas de caractère et le personnel est accueillant.

L'**Especen Hotel** (☎ 825 8845/826 6856, fax 826 9612, 79E, Pho Hang Trong) gère neuf mini-hôtels dans le centre-ville portant tous des noms poétiques comme Especen-1, Especen-2, etc. ; les tarifs y sont compris entre 8 et 30 $US. Son bureau peut vous fournir un plan et réserver votre chambre par téléphone.

La **Tong Dan Guesthouse** (☎ 825 2219, fax 825 5354, 210 Pho Tran Quang Khai) loue des chambres rudimentaires de 8 à 20 \$US.

Le **Nam Phuong Hotel** (☎ 825 8030, fax 825 8964, 16 Pho Bao Khanh), dans la vieille ville, demande de 10 à 30 \$US pour ses chambres. Un autre **hotel** du même nom (☎ 824 6894, 26 Pho Nha Chung) pratique les mêmes tarifs.

Le **Anh Dao Hotel** (☎ 826 7151, fax 828 2008, 37, Pho Ma May) est un établissement agréable, où les prix vont de 15 à 35 \$US.

Le **Cuu Long I Hotel** (☎ 823 6741, fax 824 7641, 2 Pho Cua Nam), face au Metal Nightclub, une discothèque très fréquentée, est lui aussi sympathique ; on y prend entre 15 et 30 \$US.

Le **Cuu Long II Hotel** (☎ 823 3541, fax 823 6393, 6 Pho Dinh Ngang), à proximité, est aussi à considérer.

Où se loger – catégorie moyenne
Centre-ville. Le **Anh Hotel II** (☎ 843 5141, fax 843 0618, 43 Pho Nguyen Truong To) est un mini-hôtel privé installé dans la vieille ville. Ses tarifs vont de 40 à 60 \$US.

L'**Army Hotel** (☎ 825 2896, fax 825 9276, 33C Pho Pham Ngu Lao), assez cossu, appartient à l'armée mais n'a rien d'une caserne. Il possède une bonne salle de sport et une piscine d'eau salée. Ses chambres sont louées entre 50 et 160 \$US.

Au nord-ouest du lac Hoan Kiem, le **Trang An Hotel** (☎ 826 8982, fax 825 8511, 58 Pho Hang Gai) est un bon mini-hôtel, avec restaurant et bar à cocktails. Les simples/doubles coûtent 30/50 \$US.

En face de la gare ferroviaire, le **Thu Do Hotel** (☎ 825 2288, fax 826 1121, 109 Pho Tran Hung Dao) est également connu sous le nom de *Capital Hotel*. De récents travaux de rénovation ont fait considérablement grimper les prix : les chambres coûtent désormais entre 39 et 94 \$US.

Le **Binh Minh Hotel** (☎ 826 6442, fax 825 7725, 27 Pho Ly Thai To) occupe le même immeuble que les bureaux de la China Southern Airlines ; ses chambres doubles valent entre 40 et 50 \$US.

L'agréable **Asia Hotel** (☎ 826 9007, fax 824 5184, 5 Pho Cua Dong) loue de jolies chambres pour 20 à 40 \$US.

L'**Energy Hotel** (*Khach San Dien Luc*, ☎ 825 0457, fax 825 0456, 30 Pho Ly Thai To) appartient au ministère de l'Énergie, responsable des fréquentes coupures d'électricité qui affectent le pays. Le prix des chambres baisse à mesure que l'on s'élève : celles du dernier étage coûtent 30 \$US, les autres de 40 à 60 \$US.

L'ancien **Dong Loi Hotel** (☎ 825 5721, fax 826 7999, 94 Pho Ly Thuong Kiet) est tout proche de la gare ferroviaire. Les portiers à l'uniforme d'un blanc immaculé vous accueillent avec beaucoup de courtoisie. Les chambres reviennent entre 40 et 50 \$US.

Également proche de la gare ferroviaire, le **Mango Hotel** (☎ 824 3704, fax 824 3966, 118 Pho Le Duan) possède des chambres spacieuses valant de 15 à 30 \$US. Son restaurant semble s'être forgé une réputation pour les banquets de mariage vietnamiens.

Le **Prince Hotel** (☎ 824 8316, fax 824 8323, 96A Pho Hai Ba Trung) est intéressant dans la gamme de prix 35-40 \$US.

Le **Hung Hiep Hotel** (☎ 828 4922, fax 828 0092, 32 Pho Thuoc Bac) a bonne réputation. Sa gamme de prix est large : de 15 à 50 \$US.

Des voyageurs nous ont également dit du bien du **Hang Ngoc Hotel** (☎ 828 5053, fax 828 5054, 34 Pho Hang Manh), qui demande de 25 à 94 \$US.

Le **Win Hotel** (☎ 826 7150, fax 824 7448, 34 Pho Hang Hanh) dispose de chambres assez chic entre 25 et 50 \$US.

Près de la gare ferroviaire, le **Saigon Hotel** (☎ 826 8505, fax 826 6631, 80 Pho Ly Thuong Kiet) est bien géré, et ses tarifs vont de 59 à 89 \$US. Il dispose d'un sauna, d'un salon de massage, ainsi que d'un bar sur le toit, où il fait bon boire un verre par les chaudes soirées d'été.

Le **Chains First Eden Hotel** (☎ 828 3896, fax 828 4066, 2 Pho Phung Hung) est proche de la vieille ville, à l'ouest du pont Long Bien. Récent et vaste, il s'adresse principalement aux hommes d'affaires et possède un club de remise en forme, un centre d'affaires, un sauna, la TV par satellite et un restaurant sino-vietnamien. Le prix des chambres va de 49 à 119 $US.

Tout près et également destiné aux hommes d'affaires, le *Galaxy Hotel* (☎ 828 2888, fax 828 2466, 1 Pho Phan Dinh Phung) est un hôtel d'affaires standard disposant d'un centre d'affaires, d'un bar à cocktails, d'un restaurant et de la TV par satellite. Les chambres coûtent entre 79 et 105 $US.

Le *Madison Hotel* (☎ 822 8164/822 5533, 16 Pho Bui Thi Xuan), à l'est du lac Thien Quang, s'enorgueillit d'être le premier "hôtel à boutiques" de Hanoi. Assez joli, il est surtout l'un des rares à sa catégorie à posséder un ascenseur. Les chambres s'échelonnent entre 49 et 79 $US, petit déjeuner compris.

Nous avons eu de bons échos du *Thuy Nga Hotel* (☎ 934 1256, fax 934 126, 4 Pho Ba Trieu), dont les chambres sont louées entre 75 et 125 $US.

Quartier ouest. A l'ouest du mausolée de Ho Chi Minh, l'*Heritage Hotel* (☎ 834 4727, fax 834 3882, 80 Pho Giang Vo), issu d'une joint-venture singapourienne, est surtout fréquenté par des hommes d'affaires. Les chambres doubles valent entre 90 et 140 $US.

Quartier du lac de l'Ouest. Si les *Ho Tay Villas* (Khuy Biet Thu Ho Tay, ☎ 825 8241, fax 823 2126) accueillent aujourd'hui des touristes, elles étaient autrefois la résidence exclusive des cadres du Parti communiste. Ces villas, bien conçues et spacieuses, sont situées dans un très beau cadre au bord du lac de l'Ouest. Aujourd'hui, les visiteurs étrangers (et leurs dollars) sont invités à profiter des très bons équipements, de l'excellente nourriture et du personnel accueillant. Même si vous n'y séjournez pas, la visite des lieux est instructive ; elle vous révélera comment

étaient logés les "représentants du peuple" d'un des pays les plus pauvres d'Asie. L'hôtel est à 5,5 km au nord du centre de Hanoi. Les chambres sont étonnamment bon marché, entre 35 et 40 $US.

Ne manquez surtout pas de vous arrêter aux Ho Tay Villas. On peut même dîner dans le patio (le serveur nous a sorti une table avant même que nous l'ayons demandée). Nous avons dîné, seuls, en contemplant l'immense jardin et le lac. Ce bon repas, servi dans une ambiance quelque peu mystérieuse, fut une étrange expérience !

B. Bolton

Face au lac, le *Dragon Hotel* (☎ 829 2954, fax 829 4745, 9 Pho Xuan Dieu, mais certains appellent encore la rue de son ancien nom Pho Tay Ho) est un établissement relativement petit. Les chambres simples/doubles sont à 59/69 $US et les appartements à 118 $US.

Le *Tien Thuy Hotel* (☎ 733 1972, fax 733 1988, 38 Pho Yen Ninh), sobrement meublé de fausses antiquités chinoises, loue ses chambres entre 30 et 40 $US.

Quartier sud. Cette partie de la ville abrite quelques hôtels, mais attire peu de touristes. Le *Queen Hotel* (☎ 864 1238, fax 864 1237, 189 Pho Giai Phong), à proximité de la gare ferroviaire de Giap Bat, ne contient que des chambres doubles, dont le prix va de 40 à 80 $US.

Où se loger – catégorie supérieure
La dernière mode à Hanoi est de construire des hôtels dans le style colonial français.

Centre-ville. L'agréable *Hang Nga Hotel* (☎ 843 7777, fax 843 7779, 65 Pho Cua Bac) illustre parfaitement cette nouvelle tendance. Les chambres du dernier étage donnent sur le lac de l'Ouest, et les prix vont de 75 à 125 $US.

Non loin, le plaisant *Planet Hotel* (☎ 843 5888, fax 843 5088, 120 Pho Quan Thanh), possède également quelques chambres au dernier étage avec vue sur le lac de l'Ouest. Propriété de l'État, cet établissement comprend un centre d'affaires, un sauna, un salon de massage et un club de remise en forme. Le prix des chambres va de 90 à 210 $US.

Non loin à pied du parc Lénine, le *Green Park Hotel* (☎ 822 7725, fax 822 5977, 48 Pho Tan Nhan Tong) est, il faut bien l'avouer, très grand et très vert. Si vous supportez la palette de couleurs, ce n'est pas une mauvaise adresse. Les chambres sont louées de 109 à 259 $US, mais une remise de 30% est très souvent proposée.

Autre élégante construction néocoloniale, le *De Syloia Hotel* (☎ 824 5346, fax 824 1083, 17A Pho Tran Hung Dao) a donné à toutes ses chambres (entre 109 et 198 $US) une touche très européenne. L'hôtel possède un centre de remise en forme et un sauna, sans parler d'un restaurant… français, *Cay Cau*.

L'imposant *Sofitel Metropole Hotel* (*Khach San Thong Nhat*, ☎ 826 6919, fax 826 6920, 15 Pho Ngo Quyen) figure parmi les plus luxueux du Vietnam. La note française y est très présente : il suffit de fermer les rideaux pour se croire à Paris. Équipé d'une piscine, d'un centre de remise en forme, d'un sauna et d'un salon de beauté, il n'a par bonheur pas de karaoké. Comptez entre 229 et 550 $US pour une double. Une trentaine de ventilateurs de plafond assurent l'aération du restaurant ; s'ils fonctionnaient tous en même temps, le contenu de votre assiette s'envolerait certainement !

Au nord-est du lac Hoan Kiem, le *Royal Hotel* (☎ 824 4230, fax 824 4234, 20 Pho Hang Tre) est fier de sa discothèque, le Royal Palace. Pour profiter de ses prestations de luxe, destinées aux hommes d'affaires, vous devrez débourser entre 140 et 365 $US.

Construit à la fin du siècle dernier, le *Dan Chu Hotel* (☎ 825 4937, fax 826 6786, 29 Pho Trang Tien) s'appelait autrefois le Hanoi Hotel. Le prix des chambres a énormément augmenté depuis cette époque (il va aujourd'hui de 65 à 129 $US), mais le petit déjeuner est compris. L'hôtel possède aussi une jolie villa à quelques centaines de mètres, au 4 Pho Pham Su Manh.

Non loin à pied de la gare ferroviaire, le récent *Guoman Hotel* (☎ 822 2800, fax 822 2822, 83A Pho Ly Thuong Kiet) est impressionnant. Il dispose d'un centre de remise en forme soigné, d'un café ouvert 24h/24 et de deux jolis bars. Les tarifs tournent autour de 200 $US.

Quartier ouest. Si vous voulez perfectionner votre swing, le *Capital Garden Hotel* (☎ 835 0383, fax 835 0363, 48A Pho Lang Ha) est proche du Lang Ha Golf Club et propose un "atelier golf". Il possède quelques chambres simples dotées de lits queen-size. Les doubles sont louées 125 à 200 $US.

Tout récent, le *Hanoi Horrison Hotel* (☎ 733 0808, fax 733 0688, 40 Pho Cat Linh) occupe un immeuble imposant. Les chambres de cet établissement chic coûtent entre 190 et 250 $US, et les suites de 320 à 400 $US. Il est équipé d'un excellent club de remise en forme et d'une piscine. L'immense cheminée en brique qui l'orne à l'entrée est le seul vestige d'une ancienne briqueterie.

Si l'on considère les tarifs pratiqués et le nombre de dignitaires qui y séjournent, le *Hanoi Hotel* (☎ 845 2270, fax 845 9209, D8 Pho Giang Vo), près du mausolée de Ho Chi Minh et du lac de Giang Vo, est assez décevant. Les chambres coûtent la modique somme de 88… à 498 $US. On y trouve pratiquement tout ce que l'on peut imaginer : karaoké, discothèque, salon de beauté et sauna.

Près de la rive du lac de Giang Vo, le *Lakeside Hotel* (☎ 835 0111, fax 835 0121, 6A Pho Ngoc Khanh) est une joint-venture taiwanaise. L'hôtel ne compte que cinq étages et, comme son nom l'indique, la plupart des chambres (doubles de 160 à 380 $US) donnent sur le lac. Il possède un café, un restaurant chinois, un club de remise en forme, un karaoké et une discothèque.

Le *Daewoo Hotel* (☎ 831 5000, fax 831 5010), dans le Daeha Centre, à l'ouest de Hanoi, est le plus vaste et le plus cher des hôtels de Hanoi. Le style de cet établissement, joint-venture sud-coréenne, est tout sauf colonial : c'est une construction assez monstrueuse de 15 étages proposant tous les équipements imaginables, notamment une piscine, une discothèque, un club de remise en forme, un centre d'affaires et trois restaurants. Le prix des chambres commence à seulement 199 $US, mais les suites atteignent la coquette somme de 1 500 $US.

Environs du lac de l'Ouest. Le *Meritus Westlake* (☎ 823 8888, fax 829 388, 1 Pho Thanh Nien), gigantesque établissement appartenant en partie à des Singapouriens, se vante de posséder tous les équipements possibles, dont la première piscine à toit rétractable du Sud-Est asiatique. Les tarifs vont de 200 à 1 000 $US (pour la suite présidentielle).

Le *Thang Loi Hotel* (☎ 829 4211, fax 829 3800, dans Pho Yen Phu, à 3,5 km du centre-ville), construit au milieu des années 70 avec l'aide de Cuba, est surnommé "l'hôtel cubain". Les mauvaises langues prétendent que l'architecte copia les plans d'un bâtiment cubain de plain-pied, ce qui expliquerait la présence de portes ne menant nulle part. Entouré de bungalows et construit sur pilotis au-dessus du lac de l'Ouest, il est entouré d'un joli parc paysager et d'une piscine. Il possède également des courts de tennis, un sauna et un salon de massage. Massage non compris, tout ce petit confort vous coûtera entre 80 et 163 $US.

Où se loger – locations

Comme partout ailleurs au Vietnam, les mini-hôtels constituent l'option la moins onéreuse. Faites plusieurs adresses pour trouver la meilleure affaire et n'hésitez pas à négocier.

Environ 5 000 expatriés vivent à Hanoi (trois fois moins qu'à Ho Chi Minh-Ville). Les étrangers à gros revenus s'installent souvent dans des appartements au loyer élevé. Un deux-pièces se loue généralement 1 000 à 3 000 $US par mois. Parmi les ensembles d'appartements de luxe récents, citons l'*Oriental Park* (☎ 829 1200), le *Hanoi Lakes* (☎ 829 2998), le *Golden*

Lodge (☎ 718 0098), le *Coco Flower Village* (☎ 845 6510), le *Regency West Lake* (☎ 843 0030), les *Thanh Cong Villas* (☎ 835 4875) et le *Daeha Centre* (☎ 834 9467).

OÙ SE RESTAURER

Ces dernières années, Hanoi a connu une miraculeuse transformation : de désert culinaire, elle est devenue une des capitales de la gastronomie. On y trouve aussi bien des petits restaurants pour voyageurs désargentés que des cafés chic et des restaurants servant une cuisine exquise.

Cafés de voyageurs

La restauration bon marché reste dominée par une poignée de cafés offrant un choix de plats vietnamiens et occidentaux. Ce sont également des endroits intéressants pour trouver une chambre, rencontrer d'autres voyageurs ou organiser une excursion.

Le charmant couple qui tient le *Love Planet Cafe (☎ 828 4864, 18 Pho Hang Bac)* a été plébiscité pour sa bonne cuisine, ses circuits organisés et son service Internet.

Autre bastion des voyageurs à petit budget, le *A to Z Queen Cafe* (☎ 826 0860, 65 Pho Hang Bac) sert quelques plats légers (baguettes, œufs sur le plat et café). On peut aussi s'inscrire à des circuits et surfer sur le Net.

Le *Tin Tin Bar & Cafe* (☎ 826 0326, 14 Pho Hang Non) est aussi un port d'attache des voyageurs à petit budget. On trouve à sa carte de bonnes pizzas, des jus de fruits, des crêpes, du riz sauté, des hamburgers, etc.

Le *Red River Cafe* (☎ 826 8427, 73 Pho Hang Bo) est à inscrire également dans la catégorie circuits organisés/nourriture bon marché.

Dans la vieille ville, le *Old Darling Cafe* (☎ 824 3024, 142 Pho Hang Bac), lui aussi fréquenté par le même type de clientèle, propose des mets corrects et pas chers.

Juste derrière l'immeuble Daewoo, la terrasse du *Smiling Cafe* (☎ 825 1532, 25 Pho Trang Tien) est un endroit parfait pour se détendre et observer la circulation de Hanoi.

Nous pouvons vous assurer que le *Lonely Planet Cafe* (☎ 825 0974, 33 Pho Hang Be) n'a absolument aucun lien avec une certaine maison d'édition de guides de voyages. Cela étant, la nourriture est mangeable et les prix raisonnables.

Le *Meeting Cafe* (☎ 825 8812, 59B Pho Ba Trieu), très populaire, sert rouleaux de printemps, crêpes à la banane, pâtisseries, café et milk-shakes.

Restaurants

L'un des restaurants bon marché les plus populaires est *Al Fresco's* (☎ 826 7782, 23L Pho Hai Ba Trung). Cet établissement agréable, tenu par un Australien, sert de bonnes pizzas, des grillades et des salades. Les prix sont raisonnables et les portions énormes. Attendez d'avoir faim pour y aller.

Les mêmes gèrent le *Pepperonis Pizza & Cafe* (☎ 976 0088, 71 Pho Mai Hac De). Les pizzas coûtent de 1,25 à 4 $US, et les plats de pâtes 1,60 $US. Autre adresse sans prétention où manger une pizza ou des pâtes, le *Mama Rosa* (☎ 825 8057, 6 Pho Le Thai To), juste en face du lac.

Le *Cyclo Bar & Restaurant* (☎ 828 6844, 38 Pho Duong Thanh) a particulièrement soigné son décor : les clients sont installés dans de véritables cyclo-pousse transformés en tables. On sert une cuisine vietnamienne et française de qualité correcte. Le menu fixe au déjeuner (4 $US) est d'un bon rapport qualité-prix.

Le *Miro* (☎ 826 9080, 3 Pho Nguyen Khac Can) sert une cuisine de qualité et comprend un bar à sushis futuriste appelé *Ozu* au rez-de-chaussée, une salle à manger élégante à l'étage et le confortable *Jungle Bar* au second (où l'on sert de bons cocktails). Le chef, originaire de Seattle, est talentueux et créatif.

Recommandé pour le déjeuner, le *Hoa Soa* (☎ 824 0448, 81 Pho Tho Nhuom) est un restaurant en plein air qui s'est donné pour mission d'embaucher des enfants des rues et de les former à des métiers culinaires (plus de 300 chefs sont ainsi sortis de ses cuisines). La cuisine vietnamienne et française est excellente, et les pâtisseries françaises de sa boulangerie un vrai péché. Le vaste *Green Ho Guom* (☎ 828 8806, à l'étage du 32 Pho Le Thai To) possède un orchestre et un karaoké. Les plats vietnamiens et occidentaux sont à des prix raisonnables.

Si vous rêvez de viande rouge, le *Galleon Steak House* (☎ 822 8611, 50 Pho Tran Quoc Toan) prépare sans conteste les meilleurs steaks de la ville.

L'un des meilleurs restaurants de fruits de mer de Hanoi est le *San Ho Restaurant* (☎ 822 2184, 58 Pho Ly Thuong Kiet), installé dans une jolie villa. Citons aussi le bien nommé *Seafood Restaurant* (☎ 825 8759, 22A, D Hai Ba Trung).

Le *Shrimp Cakes Restaurant* (*Nha Hang Banh Tom Ho Tay*, ☎ 825 7839, 1 Pho Thanh Nien) propose plusieurs plats intéressants, dont les fameux beignets de crevettes. Si le temps le permet, vous pouvez vous asseoir en terrasse et admirer la vue sur le lac de Truc Bach. La nourriture est excellente, mais plusieurs personnes ont récemment signalé qu'on facturait le prix fort aux étrangers (vérifiez sur le menu en vietnamien de votre voisin, si nécessaire).

Cuisine vietnamienne. Installé dans une villa restaurée, *Indochine* (☎ 824 6097, 16 Pho Nam Ngu) est, pour ce qui est de la cuisine, du cadre et de l'atmosphère, l'un des restaurants les plus chic de la ville. Il propose d'authentiques spécialités vietnamiennes, servies par un personnel en costume d'apparat ; le soir, des musiciens jouent des airs traditionnels. Le déjeuner commence à 11h et le dîner à 17h30.

Le *Nam Phuong* (☎ 824 0926, 19 Pho Phan Chu Trinh), également installé dans une ravissante villa coloniale, est un établissement élégant qui sert une cuisine vietnamienne authentique et possède une impressionnante carte des vins. Là aussi, un orchestre joue de la musique traditionnelle.

On peut aller au *Com Duc Vien* (☎ 943 0081, 13 Pho Ngo Thi Nham) goûter une cuisine vietnamienne de qualité, dans une villa de style classique. Tout aussi recommandable, le très confortable *Cay Cau*

(☎ 824 5346) est installé dans le De Syloia Hotel au 17A Pho Tran Hung Dao.

Si vous cherchez un décor plus typique, essayez le *Countryside Restaurant* (☎ 821 9487, 9 Pho Nguyen Cong Tru).

Le *Dinh Lang Restaurant* (☎ 828 6290), situé juste au-dessus du *Thuy Ta Cafe* (☎ 828 8148, 1 Pho Le Thai To), un café animé qui donne sur le lac Hoan Kiem, sert une bonne cuisine vietnamienne à des tarifs légèrement inférieurs. Il accueille également des musiciens de musique traditionnelle le soir.

L'une des plus célèbres spécialités culinaires de Hanoi est le *Cha Ca*, que l'on pourrait comparer à de somptueuses brochettes au poisson. La meilleure adresse pour les déguster, le *Cha Ca La Vong* (☎ 825 3929, 14 Pho Cha Ca), est une institution. Vous pourrez également goûter ce mets de choix (et pour moins cher) au *Cha Ca 66* (☎ 826 7881, 66 Pho Hang Ga) ou au *Thanh Long* (☎ 824 5115, 40 Pho Hang Ma).

Vous pourrez manger une bonne soupe de nouilles au bœuf au *Pho Bo Dac Biet Noodle Soup*, 2B Pho Ly Quoc Su, ou au *Pho Gia Truyen*, 49 Pho Bat Dan. *Tiem Pho*, au 48-50 Pho Hué, sert des soupes à la mode de Hué.

Dans la vieille ville, *Tuyet Nhung* (☎ 828 1164 Pho Cha Ca) sert de bons *banh cuon*, qui y sont décrits comme "du papier de riz roulé autour d'une garniture de viande grillée, servi avec une sauce aux bélostomes", grosse punaise aquatique. Le menu fixe coûte 1 $US, mais il vous en faudra peut-être plus d'un pour vous rassasier.

Plusieurs restaurants installés dans le même quartier s'intitulent *Hué Restaurant*. La cuisine de Hué jouit à juste titre d'une grande réputation, et ces établissements méritent le détour. Essayez par exemple le *Quan Hué Restaurant* (☎ 824 4062, 6 Pho Ly Thuong Kiet) ou, sur l'autre trottoir, *Huu Ngu Binh* (☎ 824 1515), au n°11, dont la devise est : "Notre cuisine est plus de Hué qu'à Hué".

Autre endroit chic pour déguster cette cuisine, le *Van Xuan* (☎ 927 2888, 15A Pho Hang Cot).

Cuisine végétarienne. Le meilleur restaurant végétarien de Hanoi est le *Com Chay Nang Tam Vegetarian Restaurant* (☎ 826 6140, 79A Pho Tran Hung Dao), établissement non-fumeur où règne une certaine ambiance, et connu pour ses délicieux plats végétariens portant le même nom (et arborant le même aspect !) que des plats de viande, comme le veut une ancienne tradition vietnamienne destinée à mettre les invités à l'aise. Essayez les fameuses "boules de neige frites".

Autre très bonne adresse pour végétariens, *The Whole Earth Vegetarian Restaurant* est installé dans l'agence de voyages/pension TF Handspan au 116 Pho Hang Bac, dans la vieille ville.

Cuisine italienne. Hanoi ne manque pas de restaurants italiens, et nous vous proposons les plus authentiques, tenus par des Italiens.

Le meilleur est le *Bat Dan Cafe* (☎ 828 6411, 10 Pho Bat Dan), dans la vieille ville. Le chef, Gino, qui est aussi photographe, sert d'excellents plats de pâtes et des salades à des prix raisonnables. En outre, il met à disposition toute une batterie de jeux de société.

Il Grillo (☎ 822 7720, 116 Pho Ba Trieu) est un restaurant haut de gamme, doté de la meilleure carte de vins italiens existant au Vietnam. Tout aussi bon (et cher), *Il Padrino* (☎ 828 8449, 42 Pho Le Thai To) jouit d'un bel emplacement au bord du lac Hoan Kiem.

Encore de bonnes pâtes et les meilleures pizzas de ce côté-ci de Bangkok au *Mediterraneo Restaurant* (☎ 826 6288, 23 Pho Nha Tho), près de la cathédrale Saint-Joseph.

Cuisine française. Le *Café des Arts* (☎ 828 7207, 11B Pho Bao Khanh) est un endroit décontracté et un peu bohème, décoré dans le style "brasserie parisienne" et tenu par un expatrié et son épouse vietnamienne. On peut se faire servir une bonne cuisine "à toute heure" ; quelques tables sont installées en terrasse avec, en prime, un programme musical éclectique. Le meilleur restaurant français, haut de gamme, est *Le Splendide* (☎ *826 6087, 44 Pho Ngo Quyen*), où l'on déguste des plats savoureux, inspirés de la cuisine provençale, dans une ambiance très romantique.

Autre très bon (et cher) restaurant français, *Le Beaulieu* (☎ *826 6919, poste 8028*), au Sofitel Metropole Hotel, 15 Pho Ngo Quyen.

Une dernière proposition si vous recherchez un endroit chic et à la mode, le *President Garden Restaurant* (☎ *825 3606, 14 Pho Tong Dan*).

Cuisine asiatique. La cuisine chinoise est généralement assez chère à Hanoi, mais le *Chau Giang Restaurant* (☎ *822 2650, 18 Pho Yet Kieu*) fait exception à cette règle.

Le vaste restaurant chinois installé au rez-de-chaussée du *Hoa Long Hotel* (☎ *826 9319, 94 Pho Hang Trong*), près de la rive ouest du lac Hoan Kiem, mérite également une visite. Juste à côté, au n°96, une troisième possibilité, le *Thu Huong Chinese Restaurant* (☎ *825 5490*).

On sert une excellente cuisine thaï (à condition de ne pas arriver directement de Bangkok) au *Sukiyadi* (☎ *825 4613*) 63 Pho Hang Trong, derrière le supermarché – mais quelle idée de lui avoir donné le nom d'un mets japonais… Les autres restaurants thaïlandais à retenir sont le *Tam Tu* (☎ *825 1682, 84 Pho Ly Thuong Kiet*) et le *Baan Thai Restaurant* (☎ *828 1120, 3B Pho Cha Ca*). Dans ce dernier, la carte est illustrée de photos.

De l'avis des Japonais résidant à Hanoi, le *Saigon Sakura* (☎ *825 7565, 17 Pho Trang Thi*), malgré son nom assez nul, sert la meilleure cuisine nippone de la ville. Moins onéreux, le *Momiji* (☎ *821 6033, 322 Pho Ba Trieu*), dont le propriétaire vietnamien a vécu quelques années au Japon.

Si vous avez envie de cuisine d'Inde du Sud (ou d'un bon brunch dominical), allez au *Khazana* (☎ *843 3468, 27 Pho Quoc Tu Giam*). Dans la vieille ville, citons aussi le *Tandoor Indian Restaurant* (☎ *824 5359, 24 Pho Hang Be*).

Pour une authentique cuisine malaise, *Mother's Pride* possède deux établissements à Hanoi : l'un au 6C Pho Phan Chu Trinh (☎ *826 2168*) et le second au P103 A5 Pho Giang Vo (☎ *846 1092*).

Restaurants de rue

La Pho *Cam Chi*, à environ 500 m au nordest de la gare ferroviaire de Hanoi, est une rue très étroite, presque une ruelle, bondée de petits stands proposant une cuisine délicieuse et très bon marché. Vous ne trouverez pas de carte en français et vous ne serez pas confortablement assis, mais vous ferez un mini-banquet pour 1 $US, voire moins ! Cam Chi signifie "interdit de montrer du doigt". Ce nom fut donné à la rue il y a plusieurs siècles pour rappeler à ses habitants qu'ils ne devaient pas pointer d'un doigt curieux quand le roi et sa cour se déplaçaient dans le quartier.

La Pho *Pho Mai Hac De* s'étend dans la partie sud du centre-ville, de Pho Tran Nhan Tong (au nord) jusqu'au sud. Les restaurants se succèdent en file ininterrompue sur plusieurs pâtés de maisons.

D Thuy Khue, sur la rive sud du lac de l'Ouest, regroupe une trentaine de restaurants de poisson, tous en plein air. Ils sont très fréquentés par les Vietnamiens, et la compétition est âpre, à voir les rabatteurs se jeter pratiquement sous les roues des voitures pour guider les clients jusqu'à leur table. On y mange bien, pour environ 7 $US par personne.

La Pho *Pho To Hien Thanh*, au sud du centre-ville et à l'est du lac de Bay Mau, orientée est-ouest, rassemble elle aussi plusieurs petits restaurants de poisson.

A environ 10 km au nord du centre de Hanoi, le long de la digue qui sépare le lac de l'Ouest du fleuve Rouge, une soixantaine de *restaurants de viande de chien* sont concentrés sur 1 km dans Pho Nghi Tam. Même si vous n'avez aucune envie de manger du chien, la promenade mérite le détour le dernier jour du mois lunaire. Les habitants de Hanoi croient en effet que consommer cette viande pendant la première moitié du mois lunaire porte malheur ;

ils désertent alors ces restaurants, dont la plupart restent d'ailleurs fermés. Les affaires reprennent pendant la seconde moitié du mois, et les clients se bousculent le dernier jour, particulièrement favorable. Des milliers de motos sont garées dans la rue, et les restaurateurs vous arrêtent pour vous vanter les vertus de leur établissement.

Traiteurs et nourriture à emporter

Pour beaucoup de voyageurs, la solution la plus économique consiste à s'acheter une baguette, quelques tranches de salami, du fromage, un soda ou une bière, et à aller les déguster au calme, dans un jardin public, au bord d'un lac ou dans leur chambre d'hôtel.

No Noodles (☎ 828 6861, 51 Pho Luong Van Can) est un lieu très en vogue qui prépare des sandwiches à emporter.

The Deli (☎ 846 0007, 18 Pho Tran Huy Lieu et ☎ 934 2335, 25 Pho Trang Tien) confectionne des sandwiches savoureux pour environ 1,20 $US.

Sans aucun lien avec le précédent, un autre *The Deli* (☎ 934 0888, 59A Pho Ly Thai To) est installé dans les mêmes locaux qu'un restaurant chic, *The Press Club*, et propose à la fois un service en salle et à emporter.

Le *Soho Deli* (☎ 826 6555, 57 Pho Ba Trieu) sert aussi de bons petits déjeuners et déjeuners. Le comptoir de vente à emporter est au rez-de-chaussée. A l'étage, un joli restaurant où l'on peut manger sous une véranda en terrasse.

Le *Hanoi Gourmet* (☎ 943 1009, 1B Pho Ham Long) est le traiteur le plus chic de la ville. Il vend d'excellentes viandes d'importation et tous les mets européens – mais cela se paie !

Si vous voulez cuisiner vous-même, vous pouvez acheter des légumes frais au *Hom Market*, au sud du centre-ville, près du croisement de Pho Hué et de Pho Tran Xuan Soan. Tout près, le *Hanoi Star Mart* (☎ 822 5999, 60 Pho Ngo Thi Nham) est probablement le meilleur mini-supermarché de Hanoi. Il possède une petite succursale près de l'Energy Hotel, au 30 Pho Ly Thai To. A

l'ouest de Hanoi, un *Mini-Market* est installé dans le quartier diplomatique de Van Phuc.

Cafés

Au Lac (☎ 825 7807) est l'une de nos adresses favorites : un charmant café-bar installé à la terrasse d'une jolie villa française au 57 Pho Ly Thai To, en face de l'hôtel Sofitel. On y sert une cuisine légère et excellente, ainsi que, probablement, le meilleur café de Hanoi.

A quelques encablures, le *Mai La Cafe* (☎ 824 7579) a lui aussi été décoré dans le style des cafés parisiens.

Près du Fanny's Ice Cream, le *Cafe Lac Viet* (☎ 828 9155, 46 Pho Le Thai To) est un candidat sérieux pour le concours du meilleur café de Hanoi, mais c'est aussi une bonne adresse pour déjeuner léger.

Même commentaire pour le *Ciao Cafe* (☎ 934 1494, 2 Pho Hang Bai), près de l'extrémité sud du lac Hoan Kiem.

Si vous visitez la cathédrale Saint-Joseph, arrêtez-vous au *Moca Cafe* (☎ 825 6334, 14-16 Pho Nha Tho). Dans ce lieu élégant, on sert de bons expressos, capuccinos et cafés au lait pour environ 1,50 $US.

Bien qu'il soit boudé par la plupart des expatriés (énième épisode du "propriétaire vietnamien qui se débarrasse de son partenaire étranger"), le *Ban Mai Cafe* (☎ 828 7043) jouit d'un emplacement agréable en bordure du lac Hoan Kiem.

Pour goûter certains des meilleurs yaourts, pâtisseries françaises et cafés du Vietnam, allez au *Kinh Do Cafe* (☎ 825 0216, 252 Pho Hang Bong), près du centre-ville. Le petit déjeuner est exceptionnel.

Glaciers

Le meilleur glacier de Hanoi est *Fanny's* (☎ 828 5656, 48 Pho Le Thai To), au bord du lac Hoan Kiem. Il sert de délicieuses glaces "franco-vietnamiennes" (goûtez notamment le com, savoureuse création locale à partir de pousses de riz gluant) et quelques sorbets alléchants.

Comme son nom l'indique, le *Milano Gelato* (☎ 822 7993, 3 Pho Ho Xuan

Huong) se spécialise dans les glaces ita-liennes maison.

Le glacier le plus fréquenté des habitants de Hanoi est *Kem Trang Tien*, 54 Pho Trang Tien : on fait la queue sur le trottoir pour savourer ses succulents desserts (0,30 \$US). On peut aussi les déguster à l'intérieur, où l'air est climatisé.

Vous trouverez de bons sundaes au *Kem Tra My*, dans Pho Nguyen Thai Hoc, près du mausolée de Ho Chi Minh.

Pubs

A deux pâtés de maisons au sud du mauso-lée de Ho Chi Minh, le *Sunset Pub* (☎ 823 0173, 31 Pho Cao Ba Quat) est tenu par un Norvégien. Pizzas et hamburgers sont au menu. Des concerts de jazz ont lieu le jeudi et le samedi soir.

Dans une jolie villa française, le *Veran-dah Bar & Cafe* (☎ 825 7220, 9 Pho Nguyen Khac Can) est tenu par un Anglais, et les expatriés aiment s'y retrouver. C'est peut-être plus un café qu'un bar, mais c'est une bonne adresse, ouverte tous les jours de 10h à 22h30 ; on peut y prendre un brunch le dimanche. La carte affiche entre autres plats des enchiladas au poulet, du saumon fumé et des quiches, à déguster au bar ou sous la véranda.

Autre rendez-vous d'expatriés, le *Mek-ki's Bar* (☎ 826 7552) est installé au *Lan Anh Restaurant*. Ce bar-restaurant, tenu par un Algérien et son épouse vietnamienne, propose un large choix de plats français, proche-orientaux et vietnamiens. Une TV par satellite trône derrière le bar.

Au sud-est de la pagode des Ambassa-deurs, le *Pear Tree Pub* (☎ 825 7812, 78 Pho Tho Nhuom*) possède un billard et sert quelques plats simples.

A une trentaine de mètres du Hanoi Hotel, le *Latino Pub* (☎ 846 0836, 102 C8 Pho Giang Vo*) propose des plats tex-mex et latino-américains. Le propriétaire a vécu à l'étranger plusieurs années et parle couram-ment espagnol.

La nouvelle annexe du Sofitel Metropole Hotel abrite le *Met Pub* (☎ 826 6919, poste 8857). C'est un bel endroit, très cher, où l'on mange bien et qui possède la meilleure carte de bières de Hanoi.

OÙ SORTIR
Pubs

Comme son homonyme de Ho Chi Minh-Ville, le légendaire *Apocalypse Now* (☎ 971 2783, 5C Pho Hoa Ma*) est connu pour sa musique assourdissante. Il vaut mieux y aller en fin de semaine. Il ouvre à 17h et ferme quand les derniers clients s'en vont.

Petit pub confortable qui mérite la visite, le *R&R Tavern* (☎ 971 0498, 17 Pho Le Ngoc Han*) est tenu par un Américain tran-quille, Jay (et sa femme vietnamienne). Il possède la plus belle collection de Grate-ful Dead du Sud-Est asiatique ! Il sert éga-lement des repas faits maison et, si vous rentrez d'une nuit agitée ou si vous êtes matinal, il vous cuisinera de *véri-tables* crêpes au babeurre pour le petit déjeuner.

Le *C & W Bar* (☎ 829 2670, 6 Pho Thanh Nien*) est un pub fréquenté par les expatriés, où l'on peut aller boire un verre ou deux.

Le *Spotted Cow* vient d'ouvrir, tout près du Al Fresco's Restaurant, en descendant Pho Hai Ba Trung. Il possède des billards et des jeux de fléchettes.

Dans le joli cadre d'une villa, le *Cafe Que Huong* (☎ 971 1444, 42 Pho Tang Bat Ho*), équipé de trois billards, est fréquenté par des étrangers et des Vietnamiens.

Le *Golden Cock Bar* (☎ 825 0499, 5 Pho Bao Khanh*) est encore une adresse prisée des expatriés.

Juste à côté, le *Polite Pub* (☎ 825 0959) est également renommé. Pho Bao Khanh est au coin nord-ouest du lac Hoan Kiem.

Le bar le plus étrange du Vietnam est pro-bablement le *Relax Bar* (☎ 824 8409, 60 Pho Ly Thuong Kiet*) : de 9h30 à 20h, vous pouvez boire une bière fraîche ou un cock-tail tout en vous faisant masser le crâne et le visage (2 \$US). Pour 4 \$US, vous aurez en prime le shampooing et la coupe. L'endroit n'est pas des plus élégants, et le bar, qui reste ouvert jusqu'à minuit, est souvent plein d'Australiens éméchés.

HANOI

Discothèques

A deux pâtés de maisons au nord-est de la gare ferroviaire de Hanoi, le *Metal Night Club* (☎ 824 1975, 57 Pho Cua Nam) accueille tous les soirs un orchestre particulièrement bruyant. Il est ouvert de 11h à 14h et de 19h30 à 2h, et le droit d'entrée est de 4 $US.

Le vaste *Magic Nightclub* (☎ 563 0257, 3 Pho Thai Thinh), tenu par des Japonais, est un bon endroit pour danser. On y pénètre par une galerie de jeux vidéo. Certaines salles sont réservées au karaoké. L'entrée est à 5 $US mais, en ville, vous pourrez obtenir des tickets gratuits.

Le *Vortex* (☎ 978 0121, 336 Pho Ba Trieu), d'un genre moins conventionnel, est l'un des lieux les plus chauds pour voir et être vu à Hanoi.

Assez loin du centre-ville vers l'ouest, le *Queen Bee Nightclub* (☎ 835 2612, 42A Pho Lang Ha) est une discothèque animée, mais l'accent est mis sur le karaoké japonais-coréen. Il est ouvert de 14h à 2h.

Le lieu à la mode pour la jeunesse de Hanoi est le *Sparks Nightclub* (☎ 971 7207, 88 Pho Lo Duc).

Près du pont de Chuong Duong, le *Royal Palace Nightclub* (☎ 824 4226, 20 Pho Hang Tre) n'est pas très sélect, mais il possède un bon orchestre philippin, des bandes disco et des salles de karaoké. Le droit d'entrée est de 5 $US. Il est ouvert de 20h à 2h.

Le Hanoi Hotel, près du lac de Giang Vo, abrite la *Volvo Discotheque* (☎ 845 2270). Ce n'est pas un endroit bon marché : n'oubliez pas votre carte de crédit, ou apportez une épaisse liasse de dongs.

Dans la vieille ville, juste à l'est de la citadelle, le *Dai Dong Centropell* (46 Pho Hang Cot) combine discothèque et karaoké. L'entrée coûte 5 $US.

Si le karaoké vous inspire, vous pouvez louer une cabine et chanter tout votre saoul au *VIP Club* (☎ 826 9167, 60-62 Pho Nguyen Du). On livre même des repas dans les cabines. Le club renferme aussi des machines à sous et une discothèque avec de la musique qui cogne, des stroboscopes et un grand écran vidéo. Le droit d'entrée est de 5 $US, et les boissons sont vendues à un tarif spécial VIP.

Cinémas

Le *Fanslands Cinema* (☎ 8257484, 84 Pho Ly Thuong Kiet), passe les meilleurs films. Les francophones profiteront des programmes de l'*Alliance française* (☎ 826 6970), 42 Pho Yet Kieu.

En face du bureau de la police de l'immigration, le *Thang 8 Cinema* Pho Hang Bai, programme des films étrangers.

En face du Daewoo Hotel, le *Ngoc Khanh* est un cinéma (*phim noi*, en vietnamien) dont les tarifs sont assez élevés (5 $US).

Cirque

Le cirque reste l'une des traditions russes encore vivantes au Vietnam. La plupart des artistes (acrobates, jongleurs, dresseurs de fauves…) ont appris leur métier dans les pays de l'Est. Les nouvelles recrues reçoivent aujourd'hui l'enseignement de leurs aînés vietnamiens. Les spectacles se déroulent de 20h à 22h, sous un immense chapiteau, au *Cirque central* (*Rap Xiec Trung Uong*), à proximité de l'entrée nord du parc Lénine (Cong Vien Le Nin). Une représentation spéciale pour les enfants a lieu le dimanche matin à 9h. Le billet d'entrée coûte 2,50 $US.

Marionnettes sur eau

A Hanoi se déroulent les plus beaux spectacles de cet art, originaire du nord du pays (voir l'encadré). Le *théâtre municipal de marionnettes aquatiques* (*Roi Nuoc Thang Long* ; ☎ 824 9494, 57B Pho Dinh Tien Hoang*) est au bord du lac Hoan Kiem, 57B Pho Dinh Tien Hoang. Les représentations ont lieu chaque soir, sauf le lundi, de 20h à 21h (2 $US).

ACHATS

Que vous souhaitiez ou non faire des achats, vous croiserez certainement des enfants, petits vendeurs de cartes postales et de plans de la ville. Ils sont omniprésents dans le pays mais, à Hanoi, beaucoup sont orphelins, comme en atteste la carte spéciale qu'ils vous montreront. N'oubliez pas qu'ils triplent souvent les prix et n'hésitez pas à marchander gentiment.

Marchés

Le marché Dong Xuan s'élève sur 3 étages, à 900 m au nord du lac Hoan Kiem. En 1994, un incendie le détruisit, faisant cinq victimes. Depuis sa reconstruction, le marché, véritable attraction touristique, compte des centaines de stands et occupe près de 3 000 personnes.

Au nord-est de l'angle de Pho Hué et de Pho Tran Xuan Soan, le Hom Market offre essentiellement des produits alimentaires d'importation.

Près de la cathédrale Saint Joseph, le petit marché Hang Da propose des produits alimentaires importés, de la bière, du vin et des fleurs. Le 2e étage comporte un choix d'étoffes et de prêt à porter.

A quelques pâtés de maisons au nord de la gare ferroviaire de Hanoi, le principal intérêt du marché Cua Nam réside dans les fleurs. En revanche, Đ Le Duan, reliant la gare au marché, regorge de boutiques d'articles ménagers. Retenez cette adresse si vous vous installez à Hanoi.

Au sud du centre-ville, Pho Bach Mai et Pho Minh Khai, le marché Mo, assez éloigné, ne s'adresse guère aux touristes. Ses marchandises, viande, poisson, fruits et légumes, intéressent plutôt les résidents.

Assez loin au nord-ouest de la ville, le marché Buoi est célèbre pour ses animaux vivants (canards, poulets, etc.) et ses plantes ornementales. Ces dernières sont de meilleure qualité aux jardins du temple de la Littérature ou au musée de l'Aviation.

Boutiques

Rue Trang Tien, de nombreuses boutiques fabriquent, en dix minutes, des lunettes incroyablement bon marché et d'une qualité désastreuse. A notre connaissance, Hanoi Optic (☎ 824 3751) est la seule exception avec son matériel moderne et ses employés compétents, qui parlent anglais. C'est là que se rendent la plupart des expatriés de Hanoi. Rendez-vous 48 PhoTrang Tien, au 2e étage (juste au-dessus d'un autre opticien) et suivez les panneaux indiquant "lunettes de qualité".

Autour de Pho Hang Bong et de Pho Hang Gai, on vend des tee-shirts à l'effigie de Ho Chi Minh, imprimés ou brodés, pour 2 à 4 \$US ainsi que des couvre-chefs vietcong. N'oubliez pas que ces tenues ne sont pas toujours appréciées des réfugiés vietnamiens.

Pho Hang Gai,Pho Hang Khai et Pho Cau Go regorgent de boutiques de souvenirs et d'antiquités (vraies ou fausses). En outre, Hanoi est un bon endroit pour les vêtements sur mesure ou pour dénicher une montre russe.

Outre les tee-shirts, Pho Hang Gai et Pho Hang Bong sont renommées pour le linge de maison brodé et les tentures.

Khai Silk (☎ 825 4237), 96 Pho Hang Gai, propose des vêtements de soie de bonne qualité, coupés à l'occidentale. Son propriétaire parle français et anglais couramment.

Si vous ne pouvez vous rendre à Sapa, vous trouverez un très bon choix d'artisanat et de vêtements traditionnels des minorités à la Pan Flute (☎ 826 0493), 42 Pho Hang Bac, dans la vieille ville.

Un extraordinaire marché de chaussures longe Pho Hang Dau, au nord-est du lac Hoan Kiem. N'espérez pas cependant trouver de grandes pointures.

Les meilleurs CD piratés (en général autour de 2 \$US), sont vendus dans plusieurs boutiques de Pho Hang Bong, notamment Tu Lap (☎ 826 1974), au n°36A.

De jeunes artistes en herbe exposent leurs œuvres dans des galeries d'art privées, ouvertes jusqu'à 20h ou 21h. Dans presque toutes ces galeries, on parle anglais. Les prix vont de quelques dizaines à plusieurs milliers de dollars, et le marchandage est de rigueur. Parmi les galeries fréquentées, citons :

Apricot Gallery
  (☎ 828 8965) 40B Pho Hang Bong
Art Gallery
  (☎ 825 2294) 7 Pho Hang Khay
Co Xanh Gallery
  (☎ 826 7116) 51 Pho Hang Gai
Dong Son Gallery
  (☎ 821 8876) 47 Pho Le Dai Hanh

HANOI

Le théâtre de marionnettes aquatiques

L'art millénaire des marionnettes sur eau (*roi nuoc*) demeura confiné au Nord du Vietnam jusque dans les années 1960. C'était à l'origine un passe-temps des paysans, qui passaient une grande partie de leurs journées dans les rizières et considéraient la surface de l'eau comme une scène toute trouvé (selon une autre version, ils furent contraints d'adapter l'art des marionnettes traditionnelles à la suite d'une inondation du delta du fleuve Rouge). Ces paysans sculptaient les marionnettes dans du bois de figuier (*sung*), matériau résistant à l'eau. Celles-ci

représentation de marionnettes aquatiques au théâtre municipal

figuraient des habitants de leur village, les animaux de leur ferme ou des créatures mythiques telles que le dragon, le phénix ou la licorne. Les spectacles avaient lieu sur des étangs, des lacs ou des rizières inondées.

D'anciens textes d'érudits racontent que, sous les dynasties Ly et Tran (1010-1400), ce simple passe-temps villageois fut élevé au rang de spectacle de cour. Puis il disparut presque entièrement, avant de renaître lors de l'ouverture, à Hanoi, du théâtre municipal de marionnettes aquatiques.

Les spectacles sont aujourd'hui donnés au-dessus d'un bassin de forme carrée, qui constitue la "scène". L'eau est sombre, dans le but de dissimuler les mécanismes actionnant les marionnettes. Recouvertes d'une peinture brillante à base de pigments végétaux, celles-ci peuvent mesurer jusqu'à 50 cm de long et peser jusqu'à 15 kg. Leur vie n'excédant pas 3 ou 4 mois quand elles servent en continu, leur fabrication occupe à plein temps un village des environs de Hanoi. Chaque représentation nécessite 11 marionnettistes, qui ont suivi une

Fine Art Association Exhibition House
  (☎ 824 1845) 16 Pho Ngo Quyen
Mai Gallery
  (☎ 825 1225) 3B Pho Phan Huy Chu
Nam Son Gallery
  (☎ 826 2993) 41 Pho Trang Tien
Salon Natasha
  (☎ 826 1387) 30 Pho Hang Bong
Song Hong Art Gallery
  (☎ 822 9064) 71A Pho Nguyen Du
Trang An Gallery
  (☎ 826 9480) 15 Pho Hang Buom

De grandes expositions ont lieu régulièrement mais le calendrier ainsi que l'endroit varient et les informations sont impossibles

à obtenir. Néanmoins, la plupart de ces événements artistiques sont organisés dans l'une des salles d'exposition proches du mausolée de Ho Chi Minh.

Plusieurs boutiques se spécialisent dans l'artisanat moderne et ancien (notamment laques, incrustations en nacre, céramiques, statuettes en bois de santal…), les aquarelles, les peintures à l'huile, les gravures et les antiquités. Au nord du lac Hoan Kiem, Pho Hang Buom, sorte de Chinatown, propose des marchandises très spécifiques. Vous y trouverez, entre autres, des sceaux chinois gravés. C'est un quartier pittoresque où flâner.

Les philatélistes s'adresseront au guichet spécialisé de la poste centrale (situé dans le

Le théâtre de marionnettes aquatiques

formation d'au moins trois ans. Plongés dans l'eau jusqu'à la taille, ils sont dissimulés derrière un écran de bambou. Ils souffraient autrefois de différentes affections liées à leur longue présence dans l'eau, mais aujourd'hui ils portent des combinaisons aptes à leur éviter ces maladies professionnelles.

Certaines marionnettes sont simplement fixées à de longues tiges de bambou ; d'autres sont placées sur une base flottante, elle-même fixée à une tige. Elles ont pour la plupart des membres et une tête articulés, et parfois un gouvernail pour les diriger. Il peut y avoir jusqu'à trois tiges pour une seule marionnette et, dans la demi-pénombre, on a l'impression de les voir littéralement marcher sur l'eau.

Les techniques complexes de manipulation des marionnettes, par tradition gardées secrètes, ne se transmettaient que de père en fils (jamais de père en fille, pour éviter, si elles se mariaient à un homme étranger au village, qu'elles ne livrent leur secret).

La musique a autant d'importance que l'action qui se déroule sur scène. L'orchestre se compose de flûtes en bois, de gongs, de tambours, de xylophones en bambou et du *dan bau*, un étonnant instrument à une seule corde dont la caisse est taillée dans l'écorce séchée d'une certaine variété de pastèque. Une tige souple en bambou, fixée à une extrémité de la caisse, modifie la tension de la corde, produisant des sons étranges et obsédants.

Le spectacle se compose d'une succession de tableaux. Ceux-ci dépeignent aussi bien des scènes de la vie quotidienne que des légendes expliquant les origines de divers phénomènes naturels et sociaux, de la formation des lacs à celle des États. Une scène mémorable représente la culture du riz, où la pousse du riz ressemble à un film en accéléré et où les scènes de récolte sont à la fois frénétiques et gracieuses. Un autre tableau, décrivant la bataille entre un pêcheur et sa proie, est si réaliste qu'on a l'impression que le poisson est vivant. On verra aussi des dragons crachant le feu (feu d'artifice compris), une course-poursuite entre un jaguar, une troupe de canards et leur gardien, et un garçon jouant de la flûte sur le dos d'un buffle.

Le spectacle est divertissant, les marionnettes apparaissent et disparaissent comme par magie, et l'eau met merveilleusement l'intrigue en valeur.

Tony Davidson et Juliet Coombe

hall principal), géré par Cotevina, l'association philatélique d'État (Cong Ty Tem Viet Nam).

COMMENT S'Y RENDRE
Avion
Les vols internationaux directs sont moins nombreux à Hanoi qu'à Ho Chi Minh-Ville. Cependant, avec un changement à Bangkok ou à Hong Kong, presque toutes les destinations sont accessibles. D'autre part, les compagnies aériennes sont de plus en plus nombreuses à assurer un vol direct jusqu'à Hanoi. Les bureaux de réservation des compagnies internationales à Hanoi sont les suivants :

Aeroflot
(☎ 825 6742, fax 824 9411)
4 Pho Trang Thi
Air France
(☎ 825 3484/824 7066,
fax 826 6694)
1 Pho Ba Trieu
Cathay Pacific Airways
(☎ 826 7298, fax 826 7709)
49 Pho Hai Ba Trung
China Airlines (Taiwan)
(☎ 824 2688, fax 824 2588)
18 Pho Tran Hung Dao
China Southern Airlines
(☎ 826 9233/826 9234)
Binh Minh Hotel, 27 Pho Ly Thai To

Czech Airlines
   (☎ 825 6512, fax 846 4000)
   102 A2, quartier diplomatique de Van Phuc
Japan Airlines
   (☎ 826 6693, fax 826 6698)
   1, Pho Ba Trieu
Lao Aviation
   (☎ 826 6538, fax 822 9951)
   41 Pho Quang Trung
Malaysia Airlines
   (☎ 826 8820/826 8821, fax 824 2388)
   15 Pho Ngo Quyen
Pacific Airlines
   (☎ 851 5356, fax 851 5350)
   100 Pho Le Duan
Singapore Airlines
   (☎ 826 8888, fax 826 8666)
   17 Pho Ngo Quyen
Thai Airways International
   (☎ 826 6893, fax 826 7934)
   44B Pho Ly Thuong Kiet
Vasco
   (☎ 827 1707, fax 827 2705)
   Aéroport de Gia Lam
Vietnam Airlines
   (☎ 825 0888/832 0320, fax 824 8989)
   1 Pho Quang Trung

Vietnam Airlines et Pacific Airlines sont les seules compagnies à proposer des vols intérieurs. Toutes deux pratiquent les mêmes tarifs pour ces vols, mais Pacific Airlines s'avère meilleur marché sur l'international.

Pour plus de détails sur les vols intérieurs, voir le chapitre *Comment circuler*.

Bus

A l'instar de Ho Chi Minh-Ville, Hanoi possède plusieurs gares routières, chacune desservant une région particulière.

Les bus reliant le Nord-Est partent de la gare routière de Gia Lam (Ben Xe Gia Lam). Ces destinations comprennent la baie d'Along, Haiphong et Lang Son, près de la frontière chinoise. La gare se trouve à 2 km au nord-est du centre-ville, au-delà du fleuve Rouge. Les cyclo-pousse ne traversent pas le pont et vous devrez vous y rendre en moto ou en taxi.

La gare routière de Kim Ma (Ben Xe Kim Ma) fait face au 166 Pho Nguyen Thai Hoc, au coin de Pho Giang Vo. Ses bus partent vers le Nord-Ouest Pho Lu et Dien Bien Phu incluses. N'oubliez pas d'acheter vos billets la veille.

De la gare routière de Son La (Ben Xe Son La), au km 8 Pho Nguyen Trai (près de l'université de Hanoi), partent également des bus pour le Nord-Ouest (Hoa Binh, Mai Chau, Son La, Tuan Giao, Dien Bien Phu, Lai Chau).

La gare routière de Giap Bat (Ben Xe Giap Bat), à 7 km au sud de la gare ferroviaire de Hanoi, dans Đ Giai Phong, dessert les localités situées au sud de Hanoi, y compris Ho Chi Minh-Ville.

Train

La principale gare ferroviaire de Hanoi (Ga Hang Co, ☎ 825 3949), 120 Đ Le Duan, est située à l'extrémité ouest de Pho Tran Hung Dao. Les trains qui en partent se dirigent vers le Sud. Les guichets sont ouverts de 7h30 à 11h30 et de 13h30 à 15h30. Un guichet spécial est réservé aux étrangers. Il est préférable d'acheter son billet au moins un jour à l'avance pour s'assurer une place assise ou une couchette.

Vous n'achèterez pas forcément le billet là où vous prendrez le train : juste derrière la gare principale, dans Đ Le Duan, la gare Tran Quy Cap (ou "gare B"), dans Pho Tran Quy Cap (☎ 825 2628), accueille les trains à destination du Nord. Elle est à deux pâtés de maisons de la gare principale.

Pour compliquer encore un peu les choses, certains trains desservant le Nord (Viet Tri, Yen Bai, Lao Cai, Lang Son) et l'Est (Haiphong) partent des gares de Gia Lam et de Long Bien (☎ 826 8280), situées toutes deux de l'autre côté du pont, sur la rive orientale du fleuve Rouge. Certains trains locaux pour le Sud partent de la gare de Giap Bat (à environ 7 km au sud de la gare ferroviaire de Hanoi). N'oubliez surtout pas de vous faire préciser la gare de départ lors de l'achat de votre billet.

Vous pouvez essayer de vous renseigner par téléphone, mais c'est sans garantie (même si vous avez la chance d'obtenir un opérateur).

Pour plus d'informations sur les trains, consultez le chapitre *Comment s'y rendre*. Pour les trains vers Haiphong, reportez-vous à la rubrique consacrée à cette ville, dans le chapitre *Le Nord-Est*.

Minibus

La plupart des cafés et des hôtels de la ville se chargent des réservations dans les minibus touristiques. Parmi les destinations les plus demandées figurent la baie d'Along et Sapa.

Des minibus partent fréquemment (de 5h à 18h environ) de la gare routière de Gia Lam vers Haiphong. Ils ne quittent Hanoi que lorsqu'ils sont pleins à craquer. Le trajet coûte de 3 à 5 \$US. A Haiphong, les minibus partent de la gare de Tam Bac.

Voiture et moto

Pour louer une voiture avec chauffeur, adressez-vous à un hôtel, un café de voyageurs ou une agence de voyages. Si dans le Nord-Est les routes sont dans un état pitoyable, celles du nord-ouest sont pires encore. Vous aurez certainement besoin d'un véhicule tout-terrain ou d'une jeep.

Une longue randonnée dans l'arrière-pays montagneux, au nord de Hanoi, est séduisante, bien qu'épuisante et dangereuse à cause de la circulation. Même si vous ne roulez pas pendant les mois les plus froids (janvier et février), n'oubliez pas les fortes averses du milieu de l'été. Malgré ces désagréments, bon nombre de voyageurs préfèrent la moto à tout autre transport.

Des dizaines de magasins de motos se succèdent dans Pho Hué : c'est là qu'il vous faut aller vous renseigner si vous désirez en acheter une. Ces boutiques vendent aussi des casques de bonne qualité. La qualité des motos de location est extrêmement variable. La Minsk 125cc, de fabrication russe, est probablement la meilleure (vous aurez besoin de cette puissance pour les routes de montagne).

Voici les distances qui séparent Hanoi des villes suivantes :

Destination	distance (km)
Along-Ville	165
Bac Giang	51
Bac Ninh	29
Bach Thong (Bac Can)	162
Cam Pha	190
Cao Bang	272
Da Bac (Cho Bo)	104
Danang	763
Dien Bien Phu	420
Ha Dong	11
Ha Giang	343
Hai Duong	58
Haiphong	103
Hoa Binh	74
Ho Chi Minh-Ville	1 710
Hué	658
Lai Chau	490
Lang Son	146
Lao Cai	294
Ninh Binh	93
Parc national de Ba Be	240
Sapa	324
Son La	308
Tam Dao	85
Thai Binh	109
Thai Nguyen	73
Thanh Hoa	175
Tuyen Quang	165
Viet Tri	73
Vinh	319
Yen Bai	155

Si vous voulez sillonner le Nord en moto, certains cafés de Hanoi louent également des deux-roues et peuvent vous trouver un guide et mettre sur pied un itinéraire. Renseignez-vous par exemple à TF Handspan (☎ 828 1996), au 116 Pho Hang Bac, dans la vieille ville.

Autre piste intéressante : l'Association Bourlingue, dirigée par Fredo (Binh en vietnamien), un expatrié franco-vietnamien passionné d'aventure. Pour visiter Hanoi, c'est un guide à moto extraordinaire ; il connaît le Nord mieux que quiconque. Ses tarifs sont beaucoup plus élevés que ceux d'un guide vietnamien habituel, mais ceux qui ont voyagé avec lui (particulièrement les photographes) assurent que c'est largement mérité. Il parle français, anglais et vietnamien, et peut être contacté à Hanoi (☎/fax 828 4402, ☎ portable 091 207986, <hagi@hn.vnn.vn>).

COMMENT CIRCULER
Desserte de l'aéroport

L'aéroport de Noi Bai se situe à environ 35 km au nord de Hanoi, de 45 minutes à 1 heure de trajet. La route de l'aéroport, l'une des plus modernes du Vietnam, est parfois traversée par un troupeau de bœufs, mené par un paysan en tenue traditionnelle. Il est surprenant de constater que cette superbe route aboutit dans la sordide banlieue nord de Hanoi.

Les minibus reliant Hanoi à l'aéroport de Noi Bai partent toutes les 30 minutes d'un emplacement situé en face du bureau de réservation international de Vietnam Airlines, Pho Quang Trung. Il est préférable de réserver sa place la veille. Les billets sont en vente au bureau de Vietnam Airlines (4 $US). En provenance de l'aéroport, le chauffeur acceptera de vous déposer à votre hôtel pour 1 $US supplémentaire. Le service de minibus fonctionne correctement, mais prenez garde aux escroqueries, en particulier à l'aéroport :

Les combines semblent être monnaie courante à bord des minibus officiels de l'aéroport. Nous avions acheté nos tickets au guichet de l'aéroport mais le conducteur nous a fait payer à nouveau. Au retour, nous nous sommes adressés directement au chauffeur, qui nous a vendu des billets bien fatigués !

B. Bolton

Airport Taxi (☎ 873 3333) demande 20 $US pour se rendre à l'aéroport et 15 $US pour le trajet inverse. Ses chauffeurs n'exigent pas que les clients règlent le péage du pont sur le chemin. D'autres taxis le réclament et mieux vaut vous renseigner avant de monter. Un voyageur raconte :

Si vous prenez un taxi de l'aéroport à Hanoi, vous devrez payer le péage du pont. Je partageais un taxi avec un voyageur de rencontre et, avant d'avoir réalisé la chose, nous avions payé chacun les 3 $US de péage. Nous arrivions au Vietnam et n'étions pas encore sur nos gardes.

Dans l'aéroport, méfiez-vous des premières personnes qui vous abordent pour vous proposer une course à 35 $US, un prix exorbitant. Adressez-vous au bureau de réservation des taxis où l'on vous vendra un ticket pour 15 $US. Ne baissez pas pour autant votre garde, car on peut très bien vous emmener jusqu'au minibus, qui ne coûte que 4 $US ! Sur le parking de l'aéroport, la course se négocie au prix du marché, 15 $US environ.

Dans le centre de Hanoi, vous n'aurez aucun mal à trouver un taxi près des bureaux de la Vietnam Airlines.

Bus. Hanoi compte 13 lignes de bus, numérotées de 1 à 14 (la ligne 13 n'existe plus). Le parcours des lignes n'est pas facile à connaître et certains services sont peu fréquents. Néanmoins, c'est le moyen le plus économique de se déplacer, hormis la marche (de 0,10 à 0,20 $US suivant le trajet). Il n'existe aujourd'hui aucun plan des lignes et des arrêts de bus.

Nous ne pouvons que vous offrir les précisions suivantes :

1. **Ha Dong – Yen Phu.** Nguyen Trai, Nguyen Luong Bang, Kham Thien, Nguyen Thuong Hien, Yet Kieu, Quan Su, Hang Da, Hang Cot, Hang Dau.
2. **Ha Dong – Bac Co.** Nguyen Trai, Nguyen Luong Bang, Ton Duc Thang, Nguyen Thai Hoc, Hai Ba Trung, Phan Chu Trinh, Bac Co.
3. **Giap Bat – Gare routière de Gia Lam.** Vong, Gare routière de Kim Lien, Gare ferroviaire de Hanoi, Tran Hung Dao, Phan Chu Trinh, Bac Co, Tran Quang Khai, Gare routière de Long Bien, Gare routière de Gia Lam.
4. **Gare routière de Long Bien.** Gare ferroviaire de Giap Bat, Gare routière de Long Bien, Nguyen Huu Huan, Phan Chu Trinh, Lo Duc, Mai Dong, Nguyen Thi Minh Kahi, Marché Mo, Truong Dinh, Duoi Ca (Gare ferroviaire de Giap Bat).

5. **Nhon – Phan Chu Trinh.** Nhon, Cau Dien, Cau Giay, Gare routière de Kim Ma, Nguyen Thai Hoc, Tran Phu, Cua Nam, Hai Ba Trung, Phan Chu Trinh.
6. **Gare routière de Long Bien – Ngoc Hoi.** Gare routière de Long Bien, Nguyen Huu Huan, Ly Thai To, Co Tan, Phan Chu Trinh, Le Van Huu, Nguyen Du, Le Duan, Gare routière de Kim Lien, Giai Phong, Duoi Ca, Van Dien, Ngoc Hoi.
7. **Bo Ho – Cua Nam – Cau Giay.** Bo Ho, Hang Gai, Hang Bong, Dien Bien Phu, Le Hong Phong, Doi Can, Buoi, Cau Giay.
8. **Gare routière de Long Bien – Marché Mo.** Gare routière de Long Bien, Hang Dau, Hang Can, Bo Ho, Dinh Tien Hoang, Ba Trieu, Le Dai Hanh, Bach Mai, Marché Mo.
9. **Gare routière de Long Bien – Cau Bieu.**
10. **Bac Co – Yen Vien.** Bac Co, Tran Quang Khai, Tran Nhat Duat, Gare routière de Long Bien, Gare routière de Gia Lam, Yen Vien.
11. **Gare routière de Kim Lien – Phu Thuy.**
12. **Giap Bat – Kim Ma.** Gare routière de Kim Lien, Trung Tu, Chua Boc, Thai Ha, Lang Ha, Giang Vo, Gare routière de Kim Ma.
14 **Nghia Do – Bo Ho.** Nghia Do, Hoang Hoa Tham, Phan Dinh Phung, Hang Cot, Hang Luoc, Luong Van Can, Bo Ho.

Taxi. Plus de dix compagnies de taxi possèdent des véhicules avec compteurs. Toutes pratiquent les mêmes tarifs : le prix minimum est de 1,10 $US pour les deux premiers kilomètres, puis 0,45/0,60 $US le kilomètre, selon les compagnies. La liste suivante n'est pas exhaustive :

A Taxi	(☎ 832 7327)
City Taxi	(☎ 822 2222)
Five Star Taxi	(☎ 855 5555)
Hanoi Taxi	(☎ 853 3171)
Red Taxi	(☎ 856 8686)
Taxi CP	(☎ 824 1999)
Taxi PT	(☎ 853 3171)
Taxi PT2	(☎ 856 5656)
Thu Do Taxi	(☎ 831 6316)
T Taxi	(☎ 821 6262)

De nombreux taxis stationnent près du bureau de réservation de Vietnam Airlines, au coin de Pho Quang Trung et de Pho Hang Khai. Les chauffeurs vous conduiront où vous le souhaitez, y compris à l'aéroport. Leurs voitures ne possédant pas de compteur, négociez le prix de la course avant le départ.

Cyclo-pousse. Les cyclo-pousse de Hanoi sont plus spacieux que ceux de Ho Chi Minh-Ville ; on peut y monter à deux et partager ainsi le prix de la course. 0,80 $US est le prix normal d'un court trajet en ville.

Les conducteurs ne comprennent ni le français ni l'anglais ; mieux vaut se munir d'un plan de la ville pour indiquer sa destination. Certains voyageurs ont rencontré des problèmes de communication :

Plusieurs conducteurs nous ont arnaqués, suite à des "malentendus". Nous avons passé de très désagréables moments avec un jeune homme qui tentait de nous extorquer 15 $US pour une course de 30 minutes !

Barbara Case

Moto. Vous ne rencontrerez aucune difficulté pour louer une moto ; dans les rues principales, on vous accostera toutes les dix secondes pour vous en proposer. Attention : il est interdit de tourner à gauche sur la route qui longe le lac Hoan Kiem lorsqu'on vient d'une rue adjacente. C'est une règle facile à outrepasser mais la police vous rappellera volontiers à l'ordre moyennant 5 $US sans reçu et 25 $US avec reçu.

Bicyclette. La bicyclette est idéale pour se promener dans Hanoi. De nombreux hôtels et cafés en louent pour 1 $US environ.

Si vous souhaitez acheter un vélo, rendez-vous Pho Ba Trieu et Pho Hué, où se situent les magasins spécialisés.

Les environs de Hanoi

MUSÉE D'ETHNOLOGIE

Conçu en collaboration avec le musée de l'Homme à Paris, le passionnant musée

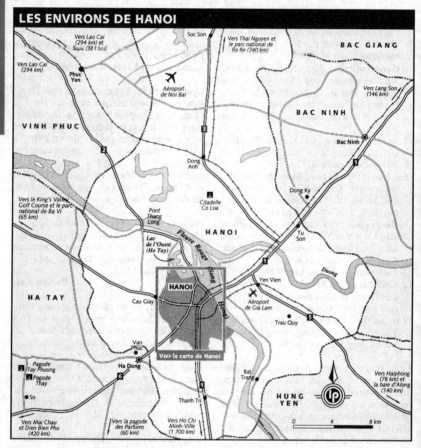

LES ENVIRONS DE HANOI

d'Ethnologie du Vietnam mérite une visite : il permet de découvrir toute la richesse et la diversité de la culture vietnamienne. Il rassemble une impressionnante collection d'œuvres d'art et d'objets de la vie quotidienne (15 000 au total), de toutes les régions du pays.

Les cartes sont excellentes et les explications données en vietnamien, français et anglais. D'intéressants dioramas dépeignent un marché de village typique, la fabrication des chapeaux coniques et une cérémonie chamanique thay. Par ailleurs, des bandes vidéo présentent des scènes de la vie quotidienne. On peut aussi visiter une maison traditionnelle des Thaï Noirs reconstituée. Le musée abrite un centre de recherche et de conservation, et son personnel collabore régulièrement avec des ethnographes et des chercheurs de différents pays. Dans la boutique d'artisanat (affiliée à Craft Link), vous trouverez des livres, des cartes postales et des objets artisanaux fabriqués par les communautés ethniques.

Le musée (☎ 756 2193), situé Đ Nguyen Van Huyen, district de Cau Giay, est ouvert du mardi au dimanche de 8h30 à 12h30 et de 13h30 à 16h30 (entrée : 0,80 $US).

PAGODES
Pagode des Parfums

A une soixantaine de kilomètres au sud-ouest de Hanoi (par la route), la pagode des Parfums (Chua Huong) est un haut lieu de la région. On y accède par voie terrestre, puis par voie fluviale. La promenade en bateau traverse de superbes paysages qui vous feront trouver trop courtes les 3 heures (aller-retour) du parcours.

Cet ensemble de temples et de sanctuaires bouddhiques se niche dans les falaises calcaires du mont Huong Tich (montagne de l'Empreinte parfumée). Les principaux sites en sont la pagode du Chemin du Ciel (Thien Chu), la pagode du Purgatoire (Giai Oan Chu) – où les divinités purifient les âmes, apaisent les souffrances et accordent une descendance aux couples sans enfants – et la pagode de l'Empreinte parfumée (Huong Tich Chu). Les pèlerins accourent nombreux à la fête annuelle qui débute au milieu du 2e mois lunaire et se poursuit jusqu'à la dernière semaine du 3e mois lunaire (en mars et avril). A cette occasion, les fidèles font du bateau, se promènent ou explorent les grottes avoisinantes. Malgré l'afflux de visiteurs à cette période, l'endroit conserve son atmosphère paisible, voire mystique.

Pour effectuer le trajet en bateau (chaudement recommandé !), vous devez d'abord gagner My Duc par la route (2 heures), puis prendre une barque pilotée par deux rameuses qui remonte la rivière jusqu'au pied de la montagne (1 heure 30). Enfin, 2 heures de marche vous conduiront au sanctuaire (4 km).

Le paysage ressemble à celui de la baie d'Along, la seule différence étant que la rivière remplace ici la mer. Pour le trajet en barque et l'entrée sur le site, comptez 7 $US (tarif non négociable car fixé par les autorités). Le retour suit le même itinéraire.

A Hanoi, la plupart des cafés de voyageurs organisent des excursions d'une jour-née à la pagode des Parfums, pour un prix très raisonnable.

Pagode Thay

La pagode du Maître, appelée aussi pagode de la Bénédiction céleste (Thien Phuc), est dédiée au Bouddha Thich Ca (Sakyamuni, Bouddha historique) et à 18 *arhats* (bonzes ayant atteint le nirvana après des années d'ascèse), présents sur le maître-autel. Sur la gauche se dresse une statue du bonze Tu Dao Hanh, le "Maître", qui vécut au XIIe siècle. La statue de droite représente le roi Ly Nhan Tong, réincarnation du maître Tu Dao Hanh.

Devant la pagode, la pièce d'eau accueille des spectacles de marionnettes aquatiques à l'occasion de la fête annuelle de la pagode, du 5e au 7e jour du 3e mois lunaire.

Pagode Tay Phuong

La pagode de l'Ouest, également appelée Sung Phuc, se compose de trois bâtiments de plain-pied nichés au sommet d'une butte qui aurait la forme d'un buffle. Très célèbre pour ses 76 statues sculptées dans du bois de jaquier, dont la plupart datent du XVIIIe siècle, sa première construction remonte au VIIIe siècle.

Les pagodes sont situées à environ 40 km au sud-ouest de Hanoi, dans la province de Ha Tay. Certains cafés de Hanoi pour voyageurs à petit budget proposent des excursions d'une journée pour les pagodes Thay et Tay Phuong.

Pagodes Van Phuc et But Thap

La pagode Van Phuc fut fondée en 1037 ; le paysage de collines qui l'entoure est tout à fait remarquable. Elle se trouve à 27 km au nord-est de Hanoi.

La pagode But Thap, également connue sous le nom de pagode Ninh Phuc, s'enor-gueillit d'un stupa octogonal de pierre de 4 étages, dédié au bonze Chuyet Cong. La date de sa fondation est incertaine, mais on sait qu'elle a été reconstruite aux XVIIe et XVIIIe siècles.

La pagode But Thap n'est pas très éloignée de la pagode Van Phuc.

LES VILLAGES D'ARTISANAT

Des industries familiales se sont développées dans de nombreux villages aux alentours de Hanoi. Une excursion d'une journée, en compagnie d'un guide compétent, vous permettra de les découvrir.

Au village de **Le Mat**, à 7 km au nord-est du centre de Hanoi, les habitants élèvent des serpents pour les vendre aux restaurants cossus de la capitale. Vous pourrez goûter à la chair de serpent, un mets recherché et onéreux. Un animal de grande taille coûte 30/50 \$US et peut nourrir 4/6 convives. Plusieurs restaurants élégants préparent ce genre de cuisine, parmi lesquels le *Phong Do* (☎ 827 3244), le *Phong Do II* (☎ 8271091) et le *Quoc Trieu*(☎827 2898). Des échoppes, meilleur marché, vendent de la viande et de l'élixir de serpent. Si vous n'avez pas fait vos provisions de vin de serpent, c'est l'endroit où vous le procurer. Le festival de Le Mat a lieu le 23e jour du 3e mois lunaire, animé, entre autres, par des "danses du serpent".

Dans la province de Ha Tay, à environ 25 km au sud-ouest de Hanoi, **So** est réputé pour la délicatesse de ses nouilles. Les habitants fabriquent eux-mêmes la farine, faite d'ignames et de manioc.

Bat Trang, à 13 km au sud-est de Hanoi, est le village de la céramique. Les artisans cuisent dans leurs fours de superbes vases et autres chefs-d'œuvre. Le travail est épuisant, mais le résultat remarquable.

A 8 km au sud-ouest de Hanoi, dans la province de Ha Tay, **Van Phuc** est le village de la soie. Vous pourrez visiter les ateliers de tissage. La plupart des soieries en vente Pho Hang Gai, à Hanoi, proviennent de Van Phuc.

Dong Ky, à 15 km au nord-est de Hanoi, fut autrefois le "village des pétards". Jusqu'en 1995, date à laquelle le gouvernement les interdit, un festival de pétards avait lieu à Dong Ky. Le concours du pétard le plus bruyant donna naissance à un engin de plus de 16 m de long !

La production de pétards a cédé la place à la fabrication de magnifiques meubles traditionnels incrustés de nacre. Vous pouvez passer commande et vous faire livrer à l'étranger. Sachez cependant que payer et quitter le Vietnam avant que votre commande ne soit terminée et expédiée peut vous réserver de mauvaises surprises.

CITADELLE CO LOA

La citadelle Co Loa (Co Loa Thanh), première citadelle fortifiée de l'histoire du Vietnam, remonte au IIIe siècle av. J.-C. D'imposants remparts entouraient une superficie de 5 km^2 ; seuls des vestiges en subsistent aujourd'hui. Co Loa redevint la capitale nationale sous le règne de Ngo Quyen (939-944). Au centre de la citadelle se dressent des temples dédiés au roi An Duong Vuong (257-208 av. J.-C.), fondateur de la dynastie légendaire des Thuc, et à sa fille My Nuong (Mi Chau). La légende raconte que My Nuong montra à son mari, fils d'un général chinois, l'arbalète magique qui rendait son père invincible. Le gendre la vola et la remit à son propre père. Grâce à cette arbalète, les Chinois purent enfin vaincre An Duong Vuong et son armée, privant le Vietnam de son indépendance.

La citadelle Co Loa se trouve à 16 km au nord du centre de Hanoi, dans le district de Dong Anh.

PARC NATIONAL DE BA VI

A environ 65 km à l'ouest de Hanoi, le mont Ba Vi (Nui Ba Vi) et le parc national du même nom sont un lieu de promenade dominical pour les expatriés souhaitant s'échapper quelques heures de la ville. Plus de 2 000 plantes d'ornement y poussent, dont 12 sont considérées comme rares et précieuses. Douze espèces de mammifères sont réputées vivre également dans le parc, mais la quantité de visiteurs diminue fortement les chances de les apercevoir.

Les pentes boisées de la montagne se prêtent à la randonnée. Si vous grimpez jusqu'au sommet, qui culmine à 1 287 m, vous serez récompensé par une vue spectaculaire de la vallée du fleuve Rouge. Une *pension* (☎ 034-881082) est installée dans le parc, dont les chambres avec s.d.b. coûtent entre 12 et 15 \$US.

Le Nord-Est

Baignée par le fleuve Rouge et par la mer, la région fertile du Nord-Est est le berceau de la civilisation vietnamienne. Le Vietnam n'a pas toujours eu des relations harmonieuses avec les Chinois, qui l'envahirent au IIe siècle av. J.-C. pour y rester près de 1 000 ans. De fait, la dernière invasion ne remonte qu'à 1979 (voir *Mong Cai*, plus loin dans ce chapitre).

Le potentiel économique de la région est une réalité, et les investisseurs s'intéressent principalement à Haiphong, le plus grand port de mer du pays. Toutefois, ce sont avant tout les paysages qui attirent les touristes dans cette région. Le littoral spectaculaire, avec les baies d'Along et de Bai Tu Long, ainsi que l'île de Cat Ba, offre quelques-unes des plus étranges formations géologiques au monde. Ajoutez à cela les lacs Ba Be, les montagnes des environs de Cao Bang et un accès facile à la Chine, et vous comprendrez l'engouement des visiteurs pour le Nord-Est du Vietnam.

STATION DE TAM DAO

Construite par les Français en 1907 pour échapper à la touffeur du delta du fleuve Rouge, la station de Tam Dao (930 m) se nommait alors la "cascade d'Argent". Les somptueuses villas coloniales tombent en ruine, et beaucoup ont fait place à des cubes de béton "politiquement corrects", inspirés de l'architecture soviétique. Depuis peu, un effort est fait pour restaurer ces anciennes splendeurs.

En référence à son altitude et à son climat frais, les résidents de Hanoi appellent parfois Tam Dao "la Dalat du Nord" ; il n'y a pourtant que peu de ressemblance entre ces deux villes. Toute petite, Tam Dao ne propose guère de distractions, et les visiteurs s'ennuient rapidement. Un couple de voyageurs semble cependant s'être bien amusé :

Cet endroit est tellement humide que les draps se couvrent de champignons et que le linge ne sèche

A ne pas manquer

- Une croisière sur les eaux vert émeraude de la baie d'Along et l'exploration des trois mille îlots et grottes qu'abrite ce site, inscrit au patrimoine mondial de l'UNESCO

- Un bain de soleil sur une plage de l'île de Cat Ba, ou une randonnée parmi les superbes paysages sauvages de son parc national

- Une promenade en bateau parmi les lacs, les rivières, les cascades et les grottes du parc national de Ba Be

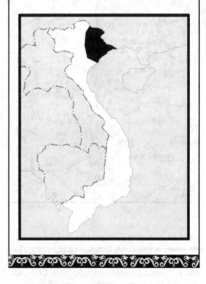

NORD-EST

jamais. Peut-être avons-nous choisi la mauvaise saison : début avril, les nuages pénétraient dans la chambre par la fenêtre ouverte… Tam Dao n'a pas de vie nocturne, mais son atmosphère est unique. A la sortie de la ville, un immense escalier de pierre mène à un émetteur de radio. Au-dessus de la cascade, un sentier aboutit à un endroit par-

LE NORD EST DU VIETNAM

semé de ruines et à de grandes balustrades surplombant la vallée. On se croirait à Babylone ! Les habitants sont très accueillants, et il y a peu de touristes… Nous sommes venus à Tam Dao pour observer les oiseaux et n'avons pas été déçus.

Tim Woodward et Phaik Hua Tan

La route jusqu'à la station est très pittoresque, mais la ville elle-même est un peu décevante. Si vous vivez à Hanoi et que vous souhaitez passer un week-end d'été tranquille, vous y trouverez le frais et un changement de rythme salutaire. Chaque année, on y fête Halloween. Les voyageurs limités par le temps préféreront se détendre ailleurs. Visibles au nord-est de la station, les trois sommets du Tam Dao se dressent à environ 1 400 m d'altitude. La région est peuplée de nombreuses minorités montagnardes, largement assimilées.

L'humidité de la contrée favorise tout particulièrement la flore et la faune. Toutefois, l'abattage des arbres, légal ou non, a sérieusement affecté l'environnement.

N'oubliez pas que le climat est très frais et que les dates des saisons diffèrent du reste du pays. La meilleure époque pour s'y rendre s'étend de la fin mai à la mi-septembre et de la mi-décembre à février.

Où se loger et se restaurer

Les hôtels ne manquent pas, et les prix s'élèvent généralement à 10/15 $US. Le *Tam Dao Hotel* (Khach San Tam Dao) pratique ces prix.

Les *restaurants*, nombreux, sont souvent chers ; vérifiez les prix avant de commander. Ils proposent une carte identique, écrite de la même main. Les spécialités incluent du cerf sauté ou grillé et des rôtis d'écureuil et de faisan argenté. Sans être encore menacé d'extinction, ce dernier se fait rare. Par pitié, choisissez autre chose !

Comment s'y rendre

A 85 km au nord de Hanoi, la station de Tam Dao fait partie de la province de Vinh Phuc. Il est assez difficile d'y accéder par les transports publics. Depuis Hanoi, vous devrez prendre un bus pour Vinh Yen à la gare routière de Kim Ma, à l'ouest du centre-ville (dernier départ à 13h), puis louer une moto (2 $US environ) ou un taxi pour parcourir l'étroite piste de 24 km qui mène à Tam Dao. C'est une piste à péage : 0,25 $US pour une moto et 1,60 $US pour une voiture.

Il est beaucoup plus pratique de louer une moto à Hanoi et de conduire soi-même jusqu'à Tam Dao.

Les chauffeurs de taxi demandent environ 40 $US pour la course, et aux alentours de 30 $US pour venir vous rechercher quelques jours plus tard. Rien n'empêche de négocier une réduction. Si vous vous dirigez vers Cao Bang ou les lacs Ba Be, il vous sera facile de faire étape à Tam Dao, moyennant un petit supplément. Méfiez-vous des vendeurs d'assurance "obligatoire" à l'entrée de la piste à péage. Le contrat est régulier mais l'obligation n'existe pas.

THAI NGUYEN

La ville offre peu d'intérêt, mais quelques sites des environs méritent un coup d'œil, si vous avez le temps. Si vous décidez d'y faire étape, vous trouverez plusieurs hôtels à des tarifs raisonnables dans la rue principale.

Musée des cultures des ethnies vietnamiennes

Ce musée (Bao Tang Van Hoa Cac Dan Toc) constitue l'une des seules attractions de la ville. Il s'agit du plus grand musée consacré aux ethnies montagnardes, et il mérite le détour au cas où vous passeriez dans la région. Cet énorme bâtiment de couleur rose pastel abrite des expositions colorées représentant les quelque 50 ethnies montagnardes vivant au Vietnam.

Le musée est ouvert du mardi au dimanche, de 8h à 11h et de 14h à 16h30. On vous demande 0,80 $US pour l'entrée. Le dépliant en anglais, très intéressant, coûte 2 $US.

Comment s'y rendre

Thai Nguyen se situe à 120 km au nord de Hanoi. L'autoroute reliant les deux villes est en bon état.

Les bus et les minibus pour Thai Nguyen partent de la gare Gia Lam, à Hanoi.

Le train Hanoi-Quan Trieu s'arrête à Thai Nguyen.

LES ENVIRONS DE THAI NGUYEN
Grotte de Phuong Hoang

La grotte de Phuong Hoang (grotte du Phénix) est l'une des plus vastes et des plus accessibles du nord du pays. Elle comporte quatre salles principales, dont deux sont illuminées par le soleil lorsqu'il se trouve à un certain angle (Phuong Hoang signifie Phénix).

Quelques stalactites et stalagmites ont été cassées par des chasseurs de souvenirs, cependant la plupart restent intactes. Comme bien d'autres, cette grotte a servi d'"hôpital" – autrement dit de dépôt de munitions – pendant la guerre. N'oubliez pas votre lampe de poche.

Une route défoncée vous mène à la grotte, à 40 km de Thai Nguyen. Le trajet peut être effectué à moto.

Réservoir de Nui Coc

Situé à 25 km à l'ouest de Thai Nguyen, ce réservoir est devenu une attraction touristique très prisée des citadins de Hanoi, qui l'envahissent les week-ends d'été. Des bateaux promènent les touristes sur ce plan d'eau. Une heure sur un petit bateau de 15 passagers (initialement prévu pour 10 !) vous reviendra à 14 \$US, ou 28 \$US sur les grands bateaux emmenant 50 personnes.

Si vous souhaitez passer la nuit au réservoir, le *Nui Coc Hotel* (☎ 825312) dispose de chambres à 7/22 \$US.

Vous pouvez atteindre Nui Coc en moto depuis Thai Nguyen.

Comment s'y rendre

Thai Nguyen se trouve à 120 km au nord de Hanoi, par une bonne route.

Des bus et des minibus la desservent depuis la gare de Gia Lam, à Hanoi.

Le train à destination de Quan Trieu part de Hanoi à 13h15 et s'arrête à Thai Nguyen.

TEMPLE KIEP BAC

Ce temple (Den Kiep Bac) revêt plus d'intérêt pour les Vietnamiens, qui le considèrent comme un lieu saint, que pour les étrangers.

Il est dédié à Tran Hung Dao (1228-1300), un général d'un courage exceptionnel qui triompha de 300 000 envahisseurs mongols au milieu des années 1280. Né sous le nom de Tran Quoc Tuan, Tran Hung Dao est devenu, après Ho Chi Minh, le héros le plus vénéré du pays.

Érigé en 1300 à l'emplacement supposé de la mort du général, le temple honore également d'autres notables de sa famille. Ainsi y repose sa fille, Quyen Thanh ; elle avait épousé Tran Nhat Ton, le fondateur présumé de la secte bouddhique vietnamienne appelée Truc Lam.

Un festival consacré à Tran Hung Dao se tient au temple Kiep Bac une fois par an, du 18e au 20e jour du 8e mois lunaire. Toute l'année, des nuées de vendeurs de souvenirs se regroupent près de l'entrée. Ce n'est pas une obligation, mais vous pouvez acheter quelques baguettes d'encens et les brûler en l'honneur de Tran Hung Dao ; ce geste sera

apprécié. Étape facile sur la route de Haiphong ou de la baie d'Along, le temple Kiep Bac se dresse à 61 km de Hanoi et à 32 km de Bac Ninh, dans la province de Hai Duong.

CON SON

Également plus apprécié des Vietnamiens que des étrangers, le village de Con Son (à environ 100 km de Hanoi, dans la province de Hai Duong) abrite la maison de Nguyen Trai (1380-1442). Ce célèbre poète, écrivain et général vietnamien aida Le Loi à vaincre la dynastie chinoise des Ming.

En son honneur, un temple s'élève au sommet d'un mont, au bout d'un escalier de 600 marches. Un autre chemin passe près d'une source. La promenade sur ce mont couvert de pins et proche d'un lac est plaisante. De l'autre côté se dresse un monument aux morts, de la plus belle facture communiste.

Le *Con Son Hotel* (☎ 882240, fax 882630), bien entretenu, dispose de chambres doubles, qu'il loue entre 10 et 25 \$US. Vous pouvez vous restaurer sur place en commandant à l'avance ou vous rendre à Sao Do, à 4 km, qui compte quelques *restaurants*.

Au bord du lac, le *Con Son Trade Union Guesthouse* (☎ 882289) est géré par l'armée locale et vous demande entre 20 et 25 \$US par chambre.

HAIPHONG

En repoussant les limites de son agglomération, Haiphong est devenue la troisième ville du Vietnam, bien que Danang soit plus peuplée. Le "grand" Haiphong couvre 1 515 km^2 et abrite 1,3 million d'habitants, tandis que la ville elle-même n'occupe que 21 km^2 pour une population de 370 000 âmes. Haiphong n'en demeure pas moins le principal centre industriel du Nord et l'un des ports de mer les plus importants du pays.

Ce n'était qu'une petite ville commerçante lorsque les Français s'en emparèrent en 1874. Elle devint rapidement un port actif et des industries s'y installèrent, attirées par la proximité des mines de charbon.

En 1946, le bombardement des quartiers occupés par la "population locale" fut l'une des toutes premières causes de la guerre d'Indochine. Des milliers de civils vietnamiens périrent. Paris assura à l'époque qu'il ne s'agissait "que de 6 000 victimes civiles, au maximum".

Haiphong subit ensuite les attaques aériennes et navales des Américains de 1965 à 1972. Le port fut miné en mai 1972, sur ordre du président Nixon, pour empêcher les Soviétiques de ravitailler le Nord-Vietnam. Conformément aux accords de Paris de 1973, les États-Unis aidèrent au déminage.

Depuis la fin des années 70, nombre de candidats au statut de réfugié, dont beaucoup de membres de la communauté chinoise, ont utilisé la flotte de pêche de Haiphong pour fuir le régime.

Bien qu'étant une ville et un port importants, Haiphong n'en demeure pas moins endormie avec sa circulation clairsemée et ses bâtiments décrépis. Nul doute cependant qu'avec les réformes économiques, la ville se développera rapidement. Une brochure officielle reflète les aspirations de Haiphong :

Haiphong est aujourd'hui une ville phare dans la construction et la défense du socialisme. Ses habitants ne ménagent pas leurs efforts pour faire d'elle un port moderne doté d'une industrie et d'une agriculture performantes, un centre d'import-export et de tourisme, ainsi qu'une forteresse inexpugnable contre les invasions.

Bien que cela ne vaille pas la peine de faire de Haiphong votre destination principale, vous pouvez y faire étape en allant sur l'île de Cat Ba ou à la baie d'Along. Cependant...

Notre expérience la plus désagréable au Vietnam, et de loin, a eu lieu à l'embarcadère de Haiphong. Sur la jetée, un groupe d'écolières vendait des cartes postales et nous "conseillait amicalement" de *ne pas* prendre le ferry pour Hon Gai. Avec un enthousiasme douteux mais presque convaincant, elles affirmaient qu'"il n'y avait pas d'endroit où se loger" à Hon Gai. Elles ont failli nous empêcher de passer tous les quatre un moment merveilleux. Avec leur ami "étudiant", un jeune homme d'une vingtaine d'années, elles insistaient pour que nous montions dans un minibus qui allait je ne sais où. Je laisse imaginer aux lecteurs ce que pouvait bien

être leurs intentions. En tout cas, nous nous sommes sentis mal à l'aise, et notre sixième sens nous a fait soupçonner un coup fourré.

John Holton

Renseignements

Agences de voyages. Vietnam Tourism de Haiphong (☎ 842957 ; fax 842974), 12, Pho Le Dai Hanh, se montrera tout à fait disposé à prendre votre argent pour une excursion à Cat Ba ou dans la baie d'Along. N'espérez pas trop recueillir des informations.

Argent. La Vietcombank (Ngan Hang Ngoai Thuong Viet Nam ; ☎ 842658 ; fax 841117) se trouve 11 Pho Hoang Dieu, près de la poste.

Poste et communications. La poste se situe 3 Pho Nguyen Tri Phuong, au coin de Pho Hoang Van Thu.

Blanchissage/nettoyage. Do Thanh, Pho Ly Tu Trong (non loin du Navy Hotel) propose un bon service de blanchissage/nettoyage.

En cas d'urgence. Mieux vaut aller à Hanoi en cas d'ennuis de santé. Autrement, vous pouvez essayer l'hôpital de médecine traditionnelle (Benh Vien Dong Y), Pho Nguyen Duc Canh, ou l'hôpital de l'Amitié tchéco-vietnamienne (Benh Vien Viet-Tiep), Pho Nha Thuong.

Pagode Du Hang

Cette jolie pagode, 121 Pho Chua Hang, fut fondée voici 3 siècles. Restaurée à plusieurs reprises, elle reste un bel exemple d'architecture et de sculpture traditionnelles.

Maison commune de Hang Kenh

La maison commune de Pho Hang Kenh est réputée pour ses 500 sculptures sur bois. Son emplacement faisait autrefois partie du village de Kenh.

Fabrique de tapisseries de Hang Kenh

Depuis 65 ans, cette entreprise exporte ses tapisseries de laine.

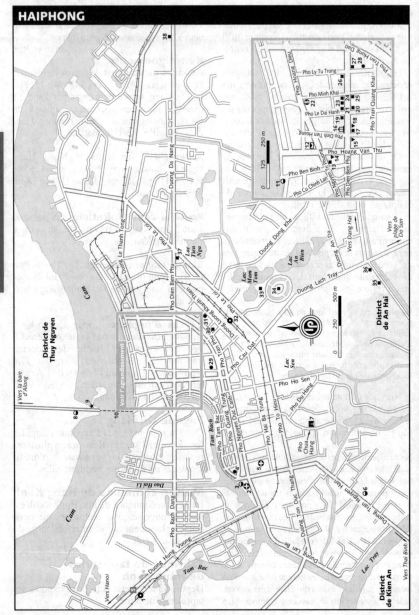

HAIPHONG

OÙ SE LOGER
13 Duyen Hai Hotel
17 Transport Hotel
19 Hong Bang Hotel
20 Dien Bien Hotel
21 Hôtel du Commerce
23 Huu Nghi Hotel
24 My Nghi Hotel
25 Thang Nam Hotel
26 Bach Dang Hotel
27 Navy Hotel
30 Cat Bi Hotel
33 Bong Sen Hotel
34 Thanh Lich Hotel
35 Hong Hai Hotel
36 Cau Rao Hotel

37 Blue Star Hotel
38 Holiday Mansion Hotel

OÙ SE RESTAURER
14 Com Vietnam
15 Saigon Cafe
18 Chie

DIVERS
1 Gare ferroviaire de Thuong Li
2 Hôpital de médecine
   traditionnelle
3 Gare routière de Tam Bac
4 Marché du samedi
5 Hôpital de l'amitié
   tchéco-vietnamienne

6 Gare routière
7 Pagode Du Hang
8 Bus pour Along
9 Poste de contrôle de police
10 Trajet du ferry
11 Bateaux pour Along et
   l'île de Cat Ba
12 Poste
16 Musée
22 Vietcombank
28 Blanchissage/nettoyage
   Do Thanh
29 Théâtre municipal
31 Vietnam Airlines
32 Gare ferroviaire
   de Haiphong

NORD-EST

Village horticole de Dang Hai

Les fleurs cultivées à Dang Hai, à 5 km de Haiphong, sont destinées à l'exportation.

Où se loger

C'est au ***Thanh Lich Hotel*** (☎ *847361, fax 847361)* qu'on se loge au meilleur prix. Il est situé au 47, Pho Lach Tray, dans un espace vert, à plus de 1 km du centre-ville. Une chambre avec s.d.b./s.d.b. commune et ventil. coûte 10/6 $US. Le restaurant dans le parc ferme assez tôt. Son voisin, le ***Bong Sen Hotel***, est plus récent.

En face de la gare ferroviaire, le ***Hoa Binh Hotel*** (☎ *846907)*, au 104 Pho Luong Khanh Thien, offre des chambres récemment rénovées pour 10 à 25 $US.

Également proche de la gare, le ***Cat Bi Hotel*** (☎ *846306, fax 845181, 30 Pho Tran Phu)* facture de 20 à 40 $US la chambre.

Bon marché, en principe, le ***Thang Nam Hotel*** (☎ *842820, fax 842674, 55 Pho Dien Bien Phu)*, dispose de chambres de 16 à 25 $US, ainsi que d'un salon de beauté et d'un restaurant.

Le ***Dien Bien Hotel*** (☎ *745264, fax 754743, 67 Pho Dien Bien Phu)*, demande entre 15 et 20 $US pour des chambres correctes.

Juste à côté, l'***Hôtel du Commerce*** (☎ *842706, fax 842560, 62 Pho Dien Bien Phu)* date de l'époque française. Comptez de 20 à 60 $US.

Le grand ***Huu Nghi Hotel*** voisin (☎ *823310, fax 823245)*, un bel établissement trois-étoiles, affiche des prix de 50 à 300 $US pour des chambres tout confort.

Non loin du précédent, le ***My Nghi Hotel*** (☎ *842945)*, beaucoup plus petit, ne prend que de 8 à 12 $US la chambre. Grand avantage, les chambres ne donnent pas sur Pho Dien Bien Phu, très bruyant.

Le ***Transport Hotel*** (Khach San Giao Thong, ☎ *745118, fax 745375)*, au 103 Pho Dien Bien Phu, dispose d'un grand parking couvert, fort pratique, au bout duquel on accède à l'hôtel. Les chambres, un peu lugubres mais bon marché, se montent à 12 $US avec la clim. et un réfrigérateur.

Le ***Duyen Hai Hotel*** (☎ *842157, fax 841140, 5 Pho Nguyen Tri Phuong)* dispose d'une chambre à 15 $US, les autres étant facturées de 25 à 30 $US.

Le ***Bach Dan Hotel*** (☎ *842444, 42 Pho Dien Bien Phu)* offre un vaste éventail de chambres dont les tarifs s'échelonnent entre 18 et 45 $US.

Un peu cher, le confortable ***Navy Hotel*** (Khach San Hai Quan, ☎ *823713, fax 842278)* peut toutefois convenir aux amoureux de la mer. Vous y débourserez de 40 à 120 $US.

Le *Hong Bang Hotel* (☎ *842229, fax 841044, 64 Pho Dien Bien Phu*) satisfait tous les budgets. Les chambres avec ventil. valent de 5 à 15 $US, celles avec clim. commençant à 25 $US. Les "suites", facturées 40 $US, sont des chambres doubles comprenant s.d.b., réfrigérateur et TV couleur. L'établissement possède un restaurant.

A environ 2 km au sud du centre-ville, sur la nationale menant à la plage de Do Son, le *Cau Rao Hotel* (☎ *847021, fax 847586)*, au 460 Pho Lach Tray, est un établissement agréable et paisible. Les doubles coûtent entre 10 et 30 $US. Le *Hong Hai Hotel* se dresse juste à côté.

Dans le quartier tranquille situé à l'est de la ville, le *Blue Star Hotel* (*Khach San Ngoi San Xanh,* ☎ *852038, fax 826414, 38* Pho *Da Nang*) est un grand bâtiment de cinq étages qui compte 8 chambres. On y dort pour 25 $US dans des doubles tout à fait convenables. Plus loin encore à l'est, le *Holiday Mansion Hotel* (*Khach San Dau Khi,* ☎ *845667, fax 845668)*, Pho Da Nang, est un grand palace flambant neuf où l'on débourse entre 15 et 50 $US.

Où se restaurer

Presque tous les *restaurants des hôtels* servent d'excellents plats de fruits de mer, spécialité de Haiphong.

Com Vietnam (☎ *841698, 4 Pho Hoang Van Thu*) est situé non loin de la poste. Ce petit restaurant vietnamien très plaisant affiche des tarifs raisonnables et dispose d'une petite cour à l'avant.

Certains expatriés résidant à Haiphong font salon au *Saigon Cafe*, où jouent le soir des groupes de musique. Vous le trouverez à l'angle de Pho Dien Bien Phu et Pho Dinh Tien Hoang.

Pour un bon repas japonais, essayez *Chie* (☎ *823327, 97 Pho Dien Bien Phu*). On vous y prend 5 $US pour un repas, et le sympathique personnel vous accueille avec un énergique "Irashaimase !".

Comment s'y rendre

Avion. Vietnam Airlines assure deux vols quotidiens entre Haiphong et Ho Chi Minh-Ville et trois par semaine entre Haiphong et Danang.

Bus. Haiphong compte plusieurs gares routières pour les bus longue distance. La gare du district de Thuy Nguyen, sur la rive nord de la Cam, dessert Bai Chay, dans la baie d'Along. Il faut prendre le ferry pour accéder au district de Thuy Nguyen. Le seul bus quotidien part à 9h. Le départ de Bai Chay a lieu à 12h30 (aller simple : 4 $US). Des minibus font ce parcours si les clients sont assez nombreux.

Les bus et minibus Hanoi-Haiphong partent de la gare routière de Gia Lam, à Hanoi. Les départs se font approximativement entre 5h et 18h, et le trajet dure environ 2 heures 30. Les minibus ne quittent la gare que lorsqu'ils sont bondés. A Haiphong, ces bus partent de la gare routière de Tam Bac.

Train. La ligne principale Hanoi-Ho Chi Minh-Ville ne passe pas à Haiphong ; une voie parallèle relie Haiphong à Hanoi.

La ville est desservie par un express quotidien de/vers Hanoi et plusieurs autres depuis la gare de Long Bien (Ga Long Bien), située près de Hanoi, sur la rive est du fleuve Rouge. Les sièges durs coûtent 3,50 $US.

Le train part de la gare de Hanoi à 6h et arrive à Haiphong à 8h05. Dans l'autre sens, le départ se fait à 18h25 et l'arrivée à Hanoi à 20h30.

De la gare de Long Bien, les trains partent à 10h, 15h, 17h05 et 20h20. Le trajet jusqu'à Haiphong dure environ 2 heures 30. Au retour, les départs ont lieu à 6h30, 10h35 et 13h40. L'agglomération de Haiphong compte deux gares ferroviaires. Celle de Thuong Li, implantée dans l'ouest de la ville, est excentrée. La gare de Haiphong, en plein centre-ville, est le terminus du train en provenance de Hanoi.

Voiture et moto. Haiphong se trouve à 103 km de Hanoi sur la RN 5. Lors de la rédaction de ce guide, une nouvelle voie express (la première du genre au Vietnam) entre les deux villes était sur le point d'être terminée.

Bateau. Les deux bateaux qui intéressent les voyageurs sont ceux qui se rendent à l'île Cat Ba et à Hon Gai (baie d'Along). Pour plus de détails, reportez-vous à la section *La baie d'Along*.

Comment circuler

Taxi. La compagnie VP Taxi (☎ 828282) dispose de voitures climatisées avec compteurs. De nombreux cyclos sillonnent également la ville.

PLAGE DE DO SON

A 21 km au sud-est du centre de Haiphong, la plage de Do Son, frangée de cocotiers, est une station balnéaire fréquentée, très prisée des expatriés de Hanoi. Cette péninsule de 4 km de long s'orne de neuf collines, appelées Cuu Long Son (les neuf Dragons), et se termine par un chapelet d'îlots.

La station, plus réputée qu'elle ne le mérite, abrite essentiellement des hôtels délabrés. La clientèle, en majorité citadine, ne reste que la journée, et les hôtels n'ont pas les moyens d'entreprendre des rénovations. Do Son est célèbre pour ses combats rituels de buffles, organisés chaque année le 10e jour du 8e mois lunaire, date anniversaire de la mort du dirigeant d'une révolte paysanne au XVIIIe siècle.

Plus récemment, la ville a acquis une certaine notoriété grâce à l'ouverture du premier casino depuis 1975. Fruit d'une joint-venture entre le gouvernement et une société de Hong Kong, l'établissement a été inauguré en octobre 1994. Aura-t-il le succès escompté ? Les étrangers ont le droit de venir s'y ruiner, mais la porte reste close aux Vietnamiens.

ALONG

Toutes les infrastructures de restauration, d'hébergement et autres services nécessaires à la vie quotidienne de la baie d'Along se concentrent dans la ville lugubre d'Along, la capitale de la province de Quang Ninh. Ces dernières années, cette petite ville autrefois paisible s'est muée en lieu de plaisir pour touristes en voyage organisé (vietnamiens ou étrangers, dont beaucoup de frontaliers chinois). La ville d'Along, hormis sa baie, est assez sordide.

NORD-EST

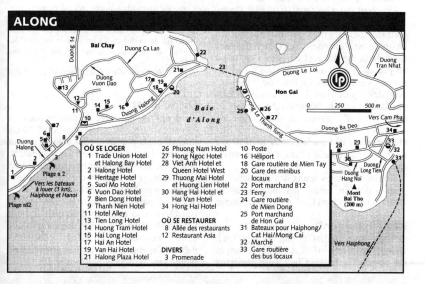

ALONG

OÙ SE LOGER
1 Trade Union Hotel et Halong Bay Hotel
2 Halong Hotel
4 Heritage Hotel
5 Suoi Mo Hotel
6 Vuon Dao Hotel
7 Bien Dong Hotel
9 Thanh Nien Hotel
11 Hotel Alley
13 Tien Long Hotel
14 Huong Tram Hotel
15 Hai Long Hotel
17 Hai An Hotel
19 Van Hai Hotel
21 Halong Plaza Hotel

26 Phuong Nam Hotel
27 Hong Ngoc Hotel
28 Viet Anh Hotel et Queen Hotel West
29 Thuong Mai Hotel et Huong Lien Hotel
30 Hang Hai Hotel et Hai Van Hotel
34 Hong Hai Hotel

OÙ SE RESTAURER
8 Allée des restaurants
12 Restaurant Asia

DIVERS
3 Promenade

10 Poste
16 Héliport
18 Gare routière de Mien Tay
20 Gare des minibus locaux
22 Port marchand B12
23 Ferry
24 Gare routière de Mien Dong
25 Port marchand de Hon Gai
31 Bateaux pour Haiphong/ Cat Hai/Mong Cai
32 Marché
33 Gare routière des bus locaux

A moins que vous ne souhaitiez vous adonner aux activités ennuyeuses proposées dans cette mauvaise copie de Pattaya (Thaïlande), Along ne sera pour vous que le point de départ de votre excursion sur la baie.

Pour les voyageurs indépendants arrivant de Hanoi, il est bien plus intéressant de se rendre directement sur l'île de Cat Ba (voir *Île de Cat Ba* dans *La baie d'Along*).

Dernière plaque tournante en date en matière de prostitution, Along est une ville que vous serez heureux de parcourir en voyage organisé : de jeunes mafiosi, toujours plus nombreux, contrôlant les flux de dollars qu'apporte le tourisme, mettre soi-même sur pied une promenade en bateau sur la baie à un prix raisonnable ressemble dorénavant à un véritable cauchemar. Si vous avez réservé une excursion au départ de Hanoi, tous ces tracas vous seront au moins épargnés, et même si vous passez une nuit en ville, ce n'est pas la fin du monde.

Along est divisée en deux par la baie. Pour les voyageurs, le district ouest de Bai Chay est le plus important. Plus proche de la baie et plus attrayant, Bai Chay possède une meilleure infrastructure hôtelière et concentre la majorité des touristes.

Un court trajet en ferry (0,04 $US) vous mène au district de Hon Gai (également écrit Hong Gai), grand port charbonnier (le charbon est l'une des principales productions de la province). Le quartier est donc un peu sale, mais au moins vous y côtoierez des Vietnamiens. Le ferry de Haiphong vous débarque à Hon Gai mais, si vous arrivez tard, il est plus simple (et plus calme) pour vous d'y passer la nuit avant de rejoindre Bai Chay le lendemain. Sur chaque rive, des motos vous mènent du ferry jusqu'en ville, ou l'inverse, pour environ 0,15 $US.

Retenez bien les noms des districts : la plupart des bus longue distance indiquent "Bai Chay" ou "Hon Gai" plutôt que Along.

Renseignements
Quang Ninh Tourist (Cong Ty Du Lich Quang Ninh ; ☎ 846318 et 846321), dans la rue principale de Bai Chay, gère plusieurs

hôtels et pourra vous informer sur les différents circuits en bateau et excursions.

La Vietcombank dispose d'une agence à Hon Gai. Ce n'est pas très pratique pour les touristes qui séjournent, pour la plupart, à Bai Chay, de l'autre côté de la baie.

Plage
La "plage" d'Along se compose essentiellement de vase et de rochers. Les autorités tentent d'y remédier. Une société taiwanaise, sous contrat, doit construire une plage à Bai Chay avec du sable importé. Il sera intéressant de voir le résultat. Officiellement, il existe deux plages, tout simplement nommées "plage n°1" (Bai Tam 1) et "plage n°2" (Bai Tam 2).

Si la plage actuelle n'incite pas à la baignade, il est fréquent de piquer une tête lors d'une promenade en bateau ; vous découvrirez des criques isolées, aux eaux claires, mais le sable est rarement au rendez-vous. Avant d'aller nager, demandez à une personne fiable de surveiller vos affaires.

La promenade, considérablement rénovée, est devenue plus attrayante, mais, comme l'ont remarqué des voyageurs :

Along est une ville lugubre, pleine de nouveaux hôtels et restaurants servant tous la même nourriture, c'est déprimant. La promenade est une pâle imitation de celles que l'on trouve sur la Côte d'Azur, et les voyages en bateau sont une arnaque.

Antonio Vivaldi et Gabriella Paradisi

Où se loger
D'aucuns ont eu l'idée de dormir dans les bateaux amarrés au quai. La police d'Along interdit cette pratique, tout à la fois pour prévenir les vols et protéger l'industrie hôtelière. Si vous êtes surpris à dormir dans un bateau, vous risquez une amende, tout comme le propriétaire du bateau.

La plupart des touristes privilégient Bai Chay et sa centaine d'hôtels. Un nouvel établissement s'ouvre tous les mois, et la concurrence garantit des prix abordables. Cependant, les tarifs augmentent en pleine saison d'été et pendant le Têt.

SARA-JANE CLELAND

PETER PTSCHELINZEW

BERNARD NAPTHINE

BERNARD NAPTHINE

es ravages de la guerre n'ont rien enlevé à la beauté des paysages naturels du Nord du Vietnam,
ont le charme est rehaussé par l'accueil chaleureux de ses habitants

Théâtre d'événements dramatiques pendant la guerre du Vietnam, le centre du pays est aujourd'hui un havre de paix pour qui souhaite échapper au tumulte de Hanoi ou de Saigon dans une région qui a su préserver ses paysages pittoresques et sa douceur de vivre

LA BAIE D'ALONG

Avec ses 3 000 îles émergeant des eaux vert émeraude du golfe du Tonkin, la baie d'Along, qui couvre 1 500 km², constitue l'une des merveilles du Vietnam. En 1994, elle est devenue le deuxième site vietnamien inscrit au patrimoine mondial de l'UNESCO. On l'a comparée aux paysages féeriques des îlots crayeux de Guilin, en Chine, et à Krabi, dans le sud de la Thaïlande. Les innombrables îlots recèlent des plages et des grottes nées de l'action du vent et des vagues.

Along (*Ha Long*) signifie "là où le dragon descend dans la mer". La légende veut qu'un énorme dragon ait vécu dans la montagne. Courant un jour vers la mer, il créa, avec les battements de sa queue, les vallées et les crevasses de la région. Lorsqu'il plongea dans l'eau, les trous qu'il avait creusés s'emplirent d'eau, ne laissant derrière lui que quelques terres émergées.

Le dragon n'est peut-être qu'une légende, mais les marins de la région ont souvent affirmé avoir aperçu une sorte de monstre marin appelé tarasque. Certains militaires, plus méfiants, pensent qu'il s'agit en réalité d'un sous-marin espion impérialiste, tandis que certains voyageurs excentriques pensent quant à eux avoir découvert une version vietnamienne du monstre du Loch Ness. Et le prétendu monstre continue de hanter la baie d'Along, indifférent à la police maritime, à Vietnam Tourism et aux services de l'immigration. C'est en tout cas une source de profit non négligeable pour ceux qui mènent les touristes en jonque, histoire de voir le tarasque avant qu'il ne s'en aille.

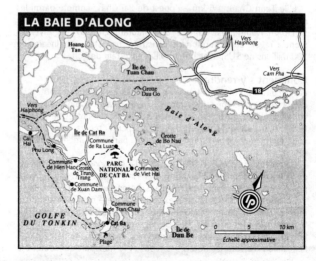

LA BAIE D'ALONG

Une menace bien réelle pèse cependant sur la baie : la chasse aux souvenirs touristiques. Les fonds marins se vident rapidement de leurs coraux et de leurs coquillages rares. Dans les grottes, stalactites et stalagmites sont peu à peu brisées pour servir de matière première aux porte-clés, presse-papiers, cendriers, etc., que l'on retrouve en vente dans les magasins de la ville. Mieux vaut acheter des cartes postales et des peintures sur soie.

Grottes

La baie d'Along est parsemée de milliers de grottes, de toutes tailles et de toutes formes.

L'énorme Hang Gau Do (grotte des Piques de bois), que les Français appelaient grotte des Merveilles, comprend trois salles auxquelles on accède par un escalier de 90 marches. Dans la première salle, une assemblée de gnomes semble tenir conseil parmi les stalactites. Les parois de la deuxième salle scintillent lorsqu'on les éclaire. C'est de la troisième que la grotte tire son nom vietnamien. Au XIII\ :sup:\ siècle, elle aurait servi à entreposer les pieux de bambou que Tran Hung Dao planta dans le lit du Bach Dang pour empaler les navires de la flotte de Kublai Khan, qui tentait d'envahir le pays.

La grotte du Tambour tient son nom du phénomène acoustique créé par le vent qui s'y engouffre. Citons enfin, parmi les plus connues, la grotte de Bo Nau et celle de Hang Hanh, longue de 2 km.

Îles

Certains bateaux de tourisme font escale à l'île Deu (Reu), où vit une espèce très particulière de singe au derrière rouge. Quelques voyageurs visitent également l'île Ngoc Vung et son phare en brique rouge.

L'île Tuan Chau, à 5 km à l'ouest de Bai Chay, compte parmi les rares îles développées de la baie. Elle abrite l'ancienne résidence d'été de Ho Chi Minh, trois villages et un restaurant. En 1997, le gouvernement a révélé son intention de construire une station balnéaire de 100 millions de \$US, avec hôtels, villas et terrain de golf.

Comment s'y rendre

Les circuits d'un ou deux jours organisés par les cafés et les hôtels de Hanoi sont une bonne affaire : pour environ 25 à 30 \$US par personne, vous bénéficiez du transport, des repas, du logement et de promenades sur la baie. Seul, vous ne pourriez dépenser moins. En outre, cela vous épargne les tracas du harcèlement, particulièrement pénible à Along.

Pour ceux qui préfèrent être indépendants, il existe des bus directs de Hanoi et des ferries à Haiphong. Dans la location d'un bateau, vous pouvez inclure une excursion à la baie d'Along ou à l'île de Cat Ba.

Lors des circuits organisés, il existe un risque – minime mais réel – que la promenade en bateau soit annulée pour cause de mauvais temps. Vous êtes alors en droit de réclamer un remboursement partiel, tout en sachant que le bateau ne représente qu'une petite partie l'excursion (ce sont les hôtels, les repas et le transport qui coûtent le plus cher). Suivant l'importance du groupe, n'espérez pas plus de 5 à 10 $US de dédommagement.

Hélicoptère. Helijet assure un vol depuis Hanoi, chaque samedi à 8h, qui revient à 15h30. Le billet (195 $US) inclut une croisière de 4 heures, déjeuner compris. Vous pouvez réserver auprès du Sofitel Metropole Hotel (☎ 04-826 6919, poste 8046).

Vous pouvez également louer un hélicoptère depuis Hanoi vers la baie d'Along, moyennant 100 $US par personne pour un aller simple. Vasco (☎ 04-827 1707, fax 827 2705) assure ce service au départ de l'aéroport Gia Lam, de Hanoi.

Autre société opérant dans ce domaine, North SFC (☎ 04-852 3451, fax 852 1523) se situe au 173, Đ Tru ong Chinh, à Hanoi.

Comment circuler
Depuis/vers l'aéroport. Si vous avez de l'argent à dépenser, faites un tour de la baie avec un hélicoptère Vasco (voir le paragraphe précédent). Bien sûr, vous aurez peut-être du mal à voir les grottes, sauf si les pilotes sont vraiment doués.

Bateau. Vous ne verrez pas grand-chose à moins de faire une promenade dans les îles et les grottes. Les propriétaires de bateaux, les agences de voyages et les hôtels proposent des excursions dont la durée varie de quelques heures à la journée. La concurrence est acharnée. Un bateau rapide vous permettra de mieux explorer ce vaste périmètre. Vous pourrez également louer des jonques – rares, mais tellement romantiques et si photogéniques (voire vidéogéniques) ! Par temps calme, toutefois, ces embarcations sont si lentes qu'elles semblent presque immobiles.

Inutile de louer un bateau pour vous seul : de nombreux touristes, occidentaux ou vietnamiens, seront ravis de le partager avec vous. Un petit bateau de 6 à 12 passagers revient environ à 6 $US l'heure. Les bateaux moyens, les plus fréquemment empruntés, accueillent à peu près 20 personnes (15 $US l'heure) et les plus vastes de 50 à 100 personnes (25 $US l'heure).

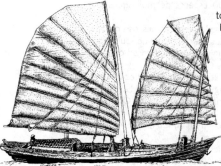

Récemment, tous les bateaux de tourisme ont été transférés des quais de Bai Chay à une marina située environ à 1 km à l'ouest de la ville, ce qui n'est pas très pratique.

On entendait autrefois parler de vols à main armée commis par de petits bateaux pirates. Les étrangers étaient dépouillés de leur argent, de leur passeport, etc. La police a mis un terme à cette pratique. Protégez toutefois vos objets de valeur, car on signale encore des vols à l'arraché dans le style des "cow-boys" à moto de Ho Chi Minh-Ville (voir l'encadré).

Île de Cat Ba

Contrairement aux autres îles de la baie d'Along, consistant en des pics rocheux pour la plupart inhabités, Cat Ba, la plus grande de toutes, abrite quelques minuscules villages de pêcheurs. Le sol étant trop rocailleux pour l'agriculture, les habitants vivent principalement de la mer. Ces difficiles conditions d'existence ont poussé de nombreux résidents de Cat Ba à se joindre à l'exode des "boat people" vietnamiens dans les années 70 et 80. Beaucoup ont ainsi déserté l'île, mais, grâce à la manne financière fournie par leurs parents de l'étranger, les habitants de Cat Ba ont pu construire les hôtels et restaurants tout neufs que vous apercevrez.

Avec très peu de circulation et fort peu de routes, Cat Ba semble bien paisible si on la compare à la foire touristique de Bai Chay. Le nombre de chambres d'hôtel a pourtant été multiplié par dix depuis 1996.

En 1986, la moitié de l'île Cat Ba (354 km² en totalité) et 90 km² de ses eaux côtières ont été déclarés parc national. Les différents écosystèmes de ce petit paradis sont donc maintenant respectés. Le parc englobe des forêts subtropicales d'arbres à feuillage persistant sur les hauteurs, des formations marécageuses au pied des collines et des mangroves côtières, sans compter de nombreux petits lacs d'eau douce et des récifs de corail au large. Le littoral se compose essentiellement de falaises rocheuses, ponctuées de petites criques où se cachent quelques plages de sable. Cai Vieng, Hong Xoai Be et Hong Xoai Lon sont les principales plages.

D'innombrables lacs, cascades et grottes se sont formés dans les collines calcaires, dont la plus élevée culmine à 331 m. La végétation des sommets est un peu rabougrie en raison des vents violents qui la balaient. Le lac Ech s'étend sur 3 hectares et ne s'assèche jamais, contrairement aux autres plans d'eau ; l'eau de pluie a en effet tendance à s'infiltrer dans les grottes avant de rejoindre la mer. Bien que la plus grande partie de l'île s'élève à une altitude de 50 à 200 m, certains endroits se trouvent en dessous du niveau de la mer.

Les eaux du littoral abritent des phoques et des dauphins, ainsi que quelque 200 espèces de poissons, 500 espèces de mollusques et 400 espèces d'arthropodes.

Sur l'île, 17 sites ont livré des armes de pierre et des ossements humains remontant à 6 000 ou 7 000 ans. La campagne de fouilles la plus fructueuse fut menée en 1938 par un archéologue français dans la grotte de Cai Beo, à 1,5 km du village de Cat Ba.

La grotte de Trung Trang est facile d'accès, mais vous aurez besoin d'une lampe torche si vous voulez distinguer quelque chose. La grotte se situe au sud de l'entrée du parc, le long de la grand-route. On vous demande 1 $US pour la visite.

Aujourd'hui, 12 000 habitants se concentrent au sud de l'île et dans le petit village de pêcheurs de Cat Ba.

De février à avril, l'atmosphère est fraîche et bruineuse, mais la température descend rarement en dessous de 10°C. L'été apporte son cortège d'orages tropicaux.

Parc national de Cat Ba

Le parc national Cat Ba abrite 20 espèces de mammifères, parmi lesquels le semnopithèque de François, le sanglier, le cerf, l'écureuil et le hérisson. On a dénombré 69 espèces d'oiseaux dont le faucon, le calao et le coucou. L'île est située sur un important axe migratoire d'oiseaux aquatiques (canards, oies, oiseaux de mer) qui nichent sur les plages et dans les mangroves. Les 745 espèces de plantes répertoriées comprennent 118 arbres à bois de charpente et 160 plantes médicinales. A l'heure actuelle, on dénombre environ 45 gardes forestiers sur les lieux, dont la mission est de protéger la faune et la flore.

Le droit d'entrée au parc s'élève à 1 $US. Les services d'un guide coûtent 5 $US, quelle que soit l'importance du groupe ; ils vous seront fort utiles si vous voulez profiter pleinement de la visite. Munissez-vous d'une lampe de poche, car la visite guidée vous fera découvrir une grotte. Le guide vous emmènera en haut d'un pic mais s'arrêtera avant le sommet, de peur que vous ne tombiez sur la roche glissante qui couvre les derniers mètres. Cette dernière partie est rude, mais vous pouvez pousser jusqu'au sommet, à vos risques et périls. La vue en vaut la peine, paraît-il.

Les voyageurs apprécient généralement la randonnée de 18 km à travers le parc (de 5 à 6 heures). Prévoyez les services d'un guide, le transport en bus jusqu'à l'entrée de la piste et un bateau pour le retour. Tout ceci peut être organisé facilement dans les hôtels de Cat Ba. La piste passe par Viet Hai, village reculé d'une minorité ethnique. Emportez une bonne réserve d'eau (2 litres en été) et de la nourriture, car vous ne rencontrerez, pour l'instant, aucun point de vente sur le chemin

Le camping est autorisé dans le parc, mais il faut vous munir de votre équipement.

Deux grottes sont ouvertes aux visiteurs dans le parc. Si l'une a été préservée dans son état naturel, l'autre a servi d'hôpital clandestinpendant la guerre du Vietnam. Il faut payer 1 $US supplémentaire pour visiter la grotte de Trung Trang.

Pour parvenir aux bureaux du parc à Trung Trang, empruntez un minibus depuis l'un des hôtels de Cat Ba. Le trajet aller dure 30 minutes et devrait coûter 0,50 $US. Tous les restaurants et les hôtels vendent des tickets de minibus. Louer une moto revient à environ 1,60 $US.

Le parc abrite une essence unique, le Cay Kim Gao (*Podocarpus fleuryi Hickel* pour les amateurs d'horticulture). Autrefois, les rois et les seigneurs ne mangeaient qu'avec des baguettes fabriquées dans le bois de cet arbre, qui noircit au contact d'une substance empoisonnée !

Plages

Les plages de sable blanc de Cat Co (appelées fort simplement Cat Co 1 et Cat Co 2) constituent l'endroit idéal pour se reposer. Elles se situent à environ 1,5 km du village de Cat Ba et sont accessibles à pied ou en moto (0,25 $US). L'entrée est de 0,40 $US.

Où se loger

Il existe une foule astronomique de nouveaux hôtels, concentrés en bord de mer dans le village de Cat Ba, recevant de plus en plus de touristes, tant vietnamiens qu'étrangers. Jusqu'à récemment, il n'y avait pas d'électricité – juste quelques endroits où loger, fréquentés par des voyageurs intrépides. Depuis qu'elle a été "découverte" par les Hanoiens, Cat Ba est devenue un lieu de vacances très couru, plein à craquer pendant les week-ends et les vacances (au cours desquels les karaokés fonctionnent à plein rendement). Pour tous ceux qui désirent visiter la baie d'Along, Cat Ba demeure toutefois un endroit bien plus plaisant que la ville d'Along proprement dite.

En mai 1998, l'île a finalement été rattrapée par la fée électricité et son cortège de conforts tels la TV par satellite et les ballons d'eau chaude. Les générateurs, si bruyants que toute conversation à table était impossible, ont disparu. Revers de la médaille : ils ont laissé la place à des bars karaokés, que les autorités de Haiphong ont autorisé à perturber le calme de l'île à condition que le karaoke se déroule en plein air et s'arrête à minuit ; elles souhaitaient ainsi empêcher la prostitution d'envahir la ville (une mesure *en partie* couronnée de succès).

Les tarifs varient beaucoup de l'été (mai à septembre) à l'hiver (octobre à avril). Il est vivement conseillé de choisir un hôtel sans karaoké si l'on recherche calme et tranquillité.

Le **Quang Duc Family Hotel** (☎ 888231) fut le premier "hôtel familial" de Cat Ba (on voit apparaître de plus en plus d'hôtels de ce genre, copiés sur les voisins selon la tradition vietnamienne). Les chambres doubles coûtent 10/12 \$US en hiver/été.

Non loin, le **Van Anh Hotel** (☎ 888201) est l'hôtel le plus luxueux de la ville (et pour cause, il appartient au maire !). Les chambres avec clim. et deux ou trois lits sont louées 20 \$US quelle que soit la saison.

Également très recommandable, le **Hoang Huong Hotel** (☎ 888274), proche de l'embarcadère, facture ses doubles avec ventil./clim. 8/10 \$US en hiver ou de 12/15 \$US à 17 \$US en été. Il dispose au rez-de-chaussée d'un très bon restaurant avec terrasse.

Tenu par la même famille que le précédent, le sympathique **Sunflower Hotel** (☎ 888215, fax 888451) est doté d'un billard en plein air sur le toit, au septième étage, d'où l'on jouit de la plus belle vue sur la baie. Les tarifs d'hiver varient de 12 \$US pour les chambres avec ventil. à 15 \$US pour celles avec clim. Les prix sont majorés de 2 \$US l'été. On y parle français.

Le **Lan Ha Hotel** (☎ 888299), situé dans une rue secondaire paisible (pour l'instant), est d'un très bon rapport qualité/prix (demandez une chambre au 5e étage, pour la vue). La double avec ventil. est facturée 4 \$US en hiver et 5 \$US en été. Son voisin, le **Ngoc Bich Hotel** est du même ordre, avec des tarifs variant de 5 \$US l'hiver à 10 \$US l'été. Il en est de même pour le **Hong Quang Hotel** (☎ 888330), non loin, et le **Pacific Hotel** (☎ 888331), avec son karaoké.

Du même côté de la rue, le **Sun & Sea Hotel** (☎ 888315) est un endroit très plaisant qui venait juste d'ouvrir ses portes lors de notre passage et n'avait pas encore annoncé ses prix. Un peu plus haut, le **Anh Tuan Hotel** (☎ 888296) demande 12 \$US pour des doubles avec clim. et 20 \$US pour des chambres de quatre lits.

Sur la grand-rue, nous suggérons le sympathique **Huong Cang**

Family Hotel (☎ 888399), qui dispose de chambres avec ventil. et balcon pour 6 $US en hiver et 10 $US en été. Le *Thanh Tung Family Hotel* (☎ 888364) pratique des tarifs identiques.

Très fréquenté par les groupes, le *Thao Minh Hotel* (☎ 888408) abrite un excellent restaurant : comme le dit la plaquette de l'établissement, "fruits de mer spéciaux et viande exotique". Les doubles valent 8/10 $US avec petit déjeuner en hiver/été. Tout proche, le *Sunset Hotel* (☎ 888370) est également recommandé, même si deux karaokés bruyants le jouxtent. On y dort dans une double pour 7 $US en hiver et 10 $US en été. Les prix sont les mêmes au petit *Quang Hung Family Hotel* (☎ 888222).

Le *Hoa Phuong* (☎ 888324), situé sous le restaurant "Coka Cola", est un endroit paisible. Comptez 6/12 $US en hiver/été.

La plus grande pension de l'île est le *Gieng Ngoc* (☎ 888286), géré par l'État et récemment rénové. L'enseigne signifie "perle au fond d'un puits". Un lit dans un grand dortoir coûte 3 $US et une chambre double/triple 12/16 $US en été. Non loin, le *Hoa Phong Hotel* (☎ 888412) propose des doubles/triples pour 10/12 $US, l'été, ou des "chambres familiales" de six lits pour 16 $US. Déduisez environ 30% en hiver.

Lors de la rédaction de ce guide, des bungalows de plage étaient en construction sur une petite plage toute proche nommée Cat Da Bang. Renseignez-vous à votre arrivée.

Un grand hôtel était alors également en chantier près de l'entrée du parc national.

Où se restaurer

C'est au sympathique *Huu Dung Restaurant* que l'on peut actuellement déguster la meilleure cuisine de la ville. Plus connu sous le surnom de *Coka Cola Restaurant* (le toit en tuiles de ce bâtiment en bois, situé en plein air, est peint comme un panneau Coca-Cola), l'établissement bénéficie d'une belle vue et de la brise fraîche venant de la baie. Les voyageurs raffolent de ses rouleaux de printemps, de ses seiches grillées, de ses beignets de crevettes et de sa spécialité, le "poisson entier".

Autre excellent endroit, le *Gaulois Restaurant* (☎ 888482) est tenu par M. et Mme Thang, un couple très sympathique. Ils servent une délicieuse cuisine vietnamienne à des prix très abordables et vous donneront une foule de conseils pour votre voyage. Le menu est illustré de photos.

De l'autre côté de la jetée, l'établissement *Milo*, décoré dans le style d'un café, prépare de bons plats végétariens et de fruits de mer. Les propriétaires, très agréables, parlent anglais.

Vous trouverez également de nombreux *hôtels-restaurants* ainsi que plusieurs *cafés* en bord de mer.

Comment s'y rendre

L'île de Cat Ba se trouve à 40 km à l'est de Haiphong et à 20 km au sud d'Along. Innovation bienvenue, un hydroglisseur climatisé de 108 places, d'origine russe, permet de réduire à 2 heures seulement la traversée Haiphong-Cat Hai-Cat Ba. Les étrangers paient 6 $US. L'hy-droglisseur circule une fois par jour dans chaque sens, quittant Hai-phong à 9h et Cat Ba à 15h. Sachez que ces horaires peuvent être modifiés selon le nombre de passagers.

Le trajet en bac dure environ 4 heures. Les horaires sont un peu plus fiables (départ de Haiphong à 6h30 et 13h30 et de Cat Ba à 6h et 13h), mais mieux vaut tout de même les vérifier.

On peut également se rendre à Cat Ba par l'île de Cat Hai, plus proche de Haiphong. De Haiphong, le bateau fait une brève halte à Cat Hai avant de continuer vers le port de Phu Long, sur l'île de Cat Ba. Il existe aussi un bac au départ de Hon Gai (ville d'Along), à 12h30, qui vous amène en 2 heures à Cat Hai, d'où vous pouvez prendre un autre bateau jusqu'au port de Phu Long (20 minutes, 0,60 $US).

Attention, la mer peut être mauvaise, notamment entre l'île de Cat Hai et le village de Cat Ba (même en hydroglisseur). Si vous êtes sujet au mal de mer, prévoyez le nécessaire. Les sièges à l'arrière sont les plus confortables. Le bras de mer entre Cat Hai et le port de Phu Long est plus calme et rapide à traverser.

Il existe une foule de bacs de tourisme effectuant la liaison entre la baie d'Along et Cat Ba. Renseignez-vous auprès des cafés et des agences de voyages de Hanoi sur les voyages organisés menant à Cat Ba. Ces circuits comprennent généralement le transport, l'hébergement, les repas et le guide, mais mieux vaut s'en assurer.

Comment circuler

Attention, l'île compte deux embarcadères : l'un dans le village de Cat Ba, où s'arrêtent la plupart des voyageurs, et l'autre à Phu Long, 30 km plus loin, d'où des motards ne demandent qu'à vous transporter sur leurs engins russes cabossés jusqu'au centre-ville ou au parc national, à 15 km, pour environ 4 $US. Vous pouvez également prendre un bus (1,60 $US), mais le trajet est beaucoup plus long.

La plupart des hôtels et restaurants du village de Cat Ba organisent des circuits en bateau dans la baie, des promenades dans le parc national ou dans l'île ainsi que des parties de pêche. Les tarifs dépendent du nombre de participants, mais vous vous en tirerez généralement pour 8 $US la journée ou 20 $US pour un circuit de 2 jours et 1 nuit.

Nous recommandons des tour-opérateurs/guides tels que M. Thang, du Gaulois Restaurant, M. Phuc, du Quang Duc Family Hotel, et le sympathique personnel du Huu Dung (Coka Cola) Restaurant.

On peut affréter facilement des minibus avec chauffeur. La plupart des hôtels proposent des locations de motos (avec ou sans pilote) et de bicyclettes. Attention : si vous allez à la plage ou au parc national, garez votre véhicule sur le parking payant (0,15 $US) si vous voulez le retrouver à votre retour ; des vols et des actes de vandalisme ont en effet été signalés.

On vous proposera aussi des promenades en canot autour du port de pêche de Cat Ba, pour 1,50 $US. Un rameur particulièrement insistant interpelle tous les étrangers avec la seule phrase anglaise qu'il connaisse : "Hello how are you I'm fine thank you very much."

Bai Chay. Les hôtels sont dispersés dans plusieurs secteurs, mais la grande majorité se concentre le long de "l'allée des hôtels" en centre-ville. C'est là que vous trouverez la plupart des minihôtels et des prix très compétitifs. Comptez environ 15 \$US pour une double avec s.d.b. et clim.

Au sommet de la colline qui domine l'allée des hôtels, le *Tien Long Hotel* (☎ 846042) dispose de 47 chambres à 20 \$US. Ce vaste édifice public se délabre à force de négligence.

Installés sur une colline, quelques hôtels jouissent d'une belle vue sur la baie. Citons deux jolis endroits : le *Huong Tram Hotel* (☎ 846365), qui ne demande que 10 \$US pour une chambre avec ventil. ou 20 \$US avec clim., et le *Hai Long Hotel* (☎ 846378), qui loue des chambres avec clim. entre 20 et 25 \$US.

Plus haut dans les collines et un peu plus à l'est, le *Hai An Hotel* (☎ 845514, fax 845512) est un endroit séduisant avec vue sur la mer, TV par satellite et des chambres à 30/35 \$US. Ses balcons blancs lui donnent une touche méditerranéenne.

En bord de mer, proche de l'embarcadère, le *Van Hai Hotel* (☎ 846403), propriété de l'État, a bel aspect. Toutefois, l'intérieur est en piteux état et ne vaut pas le tarif demandé : entre 25 et 35 \$US la nuit, avec petit déjeuner.

A côté de l'embarcadère des ferries, le *Halong Plaza Hotel* (☎ 845810, fax 846867), belle et grande joint-venture thaïlandaise, impose des prix allant de 140 à 350 \$US, mais offre généralement des remises de 30%.

Presque tous les autres hôtels s'étirent sur 2 km le long de la grand-route vers l'ouest de la ville (en direction de Hanoi). La plupart sont des établissements d'État, immenses et chers.

Le *Thanh Nien Hotel* (☎ 846715, fax 846226) est un établissement fort fréquenté sur le port. Les chambres avec ventil. coûtent 10 \$US, celles avec clim. 20 \$US.

Parfait exemple des hôtels gérés par l'État, le *Trade Union Hotel (Khach San Cong Doan,* ☎ *846780, fax 846440)* demande 30 \$US par chambre.

Autre établissement du genre, l'immense *Vuon Dao Hotel* (☎ 846427/846287) bénéficie de belles vues sur la baie. Il facture ses chambres 35 à 90 \$US.

Encore du même ordre, le *Suoi Mo Hotel* (☎ 846381, fax 846729) : on y dort pour 25 à 35 \$US.

Le *Heritage Hotel (*☎ *846888, fax 846 718)*, joint-venture singapourienne, est un établissement de luxe. Comptez entre 115 et 150 \$US. Ce grand établissement est construit en face du *Bien Dong Hotel* (☎ 846677), délabré et assoupi, où vous paierez 20 à 25 \$US pour une double avec clim.

Non loin, le *Halong Hotel (*☎ *846014, fax 846318)* occupe quatre bâtiments, où les prix des chambres s'échelonnent entre 20 et 110 \$US.

L'ouest du Halong Hotel jouxte l'établissement trois-étoiles *Halong Bay Hotel (Khach San Vinh Halong,* ☎ *845209, fax 846856)*, joint-venture de Vietnam Tourism. Une chambre revient de 55 à 105 \$US.

Hon Gai. Les hôtels y sont moins nombreux, car la demande est faible, et les prix restent bas. La plupart se regroupent le long de Đ Le Thanh Tong, qui court d'est en ouest. En partant de l'embarcadère à l'extrémité ouest de Hon Gai, vous rencontrerez les hôtels suivants :

Phuong Nam Hotel
   (☎ 827242, Đ Le Thanh Tong)
   de 15 à 17 \$US
Hong Ngoc Hotel
   (☎ 826330, fax 826103, 36A Đ Le Thanh Tong)
   25 et 30 \$US
Viet Anh Hotel
   (☎ 826243, Đ Le Thanh Tong)
   10 et 15 \$US
Queen Hotel West
   (☎ 825689, 159 Đ Le Thanh Tong)
   15 \$US
Thuong Mai Hotel
   (☎ 827258, 269 Đ Le Thanh Tong)
   13 et 15 \$US

NORD-EST

Huong Lien Hotel
(☎ 826608, 283 Đ Le Thanh Tong
de 7 à 10 $US

Hang Hai Hotel
(☎ 826383, 70 Đ Le Thanh Tong)
de 20 à 25 $US

Hai Van Hotel
(☎ 826279, 78 Đ Le Thanh Tong)
de 10 à 12 $US

Hong Hai Hotel
(☎ 825179, fax 823436, 425 Đ Le Thanh Tong)
de 25 à 50 $US

Où se restaurer

A part les mini-hôtels, la plupart des *hôtels* indiqués possèdent des restaurants. Si vous participez à un voyage organisé, les repas seront probablement compris.

Pour les voyageurs indépendants, le quartier situé à l'ouest du centre de Bai Chay rassemble un bon nombre de *restaurants* bon marché, tous excellents.

Nous recommandons également le *Restaurant Asia (☎ 846927)*. Son propriétaire, M. Vinh, parle très bien l'allemand (il a tenu un restaurant à Berlin-Est) et un peu l'anglais. Les plats vietnamiens servis sont excellents et facturés à des prix raisonnables.

Comment s'y rendre

Bus. Les bus en direction d'Along (Bai Chay) partent de la gare routière de Gia Lam, à Hanoi. Depuis Along, les bus pour Hanoi quittent la gare routière de Mien Tay (Ben Xe Mien Tay). Dans les deux sens, le premier départ a lieu à 7h30, et le dernier à 14h30 (6 $US l'aller simple).

Les bus reliant Haiphong à Along partent de la gare routière, qui se trouve à environ 1 km du Halong Hotel. Le trajet dure environ 2 heures.

La gare routière de Mien Dong (Ben Xe Mien Dong) à Hon Gai dessert le Nord-Est du pays, comme Mong Cai, à la frontière chinoise.

Voiture et moto. Along est à 160 km de Hanoi, à 55 km de Haiphong et à 45 km de Cam Pha. Le trajet Hanoi-Along dure au moins 3 heures.

Bateau. Deux bacs relient chaque jour Hong Hai et Haiphong, un trajet de 3 heures facturé 3,50 $US. Ils quittent Haiphong à 6h, 11h, 13h30 et 16h. Au retour, ils partent de Hon Gai à 6h, 8h30, 11h et 16h.

Un autre bac relie quotidiennement Hon Gai à l'île de Cat Hai. Il part à 12h30. L'aller coûte 2,30 $US et dure environ 2 heures. Ce voyage offre de jolies vues de la baie d'Along. De Cat Hai, on peut prendre un petit ferry pour l'île de Cat Ba (voir la rubrique *Île de Cat Ba* dans *La baie d'Along*).

Il existe également un ferry reliant Hon Gai à Mong Cai, près de la frontière chinoise. Le ferry quitte Hon Gai à 21h et atteint Mong Cai le lendemain vers 5h. Au retour, le ferry part à 10h et arrive à Hon Cai à 18h. Il est demandé 6 $US.

BAIE DE BAI TU LONG

La baie d'Along ne s'achève pas à Along. Le plateau de calcaire immergé qui a donné naissance aux îles spectaculaires de la baie continue vers le nord-est jusqu'à la frontière chinoise, sur près de 100 km. On appelle cette zone la baie de Bai Tu Long.

Cette deuxième baie se révèle tout aussi belle que la première, peut-être même plus, car elle n'a pas encore été envahie par les touristes et les hôtels. Cependant, certains cafés de Hanoi commencent à l'explorer et la situation risque de changer. Espérons que l'arrivée prévisible des hôtels, des restaurants et des boutiques de souvenirs sera organisée avec plus de bon sens qu'à Along, mais c'est peu probable.

De la baie d'Along, vous pouvez louer un bateau jusqu'à la baie de Bai Tu Long. Un bateau à 20 places revient à 10 $US l'heure et la traversée dure 5 heures environ. Vous pouvez également voyager par voie de terre jusqu'à Cai Rong, puis prendre le ferry qui dessert les îles éloignées ou louer un bateau au tarif habituel.

Aucun piratage d'étrangers n'a été signalé pour l'instant, mais cela s'explique peut-être par la rareté des visiteurs. Si le tourisme se développe, la sécurité pourrait bien devenir un problème. Voici quelques

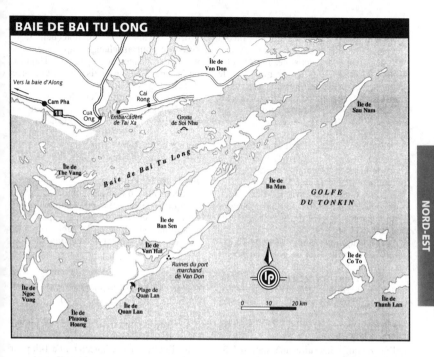

BAIE DE BAI TU LONG

années, la baie d'Along était infestée de pirates, jusqu'à ce que les autorités mettent en place des patrouilles maritimes régulières et efficaces. Il ne serait pas étonnant que l'histoire se répète dans la baie de Bai Tu Long.

Île Van Don
Orientation. Également appelée Cam Pha, cette île s'avère la plus grande et la plus développée de l'archipel. Elle mesure environ 30 km de long et 15 km en son point le plus large. Cai Rong en est la ville principale.

Où se loger
Dans le centre, presque en face du marché, le *Phuc Loc Hotel* (☎ *874231*) loue des doubles correctes pour 7/11 $US sans/avec clim. Vérifiez le fonctionnement des toilettes, ce sont des antiquités soviétiques !

Le séjour vous semblera plus plaisant près de l'embarcadère de Cai Rong, à l'extrémité sud-est de la ville. Le *Hung Toan Hotel* (☎ *874220*) se trouve à 100 m de la jetée. Les trois chambres du dernier étage, les plus belles, possèdent un balcon commun avec une vue superbe sur la baie de Bai Tu Long. Les doubles coûtent entre 10 et 13 $US.

Lorsque vous vous tenez devant la jetée de Cai Rong, face à la mer, vous apercevez un sentier sur la gauche qui vous mènera au *Thuy Trinh Hotel*. Également nommé *Mini-4 Hotel*, cet établissement quelconque dispose de huit doubles à 7 $US.

Comment s'y rendre. L'île Van Don est si proche du continent qu'un pont sera probablement construit dès que les fonds seront disponibles. Pour l'instant, l'île est desservie par deux vieux ferries branlants, qui relient la jetée de Cau Ong (Cua Ong Pha, sur le continent) à celle de Tai Xa (Tai Xa Pha, sur l'île Van Don). Le premier transporte les piétons, les vélos, les motos et les poulets, et part toutes les 30 minutes ; le second, réservé aux voitures (avec un maximum de 6 véhicules), circule toutes les 2 heures ; tous deux fonctionnent entre 5h30 et 17h30. La traversée dure une demi-heure.

Des bus fréquents relient Hon Gai (baie d'Along) à la gare routière de Cua Ong, à 1 km de la jetée. D'autres bus, rares, vont directement de Hon Gai à Van Don.

Si vous n'avez pu avoir de bus direct, vous pouvez parcourir en taxi-moto les 7 km séparant la jetée de la ville, moyennant 0,50 \$US.

A Cai Rong, une jetée implantée à l'extrémité de la ville sert de point de départ aux bateaux qui explorent les îles reculées de la baie. Vous pouvez également louer un bateau en direction de Hon Gai ou de Bai Chay pour 10 \$US l'heure. La traversée dure 5 heures.

Île Quan Lan

Si l'on devait construire une station balnéaire dans la baie, Quan Lan serait l'emplacement idéal. Sa magnifique plage de sable blanc en forme de croissant s'étend sur environ 1 km, et son eau d'un bleu pur est agitée de vagues parfaites pour le surf. La meilleure saison s'étend de mai à octobre, l'eau étant trop froide en hiver. Actuellement, l'île ne compte ni hôtel ni restaurant.

Chaque année, du 16e au 18e jour du 6e mois lunaire, un festival des Barques (Hoi Cheo Boi) se déroule à Quan Lan, attirant des milliers de spectateurs. C'est le plus grand événement de la région des baies d'Along et de Bai Tu Long.

Dans le nord-est de l'île s'étendent les ruines de l'ancien port commercial de Van Don. Il reste peu de chose de ce port qui jouait autrefois un rôle considérable dans le négoce entre la Chine et le Vietnam. Depuis longtemps, les ports en eau profonde, tels Haiphong ou Hon Gai, ont supplanté ces îles.

Même pendant le festival, Quan Lan n'offre aucune structure d'accueil. Cette situation pourrait changer rapidement, car plusieurs agences de voyages de Hanoi et de la baie d'Along envisagent d'organiser des circuits vers l'île.

Deux ferries effectuent le trajet Quan Lan-Van Don tous les jours. Bizarrement, ils partent tous deux à 7h du matin et se croisent en route, si bien que vous êtes obligé de passer la nuit sur place. La traversée dure 3 heures et coûte 1,20 \$US.

Île Van Hai

La découverte d'antiques tombes chinoises indique un riche passé de commerce maritime. L'île compte de belles plages, mais l'exploitation minière du sable (pour la fabrication du verre) est en train de tout détruire.

Île Ban Sen

Connue aussi sous le nom de Tra Ban, cette île est la plus proche de Van Don, donc la plus facile à visiter.

Un bateau quitte Ban Sen tous les jours à 7h et accoste à Van Don entre 8h et 8h30. Dans l'autre sens, le bateau part à 14h pour arriver entre 15h et 15h30 (1 \$US l'aller simple).

Île Thanh Lan

Cet île vallonnée atteint 190 m à son point culminant. Les résidents cultivent du riz et des légumes sur les quelques terrains plats.

Île Co To

Située au nord-est, Co To est l'île habitée la plus éloignée du continent. Elle abrite plusieurs collines, dont la plus haute s'élève à 170 m. Une autre est dominée par un grand phare. Le littoral se compose essentiellement de falaises et de gros rochers, mais s'agrémente d'au moins une jolie plage de sable. Les bateaux de pêche jettent l'ancre à côté de cette plage ; à marée basse, vous pouvez marcher jusqu'aux bateaux.

Les ferries qui desservent Co To partent de Van Don les lundi, mercredi et vendredi ; vérifiez les horaires à Cai Rong. Les retours ont lieu les mardi, jeudi et samedi. Aucun service n'est assuré le dimanche. Comptez 2,25 \$US pour la traversée, qui dure environ 5 heures (selon le vent).

MONG CAI

Sur la frontière chinoise, à l'extrémité nord-est du Vietnam, Mong Cai est une zone de libre-échange dont les marchés en plein essor connaissent une activité frénétique.

Il n'en a pas toujours été ainsi et, entre 1978 et 1990, la frontière était impénétrable. Comment ces anciens amis sont devenus des ennemis jurés, puis de nouveau des "amis", est une histoire intéressante.

La Chine se montra très amicale avec le Nord-Vietnam à partir du départ des Français, en 1954, jusqu'à la fin des années 70. Les relations se dégradèrent rapidement après la réunification, lorsque le Vietnam se rapprocha de l'URSS, la grande rivale de la Chine. Le gouvernement vietnamien essayait sans doute de jouer sur les deux tableaux et d'obtenir ainsi une aide accrue des deux puissances.

En mars 1978, le gouvernement lança, dans le Sud, une campagne contre les "commerçants opportunistes" et saisit les propriétés privées afin d'achever la "transformation socialiste" du pays. Cette campagne toucha particulièrement la communauté chinoise. Les discours marxistes-léninistes cachaient en fait la résurgence de l'antipathie ancestrale des Vietnamiens envers les Chinois.

Cette politique anticapitaliste et xénophobe poussa près de 500 000 des 1 800 000 résidents chinois du Vietnam à fuir le pays. Ceux du Nord rejoignirent la Chine par voie de terre et ceux du Sud s'exilèrent par la mer. Cette opération s'avéra lucrative, du moins dans le Sud, chaque réfugié chinois devant payer au gouvernement jusqu'à 5 000 \$US de "droit de sortie" pour être autorisé à partir. Les entrepreneurs de Ho Chi Minh-Ville pouvaient se le permettre, contrairement aux ressortissants du Nord, souvent très pauvres.

En représailles, la Chine coupa son aide au Vietnam, annula des dizaines de projets

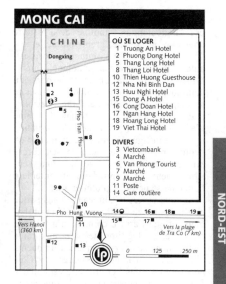

MONG CAI

CHINE
Dongxing

OÙ SE LOGER
1 Truong An Hotel
2 Phuong Dong Hotel
5 Thang Long Hotel
8 Thang Loi Hotel
10 Thien Huong Guesthouse
12 Nha Nhi Binh Dan
13 Huu Nghi Hotel
15 Dong A Hotel
16 Cong Doan Hotel
17 Ngan Hang Hotel
18 Hoang Long Hotel
19 Viet Thai Hotel

DIVERS
3 Vietcombank
4 Marché
6 Van Phong Tourist
7 Marché
9 Marché
11 Poste
14 Gare routière

Pho Tran Phu
Pho Hung Vuong
Vers Hanoi (360 km)
Vers la plage de Tra Co (7 km)
0   125   250 m

de développement et rappela 800 techniciens. L'invasion du Cambodge par le Vietnam fin 1978 mit le feu aux poudres : les Khmers rouges étaient les alliés de la Chine. Les dirigeants chinois, déjà préoccupés par la forte concentration des troupes soviétiques sur leur frontière avec l'URSS, se persuadèrent que le Vietnam avait basculé dans le camp soviétique, qui tentait d'encercler la Chine d'armées hostiles.

En février 1979, la Chine envahit le Nord du Vietnam pour lui "donner une leçon". On ne sait trop quelle leçon les Vietnamiens en tirèrent, mais les Chinois apprirent à leurs dépens que les troupes vietnamiennes, endurcies par des années de guerre contre les Américains, ne se laissaient pas faire. Les troupes chinoises se retirèrent après 17 jours. Leurs dirigeants déclarèrent l'opération un "franc succès" malgré des pertes estimées à 20 000 combattants. Des observateurs constatèrent que l'Armée de libération du peuple chinois avait été sévèrement maltraitée par les Vietnamiens. Paradoxalement, l'aide chinoise avait grandement participé à la victoire du Vietnam.

Officiellement, les deux pays considèrent ces "malentendus" comme de l'histoire ancienne et se déclarent mutuellement "bons voisins". Le commerce florissant autour de la frontière en témoigne. En pratique, toutefois, la Chine et le Vietnam continuent de se méfier l'un de l'autre et de se disputer les droits de forage pétrolier dans la mer de Chine méridionale. La Chine n'a pas oublié – ni pardonné – l'humiliation que lui a infligée l'armée vietnamienne et, depuis, n'a cessé d'accroître ses forces armées. La frontière reste une zone sensible, même si le prochain affrontement risque de se dérouler plutôt en mer.

Si vous visitez la Chine et si vous parlez de l'invasion de 1979, on vous dira probablement que l'armée chinoise n'a fait que répondre, en légitime défense, aux raids vietnamiens au cours desquels d'innocents villageois auraient été massacrés. Les Chinois sont les seuls à croire cette version des faits et à être persuadés qu'ils ont gagné cette guerre.

Les tensions sont toutefois imperceptibles à Mong Cai. La ville semble être le poste-frontière le plus prisé des Chinois et des Vietnamiens.

Il semble difficile d'attribuer un intérêt quelconque à Mong Cai. Pour les Vietnamiens, l'attrait principal consiste à se procurer des marchandises chinoises à bas prix (et de mauvaise qualité). Quant aux visiteurs chinois, ils semblent apprécier la nourriture, les alcools et la fréquentation des prostituées.

De nombreuses voitures sont exportées en Chine, *via* Mong Cai. Non pas que les voitures vietnamiennes aient bonne réputation, mais les constructeurs japonais et coréens se sont implantés au Vietnam, fuyant la Chine.

Si vous parlez chinois, vous pourrez le pratiquer à Mong Cai. Le personnel vietnamien de la plupart des hôtels, restaurants et boutiques en connaît au moins les bases. De plus, environ 70% des échoppes appartiennent à des Chinois qui traversent la frontière tous les jours pour vendre leurs marchandises. Le marché prend fin à 15h, la fron-

tière fermant une heure plus tard. Si vous possédez quelques yuans, vous n'aurez aucun mal à les écouler.

Mong Cai est une ville poussiéreuse aux bâtiments branlants et, de l'autre côté de la frontière, Dongxing est pire encore.

Renseignements

Van Phuong Tourist (☎ 881195) loue des voitures et propose des circuits guidés. Si vous êtes en possession du visa adéquat, il peut organiser des excursions en Chine.

La Vietcombank, près de la frontière, échange les chèques de voyage.

Où se loger

Si vous voulez vraiment un hôtel petit budget, essayez le *Nha Nhi Binh Dan* (☎ 882681). Cette petite pension délabrée propose des lits crasseux dans des dortoirs rudimentaires pour 1,20 $US ou des doubles avec ventil. pour 4 $US. Un peu mieux, le *Thien Huong Guesthouse* (☎ 881313) loue des doubles à 6 $US et des quadruples à 8 $US.

Le *Huu Nghi Hotel* (☎ 881408) et le *Dong A Hotel* (☎ 881151) proposent des doubles confortables avec/sans clim. pour 10/7 $US. Le *Thang Loi Hotel* (☎ 881002) demande pour sa part de 20 à 25 $US pour une chambre avec clim. Vous trouverez un standing et des tarifs identiques au *Truong An Hotel* (☎ 881900).

Assez miteux, le *Ngan Hang Hotel* (☎ 881183) est une affaire toute relative avec des doubles/triples avec clim. à 8/10 $US.

Plus bas de gamme, le *Hoang Long Hotel* (☎ 881011) est doté de chambres à partir de 8 $US.

Dans le même quartier, le *Cong Doan Hotel* (☎ 881165) demande 15 ou 18 $US pour une chambre avec clim.

Au *Viet Thai Hotel* (☎ 881070), on dort pour 12 $US.

Situé en face de la Vietcombank, le *Thang Long Hotel* (☎ 881695) facture de 10 à 15 $US pour des chambres correctes. Il en va de même pour le *Phuong Dong Hotel* (☎ 881250).

Comment s'y rendre

Mong Cai se trouve à 360 km de Hanoi. Pour s'y rendre en bus public, il faut généralement changer à Hon Gai (Along), d'où les liaisons sont fréquentes jusqu'à Mong Cai. L'état des routes est inégal, mais vous verrez pire. En route, vous longerez plusieurs mines de charbon, qui déposeront sur votre visage (et vos poumons ?) une fine couche de poussière noire. Les plus à plaindre sont ceux qui vivent à proximité de ces mines ! A Hon Gai, la gare routière se dresse à côté de l'embarcadère de Bai Chay. Le trajet dure 5 heures.

Il existe également un bateau quotidien (très lent) entre Mong Cai et Hon Gai (voir la section *La Baie d'Along* pour plus de détails).

Au sud de Mong Cai, un poste de douane retient parfois longtemps les véhicules.

Pour rejoindre Lang Son depuis Mong Cai, comptez également 5 heures. Dans cette direction, un ou deux bus partent chaque jour, très tôt le matin. La plus grande partie de la route n'est pas goudronnée, d'où beaucoup de poussière ou de boue, suivant le temps.

Sur l'île Van Don, vous pouvez louer un bateau jusqu'à Mong Cai. La traversée (6 heures) vous coûtera 150 $US et 200 $US l'aller-retour.

LES ENVIRONS DE MONG CAI
Plage de Tra Co

A 7 km au sud-est de Mong Cai s'étend Tra Co, une péninsule à la forme bizarre, que les relations publiques locales tentent désespérément de "vendre" comme une station balnéaire. La plage est décevante et son sable terne si compact qu'on peut y rouler en voiture de tourisme , beaucoup le font.

La taille de cette plage est impressionnante. Avec ses 17 km, elle compte parmi les plus longues étendues de sable du Vietnam. L'eau, peu profonde, permet de s'éloigner du rivage à pied. Il est vraiment dommage que le sable ne soit pas plus blanc et plus fin.

Une grande et belle église en ruine s'élève à 500 m de la plage. Les efforts se poursuivent pour la restaurer.

Tra Co est loin de rivaliser avec Nha Trang. Pourtant, le Comité populaire local regorge de projets ambitieux afin d'améliorer le tourisme – ce qui ne manque pas de bon sens. Après tout, avec la Chine juste à côté, Tra Co pourrait devenir le paradis des casinos, des karaoke, des saunas et des salons de massage.

Malheureusement, l'attitude de la police locale compromet le succès de ces projets. A l'extrémité sud-est de la péninsule de Tra Co, le petit village de Mui Ngoc abrite un poste de police dont l'officier en chef a exigé nos passeports lors de notre arrivée. Comme nous ne les avions pas – notre hôtel les avait gardés –, il nous a violemment menacés avant d'accepter les photocopies de nos papiers. Il a alors inscrit nos noms dans son registre et nous a ordonné de quitter les lieux. Il ne nous a pas pénalisés, mais nous a interdit de prendre des photos. "Tra Co est près de la frontière", nous a-t-il expliqué – même si les seuls secrets militaires du coin consistent en une plage et quelques bateaux de pêche. Peut-être les bateaux sont-ils équipés de torpilles ? Nous fûmes réellement choqués de l'extrême hostilité manifestée par cet officier. En général, les policiers restent courtois, même s'ils vous verbalisent.

Où se loger. Près de la poste, l'agréable *Tra Co Beach Hotel* (☎ 881264) ressemble à un motel américain. Dans les doubles, qui valent entre 11 et 15 $US, on a installé la TV par satellite. En face, le *Dai Duong Mini-Hotel* (☎ 881140) est moins plaisant mais très bon marché. Une double bien équipée avec TV par satellite vaut de 7 à 9 $US.

Vous trouverez deux autres établissements à proximité. Le *Tra Long Hotel* (☎ 881131) demande de 6 à 8 $US pour une chambre avec ventil. Plus grand, le *Sao Bien Hotel* (☎ 881243) dispose de chambres avec ventil. pour 8 $US ou de doubles avec clim. pour 11 à 14 $US.

Île Vinh Thuc

Située à 8 km en face de la côte de Tra Co, cette grande île montagneuse ravit par ses jolies plages de sable blanc. Cependant, l'officer de police mentionné plus haut nous a empêché de la visiter. Les villageois de Mui Ngoc s'apprêtaient à nous y emmener pour 12 \$US aller-retour quand la "loi" est arrivée. Notre "ami" nous a affirmé que nous avions besoin d'un permis spécial, délivré à Hanoi, pour visiter l'île. Quand nous avons vérifié cette assertion auprès de la police de Hanoi, les officiers déconcertés nous ont répondu : "Où diable se trouve l'île Vinh Thuc ?".

LANG SON

Capitale de la province escarpée du même nom, Lang Son, à 270 m d'altitude, s'élève dans une région peuplée essentiellement de minorités montagnardes (les Tho, les Nung, les Man et les Dzao) ; la plupart d'entre eux ont gardé leur mode de vie traditionnel. A 2,5 km de Lang Son, des grottes avoisinent le village de Ky Lua.

L'intérêt de Lang Son tient cependant à tout autre chose. La ville a longtemps servi de point de passage et d'échanges commerciaux avec la Chine. En fait, la frontière se trouve à Dong Dang, à 18 km au nord.

Lang Son fut partiellement détruite par les troupes chinoises lors de l'invasion de février 1979. Les ruines de la ville et le village dévasté de Dong Dang étaient souvent montrés aux journalistes étrangers comme preuves de l'agression chinoise. Si la frontière reste aujourd'hui très protégée, les relations commerciales entre les deux pays semblent de nouveau battre leur plein.

Orientation

Lang Son est coupée en deux par la rivière Ky Cung. La rive nord abrite la plupart des hôtels et la poste, tandis que la Vietcombank est implantée sur la rive sud. A l'ouest de la ville, des montagnes renferment d'intéressantes grottes.

Les grottes de Tam Thanh et de Nhi Thanh

A 2,5 km du centre-ville, deux grandes et belles grottes sont éclairées en permanence et faciles à explorer.

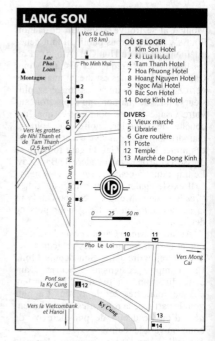

LANG SON

Vers la Chine (18 km)

Lac Phai Loan

Montagne

Pho Minh Khai

Vers les grottes de Nhi Thanh et de Tam Thanh (2,5 km)

Pho Tran Dang Ninh

0 25 50 m

Pho Le Loi

Vers Mong Cai

Pont sur la Ky Cung

Vers la Vietcombank et Hanoi

Ky Cung

OÙ SE LOGER
1 Kim Son Hotel
2 Ki Lua Hotel
4 Tam Thanh Hotel
7 Hoa Phuong Hotel
8 Hoang Nguyen Hotel
9 Ngoc Mai Hotel
10 Bac Son Hotel
14 Dong Kinh Hotel

DIVERS
3 Vieux marché
5 Librairie
6 Gare routière
11 Poste
12 Temple
13 Marché de Dong Kinh

Celle de Tam Thanh est remarquable pour son "étang sans fin", dont le nom, Am Ty (l'Enfer), suggère la profondeur. Elle comporte également une "fenêtre" naturelle qui s'ouvre sur une vue panoramique des rizières environnantes. L'eau qui goutte dans un bassin est réputée pour ses vertus balsamiques.

Celle de Nhi Thanh présente d'extraordinaires stalactites et stalagmites. La rivière Ngoc Tuyen coule à travers la grotte, lui conférant un charme supplémentaire.

Où se loger

Accueillant, propre et agréable, le *Hoang Nguyen Hotel* (☎ 870349, 84 Pho Tran Dang Ninh) est un hôtel privé où le prix des doubles va de 10 à 15 \$US. Au n°92, le *Hoa Phuong Hotel* (☎ 871233) offre les mêmes prestations (exception faite des grands posters féminins de l'entrée).

Le **Ngoc Mai Hotel** (☎ 871837, 25 Pho Le Loi) dispose de très jolies chambres avec TV par satellite. Les doubles coûtent de 15 à 20 $US.

Géré par l'État, le **Ki Lua Hotel** (☎ 870020, 208 Pho Tran Dang Ninh) propose des chambres déprimantes, semblables à des cellules, pour 8/4 $US avec/sans s.d.b.

Autre établissement d'État plutôt miteux, le **Tam Thanh Hotel** (☎ 870979, 117 Pho Tran Dang Ninh) dispose de chambres spacieuses mais sales. Celles du dernier étage offrent cependant une belle vue sur le lac. Comptez entre 15 et 22 $US pour une double.

Le **Kim Son Hotel** (☎ 870378, 3 Pho Minh Khai) a meilleure allure à l'extérieur qu'à l'intérieur. Si vous avez voyagé en Chine, cette joint-venture sino-vietnamienne vous semblera familière avec ses tuyaux qui fuient, ses tapis pleins de trous de cigarettes, son papier peint décollé et son personnel peu avenant. Les doubles y coûtent de 15 à 30 $US.

Le **Bac Son Hotel** (☎ 871849, 41 Pho Le Loi) est un superbe bâtiment colonial. Prévoyez 25 $US pour une double, avec petit déjeuner. Cet établissement d'État affiche souvent complet.

Près du marché Dong Kinh, le **Dong Kinh Hotel** (☎ 870166, fax 875461) est un tout nouvel hôtel, entièrement climatisé. Les doubles luxueuses sont facturées 20 $US aux étrangers, les triples 14 $US (clim. russe) ou 18 $US (clim. japonaise).

Où se restaurer

Pho Tran Dang Ninh et Pho Le Loi fourmillent de restaurants. Un plat à base de nouilles, le *pho chua*, est la spécialité bon marché de la ville. Si vous préférez une nourriture plus sophistiquée, essayez le canard rôti (*vit quay*) ou le cochon de lait (*lon quay*).

Achats

Le marché Dong Kinh expose, sur 4 étages, d'innombrables – et très fragiles – produits chinois à bas prix.

Comment s'y rendre

Bus. Les bus en direction de Lang Son partent de la gare de Long Bien à Hanoi vers 6h. Le trajet dure environ 5 heures.

Train. Deux trains relient quotidiennement Hanoi et Dong Dang (*via* Lang Son ; voir le chapitre *Comment s'y rendre*).

Comment circuler

Les omniprésentes motos-taxis se concentrent surtout autour de la poste et du marché. Dans Pho Tran Dang Ninh, des minibus circulent à la recherche de passagers désireux d'atteindre la frontière à Dong Dang.

CAO BANG

Capitale de la province du même nom, cette ville poussiéreuse, implantée à 300 m au-dessus du niveau de la mer, bénéficie d'un climat plaisant. Cao Bang sert essentiellement de point de départ pour des excursions dans la campagne environnante, qui s'avère la plus belle région montagneuse du Nord-Est et vaut l'exploration.

Dans la ville elle-même, le seul centre d'intérêt est le monument aux morts, érigé en haut d'une colline. Du sommet, vous découvrirez de superbes vues.

Renseignements

Cao Bang Tourist (☎ 852245) est installé dans le Phong Lan Hotel. Le personnel, lorsqu'il est présent, peut vous aider à louer des voitures et des jeeps ou proposer les services d'un guide pour visiter les environs.

Lors de notre passage, *aucune* banque de change n'existait à Cao Bang.

Où se loger et se restaurer

Établissement d'État lugubre, le **Phong Lan Hotel** (☎ 852260) s'avère le moins cher de la ville ; ses doubles valent entre 8 et 20 $US. Il dispose d'un **restaurant** correct.

La **Phuong Dong Guesthouse** (☎ 853 178) est un hôtel propre et bon marché, avec des chambres entre 10 et 14 $US.

Le **Bang Giang Hotel** (☎ 853431) est un immense établissement équipé de chambres accueillantes. Celles situées à l'arrière du

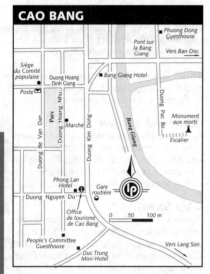

CAO BANG

Siège
du Comité
populaire
Poste

Duong Hoang
Dinh Giang

Duong Be Van Dan

Parc

Duong Hoang Nhu

Marché

Duong Kim Dong

Pont sur
la Bang
Giang

Bang Giang Hotel

Bang Giang

Phuong Dong
Guesthouse

Vers Ban Doc

Duong Pac Bo

Monument
aux morts
Escalier

Phong Lan
Hotel
Duong Nguyen Du

Gare
routière

Office
de tourisme
de Cao Bang

0   50   100 m

People's Committee
Guesthouse

Duc Trung
Mini-Hotel

Vers Lang Son

bâtiment, dans les étages supérieurs, surplombent la rivière. Les doubles coûtent 20 $US.

Installé dans une rue tranquille à la limite de la ville, le *Duc Trung Mini-Hotel* (☎ *853245*) est un petit établissement privé, agréable malgré le grand ours brun empaillé dans l'entrée. Le tarif d'une double s'élève à 18 $US.

La *People's Committee Guesthouse* (☎ *851023*), ou *Nha Khach UBND*, dispose de jolies chambres facturées entre 6 et 20 $US.

Les alentours du marché renferment de nombreuses et très bonnes *échoppes de nourriture*.

Comment s'y rendre

Cao Bang se trouve à 272 km au nord de Hanoi, sur la route nationale 3. La route est goudronnée mais sinueuse, et il faut compter une journée pour effectuer ce parcours. Des bus directs partent de Hanoi (comptez 10 heures) et de Thai Nguyen. Le bus quotidien de/vers Lang Son met 7 heures pour arriver à destination.

Depuis la baie d'Along ou Mong Cai, vous pouvez atteindre Cao Bang par la RN 48, route de terre en majeure partie.

Un aéroport est en projet, il ouvrira peut-être dès 1999.

LES ENVIRONS DE CAO BANG
Ban Doc

Ce lieu pittoresque reste peu visité mais cela ne saurait durer. La population locale l'appelle parfois Ban Gioc, un nom dérivé des dialectes montagnards parlés dans la région.

Chutes de Ban Doc. Ces chutes (Thac Ban Doc) sont les plus vastes, mais non les plus hautes, du Vietnam. Sur une pente de 53 m, elles s'étendent sur 300 m de large. Leur débit varie considérablement suivant les saisons. S'étageant sur trois niveaux, elles figurent un escalier géant, particulièrement impressionnant de mai à septembre. Ce magnifique spectacle mérite le détour.

Les chutes sont alimentées par le Quay Son, qui borde la frontière chinoise. Ces dernières années, les infrastructures touristiques se sont considérablement développées du côté chinois, alors que la rive vietnamienne reste pratiquement déserte. Les chutes se trouvent pourtant au Vietnam et nombre de Chinois se glissent de l'autre côté de la frontière pour mieux les voir.

En effet, cette zone très peu surveillée ne comporte aucun poste-frontière. Malgré cela, il vous faut l'autorisation de la police pour visiter les chutes. Les agences de voyage de Hanoi ou les hôtels de Cao Bang peuvent vous obtenir ce permis (4$US), que vous retirez à Trung Khanh.

La route entre Cao Bang et Trung Khanh est en bon état, mais prenez garde aux dos-d'âne sur les 27 derniers kilomètres.

Grottes de Nguom Ngao. L'entrée principale des grottes s'ouvre à 2 km des chutes, tout près de la route de Cao Bang. En fait, deux entrées sont accessibles : l'habitude veut que l'on pénètre par l'une et que l'on ressorte par l'autre. Les grottes, gigantesques, s'étendent sur 3 km, et l'une des galeries atteint presque les chutes, où se situe une entrée "secrète".

Vous aurez besoin des services d'un guide, facile à trouver. Ils sont payés une misère et n'acceptent pas les pourboires (ce qui risque de changer rapidement) ; vous pouvez leur offrir des cigarettes et partager avec eux votre repas.

Des lumières ont été fixées à l'intérieur – les générateurs sont mis en marche dès que des touristes se présentent. Le droit d'entrée (1 $US) aide à payer le carburant et l'entretien du système d'éclairage. Par précaution, dans l'éventualité d'une panne subite, apportez une lampe de poche. Pour sortir, vous suivrez le câble électrique.

Où se loger et se restaurer. Vous ne trouverez aucun hôtel de ce côté de la frontière. A moins de camper, vous devrez séjourner à Trung Khanh, à 27 km des chutes. La *People's Committee Guesthouse* (*Nha Khach UBND*) dispose de chambres-dortoirs à 4 ou 5 lits, pour 4 $US le lit. Les locaux sont rudimentaires et plutôt sales, mais il n'y a pas d'alternative.

Vous pourriez vous restaurer sommairement à Trung Khanh mais vous ne trouverez rien à Ban Doc. Prévoyez au moins un pique-nique pour l'excursion aux chutes et aux grottes, plus quelques boîtes de conserve dans le cas où une panne vous retarderait – sinon, vous vous contenterez de noix et de baies sauvages.

Comment s'y rendre. Ban Doc se situe à 85 km de Cao Bang. La route est montagneuse, et le trajet demande environ 4 heures. Actuellement, aucun transport public ne dessert Ban Doc.

Le paysage est spectaculaire, particulièrement sur les 10 derniers kilomètres, qui longent le Quay Son.

Lacs Thang Hen
Ce grand lac se visite toute l'année. Toutefois, pendant la saison des pluies – de mai à septembre – 36 lacs se forment, séparés par des roches tortueuses. Le reste de l'année, tous ces lacs s'assèchent sauf le Thang

Hen lui-même. Apparaît alors une vaste grotte que l'on peut explorer en radeau de bambou.

Thangh Hen ne possède ni hôtel, ni restaurant, ni transport public. Il vous faudra une jeep ou une moto pour atteindre les lacs – à moins que la rénovation de la route permette aux voitures de tourisme de passer. Depuis Cao Bang, parcourez 20 km jusqu'au col de Ma Phuc. Un kilomètre plus loin, tournez à gauche au croisement, et roulez encore sur 4 km. Les lacs sont assez proches de Cao Bang pour se visiter dans la journée.

Grotte de Pac Bo
La grotte de Pac Bo (Hang Pac Bo) se situe à 3 km de la frontière chinoise. La grotte et ses environs revêtent un caractère sacré pour les révolutionnaires vietnamiens. Le 28 janvier 1941, après trente ans d'exil, Ho Chi Minh revint au Vietnam pour mener à bien la révolution, planifiée depuis longtemps.

Pendant près de quatre ans, il vécut dans cette grotte, proche de la frontière chinoise, écrivant de la poésie en attendant la fin de la Seconde Guerre mondiale. Cette cachette lui aurait permis une fuite rapide hors du pays au cas où les soldats français auraient tenté de l'arrêter. Ho Chi Minh baptisa le ruisseau qui coulait devant sa grotte "le Lénine" et un mont voisin "le pic Karl Marx".

En dialecte thay, *pac bo* signifie "roue à eau", en référence à une source voisine.

Marché Narang
Il compte parmi les plus beaux marchés provinciaux. Les vendeurs et les clients appartiennent pour la plupart aux minorités montagnardes locales, dont les Nung, les Thay et les Hmong.

Autres marchés montagnards
Dans la province de Cao Bang, les Vietnamiens d'origine (les Kinh) sont largement minoritaires. Le groupe ethnique le plus important est celui des Thay (46%), suivi des Nung (32%), des Hmong (8%), des Dzao (7%), des Kinh (5%) et des Lolo (1%). Toutefois, les mariages mixtes, l'éducation géné-

NORD-EST

La légende des lacs

Le décor enchanteur de Thang Hen s'accompagne naturellement d'une triste légende. Il était une fois un très beau et très intelligent jeune homme du nom de Chang Sung. Sa mère, qui l'adorait, avait planifié toute sa vie et décidé que son fils deviendrait mandarin avant d'épouser une belle jeune fille.

Selon l'ancestrale tradition confucéenne, on ne devenait mandarin qu'après avoir réussi un concours. Bien que difficile, Chang Sung le passa brillamment. Une lettre officielle lui notifia la bonne nouvelle, lui ordonnant de se rendre au Palais royal une semaine plus tard.

Apprenant le succès de son fils, la mère de Chang Sung mit en œuvre la deuxième partie de son plan. Elle choisit une jolie fille du nom de Biooc Luong (Fleur jaune) et arrangea rapidement un grand mariage. Tout allait bien, et Chang Sung ne pouvait être plus heureux.

Biooc et lui passèrent une lune de miel si délicieuse que Chang Sung en oublia son rendez-vous au palais royal pour ne s'en rappeler que la veille. Il savait quelle serait la déception de sa mère s'il laissait passer cette chance. Il décida alors d'en appeler aux forces magiques des ténèbres pour qu'elles l'aident à rejoindre le palais royal en quelques bonds de géant. Malheureusement, il ne put contrôler la direction ni la vitesse de ses sauts et se blessa à chaque bond, créant 36 cratères. Le dernier bond l'amena au sommet du col Ma Phuc, où il mourut d'épuisement avant de se transformer en pierre. Les cratères se remplirent d'eau pendant la saison des pluies et devinrent les 36 lacs de Thang Hen.

La mère de Chang Sung fut sans nul doute fière des travaux de son fils, tout en regrettant qu'il ne soit devenu mandarin.

---

ralisée et les vêtements modernes effacent peu à peu les distinctions culturelles.

Lors de notre visite, il paraissait indéniable que la majorité des Montagnards de Cao Bang ignoraient tout des pratiques du monde extérieur. Au marché, par exemple, nul besoin de marchander : les vendeurs ne savent manifestement pas duper le client et demandent les mêmes prix aux étrangers qu'aux locaux. Reste à savoir si cette naïveté résistera au tourisme de masse.

Les grands marchés montagnards de la province de Cao Bang dont nous donnons la liste ci-après, se tiennent tous les cinq jours, selon le calendrier lunaire :

Trung Khanh
les 5e, 10e, 15e, 20e, 25e et 30e jours de chaque mois lunaire.

Tra Linh
les 4e, 9e, 14e, 19e, 24e et 29e jours de chaque mois lunaire.

Nuoc Hai
les 1er, 6e, 11e, 16e, 21e et 26e jours de chaque mois lunaire.

Nagiang
les 1er, 6e, 11e, 16e, 21e et 26e jours de chaque mois lunaire. Ce marché a lieu à 20 km de Pac Bo, dans la direction de Cao Bang. Il est fréquenté par des Thay, des Nung et des Hmong.

LE PARC NATIONAL DE BA BE

Ce parc (Vuon Quoc Gia Ba Be, également nommé les lacs Ba Be), créé en 1992 dans la province de Bac Can, est devenu le huitième parc national du Vietnam. Cette magnifique région de plus de 23 000 hectares regorge de cascades, de rivières, de vallées profondes, de lacs et de grottes au milieu de pics montagneux. Elle est peuplée par la minorité Thay, qui vit dans des maisons sur pilotis.

La forêt tropicale abrite plus de 400 espèces connues de plantes. Le gouvernement alloue des subventions aux villageois pour qu'ils n'abattent pas les arbres. Parmi les 300 espèces d'animaux qui peuplent le parc, citons les ours, les singes, les oiseaux, les papillons et autres insectes. Si la chasse est interdite, la pêche est autorisée, aux villageois seulement.

Cette région, à 145 m au-dessus du niveau de la mer, est entourée de montagnes abruptes culminant à 1 554 m. L'édition 1939 du guide Madrolle sur l'Indochine recommandait de visiter les environs "en voiture, à cheval ou, pour les dames, en chaise à porteurs".

Ba Be (les trois Baies) se compose de trois lacs reliés entre eux et mesurant au total plus de 8 km de long, environ 400 m de large et 35 m de profondeur au point le plus profond. Ils contiennent près de 50 espèces de poissons d'eau douce.

Deux des lacs sont séparés par une étendue d'eau large de 100 m, Be Kam, elle-même délimitée par deux parois de roche crayeuse. La rivière Nang est navigable sur 23 km, entre un point situé à 4 km au-dessus de Cho Ra et les **chutes de Dau Dang** (Thac Dau Dang), une série d'impressionnantes cascades coincées entre des murailles rocheuses.

Ne manquez pas de visiter la **grotte de Puong** (Hang Puong), qui mesure 30 m de haut et traverse toute une montagne sur 300 m de long. Sa rivière souterraine se remonte en bateau et constitue une promenade intéressante. Attention cependant aux nombreuses chauves-souris qui ont élu domicile dans la grotte et émettent des odeurs entêtantes.

Les **chutes de Dao Dang** (chutes de Hua Tang en langue thay) sont constituées d'une série de rapides s'étalant sur plus de 1 km. A 200 m après les rapides, vous apercevrez le petit village thay de Hua Tang.

La location d'un bateau est incontournable. Il vous en coûtera 2,30 \$US l'heure. Le bateau peut contenir environ 8 personnes. Prévoyez au moins 7 heures pour visiter la plupart des sites. Les bateliers prennent tout leur temps afin de gagner plus d'argent et, mis à part crier "plus vite !", il n'y a pas grand-chose à faire – autant profiter de la promenade. Vous pouvez louer les services d'un guide (c'est même recommandé) pour 10 \$US la journée. L'embarcadère se situe à environ 2 km des bureaux du parc.

L'entrée (5 \$US) se paie à un poste de contrôle sur la route menant au parc (environ 2 km avant les bureaux du parc).

Pour ceux qui comprennent l'anglais, une cassette vidéo sur le parc est en vente à l'accueil des visiteurs et coûte 8 \$US.

Prévoyez de l'argent liquide, car les chèques de voyage ne sont pas acceptés dans le parc.

Où se loger et se restaurer

Juste à côté des bureaux du parc (☎ 876131), il existe trois possibilités d'hébergement. L'*aile ancienne*, vraiment lugubre, abrite 7 triples avec s.d.b. commune facturées 10 \$US. Pour 15 \$US, vous pouvez loger dans une *maison en bois* semblable aux habitations des minorités, simple mais agréable. Pour 20 \$US, vous pouvez essayer les chambres luxueuses de la *nouvelle aile*, qui fait face aux deux autres. Les chambres sont dotées de s.d.b. avec eau chaude (l'électricité est produite par un générateur, de 18h à 23h seulement). Vous pouvez commander des *repas* dans le parc, pour 2 \$US.

A Cho Ra, à 18 km des lacs de Ba Be, le *Ba Be Hotel* (☎ 876115) demande 15 \$US pour une chambre avec ventil. On peut vous organiser des promenades en bateau au parc national, à des prix vraiment intéressants. Les bateaux accueillent jusqu'à 15 personnes et coûtent 16 \$US la journée (ajoutez 5 \$US pour l'entrée du parc). Vous trouverez quelques rudimentaires *restaurants de nouilles* en ville.

Il vous sera peut-être possible de loger dans des *maisons sur pilotis* au hameau thay de Pac Ngoi, tout proche. Ce village se situe le long de la rivière menant au lac. Ses 200 habitants vivent dans quelque 40 maisons sur pilotis. Il vous faudra obtenir un permis, dont la demande s'effectue auprès du personnel du parc. La police locale, cependant, semble donner ces autorisations de façon sporadique. Vous pouvez vous procurer de la **nourriture** au village, notamment du poisson frais pêché dans le lac, à des prix raisonnables.

La meilleure option consiste peut-être à choisir un circuit organisé avec le personnel du parc. On vous propose une agréable excursion de 3 jours et 2 nuits incluant les principaux sites ainsi qu'une nuit à Pac Ngoi. Le prix du circuit dépend du nombre de participants, mais comptez entre 25 et 40 \$US par personne. Certains tour-opérateurs de Hanoi peuvent vous réserver ce circuit ; sinon, il est possible de contacter directement le personnel du parc.

Comment s'y rendre

Le parc national de Ba Be se situe dans la province de Bac Can, près de la limite des provinces de Cao Bang et de Tuyen Quang. Les lacs sont à environ 240 km de Hanoi, à 61 km de Bach Thong (Bac Can) et à 18 km de Cho Ra.

La plupart des visiteurs louent un véhicule à Hanoi. A partir de Bac Thong, la route devient mauvaise, surtout sur les 50 derniers kilomètres. Mieux vaut circuler en 4x4 ou sur une moto puissante.

A Hanoi, la location d'un 4x4 jusqu'au parc revient à 200 \$US environ, selon la durée de votre séjour. Prévoyez à peu près 8 heures de trajet. En général, l'excursion dure 3 jours et 2 nuits.

Se rendre à Ba Be par les transports publics relève du parcours du combattant : il faut prendre à Hanoi le bus de Bach Trong (Bac Can), puis celui de Cho Ra, et enfin louer une moto (environ 1,50 \$US) pour effectuer les 18 km restants, à moins que vous ne préfériez marcher.

Certains cafés de Hanoi organisent des circuits aux lacs Ba Be pour environ 60 \$US. C'est TF Handspan (☎ 04-828 1996, fax 825 7171, 116 rue Hang Bac), un tour-opérateur respectueux de l'environnement, qui propose le meilleur circuit. Il est situé dans la vieille ville.

Le Nord-Ouest

Le Nord-Ouest possède certains des paysages les plus spectaculaires du Vietnam. Ses régions montagneuses abritent diverses ethnies montagnardes, dont certaines n'ont que peu subi les influences vietnamiennes et occidentales.

La route national 6 (RN 6) serpente à travers de magnifiques montagnes et hauts plateaux peuplés notamment de Thaï noirs et de Hmong, vivant selon un mode ancestral. Les Thaï occupent essentiellement les plaines, où ils habitent dans de belles maisons sur pilotis et cultivent du thé et des fruits. Les robustes Hmong résident sur des terres plus arides, au-delà de 1 000 m d'altitude.

De Hanoi à Tuan Giao, la RN 6 est goudronnée ; elle devient ensuite la RN 42 jusqu'à Dien Bien Phu, et son état est tel que vous penserez être atteint de la danse de Saint-Guy ! Reliant Dien Bien Phu à Lai Chau, la RN 32 s'avère encore bien plus dangereuse, car elle longe une falaise et disparaît fréquemment dans des glissements de terrain. La portion de route qui relie ensuite Lai Chau à Sapa permet d'admirer certains des plus beaux paysages de montagne du Sud-Est asiatique. Dans toute cette région, les routes sont encore par endroits très mauvaises mais leur état s'améliore petit à petit. En revanche, si vous souffrez du dos, de vertige ou d'hémorroïdes, vous aurez peut-être avantage à vous déplacer en avion.

Bien sûr, rien ne vous oblige à aller aussi loin. La plupart des voyageurs s'arrêtent à Mai Chau, Moc Chau ou Son La, puis font demi-tour, ce qui n'est guère surprenant vu l'état des routes. Le trajet le plus intéressant – et le plus terrifiant – consiste à rejoindre Dien Bien Phu, puis à continuer vers le nord jusqu'à Lai Chau, Sapa et Lao Cai avant de revenir à Hanoi. Ce circuit, d'au moins une semaine, n'est réalisable qu'en jeep ou en moto. Vu l'étroitesse de la route, la moto est plus sûre ; de plus, elle présente l'avantage de pouvoir traverser les endroits périlleux à bord de petits bateaux locaux.

A ne pas manquer

- En jeep, en moto ou en vélo, admirez les impressionnants paysages montagneux du Vietnam, qui comptent parmi les plus beaux du Sud-Est asiatique

- Partez en randonnée dans les villages isolés où vivent les minorités ethniques

- Partez à l'assaut du Fansipan, le plus haut sommet du Vietnam

Attention

La région du Nord-Ouest ne compte que très peu d'établissements officiels où changer les chèques de voyage. Très peu d'endroits acceptent les cartes de crédit. Certains hôtels de Sapa changeront vos chèques de voyage, au marché noir et avec une commission de 10%. S'il est plus facile de convertir des dollars US en espèces, mieux vaut prendre vos précautions à Hanoi.

LE NORD-OUEST DU VIETNAM

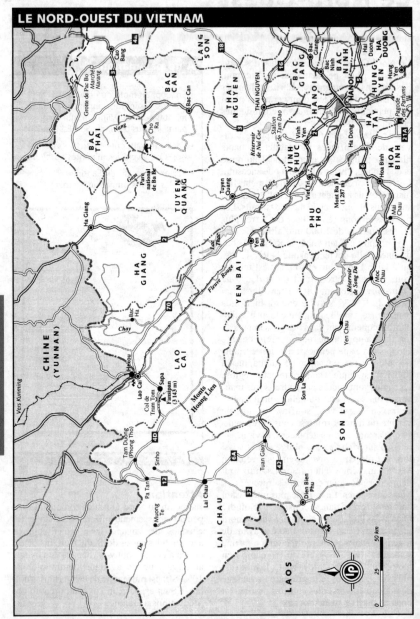

NORD-OUEST

HOA BINH

Hoa Binh (Paix), capitale de la province de Hoa Binh, se situe à 74 km au sud-ouest de Hanoi. De nombreuses tribus de Montagnards, dont des Thaï et des Hmong, peuplent la province. Vous pouvez visiter Hoa Binh depuis Hanoi en une journée, ou y faire étape sur la route de Dien Bien Phu.

Malheureusement, la ville, nichée dans la plaine au pied des montagnes, ne restitue guère l'atmosphère des ethnies montagnardes, et ses habitants s'habillent à la dernière mode vietnamienne. Toutefois, des tenues traditionnelles sont proposées sur le marché, parfois même dans des grandes tailles prévues pour les touristes. Arbalètes, pipes à opium et autres objets d'artisanat se rencontrent tout autant au marché qu'à la boutique de souvenirs du Hoa Binh Hotel. Hoa Binh Provincial Tourist (☎ 854374) se trouve aussi dans cet hôtel.

Où se loger et se restaurer

Le *Hoa Binh I Hotel* (☎ *825051*), construit dans le style traditionnel des maisons sur pilotis propres aux Montagnards, est toutefois équipé de manière très contemporaine (eau chaude, TV). Mis à part ces concessions à la modernité, il faut bien admettre qu'il compte parmi les meilleurs hôtels du Nord-Ouest du Vietnam. Le prix des chambres varie de 30 à 40 $US. Juste en face, vous trouverez le *Hoa Binh II Hotel* (☎ *852001*, fax *854372*).

De nombreux *com-pho* sont installés le long de la RN 6, et l'on mange bien et à petit prix au *Quyet Gio* (☎ *852956*), très prisé des habitants.

RÉSERVOIR DE SONG DA

Un grand barrage érigé non loin de Hoa Binh sur la Da (Song Da) a créé ce réservoir, le plus vaste du Vietnam. L'inondation de la région a forcé de nombreux fermiers à se déplacer à 200 km en amont. Le barrage participe à un important système hydroélectrique qui fournit tout le Nord du Vietnam. Depuis 1994, une ligne électrique de 500 000 volts alimente le Sud du pays. Ho Chi Minh-Ville ne connaît donc plus les pannes de courant

saisonnières qui la fr[...]
trois jours d'affilée [...]

Le barrage se dres[...]
Toutefois, le meille[...]
réservoir consiste à [...]
qui quitte la RN 6 [...]
Bang, à 60 km de Hoa Binh, pour rejoindre la jetée de Bai San, où vous embarquerez sur un bateau à destination des îles Ba Khan. Ces îles sont en fait les cimes des montagnes immergées, semblables à la baie d'Along, mais en eau douce. La traversée aller-retour dure 3 heures (30 $US) ; les bateaux sont assez vastes pour accueillir 10 passagers.

Une autre excursion en bateau vous conduira à Phuc Nhan, un village peuplé par des Dzao (15 $US l'aller-retour). Depuis la jetée, vous devrez parcourir un chemin abrupt de 4 km pour atteindre le village. Si vous passez la nuit à Phuc Nhan, comptez 10 $US pour l'abri simple.

Enfin, la location d'un bateau de Bai San à Hoa Binh (60 km) vous reviendra à 120 $US ; le bateau peut transporter 10 passagers.

MAI CHAU

Si vous voulez voir un "vrai" village montagnard sans trop vous éloigner de Hanoi, c'est à Mai Chau qu'il vous faut aller. Située à une altitude de 400 m, cette bourgade rurale dépourvue de véritable centre se compose en fait de divers villages, fermes et huttes dispersés sur un vaste territoire. Les environs sont assez beaux, peuplés en majorité de Thaï blancs, lointains cousins de tribus thaïlandaises, laotiennes et chinoises.

Qu'y a-t-il d'intéressant à faire à Mai Chau ? Passer la nuit dans une maison thaï sur pilotis et faire une randonnée jusqu'aux villages où résident les ethnies minoritaires. Comptez 7 à 8 km pour une marche exploratoire. Vous pouvez louer les services d'un guide local pour 5 $US.

Si l'aventure vous tente, essayez le trek renommé de 18 km entre Mai Chau (village de Ban Lac) et le village de Xa Linh, situé près d'un col à 1 000 m d'altitude sur la RN 6. Le village de Lac (Ban Lac) est un village thaï, tandis que Xa Linh est peuplé

de Hmong. La randonnée s'avère trop fatigante en une journée ; vous passerez donc la nuit dans un petit village. Les services d'un guide sont indispensables. Le tarif demandé inclut une voiture qui vous ramènera du col à Mai Chau. Sachez que la piste s'élève de 600 m et que la pluie la rend dangereusement glissante.

Des treks de 3 à 7 jours sont également envisageables. Vous pouvez vous renseigner auprès du Hoa Binh Provincial Tourism, installé dans le Hoa Binh Hotel, pour mettre votre projet sur pied, ou, mieux, dans les villages de Lac ou de Pom Coong pour trouver un guide local.

A l'entrée de Mai Chau, une barrière ferme la route. Tous les étrangers doivent acquitter un droit de visite de 0,50 $US, mais sachez que, si vous empruntez le bus municipal, vous en êtes apparemment exempté.

Où se loger et se restaurer

Seul hôtel officiel, la **Mai Chau Guesthouse** (☎ 851812, poste 62) loue ses chambres 15 $US. Cependant, de nombreux voyageurs préfèrent s'écarter un peu de la route et passer la nuit dans les maisons thaï sur pilotis des villages de Lac ou Pom Coong. Cette solution beaucoup plus séduisante revient aussi bien moins cher (4 $US par personne). Lac est le plus animé des deux villages ; le soir, ses habitants organisent même des spectacles de danse et de chants traditionnels.

Si vous imaginez que vous allez vivre un grand moment digne d'Indiana Jones (partager un bol de soupe aux yeux de singe, prendre part à un antique rituel de fertilité, etc.), vous risquez fort d'être déçu : dormir dans un village thaï des environs de Mai Chau est une expérience très "civilisée". Les autorités locales (celles-là mêmes qui prélèvent une taxe de 50% sur chaque dollar que rapporte le tourisme en ces lieux) ont fait en sorte d'équiper ces villages du confort de base avant d'y laisser entrer les étrangers.

Vous y trouverez donc l'électricité, des installations modernes et même des toilettes à l'occidentale. Ce n'est pas bien sûr une mauvaise chose en soi (certains apprécieront de ne pas avoir à se soulager dans un trou creusé à même le sol), mais cela n'a rien à voir avec "le trek dans les tribus montagnardes" qui existe dans d'autres pays. En outre, et c'est bien dommage, les tour-opérateurs de Hanoi ne font rien pour arranger les choses : ils ne peuvent apparemment résister au plaisir de coller de grands placards publicitaires partout où leurs groupes s'arrêtent se restaurer, y compris sur les belles maisons en bois sur pilotis !

Mais en dépit de ces récents aménagements et de toute cette exploitation commerciale, la majorité des visiteurs repartent enchantés de leur séjour. Les villages thaï sont extrêmement agréables et paisibles, même avec la télévision et le ronron du réfrigérateur. Après tout, on dort dans une maison sur pilotis à toit de chaume sur un sol en lattes de bambou.

Voici ce qu'écrit une voyageuse :

Il n'y a rien à faire à Mai Chau. C'est formidable. Apportez votre appareil photo, des cartes postales, un livre, etc.

Annette Low

Il n'est pas nécessaire de réserver. Il suffit de se présenter, mais il est plus sage d'arriver avant la tombée du jour (de préférence en milieu d'après-midi). Vous pouvez réserver un *repas* dans la maison où vous logez. Il vous coûtera entre 1 et 4 \$US selon ce que vous demandez. Les femmes de ces villages ont appris à cuisiner toutes sortes de plats incluant, entre autres, les œufs au plat et les frites, mais mieux vaut goûter la cuisine thaï, bien plus intéressante. Vous trouverez quelques petits *restaurants* près du marché.

Achats
Même si la plupart des habitants des villages ne portent pas le costume traditionnel, ils se font néanmoins un plaisir de le fabriquer et de le vendre aux touristes. Les femmes thaï étant expertes dans l'art du tissage, il y a donc *beaucoup* de choses à acheter au centre du village ou dans les ruelles alentour. De plus – et cela ne gâte rien –, les Thaï de Mai Chau ne sont pas des vendeurs aussi agressifs que les Hmong de Sapa, qui vont jusqu'à vous coincer dans un coin pour vous faire acheter quelque chose. Un marchandage courtois, cependant, est de rigueur.

Comment s'y rendre
Mai Chau se trouve à 135 km de Hanoi et à 6 km au sud du carrefour de Tong Dau, sur la RN 6 (la route Hanoi-Dien Bien Phu).

Vous avez peu de chance de trouver, à Hanoi, des transports publics pour Mai Chau. Toutefois, de nombreux bus desservent Hoa Binh, très proche, d'où vous pourrez emprunter un bus local ou une moto-taxi jusqu'à Mai Chau.

Nombre de cafés et d'agences de voyages de Hanoi proposent des excursions très bon marché à Mai Chau. Il ne vous en coûtera que 30 \$US par personne, transport, repas et logement compris.

MOC CHAU

Cette localité haut perchée (1 500 m d'altitude) produit l'un des meilleurs thés du Vietnam, et vous pourrez en faire une provision. Dans les alentours vivent quelques

tribus minoritaires : Hmong verts, Dao, Thaï et Muong.

Une industrie laitière de pointe y a vu le jour à la fin des années 70 grâce à l'aide de l'Australie et, par la suite, des Nations unies. La laiterie approvisionne la capitale en produits de luxe tels que lait frais, lait condensé sucré et ces petites barres nommées "gâteaux de lait" (*banh sua*). Moc Chau s'avère donc le lieu idéal pour consommer du lait frais et des yaourts. De nombreuses crémeries longent la portion de la RN 6 qui la traverse.

Si vous prévoyez d'y passer la nuit, allez au *Duc Dung Hotel* (☎ *866181*), à environ 100 m de la RN 6, dans le centre. Les chambres sont à 8 \$US et le *restaurant* est bon. D'autres chambres au confort sommaire sont disponibles à la *People's Committee Guesthouse* (*Nha Khach Uy Ban Nhan Dan Tinh*), à 5 \$ par personne.

Distante de 199 km de Hanoi, Moc Chau est à environ 6 heures de voiture et un peu plus en bus. Le bon état de la route ne justifie pas d'emprunter une jeep. Comptez encore 120 km de Moc Chau à Son La.

YEN CHAU
Célèbre pour sa production fruitière, ce petit district rural récolte des bananes toute l'année et des produits saisonniers tels que les mangues (mai-juin), les longanes (juillet-août) et les anones (août-septembre).

Ses petites mangues vertes, considérées comme les meilleures du Vietnam, déçoivent souvent les étrangers, qui leur préfèrent les gros fruits jaunes et juteux du Sud. Toutefois, les Vietnamiens apprécient ces mangues au goût moins soutenu. Mûrs ou non, les fruits restent verts, et il vous faudra une "expertise" locale pour faire un achat consommable.

Vous mettrez environ 8 heures par la route pour gagner Yen Chau, à 260 km de Hanoi. Il reste ensuite 60 km jusqu'à Son La.

SON LA
Chef-lieu de la province du même nom, Son La offre aux voyageurs en route pour Dien

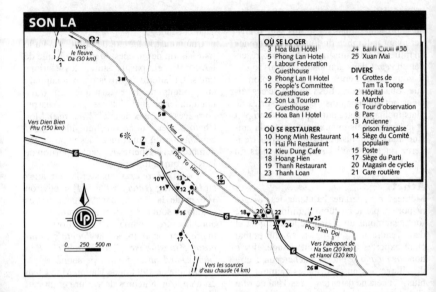

SON LA

Vers
le fleuve
Da (30 km)

Vers Dien Bien
Phu (150 km)

Nam La

Pho To Hieu

Pho Tinh Doi

Vers l'aéroport de
Na San (20 km)
et Hanoi (320 km)

Vers les sources
d'eau chaude (4 km)

0   250   500 m

OÙ SE LOGER
3 Hoa Ban Hôtel
5 Phong Lan Hotel
7 Labour Federation
   Guesthouse
9 Phong Lan II Hotel
16 People's Committee
   Guesthouse
22 Son La Tourism
   Guesthouse
26 Hoa Ban I Hotel

24 Banh Cuon #38
25 Xuan Mai

DIVERS
1 Grottes de
   Tam Ta Toong
2 Hôpital
4 Marché
6 Tour d'observation
8 Parc
13 Ancienne
   prison française
14 Siège du Comité
   populaire
15 Poste
17 Siège du Parti
20 Magasin de cycles
21 Gare routière

OÙ SE RESTAURER
10 Hong Minh Restaurant
11 Hai Phi Restaurant
12 Kieu Dung Cafe
18 Hoang Hien
19 Thanh Restaurant
23 Thanh Loan

Bien Phu la possibilité de faire étape pour la nuit. S'il ne compte pas parmi les merveilles du Vietnam, le paysage est cependant agréable, et suffisamment varié pour occuper une journée. Majoritairement peuplée de Montagnards, parmi lesquels des Thaï noirs, des Meo, des Muong et des Thaï blancs, cette contrée a subi fort peu d'influence vietnamienne jusqu'au XXe siècle. De 1959 à 1980, cette province faisait partie de la région autonome de Tay Bac (Khu Tay Bac Tu Tri).

Ancienne prison française

Le site pénitentiaire de Son La, fondé par les Français, accueillait dans ses geôles les Vietnamiens anticolonialistes. Ce sont des avions américains qui le détruisirent en se "délestant" de leurs munitions non utilisées lors de raids sur Hanoi et Haiphong.

L'ancienne prison française (Nha Tu Cu Cua Phap) a été en partie restaurée à l'intention des amateurs d'histoire. Tourelles et miradors reconstruits surveillent les vestiges des cellules et les murailles intérieures. Un pêcher planté par To Hieu, l'un des premiers

détenus des années 40, est le seul rescapé des bombardements. Aujourd'hui, une rue, un lycée et quelques édifices importants de Son La ont pris le nom de To Hieu.

La prison reste un lieu chargé d'histoire, qui ne s'est pas achevée avec le départ des Français. Les différents Montagnards qui avaient combattu aux côtés des colons lors de la guerre entre la France et le Viet Minh ont été ensuite considérés comme des traîtres et ont fait l'objet d'une répression sans merci. Beaucoup de Montagnards portent toujours le béret français !

Au bord de la route principale, un panneau marron orné de grosses chaînes marque le début du chemin qui grimpe vers le site et mène aux locaux du Comité populaire, derrière lesquels se dresse la prison. Les grilles de fer forgé qui entourent l'édifice portent une inscription délavée où se lit encore le mot "pénitentiaire".

Sources chaudes

A proximité des villages thaï, au sud de la ville, vous trouverez des sources chaudes (Suoi Nuoc Nong). L'accès au bassin collectif est gratuit, mais vous pourrez bénéficier d'une cabine particulière, équipée d'une baignoire, pour la modique somme de 0,10 \$US. Les enfants peuvent s'ébattre nus dans la piscine publique. Tel n'est pas le cas des adultes, notamment des Occidentaux, qui peuvent s'attendre à devenir un centre d'attraction.

Au panneau qui indique le site pénitentiaire, prenez la route qui part vers le sud, dans la direction opposée à celle de la prison ; elle est goudronnée jusqu'au siège du Parti. Au bout de 5 km, vous apercevrez deux petites constructions réservées aux bains et, à une cinquantaine de mètres, les deux bassins cimentés. Cette piste est tout à fait praticable à moto ou en véhicule haut sur roues, mais se transforme en bourbier à la saison des pluies.

Tour d'observation

Elle surplombe un vaste panorama de Son La et de ses environs. Assez difficile, l'ascension nécessite environ 20 minutes, mais le spectacle en vaut la peine. Il est permis de prendre des photos ; toutefois, les gardes se montreront intraitables si vous tentez de photographier les installations de télécommunication, également utilisées à des fins militaires.

Immédiatement à gauche de la Labour Federation Guesthouse, un escalier de pierre mène à l'observatoire.

Marché

Vous y découvrirez des sacs à bandoulière tissés, des écharpes, des vêtements, ainsi que d'autres objets d'artisanat confectionnés par les Montagnards.

Grottes de Tam Ta Toong

La région est truffée de grottes, dont celles de Tam Ta Toong, les plus accessibles au départ de Son La. La première est à sec et n'offre aucun attrait ; elle est néanmoins close par une grille et ne se visite que sur présentation d'un permis et en compagnie d'un guide ; les hôtels de la ville vous procureront l'un et l'autre, moyennant finances.

La seconde, voisine, présente bien plus d'intérêt et se visite sans guide ni permis.

Un petit barrage, destiné à l'irrigation et aménagé non loin, est à l'origine de l'inondation du site. La grotte s'enfonce sur une centaine de mètres à l'intérieur de la colline. Un radeau est amarré à l'entrée et vous promènera pour une somme à négocier. Emportez une torche.

Les grottes se trouvent à quelques kilomètres au nord-ouest de la ville. Sur la route de Dien Bien Phu, après l'hôpital, vous verrez un pont qui traverse un ruisseau, juste avant la fin du bitume. A une vingtaine de mètres avant le pont, tournez à gauche et suivez sur 500 m la piste qui longe le cours d'eau (celui-ci provient du trop-plein de la grotte) et le traverse. Quand vous arriverez en vue d'un aqueduc, prenez à gauche et longez-le jusqu'à l'entrée de la grotte inondée, que vous repérerez à sa vilaine clôture de barbelés.

La première grotte est accessible par la piste qui débute à droite de la seconde et mène au sommet de la colline voisine.

Où se loger

Presque tous les voyageurs qui circulent sur l'axe Hanoi-Dien Bien Phu passent la nuit à Son La.

L'hôtel le moins cher est la ***Labour Federation Guesthouse*** (*Nha Khach Du Lich Lien Doan Lao Dong*) : on peut s'y loger pour 8 \$US, mais les doubles avec eau chaude sont à 12 \$US.

Le ***Hoa Dao Hotel*** (☎/fax 853823) propose des chambres très correctes à 15 et 20 \$US.

La ***People's Committee Guesthouse*** (*Nha Khach Uy Ban Nhan Dan Tinh Son La*, ☎ 852080) est convenable maintenant qu'elle a été enfin rénovée. Les chambres avec clim. sont à 20 \$US.

La ***Son La Tourism Guesthouse*** (*Nha Khach Du Lich Son La*, ☎ 852702), s'efforce de devenir l'un des deux hôtels "de luxe" de la ville. Elle se trouve presque en face de la gare routière des bus longue distance. Le prix des chambres est de 15 \$US.

L'autre établissement haut de gamme, le ***Hoa Ban Hotel*** (☎ 852395, fax 852712), propose des chambres entre 15 et 20 \$US.

L'hôtel est renommé pour son excellent restaurant et sa discothèque, ouverte le samedi soir. Il possède depuis peu une annexe, le **Hoa Ban I** (☎ 854600), situé à l'autre extrémité de la ville et pratiquant les mêmes tarifs.

Le tout nouveau **Phong Lan Hotel** (☎ 853516) loue des chambres avec ventil. à 12 $US et des doubles avec clim. 25 à 35 $US (petit déjeuner inclus). Il a ouvert lui aussi une annexe, le **Phong Lan II Hotel** (☎ 852318), où les chambres avec clim. et s.d.b. coûtent 15 $US.

Où se restaurer

Le **Hai Phi Restaurant** sert de la viande de chèvre, spécialité de Son La. Vous pourrez aussi y goûter le plat local favori, le *tiet canh*, un grand bol de sang de chèvre coagulé accompagné de cacahuètes pilées et de légumes. Moins exotique, la chèvre cuite à la vapeur est savoureuse.

Si vous avez envie d'une bonne soupe de nouilles (*com pho*), essayez **Thanh Loan**, en face de la Son La Tourism Guesthouse. On sert de bonnes crêpes de riz (*banh cuon*) juste à l'est, au **Banh Cuon #50**. A quelques centaines de mètres de là, on sert aussi des banh cuon au **Xuan Mai**.

Le **Hong Minh Restaurant** sert une spécialité maison, les *thit co lo* ("viande trouée"), qui sont en fait de délicieuses brochettes de viande (appelées en principe *thit nuong*).

Le **Thanh Restaurant** est une bonne adresse. Non loin de là, un joli petit café, le **Hoang Hien**, disparaît sous la végétation. Juste à côté, un restaurant sans nom sert des *trung vit lon* (œufs de canard couvés) pour les connaisseurs ou les audacieux.

Pour boire un café dans un endroit paisible et confortable, allez au **Kieu Dung Cafe**.

Comment s'y rendre

Avion. L'aéroport le plus proche, Na San, se trouve à 20 km de Son La, sur la route de Hanoi. Les vols, en théorie hebdomadaires, se sont interrompus ces dernières années. Ils pourraient toutefois reprendre à tout moment.

Si les avions décollent à nouveau, la Son La Tourism Guesthouse pourrait reprendre la vente des billets et accueillir les navettes de l'aéroport, comme par le passé.

Bus. A supposer qu'ils ne tombent pas en panne, les bus mettent de 12 à 14 heures pour relier Hanoi à Son La. Le trajet Son La-Dien Bien Phu exige 10 heures supplémentaires.

Voiture. Son La est à 320 km de Hanoi et à 150 km de Dien Bien Phu. La première partie du parcours s'effectue en une dizaine d'heures ; la seconde, en 6 heures. Vous pouvez louer un véhicule à Son La. Les chauffeurs demandent environ 200 $US pour Dien Bien Phu et 120 $US pour Hanoi. Ces prix s'entendent aller-retour.

TUAN GIAO

Cette bourgade isolée s'étend au croisement de la RN 42 en direction de Dien Bien Phu (80 km, 3 heures) et de la RN 6A en direction de Lai Chau (98 km, 4 heures). La plupart des voyageurs arrivent de Son La (75 km, 3 heures) et de Hanoi (406 km, 13 heures). Ces temps de trajet s'appliquent à une voiture ou à une moto ; si vous circulez en bus public, multipliez-les au moins par 1,5.

Il est rare qu'on y passe la nuit, à moins d'avoir pris du retard et de ne pas pouvoir arriver à temps à Dien Bien Phu. Mais si vous avez choisi de sillonner le Nord-Ouest sans vous presser, Tuan Giao est une étape logique.

Où se loger et se restaurer

Le **Thuong Nghiep Hotel** (☎ 862613), à environ 100 m du carrefour principal en direction de Lai Chau, est un hôtel récent et agréable qui propose des chambres avec ventilateur de 5 à 10 $US.

La **People's Committee Guesthouse** (*Nha Khach Uy Ban Nhan Dan Huyen*) offre un hébergement rudimentaire. Les chambres du bâtiment B, assez défraîchi, ne coûtent que 3 $US. Dans le bâtiment A, plus récent, le prix est de 5 $US avec s.d.b. commune, ou de 8 à 12 \$US avec s.d.b. Elle est située un peu en retrait de la poste.

Le meilleur endroit pour se restaurer (et il n'y en a pas beaucoup) est le ***Phong Chau Restaurant*** (☎ *862582*), à environ 300 m de l'embranchement vers Dien Bien Phu.

DIEN BIEN PHU

Dien Bien Phu reste à jamais pour les Français le nom d'une humiliante bataille qui sonna le glas de leur empire colonial. Les troupes du général Navarre devaient en effet se rendre le 7 mai 1954, au terme de 57 jours de siège. Huit semaines plus tard, la conférence de Genève sur l'Indochine aboutissait à un partage provisoire du pays et l'armée, vaincue à Dien Bien Phu, était invitée à quitter le Tonkin.

Dien Bien Phu est aujourd'hui la paisible capitale du district de Dien Bien dans la province de Lai Chau, l'une des régions les plus belles et les plus sauvages du Vietnam. La ville (10 000 habitants), à 16 km du Laos et à 120 km de la Chine, se situe dans une vallée (Muong Thanh) longue de 20 km sur 5 km de large, ceinturée de montagnes escarpées très boisées. Cette plaine compte 60 000 habitants, des Montagnards dont une forte population de Thaï et de Hmong. Ils doivent maintenant cohabiter avec les colons vietnamiens, poussés à s'y implanter par le gouvernement.

Durant des siècles, les caravanes birmanes et chinoises commerçant avec le nord du Vietnam faisaient halte à cet endroit. La ville fut fondée en 1841 par la dynastie Nguyen, pour mettre un terme aux exactions des bandits du delta du fleuve Rouge.

En novembre 1953, le commandant en chef des forces françaises, le général Henri Navarre, envoya 12 bataillons dans la cuvette de Dien Bien Phu pour empêcher le Viet Minh de s'emparer de Luang Prabang, alors capitale du Laos. Le mauvais temps et l'artillerie Viet Minh empêchèrent le ravitaillement et l'arrivée des renforts. L'idée d'envoyer des bombardiers américains fut cependant rejetée, de même que la proposition du Pentagone d'employer l'arme nucléaire.

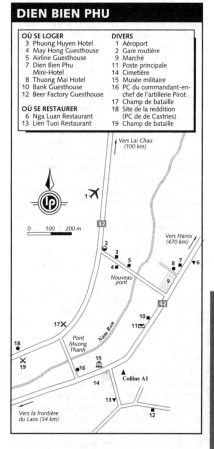

DIEN BIEN PHU

OÙ SE LOGER
3 Phuong Huyen Hotel
4 May Hong Guesthouse
5 Airline Guesthouse
7 Dien Bien Phu Mini-Hotel
8 Thuong Mai Hotel
10 Bank Guesthouse
12 Beer Factory Guesthouse

OÙ SE RESTAURER
6 Nga Luan Restaurant
13 Lien Tuoi Restaurant

DIVERS
1 Aéroport
2 Gare routière
9 Marché
11 Poste principale
14 Cimetière
15 Musée militaire
16 PC du commandant-en-chef de l'artillerie Pirot
17 Champ de bataille
18 Site de la reddition (PC de Castries)
19 Champ de bataille

Vers Lai Chau (100 km)

Vers Hanoi (470 km)

Nouveau pont

Nam Rom

Pont Muong Thanh

Colline A1

Vers la frontière du Laos (34 km)

NORD-OUEST

Les troupes du général Giap encerclèrent l'armée française, composée également de Vietnamiens, et livrèrent, à partir de mars 1954, une bataille sans merci.

Sur le site de la bataille se dresse aujourd'hui un **Musée militaire** (☎ 824971), ouvert tous les jours sauf le lundi, de 7h30 à 16h30 (fermé pendant 1 heure 30 à l'heure du déjeuner ; entrée : 2 \$US).

Le PC du colonel de Castries a récemment été reconstitué, ainsi que l'infirmerie. Vous verrez aussi de vieux tanks et des armes françaises. L'une des deux pistes d'atterrissage subsiste. L'ancien **pont Muong Thanh**, conservé en l'état, reste fermé aux engins motorisés. Un **monument aux morts** Viet Minh s'élève sur la position appelée Éliane, théâtre de très durs affrontements (les Français avaient donné à toutes les collines des noms de femmes : Dominique, Claudine, Huguette, Françoise, Isabelle, Béatrice, Gabrielle). Pour le 30e anniversaire de la bataille, en 1984, une **stèle** a été inaugurée à la mémoire des 3 000 soldats français qui reposent sur le site. Le **cimetière de Dien Bien Phu** se caractérise par son agencement remarquable.

En 1994, le gouvernement vietnamien a permis aux anciens combattants français de Dien Bien Phu de reconstituer le largage d'unités de parachutistes effectué il y a plus de quarante ans.

C'est l'histoire qui constitue le principal attrait de Dien Bien Phu. Le paysage, si agréable soit-il, n'est qu'un élément accessoire dont on profite à l'arrivée et au départ. Apparemment, Dien Bien Phu suscite chez les Français une fascination égale à celle de la zone démilitarisée chez les Américains. Nul ne sera surpris d'apprendre que la majorité des voyageurs visitant le site sont français.

Le tourisme a des répercussions importantes sur la ville, et la majorité des bâtiments sont flambant neufs. Par ailleurs, Dien Bien Phu est devenue le chef-lieu de la province de Lai Chau en 1993. Cet honneur est dû au fait que l'ancien chef-lieu va peut-être disparaître sous les eaux dans quelques années (pour plus de détails, reportez-vous à la rubrique suivante, consacrée à *Lai Chau*).

Où se loger

Le *Dien Bien Phu Mini-Hotel* (☎ 824319), récemment rénové, est l'un des hôtels les plus agréables ; il gère aussi un grand restaurant. Une chambre double avec s.d.b. coûte 20 $US, petit déjeuner compris.

Le *Thuong Mai Hotel* (☎ 825580) est également plaisant. Les chambres doubles sont propres ; leur prix va de 16 à 18 $US.

Les mêmes tarifs sont pratiqués au *Phuong Huyen Hotel* (☎ 824460), assez élégant.

Les autres hôtels se sont inspirés dans leur appellation des diverses institutions de la ville (la compagnie aérienne, la banque, et même la brasserie de bière locale !). La *Airline Guesthouse* (*Nha Khch Hang Khong*, ☎ 825052) comporte un petit restaurant ; elle demande 14 $US pour des chambres rudimentaires ; la *Bank Guesthouse* (*Nha Khach Ngan Hang*, ☎ 825852, fax 826016) offre des chambres correctes à 15 $US ; et notre adresse préférée, la *Beer Factory Guesthouse* (*Nha May Bia*, ☎ 824635), propose des chambres toutes simples pour 12 à 15 $US.

Où se restaurer

La meilleure adresse est le *Lien Tuoi Restaurant* (☎ 824919), à environ 200 m du Musée militaire. Le menu est en anglais et en français.

Vous pouvez aussi essayer le restaurant du *Dien Bien Phu Mini-Hotel*, le *Restaurant Nga Luan* ou encore les *échoppes* autour du marché.

Comment s'y rendre

Le trajet de Dien Bien Phu se révèle plus intéressant que le champ de bataille qui vaut à la ville sa célébrité. Bien entendu, vous n'en profiterez guère si vous arrivez par avion.

La frontière avec le Laos passe à 32 km de Dien Bien Phu, et il est question d'y ouvrir un poste-frontière pour les touristes étrangers. Du fait du trafic de drogue et des efforts entrepris pour l'entraver, cependant, rien ne s'est encore concrétisé, mais renseignez-vous.

Avion. Vietnam Airlines assure environ quatre vols par semaine entre Dien Bien Phu et Hanoi. Les horaires varient en fonction de la demande ; les vols sont plus fréquents en juillet et août.

L'aéroport est situé à 4 km de la ville, sur la route qui mène à Lai Chau.

Bus. Aucune ligne directe ne relie Hanoi à Dien Bien Phu, et vous devrez changer à

Son La. Cela implique de passer au moins une nuit à Son La.

Le trajet en bus s'avère bon marché, mais fastidieux. Les bus sont tellement bondés que le nez de votre voisin fera probablement écran au paysage. De plus, ceux que nous avons vus nous ont paru peu sûrs. Si les véhicules surchargés, les routes défoncées et les freins douteux vous effraient, choisissez plutôt l'avion, la jeep ou la moto !

Jeep et moto. Le parcours Hanoi-Dien Bien Phu – 470 km sur la RN 6, puis sur la RN 42 – dure 16 heures (si vous êtes chanceux). Vous pouvez l'effectuer d'une traite ; toutefois, Son La constitue l'étape obligée pour ceux qui ne veulent pas se retrouver sur cette route en pleine nuit. Autrement dit, comptez 5 jours pour ce circuit : deux pour l'aller, un pour la visite proprement dite et deux autres pour le retour. Si la route est ouverte et si vous vous en sentez le courage, il paraît plus logique de continuer jusqu'à Lai Chau, Sapa et Lao Cai, avant de revenir à Hanoi. Comptez alors 6 jours.

La location d'une jeep russe pour cette excursion de 6 jours vous reviendra à 320 $US environ (davantage pour un véhicule coréen ou japonais récent). Ces tarifs peuvent sembler excessifs mais le talent des chauffeurs justifie cet investissement. Agences de voyages, cafés et hôtels vous renseigneront sur ces locations.

Circuits organisés. Certains tour-opérateurs de Hanoi organisent des circuits en bus dont les tarifs démarrent à 60 $US par personne. Le prix dépend, bien sûr, du nombre de participants et du confort hôtelier souhaité.

LAI CHAU

Cette petite ville, nichée au fond d'une superbe vallée creusée par la Da (Song Da) dans d'impressionnantes montagnes, abrite une population très pauvre. Si le nombre de touristes est en nette augmentation, leurs dollars ne bénéficient malheureusement qu'à quelques privilégiés. Pour le reste des habitants de Lai Chau, la vie est dure, même pour les chercheurs d'or.

A l'écart des grandes routes commerciales, son activité marchande est très restreinte. La ville tire l'essentiel de ses ressources de la culture du pavot et de l'exploitation du bois de charpente. La production d'opium – faut-il le préciser ? – n'est pas vue d'un bon œil par le gouvernement vietnamien. Exportée en partie vers la Chine et la Thaïlande, voire les pays occidentaux, elle alimente aussi Ho Chi Minh-Ville. Les autorités essaient de dissuader les Montagnards de cultiver le pavot.

La production du bois de charpente souffre elle aussi. Depuis quelque temps, les zones boisées se sont considérablement réduites, et les inondations ont augmenté dans des proportions inquiétantes. En 1990,

Une bonne routière

Fleurons de la technologie des années 50, les jeeps russes demeurent inchangées depuis 40 ans ; seules les poignées en métal ont été remplacées par des poignées en plastique, bien moins solides. Conçues pour le climat russe, leurs fenêtres ne s'ouvrent pas (un enfer en été). Vous pouvez obtenir un souffle bienfaisant en abaissant le toit ouvrant, mais l'opération se révèle fort complexe. En revanche, le véhicule s'avère étonnamment simple à démonter à l'aide d'une clef anglaise et d'un tournevis. Si vous souhaitez acheter une jeep neuve, sachez que son prix s'élève à 21 000 $US. Le principal problème sera de la rapporter chez vous. Malgré l'absence de ceintures et d'arceaux de sécurité, les jeeps russes se montrent plutôt sûres, et plus à l'aise dans la boue que leurs extravagantes rivales japonaises.

une quarantaine de personnes trouvèrent la mort dans une violente crue de la Da, à l'étroit dans sa vallée. En 1996, une crue encore plus dévastatrice a fait cent victimes et coupé toutes les routes menant à la ville pendant deux mois – quatre étrangers y sont restés bloqués dix jours : un hélicoptère vint les récupérer le troisième jour, mais ils préférèrent attendre que les eaux retrouvent leur niveau habituel.

Lai Chau pourrait bien être submergée. Le gouvernement a en effet décidé de construire un barrage au niveau de Ta Bu, juste au-dessus du réservoir de Song Da. Ce sera la plus grande centrale hydroélectrique de l'Asie du Sud-Est. On ne pourra alors visiter Lai Chau qu'en sous-marin.

Avant que Lai Chau ne devienne éventuellement une nouvelle Atlantide, l'administration provinciale a déménagé à Dien Bien Phu, devenu chef-lieu depuis 1993. La noyade définitive de la ville ne devrait cependant pas avoir lieu avant l'an 2 010.

Une fois sous l'eau, Lai Chau connaîtra enfin la fraîcheur. Étrangement, elle subit en été les températures les plus élevées du Vietnam : jusqu'à 40°C en juin et juillet. La faute en revient à la brûlante mousson estivale du sud-est qui arrive de l'océan Indien et aux montagnes qui retiennent la chaleur. Les météorologistes amateurs ne manqueront pas de remarquer ce phénomène.

Où se loger et se restaurer

Situé au centre-ville, le **Lan Anh Hotel** (☎ *852370*, fax *852341*) est le meilleur des deux hôtels de Lai Chau, et il affiche souvent complet. Les chambres doubles coûtent 15 $US ; on est logé dans une jolie maison sur pilotis de style thaï ou dans l'ancien bâtiment en béton. Son restaurant est bon, et il y a même un karaoké ! Les propriétaires, sympathiques, pourront vous renseigner sur les promenades à faire et organiser des sorties en bateau ou des excursions sur mesure.

La **People's Committee Guesthouse** (*Nha Khach UBND*) est située dans un ancien bâtiment colonial, à 2 km de la ville. C'est un véritable taudis : il n'y a pas de douche, et les toilettes n'ont apparemment pas été nettoyées depuis l'époque coloniale. Tout ce luxe pour 8 à 15 $US : c'est un vrai scandale.

Comment s'y rendre

Renseignez-vous sur place pour savoir quelles sont les routes ouvertes. Le plus court chemin consiste à prendre la RN 6 depuis Tuan Giao (93 km, 4 heures). La plupart des voyageurs arrivent de Dien Bien Phu (110 km, 4 heures 30). Le trajet de Lai Chau à Sapa puis à Lao Cai est peut-être le plus beau du Vietnam (180 km 8 heures). Rappelez-vous que les durées indiquées sont théoriques : il suffit d'un glissement de terrain pour qu'elles s'allongent considérablement.

Des cars assurent la liaison depuis/vers Hanoi, desservant également les localités du Nord-Ouest telles que Dien Bien Phu, Son La et Sapa. Si vous aimez avoir peur (ou souhaitez quitter ce monde cruel), le personnel du Lan Anh Hotel se fera un plaisir de vous informer sur les villes desservies et les horaires.

MUONG TEI

À 98 km à l'ouest de Lai Chau, au bord de la jolie rivière Da, Muong Tei est l'une des dernières localités du Vietnam avant la frontière avec la Chine et le Laos. Ici, la population appartient en majorité à l'ethnie thaï, mais ils se sont tellement intégrés qu'il est à peu près impossible de les distinguer des Vietnamiens de souche. D'autres ethnies minoritaires, parmi lesquelles les Lahu (Khau Xung), les Si La et Ha Nhi, habitent la région.

Mis à part un petit **marché** le dimanche et quelques **villages** aux alentours, il n'y a pratiquement rien à voir ou à faire à Muong Tei. D'ailleurs, peu d'étrangers s'y rendent (ce qui, aux yeux de certains, en fait tout l'intérêt). Le seul endroit où se loger est la **People's Committee Guesthouse**, assez défraîchie, qui possède un petit restaurant.

Même si vous n'avez pas l'intention de vous rendre à Muong Tei, vous prendrez peut-être l'embranchement qui y mène, sur la RN 12, environ 7 km après Lai Chau. Peu après cette bifurcation, vous apercevrez un pont suspendu en bois, extrêmement branlant et assez impressionnant (traversez-le si vous avez soif de sensations fortes).

Environ 8 km après ce pont, vous pourrez apercevoir un vestige très particulier : un poème gravé dans la pierre au XVe siècle par l'empereur Le Loi, après qu'il eut réussi à chasser les Chinois de la région. Le "poème" avait aussi pour objet de prévenir d'autres envahisseurs potentiels qu'il valait mieux ne pas lui chercher des noises. Traduit du chinois, en voici le texte :

Rebelles lâches et fanatiques, je suis venu ici défendre les habitants de la frontière, abandonnés depuis les débuts de l'humanité. Ce territoire n'est plus dangereux. Les formes des plantes, le murmure du vent et jusqu'au chant des oiseaux effraient le misérable ennemi. La nation est désormais réunifiée, et ce poème gravé est un gage de paix pour l'est de ce pays.

En ce jour mémorable de décembre, année du Cochon (1432)

Pour trouver cet émouvant monument, il faut repérer, au bord de la route surplombant la rivière, une volée de marches étroites près d'une petite plaque de pierre où est inscrit : "Di Tich Lich Su – Bia Le Loi".

SINHO

Sinho est un pittoresque village d'altitude peuplé dans une large mesure d'ethnies minoritaires. Le **marché** a lieu le dimanche. La lugubre *People's Committee Guesthouse* est malheureusement le seul hôtel.

Pour atteindre Sinho, il faut grimper sur 38 km un chemin de terre très escarpé qui prend sur la RN 12, environ 1 km au nord du village de Chan Nua en venant de Lao Cai. A pied depuis Tam Duong, la randonnée est passablement éprouvante.

TAM DUONG (PHONG THO)

Cette ville méconnue, plantée entre Lai Chau et Sapa, ne présente aucun intérêt particulier ; c'est l'étape-déjeuner habituelle des voyageurs en jeep. Lorsque la pluie a sérieusement détérioré la route, cette pause peut durer jusqu'au lendemain matin ou marquer le retour.

Le **marché**, situé à peu près au centre, sur la RN 12, mérite la visite. Il est fréquenté par les Montagnards des villages voisins, mais les Vietnamiens d'origine y sont toutefois les plus nombreux. Si vous n'êtes pas pressé d'arriver à Sapa ou à Lai Chau, vous pouvez très bien établir votre camp de base à Tam Duong pour quelques jours et explorer la région environnante.

La portion de la route 4D reliant Tam Duong à Sapa, le long du massif du Fansipan et de la frontière chinoise, est probablement la plus belle du Vietnam.

Où se loger et se restaurer

Le *Phuong Thanh Hotel* (☎ 875158) est très apprécié. Il occupe deux bâtiments de chaque côté de la RN 12. La chambre double coûte 12 $US.

Non loin de là, le récent *Tam Duong Hotel* (☎ 875288) est agréable, et les chambres, propres, sont également à 12 $US.

Si vous cherchez un endroit moins cher (souvenez-vous que, dans cette région, vous en aurez pour votre argent, pas davantage), vous pouvez essayer la *People's Committee Guesthouse* (☎ 875143). Une chambre double avec s.d.b. commune vous coûtera 6 $US, 11 $US avec une s.d.b. défraîchie.

Le confort est encore plus sommaire à la *Guesthouse 190* (☎ 875173), qui fait également office de magasin de réparations électriques. Elle loue vingt lits branlants ; y passer la nuit ne vous coûtera que 1,60 $US.

La meilleure adresse pour manger est le restaurant familial *Tuan Anh*. Quand on voit la collection d'autocollants qui ornent le réfrigérateur, on comprend que pratiquement tous les cafés de Hanoi qui organisent des circuits y ont amené des touristes. Le sympathique propriétaire organise des randonnées dans des villages de minorités peu visités, mais en l'absence de sa fille, anglophone, la communication peut s'avérer difficile.

On peut manger une soupe au *Thanh Tam*. Si vous rêvez de goûter une brochette de chien, le *Kieu Trinh* est connu pour ses plats canins.

NORD-OUEST

SAPA

Principale destination du Nord-Ouest du Vietnam, Sapa est une station de montagne (à 1 600 m d'altitude) fondée en 1922 dans une splendide vallée proche de la frontière chinoise. C'est une très belle région, peuplée d'ethnies minoritaires et souvent enveloppée dans la brume.

Cette belle région était auparavant difficile d'accès depuis Hanoi, du fait de l'état des routes. D'autres problèmes l'ont empêchée de devenir un haut lieu touristique : la Seconde Guerre mondiale, la guérilla menée contre les Français, le conflit avec les États-Unis, les escarmouches dues au différend frontalier sino-vietnamien de 1979, sans compter le déclin brutal de l'économie du pays dans les années 80. Les vieux hôtels édifiés par les Français ont été laissés à l'abandon, et Sapa est tombée dans un oubli quasi général.

Tout à coup, la ville a été redécouverte, et l'essor touristique qui s'est ensuivi a radicalement modifié sa situation : les mauvaises routes sont en cours de rénovation, d'innombrables hôtels ont fait leur apparition, l'alimentation en électricité est devenue plus régulière, et la nourriture s'est considérablement améliorée. Les autorités locales se préparent même à donner des noms aux rues de la ville. L'inconvénient inhérent à cette nouvelle prospérité est le "dommage culturel" que subissent les minorités montagnardes. Les effets du tourisme de masse sont en effet d'ores et déjà visibles.

Seul le climat reste immuable. Si vous venez hors saison, n'oubliez pas vos chandails, car il fait froid (la température descend à 0°C) et l'hiver est toujours humide. Cette fraîcheur favorise néanmoins la culture d'arbres fruitiers qui poussent d'ordinaire dans les régions tempérées (pêchers, pruniers, etc.) et celle d'herbes médicinales. A Sapa, la saison sèche dure approximativement de janvier à juin ; en montagne, les après-midi pluvieux restent cependant fréquents.

Janvier et février sont les mois les plus froids et les plus brumeux. De mars à mai, le climat est excellent, de même qu'en été

(malgré les pluies, entre juin et août). La période qui s'étend de septembre à la mi-décembre est agréable, malgré quelques pluies tardives et la chute rapide des températures vers la fin de l'année.

Le charme de Sapa réside principalement dans la rencontre avec les minorités hmong et dzao, les plus importantes et les plus hautes en couleur de la région. Très pauvres, ces Montagnards s'initient progressivement à la libre entreprise. La plupart des Montagnards ne sont pas scolarisés et ne savent ni lire ni écrire le vietnamien, mais vous serez surpris par la façon dont de nombreuses jeunes filles maîtrisent le français et l'anglais. De nombreux villages de minorités sont à courte distance à pied du centre.

Un grand nombre de femmes et de jeunes filles se sont lancées dans le commerce de souvenirs. Les femmes âgées, notamment, sont connues pour leurs techniques de vente agressives ; elles chercheront à vous vendre aussi bien des vêtements traditionnels que de petites blagues d'opium dissimulées dans des boîtes d'allumettes. Il n'est pas rare de voir une horde de vieilles femmes hmong édentées vociférant à l'adresse d'infortunés voyageurs. "Avec ça, vous serez beau" : tel est leur argument pour vous convaincre d'acheter leurs vêtements.

Le prix est généralement annoncé avec les doigts de la main, chacun représentant 10 000 dongs (environ 0,8 $US). Lorsque vous négociez, soyez assez ferme, mais ne marchandez pas trop dur (leur insistance n'a rien à voir avec l'avidité de nombreux vendeurs vietnamiens).

Une petite précaution à propos des vêtements : ils sont beaux et bon marché, mais les teintures sont naturelles et ne sont pas fixées. La plupart des tissus sont donc susceptibles de déteindre sur tout ce qu'ils touchent (y compris votre peau) d'une étrange couleur bleu-vert : pour vous faire une idée, jetez un œil sur les bras et les mains des Hmong. D'une façon ou d'une autre, vous devrez fixer ces teintures (certains suggèrent de faire tremper les tissus dans de l'eau froide salée), mais, dans l'intervalle, nous

Les nouvelles frontières

Si vous souhaitez en savoir plus sur la région de Sapa et sa population, vous pouvez vous mettre en contact avec une ONG britannique, Frontier Vietnam Today (Société pour l'exploration de l'environnement), qui s'intéresse avant tout à la biodiversité et consacre l'essentiel de son activité à la prise de conscience écologique et à l'amélioration des conditions socio-économiques des communautés locales. Depuis 1993, Frontier Vietnam mène des recherches sur le terrain dans la région de Sapa, en collaboration avec les autorités locales. Ses études de faisabilité et ses enquêtes ont pour but de découvrir ce que pourrait être un tourisme "écologiquement correct". Parmi leurs projets, on notera la création de chemins de randonnée et d'un centre de visiteurs pour la réserve naturelle de Hoang Lien, d'une superficie de 30 km^2, qui a été inaugurée en 1986.

Les membres de cette organisation sont installés dans le village de Cat Cat, à 3 km à pied du marché de Sapa. Vous pouvez aussi les contacter par l'intermédiaire de leur bureau de Hanoi (☎ 8691541, fax 8266156, frontier@netnam.org.vn).

vous conseillons d'envelopper toutes vos emplettes dans des sacs en plastique avant de les joindre à vos bagages.

Marché du samedi

Chaque samedi, les Montagnards des environs endossent leurs costumes les plus chatoyants et font route vers le marché de Sapa. Du moins le faisaient-ils auparavant. Ces temps-ci, tant de touristes revêtent des tenues hmong achetées dans les boutiques de souvenirs que l'on ne sait plus distinguer les vrais des faux.

Le marché attire les groupes organisés venant de Hanoi, et la plupart arrivent le vendredi soir. Si vous souhaitez visiter Sapa dans la tranquillité, évitez le marché du samedi.

Fansipan

Aux environs de Sapa s'élèvent les monts Hoang Lien, les "Alpes tonkinoises" des Français. Cette chaîne comprend le point culminant du pays, le Fansipan (3 143 m), dont la cime parfois enneigée et fréquemment cachée par le brouillard domine Sapa. Ce sommet est accessible toute l'année à quiconque en bonne forme et muni de l'équipement adéquat ; toutefois, ne sousestimez pas la difficulté de l'ascension, et

préparez-vous à affronter un temps très humide et souvent froid. Les grimpeurs sont presque exclusivement des étrangers, que les Vietnamiens jugent fous.

Accessible seulement à pied, le Fansipan se dresse à 9 km de Sapa. En dépit de cette proximité, le circuit aller-retour demande habituellement 4 à 5 jours, car le terrain est accidenté et les conditions climatiques souvent mauvaises. Après la première matinée, vous ne verrez plus de villages, uniquement des forêts, de magnifiques panoramas de montagne et peut-être quelques animaux sauvages : singes, bouquetins et oiseaux.

On ne trouve, actuellement, aucun refuge sur le parcours, et vous devrez donc être autosuffisants ; emportez un sac de couchage, une tente imperméabilisée, des provisions, un réchaud, un imperméable ou un poncho, une boussole et autres objets nécessaires à votre survie. Vous pouvez louer un équipement de camping de piètre qualité à Sapa ; mieux vaut emporter votre propre matériel.

Il est essentiel de se faire accompagner d'un guide reconnu, et, à moins d'être un grimpeur chevronné, il est également fortement recommandé de trouver des porteurs pour l'équipement. On raconte que des randonneurs individuels se sont perdus, et

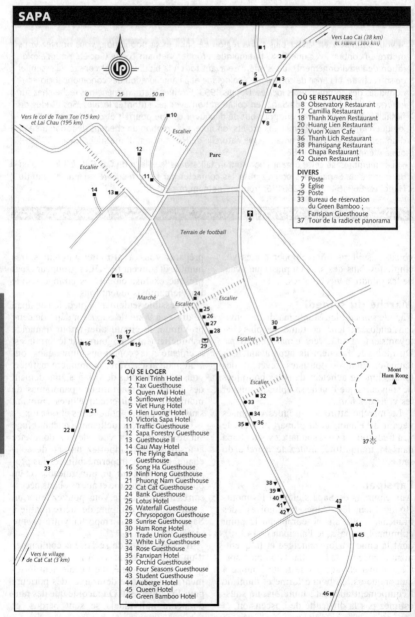

SAPA

Vers Lao Cai (38 km)
et Hanoi (380 km)

Vers le col de Tram Ton (15 km)
et Lai Chau (195 km)

Escalier

Escalier

Escalier

Parc

Terrain de football

Marché

Escalier   *Escalier*

Escalier

Escalier

Mont
Ham Rong ▲

Vers le village
de Cat Cat (3 km)

OÙ SE RESTAURER
8 Observatory Restaurant
17 Camillia Restaurant
18 Thanh Xuyen Restaurant
20 Huang Lien Restaurant
23 Vuon Xuan Cafe
36 Thanh Lich Restaurant
38 Phansipang Restaurant
41 Chapa Restaurant
42 Queen Restaurant

DIVERS
7 Poste
9 Église
29 Poste
33 Bureau de réservation
   du Green Bamboo ;
   Fansipan Guesthouse
37 Tour de la radio et panorama

OÙ SE LOGER
1 Kien Trinh Hotel
2 Tax Guesthouse
3 Quyen Mai Hotel
4 Sunflower Hotel
5 Viet Hung Hotel
6 Hien Luong Hotel
10 Victoria Sapa Hotel
11 Traffic Guesthouse
12 Sapa Forestry Guesthouse
13 Guesthouse II
14 Cau May Hotel
15 The Flying Banana
   Guesthouse
16 Song Ha Guesthouse
19 Ninh Hong Guesthouse
21 Phuong Nam Guesthouse
22 Cat Cat Guesthouse
24 Bank Guesthouse
25 Lotus Hotel
26 Waterfall Guesthouse
27 Chrysopogon Guesthouse
28 Sunrise Guesthouse
30 Ham Rong Hotel
31 Trade Union Guesthouse
32 White Lily Guesthouse
34 Rose Guesthouse
35 Fanxipan Hotel
39 Orchid Guesthouse
40 Four Seasons Guesthouse
43 Student Guesthouse
44 Auberge Hotel
45 Queen Hotel
46 Green Bamboo Hotel

NORD-OUEST

même que des guides ont abandonné leur groupe en chemin ! Vous serez bien renseigné à l'Orchid Guesthouse. Son propriétaire, M. Hung, est un guide expérimenté, qui a effectué l'ascension un nombre incalculable de fois. Vous pouvez également vous adresser à M. Hung, au bureau de réservation du Green Bamboo, ou à M. Thuc, de l'Auberge Guesthouse, qui sont aussi des guides fiables.

Comptez environ 20 \$US par jour pour le guide (pour le groupe), 15 \$US par jour et par porteur (ce tarif vous paraîtra nettement moins élevé une fois que vous aurez parcouru la moitié du chemin) et environ 2 \$US par jour pour la nourriture. Il vous faudra également débourser 5 \$US pour obtenir l'autorisation d'escalader le mont.

Le sommet du Fansipan est accessible toute l'année, mais, compte tenu du climat, la meilleure période est mi-octobre à mi-novembre, puis mars (lorsque éclosent les fleurs sauvages).

Col de Tram Ton

Si vous allez de Sapa à Lai Chau, vous passerez par le col de Tram Ton. Situé sur le versant nord du Fansipan, à 15 km de Sapa et à 1 900 m d'altitude, c'est le plus haut col du Vietnam. Outre la vue magnifique, son intérêt tient à la bizarrerie du climat.

Du côté de Sapa, attendez-vous à un temps froid, brumeux et désagréable. Descendez quelques centaines de mètres sur l'autre versant dominant Lai Chau pour vous réchauffer sous un beau soleil. Des vents violents balaient ce col, ce qui n'est pas surprenant compte tenu de la différence de température : Sapa est le point le plus glacial du Vietnam et Lai Chau, le plus torride.

À 5 km du col, en direction de Sapa, la **cascade d'Argent** (*Thac Bac*), haute de 100 m, longe la route. Son escalade peut s'avérer dangereuse. Réduite à un filet d'eau en hiver, durant la saison sèche, elle peut devenir impressionnante pendant la saison des pluies.

Le col de Tram Ton est facilement accessible à moto.

Où se loger

À Sapa, faites très attention au risque d'empoisonnement à l'oxyde de carbone. Une voyageuse nous a raconté son expérience :

A Sapa, où l'on se glace le sang en hiver, les nouveaux hôtels privés poussent comme des champignons. Pour attirer le client, ils vantent leurs chambres soi-disant équipées de radiateurs. En fait, ce sont souvent des petits pots remplis de charbon de bois incandescent qui dégage une fumée toxique, voire mortelle. Ces hôtels, peu surveillés par les autorités, sont très bien isolés, et beaucoup de voyageurs ont été malades, parfois très gravement.

Deux femmes qui séjournaient dans la chambre en face de la mienne se sont endormies en laissant le charbon brûler. Mon ami et moi les avons entendues gémir, et nous avons ouvert leur porte. Elles ne pouvaient ni bouger ni parler. Le corps de l'une d'elles était tellement raidi qu'elle ne pouvait plus contrôler ses muscles ni ses articulations. Après une demi-heure d'effroi, un médecin est arrivé. Il leur a appliqué des herbes médicinales, et, après 15 minutes, elles ont pu parler et se mouvoir un peu. Elles se sont senties très faibles et malades toute la nuit.

Chris Conley

Si vous faites partie d'un circuit organisé par un café ou une agence de voyages de Hanoi, votre hébergement sera probablement prévu.

En revanche, les voyageurs indépendants doivent se méfier. Les tarifs varient sensiblement selon le nombre de touristes présents. Les week-ends d'été, les chambres manquent, et les prix s'envolent, pouvant passer de 8 \$US à 25 \$US. Mieux vaut éviter les périodes de vacances si vous n'avez rien réservé. En milieu de semaine, vous ne devriez pas rencontrer de problème, en particulier pendant l'hiver glacial de Sapa.

En 1990, il n'y avait encore qu'un seul hôtel à Sapa, la très délabrée ***People's Committee Guesthouse***. Aujourd'hui, on peut choisir parmi une cinquantaine d'établissements, qui vont d'une kyrielle de pensions bon marché à un ensemble hôtelier de luxe tout récemment ouvert. La majorité des hôtels-villas de Sapa appartiennent au gouvernement, ce qui signifie que les efforts de rénovation sont bien inférieurs à ce qu'ils pourraient être. Ils sont cependant moins anonymes que les mini-hôtels. Les chantiers de construction continuent de se multiplier à un rythme effréné.

Où se loger – petits budgets

L'excellent *Auberge Hotel* (☎ 871243) est intéressant pour sa vue sur la vallée et son superbe jardin de bonsaïs. Les chambres doubles, certaines avec cheminée, coûtent entre 6 et 12 $US. Son restaurant est également très bon, et vous pourrez y glaner des informations sur les transports et les circuits organisés.

A côté, le *Queen Hotel* (☎ 871301) est également un établissement plaisant, dont les chambres, entre 4 et 10 $US, ont une jolie vue et chacune une cheminée.

De l'autre côté de l'Auberge Hotel, la petite *Student Guesthouse* (☎ 871308) propose des lits en dortoir à 1,20 $US et des chambres doubles à partir de 3 $US. Bon marché, mais pas de vue.

En remontant la rue principale en direction du marché, la *Four Seasons Guesthouse* (☎ 871308) possède un balcon sur l'arrière d'où admirer le paysage. Les chambres doubles, propres, sont à 12 $US. Juste à côté, les chambres de l'*Orchid Guesthouse* (☎ 871475) coûtent 4 $US en hiver et de 8 à 10 $US en été.

Juste en-dessous du marché, l'agréable *Ninh Hong Guesthouse* (☎ 871334) est appréciée des voyageurs. Mme Hong, sa propriétaire et probablement la seule femme guide de Sapa, y a créé une atmosphère très familiale.

Dans une jolie villa, la *Song Ha Guesthouse* (☎ 871273) mérite également d'être mentionnée. Les chambres sont à 4 et 5 $US en hiver et de 10 à 15 $US en été.

La *Cat Cat Guesthouse* (☎ 871387) est très populaire. Sa terrasse jouit d'une très belle vue. Les tarifs sont en hiver de 5 à 8 $US, et de 10 à 15 $US l'été.

Près de la Cat Cat, la *Phuong Nam Guesthouse* (☎ 871286) propose des chambres simples pour 5 à 10 $US et possède un café en terrasse sur l'arrière.

En retrait par rapport à la route, le *Cau May Hotel* (☎ 871293) est tranquille et bénéficie d'une bonne vue. Les chambres pour 1, 2 ou 3 personnes coûtent 9 $US.

Si le charme d'une ancienne villa coloniale vous tente, la *White Lily Guesthouse* (☎ 871289) fait payer 12 $US pour une double. Même prix à la *Trade Union Guesthouse* (☎ 871315), qui est en réalité constituée de trois villas séparées. Les chambres vont de 5 à 8 $US en hiver et de 12 à 16 $US en été.

Dans une autre villa coloniale partiellement rénovée, la *Traffic Gueshouse* (*Nha Nghi Giao Thong*, ☎ 871364), on vous demandera 6 $US en hiver et 12 $US en été.

La *Sapa Forestry Guesthouse* (*Nha Nghi Lam Nghiep*, ☎ 871230), gérée par le gouvernement, est perchée sur une colline tranquille au-dessus du terrain de football. Dans cet hôtel agréable, les chambres doubles/triples sont à 12 $US.

La *Flying Banana Guesthouse* (☎ 871 580) est l'une de ces constructions récentes en béton, mais tenue par une famille et très agréable. Les chambres valent entre 6 et 12 $US.

Plus grand, le *Fanxipan Hotel* (☎ 871 398) a connu des jours meilleurs, mais certaines chambres sur l'arrière ont une jolie vue. Les chambres doubles coûtent 12 $US, ou 20 $US pour une chambre à 5 lits.

Parmi les autres pensions dont les tarifs sont compris entre 3 et 5 $US en hiver et 6 et 12 $US en été, citons :

Chrysopogon Guesthouse (☎ 871379)
Lotus Hotel (☎ 871221)
Rose Guesthouse (☎ 871263)
Sunflower Hotel (☎ 871386)
Sunrise Guesthouse (☎ 871331)
Waterfall Guesthouse (☎ 871218)

Où se loger – catégorie moyenne et supérieure

Pour un hôtel neuf avec karaoké, le *Quyen Mai Hotel* (☎ 871450) est correct. Les chambres doubles coûtent de 10 à 16 $US et les triples de 12 à 24 $US.

Le **Ham Rong Hotel** (☎ 871251, fax 871303) appartient à l'État. Il s'agit en fait de trois villas coloniales dont les chambres valent entre 15 et 25 $US. Vous pourrez admirer une antenne-satellite très esthétique dans la cour.

Le **Green Bamboo Hotel** (☎ 871214), récemment construit dans le style des villas coloniales, bénéficie d'une jolie vue et d'un vrai bar. Les tarifs vont de 15 à 25 $US.

Si vous voulez ce qu'il y a de mieux, le tout nouveau et luxueux **Victoria Sapa Hotel** (☎ 871522, fax 871539) est pour vous : chambres décorées avec goût, vue panoramique depuis le restaurant, deux bars, piscine intérieure/extérieure chauffée, centre de remise en forme et courts de tennis. Pour ce type d'établissement, les tarifs sont modérés : 71/87 $US pour les chambres "de luxe", 127 $US pour les studios familiaux à 6 lits et 156 $US pour les deux suites, à quoi il faut ajouter 15% pour les taxes et le service. Le petit déjeuner est compris.

Où se restaurer

L'*Observatory Restaurant* (☎ 871504) est une institution à Sapa. Son menu du soir à 0,80 $US est une véritable aubaine (son prix est resté inchangé depuis 1990 !). Vous pouvez aussi y acheter un pique-nique à emporter en randonnée.

Près du marché, le **Camillia Restaurant**, fréquenté par les expatriés, possède probablement le menu le plus complet du Nord-Ouest du Vietnam.

Vous pouvez tenter votre chance dans les petites gargotes situées au bas de la rue principale (au sud de l'escalier descendant au marché). Vous dégusterez de bons petits déjeuners à l'*Auberge Hotel*, qui propose également un menu végétarien. Le **Chapa Restaurant** est un véritable café pour touristes, avec crêpes à la banane et autres rouleaux de printemps habituels. Sachez qu'il y a d'autres tables à l'étage et sur le balcon.

Parmi les autres restaurants à essayer non loin de là, citons le **Queen Restaurant**, le

Four Seasons Restaurant et le **Thanh Lich Restaurant**, tous bons.

Si vous avez une soudaine et irrésistible envie de goûter de l'antilope, essayez le **Phansipang Restaurant**.

Si vous voulez boire un café sans être harcelé par les vendeurs, allez sur la terrasse de la **Phuong Nam Guesthouse**. Pour un lieu plus typique, rendez-vous sur le toit du **Vuon Xuan Cafe**, sur la route qui descend au village de Cat Cat.

Où sortir

Compte tenu du nombre de voyageurs qui viennent à Sapa, les distractions organisées sont relativement peu nombreuses. Pour l'essentiel, cela se limite à des bars confortables situés dans les pensions.

Le **Green Bamboo Hotel**, qui a ouvert le premier bar de type occidental à Sapa, propose un spectacle gratuit de danse et de musique traditionnelles le samedi soir à 20h30.

Si vous êtes à la recherche d'un endroit plus "moderne", vous trouverez des bars assez stylés au nouveau **Victoria Sapa Hotel**.

Comment s'y rendre

Située dans la région frontalière, à 38 km du poste-frontière de Lao Cai, Sapa constitue une étape idéale pour les voyageurs qui entrent au Vietnam ou se dirigent vers la Chine.

Des minibus relient Sapa à Lao Cai en 2 heures environ, mais sans suivre d'horaire précis. Toutefois, ils attendent toujours à Lao Cai le train en provenance de Hanoi. Le tarif tourne autour de 2 $US par personne, en fonction du nombre de passagers qu'ils arrivent à entasser. Certains de ces "bus" sont en réalité des camionnettes : on voyage à l'arrière, ce qui n'est pas le rêve vu le climat qui sévit dans la région.

On vous proposera volontiers, pour 5 $US, de vous emmener en moto jusqu'à Lao Cai, quoique certains voyageurs aient dû augmenter la somme en chemin pour ne pas être abandonnés en pleine nature, à mi-parcours.

Le trajet Sapa-Bac Ha (110 km) en minibus coûte environ 12 $US par personne. Le départ de Sapa est à 6h et de Bac Ha à 13h Pour aller de Sapa à Hanoi, le billet coûte 18 $US par personne, avec départ à 5h.

Vous pouvez parcourir les 380 km qui séparent Hanoi de Sapa en moto, mais c'est un long voyage – mieux vaut partir tôt. La côte de 38 km, tout au bout du voyage, sera un pur enfer pour les cyclistes n'ayant pas suivi préalablement un entraînement olympique.

Quelques cafés de Hanoi organisent des excursions en bus de 4 jours à Sapa pour environ 40 $US. C'est probablement le moyen le plus tranquille de faire le trajet, mais certains préfèrent l'accomplir par leurs propres moyens.

La plupart des hôtels de Sapa proposent des randonnées et des excursions dans la région. Les billets de train coûtent un peu plus cher à Sapa qu'à la gare de Lao Cai, mais vous êtes au moins certain d'avoir une place. Le bureau de réservation de l'hôtel Green Bamboo, près du marché, vous obtiendra tous les billets nécessaires.

Comment circuler

Pour découvrir Sapa et ses environs proches, l'idéal est encore la marche. Si vous n'avez qu'une heure, grimpez au sommet de la tour de la radio, d'où la vue sur la vallée est époustouflante.

Pour une excursion plus lointaine, vous pouvez louer une moto pour environ 6 $US, ou 10 $US environ avec chauffeur.

LAO CAI

Lao Cai, la ville la plus importante à l'extrémité nord-ouest de la ligne de chemin de fer, se dresse à la frontière chinoise. Elle a été rasée durant l'invasion chinoise de 1979, et ses bâtiments sont flambant neufs, malgré leur apparence de taudis.

Le poste-frontière, fermé pendant la guerre de 1979, a rouvert en 1993. Néanmoins, les gardes vietnamiens *restent* très méfiants à l'égard des étrangers et traitent tous les voyageurs indépendants en espions potentiels. Ironiquement, les citoyens chinois traversent la frontière sans même un passeport ou un visa et peuvent séjourner 15 jours au Vietnam.

Malgré l'agressivité des gardes et la fouille impitoyable des bagages, Lao Cai est devenue une destination courue pour les voyageurs qui circulent entre Hanoi (ou Sapa) et Kunming.

La ville se révèle cependant inhospitalière ; n'y passez pas la nuit si vous pouvez faire autrement.

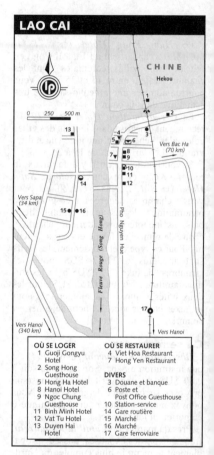

LAO CAI

CHINE
Hekou

0   250   500 m

Vers Bac Ha
(70 km)

Vers Sapa
(34 km)

Fleuve Rouge (Song Hong)

Pho Nguyen Hue

Vers Hanoi
(340 km)

Vers Hanoi

OÙ SE LOGER	OÙ SE RESTAURER
1 Guoji Gongyu Hotel	4 Viet Hoa Restaurant
2 Song Hong Guesthouse	7 Hong Yen Restaurant
5 Hong Ha Hotel	**DIVERS**
8 Hanoi Hotel	3 Douane et banque
9 Ngoc Chung Guesthouse	6 Poste et Post Office Guesthouse
11 Binh Minh Hotel	10 Station-service
12 Vat Tu Hotel	14 Gare routière
13 Duyen Hai Hotel	15 Marché
	16 Marché
	17 Gare ferroviaire

NORD-OUEST

Orientation et information

De l'autre côté de la frontière s'élève Hekou, séparée du Vietnam par une rivière et un pont ; un petit droit de péage est exigé. A moins d'être un passionné des villes frontières chinoises, vous n'aurez guère envie de vous y attarder.

A Lao Cai, près du pont, une banque change les espèces mais n'accepte ni chèques de voyage ni cartes de crédit. Du côté chinois, vous pourrez changer vos chèques de voyage, si le jour n'est pas férié. Ne vous fiez pas aux changeurs au marché noir, en particulier en Chine ; ils vous offriront un pauvre taux. Si vous n'avez pas le choix, ne réalisez que de petites transactions.

Où se loger

A Hekou, côté chinois, le vieux *Hekou Hotel* propose des chambres bon marché. Le *Dongfeng Hotel*, nouveau et plus élégant, s'avère plus cher. En face du poste-frontière se dresse un autre établissement récent, le *Guoji Gongyu Hotel*.

A Lao Cai, la *Song Hong Guesthouse* (☎ 830004), très proche du poste-frontière, possède certaines chambres avec une jolie vue sur la rivière et la Chine. Les doubles coûtent entre 10 et 15 $US.

Le *Hong Ha Hotel* (☎ 830007), assez grand mais sans éclat, propose des chambres entre 10 et 12 $US.

Le *Hanoi Hotel* (☎ 832486, fax 832488), petit mais assez récent, possède une TV par satellite. Les chambres avec clim. coûtent 13 $US.

Le *Vat Tu Hotel* (☎ 831540), le plus éloigné de la frontière, loue des chambres doubles de 10 à 15 $US.

La *Post Office Guesthouse* (*Nha Khach Buu Dien*, ☎ 830006) ferait mieux de se contenter de vendre des timbres : c'est un véritable taudis. Les doubles sont à 8 $US et les quadruples à 12 $US.

Le *Binh Minh Hotel* (☎ 830085, *39 Pho Nguyen Hue*) demande de 12 à 15 $US ; le *Ngoc Chung Guesthouse* (☎ 832179, *27 Pho Nguyen Hue*), tout proche, prend entre 10 et 12 $US.

De l'autre côté du fleuve Rouge et donc plus loin du centre, le *Duyen Hai Hotel* (☎ 822086, fax 820172) propose des chambres entre 11 et 25 $US.

Où se restaurer

Le *Viet Hoa Restaurant*, dans la rue Nguyen Hue, est probablement le meilleur à proximité de la frontière. Il est propre, et il propose un bon menu en anglais (sans prix). Pour une soupe de nouilles, essayez le *Hong Yen Restaurant*, également dans la rue principale menant à la frontière.

Comment s'y rendre

Lao Cai se situe à 340 km de Hanoi. Des bus couvrent ce trajet mais la plupart des voyageurs préfèrent prendre le train, qui circule deux fois par jour dans les deux sens. Pour plus de détails sur les horaires, voir le chapitre *Comment s'y rendre*.

Comment circuler

La frontière se trouve à 3 km de la gare ferroviaire de Lao Cai. Des motos parcourent ce trajet pour 0,50 $US environ.

BAC HA

Depuis quelques années, cette ville de montagne commence à concurrencer Sapa. Le tourisme n'en est qu'à ses balbutiements, et, si vous arrivez en milieu de semaine, la ville vous paraîtra merveilleusement calme. Cependant, la situation évolue rapidement ; de nouveaux hôtels s'ouvrent, et les restaurants apprennent à cuisiner les crêpes à la banane.

L'un des obstacles à l'essor du tourisme est peut-être la diffusion journalière, crachotante mais énergique, de la Voix du Vietnam, de 5h à 6h puis à nouveau de 18h à 19h, depuis des haut-parleurs placés sur une colline environnante. Si cela peut vous consoler, sachez qu'auparavant la radio émettait en continu de 5h à 21 h ! Certains hôteliers font pression pour la faire taire complètement, requête dont nous espérons qu'elle sera exaucée. Il y a quelques années, Sapa souffrait des mêmes nuisances, jusqu'à ce que les autorités locales se rendent compte qu'elles faisaient fuir les touristes.

Les reliefs qui entourent Bac Ha s'élèvent à environ 900 m d'altitude ; le climat est donc moins rigoureux qu'à Sapa. Dix ethnies montagnardes vivent dans cette région : Hmong Fleur, Dao, Giay (Nhang), Han (Hoa), Xa Fang, Lachi, Nung, Phula, Thaï et Thulao – en plus des Kinh.

L'une des principales industries de Bac Ha est la production de boissons distillées (alcool de riz, vin de manioc et liqueur de maïs). La liqueur de maïs que produisent les Hmong Fleur est si forte qu'elle peut littéralement s'enflammer ! Bac Ha est le seul endroit du Vietnam où vous trouverez cette boisson particulière. La récolte de l'opium constituait une importante source de revenus jusqu'à ce que les communistes y mettent le holà, il y a plusieurs années.

Emportez une lampe de poche si vous arpentez les rues de Bac Ha le soir. L'approvisionnement électrique de la ville reste précaire, et les coupures de courant sont fréquentes. L'avantage de ces pannes est le silence, provisoire, des haut-parleurs.

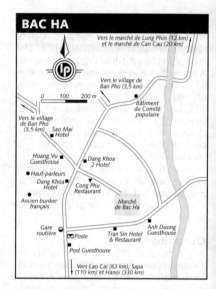

BAC HA

Vers le marché de Lung Phin (12 km) et le marché de Can Cau (20 km)

Vers le village de Ban Pho (3,5 km)

0   100   200 m

Bâtiment du Comité populaire

Vers le village de Ban Pho (3,5 km)

Sao Mai Hotel

Hoang Vu Guesthouse

Dang Khoa 2 Hotel

Haut-parleurs

Dang Khoa Hotel

Cong Phu Restaurant

Ancien bunker français

Marché de Bac Ha

Gare routière

Poste

Tran Sin Hotel & Restaurant

Anh Duong Guesthouse

Post Guesthouse

Vers Lao Cai (63 km), Sapa (110 km) et Hanoi (330 km)

Pruniers en fleurs

Au printemps (début mai), les nombreux pruniers des environs fleurissent, parsemant la campagne de petites touches blanches. La récolte des fruits a lieu de juin à juillet.

Village de Ban Pho

Si vous voulez voir un véritable village montagnard, ne manquez pas Ban Pho. Privé d'électricité, vous n'y subirez ni lumières aveuglantes ni musique assourdissante. Les villageois vivent simplement, possèdent peu de biens matériels et témoignent d'une extrême hospitalité.

Les Hmong comptent parmi les gens les plus aimables que vous rencontrerez au Vietnam. Si vous arrivez vers 12h, ils vous inviteront peut-être à déjeuner, ce qui n'est pas forcément une aubaine :

Les Montagnards ne sont pas réputés pour leur cuisine, mais les repas hmong s'avèrent particulièrement mémorables : les villageois assaisonnent leur nourriture de sang de cochon frais ! Ils apprécient également un mets que je ne peux

appeler autrement que "soupe de boyaux". Si vous voulez visiter leurs maisons, attendez qu'ils aient fini de déjeuner, car, si vous arrivez pendant le repas, vous serez obligé de le partager – inutile de prétendre que vous n'avez pas faim !

Vincent Clemente

Deux chemins mènent à Bac Pho depuis Bac Ha, formant une boucle de 7 km.

Marchés

Il y a plusieurs marchés intéressants autour de Bac Ha, tous à moins de 20 km les uns des autres. Vous y verrez beaucoup de Hmong Fleur (leur nom provient des fleurs que les femmes brodent sur leurs jupes). On y vend entre autres des buffles, des porcs, des chevaux et des poulets. Les touristes, cependant, se cantonnent apparemment à l'achat de produits artisanaux.

Marché de Bac Ha. Ce marché vivant, installé dans un bâtiment en béton, est le principal marché de Bac Ha. Il est très fréquenté par les Hmong Fleur, mais les touristes semblent depuis quelque temps les égaler en nombre. Le marché a lieu surtout le dimanche.

Marché de Can Cau. C'est l'un des marchés en plein air les plus dépaysants du Vietnam. Il s'étend à 20 km au nord de Bac Ha et à 9 km seulement au sud de la frontière chinoise, ce qui explique le grand nombre de vendeurs chinois et l'essor du commerce des chiens.

Il ne fonctionne que le samedi. Le trajet pour s'y rendre est assez sportif : la route qui mène à Can Cau est abominable. Si vous n'avez pas un 4x4 ou un deux-roues solides, ne tentez pas l'aventure.

Où se loger

Théoriquement, l'idéal serait de trouver un lieu d'hébergement aussi éloigné que possible de ces abominables haut-parleurs, mais les hôtels sont tous plus ou moins proches du centre-ville. La situation devrait évoluer rapidement, mais, pour l'instant, soyons honnête : il n'y a aucun lieu de séjour tranquille à Bac Ha.

Comme à Sapa, le prix des chambres a tendance à grimper en fin de semaine, lorsqu'arrivent les touristes venus observer les ethnies minoritaires au marché dominical.

Le *Sao Mai Hotel* (☎ *880288/880285*) est très couru : ses chambres sont propres et agréables, et le propriétaire est sympathique. L'hôtel se divise en trois parties : un bâtiment en béton où les chambres doubles coûtent 10 $US, et deux maisons en bois où l'on dort pour 12 $US.

Le *Hoang Vu Guesthouse* (☎ *880264*), qui vient d'ouvrir ses portes, est un établissement agréable, où les chambres s'élèvent à 10 $US.

Le *Dang Khoa Hotel* (☎ *880290*), au centre-ville, est équipé de la TV par satellite. Le prix des chambres va de 5 à 8 $US. Il est très proche des haut-parleurs, tout comme le *Dang Khoa 2 Hotel* (☎ *880231*), non loin de là, qui est un peu plus délabré mais ne fait payer que 5 $US.

A côté du marché, le *Tran Sin Hotel* (☎ *880240*) applique le "tarif standard" de

Bac Ha : de 10 à 15 $US pour une double. L'*Anh Duong Guesthouse* (☎ *880329*) possède le grand avantage d'être l'hôtel le plus éloigné des haut-parleurs. Le tarif y est de 8 à 12 $US.

Les plus grandes chambres se trouvent à la *Post Guesthouse* (☎ 880360), au prix de 6 $US, mais elles sont souvent occupées par des voyageurs effectuant de longs séjours à Bac Ha.

Où se restaurer

Bac Ha pâtit des grands chiens qui errent dans les restaurants en quête de nourriture. Il est souvent difficile de leur résister, surtout lorsqu'ils pèsent 80 kg. Si ces arrogants toutous vous laissent profiter un peu de votre repas, vous dégusterez des mets délicieux et bon marché au *Cong Phu Restaurant* (☎ 880254), qui dispose d'un menu en anglais.

Le *Tran Sin Restaurant*, au rez-de-chaussée du Tran Sin Hotel, répond aux mêmes critères. Tous deux ferment vers 21h.

Comment s'y rendre

Un bus part tous les jours de Lao Cai pour Bac Ha (63 km) à 6h30 et 13h. Dans l'autre sens, il quitte Bac Ha à 5h30 et 11h30. Le trajet dure entre 3 et 5 heures, en fonction des arrêts pour prendre des passagers, et coûte 1,20 $US. La route est bien entretenue, et le paysage rural ravissant.

On vous proposera éventuellement de vous emmener à moto entre Lao Cai et Bac Ha pour environ 5 $US, voire entre Sapa et Bac Ha (110 km) pour 12 $US. Des circuits en minibus le dimanche sont également possibles de Sapa vers Bac Ha. Le prix (environ 12 $US) comprend le transport, le guide et la marche vers un village de minorité. Sur le chemin du retour vers Sapa, il est possible de s'arrêter à Lao Cai pour prendre le train de nuit pour Hanoi.

Bac Ha est à 330 km (10 heures) de Hanoi. Certains cafés de Hanoi proposent des circuits en bus de 4 jours vers Bac Ha pour environ 60 $US ; la visite de Sapa est en principe comprise dans ce prix.

Le Centre-Nord

Tandis que le Sud a profité pendant la guerre de la prospérité américaine, le Nord a toujours été défavorisé. Tandis que le Sud a connu essentiellement des batailles terrestres, certes nombreuses mais de faible envergure, le Nord a subi d'intenses bombardements aériens.

On remarque aussi une différence de comportement. Les gens du Sud estiment que ceux du Nord se comportent en provinciaux. Les gens du Nord, quant à eux, trouvent ceux du Sud âpres au gain. Les uns comme les autres reconnaissent avoir du mal à se comprendre. Or, si la langue vietnamienne comporte, du Nord au Sud, des différences notables sur le plan de l'accent comme sur celui du vocabulaire, elle reste néanmoins intelligible par l'ensemble de la population.

En tant qu'étranger, vous remarquerez quelques changements dans l'attitude des populations à votre égard. Plus vous irez au nord de la zone démilitarisée, plus vous trouverez les Vietnamiens réservés. Sans poser de véritables problèmes, ce phénomène est toutefois patent. Certes, l'intégration du Vietnam à l'économie mondiale réduira très probablement ces différences, mais le processus prendra un certain temps.

DONG HOI

Le port de pêche de Dong Hoi sert de capitale à la province de Quang Binh. On a découvert dans la région d'importants vestiges datant de la période néolithique.

Pendant la guerre du Vietnam, le port a été la cible de nombreux bombardements. Vous noterez du reste, en venant de l'ancienne zone démilitarisée sur la nationale 1, de vieux bunkers français et d'innombrables cratères de bombes américaines, plus particulièrement à proximité des ponts de chemin de fer. Un hôpital a été construit par les Cubains à 1 km au nord de la ville.

D'ordinaire, les voyageurs ne dorment à Dong Hoi que s'ils veulent voir, à 55 km de là, la grotte de Phong Nha. La visite et le

trajet prennent une journée. Certains hôtels de la ville y organisent des excursions.

Plages

La province est bordée de dunes et de plages à perte de vue de part et d'autre de Dong Hoi. La plage de Nhat Le se déploie à l'embouchure de la rivière du même nom, à environ 2,5 km du centre-

VIETNAM DU CENTRE-NORD

ville. Nous vous conseillons également la plage de Ly Hoa.

Rivière Nhat Le

Il est bien agréable de se promener quelques heures sur cette rivière qui arrose l'est de la ville. Le Phuong Dong Hotel (voir la section suivante) organise des excursions en bateau moyennant la somme de 3 $US par heure et par passager. Pour rentabiliser l'opération, il est nécessaire de réunir au moins 10 personnes.

Où se loger

Les établissements les plus accueillants sont regroupés sur la rive ouest de la rivière Nhat Le, à l'est de la route nationale 1 (RN1).

L'un des plus récents de la ville est la *Bank Guesthouse (Nha Khach Ngan Hang,* ☎ 821715), situé dans une nouvelle rue secondaire sans nom, à proximité de la nationale 1. Les doubles avec clim., de bonne qualité, se louent entre 16 et 24 $US.

L'un des hôtels les plus vastes au bord de la rivière est le *Nhat Le Hotel (☎ 822180),*

CENTRE-NORD

16 Đ Quang Xuan Ky. Comptez de 10 à 25 $US.

Plus au nord, le ***Phuong Dong Hotel*** (☎ 822276, fax 822404, 20 Đ Quach Xuan Ky) propose des chambres de diverses catégories allant de 12 à 38 $US, organise des promenades sur la rivière et des excursions en voiture ou en minibus à la grotte de Phong Nha.

Dans la même rue, un pâté de maisons plus au nord, le ***Huu Nghi Hotel*** (☎ 822 567) propose des chambres avec vue sur la rivière, pour 20 à 40 $US.

Le ***My Ngoc Mini-Hotel*** (☎ 822074), au 5, Đ Ly Thuong Kiet (en fait sur la RN 1), est un établissement privé qui loue des chambres avec clim. pour 20 $US, que les "étudiants" peuvent néanmoins négocier à 15 $US.

Toujours dans Đ Ly Thuong Kiet, le ***Hoa Binh Hotel*** (☎ 822347) compte quatre étages, ce qui en fait un véritable gratte-ciel à l'échelle de la ville. Un petit coup de neuf lui ferait du bien, mais, en attendant, les prix restent fixes, soit entre 25 et 30 $US la chambre.

Un pâté de maisons plus au sud, dans la même rue, le ***Phuong Nam 1 Hotel*** (☎ 823194) garde son cachet malgré son délabrement. Les chambres coûtent entre 20 et 30 $US. Plus petit et moins cher, le ***Phuong Nam 2 Hotel*** (☎ 822827), au sud de la ville, du côté ouest de la nationale 1, prend de 7 à 12 $US par chambre.

Où se restaurer

Très prisé des touristes pour ses dîners d'ambiance, le ***Sao Mai Floating Restaurant*** est amarré sur la rivière Nhat Le, en face du Phuong Dong Hotel.

Plus classiques, les bons ***restaurants*** concentrés près du marché ont fait du *banh cuon* en boulettes leur spécialité. Essayez donc la variante à base de viande de sanglier !

Comment s'y rendre

Bus. Dong Hoi se trouve à 166 km de Hué, à 94 km de Dong Ha, à 197 km de Vinh et à 489 km de Hanoi. La ville est régulièrement desservie par les bus circulant sur la nationale 1.

Train. L'Express de la Réunification s'arrête à Dong Hoi. Pour connaître les tarifs, reportez-vous à la rubrique *Train* du chapitre *Comment circuler*.

Voiture et moto. La circulation entre Dong Ha et Dong Hoi est fluide, surtout après l'heure de pointe du début de matinée.

Au nord de la zone démilitarisée, la nationale 1 est en complète réfection. Il faut donc prendre garde aux gravillons, aux saletés, à la boue, aux nids-de-poule et aux camions, dangereusement surchargés de matériaux de construction. Ironiquement, ces véhicules défoncent la route actuelle alors même qu'ils sont censés aider à construire la nouvelle.

Il existe un ferry à Cua Gianh (appelé aussi Song Painh), 33 km au nord de Dong Hoi, qui est en fait une petite barge tirée par des remorqueurs. Prévoyez peut-être une

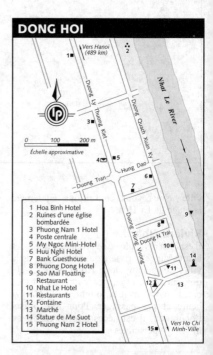

DONG HOI

1 Hoa Binh Hotel
2 Ruines d'une église bombardée
3 Phuong Nam 1 Hotel
4 Poste centrale
5 My Ngoc Mini-Hotel
6 Huu Nghi Hotel
7 Bank Guesthouse
8 Phuong Dong Hotel
9 Sao Mai Floating Restaurant
10 Nhat Le Hotel
11 Restaurants
12 Fontaine
13 Marché
14 Statue de Me Suot
15 Phuong Nam 2 Hotel

heure ou plus d'attente. Lors de la rédaction de ce guide, un pont était en construction. Il remplacera le ferry.

GROTTE DE PHONG NHA

Cette grotte, proche du village de Son Trach, à 55 km au nord-ouest de Dong Hoi, est remarquable pour ses kilomètres de galeries naturelles bordées de stalactites et de stalagmites. Formée il y a environ 250 millions d'années, c'est la plus grande et la plus belle grotte connue du Vietnam.

Ce n'est qu'en 1990 qu'une exploration complète de Phong Nha, réalisée par des spéléologues britanniques, a permis de dessiner un plan précis des galeries souterraines et sous-marines de la grotte. L'équipe a déterminé que la caverne principale mesurait presque 8 km de long. Elle a en outre découvert de nombreuses autres grottes et, au total, exploré 35 km de galeries dans les environs.

Phong Nha signifie grotte des Dents et du Vent. Malheureusement, les "dents" (les stalagmites de l'entrée) ont disparu. Plus loin toutefois, la grotte reste intacte.

Les Cham avaient installé des sanctuaires bouddhiques aux IXe et Xe siècles dans certains recoins de la grotte. On peut du reste en voir quelques vestiges. Les bouddhistes vietnamiens vénèrent toujours ces sanctuaires, tout comme les autres sites religieux cham.

Pendant la guerre du Vietnam, la grotte servait d'hôpital et de dépôt d'armes. L'entrée porte les marques des attaques des avions de chasse. Il n'est pas surprenant que les avions de guerre américains aient passé beaucoup de temps à bombarder et à mitrailler la région de Phong Nha : c'était l'un des accès les plus importants à la piste Ho Chi Minh. Les mauvaises herbes n'ont pas encore complètement recouvert la piste, mais vous ne saurez en distinguer les traces sans un guide.

Où se loger et se restaurer

Un *hôtel* d'État de 40 chambres, en construction dans le village de Son Trach lors de notre passage, devait ouvrir ses portes fin 1998. En attendant, il est possible de se loger au *Da Nhay Hotel* (☎ 866041), situé près d'une jolie plage, 5 km au nord de Bo Trach (également appelé Hoan Lao) et à 30 km de la grotte. L'établissement dispose de chambres modestes mais confortables, facturées entre 20 et 30 \$US.

Vous pouvez vous renseigner auprès de l'hôtel si vous désirez louer une voiture pour vous rendre à la grotte de Phong Nha, mais préparez-vous à négocier, car les tarifs sont bien trop élevés : en attendant la concurrence, l'établissement dispose en effet d'un monopole total. Les voyageurs à petit budget préféreront certainement partir de Dong Hoi (à 20 km au sud de Bo Trach) pour explorer la grotte.

Son Trach ne compte actuellement qu'un *restaurant* bien loin d'arborer 5 étoiles. L'enseigne affiche simplement "*Com pho*" (nouilles de riz). D'autres petits *restaurants* sont installés en face de l'entrée du Da Nhay Hotel, à Bo Trach.

Comment s'y rendre

Le bureau d'accueil de Phong Nha (☎ 823424), installé dans le village de Son Trach, assume toutes les visites touristiques de la grotte – autrement dit, il détient le monopole des excursions. Vous devez y acheter le ticket d'entrée, 6 \$US par personne. Vous pouvez louer une lanterne avec génératrice pour 6 \$US supplémentaires (par groupe). Nous vous conseillons de le faire si vous voulez plein voir l'intérieur de la grotte. Au cas où la génératrice tombe en panne, apportez tout de même votre lampe de poche.

L'entrée de la grotte se trouve à 3 km de Son Trach. Le seul moyen d'accès est le bateau, que vous pouvez réserver également au bureau d'accueil. L'embarcation n'accueille que six personnes à la fois et le trajet dure 30 minutes. En tout, comptez environ 2 heures pour cette excursion. A moins d'obtenir une autorisation spéciale, vous ne pourrez explorer que les premiers 600 m de la grotte.

Comme les transports en commun ne desservent pas Son Trach, certains hôtels et quelques agences de voyages des villes environnantes s'en chargent.

Moyennant 50 \$US, le Phuong Dong Hotel de Dong Hoi (à 55 km de Son Trach) organise des excursions pour 10 personnes (voir la rubrique *Dong Hoi* plus haut).

Proportionnellement, les tarifs du Da Nhay Hotel, près de Bo Trach (à seulement 30 km de Son Trach) sont beaucoup plus élevés : 120 \$US pour 12 personnes. Cependant, pour 40 \$US, l'hôtel loue une voiture à 4 places. Comme les clients sont peu nombreux, il doit être possible de négocier.

A Hué, l'Hotel Le Loi Hué (à 220 km de Son Trach) demande 90 \$US pour une voiture logeant 4 passagers, ou 10/15 \$US par personne pour un minibus transportant 9/12 personnes.

Vous pouvez également prendre un bus public jusqu'à Bo Trach, puis une moto-taxi à la gare routière. En négociant, vous devriez payer 5 \$US pour un trajet jusqu'à Son Trach. Le conducteur vous attendra pendant que vous visitez la grotte.

DEO NGANG

Deo Ngang (le col de Ngang) est une région montagneuse du littoral qui constitue la partie extrême-orientale des montagnes de Hoanh Son (chaîne transversale), allant du Laos jusqu'à la mer. Cette région a servi de frontière entre le Vietnam et le royaume du Champa jusqu'au XIᵉ siècle, puis entre le Tonkin et l'Annam pour les Français. On voit toujours, du reste, la porte d'Annam au col de Ngang, depuis la nationale 1. Les montagnes de Hoang Son ne délimitent plus aujourd'hui que les provinces de Quang Binh et de Ha Tinh.

Traditionnellement pauvre, cette région a été régulièrement frappée par la famine. Le passage du col étant difficile, les véhicules roulent lentement, et les mendiants errent sur la route. En 1992, nous avions compté des douzaines d'entre eux de chaque côté de l'autoroute, dont certains se jetaient franchement sous les roues des voitures pour les obliger à s'arrêter. En 1994, nous en avions dénombré cinq seulement, en 1996 un seul, et aucun en 1998 – ce qui laisse supposer que l'économie locale a connu de récentes améliorations.

Un hôtel convenable se dresse au nord du col, juste à côté de la plage. Le séjour est agréable, même si l'électricité, fournie par des générateurs, n'est pas toujours fiable. Les chambres coûtent 10 \$US. L'hôtel possède également un restaurant, dont le personnel est très accueillant.

CAM XUYEN ET HA TINH

Ces deux villes, qui ne présentent aucun intérêt, se situent sur la route principale entre Dong Hoi et Vinh. Vous pourrez néanmoins y faire halte une nuit si vous êtes trop fatigué pour poursuivre votre route. Ha Tinh possède une Vietcombank (☎ 856775) au 6, Đ Phan Dinh Phung, où changer des devises.

Où se loger et se restaurer

Construit à l'ouest de la route, l'affreux *Nha Khach Cam Xuyen* (☎ 861234) demande aux étrangers 5 \$US la chambre malgré une absence totale de confort (à n'utiliser qu'en dernier recours). Si vous vous dirigez vers le nord, poussez plutôt jusqu'à Ha Tinh ou Vinh.

Sur la nationale 1, vers le nord, le premier hôtel que vous verrez du côté sud de Ha Tinh (et à l'ouest de la route) sera le *Nha Khach Cau Phu* (☎ 856712). Le personnel parle un excellent anglais ; les chambres coûtent entre 20 et 25 \$US.

Sur le côté ouest de Đ Tran Phu (route nationale 1), dominé par l'imposant émetteur de télévision, le *Binh Minh Hotel* (☎ 856825) loue de bonnes chambres pour 20 à 30 \$US.

Tout à fait acceptable et bon marché, le *Kieu Hoa Hotel* (☎ 857025) se trouve lui aussi à l'ouest de la RN 1, juste au nord de l'émetteur. Le personnel tente, sans grand succès, de parler anglais. L'endroit, néanmoins accueillant, dispose de chambres à 15 \$US ainsi que d'un petit *restaurant*.

En revanche, le *Ha Tinh Relation Hotel* (Khach San Giao Te Ha Tinh, ☎ 855589), environ 1 km à l'est de l'émetteur, est la plus mauvaise adresse de la ville. Les chambres sont médiocres, les douches fuient et les branchements électriques sont douteux – et pour 20 à 25 $US. Pour écourter votre grasse matinée, l'hôtel passe des marches militaires à plein volume dès 5h du matin.

VINH

Capitale de la province de Nghe An, cette ville portuaire compte 200 000 habitants. Si la ville n'offre que peu d'intérêt, les environs présentent quelques curiosités. La situation économique de Vinh s'est améliorée récemment grâce à l'augmentation considérable du passage sur la nationale 1. Les voyageurs qui effectuent le trajet entre Hué et Hanoi par voie de terre, et ceux qui transitent par Tha Khaek au Laos, pourront s'arrêter ici pour la nuit.

Les provinces de Nghe An et de Ha Tinh souffrent du pire climat que connaisse le Vietnam, ponctué d'inondations et de typhons dévastateurs. La population locale l'explique ainsi : "Le typhon est né ici, et il vient souvent nous rendre visite." On y cuit en été sous un soleil de plomb, on y gèle en hiver, saison perpétuellement arrosée par une pluie froide et soumise au glacial vent du nord. Outre le climat rigoureux, les années d'agriculture collective ont contribué à appauvrir largement les provinces de Nghe An et Ha Tinh, aujourd'hui l'une des régions les plus déshéritées du Vietnam. Les récentes réformes économiques ont cependant apporté un certain nombre d'améliorations.

Histoire

L'histoire récente de Vinh est plutôt tragique. Ville-citadelle agréable pendant l'ère coloniale, elle a beaucoup souffert des bombardements français et de la politique du Viet Minh de la terre brûlée durant la guerre d'Indochine. Par la suite, un incendie la ravagea.

La piste Ho Chi Minh partait de la province de Nghe An, et une grande partie des équipements militaires acheminés passait par le port de Vinh. Il n'est donc pas surprenant qu'elle servit de cible aux avions américains entre 1964 et 1972. Seuls deux bâtiments ont survécu. Les Américains ont

payé cher ces bombardements ; c'est dans les provinces de Nghe An et de Ha Tinh qu'ils perdirent le plus de pilotes.

Orientation

En venant du sud, la nationale 1 entre dans Vinh et traverse l'embouchure de la rivière Lam (Ca), appelée aussi estuaire de Cua Hoi. Ð Quang Trung et Ð Tran Phu se coupent près du marché central. Les adresses ne portent le plus souvent pas de numéros.

Renseignements

Agences de voyages. Nghe An Tourist (Cong Ty Du Lich Nghe An), l'organisme officiel, se trouve Ð Quang Trung, au nord du cinéma Rap 12/9.

Argent. La Vietcombank (Ngan Hang Ngoai Thuong Viet Nam) se situe à l'angle de Ð Le Loi et de Ð Nguyen Si Sach.

Poste et communications. Vous trouverez la poste centrale Ð Nguyen Thi Minh Khai, près de l'angle de Ð Dinh Cong Trang. Elle ouvre chaque jour entre 6h30 et 21h.

En cas d'urgence. L'hôpital occupe l'angle de Ð Tran Phu et de Ð Le Mao.

Où se loger

Le *Song Lan Hotel* (☎ 840603, 8 Ð Quang Trung) propose des chambres bon marché à 7 $US avec ventil. et 12 $US avec clim.

Dans le sud de la ville, l'imposant *Ben Thuy Hotel* (☎ 855163) se dresse Ð Nguyen Du, entre le centre-ville (à 2 km) et le pont enjambant la rivière Lam (à 1,3 km). L'établissement dispose de chambres facturées entre 7 et 15 $US et d'un petit restaurant.

La médaille de la catégorie inférieure revient à la *Doan Trac Dia Guesthouse* (☎ 842784), Ð Nguyen Trai, où il vous sera demandé 6 $US pour une chambrette classique.

Ð Quang Trung, le *Thanh Binh Hotel* (☎ 842512) est un vaste hôtel d'État rénové, où les chambres coûtent entre 10 et 20 $US.

Au n°20 de la même rue, le *Bong Sen Hotel* (☎ 844397) pratique des tarifs abor-

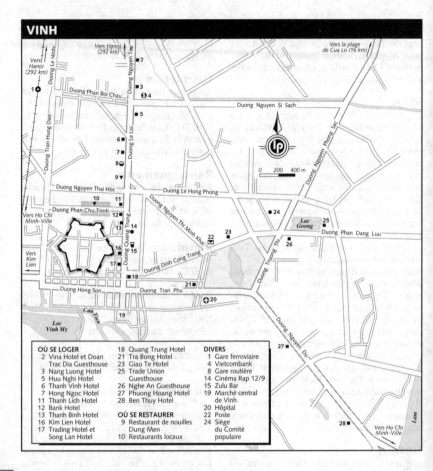

VINH

Vers Le Ninh
Vers Hanoi (292 km)
Vers Hanoi (292 km)
Duong Le Ninh
Duong Nguyen Trai
Vers la plage de Cua Lo (16 km)
Duong Phan Boi Chau
Duong Nguyen Si Sach
Duong Tran Hung Dao
Duong Le Loi
Duong Nguyen Phong Sac
Duong Nguyen Thai Hoc
Duong Le Hong Phong
Duong Phan Chu Trinh
Duong Nguyen Thi Minh Khai
Vers Ho Chi Minh-Ville
Duong Quang Trung
Lac Goong
Duong Phan Dang Luu
Vers Kim Lien
Duong Dinh Cong Trang
Duong Truong Thi
Duong Hong Son
Duong Tran Phu
Cua Tien
Lac Vinh My
Duong Nguyen Du
Vers Ho Chi Minh-Ville
Lam

0 200 400 m

OÙ SE LOGER
2 Vina Hotel et Doan Trac Dia Guesthouse
3 Nang Luong Hotel
5 Huu Nghi Hotel
6 Thanh Vinh Hotel
7 Hong Ngoc Hotel
11 Thanh Lich Hotel
12 Bank Hotel
13 Thanh Binh Hotel
16 Kim Lien Hotel
17 Trading Hotel et Song Lan Hotel
18 Quang Trung Hotel
21 Tra Bong Hotel
23 Giao Te Hotel
25 Trade Union Guesthouse
26 Nghe An Guesthouse
27 Phuong Hoang Hotel
28 Ben Thuy Hotel

OÙ SE RESTAURER
9 Restaurant de nouilles Dung Men
10 Restaurants locaux

DIVERS
1 Gare ferroviaire
4 Vietcombank
8 Gare routière
14 Cinéma Rap 12/9
15 Zulu Bar
19 Marché central de Vinh
20 Hôpital
22 Poste
24 Siège du Comité populaire

dables, avec des doubles oscillant entre 7 et 12 \$US. Au n°28, le ***Thanh Lich Hotel*** (☎ *844961*) convient mieux aux Vietnamiens qu'aux Occidentaux. Le karaoke est infernal, mais les chambres sont propres et assez luxueuses pour justifier des prix tournant autour de 15 \$US.

Le ***Vina Hotel*** (☎ *846990, 9 Đ Nguyen Trai)* dispose de jolies chambres avec s.d.b. pour 10 à 14 \$US.

Si vous êtes prêt à payer un peu plus pour bénéficier de la TV par satellite, essayez le ***Hong Ngoc Hotel*** (☎ *841314, fax 841229, 86B Đ Le Loi)*, un mini-hôtel moderne. Le personnel, en uniforme impeccable, vous accueille avec un "bonsoir, bienvenue" en vous faisant pénétrer dans le hall climatisé. Une chambre confortable coûte entre 25 et 40 \$US.

Le ***Thanh Vinh Hotel*** (☎ *847222, 9 Đ Le Loi)* est l'un des établissements les plus récents de la ville. Vous dépenserez entre 25 et 40 \$US pour une chambre tout confort avec TV par satellite, petit déjeuner compris.

Le *Nang Luong Hotel* (☎ *844788)*, 2 Ð Nguyen Trai, n'est plus tout neuf mais reste chaleureux. Les chambres, toutes équipées de la TV par satellite, vont de 15 à 25 $US.

Toujours Ð Le Loi, le *Huu Nghi Hotel* (☎ *844633)* est un établissement haut de gamme mais vieillissant, dont les chambres avec TV par satellite se louent de 30 à 40 $US.

Ð Quang Trung, le *Bank Hotel (Ngan Hang Cong Thuong Nghe An*, ☎ *849897)*, un bâtiment récemment réaménagé, propose des chambres entre 8 et 11 $US.

L'endroit préféré des hommes d'affaires, le *Trading Hotel (Khach San Thuong Mai*, ☎ *830211, fax 830393)*, également Ð Quang Trung, est un nouvel établissement lui aussi équipé de la TV par satellite. Les doubles s'échelonnent entre 25 et 45 $US.

Dans la même rue, le *Kim Lien Hotel* (☎ *844751, fax 843699)*, le plus grand hôtel de Vinh, est parfaitement équipé : clim., eau chaude, TV satellite, mais aussi bureau de change, agence de voyages, restaurant, massages, etc. Tout ce luxe vous coûtera de 20 à 50 $US.

Où se restaurer

Outre la pléthore de stands d'électroménager, le marché de Vinh (Cho Vinh) abrite, vers le fond, des *échoppes de nourriture*. Il s'étend à l'extrémité de Ð Cao Thang, qui est le prolongement vers le sud de Ð Quang Trung. Quelques *restaurants* très fréquentés, Ð Phan Chu Trinh, constituent une bonne option.

Dans l'artère principale, au 55 Ð Le Loi, on peut déguster d'excellents *pho* chez *Dung Men*.

Un peu partout dans la ville, vous remarquerez des stands de cacahuètes caramélisées. Des bonbons d'aspect similaire sont proposés partout dans le pays, mais ceux de Vinh, qui existent en trois variétés, sont de loin les meilleurs. Il sont en fait tellement bons qu'ils mériteraient d'être exportés.

Où sortir

La vie nocturne de Vinh n'a rien de particulièrement animé ; c'est peut-être ce qui a

conduit un jeune expatrié britannique à ouvrir le *Zulu Bar* (☎ *848997, 51 Ð Quang Trung)*, seul bar de style occidental existant en ville. Ce petit havre très spécial est l'antithèse des banales boîtes à karaoke que compte Vinh, et sans nul doute l'endroit où aller en soirée.

Comment s'y rendre

Avion. L'agence des Vietnam Airlines est installée dans le Huu Nghi Hotel.

Bus. Une grande nouvelle pour les voyageurs : la frontière avec le Laos a été ouverte au niveau du col de Keo Nua, à 80 km de Vinh (reportez-vous au chapitre *Comment s'y rendre)*.

La gare routière de Vinh (Ben Xe Vinh) se trouve Ð Le Loi, à environ 1 km au nord du marché. Les guichets sont ouverts tous les jours de 4h30 à 17h. Les bus pour Buon Ma Thuot, Danang, Hanoi et Ho Chi Minh-Ville partent quotidiennement à 5h. Des express pour Hanoi, irréguliers, quittent également Vinh pendant la journée.

Train. La gare de Vinh (Ga Vinh, ☎ 824924) est à 1 km à l'ouest du carrefour entre Ð Le Loi et Ð Phan Boi Chau et à 1,5 km au nord du marché. L'*Express de la Réunification* s'y arrête (voir le chapitre *Comment circuler)*.

Voiture et moto. Les distances routières au départ de Vinh sont les suivantes :

Danang	468 km
Dong Hoi	197 km
Hanoi	292 km
Huê	363 km
Frontière du Laos	87 km
Thanh Hoa	139 km

Comment circuler

Les motos-taxis vous emmènent un peu partout en ville pour environ 0,50 $US.

Fait étonnant pour une si petite ville, Vinh compte trois sociétés de taxis : Phu Nguyen Taxi (☎ 833333), Quynh Ha Taxi (☎ 858585) et Viet Anh Taxi (☎ 843999).

LES ENVIRONS DE VINH
Plage de Cua Lo

Avec Sam Son et Do Son, Cua Lo fait partie des trois principales stations balnéaires de la moitié nord du pays, ce qui n'est pas forcément une distinction.

La plage, agréable, est dotée de sable blanc, d'une eau claire et d'un bosquet de pins sur la rive qui procure un peu d'ombre tout en protégeant du vent. Toutefois, Cua Lo est loin d'atteindre la qualité de Vung Tau ou de Nha Trang. Si vous êtes dans la région et si le temps le permet, vous passerez néanmoins un bon moment.

Où se loger. Les tarifs des hôtels diminuent considérablement pendant les mois d'hiver – il ne faut pas hésiter à négocier, quoique poliment. En haute saison, en revanche, les prix sont rarement discutables.

Nous déconseillons la *Hang Khong Guesthouse* (☎ 824421), car elle n'a pas d'eau chaude. Les tarifs restent cependant élevés, avec des doubles entre 15 et 25 $US.

Le *Hon Ngu Hotel* (☎ 824127), un grand bâtiment blanc face à la plage, est le seul établissement de la ville équipé de la TV par satellite. Géré par l'armée, il est d'une propreté irréprochable. Les prix s'échelonnent entre 20 et 50 $US.

Autre bâtiment imposant près de la plage, le *Pacific Hotel (Khach San Thai Binh Duong,* ☎ 824164) propose des doubles entre 20 et 60 $US.

En bord de mer également, le *Vien Dieu Duong Hotel* (☎ 824122) possède des chambres avec eau chaude allant de 15 à 28 $US.

Le long de la plage, plus au nord, la *Guesthouse of Cua Lo Town (Nha Khach Thi Cua Lo,* ☎ 824541) loue ses chambres entre 18 et 35 $US en haute saison.

Comment s'y rendre. Cua Lo, située à 16 km au nord-est de Vinh, est facilement accessible en moto et en taxi.

Kim Lien

Ho Chi Minh a vu le jour en 1890 dans ce village, à 14 km au nord-ouest de Vinh. Sa maison natale, une simple ferme faite de bambou et de feuilles de palmiers, est devenue un lieu de culte où les touristes vietnamiens se rendent en pèlerinage.

D'origine modeste, la famille de Ho a habité dans deux maisons. La première, où il est né, se dresse dans le village de Sen (lotus), à 2 km de Kim Lien. En 1895, la famille l'a vendue et a déménagé à Hué pour que le père de Ho poursuive ses études. En 1901, la famille est revenue acquérir une ferme à Kim Lien, tandis que Ho restait au collège à Hué.

A proximité de cette deuxième maison, un *musée (*☎ *825110)* a été érigé. Les trois bâtiments sont ouverts au public tous les jours sauf le lundi de 6h30 à 11h et de 14h à 17h30. L'entrée des maisons est gratuite, mais vous devez obligatoirement acheter une gerbe de fleurs à l'accueil afin de la déposer devant l'autel consacré à Ho Chi Minh dans sa maison natale.

Un panneau à l'intérieur raconte la vie de la mère (Hoang Thi Loan) et du père (Nguyen Sinh Sac) de Ho. Malheureusement, les explications sont uniquement en vietnamien.

Devant le musée, sur le parking, des vendeurs proposent les fameuses cacahuètes caramélisées de Vinh. Si vous ne les avez pas encore goûtées, c'est le moment de faire des réserves.

Aucun transport en commun ne dessert Kim Lien. Cependant, vous pouvez facilement emprunter une moto ou un taxi à Vinh.

THANH HOA

Thanh Hoa est la capitale de la province du même nom. Une grande et belle église s'élève juste au nord de la ville. C'est dans cette province qu'eut lieu l'insurrection de Lam Son (1418-1428), au terme de laquelle Le Loi (le futur empereur Ly Thai To) et ses troupes réussirent à chasser les Chinois et à établir pour la première fois un Vietnam indépendant. Les ethnies montagnardes muong et thaï rouge vivent dans l'ouest de la province.

Thanh Hoa Tourist (☎ 852298 et 852517), 298 Ð Quang Trung, est l'organisme touristique officiel du gouvernement pour la province.

Où se loger et se restaurer

Le ***Thanh Hoa Hotel*** (☎ *852517, fax 853963, 25A Đ Quang Trung)*, est situé dans le centre-ville, sur le côté ouest de la nationale. Les chambres coûtent entre 10 et 40 $US.

A côté, au n°25B, le ***Nha Khach Thanh Hoa*** (☎ *856030)* ne demande que 7/10 $US pour des chambres avec ventil./clim.

Affaire familiale, le ***Loi Linh Hotel*** (☎ *851667, 22 Đ Tran Phu)*, loue ses chambres entre 25 et 30 $US.

Des ***restaurants de soupe***, des ***salons de thé*** et quelques ***restaurants*** sont installés le long de la nationale, notamment à l'entrée sud de la ville.

Comment s'y rendre

Les *Express de la Réunification* font un arrêt à Thanh Hoa (voir le chapitre *Comment circuler)*. La ville se situe à 502 km de Hué, à 139 km de Vinh et à 153 km de Hanoï par la route.

PLAGE DE SAM SON

Sans doute la station balnéaire la plus populaire du Nord, Sam Son se déploie trop loin de Hanoï pour une excursion d'une journée. En été, néanmoins, les citadins envahissent la plage, fuyant l'étouffante capitale pour le week-end. En revanche, l'hiver, Sam Son est si déserte que peu d'hôtels daignent rester ouverts.

La plage est en fait divisée en deux par un cap rocheux. Côté nord, la plage bordée de hideuses tours manque de charme. Le côté sud, moins chargé, attire toutefois beaucoup de pique-niqueurs.

Sur le cap, plusieurs randonnées offrent de beaux paysages, mais le promontoire abrite une base militaire – un panneau en anglais avertit de garder ses distances.

Un parc ouvert au public occupe le reste du cap. Vous admirerez ses forêts de pins, ses énormes rochers de granit, ses vues panoramiques, ainsi que la pagode Co Tien.

Où se loger

La plupart des hôtels de Sam Son, d'affreux établissements publics, demandent des prix de luxe pour des prestations médiocres. Malheureusement, les gîtes privés sont encore inexistants. Vous pouvez négocier les tarifs en hiver, bien que l'endroit ne présente aucun intérêt à cette époque de l'année.

Le gigantesque ***Huong Bien Hotel*** (☎ *821272)* dispose de chambres avec TV par satellite louées entre 20 et 50 $US. Celles du ***Hoa Hong Hotel*** (☎ *821348)*, identique mais plus petit, sont facturées entre 20 et 25 $US.

Malgré l'absence de TV par satellite, le ***Xay Dung Hotel*** (☎ *821372)* propose des chambres entre 15 et 45 $US, et la ***Ke Hoach Guesthouse*** (☎ *821358)* demande de 7 à 25 $US.

Au ***Hoa Hung 1 Hotel*** (☎ *821505)*, les chambres avec clim. coûtent 18 $US ; le ***Nha Khach Tong Cuc Hai Quan*** (☎ *821468, fax 853503)* demande 12/23 $US pour des chambres avec ventil./clim.

Comment s'y rendre

Thanh Hoa, la capitale de la province, est la jonction ferroviaire et routière la plus proche de la plage de Sam Son. La ville elle-même ne procure aucun autre intérêt que sa proximité avec Sam Son : le trajet de 16 km s'effectue facilement en moto.

NINH BINH

En quelques années, cette bourgade endormie s'est transformée en haut lieu touristique. Cette métamorphose ne doit presque rien à Ninh Binh, mais plutôt à la proximité de Tam Coc (9 km), Hoa Lu (12 km) et du parc national de Cuc Phuong (45 km).

Bien qu'il soit possible d'organiser une excursion d'une journée de Hanoï à Tam Coc, la plupart des voyageurs préfèrent passer la nuit à Ninh Binh pour visiter le lieu plus tranquillement.

Où se loger et se restaurer

Les lauriers de la gloire reviennent au ***Thuy Anh Mini-Hotel*** (☎/fax 87160, 55A Đ Truong Han Sieu)*. Les chambres, impeccables,

CENTRE-NORD

L'enfer de la paix

Bien que les Américains n'aient cessé de larguer des bombes et des obus sur le Nord-Vietnam, ils écartèrent toujours tout plan d'invasion terrestre de la région. L'ironie du sort voulut qu'ils fassent quelques incursions au Laos et au Cambodge pour frapper les soldats ennemis et les dépôts d'approvisionnement, mais ils ne franchirent jamais la DMZ. Non qu'ils n'y aient jamais songé – certains généraux plaidaient en effet en faveur d'un assaut militaire à grande échelle sur le Nord-Vietnam, incluant l'utilisation de l'arme atomique. La logique en était simple : déplacer la guerre vers le Nord réduisait la pression militaire pesant sur le Sud.

L'invasion du Nord-Vietnam paraissait facile, du moins sur papier. Les généraux américains pensaient disposer d'une puissance de feu suffisante pour écraser la moindre attaque défensive que le Nord pouvait espérer organiser. Les Français avaient partagé ce point de vue, avant de se perdre dans le bourbier de Dien Bien Phu.

Les troupes américaines avaient plusieurs raisons pour ne pas envahir le Nord, mais la plupart d'entre elles n'avaient rien à voir avec l'éventualité d'un second Dien Bien Phu. L'une de ces raisons était que cette guerre devenait de plus en plus impopulaire auprès du public américain, et qu'une invasion aurait causé d'innombrables pertes en vies humaines. Sur le plan international, les critiques fusaient de toutes parts, accusant les États-Unis de s'engager dans une guerre purement impérialiste afin de faire du Vietnam une colonie. Toutefois, le facteur capital qui empêcha les Américains d'agir fut l'éventualité de déclencher une troisième guerre mondiale.

De nos jours encore, les mordus de stratégie militaire aiment à débattre du problème : une invasion du Nord aurait-elle modifié l'issue du conflit ? Ou bien les États-Unis se seraient-ils plus encore enlisés dans une guérilla sans fin ? La Chine et/ou la Russie seraient-elles entrées en guerre pour défendre le Nord-Vietnam ? Le cas échéant, l'un ou l'autre des deux belligérants aurait-il osé recourir à l'arme nucléaire ? Comme dans toute question hypothétique, personne ne peut réellement se prononcer, mais les Américains prirent tellement au sérieux la menace nucléaire qu'ils ne déclarèrent pas la guerre au Nord-Vietnam. Tout au long du conflit, les États-Unis demeurèrent officiellement en paix, et la guerre fut toujours qualifiée d' "action policière".

coûtent entre 7 et 25 \$US. La cuisine du *restaurant*, situé sur le toit, est délicieuse. Les propriétaires, très serviables, peuvent vous aider à réserver des excursions dans les environs, à louer des motos et des bicyclettes et vous conseiller sur les sites à visiter. M. De a vécu huit ans en Bulgarie.

La *Thanh Thuy's Guesthouse* (☎ 871811, 128 Đ Le Hong Phong) est un autre établissement familial apprécié des voyageurs à petit budget. M. Tuc (qui a également résidé en ex-Europe de l'Est) et sa femme, Thuy, parlent français, anglais et allemand et sont connus pour leur excellente cuisine. On y dort pour 3 à 7 \$US dans une chambre avec ventil. et pour 10 à 12 \$US avec clim.

Le petit *Queen Mini-Hotel* (Khach San Nu Hoang, ☎ 871874), très plaisant, se situe à 30 m de la gare ferroviaire de Ninh Binh. Il facture ses chambres de 6 à 12 \$US. Il n'y a pas de restaurant, mais on peut vous préparer un repas à la demande. Le personnel, anglophone, pourra vous aider à louer des motos ou à préparer vos excursions.

Le *Star Hotel* (Khach San Ngoi Sao, ☎ 871522, fax 871200, 267 Đ Trang Hung Dao) est un autre établissement fort apprécié. Il propose des chambres agréables pour 10 à 28 \$US.

De l'autre côté de la gare, Đ Le Dai Hanh regroupe trois autres mini-hôtels. Le *Hoa Binh Hotel* (☎ 873682) ne demande que de

7 à 9 $US, mais son karaoke est bruyant, et il a tout l'aspect d'une maison de passe. Au n°195, le **Bien Bach Hotel** (☎ 871449) pratique les mêmes tarifs, la saleté en moins. Enfin, au n°197, les prix du **Phuong Nga Hotel** (☎ 871927) oscillent entre 7 et 20 $US.

Le **Hoang Gia Hotel** (☎ 871396), au 6 Đ Le Dai Hanh, est un mini-hôtel privé très animé, avec des doubles à 10 $US.

En plein centre-ville, le **Ninh Binh Hotel** (☎ 871337, 2 Đ Tran Hung Dao) s'est doté d'un bar à karaoke, tonitruant en soirée. Vous y paierez entre 12 et 15 $US.

A la **Thuy Son Guesthouse** (☎ 873545), un hôtel d'État relativement récent, les doubles avec clim. reviennent à 10 $US.

Le **Song Van Hotel** (☎ 871974) se trouve Đ Le Hong Phong, le long de la rivière. Les chambres, toutes identiques, coûtent 15 $US.

Le **Hoa Lu Hotel** (☎ 871217, fax 874 126) est de loin le plus grand hôtel de Ninh Binh. Situé à 300 m au nord du centre-ville, Đ Tran Hung Dao, il loue des doubles pour 20 à 45 $US.

Récemment ouvert, le **Trang An Hotel** (☎ 874742, fax 871200) est un superbe établissement d'État installé à l'angle de Đ Tran Hung Dao et Đ Le Hong Phong. Ses chambres avec clim. se monnayent de 15 à 25 $US.

A l'extérieur de la ville, le **Van Xuan Inter-Hotel Complex** (☎ 860648, fax 860 647), très plaisant, se dresse à peu près à mi-chemin de la route vers Hoa Lu. Si vous êtes motorisé, séjournez donc dans l'une de ses chambres spacieuses, équipées de la clim. et de la TV par satellite, pour 35 à 50 $US.

Comment s'y rendre

Bus. Ninh Binh se situe à 93 km au sud-ouest de Hanoi. Des bus réguliers partent presque toutes les heures. Le trajet dure 2 heures 30 et coûte 1,60 $US. La ville est également une étape des "voyages open" qui sillonnent le pays du nord au sud, et pour 4 $US on peut voyager depuis/vers Hanoi dans un bus confortable et climatisé.

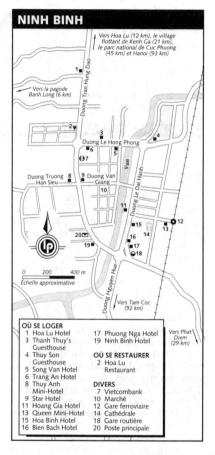

NINH BINH

Vers Hoa Lu (12 km), le village flottant de Kenh Ga (21 km), le parc national de Cuc Phuong (45 km) et Hanoi (93 km)

Vers la pagode Banh Long (6 km)

Duong Tran Hung Dao

Duong Le Hong Phong

Duong Truong Han Sieu

Duong Van Giang

Duong Le Dai Hanh

Vers Tam Coc (92 km)

Duong Nguyen Hue

0   200   400 m
Échelle approximative

Vers Phat Diem (29 km)

OÙ SE LOGER	
1 Hoa Lu Hotel	17 Phuong Nga Hotel
3 Thanh Thuy's Guesthouse	19 Ninh Binh Hotel
4 Thuy Son Guesthouse	**OÙ SE RESTAURER**
5 Song Van Hotel	2 Hoa Lu Restaurant
6 Trang An Hotel	
8 Thuy Anh Mini-Hotel	**DIVERS**
9 Star Hotel	7 Vietcombank
11 Hoang Gia Hotel	10 Marché
13 Queen Mini-Hotel	12 Gare ferroviaire
15 Hoa Binh Hotel	14 Cathédrale
16 Bien Bach Hotel	18 Gare routière
	20 Poste principale

Train. Les *Express de la réunification* reliant Hanoi à Ho Chi Minh-Ville (voir le chapitre *Comment circuler*) s'arrêtent tous à Ninh Binh.

LES ENVIRONS DE NINH BINH
Tam Coc

Les touristes appellent ce site d'une rare beauté la "baie d'Along terrestre", "la baie d'Along des rizières", "la baie d'Along sans l'eau", etc. Alors que les hautes formations

CENTRE-NORD

Le bétel

S'il est une chose qui se vend partout au Vietnam, sur n'importe quel trottoir, c'est le bétel. Le bétel ne se mange pas, il se chique. Il s'agit d'un mélange de noix d'arec et de chaux vive, enveloppé dans une feuille de bétel. Tout comme le tabac, on a du mal à le supporter la première fois, puis on ne peut plus s'en passer. Il a des propriétés toniques et astringentes, fait terriblement saliver et donc, cracher. Les taches rouge foncé que vous voyez sur les trottoirs ne sont pas du sang, mais du jus de bétel mélangé à de la salive.

rocheuses de la baie d'Along se dressent au-dessus de la mer (voir le chapitre *Le Nord-Est du Vietnam*), celles de Tam Coc dominent un paysage de rizières. Elles évoquent immanquablement deux hauts lieux du tourisme en Chine : Guilin et Yangshuo.

Tam Coc signifie – et abrite – "trois grottes". La première, Hang Ca, s'étend sur 127 m de long ; la deuxième, Hang Giua, sur 70 m ; et la troisième, Hang Cuoi, sur seulement 40 m.

Pour visiter Tam Coc, il faut se promener en bateau sur la Ngo Dong. Les embarcations parcourent les grottes, offrant une excursion superbe et tranquille. La visite des trois grottes dure environ 3 heures, arrêts compris. Les billets sont en vente au petit bureau, près des quais. Prévoyez 3,50 $US par personne pour un canot de 2 places (soit 2 $US pour l'entrée et 1,50 $US pour la location). Leurs propriétaires insisteront pour vous vendre des broderies – n'hésitez pas à refuser.

Plus ennuyeux, des vendeurs en barque pagaient jusqu'à votre hauteur pour vous proposer des boissons fraîches. Si vous refusez, ils suggéreront – plutôt exigeront – que vous en achetiez une pour le rameur qui vous conduit. Beaucoup de touristes acceptent et découvrent plus tard que le rameur redonne tout simplement la boisson au vendeur pour moitié prix !

Pensez à prendre de la crème solaire, un chapeau ou une ombrelle pour vous protéger du soleil, le cas échéant, car les canots n'offrent aucune ombre. Vous pouvez louer une ombrelle sur le quai pour 0,50 $US.

Bich Dong, une autre grotte située 2 km après Tam Coc, contient une pagode encastrée. Bien qu'il soit facilement accessible soit par la rivière soit par la route, de nombreux voyageurs, excédés par l'agressivité des vendeurs de souvenirs (souvent des enfants), fuient cet endroit. L'entrée de la pagode coûte 1,50 $US.

Tam Coc regorge de restaurants. Nous avons particulièrement apprécié l'*Anh Dzung Restaurant* (☎ 860230).

Derrière le restaurant se dresse le village de Van Lan, connu pour ses broderies. Vous pouvez regarder les artisans confectionner des serviettes, des nappes, des housses, des T-shirts, etc. La majeure partie de ces articles est ensuite vendue à Hanoi, dans Pho Hang Gai, mais ils vous reviendront moins cher ici. Il vaut également mieux acheter ces broderies directement auprès des artisans. Au village, également, vous trouverez une sélection plus grande et moins chère qu'auprès des propriétaires de bateaux.

Pour atteindre Tam Coc, suivez la route sur 9 km à partir de Ninh Binh, d'abord la nationale 1 vers le sud, puis tournez vers l'ouest après la sortie pour Tam Coc. A Hanoi, de nombreux cafés pour petits budgets organisent des excursions d'une journée à Tam Coc.

Hoa Lu

Le paysage ressemble à celui du village voisin de Tam Coc, mais Hoa Lu présente également un intérêt historique. Capitale du Vietnam sous la dynastie Dinh (968-980) et au début de la dynastie des Le antérieurs (980-1009), sa proximité avec la Chine et la protection naturelle de son relief lui conféraient un avantage certain.

La vieille citadelle de Hoa Lu, en grande partie détruite, couvrait une surface de 3 km². Des remparts protégeaient les temples, les sanctuaires et l'endroit où le roi recevait ses sujets. La famille royale vivait dans la citadelle intérieure.

Il reste aujourd'hui deux sanctuaires à Hoa Lu, auxquels le mont Yen Ngua procure un décor enchanteur. Le sanctuaire de Dinh Tien Hoang, restauré durant le XVIIᵉ siècle, est dédié à la dynastie Dinh. On voit devant l'entrée le socle en pierre du trône. Le sanctuaire abrite des cloches de bronze et une statue de l'empereur Dinh Tien Hoang en compagnie de ses trois fils. Le second temple, celui de Dai Hanh (ou Dung Van Nga), honore la mémoire des souverains de la dynastie des Le antérieurs. Vous découvrirez dans la salle principale toutes sortes de tambours, gongs, encensoirs, chandeliers et armes. A gauche de l'entrée apparaît un sanctuaire dédié à Confucius.

Un escalier de 200 marches environ mène aux sanctuaires. Arrivé au sommet, vos efforts sont récompensés, car la vue est magnifique.

Le droit d'entrée à Hoa Lu s'élève à 2 $US. Devant les sanctuaires, vous pourrez demander un guide vietnamien – ses services sont gratuits, mais un pourboire serait le bienvenu. Vous pouvez également louer les services d'un guide anglophone (les guides parlant français sont beaucoup moins nombreux) pour la somme exorbitante de 15 $US par groupe.

Comme aucun transport en commun ne dessert Hoa Lu, les voyageurs parcourent généralement les 12 km qui le séparent de Ninh Binh en vélo, en moto ou en voiture. Les cafés de Hanoi devraient pouvoir mettre sur pied un circuit pour vous y emmener.

Pagode Banh Long
Cette pagode bouddhique érigée à 6 km seulement de Ninh Binh mérite une petite visite, bien qu'elle n'ait rien de spectaculaire. Depuis la nationale 1 (Đ Tran Hung Dao à Ninh Binh), prenez vers l'ouest la route passant entre le Hoa Lu Restaurant et le Hoa Lu Hotel.

Village flottant de Kenh Ga
Kenh Ga signifie "canal aux poulets". A défaut de poulets, la vie des villageois tourne autour du canal en question. En effet, les habitants de Kenh Ga logent tous dans des bateaux flottant sur la Hoang Long. Le Vietnam ne compte qu'une seule autre région présentant un tel spectacle : le delta du Mékong. Kenh Ga possède cependant deux particularités. D'abord, le village flotte dans un décor montagneux extraordinaire. Ensuite, les habitants font avancer leurs barques avec leurs pieds.

D'après notre expérience, Kenh Ga illustre mieux que tout autre endroit du Vietnam du Nord la vie quotidienne le long des rivières. Les gens semblent passer presque tout leur temps sur l'eau. Les enfants vont d'ailleurs à l'école en bateau.

Le village s'agrémente d'une source chaude (Suoi Nuoc Nong). Moyennant un droit d'entrée de 0,10 $US, vous pouvez vous y laver en utilisant un seau.

Sur la jetée, un canot vous emmènera au village pour 5 $US. Les canots ne contiennent que 3 places. Si vous voulez explorer la rivière plus avant, des vedettes effectuant un circuit de 6 km accueillent 10 passagers pour 7 $US.

Les villageois sont très chaleureux. Les enfants crient joyeusement "tay oi" (Occidental) à tous les touristes qu'ils voient, même les Vietnamiens !

Kenh Ga s'étend à 21 km de Ninh Binh. Suivez la nationale 1 vers le nord pendant 11 km, puis tournez vers l'ouest, et roulez pendant encore 10 km, jusqu'à la jetée.

PHAT DIEM
Phat Diem (Kim Son) abrite une cathédrale remarquable par sa taille et son architecture sino-vietnamienne unique. A l'époque de la colonisation française, la cathédrale était un haut lieu du catholicisme dans le Nord.

Phat Diem possédait même un séminaire. En 1954, la division du pays a entraîné le départ massif des catholiques vers le Sud et la fermeture du sanctuaire. Celui-ci est aujourd'hui rouvert, de même que les dizaines d'églises des environs. Selon les derniers chiffres, quelque 120 000 catholiques vivent dans la région.

La voûte est soutenue par des colonnes massives en bois de 1 m de diamètre et de 10 m de hauteur. Dans les nefs latérales, vous apercevrez des statues de bois et de pierre fort étranges. L'autel est formé d'un seul bloc de granit. Les façades extérieures s'élèvent à 16 m du sol.

Le complexe regroupe de nombreux édifices, dont le plus vaste a été achevé en 1891. L'ensemble a été fondé par un prêtre vietnamien du nom de Six, qui est enterré sous le parvis de la cathédrale. Derrière le bâtiment principal, votre attention sera attirée par un amoncellement de roches calcaires ; le père Six les avait empilées pour vérifier si le terrain était adapté à la réalisation de son œuvre. Apparemment, le test a réussi.

Le clocher s'élève au fond de la cathédrale. A sa base, vous remarquerez deux énormes dalles de pierre posées l'une sur l'autre. Comme toutes celles du complexe, elles ont été acheminées par des moyens de fortune sur environ 200 km. Leur intérêt réside dans le fait qu'elles servaient d'estrades aux mandarins venus observer (avec un certain amusement, n'en doutons pas) les rites catholiques.

La tour la plus élevée abrite une cloche si grosse qu'elle ferait pâlir d'envie celle de Notre-Dame. Avec d'autres lourdes pièces de métal, elle fut hissée au sommet de la tour au moyen d'une gigantesque rampe de terre. Une fois la construction achevée, les déblais ont été amassés autour du lieu saint, formant un tertre d'environ 1 m de haut destiné à protéger l'édifice d'éventuelles inondations.

Non loin de là se dressent une petite chapelle en grosses pierres de taille – dont l'intérieur est aussi frais que celui d'une grotte – et un pont couvert datant de la fin du XIXe siècle.

Des nuées de touristes vietnamiens affluent vers la cathédrale, bien que peu d'entre eux soient catholiques. Étrangement, les Vietnamiens font preuve d'une très grande curiosité envers les églises et le christianisme en général, comme un lecteur l'a constaté :

Les Vietnamiens continuent d'être intrigués par les étrangers. Lorsque je me suis rendu dans une cathédrale pour la messe de minuit la veille de Noël, j'ai découvert un certain nombre de catholiques vietnamiens et étrangers, blottis sur les bancs devant l'autel. Leur présence semblait grandement réjouir les milliers de spectateurs vietnamiens entassés au fond de l'église. Les badauds n'ont pas cessé de chuchoter avec enthousiasme. La cérémonie a été troublée vers le milieu par une gigantesque bousculade, et certains ont même essayé d'escalader les piliers afin de mieux voir. Le prêtre a d'ailleurs dû s'interrompre plusieurs fois pour calmer la foule. Malgré tout, nous avons en partie réussi à entendre le prêtre vietnamien délivrer son sermon d'abord en vietnamien, puis en français et enfin en anglais. Cette cérémonie trilingue était très impressionnante. J'ai appris sans grand étonnement que les prêtres de certaines cathédrales du Sud ne permettent plus qu'à leurs ouailles de pénétrer dans l'église pour la messe de minuit : ils leur distribueraient même des cartes certifiant leur appartenance à la congrégation.

Comment s'y rendre
Phat Diem se trouve à 121 km au sud de Hanoi et à 29 km au sud-est de Ninh Binh (une distance aisément réalisable à moto).

PARC NATIONAL DE CUC PHUONG
Ce parc constitue, depuis son aménagement en 1962, l'une des plus importantes réserves naturelles du Vietnam. Même si on a vu ces dernières décennies une grave détérioration de sa flore et de sa faune, les 222 km^2 de forêt tropicale intacte du parc servent encore d'habitat à une variété fantastique d'espèces animales et végétales : plus de 2 000 espèces de plantes issues de 217 familles et de 749 genres ; 1 800 espèces d'insectes de 30 ordres et de 200 familles ; 320 espèces

d'oiseaux ; 64 espèces de mammifères et 33 de reptiles.

C'est ici que l'on a découvert certaines espèces n'existant nulle part ailleurs, comme, par exemple, un arbre appelé *Bressiaopsis cucphuongensis* et l'écureuil à ventre rouge *Callosciurus erythrinaceus cucphuongensis*. Parfois, on aperçoit des macaques rhésus (*Macaca mullata*) dans les forêts. Jadis abondant dans le parc, le cerf tacheté (*Cervus nippon*) ne survit plus que dans un enclos spécial.

La meilleure époque pour visiter le parc s'étend d'octobre à mars, pendant la saison sèche. D'avril à juin, la température et l'humidité augmentent progressivement, tandis que, entre juillet et septembre, les pluies arrivent, et avec elles une multitude de sangsues. Une visite en avril-mai permet d'apercevoir des millions de merveilleux petits papillons blancs.

Le parc regorge d'itinéraires de randonnées. Les amateurs pourraient y passer des jours entiers. L'un des sentiers les plus fréquentés mène à un arbre millénaire, un autre vous conduit à Kanh, un village de l'ethnie muong. Le personnel du parc peut vous fournir des cartes vous permettant de repérer les sentiers, très bien signalés. La réserve contient de nombreuses grottes. On a retrouvé des outils préhistoriques dans celle de Con Moong.

Le parc national de Cuc Phuong se trouve à 70 km de la mer, et occupe une surface de 25 km de long sur 11 km de large, à cheval sur les provinces de Ninh Binh, Hoa Binh et Thanh Hoa. Le point le plus élevé atteint 648 m. Aux points les plus bas, le climat est subtropical.

Ho Chi Minh a inauguré en 1963 ce parc national, le premier aménagé au Vietnam. Il prononça alors cette courte allocution :

La forêt, c'est de l'or. Si nous savons bien la conserver, elle sera très précieuse. Néanmoins, sa destruction entraînera des conséquences graves pour la vie et la productivité.

Prendre un guide est obligatoire, et il serait d'ailleurs insensé et risqué de s'aventurer seul dans cette jungle épaisse. Certaines agences de voyages à Hanoi et à Ninh Binh organisent des randonnées de 3 jours jusqu'aux villages muong.

Le parc compte environ 80 gardes forestiers, très motivés par la protection de la nature, qui luttent contre le braconnage et l'abattage illégal des arbres. A quelques centaines de mètres de leur quartier général, s'étend un centre de recherche et d'élevage consacré aux cerfs tachetés, que l'on tente de réintroduire dans les territoires où ils ont jadis été massacrés. Parallèlement, certaines expériences en cours ont pour but de vérifier si cet animal peut être élevé à des fins alimentaires.

Le braconnage et la destruction de l'habitat naturel constituent la préoccupation majeure des gardes forestiers. De nombreuses espèces, tels l'ours brun, le chat sauvage, mais également certains oiseaux et reptiles, ont disparu du parc par la faute de l'homme. Les Muong et les gardes se sont violemment affrontés à plusieurs reprises, les gardes tentant d'empêcher les villageois d'abattre des arbres sur le site. Le gouvernement a fini par déplacer le village hors de l'enceinte du parc, mais il est à craindre que le fort taux de natalité que connaissent les minorités de la région suscite à l'avenir l'émergence de nouveaux conflits.

La réserve abrite une essence unique, le Cay Kim Gao (ou *Podocarpus fleuryi Hickel* pour les amateurs d'horticulture). Autrefois, les rois et les seigneurs ne mangeaient qu'avec des baguettes fabriquées dans ce bois, car il possède la propriété de devenir noir au contact d'une substance empoisonnée. Les baguettes représentent pour certains touristes un excellent souvenir de leur visite en ces lieux.

L'entrée du parc coûte 5 $US.

Centre d'aide aux primates en voie de disparition

La visite de ce centre s'impose si vous venez au parc de Cuc Phuong. Géré par des biologistes allemands, avec l'aide de Vietnamiens de la région, le centre s'attache à préserver le bien-être des singes du Vietnam.

En 1995, le projet, encore à l'état embryonnaire, ne s'occupait que de quelques singes ; aujourd'hui, en revanche, l'endroit connaît une grande activité : on y soigne, étudie et élève plus de 50 animaux. On y trouve actuellement 13 espèces différentes de gibbons et d'entelles (dont trois espèces sont uniques au centre).

L'entelle, une espèce endémique, ressemble au gibbon, mais sa queue est plus longue. On estime qu'il reste aujourd'hui environ 20 singes de cette espèce en liberté, dans le parc de Cuc Phuong ou dans ses environs.

Tous les animaux du centre ont été sauvés du commerce illégal (vers la Chine, principalement) ou élevés en captivité. Ces animaux rares constituent un véritable enjeu ; de nombreux amateurs seraient prêts à payer très cher (entre 200 et 600 \$US) pour leur valeur "médicale", qu'il s'agisse de soulager les calculs biliaires ou de fabriquer des aphrodisiaques. Malheureusement, la demande du marché noir a provoqué la disparition de plusieurs de ces espèces.

L'alimentation des entelles est très spécifique : leur système digestif ne tolère que des feuilles fraîchement coupées. En ne nourrissant pas correctement leur singe, des propriétaires ignorants ont purement et simplement tué leur animal.

Heureusement, de grands progrès ont été réalisés dans la protection des animaux qui subsistent et la répression du commerce illégal. La coopération entre les autorités vietnamiennes et le personnel du centre a donné d'excellents résultats. L'un des buts principaux du centre est d'élever en captivité ces espèces rares pour les relâcher ensuite dans leur habitat naturel. Lors de la rédaction de ce guide, les chercheurs se préparaient à réintroduire les tout premiers spécimens.

Officiellement, l'accès au centre est réservé au personnel, mais il est possible de le visiter, de préférence entre 9h et 11h et entre 14h et 15h. Une fois dans le centre, suivez les consignes – ne nourrissez surtout pas les singes avec les restes de votre pique-nique.

La visite du centre est pour l'instant gratuite, mais n'hésitez pas à acheter un poster ou une carte postale ; vous constaterez vous-même que cet argent sert une cause louable.

Où se loger

Le parc loue des *chambres* rudimentaires pour 10 \$US, dans une maison de style muong avec s.d.b. commune et eau froide. La *pension* du parc affiche des prix exagérés (35 \$US la chambre) ; à ce tarif, mieux vaut se loger à Ninh Binh. Si l'on y réside, toutefois, on peut également s'y restaurer. Les réservations s'effectuent auprès du parc national de Cuc Phuong, district de Nho Quan, province de Ninh Binh (☎ 030-866085) ou du bureau de Hanoi (☎ 04-829 2604), 1 Pho Doc Tan Ap.

Comment s'y rendre

La route est la même que pour le village flottant de Kenh Ga : vous passez d'ailleurs devant pour rejoindre le parc national de Cuc Phuong, qui s'ouvre à 45 km au nord de Ninh Binh. Aucun transport en commun n'est en service sur cette route.

THAI BINH

Les touristes vont rarement jusqu'à Thai Binh, car la nationale 1 passe trop loin. Vous ne vous arrêterez probablement à Thai Binh que si vous suivez la route latérale qui relie Ninh Binh à Haiphong.

Toutefois, si vous manquez Thai Binh, ne regrettez rien. Le seul centre d'intérêt de la région est la pagode Keo.

Pagode Keo

La pagode Keo (Chua Keo) fut fondée au XIIe siècle pour honorer Bouddha et le moine Khong Minh Khong, qui avait miraculeusement guéri l'empereur Ly Than Ton (règne : 1128-1138) de la lèpre.

Le clocher en bois, finement sculpté, compte parmi les chefs-d'œuvre de l'architecture vietnamienne traditionnelle.

La pagode Keo se dresse dans la province de Thai Binh, à 9,5 km de la ville de Thai Binh, près de Thai Bac.

Le Centre

Entre 1954 et 1975, le fleuve Ben Hai servit de ligne de démarcation entre la République du Vietnam (Sud-Vietnam) et la République démocratique du Vietnam (Nord-Vietnam). La zone démilitarisée (on utilise pour la désigner les initiales anglaises, DMZ) s'étendait sur 5 km de part et d'autre de cette ligne.

La DMZ et ses environs, au sud, furent le théâtre de nombreux affrontements et abritèrent, pendant la guerre du Vietnam, de très nombreuses forces américaines. Aujourd'hui, cette zone demeure l'une des plus intéressantes du pays. Au sud de la DMZ se trouvent Hué et de Hoi An, deux villes chargées d'histoire et qui comptent parmi les plus agréables du Vietnam.

Hué est, d'un point de vue historique, la cité la plus passionnante du pays. Elle fut également sa capitale de 1802 à 1945, sous le règne des treize empereurs de la dynastie des Nguyen. La province de Quang Nam, qui englobe la municipalité de Danang, renferme les sites cham les plus importants du Vietnam – notamment ceux de My Son et de Tra Kieu (Simhapura) –, devenus hauts lieux touristiques. D'autres excursions, telles que les montagnes de Marbre et China Beach, voient également affluer de nombreux visiteurs. La ville de Danang, autrefois très animée, est aujourd'hui plus calme, mais le musée cham mérite le détour.

Le vieux port de Faifo (Hoi An), qui possède un charme rustique, constitue l'endroit idéal pour se détendre et goûter la vie telle qu'elle était voilà quelques siècles.

LA DMZ

Le partage du Vietnam est le résultat d'une série d'accords signés entre les États-Unis, le Royaume-Uni et l'ex-URSS lors de la conférence de Potsdam, en juillet 1945. Pour des raisons logistiques et politiques, les Alliés décidèrent que les troupes d'occupation japonaises situées au sud du 16ᵉ parallèle se rendraient aux Britanniques, tandis que celles qui se trouvaient

A ne pas manquer

- Un pèlerinage d'une journée dans les anciens champs de bataille de la zone démilitarisée (DMZ)
- Une croisière sur la superbe rivière des Parfums et l'atmosphère des majestueuses tombes royales
- Une promenade dans la nature et l'exploration des vieilles ruines des villas françaises dans le spectaculaire parc national de Bach Ma
- Une flânerie dans Hoi An, ville au charme désuet
- Une excursion dans les extraordinaires ruines cham de My Son
- La plus belle collection de sculptures cham au Musée cham de Danang
- Un bain de soleil à China Beach ou l'exploration des canyons et des grottes des merveilleuses montagnes de Marbre

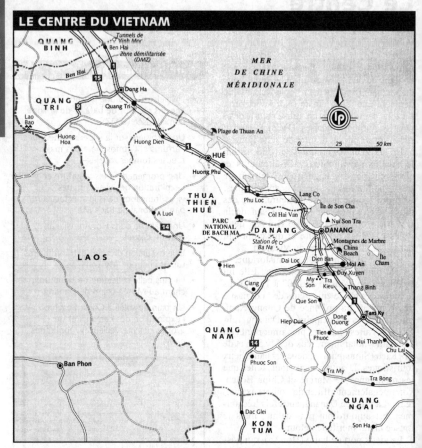

LE CENTRE DU VIETNAM

au nord de cette ligne se rendraient à l'armée nationaliste chinoise (Kuomintang) de Tchang Kaï-chek.

En avril 1954, le gouvernement de Ho Chi Minh signa avec les Français, à Genève, un armistice qui imposait, entre autres, la création d'une zone démilitarisée autour du Ben Hai. Le texte spécifiait que ce partage du Vietnam ne pouvait être que provisoire, la ligne de démarcation ne constituant en aucun cas une frontière politique. Néanmoins, les élections nationales prévues en juillet 1956 n'eurent pas lieu, et le Vietnam se retrouva bel et bien divisé en deux États, séparés par le Ben Hai, lequel coïncide à peu près exactement avec le 17ᵉ parallèle.

La région située au sud du Ben Hai fut le théâtre de sanglantes batailles au cours de la guerre du Vietnam. Quang Tri, The Rockpile (le Piton rocheux), Khe Sanh, Lang Vay et Hamburger Hill sont autant de noms qui ont rythmé le quotidien des foyers américains. Pendant plusieurs années, les Américains ont été abreuvés d'images et de chiffres macabres. Depuis 1975, les mines et autres engins non explosés ont tué ou mutilé plus de 5 000 personnes dans la DMZ et ses environs. Nécessité faisant loi, les paysans les plus démunis continuent à ramasser les débris pour les revendre. Ils ne sont d'ailleurs que fort maigrement payés pour cette dangereuse collecte.

Orientation

L'ancienne zone démilitarisée s'étend de la côte à la frontière du Laos, à l'ouest ; la route nationale 9 (Quoc Lo 9) suit, à environ 10 km au sud, une ligne plus ou moins parallèle. La piste Ho Chi Minh (Duong Truong Son ; perpendiculaire à la nationale 9), qui est en fait un réseau de voies, de pistes et de chemins, permettait de relier le Nord et le Sud du pays en traversant les montagnes Truong Son et l'est du Laos. Pour éviter la pénétration de troupes et les livraisons dans la région, les Américains établirent une série de bases le long de la nationale 9 (d'est en ouest), incluant Cua Viet, Gio Linh, Dong Ha, Con Thien, Cam Lo, Camp Carroll, Ca Lu, le Piton rocheux, Khe Sanh et Lang Vay.

Ces anciennes bases peuvent se visiter en une journée. La route partant du pont sur le Dakrong conduit vers le sud-est à la vallée d'Ashau (site de la tristement célèbre "colline Hamburger") et à Aluoi. Avec un 4x4, on peut parcourir entièrement les 60 mauvais kilomètres qui séparent Aluoi de Hué. Ainsi les décrit ce voyageur :

La région est totalement stérile ; tout juste quelques broussailles s'acharnent-elles à survivre sur cette terre brûlée qui refuse de reprendre. Les gens vivent du ramassage de la ferraille, ainsi que de la vente de boissons et de nourriture aux rares visiteurs qui se hasardent ici, empochant directement les droits d'entrée. La pauvreté règne en maître : préparez-vous à ce qu'une dizaine de personnes, voire davantage, se battent pour vous vendre un soda ou un fruit. On voit même encore des billets de 50 dongs ! En roulant dans la DMZ, vous apercevrez d'innombrables tombes anonymes disséminées un peu partout, sépultures d'une partie des 300 000 soldats vietnamiens portés disparus. Non loin de la base de Doc Mieu, il semble que des fouilles récentes se consacrent à la recherche des soldats américains portés disparus (MIA, "missing in action").

Renseignements

Un bon guide s'impose pour visiter la DMZ. Il s'agit après tout d'une région historique, et comprendre la signification de chaque endroit requiert un minimum d'explications (et un peu d'imagination). La plupart des sites n'étant pas localisés, un guide vous permettra par ailleurs de ne pas vous perdre dans le dédale des pistes poussiéreuses.

Si la nationale 9 s'améliore progressivement, elle reste en piteux état. Un robuste véhicule (un 4x4 ou une moto) s'impose pour circuler sur les routes de la région.

A Hué, vous pourrez facilement réserver des circuits d'une journée dans presque tous les cafés ou hôtels. Seules quelques agences organisent ces excursions ; vous pouvez donc choisir l'une d'entre elles, indifféremment, car vous serez systématiquement rattaché à un groupe.

Jusque récemment, les touristes payaient entre 15 et 18 $US par personne pour une journée dans la DMZ. Toutefois, depuis début 1998, la ville de Hué et les autorités provinciales ont convenu d'un tarif commun gentiment élevé à 25 $US. Ils risquent de faire fuir les touristes. Malgré ces tarifs, les excursions ont toujours du succès. La plupart des guides parlent anglais, quelques-uns connaissent le français.

Dong Ha

Capitale de la nouvelle province de Quang Tri, Dong Ha s'étend à l'intersection des routes nationales 1 et 9. En 1968-1969, la ville servit de QG aux marines américains. Au printemps 1968, une division nord-vietnamienne traversa la zone démilitarisée et attaqua Dong Ha. Plus tard, l'armée sud-vietnamienne y installa une de ses bases.

Orientation. Dans la ville, la route nationale 1 s'appelle Ð Le Duan. La nationale 9 (la section construite par les Américains), qui va vers Lao Bao, coupe la nationale 1 à

CENTRE

LES ENVIRONS DE LA DMZ

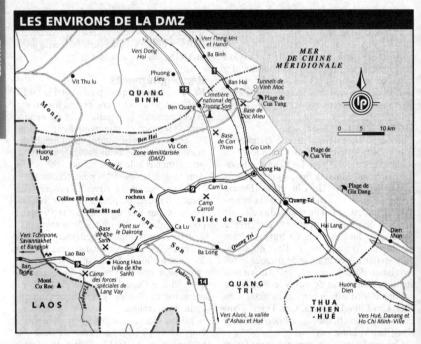

proximité de la gare routière. Đ Tran Phu (l'ancienne nationale 9) coupe Đ Le Duan 600 m à l'ouest de la gare routière (en allant vers le fleuve). Elle part vers le sud sur 400 m jusqu'au centre-ville, puis bifurque vers l'ouest.

Un marché se tient le long de la nationale 1, entre Đ Tran Phu et le fleuve.

Renseignements. DMZ Tours (☎ 853047, fax 851617), 15 Đ Le Duan, est installé dans le DMZ Cafe, lui-même dépendant du Dong Ha Hotel, sur la nationale 1. Cette agence est aussi efficace que les autres pour réserver une excursion dans la zone démilitarisée, qui vous reviendra à 25 $US par personne. Si le groupe n'est pas complet, d'autres personnes venant de Hué vous rejoindront. Dans ce cas, vous pouvez en profiter pour vous faire conduire à Hué si vous allez dans cette direction.

Où se loger. Le *Dong Ha Hotel* (☎ 852 262), surnommé le *DMZ Hotel*, est installé sur la nationale 1 (près de la gare routière, au nord). Cet emplacement stratégique lui vaut la popularité des voyageurs. Les tarifs des chambres avec eau chaude, qui varient de 15 à 20 $US, paraissent un peu élevés par rapport aux prestations offertes.

Bien que plus éloigné du centre, le *Nha Khach Buu Dien Tinh Buu Quang Tri* (☎ 852772) est un meilleur choix. Agréable et paisible avec sa jolie cour, il dispose de chambres avec s.d.b. et eau chaude, pouvant accueillir chacune 4 personnes. Son directeur est très sympathique. La nuit, un vigile surveille l'établissement. Pour les étrangers, les prix vont de 12 à 21 $US. L'hôtel se situe au sud de la ville, à 1 km environ de la gare routière.

Au *Nha Nghi Du Lich Cong Doan* (☎ 852744, 4 Đ Le Loi), à 500 m à l'ouest de la gare routière, comptez 10 $US pour une chambre avec ventil. et eau froide ou 20 $US si vous souhaitez la clim. et l'eau chaude.

La *People's Committee Guesthouse (Nha Khach Uy Ban Tinh, ☎ 852361)* est une pension officielle tout à fait plaisante située Đ Tran Phu, un peu au nord du parc de Dong Ha et à 400 m vers l'ouest. Les chambres avec s.d.b. commune coûtent de 7 à 12 $US, celles avec s.d.b. privée 18 $US. Toutes disposent de l'eau chaude.

Comment s'y rendre. Dong Ha se situe au croisement des nationales 1 et 9.

Bus. La gare routière (Ben Xe Khach Dong Ha, ☎ 211) se trouve à l'intersection des deux nationales. Les bus vers Hué circulent de 5h à 17h. Deux départs pour Khe Sanh sont prévus, à 8h et 11h. Pour Lao Bao, changez à Khe Sanh. Les bus desservant Hanoi partent les lundi et jeudi à 5h, s'arrêtent à Vinh à 18h ou 19h et arrivent à Hanoi à 5h le lendemain matin. Autres villes desservies depuis Dong Ha : Danang, Con Thien, Cua, Dien Sanh, Hai Tri et Ho Xa (à 13 km à l'ouest de Vinh Moc, sur la nationale 1).

Les bus de Hué pour Dong Ha partent de la gare routière de An Hoa ; les tractions avant Citroën partent de la station de bus Dong Ba.

Train. Les *Express de la Réunification* s'arrêtent à la gare de Dong Ha (Ga Dong Ha). Voir *Train* dans le chapitre *Comment circuler*.

Pour aller de la gare routière à la gare ferroviaire, prenez la nationale 1 vers le sud-est, sur 1 km. La gare ferroviaire se trouve à 150 m de l'autre côté d'un terrain, à droite de la route (sud-ouest).

Voiture et moto. Voici les distances à partir de Dong Ha :

Fleuve Ben Hai	22 km
Danang	190 km
Dong Hoi	94 km
Hanoi	617 km

Attention

La guerre est finie, mais la mort et les risques de blessure sont toujours d'actualité dans l'ancienne zone démilitarisée, où traînent encore de nombreuses mines et des obus non désamorcés. Pas question de rapporter un souvenir : ne touchez à rien et regardez où vous mettez les pieds. Si les gens des environs ont laissé certains débris, c'est qu'ils les jugent trop dangereux pour les ramasser. Les obus au phosphore, matière hautement inflammable au contact de l'air, restent potentiellement mortels durant de longues années. S'il vous arrivait un accident avec l'une de ces bombes, votre voyage serait terminé, et Saigon Tourist ne vous rembourserait rien.

En un mot comme en cent, soyez vigilant. Inutile de gonfler les statistiques des blessés.

Ho Chi Minh-Ville	1169 km
Hué	72 km
Khe Sanh	65 km
Lao Bao (frontière laotienne)	80 km
Savannakhet, Laos (frontière thaïlandaise)	327 km
Cimetière national de Truong Son	30 km
Vinh	294 km
Vinh Moc	41 km

Quang Tri

Importante cité jadis fortifiée, Quang Tri s'étend à 59 km au nord de Hué et à 12,5 km au sud de Dong Ha. Au printemps 1972, quatre divisions de l'armée nord-vietnamienne franchirent la DMZ, épaulées par les blindés et l'artillerie, envahissant la province de Quang Tri au cours d'une offensive sanglante connue sous le nom de "Eastertide". Elles assiégèrent la capitale et la pilonnèrent sans merci jusqu'à ce qu'elle tombe entre leurs mains, tout comme le reste de la province. Les B 52 américains et l'artillerie sud-vietnamienne mirent quatre

Vétérans confrontés au stress

De plus en plus de vétérans américains et australiens retournent au Vietnam. D'après de nombreux psychologues, spécialistes des séquelles morales laissées par la guerre, ce type de pèlerinage permet d'affronter directement les causes du stress posttraumatique. Rappelons-nous cependant que de nombreux Vietnamiens souffrent du même mal, sans avoir pour leur part la possibilité de consulter un spécialiste.

mois pour récupérer la ville, réduite à néant. L'armée sud-vietnamienne perdit 5 000 hommes durant ces combats.

Il ne reste donc plus grand-chose à voir à Quang Tri, mis à part le mémorial et quelques vestiges des douves, des remparts et des portes de la citadelle, ancien Q.G. de l'armée sud-vietnamienne. La citadelle se trouve à 1,6 km de la nationale 1, Ð Le Duan, perpendiculaire à la nationale. Le bâtiment en ruines à deux étages qui se dresse entre la nationale et la gare routière servait autrefois d'école bouddhique.

Sur la nationale, près de l'embranchement vers Quang Tri, une église (du moins ce qu'il en reste) mérite le détour : elle porte encore les stigmates des très violents combats entre les forces américaines et le Viet-Cong. Les traces de balles vous feront frissonner.

La plage de Cua Viet, qui fut lieu d'un important débarquement américain, à 16 km au nord-est de Quang Tri, est un lieu agréable pour la baignade. La construction d'un grand port, destiné à accueillir l'import et l'export de matériaux du Laos et du nord de la Thaïlande, est en projet. La plage de Gia Dang se trouve à 13 km à l'est de la ville.

Comment s'y rendre. La gare routière, qui se trouve Ð Le Duan (principale artère de Quang Tri, traversant la ville du nord au sud), est à 600 m de la nationale 1. Les bus

Renault partent à 5h30, 6h30, 8h et 12h pour Hué (gare routière de An Hoa). Une traction avant Citroën quitte également Quang Tri tous les jours à 6h30 pour rejoindre Hué (gare routière Dong Ba). Des bus desservent quotidiennement Khe Sanh (départ à 8h) et Ho Xa.

Tunnels de Vinh Moc

Le remarquable réseau souterrain de Vinh Moc témoigne de la détermination des Nord-Vietnamiens à triompher, à tout prix et malgré d'incroyables sacrifices, durant la guerre qui les opposa au Sud-Vietnam et aux États-Unis. Nous vous suggérons de combiner la visite des tunnels avec une baignade sur l'une des superbes plages qui s'étendent sur plusieurs kilomètres au nord et au sud de Vinh Moc.

Visibles dans leur intégralité, ces tunnels (2,8 km de long) sont restés en l'état, contrairement à ceux de Cu Chi. On s'y déplace plus facilement, car ils sont plus hauts et plus larges que ceux de Cu Chi (mais la visite est moins impressionnante).

Les autorités locales insistent d'ailleurs pour que les étrangers ne pénètrent dans les tunnels qu'en compagnie d'un guide, afin d'éviter qu'ils ne se perdent dans ce labyrinthe. Les tunnels ont reçu un traitement chimique pour éloigner les serpents.

Le droit d'entrée, qui inclut la visite du musée adjacent, s'élève à 2 $US par personne, 1,50 $US si vous êtes en groupe. Les tunnels sont éclairés, mais mieux vaut apporter votre propre lampe de poche car des coupures d'électricité peuvent survenir à tout moment.

Histoire. En 1966, les Américains lancèrent une attaque massive contre le Nord-Vietnam, consistant en des bombardements aériens et des tirs d'artillerie incessants. Située juste au nord de la DMZ, Vinh Moc devint alors l'une des régions les plus bombardées de la planète. Les abris de fortune ne résistant pas à cet assaut, certains villageois prirent la fuite, tandis que d'autres se mettaient à creuser des tunnels dans la terre rouge argileuse.

Les forces vietcong jugèrent bien évidemment utile d'installer une base à cet endroit, et encouragèrent les villageois à rester sur place. Après dix-huit mois de travail (durant lesquels la terre déblayée fut camouflée, pour éviter que la détection aérienne ne la repère), elles parvinrent à établir une immense base souterraine. Les civils aidèrent à creuser les tunnels et des familles entières s'installèrent dans leurs nouvelles maisons souterraines, qui virent même la naissance de plusieurs bébés.

Les civils et les forces vietcong furent ensuite rejoints par des soldats nord-vietnamiens, dont la mission consistait à garder le contact avec l'île Con Co voisine et à lui livrer du matériel militaire. Grâce aux tunnels de Vinh Moc, le Nord-Vietnam achemina au total 11 500 tonnes de matériel vers l'île et 300 tonnes vers le Sud.

D'autres villages des environs construisirent leurs propres tunnels, sans jamais atteindre la perfection de ceux de Vinh Moc. Un bombardement eut ainsi raison des souterrains plus sommaires de Vinh Quang (à l'embouchure du Ben Hai), tuant tous les villageois qui s'y étaient abrités.

Pour l'essentiel, les tunnels de Vinh Moc n'ont guère changé depuis 1966, bien que certaines des douze entrées (dont sept donnent sur la plage bordée de palmiers) aient été consolidées et d'autres envahies par la végétation. Construits sur trois niveaux, les tunnels se trouvaient entre 15 et 26 m sous le sommet de la falaise.

S'ils essuyaient des bombardements américains incessants, les habitants ne craignaient vraiment que les bombes perforantes. Une seule d'entre elles atteignit son but, mais sans exploser, et personne ne fut blessé. Les habitants convertirent la cavité ainsi creusée en bouche d'aération. Les issues situées face à la mer s'effondraient parfois sous l'impact des tirs provenant des bateaux.

Comment s'y rendre. Quittez la nationale 1 à la hauteur du village de Ho Xa, soit 6,5 km au nord du Ben Hai. Vinh Moc se trouve alors à 13 km.

Au large se dresse l'île Con Co, qui servit d'entrepôt de munitions pendant la guerre. Entourée de plages rocheuses, elle abrite aujourd'hui une petite base militaire. De Vinh Moc, un chalutier l'atteint en 2 heures 30 à 3 heures ; l'île n'est cependant pas particulièrement conçue pour accueillir des visiteurs.

Base de Khe Sanh

Théâtre du siège le plus célèbre de la guerre du Vietnam et de sa bataille la plus controversée, la base de Khe Sanh se tient, silencieuse, sur un plateau aride entouré de collines verdoyantes, souvent plongées dans le brouillard. A regarder cette paisible campagne, les petites maisons et les jardins potagers des paysans, on imagine mal l'enfer qui y régna au début de 1968. Comment oublier pourtant que près de 10 000 soldats nord-vietnamiens, quelque 500 soldats américains (le chiffre officiel est miraculeusement passé à 205) et un nombre inconnu de civils perdirent ici la vie, sous une avalanche de bombes, d'obus au phosphore, de napalm et de tirs d'artillerie ?

Il ne subsiste que quelques empreintes de ce que relatent les livres d'histoire. Le tracé des pistes d'atterrissage reste visible, aucune végétation n'y a repoussé. En certains endroits, les douilles de balles et d'obus forment un épais tapis. Partout, des chasseurs de ferraille hantent ces lieux maudits ; quelques-uns nous ont même fièrement affirmé avoir extrait des entrailles de la terre un bulldozer entier ! L'équipe chargée par l'armée américaine de retrouver les dépouilles des soldats portés disparus lors de ces violentes batailles a fouillé la région à plusieurs reprises. La plupart des cadavres découverts sont ceux de Vietnamiens.

Histoire. A la fin de l'année 1966, et ce, malgré l'opposition de l'état-major du corps des marines à la stratégie d'usure du général Westmoreland (commandant en chef des forces américaines au Vietnam), les forces spéciales (les Bérets verts), chargées de recruter et d'entraîner les membres des ethnies locales, firent de leur petite base de

CENTRE

Portés disparus (MIA)

Le problème relatif à la liste officielle des soldats américains portés disparus (on en dénombre encore 2 265) continue d'empoisonner les relations américano-vietnamiennes. De nombreuses familles américaines restent persuadées que leurs proches sont encore en vie, enfermés dans des camps secrets au cœur de la jungle vietnamienne. Aux États-Unis, les groupes militant en faveur des disparus et des prisonniers de guerre ne cessent de faire pression sur le Congrès pour qu'il "agisse". Ce problème délicat est intelligemment exploité par certains politiciens : pas de compromis avec le Vietnam, disent-ils, tant qu'on ne saura pas ce qu'est devenu chaque soldat disparu.

D'autres pensent que ces groupes montent l'affaire en épingle et que le chiffre de 2 265 MIA est certainement surestimé. Environ 400 pilotes furent abattus au large de la côte vietnamienne, tandis que d'autres s'écrasèrent au sol ou moururent au combat. Il faut savoir que la jungle engloutit vite les corps. Néanmoins, lorsque le Vietnam libéra les 590 derniers prisonniers de guerre américains, 37 manquaient à l'appel. Le gouvernement vietnamien nie catégoriquement retenir encore des soldats US, mais sa crédibilité peut sérieusement être mise en doute, à en juger par la façon dont les droits de l'homme sont respectés dans ce pays. Il va sans dire, cependant, que le Vietnam n'a aucun intérêt à continuer de détenir des prisonniers de guerre. On ne parle pas beaucoup des 300 000 "MIA" Vietnamiens, difficiles à reconnaître car ils ne portaient pas de plaques d'identification. Le peuple vietnamien se sent tout aussi touché que le peuple américain à cet égard, d'autant que l'absence de dépouille rend difficile le culte des ancêtres.

Dans l'intervalle, les équipes spécialisées continuent à passer les campagnes vietnamiennes au peigne fin, aux frais du contribuable américain (100 millions de $US). Au moment où nous rédigions ce guide, des troupes basées à Hawaii disposaient de huit équipes de chercheurs sur le terrain. Deux équipes d'enquêteurs procédaient à des évaluations, fondées sur les archives de la guerre et les auditions de villageois. Une fois réunies les informations permettant de justifier une enquête, l'une des équipes procédait à des excavations. Tous les fragments découverts étaient envoyés au laboratoire central d'identification de Hawaii (CILHA) pour des examens médico-légaux basés sur l'analyse dentaire et l'ADN.

De nombreux Vietnamiens participent à ces recherches. Leur gouvernement retient 75 % de leurs salaires ; nul ne s'étonnera, dans ces conditions, que ce dernier n'ait pas spécialement hâte de voir partir ces équipes, bien que le thème en revienne constamment dans les négociations diplomatiques. Les exhumations pratiquées par les Américains pour retrouver les ossements de leurs soldats ne sont pas du goût de la population locale, qui préférerait qu'on laisse ses défunts en paix.

Bon nombre de Vietnamiens tentent d'exploiter cette situation. Ils entrent ainsi en contact avec des représentants américains, voire de simples voyageurs (car ils croient que tous les Occidentaux exercent une grande influence sur le gouvernement américain), et leur soumettent des "informations" sur les endroits où reposeraient des dépouilles, dans l'espoir d'obtenir une récompense en espèces sonnantes et trébuchantes, ou encore un visa pour les États-Unis. Mais, malgré leur insistance, aucune récompense n'est jamais offerte.

Cette sombre affaire n'a pas fini de faire couler de l'encre. Lorsque des groupes de pression américains ont fait circuler des photos montrant des soldats américains retenus prisonniers dans un camp vietnamien, de nombreuses enquêtes officielles ont été lancées. Les photos étaient en fait truquées. Ces groupes de pression ont cependant réussi à saper les efforts du gouvernement américain visant à renouer des relations diplomatiques avec le Vietnam. Mais, en dépit de ces protestations, les relations ont repris entre les deux pays en 1995.

Khe Sanh un véritable bastion. En avril 1967, ils lancèrent les "batailles des collines", afin d'en déloger l'armée nord-vietnamienne. En l'espace de quelques semaines, 155 marines et des milliers peut-être de Nord-Vietnamiens y trouvèrent la mort. Les combats furent concentrés sur les collines 881 Sud et 881 Nord, toutes deux situées à environ 8 km au nord-ouest de la base de Khe Sanh.

Fin 1967, les services secrets américains détectèrent la présence de dizaines de milliers d'artilleurs nord-vietnamiens dans les collines avoisinantes. Le général Westmoreland en conclut que Hanoi préparait un autre Dien Bien Phu (l'ultime bataille de la guerre d'Indochine en 1954). La comparaison était absurde, vu la puissance de feu américaine et la proximité des autres bases. Même le président Johnson était alors obsédé par le spectre de Dien Bien Phu : afin de suivre le déroulement de la bataille, il se fit construire une maquette en relief du plateau de Khe Sanh et exigea une garantie écrite du chef de l'état-major interarmées selon laquelle la base tiendrait bon.

Westmoreland, plus déterminé que jamais à éviter un autre Dien Bien Phu, fit venir à Khe Sanh 500 avions et hélicoptères et porta à 6 000 le nombre de ses soldats. Il envisagea même le recours à l'arme nucléaire.

Le siège de Khe Sanh, qui dura 75 jours, commença le 21 janvier 1968 par un assaut d'importance limitée dans le périmètre de la base. Tandis que les marines et leurs alliés, les rangers sud-vietnamiens, se préparaient pour une grande offensive au sol, Khe Sanh devint le centre d'attraction des médias du monde entier, faisant notamment la couverture des magazines *Newsweek* et *Life* et la une d'innombrables journaux sur toute la planète. Durant les deux mois qui suivirent, les Nord-Vietnamiens pilonnèrent la base jour et nuit, les bombardiers américains déversant 100 000 tonnes d'explosifs sur ses environs immédiats. Toutefois, à aucun moment les Nordistes ne tentèrent de prendre la base d'assaut. Le 7 avril 1968, après de violents combats, les troupes amé-

ricaines finirent par rouvrir la nationale 9 en rejoignant les marines, et les combats prirent fin.

On sait aujourd'hui que le siège de Khe Sanh, qui coûta la vie à 10 000 Nord-Vietnamiens, n'était qu'une gigantesque diversion destinée à détourner l'attention des villes du Sud, où se préparait l'offensive du Têt. Celle-ci commença une semaine après le début du siège. Sur le moment, cela n'empêcha pas le général Westmoreland de clamer le contraire : selon lui, l'offensive du Têt n'était qu'une vulgaire manœuvre pour faire oublier l'offensive nord-vietnamienne à Khe Sanh !

La fin du commandement de Westmoreland au Vietnam coïncida avec le redéploiement des troupes américaines en juillet 1968 : les nouveaux stratèges estimèrent qu'après tout la base de Khe Sanh, pour laquelle tant d'hommes avaient donné leur vie, n'avait pas une telle importance stratégique. Après avoir détruit, enterré ou fait sauter tout ce qui pourrait le cas échéant servir à l'ennemi, les forces américaines évacuèrent la base dans le plus grand secret. Les généraux donnaient ainsi raison, sans le savoir, à un officier des marines, lequel avait déclaré longtemps auparavant : "Quand on est à Khe Sanh, on ne se trouve nulle part. Alors, si on la perdait, on ne perdrait rien."

Comment s'y rendre. Pour parvenir à la base, prenez la direction nord-ouest à l'intersection en forme de triangle, 600 m après la gare routière de Khe Sanh, sur la route de Dong Ha. La base se situe sur le côté droit, à 2,5 km de ce croisement.

Huong Hoa (ville de Khe Sanh)

Installée dans une superbe région de collines, de vallées et de champs, à 600 m d'altitude, cette capitale de district doit sa renommée à ses plantations de café, autrefois administrées par les Français.

La plupart des habitants font partie de l'ethnie des Bru (Van Kieu), originaire des montagnes avoisinantes. Les femmes de cette tribu adorent fumer de longues pipes.

Officiellement, la ville a été rebaptisée Huong Hoa, mais elle restera gravée dans les mémoires sous le nom de Khe Sanh.

Où se loger. A l'époque de la rédaction de ce guide, il n'existait que deux hôtels en ville, au confort assez rudimentaire : la *Mountain Guesthouse* et la *People's Committee Guesthouse*. Vous n'avez aucun intérêt à y séjourner, sauf si vous prenez la route pour le Laos le lendemain.

Comment s'y rendre. La gare routière de Khe Sanh (Ben Xe Huong Hoa) se trouve sur la nationale 9, à 600 m au sud-ouest (vers le Laos) du croisement en triangle où commence la route vers la base de Khe Sanh. Les bus pour Dong Ha partent à 7h et vers 12h. Le bus quotidien pour Hué quitte la gare à 7h. Deux bus desservent quotidiennement Lao Bao, le premier partant à 6h et le second dès qu'il est plein. Le guichet n'ouvre que de 6h à 7h du matin ; si vous partez plus tard, vous pouvez acheter votre billet à bord du bus.

Si la frontière du Laos finit par s'ouvrir au commerce et aux voyageurs, on peut supposer que les transports publics se développeront de façon significative.

Autres sites militaires

Les noms de la plupart des champs de bataille et des anciennes bases militaires de la DMZ ont fait le tour du monde. Des sites suivants, il ne reste aujourd'hui que des cratères de bombes ou des champs où paissent les vaches.

Base de Doc Mieu. Construite au bord de la nationale 1, à 8 km au sud du Ben Hai, cette base faisait partie d'une ligne de défense électronique très sophistiquée ("mur McNamara", du nom du ministre de la Défense américain en exercice entre 1961 et 1968), visant à empêcher les incursions nordistes au Sud. Elle ressemble aujourd'hui à un paysage lunaire de bunkers, de cratères de bombes et d'obus, où les débris de tissu et de vieille ferraille s'éparpillent dans la terre rouge. Ce "chantier" est du reste l'œuvre des ferrailleurs, et non de la guerre.

Fleuve Ben Hai. A 22 km au nord de Dong Ha, le pont Hien Luong, quelque peu décrépit, permet à la nationale 1 de traverser le Ben Hai, ligne de démarcation entre le Sud et le Nord-Vietnam. Jusqu'en 1967 (date de son bombardement par les Américains), la partie nord du pont était peinte en rouge, tandis que la partie sud était peinte en jaune. Le pont actuel et ses deux tours à drapeau furent érigés après le cessez-le-feu, signé à Paris en 1973. Un typhon détruisit la tour de la rive nord en 1985.

Plage de Cua Tung. Cette grande plage sauvage où Bao Dai, dernier empereur du Vietnam, aimait tant passer ses vacances se déploie juste au nord de l'embouchure du Ben Hai. Des plages occupent également la rive sud du Ben Hai. Toutes les parcelles de terre non cultivées sont recouvertes de cratères de bombes. On aperçoit au loin l'île Con Co, accessible en 2 heures 30 par bateau à moteur.

Aucun bus ne dessert la plage de Cua Tung. Pour y parvenir, quittez la nationale 1 vers la droite (vers l'est) à 1,2 km au nord du Ben Hai. La plage se trouve à quelque 7 km au sud de Vinh Moc, par la piste de terre qui longe la côte.

Cimetière national de Truong Son. Ce cimetière honore la mémoire de dizaines de milliers de soldats nord-vietnamiens (appartenant à des unités du transport, du génie civil et de la défense antiaérienne) tués dans la Cordillère annamitique, le long de la piste Ho Chi Minh. Les rangées de pierres tombales blanches, entretenues par des invalides de guerre, s'étendent à perte de vue.

Le cimetière se divise en cinq zones selon les lieux d'origine des soldats, chaque zone étant elle-même subdivisée selon la province d'origine. Les tombes de cinq colonels et de sept héros décorés (Trung Ta et Dai Ta représentent les rangées des "martyrs"), dont une femme, se trouvent un peu à l'écart. L'épitaphe "*Liet Si*" signifie "martyr". A l'origine, tous ces soldats avaient été enterrés là où la mort les avait fauchés ; ils furent transférés en ces lieux après la réunification. De nombreuses tombes sont vides et portent, au hasard, les noms de quelques-uns des 300 000 combattants vietnamiens portés disparus.

Une stèle triangulaire érigée au sommet d'une colline domine le cimetière. On peut déchiffrer, sur un côté, les hommages des dignitaires vietnamiens à tous ceux qui ont œuvré sur la piste Ho Chi Minh, ainsi qu'un poème de To Huu. Un autre côté de la stèle rapporte les péripéties du contingent de mai 1959 (Doang 5.59), dont on dit qu'il avait été levé le jour de l'anniversaire de Ho Chi Minh avec pour mission de maintenir l'approvisionnement du Sud. La troisième face détaille les unités de ce contingent, qui comprenait cinq divisions. Le site a servi de base à ce contingent de 1972 à 1975.

La route menant au cimetière national de Truong Son coupe la nationale 1 à 13 km au nord de Dong Ha et à 9 km au sud du Ben Hai. Le cimetière se dresse à 17 km de la nationale.

Une piste de 18 km, tout juste praticable en voiture, le relie à Cam Lo, sur la nationale 9. Elle longe des plantations d'hévéas ainsi que des habitations de la tribu Bru, qui cultive notamment le poivre noir.

Base de Con Thien. En septembre 1967, les troupes nord-vietnamiennes traversèrent la zone démilitarisée, appuyées par un feu nourri de leur artillerie, afin de s'emparer de la base des Marines de Con Thien, installée là précisément pour empêcher de telles incursions et qui faisait partie des dispositifs électroniques du **mur** McNamara.

La riposte des Américains ne se fit pas attendre. Leurs avions effectuèrent 4 000 bombardements (dont 800 par des B 52), déversant près de 40 000 tonnes de bombes sur les forces nord-vietnamiennes aux alentours de Con Thien. Les douces collines recouvertes de broussailles furent alors transformées en un paysage lunaire de cendres et de cratères fumants. Le siège fut levé, mais l'objectif était atteint : détourner l'attention des Américains afin de permettre la préparation de l'offensive du Têt dans les villes du Sud-Vietnam. Aujourd'hui, les alentours de la base sont encore si dangereux que même les chasseurs de ferraille les évitent.

La base de Con Thien se situe à 10 km à l'ouest de la nationale 1 et à 7 km au sud du cimetière de Truong Son, le long de la route qui les relie. De la base elle-même, il ne reste que des bunkers, à quelques centaines de mètres, au sud de la route.

Une autre base américaine, la C-3, s'étend à 6 km en direction de la nationale 1, depuis Con Thien (et à 4 km de la route principale). Ses remparts rectangulaires sont toujours visibles au nord de la route. La présence de mines en rend l'accès impossible.

Camp Carroll. Installé en 1966, Camp Carroll porte le nom d'un capitaine des marines mort lors de la prise d'un pont de la région. Ses énormes canons de 175 mm pouvaient atteindre des cibles aussi éloignées que Khe Sanh. Le commandant sud-vietnamien de Camp Carroll, le lieutenant-colonel Ton That Dinh, capitula en 1972 et rejoignit les troupes nord-vietnamiennes. Il est aujourd'hui haut fonctionnaire à Hué.

Il ne reste pas grand-chose de Camp Carroll, hormis quelques tranchées et leur toit en bois, quelques restes de matériels militaires et de nombreuses douilles d'obus. Les bunkers en béton furent détruits par la population locale, qui cherchait à récupérer les armatures d'acier pour les revendre. Les morceaux de béton dégagés servirent dans des travaux de construction. Les habitants qui collectent les morceaux de ferraille pourront vous montrer les restes de la base.

Les environs de la base appartiennent aujourd'hui à une plantation de poivriers (Xi Nghiep Ho Tieu Tan Lam) appartenant à l'État. On laisse pousser les poivriers jusqu'à ce qu'ils grimpent sur les troncs des jaquiers. On trouve également des plantations d'hévéas alentour. La route de Camp Carroll mène à une vallée fertile (vallée de

Cua) où vivaient jadis de nombreux colons français.

La petite route pour Camp Carroll se situe à 5 km à l'ouest de Cam Lo, à 24 km au nord-est du pont sur le Dakrong et à 37 km à l'est de la gare routière de Khe Sanh. La base se tient à 3 km de la nationale 9.

The Rockpile. Se dressant à 230 m d'altitude, le sommet de ce monticule de rochers servit de poste d'observation aux marines américains. Dans les alentours se trouvait une base pour l'artillerie longue portée.

Il ne reste plus grand-chose aujourd'hui de ce Piton rocheux, hormis quelques vendeurs de souvenirs. Les tribus des environs bâtissent leurs maisons sur pilotis et pratiquent la culture sur brûlis.

Le piton se situe à 26 km à l'ouest de Dong Ha, sur la nationale 9.

Pont sur le Dakrong. Enjambant le Dakrong (également appelé Ta Rin), ce pont (à 3 km à l'est de la gare routière de Khe Sanh) fut construit par les Cubains en 1975-1976. Certains membres des ethnies voisines se promènent ouvertement (pour la chasse) avec des fusils datant de la guerre. Cela est naturellement interdit, mais les autorités n'ont pas l'air de vouloir, ou de pouvoir, y mettre un terme.

La route au sud-est qui part du pont vers Aluoi passe par les maisons sur pilotis des Bru et faisait autrefois partie de la piste Ho Chi Minh.

Aluoi. Aluoi se trouve à environ 65 km au sud-est du pont sur le Dakrong et à 60 km à l'ouest de Hué, dans une région de cascades et de chutes d'eau. Les habitants de cette zone montagneuse appartiennent aux groupes ethniques Ba Co, Ba Hy, Ca Tu et Taoi. Les forces spéciales de l'armée américaine abandonnèrent leurs bases de Aluoi et de Ashau en 1966. La région devint ensuite un important point de transit du ravitaillement acheminé sur la piste Ho Chi Minh.

Parmi les sites militaires les plus connus dans les environs de Aluoi, citons les zones d'atterrissage de Cunningham, Erskine et Razor, la Colline 1175 (à l'ouest de la vallée) et la Colline 521 (au Laos). Le mont Apbia, surnommé Hamburger Hill (la "colline Hamburger"), se dresse plus au sud, dans la vallée d'Ashau. En mai 1969, lors d'une opération de ratissage près de la frontière laotienne, les forces américaines subirent là l'un des assauts les plus meurtriers de toute la guerre : en moins d'une semaine, 241 soldats périrent, événement dont les médias américains firent leurs choux gras. Un mois plus tard, les forces américaines reçurent l'ordre de poursuivre leurs opérations ailleurs, et les Nord-Vietnamiens réoccupèrent la colline.

Camp des forces spéciales de Lang Vay. En février 1968, l'infanterie nord-vietnamienne, épaulée par neuf chars, s'empara du camp des forces spéciales de Lang Vay (Lang Vei), installé là en 1962. Sur les 500 défenseurs de la base (Sud-Vietnamiens, Brus et Montagnards), 316 furent tués lors des combats, ainsi que 10 des 24 Américains présents, et on dénombra 11 blessés.

De la base ne subsistent que les carcasses des bunkers, envahis par la végétation. Les gens de la région pourront vous y mener.

La base est située sur une crête au sud-ouest de la nationale 9, entre la gare routière de Khe Sanh (9,2 km) et Lao Bao (7,3 km).

LAO BAO
Lao Bao longe la rivière Tchepone (Song Xe Pon), qui marque la frontière avec le Laos. Côté laotien, la zone est dominée par le mont Co Roc, autrefois bastion de l'artillerie nord-vietnamienne.

A 2 km du poste-frontière, le marché de Lao Bao propose des produits thaïlandais de contrebande ayant transité par le Laos. Les commerçants acceptent indifféremment dongs vietnamiens ou kips laotiens.

Comment s'y rendre
Lao Bao se trouve à 18 km à l'ouest de Khe Sanh, 80 km de Dong Ha, 152 km de Hué, 46 km de Tchepone (Laos), 250 km de

Savannakhet (frontière lao-thaïlandaise) et 950 km de Bangkok (*via* Ubon Ratchathani). La frontière laotienne est ouverte à ceux disposant du visa adéquat (voir le chapitre *Comment s'y rendre*) mais voit pour l'instant peu de passage. Néanmoins, Lao Bao pourrait, à terme, devenir une importante ville frontalière pour le commerce et le tourisme entre la Thaïlande et le Centre du Vietnam.

HUÉ

Hué représente, par tradition, l'un des principaux centres culturels, religieux et d'enseignement du pays. Aujourd'hui, les superbes tombeaux des empereurs Nguyen, plusieurs somptueuses pagodes ainsi que les restes de la citadelle constituent les principales attractions touristiques de la ville. Mais, comme la population locale ne manquera pas de vous le répéter, Hué est également renommée pour la beauté de ses femmes.

Sans le tourisme, les sites culturels de Hué seraient peut-être tombés dans l'oubli : entre 1975 et 1990, ces rappels historiques de la dynastie des Nguyen, considérés par conséquent comme "politiquement incorrects", furent laissés à l'abandon. En 1990, date à laquelle les autorités locales prirent conscience du potentiel touristique de la ville, ils furent déclarés trésors nationaux. Trois ans plus tard, les monuments de Hué furent classés "patrimoine mondial" par l'Unesco ; ils sont aujourd'hui en cours de rénovation.

Sur la plupart des sites historiques, l'entrée coûte 5 $US ; dans de nombreux cas, vous devrez débourser des frais supplémentaires pour utiliser un caméscope.

Histoire

La cité-citadelle de Phu Xuan fut construite en 1687 dans le village de Bao Vinh, situé à 5 kilomètres au nord-est de l'actuelle Hué. En 1744, elle devint la capitale de la région sud-vietnamienne, dominée par les seigneurs Nguyen. De 1786 à 1802, la ville fut occupée par les rebelles Tay Son puis tomba aux mains de Nguyen Anh, qui se fit couronner empereur sous le nom de Gia Long. Ainsi naquit la dynastie des Nguyen, qui gouverna le pays jusqu'en 1945, parfois de façon emblématique seulement.

En 1885, lorsque les conseillers de l'empereur Ham Nghi, alors âgé de 13 ans, contestèrent la légitimité du protectorat français sur le Tonkin, l'armée coloniale assiégea la ville. Malgré la supériorité des troupes ennemies, les Vietnamiens lancèrent l'attaque. La réponse des Français fut implacable : pendant trois jours, ils brûlèrent la bibliothèque impériale et dépouillèrent la ville de tous ses objets de valeurs : or, argent et même moustiquaires et cure-dents furent emportés. L'empereur s'enfuit au Laos, mais fut par la suite capturé et exilé en Algérie. Les Français placèrent alors sur le trône impérial Dong Khanh, plus malléable, coupant ainsi court à toute velléité d'indépendance de la part des Vietnamiens.

Le nom actuel de la ville provient d'une déformation de son nom d'origine, Thanh Hoa, le terme *Hoa* signifiant "paix" ou "harmonie" en vietnamien. Le nom "Hué" date de plus de deux siècles.

Lors de l'offensive du Têt, Hué fut le siège de batailles sanglantes. Fait unique au Sud, elle resta plusieurs semaines aux mains des communistes. Tandis que l'état-major américain s'efforçait de mettre fin au siège de Khe Sanh, les troupes nord-vietnamiennes et vietcong contournèrent les forces ennemies et pénétrèrent directement dans Hué, troisième ville du Sud-Vietnam. A leur arrivée, les communistes hissèrent leur drapeau au sommet de la citadelle. Il y flotta durant 25 jours. Durant ce temps, le gouvernement local sud-vietnamien s'effondra.

Après avoir pris Hué, les cadres du Parti communiste entreprirent d'éliminer les éléments "réfractaires" de la ville. Des milliers de citoyens, figurant sur des listes méticuleusement établies des mois à l'avance, se retrouvèrent victimes de gigantesques rafles. Au cours des 25 jours suivants, environ 3 000 civils – marchands, bonzes, prêtres, intellectuels, ainsi que bon nombre d'étrangers et de notables liés au gouvernement sud-vietnamien – furent ainsi som-

CENTRE

mairement fusillés, tués à coups de gourdin ou enterrés vivants. Quelques années plus tard, on découvrit leurs cadavres, jetés dans des fosses communes aux alentours de la ville.

Les troupes sud-vietnamiennes s'avérant incapables de déloger les armées nord-vietnamiennes et vietcong, le général Westmoreland ordonna aux GI de reprendre la ville. Pendant plusieurs semaines, celle-ci fut donc la cible des roquettes vietcong et des bombes américaines. Au terme de 10 jours de combats acharnés, les troupes communistes durent effectuer un retrait progressif de la "nouvelle ville". Au cours des deux semaines suivantes, la plupart des quartiers à l'intérieur de la citadelle, qui abritaient les deux tiers de la population de Hué, furent dévastés par l'aviation nord-vietnamienne, l'artillerie américaine et les combats de rue. On estime à environ 10 000 le nombre de personnes tuées à Hué au cours de l'offensive du Têt, dont plusieurs milliers de Vietcong, 400 soldats sud-vietnamiens, 150 marines – et une grande majorité de civils.

On raconte que, bien après la fin de la guerre, un vétéran américain serait retourné à Hué. A son affirmation, devant un ancien officier vietcong, selon laquelle les États-Unis n'avaient perdu aucune des grandes batailles de la guerre, l'officier aurait répondu : "C'est tout à fait juste, mais est-ce bien l'important ?"

Orientation
La ville de Hué s'étend de part et d'autre de la rivière des Parfums. Sur la rive est du fleuve se trouve la citadelle, ainsi que quelques hôtels tranquilles, mais c'est sur la rive ouest que se tiennent la plupart des infrastructures touristiques, hôtels et restaurants. Pour vous rendre dans les quartiers de Phu Cat et de Phu Hiep, traversez le canal Dong Ba au niveau du marché du même nom.

Information
En cas d'urgence. L'hôpital général de Hué (Benh Vien Trung Uong Hué ; ☎ 822325) se trouve 16 Đ Le Loi, près du pont de Phu Xuan.

Police de l'immigration. Pour les prorogations de visa, s'adresser à la police de l'immigration, située Đ Ben Nghe.

Citadelle
La citadelle (Kinh Thanh) est entourée de douves sur un périmètre de 10 kilomètres. Sa construction, entamée en 1804, fut ordonnée par l'empereur Gia Long sur un site choisi par les experts géomanciens. A l'origine en terre, ses remparts s'inspirent des fortifications de Vauban. Au début du XIXe siècle, ils furent consolidés à l'aide d'une couche de briques de 2 mètres d'épaisseur.

L'empereur gouvernait depuis l'enceinte impériale (Dai Noi ou Hoang Thanh), une citadelle dans la citadelle protégée par des murs de 6 mètres de haut et de 2,5 kilomètres de longueur. L'enceinte impériale, qui compte quatre portes – la plus célèbre étant la porte Ngo Mon –, abrite la Cité pourpre interdite, qui renfermait les appartements privés de l'empereur.

Les façades de la citadelle sont rectilignes à l'exception de l'une d'entre elles, légèrement arrondie pour suivre la courbe de la rivière. Les remparts sont entourés de douves en zigzag, larges de 30 mètres et profondes de 4 mètres. A l'angle nord se dresse la forteresse de Mang Ca, ancienne concession française servant, aujourd'hui encore, de base militaire. La citadelle compte dix portes fortifiées, chacune accessible par un pont.

A l'intérieur de la citadelle, une grande partie du terrain, rasé au cours de l'offensive du Têt (1968), est aujourd'hui vouée aux cultures maraîchères.

Tour du Drapeau. Également appelée "le chevalier du roi", la tour du Drapeau (Cot Co) est surmontée d'un mât de drapeau de 37 mètres de hauteur – le plus grand du Vietnam. Installé en 1809 puis prolongé en 1831, le mât fut abattu par le terrible typhon qui ravagea la ville en 1904. La tour fut reconstruite en 1915, pour être de nouveau détruite en 1947. C'est en 1949 qu'elle fut définitivement remise sur pied. En 1968, au cours de l'occupation vietcong, le drapeau du Front national de libération flotta sur la tour pendant vingt-cinq jours, en signe de défi vis-à-vis des forces ennemies.

Neuf canons sacrés. Situés juste à l'intérieur de la citadelle, près des portes donnant sur la tour du Drapeau, les neufs canons sont les défenseurs symboliques du palais et du royaume. Fondus en 1804 sur l'ordre de l'empereur Gia Long dans des objets de cuivre dérobés aux rebelles Tay Son, ils n'ont jamais été utilisés. Chacun d'eux mesure 5 mètres de long, possède une gueule de 23 centimètres de diamètre et pèse approximativement 10 tonnes. Les quatre canons situés près de la porte Ngan symbolisent les quatre saisons, tandis que les cinq canons proches de la porte Quang Duc représentent les cinq éléments – le métal, le bois, l'eau, le feu et la terre.

Porte Ngo Mon. Face à la tour du Drapeau, la porte Ngo Mon sert d'accès principal à l'enceinte impériale. Plus connue sous le nom de "porte du Midi", elle est ouverte de 6h30 à 17h30. L'entrée coûte 5 $US.

La porte principale, parée de battants jaunes, était exclusivement réservée à l'usage de l'empereur, tout comme le pont de l'étang aux Lotus. Toute autre personne devait emprunter les portes latérales et les sentiers contournant l'étang.

La porte est surmontée du Ngu Phung (belvédère des Cinq Phénix), sur lequel l'empereur apparaissait lors des grandes occasions, telle la publication du calendrier lunaire. C'est sur ce même belvédère que Bao Dai, dernier souverain de la dynastie des Nguyen, abdiqua devant une délégation du gouvernement révolutionnaire provisoire de Ho Chi Minh. Le toit est recouvert de tuiles jaunes au centre et vertes en bordure.

Palais Thai Hoa. Construit en 1803 puis transféré sur son site actuel en 1833, le palais Thai Hoa (palais de l'Harmonie suprême) est constitué d'un grand hall surmonté d'un quadruple toit courbe. Son faîtage, composé de gigantesques madriers, est soutenu par 80 colonnes sculptées et laquées.

Le palais, auquel on accède par le pont Trung Dao et la porte du Midi, accueillait autrefois réceptions officielles et autres grandes cérémonies impériales, telles que les anniversaires et les couronnements. Le souverain, alors assis sur son trône surélevé, recevait les hommages de hauts fonctionnaires : sur l'esplanade à deux niveaux, mandarins administratifs et militaires se tenaient alignés chacun d'un côté du hall, conformément aux neuf rangs mandarinaux.

Une boutique de souvenirs est aujourd'hui installée à cet endroit, et un ensemble musical en costume traditionnel joue volontiers quelques airs impériaux moyennant environ 1 $US.

Salles des mandarins. C'est dans ces bâtiments, restaurés en 1977, que les mandarins se préparaient pour les cérémonies impériales tenues dans la salle de réception Can Chanh. Les salles se trouvent derrière le palais de l'Harmonie suprême, de part et d'autre d'une cour dans laquelle se tiennent deux gigantesques trônes de bronze (*vac dong*) datant du XVIIe siècle.

Neuf urnes dynastiques. Coulées en 1835 et en 1836, chacune de ces urnes (*dinh*) retrace, à travers ses ornements traditionnels, la vie d'un souverain de la dynastie des Nguyen. Sur leurs flancs, les motifs ciselés, dont certains sont d'origine chinoise et datent de 4 000 ans, représentent soleil, météores, nuages, montagnes, fleuves et autres paysages.

Mesurant environ 2 mètres de hauteur et pesant de 1 900 à 2 600 kilos, ces urnes symbolisent la puissance et la stabilité du règne des Nguyen. L'urne centrale, la plus grande et la plus finement ornementée, est dédiée à Gia Long.

Cité pourpre interdite. La Cité pourpre interdite (Tu Cam Thanh) était réservée à l'usage personnel de l'empereur. Seuls les eunuques étaient autorisés à y pénétrer, et pour cause : ils ne représentaient aucune menace pour la vertu des concubines royales.

CENTRE

La cité fut presque entièrement détruite lors de l'offensive du Têt. Aujourd'hui, on y cultive toutes sortes de plantes, dont la sensitive, variété de mimosa qui se rétracte au toucher. La Bibliothèque royale (Thai Binh Lau), constituée de deux étages, fut partiellement restaurée. Non loin de là se dressent les restes du Théâtre royal (Duyen Thi Duong), dont la construction démarra en 1826 et qui fut plus tard reconverti en Conservatoire national de musique.

Lac Tinh Tam. Il se trouve à 500 mètres au nord de l'enceinte impériale. C'est sur ses deux petites îles, reliées à la rive par un pont, que les empereurs venaient se détendre, accompagnés de leur suite.

Lac Tang Tau. Sur une petite île au centre de ce lac, situé au nord de Tinh Tam, s'élevait autrefois une bibliothèque royale. S'y dresse actuellement une petite pagode hinayana (theravada ou nam tong) du nom de Ngoc Huong.

Musées
Le palais mandarinal qui abrite le **Musée impérial** (Bao Tang Co Vat) fut construit en 1845 et restauré lors de la fondation du musée en 1923. Sur les murs sont inscrits des poèmes en caractères vietnamiens (*nom*). Malheureusement, les plus belles pièces de sa collection furent égarées ou détruites lors de la guerre du Vietnam, mais le musée a conservé des céramiques, des meubles et des costumes royaux qui valent bien une visite.

Notez, à gauche de la salle, une chaise royale à porteurs, un gong et un instrument de musique constitué de pierres suspendues sur deux niveaux. De l'autre côté de la pièce se trouve le jeu favori des empereurs, qui consistait à faire tomber dans un pot long et étroit un bâton tenu en équilibre sur un socle de bois. Situé 3 Đ Le Truc, le Musée impérial est ouvert de 6h30 à 17h30.

En face du musée se trouve une ancienne école qui accueillait autrefois les princes et les fils des grands mandarins. Derrière cette école, vous pourrez visiter la **galerie d'His-**toire naturelle ainsi que le **musée de l'Armée**, qui expose une collection d'armes américaines et soviétiques, dont un MiG 17.

Musée Ho Chi Minh. Situé 9 Đ Le Loi, on peut admirer dans ce musée (Bao Tang Ho Chi Minh) une collection de photographies, quelques effets personnels de Ho Chi Minh ainsi que des documents relatifs à sa vie et à ses accomplissements.

Lieux de culte
Pagode Thien Mu. Bâtie sur une colline, la pagode Thien Mu (également appelée pagode Linh Mu) domine la rivière des Parfums. Emblème officieux de la ville de Hué, elle est l'un des monuments les plus célèbres du Vietnam. Construite en 1844 sous le règne de l'empereur Thieu Tri, sa tour octogonale s'élance sur 21 mètres de hauteur et sept étages, chacun dédié à un *manushi-buddha* (pour plus de détail, se reporter à l'encadré *Pagode Thien Mu* de ce chapitre).

La pagode fut fondée en 1601 par le seigneur Nguyen Hoang, gouverneur de la province de Thuan Hoa. Selon la légende, une fée nommée Thien Mu apparut à la population locale, annonçant la venue d'un seigneur qui allait construire une pagode pour la prospérité du pays. Nguyen Hoang fit alors édifier un temple à cet emplacement. Au fil des siècles, la pagode Thien Mu fut plusieurs fois détruite et reconstruite.

Dans le pavillon qui se trouve à droite de la tour, vous pourrez admirer une stèle de 1715 surmontant une tortue en marbre, symbole de longévité. A gauche de cette même tour se trouve un second pavillon hexagonal qui abrite une gigantesque cloche de 2,052 tonnes, nommée Dai Hong Chung et coulée en 1710. On dit qu'il est possible de l'entendre à 10 kilomètres à la ronde. Dans la vitrine du sanctuaire principal, derrière le Bouddha souriant, trois statues représentent *A Di Da*, le Bouddha du passé, *Thich Ca* (Sakyamuni), le Bouddha historique, et enfin *Di Lac*, le Bouddha de l'avenir.

La pagode Thien Mu se trouve au bord de la rivière des Parfums, à 4 km au sud-ouest de la citadelle. Pour y accéder, prenez Đ

Pagode Thien Mu

Au début des années 60, la pagode Thien Mu, un peu à l'extérieur de Hué, fut un foyer d'émeutes antigouvernementales. Curieusement, elle fut également le siège de foudres anticommunistes dans les années 80, lorsqu'un meurtre fut commis à ses abords. Les manifestants investirent alors le quartier du pont Phu Xuan, le fermant ainsi à la circulation. Les bonzes furent arrêtés et accusés de perturber la circulation et l'ordre public. Aujourd'hui, la pagode coule des jours plus paisibles, hébergeant un petit groupe de moines, de religieuses et de novices.

Derrière le grand sanctuaire, on peut venir admirer l'Austin dans laquelle le bonze Thich Quang Duc effectua son dernier voyage en 1963.

C'est à Saigon qu'il s'immola publiquement en signe de protestation contre la politique du président Ngo Dinh Diem. Les journaux du monde entier publièrent la photographie de son geste. Son sacrifice donna lieu à une vague d'immolations volontaires.

Un grand nombre d'Occidentaux ne furent pas tant choqués par ces actions que par la réaction de Tran Le Xuan, Mme Nhu, célèbre belle-sœur du président Diem, qui qualifia gaiement ces immolations de "partie barbecue", ajoutant : "Laissons-les brûler, et applaudissons." Ces déclarations ne firent qu'amplifier le ressentiment populaire croissant à l'égard du régime du président Diem. Mme Nhu fut surnommée "le papillon de fer" et "la femme-dragon" par la presse américaine. Au mois de novembre, le président Diem fut assassiné, de même que son frère Ngo Dinh Nhu (l'époux de Mme Nhu), par ses propres militaires. Mme Nhu était alors à l'étranger.

Un monument fut érigé à la mémoire de Thich Quang Duc (Dai Ky Niem Thuong Toa Thich Quang Ðuc) près de la pagode Xa Loi, à Ho Chi Minh-Ville, à l'intersection de ñ Nguyen ñinh Chieu et ñ Cach Mang Thang Tam.

Tran Hung Dao, qui est parallèle à la rivière et prolongée par Ð Le Duan après le pont Phu Xuan. Traversez la voie ferrée et suivez Ð Kim Long. On peut également y accéder en barque. L'entrée est gratuite.

Pagode Bao Quoc. Édifiée en 1670 par Giac Phong, un bonze originaire de Chine, la pagode Bao Quoc ("pagode qui sert le pays") fut rénovée une dernière fois en 1957. C'est l'empereur Minh Mang qui, en

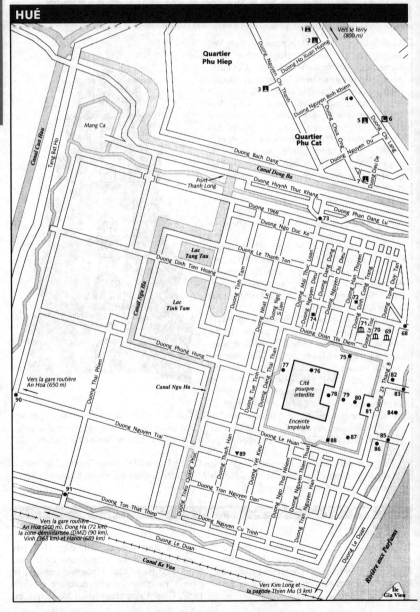

CENTRE

HUÉ

Quartier
Phu Hiep

Vers le ferry
(800 m)

Mang Ca

Quartier
Phu Cat

Canal Cua Hau

Tang Bat Ho

Duong Nguyen Chi Thanh

Duong Ho Xuan Huong

Duong Nguyen Binh Khiem

Duong Chua Ong

Duong Chi Lang

Duong Nguyen Du

Duong Dieu De

Duong Bach Dang

Canal Dong Ba

Pont
Thanh Long

Duong Huynh Thuc Khang

Duong 1968

Duong Phan Dang Lu

Duong Ngo Duc Ke

Lac
Tang Tau

Duong Le Thanh Ton

Duong Dinh Tien Hoang

Canal Ngu Ha

Lac
Tinh Tam

Duong Tinh Tam

Duong Nhat Le

Duong Ngo Si Lien

Duong Mai Thuc Loan

Duong Dang Dung

Duong Nguyen Chi Dieu

Duong Han Thuyen

Duong Dinh Cong Trang

Duong Tong Duy Tan

Duong Phung Hung

Duong Le Tuc

Canal Ngu Ha

Duong Doan Thi Diem

Duong Thai Than

Cité
pourpre
interdite

Enceinte
impériale

Vers la gare routière
An Hoa (650 m)

Duong Thai Phien

Duong Tue Tinh

Duong Dang Thai Than

Duong Nguyen Trai

Duong Thach Han

Duong Quang Phuc

Duong Trieu Quang Phuc

Duong Le Huan

Duong Yet Kieu

Duong Ngo Thoi Nhiem

Duong Nguyen Thien Thuat

Duong Thang 8

Duong 23

Duong Tran Nguyen Dan

Duong Nguyen Cu Trinh

Duong Nguyen Han

Duong Ton That Thiep

Vers la gare routière
An Hoa (200 m), Dong Ha (72 km),
la zone démilitarisée (DMZ) (90 km),
Vinh (368 km) et Hanoi (689 km)

Duong Le Duan

Canal Ke Van

Duong Le Duan

Vers Kim Long et
la pagode Thien Mu (3 km)

Rivière aux Parfums

Île
Gia Vien

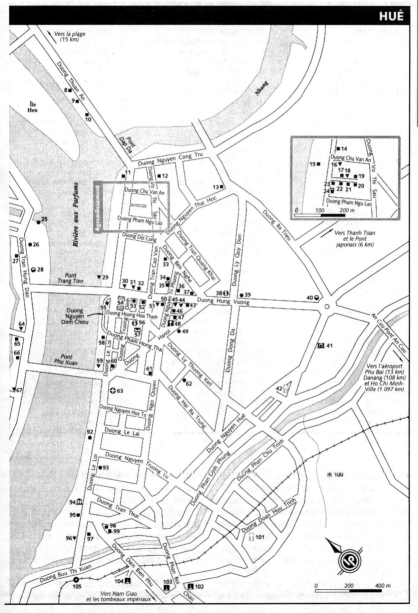

HUÉ

1824, lui donna son nom actuel. Il y célébra son quarantième anniversaire en 1830. Depuis 1940, elle accueille un séminaire pour moines bouddhistes, mais les étudiants viennent encore se retirer dans sa paisible cour, bordée d'orchidées, pour y travailler.

L'autel central du grand sanctuaire renferme trois statues représentant, de gauche à droite, Di Lac, Thich Ca et A Di Da. Derrière ces bouddhas se cache une salle dédiée à la mémoire des anciens moines, dont les tombes sont éparpillées autour du bâtiment. Dans le stupa rouge et gris à trois étages repose le fondateur de la pagode.

La pagode Bao Quoc surplombe la colline Ham Long, dans le quartier de Phuong Duc. Pour y accéder, descendez Đ Le Loi pour rejoindre Đ Dien Bien Phu, et tournez à droite immédiatement après la voie ferrée.

Pagode Tu Dam. Située à 600 mètres au sud de la pagode Bao Quoc, au croisement de Đ Dien Bien Phu et de Đ Tu Dam, la pagode Tu Dam est l'une des plus célèbres du Vietnam. Cela dit, son architecture, qui date de 1936 (année de sa reconstruction), ne présente que peu d'intérêt.

Ses bâtiments originels furent érigés en 1695 par Minh Hoang Tu Dung, un bonze chinois. L'empereur Thieu Tri lui donna son nom actuel en 1841. C'est ici que fut fondée l'Association du bouddhisme unifié du Vietnam lors d'un rassemblement en 1951. Au cours des années 60, la pagode fut un haut lieu de la lutte bouddhiste contre la guerre et le régime de Diem. En 1968, elle fut le théâtre de violents combats, dont les séquelles sont encore visibles aujourd'hui.

A l'heure actuelle, la pagode constitue le siège de l'Association bouddhiste de la province, et seul un petit groupe de moines y vit encore. Dans le sanctuaire trône un étrange bouddha en bronze, fondu à Hué en 1966.

A l'est, au bout de Đ Tu Dam, se trouvent la pagode Linh Quang ainsi que le tombeau du savant et révolutionnaire anticolonialiste Phan Boi Chau (1867-1940).

Cathédrale Notre-Dame (Dong Chua Cuu The). Situé 80 Đ Nguyen Hué, cet édifice moderne et imposant allie l'aspect fonctionnel d'une cathédrale européenne à la tradition vietnamienne, représentée entre autres par une flèche de style oriental. La cathédrale, construite entre 1959 et 1962, rassemble à l'heure actuelle 1 600 fidèles. La messe est dite tous les jours, à 5h et à 17h, par deux prêtres francophones. Le dimanche matin, un service supplémentaire est assuré à 7h, et des cours de catéchisme sont dispensés aux enfants. Si la porte principale est fermée, n'hésitez pas à venir sonner au bâtiment jaune, juste à côté.

Cathédrale Phu Cam. Entamée en 1963, la construction de la cathédrale Phu Cam fut interrompue en 1975, avant que le clocher ne soit achevé. Il s'agit de la huitième église construite ici depuis 1682, et le diocèse de Hué, qui y siège, espère un jour réunir les fonds nécessaires à la finition du bâtiment.

La cathédrale s'élève au 20 Đ Doan Huu Trinh, à l'extrémité sud de Đ Nguyen Truong To. La messe est célébrée du lundi au samedi à 5h et 18h45, et le dimanche à 5h, 7h, 14h et 19h.

Église Saint-Xavier. Il s'agit d'une église catholique construite en 1915. L'extérieur est peu reluisant, mais l'intérieur est bien entretenu et les grandes orgues électriques fonctionnent.

Souvenez-vous qu'il ne s'agit pas d'un site touristique mais d'un lieu de culte actif. L'entrée étant gratuite, une petite obole sera toujours la bienvenue pour contribuer à l'entretien des lieux. L'église s'élève au sud de l'hôtel Binh Minh, Đ Nguyen Tri Phuong. Vous pouvez demander à entrer par la porte de derrière. Les personnes chargées de veiller sur les lieux parlent parfois français, plus rarement anglais.

Pagode nationale Dieu De (Quoc Tu Dieu De). Elle fut construite sous le règne de l'empereur Thieu Tri (1841-1847) ; on peut y accéder par le canal Dong Ba, 102 Đ Bach Dang. Il s'agit de l'une des trois "pagodes nationales" de la ville (c'est-à-dire autrefois parrainées par l'empereur). Dieu De est célèbre pour ses quatre tours trapues situées de part et d'autre de la porte et du sanctuaire. Deux d'entre elles sont munies d'une cloche, tandis qu'une autre abrite un tambour et la quatrième une stèle dédiée au fondateur de la pagode.

Au cours du règne de Ngo Dinh Diem (1955-1963) et vers le milieu des années 60, la pagode nationale Dieu De constitua le bastion de la révolte bouddhiste et estudiantine contre la guerre et le régime en place. En 1966, elle fut prise d'assaut par la police, et bon nombre de bonzes, fidèles et étudiants furent arrêtés. Le matériel radio du mouvement fut également confisqué. Aujourd'hui, trois moines y résident.

Les pavillons situés de chaque côté de l'entrée principale abritent les 18 La Ha – situés juste en dessous des bodhisattvas dans la hiérarchie bouddhique – et les huit Kim Cang, protecteurs de Bouddha. Derrière les estrades se tient le Bouddha Thich Ca (Sakyamuni), entouré de ses deux assistants, Pho Hien Bo Tat (à sa droite) et Van Thu Bo Tat (à sa gauche).

Ancienne mosquée indienne. Située 120 Đ Chi Lang, elle fut construite en 1932 par la communauté musulmane indienne de Hué. L'édifice est resté un lieu de culte jusqu'en 1975, date de la fuite précipitée des Indiens. C'est aujourd'hui une résidence privée.

Pagode Chieu Ung (Chieu Ung Tu). Faisant face au 138 Đ Chi Lang, elle fut édifiée au milieu du XIXᵉ siècle par la congrégation chinoise de Hainan puis reconstruite en 1908. Sa dernière rénovation date de 1940. Le sanctuaire a conservé sa décoration d'origine ; il n'a pas échappé à la dégradation, mais a fort heureusement été épargné par les rénovations modernistes qui ont gâté tant de pagodes. Ce monument fut construit à la mémoire des 108 marchands originaires de Hainan, accusés à tort de piraterie et exécutés par les autorités vietnamiennes en 1851.

Pagode Tang Quang (Tang Quang Tu). Située dans une allée en face du 80 Đ Nguyen Chi Thanh, elle est la plus grande des trois pagodes hinayana de Hué. Cet édifice, construit en 1957, doit la particularité de son architecture au lien historique du bouddhisme hinayana avec le Sri Lanka et l'Inde (plutôt que la Chine). Le nom de la pagode en langue pali, Sangharansyarama ("Lumière émanant de Bouddha"), est inscrit sur la façade du bâtiment.

Collège national

Le collège national (Quoc Hoc), 10 Đ Le Loi, est l'un des établissements secondaires les plus renommés du Vietnam. Ngo Dinh Kha, le père du président sud-vietnamien Ngo Dinh Diem, le fonda en 1896 et en fut longtemps le directeur. De nombreuses personnalités, du Nord comme du Sud, le fréquentèrent avant de faire carrière. Citons par exemple le général Vo Nguyen Giap, fameux stratège à qui l'on attribue la victoire du Viet-Minh à Dien Bien Phu et qui

servit le Nord-Vietnam de très longues années en qualité de vice-Premier ministre, ministre de la Défense et commandant en chef ; Pham Van Dong, Premier ministre nord-vietnamien pendant plus d'un quart de siècle ; Do Muoi, secrétaire général et ancien Premier ministre ; et même Ho Chi Minh, qui y fit un court séjour en 1908.

De colossaux travaux de rénovation ont été entrepris en 1996, à l'occasion du centenaire de l'établissement ; une statue y a été érigée à la mémoire de Ho Chi Minh. On ne peut visiter le Collège national et le collège Hai Ba Trung (situé à proximité) qu'une fois les cours terminés, à partir de 15h environ.

Lieux de rassemblement
Maison commune de la congrégation chinoise de Canton (Chua Quang Dong). Fondée il y a près d'un siècle, elle fait face au 154 Đ Chi Lang. Apposée au mur de droite, sur un petit autel, vous pourrez admirer une statue de Confucius avec une barbe dorée. Sur l'autel principal trône Quan Cong à la face rouge (Guangong en chinois), flanqué de Trung Phi (sur la gauche) et de Luu Bi (sur la droite). Sur l'autel de gauche est juché Lao-tseu accompagné de ses disciples, et, sur celui de droite Phat Ba, bouddha féminin.

Chua Ba. Cette pagode, en face du 216 Đ Chi Lang, fut fondée par la congrégation chinoise de Hainan il y a près d'un siècle. Endommagée lors de l'offensive du Têt, elle fut ultérieurement reconstruite. Sur l'autel central trône Thien Hau Thanh Mau, déesse de la Mer, patronne des pêcheurs et des marins. Sur la droite, enfermé dans sa vitrine de verre, se trouve Quan Cong, entouré de ses habituels compagnons, le mandarin militaire Chau Xuong (à sa droite) et le mandarin administratif Quang Binh (à sa gauche).

Chua Ong

Cette grande pagode, face au 224 Đ Chi Lang, fut fondée par la congrégation chinoise du Fujian sous le règne de l'empereur

Tu Duc (1848-1883). Cet édifice fut gravement endommagé par l'explosion d'un bateau de munitions lors de l'offensive du Têt. Un bouddha en or, protégé par une vitrine en verre, fait face aux portes principales. L'autel de gauche est dédié à Thien Hau Thanh Mau, flanquée de ses deux auxiliaires : Thien Ly Nhan aux mille yeux et Thuan Phong Nhi à la face rouge, qui entend tout à 1 500 kilomètres à la ronde. Sur l'autel de droite, vous pourrez admirer une statue de Quan Cong.

Non loin de là se trouve la pagode de la congrégation chinoise de Chaozhou (Tieu Chau Tu).

Pont japonais

Si vous n'avez pas pu voir le célèbre pont à Hoi An, ou si vous aimez sortir des sentiers battus, vous trouverez une passerelle japonaise similaire à environ 7 km à l'est de Hué. Bien que le pont de Thanh Toan soit très proche de celui de Hoi An sur le plan architectural, il ne reçoit que très peu de visiteurs (pour la plupart des villageois profitant de l'ombre du pont pour y faire une courte sieste).

Le mieux est de s'y rendre à moto ou à bicyclette. Il est assez difficile de trouver ce pont – rien de bien grave si vous considérez que se perdre fait partie de l'aventure. A partir du rond-point de la gare routière An Cuu, descendez Đ Ba Trieu sur quelques centaines de mètres vers le nord. Lorsque vous arrivez devant l'enseigne du Citadel Hotel, tournez à droite et suivez le sentier, plaisant et cahoteux, sur 6 km. Vous traverserez plusieurs villages, passerez devant plusieurs rizières et pagodes avant d'atteindre le pont.

Où se loger – petits budgets

Le *Thai Binh Hotel* (☎ 828058 ; fax 832867 ; 10/9 Đ Nguyen Tri Phuong), très apprécié des voyageurs, est caché au fond d'une paisible allée. A chaque étage, vous pourrez vous prélasser ou écrire vos cartes postales à la terrasse. Le prix de la chambre "standard" varie de 10 à 15 $US, et celle avec s.d.b. coûte de 20 à 25 $US. Vous trou-

verez le même rapport qualité/prix à l'annexe de l'hôtel, de l'autre côté de l'allée.

Le *Binh Minh Hotel* (☎ 825526 ; fax 828362 ; 12 Đ Nguyen Tri Phuong) s'est également attiré des commentaires flatteurs. Les prix varient de 8 à 30 $US.

Le *Duy Tan Hotel* (☎ 825001 ; fax 826477 ; 12 Đ Hung Vuong), qui comprend de nombreuses chambres, bénéficie d'une situation centrale et de nombreux parkings. Les prix affichés varient entre 13 et 40 $US. Toutefois, il est généralement possible, en négociant, d'obtenir une chambre pour 8 à 15 $US.

C'est sans aucun doute le *Hung Dao Hotel* (☎ 823941 ; 81 Đ Tran Hung Dao) qui pratique les prix les plus bas de la ville : une chambre avec ventil. et s.d.b. commune ne coûte que 5 $US, mais il ne faut pas s'attendre au grand luxe. La chambre avec clim. et s.d.b. est à 10 $US. L'hôtel est situé sur la rive ouest, à proximité du marché Dong Ba.

Le *Le Loi Hué Hotel* (☎ 822153 ; fax 824527 ; 2 Đ Le Loi), gigantesque, attire de nombreux voyageurs à petit budget grâce à ses prix très bas, ses chambres très correctes et son bon emplacement (à 100 mètres de la gare ferroviaire). La TV par satellite est mise à la disposition des voyageurs, et il est également possible de louer une voiture, de commander un taxi ou de réserver un circuit. Les chambres coûtent de 6 à 45 $US.

Également proche de la gare, le *Dien Bien Hotel* (☎ 821678 ; fax 821676 ; 3 Đ Dien Bien Phu) propose des chambres simples/doubles avec ventil. à 8/10 $US et avec clim. à 15/20 $US. Dans la même fourchette de prix, vous pourrez louer une chambre juste à côté, au *Nam Gia Hotel* (☎ 825736), moins spacieux.

La *Ben Nghe Guesthouse* (☎ 889106 ; 4 Đ Ben Nghe) est elle aussi une favorite des voyageurs à petit budget. La chambre double avec s.d.b. commune et ventil. coûte 6 $US, 10 $US avec clim. et s.d.b.

Non loin de là, le *Hoang Long Hotel* (☎ 828235 ; fax 823858 ; 20 Đ Nguyen Tri Phuong) propose des chambres avec ventil.

dans une fourchette de prix allant de 6 à 10 \$US et avec clim de 12 à 25 \$US. L'hôtel possede egalement une agréable terrasse à l'étage.

Le *Thang Long Hotel* (☎ *826462 ; fax 826464 ; 16 Đ Hung Vuong)*, relativement récent, loue des chambres doubles à des prix variant entre 10 et 40 \$US. Vous retrouverez le même rapport qualité/prix au *Hung Vuong Hotel (2 Đ Hung Vuong)*, récemment rénové. Le *Truong Tien Hotel* (☎ *823127)*, au n°8 de la même rue, pratique des tarifs inférieurs : de 6 à 15 \$US la chambre.

Le *Vong Canh Hotel* (☎ *824130 ; fax 826798 ; 25 Đ Hung Vuong)*, près de la poste, propose des chambres à 8 \$US avec ventil. et à 10 ou 12 \$US avec clim. Les gérants de l'établissement semblent mettre un point d'honneur à satisfaire leurs clients.

Vaste et élégant, le *Ngo Quyen Hotel* (☎ *823278 ; fax 823502 ; 11 Đ Ngo Quyen)* est un vieil établissement qui a certainement connu des jours meilleurs. La double coûte entre 15 et 35 \$US.

Dans la partie nord-est de la ville, de l'autre côté du pont Dap Da, vous pourrez louer une chambre au *Song Huong Hotel* (☎ *823675 ; 51-66 Đ Thuan An)* à des prix variant entre 25 et 35 \$US.

Le *Thon Vy Hotel* (☎ *825160 ; 37 Đ Thuan An)* est installé dans la même rue. Vous y débourserez 8/15 \$US pour une chambre double avec ventil./clim.

Près de la rive, le *Hué Hotel* (☎ *823513 ; fax 824806 ; 15 Đ Le Loi)* est un établissement d'État assez moyen, proposant des chambres avec ventil./clim. à 10/20 \$US.

Le *Mini Hotel 18* (☎ *823720 ; fax 825814 ; 18 Đ Le Loi)*, plus petit, lui aussi géré par l'État, propose des chambres doubles correctes avec clim. à des prix variant de 12 à 20 \$US.

Le *Thanh Noi Hotel* (☎ *822478 ; fax 877211 ; 3 Đ Dang Dung)* bénéficie d'une popularité bien méritée. Idéalement situé sur la rive ouest historique de Hué (près de la Cité pourpre interdite), dans un parc calme et arboré, il loue des chambres pour 10 à 25 \$US et dispose d'un restaurant.

Autrefois populaire, le *Thanh Loi Hotel* (☎ *824803 ; fax 825344 ; 7 Đ Dinh Tien Hoang)*, installé sur la rive ouest de la rivière, semble en déclin. Un voyageur exaspéré l'a même surnommé "hôtel de l'enfer".

Pour trouver une chambre bon marché près de la rivière, rendez-vous dans cette petite allée adjacente à Đ Le Loi, entre Đ Pham Ngu Lao et Đ Chu Van An. Vous y trouverez notamment la *Thanh Thuy's Guesthouse* (☎ *824585 ; 46/4 Đ Le Loi)*, petit établissement familial proposant des chambres simples/doubles/triples avec clim. à 7/10/15 \$US. En face, le *Phuong Hoang Hotel* (☎ *826736 ; fax 828999, 48/3 Đ Le Loi)*, quant à lui, loue d'agréables chambres, certaines avec vue sur la rivière, à des prix variant de 15 à 30 \$US, petit déjeuner compris.

La *Mimosa Guesthouse* (☎ *828068 ; fax 823858 ; 46/6 Đ Le Loi)* vous demandera de 10 à 15 \$US pour un chambre avec clim. La *Guesthouse Hoang Huong* (☎ *828509 ; 46/2 Đ Le Loi)* loue ses chambres simples à 4 \$US, les doubles avec ventil. à 8 \$US et les triples avec clim. à 10 \$US. Vers le fond de l'allée, la *Guesthouse Tran Van Phuong* (☎ *822772 ; 48/9 Đ Le Loi)* porte le nom de son propriétaire, polyglotte. Une petite chambre double y coûte 10 \$US.

Où se loger – catégorie moyenne et supérieure

Le *Phu Xuan Hotel* (☎ *823572 ; 27 Đ Tran Hung Dao)*, qui vient d'ouvrir ses portes, propose des chambres à 25 \$US. Situé près du pont Phu Xuan, il fait partie des rares hôtels installés sur la rive ouest.

Toujours à l'ouest mais en retrait de la rive, le *Hoa Sen Hotel* (☎ *825997 ; 33 Đ Dinh Cong Trang)* bénéficie d'un cadre calme et arboré. La chambre coûte entre 15 et 25 \$US.

Le *Vida Hotel* (☎ *826145 ; 31 Đ Thuan An)* se trouve au-delà du pont Dap Da, dans la partie nord-est de la ville. Comptez entre 30 et 35 \$US.

La *Guesthouse 5 Le Loi* (*822155 ; fax 828816 ; 5 Đ Le Loi)* accueille les visiteurs dans son imposante villa ancienne. Elle propose des chambres avec vue sur la rivière ou donnant sur de charmants jardins. La double vous reviendra entre 25 à 80 $US.

Récemment rénové, le *Dong Da Hotel* (☎ *823071 ; fax 823204 ; 15 Đ Ly Thuong Kiet)*, demande désormais entre 20 et 45 $US pour une chambre avec clim. et petit déjeuner.

Le *Thien Duong Hotel* (☎ *825976 ; fax 828233 ; 33 Đ Nguyen Thai Hoc)* bénéficie de bonnes critiques. Les prix oscillent entre 15 et 35 $US pour la nuit et le petit déjeuner.

Le *Kinh Do Hotel* (☎ *823566 ; fax 823 858 ; 1 Đ Nguyen Thai Hoc)*, spacieux et rénové, propose des chambres de 25 à 45 $US.

"Rien de tel qu'une nuit chez nous pour voir la vie sous un autre jour", mentionne la brochure accrocheuse et raffinée du *Thuan Hoa Hotel* (☎ *822553 ; fax 822 470 ; 7 Đ Nguyen Tri Phuong)*. Cette nuit salvatrice coûte entre 8 et 75 $US.

Au *Hao Hong 2 Hotel* (☎ *824377 ; 1 Đ Pham Ngu Lao)*, la chambre avec petit déjeuner coûte de 35 à 90 $US. Sa version bon marché, le *Hoa Hong 1 Hotel*, situé dans la même rue, propose des chambres pour 15 à 35 $US.

L'Indochine Hotel (☎ *826070 ; fax 826 074 ; 3 Đ Hung Vuong)*, bien situé, demande de 25 à 60 $US, petit déjeuner inclus.

Le *Ky Lin Hotel* (☎ *826556 ; 58 Đ Le Loi)*, établissement de taille moyenne, vient d'ouvrir ses portes. Le prix de la chambre double varie de 20 à 35 $US.

Le gigantesque *Century Riverside Inn* (☎ *823390 ; fax 823399 ; 49 Đ Le Loi)*, au bord de la rivière, propose des chambres luxueuses à des prix tout aussi luxueux : entre 65 et 170 $US la nuit.

Autre immense établissement situé sur la rive : le *Huong Giang Hotel* (☎ *822122 ; fax 823102 ; 51 Đ Le Loi)*, près du pont Dap Da. Si le prix des chambres varie entre 65 et 230 $US, la qualité s'avère à la hauteur. Ne confondez pas cet hôtel avec la *Huong Giang Villa (3 Đ Hung Vuong)*, beaucoup plus petite, où la double vaut 25 $US.

Le luxueux *Hotel Saigon Morin* (☎ *823526 ; fax 825155 ; 30 Đ Le Loi)* occupe tout un pâté de maisons sur la rive est de la rivière des Parfums. Fermé pendant trois longues années pour rénovation, il offre aujourd'hui une grande variété de services. Pour vous distraire, vous aurez en effet le choix entre trois restaurants, un charmant bar/café avec terrasse et une piscine. La chambre coûte entre 50 et 300 $US.

Où se restaurer
Rive est. Autour de Đ Hung Vuong, vous trouverez un grand nombre de cafés populaires qui valent bien une halte. A la grande joie du voyageur, la concurrence, féroce, fait baisser les prix.

La *Xuan Trang Cafeteria* (☎ *832480 ; 14A Đ Hung Vuong)* affiche en vitrine : "devrait figurer dans la sélection du guide Lonely Planet". C'est maintenant chose faite : l'établissement mérite en effet d'être cité. A côté, vous trouverez le *News Cafe*, également populaire, qui lui aussi mérite bien un petit coup de pouce.

Le *Mandarin Cafe* (reportez-vous à la rubrique *Où se loger*), au rez-de-chaussée du Duy Tan Hotel, de très bonne qualité et généralement ouvert tard le soir, affiche quant à lui : "sélectionné par le guide Lonely Planet". Nous avons donc jugé qu'il ne pouvait être mauvais. A goûter sans faute, la salade de pommes de terre et, la spécialité de la maison, les crêpes à la banane. Le souriant propriétaire, M. Cuu, est une mine de conseils judicieux. L'établissement est dépositaire du Sinh Cafe.

Vous trouverez un *café* au rez-de-chaussée du Le Loi Hué Hotel, et juste en face, dans la même rue, le *Cafe 3 Le Loi (Đ Nguyen Dinh Chieu)* sert également de bon petits plats à des prix tout à fait raisonnables. C'est également un excellent endroit pour rencontrer d'autres voyageurs.

Le *Paradise Garden Restaurant (Đ Nguyen Dinh Chieu)*, au bord de la rivière et près de l'Hotel Saigon Morin, est pour sa part légèrement plus chic. Nous vous recommandons tout particulièrement

CENTRE

son poulet grillé à la citronnelle et son crabe sauté aux champignons.

Situé au nord du pont Trang Tien, au bord de la rivière des Parfums (près du croisement de Đ Le Loi et Đ Hung Vuong), le *Song Huong Floating Restaurant* propose une cuisine tout à fait médiocre. Toutefois, son cadre agréable en fait un lieu acceptable pour prendre un verre. Qui sait, leur café est peut-être meilleur que leur cuisine ?

Le *Cercle Sportif (Đ Le Loi)*, près du pont Phu Xuan, ne dispose pas seulement de courts de tennis ou de pédalos, mais aussi d'un restaurant.

Le *restaurant* du Huong Giang Hotel *(51 Đ Le Loi)*, au dernier étage, sert de savoureux plats vietnamiens, européens et végétariens.

La cuisine végétarienne est une très ancienne tradition à Hué. Elle est spécialement préparée pour les bonzes dans les pagodes. Ceux-ci acceptent parfois d'accueillir de petits groupes de visiteurs pour partager leur repas. Vous trouverez également des stands végétariens au marché, le premier et le quinzième jours du mois lunaire.

Le *Dong Tam* (☎ *828403 ; 48/7 Đ Le Loi)*, au fond d'une allée étroite, propose la meilleure cuisine végétarienne traditionnelle de la ville, à des prix ridiculement bas !

Si vous êtes un inconditionnel de la cuisine végétarienne, vous pourrez également vous restaurer au *Tinh Tam (4 Đ Chu Van An)*, une rue plus loin.

Rive ouest. Le *Lac Thanh Restaurant* (☎ *824674 ; 6A Đ Dinh Tien Hoang)* est le dernier endroit à la mode pour les touristes. Pour commander, consultez le livret rédigé par les voyageurs : le propriétaire du restaurant, Lac, est sourd-muet et ne comprend donc que le langage des signes. Toutefois, sa fille, Lan Anh, a fait de grands progrès en anglais depuis notre dernière visite, et, si vous parlez vous-même cette langue, la communication ne pose plus de problème. C'est également le meilleur endroit à Hué pour rencontrer d'autres voyageurs.

Juste à côté, le *Lac Thien Restaurant* semble être la copie conforme de son voisin. Son excellente cuisine est également préparée et servie par six employés – tous sourds –, dans une ambiance très agréable.

Les routards à petit budget, quant à eux, iront explorer le *marché Dong Ba* (voir la rubrique *Achats* de ce chapitre). La nourriture est incroyablement bon marché et de bonne qualité. Seul désagrément : les chaises y sont parfois peu confortables, lorsque chaise il y a !

Le *Ba Nhon Restaurant* (☎ *823853 ; 29 Đ Le Duan)*, établi dans une ancienne gare routière, propose une excellente cuisine vietnamienne à des prix très bon marché, mais ne dispose pas encore de carte en anglais. Pour vous faire comprendre, allez choisir vos plats directement à la cuisine, située à l'extérieur.

Rendez-vous au *Huong Sen Restaurant* (*42 Đ Nguyen Trai)*, à l'angle de Đ Thach Han, pour une ambiance inégalable. Ce pavillon à 16 côtés, bâti sur pilotis au beau milieu d'une mare recouverte de lotus, est ouvert de 9h à 24h.

Où sortir

Le meilleur bar de la ville, le *DMZ Bar & Cafe (44 Đ Le Loi)*, est très fréquenté par les voyageurs et les expatriés, qui viennent y manger, jouer au billard et danser.

L'*Apocalypse Now* (☎ *820152 ; 7 Đ Nguyen Tri Phuong)* est le dernier-né de ce qui est en train de devenir une chaîne. Musique, boisson et ambiance sont au rendez-vous, mais, selon certains témoignages récents, les prix seraient exagérés et l'atmosphère parfois agressive.

Vous pourrez passer bien des soirées paisibles à vous prélasser dans l'un des *cafés* de rue.

Achats

C'est à Hué que l'on trouve les plus beaux chapeaux coniques. La spécialité de la ville est le "chapeau poétique" qui, placé à contre-jour, laisse apparaître en noir des paysages sur des feuilles de palmier translucides.

Hué est également connue pour son papier de riz et ses peintures sur soie, mais les commerçants gonflent généralement les prix – jusqu'à quatre fois leur valeur réelle. Il est donc assez facile d'obtenir 50% de réduction en faisant tout simplement mine de partir.

Le marché Dong Ba, situé sur la rive ouest de la rivière des Parfums, un peu au nord du pont Trang Tien, est le plus grand marché de Hué. Reconstruit après le passage d'un typhon en 1986, on y trouve absolument tout.

Comment s'y rendre
Avion. Les bureaux de Vietnam Airlines (☎ 823249), au 12 Ð Hanoi, sont ouverts du lundi au samedi de 7h à 11h et de 13h30 à 17h. Il est également possible d'effectuer des réservations du Thuan Hoa Hotel (☎ 824709). Chaque jour, plusieurs avions relient Hué à Ho Chi Minh-Ville et à Hanoi.

Bus. Il existe trois gares routières principales à Hué : une pour le Nord, An Cuu, située près du rond-point à l'extrémité sud-est de Hung Vuong, une pour le Sud, An Hoa, au nord-ouest de la citadelle sur l'autoroute 1, et une pour les destinations locales, Dong Ba, près du marché Dong Ba. La gare Nguyen Hoang, plus petite, ne dessert que la province de Quang Tri, mais il est question de la transformer en gare routière touristique.

Minibus. Les compagnies de minibus ont fait de Hué l'une des principales destinations touristiques, et de nombreux voyageurs adoptent ce type de transport. Ainsi, Hué-Hoi An, avec une étape à Danang, est un circuit très populaire. On peut se procurer les billets dans certains hôtels ainsi que dans le bureau de réservation Sinh Cafe du Mandarin Cafe – le personnel vous indiquera votre point de rendez-vous. Le départ se fait soit de Hué soit de Hoi An, à 8h et à 13h chaque jour. Le minibus fait généralement une étape de dix minutes à l'île Lang Co et au col de Hai Van pour admirer le paysage. Le billet pour Hoi An ou Danang coûte 3 \$US.

Train. La gare ferroviaire de Hué (Ga Hué ; ☎ 822175) est située sur la rive est de la rivière des Parfums et à l'extrémité sud-ouest de Ð Le Loi. Il est possible d'y réserver ses places de 7h30 à 17h.

Hué est desservie par les *Express de la Réunification*. Pour plus de détails sur les tarifs, reportez-vous à la rubrique *Train* du chapitre *Comment circuler*.

Voiture et moto. Les distances séparant Hué des autres villes vietnamiennes sont les suivantes :

Fleuve Ben Hai	94 km
Danang	108 km
Dong Ha	72 km
Dong Hoi	166 km
Hanoi	689 km
Ho Chi Minh-Ville	1 097 km
Lao Bao (frontière du Laos)	152 km
Quang Tri	56 km
Savannakhet, Laos (frontière thaïlandaise)	400 km
Vinh	368 km

Comment circuler
Depuis/vers l'aéroport. L'aéroport de Phu Bai, à 14 km au sud du centre-ville, était autrefois une base aérienne américaine. S'y rendre en taxi coûte généralement 8 \$US mais on peut partager. Renseignez vous auprès des hôtels. Un minibus Vietnam Airlines assure, 2 heures avant chaque départ, la liaison entre son agence et l'aéroport (2 \$US par personne).

Moto. Pour environ 7 \$US la journée, il est possible de louer une moto (de 70 à 100 cc) dans certains hôtels.

Bicyclette. Lorsqu'il ne pleut pas, le vélo est le moyen de transport le plus agréable pour visiter Hué. Nombre d'hôtels louent des bicyclettes pour environ 1 \$US la journée ou 0,20 \$US l'heure.

Taxi. Les véhicules de Co Do Taxi (☎ 830830), de marque japonaise, sont climatisés et équipés de compteurs.

CENTRE

Bateau. Nous vous recommandons vivement les promenades en bateau sur la rivière des Parfums. Elles permettent agréablement d'admirer les tombeaux de Tu Duc, Thieu Tri et Minh Mang (voir la section consacrée aux *Tombeaux impériaux*) ainsi que la pagode Thien Mu.

Un grand nombre de restaurants et d'hôtels organisent de tels circuits, dont le prix se situe autour de 3 $US par personne. La promenade dure environ 6 heures (généralement de 8 h à 14h).

Aux alentours de Hué, un grand nombre de sites touristiques tels que la plage de Thuan An (déconseillée), la pagode Thien Mu et plusieurs tombeaux royaux sont accessibles par le fleuve. Le prix de la location d'un bateau dépend bien sûr de sa taille – 15 $US par personne et par heure pour un bateau de 15 personnes, et de 25 à 30 $US pour ceux pouvant contenir 30 passagers.

Si vous préférez ne pas passer par un hôtel, vous trouverez ces embarcations près du marché Dong Ba ou du pont Dap Da (à l'est du Huong Giang Hotel).

LES ENVIRONS DE HUÉ
Plage de Thuan An
Proche de l'embouchure de la rivière des Parfums, à 13 km au nord-est de Hué, ce splendide lagon (Bai Tam Thuan An) a littéralement été pris d'assaut par les vendeurs locaux.

Vous aurez à peine posé le pied à terre que l'on vous "invitera" à venir vous asseoir sur l'une des chaises de la plage. En deux temps trois mouvements, vous vous retrouverez avec une canette de Coca-Cola dans les mains – que vous ayez soif ou non –, et, au moment de partir, on vous réclamera une somme exorbitante – généralement 5 $US pour le Coca et 5 $US pour la chaise. Après avoir énergiquement protesté, un grand nombre de voyageurs ont été intimidés au point de céder et de partir sans demander leur reste.

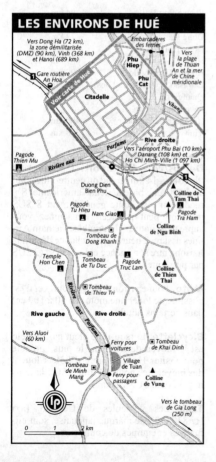

LES ENVIRONS DE HUÉ

Vers Dong Ha (72 km), la zone démilitarisée (DMZ) (90 km), Vinh (368 km) et Hanoi (689 km)

Embarcadères des ferries

Vers la plage de Thuan An et la mer de Chine méridionale

Phu Hiep

Phu Cat

Gare routière An Hoa

Citadelle

Voir carte de Hué

Nhung

Rive droite

Parfums

Vers l'aéroport Phu Bai (10 km), Danang (108 km) et Ho Chi Minh-Ville (1 097 km)

Pagode Thien Mu

Rivière aux

Duong Dien Bien Phu

Colline de Tam Thai

Pagode Tu Hieu

Nam Giao

Pagode Tra Ham

Colline de Ngu Binh

Tombeau de Dong Khanh

Temple Hon Chen

Tombeau de Tu Duc

Pagode Truc Lam

Colline de Thien Thai

Tombeau de Thieu Tri

Rivière aux Parfums

Rive gauche   **Rive droite**

Vers Aluoi (60 km)

Ferry pour voitures

Tombeau de Khai Dinh

Village de Tuan

Tombeau de Minh Mang

Ferry pour passagers

Colline de Vung

Vers le tombeau de Gia Long (250 m)

0   1   2 km

Tout coûte les yeux de la tête dans les cafés, de la boisson à l'utilisation des chaises et des tables. J'ai essayé de négocier avec eux, mais ils ont commencé à devenir agressifs et ont saisi ma petite amie par le bras, refusant de la lâcher tant que nous n'aurions pas payé. Je conseille à tous les touristes d'éviter absolument cet endroit.

Mark Preston

D'autres visiteurs racontent que la situation s'est améliorée, mais recommandent tout de même de fixer les prix avant. Il ne reste plus qu'à espérer que les autorités locales prendront de nouvelles mesures pour enrayer ce racket de façon définitive.

TOMBEAUX
IMPERIAUX

Les tombeaux (*lang tam*) de la dynastie des Nguyen (1802-1945) s'éparpillent le long de la rivière des Parfums, de 7 à 16 KM au sud de Hué (voir la carte *Les environs de Hué*). Ces somptueux mausolées sont ouverts au public tous les jours de 6h30 à 17h ; l'entrée coûte généralement 5 $US.

Chacune des sépultures se caractérise par une structure et une architecture propres. Toutefois, la plupart d'entre elles sont composées de 5 parties :

- Un pavillon abritant une stèle de marbre sur laquelle sont gravés les accomplissements, les exploits et les vertus du feu empereur. Ces épitaphes étaient généralement rédigées par le successeur du défunt, exceptée celle de Tu Duc, qui choisit de l'écrire lui-même.
- Un temple dédié à l'empereur et à l'impératrice. Sur chacun des autels étaient posées les tablettes mortuaires du défunt. En face, sur une petite estrade, se tenaient les objets qui accompagnaient le souverain dans sa vie quotidienne : plateau à thé, nécessaire à bétel, étuis à cigarettes, etc. La plupart de ces accessoires ont aujourd'hui disparu.
- Le tombeau de l'empereur, généralement installé dans une enceinte carrée ou circulaire.
- Une cour d'honneur, pavée de briques marron (*bat trang*) et flanquée de statues de pierre représentant des éléphants, des chevaux, des mandarins civils et militaires. Les mandarins civils portent un chapeau carré et tiennent dans la main un sceptre d'ivoire, symbole de leur autorité ; les mandarins militaires arborent quant à eux un couvre-chef rond et un sabre.
- Un étang recouvert de fleurs de lotus, entouré de frangipaniers et de pins.

Dans presque tous les cas, les empereurs ordonnèrent eux-mêmes, de leur vivant, la construction de leur tombeau, généralement protégé par un mur. Un grand nombre des trésors déposés dans ces sépultures ont disparu pendant la guerre du Vietnam.

Nam Giao

Nam Giao, (temple du Paradis) constituait autrefois le principal lieu de culte du Vietnam. C'est là que, tous les trois ans, l'empereur avait coutume de procéder à des sacrifices hautement élaborés, en hommage au tout-puissant empereur du Ciel (*Thuong De*). L'esplanade supérieure, qui symbolise le Paradis, est ronde ; celle du milieu, qui représente la Terre, et la dernière, en bas, sont carrées.

Après la réunification du pays, les autorités régionales érigèrent, à l'endroit même où se tenait autrefois l'autel des sacrifices, un obélisque à la mémoire des soldats tués pendant la guerre du Vietnam. Cependant, les protestations des habitants de Hué finirent par avoir raison du Comité populaire de la ville, qui détruisit l'édifice en 1993.

Tombeau de Dong Khanh

Ce sont les Français qui, après avoir capturé Ham Nghi, placèrent sur le trône impérial Dong Khanh, neveu et fils adoptif de Tu Duc. Comme prévu, cet empereur fantoche sut se montrer docile ; il régna trois ans, de 1885 à sa mort. Le mausolée de Dong Khanh, le plus petit des tombeaux impériaux, fut construit en 1889 à environ 5 km de la ville.

Tombeau de Tu Duc

L'empereur construit lui-même les plans de cet ensemble majestueux et paisible, placé au milieu des frangipaniers et des pins. Il vécut même à l'intérieur de cette enceinte harmonieusement proportionnée, dans le but d'en superviser les travaux. Ceux-ci durèrent trois ans, de 1864 à 1867, occasionnèrent une débauche de dépenses et furent réalisés par des ouvriers enrôlés de force. S'ensuivit un complot contre l'empereur, qui fut découvert et réprimé en 1866.

On raconte que Tu Duc, dont le règne fut le plus long de toute la dynastie (1848-1883), vivait dans un luxe démesuré (pour plus de détails, se reporter au chapitre *Histoire* de la partie *Présentation du pays*). Malgré ses 104 épouses et ses innombrables concubines, Tu Duc ne laissa aucune descendance, probablement parce qu'il avait contracté les oreillons et était devenu stérile.

Le tombeau de Tu Duc, protégé par un épais mur octogonal, est accessible par la porte Vu Khiem, à l'est. Une allée pavée de briques *bat trang* mène à l'embarcadère de Du Khiem, situé sur la rive du lac Luu Khiem. Tu Duc venait chasser le petit gibier sur l'île Tinh Khiem, sur la droite du lac. De l'autre côté du lac se dressent les colonnes du pavillon Xung Khiem, où l'empereur venait, accompagné de ses concubines, les écouter composer et réciter des poèmes. Construit sur pilotis, le pavillon fut rénové en 1986.

1 Tombeau
   de l'impératrice
2 Temple Chap Khiem
3 Tombeau de Kien Phuc
4 Tombeau de Tu Duc
5 Pavillon de la stèle
6 Cour d'honneur
7 Chambre
   de Minh Khiem
8 Temple
   de Luong Khiem
9 Palais de On Khiem
10 Temple de Hoa Khiem
11 Maison de Le Khiem
12 Maison de Phap Khiem
13 Porte Khiem Cung
14 Embarcadère
   de Du Khiem
15 Pavillon
   de Xung khiem
16 Harems
17 Élevage de biches
18 Temple de Chi Khiem
19 Porte Vu Khiem

LE TOMBEAU DE TU DUC

0   25   50 m
Échelle approximative

Lac
Luu Khiem

Île
Tinh Khiem

De l'embarcadère de Du Khiem, en passant par la porte de Khiem Cung, un escalier mène au temple de Hoa Khiem, dédié au culte de l'empereur et de l'impératrice Hoang Le Thien Anh. De son vivant, le souverain séjournait dans le temple lors de ses longues visites sur le chantier. On a retrouvé dans le temple un grand nombre d'objets fort intéressants, dont un miroir appartenant aux concubines, une pendule et des présents offerts à l'empereur par les Français, les tablettes funéraires des époux impériaux et deux trônes – celui de la souveraine était le plus grand, car Tu Duc ne mesurait que 1,53 mètre.

La chambre de Minh Khiem, à droite du temple Hoa Khiem, était initialement destinée à servir de théâtre. C'est au temple de Luong Khiem, juste derrière celui de Hoa Khiem, que l'on vient rendre hommage à l'impératrice Tu Du, mère de Tu Duc.

Au pied de l'escalier, l'allée pavée longe l'étang jusqu'à la cour d'honneur. De l'autre côté du lac se trouvent les tombeaux du fils adoptif de Tu Duc, l'empereur Kien Phuc (dont le règne ne dura que sept mois, de 1883 à 1884), et de son épouse, l'impératrice Le Thien Anh. Une allée bordée d'éléphants, de chevaux et de minuscules mandarins civils et militaires (ils ne devaient pas être plus grands que l'empereur) mène au pavillon de la stèle. L'acheminement de cette tablette de pierre lourde de près de 20 tonnes – la plus grande au Vietnam – depuis la région de Thanh Hoa, située à 500 km au nord, dura quatre ans. C'est Tu Duc lui-même qui écrivit son texte funéraire, ce afin de clarifier certains aspects de son règne. Admettant pleinement ses erreurs, il choisit de baptiser sa tombe Khiem, signifiant "modeste". A côté, deux tours témoignent de la puissance de l'empereur.

La sépulture de Tu Duc, protégée par un mur, s'étend de part et d'autre d'un lac en forme de lune. En fait, l'empereur n'y a jamais été réellement enterré, puisque l'on ignore où exactement reposent ses reliques (accompagnées de nombreux objets précieux). Le secret fut en effet bien gardé : pour éviter que sa tombe ne soit pillée, les 200 serviteurs chargés de ses funérailles furent décapités.

Le tombeau de l'empereur se trouve à environ 6 km de Hué, dans le village de Duong Xuan Thuong, perché sur la colline de Van Nien. L'entrée coûte 2 $US.

Tombeau de Thieu Tri

La construction du tombeau de Thieu Tri, qui régna de 1841 à 1847, fut achevée en 1848. La configuration de cette sépulture, qui, contrairement aux autres, n'est pas protégée par un mur d'enceinte, est similaire à celle de Minh Mang, quoique plus petite (voir la rubrique *Tombeau de Minh Mang*). Elle se trouve à environ 7 km de Hué.

Tombeau de Khai Dinh

Extravagant et délabré, le tombeau de l'empereur Khai Dinh, qui régna de 1916 à 1925, est sans nul doute caractéristique du déclin culturel vietnamien au cours de la période coloniale. Entamé en 1920 et achevé en 1931, cet ensemble impressionnant, tout en ciment, se distingue des autres tombeaux de Hué en ce qu'il marie éléments vietnamiens et européens. Ce mélange culturel est même visible sur les visages des mandarins en pierre représentant les gardes d'honneur.

Un petit escalier de 36 marches, bordé par quatre rangées de dragons, mène à une première cour flanquée de deux pavillons. Encore 26 marches et vous atteignez la cour d'honneur, avec ses haies d'éléphants, de chevaux, de mandarins civils et militaires. Au centre se trouve le pavillon octogonal de la Stèle.

Il faut emprunter trois escaliers supplémentaires pour rejoindre l'édifice principal, Thien Dinh, composé de trois salles. Les décors muraux, réalisés en fragments multicolores de porcelaine et de verre enchâssés dans du ciment, représentent les "quatre saisons", les "huit objets précieux" et "les huit fées". Sous une tonne de béton disgracieux et devant le symbole du soleil se trouve une statue d'or et de bronze représentant Khai Dinh en tenue d'apparat. C'est sous cette statue que reposent les reliques de l'empereur, à 18 mètres sous terre. La dernière salle est consacrée au culte de l'empereur. Le tombeau de Khai Dinh est situé à 10 km de Hué, dans le village de Chau Chu.

Tombeau de Minh Mang

Renommé pour son architecture qui se fond harmonieusement dans le paysage, le tombeau de Minh Mang est probablement le plus majestueux de tous. L'empereur, qui régna de 1820 à 1840, en conçut lui-même les plans, mais la construction ne commença qu'après sa mort, en 1841, pour ne s'achever qu'en 1843.

La cour d'honneur est accessible à l'est de l'enceinte, par trois portes : Dai Hong Mon (la Grande Porte rouge, au centre), Ta Hong Mon (la Porte rouge de gauche) et Huu Hong Mon (la Porte rouge de droite). Trois escaliers en granit relient la cour au pavillon carré de la Stèle (Dinh Vuong). Non loin de là se dressait autrefois un autel destiné au sacrifice des buffles, chevaux et cochons.

Il faut franchir trois esplanades et la porte Hien Duc pour accéder au temple de Sung An, dédié à Minh Mang et à l'impératrice. De l'autre côté du temple, trois ponts en pierre traversent les rives du lac Trung Minh Ho (le lac de la Clarté pure). Tout en marbre, celui du milieu, Cau Trung Dao, était réservé à l'usage exclusif de l'empereur. La pavillon de Minh Lau est juché sur trois terrasses symbolisant les différents pouvoirs : le ciel, la terre et l'eau. A gauche, on aperçoit le pavillon de l'Air frais, et, sur la droite, le pavillon de la Pêche. Un dernier pont enjambe cette fois le lac Tan Nguyet (lac de la Lune croissante, qui doit probablement son nom à sa forme de croissant). Puis un imposant escalier bordé d'une haie de dragons mène au tombeau, entouré d'un mur d'enceinte circulaire qui symbolise le soleil. Au centre, accessible par une porte de bronze, se trouve la sépulture elle-même, un tumulus couvert de vieux pins et d'arbustes verdoyants.

Perchée sur la colline de Cam Ke, à 12 km du centre de Hué, la tombe de Minh Mang se situe dans le village de An Bang, sur la rive occidentale de la rivière des Parfums. Pour vous y rendre, prenez le bateau à environ 1,5 km à l'ouest du tombeau de Khai Dinh, au sud d'An Bang. Méfiez-vous : certains touristes se sont plaints de tarifs abusifs. Si vous préférez ne pas tenter la chance, longez la rivière vers le nord. Vous tomberez sur une multitude de bateaux plus petits qui se feront un plaisir de vous faire traverser la rivière pour un prix plus raisonnable.

Tombeau de Gia Long

Fondateur de la dynastie des Nguyen en 1802 et empereur jusqu'en 1819, Gia Long ordonna lui-même la construction de son tombeau en 1814. Si l'on en croit les archives royales, c'est le souverain qui, après avoir sillonné la région à dos d'éléphant, choisit l'emplacement de sa sépulture, à 14 km de Hué, sur la rive ouest de la rivière des Parfums. Son mausolée, dont il ne reste que des ruines, ne reçoit que de rares visites.

CENTRE

PARC NATIONAL DE BACH MA

Bach Ma, située à seulement 20 km de la plage de Canh Duong, est une ancienne station de montagne. Bien que située à 1 200 mètres d'altitude, la ville bénéficie d'un climat très doux. Ce sont les Français qui, en 1930, commencèrent à y bâtir des chalets. En 1937, on comptait 139 résidences, à tel point que Bach Ma fut surnommée le "Dalat du Centre du Vietnam". Comme au nombre des visiteurs se trouvaient une majorité de personnalités françaises de haut rang, il n'est pas surprenant que le Viet Minh se soit acharné sur ce lieu de villégiature, qui fut le théâtre de combats sanglants au début des années 1950.

Bach Ma est un site idéal pour surveiller le littoral tout proche du col de Hai Van. Les Américains ne manquèrent donc pas, pendant la guerre du Vietnam, d'en exploiter la position stratégique et la transformèrent en bunker fortifié. En dépit de nombreuses tentatives, les Vietcong ne parvinrent pas à les en déloger. Au terme de la guerre, Bach Ma fut laissée à l'abandon. Aujourd'hui, parmi les ruines, seuls quelques murs sont restés en assez bon état pour être identifiés : la poste, l'église et l'hôpital. Le personnel du parc raconte que, de temps à autre, des fantômes viennent tourmenter la ville en déliquescence...

C'est en 1991 que les 22 000 hectares furent déclarés zone protégée et baptisés parc national de Bach Ma (Vuon Quoc Gia Bach Ma). Aujourd'hui, les autorités locales s'efforcent de réparer les dommages de la déforestation et de la défoliation causés par la guerre du Vietnam.

124 espèces d'animaux sauvages vivent dans le parc, dont des tigres et différents singes. On a recensé également trente et une espèces de serpents, dont seules quelques-unes sont venimeuses.

Malheureusement, certaines espèces telles que le bœuf blanc (*bo tot* en vietnamien et *bos gaurus* en latin) et le buffle sauvage (*trau rung* en vietnamien et *bubalus bubalus* en latin) sont d'ores et déjà éteintes. On espère toujours que, grâce à une lutte draconienne contre le braconnage,

les troupeaux d'éléphants sauvages qui peuplaient autrefois ces forêts reviendront un jour dans le sanctuaire de Bach Ma.

Au grand bonheur des défenseurs de la diversité biologique, on découvrit en 1996 des empreintes et des cornes appartenant à une espèce d'antilope jusqu'alors inconnue, que l'on baptisa *sao la* (*pseudoryx nghetinhensis*).

La faune du parc étant majoritairement nocturne, l'observer réclame de véritables trésors de patience et de persévérance. Pour faciliter la tâche aux visiteurs, on envisage de construire des miradors dans la réserve. Mais le parc national est également un véritable jardin d'Eden pour les ornithologues amateurs. Ils n'ont en effet que l'embarras du choix : parmi les 800 espèces recensées au Vietnam, Bach Ma en abrite environ 330.

Les botanistes ont également dénombré plus de 1 150 variétés de plantes à Bach Ma, et estiment qu'il en reste tout autant à découvrir.

Environ 850 minorités ethniques cohabitent dans le parc. Quarante gardes – dont une patrouille mobile chargée de rendre visite aux six stations situées à la périphérie du parc et au sommet – veillent sur la réserve.

Les premiers visiteurs n'arrivèrent à Bach Ma qu'en mars 1998. Bien qu'il soit encore trop tôt pour évaluer son efficacité, le personnel du parc accomplit des efforts remarquables pour protéger le site, encourageant le développement des communautés et de l'écotourisme. Actuellement, il est déconseillé de visiter le parc seul : pour 12 $US par jour et par groupe, vous pouvez louer les services d'un guide auprès du service touristique, particulièrement bien équipé. Les jeunes gardes forestiers, qui parlent parfois anglais, vous montreront quelques objets intéressants tels qu'une énorme caisse d'armes confisquées aux braconniers ou les restes d'un hélicoptère.

Les chemins de randonnée, très bien entretenus, ne manquent pas dans la région. L'un d'entre eux mène à Hai Vong Dai, célèbre point de vue sur l'océan. Les chutes de Do Quyen (hautes de 300 mètres) et de

Tri Sao valent également le détour. Dispersés sur le chemin du Faisan, notamment
près de l'entrée du parc et du kilomètre 7,
des petits bassins d'eau claire vous inviteront à la baignade. Peut-être choisirez-vous
de grimper jusqu'au point culminant du
parc, à 1 450 mètres d'altitude. De là, vous
pourrez admirer, sur 360°, les ruines des
chalets qui s'égrènent sur les collines avoisinantes.

De juillet à février, le temps est généralement humide, et le brouillard nuit à la
visibilité. Il est tout à fait envisageable de
visiter le parc durant la saison des pluies,
d'octobre à novembre – tout en prenant bien
garde aux sangsues. Toutefois, préférez la
période de mars à juin et évitez autant que
possible les mois d'octobre à janvier. Lors
de notre passage, le droit d'entrée se mon-
tait à 0,80 $US, mais les tarifs doivent bien-
tôt passer à 2 $US. Pour plus d'informations,
contactez le parc par téléphone (☎ 871258)
ou par fax (871299).

Où se loger/où se restaurer. Une

charmante petite *pension (☎/fax 871330)*,
construite sur les fondations d'un chalet
ayant appartenu à l'empereur Bao Dai,
accueille les visiteurs en plein centre de la
réserve. Les réservations se font par téléphone auprès de la pension ou du service du
parc. La quadruple coûte 8 $US au rez-de-
chaussée ; pour 2 $US supplémentaires,
vous dormirez à l'étage et profiterez d'une
vue enchanteresse.

Ce n'est pas parce qu'un chalet a été
rénové que d'autres le seront. Outre leur
coût faramineux (environ 60 000 $US par
chalet, selon les estimations), de tels travaux pourraient nuire à l'environnement
– c'est du moins ce que craint la population
locale, comme le confirme ce garde forestier : "Nous ne voulons pas que le parc
devienne une ville au milieu des montagnes." Le personnel du parc préfère donc
contruire en priorité des campings et des
gîtes dits "écologiques".

Il est possible de camper dans les ruines,
mais préférez les terrains spécialement prévus à cet effet, près de l'entrée du parc et

des chutes de Da Duong. Vous pourrez y
louer des tentes moyennant 4 $US (pour 4
à 6 personnes) ou 5 $US (pour 10 à 12 per-
sonnes). A l'heure où nous rédigeons ce
guide, les sacs de couchage ne sont pas
encore disponibles.

Près de l'entrée, vous trouverez une *cafétéria*, assez sommaire, et ceux qui préfèrent
dîner au sommet du parc pourront y commander leur repas à l'avance.

Comment s'y rendre. Le parc national
de Bach Ma s'étend à 28 km au nord-ouest
de Lang Co et à 45 km au sud-ouest de Hué.
L'étroite route du parc fut aménagée en
1932 par les Français, reconstruite en 1993
et récemment rénovée. Aujourd'hui, elle
mène pratiquement au sommet.

L'entrée et le service touristique se trouvent au kilomètre 3 de cette route qui part
de la ville de Cau Hai, sur la RN1. 16 km
de méandres séparent l'accès du sommet,
et, à moins d'être un fanatique de marche,
il vous faudra louer un véhicule. Un 4x4 de
marque russe revient à 20 $US la journée et
à 24 $US si vous le gardez pour la nuit. Les
véhicules japonais, quant à eux, coûtent 24
ou 28 $US.

CHU LAI

A environ 30 km au nord de Quang Ngai,
les bâtiments et les revêtements en béton de
la gigantesque base américaine de Chu Lai
longent la plage sur plusieurs kilomètres, à
l'est de la RN1.

Au cours de la guerre, un vaste bidonville
avait poussé aux portes de la base aérienne.
Ses habitants, qui vivaient dans des masures
faites de vieux cageots et de canettes usagées, subsistaient en rendant quelques services aux Américains : lessive, vente de
boissons, et prostitution.

Aujourd'hui, malgré le danger, la population locale vit du ramassage de la ferraille
abandonnée dans les dépôts de la base.

TAM KY

Capitale de la province de Quang Nam,
située sur la RN1 entre Chu Lai et Danang,
Tam Ky est une ville quelconque. Les voya-

geurs n'y passent que pour visiter les tours cham de Chien Dang (Chien Dang Cham) à 5 km au nord de la ville, 69 km au nord de Quang Ngai et 62 km au sud de Danang.

Les trois tours sont protégées par un mur d'enceinte. Une stèle brisée date du règne d'Harivarman (XIIIe siècle). Rassemblées après la guerre du Vietnam, la plupart des statues cham exposées à Chien Dang proviennent de différentes régions du pays. Nombre d'entre elles ont été très endommagées par les combats.

Où se loger

Proche de la RN1 et dans le centre-ville, le *Tam Ky Hotel (Khach San Tam Ky)*, très correct, est le seul établissement de la ville accueillant les visiteurs étrangers.

HOI AN

A 30 km au sud de Danang, la ville portuaire de Hoi An est le site le plus pittoresque de la côte, comme l'attestent la plupart des touristes, qui aiment s'y attarder.

Autrefois appelée Faifo par les marchands occidentaux, elle fut, entre le XVIIe et le XIXe siècle, l'un des principaux ports internationaux d'Asie du Sud-Est. A son apogée, Hoi An, contemporaine de Macao et de Melaka, constituait une étape incontournable pour les marchands hollandais, portugais, chinois, japonais et autres. De là, les bateaux partaient commercer avec toutes les villes du Vietnam, voire la Thaïlande et l'Indonésie. Hoi An, probablement plus que toute autre ville vietnamienne, a conservé un charme suranné qui vous étreint au fur et à mesure que vous l'arpentez.

Chaque année, la pluie provoque des crues ; lors de la plus sévère d'entre elles, en 1964, le niveau de l'eau atteignit les toits. Pour vous rendre compte des dégâts causés par l'inondation de 1996, allez au Tam Tam Cafe et demandez à voir les photos prises à cette occasion.

Si Hoi An n'a pas encore été classée par l'Unesco, elle s'efforce activement de préserver son patrimoine : monuments ouverts au public, rues interdites aux véhicules motorisés, façades protégées, hauteur des bâtiments limitée, etc. L'Unesco elle-même ne ferait pas mieux.

Histoire

On a récemment découvert à Hoi An des fragments de céramique qui, datant de 2200 ans, constituent les plus anciens signes d'habitation de la ville. Ils auraient appartenu à la civilisation Sa Huynh, apparentée à la culture Dong du Nord du Vietnam et datant de la fin de l'Age du fer.

Du IIe au Xe siècles, la région se situait au cœur du royaume du Champa. C'est à cette période que furent construits les temples d'Indrapura (Dong Duong) et de My Son, ainsi que la capitale cham de Simhapura (Tra Kieu) (voir le *Royaume du Champa* de ce chapitre). Comme l'attestent les documents perses et arabes de la fin de cette époque, Hoi An était alors une ville très active qui servait de port d'approvisionnement.

Les archéologues on découvert aux alentours de la cité les fondations de nombreuses tours cham, dont les pierres avaient été réutilisées par les colons vietnamiens.

En 1307, le roi cham épousa la fille d'un monarque de la dynastie Tran et fit don aux Vietnamiens de la province de Quang Nam. A sa mort, son successeur contesta la légitimité de ce présent et entreprit de récupérer la province. Pendant plus de 100 ans, la région fut en proie au chaos le plus total. Après la fin des combats, au XVe siècle, le commerce put reprendre normalement. Au cours des quatre siècles suivants, Chinois, Japonais, Hollandais, Portugais, Espagnols, Indiens, Philippins, Thaïlandais, Français, Anglais et Américains vinrent tous s'approvisionner en soie – particulièrement réputée dans la région –, en étoffe, en papier, en porcelaine, en thé, en noix d'arec, en sucre, en mélasse, en poivre, en plantes médicinales chinoises, en ivoire, en cire d'abeille, en nacre, en laque, en soufre et en plomb.

Au printemps, poussés par les vents du nord-est, les navires chinois et japonais appareillaient vers le sud. Ils restaient à Hoi An jusqu'à l'été, reprenant la mer avec les vents du sud. Au cours des quatre mois

CENTRE

L'architecture de Hoi An

La plupart des bâtiments en bois de la ville sont antérieurs au XIXe siècle ; ainsi les plus imaginatifs se retrouveront-ils transportés quelques siècles plus tôt, lorsque les quais de la ville grouillaient de navires, que les porteurs surchargés se bousculaient entre les entrepôts et les quais et que les marchands négociaient dans un enchevêtrement de langues.

Peu touchée par la guerre du Vietnam, Hoi An fait aujourd'hui figure de vitrine de l'histoire vietnamienne. A ce jour, on a recensé dans la ville plus de 800 édifices historiques, classés selon neuf catégories :

- Les maisons et les boutiques
- Les puits
- Les chapelles privées dédiées au culte d'un ancêtre
- Les pagodes
- Les temples vietnamiens et chinois
- Les ponts
- Les bâtiments publics
- Les maisons communes des congrégations chinoises
- Les tombes (vietnamiennes, chinoises ou japonaises. Il ne reste aucune tombe européenne.)

Bon nombre de bâtiments anciens ont conservé des particularités architecturales devenues rares de nos jours : ainsi, les devantures de certains magasins se ferment toujours à l'aide de planches glissées horizontalement dans des fentes, elles-mêmes creusées dans les colonnes soutenant la toiture ; certains toits sont constitués de tuiles de couleur brique appelées *am* et *duong* (yin et yang), en raison de leur forme concave et convexe permettant un assemblage parfait. Au cours de la saison des pluies, le lichen et la mousse qui y poussent revêtent les toitures d'un vert éclatant. La plupart des portes sont surmontées d'un morceau de bois circulaire portant le symbole du yin et du yang entouré d'une spirale. Ces "yeux" ont pour rôle de protéger les habitants des demeures.

Peu à peu, les autorités de la ville rénovent les édifices historiques, et on peut dire que de réels efforts sont accomplis pour préserver le caractère unique de Hoi An. Les propriétaires des maisons anciennes doivent obtenir un permis avant d'entreprendre une rénovation, mais tout n'est pas autorisé : les travaux doivent respecter le bon goût. Les édifices d'intérêt historique sont classés selon quatre catégories.

La conservation des monuments bénéficie en outre de l'appui de l'Institut archéologique de Hanoi, de l'association pour l'amitié Japon-Vietnam, ainsi que d'experts européens et japonais. Le vieux centre est aujourd'hui fermé à la circulation, une mesure sans précédent au Vietnam.

Pour visiter certains édifices historiques, il vous faudra acquitter un droit d'entrée d'une valeur de 5 \$US qui vous donnera accès à quatre sites sélectionnés sur une liste. Si vous désirez en voir ne serait-ce qu'un de plus, il vous faudra acheter un nouveau ticket. Pour éviter cela, certains voyageurs ont eu l'idée de se présenter dans les monuments un peu avant l'heure de fermeture (lorsque le contrôleur est rentré chez lui). On dit également que, dans certains édifices classés, le propriétaire laisse entrer les visiteurs à prix réduit, voire gratuitement, mais nous n'en avons pas personnellement fait l'expérience.

La plupart des propriétaires vous feront payer 3 \$US l'invasion de leur vie privée (visite guidée), mais n'hésitez pas à négocier le prix. Le gouvernement autorise cette pratique car il espère que les fonds ainsi réunis seront réinvestis dans la rénovation des façades. Aussi judicieuse que soit cette politique, elle reste néanmoins difficile à réglementer.

qu'ils passaient en ville, les marchands louaient des maisons sur le front de mer, qui servaient à la fois d'entrepôt et de résidence. Certains d'entre eux y installèrent par la suite des représentants qui géraient leur affaires sur place le reste de l'année. C'est ainsi que s'implantèrent les premières colonies étrangères – à l'exception toutefois, dès 1637, des Japonais, auxquels leur gouvernement interdit à cette date tout contact avec le monde extérieur.

C'est par Hoi An que le christianisme pénétra au Vietnam. On recense ainsi, parmi les missionnaires arrivés au XVIIᵉ siècle, le père Alexandre de Rhodes, inventeur de l'écriture *quoc ngu*, qui latinisait la calligraphie de la langue vietnamienne.

Hoi An fut presque entièrement détruite par la révolte des Tay Son, au cours des années 1770 et 1780. La cité fut reconstruite, et son apport de plaque tournante commerciale perdura jusqu'à la fin du XIXᵉ siècle. C'est à cette époque que le fleuve Thu Bon (Cai), qui relie Hoi An à la mer, s'ensabla au point de n'être plus navigable. Danang (Tourane) commença alors à éclipser Hoi An en tant que port et centre du commerce.

En 1916, un terrible orage détruisit la ligne ferroviaire qui reliait Danang à Hoi An ; elle ne fut jamais reconstruite.

Sous la domination française, Hoi An fut choisie comme centre administratif. Pendant la guerre du Vietnam, la ville demeura quasiment intacte.

C'est à Hoi An que vint s'implanter la première colonie chinoise du sud du Vietnam. Les maisons communes des congrégations chinoises (*hoi quan*) jouent encore à l'heure actuelle un rôle essentiel auprès de la population chinoise du Sud, dont une partie parcourt parfois de grandes distances pour venir assister aux célébrations de Hoi An. Actuellement, on estime à 1 300 le nombre d'habitants d'origine chinoise sur une population totale de 60 000 âmes. Vietnamiens et Chinois cohabitent en parfaite harmonie à Hoi An, probablement parce que ces derniers se sont assimilés au point de parler vietnamien entre eux.

Renseignements

Agences de voyages. Les offices publics du tourisme se chargent, en théorie, de réserver des places pour les circuits. Toutefois, nous vous déconseillons de vous adresser à eux.

Les agences de voyages suivantes, toutes privées, organiseront vos excursions et vos déplacements ou vous aideront à obtenir une prorogation de visa :

Mr Loc's Office
  (☎ 861447), 141 Ð Tran Phu
Nineteen's (7 Brother's)
  (☎ 861937), 19 Ð Tran Hung Dao
23 Booking Office
  (☎ 861928), 23 Ð Tran Hung Dao
Sinh Cafe
  Ð Phan Chu Trinh

Nous vous recommandons personnellement deux guides : Mme Thi, que vous trouverez au Faifoo Restaurant, 104 Ð Tran Phu, et M. Phong, au Banana Split Cafe, 53 Ð Hoang Dieu. Tous deux se feront un plaisir de vous accompagner dans vos visites locales.

Argent. La Bank of Foreign Trade, Ð Hoang Dieu, change les espèces et les chèques de voyage. Toutefois, il est impossible de retirer du liquide avec une carte de crédit dans la ville. Pour cela, il vous faudra aller à Danang.

Poste. La poste se trouve en face du 11 Ð Tran Hung Dao, à l'intersection de Ð Ngo Gia Tu et de Ð Tran Hung Dao.

E-mail et accès Internet. Vous trouverez, dans la petite ville de Hoi An, un nombre incroyable d'accès Internet : à titre d'exemple, il n'en existe pas moins de 6 dans Ð Le Loi et Ð Tran Phu. Vous pourrez également vous connecter chez Quoc Thai (☎ 861412), un magasin de matériel électrique situé 116 Ð Tran Phu.

Prorogations de visas. A l'instar des agences déjà citées, la plupart des hôtels se chargeront de vos demandes de prorogation, moyennant une petite commission qui financera le transport des passeports à Tam Ky. Vous débourserez environ 15 \$US pour une extension de deux semaines et de 25 à 35 \$US pour un mois. La procédure dure au moins vingt-quatre heures.

En cas d'urgence. L'hôpital fait face à la poste, 10 Ð Tran Hung Dao.

Pont couvert japonais

Le Cau Nhat Ban, ou Lai Vien Kieu, relie le 155 Ð Tran Phu au 1 Ð Nguyen Thi Minh Khai. C'est la communauté japonaise de Hoi An qui, en 1593, construisit le premier pont à cet emplacement afin d'établir une voie de communication avec le quartier chinois, situé sur l'autre rive. Le pont fut doté d'un toit pour que les citadins puissent venir s'y abriter de la pluie ou du soleil.

D'une solidité à toute épreuve, il fut apparemment conçu pour résister aux tremblements de terre, phénomènes particulièrement redoutés chez les Japonais. Au fil des siècles, l'ornementation du pont est restée relativement fidèle au style nippon. Sa sobriété contraste de manière frappante avec la richesse des décorations vietnamiennes et chinoises. Les Français aplanirent la chaussée pour faciliter le passage des véhicules, mais les grands travaux de rénovation entrepris en 1986 lui ont rendu sa forme convexe originelle.

La partie nord du pont abrite le petit temple de Chua Cau. Au dessus de la porte est inscrit le nom qui lui fut attribué en 1719, Lai Vien Kieu (pont des Passants du lointain), qui n'a jamais réellement réussi à détrôner l'appellation d'origine, Pont japonais.

Selon la légende, il existait autrefois un monstre géant du nom de Cu, dont la tête se trouvait en Inde, la queue au Japon et le corps au Vietnam. Chacun de ses mouvements provoquait une série de catastrophes naturelles au Vietnam – inondations ou tremblements de terre. Les habitants auraient alors érigé un pont sur le "talon d'Achille" de la bête afin de la tuer. Après sa mort, la population locale, prise de pitié,

aurait construit ce temple pour rendre hommage à son âme.

Les accès du pont sont gardés d'un côté par deux singes et de l'autre par deux chiens. Deux légendes justifient la présence de ces sentinelles : la première raconte que nombre d'empereurs japonais étant nés sous le signe du Chien ou du Singe, ces animaux faisaient l'objet d'un culte particulier. La seconde affirme que la construction du pont commença une année du Singe pour s'achever une année du Chien.

Une stèle énumère les noms des personnes ayant contribué à la rénovation du pont. Ces inscriptions sont rédigées en caractères chinois (*chu nho*), l'écriture nom étant alors peu usitée dans la région.

Maison Tan Ky

La maison Tan Ky (☎ 861474), 101 Ð Nguyen Thai Hoc, servait autrefois de résidence à un riche marchand vietnamien. Remarquablement bien conservée, elle n'a guère changé depuis sa construction, au début du XIXᵉ siècle.

Son agencement est révélateur de l'influence japonaise et chinoise sur l'architecture locale. Parmi les éléments nippons, citons le plafond en forme de carapace de crabe (juste avant la cour), soutenu par trois poutres de tailles différentes superposées en ordre décroissant. On retrouve des madriers similaires dans le salon. Sous le plafond en forme de crabe ont été sculptés des sabres, symboles de la force, ornés d'un ruban de soie, représentant la flexibilité.

Des colonnes pendent des poèmes chinois inscrits en nacre incrustée. Les caractères ornant ces panneaux, qui datent de 150 ans, se composent exclusivement d'oiseaux représentés avec grâce dans plusieurs positions de vol.

Quatre fonctions sont attribuées à la cour : elle laisse entrer la lumière, permet à l'air de circuler, apporte un peu de verdure au sein de la maison, recueille et évacue l'eau de pluie. Les dalles de pierre qui couvrent le sol du patio proviennent de la province de Thanh Hoa, au Centre-Nord du Vietnam. Les balustrades de bois sont ornées de feuilles de vigne gravées, dont l'influence européenne souligne l'unique mélange culturel de cette ville.

L'arrière de la maison donne sur la rivière. Cette partie était autrefois louée aux marchands étrangers.

Comme l'attestent les deux poulies se balançant au dessus de la porte d'entrée, la maison servait à la fois de résidence et de lieu de négoce.

Le toit recouvert de tuiles et le plafond en bois permettaient de garder la chaleur en hiver et la fraîcheur en été. Les dalles du sol proviennent des environs de Hanoi.

Bien que privée, la maison Tan Ky est ouverte au public moyennant un petit droit d'entrée. Le propriétaire, dont la famille habite ici depuis sept générations, parle couramment anglais et français. Les visites se font tous les jours de 8h à 12h et de 14h à 16h30.

Maison Diep Dong Nguyen. Elle fut construite au XIXe siècle par un ancêtre chinois des actuels propriétaires. Dans la première pièce du rez-de-chaussée, on pratiquait autrefois la médecine chinoise (*thuoc bac*). Les plantes médicinales étaient conservées dans les vitrines qui tapissent les murs. A l'étage, vous pourrez admirer une collection d'objets anciens ayant appartenu à la famille et qui comprennent photographies, porcelaines et meubles. Attention, ces objets ne sont pas à vendre ! Deux chaises furent autrefois prêtées par la famille à l'empereur Bao Dai.

Sise 80 (selon la nouvelle numérotation) ou 58 (selon l'ancienne) Đ Nguyen Thai Hoc, la maison Tan Ky est ouverte tous les jours de 8h à 12h et de 14h à 16h30.

Maison du 77 Đ Tran Phu

Elle date d'environ trois siècles. Les boiseries des pièces entourant la cour sont très finement sculptées, tout comme leurs poutres et leur toit en forme de crabe (dans le salon jouxtant la cour). Notez les carreaux de céramique verte sur la balustrade de la cour intérieure. Vous ne paierez qu'un droit d'entrée modique pour visiter la maison.

Bâtiments français

Vous pourrez admirer, entre le 22 et le 73 Đ Phan Boi Chau, un ensemble de maisons à colonnades de style français.

Maisons communes

Maison commune de la congrégation chinoise de Canton. Fondée en 1786, elle accueille les visiteurs au 176 Đ Tran Phu, de 6h à 7h30 et de 13 à 17h30. Le grand autel, entouré d'éventails de cuivre au long manche, est dédié à Quan Cong. Le linteau, les montants de la porte principale et nombre de colonnes ont été réalisés dans un seul bloc de granit. Vous découvrirez çà et là de superbes sculptures sur les colonnes en bois de jaquier – réputé pour sa solidité – et sur les poutres faisant face à l'entrée principale.

Maison des congrégations chinoises (Chua Ba). Fondée en 1773, elle accueillait les congrégations chinoises de Hoi An : Fujian, Canton, Hainan, Chaozhou et Hakka. Les pavillons de la cour principale présentent des éléments typiques de l'architecture française du XIXe siècle.

L'entrée principale du bâtiment se trouve Đ Tran Phu, en face de Đ Hoang Van Thu. Toutefois, on ne peut actuellement y accéder que par l'arrière, par le 31 Đ Phan Chu Trinh.

Maison commune de la congrégation chinoise du Fujian. Initialement destinée à accueillir les rassemblements de la communauté, elle fut plus tard transformée en temple dédié au culte de Thien Hau, divinité née dans la province de Fujian.

Près de l'entrée du hall principal, à droite, une fresque murale représente Thien Hau, qui, éclairée par une lanterne, traverse une mer déchaînée pour sauver un bateau en détresse. De l'autre côté, les chefs des six familles qui, au XVIIe siècle, quittèrent le Fujian pour Hoi An après la chute de la dynastie Ming.

Vous découvrirez, dans l'avant-dernière salle, une statue de Thien Hau. De part et d'autre de l'entrée se tiennent Thuan Phong Nhi à la peau rouge et Thien Ly Nhan à la

CENTRE

peau verte. Ils sont chargés, grâce à leur vue et leur ouïe perçantes, de repérer les navires en détresse et d'en avertir Thien Hau, qui se porte alors à leur secours. Contre le mur de droite, la maquette d'un vaisseau chinois reproduit à l'échelle 1/20. Les quatre groupes de trois poutres qui soutiennent le toit sont de style japonais.

Dans la dernière chambre, l'autel central abrite les statuettes des six chefs de famille. En dessous, de plus petites statues représentent leurs successeurs à la tête du clan. Sous une petite cloche en verre de 30 centimètres de haut se trouve une statuette de Le Huu Trac, un médecin vietnamien aussi célèbre au Vietnam qu'en Chine pour ses talents curatifs.

Derrière l'autel, à gauche, vous découvrirez le dieu de la Prospérité. A droite se tiennent trois fées et douze "sages-femmes" (*ba mu*), plus petites ; chacune d'entre elle transmet au nouveau-né un talent qui lui sera nécessaire au cours de sa première année de vie : sourire, téter, se coucher sur le ventre, etc. Les couples sans enfant avaient coutume de venir prier ici. Les trois groupes de statues symbolisent les principaux éléments de la vie : l'ascendance, la descendance et le bien-être matériel.

Dans la pièce située à droite de la cour, l'autel central rend hommage aux anciens chefs de la congrégation chinoise. De chaque côté, des listes énumèrent les bienfaiteurs de la communauté, les femmes à gauche et les hommes à droite. Les panneaux muraux représentent les quatre saisons.

La maison commune de la congrégation chinoise du Fujian, face au 35 Đ Tran Phu, est ouverte de 7h30 à 12h et de 14h à 17h30. Les salles sont relativement bien éclairées et peuvent donc se visiter après la tombée de la nuit. Déchaussez-vous avant de monter sur l'estrade, juste après les nefs.

Maison commune de la congrégation chinoise de Hainan. Construite en 1883, elle fut dédiée à la mémoire des 108 marchands de Hainan accusés à tort de piraterie et exécutés dans la province de Quang Nam, sous le règne de l'empereur Tu Duc.

On trouve, sur les estrades richement ornées, des plaques commémoratives. En face de l'autel central, vous pourrez admirer une sculpture de bois finement dorée, représentant une scène de la cour chinoise.

La maison commune de la congrégation de Hainan donne sur Đ Tran Phu, près de Đ Hoang Dieu.

Maison commune de la congrégation chinoise de Chaozhou. Les Chinois originaires de Chaozhou construisirent leur maison commune en 1776. Les poutres en bois, les murs et les autels sont magnifiquement sculptés. Face à l'autel, sur les portes, vous pourrez admirer deux jeunes Chinoises coiffées à la japonaise.

Pour visiter la maison commune de Chaozhou, rendez-vous en face du 157 Đ Nguyen Duy Hieu, presque à l'angle de Đ Hoang Dieu.

Lieux de culte
Temple Quan Cong. Également appelé Chua Ong, il siège 24 (selon la nouvelle numérotation) ou 168 (selon l'ancienne) Đ Tran Phu. Fondé en 1653, ce temple chinois est dédié à Quan Cong, dont la statue partiellement dorée – faite de papier mâché et d'un cadre de bois – trône sur l'autel central, à l'arrière du sanctuaire. A gauche, une statue représente le général Chau Xuong, l'un des gardes de Quan Cong, prenant une pose avantageuse ; à droite, Quan Bing, un mandarin administratif plutôt replet. Le cheval blanc grandeur nature rappelle la monture de Quan Cong avant qu'on ne lui offre un cheval rouge d'une extraordinaire endurance, souvent représenté dans les pagodes chinoises.

Sur les murs, des plaques de pierre dressent la liste des généreux donateurs qui financèrent la construction et la rénovation du temple. En passant dans la cour, jetez un coup d'œil sur les toits, où l'on a érigé des jets en forme de carpe. Symbole de patience dans la mythologie chinoise, ce poisson est un emblème récurrent à Hoi An.

Ôtez vos chaussures avant de monter sur l'estrade, en face de la statue de Quan Cong.

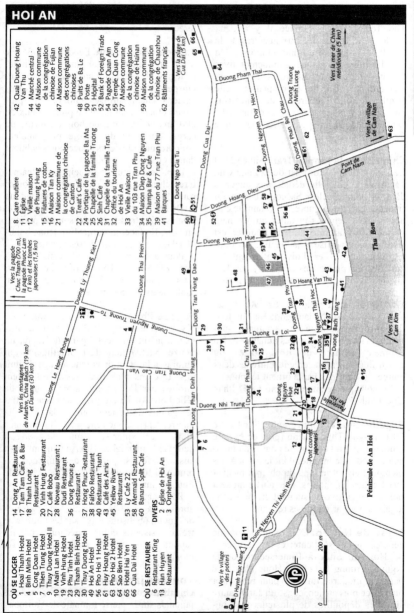

HOI AN

OÙ SE LOGER
1 Hoai Thanh Hotel
4 Binh Minh Hotel
5 Cong Doan Hotel
7 Thien Trung Hotel
9 Thuy Duong Hotel II
10 Main Lan Hotel
19 Vinh Hung Hotel
23 Phu Tinh Hotel
29 Thanh Binh Hotel
30 Thuy Duong Hotel
49 Hoi An Hotel
56 Pho Hoi 1 Hotel
61 Huy Hoang Hotel
63 Pho Hoi 2 Hotel
64 Sao Bien Hotel
65 Hotel Hai Yen
66 Cua Dai Hotel

OÙ SE RESTAURER
6 Restaurant King
13 Han Huyen
    Restaurant
14 Dong An Restaurant
17 Tam Tam Café & Bar
18 Thanh Long
    Restaurant
20 Vinh Hung Restaurant
27 Café Bobo
28 Noveau Restaurant ;
    Dudi Restaurant
36 Dong Phuong
    Restaurant
37 Hong Phuc Restaurant
38 Faifoo Restaurant
40 Restaurant Thanh
43 Café des Amis
45 Yellow River
    Restaurant
53 Ly Cafe 22
58 Mermaid Restaurant
60 Banana Split Cafe

DIVERS
2 Église de Hôi An
3 Orphelinat
8 Gare routière
11 Église
12 Vieille maison
    de Phung Hung
15 Filatures de coton
16 Maison Tan Ky
21 Maison commune de
    la congrégation chinoise
    de Canton
22 Treat's Cafe
24 Portique de la pagode Ba Ma
25 Chapelle de la famille Truong
26 Sinh Cafe
31 Chapelle de la famille Tran
32 Office du tourisme
    de Hoi An
33 Vieille Maison
    du 103 Rue Tran Phu
34 Maison Diep Dong Nguyen
35 Champa Bar & Café
39 Maison du 77 rue Tran Phu
41 Barques
42 Quai Duong Hoang
    Van Thu
44 Marché central
46 Maison commune
    de la congrégation
    chinoise de Fujian
47 Maison commune
    des congrégations
    chinoises
48 Puits de Ba Le
50 Poste
51 Hôpital
52 Bank of Foreign Trade
54 Pagode Quan Am
55 Temple Quan Cong
57 Maison commune
    de la congrégation
    chinoise de Hainan
59 Maison commune
    de la congrégation
    chinoise de Chaozhou
62 Bâtiments français

Chapelle de la famille Truong (Nha Tho Toc Truong). Fondée il y a deux siècles, elle est dédiée aux ancêtres de la famille Truong, d'origine chinoise. Un grand nombre des plaques commémoratives furent offertes par différents empereurs vietnamiens afin de récompenser cette famille de fonctionnaires et de mandarins pour ses loyaux services à la cour impériale. On y accède par une petite allée jouxtant le 69 Đ Phan Chu Trinh.

Chapelle de la famille Tran. Située 21 Đ Le Loi, à l'angle nord-est de Đ Phan Chu Trinh, cette chapelle dédiée aux ancêtres date de deux siècles. Sa construction fut financée par des membres de la famille chinoise Tran, venue s'installer au Vietnam vers 1700. L'architecture de l'édifice est d'influence chinoise et japonaise. Sur l'autel, des coffrets en bois renferment les tablettes en pierre des ancêtres, sur lesquelles figurent des idéogrammes chinois.

Portique de la pagode Ba Mu. C'est tout ce qu'il reste de la pagode Ba Mu, fondée en 1628 et détruite par les autorités sud-vietnamiennes au cours des années 60. Un bâtiment scolaire de trois étages fut construit à cet emplacement. Entre les deux entrées, d'énormes fruits ornent le mur.

Le portique se situe face au 68 Đ Phan Chu Trinh.

Pagode caodai. Située entre le 64 et le 70 Đ Huynh Thuc Khang (près de la gare routière), elle fut construite pour la communauté caodai de la ville, dont la plupart des membres vivent le long du chemin menant aux tombes japonaises. Elle abrite un seul prêtre, qui cultive du sucre et du maïs dans le jardin pour arrondir ses revenus.

Église de Hoi An. C'est dans la cour de cette église que sont enterrés les Européens de Hoi An. Situé à l'intersection de Đ Nguyen Truong To et Đ Le Hong Phong, ce bâtiment moderne fut érigé pour remplacer un édifice plus ancien, construit sur un autre site. Les dépouilles de plusieurs missionnaires du XVIIIe siècle y furent alors transférées.

Pagode Chuc Thanh. Fondée en 1454 par Minh Hai, un bonze originaire de Chine, cette pagode est la plus ancienne de Hoi An. On peut y admirer des objets rituels très anciens, encore utilisés aujourd'hui : plusieurs cloches, un gong de pierre vieux de 200 ans et un gong de bois en forme de carpe, que l'on dit encore plus ancien. Aujourd'hui, plusieurs bonzes âgés habitent dans la pagode.

Dans le sanctuaire principal, des caractères chinois gravés en or sur une poutre rouge relatent sa construction. Un bouddha A Di Da, accompagné de deux Thich Ca, trône sur l'estrade centrale, sous un plafond en bois. En face, la statue d'un jeune bouddha Thich Ca entourée de ses serviteurs.

Pour accéder à la pagode Chuc Thanh, prenez Đ Nguyen Truong To jusqu'au bout, puis tournez à gauche. Suivez le chemin sablonneux sur 500 mètres.

Pagode Phuoc Lam. Érigée au milieu du XVIIe siècle, la pagode Phuoc Lam fut dirigée, à la fin du siècle, par An Thiem, un bonze vietnamien fort intelligent qui embrassa la vie monastique à l'âge de huit ans. Dix ans plus tard, ses frères furent enrôlés par l'empereur, alors menacé de rébellion. An Thiem prit leur place, obtint les galons de général puis, à la fin de la guerre, reprit sa vie religieuse. Il s'engagea alors, pour expier ses crimes de guerre, à nettoyer le marché de Hoi An pendant vingt ans. Une fois sa période de pénitence terminée, il fut nommé à la tête de la pagode Phuoc Lam.

Pour y accéder, continuez sur 350 mètres après la pagode Chuc Thanh. Vous passerez devant un obélisque érigé sur les tombes de treize résistants chinois décapités par les Japonais au cours de la Seconde Guerre mondiale.

Tombes japonaises

On distingue clairement des caractères japonais sur la pierre tombale de Yajirobei, un marchand nippon mort en 1647. La sépulture, tournée vers le nord-est, en direction du Japon, a parfaitement résisté aux assauts du temps, probablement grâce à son revêtement coulé dans un ciment particulièrement résistant à base de poudre de coquillages, de feuilles de *boi loi* et de canne à sucre. On suppose que Yajirobei, de confession chrétienne, était venu au Vietnam pour échapper aux persécutions dans son pays natal.

Pour voir la tombe de Yajirobei, prenez Đ Nguyen Truong Tu en direction du nord, jusqu'au bout, puis suivez le petit chemin sablonneux à gauche (à l'ouest) sur 40 mètres. Après la bifurcation, suivez le chemin jusqu'à la pagode Chuc Thanh, puis tournez à droite (vers le nord). Continuez sur un peu plus d'un kilomètre, tournez à gauche (vers le nord) au premier croisement puis à gauche (vers le nord-ouest) au second. Lorsque vous atteignez les champs, continuez jusqu'au canal d'irrigation puis prenez le petit chemin qui monte vers la droite (au sud-est). Tournez à gauche au bout de 150 mètres, dans les rizières. La tombe se trouve à 100 mètres, sur une esplanade entourée d'un petit mur de pierre.

Quelques centaines de mètres plus loin, en direction de Hoi An, vous trouverez la sépulture d'un autre Japonais, Masai, mort en 1629. Pour y accéder, tournez à gauche (vers le sud-est) 100 mètres après les rizières. La tombe est sur votre droite, à environ 30 mètres du chemin.

Si vous vous perdez, montrez aux habitants des environs les mots "Ma Nhat" (ou "Mo Nhat"), signifiant "tombes japonaises". Ils vous indiqueront le chemin.

Plusieurs Japonais ont également été enterrés dans le quartier de Duy Xuyen, sur l'autre rive du delta du Thu Bon.

Où se loger

D'août à octobre et de décembre à février, les touristes affluent dans la petite ville de Hoi An. Contrairement aux autres régions du Vietnam, où une construction pléthorique a entraîné une flambée de l'offre et une baisse des prix, les hôtels de Hoi An affichent très vite complet : en haute saison, des centaines de visiteurs imprévoyants doivent aller chercher une chambre à Danang. Il est donc vivement recommandé de réserver à l'avance !

La plupart des voyageurs préférant se loger dans le centre, il n'est pas étonnant que les hôtels y soient très vite complets. Pourtant, les établissements excentrés sont bien souvent plus calmes et plus spacieux. Hoi An étant assez petite pour que l'on puisse s'y déplacer à pied, il n'est pas indispensable de se loger au cœur même de la ville, par ailleurs bruyant.

Les prix indiqués dans cette rubrique ne sont pas réellement fixes. Attendez-vous à ce qu'ils flambent au cours de la saison touristique – si toutefois vous avez la chance de trouver une chambre.

Situé au fond d'une paisible allée, le ***Pho Hoi 1 Hotel*** (☎ 861633 ; fax 862626, 7/2 Đ Tran Phu), propre et accueillant, vous plaira. La chambre double avec ventil./clim. coûte 8/25 $US. Tenu par le même propriétaire, le ***Pho Hoi 2 Hotel*** (☎ 862628), récemment ouvert de l'autre côté du pont Cam Nam, sur la rive du Thu Bon, est tout aussi plaisant. Le prix de la chambre avec ventil. varie entre 8 et 15 $US, et entre 18 et 35 $US avec clim. Les meilleures chambres ont un balcon donnant sur le Thu Bon et sont équipées de la TV par satellite. Souvent complets, ces deux hôtels se font aussi appeler *Faifoo 1* et *2*.

Également situé près du pont Cam Nam, le ***Huy Hoang Hotel*** (☎ 861453, 73 Đ Phan Boi Chau) propose des chambres agréables dans une fourchette de prix allant de 8 à 10 $US avec ventil. et de 15 à 20 $US avec clim. Certaines chambres donnent sur le fleuve, et il fait bon prendre son café dans le charmant jardin.

Le ***Vinh Hung Hotel*** (☎ 861621, fax 861893, 143 Đ Tran Phu), très convivial, est établi dans une ancienne maison marchande chinoise. Dans cet établissement au charme suranné, la chambre double avec ventil. coûte 10/20 $US avec/sans s.d.b. Comptez à partir de 15 $US pour une chambre avec clim. Pour 45 $US, vous dormirez dans un lit à baldaquin, dans l'une des trois pièces élégantes, décorées à l'antique, que compte cet établissement. Si vous avez le sommeil léger, évitez celle qui se trouve au dessus de la réception.

La décoration du **Phu Tinh Hotel** (☎ *861297 ; fax 861757 ; 144 Đ Tran Phu)* est elle aussi de style chinois. La chambre double avec ventil. coûte 10 \$US et de 15 à 20 \$US avec clim. et s.d.b.

Le **Thanh Binh Hotel** (☎ *861740 ; 1 Đ Le Loi)* est un établissement familial très fréquenté. Situé près du centre-ville, il propose des chambres doubles avec ventil. dans une fourchette de prix allant de 8 à 10 \$US et de 12 à 25 \$US avec clim.

Au **Sao Bien Hotel** *(Sea Star Hotel ;* ☎ *861589 ; 15 Đ Cua Dai)*, vous débourserez 25 \$US pour une chambre double.

Le **Thien Trung Hotel** (☎ *861720 ; 63 Đ Phan Dinh Phung)* est construit sur le modèle d'un motel. Très pratique si vous voyagez en voiture, il est doté d'un vaste parking. La chambre coûte entre 8 et 13 \$US.

Le **Thuy Duong Hotel I** (☎ *861574 ; 11 Đ Le Loi)* loue des chambres avec/sans toilettes à 8/12 \$US. Comptez 20 \$US pour la clim.

Le **Thuy Duong Hotel II** (☎ *861394 ; fax 861330 ; 68 Đ Huynh Thuc Khang)* se trouve juste à côté de la gare routière. Le prix de la double avec s.d.b. varie entre 10 et 15 \$US.

Récemment ouvert en face de la gare routière, le **Mai Lan Hotel** (☎ *861792 ; fax 862126 ; 87 Đ Huynh Thuc Khang)* vous offre un cadre très agréable pour 8 à 20 \$US.

Le **Binh Minh Hotel** (☎ *861943 ; 12 Đ Thai Phien)* demande de 7 à 14 \$US pour une double. Légèrement excentré, cet hôtel est souvent moins fréquenté que ceux du centre-ville.

Le **Cua Dai Hotel** (☎ *861722 ; fax 862232 ; 18 Đ Cua Dai)* offre le double avantage d'un cadre rural et d'une certaine proximité du centre-ville (où on peut aller à pied). La chambre double coûte entre 20 et 35 \$US.

A l'**Hotel Hai Yen** (☎ *862445 ; fax 862443 ; 22A Đ Cua Dai)*, dans la même rue, les chambres sont toutes équipées d'une s.d.b. et de la TV par satellite. Comptez entre 12 et 20 \$US par nuit.

A l'extérieur de la ville, au nord, le **Hoai Thanh Hotel** (☎ *861242 ; fax 861135 ; 23 Đ Le Hong Phong)* loue ses chambres avec ventil./clim. pour 10/20 \$US.

Le **Hoi An Hotel** (☎ *861373 ; fax 861636 ; 6 Đ Tran Hung Dao)*, établissement d'État de style colonial, peut se targuer de compter parmi les plus grands hôtels du Vietnam. Les prix, quant à eux, varient de 26 à 100 \$US !

Le **Cong Doan Hotel** (☎ *861899 ; 50 Đ Phan Dinh Phung)* est l'un des deux établissements publics de Hoi An. Il n'a rien d'extraordinaire, mais fera l'affaire si tout est complet. Comptez 10/15 \$US pour une chambre avec ventil. et 20 \$US avec clim.

Où se restaurer

La spécialité culinaire de Hoi An est le *cao lau*, un mélange de nouilles plates, de croûtons, de pousses de bambou et de légumes verts, le tout surmonté de porc émincé. Juste avant de le servir, on y incorpore du papier de riz émietté.

Vous trouverez ce plat sur tous les menus de la ville. Hoi An est d'ailleurs le seul endroit où vous pourrez déguster un authentique cao lau, car l'eau utilisée pour la préparation doit obligatoirement provenir du puits Ba Le. Ce dernier, de forme carrée, aurait été construit à l'époque cham. Pour y accéder, prenez l'allée située en face du 35 Đ Phan Chu Trinh et tournez à droite juste avant le n°45/17.

Autre spécialité gastronomique, le *wonton* sauté, que vous trouverez dans toutes les gargotes de la ville.

Le marché s'avère la formule la plus économique pour se restaurer. Vous apprécierez particulièrement les *banh trang*, sorte de rouleaux de printemps translucides qui ne coûtent que 0,10 \$US pièce.

Đ Nguyen Hue et Đ Tran Phu sont bordées de petits restaurants dans lesquels vous pourrez apprécier un repas tranquille ou flâner autour d'un verre. Pour un prix raisonnable, vous dégusterez toutes sortes de cuisines : occidentale (crêpes à la banane, spaghetti et pizzas), vietnamienne, chinoise ou végétarienne.

Le *Yellow River Restaurant (Tiem An Hoang Ha ; ☎ 861053 ; 38 Ð Tran Phu)* est l'un des meilleurs restaurants de la ville. Il n'y a absolument rien à redire.

Le *Faifoo Restaurant* sert d'excellents plats vietnamiens, dont l'incontournable cao lau. Vous pourrez y faire un succulent repas complet pour 3 $US. Vous y trouverez également Mme Thi, qui se fera un plaisir de vous guider dans vos visites.

Le *Thang Long restaurant (☎ 861944 ; 136 Ð Nguyen Thai Hoc)* et le *Vinh Hung Restaurant (☎ 862203 ; 147B Ð Tran Phu)*, délicieusement décoré, nous ont été chaudement recommandés par de nombreux voyageurs.

Le *Mermaid Restaurant (Nhu Y ; ☎ 861 527 ; 2 Ð Tran Phu)* propose une cuisine excellente et des petits déjeuners tardifs.

Le *Ly Cafe 22 (☎ 861603 ; 22 Ð Nguyen Hue)* est une véritable institution à Hoi An. Si vous ne savez que choisir, nous vous recommandons le "Real Vietnamese Meal", authentique repas vietnamien, ou le "Little Bit of Everything" qui, comme son nom l'indique, vous permettra de goûter un peu de tout. Le restaurant, toujours bondé, ouvre ses portes vers 6h30 et ferme une fois le dernier client parti.

Le *Café des Amis (☎ 861360 ; 52 Ð Bach Dang)* est lui aussi situé le long de la rivière. La clientèle ne tarit pas d'éloges sur ce restaurant, qui fonctionne de façon très spéciale : pas de menu, mais un plat unique qui change tous les jours. Demandez le prix avant de commander, car il varie en fonction du plat du jour.

Autre établissement sur la rive, le *Hong Phuc Restaurant (☎ 862567 ; 86 Ð Bach Dang)* vaut également le détour. Dans une ambiance bon enfant, vous dégusterez une excellente cuisine. Goûtez le poisson cuit dans une feuille de bananier : un pur délice !

Juste à côté, nous vous recommandons également le *Dong Phuong Restaurant*

ainsi que le *Restaurant Thanh (76 Ð Bach dang)*, qui sert des fruits de mer, des pizzas et des plats végétariens.

Ð Le Loi compte plusieurs endroits très prisés par les voyageurs à petit budget, comme le *Cafe Bobo*, le *Nouveau Restaurant* et le *Dudi Restaurant*.

Une rue plus loin, vers le sud, vous vous retrouverez sur les quais, un véritable repaire de restaurants. Le *Han Huyen Restaurant*, surnommé le "Restaurant flottant", est en fait construit sur pilotis. Pourtant, un système de flottaison serait le bienvenu sur ce fleuve réputé pour ses terribles crues.

De l'autre côté de la passerelle partant du Han Huyen Restaurant, vous pourrez déguster l'excellente cuisine du *Dong An Restaurant*. L'établissement dispose d'une agréable terrasse, donnant de surcroît sur le fleuve.

Les amateurs de friandises iront satisfaire leurs envies de glaces, jus de fruit frais et, bien sûr, banana split au *Banana Split Cafe (☎ 861136 ; 53 Ð Hoang Dieu)*, qui paraît sortir tout droit de Nha Trang. Le jeune propriétaire des lieux, Phong, est également très doué comme guide touristique : il organise des circuits dans les environs de Hoi An et les Hauts Plateaux du Centre. Le Banana Split Cafe se trouve à l'angle de Ð Nguyen Duy Hieu.

Dernière mais non moins excellente suggestion, le *Tam Tam Cafe & Bar* (pour plus détails, reportez-vous à la rubrique *Où sortir*)

Où sortir

Le meilleur bar de la ville est sans conteste le *Tam Tam Cafe & Bar (☎ 862212 ; fax 862207 ; 110 Ð Nguyen Thai Hoc)*. Situé à l'étage d'un ancien salon de thé, ce local, dont on soupçonne à peine l'existence, est géré par Christophe, un Français expatrié. Vous pourrez y déguster de l'excellente cuisine française ou italienne et de délicieuses salades accompagnées de bons vins. Un billard est également à la disposition de la clientèle, ainsi qu'un balcon pour dîner en plein air et une collection de plus de 400 CD. Goûtez le steak australien arrosé de bière glacée. Il existe également un menu pour les petites faims, à prendre au bar.

A deux pas du Tam Tam Cafe & Bar, le **Champa Bar & Cafe** (☎ *861159 ; 75 Đ Nguyen Thai Hoc)* offre un étonnant mélange de cultures locale et étrangère : vous pourrez faire une partie sur l'une des deux tables de billard en écoutant les tubes des années 60, 70, 80 et 90 ; pour 3 $US, vous assisterez à un spectacle de musique traditionnelle, du lundi au samedi de 21h à 22h, dans le théâtre de l'établissement. Les représentations changent légèrement chaque soir. Demandez également la brochure des excursions organisées au Champa par Cultural Boat.

Autre local populaire près de Đ Nhi Trung, le **Treat's Cafe** *(Đ Tran Phu)* bénéficie de bonnes critiques. Peut-être réussirez-vous à découvrir d'où son jeune propriétaire, fort sympathique, tient son nom ?

Une garde-robe sur mesure

Du matin au soir, Hoi An est bercée par le ronronnement des machines à coudre. Véritables cavernes d'Ali Baba, les magasins de confection exposent toutes sortes de tissus, empilés parfois même jusqu'au plafond.

C'est une expérience intéressante que de passer la matinée dans l'une des boutiques du marché ou de ses environs. Choisissez parmi d'interminables rouleaux de tissu celui qui vous convient, et faites-vous confectionner une nouvelle garde-robe sur mesure pour à peine plus que le prix de l'étoffe.

Pour 100 $US, vous obtiendrez la garde-robe complète dont vous avez toujours rêvé : soit à partir de 15 $US pour une robe du soir, 8 pour une robe d'été et 20 pour un tailleur.

En quelques heures, les meilleurs tailleurs vous confectionneront aussi bien un pyjama de soie coquin qu'un kimono traditionnel, voire – à partir d'un patron ou d'une photo de magazine – la réplique d'une robe de bal haute couture ou un classique costume trois-pièces.

Que vous ayez choisi la soie, le coton, le lin ou la fibre synthétique, vous ne regretterez pas d'être passé par Hoi An.

Lorsque vous achetez de la soie, assurez-vous qu'on ne vous vend pas de la "soie vietnamienne", terme désignant souvent le polyester et d'autres étoffes synthétiques ressemblant à de la soie. Un test infaillible consiste à appliquer une allumette ou un cigarette sur le tissu : le synthétique fondra, tandis que la soie brûlera. Attention, ne mettez pas le feu à la boutique ! Demandez plutôt un échantillon et sortez faire l'essai dans la rue.

Une fois le vêtement fini, vérifiez également ses coutures. Les vêtements non surfilés risquent de se filer très vite, voire de se trouer. Les raccords bien conçus se composent d'une double rangée de points reliant les dépassants de l'étoffe, de façon à ce qu'ils ne s'effilochent pas. Exigez un fil de coton de la même couleur que le tissu choisi – sans quoi, ils utiliseront un fil blanc. Demandez également que le vêtement soit doublé, afin qu'il tombe mieux.

Quelques heures après avoir passé commande (et subi une séance de mesures exhaustive), vous retournerez au magasin pour les derniers essayages. Votre seul dilemme sera alors le suivant : voulez-vous garder le vêtement sur vous ou l'expédier par la poste ?

Juliet Coombe

LE ROYAUME
DU CHAMPA

A u IIe siècle, le royaume du Champa s'installa sur le site de l'actuelle Danang puis, jusqu'au XVe siècle, s'étendit vers le sud, gagnant les villes aujourd'hui connues sous le nom de Nha Trang et Phan Rang. Le Champa, uni à l'Inde par des relations commerciales, s'hindouisa peu à peu, adoptant le sanskrit comme langue sacrée et s'inspirant de l'art indien.

Les Cham, qui souffraient cruellement de la pénurie de terres arables sur la côte vietnamienne, très montagneuse, vivaient en partie de pillages organisés sur les navires marchands. Il en résulta un état de guerre permanent avec les Vietnamiens, au nord, et les Khmers, à l'ouest. Les plus belles collections d'art cham se trouvent au musée de Danang (voir la rubrique *Musée cham* du chapitre *Danang*). C'est à My Son (près de Danang) que s'étend le plus grand site de l'ancien royaume. Autre ruines cham, Nha Trang et Phan Rang-Thap Cham (se reporter au chapitre *Le littoral du Centre et du Sud*), plus au sud, appartenaient à une communauté qui, contrairement aux autres, était de confession musulmane.

My Son

My Son, un des sites les plus impressionnants de la région de Hoi An, regroupe les plus importants vestiges cham du Vietnam. Durant les siècles où Tran Kieu (alors appelée Simhapura) fut la capitale politique du Champa, My Son émergea en tant que centre intellectuel et religieux. On pense même qu'elle aurait servi de lieu de sépulture aux empereurs. Selon les historiens, My Son aurait été l'homologue cham d'autres grandes villes d'Asie du Sud-Est elles aussi influencées par la civilisation indienne : Angkor (Cambodge), Bagan (Myanmar), Ayuthaya (Thaïlande) et Borobudur (Java).

Les monuments se nichent au cœur d'une vallée verdoyante, entourée de collines et dominée par l'imposant mont de la Dent de chat. De petits ruisseaux d'eau claire, parfaits pour la baignade, serpentent entre les édifices et les plantations de café.

Au cours du IVe siècle, sous le règne du roi Bhadravarman, My Son devint le centre religieux du royaume. Elle fut habitée jusqu'au XIIe siècle, plus longtemps que toute autre cité historique d'Asie du Sud-Est (à titre de comparaison, Angkor et Bagan ne furent occupées que trois siècles). La plupart des temples étaient dédiés aux rois cham ainsi qu'à la divinité qui leur était associée, le plus souvent Shiva, fondateur et gardien des dynasties du royaume.

Le Champa entretenait d'étroites relations avec Java, où venaient étudier les érudits cham. On a également retrouvé des traces d'échanges commerciaux entre les deux royaumes, telles que des poteries cham à Java. Au XIIe siècle, le lien unissant les deux civilisations fut scellé par un mariage entre le roi du Champa et une jeune femme javanaise.

Comme l'attestent les ornementations inachevées des édifices de My Son, les Cham commençaient par construire les bâtiments, qu'il décoraient ensuite de sculptures. Toutefois, on ignore encore comment les briques étaient assemblées : certains affirment que les ouvriers uti-

Attention

Les alentours de My Son ont été truffés de mines pendant la guerre du Vietnam. En 1977, le déminage coûta la vie à six soldats du génie. Il arrive encore qu'un buffle saute sur une mine alors qu'il broute tranquillement. Pour votre sécurité, ne vous éloignez pas des chemins.

En haut : les tours cham seront peu à peu restaurées, mais elles sont encore nombreuses à se dresser au milieu d'un épais manteau de jungle

Au milieu : une grande partie des magnifiques sculptures découvertes sur les sites cham ont été transférées au musée Cham de Danang (reportez-vous à la section Danang du chapitre *Le centre du Vietnam*), où elles font désormais partie des expositions permanentes

En bas : de même que pour les pyramides édifiées par d'autres cultures antiques, les théories ne manquent pas sur les méthodes utilisées par les Cham pour ériger ces prodigieux édifices qui ont résisté aux ravages du temps. Il semblerait que les sculpteurs ne commençaient à réaliser leurs chefs-d'œuvre que lorsque la construction du sanctuaire était achevée

MASON FLORENCE

MASON FLORENCE

MICHELLE BENNETT

MASON FLORENCE

MASON FLORENCE

MASON FLORENCE

En haut à gauche : les stigmates de la guerre et l'empreinte du temps qui marquent bon nombre de ruines cham ne gâchent en rien la magie de ces lieux sortis des profondeurs de l'histoire

En haut à droite : Le royaume du Champa a aujourd'hui disparu, mais les descendants des Cham perpétuent les traditions de leurs ancêtres au cours de festivités cham, ici dans les tours de Po Nagar près de Nha Trang

En bas : Le musée Cham de Danang abrite la plus belle collection de statues cham du monde

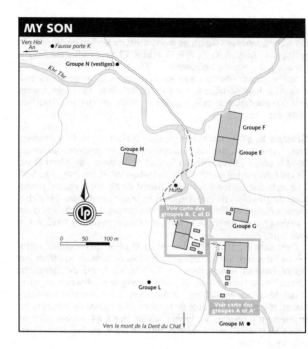

MY SON

Vers Hoi An

Fausse porte K

Groupe N (vestiges)

Khe The

Groupe F

Groupe H

Groupe E

Hutte

Voir carte des groupes B, C et D

Groupe G

0   50   100 m

Groupe L

Voir carte des groupes A et A'

Vers le mont de la Dent du Chat

Groupe M

lisaient une sorte de mortier à base d'huiles végétales locales. Fut un temps, le sommet de certaines tours était recouvert d'or.

La région de My Son fut durement touchée par la guerre du Vietnam, d'un point de vue démographique notamment. Elle fut le siège de violents combats : les Vietcong établit une base dans cette zone, considérée comme stratégique, ce à quoi les Américains répondirent en bombardant les monuments. On a retrouvé les fondements de 68 édifices, dont 25 avaient survécu aux pilonnages répétés des Chinois, des Khmers et des Vietnamiens au cours des siècles passés. Vingt d'entre eux, épargnés par les Américains, ont toutefois subi de sérieux dommages. Aujourd'hui, les autorités vietnamiennes s'efforcent de restaurer les sites subsistants. Dans les provinces de Quang Nam, Danang et Quang Ngai, l'influence de la civilisation cham, qui transmit bon nombre de ses techniques (poterie, pêche, production de sucre et de soie, culture du riz, irrigation et architecture), est encore visible.

L'accès aux sites coûte 4 $US, ce qui comprend le transport du parking jusqu'aux monuments (1 km). En partant de Hoi An à 5h du matin, vous arriverez pour le lever du soleil (ainsi que celui des dieux et des gardes) et éviterez le déferlement des cars touristiques, un peu moins matinaux. Nous vous rappelons qu'il est formellement interdit d'escalader les ruines.

Le site

Les archéologues ont réparti les monuments de My Son en dix groupes principaux : A, A', B, C, D, E, F, G, H et K. Chaque édifice est désigné par une lettre suivie d'un numéro.

Sur le chemin menant aux monuments, vous rencontrerez tout d'abord le faux portique K, qui date du XIe siècle. Puis vous apercevrez une plantation de café, installée en 1986, des cultures d'arachide et de soja.

Groupe B. B1, le sanctuaire principal (*kalan*), fut dédié à Bhadresvara, forme contractée de "Bhadravarman", en référence au roi qui édifia le premier temple de My Son, et de "-esvera", signifiant Shiva. De cet édifice érigé au IVe siècle, détruit au VIe et reconstruit au VIIe, il ne reste que les fondations, qui datent du XIe siècle et sont constituées de gros blocs de grès. Les murs en brique ont disparu. Les niches murales étaient destinées à accueillir des lampes (les sanctuaires cham n'avaient pas de fenêtres). Le lingam a été découvert en 1985, à 1 m sous terre.

C'est dans le groupe B5, construit au Xe siècle, qu'on gardait autrefois les livres sacrés et les objets rituels (dont certains en or) utilisés lors des cérémonies tenues dans B1. Le toit, en forme de bateau (la "proue" et la "poupe" ont disparu), témoigne d'influences malaises et polynésiennes en matière d'architecture. Contrairement aux sanctuaires, le groupe B5 est doté de fenêtres. La maçonnerie intérieure est entièrement d'origine. Sur le mur faisant face à B4, un bas-relief en brique représente deux éléphants sous un arbre, sur lequel sont perchés deux oiseaux.

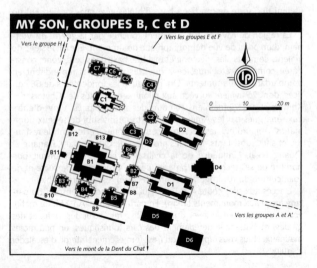

MY SON, GROUPES B, C et D

Vers le groupe H

Vers les groupes E et F

C7 C6 C5 C4 C1 C2 C3 D3 D2

B12 B13 B6 B11 B1 B2 B7 B8 B3 B4 B5 B10 B9

D4 D1 D5 D6

Vers les groupes A et A'

Vers le mont de la Dent du Chat

0 10 20 m

Dans B4, les ornementations du mur extérieur, qui, dit-on, ressemblent à des vers, constituent un parfait exemple du style décoratif cham du IXᵉ siècle, unique parmi les cultures d'Asie du Sud-Est.

B3 est surmonté d'un toit à l'indienne, dont la forme pyramidale est caractéristique des tours cham. Dans le groupe B6 se trouve un bassin cham (le seul recensé jusqu'à présent) en forme de baignoire, qui contenait l'eau sacrée destinée à être versée sur le lingam (B1).

B2 est un portique. Tout autour du groupe B se dressent de petits temples (B7-B13) dédiés aux dieux des points cardinaux (*dikpalaka*).

Groupe C. C1, qui date du VIIIᵉ siècle, était dédié pour sa part au culte de Shiva, représenté sous sa forme humaine plutôt que sous forme de lingam, comme dans B1. A l'intérieur, vous pourrez admirer un autel sur lequel reposait autrefois une statue du dieu, aujourd'hui exposée au musée de Danang. De part et d'autre de l'entrée de pierre, vous apercevrez les trous, percés dans le linteau, qui maintenaient jadis les gonds de la porte en bois. Sur les murs extérieurs, tout en brique, ont été sculptés des motifs très représentatifs du VIIIᵉ siècle.

Groupe D. D1, ancienne salle de méditation (*mandapa*) sert aujourd'hui d'entrepôt. Le groupe devrait bientôt devenir un petit musée de sculpture cham dans lequel sera exposé, entre autres, un bas-relief figurant Shiva en train de danser sur une estrade au dessus du taureau Nandin : à la gauche du dieu, Skanda (sous un arbre), son fils Uma, sa femme et un fidèle. A sa droite, un saint dansant, deux musiciens sous un arbre, l'un tenant un tambour et l'autre une flûte. Autre pièce de la collection, un lion finement sculpté, symbolisant le pouvoir du roi – on considérait le lion comme un avatar de Vishnou et le protecteur des rois –, dont la facture trahit les influences javanaises.

Groupe A. Le chemin qui mène des groupes B, C et D au groupe A part de D4, en direction de l'est.

Le groupe A fut presque entièrement détruit par les attaques américaines. Selon la population locale, A1, ensemble imposant considéré comme le plus important de My Son, aurait dans un premier temps résisté aux bombardements aériens. C'est une équipe du génie, héliportée, qui aurait achevé de le détruire. Dans tous les cas, il n'en reste plus aujourd'hui qu'un amas de briques provenant des murs effondrés. Indigné par la destruction de ce site, Philippe Stern, expert en art cham et conservateur du musée Guimet de Paris, écrivit une lettre de protestation au président Nixon. Ce dernier ordonna alors de poursuivre les combats contre le Vietcong en épargnant les monuments cham.

De tous les sanctuaires du site, A1 est le seul à posséder deux portes : l'une fait face à l'est, en direction des dieux hindous, et l'autre à l'ouest, où se trouvent les groupes B, C et D, ainsi que l'âme des anciens rois qui y auraient été enterrés. A l'intérieur se trouve un autel de pierre, reconstitué en 1988. Malgré le délabrement des lieux, on peut encore apercevoir de superbes sculptures sur brique très caractéristiques du Xᵉ siècle. En bas du mur donnant sur A10 (décoré dans le

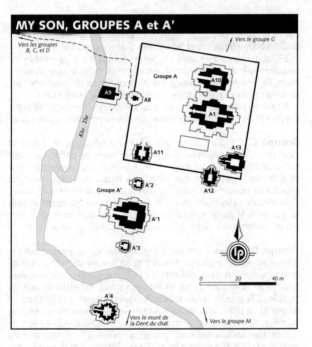

MY SON, GROUPES A et A'

Vers les groupes B, C, et D

Vers le groupe G

Groupe A

A10

A9

A8

A1

Khe The

A11

A13

Groupe A'

A'2

A12

A'1

A'3

0   20   40 m

A'4

Vers le mont de la Dent du chat

Vers le groupe M

style du IXᵉ siècle), une sculpture représente un personnage priant entre deux colonnes circulaires, surmontées d'un *kala-makara* javanais (monstre marin sacré). Le séjour d'un grand érudit cham à Java, au Xᵉ siècle, n'est peut-être pas étranger à la présence de ce motif sur le site.

Autres groupes. Envahi par la végétation, A' (VIIIᵉ siècle) est malheureusement inaccessible. Le groupe E fut construit entre les VIIIᵉ et XIᵉ siècles, tandis que le groupe F remonte au VIIIᵉ. Quant à G (XIIᵉ siècle), c'est le temps plutôt que la guerre qui a eu raison de lui. La restauration de ces ensembles est prévue à long terme.

Tra Kieu (Simhapura)

C'est initialement à Tra Kieu, autrefois nommée Simhapura (la citadelle du Lion), que les Cham établirent leur capitale du IVᵉ au VIIIᵉ siècles. Aujourd'hui, rien ne subsiste à l'exception des remparts rectangulaires. On y a trouvé de très nombreuses sculptures cham, dont certaines, particulièrement fines, font l'orgueil du musée de Danang.

L'église de la Montagne (Nha Tho Nui), juchée sur la colline de Buu Chau, offre une bonne vue d'ensemble sur la ville. Construit en 1970 pour remplacer une ancienne église usée par le temps et la guerre, cet édifice moderne et dégagé se tient sur le site d'une ancienne tour cham.

L'église de la Montagne se trouve à 6,5 km de la RN1 et à 19,5 km du chemin menant à My Son. Siégeant au cœur de l'ancienne Simhapura, elle est à 200 m du marché du matin (Cho Tra Kieu) et à 550 m de l'église de Tra Kieu.

Église de Tra Kieu

L'église de Tra Kieu (Dia So Tra Kieu) date d'un siècle, même si la bordure de sa cour semi-circulaire, faite d'obus retournés, ne fut ajoutée que plus tard. Le prêtre de cette paroisse de 3 000 âmes, féru d'art cham, a rassemblé une collection d'objets recueillis par la population locale.

Le deuxième étage du bâtiment qui se trouve à droite de l'église accueille un musée depuis 1990. Les objets ronds en céramique (du VIIIe au Xe siècle) ornaient autrefois les bords des toits en tuile. Leur visage est celui de Kala, dieu du Temps.

L'église de Tra Kieu se trouve à 7 km de la RN1 et à 19 km du chemin menant à My Son. Elle se cache au fond d'une allée, face à la clinique de médecine occidentale (Quay Thuoc Tay Y), à 350 m du marché du matin et 550 m de l'église de la Montagne.

Dong Duong (Indrapura)

Cet ancien centre religieux du Champa, autrefois appelé Indrapura, fut le site d'un important monastère mahayana, Lakshmindra-Lokeshvara, fondé en 875. Le royaume cham établit sa capitale à Dong Duong de 860 à 986, puis la transféra à Cha Ban (près de Qui Nhon). Malheureusement, le site fut particulièrement endommagé par les guerres d'Indochine et du Vietnam, et seule subsiste une partie de sa porte d'accès.

Où se loger

A moins de camper sur le site de My Son, vous devrez vous loger à Hoi An ou à Danang.

Comment s'y rendre

Minibus. A Hoi An, de nombreux hôtels proposent des excursions d'une journée à Dong Duong comprenant la visite de Tra Kieu. A 6 \$US par personne, il est difficile de trouver meilleur marché, à moins d'y aller à pied ! Les minibus partent de Hoi An à 8h et reviennent à 14h.

Honda Om. Il est possible de louer une moto pour accéder aux sites. Toutefois, de nombreux voyageurs se sont plaints d'avoir retrouvé leur véhicule saccagé par des habitants du coin, qui demandaient ensuite 25 \$US pour le réparer ! La police dit avoir mis un terme à ce trafic, mais nous vous recommandons une grande prudence. Il est préférable de se faire conduire par un chauffeur, qui vous attendra à la sortie des sites. A vol d'oiseau, Dong Duong se trouve à 21 km de My Son et à 55 km de Danang.

Achats

Hoi An est la Mecque des amateurs de lèche-vitrines, mais ses rues commerçantes n'ont plus le même charme depuis la soudaine poussée du mercantilisme. Faire ses achats à Hoi An reste néanmoins moins accablant que dans les autres villes touristiques du Vietnam. Par ailleurs, le commerce n'est certainement pas venu à Hoi An par hasard ; nous, touristes, y avons notre part de responsabilité.

Hoi An est réputée pour sa production de cotonnades, et les filatures de coton abondent dans la ville assiégée par des rangées de métiers à tisser en bois. Tandis que, sous l'œil attentif des couturières, les roues des machines actionnent inlassablement les navettes, la ville s'emplit d'un incessant cliquetis. Les métiers à tisser sont fabriqués au Vietnam selon un procédé sophistiqué qui remonte à la révolution industrielle : ceux de l'Angleterre victorienne ne devaient être guère différents. La confection de vêtements sur mesure compte parmi les spécialités de Hoi An, qui compte environ 80 boutiques de tailleurs. Toutefois, suivez les conseils de cette connaisseuse :

Cet étalage de tissus est alléchant, mais nous vous conseillons de rester dans la simplicité... et dans le style local. Choisissez un modèle exposé, demandez-en une copie, puis faites faire des retouches. Vous obtiendrez ainsi de meilleurs résultats.

Heather Merriam

Il est difficile de recommander un tailleur plutôt qu'un autre. Aucun écho défavorable ne nous étant parvenu, nous en déduisons que la qualité doit être égale partout, qu'il s'agisse de simples retouches ou d'une création de garde-robe. Pour commencer, voici quelques adresses recommandées par nos lecteurs :

Shop Thu Thao, 32 Đ Tran Phu (juste en face du marché)
Tran Quy Cap (près de l'angle du marché)
Thu Thuy, Đ Le Loi
La boutique jouxtant le Faifo Restaurant, Đ Tran Phu

A Hoi An, l'afflux des touristes a fait du commerce de fausses antiquités une industrie extrêmement florissante. Théoriquement, vous pouvez y dénicher d'authentiques objets anciens, mais méfiez-vous, ceux-ci partent généralement très vite. Vous trouverez de nombreuses antiquités à Cam Nam, un charmant petit village situé de l'autre côté du pont du même nom.

Mais les œuvres les plus anciennes ne sont pas forcément les plus intéressantes : l'artisanat local produit des objets tout aussi élégants, même ci ceux-ci ont été fabriqués la veille... Certes, les peintures sont généralement réalisées en nombre mais... à la main. D'ailleurs, pour quelques dollars, l'exigence n'est pas de mise. La sculpture sur bois est une autre spécialité de la région.

De l'autre côté de la passerelle An Hoi, la péninsule de An Hoi est réputée pour ses constructions de bateaux et ses tissages de tapis.

Comment s'y rendre

Bus. La gare routière de Hoi An, 74 Đ Huynh Thuc Khang, se trouve à 1 km à l'ouest du centre-ville. Des camionnettes-bus desservent Dai Loc (Ai Nghia), Danang, Quang Ngai (départ tous les jours à l'aube), Que Son, Tam Ky et Tra My. Le premier bus pour Danang part à 5h, le dernier en fin d'après-midi.

En octobre, à environ 30 km de Hoi An, nous avons été retardés d'au moins 6 heures en pleine nuit : la route était recouverte de plus d'un mètre d'eau en raison d'importantes précipitations. Le chauffeur du bus a suspendu son hamac au dessus du volant, et s'est endormi. D'autres conducteurs, plus déterminés (ou était-ce de l'inconscience ?), ont continué à rouler au pas sur plusieurs kilomètres, derrière deux jeunes garçons qui pataugeaient dans l'eau sans se plaindre : ils étaient chargés de délimiter la largeur de la chaussée, les chauffeurs veillant à rouler au milieu. Partout où l'on regardait, tout n'était qu'inondation. Devant nous, les bus et les camions avançaient en convoi, les faisceaux de leurs phares illuminant la nappe d'eau noire.

Gordon Balderston

Minibus. Presque tous les hôtels de la ville vendent des billets de minibus pour Nha Trang ou Hué. Le minibus pour Hué passe par Danang, et vous y dépose si vous le désirez. Comptez 9 $US pour aller à Nha Trang, 5 $US pour Hué, 3 $US pour Danang et 7 $US pour My Lai. Les minibus partent à 5h et 17h vers Nha Trang, à 8h et 13h vers Hué, et à 17h vers Danang.

Voiture et moto. Il existe deux itinéraires pour se rendre de Danang à Hoi An. Le plus court passe par les montagnes de Marbre (à 11 km de Danang) et se poursuit vers le sud, sur 19 km. Vous pouvez également emprunter la RN1 et tourner à gauche à 27 km de Danang (Hoi An sera indiquée). Continuez sur 10 km.

Bateau. Nous vous recommandons une promenade en bateau sur le fleuve Thu Bon (ou Cai), le plus long de la province de Quang Nam. Une barque avec rameur revient à environ 2 $US l'heure. La plupart des touristes se contentent d'une heure. Vous pouvez également louer un bateau à moteur pour la journée, qui vous permettra de pousser jusqu'à Tra Kieu (Simhapura) et aux environs de My Son.

Des petits ferries à moteur relient Hoi An aux districts avoisinants et à l'île Cham. L'embarcadère se trouve Ð Hoang Van Thu, en face du 50 Ð Bach Dang ; les bateaux partent tous les jours à 7h et 8h pour l'île Cham et à 5h pour Duy Xuyen. L'île Cam Kim est également bien desservie.

Comment circuler
Il est très facile de se déplacer à pied en ville. Pour visiter les alentours, vous pouvez louer une bicyclette à 1 $US la journée ou une moto sans/avec chauffeur pour 5/10 $US.

LES ENVIRONS DE HOI AN
Plage de Cua Dai
Bordée de palmiers, cette plage de sable fin (Bai Tam Cua Dai) est généralement déserte, sauf les nuits de pleine lune, quand les habitants aiment flâner tard le soir. Des cabines sont mises à la disposition des visiteurs, et l'achat d'une boisson fraîche auprès d'un kiosque ombragé vous permettra de vous étendre sur une chaise-longue confortable.

Cua Dai s'étend à 5 km à l'est de Hoi An, au bout de Ð Cua Dai, qui prolonge Ð Tran Hung Dao et Ð Phan Dinh Phung. La route longe des bassins d'alevinage de crevettes, construits avec l'aide de l'Australie. Une équipe d'archéologues australiens envisage de mener des fouilles sous-marines afin de retrouver les épaves de bateaux coulés dans les environs.

Île Cam Kim
C'est du village de Kim Bong, sur l'île Cam Kim, que venaient les sculpteurs sur bois dont les chefs-d'œuvre ornent à présent les maisons marchandes et les bâtiments publics de Hoi An. Aujourd'hui encore, la plupart des boiseries vendues à Hoi An proviennent de l'île. Certains villageois construisent même des bateaux en bois.

Cam Kim est aisément accessible par bateau, depuis le quai de Ð Hoang Van Thu.

Île Cham
Baignant dans la mer de Chine méridionale, à 21 km de Hoi An, l'île Cham est réputée pour ses nids d'hirondelle, utilisés entre autres dans la préparation de la fameuse soupe à Hong Kong et Singapour.

La plongée fait partie des nombreuses activités de l'île. Il est également possible de se procurer un permis de pêche.

L'hôtel qui était en construction lors de notre passage pourrait fort bien être achevé à l'heure qu'il est.

Le festival de l'île Cham, qui marque le début de la saison de pêche, est une sorte de bénédiction de la flotte. Il a lieu tous les ans, mais à une date variable d'une année sur l'autre. Lors de ma visite, le festival était fixé au 29 mars, qui se trouvait être également l'anniversaire de la libération de Danang, le jour de Pâques et probablement une journée importante du calendrier lunaire. J'ai assisté à des courses de bateaux-dragons et de coracles (bateaux sans rames que les villageois font avancer par le mouvement de leur corps), à une lutte à la corde et à une cérémonie religieuse avec des moines, de l'encens et des offrandes. Dana Tours, qui avait organisé le voyage à merveille, avait affrété un bateau de pêche pour 15 $US aller-retour par personne et loué des tentes doubles sur la plage à partir d'environ 15 $US, repas compris. Nous avions quartier libre pour nous promener dans le village, faire un tour de coracle, visiter les maisons, etc. Dana Tours possède maintenant son propre bateau à Hoi An, et emmène les touristes sur l'île Cham. Pour connaître les tarifs, contactez directement l'agence.

Mark Procter

Un bac à moteur dessert les deux villages de pêcheurs de l'île. Il part du quai de Đ Hoang Van Thu vers 7h et revient dans l'après-midi. La traversée dure 3 heures.

Thanh Ha

A 3 km à l'ouest de Hoi An, Thanh Ha mérite bien son appellation de "village des potiers". Mais ces dernières années, cette industrie autrefois florissante a périclité. Les quelques artisans qui continuent de trimer dans leurs ateliers étouffants ne s'offusqueront pas de votre présence. Toutefois, ils seront d'autant plus heureux que vous leur achèterez un objet ou laisserez un pourboire pour la démonstration.

DANANG

Avant la guerre du Vietnam, Danang était fréquemment surnommée la "Saigon du Nord", comparaison à la fois flatteuse et péjorative. A l'instar de sa grande sœur du Sud, Danang devait sa réputation à une économie florissante, à ses grands restaurants, à sa circulation et à ses magasins rutilants ; mais bars et prostitution étaient également des commerces lucratifs dans cette ville très fréquentée par les militaires. Comme à Saigon, la corruption était un phénomène général.

En 1975, la libération mit un frein à la vie nocturne. Aujourd'hui, même si Danang a retrouvé un peu de sa splendeur d'antan grâce au récent processus de libéralisation, l'activité y reste très limitée.

Avec son million d'habitants, Danang constitue aujourd'hui la quatrième ville du pays. Elle marque également la limite septentrionale du climat tropical et bénéficie de températures clémentes toute l'année (Hué, qui n'est pourtant pas bien loin, connaît des hivers beaucoup plus rigoureux).

Malgré la mauvaise publicité qu'on lui fait parfois, Danang est une étape fort agréable. Plus tranquille que Ho Chi Minh-Ville et Hanoi, elle abrite également de très beaux monuments.

Histoire

Baptisée Tourane du temps de la domination française, Danang devint au XIXe siècle le principal port de la région, une position jusqu'alors occupée par Hoi An.

A la fin du mois de mars 1975, Danang, deuxième ville du Sud-Vietnam, sombra dans le chaos total : les forces du gouvernement de Saigon abandonnèrent Hué et laissèrent Quang Ngai aux mains des communistes ; le Sud-Vietnam se retrouvait ainsi coupé en deux. Pris de panique, les habitants tentèrent de fuir la ville, mise à feu et à sang par les soldats de l'armée en déroute. Le 29 mars 1975, deux camions vietcong, avec de nombreuses femmes à leur bord, pénétrèrent dans ce qui avait été la ville la mieux défendue du Sud et, sans verser une seule goutte de sang, décrétèrent la "libération" de Danang.

La chute de Danang se déroula de façon si pacifique que les seuls affrontements (ou presque) eurent lieu entre les soldats sud-vietnamiens et les civils qui se disputaient des places sur les avions et les navires en partance. Le 27 mars, le président de la compagnie américaine World Airways, ignorant les ordres formels de son gouvernement, fit transférer deux Boeing 727 de Saigon à Danang afin d'évacuer les réfugiés. Dès son arrivée, le premier avion fut pris d'assaut par la foule paniquée. Les soldats se ruèrent sur les sièges, se frayant un chemin avec leurs poings et leurs armes. Lorsque l'engin tenta de décoller, des grappes humaines s'agrippaient encore au train d'atterrissage, et un désespéré lança une grenade à main, endommageant l'aile droite de l'avion.

A bord, on comptait plus de 200 soldats, la plupart membres du commando d'élite des Blacks Panthers, et trois civils : deux femmes et un bébé, jeté à bord de l'avion par sa mère restée sur la piste. La plupart des malheureux accrochés au train d'atterrissage ne purent tenir longtemps, et, tandis que l'avion faisait route vers le sud, les caméras de télévision installées dans l'autre 727 filmèrent leur chute dans la mer de Chine méridionale.

Orientation

Danang se trouve sur la rive ouest du fleuve Han. La rive orientale, reliée à la ville par le pont Nguyen Van Troi, longe une péninsule longue et étroite à la pointe de laquelle s'élève Nui Son Tra, nommée "montagne des Singes" par les Américains et aujourd'hui occupée par une zone militaire interdite. A 11 km de la ville se dressent les montagnes de Marbre, le col Hai Van dominant Danang au nord.

Renseignements

Agences de voyages. Les agences de voyages locales proposent toutes sortes de services : location de voitures, promenades en bateau, randonnées dans le parc national de Bach Ma, etc.

La Thanh Hong Tour Agency ☎ 829404), 170 Đ Phan Chu Chinh, presque à l'angle de Đ Le Dinh Duong, s'occupera notamment de réserver vos billets d'avion, d'obtenir une prorogation de votre visa ou un visa pour le Laos.

Dana Tours (☎ 822516 ; fax 824023), 95 Đ Hung Vuong, est l'un des principaux bureaux de réservation de la ville ; il vient récemment de fusionner avec l'agence Danang Tourism.

Hoa Binh Tourist possède deux bureaux, l'un au 316 Đ Hoang Dieu (☎ 827183), l'autre Đ Tran Phu (☎ 830976), juste à côté de Vietnam Airlines.

Le Christie's Restaurant est toujours au courant des dernières nouveautés en matière de tourisme, et Mark, son propriétaire aus-

tralien, vous aidera à organiser excursions et voyages.

Vous pouvez joindre les guichets de Vietnam Airlines au ☎ 811111. Ce numéro ne permet pas encore de réserver, mais il vous épargnera des déplacements inutiles pour confirmer vos vols.

Argent. La Vietcombank se trouve au 104 Đ Le Loi, près de Đ Hai Phong. Pour ceux qui séjournent au nord de la ville, la VID Public Bank, 2 Đ Tran Phu, échange les chèques de voyage, mais ne permet pas les retraits.

E-mail et accès Internet. Vous pourrez consulter votre courrier électronique et envoyer vos messages au Christie's Restaurant (☎ 826645 ; christies_danang@hotmail.com).

Consulats. Particulièrement utile, le consulat du Laos, 12 Đ Tran Qui Cap, se trouve au nord de la ville, près du Danang Hotel.

Prorogations et modifications de visas. Si vous comptez quitter le Vietnam en passant par le poste-frontière de Lao Bao, il vous faudra obtenir une modification de visa le mentionnant. Pour ce faire, adressez-vous à une agence de voyages (voir la rubrique *Agences de voyages* de ce chapitre), qui se chargera également de faire proroger vos visas.

En cas d'urgence. L'hôpital C (Benh Vien C ; ☎ 822480) se trouve 35 Đ Hai Phong.

Lieux de culte

Cathédrale de Danang (Chinh Toa Da Nang). Également appelée église du Coq (Con Ga) par la population locale en raison de la girouette perchée sur son clocher, elle fut construite en 1923 pour les ressortissants français résidant dans la ville. Aujourd'hui, elle accueille une paroisse de 4 000 fidèles. Arrêtez-vous devant la cathédrale pour contempler son architecture ainsi que ses vitraux de style médiéval.

MUSÉE CHAM

C 'est probablement le site le plus intéressant de la ville. Fondé en 1915 par l'École française d'Extrême-Orient, le Musée cham (Bao Tang Cham) possède une collection qui compte parmi les plus belles du monde.

A l'entrée du bâtiment, vous pourrez généralement vous procurer un guide trilingue du musée intitulé *Musée de sculpture cham – Danang* (Bao Tang Dieu Khac Cham Da Nang ; Maison d'édition en langues étrangères, Hanoi, 1987). Rédigé par le directeur de l'établissement, Tran Ky Phuong, le plus grand spécialiste vietnamien du Champa, ce livret fournit un excellent aperçu de l'art cham et présente certaines pièces exposées.

Pour profiter pleinement du musée, il est préférable de louer les services d'un guide informé (difficile à trouver dans les environs). Vous rencontrerez probablement M. Nguyen Phu Luy (répondant également au nom de M. Louis), un sympathique retraité qui occupe son temps libre à guider les touristes dans le musée. M. Louis, qui parle très bien le français, est inépuisable sur l'art cham. Mais méfiez-vous, on raconte qu'il a tendance à surestimer le prix de ses services. Il aurait développé pour cela une méthode très habile, consistant à repérer les touristes intéressés et à les entraîner avant qu'ils n'aient le temps de dire "cham". C'est à la fin de la visite qu'il annonce ses tarifs (indexés sur votre degré de crédulité). Si vous désirez prendre un guide, fixez donc le prix avant de commencer la visite.

Les pièces du musée, qui datent du VIIe au XVe siècles, ont été découvertes à Dong Duong (Indrapura), Khuong My, My Son, Tra Kieu (Simhapura), Thap Mam (Binh Dinh) et sur d'autres sites, la plupart localisés dans les provinces de Quang Nam et Danang. Les différentes salles portent le nom du lieu de provenance des objets qu'elles exposent.

Les quatre bas-reliefs qui entourent la base de l'autel de Tra Kieu (VIIe siècle) relatent plusieurs épisodes de l'épopée du Ramayana, dans un style typique de l'art amaravati du Sud de l'Inde. La scène A (16 personnages) représente le prince Rama rompant l'arc sacré (Rudra) de la citadelle de Videha et gagnant ainsi la main de la princesse Sita, fille du roi Janak. Dans la scène B (16 personnages), les ambassadeurs dépêchés par Janak auprès de Dasaratha, roi d'Ayodhya et père de Rama, vantent les exploits du héros, couvrent le souverain de présents et le convient à Videha pour assister au mariage. La scène C (18 personnages) retrace les noces du jeune prince et de trois de ses frères épousant les cousines de la princesse Silta. La scène D représente 11 apsaras (vierges célestes) dansant et offrant des fleurs aux jeunes mariés, sous les auspices de deux musiciens gandhara apparaissant au début de la scène A.

Proche de l'intersection de Ð Nu Vuong et Ð Bach Dang, le musée est ouvert tous les jours de 8h à 11h et de 13h à 17h. L'entrée coûte 1,60 $US – au moment de payer, adressez-vous directement au guichet.

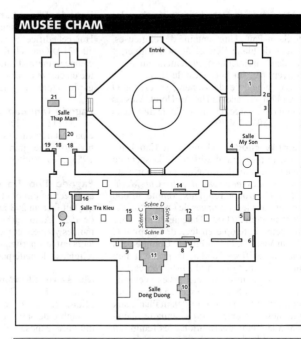

n°	œuvre	site d'origine	période
1	Autel My Son	My Son	VIIIe-IXe siècles
2	Ganesha (éléphant assis)	My Son	VIIIe-IXe siècles
3	Anniversaire de Brahma	My Son	VIIIe-IXe siècles
4	Joeurs de polo	Thach An	VIIe siècle
5	Décorations de l'aute	Khuong My	Xe siècle
6	Déesse Sarasvati	Chanh Lo	XIe siècle
7	Vishnou	Tra Kieu	Xe siècle
8	Divinité	Dong Duong	IXe-Xe siècles
9	Divinité	Dong Duong	IXe-Xe siècles
10	Décorations de l'autel de Dong Duong	Dong Duong	IXe-Xe siècles
11	Autel de Dong Duong	Dong Duong	IXe-Xe siècles
12	Lingam		
13	Autel de Tra Kieu	Tra Kieu	VIIe siècle
14	Shiva dansant	Phong Le	Xe siècle
15	Lingam		
16	Apsaras (danseuses célestes)	province de Quang Nam-Danang	Xe siècle
17	Décorations d'autel	Binh Dinh	XIIe-XIVe siècles
18	Lions	Thap Mam	XIIe-XIVe siècles
19	Shiva	Thap Mam	XIIe-XIVe siècles
20	Gajasimha (lion-éléphant)	Thap Mam	XIIe-XIVe siècles
21	Makara (monstre marin)	Thap Mam	XIIe-XIVe siècles

A côté de la cathédrale se trouvent les bureaux du diocèse de Danang et le couvent de Saint-Paul. Une centaine de religieuses, vêtues de blanc l'été et de noir l'hiver, y résident, fréquentant également un autre couvent bâti sur la rive est du Han.

La cathédrale de Danang se dresse Đ Tran Phu, en face du Hai Au Hotel. Messes du lundi au samedi à 5h et 17h, le dimanche à 5h, 6h30 et 16h30.

Temple caodai (Thanh That Cao Dai). C'est le plus grand édifice de la secte en dehors de celui de Tay Ninh (se reporter au chapitre *Les environs de Ho Chi Minh-Ville*). Ce groupe religieux compte 50 000 fidèles dans les provinces de Quang Nam et Danang, dont 20 000 à Danang même. Vous trouverez le temple en face de l'hôpital C (Benh Vien C), Đ Hai Phong. Comme dans tous les édifices caodai, la prière a lieu quatre fois par jour, à 6h, 12h, 18h et 24h.

Le temple possède deux accès : celui de gauche, "Nu Phai", est réservé à l'usage des femmes, et celui de droite, "Nam Phai", aux hommes. Les entrées du sanctuaire obéissent à la même distribution : les femmes à gauche et les hommes à droite. Le prêtre et la prêtresse, quant à eux, pénètrent par la porte centrale. Derrière l'autel siège un gigantesque globe orné de l'"œil divin", emblème du caodaïsme.

En face de l'autel se balance un écriteau portant l'inscription "Van Gia Nhat Ly", qui signifie "Les religions ont toutes la même raison". Derrière ces lettres d'or, on aperçoit les fondateurs de cinq grandes religions mondiales, soit, de gauche à droite, Mahomet, Lao-Tseu, tout de bleu vêtu comme un pope orthodoxe, Jésus, qui semble sortir tout droit d'une icône française, Bouddha, aux traits sud-est-asiatiques très marqués, et Confucius, plus chinois que jamais.

Dans la salle derrière le sanctuaire principal, des portraits présentent les premiers meneurs du mouvement caodai, enturbannés et vêtus d'une tunique blanche. Ngo Van Chieu, père du caodaïsme, se tient debout, arborant un turban pointu et une longue robe blanche imprimée de motifs bleus.

Pagode Phap Lam (Chua Phap Lam). Également connu sous le nom de Chua Tinh Hoi, cet édifice, construit en 1936, fait face au 373 Đ Ong Ich Khiem (123, selon l'ancienne numérotation). A l'intérieur, une statue en cuivre de Dia Tang, le roi de l'Enfer, garde l'entrée. La pagode abrite six bonzes.

Pagode Tam Bao (Chua Tam Bao). Situé au 253 Đ Phan Chu Trinh, son édifice principal est reconnaissable à sa tour à cinq niveaux. Cette grande pagode, construite en 1953, n'est habitée que par quatre moines.

Pagode Pho Da (Pho Da Tu). D'une architecture plutôt classique, cette pagode, qui fait face au 293 Đ Phan Chu Trinh, date de 1923. Aujourd'hui, une quarantaine de moines y vivent et y étudient. Les fidèles et leurs enfants participent activement à la vie religieuse de cette pagode dynamique.

Musée Ho Chi Minh

Le musée Ho Chi Minh (Bao Tang Ho Chi Minh) se divise en trois parties : un ensemble de salles consacrées à l'histoire militaire, exposant des armes américaines, soviétiques et chinoises ; une copie conforme de la maison de Ho Chi Minh, à Hanoi (même le petit étang y figure) et, de l'autre côté de la mare, un musée dédié à l'"Oncle Ho".

Si vous n'avez pas le temps de visiter la véritable résidence du fondateur du Viet Minh (du moins l'une de ses multiples reproductions à travers le pays), sa réplique est une étape incontournable.

Le musée, situé Đ Nguyen Van Troi, 250 m à l'ouest de Đ Nui Thanh (se reporter à la carte *Les environs de Danang*), est ouvert du mardi au dimanche, de 7h à 11h et de 13h à 16h30.

Promenades en bateau

Au nord de Danang, les eaux de la Thuy Tu s'avèrent très claires ; il est donc très agréable d'y faire une promenade en bateau. Vous pourrez également vous baigner sur l'une des plages de sable qui bordent la rivière.

Le Christie's Restaurant s'occupera d'organiser votre promenade moyennant environ 50 $US pour un bateau de 10 personnes et les services d'un guide. Vous partirez du village de Nam O, célèbre pour son *nuoc mam* (sauce de poisson) et son *goi ca* (filets de poisson frais et cru, marinés et recouverts d'épices – une sorte de version vietnamienne du sushi).

Renseignez-vous également sur les possibilités de croisières nocturnes sur le Han.

Où se loger

Les hôtels cités ci-dessous sont tous situés près du centre. Pour plus de détails sur les hôtels localisés près de la plage, se reporter à la rubrique *Les environs de Danang,* dans ce chapitre.

Où se loger – petits budgets

Les hôtels les moins chers se trouvent à l'extrémité nord de la péninsule de Danang. Si le paysage pâtit de la proximité du port, où s'entassent les cargos, le quartier est beaucoup plus calme que le centre-ville embouteillé, environ 2 km plus au sud.

Le *Danang Hotel – Old Wing (☎ 821 986 ; 3 Đ Dong Da),* très apprécié des petits budgets, propose des chambres de 7 à 12 $US. Construit à la fin des années 60 pour accueillir des militaires américains, son confort quelque peu spartiate n'a jamais été amélioré. Mais sa nouvelle annexe, adjacente *(Danang Hotel – New Wing ; ☎ 821986 ; fax 823431),* dont les chambres coûtent entre 27 et 59 $US, est nettement plus chic.

Le *Hai Van Hotel (☎ 821300 ; fax 823 891 ; 2 Đ Nguyen Thi Minh Khai),* un vieil établissement, possède des chambres spacieuses, avec s.d.b. et eau chaude. Les prix varient de 15 à 20 $US.

Au *Thu Do Hotel (☎ 823863 ; 107 Đ Hung Vuong),* relativement proche de la gare routière et à quelques rues du marché Con *(Cho Con),* les prix sont proportionnels au délabrement des lieux : de 5 à 10 $US pour une chambre avec ventil. et 12 $US avec clim.

Autre établissement sympathique quoiqu'un peu décrépi, le *Thanh Thanh Hotel*

(☎ 821230 ; 50 Đ Phan Chu Trinh) loue des chambres pour 8 à 12 $US.

A quelques rues au sud, le *Minh Tam II Mini-Hotel (☎ 826687 ; fax 824339 ; 63 Đ Hoang Dieu)* vous demandera de 20 à 35 $US pour une chambre.

Le *Pacific Hotel (Khach San Thai Binh Duong, ☎ 822137)* fait face à l'élégant Orient Hotel. Les lieux sont assez anciens, mais tout à fait acceptables. La chambre double coûte de 25 à 40 $US.

Le *Dai A Hotel (☎ 827532 ; fax 825760 ; 27 Đ Yen Bai),* relativement récent, propose des chambres avec clim., dans une fourchette de prix allant de 12 à 45 $US.

Le *Vinapha Hotel (☎ 825072 ; 80 Đ Tran Phu),* très chaleureux, recueille un vif succès auprès des expatriés de longue date et des hommes d'affaires. La chambre revient entre 16 et 18 $US.

Les voyageurs plus aisés préfèrent généralement l'*Ami Hotel (☎ 824494 ; fax 825532 ; 7 Đ Quang Trung),* qui possède 17 chambres de 16 à 28 $US.

La gigantesque *Thanh Binh Guesthouse (☎ 821239 ; 5 Đ Ong Ich Khiem)* donne directement sur la plage, généralement bondée et très polluée. L'hôtel est normalement réservé aux travailleurs vietnamiens en voyage organisé par leur syndicat. Si les étrangers peuvent y séjourner, moyennant 10 à 18 $US, peu le font.

Où se loger – catégorie moyenne et supérieure

Le *Thu Bon Hotel (☎ 801101 ; fax 822854 ; 10 Đ Ly Thuong Kiet)* offre des lieux acceptables, pour un bon rapport qualité-prix. La chambre coûte à partir de 22 $US, petit déjeuner inclus.

L'*Elegant Hotel (Khach San Thanh Lich ; ☎ 892893 ; fax 835179 ; 22A Đ Bach Dang)* porte bien son enseigne. La chambre revient entre 35 et 140 $US.

Au bord du fleuve Han, le *Song Han Hotel (☎ 822540 ; fax 821109. 36 Đ Bach Dang)* propose d'élégantes chambres de 40 à 60 $US et d'authentiques massages.

Certainement l'un des meilleurs hôtels de la ville, le très distingué *Royal Hotel*

CENTRE

DANANG

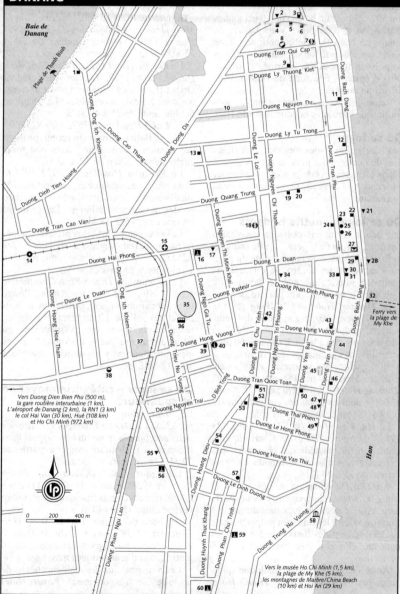

Baie de Danang

Plage de Thanh Binh

Duong Ong Ich Khiem

Duong Cao Thang

Duong Dong Da

Duong Dinh Tien Hoang

Duong Tran Cao Van

Duong Hai Phong

Duong Le Duan

Duong Hoang Hoa Tham

Duong Ong Ich Khiem

Duong Quang Trung

Duong Nguyen Thi Minh Khai

Duong Le Loi

Duong Nguyen Chi Thanh

Duong Tran Qui Cap

Duong Ly Thuong Kiet

Duong Nguyen Du

Duong Ly Tu Trong

Duong Bach Dang

Duong Tran Phu

Duong Le Duan

Duong Phan Dinh Phung

Duong Bach Dang

Duong Pasteur

Duong Ngo Gia Tu

Duong Trieu Nu Vuong

Duong Hung Vuong

Duong Chu Trinh

Duong Phan Chu Trinh

Duong Nguyen Tri Phuong

Duong Yen Bai

Duong Tran Phu

Duong Hung Vuong

Duong Tran Quoc Toan

Duong Thai Phien

Duong Le Hong Phong

Duong Hoang Van Thu

Duong Nguyen Trai

Duong Hoang Dieu

Duong Le Dinh Duong

Duong Huynh Thuc Khang

Duong Phan Chu Trinh

Duong Trung Nu Vuong

Duong Pham Ngu Lao

D Binh Trong

Ferry vers la plage de My Khe

Han

Vers Duong Dien Bien Phu (500 m),
la gare routière interurbaine (1 km),
L'aéroport de Danang (2 km), la RN1 (3 km)
le col Hai Van (30 km), Hué (108 km)
et Ho Chi Minh (972 km)

Vers le musée Ho Chi Minh (1,5 km),
la plage de My Khe (5 km),
les montagnes de Marbre/China Beach
(10 km) et Hoi An (29 km)

0   200   400 m

DANANG

CENTRE

OÙ SE LOGER
1   Thanh Binh Guesthouse
4   Saigon Tourane Hotel
    (en cours de rénovation)
5   Danang Hotel - Old Wing
    (vieux bâtiment)
6   Danang Hotel - New Wing
    (nouveau bâtiment)
9   Thu Bon Hotel
11 Elegant Hotel
12 Song Han Hotel
13 Hai Van Hotel
19 Royal Hotel
20 Ami Hotel
22 Bach Dang Hotel
24 Binh Duong Mini-Hotel
29 Riverside Hotel
31 Dong Kinh Hotel
33 Vinapha Hotel
39 Thu Do Hotel
41 Thanh Thanh Hotel
46 Hai Au Hotel
50 Dai A Hotel
51 Orient Hotel
53 Pacific Hotel
54 Minh Tam II Mini-Hotel

OÙ SE RESTAURER
2   Cafe Lien
17 My Quang Restaurant
21 Hanakim Dinh Restaurant
28 Christie's Restaurant
30 Com Chay Nga My
    Vegetarian Restaurant
34 Hoang Ngoc Restaurant
47 Tiem An Binh Dan Restaurant
48 Tu Do Restaurant
    et Kim Do Restaurant
49 Tien Hung
55 Thanh An Vegetarian
    Restaurant

DIVERS
3   Cafe Linh, Free Time,
    Bamboo Cafe
7   VID Public Bank
8   Consulat du Laos
10 Marché
14 Gare ferroviaire de Danang
15 Hôpital C
16 Temple caodai
18 Vietcombank
23 Hoa Binh Tourist

25 Agences Vietnam Airlines
    et Pacific Airlines
26 East Meets West
    Headquarters (NGO)
27 Poste
32 Embarcardère des ferries
35 Stade de Danang
36 Piscine
37 Marché Con
38 Gare des camionnettes
    de passagers
40 Dana Tours
42 Théâtre municipal
43 The Cool Spot Bar
44 Marché Han
45 Cathédrale de Danang
52 Librairie
56 Pagode Phap Lam
57 Agence Thanh Hong Tour
58 Musée cham
59 Pagode Tam Bao
60 Pagode Pho Da

(☎ 823295 ; fax 827279 ; 17 Ð Quang Trung) loue des chambres doubles tout confort dans une fourchette de prix allant de 70 à 120 $US.

Le **Bach Dang Hotel** (☎ 823649 ; fax 821659 ; 50 Ð Bach Dang) est un grand établissement dont les chambres (de 28 à 70 $US) donnent sur le fleuve.

Donnant également sur le fleuve, le récent et somptueux **Riverside Hotel** (Khach San Tien Sa ; ☎ 832591 ; fax 832 593 ; 68 Ð Bach Dang) demande de 55 à 130 $US la nuit.

Le moins chic de cette catégorie, le **Binh Duong Mini-Hotel** (☎ 821930 ; fax 827 666) loue douze chambres pour 12 à 30 $US, petit déjeuner inclus.

Idéalement situé en face de la cathédrale, le **Hai Au Hotel** (☎ 822722 ; fax 824165 ; 177 Ð Tran Phu) dispose d'un bon restaurant. Les chambres simples et doubles coûtent entre 27 et 55 $US.

Le très élégant **Orient Hotel** (Khach San Phuong Dong ; ☎ 821266 ; fax 822854 ; 93 Ð Phan Chu Trinh) vous accueille dans une somptueuse réception lambrissée. Vous débourserez de 40 à 46 $US pour une chambre double (de 45 à 65 avec des lits jumeaux), petit déjeuner compris.

Où se restaurer

Construit sur pilotis, le **Christie's Restaurant** (☎ 826645 ; 9 Ð Bach Dang) est un véritable havre offrant une agréable vue sur le Han. Géré par un expatrié australien, l'établissement propose une cuisine internationale et vietnamienne élégamment présentée et dispose d'un bar, d'un service d'échange de livres, de magazines occidentaux, de la TV par satellite ainsi que d'un accès Internet. Par ailleurs, le restaurant organise des circuits, notamment des excursions en bateau sur l'île Cham. Parfait pour assister au coucher de soleil sur le fleuve.

Au **Hoang Ngoc Restaurant** (106 Đ Nguyen Chi Thanh), vous dégusterez une cuisine excellente, servie par un personnel fort accueillant, dans un cadre très agréable. Le propriétaire, M. Hoang, est une véritable perle. Non loin de Đ Phan Dinh Phung, l'établissement affiche une spécialité qui vous surprendra agréablement : la limace de mer.

Le **Cafe Lien** (☎ 820401 ; 4 Đ Dong Da) sert de très bons plats à petits prix. Le personnel, très chaleureux, vous tendra une carte traduite en anglais. Idéalement situé, le restaurant attire les voyageurs à petit budget. C'est le genre d'endroit où l'on fait toutes sortes de rencontres :

Très appréciée pour sa jovialité, Linh dirige le café en face du Danang Hotel. Elle s'occupera volontiers de vous trouver une moto ou une voiture à louer et se fera un plaisir de vous servir de guide. Un résident français travaillant à Danang m'a confié qu'elle n'ignorait rien de ce qui se passait dans les environs immédiats de son établissement.

Un soir, alors que j'y sirotais une bière, un voyageur blond, aux yeux bleus et à la peau claire s'est assis à la table voisine. J'ai pensé qu'il était scandinave ou bien allemand. "Vous devez être israélien", lui dit Linh. L'homme n'en revenait pas. "Comment le savez-vous ?". Avec un regard malicieux, Linh murmura : "Je sais tout."

Ian McVittie

Le **Thanh An Vegetarian Restaurant** (484 Đ Ong Ich Khiem) est une échoppe bon marché, à quelques mètres de la pagode Phap Lam et environ 1 km du centre-ville. Ses plats ressemblent souvent à de la viande, mais il s'agit bien de cuisine végétarienne. L'établissement vous accueille tous les jours de 7h à 16h.

Autres restaurants de ce type, le **Com Chay Nga My Vegetarian Restaurant** (53 Đ Tran Phu) ou le **Tien Hung** (Đ Tran Phu), à environ 100 m au sud du Tu Do, qui propose de consistants *banh cuon*.

Près du temple caodai, le **My Quang Restaurant** (1A Đ Hai Phong), très fréquenté, sert des plats vietnamiens plutôt ordinaires.

Le **Tu Do Restaurant** (☎ 821869 ; 172 Đ Tran Phu) offre un très grand choix. Si tout est parfait, du service à la cuisine, les prix sont parfois exagérés. Au **Kim Do Restaurant**, son voisin, plus chic mais tout aussi bon, les prix sont tout simplement exorbitants. A côté, le modeste **Tiem An Binh Dan Restaurant** (174 Đ Tran Phu) pratique des tarifs beaucoup plus raisonnables.

Où sortir

Si les noceurs risquent d'être déçus par la vie nocturne de Danang, la ville leur réserve tout de même quelques bons endroits pour prendre un verre.

The Cool Spot Bar (☎ 824040 ; 112 Đ Tran Phu), à proximité de la rive et presque à l'angle de Đ Hung Vuong, est un établissement branché et bon marché dans lequel vous pourrez disputer une partie de billard.

En face du Danang Hotel, au nord de la ville, vous trouverez une kyrielle de cafés et de bars servant boissons et en-cas. Citons le **Cafe Linh**, le **Free Time**, le **Bamboo Cafe** et enfin le **Christie's Restaurant** (se reporter à la rubrique *Où se restaurer*), qui accueille sa part de noctambules.

Achats

Situé à l'intersection de Đ Hung Vuong et Đ Tran Phu, le marché Han (Cho Han) reste généralement ouvert tard le soir. Il est très agréable d'y flâner le soir au milieu des boutiques.

Plus grand, le marché Con (Cho Con) n'ouvre que pendant la journée. Vous trouverez parmi ses stands colorés toutes sortes de produits vietnamiens : articles ménagers, céramiques, fruits et légumes frais, papeterie, couteaux, fleurs, vêtements en fibres synthétiques...

Ceux qui, après un long voyage, désirent se tenir au courant de l'actualité pourront se procurer des journaux étrangers à côté de l'Orient Hotel.

Comment s'y rendre

Avion. Pendant la guerre du Vietnam, l'aéroport de Danang était l'un des plus fréquentés au monde. Même si l'activité s'est nettement ralentie à la fin de la guerre, il demeure l'un des trois aéroports internationaux du pays. Toutefois, presque tous les vols à destination de l'étranger font escale à Ho Chi Minh-Ville. Les formalités de douane et d'immigration peuvent cependant être accomplies à Danang.

Vietnam Airlines (☎ 822094), 35 Đ Tran Phu, propose de nombreux vols depuis/vers Danang (se reporter au chapitre *Comment circuler*).

Bus. La gare routière interurbaine de Danang (Ben Xe Khach Da Nang) se trouve à environ 3 km du centre-ville, sur la voie baptisée successivement Đ Hung Vuong, Đ Ly Thai To et Đ Dien Bien Phu (se reporter au chapitre *Les environs de Danang*). Vous pourrez vous procurer des billets de bus express en face du 200 Đ Dien Bien Phu, de 7h à 11h et de 13h à 17h. Les bus express desservent Buon Ma Thuot, Dalat, Gia Lai, Haiphong, Hanoi, Ho Chi Minh-Ville, Hon Gai, Lang Son, Nam Dinh et Nha Rang, et partent tous à 5h. Les billets de bus ordinaires pour Kon Tum (départ à 5h) sont également en vente au guichet.

Une nouvelle ligne de bus, peints en rouge et blanc, couvre la banlieue de Danang. Vous la reconnaîtrez à ses arrêts abrités. Pour aller à Hoi An, rendez-vous en face du théâtre municipal, Đ Phan Chu Trinh. Vous débourserez 0,40 $US pour le trajet. Pour vous rendre au pied du col Hai Van, prenez le bus Đ Bach Dang, un peu au sud de l'embarcadère des ferries.

Il existe à présent un service reliant Danang à Savannakhet, au Laos, *via* Dong Ha et le poste-frontière de Lao Bao (se reporter au chapitre *Comment s'y rendre*)

Minibus. La plupart des voyageurs préférant se loger à Hoi An plutôt qu'à Danang, Hoi An bénéficie d'une meilleur service de minibus. Toutefois, il est possible d'emprunter un minibus haut de gamme à Danang, davantage utilisé par les Vietnamiens que par les étrangers. Pour les lignes desservant Hué et Nha Trang, renseignez-vous auprès du Cafe Lien.

Il existe également un service de bus quotidien entre Danang et Hoi An. Les départs de Danang se font à 8h et les retours à 17h, si le nombre de passagers est suffisant (les chauffeurs attendent toujours au moins quatre passagers). L'aller simple coûte 3 $US et l'aller-retour 5,50 $US. Les billets sont en vente au Christie's Restaurant, et le bus peut même passer vous prendre à l'hôtel.

Train. La gare ferroviaire (Ga Da Nang) se trouve à 1,5 km du centre-ville, Đ Hai Phong, à l'extrémité nord de Đ Hoang Hoa Tham. Le trajet entre Danang et Hué est l'un des plus beaux du pays (celui qui mène au col Hai Van est également spectaculaire)

Vers le nord, le train le plus rapide vous conduira à Hué en 3 heures 15. Les trains locaux, quant à eux, mettent 6 heures. Surveillez vos effets personnels lors des longues traversées de tunnels.

Danang est naturellement desservie par les *Express de la Réunification* (se reporter à la rubrique *Train* du chapitre *Comment circuler*).

Voiture et moto. Pour se rendre à Hoi An, le plus simple est de louer une voiture (10 $US) ou une moto (8 $US) auprès du Cafe Lien ou du Danang Hotel. Moyennant un petit supplément, le chauffeur vous attendra pendant que vous visiterez les montagnes de Marbre et China Beach. Il est également possible de se rendre à My Son en moto (12 $US) ou en voiture (35 $US) et, pour ceux qui ont déjà visité Danang, de se faire déposer à Hoi An au retour.

Les distances routières à partir de Danang sont les suivantes :

Hanoi	764 km
Ho Chi Minh-Ville	972 km
Hoi An	30 km
Hué	108 km
Lao Bao	350 km
Nha Trang	541 km
Quang Ngai	130 km
Qui Nhon	303 km
Savannakhet	500 km

Comment circuler
Depuis/vers l'aéroport. L'aéroport de Danang se trouve à 2 km à l'ouest du centre-ville. Il ne faut donc que 15 minutes pour s'y rendre en cyclo.

Taxi. Airport Taxi (☎ 825555) et Dana Taxi (☎ 815815) sont équipés de véhicules modernes avec climatisation et compteur.

Bateaux. Les bacs traversant le Han partent du quai situé au bout de Đ Phan Dinh Phung.

LES ENVIRONS DE DANANG
Cimetière français et espagnol
En août 1858, des troupes françaises et philippines, menées par les Espagnols, attaquèrent Danang afin de mettre un terme aux persécutions perpétrées par le gouvernement de Tu Duc à l'encontre des missionnaires et des catholiques vietnamiens. Les assaillants n'eurent guère de mal à prendre la ville, mais durent par la suite affronter le choléra, la dysenterie, le scorbut, le typhus et de mystérieuses fièvres. L'été suivant, les

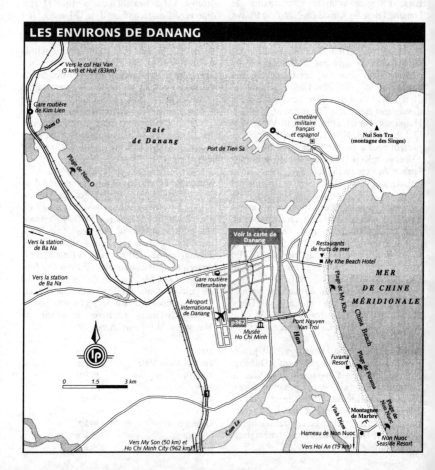

LES ENVIRONS DE DANANG

pertes humaines causées par la maladie surpassaient de vingt fois celles des combats. Un grand nombre de ces soldats reposent dans une chapelle (Bai Mo Phap Va Ta Ban Nha), à 15 km au nord de la ville. Les noms des victimes figurent sur les murs.

Pour accéder au cimetière, traversez le pont Nguyen Van Troi et tournez à gauche dans Đ Ngo Quyen (voir la carte *Les environs de Danang*). Poursuivez vers le nord, en direction du port Tien Sa (Cang Tien Sa). A votre droite, sur une petite colline, vous apercevrez la petite chapelle blanche du cimetière, à environ 500 m de la porte du port.

Plage de Thanh Binh
Située à seulement 2 km au nord-ouest de Danang, elle est très souvent bondée, et la propreté de l'eau laisse franchement à désirer. Pour y accéder, suivez Đ Ong Ich Khiem jusqu'au bout, vers le nord.

Plage Nam O
Elle se trouve dans la baie de Danang, à 15 km au nord de la ville. La communauté de Nam O, qui a longtemps vécu de la fabrication des pétards, traverse des temps difficiles depuis que le gouvernement a interdit cette activité en 1995. Mais la population locale, qui a plus d'une corde à son arc, s'est désormais tournée vers un autre type de production : le nuoc mam, moins lucratif, leur permet néanmoins de survivre.

China Beach
Lieu de tournage de la série américaine du même nom, elle s'étend sur plusieurs kilomètres au nord et au sud des montagnes de Marbre. Au cours de la guerre du Vietnam, des avions américains y larguaient leurs soldats pour qu'ils puissent se "détendre" – autour d'un pique-nique – avant de repartir au combat.

Cette gigantesque plage commence à 30 km au sud de la montagne de Son Tra (montagne des Singes) et s'étend presque jusqu'à Hoi An. Très fréquentée par les vacanciers vietnamiens et les touristes étrangers, elle accueille maintenant l'un des hôtels les plus élégants du Vietnam.

Notez que cette plage, communément appelée China Beach, n'a hérité de son nom que très récemment. Le front de mer était à l'origine divisé en deux parties, chacune portant sa propre appellation.

La plage de My Khe (où les Américains venaient se "relaxer") et le rivage de la station de Non Nuoc sont les plus fréquentés. Préparez-vous à affronter une nuée de vendeurs brandissant casquettes "China Beach", bouddhas en bois, bracelets de jade, nouvelles "antiquités" et autres attrape-touristes.

D'aucuns affirment que la "vraie" China Beach des GI's n'est pas l'étendue de rivage actuellement mise en valeur : elle se limiterait en réalité à My Khe (Bai Tam My Khe), à 6 km de Danang. On dit qu'un courant sous-marin la rend extrêmement dangereuse, particulièrement en hiver. Toutefois, protégée par la montagne Son Tra, My Khe est la moins exposée de toutes les plages de la côte.

La période de mai à juillet est la meilleure pour se baigner aux alentours de Danang. C'est à cette époque que la mer, habituellement agitée, est la plus calme. Seules les plages de Non Nuoc, Furama et parfois My Khe sont surveillées. En décembre 1992, China Beach fut le site de la première compétition internationale de surf au Vietnam.

C'est toutefois en hiver que l'on rencontre les plus belles déferlantes, idéales pour le surf – débutants s'abstenir. En effet, la plage est un véritable paradis de surfers entre la mi-septembre et décembre, et ce, particulièrement le matin, lorsque le vent se lève. C'est pourquoi des habitants de la région ont fondé, en 1992, le Danang Surfers' Club. Vous pourrez les rencontrer à la piscine du stade de Danang (Đ Ngo Gia Tu). On peut louer des planches, mais n'oubliez pas votre cire et votre trousse de réparation, car il est impossible d'en trouver sur place.

Où se loger et se restaurer. Le *Furama Resort Danang* (☎ *847888 ; fax 847666*), est le plus chic des hôtels chic. Perché sur une parcelle de plage à lui réservée, cet hôtel gigantesque et distingué offre à ses clients tout ce dont ils ont besoin... ou non. Véritable paradis des sports nautiques ou terrestres, l'établissement dispose des meilleurs coins de plongée, d'un terrain de golf et même d'un lagon d'eau fraîche. Les prix varient entre 140 \$US pour une chambre "jardin supérieur" et 400 \$US pour la grandiose "suite océan".

Ceux qui disposent d'un budget mensuel de 400 \$US pourront jeter un coup d'œil au *Non Nuoc Seaside Resort (☎ 836216 ; fax 836335)*. Les chambres n'ont rien de très enthousiasmant, mais l'hôtel se trouve à quelques mètres de la plage, et les prix ont baissé depuis notre dernier passage. La simple/double avec ventil. coûte 8/10 \$US et 15/27 \$US avec clim. L'hôtel dispose d'un bon *restaurant*, qui toutefois n'égale pas le *restaurant* du front de mer, datant de l'époque soviétique (qui a la forme du kiosque d'un sous-marin).

Autre établissement bon marché, le *My Khe Beach Hotel (☎ 836125 ; fax 836123)* propose des chambres économiques à 24 \$US et plus chic à 48 \$US, dans sa nouvelle aile.

C'est sur la plage de My Khe que vous pourrez manger les meilleurs fruits de mer. A environ 200 mètres au nord du My Khe Beach Hotel, vous trouverez une volée de *restaurants de fruits de mer* : vous pourrez y déguster d'excellents crustacés sur une terrasse donnant sur l'océan. Nous vous recommandons plus particulièrement le *Loi Restaurant*, dont la gérante, Marianne, baptisée ainsi par un soldat américain quand elle était petite, parle bien l'anglais.

Comment s'y rendre. Des camionnettes-bus, partant de la gare des camionnettes de passagers de Đ Hung Vuong, desservent China Beach. Elles ne démarrent qu'une fois remplies.

Pour vous rendre du centre-ville à la plage de My Khe, il vous faudra prendre un bac (0,80 \$US) pour traverser le Han (motos et bicyclettes sont acceptées moyennant un supplément, mais vous ne paierez rien pour votre planche de surf). De là, prenez une moto-taxi jusqu'à la plage. Autre

possibilité, louer une moto ou un taxi à partir du sud de la ville (le trajet est alors rallongé de 5 km).

Pour accéder à la plage de Non Nuoc par vos propres moyens, partez en direction des montagnes de Marbre (voir plus loin), puis tournez à gauche vers le hameau de Non Nuoc. La route longe la plus haute montagne. Suivez-la jusqu'à ce que vous arriviez presque sur le sable. Tournez à droite vers le bosquet de casuarinas (vous vous éloignerez de la plage), puis à gauche.

Montagnes de Marbre

Ces anciennes îles sont composées de cinq monticules de marbre. On dit que chacun d'entre eux représente un élément de l'univers, dont il porte le nom : Thuy Son (l'eau), Moc Son (le bois), Hoa Son (le feu), Kim Son (le métal ou l'or) et Tho Son (la terre). La plus haute et la plus réputée renferme de nombreuses grottes naturelles (*dong*), dans lesquelles des sanctuaires bouddhistes furent érigés au fil des siècles. Du temps de la domination cham, ces mêmes grottes servaient de chapelle aux hindous. Thuy Son est un lieu de pèlerinage très fréquenté, plus particulièrement les nuits de pleine et de nouvelle lune, et durant le Têt.

Une lampe de poche vous sera utile pour visiter les grottes. Les enfants du coin ont compris que les touristes raffolaient des souvenirs et qu'ils laissaient des pourboires aux guides improvisés. Ne vous attendez donc pas à faire votre visite seul. Une nouvelle réglementation, récemment renforcée, interdit aux enfants d'accepter les pourboires mais leur permet de vendre des souvenirs. Le résultat n'est pas très concluant : la plupart des touristes préfèrent rétribuer les enfants qui les guident que leur acheter des babioles sans intérêt. Généralement, les enfants sont plutôt sympathiques et vous aideront à trouver les grottes les plus isolées. En revanche, il est parfois agaçant d'être harcelé par les marchands de souvenirs.

Des deux chemins qui mènent à Thuy Son, c'est le plus proche de la plage (à l'autre extrémité du village) qui permet de faire un meilleur circuit une fois en haut. Alors, à moins de vouloir faire le chemin dans l'autre sens, évitez l'escalier au pied duquel se trouve un kiosque en béton et un panneau de ciment noir. Quelle que soit l'entrée choisie, le tarif est prohibitif (4 $US).

Au sommet de l'escalier (d'où l'on peut apercevoir l'île Cham) se trouve le portique Ong Chon, criblé d'impacts de balles. Derrière ce portique se cache la pagode Linh Ong. En entrant dans le sanctuaire, à votre gauche, vous pourrez admirer un personnage fantastique exhibant une langue énorme. Les bonzes vivent à droite de l'édifice, à côté d'un petit jardin d'orchidées.

Derrière la pagode Linh Ong, sur la gauche, un chemin passe par deux tunnels qui mènent à un ensemble de grottes, Tang Chon Dong. Vous pourrez y admirer un grand nombre de bouddhas en béton et des blocs de pierre sculptés par les Cham. A côté d'un des autels, un escalier monte vers une autre grotte, partiellement ouverte et abritant deux bouddhas assis.

Pour poursuivre la visite, prenez le chemin qui se trouve immédiatement à gauche après le portique. Un escalier mène à une petite terrasse panoramique, Vong Hai Da, offrant une vue magnifique sur China Beach et la mer de Chine méridionale.

Le chemin pavé se poursuit vers la droite et débouche sur un canyon où se cache la grotte de Van Thong, à droite. En face de l'entrée, un bouddha en ciment et, derrière lui, un petit passage donnant sur un conduit naturel par lequel on peut apercevoir le ciel.

A la sortie du canyon, après avoir passé un portique endommagé par la guerre, un sentier rocailleux part vers la droite et aboutit à une grande grotte en forme de cheminée, Linh Nham, qui abrite un petit autel. A côté, un autre chemin mène à Hoa Nghiem, une cavité peu profonde renfermant une statue de Bouddha. En prenant le chemin à gauche du bouddha, vous arriverez à l'immense grotte de Huyen Khong : éclairée par une ouverture vers le ciel, celle-ci fait l'effet d'une cathédrale. Son accès est gardé par

deux mandarins administratifs (à gauche de l'entrée) et deux mandarins militaires (à droite de l'entrée).

Dans la grotte se tiennent plusieurs autels bouddhistes et confucéens. Notez les inscriptions sur les murs en pierre. A droite, une porte donne sur deux stalactites qui, selon la légende, répandent des gouttes provenant du Paradis. En réalité, une seule d'entre elles suinte ; l'autre se serait asséchée au contact de la main de l'empereur Tu Duc. Au cours de la guerre du Vietnam, les combattants vietcong transformèrent la grotte en hôpital. A l'intérieur se trouve une plaque commémorative dédiée au groupe d'artilleuses qui, en 1972, détruisit plusieurs avions américains stationnés au pied des montagnes.

A gauche de la porte endommagée par la guerre s'élève la pagode Tam Thai Tu, restaurée par l'empereur Minh Mang en 1826. Un sentier oblique à droite mène aux habitations des bonzes, puis à deux sanctuaires. De là, un chemin de terre rouge débouche sur cinq petites pagodes. Avant les résidences des moines, vous trouverez sur la droite un escalier menant à la terrasse panoramique de Vong Giang Dai, qui offre une vue imprenable sur les montagnes de Marbre et la campagne environnante. Pour redescendre, prenez le chemin donnant sur le portique de la pagode Tham Thai Tu.

Hameau de Non Nuoc

Ce hameau se trouve sur le versant sud de Thuy Son, à quelques centaines de mètres à l'ouest de China Beach. Vous y trouverez de magnifiques sculptures sur marbre artisanales (ou non), qui feraient des cadeaux parfaits si elles n'étaient si lourdes. Toutefois, il est très intéressant de regarder les sculpteurs à l'œuvre.

Le village a été embelli pour les touristes. Non loin du hameau se trouvait un bidonville que les Américains avaient surnommé "Dogpatch", en référence à la ville abandonnée de la bande dessinée Lil Abner. Au cours de la guerre du Vietnam, la plupart de ses habitants étaient des réfugiés qui fuyaient les zones de combat.

Comment s'y rendre

Camionnettes-bus. Les camionnettes-bus desservant les montagnes de Marbre (Ngu Hanh Son), le hameau de Non Nuoc et les alentours de China Beach (Bai Tam Non Nuoc) partent de la gare de camionnettes de passagers à Danang et ne démarrent qu'une fois pleines. Le trajet dure environ 20 minutes.

Voiture et moto. 11 km séparent Danang des montagnes de Marbre. La route traverse les ruines d'une gigantesque base militaire américaine, longue de 2 km. Les pistes d'atterrissage sont encore visibles.

Les montagnes de Marbre se dressent à 19 km au nord de Hoi An, le long de la "Route coréenne".

Bateau. Il est possible d'accéder aux montagnes par bateau. Ce trajet de 8,5 km sur le Han et le Vinh Diem dure 1 heure 15.

STATION DE BA NA

Cette station de montagne, qui se veut le "Dalat de la province de Danang", chevauche la crête du mont Ba Na (Nui Chua). S'élevant à 1 467 m au dessus de la côte, elle offre une vue exceptionnelle sur la plaine ainsi qu'un air agréablement frais : lorsque la température est de 36°C en bas, il fait entre 15 et 26°C à Ba Na. Si les précipitations sont importantes entre 700 et 1 200 m d'altitude, le ciel est généralement dégagé autour de la station elle-même. Les petits sentiers de montagne qui partent de Ba Na mènent à de multiples chutes et points de vue.

Ba Na fut fondée en 1919 pour les colons français. La station, dont il ne reste que quelques maisons en ruine, n'est pas actuellement en mesure de recevoir des visiteurs, mais les autorités locales ne désespèrent pas d'en refaire un haut lieu du tourisme.

Comment s'y rendre

Par la route, Ba Na se trouve à 48 km à l'ouest de Danang, et à 27 km à vol d'oiseau. La route étant très abrupte et mal entretenue, seule une jeep ou une moto

pourront vous y conduire. Ceux qui décident malgré tout de s'y rendre en voiture devront s'arrêter à 6 km du site, puis marcher. Il s'agit là d'un réel progrès : pensez qu'avant la Seconde Guerre mondiale les Français parcouraient les 20 derniers km en chaise à porteurs !

COL HAI VAN

Le col Hai Van (col des Nuages) traverse la chaîne des monts Truong Son (cordillère Annamitique), qui jouxte la mer de Chine méridionale. A environ 30 km au nord de Danang, la RN1 atteint 496 mètres d'altitude, passant au sud du pic de Ai Van Son (1 172 m d'altitude). Ce tronçon de route offre une vue spectaculaire sur les montagnes. La ligne de chemin de fer, parsemée de nombreux tunnels, contourne la péninsule et longe la côte pour éviter la montagne.

Au XVe siècle, le col servait de frontière naturelle entre le Vietnam et le royaume du Champa. Les défoliants utilisés au cours de la guerre du Vietnam ont malheureusement eu raison de sa végétation luxuriante. Au sommet se dresse un ancien fort français, plus tard reconverti en bunker par les armées sud-vietnamiennes et américaines.

En hiver, le col marque une rupture abrupte entre les climats septentrional et méridional : tel un mur de séparation, il protège le Sud des "vents chinois" particulièrement violents qui viennent du nord-est. Ainsi, de novembre à mars, le versant nord de la montagne (comprenant la plage de Lang Co), exposé aux vents, subit un temps froid et humide tandis que non loin de là, au sud (sur les plages avoisinant Danang et Hoi An), le climat est chaud et sec.

Bien sûr, ce schéma n'est pas systématique, mais, en règle générale, lorsqu'en hiver le temps est mauvais à Hué, il fait beau à Danang.

La plupart des bus font une pause de 10 minutes au sommet du col. Vous devrez alors vous frayer un chemin parmi les vendeurs de souvenirs, particulièrement nombreux et acharnés.

Le gouvernement vietnamien a récemment investi 150 millions de dollars dans la construction d'un tunnel sous le col des Nuages, destiné à soulager le trafic. Les travaux sont toujours en cours.

PLAGE DE LANG CO

Bordée de palmiers, cette plage de sable fin fait face d'un côté à un lagon d'eau bleu turquoise et de l'autre à la mer de Chine méridionale. Les voyageurs aiment venir déjeuner ou même dormir sur la paisible île Lang Co.

Le meilleur moment pour s'y rendre va de mai à juillet. De la fin du mois d'août au mois de novembre, les averses sont fréquentes. De décembre à février, il fait très froid et vous n'aurez probablement pas envie de vous y attarder.

Les splendides paysages de Lang Co sont visibles au nord du col Hai Van, depuis la RN1 et la ligne de chemin de fer reliant Danang à Hué.

Où se loger et se restaurer

Parmi les deux hôtels de Lang Co, nous vous conseillons sans hésitation le *Thanh Tam Resort* (☎ 874456), un petit établissement familial qui propose des chambres doubles pour 10/12 $US sans/avec petit déjeuner. La cuisine de son *restaurant* est incroyablement bonne, à tel point que les cars de touristes y font souvent halte pour déjeuner. Vous l'aurez deviné, les fruits de mer sont la spécialité de la maison. Si vous voyagez en "circuit découverte", vous pourrez y passer une nuit agréable ou deux (si la saison s'y prête).

De loin notre second choix, le *Lang Co Hotel* (☎ 874426), à 500 mètres au sud du Thanh Tam, est un grand établissement d'État un peu triste. Le prix de la chambre varie entre 10 et 12 $US.

Comment s'y rendre

Train. La gare de Lang Co, desservie par des trains ordinaires, se trouve à presque 10 km des plages. Toutefois, vous n'aurez aucune difficulté à trouver une bonne âme pour vous y conduire en moto.

Voiture et moto. Située à 35 km au nord de Danang, Lang Co est desservie par un tronçon très escarpé de la RN1.

LES SOURCES DE SUOI VOI

A environ 15 km au nord de Lang Co, les sources de l'Éléphant (Suoi Voi) offrent un véritable havre de paix à l'écart des lieux touristiques. Vous pourrez passer la journée à déambuler dans la forêt ou à vous baigner dans l'eau claire et fraîche de ses courants. Les courageux motards et cyclistes qui affrontent les pentes abruptes de la RN1 apprécieront d'y faire une pause.

A environ 1 km de l'entrée du site, les sources principales sont accessibles à pied depuis le parking. Leurs gigantesques rochers, dont un en forme d'éléphant, semblent faire corps avec l'imposante chaîne des monts Bach Ma en toile de fond. Si vous prenez le temps d'explorer les lieux, vous trouverez, à l'écart du site principal, des bassins moins fréquentés tel celui de Vung Do, à environ 200 m des grandes sources.

L'endroit n'est guère touristique (la plupart des étrangers se retrouvent sur la côte) et, en semaine, vous pourriez bien avoir les lieux pour vous seul. En revanche, évitez le dimanche, jour où le site est envahi par des centaines de jeunes couples vietnamiens en quête d'intimité.

Sur la RN1, la route des sources (Suoi Voi) est indiquée par un vieux panneau. Juste après le tournant, vous apercevrez l'église de Thua Lau, qui date du XIXe siècle. De là, suivez la piste jusqu'à l'entrée du site, à quelques kilomètres.

L'accès aux sources et le parking ne sont pas gratuits : vous débourserez 0,15 $US pour l'entrée, 0,08 $US pour votre bicyclette, 0,25 $US pour votre moto et 0,80 $US pour votre voiture. Gardez votre ticket, car on pourrait vous le réclamer à l'intérieur du site. Près des sources, vous trouverez des *échoppes* servant des en-cas, mais nous vous conseillons d'emporter votre pique-nique.

Si vous suivez la piste, vous débloucherez, à 15 km des sources, sur le village de Cau Hai et sur la route menant au parc national de Bach Ma (se reporter à la rubrique *Les environs de Hué*, dans ce chapitre).

Littoral du Centre et du Sud

Ce chapitre couvre les provinces côtières de Binh Thuan, Ninh Thuan, Khanh Hoa, Phu Yen, Binh Dinh et Quang Ngai. Les villes, plages et sites historiques, situés pour la plupart le long de la route nationale 1 (RN1), appelée "Piste de Ho Chi Minh" par de nombreux touristes étrangers ; la véritable piste étant cependant davantage à l'intérieur des terres), seront traités du sud au nord.

La province de Binh Thuan, la plus au sud (mais au nord de Phan Thiet), s'avère l'une des plus arides du Vietnam. Les plaines voisines, dominées par des montagnes rocheuses et érodées, abritent quelques rizières irriguées. La sécheresse relative semble attirer une multitude de mouches.

MONT TAKOU

Le mont Takou est remarquable, non par sa hauteur, mais parce qu'il abrite le plus grand bouddha couché du Vietnam. Long de 49 m, ce bouddha blanc (Tuong Phat Nam) a été édifié en 1972.

La pagode, plus ancienne, fut construite en 1861, pendant la dynastie des Nguyen. Plusieurs moines vivent ici en permanence. Ce site est devenu un centre de pèlerinage important pour les bouddhistes vietnamiens, qui passent souvent la nuit dans le dortoir de la pagode. Malheureusement, les étrangers ne peuvent faire de même sans une permission de la police, difficile à obtenir.

Le mont Takou surplombe la route nationale 1, à 28 km de Phan Thiet dans la direction de Ho Chi Minh-Ville. Une très belle randonnée de 2 heures mène de la route au bouddha.

PHAN THIET

Phan Thiet est un port qui vit traditionnellement de la pêche et produit un *nuoc mam* très réputé. Aujourd'hui cependant, le tourisme joue un rôle de plus en plus important dans l'économie locale. Sa population se compose en grande partie de descendants des Cham, qui contrôlèrent la région jusqu'en 1692.

A ne pas manquer

- Le surf et les bains de soleil sur la paisible plage de Mui Ne, près de Phan Thiet
- La visite des superbes ruines des monuments cham, notamment celles de Phan Rang et de Thap Cham
- Une promenade d'île en île ou une séance de plongée dans les eaux turquoise de Nha Trang

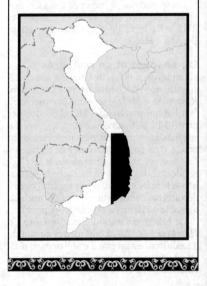

Pendant la période coloniale, les Français vivaient repliés sur eux-mêmes sur la rive nord de la rivière Phan Thiet, tandis que Vietnamiens, Cham, Chinois du Sud, Malais et Indonésiens occupaient la rive sud.

Orientation

Phan Thiet s'élève sur les deux rives de la rivière du même nom, également appelée

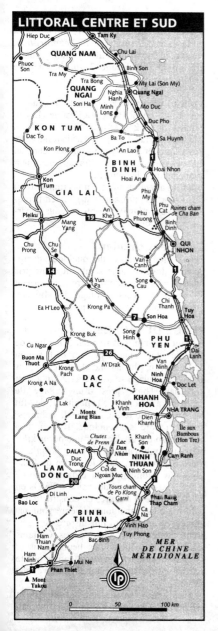

LITTORAL CENTRE ET SUD

Ca Ti et Muong Man. En traversant la ville, la nationale 1 devient Ð Tran Hung Dao, au sud de la rivière, et Ð Le Hong Phong au nord.

Renseignements

Agences de voyages. L'Hotel 19-4 propose des visites guidées et des locations de voiture. Il ne serait pas étonnant que ce tout nouveau service se généralise bientôt à tous les hôtels de Phan Thiet.

Plage de Phan Thiet

On y accède en se dirigeant vers l'est depuis le monument de la Victoire, une tour de béton en forme de flèche, ornée, à sa base, de statues en ciment.

Port de pêche

Situé en pleine ville, ce petit port très pittoresque regorge de bateaux.

Terrain de golf

Le terrain de golf Ocean Dunes s'étend à quelques mètres de la plage, non loin du Novotel. Afin d'en faciliter l'accès, un minibus fait la navette entre le terrain de golf et Ho Chi Minh-Ville. Les départs ont lieu le vendredi à 17h du New World Hotel de Ho Chi Minh-Ville, et les minibus quittent Phan Thiet le dimanche à 14h. Il est préférable de réserver sa place le mercredi précédant le départ, avant 17h. L'aller-retour coûte 20 \$US. Pour réserver, appelez Ho Chi Minh-Ville (☎ 08-824 3749).

Où se loger

A moins que vous ne cherchiez un endroit où dormir à l'occasion d'une excursion à la plage de Mui Ne, mieux vaut éviter les hôtels de Phan Thiet, hors de prix et bruyants.

La seule exception est le luxueux *Novotel Ocean Dunes Resort* (☎ 822393, fax 825682), le long de la plage, 1 Ð Ton Tuc Thang. Les tarifs varient de 119 à 194 \$US, mais l'on consent souvent d'importantes remises. Pour y accéder, dirigez-vous vers la mer (vers l'est) après le monument de la Victoire. L'établissement compte plusieurs restaurants, une piscine, une plage privée, des courts de tennis et une salle de gymnastique. Vous pourrez également louer des scooters de mer ou jouer au golf à l'Ocean Dunes Golf Club, non loin de là.

En plein centre-ville, le **Phan Thiet Hotel** (☎ *821694, fax 817139, 40 Ð Tran Hung Dao*), réaménagé récemment, ne manque pas de charme, bien que sa situation en bord de nationale soit tout sauf esthétique. Les doubles avec clim. valent de 16 à 25 \$US.

Dans le nord de la ville, l'**Hotel 19-4** (☎ *825216, fax 825184*), un gigantesque édifice installé 1 Ð Tu Van Tu, demande 16 \$US pour une chambre avec ventil. et s.d.b. (eau chaude), 19 \$US avec clim. ou 24 \$US pour une pièce plus grande.

Juste en face, le **Thanh Cong Hotel** (☎ *823905, 45-51, Ð Tran Hung Dao*), dans le style des mini-hôtels, demande 7 \$US pour une chambre avec ventil. et s.d.b. (eau froide) ou 12 à 15 \$US avec clim. et eau chaude.

Où se restaurer

Situé à peu près au cœur de la ville, le sympathique **Hoang Yen Restaurant** (☎ *821 614, 51 Ð Tran Hung Dao*), très prisé des groupes de touristes en voyage organisé, constitue un excellent choix. Vous trouverez également un restaurant au **Phan Thiet Hotel**, un autre au **Vinh Thuy Hotel**, ainsi qu'à l'**Hotel 19-4**.

Comment s'y rendre

Bus. A Ho Chi Minh-Ville, les bus à destination de Phan Thiet partent de la gare routière de Mien Dong.

La gare routière de Phan Thiet (Ben Xe Binh Thuan) se situe Ð Tu Van Tu, un peu à l'écart au nord de la ville, juste après le 217 Ð Le Hong Phong (route nationale 1). Elle est ouverte de 5h30 à 15h30. Achetez les billets la veille du départ. Des bus desservent Bien Hoa, Ho Chi Minh-Ville, Long Khanh, Madagoui, la plage de Mui Ne, Phan Rang et Phu Cuong, ainsi que d'autres villes de la province.

Train. La gare la plus proche de Phan Thiet est celle de Muong Man, à 12 km à l'ouest de la ville. L'*Express de la Réunification*, reliant Ho Chi Minh Ville à Hanoi, y fait un arrêt (voir la rubrique *Train* du chapitre *Comment circuler*).

Voiture et moto. Phan Thiet, sur la nationale 1, se situe à 198 km à l'est de Ho Chi Minh Ville, à 250 km de Nha Trang et à 247 km de Dalat. Une partie de la route entre Phan Thiet et Nha Trang se trouve dans un état désastreux, mais des travaux devraient avoir lieu prochainement.

Faites attention aux camions transportant de la sauce de poisson : si vous en percutez un, vous n'arriverez plus à vous débarrasser de l'odeur !

Comment circuler

Phan Thiet dispose de quelques cyclopousse, dont certains semblent avoir pris racine devant la gare routière. Concernant les transports vers la plage de Mui Ne, reportez-vous à la section qui suit.

PLAGE DE MUI NE

Endroit paisible, fort fréquenté, la plage de Mui Ne est devenue le pendant de la région de Vung Tau, plus au sud et beaucoup plus animée. La plage se trouve à 22 km à l'est de Phan Thiet, près d'un village de pêcheurs, à la pointe de la péninsule de Mui Ne. Une étroite route, bordée de palmiers, longe la côte sur quelque 10 km. Les adresses sont signalées par une borne kilométrique indiquant la distance jusqu'à la route nationale 1, dans le centre de Phan Thiet. Au moment de la rédaction de ce guide, il existait une douzaine d'hôtels en bord de plage et d'autres en construction.

Mui Ne est sans doute célèbre pour ses immenses dunes, qui ont inspiré de nombreux photographes vietnamiens. Certains restent assis pendant des heures sous le soleil brûlant et aveuglant, attendant que le vent sculpte les dunes pour obtenir le cliché parfait.

Autre endroit intéressant, la **source de la Fée** (Suoi Tien) est en fait un ruisseau s'écoulant entre les dunes. C'est l'occasion d'une belle promenade de la mer à la source. Il est préférable de faire appel à un guide local. Vous pouvez faire le chemin pieds nus sauf si vous vous écartez vers les dunes (à moins que vos plantes de pied ne soient vraiment résistantes). Les sandales sont également à proscrire sous le soleil de midi.

Une petite *tour cham* (Thap Posaknu) se dresse à environ 5 km de Phan Thiet, sur la route de Mui Ne.

Emprunter une moto-taxi est le meilleur moyen de se rendre à Mui Ne de la nationale 1. Le trajet coûte environ 2,50 $US, mais vous pouvez louer une moto pour 6 $US la journée (demandez au Hoang Yen Restaurant). Entre 8h30 et 16h, un bus local assure la liaison entre la gare routière de Phan Thiet et Mui Ne, mais il est lent et irrégulier.

La plupart des hôtels en bord de mer louent également des bicyclettes pour explorer les environs.

Où se loger et se restaurer

Le *Victoria Phan Thiet (☎ 848437, fax 848440)* est une joint-venture haut de gamme située près de la plage, à 9 km de la ville. Ce superbe établissement dispose de cottages avec vue sur la mer, très bien équipés (TV par satellite, mini-bar, coffre-fort, etc.), ainsi que de deux restaurants, deux bars et une jolie piscine. On vous demande 90 à 150 $US la nuit. Les cartes de crédits sont acceptées.

En bas de l'échelle des prix, le charmant *Small Garden (Vuon Nho, ☎ 874012)* est tenu par Walter, un Suisse, et par sa femme vietnamienne, Trang. Dans cet endroit très familial, les pensionnaires dorment dans la maison, un petit cottage surnommé "le poulailler" (pour sa proximité avec la volaille environnante), ou encore à la belle étoile dans le belvédère voire sur la plage. Les prix sont de 6 $US par personne et de 8 $US avec petit déjeuner. L'établissement se situe près du kilomètre 11.

Non loin, au kilomètre 11,8, le *Mui Ne Bamboo Village Resort (☎ 847007,*

fax 847095, e-mail Dephan@netnam2.org.vn) dispose de bungalows en bambou pour 35 et 45 $US.

Plus au nord sur la plage, le *Hai Duong Resort (☎ 847111, fax 847115, e-mail coco-beach@saigonnet.vn)*, ou *Coco Beach*, est installé au kilomètre 12,5. Tenu par Daniel et Jutta, un couple franco-allemand très sympathique, le complexe s'avère magnifique, avec ses palmiers penchés et son sable blanc. La plage privée vous évite le harcèlement des vendeurs. Prévoyez 60 $US pour les bungalows et 120 $US pour les villas, et ajoutez 15% d'augmentation le week-end. On peut pratiquer la planche à voile, la voile, le ski nautique, la pêche et la plongée avec masque et tuba. Fort heureusement, il n'y a ni jet-ski, ni karaoke.

Un peu plus bas, au kilomètre 13, le *Full Moon Resort (Trang Tron, ☎ 847008)* est un établissement charmant, avec des bungalows simples mais accueillants, ornés de coquillages et de noix de coco découpées. On y dort pour 25 à 35 $US, petit déjeuner inclus. On peut également louer une tente pour 8 $US.

Les jeunes de Ho Chi Minh-Ville fréquentent de plus en plus Mui Ne. De nombreux endroits accueillent les Vietnamiens, une option à envisager si vous ne voulez pas être entourés de touristes étrangers ou si vous souhaitez séjourner au milieu des karaokes. Deux établissements parmi ceux disposant de bungalows ou d'emplacements de camping sur la plage s'avèrent particulièrement agréables, au kilomètre 18 : le *Mui Ne Beach Resort* et le *Coco Beach Resort (Rach Dua, ☎ 848645)*. Ce dernier possède des cottages avec ventil./clim. à 14/21 $US, des cases de bambou à 6 $US et des tentes à louer pour 4 $US. Un autre établissement près de Dai Duong compte 4 chambres en béton avec ventil. et s.d.b. facturées 12 $US et six petites cases en bambous avec ventil. et s.d.b. commune à 6 $US.

VINH HAO

Cette ville assez morne, située au bord de la nationale 1 entre Phan Thiet et Phan Rang, est connue pour son eau minérale mise en bouteille et vendue partout au Vietnam. Vous aurez certainement l'occasion d'en boire au cours de votre séjour.

CA NA

Au XVIe siècle, les princes cham venaient y pêcher et chasser le tigre, l'éléphant et le rhinocéros. De nos jours, Ca Na doit plus sa réputation à ses eaux turquoise que bordent de superbes plages de sable blanc, parsemées de gros rochers de granit. Il manque cependant à ce petit paradis reposant cette touche d'isolement tropical dont bénéficie Mui Ne, plus au sud (il est difficile d'oublier le grondement et les gaz d'échappement des camions circulant sur la nationale 1).

Vous découvrirez de magnifiques cactus et, au large, l'île Rau Cau. Au bout d'une montée raide mais amusante sur les rochers profile une petite **pagode** posée à flanc de coteau.

De nombreux Chinois de Cholon viennent visiter le **temple de Tra Cang**, édifié plus au nord, à mi-chemin entre Ca Na et Phan Rang. La piste qui y mène est un cauchemar de poussière.

Où se loger et se restaurer

Le *Ca Na Hotel* (☎ 861342) présente la particularité de posséder sept bungalows de plage. Les chambres de l'hôtel coûtent de 12 à 15 $US et les bungalows 17 $US.

Le *Haison Hotel* (☎ 861318) pratique des tarifs identiques et a également construit récemment six nouveaux cottages.

Ces deux *hôtels* disposent de restaurants corrects et constituent une pause déjeuner fort appréciée pour les voyageurs en chemin entre Ho Chi Minh-Ville et Nha Trang.

Comment s'y rendre

Ca Na s'étend à 114 km au nord de Phan Thiet et à 32 km au sud de Phan Rang. De nombreux bus longue distance parcourant la nationale 1 s'arrêtent à Ca Na, mais aucun train n'y passe.

PHAN RANG ET THAP CHAM

Les villes jumelées de Phan Rang et Thap Cham, renommées pour leur raisin de table,

font partie d'une région semi-aride. En raison d'un sol sablonneux, la végétation reste plutôt maigre, se composant principalement de cactus bourrés de méchantes épines et d'arbres poincianas. Aux alentours de la ville, de nombreuses maisons sont ornées de treilles, comme en Grèce.

Le site le plus connu de la région est sans conteste Po Klong Garai et ses tours cham, dont la ville de Thap Cham tire son nom (se reporter à l'encadré intitulé *Po Klong Garai*). D'autres ruines cham parsèment la campagne, à 20 km au nord de Phan Rang.

La province de Ninh Thuan abrite des dizaines de milliers de descendants du peuple cham, dont beaucoup résident dans ces villes jumelles.

Orientation

Dès qu'elle traverse Phan Rang, la nationale 1 devient la Đ Thong Nhat, principale artère commerciale de la ville. Thap Cham, située à environ 7 km de Phan Rang, s'étend le long de la nationale 20, qui mène à Ninh Son et Dalat.

Ateliers ferroviaires de Thap Cham

Il y a quatre-vingts ans, les Français avaient installé là le centre de réparation et d'entretien de leur parc ferroviaire. Ces ateliers s'étendent à 300 m au sud-est de Po Klong Garai, de l'autre côté des voies de la gare de Thap Cham. Les Vietnamiens ont bien sûr conservé ce centre où ils réparent, tant bien que mal, leurs vieilles et poussives locomotives. Ils fabriquent leurs pièces de rechange à la main, ou à l'aide de presses antédiluviennes.

On devrait pouvoir visiter le site mais, à en juger par les mitraillettes à l'entrée, il semble qu'il s'agisse d'un lieu hautement stratégique. Les communistes vietnamiens sont en effet conscients de l'importance du chemin de fer pour la sécurité nationale.

La ligne Thap Cham-Dalat (86 km) a fonctionné de 1928 à 1964, date à laquelle elle fut fermée, du fait des attaques incessantes du Viet-Cong. Il s'agissait d'une voie à crémaillère permettant aux trains de gravir des pentes qui pouvaient atteindre 12%. Les passages les plus vertigineux sont visibles du col de Ngoan Muc (col de Bellevue), quand on se rend de Phan Rang à Dalat par la nationale 20. Rien ne laisse penser que l'on rouvrira bientôt cette ligne. La plus vieille locomotive, qui dort désormais dans un atelier, servait au train à crémaillère. Elle fut construite en 1929 dans une usine allemande.

La tour cham de Po Ro Me

Située à 15 km au sud de Phan Rang, sur une colline rocheuse, à 5 km à l'ouest de la nationale 1, la tour de Po Ro Me (Thap Po Ro Me) est la plus récente des tours cham du Vietnam. Ces ruines ne manquent pas d'intérêt, mais on a un mal fou à y accéder. La "route" n'est qu'une piste poussiéreuse, dont seules de bonnes chaussures ou une moto permettent d'en venir à bout.

Le chemin qu'il faut prendre se situe entre le km 1566 et le km 1567 de la nationale 1. Nous avons traversé de charmants hameaux cham. Tout en suivant du regard une tour visible au loin, nous avons emprunté une route, qui s'est transformée en chemin, avant de devenir une vague piste encore moins praticable. Même la moto a failli ne pas pouvoir passer. Au bout d'environ 2 km d'ascension de la colline, c'était fini… pas le moindre sentier à l'horizon. Notre pauvre moto n'en pouvait plus de tous ces cactus, de ces rochers et elle a calé une fois de plus. Nous avons fini par escalader la colline à pied (des serpents magnifiques !). C'était magique. Cette impression d'être complètement isolés sur cette petite montagne, avec seulement le bruit d'une cloche à vache dans le lointain, et pas âme qui vive à des kilomètres à la ronde (incroyable, après des semaines passées à Ho Chi Minh-Ville !), c'était indescriptible. Il y a de grands escaliers au pied de la tour. Elle était fermée, mais cela valait quand même la peine d'être montés jusque-là. La tour est décorée de superbes statues en pierre, et deux statues de Nandin se trouvent juste devant l'entrée. Merci de mentionner au moins son existence, même si nous étions probablement les seuls étrangers à y accéder cette année-là.

Genevieve Mayers

Sur les montants de la porte du kalan, lui-même orné de nombreuses peintures, figurent des inscriptions. Vous pouvez également apprécier deux statues en pierre du taureau blanc Nandin, un bas-relief représentant un roi déifié sous la forme de Shiva et deux statues de reines, l'une d'elles avec une inscription sur la poitrine. Les tours portent le nom du dernier souverain du Champa indépendant, le roi Po Ro Me, qui régna de 1629 à 1651 et mourut dans une prison vietnamienne.

PHAN RANG

Vers Thap Cham et Dalat (110 km)
Thong Nhat Hotel
Vers la gare routière interurbaine (300 m) et Nha Trang (105 km)
Duong Le Hong Phong
Ninh Thuan Hotel
Temple protestant
Station-service
Pagode rose chinoise
Duong Thong Nhat
Kiosques
Huu Nghi Hotel
Rap Chieu Bong Nhan Dan (Cinéma)
Thu Thuy Restaurant
Cinéma
0   50   100 m
Vers Phan Thiet (147 km) et Ho Chi Minh-Ville (344 km)
Gare routière (bus locaux)

LES TOURS CHAM
DE PO KLONG GARAI

Po Klong Garai, également nommé Po Klong Girai (girai signifie dragon), constitue la grande curiosité de Phan Rang et de Thap Cham. Les quatre tours en briques construites à la fin du XIIIe siècle, pendant le règne du roi cham Jaya Simhavarman III, sont des temples hindouistes. Elles reposent sur une plate-forme de briques au sommet de Cho'k Hala, une colline de granit recouverte de superbes cactus.

Au-dessus de l'entrée de la plus grande tour (le *kalan*, ou sanctuaire) trône une sculpture de Shiva (aux six bras) dansant. Ce bas-relief, renommé pour sa beauté, est appelé Po Klaun Tri (le Gardien du Temple) dans la région. Les inscriptions en ancienne langue cham sur les montants de la porte sont remarquables. Elles témoignent des efforts d'autrefois pour restaurer le temple ainsi que des offrandes et des sacrifices d'esclaves destinés à l'honorer. Le vestibule abrite une statue du taureau blanc Nandin (également nommé bœuf Kapil), symbole de fertilité agricole. Les paysans avaient coutume de déposer des offrandes de légumes frais, d'herbes et de noix d'arec devant le museau de l'animal afin de s'assurer une bonne récolte. Sous la tour principale se dresse un *mukha-linga*, un lingam (un phallus stylisé, symbole de virilité et de pouvoir créatif et donc symbole du dieu hindou Shiva), recouvert d'un visage peint. Une pyramide en bois a été érigée au-dessus du mukha-linga.

Depuis la tour située en face à l'entrée du kalan, on peut admirer l'ingéniosité des Cham pour la maçonnerie, telles les colonnes de bois soutenant le toit léger. La structure qui s'y rattache était autrefois l'entrée principale du site.

Les tours cham de Po Klong Garai, l'un des sites les plus anciens du Sud-Vietnam, témoignent du talent des maçons cham

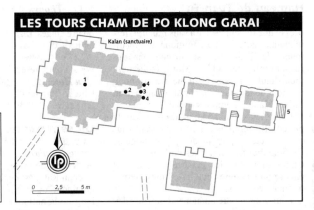

LES TOURS CHAM DE PO KLONG GARAI

Kalan (sanctuaire)

1 Mukha-linga
2 Le taureau Nandin
3 Shiva dansant
(au-dessus de l'entrée)
4 Montants
de porte gravés
5 Entrée d'origine

0   2,5   5 m

Sur une colline voisine, un rocher porte une inscription qui remonte à l'an 1050 et commémore l'édification d'un lingam par un prince cham.

En 1965, les Américains ont bâti un château d'eau en béton sur la colline juste au sud de Cho'k Hala. Il est entouré de blockhaus construits par les Français durant la guerre d'Indochine, afin de protéger les voies de chemin de fer. Au nord de Cho'k Hala, on aperçoit les pistes de la base aérienne de Thanh Son, utilisée depuis 1975 par les Mig soviétiques de l'armée de l'air vietnamienne.

Le nouvel an kate est célébré dans les tours le septième mois du calendrier cham (vers le mois d'octobre de notre calendrier). La fête commémore les ancêtres, les héros nationaux cham et les divinités telles que la déesse Po Ino Nagar, qui aidait les Cham dans leurs travaux agricoles.

La veille de la célébration, une procession, encadrée des montagnards de Tay Nguyen, porte l'habit du roi Po Kloong Garai, au son de la musique traditionnelle. La procession dure jusqu'à minuit. Le lendemain matin, les vêtements sont portés à la tour, toujours accompagnés de musique traditionnelle mais également de chants, de danses ainsi que de drapeaux et de bannières. Les notables et les anciens de la ville suivent derrière. Cette cérémonie haute en couleur se poursuit jusque dans l'après midi.

Les célébrations du nouvel an cham durent tout le mois. Les Cham se rendent à des fêtes et rencontrent leurs amis et leur famille. Dans leurs prières, ils demandent également la chance.

Po Klong Garai se trouve à quelques centaines de mètres au nord de la route nationale 20, à 7 km de Phan Rang en direction de Dalat. Les tours se situent de l'autre côté des voies de chemin de fer de la gare de Thap Cham.

Hameau de Tuan Tu

Dans ce hameau de 1 000 habitants se dresse une mosquée cham sans minaret, fermée aux visiteurs. La communauté musulmane de Tuan Tu est dirigée par des responsables élus (Thay Mun), facilement identifiables à leur costume traditionnel, une longue tunique blanche surmontée d'un turban blanc à pompons rouges.

Fidèles aux lois musulmanes imposant la pudeur, les femmes cham se couvrent souvent la tête et portent des jupes longues. Comme d'autres minorités du Vietnam, les Cham subissent des persécutions et sont encore plus pauvres que les ethnies vietnamiennes voisines.

Pour vous rendre au hameau de Tuan Tu, prenez la nationale 1 vers le sud depuis Phan Rang ; 250 m après le grand pont, au sud, traversez le petit pont et tournez à gauche (vers le sud-est) sur la piste. Au marché, juste après la pagode bouddhique, tournez à droite et suivez la route, en partie bordée de cactus, sur 2 km. Deux passerelles blanches la traversent. N'hésitez pas, en chemin, à demander si vous êtes dans la bonne direction. Tuan Tu se trouve à 3 km de la nationale 1.

Plage de Ninh Chu

Cette plage (Bai Tam Ninh Chu) s'étale à 7 km au sud de Phan Rang. Le sable est couleur jaune foncé, et l'eau ne possède pas les reflets turquoise de Nha Trang.

Où se loger

Le *Huu Nghi Hotel* (☎ 822606, 354 Đ Thong Nhat) est le moins cher et le plus lugubre de Phan Rang. Son emplacement en plein centre-ville est à la fois un inconvénient, du fait du bruit, et un avantage, grâce à la proximité de la gare routière. Les prix varient entre 10 et 18 \$US. On peut avoir une chambre avec clim. mais pas avec eau chaude.

Le *Ninh Thuan Hotel* (☎ 827100, 1 Đ Le Hong Phong), situé dans le nord de la ville face à un petit parc, est équipé de la TV par satellite et de la clim. On y dort pour 15 à 40 \$US.

Le *Thong Nhat Hotel* (☎ 825406, fax 822943, 99 Đ Thong Nhat) occupe quatre étages, récemment rénovés et confortables – d'où des doubles de 36 à 45 \$US.

Si vous possédez un moyen de transport, vous apprécierez la tranquillité du *Ninh Chu Hotel* (☎ 873900), sur la plage de Ninh Chu, à 7 km de Phan Rang. Les tarifs oscillent entre 12 et 30 \$US.

Où se restaurer

La grande spécialité locale se compose de gecko (*ky nhong*), rôti ou grillé, servi avec de la mangue verte.

Phan Rang est également la capitale vietnamienne du raisin. Au sud de la ville, le long de la nationale 1, des *échoppes* vendent des raisins frais, en jus ou séchés.

Le *Thu Thuy Restaurant*, Đ Thong Nhat, occupe trois étages.

Comment s'y rendre

Bus. A Ho Chi Minh-Ville, les bus à destination de Phan Rang-Thap Cham partent de la gare routière de Mien Dong.

La gare routière des bus interurbains de Phan Rang (Ben Xe Phan Rang) est installée un peu au nord de la ville, face au 64 Đ Thong Nhat.

La gare routière locale se situe au sud de la ville, face au 426 Đ Thong Nhat.

Train. La gare de Thap Cham est à environ 6 km à l'ouest de la route nationale 1, non loin du site de Po Klong Garai.

Voiture et moto. 344 km séparent Phan Rang de Ho Chi Minh-Ville, 147 km de Phan Thiet, 105 km de Nha Trang et 110 km de Dalat.

BAIE DE CAM RANH

La baie de Cam Ranh forme une excellente rade naturelle, à 56 km au nord de Phan Rang-Thap Cham. La flotte russe de l'amiral Rodjestvenski en fit son port d'attache en 1905, à la fin de la guerre russo-japonaise, tout comme la flotte japonaise pendant la Seconde Guerre mondiale. A l'époque, la région était encore très réputée pour la

GREG ELMS

MASON FLORENCE

MASON FLORENCE

SARA-JANE CLELAND

.e littoral du Centre et du Sud recèle de belles plages et d'étranges paysages. Les habitants de ces
égions vivent principalement du tourisme, de la pêche et du ramassage du sel

Les Hauts Plateaux du Centre offrent de magnifiques décors de collines émaillées de villas françaises en ruines et de nombreuses occasions de découvrir la vie quotidienne des groupes ethniques locaux

chasse au tigre. Au milieu des années 60, les Américains y installèrent une vaste base comprenant un port, des chantiers de réparation des navires et une piste d'atterrissage.

Après la réunification du Vietnam, les Soviétiques en firent leur plus grande base navale hors d'URSS.

Malgré les demandes réitérées des Russes, les Vietnamiens refusèrent de leur octroyer l'accès permanent à la base. En 1988, Mikhaïl Gorbatchev proposa d'abandonner l'installation si les Américains faisaient de même avec leurs six bases philippines, situées en mer de Chine méridionale. L'année suivante, les Vietnamiens, manifestement agacés par les Russes, offrirent aux Américains un nouvel accès à la baie de Cam Ranh. La présence soviétique dans le secteur fut réduite de façon notoire en 1990, compte tenu des restrictions budgétaires décidées par le Kremlin. Cette "guerre froide" s'acheva en 1991, avec l'effondrement de l'Union soviétique. Cette année-là, les Américains finirent par fermer leurs bases aux Philippines (en vérité, le gouvernement philippin les pria sans cérémonie de quitter les lieux).

Par la suite, certains problèmes économiques obligèrent les Russes à pratiquer des coupes claires dans leurs installations militaires étrangères. Toutefois, 200 à 300 Russes sont encore en poste dans cette zone, mais avec deux ou trois vaisseaux seulement en permanence.

Si les États-Unis et l'ex-URSS ne se disputent plus le terrain, cela ne signifie pas pour autant qu'une base militaire ne soit pas nécessaire à la baie de Cam Ranh. Les Vietnamiens s'inquiètent de plus en plus des intentions de la Chine, laquelle n'a jamais cessé de construire des installations navales en mer de Chine méridionale. En 1988 et en 1992, les Chinois ont pris possession de plusieurs îles revendiquées par les Vietnamiens. En 1995, la marine chinoise s'est emparée d'autres îles, revendiquées cette fois par les Philippines. A ce rythme, les Vietnamiens ne vont pas tarder à réclamer les installations de la baie de Cam Ranh pour leur propre usage.

Le gouvernement russe a signifié au Vietnam qu'il était prêt à abandonner définitivement ces bases à condition que ce dernier accepte de rembourser ses dettes. L'ardoise vietnamienne s'élève en effet à près de 30 milliards de roubles. Les Russes tiennent à être payés au taux de change en vigueur au moment du prêt, soit 1 rouble pour 1 dollar US. Les Vietnamiens affirment, quant à eux, vouloir les rembourser au taux actuel de 4 000 roubles pour 1 dollar US. Pour l'heure, les deux partis campent sur leurs positions, et la baie de Cam Ranh demeure l'ultime bastion de la marine russe en Asie.

La baie de Cam Ranh bénéficie de superbes plages. Le tourisme ne saurait toutefois se développer aux portes d'une base navale. Certains vétérans américains du Vietnam se sont débrouillés pour visiter la baie de Cam Ranh, lors de circuits organisés par des agences de voyage d'État.

Où se restaurer

La nationale 1 est bordée d'excellents restaurants de fruits de mer, tout près du panneau indiquant "Nha Trang à 63 km" et "Phan Rang à 41 km". L'un d'eux, le *Ngoc Suong Seafood Restaurant (☎ 854603)*, remporte toujours un franc succès auprès des voyageurs étrangers. Particulièrement à la mode, il est devenu l'arrêt-déjeuner incontournable sur le trajet Dalat-Nha Trang.

NHA TRANG

Capitale de la province de Khanh Hoa, Nha Trang possède la plus belle plage municipale de tout le Vietnam. Si, pour l'instant, ni Club Med ni casino n'y sont implantés, les premiers néons clignotants symbolisent à merveille le potentiel touristique de cette station balnéaire de 200 000 habitants. Espérons qu'elle ne finira pas par ressembler à Pattaya en Thaïlande.

Les eaux turquoise de Nha Trang, presque transparentes, en font un endroit rêvé pour la pêche et la chasse sous-marine. Sur la plage, la liste des prestations est inimaginable : massage, déjeuner, bière fraîche, manucure, soins de beauté, etc.

LES TOURS CHAM DE PO NAGAR

Le site de Po Nagar, aussi connu sous le nom de Thap Ba (la Dame de la Cité), a été construit entre les VIIe et XIIe siècles, sur un lieu de culte hindou datant du IIe siècle. Aujourd'hui, bouddhistes, Chinois et Vietnamiens viennent y prier et faire des offrandes selon leurs traditions respectives. Par considération pour le caractère sacré de l'endroit, il est préférable de se déchausser avant d'entrer.

Les tours constituent le Saint-Siège honorant Yang Ino Po Nagar, déesse du clan Dua (Liu) qui régna sur le sud du royaume cham, couvrant le Kauthara et le Pan Duranga (aujourd'hui provinces de Khanh Hoa et de Thuan Hai). La structure en bois d'origine fut rasée lors de l'attaque de Javanais en 774, et fut remplacée par un temple de briques et de pierres (le premier du genre) en 784. On trouve des fondations en pierre sur tout le site. La plupart ont des origines historiques ou religieuses, prouvant la complexité de la vie spirituelle et des structures sociales des Cham.

A l'origine, le site couvrait environ 500 mètres carrés et possédait sept ou huit tours. Il n'en reste aujourd'hui que quatre. Tous les temples sont orientés vers l'est, de même que l'ancienne entrée, qui se trouve à droite en remontant la petite colline. Les fidèles devaient jadis passer par la *mandapa* (salle de méditation) aux multiples piliers (il en reste dix), avant de gravir les marches menant aux tours.

Avec son toit pyramidal en gradins, sa voûte intérieure et son vestibule, la tour nord (Thap Chinh), haute de 23 mètres, donne un superbe exemple de l'architecture cham. Elle a été édifiée par Pangro, ministre du roi Harivarman Ier, après que les temples eurent été saccagés et incendiés. Les pillards repartirent avec un lingam en métal précieux. En 918, le roi Indravarman III installa un mukha-linga

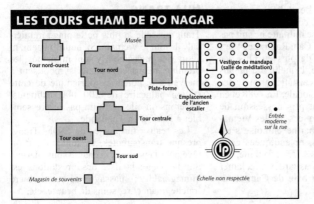

LES TOURS CHAM DE PO NAGAR

- Musée
- Tour nord-ouest
- Tour nord
- Plate-forme
- Vestiges du mandapa (salle de méditation)
- Emplacement de l'ancien escalier
- Tour centrale
- Tour ouest
- Tour sud
- Entrée moderne sur la rue
- Magasin de souvenirs
- Échelle non respectée

en or dans la tour nord, mais il fut volé par les Khmers. Les vols ou les destructions de statues se poursuivirent jusqu'en 965, lorsque le roi Jaya Indravarman Ier remplaça le mukha-linga en or par une sculpture en pierre d'Uma, ou *shakti*, forme féminine de Shiva, qui subsiste encore aujourd'hui.

Au-dessus de l'entrée de la tour nord, deux musiciens entourent un Shiva dansant à quatre bras, un pied posé sur la tête du taureau Nandin. Les montants en grès de la porte sont couverts d'inscriptions, tout comme certaines parties des murs du vestibule. Un gong et un tambour trônent sous le plafond pyramidal de l'antichambre. Dans la grande salle en forme de pyramide (28 mètres de haut), une statue de pierre noire de la déesse Uma (sous la forme de Bhagavati), avec dix bras, dont deux dissimulés sous son vêtement, est assise sur une sorte d'animal monstrueux.

La tour centrale (Thap Nam) fut en partie reconstruite avec des briques récupérées au XIIe siècle sur le site d'un édifice datant du VIIe siècle. Son architecture n'a ni la finesse ne le raffinement des autres. Le toit pyramidal est dénué de gradins ou de pilastres. Vous remarquerez les inscriptions sur le mur gauche du vestibule. Les autels étaient autre-fois recouverts d'argent. La salle principale abrite un lingam.

La tour sud (Mieu Dong Nam) était autrefois dédiée à Sandhaka (Shiva). On y voit un lingam.

La tour nord-ouest (Thap Tay Bac), richement ornée, était consa-crée à Ganesh. Le sommet pyramidal du toit a disparu.

Il ne reste presque rien de la tour ouest, érigée par le roi Vikranta-varman, pendant la première moitié du IXe siècle.

Près de la tour nord, un petit musée renferme de médiocres exemples de l'art cham. Les explications ne figurent qu'en vietnamien. Un petit temple se dressait autrefois à cet emplacement. Si vous allez vers le nord, ne manquez pas de visiter le musée cham de Danang, qui abrite une grande et belle collection de statues de cette civilisation (voir le chapitre *Le Centre du Vietnam*).

Les tours de Po Nagar sont perchées sur un monticule de granit, à 2 km au nord de Nha Trang, sur la rive nord de la rivière Cai. Pour y accéder depuis Nha Trang, prenez la Đ Quang Trung (qui devient la Đ 2 Thang 4) vers le nord et traversez les ponts Ha Ra et Xom Bong, à l'embouchure de la rivière.

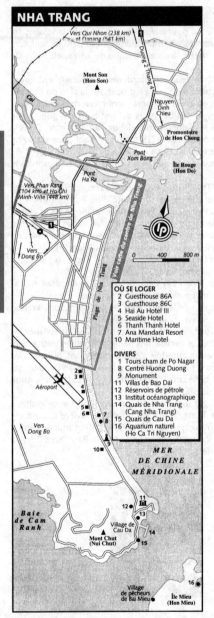

NHA TRANG

Vers Qui Nhon (238 km)
et Danang (541 km)

Mont Son
(Hon Son)

Nguyen
Dinh
Chieu

Promontoire
de Hon Chong

Pont
Xom Bong

Île Rouge
(Hon Do)

Pont
Ha Ra

Vers Phan Rang
(104 km) et Ho Chi
Minh-Ville (448 km)

Cai

Vers
Dong Bo

0   400   800 m

OÙ SE LOGER
2 Guesthouse 86A
3 Guesthouse 86C
4 Hai Au Hotel III
5 Seaside Hotel
7 Thanh Thanh Hotel
7 Ana Mandara Resort
10 Maritime Hotel

DIVERS
1 Tours cham de Po Nagar
8 Centre Huong Duong
9 Monument
11 Villas de Bao Dai
12 Réservoirs de pétrole
13 Institut océanographique
14 Quais de Nha Trang
   (Cang Nha Trang)
15 Quais de Cau Da
16 Aquarium naturel
   (Ho Ca Tri Nguyen)

Aéroport

Vers
Dong Bo

MER
DE CHINE
MÉRIDIONALE

Baie
de Cam
Ranh

Village de
Cau Da

Mont Chut
(Nui Chut)

Village
de pêcheurs
de Bai Mieu

Île Mieu
(Hon Mieu)

Voir carte du centre de Nha Trang

Plage de Nha Trang

A Nha Trang, la saison sèche va de juin à octobre, contrairement à celle de Ho Chi Minh-Ville. Octobre et novembre sont les mois les plus pluvieux mais la pluie ne tombe en général que la nuit ou le matin.

Les provinces de Khanh Hoa et de Phu Yen comptent une flotte de 10 000 chalutiers et jonques qui sortent sur une mer d'huile quelque 250 jours par an. Les eaux environnantes regorgent de fruits de mer et de poissons. Ainsi, ormeaux, homards, crevettes, seiches, maquereaux, coquilles Saint-Jacques et thons y abondent. La région exporte des produits agricoles tels que noix de cajou et de coco, café et graines de sésame. La production de sel de table emploie en outre 4 000 personnes.

Renseignements

Agences de voyages. Khanh Hoa Tourist (Cong Ty Du Lich Khanh Hoa ; ☎ 822753 ; fax 824206) représente l'autorité touristique officielle de la province. Ses bureaux, installés à côté du Vien Dong Hotel, 1 Đ Tran Hung Dao, ouvrent tous les jours de 7h à 11h30 et de 13h30 à 17h.

Hon Tam Tourist (☎ 829100), situé 72 Đ Tran Phu, face au Nha Trang Sailing Club, est une agence de voyages reconnue, où vous pourrez faire proroger votre visa.

Argent. Située 17 Đ Quang Trung, la Vietcombank (Ngan Hang Ngoai Thuong ; ☎ 822720) ouvre ses portes du lundi au samedi, de 7h à 11h30 et de 13h à 17h (sauf le jeudi après-midi).

Poste et communications. La poste principale se trouve au coin de Đ Le Loi et de Đ Pasteur, non loin de l'extrémité nord de la plage de Nha Trang. Elle vous accueille tous les jours de 6h30 à 20h30.

Promontoire de Hon Chong

A Hon Chong, un étroit promontoire de granit surplombe les eaux turquoise de la mer de Chine méridionale. La jolie vue sur les rivages montagneux de la côte nord de Nha Trang et sur les îles voisines est malheureusement gênée par les innombrables kiosques

Conte de fée

Sur le gros rocher en équilibre au bout du promontoire de Hon Chong, cherchez l'empreinte d'une énorme main. La légende veut qu'elle appartienne à un gigantesque génie qui, quelque peu éméché, lorgnait si intensément une fée qui se baignait nue à Bai Tien (plage de la Fée, la terre la plus proche de Hon Rua) qu'il en tomba. Malgré la violence de sa chute, il parvint à se relever et à attraper la fée. Ils vécurent heureux, mais les dieux décidèrent de punir le génie en l'envoyant dans un "camp de rééducation" (ceci est bien sûr la version de la légende postérieure).

La fée attendit vainement le retour de son mari. Puis un jour, désespérée, elle s'allongea et le chagrin la transforma en Nui Co Tien (montagne de la Fée). La pointe située à droite est censée représenter son visage, tourné vers le ciel. La pointe du milieu symbolise sa poitrine et celle de gauche (la plus haute), ses jambes croisées.

Le génie revint tout de même et vit ce qu'il était advenu de sa fée. Il demeura prostré, la main sur le rocher, laissant ainsi son empreinte, et il fut également pétrifié. On peut encore le voir aujourd'hui.

à souvenirs qui y ont élu domicile. Au nord-ouest se dresse la chaîne de **Nui Co Tien** (montagne de la Fée), dont les trois sommets sont censés rappeler la forme d'une fée allongée (voir l'encadré *Conte de fée*).

Vous pouvez apercevoir l'île **Hon Rua** (l'île de la Tortue) au nord-est. Vu sa forme, elle mérite bien son nom. Les deux îles Hon Yen se trouvent plus au large, vers l'est.

Plages

Les cocotiers qui bordent les 6 km de la plage de Nha Trang apportent une ombre bienvenue aux amateurs de farniente et de baignade. Vous pouvez louer un transat à la journée et vous détendre en sirotant une boisson ou en grignotant ce que les marchands de la plage vous proposent. L'eau est remarquablement claire.

La **plage de Hon Chong** (Bai Tam Hon Chong) est en fait une série de plages qui commencent au nord du promontoire du même nom. Des familles de pêcheurs vivent parmi les cocotiers, mais leurs détritus font de ces plages un lieu peu propice à la baignade ou aux bains de soleil. Juste derrière les plages se dressent des montagnes escarpées. Leurs contreforts les plus bas servent à la culture de bananiers et de manguiers notamment.

A environ 300 m au sud de Hon Chong (vers Nha Trang) et à quelques dizaines de mètres de la plage se dresse la petite île **Hon Do** (l'île Rouge), surmontée d'un temple bouddhiste.

Hon Chong se situe à 3,5 km du centre de Nha Trang. Depuis Po Nagar, prenez la Ð 2 Thang 4 pendant 400 m vers le nord. Juste avant le n°15, tournez à droite dans la Ð Nguyen Dinh Chieu et suivez-la sur environ 700 m.

Institut Pasteur

L'Institut Pasteur de Nha Trang a été fondé en 1895 par le biologiste Alexandre Yersin (1863-1943), qui est sans doute le plus populaire de tous les Français ayant vécu au Vietnam. Né en Suisse, de parents français et suisse, le docteur Yersin arriva au Vietnam en 1889, après avoir travaillé à Paris avec Louis Pasteur. Il passa ensuite quatre ans à voyager dans les Hauts Plateaux du Centre en notant ses observations. C'est à cette époque qu'il trouva le site actuel de Dalat et qu'il recommanda au gouvernement d'y installer un centre de cure. En 1894, à Hong Kong, il découvrit le microbe responsable de la peste bubonique, transmis par les rats. Il introduisit en Indochine l'arbre à quinine et l'hévéa.

L'Institut Pasteur de Nha Trang coordonne des campagnes de vaccination et de prévention sur la côte méridionale de la région. Malgré son budget limité et un équipement dépassé (les laboratoires ont à peine changé depuis le siècle dernier), il produit des vaccins (rage, diphtérie, typhoïde, coqueluche) et s'efforce de mener des recherches en microbiologie, virologie et épidémiologie. Le Vietnam possède deux autres instituts Pasteur, l'un à Ho Chi Minh-Ville, l'autre à Dalat.

La bibliothèque et le bureau d'Alexandre Yersin sont devenus un musée où sont exposés du matériel de laboratoire (dont les instruments astronomiques du biologiste) et des objets personnels. Son portrait est accroché au-dessus de la porte de la véranda. La maquette de bateau est un cadeau des pêcheurs de la région, avec lesquels il passait beaucoup de temps. La bibliothèque de l'Institut (face au musée) contient de nombreux livres lui ayant appartenu, ainsi que des revues scientifiques actuelles. Selon sa volonté, Alexandre Yersin repose non loin de Nha Trang.

Pour dénicher quelqu'un qui vous fasse visiter le musée (Vien Bao Tang), renseignez-vous dans le bâtiment principal (le mauve à deux étages) pendant les heures de bureau, en évitant toutefois l'heure du déjeuner. Le musée se trouve au deuxième étage, au fond du bâtiment principal. Empruntez l'escalier portant l'inscription Thu Vien (bibliothèque).

Pagode Long Son

En dehors de la plage, le site le plus impressionnant de Nha Trang est sans conteste la pagode Long Son (aussi connue sous les noms de Tinh Hoi Khanh Hoa et An Nam Phat Hoc Hoi). Située à environ 500 m à l'ouest de la gare ferroviaire, face au n°15 de la Đ 23/10, cette pagode a été édifiée à la fin du siècle dernier et reconstruite plusieurs fois. Elle abrite encore quelques religieux. Le portique et la toiture sont ornés de dragons en mosaïque faite de morceaux de verre et de céramique. Le sanctuaire principal est un hall splendide, décoré d'interpré-

tations modernes de motifs traditionnels. Notez les poils féroces qui jaillissent des naseaux des dragons multicolores, sur les colonnes de part et d'autre de l'autel.

Au sommet de la colline, derrière la pagode, un énorme bouddha blanc (Kim Than Phat To), assis sur une fleur de lotus, domine la ville depuis 1963. De la plate-forme qui l'entoure, la vue sur Nha Trang et la campagne environnante est superbe. Pour y accéder, empruntez l'escalier de 152 marches, à droite de la pagode. Prenez également le temps d'explorer les lieux en obliquant sur votre gauche. Vous découvrirez l'entrée d'un autre hall tout aussi impressionnant.

Cathédrale de Nha Trang

Cette cathédrale néogothique, aux vitraux faussement moyenâgeux, s'élève sur un socle rocheux, à proximité de la gare. Les Français l'ont construite à l'aide de simples blocs de ciment, entre 1928 et 1933. En 1988, il a fallu supprimer le cimetière catholique qui se trouvait en contrebas, afin de permettre l'édification de la nouvelle gare. Les urnes contenant les cendres trouvées dans les tombes tapissent le mur de la rampe d'accès à la cathédrale.

Les messes ont lieu du lundi au samedi à 5h et 16h30, le dimanche à 5h, 7h et 16h30. Si le portail principal donnant sur la Đ Thai Nguyen est fermé, faites le tour de l'édifice et entrez par la porte qui fait face au 17 Đ Nguyen Trai.

Institut océanographique

Fondé en 1923, l'Institut océanographique (Vien Nghiem Cuu Bien, ☎ 822536) renferme un aquarium (*ho ca*) et une salle d'exposition ouverts au public, ainsi qu'une bibliothèque. Les vingt-trois bassins de l'aquarium abritent une grande variété d'espèces marines très colorées, dont des hippocampes. L'institut est ouvert tous les jours, de 7h à 11h30 et de 13h30 à 17h.

La salle qui se trouve derrière le bâtiment principal présente quelque 60 000 spécimens de la vie marine locale. Beaucoup sont empaillés (oiseaux de mer, poissons), d'autres non (coraux). D'autres enfin marinent... dans des bocaux.

L'Institut océanographique est à 6 km au sud de Nha Trang, dans le district portuaire de Cau Da (aussi appelé Cau Be).

L'Institut ne manque pas d'intérêt mais l'aquarium de l'île Mieu, facilement accessible en bateau, se révèle encore plus impressionnant (voir la rubrique *Les environs de Nha Trang*).

Villas de Bao Dai

Ces villas étaient la demeure de Bao Dai, le "dernier empereur" du Vietnam, qui abdiqua en 1945. De 1954 à 1975, ces villas de Bao Dai (Biet Thu Cau Da ; ☎ 822449, 821124) servaient d'agréables lieux de villégiature aux hauts fonctionnaires du gouvernement sud-vietnamien, et même au président Thieu. Tout a changé après la réunification, quand des dignitaires communistes, y compris le Premier ministre Pham Van Dong, s'y sont installés ! Aujourd'hui, en tout cas, même les touristes capitalistes peu fortunés peuvent y louer une chambre (reportez-vous au paragraphe *Où se loger*).

Les cinq villas de Bao Dai ont été construites sur trois collines dans les années 20, et leur mobilier est inchangé. Elles offrent une vue magnifique sur la mer de Chine, la baie de Nha Trang (au nord) et le port de Cau Da (au sud). Elles se prolongent par un parc dont les allées sont bordées d'une luxuriante végétation tropicale.

On vous demande 0,15 \$US pour visiter les lieux, mais si vous vous rendez au restaurant (ou que vous prétendez vous y rendre) vous ne paierez rien.

Pour rejoindre les villas de Bao Dai depuis Nha Trang, tournez à gauche sur la Đ Tran Phu, dès que vous avez dépassé les réservoirs de pétrole en ciment blanc (mais avant d'atteindre le village de Cau Da). Les villas se situent à plusieurs centaines de mètres de l'Institut océanographique.

Bateaux-paniers (Thung Chai)

Les pêcheurs se déplacent jusqu'au mouillage dans de grands paniers ronds de 2 m de diamètre. Ils s'en servent également pour aller à la rame d'un bateau à l'autre. Ces paniers sont faits de lanières de bambou tressées et couvertes de poix. Les Vietnamiens les nomment *thung chai* (de *thung*, panier, et *chai*, poix). Ils peuvent contenir quatre ou cinq personnes debout.

Les bateaux colorés de Nha Trang sortent surtout la nuit pour la pêche au lamparo. Les équipages passent la journée au port, où ils se reposent et réparent leur matériel.

Activités sportives

Pour la **plongée sous-marine**, adressez-vous au Blue Diving Club (☎ 825390), au Coconut Cove Resort. Le club se situe entre le complexe et le Hai Yen Hotel, 40 Đ Tran Phu. Créé en 1995, il est la propriété de Britanniques et de Français, qui le gèrent conjointement, et s'avère le meilleur de la ville. Pour 60 \$US la journée, vous effectuerez deux plongées, transport en bateau et déjeuner compris. On vous propose un encadrement très qualifié et un équipement dernier cri, pour des plongeurs de tout niveau. Les non-initiés pourront même faire leur baptême de plongée.

Les bureaux de Vietravel (☎ 811375), l'une des boutiques d'équipement de plongée les plus récentes de Nha Trang, se situent tout près du Blue Diving.

Hon Tam Tourist (☎ 829100), 72 Đ Tran Phu, vous fournira du matériel de surf et de **plongée avec masque et tuba**. D'autres sports nautiques sont organisés par Khanh Hoa Tourist (☎ 822753), non loin du Vien Dong Hotel.

Il ne faut pas manquer les promenades en mer (voir *Les environs de Nha Trang*, un peu plus loin).

Où se loger

Nha Trang est tout aussi recherchée par les touristes vietnamiens que par les étrangers, ce qui limite énormément les possibilités d'hébergement, malgré la pléthore d'hôtels. Au fur et à mesure des constructions, la situation va sans doute s'améliorer, mais, pour l'heure, vous risquez d'avoir du mal à trouver une chambre, surtout si vous souhaitez rester près de la plage (comme la plu-

LE CENTRE DE NHA TRANG

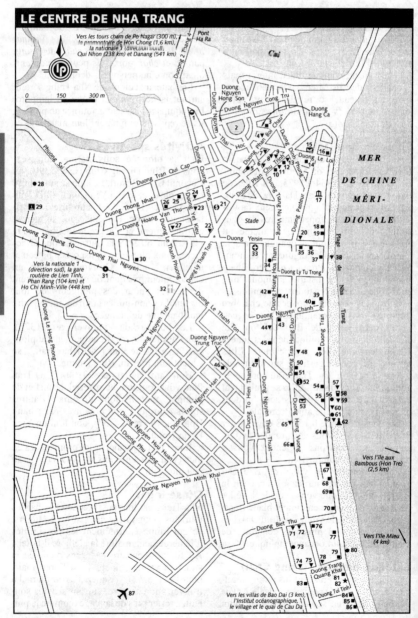

Vers les tours cham de Po Nagar (300 m),
le promontoire de Hon Chong (1,6 km),
la nationale 1 (direction nord),
Qui Nhon (238 km) et Danang (541 km)

Pont
Ha Ra

Cai

Duong 2 Thang 4

Duong Nguyen Thai Hoc

Duong Nguyen Hong Son

Duong Nguyen Cong Tru

Duong Hang Ca

Phuong Sai

Duong Tran Qui Cap

Duong Quang Trung

Duong Phan Boi Chau

Duong Phan Chu Trinh

Duong Dinh Phung

Duong Le Loi

MER
DE CHINE
MÉRI-
DIONALE

Duong Thong Nhat

Duong Hoang Van Thu

Duong Yet Kieu

Duong Le Thanh Phuong

Duong Bach Dang

Duong Pasteur

Stade

Duong Yersin

Plage de Nha Trang

Duong 23 Thang 10

Duong Thai Nguyen

Vers la nationale 1
(direction sud), la gare
routière de Lien Tinh,
Phan Rang (104 km) et
Ho Chi Minh-Ville (448 km)

Duong Ly Thanh Ton

Duong Hoang Hoa Tham

Duong Ly Tu Trong

Duong Le Hong Phong

Duong Nguyen Trai

Duong Le Thanh Ton

Duong Nguyen Chanh

Duong Tran Phu

Duong Nguyen
Trung Truc

Duong Tran Hung Dao

Duong To Hien Thanh

Duong Nguyen Thien Thuat

Duong Hung Vuong

Duong Tran Nguyen Han

Duong Nguyen Huu Huan

Duong Phu Dong

Duong Nguyen Thi Minh Khai

Vers l'île aux
Bambous (Hon Tre)
(2,5 km)

Duong Biet Thu

Vers l'île Mieu
(4 km)

Duong Trang
Quang Khai

Duong Tui Tinh

Vers les villas de Bao Dai (3 km),
l'Institut océanographique,
le village et le quai de Cau Da

CENTRE DE NHA TRANG

OÙ SE LOGER
- 3 My Hoa Hotel
- 5 Tulip Hotel
- 10 Hoang Ngan Mini-Hotel
- 12 Mini-Hotel Van Canh
- 14 Thang Loi Hotel et 7C Le Loi
- 16 Post Hotel
- 18 White Sand III
- 19 White Sand I Hotel
- 25 Nha Trang Hotel I
- 26 Nha Trang Hotel II
- 30 Royal Hotel
- 35 White Sand II Hotel
- 36 Thong Nhat Hotel
- 37 Saigon-Nha Trang Hotel
- 39 Duy Tan Hotel
- 40 Hai Hau Hotel II et Outrigger Hotel
- 41 Huong Nam Hotel
- 42 Yen My Hotel
- 43 Hai Hau Hotel I
- 45 Ha Phuong I Hotel
- 46 Ha Phuong II Hotel
- 47 Hotel O-Sin
- 49 Nha Khach Hoc Vien Luc Quan
- 50 Huu Nghi Hotel
- 51 Vien Dong Hotel
- 54 Hai Yen Hotel
- 55 Nha Trang Lodge
- 64 Grand Hotel
- 66 Phu Quy Mini-Hotel
- 67 46A Tran Phu Hotel

- 68 Guesthouse 58
- 69 Que Huong Hotel
- 70 Guesthouse 62
- 76 Khatoco Hotel
- 77 Vina Hotel
- 79 Duyen Hai Hotel
- 81 Guesthouse 78
- 83 Ban Me Hotel
- 84 Thanh Binh
- 85 Quang Vinh
- 86 Thanh Ngoc

OÙ SE RESTAURER
- 4 Lac Canh Restaurant
- 6 Vietnam Restaurant
- 7 Dua Xanh Restaurant
- 8 Vietnam II Restaurant
- 9 Hoan Hai Restaurant
- 11 Kinh Do Restaurant
- 13 Thanh The Restaurant
- 20 Restaurant 505
- 22 Boutiques "Banana Split"
- 23 Restaurant Lys
- 24 Binh Minh Restaurant
- 27 Ngoc Lan Restaurant
- 38 Saiga Bar & Restaurant
- 44 Au Lac
- 48 Hanh Cafe
- 57 Hai Yen Cafe
- 59 Coconut Cove Resort
- 60 Four Seasons III Cafe
- 63 Thuy Duong Cafe et India Gate Restaurant
- 65 Sinh Cafe

- 71 Bombay
- 72 Café des Amis
- 74 Truc Mai Vien
- 75 Ngoc Linh
- 78 Ngoc Suong

DIVERS
- 1 Gare routière
- 2 Marché Dam
- 15 Poste principale
- 17 Institut Pasteur et musée Yersin
- 21 Vietcombank
- 28 Bouddha géant assis
- 29 Pagode Long Son
- 31 Gare ferroviaire
- 32 Cathédrale de Nha Trang
- 33 Bien Vien Tinh (Hôpital)
- 34 Vietnam Airlines
- 52 Khanh Hoa Tourist
- 53 Poste
- 56 Blue Diving Club
- 58 Log Bar
- 61 Vietravel
- 62 Obélisque (monument aux morts)
- 73 Vietnam Airlines
- 80 Nha Trang Sailing Club et Hon Tam Tourist
- 82 Police
- 87 Aéroport

LITTORAL DU CENTRE ET DU SUD

part des gens) et ne pas payer trop cher. Si les hôtels du front de mer s'avèrent complets, essayez ceux à proximité de la gare ferroviaire. Vous aurez peut-être plus de chance en allant vers le sud, autour des villas de Bao Dai : cette partie excentrée de la ville est moins fréquentée par les touristes.

En dépit du climat tropical, les soirées à Nha Trang sont souvent fraîches. Mis à part la région des Hauts Plateaux, c'est la première ville vers le nord où vous apprécierez une chambre avec eau chaude.

Où se loger – petits budgets

L'*Hotel O-Sin* (☎ 825064, fax 824991, 4 Đ Nguyen Thien Thuat) s'est établi une fidèle clientèle grâce à ses chambres correctes et bon marché, facturées de 6 à 9 \$US, et à son excellente cuisine.

Autre endroit éloigné de la plage et digne d'intérêt, le *Tulip Hotel* (☎ 821302, fax 829 893, 30 Đ Hoang Van Thu) est très accueillant. Il loue des lits en dortoir pour 4 \$US ou de jolies doubles entre 8 et 20 \$US.

Le *Yen My Hotel* (☎ 829064, 22 Đ Hoang Hoa Tham), autre établissement accueillant, demande de 5 à 8 \$US pour des chambres avec ventil. ou de 8 à 12 \$US avec clim. S'il affiche complet, essayez le *Huong Nam Hotel* (☎ 826792), de l'autre côté de la rue, au n°13B.

Le *Huu Nghi Hotel* (☎ 826703, fax 827 416, 3 Đ Tran Hung Dao) est un autre paradis des randonneurs. Les simples/doubles/triples coûtent entre 4/6/8 $US et 15/19/21 $US.

Le sympathique *My Hoa Hotel* (☎ 810 111, 7 Đ Hang Ca) se situe presque en face du populaire Lac Canh Restaurant. On y dort pour 7 à 10 $US, dans des chambres propres avec ventil., ou pour 12 à 20 $US avec clim.

La *Guesthouse 62* (☎ 825095, fax 828 801, 62 Đ Tran Phu) est la propriété de Khataco, le fabricant local de tabac. Il s'agit d'un établissement fort apprécié des groupes en voyage organisé. Il dispose d'un grand parking dans la cour et de chambres, affichées entre 8 et 12 $US, étonnamment calmes pour un emplacement en bord de mer.

La *Guesthouse 58* (Nha Khach 58, ☎ 826303) se nomme également *Hai Quan Guesthouse* (ce qui signifie "pension de la marine") et se situe évidemment au n°58 de la rue Tran Phu. Comptez de 7 à 12 $US pour une chambre avec ventil. ou de 9 à 17 $US avec clim. La réception est cachée dans le bâtiment du fond.

Autre établissement au nom recherché, tout près du précédent, au n°46A, le *46A Tran Phu Hotel* (☎ 823821, fax 823823) est doté de doubles avec clim. oscillant entre 10 et 12 $US et d'une chambre de sept lits, si vous êtes venu en famille, facturée la somme modique de 20 $US.

La *Guesthouse 78* (Nha Khach 78, ☎ 826342, 78 Đ Tran Phu) fait face à la mer. Cet établissement, dans le style des motels, propose des simples avec s.d.b. commune à 6 $US, des doubles avec s.d.b. et eau froide/chaude à 8/10 $US et des doubles avec clim. et eau chaude à 12 $US. Mieux vaut éviter les chambres donnant sur la rue.

Non loin du précédent, trois nouveaux mini-hôtels faisant face à la mer sont dignes d'intérêt, Đ Tran Phu. Au n°84, le *Thanh Binh* (☎ 825203) possède des doubles/triples entre 6 et 12 $US et demande 20 $US pour une chambre de 4 à 5 personnes avec vue sur la mer. Le *Quang Vinh* (☎ 822536), au n°84A, loue ses doubles avec clim. 12 $US. Prévoyez de 12 à 15 $US pour une double et 22 $US pour une triple avec vue sur l'océan au *Thanh Ngoc* (☎ 825194), au n°84B.

Au 54 Đ Hung Vuong, le *Phu Quy Mini-Hotel* (☎ 810609), un établissement récent, plaît aux voyageurs. Il offre des chambres à 10 $US avec ventil. et entre 15 et 18 $US avec clim.

Si vous avez loué une voiture, vous préférerez peut-être les nombreux emplacements de parking du *Ha Phuong I Hotel* (☎ 829016, fax 829015, 30 Đ Hoang Hoa Tam). Les doubles valent entre 12 et 18 $US. Le *Ha Phuong II Hotel* (☎ 821 716, 26 Đ Nguyen Trung Truc) pratique des tarifs identiques.

Il existe également une chaîne d'établissements tout à fait corrects, les *Hai Hau Hotel* : le *Hai Hau Hotel I* (☎ 822862, 3 Đ Nguyen Chanh), le *Hai Hau Hotel II* (☎ 823644, 4 Đ Nguyen Chanh) et le *Hai Hau Hotel III* (☎ 822826, 88 Đ Tran Phu). Tous trois imposent un prix de quelque 10 $US pour une chambre avec ventil. ou entre 15 et 20 $US pour une chambre avec clim.

La grande *Guesthouse 86A* (☎ 826526, 86A Đ Tran Phu) appartient à l'armée et ressemble d'ailleurs à une caserne. Vous débourserez 4/5 $US pour de misérables doubles/triples avec ventil. et s.d.b. à eau froide ou 10 à 12 $US pour une chambre avec clim. et eau chaude.

Plus petite, la *Guesthouse 86C* (☎ 824 074, 86C Đ Tran Phu) se situe tout près de la mer et offre une vue sur la mer ainsi qu'un restaurant de fruits de mer très bruyant sur le toit. Les chambres avec ventil. et s.d.b. à eau froide sont louées entre 5 et 7 $US, celles avec clim. et s.d.b. à eau chaude valent de 8 à 20 $US.

Le *Thong Nhat Hotel* (☎ 822966, fax 825221, 5 Đ Yersin) est écrasé par le gigantesque hôtel en construction juste à côté (le Saigon-Nha Trang Hotel). Les prix varient entre 8 et 18 $US.

Le *Nha Khach Hoc Vien Luc Quan* (☎ 822534, 36 Đ Tran Phu) est un petit établissement géré par l'armée, qui doit être rénové. Les tarifs restent bas pour l'instant : vous paierez de 6 à 10 \$US pour une chambre avec s.d.b. à eau froide ou de 12 à 15 \$US pour la clim. et l'eau chaude.

Le **Hoang Ngan Mini-Hotel** (☎ 823802, 7A Ð Phan Chu Trinh) demande 6/10 \$US pour une chambre avec ventil./clim. Plus bas, au n°5A, le **Mini-Hotel Van Canh** (☎ 826383) pratique les mêmes tarifs pour ses huit chambres et compte un restaurant correct.

Le **Nha Trang Hotel I** (129 Ð Thong Nhat) et le **Nha Trang Hotel II** (21 Ð Le Thanh Phuong) sont trop loin de la plage pour plaire aux étrangers. Pensez à y descendre si les hôtels du bord de mer affichent complet. Le premier facture ses doubles avec ventil. de 4 à 5 \$US ou de 6 à 10 \$US avec clim. Le second ne dispose que de chambres avec ventil. à 4 \$US.

Le **Royal Hotel** (☎ 822298/822385, 40 Ð Thai Nguyen), en face de la gare ferroviaire, peut servir de solution de remplacement quand les hôtels du bord de plage affichent complet. La double avec ventil. revient à 5/6 \$US et la chambre avec 4 ou 5 lits oscille entre 8 et 13 \$US. Les doubles avec clim. s'élèvent à 8/12 \$US.

Où se loger – catégorie moyenne

Le **Que Huong Hotel** (☎ 825047, fax 825 344, 60 Ð Tran Phu) est idéalement situé en bord de mer et possède une piscine ainsi qu'un court de tennis. Il facture ses chambres avec clim. et TV par satellite entre 14 et 100 \$US.

Dans le style français et assez accueillant, le **Duyen Hai Hotel** (☎ 811 548) demande de 10 à 18 \$US la nuit. Il est installé au bord de la plage au 72-74 Ð Tran Phu, non loin du Sailing Club par la mer.

Le **White Sand I Hotel** (Khach San Cat Trang, ☎ 825861, fax 824204, 14 Ð Tran Phu) est un endroit confortable près de la plage, où les doubles coûtent de 18 à 27 \$US. S'il affiche complet, vous pouvez y réserver une chambre au récent **White Sand III**, juste à côté, qui loue des triples de 10 à 20 \$US, ou au **White Sand Hotel II**

(☎ 823732, 9 Ð Yersin), qui demande de 18 à 24 \$US.

Au **Grand Hotel** (Nha Khach 44, ☎ 822 445, fax 825395), un grand bâtiment en bord de mer dans le majestueux (mais fané) style colonial français, les chambres avec clim. et s.d.b. (eau chaude) se louent de 12 à 48 \$US, mais il existe, dans une aile séparée, de vastes chambres, semblables à des cellules, avec ventil., à partir de 6 \$US.

Le plaisant **Thanh Thanh Hotel** (☎ 824657/823031, 98A Ð Tran Phu) possède des balcons surplombant la mer. En basse saison, vous dépenserez entre 10 et 25 \$US, mais de 15 à 30 \$US en été.

Encore mieux, le **Seaside Hotel** (☎ 821 178, fax 821325) se dresse juste à côté, au n°96B. Il dispose de chambres avec clim. et TV par satellite pour 20 à 50 \$US.

Un peu plus au sud, au n°34, l'étrange **Maritime Hotel** (Khach San Hang Hai, ☎ 331135, fax 881134) devait ressembler à un bateau (ce qui est presque réussi). Les doubles avec clim. se monnayent entre 13 et 40 \$US.

Le **Vina Hotel** (☎ 823099, fax 825137, 66 Ð Tran Phu) est connu pour sa TV par satellite, ses massages et ses baignoires. Les tarifs s'échelonnent entre 16 et 30 \$US. S'il est complet, essayez son **annexe**, 66 Ð Yersin.

Le **Khatoco Hotel** (☎ 823723, fax 821 925, 9 Ð Biet Thu) est géré par un fabricant de cigarettes. Les militants anti-tabac préféreront peut-être loger ailleurs, mais les autres apprécieront cet établissement correct. On y dort pour 13 à 28 \$US. Il est interdit de fumer au lit !

Le **Thang Loi Hotel** (☎ 822241, fax 821 905) ressemble à un motel américain et se situe à 100 m de la plage, 4 Ð Pasteur. Installé dans une rue à consonance française, il porte également un surnom français, l'*Hôtel La Frégate*. Quelques chambres bon marché avec ventil. et s.d.b. (eau froide) coûtent entre 6 et 8 \$US, celles avec eau chaude, clim. et TV par satellite coûtant entre 11 et 30 \$US.

Le **Post Hotel** (Khach San Buu Dien, ☎ 821250, fax 824205, 2 Ð Le Loi) se dresse à côté de la poste principale. Il possède des chambres agréables pour 24 à 27 \$US ainsi que trois chambres bon marché avec toilettes communes pour 8 \$US.

L'impressionnant *Duy Tan Hotel* (☎ 822 671, fax 825034) longe la plage, 24 Ð Tran Phu. Rénové voilà quelque temps, il paraît en parfait état. Les prix s'étalent entre 17 et 40 \$US. Son voisin, l'*Outrigger Hotel*, est encore en construction.

Le grand *Vien Dong Hotel* (☎ 821506, fax 821912, 1 Ð Tran Hung Dao) est fort apprécié des voyageurs depuis longtemps. On peut se baigner dans sa piscine, faire développer ses photos et louer des bicyclettes. Prévoyez de 30 à 70 \$US pour les doubles. Le dépliant publicitaire précise de "laisser les armes et les objets malodorants à la réception".

Encore plus imposant, le *Hai Yen Hotel* (☎ 822828, fax 821902), dont le nom signifie "martinet de mer", donne sur la plage, 40 Ð Tran Phu. Il présente l'avantage d'être très bien éclairé la nuit. Les chambres les moins belles avec s.d.b. commune ne coûtent que 7 \$US, mais elles sont souvent réservées aux chauffeurs de bus vietnamiens. Les étrangers sont dirigés vers les chambres avec clim. et eau chaude, qui oscillent entre 10 et 70 \$US.

L'un des établissements les plus récents de Nha Trang, le *Ban Me Hotel* (☎ 829500, fax 810035, 33 Ð Tran Quang Khai) se trouve à quelques centaines de mètres de la plage. Les chambres propres sont louées de 27 à 46 \$US.

Très à l'écart du centre, les *Bao Dai's Villas* (☎ 881049, fax 881471) sont réparties sur la côte, près de Cau Da, à 6 km au sud de la gare ferroviaire. Les chambres de catégorie supérieure, spacieuses et hautes de plafond, sont équipées de grandes s.d.b. et donnent sur la baie. L'élite vietnamienne en a fait son lieu de villégiature, une habitude qui remonte à l'époque de la présence française. Les chambres valent de 25 à 80 \$US. En bas de l'hôtel, on trouve une plage privée et un bon restaurant. Un autre restaurant au sommet du bâtiment offre de superbes vues sur la baie.

Où se loger – catégorie supérieure

Le superbe *Ana Mandara Resort* (☎ 829 829, fax 829629) rassemble des villas au toit en bois, en bord de plage, dans le sud de la ville. Ce somptueux ensemble offre tout le luxe imaginable et s'avère l'établissement le plus huppé de Nha Trang. Il faut bien sûr mettre le prix : comptez entre 137 et 263 \$US la nuit, plus 15% pour les taxes et le service. Les établissements encore plus onéreux se situent en bord de mer.

Le *Nha Trang Lodge* (☎ 810500, fax 828800, 42 Ð Tran Phu) s'élève à 13 étages. Cet hôtel de luxe, la plus grande tour de Nha Trang, loue ses chambres entre 50 et 145 \$US.

Où se restaurer

Nha Trang est bien sûr réputée pour ses fruits de mer. Vous trouverez une pléthore de restaurants, qui vous occuperont pendant plusieurs semaines. Si vous vous régalez des baguettes de pain vietnamiennes, vous serez ravis car Nha Trang possède sa propre façon de préparer le pain à la française. Il s'agit de miches très consistantes et à la mie serrée, qui se rapprochent des bretzels chauds de New York (les habitants affirment qu'elles rassasient les pêcheurs qui travaillent dur).

Front de mer. Le *Nha Trang Sailing Club* (☎ 826528, 72 Ð Tran Phu) attire les Occidentaux qui veulent dîner au bord de la plage. Le club propose une excellente cuisine vietnamienne et italienne. Il possède même son propre stand de glaces. Et si vous avez trop copieusement mangé, vous pouvez continuer la soirée au même endroit car le bar est très à la mode.

Le *Café des Amis*, 13 Ð Biet Thu, sert de bons plats végétariens, et la cuisine indienne du *Bombay*, au n°15, mérite le détour.

Pour déguster des fruits de mer dans une ambiance agréable, essayez le *Ngoc Suong* (☎ 827030, 16 Ð Tran Quang Khai). Plus classique, à quelques pas de là au n°20, le *Ngoc Linh* (☎ 821653) sert également des fruits de mer. Dans la même rue en vous éloignant de la plage, au n°30, le *Truc Mai Vien (☎ 814220)* concocte de bons plats vietnamiens.

A l'extrémité nord de la plage, le *Saiga Bar & Restaurant* propose une cuisine qui n'a rien d'extraordinaire, mais l'air de la mer est vraiment agréable.

Sur la plage, en face du Hai Yen Hotel, vous trouverez le *Hai Yen Cafe*, près du *Coconut Cove Resort*. Les deux établissements sont en plein air et recouverts d'un toit de chaume pour se protéger des intempéries. Coincé entre les deux, le *Log Bar* est un bar-restaurant agréable, face à la mer.

Le *Thuy Duong Cafe* est un autre restaurant digne d'intérêt en bord de mer mais son karaoke tonitruant décourage souvent les Occidentaux.

Au *Little Italy Restaurant (☎ 823194)*, installé dans le gigantesque Huong Duong Centre, près de l'extrémité sud de la plage de Nha Trang, vous pourrez profiter de la plage privée dans la journée, car elle est interdite aux vendeurs ; un avantage que vous finirez par apprécier.

Quartier du centre. Le *Hanh Cafe (5 Đ Tran Hung Dao)*, à côté du Huu Nghi Hotel, fait à la fois office de restaurant et d'agence de voyages pour les randonneurs. Le *Sinh Cafe*, 10 Đ Hung Vuong, constitue une autre option.

Le *Lac Canh Restaurant*, à un pâté de maisons à l'est du marché Dam, 11 Đ Hang Ca, est certainement l'un des meilleurs restaurants de la ville. Pièces de bœuf, calamars, homards et autres merveilles sont grillés devant vous.

Non loin de là, le *Hoan Hai Restaurant*, 6 Đ Phan Chu Trinh, concocte un délicieux bœuf mariné, des plats végétariens et des rouleaux de printemps parmi les meilleurs du Vietnam, le tout accompagné d'un service sympathique.

Pour goûter une excellente cuisine végétarienne bon marché, essayez le petit *Au Lac*, à l'angle des Đ Hoang Hoa Tham et Nguyen Chanh.

Si vous avez envie d'une saucisse allemande, le *7C Le Loi (☎ 828243)*, géré par un expatrié, sert des authentiques bratwurst et schnitzel ainsi que quelques plats vietnamiens, à des prix raisonnables. Comme vous l'avez deviné, le nom du restaurant est également son adresse, non loin de la poste principale.

Dans le même secteur, l'excellent *Thanh The Restaurant (☎ 821931, 3 Đ Phan Chu Trinh)* sert des spécialités vietnamiennes, chinoises et européennes, comme son voisin d'en face, le Hoan Hai Restaurant.

Près du Tulip Hotel, 23 Đ Hoang Van Thu, le *Vietnam Restaurant* est un très bon établissement, recommandé si vous pouvez vous débrouillez avec un menu en vietna-

---

Le "fruit du dragon"

Nha Trang est surtout réputée pour ses fruits de mer et ses poissons, mais vous pourrez également y déguster le fruit du dragon (*thanh long*). Il s'appelle officiellement corossol, mais nous lui préférons son surnom, plus poétique. Il est vert, de la taille et de la forme d'un petit ananas, avec une peau rouge orangé presque lisse. Sa chair blanche parsemée de pépins noirs n'est pas sans évoquer le goût du kiwi. Il ne pousse que dans la région, sur une sorte de cactus rampant qui ressemble, dit-on, à un dragon vert, et grimpe sur les troncs d'arbre, poussant sur les collines arides. Sa saison est de mai à septembre. Une partie de la récolte part pour Ho Chi Minh-Ville et même à l'étranger (on se l'arrache à prix d'or à Taiwan). Les habitants de la région en font aussi de la confiture, ainsi qu'une boisson rafraîchissante, en y ajoutant de la glace, du sucre et du lait concentré.

mien. Plus fréquenté par les étrangers, le *Vietnam II Restaurant* est tout proche.

Le *Restaurant Lys*, 117A Đ Hoang Van Thu, est un endroit spacieux et animé, avec une carte en anglais. Vous dégusterez également d'excellents fruits de mer au *Ngoc Lan Restaurant*, 37 Đ Le Thanh Phuong.

N'oublions pas le *marché Dam* et ses échoppes de nourriture, sous un pavillon en demi-cercle. Vous y trouverez également des plats végétariens.

Fondé en 1953, le *Binh Minh Restaurant*, 64 Đ Hoang Van Thu, cuisine de savoureux plats vietnamiens, à des prix élevés néanmoins.

Le *Dua Xanh Restaurant* (☎ 823687, *23 rue Le Loi*), un endroit plaisant qui dispose de tables à l'intérieur et en terrasse, sert des plats de fruits de mer variés ainsi que des gâteaux, des crèmes et des glaces.

Pour déguster de savoureuses glaces, essayez l'une des boutiques "Banana Split", sur le rond-point où se croisent les rues Quang Trung et Le Thanh Ton. Le *"N°58"* et le *"N°60"* sont des rivaux de toujours, mais le *"N°52"* s'avère actuellement très à la mode.

Quartier du sud. Le *Cau Da Villas Restaurant* s'étend au-dessous de Bao Dai's Villas, à côté de la plage et des courts de tennis. Pour y accéder, descendez les longues marches à côté de la réception. Les délicieuses spécialités du lieu sont les crevettes et les pièces de bœuf sautées sur les barbecues individuels.

Où sortir

La population locale se réunit dans les bars à karaoke, tandis que les étrangers préfèrent le *Nha Trang Sailing Club* (☎ 826 528, 72 Đ Tran Phu), sur la plage.

En allant vers le sud, le centre Huong Duong, surnommé le village du Paradis, abrite une discothèque, l'*Hexagone Disco*, ouverte de 20h à l'aube.

Pour quelque chose de plus culturel, le *Vien Dong Hotel* accueille des danses et des chants des minorités. L'entrée est gratuite. Le spectacle commence à 19h30 et constitue une excellente façon de débuter la soirée.

Achats

A l'instar de Hanoi, Ho Chi Minh-Ville et Hoi An, on peut désormais trouver des objets d'art à Nha Trang. De plus en plus de peintres et de photographes exposent leurs œuvres sur les murs des restaurants, des cafés, voire des pubs (vous admirerez au bar du Sailing Club les superbes photos noir et blanc de Long Thanh, un photographe local très connu).

De nombreuses boutiques proposent de superbes coquillages dans le village de Cau Da, près de l'Institut océanographique.

Des guitares bon marché sont en vente au 24 Đ Hai Ba Trung (au coin de la Đ Phan Chu Trinh). Le Hai Yen Hotel possède une petite boutique de souvenirs.

Comment s'y rendre

Avion. La compagnie Vietnam Airlines (☎ 823797, 12B Đ Hoang Hoa Tham) assure, deux fois par jour, la liaison Nha Trang-Ho Chi Minh-Ville. Il existe aussi un vol quotidien depuis/vers Hanoi, et quatre vols par semaine depuis/vers Danang.

Bus. Les bus express et réguliers reliant Nha Trang, depuis Ho Chi Minh-Ville, partent de la gare routière de Mien Dong. Le trajet dure entre 11 et 12 heures en express.

La gare routière de Lien Tinh (Ben Xe Lien Tinh, ☎ 822192), principal terminus des bus de Nha Trang, se trouve Đ 23/10 (à 500 m à l'ouest de la gare ferroviaire). De là partent les bus non express vers les destinations suivantes : Bao Loc, Bien Hoa (11 heures de trajet), Buon Ma Thuot (6 heures), Dalat (6 heures), Danang (14 heures), Di Linh, Ho Chi Minh-Ville (12 heures), Phan Rang (2 heures 30), Pleiku (10 heures), Quang Ngai, Qui Nhon (7 heures).

Minibus. Les minibus constituent le moyen de transport idéal. Vous pouvez facilement affréter un minibus, dans la plupart des endroits fréquentés par les étrangers.

Destination	Départs	Tarif
Ho Chi Minh-V.	6h30	10 $US
Dalat	7h	8 $US
Hoi An/Danang	5h et 20h	15 $US
Hué	5h30 et 20h	22 $US

Train. Vous pouvez réserver des billets de train dans tous les hôtels et les cafés fréquentés par les touristes, et même s'il faut payer une petite commission, ce service se révèle bien pratique.

La gare de Nha Trang (Ga Nha Trang, ☎ 822113) donne sur la cathédrale, face au 26 Ð Thai Nguyen. Ses guichets sont ouverts de 7h à 14h.

Les deux express qui relient Hanoi à Ho Chi Minh-Ville s'arrêtent à Nha Trang. Il existe en outre un train reliant spécialement Nha Trang et Ho Chi Minh-Ville. Pour les tarifs, reportez-vous à la rubrique *Train* du chapitre *Comment circuler*.

Voiture et moto. Voici les distances entre les grandes villes et Nha Trang : Buon Ma Thuot, 205 km ; Danang, 541 km ; Ho Chi Minh-Ville, 448 km ; Phan Rang, 104 km ; Pleiku, 424 km ; Quang Ngai, 412 km et Qui Nhon, 238 km.

Dans l'arrière-pays de Nha Trang, un réseau de routes plus ou moins parallèles relie les deltas vietnamiens et les régions côtières aux Hauts Plateaux du Centre.

Comment circuler
Desserte de l'aéroport. L'aéroport, installé dans le sud de la ville, est si proche de certains hôtels que vous pourrez vous y rendre à pied. Sinon, des cyclos vous y emmèneront pour quelque 1 $US.

Taxi. Nha Trang Taxi (☎ 824000) et Khanh Hoa Taxi (☎ 810810) disposent de voitures climatisées avec compteurs.

Bicyclette. La plupart des grands hôtels louent des bicyclettes pour quelque 1 $US la journée ou 0,20 $US l'heure.

LES ENVIRONS DE NHA TRANG
Les îles et les excursions en bateau
Les 71 îles côtières de la province de Khanh Hoa sont réputées pour la remarquable eau claire qui les entoure. Un excellent prétexte pour visiter Nha Trang et consacrer au moins une journée à une promenade en mer.

La tendance la plus à la mode à Nha Trang est les "Green Hat Boat Tours" de Mama Hanh, une véritable légende en ville. En 1991, elle ne possédait qu'un petit étal

L'île aux nids d'hirondelle

Le nom "Îles des Salanganes" (Hon Yen ou Dao Yen) s'applique en fait aux deux îles arrondies visibles depuis la plage de Nha Trang. Ces îles, ainsi que d'autres, de la province de Khanh Hoa abritent les meilleurs nids d'hirondelle du Vietnam. Ces mets sont cuisinés en soupe, utilisés en médecine traditionnelle et considérés comme des aphrodisiaques. On dit que l'empereur Minh Mang, qui régna de 1820 à 1840, bénéficiait d'une virilité hors du commun grâce à sa consommation de nids de salanganes.

Ces nids sont faits de sécrétions salivaires qui ont l'apparence de fils de soie. De forme semi-ovale, ils mesurent entre 5 et 8 cm de diamètre. On les récolte deux fois par an. Les plus recherchés sont les rouges. La production annuelle des provinces de Khanh Hoa et de Phu Yen s'élève à une tonne. Actuellement, un kilo peut se vendre 2 000 $US sur le marché international.

L'île des Salanganes possède une petite plage isolée. Il faut compter entre 3 et 4 heures pour parcourir en petit bateau les 17 km séparant Nha Trang de ces deux îles.

de fruits de mer sur la plage ; elle dirige aujourd'hui une flottille de bateaux allant d'île en île. Ses circuits comblent séduire les voyageurs plus que tout autre chose sur la côte.

Pour la somme modique de 7 $US, vous partez pour la journée et déjeunez d'un énorme buffet de fruits de mer et autres délices. Mama Hanh sirote du vin de fruits au "bar flottant" improvisé et danse sur le pont, sept jours sur sept, à tel point que l'on se demande par quel mystère elle parvient à tenir. Un petit conseil : *ne vous lancez pas* dans un concours avec Mama Hanh, car votre estomac ne résistera pas, comme en témoignent deux survivants :

Après avoir passé notre journée à faire la fête en plein soleil, nous n'en pouvions plus. Dans le minibus qui nous ramenait en ville, tout le monde était à moitié endormi, et un pauvre allemand vomissait par la fenêtre. Quant à Mama Hanh, elle fumait une cigarette, une canette de bière à la main, et sifflotait.

Geoff L'Abbe et Yumi Tsukasaki

Il est bien évident que ce genre de réjouissances n'est pas conseillé aux familles accompagnées d'enfants (sauf si vous savez quoi répondre lorsque votre enfant vous demandera "Qu'est que c'est que cette cigarette bizarre, maman ?"). Bien que l'on ne soit pas obligé de s'enivrer (certains voient même cela comme un spectacle), cette excursion n'est *absolument pas* recommandée aux alcooliques convalescents. Vous trouverez d'autres promenades en bateau plus orthodoxes. Vous pouvez essayer les circuits de Mama Linh. Il semblerait que Mama Linh se soit exilée aux Etats-Unis, mais les excursions existent toujours.

Il est possible de réserver les circuits de Mama Hanh et d'autres promenades auprès de quasiment tous les hôtels de la ville. D'autres excursions en mer, moins fréquentées et plus luxueuses, explorent un plus grand nombre d'îles. Si elles reviennent plus cher, elles représentent le seul moyen de faire un peu de plongée sous-marine. Les bateaux sont affrétés au quai de Cau Da, à l'extrémité sud de Nha Trang. Si vous ne faites pas partie d'un groupe organisé, il vaut mieux réserver la veille, ou arriver sur le quai tôt le matin : à 10h, tous les bateaux sont partis.

Autour de certains villages de pêcheurs qui peuplent les îles, les eaux peu profondes empêchent les bateaux d'accoster. Le cas échéant, vous devrez parcourir plusieurs centaines de mètres sur des flotteurs instables. Conçus pour les Vietnamiens, ces flotteurs posent un problème aux Occidentaux un peu costauds – attention à votre appareil photo ! Néanmoins, vous vous amuserez bien, et il serait dommage de manquer la visite de ces villages de pêcheurs.

Île Mieu. Les guides touristiques parlent de l'île Mieu (appelée également île Tri Nguyen) comme d'un "aquarium naturel" (Ho Ca Tri Nguyen). Il s'agit en fait d'un vivier abritant plus de 40 espèces de poissons, crustacés et autres créatures marines dans des bassins séparés. Un café sur pilotis a été construit sur l'île. Pour louer un canot, renseignez-vous dans les environs.

Le principal village de l'île Mieu se nomme Tri Nguyen. Bai Soai est une plage de graviers à l'autre bout de l'île.

La plupart des gens organisent leur excursion en bateau en passant par un hôtel, un café, ou par Khanh Hoa Tourist. Ceux qui sont plus désargentés et moins pressés empruntent l'un des bacs qui partent régulièrement de la jetée de Cau Da.

Île aux Bambous. Située à plusieurs kilomètres de l'extrémité sud de la plage de Nha Trang, l'île aux Bambous (Hon Tre) s'avère, de loin, la plus grande île des environs. La plage de Tru (Bai Tru) est située à sa pointe nord. De nombreux bateaux, disponibles à la location, peuvent vous y emmener.

Île d'Ébène. Un peu plus au sud, l'île d'Ébène (Hon Mun) ravira les amateurs de plongée. Pour la rejoindre, il vous faudra sans doute louer un bateau.

Hon Tam. Située au sud-ouest de l'île aux Bambous, Hon Tam ressemble en tous points à sa voisine, l'île d'Ébène.

Hon Mot. Cet îlot, pris en sandwich entre l'île d'Ébène et Hon Tam, permet également de faire de la plongée.

Île aux Singes. L'île aux Singes (Dao Khi) abrite de nombreux singes, dont les étrangers raffolent. Les animaux sont habitués aux touristes. Vous n'aurez aucun mal à les approcher pour prendre une photo si vous leur donnez un peu à manger.

N'oubliez pas cependant qu'ils sont sauvages : évitez de les caresser, de leur serrer la main ou de les prendre dans vos bras. Certains visiteurs se sont fait griffer et mordre en cherchant à sympathiser avec eux d'un peu trop près !

Hormis le fait qu'ils n'apprécient pas trop les câlins, les singes n'hésiteront pas à vous arracher vos lunettes ou à chiper un stylo de votre poche, avant de décamper. Jusqu'ici, aucun touriste ne s'est plaint qu'on lui ait ouvert son sac d'un coup de lame de rasoir, mais soyez au moins aussi vigilant qu'à Ho Chi Minh-Ville !

L'île aux Singes se situe à 12 km au nord de l'île aux Bambous. Un circuit en bateau d'une journée s'organise facilement depuis Nha Trang. Un autre moyen, plus rapide, consiste à louer une moto ou une voiture, à 12 km de Nha Trang, où un bac situé près d'une pagode vous transportera vers l'île moyennant 1 \$US.

Citadelle de Dien Khanh

Cette citadelle date de la dynastie Trinh, qui régna au XVIIe siècle. Le prince Nguyen Anh (futur empereur Gia Long) l'a fait reconstruire en 1793, à la suite de sa victoire sur les rebelles Tay Son. Il n'en reste aujourd'hui que quelques pans de murs. La citadelle est située à 11 km à l'ouest de Nha Trang, près des villages de Dien Toan et Dien Thanh.

Chutes de Ba Ho

Les chutes de Ba Ho (Suoi Ba Ho), composées de trois cascades et de trois bassins,

s'étendent au cœur d'une forêt, à 17 km au nord de Nha Trang, et à environ 5 km à l'ouest du village de Phu Huu, qui marque la sortie de la nationale 1. Les chutes sont proches de Ninh Ich Xa, dans le district de Vinh Xuong.

Source aux Fées

Cette source (Suoi Tien) enchanteresse semble jaillir de nulle part. La végétation tropicale de son jardin naturel et ses rochers arrondis en font une véritable petite oasis.

Vous pouvez y accéder en moto ou en voiture, en prenant la nationale 1 vers le sud. A 17 km de Nha Trang, dès que vous apercevez un passage voûté sur votre gauche (côté est de la route), quittez la nationale 1 et traversez le village. La route serpente et grimpe à flanc de colline, jusqu'à une vallée. Dès que la piste se gâte, vous êtes arrivé. Vous verrez sans doute d'autres véhicules garés aux alentours, car l'endroit est très populaire dans la région.

PLAGE DE DOC LET

D'aucuns prétendent que cette plage est la plus grandiose du Vietnam, et l'on aurait quelque peine à les en dissuader. La plage, vaste, s'étire longuement, le sable est blanc comme de la craie, et l'eau peu profonde. Malgré sa beauté, Doc Let accueille peu de visiteurs, mais cela risque de changer. Il semble que l'on ait déjà tenté d'y développer le tourisme, mais la plupart des bâtiments sont aujourd'hui délabrés. Toutefois, un restaurant et une pension fonctionnent encore.

Où se loger

Quoique banal, le *Doc Let Hotel* offre l'avantage de posséder six bungalows sur la plage. L'établissement loue ses chambres pour 8 \$US, et ses bungalows pour seulement 6 \$US. Vous ne disposerez ni d'eau chaude ni de clim.

Comment s'y rendre

La plage de Doc Let se situe sur une péninsule au nord de Nha Trang. Aucun transport public ne la dessert, il faut donc louer un véhicule. Pour y accéder depuis Nha Trang, prenez la route nationale 1 vers le nord et roulez sur 30 km. Au nord de Ninh Hoa, vous atteindrez une station-service, située à un carrefour. Empruntez la route de droite (vers l'est) et continuez pendant 10 km, jusqu'à la plage. Un panneau en anglais indique la sortie. La route est parfois fermée pour cause d'inondation.

PLAGE DE DAI LANH

Plage en arc de cercle bordée de casuarinas, Dai Lanh est un autre endroit merveilleux, à 83 km au nord de Nha Trang et à 153 km au sud de Qui Nhon, par la nationale 1. Une digue relie la plage à la péninsule montagneuse de Hon Gom, longue de 30 km. Le principal village de Hon Gom se nomme Dam Mon (les Français l'appelaient Port-Dayot). Il est situé dans une baie abritée qui fait face à l'île Hon Lon.

Au nord de la plage de Dai Lanh se dresse le promontoire du même nom (Mui Dai Lanh), ou cap Varella pour les Français.

Où se restaurer

Depuis la nationale 1, à quelques centaines de mètres au sud de la ville, se profile un hôtel de quatre étages en construction. A en juger par les mauvaises herbes qui ont envahi le chantier, l'établissement ne risque pas d'ouvrir de sitôt…

Le *Dai Lanh Restaurant*, juste au sud de cet hôtel abandonné, est le plus réputé de la bourgade. Par ailleurs, Dai Lanh offre une bonne dizaine de petits *restaurants* familiaux.

Comment s'y rendre

La plage de Dai Lanh s'étend au bord de la nationale 1. N'importe quel véhicule empruntant cette route entre Nha Trang et Tuy Hoa (ou Qui Nhon) pourra vous y conduire.

TUY HOA

Tuy Hoa est la capitale de la province de Phu Yen, située sur la côte, entre la plage de Dai Lanh et Qui Nhon. La route nationale, qui traverse un large fleuve navigable au sud de la ville, en justifie l'existence. Tuy Hoa n'a vraiment rien de particulier, pas même une plage digne de ce nom.

Son seul intérêt réside dans un bon hôtel qui peut se révéler utile pour les voyageurs souhaitant prendre une nuit de repos, après un long trajet sur la nationale 1.

Phu Yen Tourist (Cong Ty Du Lich Phu Yen, ☎ 823353) est l'agence de voyages officielle de la province et se situe 137 Đ Le Thanh Ton.

Où se loger et se restaurer

Le *Huong Sen Hotel* (☎ 823775, fax 823 186), un vaste et luxueux établissement proche du centre-ville, dispose d'un *restaurant* et de chambres entre 15 et 33 $US.

Comment s'y rendre

Étrangement, Tuy Hoa est desservie par un aéroport. Vietnam Airlines effectue deux vols hebdomadaires entre Tuy Hoa et Ho Chi Minh-Ville.

SONG CAU

Le village de Song Cau risque de passer inaperçu si vous ne prenez pas le temps de vous y arrêter. A proximité se déploie une immense baie qui attire les touristes étrangers et vietnamiens. Les étrangers qui font le trajet Nha Trang-Hoi An font souvent une halte à Song Cau pour y prendre un repas, et éventuellement y passer la nuit.

L'attrait majeur consiste à visiter la baie en bateau (10 passagers au maximum). L'hôtel-restaurant peut vous organiser une excursion pour 10 $US.

Où se loger et se restaurer

Le *Nha Hang Bai Tien* (☎ 870322) propose des doubles avec eau chaude coûtant 12 $US. Cet hôtel-restaurant privé est construit sur pilotis, son emplacement sur la baie en fait tout son charme. Alimenté par un groupe électrogène, le courant fonctionne en général entre 18h et minuit.

Comment s'y rendre

Song Cau se trouve à 170 km au nord de Nha Trang et à 43 km au sud de Qui Nhon.

Les bus empruntant la nationale peuvent sans doute vous déposer ou vous prendre au passage, mais il vaut mieux louer un minibus pour arriver à bon port.

QUI NHON

Capitale de la province de Binh Dinh, Qui Nhon (ou Quy Nhon) compte 200 000 âmes, et son port est l'un des plus actifs du Vietnam. Si la ville proprement dite et les plages environnantes ne présentent pas un intérêt majeur, elles constituent néanmoins une halte agréable sur le long trajet qui relie Nha Trang à Danang. La cité était plus prospère au début des années 90, lorsqu'elle vivait de la contrebande de produits importés par la mer. Aujourd'hui, cette activité s'est déplacée vers le nord, autour de la frontière avec la Chine.

Des vestiges de **tours cham** bordent la nationale 1, à 10 km au nord de l'embranchement de Qui Nhon.

Durant la guerre du Vietnam, l'activité militaire des Sud-Vietnamiens, des Améri-

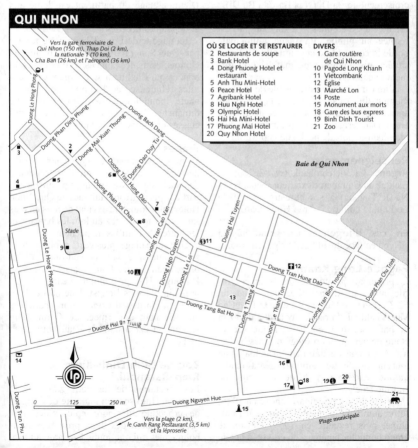

QUI NHON

Vers la gare ferroviaire de Qui Nhon (150 m), Thap Doi (2 km), la nationale 1 (10 km), Cha Ban (26 km) et l'aéroport (36 km)

Duong Le Hong Phong
Duong Phan Dinh Phung
Duong Mai Xuan Thuong
Duong Bach Dang
Duong Dao Duy Tu
Duong Tran Hung Dao
Duong Phan Boi Chau
Duong Tran Cao Van
Duong Ngo Nguyen
Duong Le Loi
Duong Hai Tuyen
Duong Tran Hung Dao
Duong 1 Thang 4
Duong Le Thanh Ton
Duong Tran Binh Trong
Duong Phan Chu Trinh
Duong Tang Bat Ho
Duong Hai Ba Trung
Duong Le Hong Phong
Duong Tran Phu
Duong Nguyen Hue

Stade

Baie de Qui Nhon

Vers la plage (2 km), le Ganh Rang Restaurant (3,5 km) et la léproserie

Plage municipale

0   125   250 m

OÙ SE LOGER ET SE RESTAURER	DIVERS
2 Restaurants de soupe	1 Gare routière
3 Bank Hotel	de Qui Nhon
4 Dong Phuong Hotel et	10 Pagode Long Khanh
restaurant	11 Vietcombank
5 Anh Thu Mini-Hotel	12 Église
6 Peace Hotel	13 Marché Lon
7 Agribank Hotel	14 Poste
8 Huu Nghi Hotel	15 Monument aux morts
9 Olympic Hotel	18 Gare des bus express
16 Hai Ha Mini-Hotel	19 Binh Dinh Tourist
17 Phuong Mai Hotel	21 Zoo
20 Quy Nhon Hotel	

cains, du Viet-Cong et des Sud-Coréens fut extrêmement intense dans la région de Qui Nhon. Les villageois, qui avaient fui les campagnes, s'entassaient dans des bidonvilles de fortune à travers la ville. Le maire de l'époque, espérant gagner de l'argent avec les troupes américaines, transforma sa résidence officielle en "salon de massage".

Orientation

Qui Nhon est implantée sur la côte, à 10 km à l'est de la nationale 1. Vous verrez à la sortie indiquée à un grand carrefour appelé pont-croisement de Ba Di (Nga Ba Cau Ba Di).

Qui Nhon se trouve sur une péninsule orientée d'est en ouest. La zone du port est fermée au public. La plage municipale borde la côte sud de la péninsule. Les rues situées aux alentours du marché Lon forment le centre-ville.

L'île Cu Lao Xanh est visible de la plage municipale. A gauche, face à la mer, vous apercevez au loin une statue géante de Tran Hung Dao, érigée sur un promontoire surplombant le port de pêche de Hai Minh.

Renseignements

Argent. La Vietcombank (☎ 822266) ou Banque du Commerce extérieur (Ngan Hang Ngoai Thuong) a ses bureaux au 148 Đ Le Loi, au coin de Đ Tran Hung Dao.

En cas d'urgence. Un grand hôpital s'étend en face du 309 de Đ Nguyen Hue.

Pagode Long Khanh

La principale pagode de Qui Nhon se profile au bout d'une allée, en face du 62 Đ Tran Cao Van et à côté de Đ Tran Cao Van. Visible de la rue, un bouddha de 17 m de haut, construit en 1972, règne sur un étang de nénuphars protégé par des barbelés. A gauche du bâtiment principal, une tourelle abrite un tambour géant tandis qu'une deuxième, à droite, contient une énorme cloche.

Le sanctuaire principal, achevé en 1946, fut endommagé pendant la guerre d'Indochine, puis restauré en 1957. Devant le grand bouddha Thich Ca en cuivre, à la tête

nimbée d'un néon multicolore, notez le dessin de Chuan De, déesse de la Miséricorde (ses bras et ses yeux, nombreux, signifient qu'elle peut tout voir et tout toucher). Sur le côté de la plate-forme surélevée se trouve un bouddha peint. Dans le couloir passant derrière l'autel principal, une cloche de bronze, datant de 1805, porte des inscriptions chinoises.

La pagode abrite également une photographie du bonze Thich Quang Duc s'immolant par le feu à Ho Chi Minh-Ville, en juin 1963, pour protester contre le régime Diem. L'étage du bâtiment est dédié aux plaques funéraires de bonzes (autel central) et de laïques décédés.

La pagode de Long Khanh a été fondée par Duc Son (1679-1741), un marchand chinois, dans les années 1700. Les sept bonzes qui l'habitent se chargent des activités religieuses de l'importante communauté bouddhique de Qui Nhon. Le dimanche, ils enseignent la religion à des classes non mixtes d'enfants.

Plages

La plage municipale de Qui Nhon, bordée de cocotiers, s'étend sur plusieurs centaines de mètres sur la côte sud de la péninsule. Sa partie la plus agréable fait face au Quy Nhon Hotel ; plus loin, elle devient de plus en plus sale. Vous apercevrez au loin les bateaux et les huttes de familles de pêcheurs.

Une autre plage, plus vaste et plus calme, se déroule à 2 km au sud-ouest de la plage municipale. Pour y accéder, suivre Đ Nguyen Hue qui s'éloigne de la pointe de la péninsule vers l'ouest. Une partie de la côte est bordée d'usines, dont certaines appartiennent à l'armée. Le Ganh Rang Restaurant est installé tout au bout de la plage.

Zoo de Binh Dinh-Xiem Riep-Ratanakiri

Les locataires de ce petit zoo (2B Đ Nguyen Hue) sont en majorité des singes, des crocodiles, des porcs-épics et des ours. Ils proviennent des deux provinces cambodgiennes qui ont donné leur nom au zoo.

Marché Lon

Le marché central Lon (Cho Lon) de Qui Nhon est un vaste bâtiment moderne, entourant une cour dans laquelle sont vendus fruits et légumes.

Léproserie

Cette léproserie ne figure pas parmi les attractions touristiques. Les visiteurs sont cependant les bienvenus, surtout s'ils font une petite donation ou achètent des produits fabriqués sur place.

Contrairement à d'autres, cette léproserie n'a rien de déprimant : elle ressemble plutôt à un village pilote où les patients vivent dans de petites maisons avec leur famille. Selon leur habileté, les résidents travaillent dans des ateliers de réparation ou d'artisanat. L'endroit est si bien tenu qu'il évoquerait presque un lieu de vacances.

La léproserie se situe à l'extrémité ouest de Đ Nguyen Hue.

Où se loger

Le *Bank Hotel* (☎ 822779, fax 821013), situé à 300 m de la gare routière, 257 Đ Le Hong Phong, semble attirer la plupart des étrangers. Les chambres les moins chères avec ventil. et eau chaude reviennent à 10 $US. Les équipements de luxe, dont la clim., font monter les prix à 15 et 25 $US.

Dans le moderne *Duong Phuong Hotel* (☎ 822915, fax 822017, 39-41 Đ Mai Xuan Thuong), très connu pour ses massages, les chambres correctes coûtent entre 7 et 16 $US. Les plus chères comportent une s.d.b. avec douche et eau chaude.

L'*Anh Thu Mini-Hotel* (☎ 821168, 25 Đ Mai Xuan Thuong) loue des motos. Les chambres sont équipées de s.d.b. avec eau chaude et louées entre 15 et 20 $US.

Le *Huu Nghi Hotel* (☎ 822152, 210 Đ Phan Boi Chau) est un établissement public mal entretenu, mais qui se plaindrait de tarifs oscillants entre 6 et 8 $US ? Le restaurant du rez-de-chaussée fera à peu près l'affaire pour un bol de nouilles.

Au *Peace Hotel* (☎ 822900), également nommé *Hoa Binh Hotel*, 353 Đ Tran Hung Dao, les prix ont étonnamment baissé récemment: d'exorbitants, ils sont devenus raisonnables. Les chambres avec ventil. et eau froide valent 8 $US. Les doubles avec clim. et eau chaude reviennent à 12 $US.

Situé 202 Đ Trang Hung Dao, l'*Agribank Hotel* (☎ 822245, fax 821073) est un établissement d'un blanc tapageur, conçu à l'évidence pour attirer les touristes. Les chambres équipées de la clim. et de l'eau chaude sont facturées de 15 à 20 $US.

A un pâté de maisons de la plage municipale, le *Hai Ha Mini-Hotel*, 1A Đ Tran Binh Trong, dispose de 10 chambres, qui étaient en rénovation au moment de notre visite mais qui semblent prometteuses.

Face à la plage, 18 Đ Nguyen Hue, le *Phuong Mai Hotel* (☎ 822921) possède des chambres correctes. La vue du balcon s'avère agréable, et il se dégage un charme désuet de l'endroit. Toutes les chambres comptent une s.d.b., mais avec eau froide. Les doubles se louent 10 $US.

Le *Quy Nhon Hotel* (☎ 822401, fax 821162, 8 Đ Nguyen Hue) se trouve juste en face de la plage. A en croire la brochure publicitaire, la plage municipale et le Quy Nhon sont au Vietnam ce que la Côte d'Azur et le Club Med sont à la France. Les actionnaires du Club Med n'ont cependant rien à craindre. Les tarifs, entre 15 et 40 $US, semblent à première vue peu élevés mais les prestations offertes ne les justifient pas.

Où se restaurer

Il n'existe en fait qu'une poignée de restaurants corrects à Qui Nhon.

Le *Dong Phuong Restaurant*, 39-41 Đ Mai Xuan Thuong, installé au rez-de-chaussée du Dong Phuong Hotel, sert une cuisine vietnamienne convenable ainsi que quelques plats occidentaux.

Le *Ganh Rang Restaurant*, à 3,5 km à l'ouest de la ville, Đ Nguyen Hue, est construit sur pilotis, au milieu des palmiers. Cet établissement privé est installé au bord de l'eau, sur un site que, paraît-il, la femme de Bao Dai appréciait beaucoup.

Comment s'y rendre

Avion. Des vols de Vietnam Airlines relient Ho Chi Minh-Ville à Qui Nhon cinq fois par semaine. Trois liaisons hebdomadaires sont assurées depuis/vers Danang.

L'aéroport Phu Cat est à 36 km au nord de Qui Nhon. La compagnie Vietnam Airlines met une navette à la disposition de ses passagers. Des minibus desservent l'aéroport depuis la gare routière des bus locaux.

L'agence Vietnam Airlines (☎ 822953) est installée à proximité du Thanh Binh Hotel, dans l'immeuble voisin du 30 Ð Nguyen Thai Hoc.

Bus. La gare routière de Qui Nhon (Ben Xe Khach Qui Nhon ; ☎ 822246) fait face au 543 Ð Tran Hung Dao (près du croisement avec Ð Le Hong Phong). Les guichets pour les bus non express sont ouverts de 5h à 16h. Celui des express (Khach Di Xe Toc Hanh), juste à côté des précédents, fonctionne de 4h à 16h. Les billets se prennent la veille du départ.

La gare des express (☎ 822172) se trouve à 100 m du Qui Nhon Hotel, 14 Ð Nguyen Hue. Tous les bus partent à 5h du matin pour Buon Ma Thuot, Dalat, Danang, Dong Hoi, Hanoi, Ho Chi Minh-Ville, Hué, Nha Trang, Ninh Binh, Quang Tri, Thanh Hoa et Vinh. Le guichet est ouvert de 6h30 à 11h et de 13h30 à 17h.

Train. Les *Express de la Réunification* ne s'approchent qu'à 10 km de Qui Nhon, à l'arrêt de Dieu Tri. La gare de Qui Nhon (Ga Qui Nhon ; ☎ 822036) est en fait placée au bout d'une voie latérale de 10 km débouchant sur la ligne principale qui va du nord au sud.

Elle n'est desservie que par deux trains locaux très lents qu'il vaut mieux éviter. Vous arriverez plus vite à Dieu Tri en taxi ou à moto.

Vous pouvez acheter des billets de train au départ de Dieu Tri à la gare de Qui Nhon, mais, si vous arrivez à Dieu Tri par le train, il vaut mieux vous procurer un seul billet avant de quitter la gare. Pour connaître les tarifs des *Express de la Réunification*, reportez-vous à la rubrique *Train* du chapitre *Comment circuler*.

Voiture et moto. Qui Nhon se trouve à 677 km d'Ho Chi Minh-Ville, 238 km de Nha Trang, 186 km de Pleiku, 198 km de Kon Tum, 174 km de Quang Ngai et 303 km de Danang.

LES ENVIRONS DE QUI NHON
Thap Doi

Les deux tours cham de Thap Doi sont surmontées, non pas de toits en gradins, typiques de l'architecture cham, mais de toits pyramidaux incurvés. Sur la plus grande tour, dont les portiques en granit sont disposés en direction des quatre points cardinaux, subsiste une partie des décors de briques et des statues de granit qui en ornaient autrefois le sommet. Aux quatre coins de leur toiture, les deux bâtiments portent des torses démembrés de *garuda*.

De nombreux arbres ont élu domicile en haut de la petite tour. Leurs racines grimpantes, en forme de vrilles, se sont frayées un passage entre les briques, emprisonnant des pans entiers de l'édifice dans des enchevêtrements inextricables qui évoquent ceux des temples d'Angkor. L'endroit étant en cours de rénovation, il paraîtra peut-être flambant neuf au moment où vous vous y rendrez.

Thap Doi se situe à 2 km de la gare routière de Qui Nhon, en direction de la route nationale 1. Pour y aller, sortez de la ville en empruntant Ð Tran Hung Dao et tournez à droite à la hauteur des n°900 et 906, dans Ð Thap Doi. Les vestiges des tours se trouvent à 100 m de Ð Tran Hung Dao.

Plus d'une demi-douzaine d'autres vestiges cham émaillent également la région.

Cha Ban

Les ruines de Cha Ban (également appelée, selon les époques, Vijaya ou Qui Nhon), ancienne capitale du royaume du Champa, s'étendent à 26 km de Qui Nhon et à 5 km de Binh Dinh. La cité tenait dans une enceinte de 1 400 m sur 1 100 m. La tour Canh Tien (tour de Cuivre) se dresse au centre, tout près du tombeau du général Vu Tinh.

Cha Ban fut le siège du gouvernement cham, de l'an 1000 (après la perte d'Indrapura, connue également sous le nom de Dong Duong) jusqu'en 1471. Elle subit les assauts répétés des Vietnamiens, des Khmers et des Chinois. En 1044, le prince vietnamien Phat Ma occupa la ville et emporta un important butin, y compris les épouses, le harem, les danseuses, les musiciennes et les chanteuses du roi cham. De 1190 à 1220, Cha Ban vécut sous la férule d'un chef khmer.

En 1377, les Vietnamiens échouèrent dans leur tentative de prendre la capitale et leur roi fut tué. L'empereur vietnamien Le Thanh Ton fit tomber la porte est de la ville en 1471, et captura le roi cham ainsi que cinquante membres de sa famille. Au cours de cette bataille, dernier grand combat livré par les Cham, 60 000 des leurs furent tués et 30 000 autres faits prisonniers par les Vietnamiens.

Cha Ban devint ensuite la capitale de la région centre du Vietnam, sous la houlette de l'aîné des trois frères Tay Son. En 1793, elle résista victorieusement aux troupes de Nguyen Anh (futur empereur Gia Long), pour mieux s'incliner devant lui six ans plus tard. Les Tay Son récupérèrent bientôt le port de Thi Nai (aujourd'hui Qui Nhon) et s'attaquèrent à Cha Ban. Le siège dura un an. En juin 1801, l'armée de Nguyen Anh avait épuisé ses munitions, mangé tous les chevaux et les éléphants. Refusant l'ignominie d'une reddition, le général Vu Tinh fit construire une tour octogonale en bois, la remplit de poudre et, paré de ses vêtements de cérémonie, entra dans la tour et la fit exploser. En apprenant la nouvelle de la mort de son dévoué général, Nguyen Anh éclata en sanglots.

Tours cham de Duong Long

Ces tours se dressent à 8 km de Cha Ban. La plus grande des trois est ornée de nagas (serpents) et d'éléphants en granit. Notez, au-dessus des portes, les bas-reliefs de femmes, de danseuses, de lions, de monstres et animaux divers. D'énormes têtes de dragons décorent les coins de l'édifice.

Sources chaudes de Hoi Van

Les fameuses sources chaudes de Hoi Van jaillissent au nord de Qui Nhon, dans le district de Phu Cat.

Musée Quang Trung

Il est dédié à Nguyen Hue, le second des trois frères leaders de la révolte Tay Son, qui s'autoproclama empereur en 1788, en prenant le nom de Quang Trung. L'année suivante (quelques mois avant la prise de la Bastille), Quang Trung et ses troupes battaient à plate couture, près de Hanoi, une armée chinoise forte de 200 000 hommes. Cette bataille épique représente pour les Vietnamiens le plus grand triomphe de leur histoire nationale. L'empereur Quang Trung mourut en 1792, à l'âge de quarante ans.

Durant son règne, il fut un grand réformateur, encourageant la réforme agraire, révisant le système des impôts, renforçant l'armée, développant l'éducation et stimulant la poésie et la littérature vietnamiennes. Les ouvrages communistes aiment voir en lui le chef d'une révolution paysanne, dont les acquis furent piétinés par la dynastie réactionnaire des Nguyen qui détint le pouvoir de 1802 à 1945.

Le musée Quang Trung organise des démonstrations, fort appréciées, de *binh dinh vo*, art martial traditionnel pratiqué à l'aide d'une baguette de bambou. On s'y rend par la nationale 19 en direction de Pleiku, puis par une route de 5 km. Le musée se situe à 48 km de Qui Nhon, dans le district de Tay Son. La région de Tay Son produit un vin à base de riz gluant.

Chutes de Vinh Son

Elle se trouvent à 18 km de la nationale 19 qui relie Binh Dinh à Pleiku. Pour y aller, vous pouvez tenter de prendre un bus pour Vinh Thanh, à la gare routière des bus locaux de Qui Nhon, en changeant à Vinh Thanh.

SA HUYNH

Sa Huynh s'enorgueillit d'une très jolie plage bordée de cocotiers et de rizières. Cette petite ville est également réputée pour ses marais salants. Des archéologues ont découvert dans ses environs des vestiges de la civilisation Dong Son datant du Ier siècle de notre ère.

Où se loger et se restaurer

Vous n'avez pas le choix : le lugubre **Sa Huynh Hotel** (☎ *860311*) est le seul établissement de la ville. Vous débourserez 8 $US pour une simple, de 12 à 15 $US pour une double et 18 $US pour une triple. Vous devrez vous laver à l'eau froide. Mis à part son emplacement au bord de la plage, l'endroit reste peu recommandable.

Son **restaurant** public est tout aussi négligé. Heureusement, la nationale 1 passe devant de nombreux **petits cafés** qui servent d'excellentes spécialités vietnamiennes, même si les menus ne les signalent qu'en vietnamien.

Comment s'y rendre

Train. Certains trains non express s'arrêtent à la gare de Sa Huynh (Ga Sa Huynh), mais le voyage est vraiment très long !

Voiture et moto. Sa Huynh se trouve sur la nationale 1, à 114 km au nord de Qui Nhon et à 60 km au sud de Quang Ngai.

QUANG NGAI

La capitale de la province de Quang Ngai est vraiment un lieu tranquille, presque trop tranquille. Nul ne sait cependant pour combien de temps encore. En effet, à la fin de l'année 1994, le gouvernement projetait d'y implanter une raffinerie de pétrole (la première du Vietnam), ainsi que d'autres industries. Pour l'heure, les plans n'existent que sur papier, mais il semblerait que des investisseurs étrangers s'y intéressent de près. Le peu d'attrait touristique de la région est sans doute l'une des raisons qui poussent le gouvernement à vouloir l'industrialiser.

Quang Ngai est construite sur la rive sud de la rivière Tra Khuc (réputée pour ses roues hydrauliques géantes), à 15 km d'une côte bordée de plages magnifiques.

Avant même la Seconde Guerre mondiale, Quang Ngai était déjà un centre de la

1	Song Tra Hotel
2	Échoppes de nourriture
3	Église
4	Government Guesthouse
5	Vietnam Hotel
6	Kim Thanh Hotel
7	Poste
8	Restaurant de riz au n°34
9	Restaurant de riz au n°30
10	Hoa Vien Hotel
11	Bang Restaurant
12	Vinh Restaurant
13	Hotel 502
14	Marché couvert
15	Gare routière de Quang Ngai
16	Bong Hong Restaurant
17	Hue Restaurant
18	Vieille église
19	Dung Hung Hotel

résistance antifrançaise. Durant la guerre d'Indochine, le Viet Minh y faisait la pluie et le beau temps. En 1962, le gouvernement sud-vietnamien imposa à la région son plan de hameaux stratégiques, qui força les paysans à quitter leurs maisons pour vivre désœuvrés dans des hameaux fortifiés. Cette mesure exacerba le sentiment de colère et d'aliénation des populations locales, qui se tournèrent vers le Viet-Cong. La province fut le théâtre de combats parmi les plus acharnés de toute la guerre du Vietnam.

C'est dans le sous-district de Son My, à 14 km de Quang Ngai, qu'eut lieu, en 1968, le massacre de My Lai, au cours duquel des centaines de civils furent tués par les soldats américains. Un mémorial a été érigé sur ces lieux.

Après la guerre, seuls quelques ponts étaient encore intacts sur l'ensemble de la province. Sur le bord de certaines rivières, les carcasses rouillées de vieux ponts français, probablement détruits par le Viet Minh, côtoient celles des ponts qui les ont remplacés et qui ont été dynamités par le Viet-Cong. Un troisième pont, construit à la hâte avec des poutres d'acier, voici près de 20 ans, canalise le trafic.

Orientation
La nationale 1 devient Đ Quang Trung en traversant la ville. La gare ferroviaire se trouve à 3 km à l'ouest, Đ Hung Vuong.

Renseignements
Poste et communications. La poste principale se situe à 150 m à l'ouest de la rue Quang Trung, à l'angle des rues Hung Vuong et Phan Dinh Phung.

Où se loger
Si vous recherchez un endroit paisible, essayez le *502 (Khach San 502,* ☎ *822656)*, en bas d'une allée calme, 28 Đ Hung Vuong. Les chambres propres se monnayent 6 $US avec ventil. ou de 10 à 15 $US avec clim.

Le *Kim Thanh Hotel (*☎ *823471, 19 Đ Hung Vuong)* convient le mieux aux voyageurs et dispose de doubles à 15/20 $US.

Non loin, au n°41, le petit *Vietnam Hotel (*☎ *823610)*, très "couleur locale", propose des chambres avec ventil. entre 6 et 10 $US, celles avec clim., 15 $US.

Vous apprécierez également le *Hoa Vien Hotel (*☎ *823455, 12 Đ Phan Chu Trinh)*, qui loue des chambres avec clim. et eau chaude pour 20 $US.

Le *Dung Hung Hotel* se situe 43 Đ Quang Trung, l'artère la plus animée de la ville, à tel point que les voitures et les bus ne sont pas autorisés à s'arrêter pour déposer leurs passagers. Les chambres avec ventil. se montent à 10 $US, celles avec clim. valent entre 15 et 25 $US.

Le *Song Tra Hotel (*☎ *822665)* appartient à Quang Ngai Tourist. Ce bâtiment de cinq étages, à l'aspect désolé, est installé près du pont à l'extrémité nord de la ville et s'avère loin de tout. De plus, le personnel ne s'occupe que de récolter le montant de la chambre, soit entre 8 et 25 $US.

Où se restaurer
La province de Quang Ngai est réputée pour une spécialité locale, le *com ga.* Ce plat de poulet bouilli servi sur du riz jaune (car il est cuit dans du bouillon de poule) est garni de feuilles de menthe, de blanc d'œuf et de légumes vinaigrés. Tous les amateurs de poulets devraient goûter ce mets délicieux. Au prix de 0,50 $US, on peut même en déguster deux.

Plusieurs établissements servent ce plat en ville (il faut chercher la mention "Com Ga"). Nous recommandons le *Bong Hong* et le *Hue*, Đ Nguyen Nghiem.

Parmi les autres endroits où se restaurer, citons le *Vinh Restaurant* (la viande de bœuf y est excellente) et le *Bang Restaurant* (pour ses nouilles avec du porc grillé), Đ Hung Vuong.

Vous trouverez également deux très bons *restaurants de riz*, au 30 et au 34 Đ Phan Chu Trinh.

Comment s'y rendre
Bus. La gare routière de Quang Ngai (Ben Xe Khach Quang Ngai) fait face au 32 Đ Nguyen Nghiem, à environ 100 m à l'est de la Đ Quang Trung (nationale 1).

Des bus desservent Buon Ma Thuot (et d'autres villes de la province de Dak Lak), Dalat, Danang, Ho Chi Minh-Ville, Hoi An, Kon Tum, Pleiku, Nha Trang et Qui Nhon.

Minibus. Il existe aujourd'hui des navettes touristiques entre Quang Ngai et Hoi An pour 7 $US. Le trajet de 100 km dure 2 heures environ.

Train. La gare de Quang Ngai (Ga Quang Nghia ou Ga Quang Ngai) est à 3 km du centre-ville. Pour y accéder, prenez Đ Hung Vuong, à l'ouest de Đ Quang Trung (nationale 1), qui devient ensuite Đ Nguyen Chanh. Poursuivez votre chemin jusqu'au 389 Đ Nguyen Chanh (à hauteur du virage à gauche), prenez tout droit la rue secondaire. La gare se trouve au bout de cette rue.

Les *Express de la Réunification* s'arrêtent à Quang Ngai. Pour les tarifs, voir *Train* dans le chapitre *Comment circuler.*

Le massacre de My Lai

Le sous-district de Son My fut le théâtre des plus horribles crimes commis par les troupes américaines durant la guerre du Vietnam. Passées à la postérité sous le nom de "massacre de My Lai", ces atrocités furent en fait perpétrées dans les quatre hameaux du sous-district, dont l'un se nomme My Lai. C'est dans le hameau de Tu Cung (sous-hameau de Xom Lang) qu'on dénombra le plus de civils décimés, à l'emplacement où s'élève aujourd'hui le mémorial de Son My.

Le sous-district de Son My passait pour un fief vietcong, dans lequel les villageois auraient nourri et logé les militants communistes. Quelle que soit la réalité des faits, ces paysans n'avaient pas vraiment le choix, le Viet-Cong punissant souvent de mort ceux qui refusaient de collaborer avec eux. Qui eut l'idée de "donner une leçon" à ces pauvres gens, on ne le saura jamais. La seule chose avérée est que les Américains avaient essuyé des pertes les jours précédant cette opération de destruction, menée par trois compagnies d'infanterie à l'aube du 16 mars 1968. Après avoir pilonné la zone avec de l'artillerie lourde et des roquettes, ils déposèrent, par hélicoptère, trois sections de la compagnie "Charlie". Les atrocités commencèrent à la minute même où la compagnie Charlie mit pied à terre.

Dès que la 1re section du lieutenant William Calley se dirigea vers Xom Lang, elle ouvrit le feu sur les villageois qui s'enfuyaient, lança des grenades sur les maisons et les abris, massacra le bétail et incendia les cahutes. Une centaine de personnes, non armées, furent rassemblées et jetées dans un fossé, avant d'être fauchées à la mitrailleuse.

Dans les heures qui suivirent, alors que les hélicoptères de commandement tournaient au-dessus du village et que des navires patrouillaient au large, les 2e et 3e sections, ainsi que les membres du QG de la compagnie, se livrèrent à d'autres crimes ignominieux. Plusieurs groupes de civils, comprenant femmes et enfants, furent rassemblés et exécutés. Les villageois qui fuyaient en direction de Quang Ngai étaient abattus sur la route, et les civils blessés, adultes ou enfants en bas âge, achevés d'une balle dans la tête. En plus de ces tueries, des viols furent également commis. Quatre cas ont été reconnus, dont deux cas de viols collectifs. Dans l'un de ces cas, un GI enfonça le canon de son fusil dans le vagin de la femme qu'il venait de violer, avant de tirer. Un rapport établit qu'un soldat américain se tira une balle dans le pied pour ne pas participer au massacre. Il fut le seul blessé américain de toute l'opération.

Les troupes qui avaient perpétué ces massacres reçurent bien évidemment l'ordre de se taire, mais plusieurs soldats désobéirent afin de soulager leur conscience, une fois rentrés aux États-Unis. Les journaux dévoilèrent l'affaire, ce qui affecta gravement le moral des troupes et provoqua de nouvelles manifestations pacifistes. Contrairement à ceux de la Seconde Guerre mondiale, qui connurent honneurs et gloire à leur retour, les soldats du Vietnam furent souvent rejetés par leurs compatriotes et traités de "tueurs de bébés".

L'armée américaine tenta, à tous les niveaux, de couvrir les atrocités commises puis finit par ouvrir des enquêtes. Si plusieurs officiers reçurent des sanctions disciplinaires, un seul, le lieutenant Calley, fut traduit en Cour martiale et reconnu coupable du meurtre de vingt-deux civils non armés. Condamné à l'emprisonnement à vie, il passa trois ans assigné à résidence et fit appel. Il fut libéré sur parole en 1974, la Cour suprême ayant refusé de se prononcer sur son cas.

Le procès de Calley fait toujours couler beaucoup d'encre. D'aucuns disent qu'on l'a pris pour bouc émissaire, du fait de son grade modeste, et sachant que les ordres furent donnés de beaucoup plus haut. Quoi qu'il en soit, Calley n'a pas agi seul.

Voiture et moto. Quang Ngai est à 131 km de Danang, 860 km de Ho Chi Minh-Ville, 412 km de Nha Trang et 174 km de Qui Nhon.

LES ENVIRONS DE QUANG NGAI
Son My (My Lai)

Le site du massacre de My Lai se situe à 14 km du centre de Quang Ngai. Pour vous y rendre, prenez la nationale 1 (Ð Quang Trung) en direction de Danang et traversez le grand pont qui enjambe la rivière Tra Khuc. Quelques mètres après le pont se dresse une stèle triangulaire en béton indiquant le chemin pour le mémorial de Son My. Tournez à droite (vers l'est, parallèlement à la rivière) et empruntez une piste qui vous y mènera, après 12 km au cours desquels vous découvrirez la campagne environnante, ponctuée de rizières, de plantations de manioc et de jardins potagers, à l'ombre de casuarinas et d'eucalyptus.

Le mémorial de Son My est érigé dans un parc, à l'emplacement même de l'ancien petit hameau de Xom Lang (reportez-vous à l'encadré intitulé *Le massacre de My Lai*).

Les tombes de quelques-unes des victimes, regroupées par famille, ont été dispersées tout autour, au milieu des arbres et des rizières. Un musée a été inauguré à proximité en 1992. L'entrée coûte 1 $US. A l'intérieur, une boîte attend les dons des visiteurs, tandis qu'un panneau explique que l'argent est destiné à aider les survivants et leurs familles. Cependant, les villageois concernés, que nous avons interrogés, affirment n'avoir jamais reçu un sou, et ne pas savoir ce qu'il est advenu des dons.

Si vous ne disposez pas d'une voiture, vous pouvez louer une moto-taxi (*Honda om*) près de la gare routière ou Ð Quang Trung.

Plage de Bien Khe Ky

Cette grande plage de sable blanc (Bai Bien Khe Ky), à 17 km de Quang Ngai et à quelques kilomètres à l'est du mémorial de Son My, s'étend indéfiniment avec sa frange de casuarinas. Elle est séparée de la côte par un bras de mer, le Song Kinh Giang, d'une largeur de 150 m.

Les Hauts Plateaux du Centre

Les Hauts Plateaux du Centre, qui couvrent la partie méridionale de la chaîne montagneuse Truong Son (cordillère annamitique), comprennent les provinces de Lam Dong, Dac Lac (Dak Lak), Gia Lai et Kon Tum. De nombreuses minorités ethnolinguistiques (les Montagnards) vivent dans cette région réputée pour son climat tempéré, la beauté de ses paysages de montagne et ses innombrables cours d'eau, lacs et cascades.

Bien qu'ils ne comptent que 2 millions d'habitants, les Hauts Plateaux ont toujours revêtu une grande importance stratégique. Les régions de Buon Ma Thuot, de Pleiku et de Kon Tum ont été, pendant la guerre du Vietnam, le théâtre de violents combats.

La région occidentale des Hauts Plateaux, qui borde la frontière du Cambodge et du Laos, est un vaste plateau fertile, dont la terre rouge est d'origine volcanique. Le gouvernement a lancé un important programme de recolonisation, afin de tirer profit de la qualité de la terre et de combler le déficit de population. La plupart des colons sont des fermiers arrivant de la région surpeuplée du delta du Mékong. Ce projet, financé par l'État, est une réussite, mais on peut imaginer l'affolement des ethnies locales devant les arrivées massives de Vietnamiens du Nord. Les projets futurs prévoient la construction d'une ligne de chemin de fer.

La région a perdu une grande partie de sa beauté naturelle. La plupart des arbres ont été détruits par l'Agent orange au cours de la guerre du Vietnam ou ont été abattus pour agrandir les surfaces cultivables. Seuls les Montagnards confèrent encore un peu d'authenticité à la région, particulièrement dans le secteur de Kon Tum.

Les autorités en ont interdit jusqu'en 1992 l'accès aux étrangers, à l'exception de la province de Lam Dong (où se trouve Dalat). Même ceux qui venaient pour affaires étaient refoulés sur Ho Chi Minh-Ville. Des précau-

A ne pas manquer

- La station de Dalat, ancien lieu de villégiature français, où les forêts de conifères, les vallées fertiles, les lacs et les cascades se mêlent au kitsch vietnamien
- Les villages des minorités bahnar et jarai
- Une aventureuse excursion sur la piste "Ho Chi Minh"

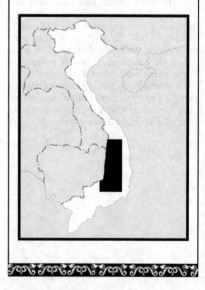

tions indispensables pour le gouvernement central, qui n'exerçait qu'un faible contrôle sur ces régions reculées et ne pouvait prendre le risque de laisser un étranger découvrir l'un des camps de rééducation (pour la plupart dans cette région, dit-on).

La situation a aujourd'hui changé. Les étrangers peuvent visiter librement la région à condition de posséder un permis de circuler, obligatoire dans certains secteurs.

LAC LANGA

Ce bassin de retenue, sur la route de Ho Chi Minh-Ville à Dalat (route nationale 20), s'est couvert de maisons lacustres depuis 1991 (voir la carte *Les environs de Ho Chi Minh-Ville*). Cet habitat permet essentiellement à la population de pêcher le poisson qui abonde dans les eaux du lac. L'endroit s'avère idéal pour les mordus de photographie. Notons cependant que les enfants y mendient avec insistance, car les étrangers les ont habitués aux sucreries.

La plupart des minibus touristiques assurant la navette entre Ho Chi Minh-Ville et Dalat s'arrêtent une dizaine de minutes au lac Langa.

DINH QUAN

Des **cratères volcaniques**, datant du jurassique, il y a 150 millions d'années, se visitent près de Dinh Quan, sur la nationale 20. Le paysage est impressionnant, même si les trois volcans ne sont plus en activité aujourd'hui.

Il faut marcher jusqu'aux cratères, car on ne les aperçoit pas de la nationale. L'un se situe sur la gauche de la route, en direction de Dalat, au niveau de la borne kilométrique marquant 112 km. Un autre se trouve près de la borne 118 km, à droite de la nationale, plus près de Dinh Quan, où vous pouvez louer les services d'un guide pour une somme modique.

GROTTES DE LAVE

Vous découvrirez ces grottes en direction de Dalat, un peu en-dessous des cratères volcaniques. Elles se sont formées lorsque la lave s'est solidifiée en surface tout en continuant de couler sous terre, créant ainsi de vastes cavités aux parois lisses. Elles sont très rares au Vietnam et très différentes des grottes calcaires, composées de sources souterraines et hérissées de stalactites et de stalagmites.

Pour vous y rendre, repérez-vous par rapport à la forêt de teck, située entre les bornes 120 km et 124 km, sur la nationale 20. Les enfants de la région vous montreront l'entrée des grottes. Cependant, il est fortement conseillé de *ne pas* s'y aventurer

seul. Trouvez un guide et informez quelqu'un de votre itinéraire, pour que les secours puissent être envoyés en cas de problème. Prenez deux torches électriques (dont une de rechange).

PARC NATIONAL DE NAM CAT TIEN

De création récente, ce parc national n'est situé qu'à 240 km de Ho Chi Minh-Ville. Il se trouve à cheval sur les provinces de Lam Dong, Dong Nai et Song Be. Fortement arrosé de défoliant pendant la guerre du Vietnam, son territoire s'est peu à peu reconstitué : les vieux arbres ont résisté, la végétation basse a repoussé et la faune a réintégré le domaine. On prétend qu'il abrite le mammifère le plus rare du monde : le rhinocéros de Java. Là vit également une sorte de buffle sauvage appelé gaur. La jungle est peuplée de singes et d'oiseaux innombrables. Parfois, on peut y observer des léopards.

Nam Cat Tien compte aussi des troupeaux d'éléphants, dont la présence a suscité certaines controverses. Au début des années 90, dix pachydermes affamés se sont aventurés aux abords du parc pour chercher de la nourriture et sont tombés dans un cratère de bombe datant de la guerre. Pris de pitié, les paysans des environs ont décidé de construire une rampe pour que les animaux puissent sortir du trou. Pour tout remerciement, les éléphants se sont déchaînés et ont tué 28 villageois. En fait, il aurait mieux valu les achever mais le gouvernement vietnamien n'a pas voulu à l'époque s'attirer les foudres des organisations écologistes. Celles-ci n'ont d'ailleurs pas financé la remise en liberté des animaux, qui, pour la plupart, ont été placés dans des zoos. A plus ou moins long terme, ce type de drame est susceptible de se reproduire. Comme la population du pays augmente, il est à craindre que s'accentue la compétition entre hommes et animaux pour l'appropriation d'un même territoire.

Comment s'y rendre

La région du parc national de Nam Cat Tien s'avère assez pauvre et d'un accès difficile.

HAUTS PLATEAUX DU CENTRE

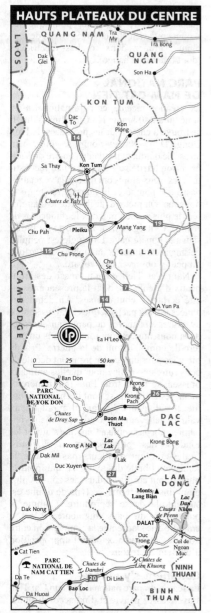

HAUTS PLATEAUX DU CENTRE

Pour vous y rendre, vous emprunterez la nationale 20, qui relie Dalat à Ho Chi Minh-Ville, puis une mauvaise route qui s'enfonce en direction de l'ouest. Sinon, vous traverserez le lac Langa en bateau et poursuivrez à pied. Dalat Tourist n'a toujours pas posé ses jalons dans la région, ce qui représente plutôt un avantage. La présence d'un guide se révèle néanmoins indispensable pour effectuer des randonnées dans cet endroit reculé.

Outre la route de Dalat, on peut accéder au parc par Buon Ma Thuot, mais vous devrez alors traverser la province de Dac Lac, où la police est omniprésente. Aussi faut-il avoir recours à l'office de tourisme officiel de Buon Ma Thuot, le Dak Lak Tourist. Moyennant 200 \$US par jour, vous disposerez, obligatoirement, d'une jeep, d'un guide et d'un chauffeur. Malheureusement, ces "guides" ne parlent souvent ni le français ni l'anglais et ne connaissent pas bien la région.

Certaines agences de voyages de Ho Chi Minh-Ville pourraient bientôt organiser des excursions à Nam Cat Tien. Mais aucun circuit n'est fixé et les bons guides ne sont pas légion.

BAO LOC
Nous vous conseillons de faire étape à Bao Loc (également appelée B'Lao, à 850 m d'altitude) si vous vous rendez à Dalat par route de Ho Chi Minh-Ville. Dans la bourgade, la nationale 20 prend le nom de Ð Tran Phu. Les principales productions locales sont le thé, les feuilles de mûrier (pour la sériciculture) et la soie.

Chutes de Bay Tung
Le chemin qui mène aux chutes de Bay Tung (Thac Bay Tung signifie "les sept marches") commence à la nationale 20, à 7 km du Bao Loc Hotel, en direction de Ho Chi Minh-Ville. On quitte la route à Ap Dai Lao, hameau dépendant du village de Xa Loc Chau, derrière le stand de boissons fraîches de Ba Hai, situé à droite en allant vers Ho Chi Minh-Ville.

La Suoi Mo (la rivière du Rêve) coule 400 m plus loin. Le chemin passe devant des maisons en bois au toit de chaume nichées au milieu des plantations de thé, de café, de bananiers et d'ananas. A la rivière, il bifurque vers la gauche, devient tortueux et glissant parmi les bambous et les fougères. La première cascade se trouve 100 m devant vous. On peut nager dans certains des petits bassins qui s'échelonnent le long de la rivière, mais l'eau est douteuse.

Église de Bao Loc

L'église de Bao Loc se dresse à plusieurs centaines de mètres après le Bao Loc Hotel, sur la nationale 20 en direction de Dalat. Au moment de la rédaction de cet ouvrage, une deuxième église était en construction juste à côté. La messe a lieu le dimanche.

Fabriques de thé

Si vous souhaitez savoir comment est produit le thé, demandez à visiter l'une des fabriques de Bao Loc. La plus importante est Nha May Che 19/5, à 2 km du Bao Loc Hotel en direction de Dalat. Elle surplombe une colline, près d'un château d'eau moderne de couleur jaune. Sa production est destinée à l'exportation. Une seconde fabrique porte le numéro 28/3. Vous pouvez également tenter de visiter la fabrique soviéto-vietnamienne appelée Vietso (anciennement Bisinée).

Où se loger et se restaurer

Le *Bao Loc Hotel* (☎ 864107, 795 Đ Tran Phu) a été construit en 1940. La rénovation prévue par la direction ne sera pas superflue. Au moment de la rédaction de ce guide, les simples coûtaient entre 4 et 6 $US et les doubles entre 7 et 15 $US. Le *restaurant* de l'établissement s'avère correct.

Sur la route principale, à 800 m au sud de l'hôtel, le *Hong Hoang Hotel* (☎ 863117) dispose de chambres facturées entre 10 et 14 $US.

Comment s'y rendre

Bus. La gare routière se trouve à 2 km du Bao Loc Hotel.

Voiture et moto. Bao Loc est à 177 km au nord-est de Ho Chi Minh-Ville, à 49 km à l'ouest de Di Linh et à 131 km au sud-ouest de Dalat.

CHUTES DE DAMBRI

Ce sont parmi les plus hautes (90 m) et les plus belles chutes d'eau du Vietnam, et l'on y accède aisément. Devant un tel spectacle, on a le souffle tout bonnement coupé. Gardez-en néanmoins un peu pour gravir le sentier escarpé qui vous conduira au sommet du site…

Non loin de Bao Loc, vous découvrirez une région principalement occupée par des Montagnards. Avant d'arriver dans la petite bourgade, tournez à droite et prenez la piste sur une quinzaine de kilomètres. Plus vous approchez, plus le mont May Bay se dévoile à vous sur la droite. Les étrangers doivent acquitter un droit de visite de 1 $US. Le *Dambri Restaurant* qui jouxte le parking s'avère peu cher et excellent.

DI LINH

La ville de Di Linh, aussi appelée Djiring, est perchée à 1 010 m. La région produit principalement du thé, cultivé sur de vastes plantations créées par les Français et actuellement gérées par l'État. Le plateau de Di Linh constitue un excellent but d'excursion pour la journée. On y chassait encore le tigre il n'y a pas si longtemps.

Cascade de Bo Bla

L'eau tombe ici sur 32 m de haut. La cascade est à 7 km à l'ouest de la ville.

Comment s'y rendre

Di Linh se trouve à 226 km au nord-est de Ho Chi Minh-Ville et à 82 km au sud-ouest de Dalat sur la nationale 20, qui relie ces deux villes. Une petite route mène à Phan Thiet (96 km).

CHUTES DE PONGOUR

A 55 km de Dalat sur la route de Ho Chi Minh-Ville part une petite route qui, après 7 km, mène aux plus importantes chutes d'eau de la région. Ces chutes forment un demi-cercle spectaculaire pendant la saison des pluies.

CHUTES DE GOUGAH

A environ 40 km de Dalat en direction de Ho Chi Minh-Ville, à 500 m de la nationale, les chutes de Gougah sont aisément accessibles.

CHUTES DE LIEN KHUONG

A cet endroit, la Dan Nhim fait 100 m de large et un saut de 15 m sur un affleurement de roche volcanique. Le site est visible de la nationale et se trouve à 35 km de Dalat en direction de Ho Chi Minh-ville, non loin de l'aéroport de Lien Khuong.

A Lien Khuong jaillit non pas une cascade mais plusieurs, toutes à proximité de la route. La promenade qui mène à leur sommet est très agréable. On peut nager au pied des rochers de l'une d'elles. Ces chutes ne font l'objet d'aucune exploitation touristique ; du reste, elles ne sont même pas indiquées de la route.

Per Arenmo

LAC DAN NHIM

Le lac Dan Nhim (1 042 m d'altitude) doit son existence à la construction d'un barrage effectuée par les Japonais entre 1962 et 1964, au titre des réparations de guerre. Il couvre une superficie de 9,3 km² et sa vaste centrale hydroélectrique fournit de l'énergie à une bonne partie du sud du Vietnam.

Les studios de cinéma de Ho Chi Minh-Ville en ont fait leur lieu de prédilection pour le tournage de scènes romantiques.

La centrale électrique est installée à l'ouest, en bordure de la plaine côtière. L'eau du lac y arrive en force, après avoir emprunté deux énormes conduits quasi verticaux sur 1 km depuis le col de Ngoan Muc.

Cette région passe pour être un paradis pour les amateurs de chasse et de pêche. Néanmoins, les policiers de la région vous interdiront sans doute de circuler dans les environs si vous ne disposez pas d'un permis délivré par Dalat Tourist.

Où se loger

Le seul hôtel de Ninh Son n'a pour le moment pas le droit d'accueillir les étrangers.

Comment s'y rendre

Le lac, distant de Dalat de près de 38 km, est situé dans le district de Don Duong, province de Lam Dong. Prendre la direction de Phan Rang ; le barrage est situé 1 km plus loin, sur votre gauche. La centrale électrique est au pied du col de Ngoan Muc, près de la ville de Ninh Son.

COL DE NGOAN MUC

Les Français l'appelaient le col de Bellevue (980 m). Il se dresse à environ 5 km du lac Dan Nhim, et à 64 km à l'ouest de Phan Rang. Un temps clair permet de voir toute la plaine côtière jusqu'à la mer de Chine, 55 km plus loin à vol d'oiseau. La nationale dévale la montagne en une série de virages en épingle à cheveux, passant sous deux gigantesques conduits (toujours gardés par des soldats) qui relient le lac à la centrale électrique. Au sud de la route (à droite face à l'océan), vous pouvez voir les rails du train à crémaillère reliant Thap Cham à Dalat (voir la rubrique suivante *Dalat*). Au sommet du col, vous découvrirez une cascade non loin de la route, ainsi que la gare de Bellevue, désaffectée.

DALAT

Dalat se situe à 1 475 m d'altitude, dans une région tempérée parsemée de lacs, de chutes, de vergers et de forêts d'arbres à feuillage persistant. Son climat frais et la nature magnifique qui l'entoure en font une des villes les plus agréables du pays. On l'appelait autrefois le Petit Paris et vous pourrez d'ailleurs découvrir une réplique miniature de la tour Eiffel derrière le marché central. Pour les Vietnamiens, elle constitue, par excellence, la ville des lunes de miel. Dalat attire de plus artistes et avant-gardistes ; elle symbolise également le kitsch vietnamien.

Ses cultures maraîchères et horticoles, surtout les magnifiques hortensias, alimentent les marchés du sud du Vietnam et font vivre une bonne partie de la population. Cependant, Dalat doit avant tout sa prospérité au tourisme. Chaque année, 300 000 Vietnamiens s'y rendent. Il faut toutefois regretter que les habitants aient le mauvais goût de créer des "centres d'attractions" avec mini-zoos, ballons pour les enfants et Vietnamiens déguisés en bunnies.

On venait, du temps des Français, chasser le gros gibier dans cette région. Une brochure des années 50 proclamait : "A deux heures de voiture de la ville, vous trouverez des zones riches en gibier tel que biches, chevreuils, paons, faisans, sangliers, ours bruns, panthères, tigres et éléphants". La chasse a été si bonne que le gros gibier a totalement disparu. Vous aurez une idée du glorieux passé de Dalat en voyant certains des "souvenirs" que compte la ville.

La prédilection des habitants de Dalat pour de malheureux animaux empaillés m'a semblé incroyable. Nous avons été pris d'un fou rire à ce sujet à Hanoi, en sortant du mausolée de Ho Chi Minh. Nous nous demandions en effet ce que les taxidermistes de Dalat auraient fait de l'oncle Ho si les Russes ne leur avaient pas soufflé le contrat.

Tony Wheeler

La ville compte 125 000 habitants, dont quelque 5 000 membres des minorités montagnardes. Ces minorités de la province de Lam Dong ne seraient pas moins de trente-trois. Les Montagnards se promènent souvent au marché vêtus de leur costume traditionnel. Les femmes portent leurs enfants dans le dos à l'aide d'une pièce de tissu nouée sur la poitrine.

Une Zone de nouvelle économie (zone rurale où les réfugiés du Sud et des régions surpeuplées du Nord ont été quasiment forcés de s'installer après la réunification) se trouve à 14 km de Dalat, dans le district de Lam Ha, où vit une population permanente de plus de 10 000 personnes.

On appelle souvent Dalat "la ville de l'éternel printemps". La température oscille en moyenne entre 15 et 24°C. La saison sèche s'étend de décembre à mars. Le soleil brille la plupart du temps pendant la saison des pluies, d'avril à novembre.

Histoire

C'est le Dr Alexandre Yersin (1863-1943), protégé de Louis Pasteur et découvreur du bacille de la peste (ou bacille de Yersin), qui a lancé Dalat en 1897. La station devint vite très populaire chez les Européens, heureux de bénéficier d'un havre de fraîcheur qui leur permette de fuir la chaleur accablante des plaines du delta. En langue lat, Da Lat signifie "rivière de la tribu Lat".

Dalat fit l'objet d'un accord tacite durant la guerre du Vietnam, ce qui lui épargna attaques et bombardements. Les officiers sud-vietnamiens s'entraînaient à l'Académie militaire de la ville, tandis que les notables du régime de Saigon se détendaient dans leurs villas et que les dignitaires vietcong en faisaient autant dans les leurs, toutes proches. La ville se rendit aux troupes nord-vietnamiennes, sans coup férir, le 3 avril 1975. Il n'y a donc ni mine ni engin non explosé dans cette zone.

Orientation

Dalat est une ville très étendue. Le centre se situe autour du cinéma Rap 3/4 (date de la libération de Dalat en 1975), en haut de la colline en partant de l'immeuble du grand marché. Au sud de la ville, on ne peut manquer le lac Xuan Huong.

Renseignements

Agences de voyages. Dalat Tourist (☎ 822715, fax 822661) est à la fois l'office du tourisme et l'agence de voyages de la ville. Ses bureaux sont situés 35 Ð Tran Hung Dao, mais, si vous souhaitez réserver une excursion ou louer une voiture, adressez-vous au Dalat Tourist Travel Services Centre (☎ 822125, fax 828330), 7 Ð 3 Thang 2 (non loin du centre-ville).

Argent. Vous pourrez changer du liquide et des chèques de voyage à la Banque agricole du Vietnam (Ngan Hang Nong Nghiep Vietnam), située Ð Nguyen Van Troi, en plein centre-ville.

Poste et communications. La poste principale fait face au Novotel Dalat, 14 Ð Tran Phu. Vous pourrez y téléphoner et y envoyer à l'étranger télégrammes, télex et fax.

Lac Xuan Huong

Ce lac artificiel a été créé en plein cœur de la ville lors de la construction d'un barrage, en 1919. Il tient son nom d'une poétesse vietnamienne du XVIIe siècle, réputée pour ses attaques virulentes contre l'hypocrisie de la société et les points faibles des grands de ce monde. Près du Thanh Thuy Restaurant (à 200 m au nord-est du barrage), on peut louer des sortes de pédalos ressemblant à des cygnes géants. Un parcours de golf de 50 hectares, au nord du lac, vient d'être rénové grâce à des fonds étrangers. Du haut de sa colline, le majestueux Palace Hotel domine le lac.

Train à crémaillère

Installée à quelques 500 m à l'est du lac, la gare mérite une visite. La voie à crémaillère, qui fonctionnait depuis 1928 entre Dalat et Thap Cham, a dû être fermée en 1964 à cause des attaques incessantes du Viet-Cong. On l'a partiellement réparée et rouverte à des fins touristiques, pour des destinations proches. Le trajet de 8 km qui mène au village de Trai Mat est agréable. Comptez 3 $US l'aller-retour (0,50 $US sur la plate-forme).

Pension et galerie d'art de Hang Nga

Cette "maison de fous", comme disent les habitants de Dalat, abrite une pension, un café et une galerie d'art. Directement inspirée d'*Alice au pays des merveilles*, son architecture est difficile à décrire. Faite de grottes, de toiles d'araignée géantes en fil de fer, de "troncs d'arbres" en béton, elle se pare aussi d'une forme de statuaire rarissime au Vietnam (la femme nue), d'une girafe de béton abritant un salon de thé… Cet ensemble un peu kitsch surprend plus d'un étranger, néanmoins ravi de découvrir ce petit bijou de la contre-culture à Dalat. Quelques inconditionnels de l'avant-garde et de simples curieux n'hésitent pas à débourser 0,20 $US pour y pénétrer et prendre quelques photos. Le produit des visites est réinvesti dans des projets artistiques qui viendront s'ajouter à l'ensemble.

La conceptrice de la galerie, Mme Dang Viet Nga (appelez-la "Hang Nga"), est originaire de Hanoi. Elle a vécu quatorze ans à Moscou, où elle a obtenu un doctorat d'architecture. Cette femme intéressante s'habille dans le plus pur style hippie des années 60 et s'entoure d'un léger mystère. Elle a conçu plusieurs bâtiments aux environs de Dalat, dont le Palais de la culture pour les enfants et l'église Lien Khuong.

Ces innovations architecturales de Hang Nga n'enchantent guère le Comité populaire de Dalat. Ainsi, ce que l'on appelait "la maison aux cent toits" et qui leur paraissait d'inspiration fort peu socialiste a disparu dans un "incendie accidentel". A vrai dire, l'artiste ne risque guère d'avoir des ennuis avec les autorités : son père, le président Truong Chinh, avait succédé à Ton Duc Thang en 1981 comme deuxième chef de l'État vietnamien réunifié.

La Hang Nga Guesthouse & Art Gallery (☎ 822070) se trouve à 1 km au sud-ouest du lac Xuan Huong, 3 Ð Huynh Thuc Khang.

Quartier français

Ce quartier, situé entre le cinéma Rap 3/4 et la Ð Phan Dinh Phung, semble figé dans le passé. Imaginez qu'on ait évacué en 1934 une ville de province française et remplacé tous ses habitants par des Vietnamiens : c'est à peu près l'effet que produit ce quartier. C'est un délicieux but de promenade.

Résidence du gouverneur général

L'ancienne résidence du gouverneur général (Dinh Toan Quyen, ou Dinh 2 ; ☎ 822093) a été transformée en une sorte d'hôtel sélect qui prête également son cadre aux réceptions officielles.

Les Français l'ont construite en 1933 dans le style de l'époque. Cet édifice de 25 pièces contient encore les meubles originaux. Déchaussez-vous avant d'entrer.

La résidence a été bâtie à quelque 2 km à l'est du centre-ville. Montez la côte qui part de l'intersection des Ð Tran Hung Dao et Khoi Nghia Bac Son. La visite se fait de 7h à 11h et de 13h30 à 16h. Les tickets sont en vente dans les anciennes dépendances, à quelques centaines de mètres de la maison. On vous fera peut-être payer un petit supplément pour prendre des photos à l'intérieur.

Il est possible de séjourner dans les suites, avec balcon et gigantesque salle de bains, pour 40 $US par personne. Renseignez-vous auprès de Dalat Tourist.

Résidence d'été de Bao Dai

Le palais d'été de l'empereur Bao Dai (Biet Dien Quoc Truong, ou Dinh 3) est une villa aux tons ocre, construite elle aussi en 1933. Le décor de cette demeure de 25 pièces est resté tel quel, si ce n'est un portrait de Ho Chi Minh suspendu au-dessus de la cheminée. Le palais abrite une collection très intéressante d'objets liés aux événements des dernières décennies.

Ainsi, est exposée une carte du Vietnam en verre gravé, offerte à l'empereur Bao Dai en 1942 par des Vietnamiens étudiant en France. L'empereur, né en 1913, a régné de 1926 à 1945. Dans le bureau, son buste grandeur nature trône au-dessus de la bibliothèque. Les bustes plus petits aux tons dorés représentent son père, l'empereur Khai Dinh. Notez le sceau impérial en cuivre massif (à droite) et le sceau militaire (à gauche). Les photographies sur la cheminée représentent, de gauche à droite, Bao Dai, son fils aîné Bao Long (en uniforme) et l'impératrice Nam Phuong, décédée en 1963.

Les appartements privés sont à l'étage. La chambre du prince Bao Long, qui vit à présent en Grande-Bretagne, est une symphonie de jaunes, couleur royale. Notez l'immense canapé semi-circulaire utilisé par le couple impérial lorsqu'il se retrouvait en famille : les trois filles s'installaient sur les sièges jaunes, les deux fils, sur les roses.

Le palais se niche dans une pinède à 500 m au sud-est de l'Institut Pasteur, lui-même installé Ð Le Hong Phong, à 2 km au sud-ouest du centre-ville. Le palais est ouvert de 7h à 11h et de 13h30 à 16h. N'oubliez pas de vous déchausser avant d'entrer. Les étrangers régleront un droit d'entrée de

1 $US, plus, éventuellement, un droit de photographier ou de filmer.

Les touristes peuvent séjourner là pour 40 $US par personne et par nuit. Renseignez-vous auprès de Dalat Tourist.

Jardins de Dalat

Ces jardins (Vuon Hoa Dalat ; ☎ 822151), créés en 1966 à l'initiative du ministère de l'Agriculture sud-vietnamien, ont été rénovés en 1985. Des hortensias et des fuchsias embellissent les lieux, de même que des orchidées (*hoa lan*) cultivées dans des bâtiments ombragés situés à droite de l'entrée. Elles poussent dans des troncs de cocotier ou dans des pots de terre cuite percés de multiples trous d'aération.

Plusieurs singes vivent en cage dans l'enceinte des jardins. Ne manquez pas les stands situés près de l'entrée, qui vendent des *cu ly*, racines de fougère rougeâtres en forme d'animaux. Leurs fibres servent en médecine traditionnelle à arrêter les saignements. De l'avis même d'un de nos lecteurs :

Si vous aimez le kitsch, allez visiter les jardins de Dalat. Impossible de les décrire, il faut les voir ! Une merveille !

Les jardins font face au lac Xuan Huong, 2 Ð Phu Dong Thien Vuong, qui relie le lac à l'université. Ils sont ouverts de 7h30 à 16h. La vente de billets s'interrompt quelques instants vers 12h.

Université de Dalat

Dalat est un haut lieu de l'enseignement, pour la raison toute simple que la fraîcheur du climat favorisait l'étude à une époque où l'on ne connaissait pas l'air conditionné. Université catholique à l'origine, la célèbre université de Dalat fut fondée en 1957 par l'archevêque de Hué, Mgr Ngo Dinh Thuc, frère aîné du président Diem, assassiné en 1963. En 1975, à la suite de la "libération" du Sud-Vietnam, l'université a été confisquée et fermée pendant deux ans.

Elle accueille plus de 1 200 étudiants, originaires du Centre et du Sud du Vietnam, qui logent dans les dortoirs en ville. Sa biblio-

Vous pourriez être l'heureux gagnant

Les Asiatiques adorent le jeu, et les Vietnamiens ne font pas exception. La folie du loto a envahi le Vietnam, notamment le Sud (les tribus montagnardes des provinces du Nord sont restées relativement préservées), où les billets se vendent dans plus de 40 provinces.

On trouve trois principaux types de billets, vendus 2 000 dongs (0,15 $US). Les plus populaires sont fabriqués sur du papier à billets de banque et prennent pour motif des voitures de sport rouges, des fleurs, ou encore des superbes mannequins vietnamiens, dans le style du chic des années 70. Les billets à résultat instantané, enveloppés dans du papier, sont moins appréciés. On les présente directement au vendeur qui vérifie s'ils correspondent aux numéros gagnants. Enfin, les billets à gratter se vendent très bien dans les régions du Centre et sont décorés d'animaux africains exotiques.

Tous ces billets sont vendus dans la rue par des enfants, qui prennent une commission de 10% sur chaque vente (soit moins de 0,01 $US). Les numéros gagnants du jour sont communiqués chaque après-midi et consultables chez les vendeurs (ce qui oblige plus ou moins à en acheter un nouveau) ou dans les journaux locaux le lendemain. Le montant de la somme gagnée est déterminé par le nombre de bons numéros sur le billet acheté et ne dépasse pas 50 millions de dongs (soit 360 $US). Le gagnant dispose d'un mois pour se faire connaître.

La loterie est bien sûr légale, mais les autorités sanctionnent les fréquentes contrefaçons et les erreurs d'impression, ce qui confère une toute autre dimension au jeu.

thèque contient 10 000 ouvrages, certains en français. L'université se trouve 1 Đ Phu Dong Thien Vuong (à l'angle de la Đ Dinh Tien Hoang). Le campus de 38 hectares se repère facilement à sa tour triangulaire surmontée d'une étoile rouge (c'était auparavant une croix).

Les touristes doivent acquitter un droit pour pénétrer sur le campus. Bien entendu, les sommes ainsi recueillies sont censées revenir aux professeurs étrangers, qui enseignent, entre autres, le français, l'anglais, la comptabilité et la gestion d'entreprise.

Centre de recherche nucléaire

Ce centre utilise un réacteur américain Triga Mark II, spécialisé dans la médecine radioactive, afin d'entraîner des scientifiques et de réaliser des analyses d'échantillons destinés à la recherche géologique et agricole.

Vous repérerez facilement le centre de recherche nucléaire à sa longue cheminée, qui se voit de partout. L'établissement est fermé au public.

Ancien petit lycée Yersin

L'ancien lycée français, situé 1 Đ Hoang Van Thu, est devenu un centre culturel (☎ 822511), dirigé par le gouvernement de la province. Cet établissement dispense notamment des cours de guitare électrique et acoustique, de piano, de violon, de clarinette et de saxophone. Un nouveau conservatoire a ouvert Đ Tang Bat Ho.

Vallée de l'Amour

L'empereur Bao Dai l'avait baptisée "vallée de la Paix", mais les étudiants romantiques de l'université de Dalat ont obtenu, en 1972, qu'on l'appelle vallée de l'Amour (Thung Lung Tinh Yeu).

On se croirait un peu au carnaval. Les bus de touristes déversent une foule de visiteurs aussitôt happés par des bateliers. Un pédalo coûte 0,50 $US l'heure, un canot pour 15 personnes revient à 4 $US. Des bateaux à moteur extrêmement bruyants vous prennent 5 $US pour faire le tour du lac.

C'est aussi l'endroit où les "Dalat cowboys" sont rois. Il s'agit de guides vietnamiens déguisés en cow-boys, en ours ou en Mickey, qui louent des chevaux aux touristes pour un minimum de 5 $US l'heure et peuvent vous emmener en promenade autour du lac. Attention ! les prendre en photo n'est pas gratuit et il vous en coûtera 0,30 $US.

Des stands situés à l'arrivée des bus proposent rafraîchissements et spécialités locales (confitures, fruits confits).

La vallée de l'Amour se trouve à 5 km au nord du lac Xuan Huong, en quittant Đ Phu Dong Thien. L'entrée coûte 0,20 $US.

Cascades de Cam Ly

Créé en 1911, ce lieu hautement touristique remporte un gros succès auprès de la clientèle vietnamienne, non pas tant pour ses chutes de 15 m de haut, mais pour les chevaux et les cow-boys de Dalat. Ici, les cow-boys ne sont pas des guides mais des touristes qui, pour une somme modique, se déguisent en John Wayne.

L'accès se fait 57-59 Đ Hoang Van Thu. Ouverture de 7h à 18h.

Tombeau de Nguyen Huu Hao

Nguyen Huu Hao est mort en 1939. C'était le beau-père de Bao Dai et l'homme le plus riche du delta du Mékong. Son tombeau se dresse au sommet d'une colline, à 400 m au nord-ouest des cascades de Cam Ly.

Station de pompage du Dragon

Cette station de pompage gardée par un fier éléphant de béton a été construite en 1977-1978. La statue de la Vierge à l'enfant qui veille sur Dalat remonte à 1974. Le château d'eau de Thong Nhat surplombe une colline, à l'ouest de la station de pompage, à 500 m de l'entrée de la vallée de l'Amour.

Pagodes et églises

Pagode Lam Ty Ni. Portant également le nom de Quan Am Tu, la pagode de Lam Ty Ni fut bâtie en 1961. Le superbe portique est l'œuvre du bonze de la pagode, Vien Thuc, qui étudia le français, l'anglais, le khmer et le thaï à l'université de Dalat. Il profita des 35 ans qu'il passa ici pour plan-

ter des massifs de fleurs et aménager des jardins de différents styles, dont un jardin japonais en miniature, orné d'un pont. Des panneaux indiquent le nom chinois de chaque jardin. Des allées ombragées et des tonnelles complètent l'ornementation. Vien Thuc a également fabriqué la plupart des meubles en bois de la pagode.

Outre la pagode et ses jardins, la véritable attraction est M. Thuc et son incroyable collection d'œuvres d'art. Le mot "prolifique" semble bien faible pour le qualifier ! Selon ses propres estimations, il aurait produit plus de 100 000 œuvres d'art, dont des milliers sont accrochées dans la pagode ou à proximité (voire dehors sous la pluie !).

A Dalat, nous avons fait la connaissance du bonze Vien Thuc à la pagode Lam Ty Ni. Son accueil chaleureux fait partie de nos meilleurs souvenirs. Il nous a fait visiter la pagode ainsi que ses appartements privés. Très occupé par ses activités picturales et poétiques, il est vrai qu'il laisse un peu les jardins à l'abandon… Mais nous avons admiré certaines œuvres accrochées au mur. Il s'agissait, pour la plupart, de compositions abstraites à l'encre noire sur papier de riz blanc et, pour le reste, d'aquarelles, toutes de qualité. Absolument ravi, il nous a serrés dans ses bras et nous a pris par la main pour nous conduire à son atelier, où il conserve des centaines de peintures. Nous sommes restés 3 heures, pendant lesquelles M. Thuc n'a cessé de parler, de sourire et de poser avec nous pour de nombreuses photos. Nous avons fini par prendre chacun quatre ou cinq peintures, pour lesquelles nous lui avons donné environ 3 $US pièce. Comme j'admirais l'un de ses poèmes, il a saisi un pot d'encre et un stylet de bambou pour le recopier sur ma peinture. M. Thuc a roulé nos peintures dans des cartons et les a suspendus à notre cou. Nous étions cinq ; nous n'avons pas arrêté de parler de cette rencontre pendant des semaines.

Frank Visakay

Les guides à moto ont surnommé ce travailleur acharné un peu excentrique "moine homme d'affaires" (beaucoup n'apprécient pas sa réussite financière, sans compter qu'ils doivent attendre des heures leurs clients devant la pagode). Certains affirment que M. Thuc est l'homme le plus riche de Dalat, ce qui n'est pas impossible à en juger par le nombre incroyable de "peintures instantanées" qu'il vend.

Le moine économise actuellement ses dollars en attendant d'obtenir le passeport qui lui permettra de faire le tour du monde, qu'il prépare depuis longtemps. Il souhaite rendre visite à certains voyageurs qui ont acheté ses peintures. Il affirme avoir besoin "d'au moins 30 000 dollars" pour son voyage et paraît visiblement en bonne voie pour les récolter.

M. Thuc nourrit déjà les rumeurs et s'est transformé en mythe. Nous avons récemment reçu une lettre nous annonçant son décès prématuré. Il a bien ri en apprenant la nouvelle ! La rencontre de cet homme délicieux est une merveille. Sachez cependant que sa popularité atteint des sommets et que le flux de visiteurs à la pagode est désormais ininterrompu, à tel point que M. Thuc est parfois obligé de fermer pour avoir le temps de manger.

La pagode Lam Ty se situe à quelque 500 m au nord de l'Institut Pasteur, 2 Ð Thien My. Il est facile de combiner sa visite avec celle du palais d'été de Bao Dai.

Pagode Linh Son. Cette pagode abrite, depuis sa fondation en 1938, une cloche géante faite, dit-on, d'un mélange de bronze et d'or, dont le poids décourage les éventuels voleurs. Derrière la pagode s'épanouissent des théiers et des caféiers, laissés aux bons soins de quinze bonzes âgés de 20 à 80 ans, ainsi que de quelques novices.

L'un des bonzes a mené une vie fascinante, dont les épisodes illustrent bien les aléas de l'histoire contemporaine du Vietnam. Né en 1926 d'un père japonais et d'une mère vietnamienne, il fut enrôlé par les occupants japonais pendant la Seconde Guerre mondiale en qualité d'interprète. En 1959, à l'âge de 35 ans, il passa son diplôme de fin d'études secondaires dans un monastère franciscain francophone. Il s'intéressa ensuite à la littérature américaine et soutint une thèse sur William Faulkner à l'université de Dalat en 1975. Il parle couramment une demi-douzaine de langues orientales et européennes.

La pagode Linh Son, 120 Ð Nguyen Van Troi, se trouve à environ 1 km du centre-ville, par Ð Phan Dinh Phung.

Cathédrale. La cathédrale de Dalat est située Ð Tran Phu, à côté du Novotel Dalat ; sa construction dura de 1931 à 1942. La croix au sommet de la flèche se dresse à 47 m de hauteur. Ses vitraux de style médiéval lui donnent un cachet très européen. Une église, datant des années 20, existait déjà à cet emplacement. Vous la voyez avec sa porte voûtée bleu ciel, à gauche de la cathédrale.

Trois prêtres officient dans la cathédrale. Messes à 5h30 et 17h15 du lundi au samedi, et à 5h30, 7h et 16h le dimanche. Les trois chorales (une pour chaque messe dominicale) répètent le jeudi et le samedi entre 17h et 18h.

Église évangélique vietnamienne. Située 72 Ð Nguyen Van Troi, l'église évangélique vietnamienne, toute rose, est le principal temple protestant de la ville. Elle date de 1940 et faisait partie, jusqu'en 1975, de l'Alliance des missions chrétiennes. Son pasteur a obtenu son diplôme à l'école de théologie de Nha Trang.

Depuis la réunification, le régime communiste a davantage persécuté les protestants que les catholiques, sans doute parce que les pasteurs étaient généralement formés par des missionnaires américains. Ce temple ne fonctionne véritablement que le dimanche : l'éducation religieuse a lieu de 7h à 8h, suivie de prières de 8h à 10h. Un culte à l'intention des jeunes est célébré de 13h30 à 15h30.

La province de Lam Dong compte une centaine de temples pour quelque 25 000 protestants, originaires pour la plupart d'ethnies vivant dans les collines. La communauté protestante purement vietnamienne ne possède que six temples, dont l'église évangélique de Dalat.

Couvent du Domaine de Marie. Ce vaste couvent (Nha Tho Domaine) fut construit entre 1940 et 1942. Ses bâtiments roses aux toits couverts de tuiles abritaient à l'époque plus de 300 sœurs. Seules huit y vivent encore, de la vente des fruits de leur verger et du gingembre confit qu'elles confectionnent.

Le couvent avait une bienfaitrice en la personne de l'épouse de l'amiral Jean Decoux, gouverneur général d'Indochine sous Vichy. Elle a été enterrée au pied du mur de la chapelle, après un accident mortel de voiture survenu en 1944.

Le couvent surplombe une colline, 6 Ð Ngo Quyen (appelée aussi Ð Mai Hac De). Les religieuses sont ravies de faire visiter les lieux et d'expliquer, en français, leur action en faveur des petits orphelins, des sans-abri et des handicapés. Dans une modeste échoppe, elles vendent des objets d'artisanat réalisés par les enfants et par elles-mêmes.

Les messes se déroulent dans la grande chapelle, à 5h30 du lundi au samedi, et à 5h30 et 16h15 le dimanche.

Église Du Sinh.
Des réfugiés catholiques du Nord-Vietnam ont bâti l'église Du Sinh en 1955, à l'initiative d'un prêtre de sang royal originaire de Hué. Son clocher à quatre colonnes est typique du style sino-vietnamien. Sa situation au sommet d'une colline en fait un bon but de pique-nique, agrémenté d'un superbe panorama.

On y accède par la Ð Huyen Tran Cong Chua, en partant de l'ancien couvent des Oiseaux, aujourd'hui l'École normale.

Pagode Thien Vuong.
La pagode Thien Vuong, également appelée Chua Tau (pagode chinoise), remporte un vif succès auprès des touristes vietnamiens, nombreux, surtout ceux d'origine chinoise. La congrégation de Chaozhou l'a fait édifier en 1958 au sommet d'une colline boisée de pins. Le bonze fondateur de la pagode, Tho Da, a depuis lors émigré aux États-Unis. Des stands à l'entrée proposent d'excellents fruits confits et des confitures.

La pagode proprement dite est formée de trois bâtiments jaunes en bois. Dans le premier fut érigée une statue en bois doré de

Ho Phap, l'un des protecteurs du Bouddha. De l'autre côté de la vitrine, une autre statue de bois doré représente Pho Hien, assistant de Bouddha A Di Da (Bouddha du Passé). Déchaussez-vous avant de pénétrer dans le troisième bâtiment, où se dressent trois sculptures de 4 m de haut, offertes par un fidèle britannique qui les a fait venir de Hong Kong en 1960. Chacune pèse 1 400 kg. Il s'agirait des plus grandes statues de bois de santal du Vietnam. Elles représentent, au centre, le Bouddha Thich Ca (Sakyamuni, Bouddha historique), à droite, Quan The Am Bo Tat (Avalokiteçvara, déesse de la Miséricorde) et, à gauche, Dai The Chi Bo Tat (assistant d'A Di Da).

La pagode Thien Vuong se trouve à environ 5 km au sud-est du centre-ville, dans Ð Khe Sanh.

Pagode Minh Nguyet Cu Sy Lam.
Cette pagode bouddhique chinoise apparaît au bout du chemin partant de la pagode Thien Vuong. Elle fut construite en 1962 par la congrégation chinoise de Canton. Son sanctuaire principal, en forme de cercle, repose sur une plate-forme représentant une fleur de lotus.

Vous découvrirez à l'intérieur une statue en ciment peint de Quan The Am Bo Tat. Déchaussez-vous avant d'entrer. Les motifs de fleurs de lotus se répètent partout, sur les piliers et les montants des fenêtres. Notez, près du sanctuaire principal, l'énorme encensoir rouge en forme de calebasse. La pagode est ouverte toute la journée, et son entrée est gratuite.

Pagode Su Nu.
Ce couvent bouddhique, également appelé Chua Linh Phong, a été construit en 1952. Comme l'exige leur office, toutes les bonzesses ont le crâne rasé et portent des tuniques grises ou marron. Elles ne se vêtent de la tunique safran que pour les prières. Les hommes peuvent visiter la pagode, mais seules les femmes peuvent y résider. Le couvent est ouvert toute la journée ; évitez toutefois de vous présenter à l'heure du déjeuner, lorsque les bonzesses chantent des prières *a cappella* avant leur

LE CENTRE DE DALAT

Vers le village Lat (12 km) et les monts Lang Bian

Vers la vallée de l'Amour (5 km)

Duong Nguyen Van Troi

Duong Bui Thi Xuan

Duong Phan Dinh Phung

Duong Hai Ba Trung

Duong Phan Boi Chau

Duong Ly Tu Trong

Duong Tang Bat Ho

Place Hoa Binh

Duong Truong Cong Dinh

Duong 3 Thang 2

Duong Nam Ky Khoi Nghia

Duong Nguyen Chi Thanh

Duong Le Dai Hanh

Duong Nguyen Thi Minh Khai

Duong Nguyen Thai Hoc

Vers le terrain de golf et les jardins de Dalat

Lac Xuan Huong

0   50   100 m

Barrage Xuan Huong

Duong Tran Quoc Toan

Vers le Thuy Ta Restaurant et le lac des Soupirs

Duong Le Dai Hanh

Vers la poste, le Palace Hotel, la cathédrale et le Dalat Hotel

OÙ SE LOGER
1 Mimosa Hotel II
3 Highland Hotel
5 Peace Hotel
6 Truong Nguyen Mini-Hotel 2
8 Cam Do Hotel
9 Peace Hotel II
14 Phu Hoa Hotel
25 Thuy Tien Hotel et Dalat Tourist Travel Services Centre
26 Anh Dao Hotel
29 Thanh Binh Hotel
31 Golf 3 Hotel
32 Haison Hotel
35 Trixaco Hotel
38 Ngoc Lan Hotel
39 Hotel Chau Au Europa

OÙ SE RESTAURER
2 Hoang Lan Restaurant
4 Dong A Restaurant
11 Pho Tung
12 Cafe Tung
13 Thanh Thanh Restaurant
15 Thanh Son
20 Stop'n Go Cafe

24 Long Hoa Restaurant
27 La Tulipe Rouge Restaurant
28 Café de glaces à l'italienne
30 Nhu Hai Restaurant
33 Viet Hung Cafe
34 Thanh Thuy Restaurant
37 Échoppes de nourriture

DIVERS
7 Saigon Nite
10 Banque agricole du Vietnam
16 Cinéma Rap 3/4
17 Boutiques de vêtements
18 Bus interprovinciaux (interdits aux étrangers)
19 Musée des ethnies montagnardes
21 Supermarché
22 Marché central (Bâtiment Mai)
23 Vietnam Airlines
36 Station-service

repas. Dans l'enceinte, au milieu des plants de théiers, vous pourrez admirer la pierre tombale de la chef bonzesse Thich Nu Dieu Huong.

La pagode Su Nu se situe 72 Ð Hoang Hoa Tham, à près d'un km au sud de Ð Le Thai To.

Promenades à pied et à bicyclette

La meilleure façon de découvrir les forêts et les zones rurales des environs de Dalat est de se promener à pied, à cheval ou à bicyclette. Voici quelques suggestions d'itinéraires :

• Emprunter Ð 3 Thang 4 (qui devient la nationale 20) pour se promener dans les pinèdes du col de Prenn jusqu'au réservoir de Quang Trung.

• Monter Ð Khe Sanh jusqu'à la pagode Thien Vuong, en passant par la résidence du gouverneur général.

• Prendre Ð Phu Dong Thien Vuong, de l'université de Dalat à la vallée de l'Amour.

• En sortant du palais d'été de Bao Dai, s'arrêter à la pagode Lam Ty Ni, puis emprunter Đ Thien My et Đ Huyen Tran Cong Chua pour arriver à l'église Du Sinh.

Sports d'aventure

Les amateurs de sports de plein air peuvent se renseigner sur les activités proposées par Action Dalat (☎ 829422, fax 820532), qui comprennent le parapente, le canyoning et des randonnées dans les villages des minorités des environs de Dalat. Les guides, compétents, parlent le français et l'anglais (l'associé étranger est français et se nomme Didier) et savent tout faire, de la simple petite randonnée à l'escalade ardue. Action Dalat est installé 114 Đ 3 Thang 2 (à côté du Golf 2 Hotel).

Golf

Le Comité populaire de Dalat a monté une joint-venture avec une firme de Hong Kong afin de rénover le vieux terrain de golf jadis utilisé par l'empereur Bao Dai. Les travaux sont aujourd'hui achevés, et le parcours a été rebaptisé Dalat Pines. Les frais d'inscription (celle-ci n'est valable que vingt ans !) se montent à 15 000 $US au moins ; ils atteignent 60 000 $US pour une société. Les visiteurs peuvent jouer moyennant de 25 à 35 $US par jour.

Où se loger

En raison de sa popularité auprès des touristes vietnamiens, Dalat possède un excellent parc hôtelier, pour tous les budgets. Malheureusement, peu d'hôtels privés sont autorisés à accueillir des touristes étrangers.

La demande est particulièrement forte le samedi soir, ainsi qu'en haute saison, en juin/juillet, ou encore à l'occasion des congés de la fête du Têt, en février.

Vérifiez toujours que votre hôtel est équipé d'eau chaude avant de vous engager. En cas de panne d'électricité, vous ne trouverez plus que de l'eau froide. Certains établissements vous dépanneront alors avec un seau d'eau réchauffée sur la cuisinière à gaz. Les hôtels de Dalat ne sont pas climatisés.

Dalat Tourist peut organiser votre hébergement dans une des villas chics de Dalat, notamment le palais d'été de Bao Dai et la résidence du gouverneur général.

Où se loger – petits budgets

Parmi les hôtels actuellement très appréciés des voyageurs à petits budgets, citons les suivants :

En plein cœur de Dalat, le **Highland Hotel** (*Khach San Cao Nguyen*, ☎ *823738, 90 Đ Phan Dinh Phung*) est un bon établissement, qui demande de 4 à 6 $US pour une simple et de 7 à 10 $US pour une double.

Le **Peace Hotel** (*Khach San Hoa Binh,* ☎ *822787*), 64 Đ Truong Cong Dinh, est depuis longtemps fort fréquenté par les randonneurs. On y dort dans une double pour 12 à 15 $US. Dirigé par la même personne, le **Peace Hotel II** (*Khach San Hoa Binh II,* ☎ *822982*), installé au n°67, loue ses chambres 8 $US.

Au **Mimosa Hotel II** (☎ *822180*), également appelé le *Thanh The Hotel*, 118 Đ Phan Dinh Phung, les chambres sont affichées au tarif minimal : de 5 à 8 $US pour les simples et 10 à 15 $US pour les doubles.

Juste en face du bâtiment du marché central, le **Thanh Binh Hotel** (☎ *822909, 40 Đ Nguyen Thi Minh Khai*) est un endroit agréable où vous débourserez entre 6 et 8 $US pour une simple et de 10 à 12 $US pour une double.

Le **Cam Do Hotel** (☎ *822732, 81 Đ Phan Dinh Phung*) s'adresse tout spécialement aux petits budgets. Le prix d'une double varie entre 10 et 30 $US et les lits en dortoir valent 4 $US.

Au **Phu Hoa Hotel** (☎ *822194, 16 Đ Tang Bat Ho*), vieillot mais encore plaisant, et installé dans le centre ville, comptez 7 $US pour une simple et de 10 à 12 $US pour une double.

Le **Trixaco Hotel** (☎ *822789, 7 Đ Nguyen Thai Hoc*) offre de jolies vues sur le lac Xuan Huong. Cet agréable établissement demande 8 $US pour une simple et 10 à 30 $US pour une double.

En plein cœur de l'ancien quartier français, le **Thuy Tien Hotel** (☎ *821731/ 822482*) se dresse à l'angle de Đ 3 Thang 2 et Đ Nam Ky Khoi Nghia. Les simples s'échelonnent de 25 à 30 $US et les doubles de 30 à 36 $US.

Au **Mimosa Hotel** (☎ 822656, *170 Đ Phan Dinh Phung ; voir la carte Les environs de Dalat)*, une vieille institution de la ville, les simples coûtent de 7 à 8 $US et les doubles de 8 à 14 $US.

Un des rares établissements privés à accepter les étrangers, le **Truong Nguyen Mini-Hotel** (☎ *821772, 7A Đ Hai Thuong)*, impose un prix de 10 $US pour les simples et de 15 à 20 $US pour les doubles. Le petit **Truong Nguyen Mini-Hotel 2** (☎ *829856, 5C Đ Hai Ba Trung)* pratique les mêmes tarifs.

Aménagé dans une ancienne villa française, le **Lam Son Hotel** (☎ *822362, 5 Đ Hai Thuong)*, situé à 500 m à l'ouest du centre, un grand établissement tranquille, constitue une bonne adresse, mais il faut marcher dix minutes pour y accéder. Les simples coûtent entre 8 et 10 $US et les doubles entre 12 et 14 $US. Les gérants sont très sympathiques, et les voyageurs disent grand bien de cet endroit.

Le **Pensee 3 Hotel** (☎ *822286, 3 Đ Ba Thang Tu)*, assez élégant, demande 20 $US pour une double. Le **Pensee 10** (☎ *822937, 10 Đ Phan Chu Trinh)*, très excentré, facture les simples/doubles 15/20 $US. Juste à côté, le **Lavy Hotel** (☎ *825465, fax 825466, 20 Đ Hung Vuong)*, un établissement trois-étoiles, impose un prix de 30 à 50 $US pour les simples et de 40 à 60 $US pour les doubles.

Où se loger – catégorie moyenne et supérieure

Nous recommandons vivement l'accueillant **Hotel Chau Au Europa** (☎ *822 870, fax 824488, 76 Đ Nguyen Chi Thanh)*, une affaire familiale. Le tarif s'élève à 15 $US pour une simple et à 25/35 $US pour une double.

Construit sur la colline qui domine le bâtiment du grand marché, Đ Nguyen Chi Thanh, le **Anh Dao Hotel** (☎ *822384, fax 823570, 50 place Hoa Binh)* dispose de quelques-unes des plus belles chambres de Dalat. La simple est facturée de 22 à 35 $US et la double de 25 à 45 $US, petit déjeuner compris.

Le **Ngoc Lan Hotel** (☎ *822136, fax 824032)* domine la gare routière et le lac de sa masse imposante, 42 Đ Nguyen Chi Tanh. Ce vieil établissement a été entièrement rénové, de même que ses prix : prévoyez de 33 à 38 $US pour une simple et de 44 à 46 $US pour une double.

Face au marché, le très huppé **Haison Hotel** (☎ *822622, fax 822623)*, 1 Đ Nguyen Thi Minh Khai, affiche un "dancing élégant et intime" ainsi qu'un personnel "courtois". Le prix des chambres oscille entre 20 et 24 $US.

La **Hang Nga Guesthouse** (☎ *822070, 3 Đ Huynh Thuc Khang, voir la carte Les environs de Dala)* est un endroit étonnant, unique au Vietnam, voire au monde, dont la propriétaire n'est autre que la fille d'un ancien président du Vietnam. Cette pension de famille exotique ressemble à une galerie d'art et abrite également un café. Les chambres sont installées dans des caves et des troncs d'arbres artificiels. Les doubles coûtent de 29 à 54 $US et les quadruples entre 74 et 84 $US.

Construit entre 1916 et 1922, l'**Hotel Sofitel Dalat Palace** (☎ *825444, fax 825 666, 12 Đ Tran Phu)* est un vaste établissement. Au milieu d'un grand salon, au rez-de-chaussée, assis dans un fauteuil en rotin, vous siroterez un thé ou un soda en admirant une vue imprenable sur le lac Xuan Huong à travers les larges baies vitrées. On peut jouer au tennis non loin de là. De grands travaux de rénovation en ont fait l'hôtel le plus luxueux de Dalat. Les prix varient de 169 à 414 $US.

Autre grand établissement, le **Novotel Dalat** (☎ *825777, fax 825888, 7 Đ Tran Phu)* se situe presque en face du Sofitel. Le bâtiment fut construit en 1932 sous le nom de Du Parc Hotel et a également subi de vastes travaux de rénovation. Il rappelle lui aussi l'époque coloniale française (malgré son enseigne d'établissement franchisé).

Le **Villa Hoang Hau** (☎ *821431, fax 822333, 8A Đ Ho Tung Mau)* est un excellent endroit privé, au sud du lac Xuan

Huong. Les doubles se monnayent entre 20 et 40 $US.

Réputé pour son parking privé clos, le *Duy Tan Hotel (☎ 822216, 82 Đ 3 Thang 2)* est installé à l'angle de Đ Hoang Van Thu. La simple est facturée entre 30 et 42 $US et la double entre 36 et 48 $US.

Le *Golf 1 Hotel (☎ 824082, fax 824945, 11 Đ Dinh Tien Hoang)* se situe au bord du terrain de golf de Dalat. L'établissement s'avère plein de charme, et la double revient entre 30 et 50 $US. Le *Golf 2 Hotel (☎ 829055, fax 820532, 114 Đ 3 Thang 2)* est un nouvel hôtel superbe avec des tarifs avoisinant 25 à 35 $US, petit déjeuner compris. Le gigantesque *Golf 3 Hotel (☎ 826042, fax 830396)* se tient dans le centre-ville, 4 Đ Nguyen Thi Minh Khai. Il affiche des prix entre 40 et 70 $US et dispose d'un bon restaurant au sous-sol et d'un très agréable café sur le toit, offrant de magnifiques vues sur la ville.

A 3 km de la ville, le *Minh Tam Villas (Khu Du Lich Minh Tam, ☎ 822447, fax 824420)*, 20A Đ Khe Sanh, se niche dans un joli paysage. La demeure apparte- nait jadis à un architecte français qui l'a vendue en 1954 à une famille aisée vietna- mienne. Après avoir subi plusieurs rénova- tions, elle fut "offerte" au nouveau gouvernement communiste en 1975. Les pavillons au toit pentu furent construits un peu plus tard. Le prix des doubles dans le bâtiment principal se monte entre 35 et 50 $US et celui des pavillons (plus petits mais plus agréables) à 25 $US.

Tout proche, les *Hoang Yen Villas (Khu Du Lich Hoang Yen)* proposent un standing identique.

La plupart des 2 500 chalets de Dalat peuvent être loués. Les plus beaux se trou- vent sur la colline, au sud de Đ Tran Hung Dao et sont simplement appelés *Tran Hung Dao Villas*.

Ces chalets forment tout un quartier à proximité de l'Institut Pasteur. Au 25B Đ Le Hong Phong, la *Xuan Tam Villa (☎ 823142, fax 820871)* est un nouveau bâtiment avec de vastes chambres facturées entre 20 et 45 $US.

Où se restaurer

Spécialités locales. Dalat fait honneur aux primeurs, qui sont exportés dans tout le Sud. Petits pois, carottes, radis, tomates, concombres, avocats, poivrons verts, lai- tues, choux chinois, pousses de soja et de bambou, betteraves, haricots verts, pommes de terre, maïs, épinards, ail, courges et ignames, qui poussent tous ici en abondance, sont fraîchement cueillis afin de composer des menus que l'on ne retrouve nulle part ailleurs. De novembre à janvier, ne manquez pas les kakis et les cerises. On appelle les pommes *bom*, d'après le mot français. En raison de la compétition féroce qui sévit sur le marché du tourisme local, les prix des res- taurants restent très raisonnables.

La région de Dalat est, à juste titre, célèbre pour sa confiture de fraises, son cas- sis séché, ses prunes et ses pêches confites, qu'on achète aux étals qui entourent le mar- ché, à l'ouest du lac Xuan Huong. Parmi les autres délices locaux, citons le sorbet à l'avocat, les pois sucrés (*mut dao*) et les sirops de fraise, de mûre et d'artichaut. Le sirop de fraise s'avère délicieux mélangé à du thé. Outre des vins classiques, la contrée produit également des vins de fraise et de mûre. La racine de l'artichaut sert à faire un thé qui est typique de la région. La plupart de ces douceurs se vendent au grand marché et dans les échoppes établies devant la pagode Thien Vuong.

Le *dau hu*, sorte de crème consommée en Chine, compte également parmi les spécia- lités de Dalat. Composé de lait de soja, de sucre et d'un soupçon de gingembre, il est vendu par des femmes qui se promènent une palanche sur les épaules. A un bout est suspendu un énorme bol de cette prépara- tion, à l'autre, une petite table.

Marché en plein air. Dès la fin de l'après-midi, l'escalier qui mène à Đ Nguyen Thi Minh Khai se couvre d'étals de nourriture proposant toutes sortes de plats confectionnés à la maison ou cuits sur place sur un réchaud à charbon de bois. Les prix sont incroyablement bas. Bien sûr, d'autres vendeurs, propriétaires d'emplacements permanents, vendent des denrées similaires à des prix nettement plus élevés. La plupart des marchands établies sur les marchés appartiennent aux minorités. A les voir, on remarque immédiatement à quel point ces peuples sont pauvres, comparés aux Vietnamiens. Les femmes viennent vendre leurs produits à l'aube ou au crépuscule, car la police les empêche de commercer pendant la journée.

Restaurants. *La Tulipe Rouge Restaurant*, 1 Đ Nguyen Thi Minh Khai, mitonne de la cuisine européenne. Le *Thanh Thanh Restaurant*, 4 Đ Tang Bat Ho est un établissement huppé qui propose de savoureux plats français. Encore plus cossu, le *Thuy Ta Restaurant*, 2 Đ Yersin, reste assez cher. Il est construit sur pilotis sur le lac Xuan Huong.

En face du Phu Hoa Hotel, Đ Tang Bat Ho, le *Thanh Son* affiche un menu tentant, notamment sa spécialité, le ragoût, servi dans un plat en terre.

Le restaurant chinois du *Mimosa Hotel* s'avère excellent et bon marché. Ses rouleaux de printemps méritent le détour, et son personnel parle chinois.

Également apprécié des visiteurs, citons le *Long Hoa Restaurant*, Đ 3 Thang 2. Le *Hoang Lan Restaurant*, Đ Phan Dinh Phung, prépare également une délicieuse cuisine, à petit prix.

Très bon établissement, le *Dong A Restaurant* (☎ 821033), 82 Đ Phan Dinh Phung, concocte des spécialités vietnamiennes, chinoises, occidentales et végétariennes. La soupe aigre-douce est extraordinaire, qu'elle soit cuisinée façon végétarienne ou préparée avec du porc, de l'anguille ou du poisson. Le restaurant est ouvert de 8h à 22h.

De l'autre côté du cinéma Rap 3/4 par rapport au marché central, le *Pho Tung* est un établissement correct qui dispose surtout d'une savoureuse boulangerie dans laquelle il vous sera difficile de résister aux pâtisseries présentées en vitrine.

Cuisine végétarienne. Si les légumes frais vietnamiens vous tentent, ne manquez pas le *Nhu Hai Restaurant*, situé sur le rond-point en face du marché central.

Sur le marché à l'ouest du barrage Xuan Huong, les étals proposent de délicieux plats végétariens (*com chay*) qui ont l'aspect et le goût des préparations traditionnelles vietnamiennes à la viande.

Cafés. Le café et les pâtisseries de Dalat sont les meilleurs du Vietnam. Essayez les meilleurs établissements de la ville, et vous serez aussitôt séduit. N'oubliez pas non plus de goûter les menus sans prétention et les petits déjeuners.

Le *Stop'n Go Cafe*, à peu près à mi-chemin de la rue menant au Musée des ethnies montagnardes, compte parmi les lieux avant-gardistes de Dalat. A toute heure, on y sert des boissons mais aussi des "petits déjeuners". Jetez un coup d'œil sur le recueil de poèmes et les peintures à vendre.

Le *Cafe Tung*, 6 place Khu Hoa Binh, était le bistrot où le tout Saigon intellectuel se retrouvait dans les années 50. Les vieux habitués affirment que l'endroit n'a pas changé. Comme jadis, le Cafe Tung ne sert que du thé, du café, du chocolat chaud et des boissons gazeuses, sur une musique de fond française. On y passe de bons moments le soir.

Le *Viet Hung Cafe* (Kem Viet Hung) s'est spécialisé dans les glaces et le café frappé. Il possède deux entrées : l'une 22 Đ Nguyen Chi Thanh et l'autre Đ Le Dai Hanh.

Où sortir

Le seul *vrai* bar de Dalat est le *Saigon Nite* (☎ 820007, 11A Đ Hai Ba Trung). Tenu par M. Dung, un peu excentrique, et sa sympathique fille, ce petit établissement vivant possède un billard et propose un "happy hour" entre 17h et 20h.

Le *marché*, très animé, à l'ouest du barrage du lac Xuan Huong, constitue une autre forme de distraction. On peut y flâner en buvant un café et converser avec la population locale.

Vous pouvez également flâner sur la place Hoa Binh et dans l'édifice qui abrite le grand marché. Ce vaste bazar est l'une des meilleures adresses du Vietnam pour qui souhaite dénicher des vêtements peu chers.

Achats

Vous n'aurez aucun mal à trouver des cadeaux hétéroclites, du panda en peluche entonnant une rengaine américaine à l'alligator en laque avec une lampe dans la gueule.

Vous pouvez également vous procurer du *kim mao cau tich*, racine d'une variété de fougère utilisée par la médecine traditionnelle pour arrêter les saignements. On l'appelle aussi *cu ly* (animaux), car cette racine rougeâtre et fibreuse se vend sculptée en forme d'animaux.

Les ethnies des collines de la province de Lam Dong produisent un artisanat qu'elles réservent à leur propre usage. Nul ne doute que Dalat Tourist finira par les convaincre de le vendre.

Les Lat produisent des nattes de fibre teintes et des paniers à riz qui se roulent.

Les Koho et les Chill fabriquent des paniers de bambou tressé que tous les Montagnards de la région utilisent pour transporter leurs marchandises dans le dos. Les Chill tissent leurs propres vêtements, dont les châles de coton bleu marine des femmes de la montagne. Les peuples des collines transportent leur eau dans une calebasse creuse munie d'un bouchon de maïs, qu'ils entourent parfois d'une feuille, pour plus d'étanchéité. Ces objets ne sont pas encore proposés sur le marché et vous ne les trouverez donc pas en ville. Si cet artisanat vous intéresse, renseignez-vous au " village du Poulet" ou village Lat, à 12 km au nord de Dalat.

Comment s'y rendre

Avion. Vietnam Airlines assure une liaison entre Dalat et Ho Chi Minh-Ville. Reportez-vous à la rubrique *Comment circuler* pour les horaires et les prix.

Le bureau de Vietnam Airlines à Dalat (☎ 822895) se situe 5 Đ Truong Cong Dinh, en face du cinéma Rap 3/4.

Lien Khuong est le principal aéroport, installé à quelque 30 km au sud de la ville. L'aérodrome de Cam Ly, à 3 km seulement du centre de Dalat, est désaffecté.

Bus. La loi en vigueur interdit aux étrangers d'emprunter les bus publics. Il leur faut voyager dans des minibus touristiques officiels, des voitures privées ou des motos.

Cette législation pourrait toutefois changer. Pour obtenir des renseignements plus à jour sur la question, adressez-vous aux chauffeurs de la gare routière interprovinciale (Ben Xe Khach Noi Thanh). Elle est située à environ 1 km du lac Xuan Huong, non loin du nouveau terminus des funiculaires qui mènent à la pagode Thien Vuong.

A Ho Chi Minh-Ville, les bus pour Dalat partent de la gare routière Van Thanh. Vous n'y avez pas accès pour l'instant, en tant qu'Occidental.

Minibus. Il est relativement simple de retenir une place à bord de ces minibus. A Ho Chi Minh-Ville, rendez-vous au Kim Café ou au bureau de Dalat Tourist. A Nha Trang, presque tous les hôtels peuvent vous vendre des billets. Pour quitter Dalat, renseignez-vous auprès des hôtels habilités à recevoir des étrangers.

Voiture et moto. Les étrangers ne peuvent pas monter dans toutes les voitures. Un permis spécial est obligatoire pour les chauffeurs vietnamiens, et tous ne l'obtiennent pas. Ces règles ne s'appliquent pas aux conducteurs de motos, qui peuvent transporter qui bon leur semble sans permis officiel. Si vous arrivez à Dalat dans une voiture privée, votre chauffeur devra vous laisser à 10 km de la ville et faire appel à une moto pour vous y emmener. Vous répéterez la même opération pour repartir.

En venant de Ho Chi Minh-Ville, il est plus rapide d'emprunter la route intérieure qui passe par Bao Loc et Di Linh que de longer la côte *via* le col de Ngoan Muc. Certains tronçons de la route entre Dalat et Phan Rang sont en très mauvais état. Mieux vaut avoir un véhicule avec une grande garde au sol.

Voici les distances au départ de Dalat :

Danang	746 km
Di Linh	82 km

Nha Trang	205 km
Phan Rang	101 km
Phan Thiet	247 km
Ho Chi Minh-Ville	308 km

Une nouvelle route relie Dalat et Buon Ma Thuot, dans l'ouest des Hauts Plateaux. Elle n'est pas goudronnée, et seuls les véhicules 4x4 ou les motos peuvent l'emprunter, car elle se transforme en bourbier en cas de forte pluie.

Comment circuler
Les véhicules privés ne pouvant pas transporter d'étrangers, vous devrez louer une voiture ou une camionnette auprès de Dalat Tourist. La ville est bien trop vallonnée pour les cyclo-pousse.

Desserte de l'aéroport. Il faut prendre un taxi public (environ 20 $US) pour se rendre à l'aéroport Lien Khuong. Vous pouvez également effectuer le trajet en moto ; cela revient à quelque 5 $US.

Moto. La moto est un moyen de transport très populaire pour visiter les environs de Dalat. Vous pouvez héler *partout* un conducteur de ces antiquités venant de Russie ou de l'ex-Allemagne de l'Est, pour environ 8 $US la journée. Vous les trouverez surtout dans le quartier du marché central ou près du Phu Hoa Hotel. Ne vous fatiguez pas à chercher, ce sont eux qui viendront à vous.

Bicyclette. Le vélo est un excellent transport pour faire le tout de Dalat. Néanmoins, les collines de la ville et la rareté des panneaux indicateurs le rendent fatigant et font perdre du temps. Si vous en avez l'énergie et que vous n'êtes pas pressé, cela vaut la peine. Plusieurs hôtels de la ville louent des bicyclettes pour environ 2 $US la journée.

LES ENVIRONS DE DALAT
Lac des Soupirs
Les Français avaient agrandi ce lac naturel avec un barrage près duquel se sont établis de petits restaurants. La forêt qui l'entoure n'a rien de sensationnel. On peut y louer des chevaux pour 4 $US l'heure.

Le lac des Soupirs (Ho Than Tho) a une légende. Mai Nuong y rencontra le beau Hoang Tung, alors qu'elle ramassait des champignons et que lui chassait des champignons. Ils tombèrent amoureux et demandèrent à leurs parents la permission de se marier. Hélas ! En 1788, les Chinois menaçaient d'envahir le pays, et, l'empereur Quang Trung ayant procédé à la mobilisation générale, Hoang Tung partit se battre sans pouvoir prévenir sa promise. Sans nouvelles de lui et persuadée qu'il ne l'aimait plus, Mai Nuong fit porter chez lui un petit mot lui donnant un ultime rendez-vous au bord du lac. Comme il ne venait pas, elle se jeta de désespoir dans les eaux d'où l'on entend encore, les jours de vent, ses soupirs.

Ce lac à la funeste histoire s'étend à 6 km au nord-est du centre de Dalat *via* la Đ Phan Chu Trinh.

Col de Prenn
Cette région, qui longe la nationale 20 entre Dalat et les chutes de Datanla, offre un beau paysage de collines couvertes de pins et de riches vallées cultivées. Avant de tenter une balade à pied ou à cheval, vérifiez d'abord auprès de la police que le secteur n'est pas interdit aux étrangers.

Chutes de Prenn
Ces chutes sont peut-être la plus grande et la plus belle cascade de toute la région, et leur altitude (1 124 m) en fait une oasis de fraîcheur. L'endroit commence malheureusement à ressentir les conséquences de son exploitation commerciale.

L'eau se précipite dans le vide pour retomber 15 m plus bas sur une sorte de plate-forme rocheuse. Un sentier permet de passer derrière le rideau d'eau, offrant une vue imprenable sur ce joli site naturel et le plan d'eau en aval, souvent envahi par des bateaux à voiles. Ce détail fait craindre le pire pour l'avenir. N'y allez pas après une grosse pluie, quand le torrent charrie des eaux boueuses (dues à l'érosion des sols résultant du déboisement).

LES ENVIRONS DE DALAT

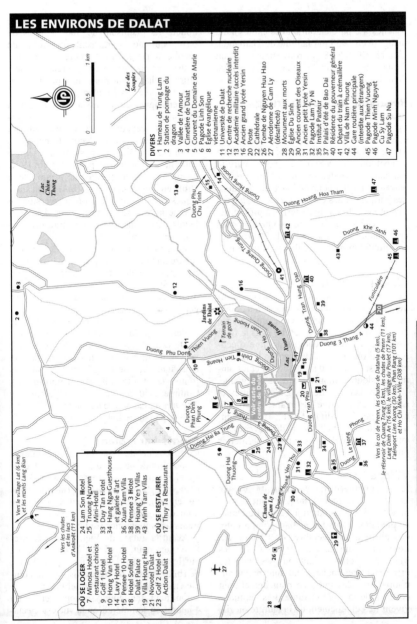

DIVERS
1 Hameau de Trung Lam
2 Station de pompage du dragon
3 Vallée de l'Amour
4 Cimetière de Dalat
5 Couvent du Domaine de Marie
6 Pagode Linh Son
8 Église évangélique vietnamienne
11 Université de Dalat
12 Centre de recherche nucléaire
13 Académie militaire (accès interdit)
16 Ancien grand lycée Yersin
20 Poste
22 Cathédrale
26 Tombe de Nguyen Huu Hao
27 Aérodrome de Cam Ly (désaffecté)
28 Monument aux morts
29 Église Du Sinh
30 Ancien couvent des Oiseaux
31 Ancien petit lycée Yersin
32 Pagode Lam Ty Ni
35 Institut Pasteur
37 Palais d'été de Bao Dai
40 Résidence du gouverneur général
41 Départ du train à crémaillère
42 Villa de Nam Phuong
44 Gare routière principale (interdite aux étrangers)
45 Pagode Thien Vuong
46 Pagode Minh Nguyet
47 Pagode Su Nu

OÙ SE LOGER
7 Mimosa Hotel et restaurant chinois
9 Golf 1 Hotel
10 Hong Van Hotel
14 Lavy Hotel
15 Pensee 10 Hotel
18 Hotel Sofitel
19 Villa Hoang Hau Dalat Palace
21 Golf 2 Hotel et Action Dalat
24 Lam Son Hotel
25 Truong Nguyen Mini-Hotel
33 Duy Tan Hotel
34 Hang Nga Guesthouse et galerie d'art
36 Xuan Tam Villa
38 Pensee 3 Hotel
39 Hoang Yen Villas
43 Minh Tam Villas

OÙ SE RESTAURER
17 Thuy Ta Restaurant

HAUTS PLATEAUX DU CENTRE

Des stands proposent des boissons fraîches. Le parc entourant ces chutes a été inauguré en 1959 par la reine de Thaïlande L'entrée (0,80 $US) se trouve près du Prenn Restaurant, à 13 km de Dalat en direction de Phan Rang.

Réservoir de Quang Trung

Également appelé lac Tuyen Lam, ce lac artificiel et son barrage ont été aménagés en 1980. Il porte le nom de l'empereur Quang Trung (Nguyen Hue), l'un des trois chefs de la rébellion des Tay Son. La région s'ouvre au tourisme : des cafés se sont installés près du barrage, et vous pourrez louer des pédalos, des barques et des canots. Des Montagnards vivent et cultivent leurs terres à proximité.

On accède au réservoir de Quang Trung en prenant à Dalat la nationale 20. Tournez à droite 5 km plus loin, il reste 2 km à parcourir.

Chutes de Datanla

Le chemin qui y mène est aussi court qu'agréable. Les chutes se trouvent à 350 m de la nationale 20, sur un sentier qui traverse une pinède avant de descendre dans la forêt tropicale. La faune compte nombre d'écureuils, d'oiseaux et de papillons, car la chasse est interdite dans la région, et les animaux redoutent moins la présence humaine.

Pour y accéder depuis Dalat, quittez la nationale 20 quelque 200 m après le chemin menant au réservoir de Quang Trung. L'entrée coûte 0,20 $US. Vous découvrirez un autre accès, quelques centaines de mètres plus bas.

Village Lat

Les neuf hameaux qui constituent le village Lat (6 000 habitants), dont le nom se prononce "lak", s'étendent à 12 km de Dalat, au pied des monts Lang Bian. Cinq d'entre eux abritent des membres de l'ethnie lat. Les autres sont habités par des Chill, des Ma et des Koho, parlant tous des dialectes différents. Les maisons lat sont bâties sur pilotis avec des murs en planches et sont coiffées de toits de chaume. Les habitants vivent très chichement de la culture du riz,

du café, du haricot noir et de la patate douce. Ils disposent de 300 hectares de terre, qui ne fournissent qu'une seule récolte de riz par an. Nombre d'entre eux, poussés par la misère, en sont réduits à produire du charbon de bois, tâche pénible souvent réservée aux Montagnards.

L'enseignement est assuré en vietnamien plutôt qu'en dialecte dans les écoles primaires et secondaires du village, qui ont pris la succession de l'école franco-koho fondée en 1948. Lat possède une église catholique et un temple protestant. En 1971, les protestants ont publié une version de la Bible en langue koho (*Sra Goh*). Les catholiques ont présenté leur propre version en langue lat l'année suivante. Ces deux dialectes, assez proches, sont transcrits en caractères latins.

Pour visiter le village, vous devez vous rendre au bureau de la police de l'immigration, qui vous délivrera un permis, moyennant 5 $US. Si vous avez réservé une visite organisée d'une journée, l'agence se chargera de la démarche.

Vous ne trouverez aucun restaurant à Lat, seulement quelques *échoppes de nourriture*.

De Dalat, prenez Ð Xo Viet Nghe Tinh vers le nord. A l'embranchement à la hauteur du hameau de Tung Lam, empruntez la route de droite (direction nord-ouest). Comptez 40 minutes en bicyclette ou 2 heures à pied pour parcourir les 12 km qui vous séparent de Lat.

Monts Lang Bian

Cette chaîne de cinq monts volcaniques d'une altitude de 2 100 à 2 400 m est aussi appelée Lam Vien. Deux sommets la dominent. A l'est, le mont K'Lang (un nom local de femme), à l'ouest le mont K'Biang (un nom d'homme). Seuls les versants supérieurs des montagnes sont boisés.

Avant la guerre du Vietnam, les contreforts servaient d'habitat à une foule de buffles, de cerfs, de sangliers, d'éléphants, de rhinocéros et de tigres. Ils ont été complètement dévastés par les défoliants.

On peut facilement grimper en 3 ou 4 heures au sommet, d'où la vue est spectaculaire. Le sentier part au nord du village Lat, et vous ne pourrez pas le perdre en raison de sa couleur rougeâtre qui tranche dans la forêt.

Tout comme pour le village lat, il vous faut un permis de la police de Dalat pour visiter les monts Lang Bian. Contactez Action Dalat (voir plus avant dans la rubrique *Dalat*) pour connaître les activités proposées aux monts Lang Bian.

Chutes et lacs d'Ankroët

Les deux lacs artificiels d'Ankroët font partie d'un ensemble hydroélectrique. Ils se trouvent à 18 km au nord-ouest de Dalat, dans une région habitée par des Montagnards. La chute (Thac Ankroët) est haute de 15 m.

Village du Poulet

Ce village est très connu des voyageurs, car il est commodément situé à 17 km de Dalat, sur la route de Nha Trang.

Les habitants appartiennent à la minorité koho, qui, jusqu'à un certain point, s'est assimilée à la société vietnamienne. Aussi les Koho ne vivent-ils plus dans des maisons sur pilotis et portent des vêtements vietnamiens. Ces villageois conservent néanmoins un mode de vie qui leur est propre. Vous ne manquerez donc pas de vous arrêter chez eux quand vous vous dirigerez vers Nha Trang.

Le site tire son nom d'une énorme statue de béton érigée au centre du village et représentant un poulet. Nous avons longuement interrogé les villageois sur l'origine de ce monument insolite et avons été surpris de constater que la plupart d'entre eux n'en avaient aucune idée ou refusaient de nous fournir la moindre explication. Ce volatile n'est sans doute pas un symbole religieux. Nous avons fini par interroger la personne la plus cultivée du village (dans leur majorité, les habitants sont illettrés), qui nous a raconté ce qui suit :

Ici, quand deux jeunes gens se marient, c'est la famille de la fille qui paie la bague et le repas de noces. Elle doit également offrir un cadeau à la famille du garçon. Il y a plusieurs années s'est produite une triste affaire : la famille du fiancé a exigé un cadeau spécial, un poulet à neuf doigts. Personne n'en avait jamais vu, mais le bruit courait qu'il en existait dans la montagne. La fille est donc partie là-haut en chercher un. Malheureusement, ses efforts ont été vains, et elle est morte dans la forêt. Les villageois ont été bouleversés par l'absurdité de cette tragédie et ils ont fait de cette jeune fille une héroïne. Pendant la guerre, on s'est battu dans la région et, à la libération, le gouvernement a voulu faire un cadeau aux habitants. Ils ont demandé la permission de rendre hommage à la courageuse jeune fille qui était morte par amour. Voilà pourquoi on a construit ce poulet de béton.

Un habitant nous a fait un autre récit. Selon lui, après la victoire des communistes, en 1975, les villageois se sont enfuis dans les bois, où ils ont repris leurs traditions de nomades et de cultures sur brûlis afin d'échapper à la collectivisation des terres. Bon nombre d'hommes se sont consacrés à un commerce illégal de bois qui a fait des ravages dans les forêts des environs. Le gouvernement leur a ensuite offert plusieurs concessions pour les inciter à revenir s'établir au village. A leur retour, les autorités ont eu l'idée d'ériger une sorte de monument, une statue de Ho Chi Minh par exemple. Il a finalement été décidé qu'un poulet de béton serait plus judicieux pour vanter les mérites de ces paysans laborieux.

Les habitants du village du Poulet sont extrêmement pauvres. Nous vous suggérons de *ne pas* donner de bonbons ni d'argent aux enfants. Si vous souhaitez venir en aide aux villageois, vous achèterez des boissons ou des aliments dans les deux boutiques du hameau. Vous pourrez également trouver de superbes tissages à vendre non loin de la nationale.

BUON MA THUOT

Appelée également Ban Me Thuot, Buon Ma Thuot, la capitale de la province de Dac Lac, se situe à 451 m d'altitude. Forte de ses 70 000 habitants, c'est la plus grande ville de la région ouest.

L'industrie du café assure à la ville sa prospérité. On le cultive dans des plantations administrées par des Allemands, qui passent pour être aussi exigeants que leurs prédécesseurs français. Avant la Seconde Guerre mondiale, Buon Ma Thuot était renommée pour la chasse au gros gibier, mais les animaux et la forêt tropicale ont aujourd'hui disparu.

La population de la région est composée en majorité de Montagnards. La politique d'intégration du gouvernement a porté ses fruits puisque ceux-ci parlent presque tous le vietnamien couramment.

La saison des pluies s'étend d'avril à novembre, mais les averses sont généralement de courte durée. Plus basse d'altitude que Dalat, Buon Ma Thuot est plus chaude et plus humide, bien que très venteuse.

Le parc national de Yok Don (un attrape-touriste) est accessible par Buon Ma Thuot, tout comme le parc de Nam Cat Tien, que beaucoup préfèrent cependant visiter en passant par Dalat. Les plantations de café et les usines de torréfaction sont intéressantes à découvrir si vous trouvez un bon guide, mais ceux-ci se font rares à Buon Ma Thuot.

Renseignements
Agences de voyages. Les bureaux de Dak Lak Tourist (☎ 852108, fax 852865), l'organisme officiel de la province, se situent dans un bâtiment délabré, 3 Đ Phan Chu Trinh, à proximité du très moderne Thang Loi Hotel. Préparez-vous à payer cher les services d'un guide qui parle uniquement vietnamien et perd son chemin en vous "accompagnant". L'agence ne propose pas grand-chose au sujet de la seule et unique attraction qui intéresse les touristes, l'industrie du café.

Laissez-passer. Il est toujours nécessaire d'obtenir un permis pour visiter les villages des minorités situés dans la région, dont ceux des parcs nationaux de Yok Don et de Nam Cat Tien. Adressez-vous à Dak Lak Tourist, qui vous délivrera ce précieux document. En revanche, un permis n'est pas requis pour séjourner à Buon Ma Thuot.

Argent. Située à quelques kilomètres de la gare routière, la Vietcombank, 62 Đ Nguyen Chi Thanh, est excentrée, ce qui s'avère peu pratique.

Musée ethnographique
La province de Dac Lac regroupe vraisemblablement 31 ethnies, dont le musée vous donnera une bon aperçu. La boutique de souvenirs semble exposer davantage d'objets montagnards que le musée lui-même, ne vous attendez donc pas à une visite inoubliable. Vous verrez les costumes traditionnels des Montagnards, des outils agricoles, des arcs et des flèches, des métiers à tisser et des instruments de musique. Une collection de photographies commentées retrace l'historique – souvent embelli – des contacts entre les Montagnards et la majorité vietnamienne.

Le musée ethnographique (☎ 850426) est hébergé dans l'ancienne réception des Bao Dai Villas, à l'angle de Đ Nguyen Du et de Đ Thong Nhat. Il est ouvert du lundi au samedi, de 7h à 11h et de 13h30 à 17h. L'entrée coûte 0,80 $US.

Musée de la Révolution
Ce musée est installé 1 Đ Thong Nhat, et l'on vous demande 1 $US pour l'entrée ou 8 $US pour un groupe.

Monument de la Victoire
Ce monument, érigé sur la grand-place, commémore les événements du 10 mars 1975, jour où les troupes du Viet-Cong et du Nord-Vietnam ont "libéré" Buon Ma Thuot. Cette bataille a entraîné l'effondrement total du Sud-Vietnam.

Où se loger
La *Guesthouse 43* (☎ *853921, 43 Đ Ly Thuong Kiet*) dispose de chambres bon marché à 7 $US.

Un peu plus chic, la *Guesthouse 19/8* (☎ *869211*) se situe au nord-est du monument de la Victoire, 18A Đ Nguyen Chi Tanh. On y dort pour 15 à 20 $US.

Le *Banme Hotel* (☎ *851001*) est installé à 3 km du centre mais peut être rejoint à

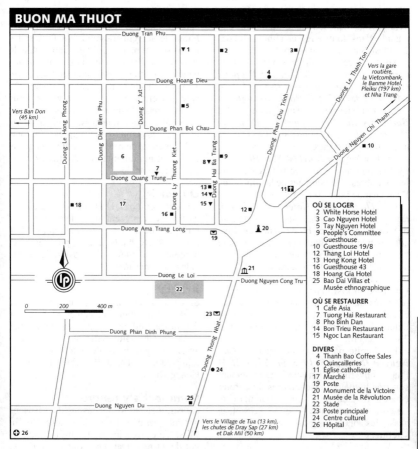

BUON MA THUOT

Vers Ban Don (45 km)

Duong Tran Phu

Duong Hoang Dieu

Duong Phan Boi Chau

Duong Quang Trung

Duong Ama Trang Long

Duong Le Loi

Duong Nguyen Cong Tru

Duong Phan Dinh Phung

Duong Nguyen Du

Duong Le Hong Phong

Duong Dien Bien Phu

Duong Y Jut

Duong Ly Thuong Kiet

Duong Hai Ba Trung

Duong Phan Chu Trinh

Duong Le Thanh Ton

Duong Nguyen Chi Thanh

Duong Thong Nhat

Vers la gare routière, la Vietcombank, le Banme Hotel, Pleiku (197 km) et Nha Trang

0   200   400 m

Vers le Village de Tua (13 km), les chutes de Dray Sap (27 km) et Dak Mil (50 km)

OÙ SE LOGER
2   White Horse Hotel
3   Cao Nguyen Hotel
5   Tay Nguyen Hotel
9   People's Committee Guesthouse
10 Guesthouse 19/8
12 Thang Loi Hotel
13 Hong Kong Hotel
16 Guesthouse 43
18 Hoang Gia Hotel
25 Bao Dai Villas et Musée ethnographique

OÙ SE RESTAURER
1   Cafe Asia
7   Tuong Hai Restaurant
8   Pho Binh Dan
14 Bon Trieu Restaurant
15 Ngoc Lan Restaurant

DIVERS
4   Thanh Bao Coffee Sales
6   Quincailleries
11 Église catholique
17 Marché
19 Poste
20 Monument de la Victoire
21 Musée de la Révolution
22 Stade
23 Poste principale
24 Centre culturel
26 Hôpital

pied de la gare routière. Cet établissement est vivement recommandé si vous arrivez en bus tard le soir, car il est le seul à bénéficier d'un concierge. Il possède un parking privé, ce qui est rassurant si vous arrivez en voiture. Du centre-ville, vous pouvez rejoindre l'hôtel en moto-taxi, moyennant 0,40 $US. Comptez de 8 à 12 $US pour une chambre avec ventil. et eau chaude, 25 $US avec la clim.

Le *Hong Kong Hotel* (☎ 852630, 30 Đ Hai Ba Trung) porte une enseigne mention-nant en anglais "bien fréquenté". Cet endroit pourtant peu engageant dispose de chambres facturées de 8 à 15 $US mais seules les plus chères sont équipées de l'eau chaude.

Encore moins plaisant, le *Hoang Gia Hotel* (☎ 852161), Đ Le Hong Phong, est néanmoins doté de l'eau chaude dans toutes les chambres. Cet endroit, vraiment à éviter, reste assez cher : de 10 à 12 $US la chambre.

Au *White Horse Hotel* (Khach San Bach Ma, ☎ 853963, fax 852121), un excellent établissement privé, situé 61 Đ Hai Ba Trung, vous disposez d'une s.d.b. avec eau chaude dans toutes les chambres, louées 20/35 $US avec ventil./clim.

Vous pourrez dormir dans des chambres correctes pour 15 à 30 $US à la *People's Committee Guesthouse* (Nha Khach UBND, ☎ 852407, 5 Đ Hai Ba Trung).

Les touristes apprécient également les *Bao Dai Villas* (Nha Khach Biet Dien Bao Dai, ☎ 852177), Đ Thong Nhat. La chambre avec clim. coûte entre 15 et 30 $US.

Au *Tay Nguyen Hotel* (☎ 851010, 106 Đ Ly Thuong Kiet), correct voire très agréable, les chambres sont équipées de la clim. et de l'eau chaude pour 20 à 25 $US.

Le *Thang Loi Hotel* (☎ 857615, fax 857622, 3 Đ Phan Chu Trinh) est l'un des deux grands établissements de luxe administrés par l'État. Thang Loi signifie "victoire", ce qui explique que l'hôtel soit situé juste en face du monument de la Victoire, dans le centre-ville. Il appartient à Dak Lak Tourist mais cela ne doit surtout pas vous dissuader d'y passer la nuit. Les chambres valent entre 45 et 65 $US et sont dotées du confort moderne, notamment la TV par satellite.

Le Comité populaire local gère le *Cao Nguyen Hotel* (☎ 851913, fax 851912), Đ Phan Chu Trinh. Bien que l'établissement soit très luxueux, les chambres du dernier étage se révèlent relativement bon marché. Les prix varient entre 45 et 50 $US et, là aussi, les chambres possèdent la TV par satellite.

Où se restaurer

Le *Bon Trieu Restaurant*, 28A Đ Hai Ba Trung (près du Hong Kong Hotel) est réputé pour ses savoureux plats de viande de bœuf, sa spécialité. Non loin, le *Ngoc Lan Restaurant* mérite également que vous y dépensiez vos dongs.

Đ Quang Trung, entre les Đ Y Jut et Ly Thuong Kiet, le *Thuong Hai Restaurant* est fort apprécié de la population locale. Essayez le *Pho Binh Dan*, Đ Hai Ba Trun, également renommé pour ses excellentes soupes de nouilles et de bœuf.

Buon Ma Thuot est renommée pour son café, le meilleur du Vietnam. Les Vietnamiens le servent toujours très fort, et les tasses sont si petites qu'il est impossible de rajouter de l'eau ou du lait. Nous avons tenté de montrer au personnel du *Cafe Asia*, 120 Đ Ly Thuong Kiet, comment servir le café aux étrangers, à vous de voir si nous avons réussi. Juste à côté vous trouverez deux autres *cafés*, tout aussi excellents. Évitez tous ces établissements après 17h, lorsqu'ils mettent en route les karaoke, et qu'ils disposent gratuitement du thé (assez mauvais) sur les tables.

Où sortir

Le *centre culturel*, Đ Thong Nhat, accueille parfois des représentations de danses folkloriques des minorités ethniques. Les courses d'éléphants, encore plus rares, se déroulent au *stade*, à l'occasion des festivals des minorités.

Achats

Si vous voulez rapporter du café, mieux vaut l'acheter dans une épicerie locale, car il sera de meilleure qualité et moins cher qu'à Ho Chi Minh-Ville ou Hanoi. Vous aurez le choix entre de nombreuses boutiques, dont le Thanh Bao Coffee Sales, Đ Hoang Dieu.

Comment s'y rendre

Avion. Vietnam Airlines assure deux liaisons quotidiennes entre Buon Ma Thuot et Ho Chi Minh-Ville. Tous les jours, sauf le lundi, un vol direct relie Danang à Buon Ma Thuot. Trois fois par semaine, un vol dessert Buon Ma Thuot au départ de Hanoi, *via* Danang.

Bus. Buon Ma Thuot est accessible par bus depuis Danang et Ho Chi Minh-Ville. La liaison Ho Chi Minh-Ville-Buon Ma Thuot s'effectue en 20 heures : en partant à 8h30, vous arriverez donc aux alentours de 4h30 le lendemain matin. Les départs ont lieu à la gare routière Mien Dong.

Voiture et moto. La route reliant la côte à Buon Ma Thuot croise la nationale 1 à

Ninh Hoa (à 160 km de Buon Ma Thuot), à 34 km au nord de Nha Trang. La route goudronnée est de bonne qualité, bien qu'un peu raide. Une excellente nationale couvre les 197 km séparant Buon Ma Thuot de Pleiku.

En revanche, la route entre Buon Ma Thuot et Dalat (*via* le lac Lak) a beau être récente, elle se révèle très mauvaise et se transforme en bourbier s'il pleut. Seules les grosses motos peuvent circuler, ainsi que les 4x4.

LES ENVIRONS DE BUON MA THUOT
Chutes de Dray Sap
Vous découvrirez les chutes de Dray Sap à 12 km de la ville, en plein cœur d'une forêt tropicale, après avoir acquitté un droit d'entrée de 0,80 $US.

Tua
Ce hameau se trouve à 13 km de Buon Ma Thuot. Ses habitants, membres du groupe ethnique rhade (ou ede), vivent de l'élevage et de la culture du manioc (cassava), de la patate douce et du maïs. La vietnamisation y a été particulièrement intense. Le seul avantage pour Tua d'avoir perdu son identité culturelle tient à l'accroissement du niveau de vie de ses habitants.

La société rhade, matrilinéaire, est centrée sur l'habitat de la famille de la femme. La famille, au sens large du terme, vit dans une même maison longue, chaque couple et ses enfants en occupant une section. C'est un homme qui dirige la maison, en général le mari de la femme la plus âgée. Celle-ci détient toutefois tous les biens du groupe. Les Rhade sont traditionnellement animistes. Beaucoup se sont convertis au catholicisme ou au protestantisme au cours de ce siècle.

Parc national de Yok Don
Parmi les plus grands parcs nationaux du Vietnam, celui de Yok Don couvre 58 200 hectares, et il est prévu qu'il soit agrandi à 100 000 hectares. La principale attraction touristique se situe au village de Ban Don, dans le district d'Ea Sup, à 55 km au nord-ouest de Buon Ma Thuot, où vivent

près de 17 groupes ethniques. La route qui y mène est épouvantable.

La plupart des habitants de ce village sont des M'nong, ethnie matrilinéaire. Le nom de famille se transmet par les femmes et les enfants, qui appartiennent à la famille de la mère. Les M'nong passent pour très agressifs auprès des autres minorités de la région et des Vietnamiens de souche.

Ils chassent l'éléphant sauvage à l'aide d'éléphants domestiques qui vivent par dizaines dans le village. Vous ne pouvez *pas*, en principe, photographier les éléphants, afin de ne pas faire d'ombre à l'industrie locale de cartes postales. Pour la somme exagérément élevée de 60 $US, vous pourrez effectuer une promenade de 4 heures à dos d'éléphant, dans des forêts magnifiques. Il est obligatoire de réserver ces excursions auprès de Dak Lak Tourist à Buon Ma Thuot.

Les touristes peuvent par contre participer à une activité traditionnelle qui consiste à se rassembler autour d'une jarre de vin et à le boire à la paille avec tous les villageois.

Il faudra vous rendre au village de Ban Don en jeep mais n'espérez pas pouvoir passer s'il a plu. Une tour cham du XIIIe siècle se dresse à Ya Liao, à 36 km au nord de Ban Don.

Où se loger. Abordez la *Yok Don Guesthouse* (☎ 853110) avec un esprit décontracté car la s.d.b. ne dispose pas d'eau chaude, mais que pouvez-vous exiger pour 10 $US ? Mieux vaut peut-être loger dans les *cabanons* tout proches, pas forcément moins chers mais plus esthétiques.

Lac Lak
Le lac Lak (Ho Lak) s'étale à quelque 50 km au sud de Buon Ma Thuot. L'empereur Bao Dai s'y était fait construire un petit palais, aujourd'hui en ruines. La vue sur le lac est fantastique. Grimpez sur les collines environnantes, la vue n'en sera que plus belle. Non loin est installé un authentique village m'nong qu'il faut visiter à tout prix.

Il est possible de se rendre à Dalat (à 148 km) depuis le lac Lak en empruntant la route 27, un itinéraire extraordinaire à travers la forêt.

PLEIKU

La ville de Pleiku (ou Playcu) est le plus grand pôle commercial de la région occidentale des Hauts Plateaux, mais, en tant que destination touristique, on la considère plutôt comme un "trou perdu". Sa population de plus de 50 000 habitants ne cesse de croître. A une altitude de 785 m, Pleiku bénéficie d'un climat agréable, plus chaud mais plus venteux que Dalat.

En février 1965, les soldats vietcong tirèrent des obus sur la base américaine de Pleiku, tuant huit soldats américains. Les États-Unis comptaient alors plus de 23 000 conseillers militaires au Vietnam, censés ne pas combattre. Le raid de Pleiku servit de prétexte au président Johnson pour lancer une campagne de bombardements intensifs sur le Nord-Vietnam et renforcer rapidement les troupes américaines.

Au retrait des troupes américaines, en 1973, Pleiku est restée la principale base de combat sud-vietnamienne dans la région. Au moment de leur retrait, les populations de Pleiku et de Kon Tum suivirent les militaires dans leur fuite. Le sauve-qui-peut en direction du littoral rassembla plus de 100 000 personnes, dont plusieurs dizaines de milliers disparurent.

Avant leur départ, les soldats détruisirent Pleiku au lance-flammes afin de ne rien y laisser qui puisse servir aux communistes. La ville a été reconstruite en 1980 grâce à l'aide soviétique. Vaste succession d'architectures "socialistes", Pleiku n'a ni couleur ni charme, à la différence de la plupart des villes du Vietnam. Il est à espérer que l'afflux touristique et l'apport de devises contribueront à améliorer l'urbanisme et l'économie de la ville.

La minorité jarai établie dans la région pratique un rituel d'inhumation particulier. On grave dans le bois le portrait du défunt et on lui offre des aliments pendant plusieurs années. Chaque tombe se présente comme un village miniature qui regroupe plusieurs corps dans un même espace. Au bout de sept ans, la tombe est abandonnée.

Renseignements

Agences de voyages. Gia Lai Tourist (☎/fax 824891) est installé au Hung Vuong Hotel, 215 Đ Hung Vuong. Cette société propose une grande variété de circuits, notamment des randonnées, des promenades à dos d'éléphant et des programmes spécialement destinés aux anciens combattants. Elle emploie d'excellents guides, mais en facture cher les prestations. En réalité, 90% de cet argent revient au gouvernement.

Laissez-passer. Si vous n'avez nul besoin de permis pour passer la nuit à Pleiku ou circuler sur les axes principaux, vous devrez, en revanche, en obtenir un pour visiter les villages des minorités de la province de Gia Lai. Le montant exigé dépend de l'endroit visité. En outre, vous serez obligé de louer une voiture avec chauffeur et guide à Pleiku, même si vous possédez votre propre véhicule. Pour le tout, prévoyez quelque 50 \$US par jour, et consolez-vous en sachant que les guides sont bien meilleurs qu'à Buon Ma Thuot. Ces prix rebutent toutefois de nombreux voyageurs, qui préfèrent aller plus au nord, à Kon Tum, où les autorités s'avèrent plus hospitalières.

Si vous avez besoin d'un permis, adressez-vous à la Gia Lai Tourist citée plus haut, mais *surtout pas* au commissariat. Ceux qui ont eu affaire à la police ont été très mal reçus.

Lac de la Mer

Ce profond lac de montagne (Bien Ho) est situé à environ 7 km au nord de Pleiku. On pense qu'il est né d'un cratère volcanique datant de la préhistoire. Le lac et les paysages environnants sont magnifiques et constituent une excursion d'une journée fort plaisante, au départ de Pleiku.

Chutes de Yaly

Il est bien triste de constater que ce site ne mérite plus que l'on s'y arrête. Jadis, les chutes de Yaly étaient les plus importantes des Hauts Plateaux du Centre et elles attiraient un grand nombre de touristes. La majeure partie des eaux a disparu dans un

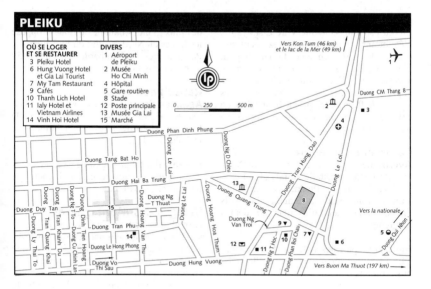

programme hydroélectrique qui ne laisse subsister qu'un mince filet.

Après une grosse averse, la cascade parvient à revivre mais, en temps normal, vous ne verrez qu'une falaise aride au milieu de la forêt.

Où se loger et se restaurer

Les voyageurs à petits budgets apprécient plus particulièrement le **Thanh Lich Hotel** (☎ 824674, 86 Ð Nguyen Van Troi), qui loue des chambres avec ventil. entre 7 et 10 $US et avec clim. 22 $US.

Au **Vinh Hoi Hotel** (☎ 824644, 39 Ð Tran Phu), la propreté n'est pas de mise mais les chambres restent bon marché : 5 $US avec s.d.b. commune et 10 $US avec s.d.b. et eau chaude. Attention, l'hôtel affiche souvent complet.

Le **Ialy Hotel** (☎ 824843, 89 Ð Hung Vuong) constitue un bon choix. Comptez entre 15 et 35 $US pour une chambre avec s.d.b. et eau chaude.

L'endroit le plus charmant de Pleiku est le **Movie Star Hotel** (Khach San Dien Anh, ☎ 823855, fax 823700, 6 Ð Vo Thi Sau). Il

plaît aux voyageurs recherchant un minimum de confort. Les chambres avec ventil. coûtent 10 $US, et celles avec clim., réparties en trois catégories, reviennent à 20, 25 et 30 $US. Évitez, si vous le pouvez, le premier étage, où le bruit de la télévision s'avère proprement assourdissant.

Au plus près de la gare routière, vous trouverez le **Hung Vuong Hotel** (☎ 824 270, 215 Ð Hung Vuong), où la double est facturée de 10 à 25 $US.

Le **Pleiku Hotel** (☎ 824628, fax 822151) est un immeuble à l'impressionnante architecture stalinienne, Ð Le Loi. Il appartient à l'État et reste le seul à proposer la TV par satellite. Vous débourserez entre 25 et 32 $US.

Il est difficile de trouver un bon restaurant à Pleiku. Parmi les moins pires, le **My Tam Restaurant** est tenu par une famille chinoise. Dans cet endroit très couleur locale, très bon marché mais peu reluisant, vous dégusterez néanmoins le meilleur poulet grillé des Hauts Plateaux du Centre. Le restaurant du **Movie Star Hotel** constitue également une option envisageable.

Où sortir

Pleiku est tout sauf une ville distrayante. Neanmoins, vous souhaiterez peut-être essayer les *cafés* en face du Thanh Lich Hotel. Le café servi ressemble fort à du kérosène et s'il ne vous plaît pas, vous apprécierez peut-être la musique des années 70. Rien de tel qu'une bonne dose de caféine et une chanson du groupe Abba pour vous aider à dormir…

Comment s'y rendre

Avion. Le bureau de réservation de Vietnam Airlines est installé au Ialy Hotel.

Des avions relient Pleiku à Ho Chi Minh-Ville et font escale à Danang. Les vols directs Pleiku-Hanoi n'existent plus depuis longtemps…

Bus. La plupart des villes de la côte entre Nha Trang et Danang desservent Pleiku en bus ordinaires.

Voiture et moto. La route relie Pleiku à Buon Ma Thuot (197 km), Qui Nhon (186 km *via* An Khe), Kon Tum (49 km) et à la province cambodgienne de Ratanakiri (*via* Chu Nghe). Sur la route de Buon Ma Thuot, vous remarquerez une zone particulièrement aride, sans doute apparue suite à l'épandage d'Agent orange et à une déforestation massive. A partir de Pleiku, comptez 550 km pour Ho Chi Minh-Ville et 424 km jusqu'à Nha Trang.

KON TUM

Kon Tum (35 000 habitants, 525 m d'altitude) se trouve dans une région habitée principalement par des Montagnards tels que les Bahnar, les Jarai, les Rengao et les Sedang. Selon de nombreux voyageurs, la bourgade est un véritable jardin au milieu des Hauts Plateaux du Centre. Pour d'autres, Dalat est plus intéressante, mais plus touristique. Jusqu'à maintenant, Kon Tum est restée largement protégée, et les autorités ne sont pas trop envahissantes.

Comme tous les sites des Hauts Plateaux du Centre, Kon Tum a connu son lot de combats pendant la guerre. Au printemps 1972, la ville et ses environs ont été le théâtre d'une des plus grandes batailles qui aient opposé les forces du Nord à celles du Sud-Vietnam. Par centaines, les bombardements des B-32 américains ont dévasté la contrée.

Renseignements

Agences de voyages. Le Kon Tum Tourist (☎ 863336 ; fax 862122) se situe 168 Đ Ba Trieu. Un autre bureau a élu domicile au Dakbla Hotel.

Argent. Il n'est pas possible de changer ses chèques de voyage à Kon Tum. L'endroit le plus proche est Pleiku.

Villages des Montagnards

Aux abords de Kon Tum sont établis plusieurs villages habités par des Montagnards. Certains touristes semblent croire aussi que les membres de ces ethnies ne portent leur costume que pour le plaisir des photographes, ce qui, bien sûr, est loin d'être le cas. En règle générale, les villageois se montrent accueillants envers les visiteurs, pour autant que ceux-ci soient respectueux et discrets.

Certains de ces villages se trouvent dans la périphérie immédiate de Kon Tum. On les rejoint aisément à pied depuis le centre. Deux villages bahnar, appelés Lang Bana, entourent la bourgade : l'un à l'est, l'autre à l'ouest.

Un village, à l'est de Kon Tum, porte même un nom identique à celui de la ville, Lang Kon Tum. Ce fut le centre historique de Tum. Quand la bourgade vietnamienne est apparue, elle a repris le nom du village.

A l'heure où nous écrivons ces lignes, la police autorise les étrangers à visiter ces villages sans permis.

Rong House

Ce site vous décevra si vous n'avez pas la chance de le visiter au bon moment. Une rong house est une maison dans les arbres ou une maison surélevée par des pilotis. Elle servait à l'origine à se protéger des éléphants, des tigres et autres animaux sauvages. Ces animaux féroces se font rares aujourd'hui.

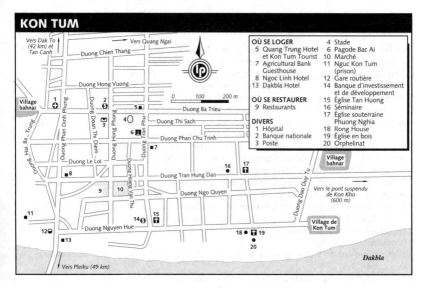

KON TUM

Vers Dak To
(42 km) et
Tan Canh

Vers Quang Ngai

Duong Chien Thang

Duong Hong Vuong

Village
bahnar

Duong Phan Dinh Phung

Duong Doan Thi Diem

Duong Hong Phong

Duong Tran Phu

0   100   200 m

Duong Ba Trieu

Duong Thi Sach

Duong Phan Chu Trinh

Duong Le Loi

Duong Hoang Van Thu

Duong Hai Ba Trung

Duong Tran Hung Dao

Duong Ngo Quyen

Duong Dao Duy Tu

Vers le pont suspendu
de Kon Kho
(600 m)

Duong Nguyen Hue

Village
bahnar

Village de
Kon Tum

Dakbla

Vers Pleiku (49 km)

OÙ SE LOGER
5 Quang Trung Hotel
et Kon Tum Tourist
7 Agricultural Bank
Guesthouse
8 Ngoc Linh Hotel
13 Dakbla Hotel

OÙ SE RESTAURER
9 Restaurants

DIVERS
1 Hôpital
2 Banque nationale
3 Poste

4 Stade
6 Pagode Bac Ai
10 Marché
11 Nguc Kon Tum
(prison)
12 Gare routière
14 Banque d'investissement
et de développement
15 Église Tan Huong
16 Séminaire
17 Église souterraine
Phuong Nghia
18 Rong House
19 Église en bois
20 Orphelinat

L'endroit accueille des manifestations locales importantes : assemblées, mariages, fêtes, prières en commun… Si vous pouvez assister à l'un de ces événements, ne le manquez sous aucun prétexte. N'oubliez pas, toutefois, qu'un mariage est une cérémonie privée et que votre présence peut se révéler indésirable.

Nguc Kon Tum
Il s'agit d'une prison désaffectée, construite à l'ouest de Kon Tum. Des membres du Viet-Cong ont séjourné dans ces geôles jusqu'en 1975.

De tous les établissements pénitentiaires gérés par les Sud-Vietnamiens, celui-ci comptait parmi les plus célèbres. Les soldats du Viet-Cong qui ont survécu à leur internement sont tous devenus des héros à leur libération. Le fait d'avoir un passé politiquement correct était capital dans le Vietnam de l'après-guerre. Du reste, il en est toujours ainsi : bon nombre d'officiers supérieurs que l'on rencontre encore aujourd'hui dans l'armée ont séjourné à Nguc Kon Tum. Les soldats de l'ARVN

tombés aux mains du Viet-Cong s'en sont moins bien sortis. D'ordinaire, la prison est ouverte au public, et vous pourrez la visiter comme bon vous semblera. Malheureusement, on ne fait guère d'efforts pour protéger ce site, et vous ne trouverez pas de guide pour vous donner quelques informations historiques sur l'endroit.

Dak To et la colline Charlie
A 42 km au nord de Kon Tum, cet obscur avant-poste fut le théâtre de combats très importants. En 1972 s'y sont déroulés des affrontements intenses, dont l'une des dernières grandes batailles de la guerre du Vietnam, juste avant que les troupes américaines ne partent.

Nombre de vétérans du Vietnam viennent en pèlerinage à Dak To, tant des Américains que d'anciens soldats de l'Armée nord-vietnamienne (ANV). Cette visite vous intéressera si vous êtes un passionné de cette période.

A quelque 5 km au sud de Dak To se dresse la colline Charlie, place forte de l'ARVN jusqu'à ce que le Viet-Cong essaie

Le Fulro

Le Front unifié de lutte des races opprimées (Fulro) fut, des décennies durant, une source d'ennuis permanent pour les différents gouvernements vietnamiens. Ces combattants fort bien organisés recrutaient surtout des Montagnards, qui n'appréciaient guère les Vietnamiens, car, pendant la guerre du Vietnam, le gouvernement sud-vietnamien les opprima fortement, et les Américains exploitèrent leur capacité de survie dans la jungle.

Lorsqu'ils prirent le contrôle du pouvoir en 1975, les communistes cherchèrent à se venger du Fulro, au lieu de faire la paix avec lui. L'insurrection se poursuivit pendant plusieurs années. Au milieu des années 80, le Fulro s'était considérablement affaibli, car la plupart de ses membres avaient été capturés, exécutés, s'étaient exilés ou encore avaient abandonné le combat. En 1992, la reddition d'une bande isolée, qui effectuait encore des raids depuis l'extrême nord-est du Cambodge, confirma la chute du Fulro.

Bien que l'insurrection semble totalement éteinte, le gouvernement reste hypersensible sur la question du Fulro. Quand on leur en parle, les guides officiels se bornent à déclarer que le fait de visiter les zones auparavant contrôlées par l'organisation ne présente plus aucun risque. Contrairement aux minorités de l'extrême nord, que le gouvernement laisse en paix, les Montagnards des Hauts Plateaux du Centre sont très surveillés. Dans cette région, Hanoi pratique la politique suivante :

1. Établissement de Vietnamiens de pure souche, notamment dans les Zones de nouvelle économie (ZNE)
2. Incitation à la sédentarisation et à l'abandon de l'agriculture traditionnelle sur brûlis
3. Promotion de la langue et de la culture vietnamiennes (vietnamisation).

d'en prendre le contrôle. Le colonel Ngoc Minh, qui tenait la place, décida de maintenir cette position et de se battre jusqu'à la mort, ce qui prolongea le conflit de façon inhabituelle pour une guérilla. Le siège dura un mois et demi avant que l'ANV ne parvienne à se rendre maîtresse de la colline. C'est ainsi que disparurent au champ d'honneur le colonel Minh et les 150 soldats de l'ARVN, restés jusqu'au bout à leur poste.

Quasiment oubliée en Occident, cette bataille est encore aujourd'hui très connue au Vietnam. Bien évidemment, la colline a été truffée de mines pendant la guerre et représente toujours un danger.

Orphelinat de Kon Tum

A une courte distance du centre-ville, ce joli orphelinat est un endroit à ne pas manquer pour certains. Le personnel est très accueillant envers les visiteurs, dont la plupart viennent passer un peu de temps avec les adorables pensionnaires. Quelques-uns y passent parfois la nuit. Ils font don à l'établissement de l'argent économisé sur le prix d'une chambre ou achètent des jouets aux enfants.

L'orphelinat se trouve derrière l'église en bois, Đ Nguyen Hue. Vous pouvez ensuite continuer vers l'est pour visiter les villages des minorités.

Où se loger

Le **Dakbla Hotel** (☎ 863333) est tellement agréable que la plupart des voyageurs y séjournent. La chambre avec ventil. est louée 10 $US, ou de 18 à 28 $US avec clim., celles du dernier étage étant les moins chères. L'hôtel est installé près de la rivière, 2 Đ Phan Dinh Phung.

Si vous voulez absolument vous loger à petit prix, essayez le **Ngoc Linh Hotel** (☎ 864560), à l'angle de Đ Phan Dinh Phung et Đ Tran Hung Dao. Dans cet établissement correct, relativement récent, les doubles sont équipées de la clim. et de l'eau chaude. Une double avec s.d.b. coûte entre 12 et 18 \$US. Le dortoir, une pièce de 4 lits avec douche et toilettes à l'extérieur, revient à 5 \$US le lit.

J'ai rencontré un personnage intéressant au Ngoc Lin Hotel. Il dit s'appeler "Tiger" et être docteur en économie de l'université de Princeton (États-Unis). C'est un bon guide, qui parle très bien anglais. De plus, il est d'une compagnie agréable. Je n'hésiterai pas à refaire appel à lui.

Jacque LaPedus

L'*Agricultural Bank Guesthouse (Ngan Hang Nong Nghiep,* ☎ *862853)* se situe logiquement à côté de la banque mais ne change pas d'argent. La chambre avec ventil. et eau froide se loue 10 \$US, celle avec clim. et eau chaude 15 \$US. L'adresse officielle est 90 Đ Tran Phu.

Vieillot mais sympathique, le ***Quang Trung Hotel*** *(*☎ *862249, fax 862122, 168 Đ Ba Trieu)* demande 18 ou 20 \$US pour une chambre avec s.d.b. et eau chaude.

Comment s'y rendre

Bus. Des bus desservent Danang, Pleiku et Buon Ma Thuot depuis Kon Tum. Quoi qu'il en soit, voici le témoignage d'un voyageur :

Une excursion à Kon Tum, dans les Hauts Plateaux, mérite vraiment le détour, ne serait-ce que pour échapper aux classiques itinéraires touristiques du Sinh Cafe, sur la côte. Il faut néanmoins repérer les indications affichées à la gare routière, signifiant clairement que les étrangers ne peuvent pas obtenir de billets. Ce qui veut dire, évidemment, que le prix du billet sera fixé en toute liberté par le chauffeur. Mes tentatives pour obtenir un billet ont été accompagnées de cris, d'agressions physiques et de menaces de jeter les sacs à dos hors du bus.

Tod Griffin

Voiture et moto. L'itinéraire le plus rapide pour atteindre Kon Tum depuis la côte passe par la nationale 19, entre Qui Nhon et Pleiku. La nationale 14 est également en bon état entre Kon Tum et Buon Ma Thuot.

D'après la carte, il semble simple de se rendre de Kon Tum à Danang par la nationale 14, mais cette portion de la route est peu carrossable, et seuls les 4x4 ou les motos peuvent passer. Les paysages sont toutefois superbes. Si vous disposez du bon moyen de transport (bien rembourré), ce trajet aventureux sur la piste Ho Chi Minh constitue un excellent choix. Vous pouvez faire étape à Phuoc Son (voir la carte *Le littoral du Centre et du Sud*).

Kon Tum se trouve à 246 km de Buon Ma Thuot, 896 km de Ho Chi Minh-Ville, 436 km de Nha Trang, 49 km de Pleiku et 198 km de Qui Nhon.

HAUTS PLATEAUX DU CENTRE

Ho Chi Minh-Ville

A votre arrivée dans la plus grande ville du Vietnam, vous serez frappé par l'agitation qui y règne et par l'énergie qui s'en dégage. Où que se tourne votre regard, l'ordinaire côtoie l'extraordinaire. Sur les marchés en plein air, on conclut les transactions et l'on fait de bonnes affaires. La musique des chaînes hi-fi des cafés emplit toutes les rues avoisinantes. Dans l'ambiance feutrée des nouveaux cafés et pubs, des touristes bavardent devant une bière ou sirotent un café accompagné d'un croissant. Longue chevelure au vent et de fins escarpins aux pieds, une jeune employée de bureau se faufile en Honda Dream au milieu des embouteillages. Sous une chaleur accablante, un homme d'affaires chinois, ruisselant de sueur, tiraille sa cravate en discutant sur son téléphone cellulaire. Soudain, un mendiant vous agrippe le bras : en dépit des signes extérieurs de richesse, le Vietnam n'a pas surmonté toutes ses difficultés économiques.

La circulation produit un vacarme assourdissant. Les marteaux-piqueurs du progrès réduisent le passé en poussière pour laisser place à la nouveauté. Cette cité bouillonnante et fumante est en état de fermentation. Malgré cette agitation, elle conserve ses traditions séculaires et les beautés de sa culture ancestrale. Dans les pagodes, les moines prient au milieu des vapeurs d'encens. Des artistes réalisent leurs chefs-d'œuvre sur la toile ou en sculptant le bois. Dans les parcs, des montreurs de marionnettes font la joie des enfants. Au fond des ruelles où les touristes ne s'aventurent guère, des acupuncteurs placent leurs aiguilles aux endroits clés du corps de leurs patients, des apprentis musiciens s'exercent au violon, une couturière confectionne avec soin un *ao dai*.

A l'heure actuelle, Ho Chi Minh-Ville est moins un véritable centre urbain qu'une petite province qui s'étend sur 2 029 km², de la mer de Chine aux abords de la frontière cambodgienne. Ponctuée de villages et de hameaux entourés de rizières, cette région est essentiellement campagnarde. Le monde rural occupe près de 90% de la superficie de ce territoire et représente environ 25% de sa population. Les trois quarts de la population de cette région vivent dans les zones urbaines, qui ne comptent que pour 10% du territoire. Autrement dit, Ho Chi Minh-Ville ne diffère d'une province que par son nom.

A ne pas manquer

- L'animation des rues de Ho Chi Minh-Ville vue d'un cyclo-pousse

- La myriade de musées et les immenses parcs

- Les superbes pagodes chinoises de Cholon

- Les délices gastronomiques de la ville

- Une journée de baignade au parc aquatique

Ho Chi Minh-Ville

Ce centre urbain s'appelle toujours officieusement "Saigon". Officiellement pourtant, "Saigon" désigne uniquement le district 1, qui ne constitue qu'une petite partie de la ville. Les gens du Sud préfèrent certainement la dénomination "Saigon", mais ceux du Nord emploient plutôt le terme officiel. La plupart des fonctionnaires du gouvernement sont du Nord et vous corrigeront si vous parlez de "Saigon". Si vous devez avoir affaire avec la bureaucratie, mieux vaut dire Ho Chi Minh-Ville.

Plus à l'ouest s'étend le district 5, le vaste quartier chinois de Cholon. Beaucoup vous diront que ce nom signifie "quartier chinois". En fait, il semble plutôt qu'il ait le sens de "grand marché", ce qui témoigne du rôle prépondérant traditionnellement joué par les Chinois dans l'économie vietnamienne. Pourtant, Cholon a beaucoup perdu de son caractère, en grande partie à cause de la campagne anticapitaliste et antichinoise menée en 1978 et 1979. Nombre de Chinois ont alors fui le pays, emportant avec eux leurs moyens financiers et leur esprit d'entreprise. Avec la récente ouverture du Vietnam sur le monde, beaucoup de ces réfugiés reviennent, munis de passeports étrangers, pour étudier les possibilités d'investissements. Les hôtels de Cholon regorgent à nouveau d'hommes d'affaires parlant chinois.

Officiellement, le Grand Ho Chi Minh-Ville regroupe 4 millions d'habitants. En réalité, l'agglomération n'abrite pas moins de 6 à 7 millions d'âmes. Cet écart s'explique par le fait que, dans leur recensement, les autorités ne tiennent compte que des titulaires de permis de résidence en bonne et due forme. Or, environ un tiers de la population de Ho Chi Minh-Ville y demeure "illégalement". Parmi ces clandestins, nombreux sont ceux qui vivaient dans la ville avant 1975 et qui, à la réunification, ont été assignés à résidence dans un camp de rééducation à la campagne. Bien entendu, ils sont peu à peu revenus dans leur cité, suivis de leur famille, mais ils ne peuvent exercer aucune activité ni même posséder de biens puisqu'ils n'ont pas le droit d'y résider. Par ailleurs, des paysans viennent de plus en plus nombreux

chercher fortune à la ville et se retrouvent souvent sur le trottoir.

Pourtant, Ho Chi Minh-Ville les accueille tous : c'est en effet le cœur industriel et commercial du Vietnam. 30% de la production manufacturière et 25% du commerce de détail y sont concentrés. Les revenus représentent le triple de la moyenne nationale. La ville draine la plupart des hommes d'affaires étrangers qui viennent investir et négocier. C'est ici également que les jeunes loups et les bureaucrates, qu'ils soient du Nord ou du Sud, viennent tenter leur chance.

Les gratte-ciel et magasins flambant neufs, les hôtels construits grâce aux capitaux des joint-ventures traduisent une croissance explosive. En contrepartie, la circulation augmente, la pollution aussi, et Ho Chi Minh-Ville connaît dès à présent les grands maux de la vie urbaine. Son passé glorieux n'en demeure pas moins visible. Saigon a su garder une certaine saveur française, non seulement parce qu'on y mange de la baguette comme à Paris, mais aussi en raison du style inimitable de ses grands bâtiments.

Les Américains ont également laissé leur empreinte sur la ville, ne serait-ce que dans ses immeubles imposants et ses édifices officiels. L'ancienne ambassade des États-Unis se présente comme l'exemple parfait d'une architecture tropicale postmoderne à l'épreuve des tirs de mortier. Protégés par des barreaux de fer ou festonnés de barbelés et d'éclats de verre, ses rares balcons vous font douter que la guerre soit réellement finie. De fait, une autre guerre est en cours : la guerre contre le crime. A voir tant de richesse au milieu de tant de pauvreté, on en comprend aisément la raison.

De même que leurs compatriotes de la campagne travaillent dans les rizières du matin au soir, les habitants de Ho Chi Minh-Ville consacrent toute leur énergie à leurs activités urbaines : vendre des légumes, acheter le nécessaire, faire des affaires et évoluer. Le bourdonnement du commerce imprègne la ville. Vous ne voyez partout que des témoignages de la ténacité dont font preuve les hommes dans leur volonté de survivre et d'améliorer leur sort. Ce spectacle rassure et inquiète à la fois. En effet, c'est à Ho Chi Minh-Ville que les changements économiques qui balaient le Vietnam apparaissent avec le plus de clarté.

HISTOIRE

Saigon fut prise en 1859 par les Français, qui en firent peu après la capitale de leur colonie, la Cochinchine. En 1950, Norman Lewis décrivait Saigon ainsi : "de vocation purement commerciale, elle est dénuée de fantaisie, de ferveur et d'ostentation… C'est une ville française de province, plaisante, fade et sans caractère." Saigon fut la capitale de la République vietnamienne de 1956 à 1975, date à laquelle elle tomba aux mains des forces du Nord-Vietnam.

Pour sa part, Cholon prit de l'importance en 1778 avec l'arrivée des marchands chinois. Après la réunification du Nord et du Sud, des centaines de milliers d'habitants de Cholon ont fui les mesures antichinoises du gouvernement, notamment à la fin des années 70. C'est pourtant, aujourd'hui encore, la principale communauté chinoise de tout le pays.

ORIENTATION

Ho Chi Minh-Ville (Thanh Pho Ho Chi Minh) est divisée en 17 districts urbains (*quan*, du français *quartier*) et 5 districts ruraux (*huyen*). Les districts urbains portent des numéros. Ainsi, le district 1 correspond à Saigon proprement dit et le district 5 à Cholon.

Autre détail insolite rencontré à Ho Chi Minh-Ville : les rues portent le nom de dates historiques importantes. Par exemple, le ĐL 3 Thang 2 (généralement écrit ĐL 3/2) fait référence au 3 février, anniversaire de la fondation du parti communiste vietnamien.

RENSEIGNEMENTS

Agences de voyages

Saigon Tourist (Cong Ty Du Lich Thanh Pho Ho Chi Minh) est l'agence de voyages officielle et gouvernementale de Ho Chi Minh-Ville. Elle gère directement ou en association plus de 70 hôtels, de nombreux restaurants

de premier ordre ainsi qu'une agence de location de voitures. Elle dirige le Vietnam Golf & Country Club et quelques "pièges à touristes" comme le village touristique de Binh Quoi.

L'essor de Saigon Tourist est facile à expliquer. En 1975, les hôtels et restaurants furent "libérés" de leurs anciens propriétaires capitalistes – souvent des Chinois – qui, pour la plupart, ont alors fui le pays. Anciens membres du Viet-Cong, les hauts responsables de cette entreprise étatisée font preuve d'une froideur marquée à l'égard des étrangers. A sa décharge, Saigon Tourist a réinvesti récemment la plupart de ses bénéfices dans de nouveaux hôtels et de nouveaux restaurants. La société ne cesse de croître, à tel point que si jamais le Vietnam ouvre une Bourse, les actions Saigon Tourist se révéleront sans doute une véritable manne.

Vietnam Tourism est l'agence de tourisme officielle. Ses locaux sont ouverts de 7h30 à 11h30 et de 13h à 16h30, du lundi au samedi. Certes, l'encadrement de Vietnam Tourism est un peu plus aimable que celui de Saigon Tourist, mais leurs prestations médiocres ne justifient pas leurs tarifs élevés.

Les nombreuses autres agences de voyages à Ho Chi Minh-Ville sont presque toutes gérées conjointement par le gouvernement et par des entreprises privées. Elles vous procureront une voiture, réserveront vos billets d'avion et s'occuperont de la prorogation de votre visa. Certains endroits pratiquent les mêmes tarifs que Saigon Tourist et Vietnam Tourism. D'autres sont moins gourmandes. La concurrence est rude et la guerre des prix acharnée. En cherchant bien, vous trouverez souvent des tarifs inférieurs de 50% à ceux de Saigon Tourist

La meilleure façon de faire un choix est peut-être de se rendre dans les agences de plusieurs tour-opérateurs et d'étudier les circuits proposés (et à quel prix). Vous vous apercevrez en fait que les offres et les prix sont plus ou moins semblables. La plupart des guides sont excellents malgré quelques exceptions. Discutez avec des voyageurs de retour d'excursion avant de faire votre choix.

La valse des noms

L'histoire agitée du Vietnam de ces quatre dernières décennies se reflète dans la valse des noms qu'ont dû subir provinces, districts, villes, rues et institutions. Certains endroits ont été baptisés à trois reprises depuis la Seconde Guerre mondiale, et les gens recourent à un nom ou l'autre selon leurs convictions ou leur passé.

Les villes ont porté : 1. des noms français (le plus souvent de généraux, d'administrateurs ou de martyrs ayant forgé le colonialisme français) ; 2. des noms de héros selon les critères du gouvernement sud-vietnamien ; 3. d'autres noms de héros selon les critères du gouvernement de Hanoi. Les temples bouddhistes ont des noms officiels mais également un ou deux autres, plus populaires. Les pagodes chinoises portent plusieurs noms chinois – dont la plupart ont un équivalent vietnamien – en fonction des titres et du rang des divinités auxquelles elles sont consacrées. Dans les Hauts Plateaux, on utilise simultanément les noms montagnards et vietnamiens pour désigner les mêmes montagnes, villages, etc. Les petites différences de vocabulaire et de prononciation entre le Nord, le Centre et le Sud se répercutent parfois sur l'utilisation de mots et d'orthographes différents (comme "Pleiku" et "Playcu").

La plupart des références françaises ont disparu de la carte du Vietnam en 1954, à la fin de l'ère coloniale. C'est ainsi que le cap Saint-Jacques est devenu Vung Tau ; Tourane, Danang ; et la rue Catinat à Saigon, ÐTu Do (Liberté). Cette célèbre artère s'appelle du reste Ð Dong Khoi (Soulèvement) depuis la réunification. On changea en 1956 les noms de plusieurs provinces et villes du Sud pour effacer de la mémoire populaire les exploits antifrançais du Viet Minh communiste, qui bien souvent étaient connus par le nom de l'endroit où ils avaient eu lieu. Les soldats vietcong infiltrés plus tard dans les villages continuaient à se référer aux anciens noms lorsqu'ils s'adressaient aux populations locales. Les paysans s'adaptèrent vite à cette situation, utilisant une appellation avec les communistes et une autre avec les représentants du gouvernement sud-vietnamien.

Les soldats américains ont donné des surnoms à des lieux vietnamiens aux noms trop difficiles à prononcer ou à mémoriser (comme China Beach, près de Danang). Cela les aida à se familiariser un peu avec un pays très différent du leur.

Après la réunification, le Comité militaire provisoire de la municipalité de Saigon s'empressa de rebaptiser la métropole Ho Chi Minh-Ville, initiative entérinée par Hanoi l'année suivante. Le nouveau gouvernement entreprit de changer les noms de rue "inopportuns" – le processus se poursuit – et vietnamisa ceux de presque tous les hôtels de la ville. Les seuls noms français trouvant encore grâce aux yeux de Hanoi sont ceux d'Albert Calmette (1893-1934), inventeur du vaccin contre la tuberculose, de Marie Curie (1867-1934), prix Nobel pour ses recherches sur la radioactivité, de Louis Pasteur (1822-1895), fondateur de l'institut du même nom, et d'Alexandre Yersin (1863-1943), qui découvrit le bacille de la peste.

La valse des noms a eu des effets divers. Les gens citent les rues, les districts et les provinces sous leurs nouvelles appellations. En revanche, la plupart des habitants de Ho Chi Minh-Ville continuent à dire Saigon, d'autant plus que la ville englobe maintenant une zone immense allant du Cambodge à la mer de Chine méridionale. Les visiteurs ne manqueront pas de remarquer que les hôtels de cette ville récupèrent peu à peu leurs anciens noms.

Voilà pourquoi il vaut mieux recourir à des cartes et plans récents, quoique la plupart des changements soient intervenus avant leur publication.

HO CHI MINH VILLE

Voici une liste non exhaustive d'agences de voyages locales très bon marché :

Agences pour petits budgets

Ben Thanh Tourist/Buffalo Tours
(☎ 886 0365 ; fax 836 1953)
165 Đ Pham Ngu Lao
Fiditourist
(☎ 835 3018)
195 Đ Pham Ngu Lao, district 1
Kim Cafe
(☎ 835 9859 ; fax 829 8540)
270-272 Đ De Tham Linh Cafe
(☎ 836 7016/836 0643)
291 Đ Pham Ngu Lao
Nam Duong Travel Agency
(☎ 836 9630 ; fax 836 9632)
213 Đ Pham Ngu Lao (spécialisée dans les billets d'avion nationaux et internationaux)
Sinh Cafe
(☎ 836 7338 ; fax 836 9322)
248 Đ De Tham

Agences de catégorie moyenne et supérieure

Ann Tours
(☎ 833 2564 ; fax 832 3866)
58 Đ Ton That Tung, district 1
Atlas Tours
(☎ 822 4122 ; fax 829 8604)
164 Đ Nguyen Van Thu, district 1
Ben Thanh Tourist
(☎ 829 8597 ; fax 829 6269)
121 ĐL Nguyen Hue, district 1
Cholon Tourist
(☎ 835 9090 ; fax 835 5375)
192-194 Đ Su Van Hanh, district 5
Fiditourist
(☎ 829 6264)
71-73 Đ Dong Khoi, district 1
Global Holidays
(☎ 822 8453 ; fax 822 8454)
106 ĐL Nguyen Hue, district 1 Hung
Vi/Superb Travel
(☎ 822 5111 ; fax 824 2405)
110A ĐL Nguyen Hue, district 1
Mai Linh Co
(☎ 825 8888 ; fax 822 4496)
64 ĐL Hai Ba Trung, district 1
Saigon Tourist

(☎ 829 8129 ; fax 822 4987)
49 ĐL Le Thanh Ton, district 1
Star Tours
(☎ 824 1673 ; fax 824 4675)
166 Đ Nam Ky Khoi Nghia, district 3
Vietnam Tourism
(☎ 829 1276 ; fax 829 0775)
69-71 Đ Nam Ky Khoi Nghia, district 3
Vita Tours
(☎ 823 0767 ; fax 824 3524)
52 ĐL Hai Ba Trung, district 1
Youth Tourist
(☎ 829 4580)
292 Đ Dien Bien Phu, district 3

Argent

La banque de l'aéroport pratique le taux de change officiel, quand elle est ouverte ! Il est donc recommandé de prévoir des dollars en petites coupures si le bureau de change est fermé.

La Vietcombank (☎ 829 7245 ; fax 823 0310), qu'on appelle également Banque vietnamienne du commerce extérieur, occupe deux immeubles adjacents à l'angle de Đ Ben Chuong et Đ Pasteur. Le bureau de change se situe dans l'édifice orienté à l'est, dont la décoration intérieure vaut le détour.

La banque est ouverte de 7h à 11h30 et de 13h30 à 15h30, tous les jours sauf le samedi après-midi et le dernier jour du mois. Outre le dollar américain, elle accepte d'autres devises fortes parmi lesquelles le Deutsche Mark, le dollar canadien, les dollars de Hong Kong et de Singapour, les francs français et suisse, la livre sterling et le baht. Moyennant une commission de 2%, on vous changera des chèques de voyage libellés en dollars américains contre des espèces de la même devise.

La Vietcombank possède une succursale située 175 Đ Dong Khoi, en face de l'hôtel Continental.

La Sacombank, 211 Đ Nguyen Thai Hoc (au croisement de Đ Pham Ngu Lao), est très fréquentée par ceux qui veulent changer du liquide ou des chèques de voyage, et retirer des espèces avec leur carte Visa. Elle se trouve au centre du quartier où séjournent les voyageurs à petit budget.

Des épées aux actions

La consigne est passée : le temps est venu de ranger les armes et de transformer les épées en socs de charrue. La guerre entre le Vietnam et les États-Unis est en effet terminée, mais la bataille des parts de marché ne fait que commencer. Tout le monde veut sa part du gâteau. Depuis le début des années 90, les capitalistes du Japon, de Corée, de Taiwan, de France, d'Allemagne, d'Angleterre et d'Australie sont arrivés en masse au Vietnam pour monter des joint ventures.

Les derniers investisseurs en date, les Américains, bénéficient de plusieurs avantages. Comme avec les Français, les Vietnamiens éprouvent une certaine nostalgie qui les poussent à entrer en affaires avec leurs ennemis d'hier. Et puis les Vietnamiens adorent les produits américains. Après un long embargo imposé par le gouvernement des États-Unis, qui n'a été levé qu'en 1994, les Américains envahissent aujourd'hui le pays ; ils espèrent qu'il deviendra un nouveau "tigre" de l'économie asiatique.

Ces nouveaux guerriers ne portent ni uniformes, ni M-16. Vêtus de complets impeccables, armés de bagages Gucci et d'ordinateurs portables, ils attaquent à coups de sodas, de films hollywoodiens et de CD. Leur cri de guerre est "Actions, contrats et rock'n'roll !".

La société de consommation gagne en effet le Vietnam, et ce n'est plus une injure de qualifier quelqu'un de membre du "gratin". Faire de l'argent et en dépenser n'est plus répréhensible.

Les sociétés américaines sont déjà implantées. Les nouvelles boutiques de haute technologie proposent des ordinateurs arborant le logo "Intel inside". Chrysler a créé une joint-venture afin de produire au Vietnam sa jeep Cherokee. Des messagers électroniques Motorola se font entendre dans les poches ou les sacs de l'élite du pays. Pepsi a été le premier soda à réintégrer le Vietnam, suivi de près par Coca-Cola.

Les chaînes de fast-food ne seront pas en reste. Le jour où un McDonald's ouvrira ses portes à Ho Chi Minh-Ville, Danang ou Hanoi, il sera assuré d'un succès immédiat. A moins, bien sûr, qu'un clone ne le devance. Il existe déjà une chaîne de supermarchés vietnamiens plagiant le 7-eleven américain.

Le manque de protection de la propriété intellectuelle est d'ailleurs le seul frein à l'enthousiasme des investisseurs étrangers. Les Vietnamiens copient sans scrupule les marques, les brevets et les copyrights. Par exemple, la prolifération de cassettes audio piratées et de fausses montres Rolex pourrait causer quelques disputes. Rien n'est sacré ! Lonely Planet a retrouvé des copies illégales (et de bonne qualité !) dans tout le pays. Même la statue de la Liberté, dont des modèles réduits sont apparus dans les nouveaux cafés à la mode, est copiée. Les Vietnamiens ne manquent pas de rappeler que la statue originale était un cadeau de la France aux États-Unis – pourquoi n'auraient-ils pas le droit d'en avoir une ?

Pour sa part, le gouvernement vietnamien fait preuve de protectionnisme. Il a refusé jusqu'à présent toutes les demandes d'utilisation du nom de Ho Chi Minh, comme cette joint-venture américaine qui voulait ouvrir un restaurant appelé Uncle Ho's Hamburgers. Lorsque les Américains ont souligné la vague ressemblance entre Ho Chi Minh et le colonel Sanders (le fondateur des Kentucky Fried Chicken), la réponse des Vietnamiens a été catégorique : "Non, Ho Chi Minh était un général !".

Le bureau privé Fiditourist est établi dans le même quartier, 195 Ð Pham Ngu Lao et ne change que les espèces. Il ne procure pas des liquidités mais reste ouvert jusqu'à 22h et le week-end.

Il existe différentes banques appartenant à des étrangers ou cofinancées à Ho Chi Minh-Ville, mais le problème est que la loi leur impose de prendre de plus fortes commissions que les banques d'État vietnamiennes. La seule raison de vous rendre dans ces établissements serait d'utiliser leur distributeurs de billets (en particulier ANZ Bank et Hongkong Bank) ou d'envoyer un télégramme. Parmi les banques étrangères les plus importantes, citons :

ANZ Bank
 (☎ 829 9319 ; fax 829 9316)
 11 place Me Linh, district 1
Bangkok Bank
 (☎ 822 3416 ; fax 822 3421)
 117 Đ Nguyen Hue, district 1
Bank of America
 (☎ 829 9928, poste 155 ; fax 829 9942)
 1 Đ Phung Khac Khoan, district 1
Banque Nationale de Paris
 (☎ 829 9504 ; fax 829 9486)
 2 Đ Thi Sach, district 1
Crédit Lyonnais
 (☎ 829 9226 ; fax 829 6465)
 4e étage, 65 Đ Nguyen Du, district 1
Deutsche Bank
 (☎ 822 2747 ; fax 822 2760)
 174 Đ Nguyen Dinh Chieu, district 3
Hongkong Bank
 (☎ 829 2288 ; fax 823 0530)
 Annexe du New World Hotel,
 75 Đ Pham Hong Thai, district 1

Tous les grands hôtels changent facilement, rapidement et légalement de l'argent, et officient bien au-delà des heures de bureau. Toutefois, ils pratiquent un taux moins favorable que les banques (environ 5% de moins).

Méfiez-vous des "changeurs" des rues aux propositions mirifiques, ce sont des escrocs.

Poste et communications

Le bureau de poste principal de Ho Chi Minh-Ville (Buu Dien Thanh Pho Ho Chi Minh) rappelle la période française avec sa marquise de verre et sa charpente en fer. Il est situé 2 Cong Xa Paris, à côté de la cathédrale Notre-Dame. Construit entre 1886 et 1891, c'est le plus grand bureau de poste du Vietnam. Sous le regard bienveillant de Ho Chi Minh, on vous présentera des factures exorbitantes pour tout service de télécommunication internationale. Les employés du bureau d'information situé à gauche en entrant parlent anglais (☎ 829 6555 ou 829 9615). Les guichets sont ouverts tous les jours de 7h30 à 19h30. A droite en entrant se trouve la poste restante sous l'enseigne surprenante de "Retrait du courrier – Courrier à réclamer". Enveloppes, aérogrammes et timbres de collection sont en vente au comptoir situé immédiatement à droite de l'entrée, ainsi qu'à l'extérieur de la poste centrale, dans Đ Nguyen Du.

Vous pouvez faire adresser des fax à la poste centrale (fax 829 8540 et 829 8546), qui vous les fera porter à votre hôtel moyennant une somme dérisoire. La télécopie doit alors indiquer clairement votre nom, l'adresse et le numéro de téléphone de votre hôtel, ainsi que le numéro de votre chambre. La taxe de réception s'élève à 0,60 $US.

A la poste, vos communications locales coûteront seulement 0,08 $US et non 1 $US comme vous le dira peut-être l'employé.

Bon nombre de transporteurs privés ont leur bureau à la poste centrale, notamment DHL (☎ 823 1525 ; fax 844 5387), Federal Express (☎ 829 0747 ; fax 829 0477) et Airborne Express (☎ 829 4310 ou 829 4315 ; fax 829 2961). Pour connaître leurs tarifs, consultez *Poste et communications* dans le chapitre *Renseignements pratiques*.

Les hôtels Caravelle, Majestic, Palace et Rex abritent un bureau postal qui assure les services classiques, ainsi que l'envoi de télex, de télégrammes et de fax.

La poste du district 1 (☎ 829 9086) dessert le centre de Saigon. Elle se trouve ĐL Le Loi, non loin du croisement de Đ Pasteur.

Au 17 Đ Bui Vien, vous trouverez un bureau de poste très pratique (☎ 886 0050) pour le quartier de Pham Ngu Lao, ouvert de 7h à 22h.

Le meilleur endroit pour les passionnés d'Internet est sans aucun doute l'Internet Service Centre, chez Viet Quang Office Systems (☎ 830 0317 ; fax 830 0741, <vmax.110@hcm.vnn.vn>), 110 Đ Bui Thi Xuan. Cet établissement se situe à 10 minutes à pied des cafés du quartier de Pham Ngu Lao (de l'autre côté du chantier de construction du centre commercial de Ho Chi Minh-Ville) et ouvre tous les jours de 8h à 21h. L'endroit dispose de 23 ordinateurs récents installés dans de superbes salles aux étages supérieurs. Vous pouvez naviguer sur Internet dans des salles propres et climatisées pour 0,06 $US la minute ou jouer à une multitude de jeux sur ordinateur. Le personnel est compétent et disponible, et la qualité des services est irréprochable. Une succursale est ouverte 271 Ð Pham Ngu Lao, dans le district 1.

Autre option plus près du centre-ville, le Tin Cafe (☎ 822 9786, <PQHOI@DLvn. vnmail.vnd.net>), 2A ÐL Le Duan, où il est agréable de lire ses mails ou de surfer sur Internet en sirotant un cappuccino. Il est ouvert tous les jours de 7h30 à 22h30.

Librairies

Le meilleur quartier pour se procurer des cartes, des livres ou de la papeterie se trouve du côté nord du ÐL Le Loi, entre le Rex Hotel et la Ð Nam Ky Khoi Nghia. De nombreuses petites boutiques privées y ont élu domicile, de même que le grand établissement public Saigon Bookstore (☎ 829 6438), 60-62 ÐL Le Loi.

La librairie Viet My (☎ 822 9650), 41 Ð Dinh Tien Hoang, district 1, est à l'angle du ÐL Le Duan (reportez-vous à la carte *Ho Chi Minh-Ville*). Elle propose des livres importés et des magazines en anglais, français et chinois.

Hieu Sach Xuan Thu (☎ 822 4670), 185 Ð Dong Khoi, district 1, et Fahasa (☎ 822 5446), 40 ÐL Nguyen Hue, sont les deux meilleures librairies étatisées de la ville. En vous débrouillant bien, vous découvrirez au moins un bon dictionnaire, quelques plans et des ouvrages généraux en français et en anglais.

La librairie Bookazine (☎ 829 7455), 28 Ð Dong Khoi, mérite également le détour. Elle est ouverte tous les jours, de 8h à 22h.

La chaleureuse et intime librairie Tiem Sach, 20 Ð Ho Huan Nghiep, dispose d'ouvrages en anglais et en français. La boutique est ouverte de 8h30 à 22h et abrite également un café et un stand de glaces.

Xunhasaba (☎ 823 0724 ; fax 824 1321), un acronyme vietnamien signifiant "entreprise publique d'import-export de livres et périodiques", possède une succursale située 25B Ð Nguyen Binh Khiem, district 1.

Dans le quartier de Pham Ngu Lao, Ð De Tham, quelques boutiques vendent des livres de poche d'occasion ou des CD de contrebande. On peut également y échanger des livres (généralement deux des vôtres contre un des leurs).

Bibliothèques

La bibliothèque municipale se situe 34 Ð Ly Tu Trong. Le numéro 69 de cette même rue abrite la bibliothèque des sciences, qui offre aux lecteurs 500 places.

Blanchissage/nettoyage

La quasi-totalité des hôtels assure cette prestation, mais il vaut mieux vérifier poliment le prix afin d'éviter toute surprise au moment du règlement. Si vous avez toujours rêvé de faire votre lessive dans une laverie automatique vietnamienne, Hong Chau (☎ 843 6649), 221 Ð Tran Quang Khai, district 1, fera votre bonheur.

En cas d'urgence

Le Centre d'urgences (☎ 829 2071), 125 ÐL Le Loi, district 1, fonctionne 24h/24. Les médecins parlent anglais et français.

Le Centre optique (☎ 829 8732) est situé 280 Ð Dien Bien Phu, district 3.

L'Institut Pasteur (☎ 823 0252), 167 Ð Pasteur, district 3, est le mieux équipé du pays pour pratiquer des examens médicaux. Attention ! seul un médecin peut vous y faire admettre.

L'hôpital Cho Ray (Benh Vien Cho Ray ; ☎ 855 4137/8 ; fax 855 7267), qui comporte 1 000 lits, est l'un des plus grands établissements du pays. Il se situe 201B ÐL Nguyen Chi Thanh, district 5 (Cholon), et possède un service pour les étrangers au 10e étage. Le tiers environ des 200 médecins parlent anglais et des urgences sont assurées 24h/24. Il a été construit dans les années 70 avant la réunification, et le matériel date en partie de cette époque.

HO CHI MINH VILLE

HO CHI MINH-VILLE

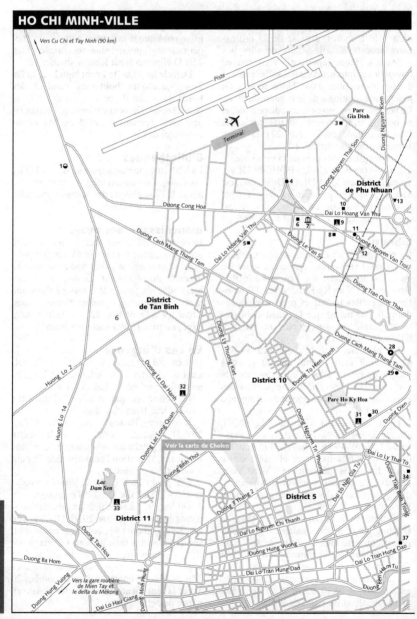

Vers Cu Chi et Tay Ninh (90 km)

Piste

Parc Gia Dinh

Terminal

Duong Nguyen Kiem

Duong Nguyen Thai Son

District de Phu Nhuan

Duong Cong Hoa

Dai Lo Hoang Van Thu

Duong Cach Mang Thang Tam

Dai Lo Hoang Van Thu

Duong Le Van Sy

Duong Nguyen Van Troi

Duong Tran Quoc Thao

District de Tan Binh

Huong Lo 2

Huong Lo 14

Duong Le Dai Hanh

Duong Lac Long Quan

Duong Ly Thuong Kiet

Duong To Hien Thanh

District 10

Duong Cach Mang Thang Tam

Parc Ho Ky Hoa

Duong Dien

Duong Nguyen Tri Phuong

Voir la carte de Cholon

Duong Binh Thoi

Duong 3 Thang 2

District 5

Dai Lo Ly Thai To

Dai Lo Ngo Gia Tu

Duong Tran Binh Trong

Lac Dam Sen

District 11

Dai Lo Nguyen Chi Thanh

Duong Hung Vuong

Duong Tan Hoa

Duong Ba Hom

Duong Hung Vuong

Vers la gare routière de Mien Tay et le delta du Mékong

Duong Minh Phung

Dai Lo Hau Giang

Duong Ben Ham Tu

Dai Lo Tran Hung Dao

Dai Lo Tran Hung Dao

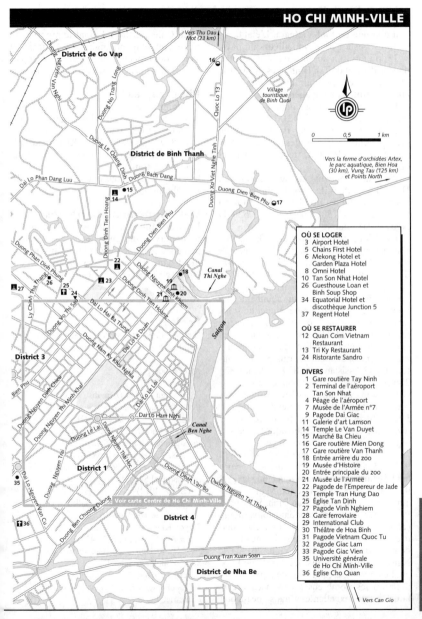

HO CHI MINH-VILLE

District de Go Vap

Vers Thu Dau
Mot (23 km)

Duong Nguyen Van Nghi

Duong No Trang Long

Quoc Lo 13

16

Village
touristique
de Binh Quoi

0   0,5   1 km

Duong Le Quang Dinh

District de Binh Thanh

Duong Bach Dang

Dai Lo Phan Dang Luu

Duong Xo Viet Nghe Tinh

Duong Dien Bien Phu

Vers la ferme d'orchidées Artex,
le parc aquatique, Bien Hoa
(30 km), Vung Tau (125 km)
et Points North

15

14

17

Duong Dinh Tien Hoang

Duong Dien Bien Phu

Duong Phan Dinh Phung

Duong Phan Dinh Phung

22

Duong Nguyen

23

18

19

Canal
Thi Nghe

Ly Chinh Tha Thang

27

26

25

24

Duong Dinh Tien Hoang

Dai Lo Hai Ba Trung

21

20

Binh Khem

Saigon

Duong Vo Thi Sau

Duong Nam Ky Khoi Nghia

Dai Lo Le Duan

District 3

Bien Phu

Duong Nguyen Dinh Chieu

Duong Nguyen Thi Minh Khai

Dai Lo Le Loi

Dai Lo Ham Nghi

Canal
Ben Nghe

Duong Le Lai

Duong Nguyen Thai Hoc

Duong Nguyen Trai

Dai Lo Nguyen Van Cu

35

District 1

Duong Doan Van Bo

Duong Nguyen Tat Thanh

Voir carte Centre de Ho Chi Minh-Ville

District 4

Duong Ben Chuong Duong

36

Duong Tran Xuan Soan

District de Nha Be

Vers Can Gio

OÙ SE LOGER
3   Airport Hotel
5   Chains First Hotel
6   Mekong Hotel et
    Garden Plaza Hotel
8   Omni Hotel
10 Tan Son Nhat Hotel
26 Guesthouse Loan et
    Binh Soup Shop
34 Equatorial Hotel et
    discothèque Junction 5
37 Regent Hotel

OÙ SE RESTAURER
12 Quan Com Vietnam
    Restaurant
13 Tri Ky Restaurant
24 Ristorante Sandro

DIVERS
1   Gare routière Tay Ninh
2   Terminal de l'aéroport
    Tan Son Nhat
4   Péage de l'aéroport
7   Musée de l'Armée n°7
9   Pagode Dai Giac
11 Galerie d'art Lamson
14 Temple Le Van Duyet
15 Marché Ba Chieu
16 Gare routière Mien Dong
17 Gare routière Van Thanh
18 Entrée arrière du zoo
19 Musée d'Histoire
20 Entrée principale du zoo
21 Musée de l'Armée
22 Pagode de l'Empereur de Jade
23 Temple Tran Hung Dao
25 Église Tan Dinh
27 Pagode Vinh Nghiem
28 Gare ferroviaire
29 International Club
30 Théâtre de Hoa Binh
31 Pagode Vietnam Quoc Tu
32 Pagode Giac Lam
33 Pagode Giac Vien
35 Université générale
    de Ho Chi Minh-Ville
36 Église Cho Quan

L'hôpital Binh Dan appartenait, dit-on, au président Thieu lorsque celui-ci se trouvait à la tête du Sud Vietnam. L'établissement est resté l'un des meilleurs du pays. A 13 km environ au nord-ouest du centre, dans le district de Tan Binh, il est hélas trop éloigné du centre pour être d'une quelconque utilité aux voyageurs.

Le Medical Consultancy Service (☎ 8443441 ; fax 8443442), 243 Đ Hoang Van Thu, district de Tan Binh, assure un service continu 7j/7, et des médecins parlent anglais, allemand, français, italien et hollandais.

Plusieurs médecins étrangers résident à Ho Chi Minh-Ville. Vous pouvez vous adresser au Dr F. Boudey, à l'Institut du Cœur (☎ 865 1586, poste 221), 520 Đ Nguyen Tri Phuong, district 10.

La clinique internationale Oscat/Asia Emergency (AEA, ☎ 829 8520 ; fax 829 8551), Hannam Office, 65 Đ Nguyen Du, district 1, dispose d'un service destiné aux étrangers résidant au Vietnam ainsi que d'un service dentaire. Contre un abonnement à l'année, ceux-ci peuvent bénéficier de soins médicaux classiques ou d'urgence, ou de rapatriement, 24/24h. Des renseignements sur les prestations médicales et les rapatriements sont également fournis par International SOS Assistance (☎ 829 4386 ; fax 824 2862), 151 bis Đ Vo Thi Sau, district 3.

Les soins dentaires au Vietnam ne vous ruineront pas (20 $US la dévitalisation !). Les dentistes ne disposent peut-être pas des technologies les plus sophistiquées, mais la plupart sont dignes de confiance.

Le Dr Tran Ngoc Dinh (☎ 832 4598/839 9463), 355 Đ Nguyen Trai, district 1, parle anglais ainsi que le Dr Do Dinh Hung (☎ 864 0587/890 4605), 187 Đ Cach Mang Thang Tam, salle 7, district de Tan Binh. Vous pouvez tenter le centre d'odontostomatologie (☎ 835 7595), 263 ĐL Tran Hung Dao, district 1. Quant aux prestations de l'académie dentaire de Ho Chi Minh-Ville, 201A ĐL Nguyen Chi Thanh, district 5 (près de l'hôpital Cho Ray), c'est à vous de juger.

Parmi les nombreuses pharmacies, certaines sont excellentes, mais beaucoup d'autres nettement moins. Parmi les meilleures, citons celle du 678 Đ Nguyen Dinh Chieu, district 3, dont le propriétaire parle couramment anglais et français. Il saura vous procurer, en l'espace de quelques heures, des médicaments difficiles à trouver.

Photocopies

De nombreuses boutiques de photocopies sont implantées en ville, mais aucune n'égale Tao Dan Photocopy (☎ 824 3462), 55B, 8 Đ Nguyen Thi Minh Khai, district 1, au nord-ouest du parc Cong Vien Van Hoa. Les tarifs sont très bas, la prestation de bonne qualité, et vous pouvez faire agrandir vos photos en posters.

Développement de photos

Ho Chi Minh-Ville abrite aujourd'hui de nombreux laboratoires offrant un développement en une heure. On les trouve notamment dans les quartiers populaires. Photo Ngu (☎ 836 8093), 231 Đ Pham Ngu Lao, est un bon établissement, à l'instar de ses voisins.

Écoles

Il existe différentes écoles pour les résidents étrangers.

ABC Kindergarten
  (☎ 822 8807)
  5 Đ Nguyen Thi Dieu, district 3
École française Colette
  (☎ 829 1992 ; fax 829 1992)
  124 Đ Cach Mang Thang Tam, district 3
International Grammar School
  (☎ 822 3337 ; fax 823 0000)
  236 Đ Nam Ky Khoi Nghia, district 3
International School
  (☎ 887 4022)
  649A Đ Vo Truong Toan, salle An Dien, district de Thu Duc
Saigon Kids
  (☎ 829 1324 ; fax 822 8439)
  72/7C Đ Tran Quoc Toan, district 3
Saigon Southern School
  (☎ 873 0109)
  South Saigon Highway, salle Tan Phu, district 7

Saigon Village Kindergarten
(☎ 865 0287 ; fax 865 7247)
17 Đ To Hien Thanh, district 10

Prorogations de visas

Adressez-vous au bureau de la Police de
l'immigration (Phong Quan Ly Nguoi Nuoc
Ngoai, ☎ 839 2221), situé 254 Đ Nguyen
Trai. Il est ouvert de 8h à 11h et de 13h à
16h. Vous avez néanmoins de fortes
chances d'être renvoyé vers une société privée. Hôtels, cafés et agences de voyages se
chargeront de ce genre de démarche.

Organismes à connaître

La représentation de la chambre de commerce et d'industrie du Vietnam (Chi
Nhanh Phong Thuong Mai Va Cong
Nghiep, ☎ 823 0331 ou 823 0339 ; fax 829
4472) se situe 171 Đ Vo Thi Sau, district 3.

IMC (Investment & Management
Consulting Corporation, ☎ 829 9062) propose divers services commerciaux aux
investisseurs et aux hommes d'affaires. Le
département du Commerce extérieur du
ministère des Affaires étrangères se trouve
6 Đ Thai Van Lung, district 1 (☎ 822 3032
ou 822 4311).

LIEUX DE CULTE
Ho Chi Minh-Ville

Pagode Giac Lam. Construite en 1744,
cette pagode, où vivent encore une dizaine
de bonzes, est l'une des plus anciennes du
Grand Ho Chi Minh-Ville. Sa dernière
reconstruction remonte à 1900. Son architecture et sa décoration typiquement vietnamiennes – où l'on relève toutefois des
éléments de taoïsme et de confucianisme –
ont donc échappé aux rénovations
modernes qui ont affecté tant d'autres lieux
de culte au Vietnam.

A droite de l'entrée se trouvent les tombeaux de bonzes vénérés. L'arbre bodhi qui
s'élève dans le jardin situé devant la pagode
a été offert par un bonze srilankais. Près de
cet arbre vous verrez, comme dans toutes
les pagodes bouddhiques vietnamiennes,
une statue éclatante de Quan Am, déesse de
la Miséricorde (Guanyin en chinois). Sym-

bole de la pureté, elle est entourée de fleurs
de lotus.

Des carreaux de céramique bleu et blanc,
assez inhabituels, recouvrent la toiture du
bâtiment principal, aussi bien à l'intérieur
qu'à l'extérieur. De nombreuses épitaphes et
photographies de défunts tapissent les murs
du hall. Près du centre du sanctuaire, à côté
d'un ancien chandelier français, se dresse la
silhouette de Chuan De aux dix-huit bras. Il
s'agit d'une autre représentation de la déesse
de la Miséricorde. Observez les colonnes de
bois sculpté aux inscriptions dorées en caractères nôm. Les Vietnamiens utilisaient ces
caractères avant d'adopter l'alphabet quôc
ngu aux caractères latins. Le mur de gauche
montre des portraits de grands bonzes du
passé. Leurs noms et les faits marquants de
leur vie sont inscrits sur les plaques verti-
cales rouges en caractères nôm dorés. Il faudra vous déchausser avant de passer des
carreaux rouges et grossiers à ceux plus
petits aux tons gris.

Face aux épitaphes des bonzes s'élève le
sanctuaire principal, qui compte d'innombrables statues dorées. Vous verrez sur l'estrade située au milieu du dernier rang
A Di Da, Bouddha du passé (Amitabha).
A sa droite apparaît Kasyape, et à sa
gauche, Anand. Tous deux sont des disciples du Bouddha Thich Ca (le fameux
Bouddha Sakyamuni, dont le véritable nom
était Siddhartha Gautama). Devant A Di Da
se dresse une statue du Bouddha Thich Ca,
flanqué de deux gardiens. La minuscule silhouette placée devant lui le représente
enfant, vêtu de jaune, conformément à la
coutume.

Le personnage rebondi, souriant et pris
d'assaut par cinq enfants se nomme Ameda.
A sa gauche, Ngoc Hoang, l'empereur de
Jade taoïste, domine une foule de créatures
surnaturelles. Au premier rang, une statue du
Bouddha Thich Ca accompagné de deux
bodhisattvas de chaque côté. Les autels
situés le long des murs du sanctuaire portent
divers bodhisattvas, ainsi que les juges des
dix régions infernales. Chacun d'eux tient
un rouleau ressemblant au manche d'une
fourche.

L'objet rouge et or en forme de sapin de Noël est un autel en bois orné de 49 lampes et autant de miniatures de bodhisattvas. Les gens viennent y prier pour leurs proches malades ou pour accéder au bonheur. Ils offrent en obole du kérosène destiné à faire fonctionner les lampes et attachent à "l'arbre" de petits bouts de papier portant leur nom et ceux de leurs parents malades.

L'encadrement de la grosse cloche de bronze située dans le coin ressemble à un panneau d'affichage où les fidèles ont épinglé des listes de noms de malades et de morts, ou de personnes à la recherche du bonheur. On dit que lorsque la cloche sonne, le son porteur de prières résonne jusqu'aux Paradis des cieux et aux Paradis des entrailles de la Terre.

La prière, qui consiste en des chants accompagnés de tambours, de cloches et de gongs, suit un rite rare de nos jours. Elle a lieu tous les jours de 4h à 5h, de 11h à 12h, de 16h à 17h et de 19h à 20h.

La pagode Giac Lam se trouve à environ 3 km de Cholon, au 118 Đ Lac Long Quan, district de Tan Binh. Attention ! Đ Lac Long Quan possède une numérotation très fantaisiste, commençant au numéro 1 à plusieurs reprises, puis sautant à des numéros à quatre chiffres. En outre, les numéros pairs et impairs se côtoient souvent sur le même trottoir.

Le meilleur moyen d'y accéder de Cholon consiste à prendre ĐL Nguyen Chi Thanh ou ĐL 3/2, jusqu'à Đ Le Dai Hanh. Prenez ensuite la direction du nord-ouest puis tournez à droite dans Đ Lac Long Quan où se trouve la pagode, cent mètres plus loin. Elle est ouverte de 6h à 21h.

Pagode Giac Vien. Fondée il y a environ deux cents ans par Hai Tinh Giac Vien, elle ressemble sur le plan architectural à la pagode de Giac Lam. Toutes deux sont empreintes de la même sérénité. Toutefois, Giac Vien se trouve dans un cadre plus rural, tout près du lac Dam Sen, district 11. On dit que l'empereur Gia Long, qui mourut en 1819, était un fidèle de Giac Vien. Dix bonzes y vivent encore.

La pagode se situe dans un quartier assez pauvre de la ville. Pour éviter toute confusion due à la numérotation de Đ Lac Long Quan, le meilleur moyen pour s'y rendre en partant de Cholon est d'emprunter ĐL Nguyen Chi Thanh ou ĐL 3/2 jusqu'à Đ Le Dai Hanh. Tournez à gauche (direction sud-ouest) dans Đ Binh Thoi, puis à droite (vers le nord) dans Đ Lac Long Quan. L'entrée de la pagode se trouve au numéro 247.

Longez sur plusieurs centaines de mètres après le portique un chemin truffé de nids-de-poule. Tournez à gauche au croisement, puis à droite à la fourche. Avant d'atteindre la pagode proprement dite, vous passerez sur votre droite le long de plusieurs tombeaux impressionnants de bonzes.

La première pièce en entrant est tapissée d'épitaphes. Au fond de la deuxième se dresse une statue du fondateur, Hai Tinh Giac Vien, tenant un chasse-mouches en crin de cheval. Non loin de là, les portraits de ses successeurs et de ses disciples. Face à Hai Tinh Giac Vien, vous verrez une représentation de Chuan De avec ses 18 bras, l'une des formes de la déesse de la Miséricorde, flanquée de deux gardiens.

Le sanctuaire principal se trouve de l'autre côté du mur, derrière la statue du fondateur. Le Bouddha du passé A Di Da médite tout au fond de l'estrade. Devant lui se tient Bouddha Thich Ca, entouré de ses disciples : Anand à gauche et Kasyape à droite. A droite de Kasyape, Bouddha Ti Lu et, à gauche d'Anand, Bouddha Nhien Dang. Voyez aux pieds du Bouddha Thich Ca (Siddhartha Gautama) la statuette le représentant enfant. Ameda, rebondi et rieur, est assis, tandis que des enfants lui grimpent dessus sous l'œil vigilant de deux gardiens. Au premier plan se trouve Thich Ca, avec deux bodhisattvas de chaque côté.

Un superbe encensoir de cuivre d'où émergent deux impressionnantes têtes de dragon fait face à l'estrade. Sur l'autel situé à gauche, vous verrez Dai The Chi Bo Tat et sur celui de droite, Quan The Am Bo Tat (Avalokiteçvara), déesse de la Miséricorde. Le gardien de la pagode est adossé au mur qui leur fait face. Non loin, vous verrez un "arbre de Noël" similaire à celui de la pagode Giac Lam. Les juges des dix régions infernales (tenant des rouleaux) et 18 bodhisattvas longent les murs latéraux.

La pagode est ouverte de 7h à 19h, mais allez-y avant la tombée de la nuit car l'électricité est souvent coupée. Les prières ont lieu tous les jours de 4h à 5h, de 8h à 10h, de 14h à 15h, de 16h à 17h et de 19h à 21h.

Pagode de l'empereur de Jade. Plus connue sous les noms vietnamiens de Phuoc Hai Tu et Chua Ngoc Hoang, cette pagode fut construite en 1909 par la congrégation de Canton. Superbe exemple de temple chinois, c'est l'une des pagodes les plus spectaculaires et colorées de Ho Chi Minh-Ville. Elle abonde en statues de divinités fantomatiques et de héros délirants. La fumée âcre de l'encens emplit l'atmosphère, masquant quelque peu les magnifiques panneaux de bois sculptés de caractères chinois dorés. Le toit est couvert d'un carrelage sophistiqué. Les statues à base de papier mâché représentent les personnages des traditions bouddhique et taoïste.

Tout de suite à droite après l'entrée, saluez Mon Quan, dieu de la Porte, dont la statue se dresse dans une sorte de châsse de bois finement sculptée. De l'autre côté, dans une châsse similaire, le dieu de la Terre, Tho Than, lui fait face. Vous arrivez ensuite à un autel sur lequel figurent, de gauche à droite : Phat Mau Chuan De, mère des cinq Bouddhas des points cardinaux ; Dia Tang Vuong Bo Tat (Ksitigartha), roi des enfers ; Di Lac (Maitreya), Bouddha du futur ; Quan The Am Bo Tat, déesse de la Miséricorde ; enfin, un portrait en bas-relief du Bouddha Thich Ca (Sakyamuni). Derrière l'autel, on voit dans une vitrine Bouddha Duoc Su, également connu sous le nom de Nhu Lai. La statue serait en bois de santal.

De part et d'autre de l'autel, deux statues géantes (elles ont 4 m de haut) et à l'air féroce se dressent contre le mur. A droite (par rapport à l'autel), le général vainqueur du Dragon vert pose un pied sur sa victime terrassée. A gauche, le général vainqueur du Tigre blanc est dans une position similaire.

L'empereur de Jade taoïste, Ngoc Hoang, drapé d'étoffes luxueuses, domine le sanctuaire principal. Il est flanqué de ses gardiens, les quatre Grands Diamants (Tu Dai Kim Cuong), censés être aussi durs que la pierre du même nom. Au premier plan apparaissent six statues, trois de chaque côté. Il s'agit à gauche de Bac Dau, dieu taoïste de l'Étoile polaire du nord et de la Longévité, entouré de ses deux gardiens ; à droite, Nam Tao, dieu taoïste de l'Étoile polaire du sud et du Bonheur, accompagné lui aussi de ses deux gardiens.

Au fond, à droite de l'empereur de Jade, la déesse Phat Mau Chuan De, mère des cinq Bouddhas du nord, du sud, de l'est, de l'ouest et du centre, déploie ses dix-huit bras. Les deux visages qu'elle porte derrière les oreilles regardent au loin. A droite, sur le mur latéral, à environ 4 m de hauteur, vous apercevez Dai Minh Vuong Quang, qui se réincarna en Sakyamuni, chevauchant un phénix. A moindre hauteur se trouvent les Tien Nhan, littéralement les "personnes des dieux".

Au fond, à gauche de l'empereur de Jade, est assis Ong Bac De, la réincarnation de l'empereur, sabre à la main, les pieds reposant sur une tortue et un serpent. Très haut sur le mur à gauche, vous voyez Thien Loi, dieu de la Foudre et grand pourfendeur de gens malfaisants. En dessous, sur la dernière marche apparaissent les commandants militaires d'Ong Bac De et, sur la marche supérieure, les gardiens de Thien Loi. Au sommet des deux piliers sculptés séparant les trois alcôves surgissent la déesse de la Lune (à gauche) et le dieu du Soleil (à droite).

Un passage situé à gauche de l'autel principal mène à une autre pièce. Tout l'ensemble sur votre droite est dominé par Thanh Hoang, maître des Enfers, avec son cheval rouge. Six statues s'alignent : les deux premières représentent Am Quan, dieu du Yin (à gauche) et Duong Quan, dieu du Yang (à droite) ; les quatre autres étant les Thuong Thien Phat Ac, dieux chargés de punir les mauvaises actions et de récompenser les bonnes. Les panneaux de bois sculpté, sur les murs, représentent les tourments qui attendent les mauvais fidèles

LE CENTRE DE HO CHI MINH-VILLE

dans les dix régions de l'Enfer. Au-dessus de chaque panneau, l'un des juges des dix régions de l'enfer consulte un livre où sont consignés les faits et méfaits des défunts.

Sur le mur faisant face à Thanh Hoang, un bas-relief de bois représente, debout parmi les fleurs de lotus, Quan Am Thi Kinh, esprit gardien de la mère et de l'enfant, grand symbole de pureté.

Le panneau la représente tenant son "fils" dans les bras ; à sa gauche se trouve Long Nu, un très jeune bouddha qui

la protège ; à sa droite se tient Thien Tai, son gardien, qui connaissait la vérité depuis le début (voir l'encadré Quan Am Thi Kinh). Au-dessus de son épaule gauche, un oiseau porte des grains de prière. Un autre panneau, à droite du précédent, représente Dia Tang Vuong Bo Tat, roi de l'Enfer.

Derrière la cloison vous attend une petite salle fascinante. Douze femmes sont représentées sur deux rangées, vêtues de couleurs vives et entourées d'enfants. Chacune de ces statues de céramique symbolise un

LE CENTRE DE HO CHI MINH-VILLE

OÙ SE LOGER
1 Saigon Lodge Hotel
6 Huong Tram Hotel
7 Que Huong
(Liberty) Hotel
21 Tan Loc Hotel
27 Hoang Gia Hotel
29 Tao Dan Hotel
30 Embassy Hotel
33 Sol Chancery Hotel
34 International Hotel
36 Victory Hotel
42 Bao Yen Hotel
43 Chancery Saigon Hotel
44 Saigon Star Hotel
46 Rang Dong Hotel
47 Oriole Hotel
50 Empress Hotel
51 Hoang Yen Mini-Hotel
55 Metropole Hotel
56 Guesthouse District
57 Miss Loi's Guesthouse
60 Hanoi Hotel
61 Mercure Hotel

OÙ SE RESTAURER
3 Tib Cafe
4 Restaurant L'Étoile

10 Ciao Cafe
24 Restaurant Bavaria
37 ABC Restaurant
41 Restaurant indien Tandoor
48 Annie's Pizza
62 Restaurant végétarien Tin Nghia

DIVERS
2 Association des Beaux-Arts
de Ho Chi Minh-Ville
5 Consulat du Cambodge
8 Consulat de France
9 Ancienne ambassade
des États-Unis
11 Deelite Disco
12 Tin Cafe
13 La Home Zone et Vidotour
14 Zoo et jardins botaniques
15 N°5 Ly Tu Trong
16 Poste principale
17 Cathédrale Notre-Dame
18 Clinique AEA
19 Musée de la Révolution
20 Saigon Intershop
et Minimart
22 Statue de Tran Nguyen Hai
23 Marché Ben Thanh
25 Magasin de bicyclettes

26 Temple hindou Mariamman
28 Arrêt de bus
(vers le Cambodge)
31 Conservatoire de musique
32 Tao Dan Photocopy
35 Musée des Souvenirs
de guerre
38 Hôpital Dien Bien Phu
39 Pagode Xa Loi
40 Mémorial
de Thich Quang Duc
45 Galerie Vinh Loi
49 Internet Service Centre
(Viet Quang Office Systems)
52 Police de l'immigration
53 Clinique du Dr Vannoort
54 Saigon Food Centre
58 Pagode Phung Son Tu
59 Marché Dan Sinh
63 Musée des Beaux-Arts
64 Vietcombank
65 Le Vieux Marché
66 Hydrofoil pour Vung Tau
67 Musée Ho Chi Minh
68 Bacs sur le Saigon
et pour le delta du Mékong
69 Hammock Bar

trait du caractère humain, bon ou mauvais, ainsi que les douze mois du calendrier chinois. Kim Hoa Thanh Mau, chef de toutes les femmes, domine le groupe.

Retournez dans le premier sanctuaire pour emprunter l'escalier qui vous mènera à un autre sanctuaire et à la terrasse.

La pagode de l'empereur de Jade est située 73 Đ Mai Thi Luu, dans le quartier de Da Cao. Pour y arriver, partez du 20 Đ Dien Bien Phu et parcourez vers le nord-ouest un demi-pâté de maisons (à gauche, vers le canal Thi Nghe).

Pagode Dai Giac. Cette pagode bouddhique de style vietnamien est caractéristique des pagodes construites dans les années 60. Dans la cour, sous la tour inachevée de dix étages au toit recouvert de tuiles de porcelaine rose vif, se niche une grotte artificielle faite de roches volcaniques dans

laquelle trône une statue dorée de la déesse de la Miséricorde. Dans le sanctuaire principal, une auréole de néon vert surmonte un bouddha doré de 2,5 m de haut. En dessous, un petit bouddha couché, de couleur blanche, profite dans sa vitrine en verre d'un halo de néon bleu.

L'adresse est 112 Đ Nguyen Troi, à 1,5 km en direction du centre-ville en venant de l'aéroport.

Pagode Vinh Nghiem. Cette pagode, inaugurée en 1971, est intéressante pour sa grande salle de culte et sa tour de sept étages abritant chacun une statue de Bouddha. Elle fut bâtie avec l'aide de l'Association de l'amitié nippo-vietnamienne, ce qui explique la présence d'éléments japonais dans son architecture. Au pied de la tour, uniquement ouverte les jours de fête, une boutique vend des objets du culte bouddhique.

HO CHI MINH VILLE

Quan Am Thi King

Quan Am Thi Kinh fut injustement chassée de son foyer par son mari. Elle se déguisa en bonze et s'en alla vivre dans une pagode, où une jeune femme l'accusa d'être le père de son enfant. Elle accepta cette responsabilité et se retrouva de nouveau à la rue, cette fois avec son "fils". Bien plus tard, se sentant mourir, elle retourna au monastère pour y révéler la vérité. L'empereur de Chine, ayant entendu parler de son histoire, la proclama alors Gardienne spirituelle de la Mère et de l'Enfant.

La croyance veut qu'elle puisse donner une descendance mâle à ceux qui la vénèrent. Elle est donc particulièrement adulée par les couples sans enfants.

Derrière la pagode s'élève une grande tour funéraire de deux étages où reposent, soigneusement étiquetées, des urnes funéraires en céramique.

La pagode est juste à côté de Đ Nguyen Van Troi, district 3, et ouvre tous les jours de 7h30 à 11h30 et de 14h à 18h.

Temple du général Le Van Duyet. Ce temple abrite les tombeaux du maréchal Le Van Duyet et celui de sa femme. Né en 1763 et mort en 1831, ce militaire originaire du Sud fut vice-roi et ami des Français. Il contribua à étouffer le soulèvement des Tay Son et à réunifier le Vietnam.

Quand la dynastie Nguyen prit le pouvoir en 1802, l'empereur Gia Long lui donna le titre de maréchal. Sous l'empereur Minh Mang, le successeur de Gia Long, le maréchal tomba en disgrâce, et l'on détruisit son tombeau après un procès posthume pour trahison. L'empereur Thieu Tri, qui succéda à Minh Mang, le fit reconstruire, accomplissant une prophétie qui mentionnait une destruction, puis une reconstruction. Jusqu'en 1975, Le Van Duyet fut un héros national dans le Sud.

Le temple se situe à 3 km du centre-ville, dans le quartier de Gia Dinh, 131 Đ Dinh Tien Hoang (près de l'endroit où ĐL Phan Dang Luu devient Đ Bach Dang).

Il a été rénové en 1937, mais le régime d'après 1975 n'a pas fait grand-chose pour limiter sa dégradation. Parmi les objets exposés, on mentionnera un portrait de Le Van Duyet et quelques effets personnels (dont des verres en cristal de style européen). De part et d'autre de l'entrée de la troisième salle, fermée à clé, vous verrez deux superbes chevaux grandeur nature.

Pendant les fêtes du Têt et le 30e jour du 7e mois lunaire (anniversaire de la mort du maréchal), une grande foule de pèlerins vient se recueillir sur le tombeau. C'est ici que les Vietnamiens avaient coutume de prêter serment s'ils n'avaient pas les moyens d'engager une action en justice. Les pèlerins achètent des oiseaux et les libèrent de leur cage pour accroître leur mérite. Les oiseaux sont souvent rattrapés par les plus pauvres, et libérés à nouveau.

Temple Tran Hung Dao. Ce petit temple est dédié à un autre héros national vietnamien, qui mit un coup d'arrêt, en 1287, à l'invasion du Vietnam par les quelque 300 000 soldats de l'empereur mongol Kubilai Khan.

Le parc, coincé entre les antennes de télécommunication et ĐL Hai Ba Trung, a été créé en 1983 sur l'emplacement du cimetière Massiges, où les Français enterraient leurs soldats et leurs colons. Les cercueils ont été rapatriés. Autre victime de la réunification : le tombeau XVIIIe siècle de Mgr Pigneau de Béhaine, missionnaire et diplomate français, évêque d'Adran.

Situé 36 Đ Vo Thi Sau, à un pâté de maisons au nord-est des antennes installées entre Đ Dien Bien Phu et Vo Thi Sau, le temple ouvre ses portes tous les jours en semaine de 6h à 11h et de 14h à 18h.

Église Cho Quan. Construite par les Français il y a une centaine d'années, elle est l'une des plus grandes de Ho Chi Minh-Ville. C'est aussi la seule église où nous ayons remarqué un Christ nimbé de néon. N'hésitez pas à gravir les nombreuses marches du beffroi, la vue est remarquable.

Elle est sise 133 Ð Tran Binh Trong (entre ÐL Tran Hung Dao et Ð Nguyen Trai). Ouverture tous les jours de 4h à 7h et de 15h à 18h, le dimanche de 4h à 9h et de 13h30 à 18h. Messes dominicales à 5h, 6h30, 8h30, 16h30 et 18h.

Centre-ville

Cathédrale Notre-Dame. Construite entre 1877 et 1883, elle se trouve au centre du quartier ministériel de Ho Chi Minh-Ville, Ð Han Thuyen, face à Ð Dong Khoi. De style néoroman, elle possède deux clochers carrés d'une quarantaine de mètres surmontés de flèches en fer. Sur le parvis se dresse une statue de la Vierge Marie. Si les grilles sont fermées, essayez d'entrer par la porte latérale, face au palais de la Réunification.

Cette cathédrale ne possède plus de vitraux, car ils ont tous disparu pendant la Seconde Guerre mondiale. Comme de nombreux étrangers viennent prier dans le sanctuaire, les prêtres ont le droit d'entrecouper les célébrations en vietnamien d'un bref sermon en français et en anglais. Si vous souhaitez assister à une messe, nous vous conseillons celle du dimanche matin à 9h30.

Pagode Xa Loi. Cette pagode bouddhique construite en 1956 abrite une relique de Bouddha. En août 1963, un commando aux ordres de Ngo Dinh Nhu, frère du président Ngo Dinh Diem, attaqua la pagode, devenue le centre de l'opposition au gouvernement Diem. Elle fut saccagée, et quatre cents bonzes et bonzesses, dont le patriarche bouddhiste du pays âgé de 80 ans, furent arrêtés. Ce raid, ainsi que d'autres, renforça parmi les bouddhistes l'opposition au régime de Diem. Il fut un facteur déterminant dans la décision des États-Unis de soutenir un coup d'État contre Diem. La pagode a également été le théâtre de plusieurs immolations de bonzes qui protestaient contre le régime et l'agression américaine.

Les femmes entrent dans la pagode Xa Loi en empruntant l'escalier situé à droite de l'entrée. Les hommes utilisent celui de gauche. Les murs du sanctuaire sont ornés de peintures qui retracent la vie de Bouddha.

Elle est située 89 Ð Ba Huyen Thanh Quan, district 3, près de Ð Dien Bien Phu. Ouverture quotidienne de 7h à 11h et de 14h à 17h. Un bonze prie le dimanche matin entre 8h et 10h. Les jours de pleine et de nouvelle lune, prières spéciales de 7h à 9h et de 19h à 20h.

Pagode Phung Son Tu. Construite par la congrégation du Fujian au milieu des années 40, elle est plus typiquement chinoise que celle de l'empereur de Jade. A l'intérieur, une multitude d'énormes bâtons d'encens se consument lentement. Elle est dédiée à Ong Bon, gardien du Bonheur et de la Vertu, dont la statue se dresse derrière l'autel, dans le sanctuaire. A droite de l'entrée principale, se tient la déesse de la Miséricorde aux dix-huit bras. La pagode est à 1 km du centre-ville, 338 Ð Yersin.

Temple hindou de Mariamman. Petit îlot du sud de l'Inde au cœur de Ho Chi Minh-Ville, c'est le seul temple hindou encore ouvert. La ville ne compte que 50 à 60 hindouistes, tous tamouls. Pourtant, ce temple, dont le nom vietnamien est Chua Ba Mariamman, est considéré comme un lieu sacré par de nombreux Chinois et Vietnamiens. Il est en effet réputé pour être le lieu de nombreux miracles. Construit à la fin du XIXe siècle, il est consacré à la déesse hindoue Mariamman.

Le lion, à gauche de l'entrée, était promené en procession dans toute la ville à chaque automne. Au centre du temple préside la déesse flanquée de ses deux gardiens, Maduraiveeran (à gauche) et Pechiamman (à droite). Notez la présence de deux lingas (symboles phalliques) devant Mariamman. Ses adeptes ont coutume de lui offrir des bâtons d'encens, des fleurs de jasmin, du muguet et des glaïeuls. Les marches de bois, à gauche en entrant, mènent au toit, d'où vous découvrirez deux tours très colorées couvertes d'innombrables statues de lions, de déesses et de gardiens.

Le gouvernement communiste s'empara du temple et en transforma une partie en fabrique de bâtons d'encens. Une autre partie fut occupée par une société exportatrice de fruits de mer qui les faisait sécher sur le toit. La communauté hindoue devrait bientôt récupérer le temple dans son intégralité.

Situé à trois patés de maisons à l'ouest du marché Ben Thanh, 45 Đ Truong Dinh, le temple ouvre de 7h à 19h tous les jours. Déchaussez-vous avant de poser le pied sur la plate-forme légèrement surélevée.

Mosquée centrale de Ho Chi Minh-Ville. Des musulmans originaires du sud de l'Inde l'ont construite en 1935 sur l'emplacement d'une ancienne mosquée. Outre sa propreté immaculée, c'est un havre de paix au cœur de la ville trépidante, 66 Đ Dong Du (voir la carte du *district de Dong Khoi*). Cet ensemble blanc et bleu comprend quatre minarets qui n'appellent plus à la prière. Devant la mosquée, un bassin sert aux ablutions rituelles. Déchaussez-vous avant d'entrer.

La simplicité du lieu offre un contraste saisissant avec l'exubérance des temples chinois et les alignements de statues et autres objets de culte sophistiqués des pagodes bouddhiques.

Il ne reste plus qu'une poignée de musulmans indiens à Ho Chi Minh-Ville, la communauté ayant fui le pays en 1975. Les rassemblements pour les cinq prières quotidiennes ne se font donc que le vendredi. L'émigration massive a privé la communauté islamique locale de chefs spirituels. La ville compte douze autres mosquées pour une totalité d'environ cinq mille fidèles.

Cholon

Pagode An Quang. Elle devint célèbre pendant la guerre du Vietnam pour être la demeure de Thich Tri Quang. Ce bonze, très influent sur le plan politique, dirigea l'opposition au gouvernement sud-vietnamien en 1963 et 1966. Au lieu de lui en savoir gré à la fin de la guerre, les communistes l'assignèrent quelque temps à résidence avant de le jeter au cachot pendant seize mois. Il

semblerait qu'il vive toujours dans la pagode An Quang.

L'adresse est Đ Su Van Hanh, à l'angle de Đ Ba Hat, district 10.

Pagode Tam Son Hoi Quan. Les Vietnamiens l'appellent Chua Ba Chua. La congrégation chinoise du Fujian l'a fait construire au siècle dernier. Sa riche décoration est restée pratiquement intacte. Le temple est dédié à Me Sanh, déesse de la Fertilité. Les hommes et surtout les femmes la sollicitent pour avoir des enfants.

A droite de la cour couverte, le général déifié Quan Cong (Guangong en chinois), avec sa longue barbe noire, est flanqué de ses deux gardiens, le mandarin général Chau Xuong à gauche (tenant une arme), et le mandarin administratif Quan Binh à droite. A côté du premier, vous verrez le cheval rouge sacré de Quan Cong.

Derrière l'autel principal (face à l'entrée) se tient Thien Hau, déesse chinoise de la Mer, qui protège pêcheurs et marins. A droite, dans une vitrine décorée, la déesse de la Fertilité Me Sanh, vêtue de blanc, trône au milieu de ses filles. Dans la vitrine située à sa gauche, apparaît Ong Bon, gardien du Bonheur et de la Vertu. Enfin, devant Thien Hau, Quan The Am Bo Tat (Avalokiteçvara), la déesse de la Miséricorde, est protégée par une cloche de verre.

A l'autre extrémité de la cour, une petite salle abrite des urnes funéraires ainsi que des plaques commémoratives de défunts dont on voit les photographies. La salle suivante présente une tête de dragon en papier mâché identique à celles qu'utilise la congrégation du Fujian pour sa danse du dragon.

La pagode est située 118 Đ Trieu Quang Phuc, près du 370 ĐL Hung Dao.

Pagode Thien Hau. Connue également sous les noms de Ba Mieu, Pho Mieu et Chua Ba, elle fut construite par la congrégation de Canton au début du siècle dernier. Elle est devenue récemment une sorte de vitrine destinée aux excursions organisées par Saigon Tourist et Vietnam Tourism, ce qui explique les nombreux travaux de rénovation. Il s'agit d'une des pagodes les plus actives de Cholon.

Elle est dédiée à Thien Hau (ou Tuc Goi La Ba). La croyance veut que la déesse de la Mer puisse traverser les océans sur un tapis et chevaucher les nuages pour sauver les bateaux en difficulté.

En dépit des gardiens de chaque côté de l'entrée, on dit que les vrais protecteurs de cette pagode sont les deux tortues qui y vivent. De superbes frises en céramique peinte bordent le toit de la cour. Près des fours où brûlent les listes de requêtes des fidèles, ne manquez pas deux minuscules structures de bois dans lesquelles est conservée une petite statue de Thien Hau que l'on sort en procession tous les ans, le 23e jour du 3e mois lunaire. Sur l'estrade principale, trois statues en file indienne de Thien Hau sont flanquées de deux serviteurs ou gardiens. L'estrade est entourée à gauche du lit de la déesse ; à droite, d'un bateau en modèle réduit ; et, à l'extrême droite, de la déesse Long Mau, protectrice des Mères et des Nouveau-Nés.

La pagode est sise 710 Đ Nguyen Trai. Ouverture de 6h à 17h30.

Pagode Nghia An Hoi Quan. Construite par la congrégation chinoise de Chaozhou, elle est réputée pour ses reliefs de bois sculpté. L'entrée est surmonté d'un bateau en bois. A l'intérieur, à gauche de la grille, une énorme statue du cheval rouge de Quan Cong côtoie son palefrenier. A droite de l'entrée, sur l'autel richement orné, trône Ong Bon, l'esprit protecteur barbu du Bonheur et de la Vertu, son bâton à la main. Derrière l'autel, trois vitrines de verre abritent Quan Cong (en chinois, Kuan Kung) flanqué de ses aides, le mandarin général Chau Xuong (à gauche) et le mandarin administratif Quan Binh (à droite). Auprès de Quan Binh se tient à droite Thien Hau, déesse de la Mer, dans une vitrine décorée avec faste.

Située 678 Đ Nguyen Trai (près de la pagode de Thien Hau), elle est ouverte de 4h à 18h.

Mosquée de Cholon. Ses lignes pures et l'absence de décoration offrent un contraste saisissant avec les pagodes chinoises et vietnamiennes avoisinantes. Dans la cour, un bassin pour les ablutions rituelles. Observez le mihrab carrelé (niche dans le mur indiquant la direction de La Mecque). La mosquée a été construite en 1932 par des musulmans tamouls. Depuis 1975, elle est fréquentée par les communautés malaise et indonésienne.

Elle se trouve 641 Đ Nguyen Trai et ouvre toute la journée le vendredi, et aux heures de prière les autres jours.

Pagode Quan Am. La pagode Quan Am a été fondée en 1816 par la congrégation chinoise du Fujian et dédiée à Quan The Am Bo Tat, déesse de la Miséricorde.

C'est la pagode la plus fréquentée de Cholon, et l'influence chinoise saute aux yeux. Le toit est orné de céramiques représentant des scènes fantastiques tirées de récits chinois traditionnels : navires, maisons, personnages, nombreux dragons à l'air féroce… De très anciens panneaux en laque et or revêtent les portes d'entrée. Les fresques en léger relief des murs du porche représentent des scènes de la Chine au temps de Quan Cong. Des sculptures sur bois très travaillées les surplombent.

Admirez derrière l'autel principal une statue dorée et richement vêtue d'A Pho, impératrice céleste et mère sacrée. La châsse de verre devant elle abrite les statues peintes de Bouddha Thich Ca (Sakyamuni), de Quan The Am Bo Tat (Avalokiteçvara, la déesse de la Miséricorde) et d'Ameda, assis et rieur. A l'extrême gauche, on découvre une statue dorée de Dia Tang Vuong Bo Tat (le roi de l'Enfer).

On retrouve A Pho sur l'autel carrelé de rose dans la cour située derrière le sanctuaire principal. Quan The Am Bo Tat se dresse tout près, drapée dans des vêtements blancs brodés. A gauche de l'autel rose s'étale son lit richement orné. A droite se tient Quan Cong, flanqué de ses gardiens Chau Xuong (à gauche) et Quan Binh (à droite). A l'extrême droite, devant un autre autel rose, le juge Bao Cong se reconnaît à son visage noir.

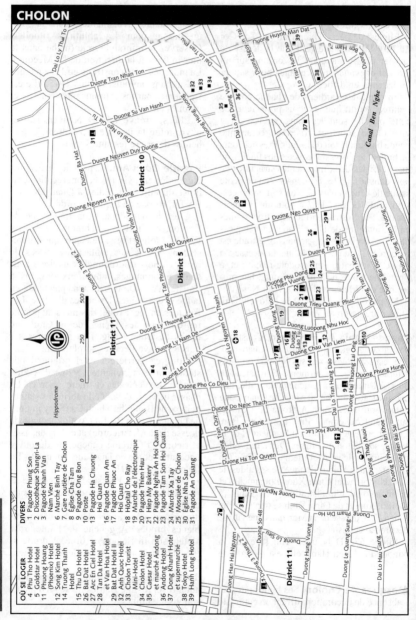

CHOLON

OÙ SE LOGER
4 Phu Tho Hotel
5 Goldstar Hotel
11 Phuong Hoang
   (Phoenix) Hotel
12 Song Kim Hotel
14 Truong Thanh
   Hotel
15 Thu Do Hotel
26 Bat Dat Hotel
27 Arc En Ciel Hotel
28 Tan Da Hotel
   et Van Hoa Hotel
29 Bat Dat Hotel II
32 Anh Quoc Hotel
33 Cholon Tourist
   Mini-Hotel
34 Caesar Hotel
35 Andong Hotel
36 Andong Hotel
37 Dong Khanh Hotel
   et supermarché
38 Tokyo Hotel
39 Hanh Long Hotel

DIVERS
1 Pagode Phung Son
2 Discothèque Shangri-La
3 Pagode Khanh Van
   Nam Vien
6 Marché Binh Tay
7 Gare routière de Cholon
8 Église Cha Tam
9 Pagode Ong Bon
10 Poste
13 Pagode Ha Chuong
   Hoi Quan
16 Pagode Quan Am
17 Pagode Phuoc An
   Hoi Quan
18 Hôpital Cho Ray
19 Marché de l'électronique
20 Pagode Thien Hau
21 Hiep My Bakery
22 Pagode Nghia An Hoi Quan
23 Pagode Tam Son Hoi Quan
24 Marché Xa Tay
25 Mosquée de Cholon
30 Église Nha Sau
31 Pagode An Quang

HO CHI MINH VILLE

La pagode est située au 12 Đ Lao Tu, à un pâté de maisons de ĐL Chau Van Liem.

Pagode Phuoc An Hoi Quan. En 1902, la congrégation du Fujian a bâti là l'une des plus belles pagodes de Ho Chi Minh-Ville. Il faut la voir plus particulièrement pour ses nombreuses miniatures de porcelaine, ses objets de culte en cuivre très ouvragé et les fines boiseries qui ornent les autels, murs, colonnes et lanternes. Le toit, tout de céramique, fourmille de personnages.

A gauche de l'entrée se trouve une statue grandeur nature du cheval sacré de Quan Cong. Avant d'entreprendre un voyage, la coutume veut qu'on vienne lui faire une offrande et lui caresser la crinière en faisant tinter la cloche qu'il porte à son cou. L'autel principal, où brûle l'encens dans des récipients de pierre et de cuivre, est présidé par Quan Cong (en chinois : Kuan Kung), à qui la pagode est dédiée. Derrière l'autel, à gauche, Ong Bon, esprit protecteur du Bonheur et de la Vertu, est en compagnie de deux serviteurs. L'autel situé à droite porte des représentations de personnages plus bouddhistes que taoïstes. La vitrine montre une statue en plâtre de Bouddha Thich Ca (Sakyamuni) et deux statues de la déesse de la Miséricorde, l'une en porcelaine, l'autre en cuivre.

La pagode est située 184 Đ Hung Vuong, presque au croisement de Đ Thuan Kieu.

Pagode Ong Bon. La congrégation du Fujian est également à l'origine de sa construction. On l'appelle aussi Chua Ong Bon et Nhi Phu Hoi Quan. Elle est dédiée à Ong Bon, gardien du Bonheur et de la Vertu. L'autel de bois est délicatement sculpté et doré.

Dans la cour de la pagode à droite, une statue de Quan The Am Bo Tat (déesse de la Miséricorde), abritée dans une châsse de verre, occupe une petite pièce. Elle est dominée par la tête de Bouddha Thich Ca (Sakyamuni). Face à l'entrée principale de la pagode, adossée au mur, accueille une représentation d'Ong Bon, objet de prières des fidèles venus atteindre le bonheur et se

libérer des soucis d'argent. Elle est en vis-à-vis d'un autel de bois finement sculpté. Sur les murs, des fresques assez floues représentent cinq tigres (à gauche) et deux dragons (à droite).

Notez le four où brûlent les imitations de billets de banque, qui représentent les richesses que les fidèles envoient à leurs défunts dans l'au-delà. Dans la diagonale opposée se tient Quan Cong, flanqué de ses deux gardiens, Chau Xuong (à sa droite) et Quan Binh (à sa gauche).

Ouverte de 5h à 17h, la pagode est située 264 ĐL Hai Thuong Lai Ong (cette artère est parallèle à ĐL Tran Hung Dao).

Pagode Ha Chuong Hoi Quan. Cette pagode, 802 Đ Nguyen Trai, est typiquement fujianaise. Elle est consacrée à la déesse Thien Hau (déesse de la Mer), originaire du Fujian. Les quatre piliers de pierre sculptée, ornés de dragons peints, ont été fabriqués en Chine et acheminés par bateau. Notez les fresques murales et les scènes en relief sur la céramique du toit.

Le sanctuaire s'anime particulièrement lors de la fête chinoise des Lanternes, le 15e jour du 1er mois lunaire (la première pleine lune de la nouvelle année lunaire).

Église Cha Tam. C'est là qu'ont cherché refuge le président Ngo Dinh Diem et son frère Ngo Dinh Nhu le 2 novembre 1963, lors du coup d'État fomenté contre eux. Ils tentèrent vainement de contacter leurs derniers fidèles parmi les officiers, et finirent par accepter de se rendre sans conditions.

Les nouveaux dirigeants leur envoyèrent un petit véhicule blindé (on dit que Diem était déçu de ne pas voir arriver une limousine, plus digne de sa fonction), et les deux hommes furent arrêtés. Les soldats les exécutèrent à bout portant avant même d'atteindre Saigon et lardèrent leurs cadavres de coups de couteau.

L'annonce à la radio de la mort des deux frères plongea la ville dans la joie. Les portraits des deux hommes furent mis en pièces, et les prisonniers politiques, dont beaucoup avaient été torturés, furent libérés. Les boîtes de nuit que les Ngo, fervents catholiques, avaient fait fermer, furent rouvertes. Trois semaines plus tard, le président américain John Kennedy était assassiné. L'administration Kennedy ayant soutenu le coup d'État contre Diem, certains théoriciens de la conspiration ont laissé entendre que la famille Diem avait pu se venger en commanditant cet assassinat.

L'église Cha Tam date du début du siècle. C'est un bel édifice jaune pastel et blanc. La statue dans le clocher représente un homme d'origine chinoise, Mgr François-Xavier Tam Assou (1855-1934), vicaire apostolique à Saigon. La congrégation de l'église, très dynamique, se compose d'environ 3 000 Vietnamiens et 2 000 Chinois.

Des messes en vietnamien sont dites du lundi au samedi de 5h30 à 6h. Le dimanche, elles ont lieu à 5h30, 8h30 et 15h45 et durent une heure. Des messes en chinois ont lieu du lundi au samedi de 17h30 à 18h ainsi que le dimanche à 7h et 15h. L'église Cha Tam se trouve 25 Đ Hoc Lac, à l'extrémité ouest du ĐL Tran Hung Dao.

Pagode Khanh Van Nam Vien.

Construite entre 1939 et 1942 par les Cantonnais, ce serait l'unique pagode taoïste au Vietnam. Ho Chi Minh-Ville ne compte en fait que 4 000 authentiques taoïstes. Les Chinois pratiquent un mélange de taoïsme et de bouddhisme, la plupart des vrais taoïstes sont aussi souvent bouddhistes.

A quelques mètres de l'entrée se dresse une statue de Hoang Linh Quan, gardien en chef de la pagode. Le symbole du yin et du yang figure sur la plate-forme supportant les encensoirs. Les statues derrière l'autel principal sont au nombre de quatre : Quan Cong (à droite) et Lu Tung Pan (à gauche) représentent le taoïsme ; entre les deux se trouve Van Xuong, symbole du confucianisme ; et, à l'arrière, Quan The Am Bo Tat (Avalokiteçvara), la déesse bouddhiste de la Miséricorde.

Devant ces statues, une vitrine abrite sept dieux et une déesse, tous en porcelaine. Sur les autels apparaissent de part et d'autre des quatre statues, Hoa De (à gauche), célèbre

médecin sous la dynastie Han, et Huynh Dai Tien (à droite), disciple de Laozi (Laotseu), fondateur du taoïsme.

A l'étage, la grande statue de Laozi (Thai Thuong Lao Quan en vietnamien) est auréolée d'un miroir rond entouré d'un éclairage fluorescent.

Deux plaques de pierre à sa gauche expliquent les techniques de l'inspiration et de l'expiration. Un dessin schématique représente les organes du corps humain sous la forme d'un paysage chinois. Le diaphragme, agent de l'inspiration, est situé en bas. Un paysan labourant avec son buffle incarne l'estomac. Quatre symboles du yin et du yang évoquent le rein ; le foie a la forme d'un bosquet ; et le cœur, celle d'un cercle où se tient un paysan, surmonté d'une constellation. La haute pagode symbolise la gorge et l'arc-en-ciel, la bouche. En haut, les montagnes et le personnage assis représentent respectivement le cerveau et l'imagination. Le doyen des bonzes, âgé de 80 ans, affirme pratiquer ces exercices respiratoires tous les jours depuis dix-sept ans et se porter comme un charme.

La pagode gère un foyer situé 46/14 Đ Lo Sieu, qui accueille trente personnes âgées sans famille, pour la plupart des femmes. Chaque pensionnaire dispose d'un fourneau en brique pour sa cuisine. Les bonzes ont également installé à côté un dispensaire gratuit où l'on soigne par phytothérapie et par acupuncture. Avant la réunification, la pagode dirigeait aussi l'école (gratuite) située de l'autre côté de la rue.

Située 46/5 Đ Lo Sieu, la pagode ouvre quotidiennement de 6h30 à 17h30, et les prières ont lieu de 8h à 9h tous les jours. Vous y accéderez en quittant Đ Nguyen Thi Nho (perpendiculaire à Đ Hung Vuong) à la hauteur des numéros 269B et 271B.

Pagode Phung Son.

Aussi appelée Phung Son Tu et Chua Go, cette pagode bouddhique possède un ensemble fort riche de statues en cuivre martelé, bronze, bois et céramique. Certaines de ces statues sont dorées tandis que d'autres, superbement sculptées, sont peintes. De style vietnamien, la pagode a été construite entre 1802 et 1820 sur l'emplacement de ruines de la période Founan (Ier-VIe siècles). Une équipe d'archéologues soviétiques a entrepris des fouilles en 1988 et découvert les fondations d'une construction du royaume de Founan. Néanmoins, les recherches ont été interrompues, faute d'autorisation.

La légende veut que l'on ait dû, il y a fort longtemps, transférer la pagode. Les objets de culte (cloches, tambours, statues) furent alors chargés sur le dos d'un éléphant blanc, mais celui-ci croula sous le poids, et tous les objets tombèrent dans une mare. On vit là le signe que la pagode devait demeurer à son emplacement initial. Tous les objets sacrés furent retrouvés, à une exception : la cloche. Jusqu'au siècle dernier, on l'entendait, paraît-il, à chaque changement de lune.

L'estrade centrale est à multiples niveaux. La statue dorée du Bouddha A Di Da (Bouddha du passé) la préside. Assis sous un baldaquin en compagnie de deux mobiles ayant la forme d'êtres humains décapités, il est entouré, à gauche, de Quan The Am Bo Tat (déesse de la Miséricorde), et, à droite, de Dai The Chi Bo Tat. La statue la plus à gauche représente Boddhi Dharma, fondateur du bouddhisme zen, qui apporta le bouddhisme d'Inde jusqu'en Chine. Elle est en céramique chinoise mais les traits du visage sont indiens.

En passant derrière, dans la pièce aérée par un petit patio, vous découvrez un autel portant quatre statues, dont un Bouddha Thich Ca de bronze d'origine thaï. Sur votre droite, un autre autel est surmonté d'une vitrine contenant une statue en bois de santal. Il s'agirait de Long Vuong (roi des Dragons), qui amène la pluie. La pagode est entourée de remarquables tombes de bonzes.

La pagode se trouve dans le district 11, 1408 ĐL 3/2, presque à l'angle de Đ Hung Vuong. Les prières d'une heure ont lieu trois fois par jour, à 4h, 16h et 18h. Les entrées principales sont en général fermées à clé à cause des vols, mais l'entrée latérale (à gauche en arrivant) est ouverte de 5h à 19h.

MUSÉES
Musée des Souvenirs de guerre

Appelé récemment encore musée des Crimes de guerre chinois et américains, il a été doté d'un nouveau nom afin de ne pas heurter la sensibilité des touristes. La brochure distribuée à l'entrée ne s'intitule pas moins : "Images des crimes perpétrés par les États-Unis durant leur guerre impérialiste contre le Vietnam".

Quel que soit son nom, ce musée (☎ 829 0325) est devenu l'un des préférés des touristes à Ho Chi Minh-Ville. La plupart des atrocités montrées ici ont été en leur temps largement diffusées dans la presse occidentale. Il n'empêche que le détail de ces exactions, présenté ici par les victimes elles-mêmes, est fort impressionnant.

Dans la cour sont exposés des véhicules blindés américains, de l'artillerie, des bombes et des armes d'infanterie, sans oublier la guillotine qu'utilisaient les Français contre les "fauteurs de trouble" Viet Minh.

La plupart des photos d'atrocités sont de source américaine, dont celles du fameux massacre de My Lai, de sinistre mémoire. On remarquera l'une des célèbres cages à tigre où les Sud-Vietnamiens enfermaient leurs prisonniers vietcong sur l'île Con Son. D'autres clichés montrent les malformations chez les nouveau-nés, dues, pense-t-on, aux effets des herbicides chimiques répandus pendant la guerre par les Américains. Une salle adjacente est consacrée à la dénonciation de tous les "crimes contre-révolutionnaires" commis au Vietnam après 1975. Les saboteurs y sont dépeints comme les alliés des impérialistes tant américains que chinois.

Les touristes américains trouvent bien sûr le contenu du musée assez partial, notamment quelques légendes assez injurieuses du style : "Ce soldat a l'air content", sous la photo d'un militaire américain ramassant un corps horriblement mutilé pour le montrer au photographe. De plus, jamais ne sont évoquées les milliers de victimes torturées ou exécutées par les Viet-Cong.

Les historiens de la guerre regrettent surtout que les témoignages soient incomplets et détachés de leur contexte. Il est curieux de constater, par exemple, qu'on ne trouve aucun cliché de Thich Quang Duc, le moine qui s'est immolé par le feu pour protester contre la guerre ; pas plus que la manifestation des étudiants de Kent State, aux États-Unis, sur lesquels les policiers ont ouvert le feu. Heureusement, le musée va s'agrandir afin de présenter l'historique du conflit sous un angle plus objectif.

En dépit de ces critiques, force est de constater que peu de musées dans le monde expriment avec autant de force la brutalité de la guerre moderne. Les partisans du conflit eux-mêmes ne peuvent rester indifférents devant les photographies d'enfants brûlés au napalm et déchiquetés par les bombes et obus américains. Les scènes de torture sont particulièrement éprouvantes. Vous aurez également le triste privilège de voir quelques armes expérimentales (et classées, à l'époque, "secret défense") employées pendant la guerre du Vietnam, dont la "fléchette", un obus rempli de milliers de minuscules traits acérés.

Le musée des Souvenirs de guerre est aménagé dans l'immeuble qui abritait à l'époque l'US Information Service, 28 Ð Vo Van Tan (à l'angle de Ð Le Qui Don). Il est ouvert tous les jours de 7h30 à 11h45 et de 13h30 à 16h45. Les commentaires sont rédigés en vietnamien, en chinois et en anglais, et l'entrée coûte 0,80 $US.

Musée de la Révolution

(Bao Tang Cach Mang ; ☎ 829 9741). Cet élégant bâtiment blanc, construit en 1886 dans le style néoclassique, s'appelait autrefois palais de Gia Long. Il retrace la lutte des communistes pour le contrôle du Vietnam. Les photographies des militants anticolonialistes exécutés par les Français semblent déplacées dans ces salons dorés. Ce contraste permet toutefois de percevoir la formidable puissance et le faste de la France de l'époque. Certaines photos montrent le défilé de pacifistes vietnamiens à Saigon pour exiger le départ des troupes américaines, ainsi que Thich Quang Duc, le bonze qui se suicida par le feu pour protester contre la politique du président Ngo Dinh Diem.

Les notes explicatives sont exclusivement en vietnamien, mais des documents en français et en anglais sont disponibles (voir la rubrique *Histoire* dans le chapitre *Présentation du pays*). Quelques guides parlent anglais. Ils vous suivront souvent pas à pas à travers les salles ou d'un étage à l'autre, vous offrant ainsi une visite commentée aussi excellente qu'inopinée. En plusieurs endroits, vous remarquerez des troncs pour les pourboires destinés aux guides (1 ou 2 $US, c'est parfait), qui prennent leur travail très à cœur sans être pour autant rétribués.

La visite commence par la salle à gauche de l'entrée, qui couvre la période de 1859 à 1940. A l'étage, deux autres salles sont ouvertes au public. Celle de gauche expose un *ghe*, sorte de longue pirogue, qui menaçait souvent de couler en raison du poids des armes qu'elle cachait dans un double fond. A signaler aussi, un petit diorama des tunnels de Cu Chi. La salle attenante est consacrée aux armes utilisées par le Viet-Cong ainsi qu'aux médailles, casques et plaques pris aux Sud-Vietnamiens et aux Américains. Une carte montre la progression des communistes pendant la chute du Sud-Vietnam au début de 1975.

Les sous-sols du bâtiment abritent tout un réseau de bunkers en béton et de couloirs fortifiés, comprenant des zones d'habitation, une cuisine et une grande salle de réunion. Quelques couloirs mènent au palais de la Réunification. C'est dans l'un de ces bunkers que le président Diem et son frère se sont enfuis vers l'église de Cha Tam en 1963. Ce réseau n'est pas encore ouvert au public, la plupart des tunnels étant en effet inondés. Si vous apportez une lampe-torche, un gardien du musée vous en fera peut-être visiter une partie.

Dans le jardin situé derrière le musée vous attendent un tank soviétique, un hélicoptère américain de modèle Huey UH-1 et un canon antiaérien. Du matériel militaire repose également dans le jardin donnant sur Ð Nam Ky Khoi Nghia.

Le musée se trouve 65 Ð Ly Tu Trong (à l'angle de Ð Nam Ky Khoi Nghia), à deux pas du palais de la Réunification, vers l'est.

Ouverture de 8h à 11h30 et de 14h à 16h30, du mardi au dimanche. Services administratifs au 114 Đ Nam Ky Khoi Nghia. L'entrée coûte 0,80 $US.

Musée d'Histoire

Ce musée (Vien Bao Tang Lich Su ; ☎ 829 8146) construit en 1929 par la Société des études indochinoises, s'est appelé musée d'Asie sous les Français, puis Musée national de la République vietnamienne jusqu'en 1975. Il présente une excellente collection d'objets illustrant l'évolution des cultures du Vietnam : de la civilisation Dong Son (âge du bronze) à celle d'Oc-Eo (royaume de Founan, Ier au VIe siècles), puis des Cham, des Khmers et des Vietnamiens. De superbes reliques proviennent d'Angkor Vat, au Cambodge.

A l'arrière du bâtiment, le 3e étage abrite une bibliothèque de documentation (☎ 829 0268), ouverte du lundi au samedi, qui possède de nombreux livres sur l'Indochine française.

Situé Đ Nguyen Binh Khiem, juste après l'entrée principale du jardin zoologique, le musée ouvre de 8h à 11h30 et de 13h à 16h du mardi au dimanche. L'entrée coûte 0,80 $US.

Musée Ho Chi Minh

Ce musée (Khu Luu Niem Bac Ho ; ☎ 829 1060) est aménagé 1 Đ Nguyen Tat Thanh dans l'ancien bâtiment des douanes. Traversez l'arroyo de Ben Nghe en venant de l'extrémité de ĐL Ham Nghi qui donne sur le quai. Édifié en 1863, l'immeuble a conservé son ancien surnom, "la maison du Dragon" (Nha Rong).

Les liens entre ce Ho Chi Minh (1890-1969) et ce lieu sont plutôt ténus : il serait parti en 1911, à l'âge de vingt et un ans, pour s'embarquer comme chauffeur et coq sur un cargo français. Il ne savait pas qu'il entamait là un exil de trente ans, notamment en France, en Union soviétique et en Chine…

Le musée possède beaucoup de ses objets personnels, y compris des vêtements, des sandales, sa précieuse radio Zenith fabriquée aux États-Unis, et autres souvenirs. Les explications figurent en vietnamien. Le musée est ouvert les mardi, mercredi, jeudi et samedi de 8h à 11h30 et de 14h à 18h, et le dimanche jusqu'à 20h.

Musée de l'Armée

Il se situe de l'autre côté de Đ Nguyen Binh Khiem (à l'angle de ĐL Le Duan) lorsqu'on sort du jardin zoologique. On y voit du matériel américain, chinois et soviétique, dont un Cessna A-37 de l'aviation sud-vietnamienne et un Tiger F-5E de fabrication américaine encore prêt à tirer. Le tank exposé a participé, le 30 avril 1975, à la prise de ce qui s'appelle maintenant le palais de la Réunification.

Musée des Beaux-Arts

Cet édifice classique, de caractère vaguement chinois et peint en jaune et blanc, abrite l'une des collections les plus intéressantes du pays. Si vous ne souhaitez pas le visiter, contentez-vous de pénétrer dans l'immense hall pour admirer ses belles fenêtres Art nouveau et la décoration du sol. Le 1er étage, jadis consacré à l'art révolutionnaire, présente aujourd'hui l'art contemporain officiel.

Au 2e étage est exposé une partie de l'art "ancien" jugé politiquement correct. Les représentations sont des plus réalistes : héros agitant des drapeaux rouges, enfants armés de fusils, pléthore de tanks et d'armes, Américains dans des situations grotesques, et Ho Chi Minh représenté quasiment comme un dieu. Vous pourrez constater que les artistes qui avaient fait leurs études avant 1975 s'arrangeaient pour projeter leur esthétique dans un univers de sujets convenus. Curieusement, les communistes vietnamiens semblaient exercer leur contrôle plus sur le fond que sur la forme. Certains dessins, illustrant les émeutes survenues dans les prisons en 1973, et quelques œuvres abstraites sont tout à fait remarquables. On est toutefois frappé par le fait que l'allure des soldats vietnamiens est plus européenne qu'asiatique.

Au 3e étage se trouve une belle collection d'œuvres anciennes, notamment des sculptures d'Oc-Eo (royaume de Founan). Leur style présente de fortes ressemblances avec ceux de la Grèce et de l'Égypte antiques. C'est là également que sont exposées les plus belles sculptures cham après celles de Danang. Vous ne manquerez pas les admirables œuvres indiennes, souvent réalisées dans un crâne d'éléphant. Certaines autres pièces trouvent à l'évidence leur origine dans la culture d'Angkor.

Le café aménagé dans le jardin devant le musée est l'endroit préféré des vieux messieurs qui aiment échanger quelques timbres en sirotant un verre de thé glacé.

Le musée (Bao Tang My Thuat ; ☎ 822 2577) est situé 97A Đ Pho Duc Chinh, dans le centre de Ho Chi Minh-Ville. Ouverture de 7h30 à 16h30, du mardi au dimanche. Entrée gratuite.

Musée de l'Armée No7

Non loin de l'aéroport, près de l'hôtel Mekong, se tient le musée de l'Armée N°7 (Bao Tang Luc Luong Vu Trang Mien Dong Nam Bo, ☎ 842 1354) au 247 ĐL Hoang Van Thu, pavillon 1, district de Tan Binh. Nous espérions beaucoup de ce musée en raison de son architecture extérieure originale mais elle était trompeuse. Le clou de l'endroit est une énième statue de Ho Chi Minh, quoique rehaussée par une petite collection de tanks derrière le bâtiment principal. On voit aussi quelques photos des combats Viet Minh de la guerre d'Indochine. Les visiteurs sont rares.

Le musée ouvre tous les jours sauf le dimanche, de 7h30 à 11h et de 13h30 à 17h. L'entrée est gratuite.

Musée Ton Duc Thang

Rarement visité, ce musée (Bao Tang Ton Duc Thang ; ☎ 829 4651) est dédié à Ton Duc Thang, originaire de la province d'An Giang. Il fut le successeur de Ho Chi Minh à la présidence du Vietnam et mourut dans l'exercice de ses fonctions en 1980, à l'âge de quatre-vingt-douze ans. Des photographies illustrent son rôle dans la révolution vietnamienne et son emprisonnement sur l'île de Con Dao. Les explications figurent exclusivement en vietnamien.

C'est au 5 Đ Ton Duc Thang, le long du quai, à deux pas au nord de la statue de Tran Hung Dao que vous découvrirez ce musée. Ouverture du mardi au dimanche, de 7h30 à 12h et de 13h à 16h. Entrée gratuite.

PARCS
Parc Cong Vien Van Hoa

Près de l'ancien Cercle sportif, le club huppé de la période française, de gigantesques arbres tropicaux ombragent les allées du parc.

Le club sportif existe toujours. Il compte onze courts de tennis, une piscine et un club-house à l'atmosphère très coloniale. La piscine mérite à elle seule une visite pour ses colonnes et ses bains à la romaine.

Les courts se louent à des prix très raisonnables. L'accès à la piscine se paie à l'heure, et l'on peut au besoin acheter un maillot de bain sur place. Les antiques vestiaires ne manquent pas de charme, mais de verrous. A votre disposition également : gymnase, tennis de table, haltères, tapis de lutte, cours de danse de salon et une cafétéria pour votre détente. Le matin, on voit souvent des Vietnamiens pratiquer le *thai cuc quyen*, une boxe au ralenti (voir l'encadré *Le thai cuc quyen*).

Le parc abrite par ailleurs des répliques miniatures des tours cham de Nha Trang.

Son terrain jouxte celui du palais de la Réunification et possède deux entrées : l'une face au 115 Đ Nguyen Du, l'autre Đ Nguyen Thi Minh Khai.

Parc Ho Ky Hoa

Il est situé dans le district 10 ĐL 3/2, près du théâtre Hoa Binh et derrière la pagode de Quoc Tu. Son nom signifie "étangs et jardins", et il s'agit d'un parc d'attractions pour enfants.

Vous pourrez louer des pédalos, des barques et des bateaux à voiles. La pêche est autorisée dans les étangs.

Une petite piscine est ouverte au public en saison. Les cafés ouvrent toute l'année, et un hôtel, plutôt cher, se niche dans l'enceinte du parc. Ouvert de 7h à 21h30 tous les jours. Très fréquenté le dimanche.

Le Thai Cuc Quyen

Ce qu'on appelle dans les pays occidentaux le tai-chi n'est autre qu'une forme de gymnastique qui évoque la boxe au ralenti. A la mode depuis quelques années dans nos contrées, elle est connue au Vietnam depuis des siècles sous le nom de thai cuc quyen. Cette pratique est née en Chine, où elle se nomme *taijiquan*. A la base, il s'agit d'un exercice physique, mais c'est aussi une discipline artistique et un art martial apparenté au *kung fu* chinois par ses mouvements uniquement. En effet, le thai cuc quyen est moins vif que le kung fu, n'est pas destiné à blesser l'adversaire et n'autorise l'emploi d'aucune arme. Ce n'est d'ailleurs pas une forme d'autodéfense. Il se pratique de différentes manières, appelées styles.

Les personnes âgées en apprécient la pratique, ainsi que les jeunes femmes soucieuses de leur ligne et de vivre en harmonie avec leur corps. Ses mouvements sont censés développer les muscles liés à la respiration, faciliter la digestion et améliorer la tonicité.

Aujourd'hui, il est courant de le pratiquer sur fond de musique disco. Dans les parcs, au point du jour, les Vietnamiens s'exercent au rythme syncopé d'un magnétophone à cassettes.

C'est d'ordinaire à l'aube que l'on effectue ces exercices. Excellente occasion de se lever de bonne heure ! A Ho Chi Minh-Ville, vous vous rendrez au parc de Cong Vien Van Hoa ou à Cholon la chinoise.

PALAIS DE LA RÉUNIFICATION

C'est vers ce bâtiment, alors appelé palais de l'Indépendance ou palais présidentiel, que se dirigèrent les premiers tanks communistes en entrant dans Saigon à l'aube du 30 avril 1975. Ils en forcèrent les grilles, puis un soldat courut planter un drapeau vietcong sur un balcon du 4e étage. Ce matin-là, le général Minh, promu chef de l'État quelques heures auparavant, attendait les vainqueurs dans une superbe salle de réception du 2e étage, en compagnie de ses ministres. "Je vous attendais pour vous transférer les pouvoirs", dit Minh à l'officier vietcong qui entrait dans la pièce. "Il n'y a aucun pouvoir à passer, répondit l'officier, vous ne pouvez passer ce que vous n'avez pas".

Le palais de la Réunification (Hoi Truong Thong Nhat) est l'un des lieux les plus fascinants de Ho Chi Minh-Ville. D'abord pour son architecture moderne spectaculaire, mais aussi pour l'impression étrange que l'on ressent en se promenant dans les vastes halls déserts. Véritable symbole du gouvernement sud-vietnamien, le palais est resté tel qu'il était le 30 avril 1975, jour où la république du Vietnam cessa d'exister après que des centaines de milliers de Vietnamiens et 58 183 Américains eurent péri en tentant de la sauver.

Parmi les nouveautés du musée, citons une statue de Ho Chi Minh et une salle de vidéo, où l'on peut assister à la projection de films récents sur l'histoire du Vietnam dont les commentaires sont en plusieurs langues. Veillez à vous lever lorsque, à la fin de la cassette, on joue l'hymne national ; il serait impoli de s'y refuser.

En 1868, on a édifié sur ce site la résidence du gouverneur-général de la Cochinchine française. Après avoir connu plusieurs agrandissements, le bâtiment a pris le nom de palais Norodom. Au départ des Français, il a été occupé par le président du Sud-Vietnam, Ngo Dinh Diem. Le chef d'État faisait l'objet d'une telle haine que sa propre force aérienne a vainement essayé de le faire disparaître en bombardant le palais en 1962. Reconnaissant qu'il souffrait d'un problème d'image, Diem a fait construire un nouvel édifice à l'emplacement de l'ancien, en veillant à ce que le sous-sol soit confortablement aménagé en abri antiaérien.

Cette demeure a été dessinée par Ngo Viet Thu, un architecte vietnamien qui avait étudié à Paris, et sa construction a duré quatre ans, de 1962 à 1966. Diem n'a jamais profité de la maison de ses rêves, car il a été assassiné par ses troupes en 1963. Rebaptisé palais de l'Indépendance, l'édifice a accueilli le nouveau président du Sud-Vietnam, Nguyen Van Thieu, jusqu'à sa fuite en 1975.

Typique de l'architecture des années 60, tant à l'extérieur qu'à l'intérieur, il présente en fait beaucoup plus d'intérêt qu'on ne le croirait à première vue. L'ensemble respire en effet l'harmonie, et ses salles spacieuses sont décorées avec goût des plus beaux objets de l'art moderne local. Il émane de ce palais une réelle grandeur, digne d'un chef d'État.

La salle du rez-de-chaussée où trône une table oblongue servait de salle de conférence. C'est au 1er étage que se trouve la salle de réception (celle aux chaises rouges, appelée en vietnamien Phu Dau Rong, ou salle de la Tête de Dragon), où le président du Sud-Vietnam recevait les délégations étrangères. Le président s'installait à son bureau, ses assistants prenaient place dans les fauteuils aux accoudoirs en forme de dragon. Le siège faisant face au bureau était réservé aux ambassadeurs étrangers. La pièce attenante servait de salle de réunion. Quant à la pièce aux chaises et rideaux dorés, elle était réservée au vice-président.

Les appartements privés sont aménagés dans la partie arrière du bâtiment, où vous découvrirez des modèles réduits de bateaux, des queues de cheval et des pattes d'éléphant. Une partie du 3e étage, aménagée en terrasse, abrite un héliport. Moyennant 1 \$US, vous pouvez admirer le panorama sur la ville. Au 4e étage sont installés une salle de bal et un casino.

Vous vous intéresserez sans doute davantage au sous-sol, qui renferme un dédale de tunnels, un centre de télécommunications et une salle d'état-major. Un souterrain aboutit au palais de Gia Long, qui abrite aujourd'hui le musée de la Révolution.

Le palais est ouvert de 7h30 à 11h et de 13h à 16h tous les jours sauf lors des réceptions ou réunions officielles. Certains guides parlent français et anglais, et chacun

est responsable d'une partie précise du palais, aussi vous bénéficierez des commentaires de plusieurs guides à mesure que vous visiterez l'édifice. L'accueil des visiteurs (☎ 829 0629) se situent 106 Ð Nguyen Du, et l'entrée coûte 4 \$US pour les étrangers (gratuit pour les Vietnamiens).

BÂTIMENT DU COMITÉ POPULAIRE

L'hôtel de ville, cet édifice tarabiscoté qui constitue l'un des principaux points de repère de la ville, est désormais le siège quelque peu incongru du Comité populaire de Ho Chi Minh-Ville. Il a été construit entre 1901 et 1908, et son architecture souleva une controverse de la part des Français. L'ancien hôtel de ville, à l'extrémité nord-ouest de ÐL Nguyen Hue, face au fleuve, se caractérise par ses jardins, sa façade richement ornementée et son élégant intérieur, éclairé par des lustres en cristal.

Malheureusement, vous devrez vous contenter de n'admirer que sa façade. Il est fermé au public, et, si vous demandez à le visiter, vous serez écarté sans ménagements.

JARDIN BOTANIQUE ET ZOO

Le Thao Cam Vien incite à la flânerie parmi les immenses arbres tropicaux, les étangs, les pelouses et les massifs de fleurs minutieusement entretenus. Le jardin botanique a été aménagé en 1864, dès le début de la colonisation ; il comptait en son temps parmi les plus beaux d'Asie. Tel n'est plus le cas aujourd'hui. Il sert surtout de décor aux manèges, au train fantôme et à la maison aux miroirs d'une fête foraine.

Malheureusement, les équipements du zoo sont aujourd'hui très mal en point. Pour certains animaux, notamment les éléphants, la mort serait préférable. Les autres pensionnaires, parmi lesquels des crocodiles et des félins, semblent s'en sortir un peu mieux. A l'entrée du zoo se trouve une attraction particulièrement révoltante : un manège où l'on peut s'asseoir sur des animaux empaillés. Sur cette plate-forme, des ours, des cerfs et des félins forment une sinistre ronde.

L'entrée principale du zoo se trouve Đ Nguyen Binh Khiem, à l'angle de Đ Le Duan, à proximité du musée d'Histoire. Une autre entrée donne sur Đ Nguyen Thi Minh Khai, près du pont traversant l'arroyo de Thi Nghe. On donne des spectacles de marionnettes aquatiques sur un îlot au milieu d'un des étangs.

Tout de suite après l'entrée principale, vous verrez le temple du roi Hung Vuong. On prétend que les souverains Hung ont été les premiers dirigeants de la nation vietnamienne, qu'ils ont établi leur État dans la région du fleuve Rouge et qu'ils ont ensuite été détrônés par les Chinois.

Vous trouverez des glaces et des sandwiches de pain français (plutôt cher et pas nécessairement bon) en vente dans le parc. De nombreuses échoppes proposent à prix modéré des plats de riz, de la soupe et des boissons devant l'entrée principale.

RESTAURANT BINH SOUP SHOP

Vous serez sans doute surpris de voir une gargote figurer dans cette rubrique. Mais cet établissement abritait pendant la guerre le QG secret de l'armée vietcong de Ho Chi Minh-Ville. C'est ici que s'est planifiée l'attaque contre l'ambassade américaine durant l'offensive du Têt de 1968.

Le restaurant (☎ 844 3775) est situé 7 Đ Ly Chinh Thang, district 3, et on peut y manger du pho dès 6h du matin.

EXPLOITATION D'ORCHIDÉES

De nombreuses exploitations d'orchidées (Vuon Cay Kieng) émaillent la périphérie de Ho Chi Minh-Ville, surtout concentrées dans le district de Thu Duc. A la ferme Artex de Ho Chi Minh-Ville, la plus vaste, les orchidées côtoient quelque 50 000 plantes de 1 000 variétés différentes. On vous invitera à venir vous détendre dans ce somptueux jardin.

Artex fonctionne depuis 1970 et fait évidemment commerce d'orchidées, mais c'est de l'exportation de ses plants qu'elle tire le plus gros de ses bénéfices. Comme ils mettent six ans à pousser, ils coûtent très cher. Outre les variétés importées de l'étranger, l'exploitation possède une belle série d'orchidées d'origine vietnamienne. Demandez à voir la cattleya jaune vif nommée Richard Nixon ; une autre porte le nom de Joseph Staline. Les jardins connaissent leur apothéose juste avant le Têt, à l'époque où la demande de fleurs et de plantes de toutes sortes est la plus forte. Mais au lendemain des festivités, l'endroit ressemble à un désert.

Artex se trouve à 15 km de Ho Chi Minh-Ville, district de Thu Duc, une banlieue campagnarde sur la route de Bien Hoa. L'adresse officielle est 5/81 Xa Lo Vong Dai. L'autoroute est plus connue sous le nom de Xa Lo Dai Han, ou autoroute coréenne, parce que construite par les Coréens pendant la guerre. Au kilomètre 14, vous verrez un poste de police de deux étages. Tournez à gauche (en venant de Ho Chi Minh-Ville), continuez sur 300 m, puis tournez de nouveau à gauche.

VILLAGE TOURISTIQUE DE BINH QUOI

Édifié sur une petite presqu'île du Saigon, ce village (Lang Du Lich Binh Quoi ; ☎ 899 1831) est un véritable piège à touristes géré par Saigon Tourist. Rares y sont les voyageurs à petit budget, contrairement aux touristes plus fortunés, qui s'y rendent par bus entiers, et aux Vietnamiens désireux d'échapper à la ville.

Ce "village" est en fait un parc offrant promenades en barque, spectacles de marionnettes aquatiques, restaurant, piscine, courts de tennis, terrain de camping, pension de famille et attractions pour enfants. Il offre son cadre à des mariages de minorités ethniques, sur fond musical. Des alligators dans leur enclos attendent peut-être que la direction organise des combats de sauriens… Il est toutefois agréable d'effectuer une promenade en bateau : on monte à 16 dans les petits, à 100 dans les grands.

A proximité du théâtre de marionnettes aquatiques, un panneau rédigé en anglais incite à s'inscrire aux festivités nocturnes :

Saigon Tourist vous propose le spectacle "Soirées magiques" : croisière au coucher du soleil, spectacle traditionnel, dîner sous les étoiles. Tous les jours : croisière et dîner-spectacle à 20 $US (de 17h30 à 21h) ; spectacle culturel seul à 5 $US (de 19h à 20h).

Les **Binh Quoi Bungalows** (☎ 899 1831/899 4103) sont sans doute la meilleure adresse locale. Construits sur pilotis sur le fleuve, ces bungalows vous donnent un aperçu de la vie traditionnelle dans le delta du Mékong. Les prix moyens s'échelonnent de 11 à 18 $US. La chambre 44 coûte 23 $US mais offre les plus belles vues du fleuve. L'établissement est équipé de courts de tennis, et la clim. est proposée dans les chambres.

Le village touristique de Binh Quoi s'étend à 8 km au nord du centre de Ho Chi Minh-Ville, dans le district de Binh Thanh. L'adresse officielle est : 1147 Ð Xo Viet Nghe Tinh. Vous pouvez vous y rendre en cyclo, en moto ou en taxi. L'autre solution, beaucoup moins rapide, consiste à louer un bateau aux abords du fleuve Saigon, place Me Linh.

PARC AQUATIQUE

Le parc de Ho Chi Minh-Ville (☎ 897 0456), ouvert récemment, est une oasis géante. Installé sur les rives du fleuve Saigon en banlieue, ce complexe rafraîchissant est constitué d'une multitude d'attractions : toboggans looping, bassin pour les petits et même une piscine à vagues.

Construit par des Australiens, ce parc est l'antithèse de la plupart des parcs d'attractions vietnamiens. On peut y venir pour faire une pause entre les visites de pagodes et de musées. Hormis les foules du week-end, rien n'est vietnamien dans le parc.

Pour ceux qui restent longtemps en ville, cette étape aquatique peut-être un moment agréable avec des enfants lors d'une journée particulièrement chaude. L'appareil photo waterproof ne sera pas superflu. Le restaurant offre de jolies vues sur le fleuve.

Le parc est ouvert de 11h à 19h du lundi au samedi et de 8h à 20h le dimanche et les jours fériés. Pour fuir l'affluence, il faut se rendre au parc entre 11h et 14h en semaine

(la plupart des Vietnamiens évitent le soleil de midi).

Pour 4,60 $US, vous accéderez à toutes les attractions. Pour les personnes de moins de 1,10 m, le prix est de 3,85 $US. Le parc est situé Ð Kha Van Can, dans le district de Thu Duc (près du pont Go Dua). Il est trop loin pour les cyclos, mais vous pouvez prendre un taxi à compteur pour environ 4 $US ou, mieux encore, prendre une des vedettes du parc (1,50 $US) qui partent de l'embarcadère Bach Dang, dans le centre à 8h30, 10h et 11h30 et retournent à 10h, 11h30, 14h30, 16h et 17h30.

ACTIVITÉS SPORTIVES
Natation

Outre celles du parc aquatique, il existe des superbes piscines dans les hôtels huppés. Vous n'avez pas besoin de séjourner à l'hôtel pour y avoir accès, mais vous devrez vous acquitter d'un droit d'entrée de 5 à 10 $US par jour. Parmi ces hôtels, citons l'Embassy (ce n'est pas le meilleur), l'Omni, l'Equatorial, le Metropole, le Palace et le Rex. Le seul grand hôtel à ne pas autoriser l'accès de sa piscine au public est sans doute le New World.

Les piscines publiques sont généralement fréquentées par les Vietnamiens, et certaines des plus récentes sont en excellent état. Le paiement se fait à l'heure, ce qui est très bon marché si l'on ne reste pas longtemps. Mentionnons la piscine olympique Lam Son (☎ 358028), 342 Ð Tran Binh Trong, district 5 : elle coûte environ 0,50 $US l'heure en semaine, et jusqu'à 1 $US le week-end. Pour 1,50 $US l'heure, vous pouvez aller à la piscine du Workers' Club, 55B Ð Nguyen Thi Minh Khai, district 3.

L'International Club (☎ 865 7695), 285B Ð Cach Mang Thang Tam, district 10, dispose d'une superbe piscine découverte ainsi que d'un sauna, de hammams, d'une salle de gymnastique et d'un salon de beauté. L'intérieur de l'établissement ressemble à un vieil hôtel et il est très apprécié des expatriés et attire bon nombre d'hommes d'affaires asiatiques venus se détendre. Du lundi au vendredi, l'accès coûte 1,50 $US (2,25 $US le week-end). Il existe également un service de massages. Pour 9 $US vous en profiterez pendant 45 minutes, et vous aurez accès à toutes les prestations du club pendant une journée. Le règlement affiché dans les salles indique que tous les masseurs, hommes ou femmes, doivent porter leurs sous-vêtements constamment !

Ski nautique

Le fleuve Saigon est extrêmement trouble, et Dieu sait quelles maladies contagieuses vous risquez de contracter en barbotant dans ce bouillon de culture. On voit cependant parfois d'intrépides (ou inconscients) étrangers louer un bateau à moteur chez Saigon Tourist et remonter en amont à Bien Hoa, où l'eau n'est que marron et non noire. Il est plutôt conseillé de descendre jusqu'au Mékong, mais on ne peut pas faire l'aller-retour dans la journée.

Bowling

Le Saigon Superbowl (☎ 885 0188 ; fax 845 8119) est situé à côté de l'aéroport, A43 Ð Truong Son, district de Tan Binh. Malgré ses 32 pistes, en période d'affluence vous risquez d'avoir 2 heures d'attente. Vous pouvez passer le temps dans la galerie de jeux vidéo attenante. Le bowling coûte 3 $US, mais passe à 4 $US après 17h. La location de chaussures coûte 0,50 $US.

Le Bowling Centre (Trung Tam Boling ; ☎ 8643784) est dans l'International Club, 285B Ð Cach Mang Thang Tam, district 10. Il comprend 12 pistes et 65 machines de jeux vidéo. Ouvert tous les jours de 10h à 24h.

Golf

Le Vietnam Golf & Country Club est une autre "vache à lait" proposée par Saigon Tourist. En fait, il est en joint-venture avec une société taiwanaise. Ce fut le premier terrain du Vietnam à être ouvert de nuit, sous les feux des projecteurs. Ce club (Cau Lac Bo Golf Quoc Te Viet Nam ; ☎ 832 2084 ; fax 832 2083) se situe 40-42 Ð Nguyen Trai, district de Thu Duc (parc Lam Vien), à 15 km environ à l'est du centre de Ho Chi Minh-Ville. L'adhésion s'échelonne entre 5 000 et 60 000 $US,

mais les visiteurs payants sont les bienvenus. Cela est valable si vous utilisez le practice à 10 $US, en sachant que le parcours complet s'élève à 50 $US. Parmi les autres installations de ce site, vous trouverez des courts de tennis ainsi qu'une piscine.

Le Song Be Golf Resort est un club sélect cofinancé par Singapour et le Vietnam, à 20 km au nord de Ho Chi Minh-Ville. Malheureusement, il est réservé aux membres et à leurs invités. La carte de membre coûte de 7 000 à 75 000 $US. Les bungalows ne sont pas à vendre, mais peuvent se louer pendant 50 ans. Pour de plus amples informations, téléphonez au club (☎ 855800 ; fax 855516) dans la province de Song Be ou rendez-vous au bureau (☎ 823 1218 ; fax 823 1215), 254B Ð Nguyen Dinh Chieu, district 3.

Le Rach Chiec Driving Range (☎ 896 0756) est un excellent endroit pour améliorer votre swing. La carte de membre d'un mois coûte 70 $US, et le prix diminue selon l'ancienneté de votre adhésion. On peut louer des clubs (4 à 6 $US) ainsi que des chaussures (6 $US) et faire appel à un professeur pour 12 $US l'heure. Le club est ouvert tous les jours de 6h à 22h et se situe au village d'An Phu, à 20 minutes en voiture du centre de Ho Chi Minh-Ville, en prenant la nationale 1 vers le nord.

Enfin, un club de golf est en cours de construction dans le parc Gia Dinh (Cong Vien Gia Dinh) au nord du district de Phu Nhuan, non loin de l'aéroport Tan Son Nhat. Quand il sera terminé, ce sera sans doute le club le plus proche du centre-ville.

COURS DE LANGUES

La plupart des étudiants étrangers s'inscrivent à l'Université générale de Ho Chi Minh-Ville (Truong Dai Hoc Tong Hop), 12 rue Binh Hoang, district 5, non loin de l'angle sud-ouest du croisement de ÐL Nguyen Van Cu et ÐL Tran Phu.

CIRCUITS ORGANISÉS

Ho Chi Minh-Ville ne propose pas un grand nombre de circuits en ville. Néanmoins, Saigon Tourist peut s'en charger moyennant une rétribution conséquente.

QUARTIER DE PHAM NGU LAO

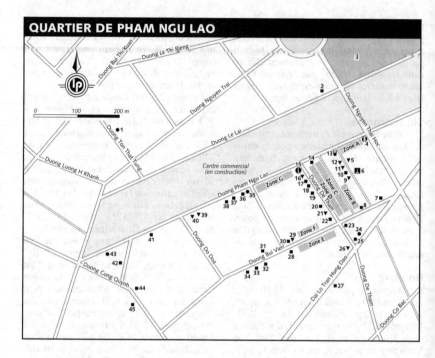

En revanche, on trouve quantité de circuits à destination des zones périphériques de Cu Chi, Tay Ninh et du delta du Mékong. Certains prennent la journée, d'autres comprennent une nuit sur place. Les cafés et les agences de voyages du quartier de Pham Ngu Lao proposent de loin les moins chers (voir la rubrique *Agence de voyages* dans ce même chapitre)

OÙ SE LOGER – PETITS BUDGETS

Différentes catégories de voyageurs ont marqué leur territoire. Les petits budgets se regroupent plutôt autour de Đ Pham Ngu Lao, à l'extrême ouest du district 1. Les voyageurs ayant davantage de moyens préfèrent les hôtels plus recherchés concentrés autour de la Đ Dong Khoi, à l'est du district 1. Les Français privilégient plutôt le district 3. Cholon attire quantité de Hong-kongais et de Taiwanais, mais, malgré les possibilités de logement bon marché, les Occidentaux voyageant sac à dos y sont rares.

L'aéroport est truffé de rabatteurs qui travaillent pour le compte d'hôtels privés. Les chauffeurs de taxi vous glisseront souvent dans la main des cartes de visite d'hôtels. Il y a de très fortes chances pour que cela vous coûte plus cher qu'ailleurs : s'ils ne touchaient pas une rondelette commission, les taxis ne se donneraient pas le mal de vous les conseiller.

Si vous ne savez pas où loger et que vous avez un budget limité, prenez plutôt un taxi jusqu'au quartier de Pham Ngu Lao et continuez à pied. Pour ne pas vous encombrer de vos sacs (qui font de vous la cible idéale pour les cyclo-pousse et les gamins cherchant à vous amener à un hôtel "super"), déposez-les à un café pour voyageurs. Ils seront sous bonne garde, et vous

QUARTIER DE PHAM NGU LAO

OÙ SE LOGER
2 Palace Saigon Hotel
3 New World Hotel et
   Hongkong Bank
7 Hong Kong Mini-Hotel
8 Vuong Hoa Guesthouse
10 Hotel Linh Linh
14 Liberty 3 Hotel
17 Le Le 2 Hotel
18 Hotel 265
19 Anh Dao Guesthouse
20 Thanh Ngi Guesthouse
22 Thanh Thanh Guesthouse
23 Quyen Thanh Hotel
25 A Hotel
27 Windsor Saigon Hotel
28 Minh Chau Guesthouse
30 96 Guesthouse
31 Hop Thanh Guesthouse
32 Kim's Guesthouse
33 Guesthouse 97
34 Tuan Anh Guesthouse
36 Liberty 4 Hotel
37 Hotel 269
38 Vien Dong Hotel
   et Cheers Nightclub
41 Tan Kim Long Hotel
42 My Man Mini-Hotel
44 Tuan Anh Hotel
45 Guesthouse 127

OÙ SE RESTAURER
5 Margherita Restaurant
9 Restaurant végétarien Zen
11 Restaurant végétarien
   Bodhi Tree
12 Restaurant végétarien Nhu Lien
16 Saigon Cafe
21 Cafe 333
26 Sandwich Box (Cafe Van)
29 Restaurant de nouilles Pho Bo
39 Kim's Cafe & Bar
40 Linh Cafe

DIVERS
1 Ann Tours
4 Sacombank
6 Temple Chua An Lac
13 Bar Rolling Stones
15 Fiditourist
24 Cinéma Cong Nhan
35 Librairie Anh Khoa
43 Marché Thai Binh

ZONE A (de droite à gauche)
Nguyen Chat (Bar)
Long Phi Bar
Ben Thanh Tourist/Buffalo Tours
Backpacker Bar
Le Le Hotel
Giant Dragon Hotel

ZONE B (de haut en bas)
Giang Mini-Hotel
40/18 Guesthouse
Hung Mini-Hotel
Titi Mini-Hotel
Linh Mini-Hotel
Hotel Thanh

ZONE C (de haut en bas)
Dung Hotel
Bao Long Mini-Hotel
Mini-Hotel Xinh
Bee Saigon
Viet Thai Restaurant
Bi Saigon
Hong Hoa Guesthouse
Mini-Hotel Cam
Mini-Hotel Huong
Ngu Lan Guesthouse
Mini-Hotel Hau
Quang Guesthouse
Mi Mi Guesthouse

ZONE D (de haut en bas)
Cafe 2

Peace Hotel
Kim Cafe et bureau
   des réservations
Hoang Anh Mini-Hotel
Ngoc Dang Mini-Hotel
Lan Anh Hotel
Sinh Cafe et bureau
   des réservations
Sasa Cafe
Restaurant indien Shanti
Ngoc Dung Hotel
Lucky Cafeteria
Restaurant Cappuccino

ZONE E (de droite à gauche)
Phuong Hoang Mini-Hotel
Hong Quyen Hotel
Vu Chau Hotel
41 Guesthouse
Hotel Hong Loi
Thanh Guesthouse

ZONE F (de droite à gauche)
Minh Phuc Guesthouse
Phuong Lan Guesthouse
Linh Thu Guesthouse
Huy Doc Hotel
Hai Ha Mini-Hotel
Van Trang Hotel
Hai Duong Hotel

ZONE G (de droite à gauche)
Lotus Cafe
Thanh Thanh 2 Hotel
Guns & Roses Bar
Hotel 211
Nam Duong Travel Agency
Ocean Hotel
Roxy Music Bar
Photo Ngu
Hanh Hoa Hotel
Cafe Trang

devriez trouver un hôtel assez rapidement. Autre option, si vous voulez éviter le jeu pénible des commissions, réservez à l'avance par fax.

Autre avantage, les hôtels viendront vous chercher à l'aéroport, et vous ne serez pas harcelé. L'inconvénient est que vous ne pouvez pas négocier les tarifs.

District 1

Ð Pham Ngu Lao, Ð De Tham et Ð Bui Vien forment un demi-rectangle qui est le paradis des voyageurs à petit budget. Ces rues et leurs venelles adjacentes, que l'on appelle le quartier de Pham Ngu Lao, abritent bon nombre d'hébergements et de cafés bon marché. Au dernier recensement, il existait plus de 100 adresses. Malheureusement, la partie nord de la Đ Pham Ngu Lao fait l'objet d'un grand programme immobilier destiné à l'intégrer à l'énorme centre commercial de Ho Chi Minh-Ville. Pendant quelques années des travaux devraient rendre l'endroit poussiéreux et bruyant.

Parmi les moins chers, le *Liberty 3 Hotel* (☎ 836 9522 ; fax 836 4557, 187 Đ Pham Ngu Lao) est un énorme établissement public, au coin de Đ De Tham, un peu délabré, qui aurait besoin d'être rénové. Les simples/doubles coûtent 5/6,50 $US et les doubles avec ventil. entre 12 et 16 $US.

Adresse appréciée des voyageurs, l'agréable et accueillant *Hotel 211* (☎ 836 7353 ; fax 836 1883, 211 Đ Pham Ngu Lao) loue des lits en dortoir pour 3 $US, des simples/doubles pour 7/8 $US avec ventil. ou 10/12 $US avec clim. Toutes les chambres disposent d'une s.d.b. avec eau chaude. Le premier établissement du quartier à proposer des dortoirs fut le *Thanh Thanh 2 Hotel* (☎ 886 1751 ; fax 836 7027, <hthanhhotel@hotmail.com>, 205 Đ Pham Ngu Lao). Les lits en dortoir démarrent à 3 $US, et les chambres sont louées entre 5 et 10 $US.

Autre endroit propre et accueillant, l'*Ocean Hotel* (Khach San Dai Duong, ☎ 836 8231, 217 Đ Pham Ngu Lao) demande 8 $US pour une chambre avec ventil. et 12/15 $US avec clim. Un peu plus haut, le populaire *Hotel 269* (☎ 836 7345 ; fax 836 8171, 269 Đ Pham Ngu Lao) offre un standing et des tarifs identiques.

Le *Quyen Thanh Hotel* (☎ 836 8570 ; fax 836 9946, 212 Đ De Tham) est bien coté. Le prix des chambres avec clim. commence à 15 $US, et les grandes chambres bien équipées reviennent à 20 $US. Vous trouverez une excellente boutique de souvenirs au rez-de-chaussée.

Autre endroit vivement recommandé, l'*Hotel 265* (☎ 836 1883, 265 Đ De Tham) dispose de lits en dortoir pour 3 $US et de simples/doubles avec clim. à 10/12 $US. Juste à côté, le *Le Le 2* (☎ 836 8585 ; fax 836 8787) est également une bonne option. On y dort dans des chambres avec

clim. pour 8 à 15 $US. Il en va de même pour le *Peace Hotel* (☎ 836 8824, 272 Đ De Tham), en face.

Le *Lan Anh Hotel* (☎ 836 5197 ; fax 836 5196, 252 Đ De Tham) se révèle un établissement agréable. Les prix des chambres oscillent entre 7 et 18 $US.

L'aimable propriétaire de l'*Anh Dao Guesthouse* (☎ 836 7351, 235 Đ De Tham) possède des simples rudimentaires à 4 et 5 $US avec ventil. et des doubles entre 6 et 8 $US. Ajoutez quelques dollars pour la clim. La *Thanh Ngi Guesthouse* (☎ 836 7917, 207 Đ De Tham), la *Thanh Thanh Guesthouse* (☎ 836 8813, 191-193 Đ De Tham) et le *Hoang Anh Mini-Hotel* (☎ 836 7815, 266 Đ De Tham) pratiquent des tarifs identiques.

Au *Ngoc Dang Mini-Hotel* (☎ 836 9419, 254 Đ De Tham), les chambres avec ventil. sont à 7 ou 10 $US, celles avec clim. à 11 ou 18 $US.

A l'angle de la rue De Tham, le *A Hotel* (☎ 836 8566 ; fax 836 0442, 34 ĐL Tran Hung Dao) serait un endroit agréable s'il n'y avait les bruits du boulevard. Il reste cependant sympathique et bon marché. On y dort pour 3 $US en dortoir et pour 7/8 $US dans une simple/double avec ventil.

Le *My Man Mini-Hotel* (☎ 839 6544, 373/20 Đ Pham Ngu Lao) est un bon établissement niché au fond d'une ruelle, juste derrière le marché Thai Binh. Les chambres avec ventil. valent entre 10 et 14 $US, celles avec clim. entre 14 et 18 $US.

Non loin, la *Guesthouse 127* (☎ 836 8761 ; fax 836 0658, 127 Đ Cong Quynh) de Mme Cuc est appréciée pour son accueil chaleureux. Les chambres sont louées entre 7 et 20 $US. Presque en face, au n°168, le *Tuan Anh Hotel* (☎ 835 6989) demande 25 $US par chambre.

A un pâté de maisons au nord-ouest du marché Thai Binh, au *Hoang Yen Mini-Hotel* (☎ 839 1348 ; fax 829 8540, 83A Đ Bui Thi Xuan), le propriétaire parle français. Les simples/doubles se monnayent 16/21 $US, petit déjeuner compris.

A 100 m au sud de Pham Ngu Lao, rue Bui Vien, les pensions et les mini-hôtels se multiplient. Les prix s'échelonnent entre 6 et 12 $US.

Nous avons apprécié la *Guesthouse 64* (☎ *836 5073 ; fax 836 0658, 64 Ð Bui Vien)*. D'autres pensions de Bui Vien arborent leur adresse dans l'enseigne, notamment la *41 Guesthouse (☎ 836 5228)*, la *96 Guesthouse (☎ 836 0764)* et la *Guesthouse 97 (☎ 836 8801 ; fax 836 4899)*.

Parmi les établissements plus vastes de Bui Vien, citons le *Hai Duong Hotel* (☎ *836 9080 ; fax 836 9022)*, au n°82, le *Hong Kong Mini-Hotel (☎ 836 4904)*, au n°22, et le *Hong Quyen Hotel (☎/fax 836 8829)*, au n°31.

Des hôtels de taille moyenne méritent également d'être mentionnés : l'*Hotel Hong Loi (☎ 836 8076, 47 Ð Bui Vien)*, le *Van Trang Hotel (☎ 836 8969 ; fax 836 4230, 80 Ð Bui Bien)*, la *Tuan Anh Guesthouse (☎ 836 0166 ; fax 836 0427, 103 Ð Bui Vien)* et le *Vu Chau Hotel (☎ 836 8464, 37 Ð Bui Vien)*.

Enfin, parmi les petites pensions de Bui Vien, citons *Hop Thanh Guesthouse* (☎ *836 7108, 112 Ð Bui Vien)*, *Linh Thu Guesthouse (☎ 836 8421, 72 Ð Bui Vien)*, *Minh Phuc Guesthouse (☎ 836 0537, 58 Ð Bui Vien)*, *Phuong Lan Guesthouse (☎ 836 9569, 70 Ð Bui Vien)*, *Thanh Guesthouse (☎ 836 9222, 53 Ð Bui Vien)* et *Vuong Hoa Guesthouse (☎ 836 9491, 36 Ð Bui Vien)*.

Le *Hai Ha Mini-Hotel (☎ 836 5565 ; fax 836 7256)*, au n°78, le *Phuong Hoang Mini-Hotel (☎/fax 836 8631)*, au n°25, et le *Huy Doc Hotel (☎ 837 0538 ; fax 836 9591)*, au n°74, disposent de la TV par satellite. La *Ming Chau Guesthouse (☎/fax 836 7588, <minhchauhotel@hcm.vnn.vn>, 75 Ð Bui Vien)* propose des services de courrier électronique.

Beaucoup de voyageurs ont eu à se plaindre de la *Huy Hoang Guesthouse (18 Ð Bui Vien)* : la femme qui gère cet endroit semble avoir des relations conflictuelles avec sa clientèle.

La plus grande concentration de logements est située dans l'allée des mini-hôtels, entourée des rues Bui Vien et Pham Ngu Lao. Ces établissements se ressem-blent tous et sont pour la plupart des affaires familiales. Les tarifs oscillent entre 6 et 10 $US pour les chambres avec ventil. et entre 12 et 18 $US pour les chambres avec clim., plus spacieuses (quelques-unes disposent d'un balcon).

Nous recommandons le *Mini-Hotel Cam* (☎ *836 7622, 40/31 Ð Bui Vien)* pour sa propreté et sa sûreté.

Les voyageurs apprécient également le *Bi Saigon* et le *Bee Saigon (☎ 836 0678 ; fax 836 7947)*, un peu plus haut de gamme. Ces deux mini-hôtels se situent 185/26 Ð Pham Ngu Lao.

C'est le cas aussi du *Hung Mini-Hotel* (☎ *836 7438, 40/14 Ð Bui Vien)* et de la *40/18 Guesthouse (☎/fax 836 7495, 40/18 Ð Bui Vien)*. Vous pouvez demander par fax qu'on vienne vous chercher à l'aéroport.

Le *Giang Mini-Hotel (☎ 836 7495, 40/26 Ð Bui Vien)* et la *Hong Hoa Guesthouse (☎ 836 1915, <honghoa@DL vn.vnd.net>, 182/28 Ð Pham Ngu Lao)* offrent des services de courrier électronique et la TV par satellite pour le dernier.

Situés dans la moitié de l'allée dépendant de la Ð Pham Ngu Lao, on trouve le *Bao Long Mini-Hotel (☎ 836 9667, 185/8 Ð Pham Ngu Lao)*, le *Dung Hotel (☎ 836 7049, 185/6 Ð Pham Ngu Lao)*, l'*Hotel Linh Linh (☎/fax 836 1851, 175/14 Ð Pham Ngu Lao)* et le *Mini-Hotel Xinh* (☎ *836 7339, 185/14 Ð Pham Ngu Lao)*.

Dans la moitié rattachée à la Ð Bui Vien, se trouve l'*Hotel Thanh (☎ 836 1924, 40/6 Ð Bui Vien)*, le *Linh Mini-Hotel (☎/fax 836 9641, 40/10 Ð Bui Vien)*, la *Mi Mi Guesthouse (☎ 836 9645, 40/5 Ð Bui Vien)* et le *Mini-Hotel Hau (☎ 836 9536, 40/9 Ð Bui Vien)*. Si ces établissements affichent complet, essayez le *Titi Mini-Hotel* (☎ *836 0156, 40/12 Ð Bui Vien)*, la *Quang Guesthouse (☎ 836 9079, 40/7 Ð Bui Vien)*, le *Mini-Hotel Huong (☎ 836 9158, 40/19 Ð Bui Vien)* ou la *Ngu Lan Guesthouse (☎ 836 0566, 40/11 Bui Vien)*.

Autre option, plus calme, à 10 minutes à pied du quartier de Pham Ngu Lao, une série de jolies pensions s'étend dans une ruelle reliant Ð Co Giang et Ð Co Bac (voir la carte *Le centre de Ho Chi Minh-Ville*). La ruelle est assez proche des quartier animés mais pas suffisamment pour que vous soyez harcelé dès que vous sortez.

Le premier établissement de la ruelle et sans doute le meilleur est ***Miss Loi's Guesthouse*** *(☎ 835 2973, 178/20 Đ Co Giang)*. Une chambre avec ventil. coûte entre 8 et 10 $US. Comptez entre 12 et 15 $US pour la clim. Miss Loi vous offre le petit déjeuner gratuit et dispose même de son propre salon de beauté. Petit à petit, les voisins de Miss Loi se lancent à leur tour dans l'hôtellerie, et le quartier semble donc destiné à devenir un paradis pour voyageurs à petit budget. Pour parvenir chez Miss Loi, prenez la Đ Co Bac vers le sud-est et tournez à gauche quand vous aurez dépassé les boutiques de *nuoc mam* (sauce de poisson).

Les voyageurs ont apprécié les chambres et le service du ***Lan Lan Hotel*** *(☎ 886 4811, 42 Đ Bui Thi Xuan)*, un nouvel établissement qui propose ses chambres 20 $US, petit déjeuner compris.

Autre option, le ***Hanoi Hotel*** *(☎ 845 2168 ; fax 845 9209, 3 Đ Trinh Van Can)* demande 30 $US pour une chambre qui contient deux téléphones, dont un dans la s.d.b. !

D'autres établissements sont installés dans les rues partant du rond-point surmonté d'une statue de cavalier, près du New World Hotel. Citons notamment l'***Oriole Hotel*** *(☎ 832 3494 ; fax 839 5919, 74 Đ Le Thi Rieng)*, un mini-hôtel chaleureux avec de spacieuses chambres dotées de la clim. pour 15 à 25 $US.

Le ***Khach San Dien Luc*** *(☎ 822 9058 ; fax 822 9385, 5/11 Đ Nguyen Sieu)* est probablement l'un des meilleurs établissements du centre-ville. Propriété de la compagnie d'électricité locale, il ressemble à un hôpital neuf et se révèle tout aussi propre. Vous débourserez entre 16 et 24 $US pour une chambre équipée d'un téléphone permettant d'appeler automatiquement l'international, et d'une TV par satellite.

Le ***Tao Dan Hotel*** *(☎ 823 0299, 35A Đ Nguyen Trung Truc)* est installé derrière le

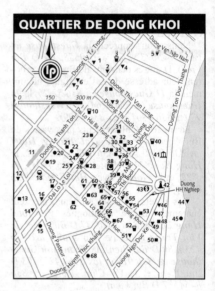

QUARTIER DE DONG KHOI

somptueux Embassy Hotel. La plupart de ses clients ressemblent à des voyageurs de commerce à budget restreint. Les prix vont de 20 à 25 $US avec la clim.

Le ***Grand Hotel*** *(☎ 823 0163 ; fax 823 5871, 12 Đ Ngo Duc Ke)* porte bien son nom. Cet endroit charmant, à l'angle de la Đ Dong Khoi, s'appelait auparavant le Dong Khoi. Récemment rénové, il possède des suites spacieuses avec une hauteur de plafond de plus de 4,5 m, aux fenêtres à la française. Comptez de 45 à 150 $US la chambre.

L'***Hotel 69*** *(☎ 829 1513 ; fax 829 6604, 69 ĐL Hai Ba Trung)* est un mini-hôtel accueillant, en centre-ville. Les chambres sont assez rudimentaires mais pas trop chères. Les simples/doubles débutent à 19/25 $US.

Cholon (district 5)

Le ***Phuong Hoang Hotel*** *(☎ 855 1888 ; fax 855 2228, 411 ĐL Tran Hung Dao)* est un bâtiment de 8 étages, également connu sous le nom de *Phoenix Hotel*, en plein

QUARTIER DE DONG KHOI

OÙ SE LOGER		
8	Orchid Hotel	
13	Norfolk Hotel	
17	Rex Hotel	
21	Asian Hotel	
23	Park Hyatt Hotel	
	(en construction)	
24	Continental Hotel	
28	Delta Caravelle Hotel	
29	Hotel 69	
31	Khach San Dien Luc	
32	Nam Phuong Hotel	
33	Fimex Hotel	
34	Chuson Hotel	
35	Bong Sen Annexe	
39	Saigon Hotel	
	et Cafe Latin	
48	Riverside Hotel	
50	Majestic Hotel	
	et Maxim's Dinner Theatre	
53	Dong Khoi Hotel	
59	Bong Sen Hotel	
	et Mondial Hotel	
62	Kim Do Hotel	
63	Oscar Saigon Hotel	
	et Starlight Nightclub	
4	Palace Hotel	
67	Saigon Prince Hotel	

OÙ SE RESTAURER
1 Sapa Restaurant & Bar
2 Indian Heritage
et Xuan Huong Hotel
4 Restaurant indien Ashoka
5 Mandarine Restaurant
6 Bo Tung Xeo Restaurant
7 Blue Gecko Bar et restaurant
9 Mogambo's Cafe
12 Rex Garden Restaurant
14 Kem Bach Dang
16 Kem Bach Dang
25 Givral Restaurant
30 Kem Bach Dang
36 Cantine indienne
44 Restaurants flottants
46 La Fourchette
47 Restaurants 19 et 13
49 Paris Deli
51 Santa Lucia Restaurant
54 Paloma Cafe
56 Gartenstadt
57 Liberty Restaurant
58 Liberty Restaurant
60 Brodard Cafe
61 Lemon Grass et Augustin
65 Vietnam House
66 Ciao Cafe

DIVERS
3 Tex Mex Cantina
10 Gecko Bar
11 Comité populaire
(Hôtel de Ville)
15 Saigon Centre
et Java Cafe
18 Garage des bus Phnom Penh
19 Vietnam Airlines
20 Saigon Tourist
22 Galerie Tu Do
26 Q Bar
27 Théâtre municipal
37 Hien & Bob's Place
et Wild West
38 Mosquée centrale
40 Apocalypse Now
41 Musée Ton Duc Thang
et le Landmark
42 Place Me Linh
et statue de Tran Hung Dao
43 ANZ Bank
45 Location de petits bateaux
52 Montana Cafe
55 Librairie Tiem Sach
68 Marché de rue
Huynh Thuc Khang

centre de Cholon. Les chambres avec ventil./clim. coûtent 13/23 \$US.

Le **Song Kim Hotel** (☎ 855 9773, 84-86 Đ Chau Van Liem) est un endroit peu reluisant, voire louche, où les doubles sont louées 8 \$US avec ventil. et 11 \$US avec clim. Pour à peine plus cher, vous pourrez vous offrir mieux.

Autre lieu vraiment bon marché, un peu plus haut dans la rue, le **Truong Thanh Hotel** (☎ 855 6044, 111-117 Đ Chau Van Liem) demande de 8 à 10 \$US pour une chambre avec ventil. et 16 \$US avec clim.

Un demi-pâté de maisons plus loin, le **Thu Do Hotel** (☎ 855 9102, 125 Đ Chau Van Liem) est aussi lugubre que le précédent mais vous ne paierez que 9 \$US.

Le **Tan Da Hotel** (☎ 855 5711, 17-19 Đ Tan Da) est voisin du très chic Hôtel Arc En Ciel, mais l'endroit est plus laid et de sur-

croît peu accueillant. Les chambres avec ventil./clim. s'élèvent à 12/20 \$US.

Le **Bat Da Hotel II** (☎ 855 5902, 41 Đ Ngo Quyen) est le parent pauvre de son coûteux voisin, le Bat Da Hotel. Ici les doubles se louent entre 15 et 23 \$US.

OÙ SE LOGER – CATÉGORIE MOYENNE ET SUPÉRIEURE
District 1

Le district 1 abrite de nombreux établissements légèrement haut de gamme, qui accueillent à la fois des voyageurs à petit budget souhaitant dépenser un peu plus pour une jolie chambre et des touristes plus fortunés voulant séjourner dans le quartier le plus animé, sans sacrifier le critère de confort.

Le séduisant **Hanh Hoa Hotel** (☎ 836 0245 ; fax 836 1482, 237 Đ Pham Ngu Lao)

HO CHI MINH VILLE

affiche des tarifs s'échelonnant de 20 à 35 $US, raisonnables pour le standing proposé. C'est l'un des rares établissements équipé de la TV par satellite.

Autre endroit soigné, le *Le Le Hotel* (☎ *836 8686 ; fax 836 8787, 171 Đ Pham Ngu Lao*) dispose d'un ascenseur et de la TV par satellite. On y dort pour 15 à 50 $US.

Le *Giant Dragon Hotel* (☎ *836 4759 ; fax 836 7279, 173 Đ Pham Ngu Lao*) possède de superbes chambres avec TV par satellite, facturées de 30 à 70 $US.

Le *Rang Dong Hotel* (☎ *832 2106 ; fax 839 3318, 81-83 Đ Cach Mang Thang Tam*) est un grand établissement agréable et très abordable, compte tenu du standing. Vous débourserez entre 26 et 65 $US. Non loin, le *Saigon Royal Hotel* (*Khach San Hoang Gia,* ☎ *829 4846 ; fax 822 5346, 12D Đ Cach Mang Thang Tam*) se révèle également très accueillant et affiche des prix encore moins chers, entre 15 et 43 $US.

Le *Liberty 4 Hotel* (☎ *836 5822 ; fax 836 5435, 265 Đ Pham Ngu Lao*) offre de superbes vues de son restaurant, au neuvième étage. Les chambres sont agréables mais un peu trop chères pour le standing : comptez entre 45 et 150 $US.

Établissement trois-étoiles, le *Vien Dong Hotel* (☎ *836 8941 ; fax 836 8812, 275A Đ Pham Ngu Lao*) dispose de chambres bon marché à 30 $US ou de suites luxueuses à 70 $US, petit déjeuner, taxes et service compris. Rénové pour la troisième fois, il est aujourd'hui bien équipé, avec un restaurant sur le toit, un restaurant indien et un nightclub très populaire, le Cheers.

Dans le même quartier, le sympathique *Tan Kim Long Hotel* (☎ *836 8136 ; fax 836 8230, 365 Đ Pham Ngu Lao*), tout éclairé de néons, demande 15/20 $US pour une simple/double.

Le *Nam Phuong Hotel* (☎ *822 4446 ; fax 829 7459, 46 ĐL Hai Ba Trung*) loue de 35 à 45 $US des chambres propres. Les voyageurs fatigués seront contents d'y trouver un ascenseur (chose rare dans ces petits mini-hôtels).

Vers le sud, à quelques minutes à pieds du quartier des pensions bon marché et des cafés pour voyageurs, le raffiné *Windsor Saigon Hotel* (☎ *836 7848 ; fax 836 7889, 193 ĐL Tran Hung Dao*) est doté de tout le confort et possède même une grande limousine Cadillac blanche ! Le Four Season Restaurant, très à la mode, est fort apprécié, tout comme l'épicerie fine qui propose des pâtisseries, des vins fins, du fromage et de *vraies* saucisses. Les tarifs varient de 67 $US pour les studios à 105 $US pour les appartements.

Autre bon choix, le grand *Mercure Hotel* (☎ *824 2525 ; fax 824 2533, 79 ĐL Tran Hung Dao*), près du marché Ben Thanh, facture ses simples/doubles 95/115 $US et ses suites de 189 à 230 $US.

Plus près du centre, le *Saigon Hotel* (☎ *829 9734 ; fax 829 1466, 47 Đ Dong Du*) se situe en face de la mosquée centrale de Ho Chi Minh-Ville. Vous paierez entre 49 et 99 $US pour une double. Les chambres de luxe et les suites sont équipées de la TV par satellite.

Le *Kim Do Hotel* (☎ *822 5914 ; fax 822 5915, 133 ĐL Nguyen Hue*) est un établissement superbe de Saigon Tourist, où la chambre revient entre 90 et 320 $US. Il faut reconnaître que l'on en a pour son argent.

L'*Asian Hotel* (☎ *829 6979 ; fax 829 7433, 146-150 Đ Dong Khoi*) est un endroit moderne et agréable, renommé pour son restaurant. Les simples/doubles débutent à 55/68 $US.

Surnommé le "BS" par les voyageurs, le *Bong Sen Hotel* (☎ *829 1516 ; fax 829 8076, 117-123 Đ Dong Khoi*). On y dort dans une double avec clim. pour 28 à 180 $US. Ancien Hôtel Miramar, on l'appelle également le *Lotus Hotel*, traduction de son nom vietnamien.

Le nouveau *Bong Sen Annexe* (☎ *823 5818 ; fax 823 5816, 61-63 ĐL Hai Ba Trung*) est une option séduisante, fort apprécié des petits groupes en voyage organisé. Les simples/doubles bon marché valent 45/60 $US, les chambres avec vue sur la ville 55/70 $US, et les "suites juniors" 80/95 $US. Le restaurant du 8e étage est une bonne option.

Tout près, le récent **Fimex Hotel** (☎ *822 0082 ; fax 822 0085, 40-42 ĐL Ha Ba Trung)* est un joli mini-hôtel qui demande entre 25 et 38 $US pour une chambre, petit déjeuner, taxe et services inclus. En bas de la rue, le **Chuson Hotel** (☎ *823 1390 ; fax 822 1647, 22 ĐL Hai Ba Trung)* est un endroit où l'on dort pour 28 à 36 $US dans des chambres simples, pour 48 $US dans des chambres de luxe et pour 56 $US dans des suites. Les tarifs comprennent le petit déjeuner et la corbeille de fruits.

Le **Huong Sen Hotel** (☎ *829 1415 ; fax 829 0916, 66-70 Đ Dong Khoi)* compte un restaurant correct au 6e étage et impose un prix de 40 à 100 $US pour une double.

A proximité du palais de la Réunification, l'**Embassy Hotel** (☎ *823 1981 ; fax 823 1978, 35 Đ Nguyen Trung Truc)*, de dimension moyenne, propose un restaurant, un bar à karaoké, des concerts en soirée et la clim. Le prix des doubles varie entre 35 et 55 $US.

L'**Orchid Hotel** (☎ *823 1809 ; fax 829 2245, 29A Đ Don Dat)* est un endroit correct à l'angle de Đ Thai Van Lang, qui offre de nombreuses prestations parmi lesquelles un karaoke et un service 24/24h. Les simples/doubles se monnayent entre 35/45 et 60/70 $US.

L'un des établissements les plus huppés de la ville est sans aucun doute le vénérable **Continental Hotel** (☎ *829 9201 ; fax 824 1772, 132-134 Đ Dong Khoi)*, où s'est déroulé une grande partie de l'action de *Un Américain bien tranquille*, de Graham Greene. Sa terrasse, aujourd'hui fermée, était autrefois surnommée "le comptoir continental" et accueillait pendant la guerre les journalistes, qui s'y retrouvaient autour de quelques bières. Situé juste en face du Théâtre municipal, l'hôtel, qui date du début du siècle, a été mal rénové par Saigon Tourist. Prévoyez entre 99 et 185 $US pour une chambre, petit déjeuner compris.

L'atmosphère kitsch et feutrée du **Rex Hotel** (Khach San Ben Thanh, ☎ *829 6043 ; fax 829 6536, 141 ĐL Nguyen Hue)*, un autre grand classique, rappelle l'époque où il accueillait les officiers américains. Les doubles et les suites coûtent de 79 à 760 $US. Sont à disposition une boutique de souvenirs, un tailleur, un salon de beauté, des photocopieuses, un service de massage, des soins par acupuncture, une piscine au 6e étage, un excellent restaurant au 5e et un café au rez-de-chaussée. De la véranda du 5e, avec ses volières et ses bonsaïs taillés en forme d'animaux, la vue sur la ville est superbe.

Le très huppé **Delta Caravelle Hotel** (☎ *823 4999 ; fax 824 3999, 19 place Lam Son)* appartenait jadis au diocèse catholique de Saigon. Les chambres classiques oscillent entre 140 et 170 $US et les suites entre 200 et 900 $US. Le Hard Rock Cafe (le vrai) a élu domicile au 10e étage et ouvre de 16h à 24h.

Sur les rives du fleuve Saigon, le **Majestic Hotel** (Khach San Cuu Long, ☎ *829 5514 ; fax 829 5510, 1 Đ Dong Khoi)* a été entièrement rénové et se classe aujourd'hui parmi les hôtels les plus prestigieux de la ville. Comptez entre 130 et 575 $US, avec des remises possibles de 30 à 40%.

Le **Palace Hotel** (Khach San Huu Nghi, ☎ *822 2316 ; fax 824 4229, 56-64 ĐL Nguyen Hue)*, dont le nom vietnamien signifie "amitié", offre de superbes vues du restaurant du 14e étage et de la terrasse du 15e. Les chambres se louent entre 45 et 185 $US, petit déjeuner compris. L'établissement dispose d'un magasin d'aliments importés, d'une piste de danse, d'un bar (le Bamboo Bar) et d'une petite piscine au 16e étage.

Dans le même quartier, le **Saigon Prince Hotel** (☎ *822 2999 ; fax 824 1888, 63 ĐL Nguyen Hue)* compte de luxueuses et éblouissantes doubles entre 180 et 350 $US, avec une remise en général de 20%. Les expatriés affirment qu'il dispose du meilleur service de massage de la ville.

La grande tour du **New World Hotel** (☎ *822 8888 ; fax 823 0710, 76 Đ Le Lai)* abrite vraisemblablement l'un des établissements les plus luxueux de la ville. La clientèle est surtout composée de groupes de Chinois de Hong Kong et de Taiwan. Les simples/doubles débutent à 110/185 $US et la suite présidentielle est à 850 $US. Les cartes de crédit sont acceptées.

A côté, le *Palace Saigon Hotel* (☎ 833 1353/835 9421, 82 Đ Le Lai) possède des doubles entre 25 et 35 $US.

Le *Norfolk Hotel* (☎ 829 5368 ; fax 829 3415, 117 Đ Le Thanh Ton) est une joint-venture australienne, dont toutes les chambres sont équipées de la TV par satellite et d'un minibar. Vous débourserez entre 85 et 150 $US pour une double, petit déjeuner compris.

Non loin, le *Tan Loc Hotel* (☎ 823 0028 ; fax 829 8360, 117 Đ Le Thanh Ton) loue ses doubles entre 50 et 110 $US.

L'*Oscar Saigon Hotel* (☎ 823 1818 ; fax 829 2758, 68A ĐL Nguyen Hue) est une joint-venture de Hong Kong et s'appelait autrefois le Century Saigon Hotel. Le prix des chambres s'échelonne entre 60 et 110 $US.

Le *Riverside Hotel* (☎ 822 4038 ; fax 825 1417, 18 Đ Ton Duc Thang) est un vieil édifice colonial rénové, tout près du fleuve. Vous y trouverez un bon restaurant et un bar. Les doubles coûtent entre 75 et 250 $US mais lors de notre passage on concédait des remises de 30%.

L'*Empress Hotel* (☎ 832 2888 ; fax 835 8215, 136 Đ Bui Thi Xuan) est un superbe établissement récent, où l'on dort dans des doubles pour 40 à 200 $US.

Le *Metropole Hotel* (Khach San Binh Minh, ☎ 832 2021 ; fax 832 2019, 148 Đ Tran Hung Dao) n'est pas recommandé. On a souvent entendu parler de prix gonflés, de vols d'appareils photo et de bagages dans les chambres. Mais si vous y tenez, les tarifs officiels vont de 86 à 149 $US.

District 3

Ce quartier semble attirer énormément de Français, peut-être en raison de son architecture coloniale. Cause ou conséquence ? Les hôteliers parlent généralement français.

A la limite nord du parc Cong Vien Van Hoa, le *Bao Yen Hotel* (☎ 829 9848, 9 Đ Truong Dinh) propose des chambres climatisées, au prix très raisonnable de 12 à 15 $US.

Un des endroits préférés des Français est la *Guesthouse Loan* (☎ 844 5313), appelée aussi *N°3 Ly Chinh Thang Hotel*, ce qui est également son adresse. Comptez entre 20 et 25 $US pour des chambres équipées de la clim. et de l'eau chaude.

Le *Que Huong Hotel* (☎ 829 4227 ; fax 829 0919, 167 ĐL Hai Ba Trung), également connu sous le nom de *Liberty Hotel*, est à deux pas du consulat de France. Les simples/doubles reviennent à 45/60 $US ou 63/78 $US, et les suites sont facturées 86 $US. Le buffet servi au déjeuner dans le restaurant du rez-de-chaussée est très abordable, à 2 $US.

Le *Victory Hotel* (☎ 823 1755 ; fax 829 9604, 14 Đ Vo Van Tan) se dresse à un pâté de maisons du palais de la Réunification et est en bien meilleur état que le palais lui-même. Vous paierez entre 28 et 60 $US.

Le moderne et luxueux *Saigon Star Hotel* (☎ 823 0260 ; fax 823 0255, 204 Đ Nguyen Thi Minh Khai) possède la TV par satellite, deux restaurants, un café, un club de karaoké (le Moonlight Karaoke Club) et un centre d'affaires proposant des services de messagerie électronique. Des remises sur les tarifs, annoncés entre 50 et 70 $US, sont souvent consenties. Le *Chancery Saigon Hotel* (☎ 829 0152 ; fax 825 1464, <chancery@hcm.vnn.vn>, 196 Đ Nguyen Thi Minh Khai) affiche des prix identiques, qui comprennent le petit déjeuner, le service, les taxes et les transferts de l'aéroport.

Sur la route de l'aéroport, le *Saigon Lodge Hotel* (☎ 823 0112 ; fax 825 1070, 215 Đ Nam Ky Khoi Nghia) dispose de tous les aménagements hôteliers habituels, plus la TV par satellite et de la nourriture halal musulmane. Les doubles vont de 65 à 125 $US, et l'appartement de standing sous le toit se loue 300 $US.

L'*International Hotel* (☎ 829 0009 ; fax 829 0066, 19 Đ Vo Van Tan) offre un excellent standing avec des chambres entre 85 et 160 $US.

L'*EPCO Hotel* (☎ 825 1125 ; fax 822 3556, 120 Đ Cach Mang Thang Tam) est l'un des établissements récents les plus somptueux de la ville. Vous débourserez entre 60 et 180 $US pour une double. Le *Sol Chancery Hotel (☎ 829 9152 ; fax 825 1464, 196 Đ Nguyen Thi Minh Khai)* est un hôtel d'affaires sérieux. Les tarifs oscillent entre 70 et 90 $US.

Districts de Tan Binh et de Phu Nhuan

Ces quartiers se situent dans le nord de la ville, vers l'aéroport.

Le *Tan Son Nhat Hotel (☎ 844 0517 ; fax 844 1324, 200 ĐL Hoang Van Thu)* fut conçu pour accueillir les anciens dirigeants du Sud-Vietnam, puis attribué en 1975 à l'armée nord-vietnamienne. Au rez-de-chaussée, la pièce réservée au Premier ministre sud-vietnamien Tran Thien Khiem est restée telle qu'en 1975, fruits en plastiques compris. Une piscine est aménagée derrière l'édifice. Le prix des chambres reste modéré : entre 20 et 50 $US.

A courte distance de l'aéroport, le *Mekong Hotel (☎ 844 1024 ; fax 844 4809, 243A ĐL Hoang Van Thu)* est l'une des meilleures adresses aux abords de l'aéroport. Dans ce superbe endroit, une simple/double coûte 40/50 $US et une suite, 80 $US.

Juste à côté du Mékong, l'éblouissant et nouveau *Garden Plaza Hotel (☎ 842 1111 ; fax 842 4370, 309B Đ Nguyen Van Troi, district de Tan Binh)*. Cette joint-venture singapourienne est le premier hôtel à atrium vietnamien. Les prix s'échelonnent de 80 à 250 $US.

L'établissement le plus chic de Ho Chi Minh-Ville est sans doute l'*Omni Hotel* (☎ 844 9222 ; fax 844 9200, 251 Đ Nguyen Van Troi). Il dispose de tous les aménagements : coffres-forts dans les chambres, fleuriste, club de remise en forme… Ce confort se paie 200 à 950 $US la nuit.

Le *Chains First Hotel (☎ 844 1199 ; fax 844 4282, 18 Đ Hoang Viet)* réunit un café, une boutique de souvenirs, des courts de tennis, un sauna, un service de massage, trois restaurants, une piscine, un centre d'affaires et un service gratuit de navettes vers l'aéroport. Vous y dormirez pour 60/75 $US à 130 $US. La direction offre le petit déjeuner et la corbeille de fruits.

Cholon (district 5)

Fierté de Saigon Tourist, le *Dong Khanh Hotel (☎ 835 2410, 2 ĐL Tran Hung Dao)* s'élève sur 5 étages. Même si vous n'y séjournez pas, ne manquez pas le supermarché voisin. Les simples/doubles sont facturées de 50/65 $US à 120/150 $US.

Également sur 5 étages, le *Tokyo Hotel (Khach San Dong Kinh, ☎ 835 7558 ; fax 835 2505, 106-108 Đ Tran Tuan Khai)* est équipé de tout le confort moderne et emploie un personnel agréable. Les doubles se louent entre 50 et 70 $US.

L'*Equatorial Hotel (☎ 839 0000 ; fax 839 0011, 242 Đ Tran Binh Trong)* est l'un des établissements les plus récents et les plus huppés de Cholon. Les prix varient de 95 à 200 $US.

L'*Arc En Ciel Hotel (Khach San Thien Hong, ☎ 855 4435 ; fax 855 0332, 52-56 Đ Tan Da)* attire beaucoup de groupes de Hong Kong et de Taiwan et abrite le Rainbow Disco Karaoke. Une simple/double revient à 30/53 $US. L'établissement se situe à l'angle de ĐL Tran Hung Dao.

Tout proche, le *Van Hoa Hotel (☎ 855 4182 ; fax 856 3118, 36 Đ Tan Da)* semble très convenable pour un tarif allant de 25 à 40 $US.

Le *Bat Da Hotel (☎ 855 5817/855 5843, 238-244 ĐL Tran Hung Dao)* est situé en face de l'Arc En Ciel. Bon marché voilà quelques années, il est devenu haut de gamme et propose des doubles de 45 à 84 $US.

Plus récent, le *Hanh Long Hotel (☎ 835 1087 ; fax 835 0742, 1027 ĐL Tran Hung Dao)* loue des chambres entre 30 et 60 $US. Son nom signifie "dragon heureux" mais malgré cela et sa situation dans Chinatown, le personnel ne parle pas chinois.

Fruit d'une joint-venture entre Vietnam Union et trois sociétés thaïlandaises, le confortable *Regent Hotel (☎ 835 3548 ; fax 835 7094, 700 ĐL Tran Hung Dao)* est également appelé l'*Hotel 700*. Les prix varient de 42 à 78 $US.

Le *Cholon Hotel (☎ 835 7058 ; fax 835 5375, 170-174 Đ Su Van Hanh)* est un bon établissement. Le personnel de la réception parle anglais et chinois. Les simples/ doubles impeccables coûtent 18/30 $US, avec le petit déjeuner.

Juste à côté se tient un établissement privé, le *Cholon Tourist Mini-Hotel* (☎ 835 7100 ; fax 835 5375, 192-194 Đ Su Van Hanh). Il est également d'un standing élevé et accueille une clientèle taiwanaise. Comptez 22/28 $US.

Non loin de là, l'*Anh Quoc Hotel* (☎ 835 9447 ; fax 839 6872, 196 Đ Su Van Hanh) dispose de respectables chambres avec clim. pour 20 $US.

L'*Andong Hotel* (☎ 835 2001, 9 ĐL An Duong Vuong), au croisement de ĐL Tran Phu, est un endroit impeccable. Les chambres sont équipées de l'eau chaude, du téléphone, de la clim. et d'un réfrigérateur. Le prix des doubles s'élèvent à 28/30 $US. Dans le marché Andong, le *Caesar Hotel* (☎ 835 0677 ; fax 835 0106, 34-36 ĐL An Puong Vuong) est une joint-venture taiwanaise. Pour vous y rendre, demandez au chauffeur de taxi ou de cyclo de vous conduire au marché Andong. Les prix oscillent entre 80 et 150 $US.

District 11
Environ 1 km au nord du centre de Cholon, le *Phu Tho Hotel* (☎ 855 1309 ; fax 855 1255, 527 Đ 3/2) demande de 40 à 55 $US, petit déjeuner compris. L'établissement dispose d'un grand restaurant aux trois étages inférieurs et un karaoke.

Le *Goldstar Hotel* (☎ 855 1646 ; fax 855 1644, 174-176 Đ Le Dai Hanh) est impeccable et facture ses simples/doubles 38/50 $US, toutes avec réfrigérateur et clim. Celles des étages supérieurs ont une belle vue sur le champ de courses.

OÙ SE LOGER – LOCATIONS
A l'heure actuelle, quelque 15 000 ressortissants étrangers vivent à Ho Chi Minh-Ville, et ce nombre devrait atteindre 20 000 d'ici à l'an 2000. Malgré ce rapide accroissement, les locations de bonne qualité ne manquent pas. Malheureusement, il n'est pas facile de se loger à petit budget si l'on n'est pas Vietnamien ; n'espérez donc pas louer un appar-

tement à moins de 50 $US par mois. La police l'interdit tout bonnement.

Le marché petit budget est assuré essentiellement par les mini-hôtels disséminés dans toute la ville. Presque partout, on peut négocier des ristournes pour les locations de longue durée. Si vous avez des moyens mais pas besoin d'un logement très grand, même les grands hôtels de luxe cinq-étoiles offrent de considérables réductions aux personnes séjournant longtemps. En tout état de cause, la négociation reste le point de départ de tout arrangement.

Les expatriés disposant d'un important budget ont deux options : les villas ou les appartements de luxe. Les villas semblent plus prisées, et Ho Chi Minh-Ville en regorge. Celles qui peuvent être louées aux étrangers coûtent en moyenne entre 2 000 et 5 000 $US par mois. Les appartements de luxe sont un phénomène récent. Les immeubles réputés incluent le *Landmark* (☎ 822 2098), *Parkland* (☎ 898 9000), *Riverside* (☎ 899 7405), *Cityview Apartments* (☎ 822 1111), *Apartments 27AB* (☎ 822 4109), *Stamford Court* (☎ 899 7405), *Saigon Village* (☎ 865 0287), *Sedona Suites* (☎ 822 9666) et *Regency Chancellor Court* (☎ 822 5807).

Les agents immobiliers s'occupant du marché des expatriés font de la publicité dans le *Vietnam Economic Times* et la *Vietnam Investment Review*.

OÙ SE RESTAURER
Vous n'aurez bien sûr que l'embarras du choix pour déguster de la cuisine vietnamienne ou occidentale. Le centre-ville regroupe un maximum de bons restaurants, et Cholon est spécialisée dans la gastronomie chinoise.

Cafés pour voyageurs
Đ Pham Ngu Lao et Đ De Tham sont au cœur du paradis de la restauration pour voyageurs à petit budget. Elles accueillent plus d'Occidentaux que de Vietnamiens, qui ont parfois du mal à déchiffrer le menu (le muesli à la banane ne se traduit pas aisément en Vietnamien).

Le **Kim Cafe** (☎ *835 9859, 272 Ð De Tham)* est un ancien repaire de voyageurs à petit budget et un excellent lieu de rencontre. On peut y organiser des circuits et obtenir des renseignements touristiques au bureau situé à côté. Le **Sinh Cafe** (☎ *836 7338, 248 Ð De Tham)* offre quasiment des mêmes prestations.

Le **Saigon Cafe** *(195 Ð Pham Ngu Lao)*, à l'angle de Ð De Tham, mérite le détour et, à l'instar du **Cafe 333** (dans la même rue), rassemble de nombreux expatriés. Le **Cafe 2** *(274 Ð De Tham)* est également très fréquenté et affiche fièrement "pas de cuisine salée ni à base de graisse animale".

Le **Lotus Cafe** *(197 Ð Pham Ngu Lao)* est sans doute l'un des meilleurs cafés du quartier. Le sympathique couple qui le dirige prépare une savoureuse cuisine vietnamienne et occidentale à des prix modiques.

Le **Linh Cafe** *(291 Ð Pham Ngu Lao)* est un autre excellent endroit tenu par des gens fort agréables.

Si vous en avez assez des rouleaux de printemps, allez au **Cafe Van** (☎ *836 0636, 169B Ð De Tham)*, à l'angle de Tran Hung Dao. Également nommé le *Sandwich Box*, l'établissement est un bon restaurant tenu par un couple britannico-vietnamien (Peter est également guide touristique) qui prépare d'excellents sandwiches, des pommes de terre au four et leur accompagnement ainsi que le meilleur chili de la ville. On peut aussi emporter ou se faire livrer ses plats.

Pour goûter une nourriture du Nord de l'Inde ou du Pakistan, essayez le **Cafe Trang** *(237 Ð Pham Ngu Lao)*.

Le **Cappuccino** *(222 Ð De Tham)* sert une cuisine italienne correcte, près du Sinh Cafe, ainsi que le **Ngoc Phuong** *(203 Pham Ngu Lao)*. Le **Margherita** *(175/1 Ð Pham Ngu Lao)* se révèle le moins cher.

Pour déguster des en-cas locaux ou du *con ban dan* (du riz préparé localement), essayez le rez-de-chaussée de la **Kim's Guesthouse** *(91 Ð Bui Vien)*, à ne pas confondre avec le Kim's Cafe & Bar. Le **Pho Bo**, juste en face, près de la 96 Guesthouse, prépare une bonne soupe de bœuf et de nouilles, de même que le **Pho Thanh**

Canh *(55 Ð Nguyen Cu Trinh)*, à environ 300 m de la Guesthouse 127.

Restaurants

Chez Annie's Pizza (☎ *839 2577, 57 Ð Nguyen Du)*, vous dégusterez les meilleures pizzas aux pepperoni et à la mozzarella de la ville. Si vous n'avez pas le courage de vous y rendre, téléphonez, ils livrent à domicile !

Le **Indian Heritage** (☎ *823 4687, 12 Ð Thai Van Lung)*, dans le Xuan Hong Hotel, prépare la meilleure cuisine indienne du district 1. Il sert également un excellent buffet pour le déjeuner, moyennant 1 \$US. Le **Tandoor** (☎ *824 4839, 103 Ð Vo Van Tan, district 3)* est aussi vivement recommandé.

L'**Ashoka** (☎ *823 1372, 17A/10 Ð Le Thanh Ton, district 1)* est un autre savoureux restaurant indien, avec des prix modiques.

Essayez aussi l'excellente cantine indienne*(66 Ð Dong Du)*, juste derrière la mosquée et en face du Saigon Hotel.

Face au Continental Hotel, le **Givral Restaurant** (☎ *829 2747, 169 Ð Dong Khoi)* sert d'excellents gâteaux, ainsi que des glaces et des yaourts maison. Cette jointventure vietnamo-japonaise vend aussi des pâtisseries Kotobuki. On y mange sur le pouce. Le menu comporte aussi des plats français, chinois, vietnamiens et russes.

Tout près du Rex Hotel, le **Rex Garden Restaurant** (☎ *824 2799, 86 Ð Le Thanh Ton, district 1)* est installé dans un décor agréable et sert de bons plats vietnamiens et français. On peut se restaurer au confort de la clim. ou à l'extérieur, entouré par un tank de l'armée (le restaurant donne sur la cour arrière du musée de la Révolution) et des courts de tennis, où les nouveaux riches de Ho Chi Minh-Ville viennent frapper dans la petite balle jaune, sous la chaleur.

Au n°80, le **Liberty Restaurant** (☎ *829-9820)* est en partie géré par Ben Thanh Tourist. L'endroit est superbe. Peu de plats figurent au menu vietnamien, mais c'est très bon et abordable. Les plats chinois et occidentaux valent plus cher. Le soir, un groupe vietnamien donne des concerts à l'étage. Cet établissement était populaire avant 1975, quand il s'appelait *Tu Do Restaurant*.

Le restaurant-spectacle ***Maxim's Dinner Theatre*** (☎ *829 6676, Ð Dong Khoi*) est proche du Majestic Hotel. On y donne des dîners-concerts. Cuisine chinoise ou française, vous avez le choix. Les plats chinois, meilleur marché, réjouiront votre palais. Toutefois, la limace de mer et les palmes de canard ont déçu certains voyageurs. En revanche, ne manquez pas la crème au caramel ou le soufflé à la vanille. A l'étage est aménagée une boîte de nuit (entrée libre) où un groupe joue des tubes des années 60. Le restaurant a beau ouvrir de 11h à 23h, personne ne se présente avant l'heure du dîner. Mieux vaut réserver le week-end.

Le ***Sapa Restaurant & Bar*** (☎ *829 5754, 26 Ð Thai Van Lung*), très fréquenté et tenu par des Suisses et des Vietnamiens, est l'endroit idéal pour goûter une excellente cuisine suisse ou se détendre en prenant un verre. Le menu propose du schnitzel et de la fondue savoyarde.

A côté, au n°24, le ***Why Not ?*** (☎ *822 6138*), tenu par des Français, mérite le détour, pour ses plats européens ou son jeu de fléchettes.

La meilleure cuisine italienne du district 3 se prépare au ***Ristorante Sandro*** (☎ *820 3552, 142 Ð Vo Thi Sau*). Le ***Santa Lucia*** (☎ *822 6562, 14 ÐL Nguyen Hue*), dans le district 1, possède une ambiance chaleureuse et se révèle moins cher.

Si vous souhaitez manger allemand, essayez le ***Gardenstadt*** (☎ *822 3623, 34 Ð Dong Khoi*), fréquenté par les hommes d'affaires expatriés. Le ***Bavaria*** (☎ *822 2673, 20 Ð Le Anh Xuan*) est un autre restaurant allemand et pub bavarois, qui mérite le détour.

Mogambo's Cafe (☎ *825 1311, 20 Ð Thi Sach*) est apprécié pour son superbe décor polynésien et ses savoureux steaks. L'établissement fait aussi restaurant, pub et hôtel.

L'un des bars-restaurants les plus à la mode en ville est le populaire ***Globo Cafe*** (☎ *822 8855, 6 Ð Nguyen Thiep*), dans le district 1.

Le ***Cafe Latin*** (☎ *822 6363, 25 Ð Dong Du*) est le seul bar à tapas vietnamien. Sa cave est exceptionnelle, et le pain frais est fait maison. Voisin, le ***Billabong Restaurant*** est connu pour sa cuisine australienne et internationale.

Le ***Ciao Cafe*** (☎ *822 9796, 21-23 Ð Nguyen Thi Minh Khai*) sert des pizzas, des spaghettis, des sandwiches, des gâteaux, des pâtisseries et des glaces.

Vous pourrez vous repaître de serpent, de tortue, de cerf et d'autres mets exotiques au ***Tri Ky Restaurant*** (☎ *844 2299, 478 Ð Nguyen Kiem, district 3*).

Plutôt chic, le ***Paloma Café*** (☎ *829 5813, 26 rue Dong Khoi*) vous servira sur des nappes blanches, dans une atmosphère parfaitement climatisée et avec des couverts en argent. L'endroit, très apprécié de la haute société vietnamienne, ferme un peu avant minuit.

Fort apprécié également des jeunes Vietnamiens, le restaurant tchèque ***Hoa Vien*** (☎ *825 8605, 30 Ð Mac Dinh Chi, district 1*), le seul de la ville, sert une excellente bière à la pression, la Pilsner Urquell.

Pour un bon bol de nouilles tard le soir, essayez l'***ABC Restaurant*** (☎ *823 0388, 172H Ð Nguyen Chieu, district 3*), très à la mode, ouvert jusqu'à 3h du matin environ.

Cuisine vietnamienne. Le populaire ***Mandarine Restaurant*** (☎ *822 9783, 11A Ð Ngo Van Nam*) est sans doute le meilleur de la ville. Dans un décor agréable, il propose une excellente sélection de plats. Ne manquez pas de goûter la spécialité de la maison, le *cha ca* (gâteau de poisson), préparé comme à Hanoi.

Autre adresse appréciée le ***Lemon Grass Restaurant*** (☎ *822 0496, 4 Ð Nguyen Thiep, district 1*). Tout est délicieux et si vous ne savez que commander, choisissez un plat au hasard. Deux femmes en costume traditionnel accompagnent en musique votre dîner. Les amateurs de décoration intérieure devraient venir s'inspirer du décor en bambous.

La ***Vietnam House*** (☎ *829 1623, 93-95 Ð Dong Khoi*) occupe l'angle avec Mac

Thi Buoi. La fabuleuse cuisine et le merveilleux décor sont vietnamiens. Au 2ᵉ étage, quatre musiciens jouent à partir de 19h30. Le bar et la salle climatisée du 1ᵉʳ étage sont encore plus sympathiques. Un pianiste y joue de 17h30 jusqu'à une heure avancée de la nuit. L'établissement ouvre de 10h à 24h.

Le populaire *Tan Nam Restaurant* (☎ 829 8634, 60-62 Đ Dong Du, district 1) sert également une excellente cuisine, dans un décor traditionnel.

Le *Bo Tung Xeo Restaurant (31 Đ Ly Tu Trong)* mitonne lui aussi de bons plats vietnamiens, à des prix modiques. Le personnel parle anglais dans cet établissement qui a la faveur des expatriés. Si vous n'êtes pas loin de l'aéroport, le *Quan Com Vietnam (☎ 844 4236, 173 Đ Nguyen Van Troi)* sert également une très bonne cuisine vietnamienne.

Pour goûter des plats précuisinés comme à Hué, le *Tib Cafe (187 ĐL Hai Ba Trung)* constitue un excellent choix.

Dans Ngo Duc Ke, dans le district 1, vous trouverez une série d'excellents restaurants préparant des plats vietnamiens bon marché. Au n°19, le *Restaurant 19 (☎ 829 8882)* propose une savoureuse variante du cha ca (gâteau de poisson) de Hanoi et de bons plats thaï. Non loin, le *N°13* est fort apprécié de la population locale et des expatriés.

Cuisine végétarienne. Le 1ᵉʳ et le 15 du mois lunaire, les échoppes de toute la ville, particulièrement des marchés, servent des variantes végétariennes de plats traditionnels vietnamiens. Le service est un peu long mais cela mérite le détour.

Zen (☎ 839 1545, 175/6 Đ Phạm Ngu Lao) est situé dans une ruelle, deux ruess à l'est de Đ De Tham. La cuisine est excellente et bon marché. Nous recommandons également le *Bodhi Tree* et le *Nhu Lien*, à côté.

Les propriétaires du *Tin Nghia (821 2538, 9 ĐL Tran Hung Dao)* sont de vrais bouddhistes. A 200 m du marché Ben Thanh, ce petit établissement simple propose un assortiment de plats vietnamiens

délicieux. La viande, les œufs ou le poisson sont remplacés par le tofu, les champignons ou les légumes. Il ouvre tous les jours, de 8h à 21h, mais ferme entre 14h et 16h.

Cuisine française. Juste à côté du Lemon Grass, *Augustin (10 Đ Nguyen Thiep)* est très populaire et prépare une cuisine de brasserie. Beaucoup d'expatriés le considèrent comme le meilleur restaurant français bon marché de la ville.

Autre excellent choix dans le district 1, *La Fourchette (☎ 836 9816, 9 Đ Ngo Duc Ke)* sert également de savoureux plats français à des prix modiques.

Si vous préférez un établissement haut de gamme, *Le Caprice (☎ 822 8337, 5B Đ Ton Duc Thang)* se trouve au dernier étage du Landmark. La vue est éblouissante, les prix aussi.

La cuisine est également raffinée et assez chère à *La Cigale (☎ 844 3930, 158 Đ Nguyen Dinh Chin, district Phu Nhuan)*, où l'on peut dîner dans de petites alcôves privées. L'établissement est situé sur la route de l'aéroport, en face de l'Omni Hotel.

Un peu à l'extérieur du district de Binh Thanh, *Le Bordeaux (☎ 822 2342)* est considéré par beaucoup comme le meilleur restaurant français de la ville. Il est situé officiellement F7-8, Đ D2, Commune 25, mais ne vous découragez pas, la cuisine est plus créative que cette adresse rébarbative.

L'Étoile (☎ 829 7939, 180 ĐL Hai Ba Trung) propose une cuisine française originale mais n'est plus aussi fréquenté qu'auparavant.

Le vénérable *Brodart Cafe (☎ 822 3966, 131 Đ Dong Khoi)*, à l'angle de Nguyen Thiep, vous accueille dans un décor "années 60", malgré les nombreuses rénovations. Réputé pour sa cuisine, il pratique des prix corrects.

Échoppes

A toute heure, on peut consommer de la soupe aux nouilles dans une échoppe ou un stand en pleine rue. Un grand bol de délicieuses nouilles coûte entre 0,50 et 1 $US. Repérez les enseignes indiquant "Pho".

Dans la rue, les vendeurs proposent des sandwiches à la française confectionnés à la mode vietnamienne : le pain est tartiné d'une sorte de pâté, on ajoute des concombres et on assaisonne le tout de sauce au soja. Ils valent de 0,50 à 1 $US selon le contenu et l'honnêteté du marchand. Ceux au fromage français coûtent un peu plus chers.

Les marchés abritent toujours un secteur réservé aux aliments, généralement au rez-de-chaussée ou au sous-sol. On en trouve aux marchés de Thai Binh, de Ben Thanh et d'Andong.

C'est au marché de Ben Thanh que j'ai mangé ma meilleure soupe au nouilles. Les étals respiraient la propreté, la nourriture était fraîche et la soupe délicieuse. De plus, on s'amuse beaucoup, car le simple fait de voir un Occidental manger devient vite l'attraction principale.

John Lumley-Holmes

Faire son marché

On peut aisément improviser des menus simples à partir de fruits, de légumes, de pain, de croissants, de fromage ou d'une multitude de produits savoureux vendus sur les marchés ou dans les échoppes. Évitez cependant les barres chocolatées non réfrigérées, qui semblent dater du départ des Américains en 75. Le chocolat fond au soleil de midi, durcit pendant la nuit et se transforme rapidement en infâme guimauve.

Vous avez une folle envie de produits étrangers ? Courez au *Minimart (101 Đ Nam Ky Khoi Nghia)*, au 2e étage du Saigon Intershop (juste à côté de ĐL Le Loi). Les prix sont aussi bas que dans les échoppes de rues. Le Minimart est ouvert tous les jours, de 9h à 18h.

Le *Dong Khanh Department Store (850 ĐL Tran Hung Dao)* possède un bon supermarché.

Le *Saigon Superbowl (A43 Đ Truong Son)*, dans le district de Tan Binh, près de l'aéroport, est doté d'une galerie marchande à l'occidentale avec un supermarché et de quoi changer vos chèques de voyage.

Dans le Saigon Food Centre, juste en face de la caserne de pompiers, le *Citimart (☎ 836 4588, 393B ĐL Tran Hung Dao, district 1)* est l'un des plus grands supermarchés de la ville. A Cholon, le *Superstore (☎ 835 7176, 10-20 ĐL Tran Hung Dao, district 5)*, à côté du Dong Khanh Hotel, est beaucoup plus petit.

La *Gourmet Shop (☎ 844 9222, 251 Đ Nguyen Van Troi, district de Phu Nhuan)*, dans l'Omni Hotel, vend de rares trésors comme de la sauce aux airelles, du fromage français, du thé de Ceylan et du cheesecake glacé aromatisé à la cerise.

Le *Megamart (☎ 822 2578, 71 Đ Pasteur)* est le dernier concurrent arrivé dans le secteur des produits alimentaires importés.

Les deux magasins (au moins) qui portent le nom de *7-Eleven* relèvent de l'imposture. Le moins mauvais, situé 16 ĐL Nguyen Hue, vend des produits importés. Vous y trouverez néanmoins une machine à popcorn, peut-être la première du pays.

Cafés

Le très stylé *Dong Du Cafe (☎ 823 2414, 31 Đ Dong Du)* sert une délicieuse crème glacée maison, du café et, si vous avez encore faim, un peu de cuisine italienne.

Le meilleur café de la ville se trouve au *Java (☎ 821 4742, 65 ĐL Le Loi)*, dans le centre commercial de Ho Chi Minh-Ville.

Pour goûter des pâtisseries et du pain frais et savoureux (mais assez chers), essayez le *Paris Deli (☎ 829 7533, 31 Đ Dong Khoi)*. Le *Saigon Bakery (☎ 820 2083, 281C ĐL Hai Ba Trung)* est moins cher.

Restaurants flottants

Dîner sur le fleuve Saigon est une agréable façon de passer une soirée. Ces restaurants, tous gérés par l'État, sont amarrés devant le Riverside Hotel. La plupart ouvrent à 18h, partent à 20h et reviennent à 22h. Les prix s'échelonnent entre 5 et 10 $US à la carte, mais la note peut vite grimper si vous consommez beaucoup d'alcool. Les billets s'achètent à l'embarcadère et vous pouvez vous renseigner en téléphonant (☎ 822

5401). Sur la plupart des bateaux, on peut danser au son d'un orchestre.

Bien qu'il ne s'agisse pas exactement d'un dîner-croisière, l'île de Binh Quoi regorge de *cafés en bord de fleuve*. L'endroit plaît autant aux expatriés qu'à la population locale, et les tarifs sont très raisonnables.

Glaciers

Vous trouverez les meilleures glaces vietnamiennes (*kem*) de la ville chez trois glaciers qui portent le même nom, *Kem Bach Dang* (☎ 829 2707). Deux sont situés aux n°s 26 et 28 ĐL Le Loi, de part et d'autre de Đ Pasteur. La troisième succursale a ouvert 67 ĐL Hai Ba Trung (au coin avec ĐL Le Loi). Outre les glaces, vous dégusterez des boissons chaudes comme froides ainsi que des pâtisseries, à des prix très raisonnables. Une spécialité à 1,50 $US, le *kem trai dua*, est servie dans une petite noix de coco et surmontée de fruits confits.

Un concurrent américain a ouvert le *Baskin-Robbins* (☎ 829 5775, 128A Đ Pasteur), mais si vous voulez essayer les 31 parfums proposés, cela vous coûtera assez cher car les tarifs sont élevés. Une deuxième succursale est installée au Saigon Superbowl, dans le district de Tan Binh.

OÙ SORTIR

Célèbre pour sa vie nocturne, Ho Chi Minh-Ville s'est vu imposer une sorte de couvre-feu idéologique à sa "libération" en 1975. Depuis peu, cependant, réapparaissent les pubs et les boîtes de nuit. Périodiquement, des campagnes officielles, supposées lutter contre la drogue, la prostitution et le bruit calment toute velléité de reprise.

Sorties le week-end

Le centre-ville est le lieu où l'on converge le dimanche soir et les jours fériés (et parfois le samedi soir). Une foule de jeunes, vêtus avec recherche, roulent lentement dans la ville à bicyclette ou à moto, autant pour voir que pour être vus. La foule dans Đ Dong Khoi est si compacte qu'on peut à peine la traverser, même à pied. Le chaos le plus total règne à chaque carrefour, où se croisent en tous sens une multitude de deux-roues.

Près du Théâtre municipal, les regards pleins de flammes des jeunes habillés à la dernière mode se croisent. L'ambiance est électrique, et les conversations animées. Le cœur de cette ville bat très fort, c'est une sensation à ne pas manquer.

Pubs

Le *Bar Rolling Stones* (117 Đ Pham Ngu Lao) et le *Backpacker Bar* (167 Đ Pham Ngu Lao) ferment tard et sont réputés pour leur musique diffusée à plein volume et leur ambiance de fête. Non loin, au sud-ouest de Đ Pham Ngu Lao, le *Guns & Roses Bar* et le *Roxy Music Bar* sont un peu plus calmes.

Si vous faites vraiment attention à votre budget, essayez le *Nguyen Chat* (161 Đ Pham Ngu Lao), un établissement vietnamien où l'on peut goûter de la bière pression locale (*bia hoi*) pour 0,40 $US le litre.

Pour une vraie animation, allez dans le centre, aux environs de Đ Dong Khoi. *Apocalypse Now* (☎ 824 1463, 2C Đ Thi Sach) a longtemps tenu le haut du pavé. La musique est forte, et le chahut dûment apocalyptique.

Pour une ambiance un peu plus calme, essayez le récent *N°5 Ly Tu Trong* (☎ 825 6300), café tenu par Heinz, un expatrié suisse. L'enseigne indique l'adresse de l'établissement. Le décor de cette ancienne villa coloniale française est de bon goût et soigné. Grâce à une bonne ambiance musicale, une cuisine et des boissons savoureuses, un billard et un personnel agréable, l'endroit est recommandé.

L'imitation du légendaire *Hard Rock Cafe* (24 Đ Mac Thi Boi) passe une musique plus douce que le nom le laisserait supposer, mais il ne faut pas craindre l'affluence. Le vrai *Hard Rock Cafe* se trouve dans le Delta Caravelle Hotel (voir *Où se loger*, plus avant dans le chapitre).

Le *Montana Café* (☎ 829 5067, 40E Đ Ngo Duc Ke) possède une carte diversifiée, un billard et la TV par satellite.

La *Tex-Mex Cantina* (☎ 829 5950, 24 Đ Le Thanh Ton) propose une cuisine mexicaine mâtinée de texan. Il se distingue également par ses tables de billard.

Les amateurs de ranches pourront se rendre au *Wild West* (☎ *829 5127, 33 ĐL Hai Ba Trung)*. Au programme : musique et billard.

Le *Gecko Bar* (☎ *824 2754, 74/1A ĐL Hai Ba Trung)* est un autre lieu de prédilection des expatriés. Il propose une bonne cuisine, des boissons, la TV par satellite. Il arrive que l'un de ces drôles de geckos grimpe aux murs.

Le *Saigon Headlines* (☎ *822 5014, 7 place Lam Son)* est un restaurant-bar installé derrière la grande salle de concert de Ho Chi Minh-Ville. Il sert la meilleure Margarita glacée au sud de Hong Kong. L'ambiance est détendue mais élégante, et l'orchestre excellent. Le bar ouvre de 10h à 2h du matin.

Attenant au Théâtre municipal, le *Q Bar* (☎ *829 1299)* est un lieu à la mode où se retrouvent les expatriés pour échanger des potins entre les murs décorés de fresques, ou dans le petit jardin.

Discothèques. Flambant neuf, *Planet Europe* est *le* lieu où il faut aller. Il se trouve dans le Saigon Superbowl. La happy hour est de 18h30 à 21h.

Le *Cheers* (☎ *839 2052, 275A Đ Pham Ngu Lao)* est la discothèque du Vien Dong Hotel. Cet endroit très populaire demande 7 $US et possède un groupe de musiciens philippins.

Le *Junction 5* (☎ *839 0000, 242 Đ Tran Binh Trong, district 5)* se situe dans le très chic Equatorial Hotel. L'orchestre est composé de musiciens de l'établissement.

Au *Starlight Nightclub* (☎ *823 1818, 68A ĐL Nguyen Hue, district 1)*, au 11e étage de l'Oscar Saigon Hotel, on écoute de la musique des années 60, 70 et 80. Le club est ouvert tous les jours, de 19h à 2h, pour un droit d'entrée de 5 $US.

Le New World Hotel, 76 Đ Le Lai, abrite une discothèque fréquentée par les Hong-kongais, le *Catwalk* (☎ *824 3760)*. Cette adresse se trouve au *Saxophone Lounge* (☎ *822 8305)*.

Le *Deelite Disco Club* (☎ *824 4494, 2B ĐL Le Duan)* est situé en centre-ville.

Le *Rex Hotel* (141 ĐL Nguyen Hue) abrite une discothèque avec un groupe de musiciens. Elle ouvre de 19h30 à 23h.

Cinémas

De nombreuses cartes de Ho Chi Minh-Ville indiquent les cinémas (*rap* en vietnamien) par un symbole spécial. Vous en trouverez plusieurs en centre-ville, dont le *Rex Cinema* (☎ *829 2185, 141 Đ Nguyen Hue)*, à côté du Rex Hotel. Un autre se dresse Đ Le Loi, en allant vers le marché Ben Thanh lorsqu'on vient du Rex. Citons également le *Rap Mang Non*, Đ Dong Khoi, à 100 m du Théâtre municipal, le *Rap Dong Khoi* (163 Đ Dong Khoi) et le *Cong Nhan Cinema* (☎ *836 9556, 30 ĐL Tran Hung Dao, district 1)*.

Marionnettes aquatiques

Cet art issu du Nord et introduit dans le Sud, voici quelques années, remporte un vif succès auprès des touristes. Le meilleur endroit pour voir des marionnettes aquatiques à Ho Chi Minh-Ville est dans le *musée des Souvenirs de guerre*, 28 Đ Vo Van Tan. Les horaires sont variables, renseignez-vous sur place.

Théâtre municipal

Le *théâtre municipal (Nha Hat Thanh Pho ;* ☎ *829 1249 et 829 1584)*, construit en 1899, est situé Đ Dong Khoi entre les hôtels Delta Caravelle et Continental. Ce théâtre a un temps servi de cadre à l'Assemblée nationale sud-vietnamienne.

Son programme change toutes les semaines, passant de la gymnastique sportive à un concert de musique de boîte de nuit ou au théâtre traditionnel vietnamien. Spectacle à 20h tous les jours. Rafraîchissements en vente pendant l'entracte.

Théâtre de Hoa Binh

Aussi appelé *théâtre de la Paix*, *Nha Hat Hoa Binh* (☎ *865 5199)*. Cet énorme complexe, 14 ĐL 3/2, près de la pagode Quoc Tu, dans le district 10. Il propose souvent plusieurs spectacles en même temps dans différentes salles, la plus grande accueillant 2 400 spectateurs. Le guichet est ouvert de 7h30 jusqu'à la fin de la dernière représentation.

Les spectacles en soirée commencent à 19h30 et ont lieu en général une ou deux fois par semaine. Ils sont très variés : pièces traditionnelles vietnamiennes et spectacles de pop music occidentale ou de cirque. Le dimanche matin est réservé aux spectacles de marionnettes pour enfants commençant à 9h, et ceux de pop stars locales à 8h30 et 11h.

La cinémathèque du théâtre fonctionne tous les jours et toute la journée à partir de 8h30. Elle propose surtout des films de France, de Hong Kong et des États-Unis. La plupart sont en version originale sans sous-titres, une voix traduisant les dialogues au fur et à mesure. Le programme est affiché à l'entrée.

La discothèque du rez-de-chaussée est ouverte du mardi au dimanche, de 20h à 23h. L'entrée coûte 2 $US.

Conservatoire de musique

Le *conservatoire de musique* (Nhac Vien Thanh Pho Ho Chi Minh ; ☎ 839 6646, 112 ñ Nguyen Du) est situé près du palais de la Réunification. C'est un endroit idéal pour écouter de la musique classique occidentale ou vietnamienne. Les concerts ont lieu le lundi et le vendredi soir à 19h30, durant les deux saisons annuelles, de mars à mai et d'octobre à décembre.

Le conservatoire est fréquenté par des élèves âgés de 7 à 16 ans. Il assure à la fois l'enseignement scolaire et les cours de musique. Les professeurs ont appris leur art en Europe ou aux États-Unis. L'enseignement est gratuit, mais la plupart des élèves proviennent de familles aisées, car seuls les plus favorisés peuvent acheter les instruments.

MANIFESTATIONS SPORTIVES
Hippodrome
de Ho Chi Minh-Ville

A la libération du Sud-Vietnam, en 1975, Hanoi se dépêcha d'interdire les distractions capitalistes décadentes, dont les paris. Les

champs de courses, concentrés dans la région de Ho Chi Minh-Ville, furent donc fermés. Cependant, d'impérieux besoins financiers ont eu raison de l'idéologie, et, en 1989, l'hippodrome de Ho Chi Minh-Ville (Cau Lac Bo TDTT ; ☎ 855 1205) a rouvert ses portes, à la grande joie des turfistes.

Les courses, comme la loterie nationale, rapportent très gros à l'État, sans que personne ne sache bien où va tout cet argent. On parle aussi de dopage des chevaux. Les jockeys sont en outre censés avoir plus de quatorze ans, mais beaucoup semblent en avoir à peine dix.

Si la plupart des turfistes sont vietnamiens, aucune loi n'interdit aux étrangers de parier. Le pari maximum légal équivaut actuellement à 2 $US et peut rapporter un million de dongs (environ 90 $US).

Les courses ont lieu le samedi et le dimanche après-midi à partir de 13 h. Les projets visant à instaurer des paris parallèles ne se sont toujours pas concrétisés. Cependant, les paris illégaux (on peut même parier de l'or !) représentent une certaine concurrence face au monopole de l'État.

L'adresse est le 2 Đ Le Dai Hanh, district 11.

Courses de motocyclettes

Il n'est pas certain que vous puissiez y assister. Les courses dans la rue, illégales et souvent meurtrières, sont la dernière marotte des Vietnamiens.

Pour éviter que les coureurs n'investissent les rues, la municipalité organise occasionnellement des courses officielles sur l'hippodrome de Phu Tho. Afin de limiter les accidents mortels, seules peuvent participer les motos de 50 cc et 100 cc. Quelques professionnels sponsorisent l'événement, et le vainqueur gagne une Yamaha ou une Honda toute neuve.

Contrairement aux courses hippiques, les courses de moto n'ont pas lieu à date fixe. Elles suscitent d'ailleurs une vive polémique : leurs détracteurs souhaitent interdire totalement cette pratique.

Renseignez-vous sur place pour savoir ce qu'il en est.

HO CHI MINH VILLE

ACHATS
Artisanat

Au cours des dernières années s'est produit une véritable explosion du marché des souvenirs, grâce au secteur privé. On peut trouver des objets parfaitement inattendus tels une tortue en laque avec une horloge sur le ventre, ou un bouddha en céramique sifflant l'hymne national.

Même si vous ne cherchez pas un singe mécanique qui joue des cymbales, ouvrez l'œil. Ho Chi Minh-Ville est idéale pour le shopping. Vous êtes sûr de pouvoir y dénicher des merveilles.

Ð Dong Khoi est réputé pour ses boutiques d'artisanats, mais les prix y sont élevés et les négociations âpres. Le quartier de Pham Ngu Lao est également très intéressant.

De plus en plus de galeries d'art ouvrent à Ho Chi Minh-Ville. En voici quelques-unes :

Blue Space Gallery
   (☎ 821 3695)
   1A Ð Le Thi Hong Gam, district 1
Saigon Gallery
   (☎ 829 7102)
   5 Ð Ton Duc Thang, district 1
Tu Do Gallery
   (☎ 823 1785)
   142 Ð Dong Khoi, district 1
Vinh Loi Gallery
   (☎ 822 2006)
   41 Ð Ba Huyen Thanh Quan, district 3

En face de l'Omni Hotel (sur la route de l'aéroport), la galerie d'art Lamson (☎ 844 1361), 106 Ð Nguyen Van Troi (district de Phu Nhuan), expose des laques exquis, mais assez chers, des articles en rotin, des céramiques, des gravures sur bois et mille autres objets. Vous pourrez observer les artisans à l'ouvrage, ce qui suffit à justifier la visite.

L'Association des Beaux-Arts de Ho Chi Minh-Ville (☎ 823 0026, 218A Ð Pasteur, district 1) expose les œuvres de jeunes artistes talentueux. Le prix des toiles se situe habituellement entre 30 et 50 $US mais l'artiste peut demander dix fois plus.

On peut se procurer des meubles faits à la main à la Home Zone (☎ 822 8022), 41 Ð Dinh Tien Hoang, à l'angle de ÐL Le Duan.

Sceaux

Aucune administration, communiste ou autre, ne pourrait se passer de ses cachets et sceaux officiels, qui sont la raison d'être d'une kyrielle de bureaucrates. Ces sceaux sont fabriqués dans de nombreuses boutiques dans la rue située au nord du New World Hotel (de l'autre côté de la rue et à l'ouest du marché Ben Thanh).

La plupart des Vietnamiens possèdent leur propre sceau avec leur nom (une vieille tradition empruntée aux Chinois). Vous pouvez vous en faire fabriquer un et demander à un habitant de traduire votre nom en vietnamien. En le faisant graver à Cholon, vous l'obtiendrez en idéogrammes chinois.

Vêtements

On vend des tee-shirts bon marché sur les stands du ÐL Nguyen Hue (dans le centre) ou de la Ð De Tham (dans le quartier de Pham Ngu Lao). Avec impression, vous le paierez 2 $US, et de 3 à 5 $US pour un tee-shirt brodé.

Vietsilk (☎ 829 1148), 21 Ð Dong Khoi, propose des vêtements de prêt-à-porter et des articles en soie peinte ou brodée.

Les *ao dai*, ces longues tuniques de soie fendues sur les côtés et portées sur un pantalon (voir l'encadré *Camau sauve l'ao dai*, dans le chapitre *Le delta du Mékong*), sont confectionnés dans les boutiques du marché Ben Thanh et les environs ainsi que dans le quartier du Saigon Intershop. Des ao dai pour hommes, un peu plus larges et accompagnés d'un couvre-chef en soie sont également en vente.

Ao Dai Si Hoang
   (☎ 829 9156)
   36 Ð Ly Tu Trong, district 1
Ao Dai Thanh Chau
   (☎ 823 1032)
   244 Ð Dinh Tien Hoang. Cette boutique est très fréquentée par les habitants de Ho Chi Minh-Ville, bien qu'elle soit assez loin du centre.

Italy
  11 Ð Thu Khoa Huan (derrière le marché Ben
  Thanh)
Vietnam Silk
  (☎ 829 2607 ; fax 843 9279)
  183 Ð Dong Khoi (en face du Continental Hotel)

Thai Fashion, 92H Ð Le Thanh Ton (district 1), vend du prêt-à-porter pour dames. Vous pouvez également aller voir, non loin de là, Down Under Fashion, 229 Ð Le Thanh Ton (district 1).

De nombreux tailleurs sont installés à Cholon et dans le centre. Plusieurs hôtels disposent de leur propre atelier.

Café

Le café vietnamien est excellent et très bon marché. Encore faut-il savoir où l'acheter. Le meilleur provient de Buon Ma Thuot, où l'on grille les grains dans du beurre. Bien entendu, le tarif varie selon la qualité et la saison. On l'achète en grains ou moulu pour un prix identique.

Les marchés importants offrent le meilleur choix et les prix les plus intéressants. Sur celui de Ben Thanh, nous avons repéré une qualité supérieure chez Van Ly Huong, stand 905, zone 3. C'est également là qu'on se procure les petites cafetières utilisées par les Vietnamiens. Préférez l'acier à l'aluminium, même si c'est plus cher, car l'utilisation est beaucoup plus commode. Vous pourrez également vous procurer un moulin à café.

Lunettes

A Ho Chi Minh-Ville, beaucoup d'opticiens fabriquent des lunettes bon marché aux montures très fragiles et aux verres mal centrés. Si vous voulez des lunettes de qualité (quoique chères), adressez-vous à Saigon Optic, 46 Ð Pham Ngoc Thach, district 3. Kinh Italy (☎ 823-0483), 10 Ð Cach Mang Thang Tam, bénéficie aussi d'une bonne réputation.

Timbres et pièces de monnaie

Après avoir franchi la porte de la poste principale (2 Cong Xa Paris, vous verrez à votre droite un comptoir où l'on vend de la papeterie, des stylos et d'assez beaux timbres de collection. A l'extérieur, à droite de l'entrée, quelques étals proposent des timbres, mais aussi des pièces et des billets étrangers. Vous trouverez même des reliques de l'ancien régime sud-vietnamien. Les prix sont bas. Comptez 2 \$US pour un album de timbres récents ; les timbres plus rares et plus anciens valent bien sûr beaucoup plus.

Des librairies et magasins d'antiquités de Ð Dong Khoi vendent très cher des pièces et billets de la période coloniale, ainsi que des séries de timbres vietnamiens.

Marchés en plein air

Un marché borde Ð Huynh Thuc Khang dans le secteur de Dong Khoi. Il n'a pas de nom officiel, on l'appelle donc généralement le marché de Ð Huynh Thuc Khang.

Vous trouverez le matériel électronique le plus varié, mais aussi des vêtements, des produits d'entretien, des objets en laque, préservatifs, des cassettes piratées, des bouteilles de Johnny Walker de contrebande, des couteaux suisses fabriqués en Chine, des posters de héros nationaux : Ho Chi Minh, Michael Jackson ou Mickey !

Marché Ben Thanh. Incroyablement vaste, ce marché (appelé aussi Cho Ben Thanh) vend de tout, des chapeaux coniques en paille de riz aux fameux ao dai. C'est aussi le marché le plus vivant et le plus coloré de la ville. Débordant sur les rues avoisinantes, vous découvrirez tout ce qu'un Saigonnais moyen peut consommer : légumes, fruits, viande, épices, biscuits, confiserie, tabac, vêtements, chapeaux, quincaillerie, articles ménagers. De petits vendeurs proposent des repas très économiques.

Il est situé à 700 m du Rex Hotel, au carrefour des ÐL Le Loi, Ham Nghi, Tran Hung Dao et de Ð Le Lai. Les Français l'avaient construit en 1914 sur une superficie de 11 km^2 pour en faire des halles. La coupole centrale mesure 28 m de diamètre. Son entrée principale, surmontée d'un beffroi et d'une horloge, est devenue un emblème de la ville.

Face au beffroi se dresse une statue équestre de Tran Nguyen Hai, qui fut le premier Vietnamien à utiliser des pigeons voyageurs. A ses pieds, un petit buste blanc de Quach Thi Trang, femme bouddhiste tuée pendant les manifestations antigouvernementales de 1963.

Le Vieux Marché. Ne vous laissez pas induire en erreur par son nom, ce n'est pas un marché aux puces. On y vend simplement des denrées importées (plus ou moins légalement) : nourriture, vins, mousse à raser, shampooing… mais ni matériel électronique ou robotique (voir ci-dessous *Marché Dan Sinh*). Évitez par ailleurs d'employer le nom vietnamien (Cho Cu) qui le désigne, car il signifie "pénis" quand on le prononce mal, ce qui fera rire votre chauffeur de cyclo. Indiquez-lui plutôt la direction : le Vieux Marché s'étend au nord du ĐL Ham Nghi, entre Đ Ton That Dam et Đ Ho Tung Mau.

Marché Dan Sinh. Également appelé "marché des surplus militaires", c'est là où vous devez aller si vous cherchez une élégante paire de bottes de combat ou des plaques d'identité rouillées. C'est aussi le marché idéal pour les produits électroniques et toutes sortes de machines importées.

Il est situé 104 Đ Yersin, à côté de la pagode Phung Son Tu. La première partie du marché est réservée aux échoppes où l'on vend voitures et motos, mais juste derrière la pagode, vous verrez tout un barda militaire plus ou moins authentique.

Le choix ne manque pas, du masque à gaz au lit de camp en passant par les imperméables, moustiquaires, gamelles, sacs de paquetage, ponchos et bottes ou même gilets pare-balles (la demande a chuté depuis la fin de la guerre du Vietnam, et les prix sont maintenant très compétitifs). En revanche, il n'est pas rare que l'on facture un prix exorbitant aux étrangers.

Marché Binh Tay. Il s'agit du marché central de Cholon (Cho Binh Tay), spécialisé dans la vente en gros. En fait, il ne se trouve pas à proprement parler à Cholon, mais à un jet de pierres, dans le district 6 (Cholon étant le district 5), sur ĐL Hau Giang, à environ 1 km au sud-ouest de Đ Chau Van Liem.

Marché Andong. Il s'agit de l'autre marché couvert de Cholon, situé tout près de l'intersection de ĐL Tran Phu et ĐL An Duong Vuong.

Ses quatre étages regorgent d'étals. Au premier, on trouve des vêtements et des chaussures provenant aussi bien de Hong Kong que de Paris, ainsi que les gracieux ao dai vietnamiens. Le sous-sol abrite une foule de petites gargotes pratiquant des prix dérisoires.

COMMENT S'Y RENDRE
Avion
Vietnam Airlines vend également des billets pour Lao Aviation (Hang Khong Lao). Voici la liste des compagnies aériennes :

Aeroflot
(☎ 829 3489 ; fax 829 0076)
4H ĐL Le Loi, district 1
Air France (Hang Khong Phap)
(☎ 829 0891/829 0982 ; fax 823 0190)
130 Đ Dong Khoi, district 1
Asiana Airlines
(☎ 822 2663/821 2749 ; fax 822 2710)
141-143 ĐL Ham Nghi, district 1
British Airways
(☎ 829 1288 ; fax 823 0030)
58 Đ Dong Khoi, district 1
Cathay Pacific Airways (Hang Khong Cathay Pacific)
(☎ 822 3203 ; fax 825 8276)
58 Đ Dong Khoi, district 1
China Airlines (Taiwan)
(☎ 825 1388/825 1389 ; fax 825 1390)
132-134 Đ Dong Khoi, district 1
China Southern Airlines (Hang Khong Nam Trung Hoa)
(☎ 829 1172/829 8417 ; fax 829 6800)
52B Đ Pham Hong Thai, district 1
Emirates Airlines
(☎ 822 8000 ; fax 822 8080)
The Landmark, 5B Đ Ton Duc Thang, district 1

GREG ELMS

MARK KIRBY

MASON FLORENCE

GREG ELMS

L'intimité des temples Caodai ou bouddhiques (**au milieu**), ou la fraîcheur des salons des grands hôtels comme le Rex (**en haut**) permettent d'échapper un instant à l'agitation de Saigon

Pour pallier le manque de services télévisés, les autorités vietnamiennes recourent aux panneaux d'affichage pour faire passer des messages de santé publique ou de propagande

EVA Airways
   (☎ 822 4488 ; fax 822 3567)
   32 Đ Ngo Duc Ke, district 1
Garuda Indonesia (Hang Khong In-do-ne-xia)
   (☎ 829 3644/829 3645 ; fax 829 3688)
   132-134 Đ Dong Khoi, district 1
Japan Airlines
   (☎ 842 4462 ; fax 842 2189)
   143 Đ Nguyen Van Troi, district de Phu Nhuan
KLM-Royal Dutch Airlines
   (☎ 823 1990 ; fax 823 1989)
   244 Đ Pasteur, district 3
Korean Air
   (☎ 824 2878 ; fax 824 2877)
   65 ĐL Le Loi, district 1
Lauda
   (☎ 829 7117 ; fax 829 5832)
   9 Đ Dong Khoi, district 1
Lufthansa Airlines (Hang Khong CHLB Duc)
   (☎ 829 8529/829 8549 ; fax 829 8537)
   132-134 Đ Dong Khoi, district 1
Malaysia Airlines (Hang Khong Ma-lay-sia)
   (☎ 829 2529 ; fax 824 2884)
   132-134 Đ Dong Khoi, district 1
Pacific Airlines (Hang Khong Pa-ci-fic)
   (☎ 820 0978 ; fax 820 0980)
   177 Đ Vo Thi Sau, district 3
Philippine Airlines (Hang Khong Phi-lip-pin)
   (☎ 823 0502/823 0544 ; fax 823 0548)
   132-134 Đ Dong Khoi, district 1
Qantas Airways
   (☎ 821 4660 ; fax 821 4669)
   5e étage, Saigon Centre, 65 ĐL Le Loi
Royal Cambodia Airlines
   (☎ 844 0126 ; fax 842 1578)
   343 Đ Le Van Sy, district de Tan Binh
Singapore Airlines (Hang Khong Sin-ga-po)
   (☎ 823 1583 ; fax 823 1554)
   Saigon Tower Building, suite 101, 29 ĐL
   Le Duan, district 1
Thai Airways International (Hang Khong Thai Lan)
   (☎ 829 2810 ; fax 822 3465)
   65 Đ Nguyen Du, district 1
United Airlines
   (☎ 823 4755 ; fax 823 0030)
   58 Đ Dong Khoi, district 1
Vasco
   (☎ 842 2790 ; fax 844 5224)
   114 Đ Bach Dang, district de Tan Binh, aéroport Tan Son Nhat

Vietnam Airlines (Hang Khong Vietnam)
   (☎ 829 2118/823 0697 ; fax 823 0273)
   116 ĐL Nguyen Hue, district 1

L'aéroport Tan Son Nhat fut l'un des trois plus fréquentés au monde à la fin des années 60. Les pistes sont toujours entourées de structures militaires telles que les murs de protection des avions, couverts de lichen et résistant au mortier. Le bâtiment de contrôle de l'aide militaire américaine (MACV), également appelé le "pentagone de l'Est", fut détruit par les Américains quelques heures avant la reddition de Saigon aux troupes nord-vietnamiennes.

Il est essentiel de reconfirmer toutes les réservations sur les vols internationaux. Pour de plus amples informations, consultez le chapitre *Comment s'y rendre*.

Les vols intérieurs au départ de Ho Chi Minh-Ville s'effectuent sur Vietnam Airlines et Pacific Airlines. Pour de plus amples informations, voir le chapitre *Comment circuler*.

Bus

Gare routière de Cholon. Ho Chi Minh-Ville compte plusieurs gares routières, d'où partent et arrivent les bus qui relient la ville au reste du pays. La gare de Cholon est très pratique si l'on souhaite se rendre à Mytho ou dans d'autres villes du delta du Mékong. Elle se situe à l'extrémité ouest de ĐL Tran Hung Dao, district 5, non loin du marché de Binh Tay.

Gare routière Mien Tay. Moins bien située que celle de Cholon, l'immense gare routière Mien Tay (Ben Xe Mien Tay ; ☎ 825 5955) regroupe néanmoins davantage de lignes à destination du Sud. Elle se trouve à environ 10 km à l'ouest de Ho Chi Minh-Ville, à An Lac, district de Binh Chanh (Huyen Binh Chanh).

La gare routière Mien Tay dessert, par bus express ou minibus, Bac Lieu (6 heures), Camau (12 heures), Cantho (3 heures 30), Chau Doc (6 heures), Long Xuyen (5 heures) et Rach Gia (6 à 7 heures).

HO CHI MINH VILLE

Ces véhicules bénéficient de la priorité pour les traversées en bac. Pour chaque destination, les départs ont lieu deux fois par jour, à 4h30 et à 15h. On achète son ticket à partir de 3h30 pour les départs du matin, et de 12h pour ceux de l'après-midi.

Gare routière Mien Dong. Les bus se rendant dans les villes situées au nord de Ho Chi Minh-Ville partent de la gare routière Mien Dong (Ben Xe Mien Dong ; ☎ 829 4056). Elle est située à environ 5 km du centre-ville, sur la nationale (13 Quoc Lo 13), dans le prolongement de Đ Xo Viet Nghe Tinh. La gare se trouve à un peu moins de 2 km au nord de l'intersection de Đ Xo Viet Nghe Tinh et Đ Dien Bien Phu.

Des express desservent Buon Ma Thuot (15 heures), Danang (26 heures), Haiphong (53 heures), Hanoi (49 heures), Hué (29 heures), Nam Dinh (47 heures), Nha Trang (11 heures), Pleiku (22 heures), Quang Ngai (24 heures), Qui Nhon (17 heures), Tuy Hoa (12 heures) et Vinh (42 heures). Les express partent chaque jour entre 5h et 5h30.

Gare routière Van Thanh. De cette gare (Ben Xe Van Thanh ; ☎ 8294839), on atteint les villes à proximité de Ho Chi Minh-Ville, notamment celles des provinces de Song Be et de Dong Nai. Pour les voyageurs, les bus les plus importants sont probablement ceux pour Dalat et Vung Tau.

Située dans le district de Binh Thanh, 1,5 km à l'est de l'intersection de Đ Dien Bien Phu et Đ Xo Viet Nghe Tinh, 72 Đ Dien Bien Phu (après le n°600 quand on sort de Ho Chi Minh-Ville), elle est facilement accessible en cyclo-pousse depuis le centre-ville.

Des bus quelque peu antiques en partent pour Baria, Cho Lau, Ham Tan, Long Dien, Long Hai, Phu Cuong, Phu Giao, quelques villes de la province de Song Be, Vung Tau et Xuan Loc. Des "motos-taxis" (*Xe Lam*) assurent la liaison avec la gare de Tay Ninh. Les bus partent dès qu'ils sont pleins. La gare routière Van Thanh est ouverte de 6h à environ 18h.

Gare routière Tay Ninh. Les bus à destination de Tay Ninh, Cu Chi et du nord-est de Ho Chi Minh-Ville partent de la gare routière Tay Ninh (Ben Xe Tay Ninh, ☎ 849 5935), dans le district de Tan Binh, à l'ouest du centre. Pour vous y rendre, prenez Đ Cach Mang Thang Tam. La gare se trouve environ 1 km après l'endroit où cette rue prend le nom de Đ Le Dai Hanh.

Vung Tau. Pour aller à Vung Tau, prenez un bus Đ Dong Du, près du Saigon Hotel et de la mosquée. Il ne s'agit pas d'une gare routière, mais d'un arrêt classique. Par conséquent, l'endroit est susceptible de changer. N'oubliez donc pas de vous renseigner avant le départ.

Train

La gare ferroviaire de Ho Chi Minh-Ville (Ga Sai Gon ; ☎ 823 0105) se trouve 1 Đ Nguyen Thong, district 3. Les trains desservent les villes de la côte au nord de Ho Chi Minh-Ville. Les guichets sont ouverts tous les jours de 7h15 à 11h et de 13h à 15h. Pour plus de renseignements concernant l'*Express de la Réunification*, reportez-vous au chapitre général *Comment circuler*.

Voiture

On peut organiser la location d'une voiture dans presque tous les cafés et hôtels touristiques. Il est plus prudent de passer par l'intermédiaire d'une agence détenant une licence, mais c'est plus onéreux. Toutefois, vous n'êtes pas obligé de vous adresser aux plus chères comme Saigon Tourist. Les agences du quartier de Pham Ngu Lao, inutile de le préciser, s'efforcent d'offrir les tarifs les plus bas.

Bateau

Des bacs pour le delta du Mékong partent du quai (☎ 829 7892) situé à l'extrémité du ĐL Ham Nghi. Chaque jour, un bateau dessert les provinces d'An Giang et de Vinh Long et les villes de Ben Tre (8 heures), Camau (30 heures, uniquement tous les quatre jours), Mytho (6 heures, départ à 11h) et Tan Chau.

Les billets sont délivrés à bord. Vérifiez avant s'il y a un service de restauration, et tenez compte du fait que vous embarquez sur un vieux rafiot dépourvu de matériel de sécurité aussi élémentaire que des gilets de sauvetage.

Il existe un service d'hydroglisseur vers Vung Tau pour 10 $US l'aller. Il part de Saigon à 6h45, 8h, 10h30 et 14h45 et repart de Vung Tau à 8h30, 13h, 16h et 16h30. Le bureau des réservations (☎ 829 7892) se situe 6A Đ Nguyen Tat Thanh.

COMMENT CIRCULER
Desserte de l'aéroport
L'aéroport Tan Son Nhat est à 7 km du centre de Ho Chi Minh-Ville. En général, les taxis dotés d'un compteur seront la meilleure solution et vous factureront environ 5 $US pour vous conduire en ville. Des taxis sans compteur sont également à votre disposition, mais ils sont aussi chers. Ne perdez pas votre temps au comptoir de réservation de l'aéroport : vous paierez au minimum 25 $US pour un taxi ordinaire ou 50 $US pour une limousine.

Vous pouvez aussi emprunter le Skybus, qui circule de 7h à 23h entre l'aéroport et la compagnie Vietnam Airlines du ĐL Nguyen Hue. Le trajet ne coûte que 2 $US, mais cette option n'est pas la meilleure car Vietnam Airlines est situé dans un quartier cher, où peu de voyageurs à petit budget souhaitent se rendre. Si Vietnam Airlines avait la bonne idée de faire arrêter son Skybus Đ Pham Ngu Lao, cette liaison aurait un succès assuré.

Vous pourrez héler un cyclo-pousse devant l'entrée de l'aéroport, à quelques centaines de mètres du terminal. Le trajet jusqu'au centre-ville coûte environ 2 $US. Vous pouvez aussi prendre une moto-taxi, près du parking de l'aéroport, pour 3 $US.

Pour rejoindre l'aéroport, vous avez la solution d'appeler un taxi (consultez plus bas la rubrique *Taxi* pour connaître les numéros de téléphone). Certains cafés du quartier de Pham Ngu Lao, où se situent les hôtels bon marché, organisent également des transports vers l'aéroport. Ils proposent même des formulaires de réservation de

taxis collectifs à 2 $US par personne.

Si vous optez pour un cyclo-pousse ou une moto-taxi, il vous faudra probablement marcher quelques minutes depuis l'entrée de l'aéroport au terminal. Les voitures particulières, quant à elles, ne peuvent vous déposer qu'au terminal des vols intérieurs, à 1 minute à pied du terminal des vols internationaux.

Bus
Peu d'étrangers prennent les bus, bien que ceux-ci soient plus sûrs que les cyclo-pousse, même s'ils sont moins esthétiques. Depuis que le Comité populaire de Ho Chi Minh-Ville a décidé de les supprimer, des crédits sont alloués aux transports publics, négligés encore récemment.

Actuellement, seuls trois itinéraires de bus fonctionnent. Sachez qu'il n'existe aucun plan correct du réseau et que les arrêts ne sont presque jamais signalés. Voici donc, en résumé, le parcours des trois lignes :

Saigon – Cholon. Les bus quittent le centre de Saigon, place Me Linh (près du fleuve Saigon), prennent le ĐL Tran Hung Dao jusqu'au marché de Binh Tay, à Cholon, et reviennent par le même chemin. La compagnie qui gère cette ligne est pour moitié australienne. Les bus sont équipés de l'air conditionné, de vidéos. Le tout pour 0,20 $US. Achetez votre ticket dans le véhicule, auprès de l'assistante.

Mien Dong – Mien Tay. Le départ se fait de la gare routière Mien Dong (dans le nord-est de Ho Chi Minh-Ville). Le bus traverse Cholon avant d'arriver à la gare routière Mien Tay, à l'ouest de la ville. Le tarif s'élève à 0,40 $US.

Van Thanh – Mien Tay. Le bus quitte la gare routière Van Thanh (dans l'est de Ho Chi Minh-Ville), traverse Cholon et rejoint la gare routière de Mien Tay. Le ticket coûte 0,40 $US.

Taxis
Des taxis équipés de compteur font parfois la maraude, mais il est beaucoup plus facile d'en trouver un, en téléphonant à leur central. A l'heure actuelle, huit compagnies à Ho Chi Minh-Ville proposent des taxis

dotés de compteur. Elles facturent quasiment les mêmes tarifs : la prise en charge revient à 0,50 $US, et chaque kilomètre coûte 0,50 $US. Les huit prestataires sont Airport Taxi (☎ 844 6666), Ben Thanh Taxi (☎ 842 2422), Festival Taxi (☎ 845 4545), Mai Linh Taxi (☎ 822 6666), Nguyen Tran Taxi (☎ 835 0350), Saigon Taxi (☎ 842 4242), V Taxi (☎ 820 2020) et Vina Taxi (☎ 842 2888).

Cyclo-pousse
Ils sillonnent presque toutes les rues, de jour comme de nuit. Beaucoup de leurs conducteurs sont d'anciens soldats de l'armée sud-vietnamienne. La plupart connaissent quelques mot d'anglais et éventuellement de français.

Afin de juguler les problèmes de circulation, de plus en plus importants, 51 rues sont interdites aux cyclos. Les conducteurs doivent donc souvent faire un détour pour éviter ces zones, où les policiers n'hésiteraient pas à leur infliger une amende. Pour cette même raison, on ne vous déposera pas toujours à l'endroit précis que vous avez indiqué, mais dans la rue la plus proche. Bien des voyageurs se mettent en colère face à un tel comportement, mais il faut faire preuve de compréhension : la moindre amende peut les ruiner. Les autorités auraient peut-être dû laisser les cyclos circuler librement et éloigner les voitures polluantes vers d'autres itinéraires.

Les petits trajets dans le centre coûtent environ 0,80 $US. Pour aller du centre de Saigon au centre de Cholon, vous paierez environ 1,60 $US. Discutez le prix au départ et munissez-vous de monnaie. Si vous voulez faire une promenade assez longue, la location d'un cyclo-pousse revient à 1 $US l'heure. Profitez bien de ce moyen de transport, car les autorités de Ho Chi Minh-Ville refusent en effet d'immatriculer de nouveaux cyclos et ferment les usines de fabrication. Certains Vietnamiens entreprenants ont toutefois commencé à fabriquer de fausses plaques d'immatriculation. Ces "cyclos pirates" (*xe bo trong*) présentent un inconvénient : en cas de problème avec le conducteur, si vous relevez le numéro de sa plaque pour le signaler à la police, vous pourrez apprendre qu'il s'agit d'un faux.

Xe Lam
Les *Xe Lams* (de petits véhicules à trois roues appelés également Lambrettas) relient différents arrêts de bus. Il existe l'arrêt de Xe Lam, très pratique, à l'angle nord-ouest de Đ Pham Ngu Lao et Nguyen Thai Hoc, d'où vous pouvez vous faire conduire à la gare routière de Mien Tay, pour le delta du Mékong.

Honda Om
Les motos-taxis sont un moyen rapide mais peu sûr de se déplacer en ville. Vous pouvez faire signe à n'importe qui (la plupart des motards ne refusent un l'occasion de gagner un peu d'argent) ou demander à un Vietnamien de vous trouver un Honda Om. Les tarifs sont comparables à ceux des cyclo-pousse.

Voiture et moto
Les voyagistes, les hôtels et les cafés proposent tous des locations de voitures. La plupart des véhicules sont japonais et relativement récents, et vont de la mini-compact au minibus. On peut toutefois encore avoir le privilège de voyager dans une "antiquité" des années 50 et 60. Ces paquebots américains (avec ailerons et pare-chocs chromés impressionnants) dits "matrimoniaux" avaient auparavant beaucoup de succès. Les Vietnamiens aimaient en louer pour donner une touche de prestige à un mariage. Vous pourrez toujours louer ces vieux véhicules pour des excursions dans Ho Chi Minh-Ville et ses environs. Outre les Américaines, vous verrez parfois des Renault et des Citroën. L'ancienne Union soviétique est représentée avec des Lada, des Moskvich et des Volga.

Les plus téméraires choisiront une moto. C'est le moyen le plus rapide et le plus simple de circuler dans Ho Chi Minh-Ville… à condition d'être prudent. Les quartiers touristiques, notamment celui de la rue Pham Ngu Lao, comptent de nom-

La vie dans la rue

Dans la fumée et la pollution, de petits groupes d'hommes usés par les ans sont appuyés contre leur cyclo-pousse. Aux abords des restaurants, des hôtels, des boîtes de nuit et des bars à karaoke du centre-ville, on ne peut pas passer sans les voir, avec leurs vêtements élimés et leurs sandales maculées et abîmées par les ans, le goudron et les chaînes des cyclos.

Avant la guerre, beaucoup étaient médecins, professeurs ou journalistes. A la fin des hostilités, ils furent, par dizaines de milliers, privés de leur citoyenneté et envoyés dans des camps de rééducation. Plus de vingt ans plus tard, ils ne peuvent toujours pas reprendre leur activité d'origine, et, la plupart n'ayant pas de permis de résidence officiel, leur présence à Ho Chi Minh-Ville est techniquement illégale. Beaucoup n'ont jamais eu de famille, car ils n'avaient pas les moyens (ou l'autorisation) de payer un logement.

Aux abords des restaurants, des hôtels, des discothèques et des karaoke du centre ville, on ne peut passer sans les voir avec leurs vêtements élimés et leurs sandales maculées et abîmées, à force de se prendre dans la chaîne du cyclo. L'effervescence régnant autour des hôtels est une source de distraction permanente (et de revenus) pour ces attentifs conducteurs de cyclo. Leurs courtoises propositions cachent leur désir de connaître votre prénom et de vous établir comme "leur propriété" pendant votre séjour. Une fois votre identité révélée, ils vous appelleront à grands cris dans la rue pour obtenir la course.

Ils sont cependant d'excellents guides, car ils connaissent tous les coins et recoins de la ville. Le siège avant d'un cyclo constitue réellement l'un des meilleurs moyens de voir Ho Chi Minh-Ville. Toutefois, quand la circulation est dense, on a l'impression d'être sur des montagnes russes. Les véhicules débouchent de partout et foncent sur vous à toute vitesse.

Les touristes adorent inverser les rôles et prendre place sur la selle, s'imaginant à tort qu'il est aisé de passer sa journée à pédaler d'un endroit à un autre. Dans la plupart des cas, ils trouvent le cyclo trop lourd à entraîner, et, s'ils parviennent à avancer, ils ne vont pas bien loin dans les rues inégales et bourrées de nids-de-poule.

Les conducteurs de cyclo habitent dans la rue et se composent des abris bariolés et pittoresques à l'aide de tables en bois et de petits repose-pieds en plastique multicolore. Leur parquet consiste en morceaux de pavés cassés, et le "placard à boissons" se loge derrière eux.

A la fin de la journée, ils vous inviteront peut-être à boire avec eux un whisky dans une bouteille de Coca ou de la bière locale Ba, Ba, Ba (prononcer baa-baa-baa lentement sinon on peut aussi croire que vous dites en vietnamien : "trois vieilles femmes"). Il est toujours passionnant de passer une soirée en leur compagnie, mais n'oubliez pas que leurs pipes en bois ne contiennent pas toujours que du tabac.

Juliet Coombe

Mon ami le chauffeur de taxi

Attention ! les taxis de l'aéroport se livrent à un petit manège lorsqu'il s'agit de vous conduire à un hôtel. Leur but est que l'hôtel leur verse une commission. Ne soyez pas surpris si le chauffeur vous affirme que l'hôtel que vous lui indiquez est très sale, dangereux, cher ou fermé. Beaucoup de voyageurs sac à dos demandent simplement à être déposés dans le quartier de Pham Ngu Lao mais quand vous y arriverez, le chauffeur insistera sans doute pour vous précéder et demander s'il "reste des places". Parfois, les hôtels sont effectivement complets ; pour en être sûr, allez vous en assurer vous-même. Ne croyez pas tout ce que vous dira le chauffeur.

La plupart des hôtels n'apprécient pas cet arrangement mais sont obligés de s'y plier, au risque de perdre trop de clients. Pire, certains propriétaires d'hôtels vont directement à l'aéroport conclure un compromis avec les taxis : pour tout client amené à l'hôtel, le chauffeur aura droit à 50% du montant de la première nuit. Avec une telle prime, rien d'étonnant à ce que nombre de chauffeurs vous fourrent entre les mains la carte de visite d'un hôtel en prétendant qu'il est très bien. Vous pouvez aussi être sûr qu'il est très cher : en fin de compte, c'est vous qui financez la commission.

Sachez également que cela s'applique aussi aux cyclo-pousse, aux motos et aux taxis stationnant à la gare ferroviaire.

Un dernier problème, certaines personnes qui traînent dans le secteur de Pham Ngu Lao. Ils guettent les touristes puis, avant que ceux-ci n'aient le temps d'entrer, foncent dans l'hôtel et réclament leur commission. S'ils ne l'obtiennent pas, ils se lancent dans une altercation aussi insupportable pour les visiteurs que pour les propriétaires d'hôtels.

breux loueurs de motos. Renseignez-vous dans les cafés.

Une 50 cc se loue entre 5 et 10 $US la journée. Vérifiez qu'elle est en état de marche avant de signer.

Bicyclette

La bicyclette permet de visiter la ville calmement et se loue en de nombreux endroits – hôtels, cafés et agences de voyages.

Pour acheter une bonne bicyclette (donc, importée), adressez-vous à la Federal Bike Shop (☎ 8332899), qui possède trois magasins : 139H Ð Nguyen Trai ; 158B Ð Vo Thi Sau ; et 156 Ð Pham Hong Thai. Les meilleures affaires se font dans certaines boutiques situées à la hauteur du 288 Ð Le Thanh Ton (à l'angle de Ð Cach Mang Thang Tam). Vous pourrez également vous procurer des accessoires : cadres français ou tchèques, dérailleurs et phares chinois, etc. Comptez environ 100 $US pour un vélo cor-

rect équipé de pièces étrangères. Vous pouvez essayer aussi un magasin de cycles à Cholon se trouvant ÐL Ngo Gia Tu, au sud-ouest de ÐL Ly Thai To (près de la pagode d'An Quang), dans le district 4. Des boutiques vendent des pièces détachées le long de la Ð Nguyen Tat Thanh, au sud du musée Ho Chi Minh.

Vous trouverez des vélos de fabrication vietnamienne, mal assemblés mais pas chers, au rez-de-chaussée de Cua Hang Bach Hoa, le grand magasin situé à l'angle de ÐL Nguyen Hue et ÐL Le Loi. Vikotrade Company, 35 ÐL Le Loi (en face du Rex Hotel), vend des pièces détachées fabriquées localement. Pour les réparations immédiates, cherchez un casque à l'envers et une pompe à vélo au bord du trottoir. De nombreux points de réparation se trouvent aux environs du 23 ÐL Phan Dang Luu.

Les parkings à vélos sont généralement délimités par une corde sur le trottoir. Pour 0,10 $US, vous pouvez y laisser votre petite reine en étant sûr de la retrouver. L'employé donnera un numéro à votre vélo qu'il inscrira à la craie sur la selle ou agrafera au guidon. Il vous remettra un ticket que vous garderez soigneusement. Si votre vélo disparaissait, le parking devrait vous le remplacer.

Bateau

Pour voir la ville du fleuve Saigon, vous pouvez facilement louer un bateau à moteur de 5 m. Attention ! de nombreux incidents déplaisants se sont produits, des sacs ont été arrachés et des portefeuilles volés sur le quai où aboutit le ÐL Ham Nghi.

Mieux vaut se rendre sur le lieu où sont concentrés les restaurants flottants : vous rencontrerez toujours quelqu'un qui vous proposera de louer un bateau à plusieurs. Demandez qu'on amène le bateau pour éviter d'avoir à vous déplacer.

Le prix moyen s'élève à 5 $US l'heure pour un petit bateau, et de 10 à 15 $US pour une embarcation plus grande et plus rapide. Parmi les destinations intéressantes, citons Cholon (par le canal Ben Nghe) et le zoo (par le canal Thi Nghe). Ces deux canaux sont fascinants, mais aussi très sales, car on y déverse ses eaux usées. Ces curiosités touristiques font véritablement honte aux autorités, qui projettent d'en déplacer les riverains afin de pouvoir combler les canaux et faire passer l'eau sous terre.

Pour effectuer des promenades plus longues sur le Saigon, mieux vaut se regrouper à plusieurs et louer un bateau rapide auprès de Saigon Tourist, moyennant 20 $US l'heure. Vous réaliserez des économies, car un bateau bon marché est au moins cinq fois plus lent.

Si le Saigon est intéressant, il ne soutient pourtant pas la comparaison avec les canaux du delta du Mékong (pour plus de détails, voir le chapitre *Le delta du Mékong*). Voici ce que raconte un voyageur :

Nous avons loué à deux personnes une petite embarcation avec un pilote et une guide pour 5 $US l'heure. Nous avons pu remonter le canal de Cholon et observer la vie des quais. Les ponts sont trop bas pour les bateaux de touristes. C'était très intéressant de voir comment vivent les gens dans leurs maisons sur pilotis. On nous a dit qu'à marée basse de "petits pirates" grimpent dans le bateau pour demander de l'argent mais nous n'avons pas eu de problème.

Cependant, un autre voyageur a réagi différemment :

Les promenades en bateau sur le canal Ben Nghe jusqu'à Cholon, c'est du vol ! Les morceaux de plastique et les plantes qui poussent dans cette eau très sale ont pour effet de bloquer le moteur toutes les 2 à 3 mn. Le propriétaire du bateau est donc forcé de s'arrêter et de nettoyer, ce qui prend beaucoup de temps. Nous avons passé 35 mn à dériver sur 5 km d'une eau infecte, sans être protégés de la pluie. Il existe sûrement d'autres endroits au Vietnam où faire des balades en bateau, comme Cantho, Nha Trang, Hoi An et Hué, pour n'en citer que quelques-uns.

Gorrit Goslinga

La location à l'heure implique nécessairement certains abus. Il est donc bon de s'entendre sur la durée de la promenade avant le départ. Les bacs qui traversent le fleuve Saigon sont amarrés au quai qui forme l'extrémité du ÐL Ham Nghi. Ils partent approximativement toutes les 30 minutes, de 4h30 à 22h30. Pour embarquer sur ces vaisseaux, il faut franchir le barrage des pickpockets et des propriétaires de bateaux.

Environs de Ho Chi Minh-Ville

TUNNELS DE CU CHI

La ville de Cu Chi comptait environ 80 000 habitants pendant la guerre du Vietnam. C'est aujourd'hui un district du Grand Ho Chi Minh-Ville où vivent 200 000 personnes. A première vue, il reste peu de traces des combats et des bombardements qui faisaient rage à Cu Chi pendant les hostilités. Pour se rendre compte de ce qui s'est passé, il faut descendre sous terre.

Le réseau de tunnels du district de Cu Chi est devenu légendaire dans les années 60, en permettant au Viet-Cong de contrôler une grande partie de la campagne, à une quarantaine de kilomètres seulement de Ho Chi Minh-Ville. A son apogée, le réseau s'étendait de la capitale sud-vietnamienne jusqu'à la frontière cambodgienne. Le district de Cu Chi comptait à lui seul 250 km de galeries souterraines, qui se superposaient sur plusieurs étages à certains endroits. Ce véritable lacis comprenait de nombreuses sorties secrètes, des zones aménagées d'habitation, des entrepôts, des usines d'armement, des hôpitaux de campagne, des centres de commandement et des cuisines.

Ces tunnels permettaient aux enclaves contrôlées par le Viet-Cong de communiquer entre elles, lorsqu'elles étaient isolées dans des zones américaines et sud-vietnamiennes. Ils servaient également d'abris à la population lors des attaques aériennes. Grâce à eux, les rebelles pouvaient se livrer à des attaques-surprise – même dans le périmètre de la base américaine de Dong Du – et s'évaporer sans laisser de traces. Les opérations pour tenter de détruire ce réseau s'avérant aussi meurtrières qu'inefficaces, les Américains décidèrent de frapper fort et transformèrent les 420 km^2 de Cu Chi en ce qui fut appelé par la suite "la région la plus bombardée, gazée, défoliée et dévastée de tous les temps par la guerre".

Cu Chi est aujourd'hui un haut lieu de pèlerinage pour les écoliers vietnamiens et les dignitaires du Parti. Certaines sections,

A ne pas manquer

- La visite des tunnels creusés par le Viet-Cong à Cu Chi
- La messe dans l'étonnant temple Cao Dai à Tay Ninh
- La station balnéaire animée de Vung Tau, ou les plages moins fréquentées de Long Hai ou Hoc Coc

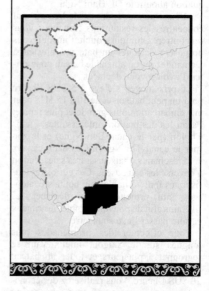

élargies et restaurées, sont ouvertes au public. D'autres, laissées telles quelles, sont rarement visitées en raison de leur difficulté d'accès. De nombreux cimetières militaires sont disséminés dans les environs de Cu Chi, mais les circuits organisés ne s'y arrêtent que sur demande spéciale.

Histoire

Il a fallu près de vingt-cinq ans pour construire les tunnels de Cu Chi. Commen-

504

cés à la fin des années 40, ils furent la réponse improvisée d'une armée de paysans sous-équipés à des ennemis disposant de techniques modernes, d'hélicoptères, d'artillerie, de bombardiers et d'armes chimiques.

C'est pendant la guerre d'Indochine que le Viet Minh a creusé les premières galeries, dans la terre dure et rouge de Cu Chi qui se prêtait idéalement à cette utilisation. Il s'agissait surtout, à l'époque, d'établir une communication entre villages et d'éviter les patrouilles françaises.

Lorsque la résistance du Front national de libération Viet-Cong (FLN) s'intensifia, vers 1960, les vieux tunnels Viet Minh furent réparés et prolongés. En quelques années, ces réseaux prirent une importance stratégique énorme et permirent au Viet-Cong de contrôler la plus grande partie du district de Cu Chi et les régions avoisinantes. Cu Chi servait également de base aux agents secrets et aux équipes de sabotage de Ho Chi Minh-Ville. De là furent planifiées et lancées les attaques-surprise effectuées dans la capitale sud-vietnamienne au cours de l'offensive du Têt, en 1968.

Au début de l'année 1963, le gouvernement Diem mit en œuvre le programme des "hameaux stratégiques", consistant en campements fortifiés, entourés de piques de bambou, pour reloger les populations des zones passées aux mains des communistes. Le premier hameau vit le jour dans le district de Ben Cat, tout près de Cu Chi. Ce programme fut appliqué avec une telle incompétence que la population rurale tourna le dos au régime. Le Viet-Cong s'employa pour sa part à infiltrer les hameaux, grâce aux tunnels. A la fin de 1963, il en contrôlait déjà le premier.

La série de défaites enregistrée par les Sud-Vietnamiens dans la région amena le Viet-Cong à régner sur Cu Chi à la fin de 1965. Ses soldats y organisèrent même un défilé militaire. Une telle victoire incita l'administration Johnson à envoyer des troupes américaines au combat.

Pour parer à la menace du contrôle vietcong sur une région aussi proche de la capitale sud-vietnamienne, les Américains commencèrent par installer une vaste base dans le district de Cu Chi. Sans le savoir, ils la construisirent juste au-dessus d'un réseau de galeries. La 25e division mit des mois à comprendre pourquoi ses soldats se faisaient abattre la nuit sous leurs tentes.

Les Américains et les Australiens tentèrent de "pacifier" la région de Cu Chi, qui fut surnommée le Triangle de fer. Ils lancèrent de vastes opérations de terrain impliquant des milliers de soldats, sans pouvoir localiser les tunnels. Pour priver le Viet-Cong d'abris et d'approvisionnements, ils déversèrent des défoliants sur les rizières, rasèrent une énorme superficie de jungle, évacuèrent et laminèrent des villages. Quelques mois plus tard, ils arrosèrent d'essence et de napalm la végétation asséchée. Cependant, la chaleur intense et l'humidité de l'air tropical déclenchèrent des pluies qui éteignirent les feux, et le Viet-Cong survécut dans ses abris souterrains.

Incapable de gagner cette bataille avec des armes chimiques, l'armée américaine envoya des hommes à l'assaut des tunnels. Cette armée de "taupes" subit de lourdes pertes au cours des nombreuses fusillades souterraines auxquelles elle participa.

Les Américains firent alors appel à des bergers allemands spécialement dressés pour débusquer les trappes et les rebelles. Pour les dérouter, les soldats vietcong mirent du poivre sur leur chemin. Ils commencèrent à se laver avec du savon américain et revêtirent aussi les uniformes de leurs prisonniers, pour tromper l'odorat des chiens qui n'avaient d'ailleurs pas appris à reconnaître les objets piégés. Les pertes canines atteignirent de telles proportions que leurs maîtres finirent par refuser de les envoyer dans les tunnels.

Les Américains déclarèrent alors Cu Chi "zone de tir à volonté" : les GI's pouvaient faire feu sur tout ce qui bougeait. Des tirs d'artillerie au jugé avaient lieu de nuit, et les pilotes pouvaient déverser leurs surplus de bombes et de napalm avant de rentrer à leur base. Le Viet-Cong résista. A la fin des années 60, exaspérés, les Américains don-

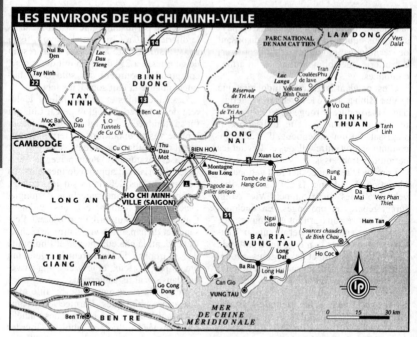

LES ENVIRONS DE HO CHI MINH-VILLE

nèrent l'ordre à leurs B52 d'en finir avec cette région. Les bombes détruisirent la plupart des tunnels et la campagne environnante. Néanmoins, il était trop tard : les États-Unis se retiraient déjà de la guerre. Les tunnels avaient rempli leur mission.

Dans ces tunnels, les soldats vietcong vécurent dans des conditions extrêmement pénibles et essuyèrent de terribles pertes. Seuls 6 000 des 16 000 combattants survécurent. Un nombre incalculable de civils – pour la plupart des parents de rebelles – périrent également dans cette horreur.

Les villages du district de Cu Chi eurent droit à de nombreux honneurs. Le gouvernement les décora et les déclara "villages héroïques". Depuis 1975, de nouveaux hameaux ont été construits, et la population de la région a plus que doublé, atteignant aujourd'hui 200 000 habitants. La terre et l'eau contiennent cependant toujours

des défoliants, et les récoltes demeurent bien maigres.

Les tunnels

Le Viet-Cong sut tirer la leçon de ses erreurs, ce qui lui permit de développer des techniques simples et efficaces pour rendre ses tunnels quasi indécelables et indestructibles. Ils camouflèrent les trappes de sortie en bois sous de la terre et des feuillages et en piégèrent certaines. Ils trouvèrent même le moyen de bâtir des issues secrètes sous l'eau des rivières. Ils préparaient leurs repas sur des cuisinières "Dien Bien Phu", qui dégageaient leur fumée très loin du lieu de cuisson grâce à un système de conduits. Des trappes empêchaient les gaz lacrymogènes, la fumée et l'eau de se propager dans les tunnels. Certaines sections étaient même équipées d'éclairage électrique. Aujourd'hui, deux de ces tunnels sont ouverts au public. L'un se trouve à Ben Dinh, l'autre à Ben Duoc.

Ben Dinh. La petite zone ouverte aux visiteurs se trouve près du village de Ben Dinh, à 50 km de Ho Chi Minh-Ville. Dans l'une des salles d'exposition, une carte illustre l'étendue du réseau (le nord-ouest des environs de Ho Chi Minh-Ville). Les tunnels sont indiqués en rouge et les bases vietcong en gris clair. Les lignes bleu clair symbolisent les rivières (le Saigon en haut de la carte). Les villages fortifiés tenus par les Sud-Vietnamiens et les Américains sont signalés en gris. Les points bleus représentent les postes américains et sud-vietnamiens chargés d'assurer la sécurité des villages avoisinants. Au centre, la zone bleu marine représente la base de la 25e division d'infanterie américaine. Très peu de visites organisées incluent celle de cette ancienne base, pourtant proche. Si vous disposez de votre propre guide et d'un véhicule, vous pouvez vous y rendre.

A droite de la carte se trouvent deux schémas en coupe des tunnels. Le second est une copie de celui qu'utilisait le général Westmoreland, commandant en chef des forces américaines au Vietnam entre 1964 et 1968. On observera que les informations recueillies par les services secrets américains n'étaient pas fausses, même si les tunnels ne passaient pas sous les cours d'eau, et que les rebelles ne portaient pas de casques dans les souterrains.

La section du tunnel ouverte au public se trouve à quelques centaines de mètres au sud des salles d'exposition. Elle serpente à travers diverses salles, sur cinquante mètres. Les tunnels non éclairés font environ 1,20 m de haut sur 0,80 m de large. On aperçoit en sortant un tank M48 abattu et un cratère de bombe dans une jeune forêt d'eucalyptus.

L'entrée de ce site, gratuite pour les Vietnamiens, coûte 4 $US pour les étrangers.

Ben Duoc. Il ne s'agit pas des véritables tunnels mais d'une reconstitution précise pour les touristes. L'accent est surtout mis sur le côté "ludique" du site, et les visiteurs imaginent facilement à quoi pouvait ressembler la guérilla. Vous pouvez même tirer avec un M-16, un AK-47 ou une carabine russe, moyennant 1 $US par balle (c'est sans doute la seule fois où vous en aurez l'occasion). Une protection pour les oreilles est toutefois recommandée.

L'entrée aux tunnels de Ben Duoc coûte 4 $US.

Le musée de la Guerre de Cu Chi

Ce musée (Nha Truyen Thong Huyen Cu Chi) ne se trouve pas sur le site même, mais à l'écart de la nationale, dans le centre-ville de Cu Chi. Il s'avère plutôt décevant et peu de touristes le visitent.

Dans ce petit musée, la plupart des écriteaux sont en vietnamien. Une série de photos assez horribles montre des civils morts ou gravement blessés après avoir été bombardés ou brûlés au napalm par les Américains. Une peinture murale met en scène des soldats américains, fusil au poing, subissant l'assaut de paysans uniquement armés de bâtons. Près des photos, un panneau indiquait autrefois (en vietnamien) : "La conquête et les crimes des Américains" ; il a été changé en 1995 et on peut lire désormais : "La conquête et les crimes de l'ennemi" – sans doute dans la perspective de recevoir des visiteurs américains.

Sur l'un des murs du musée, on peut voir une longue liste de noms des combattants vietcong morts dans la zone de Cu Chi. Dans une salle voisine figurent des photos récentes de fermes et d'usines prospères, sans doute pour témoigner des bénéfices des réformes économiques du Vietnam. On trouve également une étrange collection de poteries et de laques sans le moindre panneau explicatif. Dans le hall, près de l'entrée, se dresse une statue de Ho Chi Minh, le bras droit levé comme pour dire bonjour.

L'entrée au musée de la Guerre de Cu Chi s'élève à 1 $US pour les étrangers.

Visites organisées

Ces visites constituent une solution pratique et peu onéreuse pour se rendre aux tunnels. Certains cafés de Đ Pham Ngu Lao proposent des circuits d'une journée, associant la visite des tunnels de Cu Chi et du Grand Temple caodai pour la modique somme de 4 $US (plus le droit d'entrée aux tunnels). Les excursions organisées par Saigon Tourist et Vietnam Tourist incluent souvent la visite des tunnels de Cu Chi, mais à des prix moins intéressants.

Comment s'y rendre

Cu Chi est un district assez étendu, dont une partie se situe à 30 km seulement du centre de Ho Chi Minh-Ville. Si le musée de la Guerre de Cu Chi est le lieu de visite le plus proche de la ville, comptez quelque 50 km du centre, par la grande route, pour rejoindre les tunnels de Ben Dinh et 70 km pour ceux de Ben Duoc. Un raccourci permet de réduire le trajet de plusieurs kilomètres, mais attendez-vous à des routes poussiéreuses et défoncées.

Bus. Des bus reliant Ho Chi Minh-Ville à Tay Ninh partent de la gare routière de Tay Ninh (Ben Xe Tay Ninh), dans le district de Tan Ninh, et de celle de Mien Tay, à An Lac. Tous passent par la ville de Cu Chi, mais il vous faudra louer une moto pour franchir les 15 km menant aux tunnels, car les transports en commun ne s'y rendent pas.

Taxi. Louer un taxi à Ho Chi Minh-Ville pour se rendre à Cu Chi est relativement abordable, surtout si vous partagez la course à plusieurs. Pour de plus amples informations sur la location des véhicules à Ho Chi Minh-Ville, reportez-vous au chapitre qui lui est consacré.

On peut aisément combiner une visite aux tunnels de Cu Chi avec un arrêt au quartier général du mouvement caodai à Tay Ninh. Un taxi vous coûtera quelque 40 $US pour cette excursion d'une journée.

TAY NINH

La ville de Tay Ninh, capitale de la province du même nom, est avant tout le "Saint-Siège" de la plus fascinante des religions vietnamiennes, le caodaïsme. Dans aucun pays d'Asie vous ne verrez édifice plus saississant et plus flamboyant que le Grand Temple caodai. Il a fallu vingt-deux ans (1933-1955) pour ériger ce chef-d'œuvre baroque, tenant à la fois d'une église française, d'une pagode chinoise, des jardins du Baume du Tigre de Hong Kong et du musée Grévin.

La province de Tay Ninh se trouve au nord-ouest de Ho Chi Minh-Ville et longe la frontière cambodgienne sur trois de ses côtés, le quatrième étant le fleuve Saigon. Son point culminant (850 m) est le mont Ba Den – la "Dame noire". Le fleuve Vam Co, qui prend sa source au Cambodge, traverse sa partie occidentale.

La puissance politique et militaire des caodaïstes a amené les Français à ouvrir un large front dans cette région durant la guerre d'Indochine. La province de Tay Ninh est ensuite devenue un jalon très important de la piste Ho Chi Minh pendant la guerre du Vietnam. Le Viet-Cong s'empara même de sa capitale en 1969, et la conserva plusieurs jours.

A la fin des années 70, lorsque la tension régnait entre le Cambodge et le Vietnam, les Khmers rouges ont effectué plusieurs raids sur cette province frontalière et ont commis des atrocités. Plusieurs cimetières sinistres des environs de Tay Ninh témoignent sans complaisance de ces horreurs.

Renseignements

Agences de voyages. Tay Ninh Tourist (☎ 822376) se situe dans le Hoa Binh Hotel, Đ 30/4. L'agence projette d'organiser des excursions au réservoir tout proche de Dau Tieng avec, en option, des traversées en bateau et du ski nautique.

Elle propose également d'intéressants circuits au-delà de la frontière cambodgienne, à 17 km à l'intérieur des terres, vers le hameau de Chang Riet. La destination en est la Southern Central Department Base (Can Cu Trung Uong Cuc Mien Nam), une ancienne base vietcong située à 62 km au nord-ouest de Tay Ninh. Intentionnellement installée au Cambodge pour éviter toute attaque des troupes sud-vietnamiennes, cette base a également servi de quartier général au Parti communiste, de 1973 à 1975. Malheureusement, ces circuits sont, pour l'instant, réservés aux touristes locaux, et il faudra franchir l'obstacle bureaucratique des visas pour que les étrangers puissent en profiter.

La religion caodai

Le caodaïsme (Dai Dao Tam Ky Pho Do) est le fruit d'une volonté de créer une religion idéale par la fusion des philosophies religieuses séculaires de l'Orient et de l'Occident. Il a pour cela emprunté à chacune des religions connues au Vietnam au début de ce siècle : bouddhisme, confucianisme, taoïsme, spiritisme vietnamien, christianisme et islam.

Le mot "caodai" (signifiant littéralement "haute tour ou palais suprême") est un euphémisme qui sert à désigner Dieu. La religion s'appelle caodaïsme, et ses pratiquants les caodaïstes. La hiérarchie de ce mouvement se fonde en partie sur celle de l'Église catholique, sans que la prêtrise soit une profession.

Histoire. Le père fondateur du caodaïsme est Ngo Minh Chieu (aussi connu sous le nom de Ngo Van Chieu, né en 1878), fonctionnaire profondément mystique qui dirigea le district de l'île de Phu Quoc. Très érudit en matière de religions orientales et occidentales, il se passionna pour le spiritisme, ayant, dit-on, un grand talent pour communiquer avec les esprits. Il commença vers 1919 à recevoir une série de révélations de Caodai (Dieu), sur lesquelles il fonda sa doctrine.

Le caodaïsme devint une religion officielle en 1926. Un an plus tard, il comptait déjà 26 000 adeptes et rencontrait un grand succès, notamment auprès des fonctionnaires vietnamiens de l'administration coloniale. Au départ des Français, un Sud-Vietnamien sur huit était caodaïste et la secte avait acquis une renommée internationale pour son originalité. L'auteur britannique Graham Greene a même sérieusement envisagé de s'y convertir.

Au milieu des années 50, les caodaïstes avaient fait de la province de Tay Ninh un État féodal quasi indépendant. Pendant vingt ans, ils y gardèrent une énorme influence. Ils avaient auparavant joué un grand rôle politique et militaire dans le Sud, levant une armée privée de 25 000 hommes, avec la bénédiction des Japonais d'abord, des Français ensuite. Finalement, ces troupes rejoignirent les rangs de l'armée sud-vietnamienne. Pendant la guerre d'Indochine, les usines de munitions des caodaïstes étaient spécialisées dans la fabrication de tubes de mortier à partir de pots d'échappement.

Les caodaïstes refusèrent de soutenir le Viet-Cong durant la guerre du Vietnam, tout en étant à peine tolérés par le gouvernement de Ho Chi Minh-Ville. Ils s'attendaient donc au pire après la réunification. Le régime confisqua effectivement leurs terres et fit exécuter quatre de leurs membres en 1979. Leur disgrâce prit fin en 1985, quand les communistes leur rendirent leurs lieux saints, ainsi que quelque 400 temples.

Si l'influence des caodaïstes reste prépondérante dans la province de Tay Ninh et le delta du Mékong, elle est également présente dans tout le Sud et le Centre du Vietnam. La religion compte actuellement trois millions d'adeptes. Les Vietnamiens qui ont fui à l'étranger après la venue au pouvoir des communistes ont étendu le caodaïsme aux pays occidentaux, mais leur nombre y est restreint.

Philosophie. La doctrine caodaïste s'inspire en grande partie du bouddhisme mahayana, tout en intégrant des éléments taoïstes et confucianistes (les trois religions du Vietnam). L'éthique caodaïste se fonde sur l'idéal bouddhiste de l'homme bon, en empruntant sanctions et tabous vietnamiens traditionnels.

Le but suprême de tout membre de la secte est d'échapper au cycle de la réincarnation. Il doit pour cela s'abstenir de tuer, de mentir, de voler et de s'adonner au luxe et aux plaisirs de la chair.

Les caodaïstes croient en un seul Dieu, à l'existence de l'âme et à la communication avec le monde des esprits. Ils sont végétariens, assistent à des séances de spiritisme, pratiquent le culte des morts et des ancêtres. Ils se font un devoir pressant de convertir leurs frères et de parfaire leurs propres capacités à la méditation. Seuls leurs prêtres font vœu de célibat.

Suivant le principe chinois de dualité du yin et du yang, il existe deux grandes divinités : une féminine, la déesse Mère, et une masculine, Dieu (une dualité qui complique quelque peu la croyance en "un seul Dieu"). Les caodaïstes divergent sur un point : laquelle de ces deux divinités a créé le monde ?

L'histoire, pour eux, se divise en trois grandes périodes de révélation divine. Au cours de la première, la vérité de Dieu fut révélée à l'humanité par Laozi (Laotse) et des personnages associés au bouddhisme, au confucianisme et au taoïsme. Les agents humains de la révélation sont intervenus pendant la deuxième période. Il s'agit de Bouddha (Sakyamuni), Mahomet, Confucius, Jésus et Moïse. Les caodaïstes croient que leurs messages ont été corrompus par la fragilité humaine de leurs messagers et de leurs disciples. Ils croient aussi que ces révélations avaient leurs limites puisqu'elles ne s'appliquaient qu'à une période spécifique et aux personnes originaires de la même région que les messagers.

Le caodaïsme se considère comme le fruit d'une "troisième alliance entre Dieu et l'homme". Ce principe est la troisième et dernière révélation. Les disciples estiment que le caodaïsme échappe aux échecs des deux premières périodes car il est fondé sur une vérité divine communiquée par les esprits, lesquels servent de messagers du salut et d'enseignants de la doctrine. La liste des esprits entrés en contact avec les caodaïstes comprend des personnages hors du commun (responsables caodaïstes décédés, patriotes, héros, philosophes, poètes, dirigeants politiques, guerriers), mais aussi des gens ordinaires. Quelques esprits d'illustres Occidentaux en font partie : Jeanne d'Arc, Descartes, Victor Hugo, Pasteur, Lénine et Shakespeare. En raison de ses fréquentes conversations avec les médiums caodaïstes de la mission de Phnom Penh, Victor Hugo a été promu, à titre posthume, chef spirituel des missions étrangères.

Les communications avec les esprits se déroulent en vietnamien, chinois, français ou anglais. La façon de recevoir les messages des esprits montre l'influence du spiritisme tant occidental qu'extrême-oriental sur les rites caodaïstes. Il arrive qu'un médium tienne un stylo ou un pinceau chinois à calligraphie. Dans les années 20, on utilisait un bâton de bois de 66 cm de long appelé *corbeille à bec*. Le médium tenait une extrémité, tandis que l'autre, munie d'un crayon, inscrivait les messages des esprits. Les caodaïstes ont également recours à ce que l'on appelle la *pneumatographie*. Une feuille blanche est glissée dans une enveloppe cachetée puis suspendue au-dessus de l'autel. Lorsqu'on la décroche, elle contient un message.

Une grande partie des textes sacrés du caodaïsme sont des transcriptions de messages communiqués aux dirigeants de la secte lors de séances de spiritisme qui se sont déroulées entre 1925 et 1929. De 1927 à 1975, seules les séances officielles ayant eu lieu à Tay Ninh étaient reconnues par la hiérarchie. Cela n'empêche pas des groupes dissidents de procéder à des séances au cours desquelles arrivent des messages contredisant la doctrine officielle.

Les caodaïstes considèrent que le végétarisme est un service rendu à l'humanité car il évite de faire du mal à d'autres êtres vivants au cours de leur évolution spirituelle. C'est aussi une forme d'autopurification. Les membres de la secte ne l'appliquent cependant pas tous avec la même intensité. Si les moins rigoureux ne boudent la viande que six jours par mois, les prêtres ne font pas d'exception.

Le clergé accueille aussi bien les hommes que les femmes (sauf aux niveaux supérieurs). Pourtant, lorsque des prêtres des deux sexes officient dans la même région, ce sont les hommes qui ont la prédominance. Les femmes sont vêtues de blanc et portent le titre de *huong*, ce qui signifie "parfum". Les hommes se font appeler *thanh* ("pur"). Les hommes et les femmes entrent dans les temples par des portes différentes et ne prient pas ensemble. Les femmes s'installent à gauche de l'autel et les hommes à droite.

Les temples caodai célèbrent quatre cérémonies par jour (à 6h, 12h, 18h et 24h), durant lesquelles les dignitaires portent une tenue d'apparat et un chapeau. Le rite comporte immuablement des offrandes d'encens, de thé, d'alcool, de fruits et de fleurs. L'autel est toujours surmonté d'un "œil divin", devenu le symbole officiel de la religion après que Ngo Minh Chieu en eut la vision sur l'île Phu Quoc.

Le Saint-Siège caodai

Le Saint-Siège caodai, construit en 1926, se trouve à 4 km à l'est de Tay Ninh, dans le village de Long Hoa.

Le complexe comprend le Grand Temple caodai (Thanh That Cao Dai), des bureaux administratifs, les logements pour les responsables et les fidèles, ainsi qu'un dispensaire de médecine par les plantes, où l'on vient se faire soigner de tout le Sud du Vietnam. Après la réunification, le gouvernement "emprunta" une partie du complexe pour son propre usage.

Les prières ont lieu quatre fois par jour, dans le Grand Temple, mais elles peuvent être suspendues durant la fête du Têt. Le temple vaut la peine d'être visité au moment des prières (celle de 12h est la préférée des touristes en provenance de Ho Chi Minh-Ville), mais prenez soin de ne pas perturber les fidèles.

Quelques centaines de prêtres seulement participent aux prières de la semaine ; ils sont plusieurs milliers, vêtus de blanc, les jours de fête. Le clergé ne voit pas d'objection à ce que vous preniez des photos des objets du culte, mais vous ne pouvez pas photographier les personnes sans leur permission – rarement accordée. Vous êtes toutefois autorisé à photographier les séances de prière depuis le balcon, une concession évidente en raison de l'afflux des touristes.

Faites particulièrement attention à votre tenue vestimentaire. Évitez les shorts et les tee-shirts à l'intérieur du temple et ôtez vos chaussures et votre chapeau avant d'entrer.

Au-dessus du portail d'entrée, l'"œil divin" vous regarde. Les femmes laïques entrent par une porte située au pied de la tour à gauche, puis font le tour de la pièce à l'extérieur des colonnades. Les hommes entrent par la droite et circulent dans le sens opposé. La zone située au centre du sanctuaire (entre les piliers) est réservée aux prêtres.

Une vaste fresque dans le hall d'entrée présente les trois signataires de la "troisième alliance entre Dieu et l'Homme". Il s'agit du révolutionnaire et homme d'État chinois Sun Yat-sen (1866-1925) tenant un encrier, tandis que le poète vietnamien Nguyen Binh Khiem (1492-1587) et Victor Hugo (1802-1885) écrivent respectivement "Dieu et Humanité" et "Amour et Justice" en chinois et en français. Victor Hugo utilise une plume, Nguyen Binh Khiem un pinceau. Des panneaux en français, en anglais et en allemand donnent chacun une version un peu différente des principes de cette religion.

Le Grand Temple est construit sur neuf niveaux pour symboliser les neuf marches menant au paradis. Au fond du sanctuaire, huit colonnes en plâtre, sculptées de dragons multicolores, soutiennent le dôme représentant, tout comme le reste du plafond, le paradis. Sous le dôme se trouve une énorme sphère bleue parsemée d'étoiles et marquée de l'"œil divin".

Le plus grand des sept sièges placés devant ce globe est réservé au pape caodai (son siège est vacant depuis 1933). Les trois suivants sont ceux des responsables des livres contenant les préceptes de la religion. Les trois derniers vont aux responsables des trois branches du caodaïsme, représentées par les couleurs jaune, bleu et rouge. Notez, de part et d'autre de la zone située entre les colonnes, les deux chaires ressemblant aux *minbars* des mosquées.

En haut, près de l'autel, se discernent à peine les portraits des six personnages clés du caodaïsme : Sakyamuni (Siddhartha Gautama, fondateur du bouddhisme), Ly

Thai Bach (Li Taibai, une fée de la mythologie chinoise), Khuong Tu Nha (Jiang Taigong, un saint chinois), Laozi (fondateur du taoïsme), Quan Cong (Guangong, dieu chinois de la Guerre) et Quan Am (Guanyin, déesse chinoise de la Miséricorde).

Marché Long Hoa

Ce vaste marché, situé à quelques kilomètres au sud du Saint-Siège caodai, est ouvert tous les jours, de 5h à 18h environ. Il propose de la viande, des vêtements et des aliments de base. Avant la réunification, les caodaïstes avaient le droit de prélever des taxes auprès des commerçants.

Où se loger

Le principal établissement ouvert aux étrangers est le *Hoa Binh Hotel* (☎ 822376/822383, Đ 30/4), à 5 km du Grand Temple caodai. Quelques chambres sont dotées d'un simple ventil. (à 8 $US), mais la plupart sont équipées de la clim. et leur prix varie de 12 à 22 $US.

Autre possibilité, le *Anh Dao Hotel* (☎ 827306, Đ 30/4), à 500 m à l'ouest du précédent, où les chambres doubles coûtent 15 ou 20 $US.

Où se restaurer

Le *Nha Hang Diem Thuy* (☎ 827318, Đ 30/4) est un très bon restaurant, aux prix modérés. Les langoustes géantes (*tom can*) comptent parmi leurs spécialités. Même si elles ne sont pas bon marché, elles coûtent trois fois moins cher qu'à Ho Chi Minh-Ville.

A un kilomètre au nord du marché de Tay Ninh, non loin de la rivière, vous apprécierez le *Hoang Yen Restaurant*. Les habitants le considèrent comme le meilleur de la ville. Le *Festival Restaurant*, propriété de l'Etat, se situe juste au bord de l'eau, près du pont. Si l'endroit vaut pour son ambiance, sa cuisine n'a en revanche rien d'extraordinaire.

Comment s'y rendre

Bus. Les bus reliant Ho Chi Minh-Ville à Tay Ninh partent de la gare routière de Tay Ninh (Ben Xe Tay Ninh), dans le district de Tan Binh, et de celle de Mien Tay, à An Lac.

Tay Ninh se trouve à 96 km de Ho Chi Minh-Ville, sur la nationale 22 (Quoc Lo 22). La route traverse Trang Bang, là où fut prise, durant une attaque américaine au napalm, la (tristement) célèbre photo d'une petite fille nue grièvement brûlée, courant et criant. On aperçoit plusieurs temples caodai au bord de la nationale 22, dont un sévèrement endommagé par le Viet-Cong lors de sa construction en 1975.

Taxi. Le taxi représente le moyen de transport le plus simple pour se rendre à Tay Ninh, peut-être à l'occasion d'une excursion d'une journée incluant la visite de Cu Chi. Il vous en coûtera quelque 40 $US.

NUI BA DEN

Le mont Ba Den ("Dame noire") s'élève au milieu des rizières, à 15 km au nord-est de la ville de Tay Ninh. Cette montagne de 850 m de haut a toujours été un lieu de pèlerinage pour divers peuples de la région – Khmers, Cham, Vietnamiens et Chinois. Plusieurs temples creusés dans la roche témoignent de cette ferveur. Les sommets du mont Ba Den bénéficient d'un climat nettement plus frais que le reste de la province de Tay Ninh, qui est seulement à quelques dizaines de mètres au-dessus du niveau de la mer.

Le Viet Minh et le Viet-Cong se servirent, les uns comme les autres, du mont comme base d'entraînement. Nui Ba Den fut le site de durs combats menés contre Français et Américains. L'armée américaine a même un moment installé une base de tir et un poste de relais à son sommet. La montagne sainte a perdu toute sa végétation sous les défoliants et les bombes.

Le mont de la Dame noire tire son nom de la légende de Huong, jeune femme qui avait épousé l'homme qu'elle aimait malgré les avances d'un riche mandarin. Son mari parti au service militaire, elle alla se recueillir devant une statue miraculeuse de Bouddha, au sommet de la montagne. Un jour, Huong fut kidnappée. Préférant la mort au déshonneur, elle se jeta du haut d'une falaise. Elle apparut plus tard à un bonze vivant dans la montagne, qui raconta son histoire.

Comptez une heure et demie aller-retour pour vous rendre à pied au temple principal. Même si certains passages sont assez pentus, la balade est aisée, et vous croiserez de nombreuses vieilles femmes qui montent en sandales pour aller prier. Au pied de la montagne, vous devrez éviter l'habituelle troupe de gamins qui insistent pour vous vendre des babioles pour touristes, des billets de loterie ou du chewing-gum. Prenez de bonnes chaussures et un sac peu lourd afin de les dépasser rapidement. L'atmosphère est plus détendue autour du temple. Là, les vendeurs des stands de boissons et d'en-cas ne vous forceront pas la main.

Si l'exercice ne vous fait pas peur, vous pouvez aller au sommet et redescendre en six heures environ.

Évitez cette visite pendant les jours fériés ou un festival, lorsque la foule est à son comble et que la grille principale est fermée. Cela oblige les véhicules à stationner à 2 km du chemin, ce qui ajoute 4 km au trajet aller-retour à pied. Cette randonnée supplémentaire vous empêchera de boucler votre circuit, si vous venez de Ho Chi Minh-Ville et que vous souhaitez y retourner le soir même.

Où se loger
Un ensemble de huit **bungalows** en forme de A est situé à 500 m environ de l'entrée principale. Une chambre double coûte entre 8 et 12 $US.

PAGODE AU PILIER UNIQUE
Le nom officiel de cet endroit, qui ne manque pas d'intérêt, est Nam Thien Nhat Tru, mais tout le monde l'appelle la pagode au Pilier unique de Thu Duc (Chua Mot Cot Thu Duc).

Elle est bâtie sur le modèle de la pagode au Pilier unique de Hanoi. Toutefois, les deux constructions ne sont pas complètement identiques. Édifiée au IXe siècle, celle de Hanoi fut détruite par les Français, puis reconstruite par les Vietnamiens en 1954. La version saigonnaise date, elle, de 1958.

Au moment de la partition du Vietnam, en 1954, les moines bouddhistes et les prêtres catholiques fuirent vers le Sud, afin d'éviter les persécutions et de continuer à pratiquer leur religion. Parmi eux se trouvait un moine de Hanoi appelé Thich Tri Dung. Peu après son arrivée à Ho Chi Minh-Ville, il déposa une pétition auprès du gouvernement du Sud-Vietnam en vue d'obtenir la permission de construire la réplique de la pagode au Pilier unique. Le président Ngo Dinh Diem, catholique et peu tolérant envers le clergé bouddhiste, lui opposa son veto. Cela n'empêcha pas Thich et ses partisans de rassembler les fonds et de construire la pagode, outrepassant ainsi les ordres du président. Le gouvernement alla jusqu'à ordonner aux moines de détruire le temple, sous peine d'emprisonnement, mais ces derniers refusèrent d'obtempérer. Devant une telle résistance, le conflit s'enlisa. Les tentatives de harcèlement et d'intimidation du président, dans ce pays à 90% bouddhiste, contribuèrent finalement à son assassinat par ses propres soldats, en 1963.

Pendant la guerre, la pagode au Pilier unique de Thu Duc possédait une plaque de grande valeur, censée peser 612 kg. A la libération, le gouvernement s'en est emparé et l'a mise en "lieu sûr" à Hanoi. Toutefois, aucun des moines encore en vie aujourd'hui ne sait où elle se trouve. La rumeur voudrait que le gouvernement l'ait vendue à quelque collectionneur étranger. Quoi qu'il en soit, sa place est dans un musée.

La pagode au Pilier unique (☎ 896 0780) se trouve dans le district de Thu Duc, à environ 15 km à l'est du centre de Ho Chi Minh-Ville. L'adresse officielle est 1/91 Đ Nguyen Du. Comme il existe peu de circuits organisés vers la pagode, le mieux est encore de louer une voiture ou une moto.

CAN GIO
La seule plage de la municipalité de Ho Chi Minh-Ville se situe à Can Gio, une île marécageuse où le fleuve Saigon se jette dans la mer. L'île fut créée de par l'engorgement du limon en aval, ce qui donne à sa plage un

aspect de boue compacte peu esthétique. Sa situation l'expose en outre à des vents violents. Autant de raisons qui font de Can Gio une plage à l'abandon, attirant peu de visiteurs. Cependant, l'île, très sauvage, s'avère d'une grande beauté. Contrairement à Ho Chi Minh-Ville, ces lieux échappent à la surpopulation, notamment par manque d'alimentation en eau potable.

Les terres ne se situent qu'à deux mètres au-dessus du niveau de la mer, et l'île constitue à elle seule une grande mangrove. Si la boue saumâtre empêche toute forme d'agriculture, l'aquaculture a pu s'y développer, particulièrement l'élevage des crevettes. La plage regorge de clams et autres coquillages que les insulaires viennent ramasser. Vous verrez aussi quelques salines : l'eau de mer est déviée vers des bassins peu profonds et s'évapore jusqu'à ce qu'une fine couche de sel soit recueillie. Can Gio possède un petit port de pêche réservé aux petits bateaux, le niveau de l'eau empêchant tout gros navire d'y jeter l'ancre.

De 1945 à 1954, Can Gio passa sous le contrôle du général Bay Vien, qui avait également la mainmise sur un casino à Cholon. C'était un personnage à mi-chemin entre le seigneur de la guerre et le gangster, et le président Ngo Dinh Diem le persuada de rejoindre les forces sud-vietnamiennes. Peu de temps après, Bay Vien fut assassiné par un inconnu.

Marché de Can Gio

De ce grand marché émanent des odeurs puissantes. Les fruits de mer et le sel constituent incontestablement les spécialités locales. Les légumes, le riz et les fruits sont tous importés de Ho Chi Minh-Ville par bateau.

Temple caodai

Bien que son temple soit plus petit que le Grand Temple caodai de Tay Ninh, Can Gio est fier d'en posséder un. Situé non loin du marché, vous le trouverez facilement. Il semble que vous puissiez y entrer et prendre des photos, car nous n'avons vu personne le surveiller.

Monument aux morts et cimetière

Tout près de l'élevage de crevettes, vous remarquerez sans doute un grand cimetière militaire et un monument aux morts (Nghia Trang Liet Si Rung Sac). Comme dans tous les sites de ce genre au Vietnam, l'éloge de la bravoure et du patriotisme s'adresse uniquement aux vainqueurs, les vaincus étant ignorés. En fait, tous les anciens cimetières militaires contenant les restes de soldats sud-vietnamiens ont été rasés à la libération, ce qui cause encore des rancœurs.

Le monument aux morts et le cimetière se situent à 2 km du marché de Can Gio.

Élevage de crevettes

La Cofidec (Coastal Fishery Development Corporation, ou Cty Phat Trien Kinh Te Duyen Hai) contrôle la majeure partie de l'industrie de l'élevage de crevettes de Can Gio. Cette société en joint-venture avec les Philippines semble bien organisée. Son siège social est situé non loin du monument aux morts de Can Gio, tandis que les bassins d'alevinage longent le front de mer sur plusieurs kilomètres.

Deux types de crevettes sont élevés – des crevettes noires tigrées et des crevettes blanches. Les employés de la Cofidec, dont certains parlent l'anglais, sont sympathiques et vous laisseront jeter un œil sur leur travail ou même, peut-être, vous feront visiter les lieux. Évitez toutefois de les déranger. Il s'agit d'une propriété privée.

Plage

La partie méridionale de l'île fait face à la mer, sur environ dix kilomètres. La plage s'avère en grande partie inaccessible, car elle est clôturée pour l'élevage des crevettes et le ramassage des clams. On peut toutefois y accéder, à 4 km à l'ouest du marché de Can Gio, par un chemin de terre planté de poteaux télégraphiques qui débouche de la route de Ho Chi Minh-Ville et conduit à la mer.

Sur la plage, vous trouverez quelques bâtiments de la Cofidec et une cabane isolée vendant de la nourriture et des boissons.

Le sol étant aussi dur que du béton, vous pouvez rouler en moto, mais ce n'est pas conseillé par respect pour l'environnement local. Si, au premier coup d'œil, la plage semble déserte, elle grouille de vie sous le sable et vous sentirez sans doute de minuscules coquillages remuer en vous promenant. Les eaux sont peu profondes, et vous avez pied loin du bord, mais prenez garde aux vives, aux poissons-pierre et aux oursins qui useront de représailles si vous leur marchez dessus !

Les collines de la péninsule de Vung Tau se profilent à l'horizon quand le ciel est dégagé, tout comme les plates-formes pétrolières de la VietsovPetro.

Où se loger

La plupart des touristes visitent Can Gio dans la journée, et ils ont raison : il n'y a que deux hôtels, et ce sont de véritables taudis. En outre, ils sont souvent complets et il faut téléphoner pour réserver.

Le petit *Duyen Hai Hotel* (☎ 8741246) dispose d'un réservoir d'eau douce, ce qui évite d'avoir à se laver à l'eau de mer. L'eau arrive par bateau depuis Ho Chi Minh-Ville, ce qui justifie peut-être, en partie, d'avoir à payer si cher des prestations de piètre qualité. Les toilettes, situées à quelque distance du bâtiment principal, sont construites sur pilotis au-dessus d'un canal, ce qui rend tout de suite moins enthousiaste à déguster les clams de Can Gio ! Pour y séjourner, les étrangers doivent débourser 7 $US.

L'autre option est la *Guesthouse 30/4* (☎ 874 3022), plus grande mais tout aussi sordide. Les tarifs sont de 6 à 8 $US pour une chambre avec ventil. et de 12 $US avec la clim.

Les hôtels sont situés à environ 4 km de la plage principale.

Où se restaurer

Quelques stands s'éparpillent aux environs du *marché*, près du port de pêche, mais un seul coup d'œil aux règles d'hygiène en vigueur risque de vous couper l'appétit !

Cela dit, Can Gio s'honore d'un excellent restaurant, à la carte bien fournie, à tel point que les Saigonnais viennent sur l'île uniquement pour avoir le plaisir de déjeuner dans cet établissement. Il s'agit du *Duyen Hai Restaurant*, lequel n'est qu'à un jet de pierres de l'hôtel du même nom.

Un *kiosque*, non loin de la plage, vous proposera seulement du Coca-Cola et des nouilles instantanées, mais vous ne mourrez pas de faim. Un conseil : apportez des provisions et une bouteille d'eau, dans le cas où ce kiosque serait fermé.

Comment s'y rendre

Voiture et moto. Can Gio se situe à 60 km environ du centre de Ho Chi Minh-Ville. Le moyen le plus rapide pour s'y rendre est la moto, en comptant à peu près 3 heures de trajet.

Vous pouvez également choisir la voiture mais cela risque d'être plus long. Il faudra effectuer deux traversées en bac, et ceux qui transportent les voitures sont rares (un toutes les 90 minutes, en moyenne). En revanche, de petits bateaux assurent en permanence la traversée des passagers et des motos. Ils sont tellement bon marché que vous pourriez, au besoin, les affréter.

Vous avez le choix entre deux services de bac. Le premier se trouve à l'ancienne base américaine de Cat Lai, à 15 km de Ho Chi Minh-Ville. La traversée pour une moto et deux passagers coûte 0,20 $US. Les voitures doivent attendre le grand bac, qui part toutes les 30 minutes avec, toujours, une longue file d'attente.

Le second bac, moins fréquent, se prend à 35 km de Ho Chi Minh-Ville. Il relie les deux minuscules villages de Dan Xay (le plus proche du centre-ville) et de Hao Vo (sur l'île de Can Gio). Les motards peuvent emprunter un petit bac qui coûte quelque 0,35 $US et part toutes les 10 ou 15 minutes. Les départs du bac pour les voitures sont moins fréquents, mais à horaires fixes.

La route est pavée jusqu'au premier bac de Cat Lai. Après, le sol est poussiéreux, mais un entretien régulier le rend à nouveau impeccable. Après avoir passé le premier bac, la circulation se fait rare et la route traverse une luxuriante forêt de palétuviers.

Bateau. Un bateau assure la liaison quotidienne entre Can Gio et Ho Chi Minh-Ville. Dans chaque sens, les départs s'effectuent entre 5h et 6h du matin ; la traversée dure 6 heures.

Un petit bateau relie également Can Gio et Vung Tau. Il part de Can Gio à 5h du matin et arrive à Vung Tau à 8h. En sens inverse, il quitte Vung Tau vers 12h et arrive à Can Gio 3 heures après. Un bateau quitte parfois Can Gio vers 14h, mais renseignez-vous car il ne circule pas tous les jours.

A Can Gio, vous prendrez le bateau aux chantiers navals, construits dans une crique à 2 km à l'ouest du marché. A Ho Chi Minh-Ville, vous le prendrez à Thu Thiem, la jetée située sur la rive opposée de l'hôtel flottant. A Vung Tau, vous embarquerez depuis la zone marchande du front de mer, face au Grand Hotel.

MONTAGNE BUU LONG

A en croire toutes sortes de brochures touristiques et même les habitants de Ho Chi Minh-Ville, la montagne Buu Long n'est autre que la "baie d'Along du Sud". Nous avons été indubitablement surpris en découvrant le site, mais pas dans le sens voulu. Les Saigonnais ne manquent en effet pas d'imagination pour oser comparer la montagne Buu Long à la somptueuse baie d'Along.

Quoi qu'il en soit, si vous avez envie de changer de paysage, vous pouvez toujours visiter la montagne Buu Long. Le sommet culmine à 60 m au-dessus d'un parking ! Durant les 5 minutes d'escalade, il vous faut constamment repousser les assauts des mendiants et des vendeurs ambulants qui ne vous quittent pas d'une semelle jusqu'au sommet. Il se peut même qu'ils tentent de vous attirer vers le "moine-parlant-anglais", lequel vous demandera une petite participation pour vous adresser à lui dans la langue de Shakespeare.

La montagne se coiffe d'une pagode offrant une vue plongeante sur le lac au Dragon (Long An). Une poignée de pavillons et des boutiques de souvenirs agrémentent les rives du lac. Pour y accéder, il faut descendre et franchir une grille, non sans avoir acquitté un autre droit d'entrée. Moyennant un petit supplément, vous pourrez pagayer dans les eaux vertes et gluantes, à la poursuite du fameux dragon censé se cacher au fond du lac ! Bien que nous n'ayons pas pu le repérer, cette partie de canotage nous a semblé un excellent moyen d'échapper aux vendeurs de billets de loterie et de cartes postales.

La montagne Buu Long, située à 32 km du centre-ville, est à 2 km de la nationale, une fois franchi le pont séparant Ho Chi Minh-Ville de la province de Dong Nai. Le droit d'entrée est de 0,40 \$US, avec un supplément pour un appareil photo. Les buvettes installées sur place vous ravitailleront en nouilles et en boissons fraîches.

CHUTES DE TRI AN

Cette cascade, sur la rivière Be (Song Be), atteint 8 m de haut et 30 m de large. Elle est particulièrement impressionnante à la fin de l'automne, lorsque le courant est au maximum de sa puissance. Situées dans la province de Song Be, les chutes de Tri An se trouvent à 36 km de Bien Hoa et à 68 km de Ho Chi Minh-Ville (*via* Thu Dau Mot).

BARRAGE ET RÉSERVOIR DE TRI AN

Un peu plus en amont des chutes, vous découvrirez le lac artificiel (Ho Tri An) formé par le barrage et alimenté depuis les hautes plaines des environs de Dalat. Terminé au début des années 80 avec l'aide des Soviétiques, ce barrage et sa centrale hydro-électrique alimentent en électricité la majeure partie de Ho Chi Minh-Ville. Pour des raisons de sécurité, le site est interdit au public.

L'endroit présente du reste peu d'intérêt : pendant la saison sèche, le niveau de l'eau diminue tellement qu'il forme une sorte de bassin à l'eau stagnante autour du réservoir.

Si vous tenez réellement à le visiter, il vous faut une autorisation officielle, à demander à la Dong Nai Tourist Company (☎ 08-829 7719, fax 829 3024, 218 Đ Nam Ky Khoi Nghia, District 3, Ho Chi Minh-Ville).

VUNG TAU

Vung Tau, que les Français appelaient cap Saint-Jacques (il fut ainsi baptisé par les marins portugais, du nom de leur saint patron), est une station balnéaire au bord de la mer de Chine méridionale, à 128 km au sud-est de Ho Chi Minh-Ville.

Si les plages de Vung Tau ne sont pas les plus belles du Vietnam, la plupart des palmiers ayant été coupés pour élargir les routes, elles sont les plus proches de Ho Chi Minh-Ville. D'où cet engouement pour le cap Saint-Jacques que les Saigonnais ont hérité des Français, qui s'y firent bâtir des villas dès la fin du siècle dernier.

La péninsule regorge de splendides maisons de vacances, transformées en pensions et en restaurants après 1975. Se baigner est la principale activité mais le farniente n'interdit cependant pas les promenades à bicyclette, l'ascension des deux "sommets" de la péninsule de Vung Tau, ou encore la visite de nombreux sites religieux, dont les pagodes et l'imposante statue du Christ bénissant la mer de Chine méridionale.

La ville de Vung Tau (100 000 habitants) est le siège de la VietsovPetro, société soviéto-vietnamienne qui exploite une installation pétrolière offshore. Quelques techniciens russes habitent encore dans la région, mais ils sont beaucoup moins nombreux que dans les années 80..

La pêche reste un secteur actif même si, après la réunification, de nombreux Vietnamiens ont fui le pays à partir de Vung Tau en emportant leurs chalutiers. La marine de guerre vietnamienne patrouille maintenant au large pour s'assurer que tous les petits bateaux rentrent bien au port.

Vung Tau a longtemps disputé à Ho Chi Minh-Ville le monopole des "circuits organisés du sexe" – les salons de massage sont légion. L'épidémie du sida a cependant mené à une certaine prise de conscience. Par ailleurs, prenez garde aux gamins qui traînent aux abords des kiosques de la plage de Bai Truoc. Parmi eux, certains jouent les pickpockets en herbe et pourraient vous arracher votre sac. Vung Tau est une ville de plus en plus commerçante et ce phénomène

ne cesse de s'amplifier. En dépit de ces inconvénients, vous passerez un bon moment, car le sable, le soleil, la mer, la bonne cuisine, la bière pression et même quelques discothèques font partie du décor. Bref, c'est un lieu où les Saigonnais stressés viennent se détendre.

Orientation

La péninsule triangulaire de Vung Tau s'avance dans la mer de Chine méridionale, près de l'embouchure du fleuve Saigon. L'écoulement des égouts dans le fleuve est une source majeure de pollution, tout comme les forages au large.

Ben Da, village de pêcheurs, est situé au nord-ouest de la péninsule. Le nord-est abrite le centre industriel et l'aéroport de Vung Tau.

Renseignements

Argent. La Vietcombank (Ngan Hang Ngoai Thuong Viet Nam) est installée 27-29 Ð Tran Hung Dao (☎ 859874).

Poste et communications. La poste (☎ 852377, 852689, 852141) se trouve 4 ÐL Ha Long, à l'extrémité sud de la plage Bai Truoc.

Service de l'immigration. Il est installé au poste de police de Ð Truong Cong Dinh, près de l'intersection avec Ð Ly Thuong Kiet.

Plages

Bai Sau. Appelée aussi Thuy Van, ou la "Grande Plage", avec ses 8 km de sable et la mer pour se rafraîchir, Bai Sau est de loin le lieu de baignade favori de la péninsule. Malheureusement, c'est aussi la plage la plus défigurée de Vung Tau, notamment à cause des commerces. La partie nord de Bai Sau est plus jolie, car ses palmiers ont jusqu'ici été épargnés. Tout n'est en fait que béton, parkings, cafés et hôtels.

Bai Truoc. Également connue sous le nom de Thuy Duong, ou "plage des Cocotiers", Bai Truoc est en plein centre-ville. Les

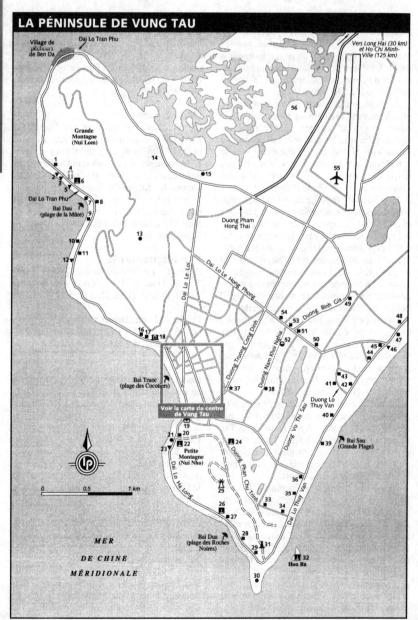

LA PÉNINSULE DE VUNG TAU

Village de pêcheurs de Ben Da

Dai Lo Tran Phu

Vers Long Hai (30 km) et Ho Chi Minh-Ville (125 km)

Grande Montagne (Nui Lom)

Dai Lo Tran Phu

Bai Dau (plage de la Mûre)

Duong Pham Hong Thai

Dai Lo Le Hong Phong

Dai Lo Loi

Duong Binh Gia

Duong Truong Cong Dinh

Duong Nam Khoi Nghia

Bai Truoc (plage des Cocotiers)

Voir la carte du centre de Vung Tau

Duong Lo Thuy Van

Duong Vo Thi Sau

Petite Montagne (Nui Nho)

Bai Sau (Grande Plage)

Dai Lo Ha Long

Duong Phan Chu Trinh

Dai Lo Thuy Van

Bai Dua (plage des Roches Noires)

Hon Ba

MER DE CHINE MÉRIDIONALE

0   0,5   1 km

PÉNINSULE DE VUNG TAU

OÙ SE LOGER
1 Hai Dang Hotel
7 Nha Nghi My Tho (pension)
8 Nha Nghi 114 (pension)
9 Dung Guesthouse
10 Nha Nghi 29 (pension)
11 Nha Nghi 68 (pension)
16 Tran Phu Hotel
17 Guesthouse Ben Tre
20 Hai Au Hotel
27 Maritime Safety Hotel
28 Kim Minh Hotel
29 Bai Dua Villas
33 Phuong Nam Hotel
34 Dien Luc Hotel
35 Beautiful Hotel
36 Saigon Hotel
39 Beach Motel 29
40 Thang Muoi Hotel
41 Phuong Dong Hotel
42 Sammy Hotel

43 Hoa Hong Tourist Villas
44 Cap Saint Jacques Hotel
45 Thuy Duong Hotel
47 Bimexco Beach Bungalows
48 Paradise Marina Club
49 Crystal Heart Inn
50 South-East Asia Hotel
51 Nu Hoang Hotel
53 Lien Hoa Hotel
54 Phuong Anh Hotel

OÙ SE RESTAURER
2 Restaurant 73
3 Cay Bang Restaurant
5 Restaurant 65
12 Quan Tre Restaurant
23 Vung Tau International Club
46 Cafés bon marché

DIVERS
4 Cathédrale

6 Pagode Hung Thang Tu
13 Station radar
14 Parc Thich Ca Phat Dai
15 Marché
18 Bach Dinh (Villa Blanche)
19 Poste
21 Embarcadère de l'hydroglisseur
22 Pagode Ngoc Bich
24 Temple Linh Son
25 Phare
26 Temple Niet Ban Tinh Xa
30 Fortifications françaises
31 Christ géant
32 Temple Hon Ba
37 Police de l'Immigration
38 Chantiers navals
52 Gare routière de Vung Tau
55 Aéroport
56 Docks

arbres (une denrée rare à Vung Tau) en font un lieu assez agréable, mais la plage elle-même est polluée et érodée. Longée par ĐL Quang Trung, bordée de cocotiers et de kiosques, Bai Truoc déborde d'animation. Dès l'aube, les bateaux de pêche viennent s'ancrer près du rivage pour débarquer leurs prises de la nuit et nettoyer leurs filets. Les marins apportant le poisson à terre font la navette entre les bateaux et la plage à bord de *thung chai*, énormes nasses en osier tressé goudronné.

Bai Dau. Cette petite plage, surnommée la "plage de la Mûre", calme et bordée de palmiers, n'a pas encore été envahie par les commerces.

Elle se niche au creux d'une petite crique sous les pentes verdoyantes de la Grande Montagne (Nui Lon). Seul véritable problème de Bai Dau, des rochers omniprésents, avec quelques rares petites criques sablonneuses pour la baignade, dans une eau pas vraiment limpide. Toutefois, les nombreuses pensions bon marché attirent les voyageurs à petit budget, et c'est, selon nous, l'endroit rêvé pour de vraies vacances à Vung Tau.

Bai Dau présente la grande originalité de posséder une **cathédrale** en plein air, qui attire beaucoup de touristes vietnamiens.

Située à 3 km du centre, on s'y rend facilement à bicyclette ou à moto par ĐL Tran Phu.

Par temps clair, on aperçoit au loin l'île de Can Gio, frangée de palmiers. Une fois par jour, un bateau quitte la plage de Bai Truoc à Vung Tau pour la rejoindre (reportez-vous à la partie consacrée à *Can Gio*, plus haut dans ce chapitre).

Bai Dua. Cette petite plage rocheuse, dite "des Roches noires", se trouve à quelque 2 km au sud du centre, ĐL Ha Long. Les romantiques aiment s'y rendre pour voir le soleil se coucher sur la mer de Chine méridionale. Les arbres ont été abattus pour élargir la route, et de nouveaux hôtels sont continuellement en construction.

Pagodes et temples
Temple Hon Ba. Ce petit temple (Chua Hon Ba) est bâti sur un îlot, au sud de la plage de Bai Sau. On y accède à pied à marée basse.

Temple Niet Ban Tinh Xa. Ce célèbre et très vaste temple bouddhique fut construit en 1971 à flanc de colline, sur le versant ouest de la Petite Montagne (Nui Nho). Il doit sa réputation à son énorme cloche de bronze de cinq tonnes, ainsi qu'à un immense bouddha couché et à des mosaïques finement travaillées.

Parc Thich Ca Phat Dai

Aménagé à flanc de colline au début des années 60, ce parc est un lieu très fréquenté des Vietnamiens. Ses allées ombragées donnent sur des représentations de Bouddha en ciment, une gigantesque fleur de lotus et toute une série de représentations humaines et animales. A proximité de la grille d'entrée s'éparpillent des kiosques vendant des souvenirs en corail et en coquillages.

Situé sur le versant est de la Grande Montagne, 25 ĐL Tran Phu, le parc Thich Ca Phat Dai est ouvert de 6h à 18h. Du centre-ville, prenez ĐL Le Loi pratiquement jusqu'au bout, et tourner à gauche dans ĐL Tran Phu.

Phare

Le phare (*hai dang*) offre une vue panoramique très spectaculaire sur la péninsule de Vung Tau, notamment au coucher du soleil. Depuis 1910, il coiffe la Petite Montagne. Les Français l'ont relié au bâtiment voisin par une sorte de couloir en béton pour mieux résister aux attaques du Viet Minh.

Un guide de voyage français datant de 1939 avertit les visiteurs qu'il est interdit de prendre des photos du haut du phare. C'est malheureusement toujours le cas plus d'un demi-siècle après, alors que quatre régimes politiques se sont succédé.

Avis aux amateurs de vélo : une petite route pavée menant au phare coupe ĐL Ha Long, à 150 m au sud-ouest de la poste. La pente douce n'essoufflera personne. On peut également emprunter une piste en terre partant de la plage de Bai Sau.

Le Christ géant

Un énorme Christ (Thanh Gioc), les bras en croix, rappelant étonnamment celui de Rio de Janeiro, scrute les flots à l'extrême pointe sud du cap Saint-Jacques. Érigé en 1974 sur l'emplacement d'un phare français vieux de cent ans, il mesure 30 m de haut. On peut y accéder à pied par un chemin partant du sud de la plage de Bai Sau.

Malheureusement, la Petite Montagne ne cesse de se rétrécir sous l'action des pelleteuses, qui viennent entamer sa partie méridionale pour collecter le sable et la roche nécessaires à la construction des hôtels et des routes. Ces excavations atteignent maintenant le socle de la statue, et un vilain typhon pourrait bien la faire basculer dans la mer.

Bach Dinh

Bach Dinh (dénommé "Villa Blanche") est un ancien palais impérial, perché sur une colline dominant la mer et regorgeant de frangipaniers et de bougainvillées. L'endroit est idéal pour se reposer et contempler les environs.

Cette ravissante demeure, construite en 1909 pour Paul Doumer, alors gouverneur général, devint plus tard le palais d'été de la famille royale vietnamienne. C'est ici que l'empereur Thanh Thai fut assigné à résidence, avant d'être condamné aux travaux forcés et envoyé à l'île de la Réunion. A la fin des années 60 et au début des années 70, le président sud-vietnamien Thieu aimait y séjourner.

Ce petit palais de facture française classique est orné de mosaïques colorées et de bustes romains disposés dans les niches des façades. A l'intérieur, vous découvrirez une collection de porcelaines chinoises anciennes, récupérées sur l'épave d'un bateau coulé au XVIIIe siècle au large de l'île Con Dao. Une boutique vend une profusion de vraies fausses antiquités.

L'entrée principale du parc est située au nord de la plage de Bai Truoc, au 12 ĐL Tran Phu. Le parc est ouvert de 6h à 21h, moyennant 1,20 $US de droit d'entrée.

Chantiers navals

Un chantier de construction de bateaux de pêche en bois est implanté à plus de 1 km de

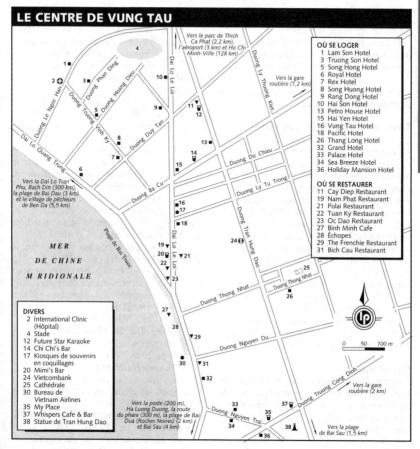

LE CENTRE DE VUNG TAU

Vers le parc de Thich
Ca Phat (2,2 km),
l'aéroport (3 km) et Ho Chi
Minh-Ville (128 km)

Vers la gare
routière (1,2 km)

Vers la Dai Lo Tran
Phu, Bach Din (300 km),
la plage de Bai Dau (3 km)
et le village de pêcheurs
de Ben Da (5,5 km)

MER
DE CHINE
MÉRIDIONALE

Plage de Bai Truoc

Dai Lo Le Loi

Duong Ly Thuong Kiet

Duong Do Chieu

Duong Ly Tu Trong

Duong Tran Hung Dao

Duong Thong Nhat

Duong Thong Nhat

Duong Nguyen Du

Duong Truong Cong Dinh

Vers la gare
routière (2 km)

Vers la poste (200 m),
Ha Luong Duong, la route
du phare (300 m), la plage de Bai
Dua (Roches Noires) (2 km)
et Bai Sau (4 km)

Duong Nguyen Trai

Vers la plage
de Bai Sau (1,5 km)

0   50   100 m

OÙ SE LOGER
1 Lam Son Hotel
3 Truong Son Hotel
5 Song Hong Hotel
6 Royal Hotel
7 Rex Hotel
8 Song Huong Hotel
9 Rang Dong Hotel
10 Hai Son Hotel
13 Petro House Hotel
15 Hai Yen Hotel
16 Vung Tau Hotel
18 Pacific Hotel
26 Thang Long Hotel
32 Grand Hotel
33 Palace Hotel
34 Sea Breeze Hotel
36 Holiday Mansion Hotel

OÙ SE RESTAURER
11 Cay Diep Restaurant
19 Nam Phat Restaurant
21 Polai Restaurant
22 Tuan Ky Restaurant
23 Oc Dao Restaurant
27 Binh Minh Cafe
28 Échopes
29 The Frenchie Restaurant
31 Bich Cau Restaurant

DIVERS
2 International Clinic
   (Hôpital)
4 Stade
12 Future Star Karaoke
14 Chi Chi's Bar
17 Kiosques de souvenirs
   en coquillages
20 Mimi's Bar
24 Vietcombank
25 Cathédrale
30 Bureau de
   Vietnam Airlines
35 My Place
37 Whispers Cafe & Bar
38 Statue de Tran Hung Dao

---

toute eau, Đ Nam Ky Khoi Nghia, à 500 m au sud de la gare routière de Vung Tau.

Parcours de golf

Le Paradise Marina Club ne possède pas de marina mais un terrain de golf international de 27 trous.

L'accès au parcours pour les non-membres s'élève à la bagatelle de 97 $US par jour. L'adhésion se chiffre à 20 000 $US, mais l'accès au terrain ne coûte alors que 12 $US par jour.

Tour de la Petite Corniche

Ce circuit de 6 km contourne la Petite Montagne (197 m de haut). Il part de la poste et emprunte ĐL Ha Long, tout au long de la côte rocheuse.

ĐL Ha Long passe devant la pagode de Ngoc Bich (construite dans le même style que la célèbre pagode au Pilier unique de Hanoi), la plage de Bai Dua et de nombreuses villas, avant d'atteindre la pointe de la péninsule de Vung Tau. Le promontoire, fermé par une grille traditionnelle, fut gardé par des canons français dont on voit encore les socles de béton rouillés.

Đ Phan Boi Chau part de l'extrémité sud de la plage de Bai Sau vers la ville et suit les contreforts de la Petite Montagne. Vous y découvrirez le vieux temple Linh Son, qui abrite un bouddha d'origine khmère de la période préangkorienne.

Tour de la Grande Corniche

Ce circuit de 10 km autour de la Grande Montagne (520 m de haut) longe les villas de bord de mer, la plage de Bai Dau, les maisons de familles pauvres, bricolées dans d'anciennes fortifications françaises, et de nombreuses carrières où des ouvriers produisent du gravier en dynamitant les collines. Ces explosions coupent parfois la route pendant plusieurs heures. A la pointe nord de la Grande Montagne apparaît Ben Da, un charmant village de pêcheurs. La grande église et les mauvaises routes font la particularité du village. La route montant vers le vieux radar (*rada*) part de cet endroit.

Sur le côté oriental de la Grande Montagne, face aux marais et aux grues géantes de la VietsovPetro, se tient le parc de sculptures en plein air de Thich Ca Phat Dai.

Où se loger

Pendant les vacances, tous les hôtels de Vung Tau sont habituellement complets. Il sera donc difficile de trouver une chambre à proximité de la plage qui vous plaît et à un prix abordable.

Bai Sau. L'établissement le moins cher est le *Beach Motel 29* (☎ 853481, 29 ĐL Thuy Van). Du lundi au vendredi, le tarif est de 5 à 10 $US pour une chambre avec ventil. et de 15 à 20 $US avec clim.

Tout au nord de Bai Sau, les *Bimexco Beach Bungalows* (☎ 859916) proposent des chambres avec s.d.b. commune à partir de 10 $US. Celles avec clim. et s.d.b. coûtent de 16 à 20 $US.

Le *Thuy Duong Hotel* (☎ 852635, 4 ĐL Thuy Van) est un charmant établissement qui annonce dans sa brochure : "massage – sauna avec spécialistes qualifiés" ! Les chambres sont louées entre 28 et 35 $US.

Près de la plage, le vaste *Saigon Hotel* (☎ 852317, 72 ĐL Thuy Van) est composé de deux bâtiments. Seul le plus ancien possède des chambres avec vue sur la mer (12 $US). Dans le plus récent, les chambres reviennent à 25 $US.

Au *Thang Muoi Hotel* (☎ 852665, 859876, 4-6 ĐL Thuy Van), agrémenté de beaux jardins, les chambres doubles avec ventil./clim. sont au prix de 12/25 $US.

Le *Cap Saint-Jacques Hotel* (☎ 859519, fax 859518, 2 ĐL Thuy Van), géré par le ministère de la Construction, vient d'ouvrir. Les tarifs s'échelonnent de 25 à 68 $US.

Si vous êtes en fonds, le *Beautiful Hotel* (*Khach San My Le*, ☎/fax 852177, 100-102 ĐL Thuy Van) propose des chambres doubles affichées entre 45 et 70 $US.

A en juger par le nombre de karaoke, le *Phuong Dong Hotel* (☎ 852593, fax 859 336, 2 ĐL Thuy Van) a été construit pour une clientèle en provenance de Hong Kong, Taiwan et Singapour. Les chambres coûtent entre 50 et 100 $US.

A proximité, dans Ngoc Tuoc Hill, les *Hoa Hong Tourist Villas* (☎ 52633, fax 859262) proposent des villas indépendantes au prix de 20 et 25 $US.

Le *Sammy Hotel* (☎ 854755, fax 854762, 18 ĐL Thuy Van) est un bel immeuble récent, où les chambres valent entre 50 et 100 $US.

L'ouverture tant attendue du *Paradise Marina Club* (☎ 859687, fax 859695) s'avère imminente. En fin de compte, ce complexe comptera 1 500 chambres (!), un golf, une piscine et des courts de tennis. Les prix ne sont pas encore connus, mais l'on peut, sans risque de se tromper, imaginer qu'ils s'adresseront à des voyageurs aisés.

En retrait de la plage, plusieurs hôtels sont installés ĐL Le Hong Phong :

Le *South-East Asia Hotel* (*Khach San Dong Nam A*, ☎ 859412, fax 853630, 8A ĐL Le Hong Phong) et le *Nu Hoang Hotel* (*Hon Ngoc Vien Dong*, ☎ 858871, fax 859383, 28A ĐL Le Hong Phong) demandent respectivement 28 et 25 $US pour leurs chambres.

Le **Lien Hoa Hotel** (☎ 852718, fax 852225, 50 ĐL Le Hong Phong) propose des chambres à 18 et 20 \$US.

Le **Phuong Anh Hotel** (☎ 852681, 60A ĐL Le Hong Phong) est un établissement agréable, où les chambres valent de 20 à 35 \$US.

Deux autres adresses correctes en retrait de la plage, dans Đ Phan Chu Trinh sont le **Dien Luc Hotel** (☎ 852837, 4 Đ Phan Chu Trinh), avec des chambres entre 15 et 32 \$US, et le **Phuong Nam Hotel** (☎ 852512, 8 Đ Phan Chu Trinh), où les chambres sont louées entre 20 et 22 \$US.

Le **Crystal Heart Inn** (Khach San Minh Tam, ☎ 854043, fax 854044, 243-145 Đ Binh Gia) est un petit village-résidence. Les chambres avec clim. et meubles en rotin coûtent de 20 à 40 \$US.

Bai Truoc. L'un des rares hôtels bon marché dans ce quartier est **Thang Long Hotel** (☎ 852175, 45 Đ Thong Nhat) : les chambres avec ventil. sont louées entre 10 et 20 \$US, et, pour celles avec clim., il vous faudra débourser de 15 à 20 \$US.

Vous pouvez aussi aller voir le **Truong Son Hotel** (☎ 859864, fax 852452, Đ Phan Ding Phong), qui demande 14 \$US pour ses chambres doubles avec clim.

Le **Song Huong Hotel** (☎ 852491, fax 859862, 10 Đ Truong Ving Ky) était autrefois un dortoir pour les experts soviétiques (rassurez-vous, il a été rénové depuis). Les chambres doubles sont comprises entre 17 et 36 \$US.

Prenez garde de ne pas confondre le précédent établissement avec le **Song Hong Hotel** (☎ 852137, fax 852452, 12 Đ Hong Dieu), où les chambres avec clim. et s.d.b. coûtent 24 à 27 \$US.

Le **Rung Dong Hotel** (☎ 852133/858316, 5 Đ Duy Tan), non loin de la ĐL Le Loy, s'appelle aussi le *Orange Court*. Ce grand hôtel est aussi un ancien dortoir pour experts soviétiques, mais il a été entièrement rénové. Les chambres sont louées entre 75 et 95 \$US.

Selon sa brochure, le **Petro House Hotel** (☎ 852014/852015, 89 Đ Tran Hung Dao) est un "refuge pour les cadres de l'industrie pétrolière et les touristes avisés". C'est bien le moins, à en juger par ses tarifs : les doubles coûtent de 55 à 65 \$US et les suites de 85 à 195 \$US.

Au **Hai Yen Hotel** (☎ 852571, fax 852858, 8 ĐL Le Loi), qui se targue de posséder un restaurant, un café, une salle de bal, un sauna et un salon de massage thaï, les chambres doubles coûtent de 20 à 29 \$US.

Le **Pacific Hotel** (☎ 859522, fax 853391, 4 ĐL Le Loi) est un établissement moderne et propre, dont les tarifs varient selon que la chambre bénéficie d'une vue ou pas (de 16 à 32 \$US).

Le charmant **Hai Hau Hotel** (☎ 852178, fax 856868, 100 ĐL Ha Long) accueille souvent des groupes de circuits organisés. Il possède piscine, plage privée, barbier, bureau de poste, bar-discothèque et centre d'affaires. Les chambres ordinaires sont affichées de 18 à 30 \$US, et les suites plus chic de 45 à 59 \$US.

Au **Holiday Mansion Hotel** (☎ 856169, fax 856171, Đ Truong Cong Dinh), un établissement assez petit mais bien tenu, les doubles reviennent à 25 ou 30 \$US.

Le **Sea Breeze Hotel** (☎ 852392, fax 859856, 11 Đ Nguyen Trai), créé en joint-venture avec l'Australie, abrite le bureau de réservations des bus express desservant Ho Chi Minh-Ville. Il fait payer de 35 à 60 \$US pour ses chambres.

Le **Palace Hotel** (☎ 852265, fax 859878, 11 Đ Nguyen Trai), également connu sous le nom de *Hoa Binh Hotel*, est un établissement stylé qui appartient à la Oil Services Company. Il vante, entre autres choses, "un personnel de réception affable". Les prix des chambres vont de 24 à 80 \$US.

Le **Grand Hotel** (☎ 856164, fax 859878, 26 ĐL Quang Trung) jouit d'un bel emplacement juste en face de la plage. Propriété de la Oil Services company, il s'honore d'une boutique de souvenirs, d'un sauna, d'une discothèque et d'un salon de massage thaïlandais. Comptez 15 \$US pour une chambre simple avec s.d.b. mais sans eau chaude, et de 20 à 46 \$US pour une double avec clim.

Le *Rex Hotel (☎ 852135, fax 859862, 1 Đ Duy Tan)* n'est que l'homonyme (fortuit ?) du très luxueux hôtel saigonnais du même nom. Dans cet immeuble de neuf étages, assez sonore, toutes les chambres, dotées de la clim. et d'une terrasse, coûtent de 35 à 100 \$US. Certains voyageurs se sont plaints d'un personnel assez revêche. L'établissement possède deux restaurants, des courts de tennis et une discothèque.

Le *Royal Hotel (☎ 859852, fax 859851, 48 ĐL Quang Trung)* affirme, dans sa brochure sur papier glacé, qu'il se trouve "là où les plages de sable inondées de soleil, caressées par une douce brise marine vous ouvrent les portes de l'univers fascinant d'une mer cristalline". C'est un établissement très raffiné, entièrement climatisé, où les chambres valent entre 46 et 120 \$US.

Au *Tran Phu Hotel (☎ 852489, 42 ĐL Tran Phu)*, d'un standing assez élevé, il faut débourser de 12 à 20 \$US pour une chambre.

Juste à côté, l'agréable *Guesthouse Ben Tre (☎ 852579, 40 ĐL Tran Phu)* pratique des prix inférieurs : de 8 à 10 \$US pour des chambres avec ventil.

Bai Dau. Des dizaines de pensions (*nha nghi*) ont élu domicile dans d'anciennes villas, le long de la plage de Bai Dau, pour la joie des voyageurs à petit budget. Non pas que le quartier manque de charme, bien au contraire, mais l'absence de sable blanc et de structures touristiques en font une zone moins recherchée. Si vous souhaitez retrouver une ambiance animée, mettez plutôt le cap sur Bai Sau.

La plupart des pensions disposent de ventilateurs et de salles de bains à l'étage, pour un tarif avoisinant les 15 \$US. Certaines ont fait installer la clim. et des s.d.b. individuelles. Peu de pensions proposent des repas, mais vous trouverez une foule de restaurants bon marché, avec vue sur la mer.

Au *Hai Dang Hotel (☎ 858536, 194 ĐL Tran Phu)*, l'un des plus grands établissements qui bordent cette plage, les chambres avec ventil./clim. sont louées 10/20 \$US. La *pension* sans nom qui se trouve juste à côté loue ses cinq chambres de 5 à 7 \$US.

Le *Nha Nghi My Tho (☎ 832035, 47 ĐL Tran Phu)* possède une terrasse sur le toit qui domine la plage. Une chambre claire et aérée avec ventil. et vue sur la plage vous coûtera 8 \$US par personne.

Le *Nha Nghi 114 (☎ 832023, 114 ĐL Tran Phu)* demande 12 \$US pour ses doubles correctes.

La *Dung Guesthouse (☎ 836010, 31 ĐL Tran Phu)* fait payer 7 et 8 \$US pour des chambres doubles au confort sommaire.

Le *Nha Nghi 29*, directement sur le front de mer, est un grand hôtel avenant qui jouit d'une bonne réputation. Ses chambres avec clim. valent 15 \$US.

Le *Nha Nghi 68 (68 ĐL Phan Tru)* loue des chambres doubles/triples au prix de 5/10 \$US.

Bai Dua. Ce nouveau site est en pleine expansion : les petites pensions de famille ont disparu, et de nouveaux palaces pour touristes sont en construction. Le premier à ouvrir ses portes est le flamboyant *Kim Minh Hotel (☎ 856192, fax 856439, 60A ĐL Ha Long)*, doté d'un karaoke et d'une discothèque. Là, vous débourserez entre 40 et 100 \$US pour une chambre.

Le *Maritime Safety Hotel (☎ 856357, fax 856360, 110 ĐL Ha Long)* propose ses chambres entre 30 et 45 \$US.

Le *Bai Dua Villas (☎ 856285, fax 856 281, 22 ĐL Ha Long)* est un "village de villas", où l'on se loge pour 15 à 30 \$US.

Où se restaurer
Bai Sau. Vous trouverez d'excellents *cafés* bon marché tout au nord de Bai Sau, au milieu des quelques palmiers restants.

Bai Truoc. Les *kiosques* en bordure de plage vendent des plats très bon marché à base de nouilles. En face, 26 ĐL Quang Trung, le *Frenchie Restaurant* propose de la bonne cuisine française.

Les amateurs de fruits de mer se régaleront au *Huong Bien Restaurant*, 47 ĐL Quang Trung. Vous trouverez plusieurs établissements corrects dans les environs ou sur ĐL Tran Hung Dao. Les restaurants du

Palace Hotel, du *Pacific Hotel* ou encore du *Grand Hotel* s'avèrent excellents.

Bai Dau. Vous trouverez de nombreux *restaurants* en bord de mer sur la plage de la Mûre, dont les spécialités sont, sans surprise, les fruits de mer.

Bai Dua. Le *Vung Tau International Club* sert une nourriture savoureuse et offre une vaste vue sur la mer.

Où sortir

Le soir, les expatriés se donnent rendez-vous dans différents bars, dont *My Place (☎ 856 028, 14 Ð Nguyen Trai)*, *Whispers Cafe & Bar (☎ 856762, 438 Ð Truong Cong Dinh)*, *Chi Chi's Bar (☎ 853948, 236 Ð Bacu)* et *Mimi's Bar*, dans ÐL Le Loi.

Le *Grand Hotel* possède une discothèque et un bar à karaoke qui fonctionnent de 19h à 24h.

Le *Future Star Karaoke (☎ 852805, 93 ÐL Tran Hung Dao)* est un établissement en joint-venture avec les Taiwanais. Il faisait auparavant office d'hôtel mais, apparemment, cela rapporte beaucoup plus d'argent de s'adresser aux "futures stars" de la chanson.

Le *Rex Hotel (☎ 859559)* dispose également d'un karaoke au rez-de-chaussée.

Comment s'y rendre

Avion. On peut (parfois) affréter un hélicoptère pour se rendre de Vung Tau aux îles Con Dao. Contactez à Ho Chi Minh-Ville la compagnie Vasco (☎ 08-842 2790, fax 844 5224, 114 Ð Bach Dang, District de Tan Binh). Leur bureau de réservation à Vung Tau (☎ 856100) se situe 27 ÐL Quang Trung.

Il existe également un vol entre Vung Tau et l'île de Con Son le samedi à 7h30, avec retour à Vung Tau le dimanche à 16h.

Bus. Pour Vung Tau, les minibus les plus pratiques partent environ tous les quarts d'heure, de 6h à 18h, depuis le Saigon Hotel, Ð Dong Du, près de la mosquée centrale de Ho Chi Minh-Ville. Les 128 km de trajet durent 2 heures et coûtent 4 $US.

Pour le retour depuis Vung Tau, prenez ces minibus à la station-service ou au Sea Breeze Hotel.

De grands bus climatisés partent de la gare routière Van Thanh, à Ho Chi Minh-Ville. La gare routière de Vung Tau (Ben Xe Khach Vung Tau) se situe à quelque 1,5 km du centre-ville, au 52 Ð Nam Ky Khoi Nghia. Des bus non express partent de cette même gare et desservent Baria, Long Hai, Bien Hoa, Ho Chi Minh-Ville, Long Khanh, Mytho et Tay Ninh.

Hydroglisseur. Le meilleur moyen de rejoindre Vung Tau consiste à prendre un hydroglisseur (environ 1 heure 15, 10 $US). Chaque hydroglisseur peut embarquer 124 passagers.

A Ho Chi Minh-Ville, les départs se font du bureau de Vin Express (☎ 08-822 4621/ 825 3888, 6A Ð Nguyen Tat Thanh, District 4), sur le fleuve Saigon, un peu au sud du canal Ben Nghe.

A Vung Tau, l'embarquement a lieu de la jetée Cau Da, en face du Hai Au Hotel (à Bai Truoc). Le bureau de Vina Express (☎ 856530) à Vung Tau se trouve à côté de la jetée.

Comment circuler

Au cap Saint-Jacques, rien ne vaut la bicyclette. Vous pouvez en louer dans certains hôtels pour 1 $US environ la journée.

En face du Rex Hotel, vous trouverez à louer des motos. Une 500 cc ne coûte que 5 $US par jour, et on ne vous demandera pas de fournir de permis.

Vicaren Taxi (☎ 858485) et Vung Tau Taxi (☎ 856565) sont les deux seules compagnies à proposer des taxis climatisés et équipés de compteurs.

ÎLES CON DAO

Cet archipel comprend 14 îles et îlots éparpillés à 180 km (97 milles marins) au sud du cap Saint-Jacques, dans la mer de Chine méridionale. D'une superficie de 20 km², la verdoyante Con Son est la plus grande de ces îles. Ses nombreuses petites criques, ses plages et les récifs de corail qui la bordent

LES ÎLES CON DAO

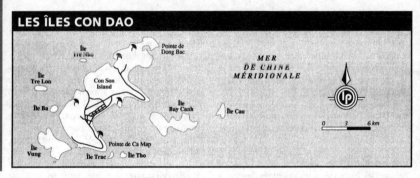

en font un petit paradis. On l'appelle aussi Poulo Condore, nom malais européanisé qui signifie "île aux Courges".

L'archipel produit du bois de teck et de pin, des fruits (noix de cajou, raisin, noix de coco et mangues) et vend également des perles, des tortues de mer, des homards et du corail.

L'île Con Son a été occupée successivement par les Khmers, les Malais et les Vietnamiens. Elle a par ailleurs très tôt servi de base aux Européens pour commercer dans la région. La Compagnie des Indes y a tenu un comptoir fortifié de 1702 à 1705, année où les Anglais se sont fait massacrer par des soldats de Macassar qu'ils avaient enrôlés dans les îles des Célèbes, en Indonésie.

Les Français ont fait de Con Son un bagne de triste réputation, en raison des mauvais traitements et des tortures qu'ils infligeaient aux prisonniers politiques. Le gouvernement sud-vietnamien a pris la relève en 1954, profitant de l'isolement de Poulo Condore pour y maintenir en prison ses opposants (dont des étudiants) dans des conditions effroyables. Le musée de la Révolution de l'île témoigne de toutes les horreurs commises sur place au fil des décennies. On peut, par exemple, voir une fosse à purin dans laquelle on jetait les membres du Parti communiste vietnamien.

Où se loger

Actuellement, le seul endroit pour se loger est le *Phi Yen Hotel* (☎ 830168). Les chambres avec clim. reviennent à 20 $US, et à 30 $US avec vue sur la mer.

Comment s'y rendre

Avion. Vasco Airlines assure un vol trois fois par semaine entre Ho Chi Minh-Ville et l'île de Con Son, mais il s'agit en fait d'un vol charter qui ne décolle pas tant que les passagers ne sont pas assez nombreux. A Ho Chi Minh-Ville, contactez Vasco (☎ 08-842 2790, fax 844 5224, 114 Ð Bach Dang, district de Tan Binh).

Il existe également une liaison aérienne entre Vung Tau et Con Son le samedi à 7h30, avec retour sur Vung Tau le dimanche à 16h. Le bureau de réservation de la compagnie Vasco (☎ 856100) à Vung Tau est 27 ÐL Quang Trung.

Bateau. Pour effectuer les 215 km qui séparent Vung Tau des îles Con Dao, comptez 12 heures de traversée, dans un bateau de la marine vietnamienne. Les civils peuvent être autorisés à monter à bord, pourvu qu'ils soient suffisamment nombreux. Renseignez-vous au siège de l'OSC (Oil Service Company & Tourism, ☎ 852012, fax 852834), 2 ÐL Le Loi, à Vung Tau.

LONG HAI

Le tourisme de masse a transformé Vung Tau en une sorte de grande foire, et beaucoup de visiteurs aspirent à une station balnéaire plus calme. Les petits budgets se retranchent d'ailleurs de plus en plus vers Long Hai, à

30 km au nord-est de Vung Tau, jusqu'où les cafés bon marché proposent des excursions. Les bateaux de pêche viennent mouiller dans la partie occidentale de la plage, laquelle n'est donc pas très propice à la baignade. Avec son sable blanc et ses palmiers, la partie orientale se révèle tout à fait agréable.

L'endroit recèle cependant quelques désagréments. L'inconvénient majeur est certainement la nuisance sonore. Ne vous imaginez pas vous asseoir sous la véranda de votre hôtel pour écouter le bruit des vagues : le karaoke a également envahi Long Hai ! Vos tympans risquent donc d'être mis à rude épreuve, tous les soirs, sur le coup de 23h – les plus acharnés mettant leur diabolique machine en marche dès le matin ! Vous adorerez Long Hai si vous êtes sourd. Sinon, vous le deviendrez en quittant l'endroit.

Autre inconvénient, les fréquentes coupures de courant. Gardez-donc à portée de main des bougies ou une lampe électrique. Pourtant, vous bénirez peut-être ces coupures lorsque vous vous apercevrez qu'elles font également taire, même provisoirement, les karaoke.

Où se loger

Le **Huong Bien Hotel** (☎ 868430) est le meilleur endroit où dormir, dans l'un des cinq bungalows de plage sis au milieu des palmiers et des pins. Chaque bungalow comprend 2 pièces ; avec ventil., comptez 12/15 $US avec/sans clim. (mais de l'eau froide dans les deux cas !).

Le **Palace Hotel** (☎ 868364) est très pittoresque. Il a été construit à l'origine pour l'empereur Bao Dai, souverain du Vietnam de 1926 à 1945. Celui-ci appréciait particulièrement les résidences luxueuses en bord

---

Le litige des îles Spratly et Paracel

Les îles Paracel (Quan Dao Hoang Xa), à 300 km au large de Danang, et les îles Spratly (Quan Dao Thruong Xa), à 475 km au sud-est de Nha Trang, seront très probablement une source de futurs conflits entre les différentes nations donnant sur la mer de Chine méridionale.

En 1951, la République populaire de Chine envahit plusieurs îles de l'archipel des Paracel, qui n'avaient été qu'épisodiquement occupées jusque-là. Dans les années 60, les Sud-Vietnamiens furent à leur tour présents dans quelques îles, mais les forces chinoises les en chassèrent en 1964. Cette action entraîna la protestations des deux gouvernements vietnamiens.

L'archipel des Spratly, constitué de plusieurs centaines d'îlots, est géographiquement plus près de Bornéo que du Vietnam. Tous les pays environnants en revendiquent la propriété, notamment les Philippines, la Malaisie, l'Indonésie, la Chine, Taiwan et le Vietnam. En 1988, il fut l'enjeu d'un conflit qui opposa le Vietnam à la Chine, au cours duquel le Vietnam perdit deux bateaux et 70 marins. En 1992, des bateaux patrouilleurs de la marine chinoise ouvrirent le feu, à plusieurs reprises, sur des cargos vietnamiens en partance de Hong Kong. Cet affrontement manqua de peu de briser toute relation commerciale entre le Vietnam et Hong Kong. Pour toute explication, la Chine prétendit qu'elle voulait lutter contre la fraude.

Ces deux archipels ont peu de valeur intrinsèque si ce n'est que le pays propriétaire du territoire peut inclure de vastes zones de la mer de Chine méridionale (censées abriter de grandes réserves de pétrole) dans ses eaux territoriales. La Chine provoqua un regain de tension en 1992, en occupant l'un des îlots revendiqués par les Vietnamiens et en signant un contrat d'exploration pétrolière avec la compagnie américaine Conoco. En 1996, la marine philippine détruisit une petite base radar chinoise, installée sur le récif Mischief, dans les îles Spratly.

Le problème de la souveraineté des ces îles n'a toujours pas été réglé.

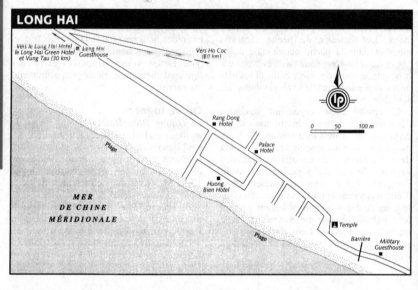

LONG HAI

Vers le Long Hai Hotel
le Long Hai Green Hotel
et Vung Tau (30 km)

Long Hai
Guesthouse

Vers Ho Coc
(E0 km)

Rang Dong
Hotel

Palace
Hotel

Huong
Bien Hotel

MER
DE CHINE
MÉRIDIONALE

Plage

Plage

Temple

Barrière

Military
Guesthouse

0   50   100 m

de plage et fit construire des chaînes de ces villas dans chacun de ses lieux de vacances favoris. Bao Dai n'en est plus le propriétaire aujourd'hui mais vous pouvez louer une chambre avec ventil. et s.d.b., sans eau chaude, pour 14 $US. La clim. et l'eau chaude montent les prix à 20 $US.

La *Military Guesthouse (Nha Nghi Quan Doi,* ☎ *868316)* est un autre établissement de qualité. Les chambres dans le bâtiment principal sont affichées de 10 à 20 $US. Nous vous recommandons vivement d'essayer les deux maisons en bord de plage, à 7 $US la nuit.

Le karaoke du *Rang Dong Hotel (*☎ *868 356)* fait la particularité de l'établissement. Il envoie ses décibels de 6h à 24h ; le bruit, déjà insupportable, résonne dans les couloirs de l'hôtel. Le prix des chambres varie de 15 à 20 $US.

Le plus grand établissement est le *Long Hai Hotel (*☎ *868312)*. Difficile de vous le recommander, car la plage adjacente est assez sale et le "salon de massage" un peu douteux. On vous proposera des chambres

de 13 à 25 $US. La *Long Hai Guesthouse (Nha Nghi Long Hai,* ☎ *868312)* constitue une autre solution. Comptez entre 10 et 24 $US pour une double.

Mentionnons également le *Long Hai Green Hotel (Khach San Xanh Long Hai,* ☎ *868337)*, quoiqu'il soit éloigné des plus belles plages et que le personnel se montre peu sympathique. La chambre avec clim. et s.d.b. coûte entre 10 et 12 $US.

Le *Thuy Duong Tourist Resort* (☎ *886215, fax 886210)* se trouve dans le village de Phuoc Hai, à environ 4 km de Long Hai. La plage est belle, et l'on peut facilement pousser jusqu'aux sources chaudes de Binh Chau. Vous pourrez choisir parmi huit types de chambres, dont des bungalows, des maisonnettes et des suites, pour un prix variant de 25 à 95 $US.

Comment s'y rendre

Quelques bus assurent la liaison Long Hai-Ho Chi Minh-Ville. Le trajet Vung Tau-Long Hai semble assez problématique, vous devrez sûrement louer une moto, comme

MASON FLORENCE

MASON FLORENCE

MARK KIRBY

MASON FLORENCE

MASON FLORENCE

Réputé pour ses marchés flottants et ses magnifiques couchers de soleil, le delta du Mékong offre d'autres plaisirs à découvrir au contact de ses habitants fascinants

Les buffles sont souvent chargés de lourdes tâches mais ne peuvent remplacer les femmes qui effectuent la majeure partie des travaux des champs, notamment le délicat repiquage du riz

font la plupart des voyageurs. Des taxi-moto attendent à chaque endroit touristique et proposeront sans relâche de vous transporter.

SOURCES CHAUDES DE BINH CHAU

Les sources chaudes de Binh Chau (Suoi Nuoc Binh Chau) se trouvent à quelque 50 km au nord-est de Long Hai. Le mercantilisme est heureusement absent de ce petit complexe thermal, sis à 6 km au nord du village de Binh Chau. Les étrangers acquittent un droit d'entrée de 0,30 $US seulement.

Massages et acupuncture font partie des prestations. Les gens de la région peuvent également vous proposer une partie de chasse (contre de l'argent), l'extermination de la faune locale constituant visiblement leur sport favori – seules les bruyantes cigales semblent avoir été épargnées par le massacre.

La station se compose d'un hôtel et de son restaurant. Pour voir les sources de près, il faut descendre un chemin en bois, en évitant de s'en écarter, car le sol a l'air si meuble que l'on peut facilement dégringoler dans l'eau souterraine bouillonnante ! La source la plus chaude atteint 82°C, presque la température idéale pour faire cuire un œuf ! D'ailleurs, tous les Vietnamiens font l'expérience et vous trouverez une petite source auprès de laquelle sont disposés des paniers en bambou à cet effet, à tel point que coquilles et restes d'œufs à moitié cuits jonchent le sol.

Où se loger

Le *Binh Chau Hotel* (☎ 871131) est le seul endroit où passer la nuit. A côté du bâtiment principal, des bungalows et une maisonnette en bois (*rong*) sont également disponibles pour 10 $US, mais avec s.d.b. commune. Les chambres de l'hôtel ont une s.d.b. Celles avec ventil. coûtent seulement 13 $US, et celles avec clim. de 15 à 21 $US.

Comment s'y rendre

Il n'y a pas si longtemps, la route de Binh Chau n'était que boue et nids-de-poule,

mais cela a changé au début des années 90. Il s'agit là de l'une des meilleures routes du Vietnam, et il est dommage qu'elle s'arrête plus ou moins à Binh Chau, sans rejoindre la nationale 1.

Bonne route ou pas, les transports en commun n'existent pas. Il faut donc louer une moto ou une voiture. Si vous optez pour la seconde solution, peut-être pourrez-vous partager le véhicule à plusieurs. Si vous empruntez cette route, sachez qu'elle comporte plusieurs croisements où il faut tourner, sans qu'aucun panneau ne les signale.

PLAGE DE HO COC

La plage de Ho Coc est un site un peu éloigné (environ 50 km au nord-est de Long Hai) mais superbe. S'il n'est pas encore envahi par les commerces, cela ne saurait tarder. La *Ho Coc Guesthouse* se résume à un unique bungalow, avec cinq chambres. La *Army Guesthouse* est également composée de bungalows, qui n'étaient pas ouverts aux touristes à l'époque de notre visite. Si les possibilités de logement de la plage de Ho Coc ne vous satisfont pas, il vous faudra chercher un logement aux sources chaudes de Binh Chau.

Comment s'y rendre

Aucun transport en commun ne se rend à la plage de Ho Coc. Certains des cafés bon marché de Ho Chi Minh-Ville organisent des excursions d'une journée à Ho Coc. C'est également l'occasion de faire une agréable promenade en moto, quoiqu'un peu longue. Attention, la route est très mauvaise sur les 10 km qui séparent Ho Coc des sources chaudes de Binh Chau.

HAM TAN

Ham Tan est le nouveau nom de cet endroit, mais la plupart des habitants l'appellent encore Binh Tuy. Il s'agit d'une agréable plage retirée, à 30 km au nord des sources de Binh Chau. Un petit hôtel accueille de rares visiteurs.

Malheureusement, Ham Tan n'est pas d'un accès facile, sauf si vous disposez d'un hélicoptère ! Sitôt franchie la station thermale, la route, généreusement financée par les Australiens, retrouve l'état de l'ancienne nationale, dont les nids-de-poule évoquent de véritables cratères. Une moto devrait pouvoir négocier le parcours. Quelques voyageurs téméraires s'y sont même risqués en VTT. Sinon, le 4x4 s'impose et, quand il pleut, attendez-vous à une mer de boue.

Si vous parvenez à arriver à Ham Tan, vous ne serez plus qu'à 30 km de la nationale 1. Quoi qu'il en soit, cette route permettra aux motards de tester leur habileté au motocross.

LA TOMBE DE HANG GON
Une tombe, vieille de 2 000 ans, a été dégagée au début des années 90, près de la ville de Xuan Loc. Personne ne sait qui l'a construite. D'anciennes inscriptions sont gravées à l'intérieur, mais elles n'ont jamais pu être déchiffrées car elles ne correspondent à l'écriture d'aucun groupe ethnique connu. Les inconditionnels de science-fiction et les téléspectateurs de *X-Files* adoreront cet endroit ! Les disparus ont été incinérés, il ne reste donc plus que des cendres.

Comment s'y rendre
Il n'existe aucun transport en commun. Xuan Loc se trouve sur la nationale 1 et (vers le sud) la route de Tan Phong en direction de Baria (localité proche de Vung Tau et de Long Hai). La tombe est à quelque 6 km de l'embranchement de la nationale 1 avec la route de Baria, sur le côté droit de la route.

Le delta du Mékong

Le delta du Mékong ne pourrait être plus plat, sa végétation plus luxuriante. Formé par les limons de la rivière, il ne cesse, par ce processus permanent de sédimentation, de gagner du terrain sur la mer, à raison de 79 mètres par an. Le fleuve est si large que la marée se produit deux fois par jour. Pendant la saison sèche, on ne peut naviguer sur les canaux à marée basse.

Réputé pour sa fertilité, le sol du delta du Mékong constitue le "grenier à riz" du Vietnam. Presque la moitié des terres de la région sont cultivées ; elles produisent suffisamment de riz pour nourrir tout le pays, et même un surplus assez considérable. La collectivisation des terres imposée en 1975 fit s'effondrer la production agricole, et Ho Chi Minh-Ville manqua de nourriture. Toutefois, les fermiers du delta subvenaient aisément à leurs propres besoins, même s'ils se souciaient peu de commercialiser leurs produits. Les Saigonnais vinrent acheter du riz au marché noir. Pour éviter "tout profit excessif", le gouvernement installa des postes de contrôle chargés de confisquer tout transport de riz supérieur à 10 kg. En 1986, ces contraintes ont été supprimées, et le Vietnam est devenu le deuxième exportateur mondial de riz après la Thaïlande : plus de 3,5 millions de tonnes en 1997. Pour la première fois dans son histoire, le Nord du pays a produit plus qu'il n'a consommé et a contribué pour 270 000 tonnes aux exportations.

Les terres du delta produisent en outre des fruits, de la noix de coco et de la canne à sucre ; la pêche est également significative. Cette région essentiellement rurale est l'une des plus peuplées du Vietnam, à l'exception des mangroves presque inhabitées autour de la province de Camau.

Le Mékong est considéré comme l'un des plus grands fleuves du monde, et son delta est l'un des plus vastes. Il prend sa source au Tibet et coule sur 4 500 km à travers la Chine, servant de frontière au Myanmar

A ne pas manquer

- Une promenade en bateau sur les innombrables canaux qui entourent l'embouchure du Mékong
- La visite des marchés flottants
- Une conversation sur le bouddhisme avec les moines des belles pagodes khmères
- Un séjour "chez l'habitant" dans les vergers des environs de Vinh Long
- Détente sur les plages de sable blanc de l'île de Phu Quoc

(Birmanie), au Laos et à la Thaïlande avant de traverser le Cambodge et le Vietnam pour se jeter dans la mer de Chine méridionale. A Phnom Penh, il se sépare en deux bras : le Hau Giang (fleuve inférieur ou Bassac), qui arrose Chau Doc, Long Xuyen et Cantho avant de rejoindre la mer, et le Tien Giang (fleuve supérieur), qui se divise lui-même en

LE DELTA DU MÉKONG

plusieurs bras à Vinh Long et se jette dans la mer en six endroits différents. Les nombreux bras qui composent le fleuve expliquent son nom vietnamien, Song Cuu Long, la rivière des Neuf Dragons.

Le niveau du Mékong commence à monter vers la fin mai et atteint sa crue en septembre. Son débit varie de 1 900 à 38 000 m³/s, selon la saison. L'affluent qu'il reçoit à Phnom Penh puise son eau dans le lac Tonlé Sap, au Cambodge. Quand le fleuve est en crue, cet affluent inverse son courant pour se déverser dans le lac, limitant ainsi les inondations dans le delta.

Malheureusement, la déforestation du Cambodge met en danger cet équilibre délicat, entraînant davantage d'inondations dans la portion vietnamienne du bassin du Mékong.

La vie dans une plaine inondée n'est pas sans présenter certains défis techniques. Les habitants du delta construisent leurs maisons sur des pilotis de bambou pour se protéger contre la montée des eaux. Pendant les inondations, de nombreuses routes sont submergées ou deviennent de véritables bourbiers. Il a fallu en surélever certaines, mais cela coûte cher. La solution traditionnelle consiste à creuser des canaux qui, par centaines, doivent être constamment dragués pour préserver leur navigabilité.

La propreté des canaux pose également problème, car les riverains ont pour habitude de jeter directement leurs détritus et leurs eaux usées dans les cours d'eau qui passent devant chez eux. Cela n'est pas sans conséquences désagréables : dans les régions les plus peuplées du delta, l'accumulation des déchets est de plus en plus visible. On ne peut qu'espérer que des mesures gouvernementales strictes seront prises pour mettre un frein à cette pollution.

Dans la partie méridionale du delta vivent des crocodiles, notamment près du Hau Giang. Ils sont dangereux ; mieux vaut s'en tenir à bonne distance.

Le delta a appartenu au royaume khmer jusqu'au XVIIIe siècle ; ce fut la dernière région annexée à ce qui est aujourd'hui le Vietnam. Les Cambodgiens n'oublient pas pour autant le passé et l'appellent encore le Bas-Cambodge. C'est d'ailleurs la revendication de ce territoire qui poussa les Khmers rouges à lancer des raids nocturnes sur les villages vietnamiens et à massacrer leurs habitants. On connaît la suite des événements : le Vietnam a envahi le Cambodge en 1979 et évincé les Khmers rouges du pouvoir. La plupart des habitants du delta sont d'origine vietnamienne, mais là vivent également de nombreux Chinois, des Khmers et quelques Cham.

Beaucoup de voyageurs empruntent le bus (bon marché, mais peu confortable) ou louent une moto (plutôt sympathique, à condition de ne pas s'égarer dans le dédale de routes) pour gagner cette région. L'autre solution consiste à louer un minibus dans les petits cafés pour touristes de Ho Chi Minh-Ville. La proposition la moins chère n'est cependant pas toujours la meilleure. Ce n'est pas une raison non plus pour choisir l'excursion la plus onéreuse. Soyez simplement vigilant sur la distance

parcourue et les prestations hôtelières, qui constituent les deux principaux paramètres faisant varier les prix.

La navigation est la grande activité du delta, et la meilleure façon de le visiter est de louer un bateau pour se promener sur les canaux. Malheureusement, la plupart des gouvernements provinciaux du delta, âpres au gain, interdisent aux sociétés privées de louer des bateaux aux étrangers. Il faut donc, à ces endroits, se rabattre sur les excursions organisées (hors de prix), dont l'État a le monopole. Les vedettes de la police patrouillent régulièrement sur le fleuve et tentent d'intercepter les touristes qui ont violé la loi. Ces patrouilles sont particulièrement sévères à Mytho et à Vinh Long.

Heureusement, tous les gouvernements provinciaux ne sont pas aussi stricts, et il reste plusieurs régions, Ben Tre par exemple, où vous pourrez louer un bateau et vous promener à votre guise.

MYTHO

Mytho, capitale de la province de Tien Giang, est une agglomération paisible de 100 000 habitants. Ville du delta la plus proche de Ho Chi Minh-Ville, elle s'avère l'étape obligatoire pour les touristes en voyage organisé.

Sa proximité de la prospère Ho Chi Minh-Ville pourrait faire croire que Mytho a profité des réformes économiques. C'est, paradoxalement, l'une des villes les plus pauvres du delta, bien que son gouvernement local soit censé être le plus riche et qu'elle dispose des forces de police les plus strictes.

Le problème tient au Comité populaire de la province de Tien Giang, réputé être le plus corrompu du Vietnam. Toute forme d'entreprise privée est interdite, ce qui signifie que les services offerts aux touristes sont des monopoles d'État, mal administrés et horriblement chers.

Mytho a été fondée vers 1680 par des réfugiés chinois ayant fui Taiwan pour des raisons politiques. Les Chinois sont presque tous partis, le gouvernement ayant saisi tous leurs biens dans les années 70. Ce qui reste de l'économie repose sur la pêche, la cul-

La production de riz

Le mot riz, en indien ancien, se dit *dhanya*, ce qui signifie "soutien de la race humaine". Cela décrit assez bien l'importance du riz pour les Vietnamiens. Le paysage rural du Vietnam est encore très semblable à ce qu'il était il y a plusieurs siècles : les femmes, portant un chapeau conique (*non bai tho*), irriguent les champs à la main, tandis que les hommes repiquent le riz dans les rizières inondées ou labourent à l'aide de charrues tirées par des buffles d'eau.

Selon une légende vietnamienne, il fut un temps où le riz n'avait pas besoin d'être récolté. On le sollicitait par des prières, et il était envoyé du ciel dans chaque foyer sous la forme d'une grosse balle. Un jour, un homme demanda à sa femme de balayer le sol en prévision de l'arrivée du riz, mais elle balayait encore lorsque l'énorme balle surgit. Elle la toucha sans le faire exprès, la brisant en mille morceaux. Depuis ce jour, les Vietnamiens doivent travailler dur et cultiver le riz à la main.

Le riz est le principal produit agricole du Vietnam, et il fait travailler 70% de la population active. Sa culture s'est pourtant considérablement intensifiée à la suite de la politique de réformes économiques – baptisée Doi Moi, ou "rénovation" – mise en place en 1986. Le passage, consécutif à ces réformes, d'une culture vivrière à une culture de rapport a fait du Vietnam, jusqu'alors importateur de riz, un pays exportateur dès 1989. Paradoxalement, cependant, ce sont de puissants cartels agricoles qui fixent le prix des graines, des engrais et des pesticides et en retirent les bénéfices.

Le delta du Mékong produit la moitié du riz vietnamien et la plus grande partie des exportations. Le riz consommé dans le Nord provient principalement du delta du fleuve Rouge, mais la production, parfois insuffisante, doit être complétée par des approvisionnements venus du Sud. Dans les Hauts Plateaux, la culture du riz représente une activité importante pour les minorités ethniques, malgré un rendement relativement faible par rapport au reste du pays. Le riz, aliment de base des Vietnamiens, est présent dans de nombreux plats : le *banh xeo* (omelette au riz), le *chao* (bouillie de riz), l'omniprésente *com-pho* (soupe de nouilles de riz),

---

ture du riz, des noix de coco, des bananes, des mangues, des longanes et des agrumes.

Orientation
Mytho s'étend sur la rive gauche du bras nord du Mékong. La gare routière (Ben Xe Khach Tien Giang) est à quelques kilomètres à l'ouest de la ville. De cette gare, vous entrerez dans la ville par Đ Ap Bac, qui mène à Đ Nguyen Trai, orientée est-ouest.

Đ 30 Thang 4, également orthographiée Đ 30/4, est parallèle au Mékong.

Renseignements
Agences de voyages. Tien Giang Tourist (Cong Ty Du Lich Tien Giang, ☎ 872154, fax 873578) est l'office de tourisme officiel de la province. Son bureau est situé 65 Đ Trung Trac, à l'angle de Đ Rach Gam. Pour

réserver une excursion, en revanche, adressez-vous au bureau touristique, en bordure du fleuve (☎ 873184, 8 Đ 30/4).

Île du Phénix
Jusqu'à son emprisonnement par les communistes pour activités antigouvernementales et la dispersion de ses adeptes, l'homme que l'on a appelé le "moine aux noix de coco" (Ong Dao Dua) dirigeait une petite communauté sur l'île du Phénix (Con Phung), à quelques kilomètres de Mytho. Du temps de sa splendeur, l'île était dominée par un incroyable sanctuaire en plein air fort impressionnant. Les colonnes aux dragons sculptés et la tour aux multiples étages surmontée d'un énorme globe de métal devaient ruisseler de couleurs. Aujourd'hui, cet ensemble sans vie est quelque peu bran-

La production de riz

et le *ruou gao* (alcool de riz fermenté très fort) – pour n'en citer que quelques-uns. Presque partout au Vietnam, le riz est obtenu par culture en "plaine irriguée". Malgré des progrès récents, comme l'introduction de nouvelles variétés de plants et la généralisation des engrais, les travaux agricoles à proprement parler sont encore en grande partie accomplis sans équipement mécanique : les champs sont labourés et hersés avec des buffles d'eau, les grains semés à la main, et les pousses arrachées et repiquées une à une (toujours à la main) dans un autre champ dès qu'elles atteignent une certaine hauteur, afin d'éviter le pourrissement des racines. Ces tâches minutieuses sont effectuées pour l'essentiel par les femmes. L'irrigation se fait presque toujours à deux personnes, lesquelles transvasent l'eau des canaux dans les champs à l'aide de paniers en osier tirés par des cordes. Lorsque le niveau de l'eau est suffisamment haut, on élève des poissons dans les rizières.

La récolte du riz a lieu trois à six mois après le semis, selon la variété et le lieu de plantation. Le climat du Vietnam permet trois récoltes (hiver-printemps, été-automne et saison humide), qui dépendent du début de la saison des pluies. A maturité, les plants arrivent à hauteur de hanches et sont immergés dans environ 30 cm d'eau. Les grains – logés dans des panicules retombants – sont coupés à la main, puis transportés en brouette jusqu'à des batteuses qui les séparent de leur enveloppe. Ils passent ensuite dans d'autres machines qui les "décortiquent" (riz brun) ou les "polissent" (riz blanc). A cette période de l'année, on peut voir, étalés le long des routes, de véritables tapis de riz mis à sécher avant d'être moulu. L'intensification de la production depuis le début des années 90 a produit quelques effets néfastes, telles la salinisation des sols et l'infestation des rizières par les rats (même si, par ailleurs, ils éloignent les serpents). La dégradation constante du milieu naturel et l'augmentation rapide de la population vietnamienne font peser une menace supplémentaire sur les approvisionnements en riz, céréale de base de ce pays. Si l'on ajoute à cela les risques inhérents à la fertilisation à outrance, on peut être inquiet quant à l'avenir, à terme, de la riziculture au Vietnam.

lant. Le kitsch de l'endroit vous fera certainement sourire, particulièrement la reproduction de la fusée Apollo trônant au beau milieu des statues bouddhiques !

Ce serait une bonne idée d'affecter les recettes des droits d'entrée (0,50 \$US) à l'entretien du site, car les décorations tombent en ruine, et l'île se transforme en piège à touristes, comme le raconte un voyageur :

L'île tombe en décrépitude. Méfiez-vous de ce vieil homme rusé qui prétend être un ancien moine : il vous entraîne à toute allure à travers les quelques sites et vous demande ensuite de lui offrir une bière, au stand, à un prix exorbitant.

Sue Grossey

Né en 1909 dans la province actuelle de Ben Tre et mort en 1990, Nguyen Thanh Nam, le moine aux noix de coco, disait s'être nourri exclusivement de ces fruits pendant trois ans. Il étudia la physique et la chimie à Lyon, Caen et Rouen de 1928 à 1935. Puis, de retour au Vietnam, il se maria et eut une fille.

Il quitta sa famille en 1945 pour la vie monastique et passa alors trois ans à méditer jour et nuit, assis sur une dalle de pierre sous un mât. Les gouvernements sud-vietnamiens successifs l'emprisonnèrent régulièrement parce qu'il voulait réunifier le pays en usant de moyens pacifiques.

Il fonda une religion, Tinh Do Cu Si, mélange de bouddhisme et de christianisme et de leurs symboles respectifs.

On aperçoit le domaine du moine depuis le bac qui relie Mytho à la province de Ben Tre. Les plaques apposées sur le vase de

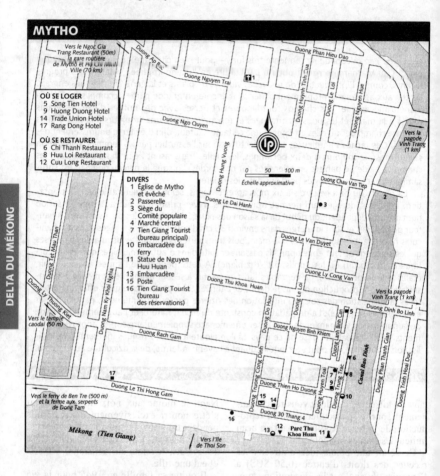

MYTHO

Vers le Ngoc Gia Trang Restaurant (50m) la gare routière de Mytho et Hô Chi Minh Ville (70 km)

Duong Ap Bac
Duong Phan Hieu Dao
Duong Nguyen Trai
Duong Huynh Tinh Cua
Duong Le Loi
Duong Nguyen Hue

OÙ SE LOGER
5 Song Tien Hotel
9 Huong Duong Hotel
14 Trade Union Hotel
17 Rang Dong Hotel

OÙ SE RESTAURER
6 Chi Thanh Restaurant
8 Huu Loi Restaurant
12 Cuu Long Restaurant

DIVERS
1 Église de Mytho et évêché
2 Passerelle
3 Siège du Comité populaire
4 Marché central
7 Tien Giang Tourist (bureau principal)
10 Embarcadère du ferry
11 Statue de Nguyen Huu Huan
13 Embarcadère
15 Poste
16 Tien Giang Tourist (bureau des réservations)

Duong Ngo Quyen
Duong Hung Vuong
Vers la pagode Vinh Trang (1 km)
Duong Chau Van Tiep
Duong Le Dai Hanh
Duong Le Van Duyet
Duong Ly Cong Van
Duong Thu Khoa Huan
Duong Tet Mau Than
Duong Ly Thuong Kiet
Duong Nam Ky Khoi Nghia
Duong Do Huu
Duong Loi
Duong Nguyen Binh Khiem
Duong Lanh Binh Can
Vers la pagode Vinh Trang (1 km)
Duong Dinh Bo Linh
Duong Rach Gam
Vers le temple caodai (50 m)
Duong Phan Thanh Gian
Duong Trinh Hoai Duc
Canal Bao Dinh
Duong Truong Cong Dinh
Duong Thien Ho Duong
Duong Huyen Trai
Duong Trung Trac
17
Duong Le Thi Hong Gam
Vers le ferry de Ben Tre (500 m) et la ferme aux serpents de Dong Tam
15 14
16
Duong 30 Thang 4
13 12
Parc Thu Khoa Huan
11
Mékong (Tien Giang)
Vers l'île de Thoi Son

0   50   100 m
Échelle approximative

porcelaine géant (3,5 m de hauteur) retracent la vie de cet homme hors du commun.

La police de Mytho ne vous autorisera pas à louer un bateau privé (environ 3 $US l'heure), et vous devrez débourser au moins 25 $US pour monter à bord d'une embarcation gouvernementale. Vous pouvez toutefois louer un bateau dans la province de Ben Tre, de l'autre côté du fleuve, territoire dont relève l'île du Phénix. En cours de traversée, à l'aller comme au retour, vous êtes néanmoins dans la juridiction de Mytho et

donc passible d'une amende. Pour contourner ce problème, faites d'abord la traversée officielle vers la province de Ben Tre, puis rendez-vous sur l'île du Phénix.

Île du Dragon

Il est fort agréable de se promener dans les célèbres plantations de longaniers (*nhan*) de l'île du Dragon (Con Tan Long), et il y a un petit restaurant sur l'île. Les côtes luxuriantes de l'île fourmillent de bateaux de pêche, et Con Long compte des constructeurs de bateaux parmi ses habitants. L'île se trouve à 5 minutes en bateau du quai situé à l'extrémité de Ð Le Loi.

Autres îles

L'île de la Tortue (Con Qui) et l'île de la Licorne (Thoi Son) se situent à proximité. Pour les visiter, il revient moins cher d'organiser une excursion d'une journée au départ d'Ho Chi Minh-Ville. Reportez-vous à la rubrique *Comment circuler*, un peu plus avant dans ce chapitre.

Église de Mytho

Ce grand édifice jaune pastel fut construit voici un siècle, 32 Ð Hung Vuong (à l'angle de Ð Nguyen Trai). On y voit des ex-voto en pierre remerciant Notre-Dame de Fatima en français et vietnamien.

De nos jours, deux prêtres, deux sœurs et plusieurs assistants s'occupent de cette paroisse qui regroupe environ 7 000 fidèles. L'église est ouverte tous les jours de 4h30 à 6h30 et de 14h30 à 18h30. Les messes ont lieu à 5h et 17h du lundi au samedi et à 5h, 7h et 17h le dimanche, avec catéchisme en fin d'après-midi.

Temple caodai

Si vous n'avez pas pu voir celui de Tay Ninh, Mytho possède un temple caodai plus petit, qui mérite le coup d'œil. Il est situé dans Ð Ly Thuong Kiet, entre Ð Dong Da et Ð Tran Hung Ðao.

Marché central de Mytho

Situé entre Ð Trung Trac et Ð Nguyen Hue, il est fermé à la circulation des voitures. On y vend à peu près de tout, des denrées alimentaires au tabac en vrac, en passant par les hélices de bateau.

Pour rendre ces rues à la circulation, les autorités locales ont construit au bord du fleuve un horrible bâtiment en béton de trois étages dans l'intention d'y installer les commerçants. Les amateurs ont cependant été peu nombreux en raison du montant élevé des loyers et des taxes, et les deux derniers étages du bâtiment sont toujours vides.

Quartier chinois

Il se regroupe autour de Ð Phan Thanh Gian, sur la rive est du canal Bao Dinh. De nombreux habitants d'origine chinoise y résident, mais rien ne signale que l'on se trouve dans un quartier chinois.

Pagode Vinh Trang

Ce magnifique sanctuaire est fort bien entretenu. Les bonzes accueillent des enfants orphelins, handicapés et démunis.

La pagode est située à environ 1 km du centre-ville, 60A Ð Nguyen Trung Truc. Pour y aller, empruntez le pont sur le fleuve (Ð Nguyen Trai) ; l'entrée est sur la droite du bâtiment.

Promenades en bateau

Elles constituent le principal intérêt d'une visite à Mytho. Ces petites embarcations en bois peuvent (à la rigueur) naviguer sur le Mékong, mais le but de la promenade est le plus souvent la découverte, par le dédale de petits canaux, de jolis villages ruraux. Vous pourrez choisir parmi différentes destinations : une fabrique de bonbons à la noix de coco, une ferme d'apiculteur (goûtez le vin à la banane !) ou un jardin d'orchidées.

Actuellement, le Comité populaire de Mytho exerce un monopole de fait sur cette activité, et le prix d'une promenade en bateau ne devient abordable que pour un groupe important. Si vous vous présentez seul pour louer un bateau, il vous en coûtera au moins 23 $US pour une promenade de 2 à 3 heures. Dans le cadre d'un circuit organisé depuis Ho Chi Minh-Ville, cela peut vous revenir à 7 $US par personne, aller-retour en bus Ho Chi Minh-Ville-Mytho compris. Lorsque vous comparez différents prix, vérifiez bien la durée de l'excursion, qui peut aller de 1 à 4 heures (sans compter le trajet en bus). Quoi qu'il en soit, si vous additionnez tous les coûts, il vous est pratiquement impossible de payer moins cher si vous êtes seul (ce qui n'empêche pas de nombreux voyageurs de préférer tout de même cette solution).

Plusieurs sociétés privées de Mytho, défiant les autorités, proposent des promenades dans les environs. Elles pratiquent effectivement des tarifs inférieurs aux tarifs "officiels" (généralement environ 5 $US l'heure), mais il faut savoir qu'elles enfreignent la loi et que vous risquez d'être arraisonné et verbalisé par la police fluviale. Si vous voulez malgré tout tenter votre chance, vous trouverez ces "indépendants" à proximité du Cuu Long Restaurant ou, ce qui ne manque pas de sel, devant la Tien Giang Tourist, dans Đ 30/4.

Où se loger

Le Comité populaire de Mytho veille sans faillir à ce que la plupart des hôtels soient inaccessibles aux touristes. Il ne reste guère que quatre endroits où loger, tous propriété de l'État et passablement détériorés. Les infrastructures d'accueil se sont détériorées au cours des dernières années (plomberie et climatisation hors service) ; vérifiez avant de retenir la chambre.

Au moment où nous rédigeons ces lignes, un hôtel de luxe est en construction dans Đ 30/4, au bord du fleuve, juste à l'est de l'office de tourisme. A le voir, on imagine qu'il sera cher, mais rien ne vous empêche, si votre budget vous le permet, d'aller voir s'il est ouvert. Vous pouvez envisager aussi de passer la nuit sur l'île de la Licorne ; renseignez-vous à Tien Giang Tourist ou, mieux encore, dans les cafés de Ho Chi Minh-Ville.

Le plus populaire des hôtels pour petits budgets, le *Trade Union Hotel* (*Khach San Cong Doan*, ☎ 874324, 61 Đ 30/4) jouit d'une agréable vue sur le fleuve. Il loue des chambres simples avec ventil. à 8 $US et des chambres avec clim. et réfrigérateur à 20 $US.

Le *Huong Duong Hotel* (☎ 872011, 33 Đ Trung Trac) est sordide et mal entretenu. Comptez 7 $US pour une chambre avec ventil. et 10 $US avec une clim. défectueuse.

Avec ses huit étages, le *Song Tien Hotel* (☎ 872009) est le plus grand établissement de la ville. Les chambres avec ventil./clim. sont facturées de 6/10 $US à 20 $US.

Le *Rang Dong Hotel* (☎ 874400, 25 Đ 30/4), l'un des meilleurs de Mytho, est un établissement privé. Toutes ses chambres sont équipées de la clim. Celles avec s.d.b. et eau froide sont à 12 $US, celles avec eau chaude de 18 à 25 $US.

Où se restaurer

La spécialité de Mytho est une substantielle soupe aux vermicelles appelée *hu tieu My Tho*, composée de fruits de mer frais et séchés, de porc, de poulet et d'herbes. Elle est servie avec ou sans bouillon. Il n'existe pas de restaurants spécialisés dans le hu tieu : on le trouve, en fait, au menu de presque tous les restaurants de la ville.

De nombreux petits restaurants, excellents et bon marché, bordent Đ Trung Trac, entre la statue de Nguyen Huu Huan (leader nationaliste du siècle dernier), dans Đ 30/4 et le pont de ĐL Thu Koa Huan. Nos deux préférés sont le *Chi Thanh Restaurant* et le *Huu Loi Restaurant*, mais n'hésitez pas à essayer les autres.

Au bord du Mékong, le *Cuu Long Restaurant* bénéficie d'une jolie vue et sert une nourriture correcte à des prix raisonnables. C'est aussi là que vous pourrez rencontrer des pilotes de bateaux privés.

En arrivant à Mytho depuis Ho Chi Minh-Ville, le *Ngoc Gia Trang Restaurant* (☎ 872472, 196 Đ Ap Bac) pratique des tarifs un peu plus élevés que les autres restaurants de la ville, mais sa cour est très agréable, et il propose de bons plats pour 4 à 12 $US.

Quelques kilomètres plus loin sur la route de Ho Chi Minh-Ville, près de la porte marquant l'entrée dans Mytho, un autre établissement assez chic, le *Trung Long Restaurant*, possède un beau jardin. Les groupes de circuits organisés qui s'y arrêtent semblent apprécier la propreté des toilettes. Les animaux en cage (un singe, des oiseaux et un python), en revanche, ne sont pas du meilleur goût.

Comment s'y rendre

Bus. Des bus locaux desservent Mytho au départ de Ho Chi Minh-Ville. Ils partent de la gare routière de Mien Tay, à An Lac, de même que de la gare routière de Cholon.

La gare routière de Mytho (Ben Xe Khach Tien Giang) est à quelques kilomètres à l'ouest de la ville. Suivez Đ Ap Bac vers l'ouest, puis la RN 1 (Quoc Lo 1).

Les bus pour Ho Chi Minh-Ville partent dès qu'ils sont pleins, depuis l'aube jusque vers 17h. Le trajet dure 1 heure 30. Chaque jour, des bus se rendent à Cantho (5 heures), Vung Tau (5 heures) et Tay Ninh (6 heures). Des bus desservent également Chau Doc, Phu Hoa, Ba Beo, Bac My Thuan, Cai Be, Cai Lay, Go Cong Dong, Go Cong Tay, Hau My Bac, Phu My, Tan An et Vinh Kim.

Voiture et moto. Le trajet depuis Ho Chi Minh-Ville par la RN 1 (Quoc Lo 1) demande environ 2 heures.

Mytho se trouve à 16 km de Ben Tre, 104 km de Cantho, 70 km de Ho Chi Minh-Ville et 66 km de Vinh Long.

Bateau. Un hydroglisseur de la compagnie Greenlines relie Ho Chi Minh-Ville à Cantho *via* Mytho. On ne voit pas grand-chose de l'intérieur de ces bolides climatisés, mais le trajet ne dure que 1 heure 30. Il part à Ho Chi Minh-Ville du quai Banh Dang et à Mytho de l'embarcadère proche du Cuu Long Restaurant.

Ville	Départ	Ville	Arrivée
HCM-Ville	7h30	Mytho	9h
Mytho	9h30	Cantho	11h30
Cantho	13h30	Mytho	15h30
Mytho	16h	HCM-Ville	17h30

Les étrangers (qui paient au moins deux fois plus cher que les Vietnamiens) doivent débourser 12 $US entre Ho Chi Minh-Ville et Mytho. Les enfants de 2 à 12 ans ont droit au demi-tarif. On peut appeler la compagnie Greenlines à Ho Chi Minh-Ville (☎ 08-821 5609) ou à Mytho (☎ 887006).

Peu utilisé, un ferry pour passagers quitte Ho Chi Minh-Ville tous les jours à 11h du quai situé au bout de ĐL Ham Nghi. Avec un peu de chance, le trajet jusqu'à Mytho ne dure que 6 heures. Il coûte 6 $US pour les étrangers.

Le car-ferry qui dessert la province de Ben Tre part d'un quai (Ben Pha Rach Mieu) situé à environ 1 km à l'ouest du centre-ville, près du 2/10A Đ Le Thi Hong Gam (prolongement de Đ 30/4). Il fonctionne toutes les heures de 4h à 22h. Des minibus font la navette entre le débarcadère et la gare routière.

Comment circuler

Bicyclette. Tien Giang Tourist loue des bicyclettes. Même leur location est un monopole d'État !

LES ENVIRONS DE MYTHO
Ferme aux serpents de Dong Tam

Cet élevage se situe à environ 10 km de Mytho, sur la route de Vinh Long. Pythons et cobras, en grande majorité, sont destinés à l'alimentation, la maroquinerie ou la production de produits antivenimeux. Le cobra royal, très agressif et capable de cracher son venin assez loin, sert surtout à "épater la galerie". Ne vous approchez pas trop des cages. Les autres cobras séjournent dans une fosse et n'attaquent que si on les provoque. Dociles, les pythons sortent aisément de leurs cages et se prêtent au jeu. Cependant, n'oubliez pas que les plus gros peuvent étrangler un humain !

Dong Tam présente aussi des tortues et des poissons mutants, dont les difformités génétiques résultent certainement de la pulvérisation intense d'Agent orange pendant la guerre. Parmi les autres créatures en captivité, vous découvrirez des tortues de mer, un daim, des singes, des ours, des crocodiles, des hiboux, des canaris et toutes sortes d'oiseaux. Malheureusement, les explications et les noms des animaux ne sont indiqués qu'en vietnamien.

L'armée vietnamienne gère cette ferme aux serpents et encourage vivement le tourisme, source de revenus non négligeable.

Le restaurant de la ferme propose du cobra au menu, et vous pourrez faire vos provisions de sérum contre le venin de cobra à la boutique. Cet élevage était auparavant dirigé de façon très efficace par Tu

Le désastre écologique provoqué par la guerre

Pendant la guerre du Vietnam, les États-Unis eurent pour stratégie de détruire délibérément l'environnement (écocide), et ceci avec une ampleur considérable. Le but était de priver le Viet-Cong de bases opérationnelles. Ainsi, quelque 72 millions de litres de défoliants appelés Agent orange, Agent blanc et Agent bleu furent déversés sur 16% des terres du Sud-Vietnam (représentant 10% des forêts intérieures et 36% des mangroves). Il aurait fallu environ 30 ans aux bûcherons vietnamiens pour obtenir un tel déboisement. Les provinces les plus sérieusement touchées furent celles de Dong Nai, Song Be et Tay Ninh. Les militaires américains eurent recours à une autre méthode désastreuse de défoliation : l'éventration de la jungle à l'aide d'énormes bulldozers appelés les "charrues de Rome".

Les 40 millions de litres d'Agent orange utilisés contenaient 170 kg de dioxine. Ce produit chimique est le plus toxique au monde, hautement cancérigène et mutagène. Presque vingt ans après, la dioxine est toujours présente dans la chaîne alimentaire. Des chercheurs ont effectivement trouvé de hautes doses de ce produit dans le lait maternel des femmes des régions affectées, où vit aujourd'hui 7,5% de la population du Sud. Aux États-Unis, les réfugiés vietnamiens ayant été exposés à l'Agent orange présentent un taux anormal de cancers. Des soldats américains, également touchés, se sont regroupés pour obtenir des tribunaux que l'administration leur verse des indemnités.

Il faut encore que les scientifiques prouvent qu'il existe un lien entre les résidus des produits chimiques utilisés par les Américains durant la guerre et les fausses couches, les bébés morts-nés, les malformations et autres problèmes de santé observés. Les preuves matérielles, quant à elles, sont évidentes.

Comme si les défoliants ne suffisaient pas, d'immenses étendues de forêts, de terres agricoles et même des cimetières ont été éventrés au bulldozer pour arracher non seulement la végétation mais aussi la couche de terre arable. Des forêts de *melaleucas*, au bois particulièrement inflammable, ont péri sous le napalm. Dans les régions montagneuses, les Américains n'ont pas hésité à bombarder et à répandre de l'acide sur les flancs des collines calcaires pour provoquer des éboulements de terrain. Ils ont bombardé, et parfois au napalm, des troupeaux d'éléphants que le Viet-Cong risquait d'utiliser pour le transport. A la fin de la guerre, une mauvaise herbe très résistante (surnommée "l'herbe américaine" par les Vietnamiens) avait envahi de larges zones du territoire. Le gouvernement estime que l'effort de guerre américain a causé la perte de 20 000 km^2 de forêts et de terres cultivables.

Outre cela, quelque 13 millions de tonnes de bombes – plus de 450 fois la puissance de la bombe atomique d'Hiroshima – ont été lâchées sur cette région, soit 265 kg pour chaque homme, femme ou enfant d'Indochine. Si les Américains avaient distribué aux Indochinois la fortune dépensée à fabriquer ces bombes, nul doute qu'ils auraient gagné la guerre.

Duoc, un colonel vietcong à la retraite. Depuis sa mort, en 1990, l'endroit s'est considérablement dégradé : les cages sont sales, les animaux négligés et le personnel manque d'enthousiasme. Rien à voir avec l'impeccable Snake Institute de Bangkok.

La visite de la ferme est intéressante, mais il faut s'y rendre par ses propres moyens. L'entrée coûte 1,60 \$US.

BEN TRE

Constituée de plusieurs grandes îles dans l'embouchure du Mékong, la pittoresque province de Ben Tre s'étend immédiatement au sud de Mytho. A l'écart des principales grandes routes, c'est une région peu visitée. Sa sympathique capitale, nommée également Ben Tre, abrite quelques édifices anciens près des rives du majestueux Mékong.

Ben Tre est un bon point de départ pour une promenade en bateau. A la différence de Mytho, Vinh Long et Cantho, son Comité populaire n'a jusqu'à présent pas cherché à monopoliser cette activité, ce qui fait que les tarifs sont restés bas.

L'agence Ben Tre Tourist (☎ 829618) est située au 65 Đ Đong Khoi.

Pagode Vien Minh

Érigée en plein cœur de la ville, elle est le siège de l'Association bouddhique de la province. Plus que centenaire, selon les bonzes de la région, cette pagode a une histoire incertaine. Jadis en bois, elle a fait place aujourd'hui à un édifice de brique et de béton.

Une grande statue de Quan The Am Bo Tat, la déesse de la Miséricorde, se dresse dans l'avant-cour. On doit la calligraphie chinoise qui décore l'édifice à un vieux bonze, aujourd'hui décédé. Seuls quelques fidèles savent encore en déchiffrer le sens ; les moines, eux, l'ignorent.

Lac Truc Giang

Cette petite étendue d'eau, face au Dong Khoi Hotel, est agréable pour canoter. L'exiguïté du parc environnant ne favorise pas la flânerie.

Île du Phénix

La location d'un bateau privé pour rejoindre l'île du Moine aux noix de coco revient à 2 $US l'heure (contrairement à Mytho, où vous devrez emprunter l'onéreuse croisière officielle).

Pour de plus amples détails, voir la rubrique *Mytho*, plus avant dans ce chapitre.

Temple Nguyen Dinh Chieu

Ce temple a été édifié en l'honneur d'un let tré de la région, Nguyen Dinh Chieu. Il se situe dans le district de Ba Tri, à 30 minutes en voiture (36 km) de Ben Tre. Il a beaucoup de charme, et vous aurez plaisir à le photographier.

Réserve ornithologique

Les gens de la région ne tarissent pas d'éloges sur Vam Ho, une réserve située à 36 km de Ben Tre où viennent nicher les cigognes. On n'y accède que par bateau. Ben Tre Tourist affrète des vedettes, qui effectuent le trajet aller-retour en 2 heures environ, ou des bateaux moins rapides qui prennent environ 5 heures. Vous pouvez vous renseigner sur les tarifs à l'agence et voir aussi les prix que pratiquent les pilotes indépendants.

Où se loger

Le plus économique est le ***Hung Vuong Hotel*** (☎ *822408, 166 Đ Hung Vuong*), qui propose des chambres avec ventil. à 7 ou 8 $US et des doubles avec clim. à 18 $US.

Juste à côté, la ***Government Guesthouse*** (☎ *826134, 148 Đ Hung Vuong*) demande 12 $US pour une double avec clim., et 15 $US avec eau chaude. Une chambre pour 4 personnes sans eau chaude coûte 20 $US.

Le ***Ben Tre Hotel*** (☎ *822223, 226/3 Đ Tran Quoc Tuan*) dispose de chambres avec ventil. à 8 $US, et de chambres avec clim. de 13 à 18 $US.

Les chambres du meilleur hôtel de Ben Tre, le ***Dong Khoi Hotel*** (☎ *822240, 16 Đ Hai Ba Trung*) sont toutes climatisées. Les doubles valent de 18 à 35 $US. Même si vous n'y séjournez pas, allez faire un tour à sa boutique de souvenirs : elle vend de jolis cuillers, baguettes et cendriers en bois de cocotier.

Au moment où nous rédigeons ce guide, les ***An Khan Village Bungalows*** sont en construction près de l'embarcadère du ferry, à environ 10 km de l'agence Ben Tre Tourist. Renseignez-vous pour savoir si ce complexe hôtelier géré par l'État accepte des touristes.

Où se restaurer

Le ***Floating Restaurant***, amarré au sud de la ville, près du marché, jouit d'un emplacement incomparable. La nourriture, en revanche, n'est pas d'une qualité garantie.

Non loin de là, dans Đ Le Dai Hanh, le ***Truc Giang Restaurant*** est fréquenté par les gens de la ville, et l'on peut y goûter la cuisine locale.

Le ***Dong Khoi Hotel*** héberge le restaurant le plus agréable de la ville, et, le samedi

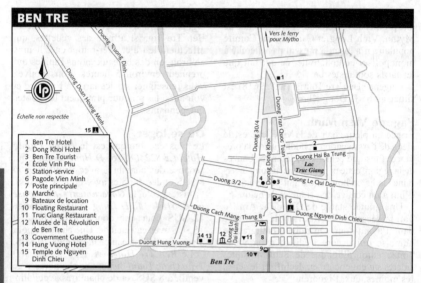

BEN TRE

Vers le ferry pour Mytho

Échelle non respectée

1 Ben Tre Hotel
2 Dong Khoi Hotel
3 Ben Tre Tourist
4 École Vinh Phu
5 Station-service
6 Pagode Vien Minh
7 Poste principale
8 Marché
9 Bateaux de location
10 Floating Restaurant
11 Truc Giang Restaurant
12 Musée de la Révolution de Ben Tre
13 Government Guesthouse
14 Hung Vuong Hotel
15 Temple de Nguyen Dinh Chieu

Lac Truc Giang

Ben Tre

---

soir, un orchestre y assure l'animation. Le *Hung Vuong Hotel* possède également un petit restaurant.

Si votre budget est limité, vous trouverez au *marché* quantité d'échoppes où déjeuner pour environ 0,50 $US.

Comment s'y rendre

Tout d'abord, pour rejoindre cette province insulaire, il faut traverser le Mékong en ferry. Comptez 45 minutes de trajet dans un sens comme dans l'autre.

Aussi lente que soit la traversée Mytho-Ben Tre, c'est encore la plus rapide de toutes. Plus au sud, d'autres ferries desservent Ben Tre, mais ils sont lents et peu fiables. Les motocyclistes gagneront du temps sur les automobilistes, car ils peuvent emprunter des petits bateaux, nombreux et beaucoup plus rapides.

Des camionnettes privées font tous les jours la navette entre Ben Tre et Ho Chi Minh-Ville. Elles ne suivent pas d'horaire précis, et il faut vous renseigner sur place. Essayez près du marché, ou encore près de la porte de l'école Vinh Phu (point de départ de certaines camionnettes).

Comment circuler

Ben Tre Tourist loue un hors-bord 35 $US l'heure (!). On peut y monter à 8 personnes. Elle dispose aussi d'embarcations moins rapides et de plus grande capacité. Une autre option consiste à négocier avec un particulier sur l'embarcadère public, près du marché. Vous pouvez vous baser sur un tarif d'environ 1,60 $US l'heure, avec un minimum de 2 heures de promenade sur les canaux. Renseignez-vous auprès des pilotes qui se tiennent près de la passerelle.

VINH LONG

Capitale de la province du même nom, cette ville de taille moyenne s'étend sur les rives du Mékong, à peu près à mi-chemin entre Mytho et Cantho.

Cuu Long Tourist (☎ 823616, fax 823 357), malgré son monopole de fait sur le marché touristique local, est l'une des agences de voyages gouvernementales les plus efficaces du delta du Mékong. Son bureau est situé au 1-1 Ð Thang 5, mais, au moment de la rédaction de ce guide, un nouveau bâtiment était en construction de l'autre côté de la rue. Il existe également un petit bureau de réservations au bord du fleuve, près du restaurant Phuong Thuy, qui loue des vélos (2 $US par jour) et des motos (8 $US).

Cuu Long Tourist propose différentes excursions en bateau, d'une durée de 3 à 5 heures, ou même sur 2 jours. Parmi les destinations, vous pouvez choisir les canaux, les vergers, une briqueterie, un atelier de fabrication de chapeaux coniques ou le marché flottant de Cai Be. L'agence peut aussi organiser votre séjour dans une famille de récoltants de fruits (voir *Où se loger*).

Comme c'est presque toujours le cas dans la région du delta, si vous voyagez en indépendant, vous devrez vous arranger avec d'autres voyageurs pour obtenir un prix raisonnable pour ces excursions.

Îles du Mékong

Si la ville en elle-même ne présente pas grand intérêt, les proches îles du Mékong méritent le détour. On y pratique une agriculture intensive, avec une nette préférence pour les fruits tropicaux, qui alimentent les marchés de Ho Chi Minh-Ville.

DELTA DU MÉKONG

Une maison loin de chez soi

Vivre quelque temps au sein d'une famille du delta du Mékong se révèle une expérience inoubliable et un moyen unique de connaître le quotidien de la population locale.

La meilleure façon d'organiser un tel séjour consiste à s'adresser à des hôtels ou des cafés de Ho Chi Minh-Ville ou à Cuu Long Tourist, à Vinh Long. Les voyageurs indépendants peuvent toutefois éventuellement s'arranger avec des agents privés à l'embarcadère d'An Binh, à leur arrivée à Vinh Long. Les tarifs tournent autour de 7/10 $US la nuit.

La plupart des maisons ouvertes aux touristes occidentaux se situent au bord du Mékong. Enlevez vos chaussures en pénétrant dans le foyer de votre famille d'accueil. Beaucoup de ces familles préfèrent que les femmes ne portent pas de vêtements trop courts.

La population locale vit de la culture des fruits et du riz. Certaines femmes travaillent dans de petites fabriques de bonbons à la noix de coco : toute la journée, elles font bouillir la pâte dans de grands chaudrons, puis la roulent et coupent de petits cubes qu'elles emballent dans du papier.

Les maisons sont assez rudimentaires. La chambre est un endroit ouvert et plat, où sont disposés hamacs et lits en bois, au-dessus desquels sont suspendus des moustiquaires. Avant même que les derniers rayons du soleil disparaissent commence la chasse aux moustiques, très nombreux dans la région.

Le repas typique est composé de poisson, fort apprécié dans le delta. Il est servi entier sur une couche de légumes verts et décoré de carottes découpées en forme de fleurs aquatiques. Il faut arracher la chair du poisson avec des baguettes en bois et l'envelopper d'une crêpe de riz que l'on trempe dans la sauce. Le plat est accompagné de nems croustillants, puis suivi d'une soupe et de riz (le riz du delta est réputé pour être le plus parfumé du pays).

Après le dîner, certaines familles échangent chansons et histoires autour d'une bouteille de vin de riz, tandis que d'autres regardent la télévison.

La journée commence dès que les premiers rayons du soleil caressent l'eau du fleuve. Avant le petit déjeuner, toute la famille se baigne. Vous vous sentirez peut-être encore plus sale après avoir barboté tout habillé dans l'eau boueuse du delta ! Vous ferez vos adieux après un copieux petit déjeuner et repartirez pour Vinh Long en passant par le marché flottant.

Juliet Coombe

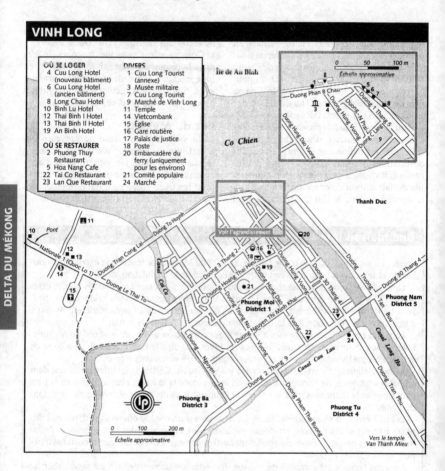

VINH LONG

OÙ SE LOGER
4 Cuu Long Hotel (nouveau bâtiment)
6 Cuu Long Hotel (ancien bâtiment)
8 Long Chau Hotel
10 Binh Lu Hotel
12 Thai Binh I Hotel
13 Thai Binh II Hotel
19 An Binh Hotel

OÙ SE RESTAURER
2 Phuong Thuy Restaurant
5 Hoa Nang Cafe
22 Tai Co Restaurant
23 Lan Que Restaurant

DIVERS
1 Cuu Long Tourist (annexe)
3 Musée militaire
7 Cuu Long Tourist
9 Marché de Vinh Long
11 Temple
14 Vietcombank
15 Église
16 Gare routière
17 Palais de justice
18 Poste
20 Embarcadère du ferry (uniquement pour les environs)
21 Comité populaire
24 Marché

Pour les visiter, vous devrez louer un bateau auprès de Cuu Long Tourist. Un petit bateau revient à 25 $US par personne pour un circuit de 3 heures. Il faut au moins 3 personnes pour obtenir un prix intéressant, mais vous pouvez cependant essayer de négocier les tarifs. Les excursions sont commentées par un guide vietnamien parlant anglais ou français.

Pour court-circuiter le monopole d'État, empruntez le ferry public (0,20 $US) vers l'une des îles, puis promenez-vous à pied

une fois sur place. Toutefois, ce n'est pas aussi intéressant qu'une excursion en bateau, car vous ne parcourez pas les étroits canaux.

Les îles les plus visitées sont Binh Hoa Phuoc et An Binh, mais il en existe bien d'autres. Les canaux sont traversés par de surprenants "ponts aux singes" (*cau khi*), véritables passerelles de fortune. Construites en rondins de 30 à 80 cm de large, elles se balancent de 2 à 10 mètres au-dessus des canaux. Les insulaires les traversent à vélo, chargés de lourds fardeaux des deux côtés de leur palanche et le sourire aux lèvres !

Dans cette région où l'eau est omniprésente, les maisons sont en général construites sur pilotis.

Marché flottant de Cai Be

Ce marché fluvial animé mérite que vous le mettiez au programme d'une promenade en bateau depuis Vinh Long. Il est ouvert de 5h à 17h, mais mieux vaut s'y rendre tôt le matin. Les grossistes, spécialisés dans un ou plusieurs fruits ou légumes, amarrent leurs gros bateaux et accrochent des échantillons de leurs marchandises à de longues perches en bois. Les acheteurs vont de l'un à l'autre dans de petites embarcations.

L'originalité par rapport à d'autres marchés flottants est l'immense cathédrale qui se dresse au bord du fleuve et constitue un arrière-plan de premier choix pour les photographies !

Il faut environ 1 heure pour se rendre au marché depuis Vinh Long, mais la plupart des visiteurs font des détours à l'aller ou au retour pour visiter les canaux ou les vergers.

Musée militaire

Proche du Cuu Long Hotel, ce musée militaire (Bao Tang Quan Su) n'a rien de spectaculaire. Ceux de Ho Chi Minh-Ville et de Hanoi présentent davantage d'intérêt.

Temple Van Thanh Mieu

Bâti au bord de l'eau et très différent des temples vietnamiens, l'édifice est sans doute le plus surprenant de Vinh Long. Ce temple confucéen, une rareté dans le Sud, semble tout droit sorti de Chine. L'arrière-salle, construite en 1866, est consacrée à Confucius, dont le portrait trône au-dessus de l'autel.

En revanche, la salle qui se trouve en façade fut édifiée en l'honneur d'un héros local, Phan Thanh Gian, et les habitants de Vinh Long désignent parfois le bâtiment sous son nom. Fervent nationaliste, cet homme mena en 1930 un soulèvement contre les Français, mais il eut tôt fait de comprendre que la révolte était vouée à l'échec et il préféra se suicider plutôt que

d'être capturé par l'armée coloniale. Nul ne connaît la date exacte de la construction de la salle à sa mémoire mais elle pourrait être postérieure à 1975.

Le temple Van Thanh Mieu se situe à plusieurs kilomètres au sud-est du centre-ville, Đ Tran Phu. Dans cette même rue se trouve la pagode Quoc Cong.

Où se loger

Le **Long Chau Hotel** (☎ 822494, 1 Đ 1/5) est un établissement de bas étage, aussi peu engageant à l'intérieur qu'à l'extérieur. Une chambre avec ventil. est louée 6 $US, et la seule chambre avec clim. 14 $US.

Le **Cuu Long Hotel** (☎ 822494, fax 823357) se compose de deux bâtiments en bordure du fleuve. Dans le plus ancien, situé 501 Đ 1/5, comptez 15/25 $US pour une chambre avec ventil./clim. Dans le plus récent, les tarifs font de 28 à 50 $US, et toutes les chambres climatisées sont équipées de TV par satellite.

Le **An Binh Hotel** (☎ 823190, 3 Đ Hoang Thai Hieu) est assez bien, mais moins fréquenté car éloigné du fleuve. Les chambres avec ventil. sont à 9 $US, celles avec s.d.b. et clim. vont de 14 à 30 $US. L'hôtel dispose de courts de tennis et d'un salon de massage.

A environ 4 km de Vinh Long, sur le chemin de l'embarcadère, le **Truong An Tourist Resort** (☎ 823161) est une excellente option si sa situation excentrée ne vous gêne pas. On loge dans des maisonnettes, où les chambres sont proposées à 25 $US. Même si vous n'y séjournez pas, il est très agréable de s'asseoir au bord du fleuve dans son jardin verdoyant.

Également à la périphérie de Vinh Long, sur la RN 1, le **Thai Binh I Hotel** et le **Thai Binh II Hotel** demandent de 15 à 18 $US pour des chambres avec clim.

Cuu Long Tourist peut vous réserver une nuitée dans une ferme (voir l'encadré *Une maison loin de chez soi*). Vous pouvez choisir entre une maison en brique, une maison de style colonial, une maisonnette au milieu d'un grand jardin de bonsaïs ou encore une maison traditionnelle sur pilotis au-dessus du fleuve. Toutes ces habitations sont certes très calmes, mais assez isolées. Pour vous rendre en ville, vous devrez obligatoirement emprunter un bateau. Le tarif pour une nuit est d'environ 20 \$US par personne.

Où se restaurer

Juste en bordure du fleuve, le *Phuong Thuy Restaurant* sert une cuisine convenable. Le charme du lieu réside surtout dans la vue magnifique, tout comme au *Hoa Nang Cafe*.

Pour goûter la véritable cuisine vietnamienne, comme par exemple de la tortue ou des grenouilles, le petit restaurant *Lan Que* (☎ 823262), dans Đ 2/9, est apprécié. Si vous avez envie de plats chinois, vous pouvez aller au *Tai Co*, un peu plus bas dans la même rue.

Si la bonne nourriture à peu de frais compte davantage pour vous que le décor, allez faire un tour au marché de Vinh Long, où vous dégusterez, entre autres, des fruits délicieux.

Comment s'y rendre

Bus. Les bus à destination de Vinh Long partent des gares routières de Cholon (district 5 de Ho Chi Minh-Ville) et de Mien Tay, à An Lac. Le trajet en bus ordinaire dure 4 heures. Vous pouvez aussi partir de Mytho, comme en témoigne un de nos lecteurs :

A Mytho, on m'a dit qu'il n'y avait plus de bus pour Vinh Long ce jour-là, mais on ne m'avait pas dit qu'il y en avait plusieurs en direction de My Thuan. C'est l'endroit d'où partent les ferries, et il suffit d'en emprunter un, puis de terminer le trajet à moto pour rejoindre Vinh Long.

Voiture et moto. Vinh Long se trouve sur la RN 1, à 66 km de Mytho, 98 km de Cantho et 136 km de Ho Chi Minh-Ville. Un nouveau pont doit être construit sur le Mékong pour l'an 2000. Il réduirait de près d'une heure le trajet entre Vinh Long et Ho Chi Minh-Ville.

Bateau. On peut se rendre de Vinh Long à Chau Doc, près de la frontière cambodgienne, mais la présence d'un guide vietnamien est recommandée.

TRA VINH

Entre deux bras du Mékong, le Tien et le Hau, Tra Vinh paraît quelque peu isolée sur la péninsule. Vous devrez faire le trajet d'une traite, car il n'existe pas de car-ferry. Toutefois, de petits bateaux peuvent convoyer des motos. Les touristes occidentaux sont rares, bien que l'endroit mérite vraiment le détour.

La province de Tra Vinh regroupe environ 300 000 Khmers de souche. A première vue, ce serait une "minorité invisible", car ils parlent tous le vietnamien, et, en apparence, rien ne les distingue, tant sur le plan vestimentaire que dans leur mode de vie. En approfondissant un peu le sujet, vous apprendrez que la culture khmère est bel et bien vivante dans cette région du Vietnam. On ne dénombre pas moins de 140 pagodes khmères dans la seule province de Tra Vinh, contre 50 vietnamiennes et 5 chinoises. Elles abritent des écoles où l'on enseigne la langue khmère, que la plupart des habitants de Tra Vinh lisent et écrivent aussi bien que le vietnamien.

La minorité khmère du Vietnam ne compte pratiquement que des fidèles du bouddhisme theravada. Si vous avez visité des monastères au Cambodge, vous aurez remarqué que les moines khmers ne cultivent pas et se nourrissent uniquement des dons offerts par la population. A Tra Vinh, les guides vietnamiens ne manqueront pas de vous dire avec fierté que les bonzes récoltant le riz symbolisent la libération du pays. En effet, aux yeux des Vietnamiens, les moines passaient pour des "parasites". Les Khmers n'ont pas forcément la même vision des choses et continuent à financer les bonzes en cachette.

Entre 15 et 20 ans, la plupart des adolescents suivent la vie monastique pendant quelques mois ou quelques années, selon leur choix. Les bonzes khmers mangent de la viande, mais tuer les animaux leur est interdit.

Une petite communauté chinoise assez active est implantée à Tra Vinh, l'une des rares à subsister dans le delta du Mékong.

Tra Vinh Tourist (☎ 862491, fax 863769), installée au Cuu Long Hotel, appartient au gouvernement. Elle propose différents circuits dans la province, mais les promenades en bateau sont les plus intéressantes.

Pagode Ong

A l'angle de Đ Dien Bien Phu et Đ Tran Phu, la pagode Ong (Chua Ong, également appelée Chua Tau) est un édifice très décoré et haut en couleur. C'est un lieu de culte d'autant plus actif que les pagodes chinoises sont rares dans la région. Sur l'autel, le dieu au visage rouge représente le général Quan Cong (en chinois : Guangong, Guandi ou Guanyu), censé protéger de la guerre.

Fondée en 1556 par la Congrégation chinoise du Fujian, la pagode a été reconstruite plusieurs fois. Les touristes de Taiwan et de Hong Kong ont financé sa restauration, ce qui explique son bon état.

Pagode Ong Met

Cet édifice religieux khmer, en plein cœur de la ville et près d'une église catholique datant de l'époque française, est le plus visité. Les moines de la pagode Ong Met (Chua Ong Met), fort aimables, seront ravis de vous guider.

Pagode Chim

A 1 km de la route de Vinh Long, au sud-ouest de Tra Vinh, la pagode Chim (Chua Chim) est beaucoup moins visitée. Elle aurait plus de cinq siècles d'existence, si l'on en croit ses sympathiques bonzes. La structure actuelle trahit néanmoins un passé plus récent. Malheureusement, tous les documents historiques du monastère semblent avoir été détruits. Pour l'heure, une vingtaine de moines y résident.

Pagode An et musée

La pagode An (Chua An) et le musée de la Minorité khmère se trouvent à 4 km au sud-ouest de Tra Vinh.

Étang Ba Om

L'Ao Ba Om ("lac carré") est un site spirituel pour les Khmers et un lieu de pique-nique pour les Vietnamiens. Avec les grands arbres qui l'entourent, ce bassin n'est pas dénué de charme. Sur ses rives, la pagode

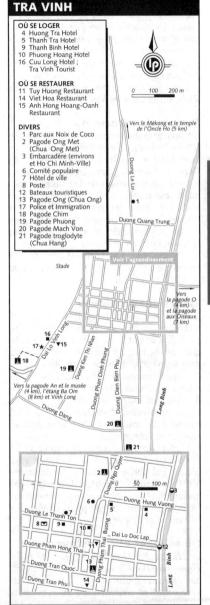

TRA VINH

OÙ SE LOGER
4 Huong Tra Hotel
5 Thanh Tra Hotel
9 Thanh Binh Hotel
10 Phuong Hoang Hotel
16 Cuu Long Hotel ;
Tra Vinh Tourist

OÙ SE RESTAURER
11 Tuy Huong Restaurant
14 Viet Hoa Restaurant
15 Anh Hong Hoang-Oanh
Restaurant

DIVERS
1 Parc aux Noix de Coco
2 Pagode Ong Met
(Chua Ong Met)
3 Embarcadère (environs
et Ho Chi Minh-Ville)
6 Comité populaire
7 Hôtel de ville
8 Poste
12 Bateaux touristiques
13 Pagode Ong (Chua Ong)
17 Police et Immigration
18 Pagode Chim
19 Pagode Phuong
20 Pagode Mach Von
21 Pagode troglodyte
(Chua Hang)

0   100   200 m

Vers le Mékong et le temple de l'Oncle Ho (5 km)

Duong Le Loi

Duong Quang Trung

Stade

Voir l'agrandissement

Vers la pagode O (4 km) et la pagode aux Oiseaux (7 km)

Dai Lo Vinh Long

Duong Kien Thi Nhan

Duong Phan Dinh Phung

Duong Dien Bien Phu

Long Binh

Vers la pagode An et le musée (4 km), l'étang Ba Om (8 km) et Vinh Long

Duong Dang

Duong Ngo Quyen

Duong Hung Vuong

Duong Le Thanh Ton

Dai Lo Doc Lap

Duong Pham Hong Thai

Duong Pham Thai Buong

Duong Tran Quoc

Duong Tran Phu

Long Binh

DELTA DU MÉKONG

An Vuong (Angkor Rek Borei) est une vénérable pagode dans le plus pur style khmer. Un musée intéressant relatif à la culture khmère (Bao Tang Van Hoa Dan Tac) se dresse à l'extrémité du lac, à l'écart de la nationale. Rien, malheureusement, n'y est indiqué en anglais ou en français.

L'Ao Ba Om se trouve à 8 km de Tra Vinh, sur la route de Vinh Long.

Temple de l'Oncle Ho

En construisant le temple de l'Oncle Ho (Den Tho Bac), en hommage à feu le président Ho Chi Minh, les responsables du Comité désiraient probablement accentuer la vocation touristique de Tra Vinh. L'opération est réussie : bien qu'aucun moine n'ait élu domicile dans cet édifice, les "fidèles" ne cessent d'affluer. Les plus hautes personnalités du Parti s'y rendent régulièrement en limousine.

Le temple de l'Oncle Ho est situé dans la commune de Long Duc, à 5 km au nord de la ville de Tra Vinh.

Excursions en bateau

L'étroite rivière de Long Binh décrit des méandres sur plus de 10 km au sud de Tra Vinh. Elle atteint alors un déversoir qui évite que l'eau de mer, à marée haute, ne s'infiltre dans la rivière et détruise les récoltes.

Depuis un embarcadère, à l'est de la ville, des bateaux vous emmènent jusqu'au déversoir en aval. Comptez 1 heure 30 de trajet en vedette, davantage à bord d'un bateau plus lent. Tra Vinh Tourist peut se charger des réservations.

L'agence propose une excursion vers l'île aux Huîtres (Con Ngao), une laisse de vase côtière qui abrite une petite communauté d'ostréiculteurs. Comptez 100 $US par bateau, quel que soit le nombre de participants, mais vous devriez pouvoir négocier un tarif moins élevé.

Où se loger et se restaurer

Le *Huong Tra Hotel* (☎ 862433, 67 Đ Ly Thuong Kiet) est le moins cher de Tra Vinh mais aussi le moins soigné. Les chambres avec ventil. ne coûtent que 3 $US, et celles

avec clim. et s.d.b. 7 $US. A ce prix-là, ne vous attendez pas à un miracle.

Un peu mieux, mais pas vraiment sélect non plus, le *Thanh Binh Hotel* (☎ 864906, 1 Đ Le Thanh Ton) loue des chambres avec ventil./clim. à 5/10 $US.

Dans le *Phuong Hoang Hotel* (☎ 862 270, 1 Đ Le Thanh Ton), légèrement plus chic, toutes les chambres sont avec s.d.b. Celles avec ventil. sont facturées de 5 à 7 $US, et les doubles avec clim. entre 13 et 18 $US.

Le *Cuu Long Hotel* (☎ 862615/836769, 999 Đ Nguyen Thi Minh Khai) propose des prestations correctes pour 6 à 14 $US.

Le *Thanh Tra Hotel* (☎ 863621, fax 863769, 1 Đ Pham Thai Buong) accueille la plupart des groupes. Le tarif des chambres varie de 12 à 35 $US.

L'un des meilleurs restaurants de la ville est le *Viet Hoa* (☎ 836046, 80 Đ Tran Phu), tenu par une sympathique famille chinoise. Vous pouvez aussi vous rendre au *Tuy Huong* (8 Đ Dien Bien Phu).

Comment s'y rendre

Tra Vinh se trouve à 68 km de Vinh Long et à 205 km de Ho Chi Minh-Ville. Vinh Long ou Cantho sont les points de départ logiques pour un trajet en bus vers Tra Vinh.

LES ENVIRONS DE TRA VINH
Chua Co

A 45 km de Tra Vinh, ce monastère khmer abrite une réserve ornithologique. Au crépuscule, plusieurs espèces de cigognes et d'ibis se rassemblent en grand nombre pour y passer la nuit. Prenez garde aux nids.

Site archéologique de Luu Cu

Il reste encore quelques ruines à découvrir à Luu Cu, au sud de Tra Vinh, près des berges du Hau. Le site est protégé, et des fouilles archéologiques sont en cours. Il attire un très grand nombre de touristes français.

SA DEC

Célèbre depuis le tournage de *L'Amant*, d'après le roman de Marguerite Duras, l'ancienne capitale de la province de Dong

Thap cultive fleurs et bonsaïs depuis des années. Les fleurs sont cueillies presque chaque jour et acheminées vers Ho Chi Minh-Ville. Les pépinières attirent autant les touristes vietnamiens que les étrangers.

Les groupes qui font un circuit éclair dans le delta du Mékong s'arrêtent souvent déjeuner à Sa Dec.

Pagode Huong Tu

La pagode Huong Tu (Chua Co Huong Tu) appartient au style chinois classique. Trônant sur son piédestal, la statue de Quan The Am Bo Tat illumine le parc de sa blancheur immaculée. Ne la confondez pas avec la pagode Buu Quang, dont le cachet est bien moindre.

Pépinières

Les pépinières (*vuon hoa*) sont ouvertes toute l'année, mais sont dépouillées de leurs fleurs avant la fête du Têt. Les visiteurs sont les bienvenus et les photos tout à fait autorisées. Ne cueillez rien que vous ne souhaitiez acheter.

Les pépinières ne sont pas la propriété d'un seul. Chaque jardinier cultive sa spécialité. Le jardin le plus célèbre, la roseraie Tu Ton (Vuon Hong Tu Ton), renferme plus de 500 variétés de roses d'une cinquantaine de couleurs et de nuances différentes.

Statue de l'Oncle Ho

Ce n'est pas une plaisanterie. Sa Dec possède bel et bien sa statue de l'Oncle Ho (Tuong Bac Ho en vietnamien), dont le père vécut ici. Elle se dresse à quelques kilomètres à l'est de la ville, sur la route menant aux pépinières.

Où se loger

Peu d'étrangers passent la nuit à Sa Dec, plus attirés par les villes voisines de Cao Lanh, Long Xuyen et Vinh Long. Si Sa Dec n'a rien d'extraordinaire, elle n'en reste pas moins un endroit agréable où passer la soirée.

Le *Sa Dec Hotel*, principal établissement pour touristes (☎ 861430) demande 10 $US pour une chambre avec s.d.b. et ventilateur, 15/25 $US avec clim.

L'hôtel le plus économique est le *Bong Hong Hotel* (☎ 861301, 80 Đ Quoc Lo) ; les chambres avec ventil. et s.d.b. sont à 4 $US.

Où se restaurer

Les deux hôtels mentionnés ci-dessus proposent une cuisine convenable, apparemment meilleure au *Bong Hong Hotel*.

Au centre-ville, le *My Restaurant* (ce qui signifie "Restaurant américain") est un point de rencontre des voyageurs.

On mange bien au *Thuy* (☎ *861644, 2/3 Đ Hung Vuong*), avec en prime les grimaces des poissons dans le grand aquarium.

Comment s'y rendre

Sa Dec se trouve dans la province de Dong Thap, à mi-chemin de Vinh Long et de Long Xuyen. On y accède en bus, minibus ou voiture.

CAO LANH

C'est une ville nouvelle, surgie de la jungle et des marécages du delta du Mékong. Érigée en capitale de la province de Dong Thap, son statut est prometteur. Les principales attractions de cette région sont les promenades en bateau vers les réserves ornithologiques et la forêt de Rung Tram.

Nous décernons une médaille à Dong Thap Tourist (☎ 851343, fax 852136), 2 Đ Doc Binh Kieu, pour son aide précieuse. C'est le meilleur endroit pour se renseigner sur les promenades en bateau dans les environs. Son annexe (☎ 821054) organise des promenades en bateau depuis un embarcadère dans le village de My Hiep.

Monument aux morts

Situé en retrait de la RN 30, à l'extrémité est de la ville, le monument aux morts (Dai Liet Si) est sans doute le point de repère le plus frappant de Cao Lanh. Ce chef-d'œuvre de la sculpture socialiste a la forme d'une vaste palourde ornée d'une grande étoile vietnamienne côtoyant la faucille et le marteau. En façade, plusieurs statues en béton de paysans et de soldats victorieux brandissent les armes et lèvent le poing.

Le parc sert de sépulture à 3 112 camarades "combattants d'une juste cause". Sa construction a duré sept ans, de 1977 à 1984 (entrée gratuite).

Mausolée Nguyen Sinh Sac

Ici repose Nguyen Sinh Sac (1862-1929), le père de Ho Chi Minh. Son mausolée (Lang Cu Nguyen Sinh Sac) occupe un hectare.

Bien que de nombreuses plaques (en vietnamien) et brochures touristiques vantent les mérites révolutionnaires de Nguyen Sinh Sac, il est douteux qu'il ait été impliqué dans la lutte anticolonialiste contre les Français.

Où se loger et se restaurer

L'établissement le moins cher est *Mr Hung's Guesthouse* (*Đ Ly Tu Trong*). Son propriétaire, M. Hung, un sympathique instituteur, fait payer ses chambres rudimentaires avec ventil. à partir de 2 $US, et la seule chambre avec clim. 9 $US.

Autre hôtel bon marché, le *30 Nguyen Hue Hotel* a pris son adresse comme raison sociale. Les tarifs vont de 4 $US sans s.d.b. à 5,50 $US avec s.d.b. Dans cet hôtel comme dans le précédent, les étrangers paient le même prix que les Vietnamiens (ce qui est suffisamment rare pour être signalé).

Le *Cao Lanh Hotel* (☎ *851061, 72 Đ Nguyen Hue*) est beaucoup plus vieux et délabré que les autres et aurait bien besoin d'être rénové. En attendant, comptez 6 $US pour une chambre avec ventil. et s.d.b (sans eau chaude), et 10 $US avec clim et eau chaude.

Derrière la poste, le *Xuan Mai Hotel* (☎ *852852, fax 853058, 2 Đ Cong Ly*) est un très bon établissement, dont toutes les chambres sont équipées de clim., eau chaude et baignoire (de 18 à 22 $US la double).

Le *Thien An Hotel* (☎ *853041*), à environ 500 m du monument aux morts en direction de Ho Chi Minh-Ville, est récent et de bonne qualité. Certaines chambres donnent sur le fleuve. Toutes sont climatisées, avec s.d.b. et eau chaude, au prix de 10 à 12 $US.

Le *Song Tra Hotel* (☎ *852504, fax 852623, 178 Đ NGuyen Hue*) propose l'hébergement le plus luxueux de la ville ; il possède même une TV par satellite. La gamme de prix va de 25 à 35 $US.

Le *Hoa Binh Hotel* (☎ *851469*) se trouve dans la partie est de la ville, sur la RN 30, en face du monument aux morts. Il a subi récemment d'importants travaux de rénovation et concurrence désormais le Song Tra. Les chambres avec clim. sont facturées entre 18 et 25 $US. Il possède également la TV par satellite.

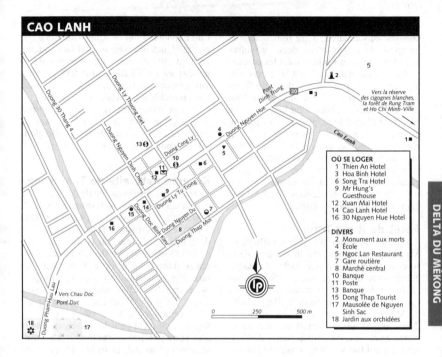

CAO LANH

Duong 30 Thang 4
Duong Ly Thuong Kiet
Duong Nguyen Dinh Chieu
Pont Dinh Trung
Duong Nguyen Hue
Cao Lanh

5

🛉2

30 ■3

Vers la réserve des cigognes blanches, la forêt de Rung Tram et Ho Chi Minh-Ville

Cao Lanh

1■

13🚉
Duong Cong Ly
4●
5▼
10
11🚉
6■
12
9
Duong Ly Tu Trong
14
15
Duong Doc Binh Kieu
Duong Nguyen Du
7🛥
16
8
Duong Thap Moi

Duong Pham Huu Lau
Vers Chau Doc Pont Duc

18
✿
× × ×
17

0   250   500 m

OÙ SE LOGER
1 Thien An Hotel
3 Hoa Binh Hotel
6 Song Tra Hotel
9 Mr Hung's Guesthouse
12 Xuan Mai Hotel
14 Cao Lanh Hotel
16 30 Nguyen Hue Hotel

DIVERS
2 Monument aux morts
4 École
5 Ngoc Lan Restaurant
7 Gare routière
8 Marché central
10 Banque
11 Poste
13 Banque
15 Dong Thap Tourist
17 Mausolée de Nguyen Sinh Sac
18 Jardin aux orchidées

DELTA DU MÉKONG

Les hôtels *Song Tra* et *Hoa Binh* possèdent de bons restaurants, mais, si vous préférez un cadre plus typique, essayez le *Ngoc Lan* (*208 Đ Nguyen Hue*).

Comment s'y rendre
Si l'on ne part pas directement de Ho Chi Minh-Ville, le plus commode consiste à prendre un bus au départ de Mytho, de Cantho ou de Vinh Long. Le trajet entre Cao Lanh et Long Xuyen est magnifique, mais les bus n'y sont pas fréquents ; vous devrez sans doute louer un véhicule.

Comment circuler
Pour visiter les attractions que recèle Cao Lanh, le mieux est de louer un bateau. Bien que l'on puisse négocier directement avec le propriétaire d'un bateau, il est plus pratique de s'adresser à Dong Thap Tourist, qui offre des prix raisonnables et un grand choix d'excursions. Un circuit d'une demi-journée, tous transports inclus, coûtera 2 $US par personne pour un groupe de 15 passagers et 5 $US par personne pour un groupe de 5. Vous n'aurez aucun mal à constituer un groupe d'étrangers en faisant le tour des hôtels de la ville.

LES ENVIRONS DE CAO LANH
Réserve des cigognes blanches
Au nord-est de Cao Lanh, cette réserve ornithologique de 2 hectares (Vuon Co Thap Muoi) accueille d'innombrables cigognes blanches. Juchée sur le dos d'un buffle d'eau, la cigogne blanche symbolise véritablement le Mékong.

Comme la loi en interdit la chasse, les cigognes ont pris l'habitude de la compagnie humaine. Vous les repérerez facilement lorsqu'elles se nourrissent dans les mangroves et les forêts de bambous du secteur. Elles vivent en couple et n'émigrent jamais aux changements de saison. Leur alimentation se compose de crabes d'eau douce et autres friandises qu'elles pêchent dans les canaux.

Aucune route ne conduit à la réserve. On s'y rend en bateau. Une vedette de Dong Thap Tourist met 50 minutes et se loue 25 $US l'heure. A bord d'un bateau moins rapide, l'aller-retour prend 3 heures et revient à 4 $US par personne pour un groupe de 20 passagers. A la saison sèche, vous devez programmer votre excursion en fonction des deux marées quotidiennes, les canaux étant impraticables à marée basse.

La visite de la forêt de Rung Tram est une étape habituelle sur ce circuit.

Forêt de Rung Tram

Au sud-est de Cao Lanh, près du village de My Long, s'étendent les 46 hectares de la forêt de Rung Tram. Ce vaste marécage, abrité sous un épais manteau de grands arbres et de plantes grimpantes, constitue l'une des dernières forêts naturelles du delta du Mékong. Si ce lieu n'était pas si chargé d'histoire, il aurait sans doute été transformé en rizière. Pendant la guerre du Vietnam, les soldats vietcong y avaient installé une base appelée Xeo Quit. A 2 km à peine d'une base militaire américaine, une dizaine de généraux vietcong dirigeaient les opérations. Les Américains ne se sont jamais doutés que l'ennemi se trouvait à deux pas. Régulièrement arrosée de bombes, cette forêt les intriguait, mais les forces vietcong demeuraient à l'abri de leurs bunkers. Même les épouses des généraux ignoraient l'emplacement exact de la base.

Au départ des troupes américaines, en 1973, les forces vietcong, gagnées par l'audace, installèrent leur base en surface et réussirent à contrer les attaques sud-vietnamiennes. A court de vivres et de munitions, les troupes du Sud ne purent déloger les soldats vietcong, qui purent alors défier ouvertement le régime de Ho Chi Minh-Ville.

On accède à cette forêt par bateau, de préférence, et la plupart des touristes en profitent pour visiter la réserve des cigognes blanches. En vedette, le trajet de Cao Lanh à la forêt de Rung Tram ne prend que quelques minutes, mais il faut compter environ 30 minutes (en fonction de la marée) avec un bateau plus lent. Si vous voyagez en voiture ou en moto, il est désormais possible d'y accéder par la route.

Prenez garde aux redoutables fourmis rouges qui peuplent la région. Si, comme de nombreuses personnes, vous êtes allergique à leurs morsures, soyez vigilant, car elles sont lestes !

Réserve naturelle de Tam Nong

La réserve naturelle nationale de Tram Chin (Tram Chim Tam Nong), située au nord de Cao Lanh, à Tam Nong (province de Dong Thap), est intéressante parce qu'elle abrite de nombreuses grues (*Grus antigone sharpii*). On a identifié plus de 220 espèces d'oiseaux dans cette réserve, notamment les rares hérons à tête rouge, dont la taille peut dépasser 1,50 m et qui nichent de décembre à juin. De juillet à novembre, ils émigrent au Cambodge. L'aube est bien sûr le meilleur moment pour les observer, encore que vous puissiez les entrevoir lorsqu'ils regagnent leur nid. Dans la journée, ils se consacrent à la recherche de nourriture.

Voir ces oiseaux se mérite ! Il vous faudra être debout dès 4h30 du matin et cheminer le long d'une route de terre, dans l'obscurité. Il semble plus raisonnable de passer la nuit dans l'auberge gouvernementale de Tam Nong, qui ressemble fort à une prison mais se trouve beaucoup plus près des habitats des oiseaux.

Tam Nong est une ville somnolente à 45 km de Cao Lanh. Prévoyez 1 heure 30 de trajet en voiture, ou 1 heure si la route est remise en état. Par voie d'eau, le trajet demande 1 heure en vedette (25 $US par personne). Dong Thap Tourist organise des traversées sur des bateaux plus lents (4 heures) pour 20 passagers (4 $US par personne). Pour atteindre le secteur où nichent les hérons, comptez 1 heure supplémentaire à bord d'une petite embarcation au départ de l'auberge de Tam Nong, plus le temps que vous passerez à observer ces oiseaux.

La *pension* de Tam Nong, gérée par le gouvernement, se trouve juste avant le pont menant au centre-ville. Ses 15 chambres avec ventilateur sont à 10 $US. Elle nous a paru dans un état déplorable : non seulement les chambres (et les draps !) étaient sales, mais la maison était infestée de punaises, et le personnel n'avait pas le moindre insecticide ! Si vous avez l'intention d'y séjourner, faites provision de produits chimiques à Cao Lanh ou essayez de trouver une bombe d'insecticide en ville (bonne chance).

Les boutiques ferment tôt à Tam Nong ; si vous voulez dîner, prenez vos dispositions avant 17h. Nous avons trouvé un bon restaurant, le *Phuong Chi* (☎ *827230, 537 Thi Tran Tram Chim*), près du marché au centre-ville. Sur réservation, et moyennant un supplément, on pourra vous servir plus tard.

Le soir, les moustiques sont légion : n'oubliez pas de vous protéger.

CANTHO

Capitale de la province du même nom, Cantho est le centre politique, économique et culturel du delta du Mékong, ainsi que le nœud des moyens de transport. L'industrie locale repose essentiellement sur les moulins à riz.

Une véritable toile de canaux et de rivières relie cette ville accueillante et trépidante de 150 000 âmes aux autres agglomérations du delta. Ces canaux sont l'atout touristique majeur de Cantho, et les voyageurs peuvent faire des excursions bon marché.

Cantho, première agglomération du delta du Mékong, semble vouloir copier Ho Chi Minh-Ville en matière d'urbanisme : les chantiers de construction se multiplient, et l'on commence à relever des signes de détérioration du tissu social (tels ces gamins des rues rôdant autour des cafés pour voyageurs).

Renseignements

Agences de voyages. Cantho Tourist (Cong Ty Du Lich Can Tho, ☎ 821852, fax 822719), 20 Ð Hai Ba Trung, est l'organisme touristique officiel de la province.

Les employés, agréables, parlent anglais, français et japonais, et sont équipés pour renseigner les touristes (c'est bien le seul "office du tourisme" au Vietnam qui puisse fournir un plan de ville !).

Argent. On peut changer des devises à la Vietcombank (Ngan Hang Ngoai Thuong Viet Nam, ☎ 820445), 7 ÐL Hoa Binh.

En cas d'urgence. L'hôpital central se trouve à l'angle de Ð Chau Van Liem et de ÐL Hoa Binh.

Pagode Munirangsyaram

Elle a été construite en 1946 au 36 ÐL Hoa Binh. Sa décoration est tout à fait typique des pagodes bouddhiques hinayana de style khmer : les multiples bodhisattvas et esprits taoïstes, si courants dans les pagodes vietnamiennes mahayana, n'y figurent pas. Le sanctuaire situé à l'étage abrite une statue (1,50 m de haut) de Siddhartha Gautama, le Bouddha historique, assis sous un arbre *potthe* (bodhi). Cette pagode est fréquentée par les quelque 2 000 Khmers de Cantho. Les bonzes khmers officient tous les jours à 5h et 18h.

Pagode de la congrégation cantonaise

En remplacement d'un édifice érigé, il y a 70 ans, sur un site différent, cette petite pagode chinoise (Quan Cong Hoi Quan) fut construite par la congrégation cantonaise, grâce aux fonds envoyés par les Chinois émigrés. L'importante communauté chinoise de Cantho a fui après les persécutions de 1978-1979.

La pagode occupe un endroit splendide, Ð Hai Ba Trung, face au fleuve Cantho.

Marché central

Il longe Ð Hai Ba Trung. Le bâtiment principal se trouve à l'angle de Ð Nam Ky Khoi Nghia. De nombreux grossistes et cultivateurs des environs s'y rendent en bateau pour vendre ou acheter. Le marché aux fruits, particulièrement intéressant, reste ouvert jusque vers 22h.

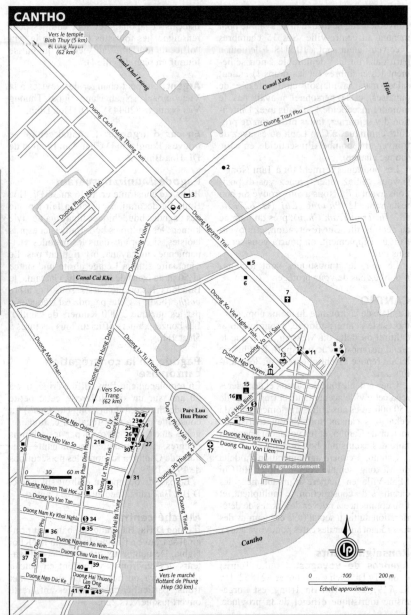

CANTHO

DELTA DU MÉKONG

Vers le temple
Binh Thuy (5 km)
et Long Xuyen
(62 km)

Canal Khai Luong

Canal Xang

Hau

Duong Cach Mang Thang Tam

Duong Tran Phu

1

Duong Pham Ngu Lao

2

3

4

Duong Nguyen Trai

Duong Hung Vuong

Canal Cai Khe

5

6

Duong Xo Viet Nghe Tinh

7

Duong Mau Than

Duong Tran Hung Dao

Duong Ly Tu Trong

Duong Vo Thi Sau

Duong Ngo Quyen

13

12 11

8 9
10

14

Vers Soc
Trang
(62 km)

Parc Luu
Huu Phuoc

Duong Phan Van Tri

15

16   18

Dai Lo Hoa Binh

19

Duong Nguyen An Ninh

17

Duong Chau Van Liem

Voir l'agrandissement

Duong Ngo Quyen

22
23   24
25
26
28   29   27
30

D. Ly
Thuong Viet

Duong Phan Dinh Phung

Duong Le Thanh Ton

21

20

0   30   60 m

Duong Nguyen Thai Hoc

33   32

31

Duong Vo Van Tan

Duong 30 Thang 4

Duong Quang Trung

Duong Nam Ky Khoi Nghia

34

36

35

Duong Hai Ba Trung

Duong Nguyen An Ninh

Duong Den Bien Phu

Duong Chau Van Liem

37   38

40   39

Duong Ngo Duc Ke

Duong Hai Thuong Lan Ong

42

41   43

Cantho

Vers le marché
flottant de Phung
Hiep (30 km)

0   100   200 m

Échelle approximative

CANTHO

OÙ SE LOGER		OÙ SE RESTAURER			
5	Doan 30 Cantho Hotel	10	Riverside Restaurant	13	Poste principale
6	Guesthouse 101	24	Thien Hoa Restaurant	14	Musée Ho Chi Minh
8	Ninh Kieu Hotel	26	Thuan Loi Cafe-Restaurant	15	Pagode vietnamienne
18	Hau Giang A Hotel	29	Mekong Cafe-Restaurant	16	Pagode Munirangsyaram
20	Hoa Binh Hotel	30	Vinh Loi Cafe-Restaurant	17	Hôpital
21	Ngan Ha Hotel	41	41 Restaurant	19	Vietcombank
22	Quoc Te Hotel			23	Cantho Tourist
28	Tay Ho Hotel	**DIVERS**		25	Pagode de la congrégation
32	Phan Trung Hotel ; fontaine	1	Stade		cantonaise
33	Saigon-Cantho Hotel	2	Marché de Cai Khe	27	Statue de Ho Chi Minh
36	Nha Nghi Hotel	3	Poste de Cai Khe	31	Marché de Cantho
37	Phong Nha Hotel ; labo-photo	4	Gare routière	34	Indovina Bank
38	Tay Do Hotel	7	Église	35	Siège du Comité
39	Hau Giang B Hotel	9	Embarcadère de l'hydroglisseur		populaire local
40	Hao Hoa Hotel	11	Siège du Comité		
42	Huy Hoang Hotel		populaire de la province		
43	Hotel-Restaurant 31	12	Fontaine		

Musée Ho Chi Minh

C'est le seul musée du delta du Mékong consacré à Ho Chi Minh. Pourquoi à Cantho où Ho Chi Minh n'a jamais vécu ? Mystère… Ce grand musée est proche de la poste principale, ÐL Hoa Binh.

Université de Cantho

Fondée en 1966, elle se situe Ð 30/4. Elle forme essentiellement aux métiers de l'agriculture.

Campagne avoisinante

Les zones rurales de la province de Cantho sont réputées pour leurs plantations de durians, de mangoustaniers et d'orangers. On peut facilement y accéder à bicyclette ou en bateau.

Promenades en bateau

Naviguer à travers les canaux et aller visiter un marché flottant est sans aucun doute la chose la plus intéressante à faire à Cantho. Comptez environ 3 \$US l'heure pour un petit bateau à rames à 2 ou 3 places. Vous n'aurez pas à chercher longtemps, on viendra à vous. Il suffit de se promener sur les quais, près du marché. Vous avez toujours la ressource de réserver auprès de Cantho Tourist, mais avec peu de chance de négocier les prix. La plupart de ces bateaux sont pilotés par des femmes. Munissez-vous de votre appareil photo et faites attention aux aspersions des bateaux à moteur !

Un plus gros bateau motorisé vous permettra d'aller plus loin et notamment de naviguer sur le Mékong.

Les bateaux ne circulent que sur les petits canaux (qui sont en fait plus intéressants), là où le courant est moins fort.

Pour plus de détails sur les marchés flottants de cette région, reportez-vous à la rubrique *Les environs de Cantho,* plus loin dans ce chapitre.

Où se loger

Du delta du Mékong, Cantho est la ville la mieux équipée en possibilités d'hébergement, De plus, à la différence d'autres endroits tels que Mytho, vous en aurez en général pour votre argent.

Où se loger – Petits budgets

L'agréable *Huy Hoang Hotel* (☎ 825833, *35 Ð Ngo Duc Ke*) est le rendez-vous des voyageurs à petit budget. Il loue des simples/doubles avec ventil. à 7/9 \$US, ou 11/14 \$US avec clim.

DELTA DU MÉKONG

A proximité, l'*Hotel-Restaurant 31* (☎ 825287, 31 Đ Ngo Duc Ke) est tout aussi apprécié. Les doubles avec ventil. sont à 6 $US, et il existe une double avec clim. à 8 $US. Le restaurant est très recommandé.

Le *Phan Trung Hotel* (☎ 824477, 9 Đ Le Thanh Ton), également appelé le *NK*, est encore une bonne adresse pour petits budgets. Les chambres avec ventil. sont proposées à 4 $US, et 6 $US avec s.d.b. Si vous voulez la clim., comptez 13 $US (9 $US sans). L'hôtel propose différents services (massages, sauna et karaoke) pour voyageurs épuisés.

En bordure du fleuve, le *Tay Ho Hotel* (☎ 823392, 36 Đ Hai Ba Trung) est agréable, et ses chambres sont louées 8 $US avec ventil. et 13 $US avec clim.

Le *Phong Nha Hotel* (☎ 821615, 75 Đ Chau Van Liem) est bon marché, mais il est situé dans une rue bruyante empruntée par de nombreuses motos. Les chambres simples/doubles/triples avec ventil. coûtent 5/6/10 $US, ou 15 $US avec la clim.

Un peu plus bas dans l'échelle des prix, le *Hao Hoa Hotel* (☎ 824836, 6-8 Đ Hai Thuong Lang Ong) est franchement sale, mais aussi particulièrement bon marché. Les étrangers ne sont pas les bienvenus, mais on vous acceptera plus facilement si vous êtes mal habillé. Sinon, on vous renverra sur un hôtel "correct". Le prix des chambres va de 4 à 6 $US.

Également connu sous le nom de *Guesthouse n°1*, le *Nha Nghi Hotel* (☎ 820049, 1 Đ Dien Bien Phu) est un peu lugubre, mais il n'est pas mal. C'est aussi là que l'on vend les tickets de la loterie provinciale. Une double avec clim. est louée entre 7 et 14 $US.

Le *Hau Giang B Hotel* (☎ 821950, 27 Đ Chau Van Liem) dispose de chambres avec ventil. à 8 $US, avec clim. et eau froide à 12 $US ou avec clim. et eau chaude à 15 $US.

Où se loger – Catégorie moyenne à supérieure

Le *Doan 30 Cantho Hotel* (☎ 823623, 80A Đ Nguyen Trai), au nord de la ville, est la pro-priété de l'armée. Quelques-unes de ses chambres ont un balcon avec vue sur le fleuve. Il possède un café en terrasse sur la berge, et un embarcadère privé bien pratique pour les promenades en bateau. Les chambres standard avec ventil./clim coûtent 9,50/16,50 $US, et les chambres supérieures, avec TV et réfrigérateur, 18 $US. Un petit déjeuner simple est inclus dans le prix.

Juste en face, la *Guesthouse 101* (☎ 825074, 101 Đ Nguyen Trai) appartient également à l'armée vietnamienne. Les chambres, disposées autour d'une cour, sont assez agréables, mais l'endroit a moins de charme que le précédent. Les tarifs pour une chambre équipée de ventil. et eau froide sont de 9 $US et de 18 à 23 $US avec clim.

Le *Tay Do Hotel* (☎ 821009, fax 827008, 61 Đ Chau Van Liem) est beaucoup plus chic depuis sa rénovation en 1998. Les chambres avec clim. et TV par satellite coûtent de 27 à 35 $US. Celles situées sur l'arrière sont plus tranquilles et moins chères.

Installé sur un vaste terrain à l'extrémité de la rue et à deux pas de l'embarcadère de l'hydroglisseur, le *Ninh Kieu Hotel* (☎ 821171, fax 821104, 2 Đ Hai Ba Trung) est charmant. Les chambres sont louées entre 25 et 40 $US.

Le *Quoc Te Hotel* (☎ 822080, fax 821 039, 12 Đ Hai Ba Trung), sur les rives du Cantho, possède un karaoke fort bruyant. Les suites, onéreuses, jouissent d'une très belle vue sur le fleuve, mais les chambres les moins chères sont lugubres et ne valent pas le prix demandé. Les prix vont de 28 à 78 $US.

Le *Ngan Ha Hotel* (☎ 822921, fax 823 473, 39-41 Đ Ngo Quyen) est un établissement privé, bien situé mais bruyant. Toutes les chambres ont une s.d.b. et la clim. et coûtent entre 15 et 25 $US, petit déjeuner compris.

Le *Hau Giang A Hotel* (☎ 821851, fax 821806, 34 Đ Nam Ky Khoi Nghia), haut de six étages, est assez agréable et très fréquenté par les étrangers. Les chambres avec clim. sont louées de 25 à 40 $US.

Le *Saigon-Cantho Hotel* (☎ 825831, fax 823288, 55 Đ Phan Dinh Phung) est un tout nouveau palace qui abrite un joli restaurant, un salon de massage, un sauna et (bien entendu) un karaoke. Les chambres sont équipées de tout ce qu'on peut imaginer et valent de 68 à 98 $US, taxes, service et petit déjeuner compris.

Le *Hoa Binh Hotel* (☎ 820536, *5 ĐL Hoa Binh*) était en cours de rénovation quand nous l'avons visité. Depuis des années, il ne tenait plus debout qu'avec du scotch et de la colle, mais bientôt ce sera un trois-étoiles.

Où se restaurer
Plusieurs restaurants sont installés le long de la rivière. On y déguste les spécialités du delta (poissons, grenouilles, tortues), mais aussi des plats plus internationaux pour voyageurs à petit budget. Ces établissements se trouvent juste en face de l'immense statue argentée de Ho Chi Minh. Citons par exemple le *Mekong*, le *Thien Hoa* et le *Vinh Loi*, dont le sympathique propriétaire, Lu Lu, parle très bien anglais et sert une excellente cuisine (goûtez le vin de serpent !).

Tout au nord de Đ Hai Ba Trung, le *Ninh Kieu Hotel* possède un joli restaurant au bord du fleuve, avec une belle vue. Le *Quoc Te Hotel*, à proximité, propose une carte intéressante, avec notamment du serpent frit, de la soupe de tortue et les plus grosses crevettes que vous ayez jamais vues.

L'*Hotel-Restaurant 31* (*Đ Ngo Duc Ke*) est bon marché et très bon. Selon certains, on y mange la meilleure viande de bœuf du delta. Essayez également le *41 Restaurant*, à côté, qui est connu pour ses plats de viandes insolites, comme le lapin et le sanglier, ainsi que de bons plats végétariens.

Surnommée *Restaurant Alley*, Đ Nam Ky Khoi Nghia, entre Đ Dien Bien Phu et Đ Phan Dinh Phung, contient une dizaine de restaurants installés de chaque côté de la rue.

Comment s'y rendre
Avion. A l'heure où nous écrivons ce guide, Vietnam Airlines a, une fois de plus, interrompu ses vols entre Ho Chi Minh-Ville et Cantho. La solution consiste donc à affréter un charter auprès de Vasco Airlines (☎ 08-842 2790, fax 844 5224), à Ho Chi Minh-Ville.

Bus. Les bus desservant Cantho depuis Ho Chi Minh-Ville partent de la gare routière de Mien Tay, à An Lac. Le trajet en bus ordinaire dure 5 à 6 heures. Les express, qui sont prioritaires sur les ferries, mettent environ 3 heures 30. La principale gare routière de Cantho se trouve à quelques kilomètres de la ville, à l'angle de Đ Nguyen Trai et de Đ Tran Phu. Un autre dépôt de bus se situe à l'intersection de Đ 30/4 et de Đ Mau Than.

Voiture et moto. En voiture, comptez environ 4 heures pour faire le trajet entre Ho Chi Minh-Ville et Cantho par la RN 1. Vous devrez emprunter deux ferries, le premier à My Thuan (province de Vinh Long) et le second à Binh Minh (à Cantho même). Ce dernier fonctionne entre 4h et 2h. Des fruits, des boissons et d'autres produits sont en vente à l'embarcadère. Selon le règlement, seuls les conducteurs doivent se trouver dans le véhicule pour pénétrer dans le ferry. Les passagers doivent donc entrer et sortir du ferry à pied, ce qui implique parfois d'attendre de longs instants sous le soleil ardent du Mékong.

Pour vous y rendre depuis ĐL Hoa Binh à Cantho, prenez Đ Nguyen Trai jusqu'à la gare routière, puis tournez à droite dans Đ Tran Phu. Voici les distances entre Cantho et quelques villes :

Camau	178 km
Chau Doc	116 km
Ho Chi Minh-Ville	169 km
Long Xuyen	62 km
Mytho	106 km
Rach Gia	115 km
Sa Dec	58 km
Soc Trang	62 km
Vinh Long	34 km

Bateau. Un hydroglisseur de la compagnie Greenlines effectue la navette entre Ho Chi Minh-Ville et Cantho (*via* Mytho) en

4 heures. Il part du quai Bang Dang à Ho Chi Minh-Ville et, à Cantho, de l'embarcadère du Ninh Kieu Hotel.

Ville de départ	Heure	Ville d'arrivée	Heure
HCM-V	7h30	Mytho	9h
Mytho	9h30	Cantho	11h30
Cantho	13h30	Mytho	15h30
Mytho	16h	HCM-V	17h30

Les étrangers doivent payer 24 $US pour le trajet Ho Chi Minh-Ville-Cantho (demi-tarif pour les enfants entre 2 et 12 ans). On peut appeler les bureaux de Greenlines à Ho Chi Minh-Ville (☎ 08-821 5609) ou à Cantho (☎ 829372).

Comment circuler
Depuis/vers l'aéroport. L'aéroport de Cantho est à 10 km du centre-ville, sur la route de Rach Gia. Le trajet en moto-taxi (environ 1,20 $US) est moins onéreux qu'en taxi.

Xe Honda Loi. Propres au delta du Mékong, ces véhicules de fortune consistent en une petite remorque à deux roues fixée à l'arrière d'une moto, sortes de cyclo-pousse motorisés. Le prix de la course tourne autour de 0,80 $US ; comptez davantage si vous quittez le centre-ville. C'est naturellement le moyen de transport le plus utilisé.

LES ENVIRONS DE CANTHO
Les marchés flottants sont probablement le principal atout touristique du delta du Mékong. A la différence de ceux que vous avez peut-être vus en Thaïlande, où de petites embarcations en bois se faufilent dans d'étroits canaux, la plupart des marchés flottants de cette région sont installés à des endroits où le fleuve est large. Ils débutent pour la plupart tôt le matin, pour éviter la chaleur du milieu de journée ; essayez de vous y rendre entre 6h et 8h. Il faut compter en outre avec les marées, car les plus gros bateaux doivent souvent attendre que l'eau soit suffisamment haute pour leur per-

mettre de passer. Certains petits marchés flottants des zones rurales sont en voie de disparition, en raison de l'amélioration de l'état des routes et d'un accès plus facile aux transports en commun ou privés. Mais les plus importants, proches des zones urbaines, sont encore très actifs.

Marché flottant de Cai Rang
Ce marché flottant, le plus grand du delta du Mékong, se situe à 6 km de Cantho, en direction de Soc Trang. Le pont s'avère bien pratique pour prendre des photos. Même si certains vendeurs restent jusqu'à midi, le marché est surtout intéressant jusqu'à 9h.

On peut voir le marché depuis la route, mais mieux vaut malgré tout y aller en bateau. Comptez 1 heure depuis le marché de Cantho. Une autre solution consiste à prendre la route jusqu'à l'embarcadère de Cau Dau Sau (près du pont Dau Sau) ; de là, on y arrive en 10 minutes.

Marché flottant de Phong Dien
C'est probablement le marché flottant le plus intéressant du delta du Mékong car on y voit moins de bateaux à moteur et davantage de bateaux à rames. Moins fréquenté que celui de Cai Rang, notamment par les touristes, il est surtout animé entre 6h et 8h. On s'y rend le plus souvent par la route.

Il est théoriquement possible d'y faire une rapide promenade en bateau, en visitant les petits canaux à l'aller et le marché flottant de Cai Rang au retour. Cette excursion dure environ 5 heures tout compris depuis Cantho.

Marché de Phung Hiep
Jusque très récemment, cette petite ville était surtout connue pour son marché aux serpents. En avril 1998, cependant, une nouvelle loi a interdit la capture et la vente des serpents : leur diminution avait en effet permis la prolifération des rats dans les rizières. Les vendeurs de serpents sont donc désormais obligés de travailler de façon clandestine.

Les cages qui, jusqu'alors, étaient remplies de cobras et de pythons sont aujour-

Les "maquis" du delta

Pendant la guerre du Vietnam, le delta du Mékong n'a connu qu'une seule et unique bataille. Elle eut lieu en 1972, à Cai Lay, à 20 km de Mytho. Ici, la guerre se joua principalement dans le "maquis", à coups d'embuscades. En effet, au grand dam des Américains, la jungle luxuriante, les herbes hautes et les mangroves étaient le royaume du Viet-Cong. Compte tenu de la forte densité de population civile, les troupes américaines ne pouvaient bombarder le secteur à l'aveuglette. Elles eurent donc recours, à terre, à une politique de "ratissage et destruction". Dans les airs, les hélicoptères arrosaient les savanes et les jungles à la mitrailleuse. Les vedettes militaires, quant à elles, patrouillaient sur les centaines de canaux qui sillonnent le delta, afin d'intercepter les combattants qui rejoignaient leurs abris en canot.

Du côté vietcong, la tactique employée était multiple : embuscades, mines dans les canaux, raids nocturnes, élimination des "éléments refusant de coopérer"… La nuit, les communistes contrôlaient le delta. Partisans du Sud (enrôlés dans l'ARVN) ou partisans du Nord (soldats du FNL), ces combattants étaient en grande partie des jeunes gens du delta. Il n'était donc pas rare que deux frères combattent dans des factions opposées, d'où un grand nombre de désertions dans les deux camps.

Les villageois du delta, pris entre deux feux, s'enfuirent peu à peu. En 1975, 40% de la population de Saigon provenait du delta du Mékong.

Pour éclaircir les mangroves du delta et priver ainsi les soldats vietcong de leurs cachettes, l'armée américaine eut recours au fameux Agent orange. L'ironie du sort voulut qu'en répandant ce défoliant les Américains aident plus ou moins leur ennemi, pourtant à court de munitions et de vivres. En effet, la pourriture des plantes décimées servit de nourriture aux crevettes des mangroves, et les soldats vietcong purent non seulement se nourrir de crevettes, mais aussi vendre le surplus de leur pêche sur les marchés locaux et acheter les provisions qui leur faisaient défaut…

d'hui vides, et Phung Hiep est redevenu un marché "normal" (quoique non dénué d'intérêt). Il y a un petit marché flottant sous le pont, et l'on peut à cet endroit louer un bateau pour faire une promenade le long du fleuve.

Phung Hiep est sur la RN 1, à 30 km de Cantho en direction de Soc Trang.

SOC TRANG

Capitale de la province du même nom, qui est peuplée à 28% de Khmers, Soc Trang en elle-même n'a pas grand intérêt hormis les temples khmers, très impressionnants. Par ailleurs s'y déroule chaque année une fête haute en couleur et qui mérite vraiment le détour, si vous vous trouvez à proximité à cette période.

Les bureaux de Soc Trang Tourist (☎ 821498/822015, fax 821993), 131 Đ

Nguyen Chi Thanh, sont installés à côté du Tay Nam Hotel. Les employés sont assez aimables, mais ne parlent pratiquement pas anglais et semblent peu habitués à renseigner des touristes.

Pagode Kh'leng

En regardant la pagode Chua Kh'leng, on se croirait au Cambodge. A l'origine, en 1533, ce surprenant édifice fut construit en bambou puis, en 1905, remplacé par une structure de béton. Sept fêtes religieuses rassemblent chaque année les gens des provinces alentour. En dehors de ces événements, les Khmers viennent y déposer leurs offrandes et prier.

Douze bonzes résident encore dans la pagode. Elle héberge également plus de 150 futurs moines, venus de toute la région du delta pour étudier à l'école d'enseignement

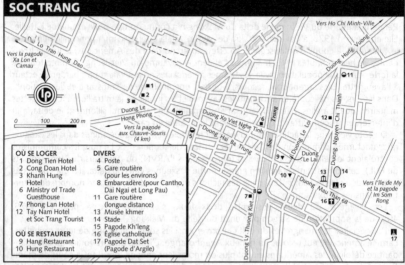

SOC TRANG

Vers Ho Chi Minh-Ville

Vers la pagode
Xa Lon et
Camau

Duong Lo Tran Hung Dao

Duong Hung Vuong

0 100 200 m

Duong Le
Hong Phong

Vers la pagode
aux Chauve-Souris
(4 km)

Duong Xo Viet Nghe Tinh

Soc Trang

Duong Nguyen Chi Thanh

Duong Hai Ba Trung

Duong Le Loi

Duong
Le Lai

Duong Mau Than 68

Vers l'île de My
et la pagode
Im Som
Rong

Duong LV Thuong Kiet

OÙ SE LOGER
1 Dong Tien Hotel
2 Cong Doan Hotel
3 Khanh Hung
   Hotel
6 Ministry of Trade
   Guesthouse
7 Phong Lan Hotel
12 Tay Nam Hotel
   et Soc Trang Tourist

OÙ SE RESTAURER
9 Hang Restaurant
10 Hung Restaurant

DIVERS
4 Poste
5 Gare routière
   (pour les environs)
8 Embarcadère (pour Cantho,
   Dai Ngai et Long Pau)
11 Gare routière
   (longue distance)
13 Musée khmer
14 Stade
15 Pagode Kh'leng
16 Église catholique
17 Pagode Dat Set
   (Pagode d'Argile)

bouddhiste de Soc Trang, située juste en face. Vous serez accueillis à bras ouverts par les bonzes, tant pour visiter la pagode que pour discuter bouddhisme.

Musée khmer

Face à la pagode Kh'leng, ce musée traite de l'histoire et de la culture de la minorité khmère au Vietnam. C'est aussi un centre culturel où l'on lieu des spectacles de danse et de musique traditionnelles. Renseignez-vous sur place, car il n'existe pas de véritable calendrier des représentations. En s'y prenant à l'avance, un spectacle peut être organisé pour un groupe.

Pagode d'Argile

Buu Son Tu ("temple de la Montagne précieuse") fut construit il y a plus de deux siècles par une famille chinoise, les Ngo. Aujourd'hui, on l'appelle Chua Dat Set, ce qui signifie "pagode d'Argile".

En dépit de sa façade modeste, cette pagode est très différente des autres. En effet, presque tout ce qu'elle contient est en argile et fut sculpté par un moine-artisan de

génie, Ngo Kim Tong, qui, de l'âge de 20 ans jusqu'à sa mort, à 62 ans, consacra sa vie à la décoration de la pagode. Il réalisa ainsi les centaines de statues et de sculptures qui ornent encore le temple aujourd'hui.

Dès l'entrée, le visiteur est accueilli par l'une de ses plus imposantes créations : un éléphant à six défenses (qui serait apparu en rêve à la mère de Bouddha). L'autel central, qui nécessita à lui seul plus de 5 tonnes d'argile, compte plus de 1 000 bouddhas assis sur des pétales de lotus. On peut également admirer une tour chinoise de treize étages, haute de plus de 4 mètres et creusée de 208 niches contenant chacune un mini-bouddha, et décorée de 156 dragons.

Deux énormes cierges brûlent sans discontinuer depuis la mort de l'artiste, en 1970. Si vous voulez vous faire une idée de leur taille à l'origine (200 kg et 2,60 m de haut), deux autres attendent d'être allumés lorsque s'éteindront ceux-ci (qui sont censés brûler jusqu'en 2005).

Si le décor est indéniablement très kitsch (nos préférés sont les lions avec des ampoules rouges à la place des yeux), cette pagode n'est pas un parc d'attractions pour touristes mais un lieu de culte très actif, totalement différent des autres pagodes khmères et vietnamiennes de Soc Trang. Le bonze responsable de la pagode, Ngo Kim Giang, est le frère cadet de l'artiste. C'est un vieux monsieur adorable, qui parle parfaitement le français et se fera un plaisir de vous présenter la pagode.

La pagode est dans Đ Mau Than 68, non loin à pied du centre-ville. L'entrée est gratuite. Faut-il le préciser, les objets en argile sont très fragiles et à ne pas manipuler.

Pagode Im Som Rong

Des jardins impeccables entourent cette grande et belle pagode khmère, édifiée en 1961. Une plaque sur le sol (datée de 1996) rend hommage à celui qui en a financé la construction. Beaucoup de moines y résident, tous très accueillants.

La pagode est à un peu plus de 1 km à l'est de Soc Trang, sur la route de l'île My Phuoc. Une fois devant la porte principale, il faut encore marcher 300 m sur un chemin de terre pour arriver à la pagode.

Fête d'Oc Bom Boc

Cette appellation est typiquement khmère. Une fois l'an, la rivière de Soc Trang accueille des régates qui attirent des spectateurs des quatre coins du Vietnam, et même du Cambodge. Le gagnant remporte la somme de 1 500 $US. Inutile de préciser que la compétition est âpre.

Les courses se déroulent selon le calendrier lunaire, le 15e jour de la 10e lune, ce qui correspond à peu près au mois de décembre. Les régates débutent à midi, mais l'effervescence règne dès la veille à Soc Trang. Les chambres d'hôtel sont, bien entendu, prises d'assaut, et les étrangers sans réservation payée d'avance devront sans doute dormir dans leur voiture ou leur minibus.

Où se loger

Le *Tay Nam Hotel* (☎ 821757, 133 Đ Nguyen Chi Thanh) se laisse un peu aller, mais il est encore correct. Comptez 10 $US

pour une chambre double avec ventil., ou de 14 à 18 $US avec clim.

La *Ministry of Trade Guesthouse* (*Nha Khach So Thuong Mai*, ☎ 821974) offre un hébergement pour voyageurs à petit budget. Ses chambres avec ventil./clim sont à 5/8 $US.

Près de la rivière, le *Phong Lan Hotel* (☎ 821619, 124 Đ Dong Khoi) pratique des prix assez élevés pour Soc Trang : de 14 à 17 $US la double avec clim.

Caché au bout d'un chemin de terre, le *Dong Tien Hotel* (☎ 821888, 2 Đ Trung Tien) est géré par l'armée et reçoit peu de visiteurs étrangers. Les tarifs sont raisonnables : 8 $US pour une chambre avec ventil., 10 $US pour ventil. et s.d.b., et 12 $US avec la clim.

Le plus chic et le plus récent est de loin le *Khanh Hung Hotel* (☎ 821027, fax 820 099, 15 ĐL Tran Hung Dao). Il possède un grand café avec terrasse. Vous paierez 8 $US une chambre avec ventil. et s.d.b., et de 16 à 35 $US une chambre avec clim. Il y a une TV par satellite, mais, apparemment, elle ne capte que les séries et films indiens.

Juste en face, le *Cong Doan Hotel* (☎ 825614, 4 Đ Tran Van Sac) appartient à un syndicat. Il est très calme, propre, et ses tarifs sont corrects : 10 $US pour une chambre avec ventil. et 18 $US avec la clim. et un réfrigérateur.

Où se restaurer

L'un des meilleurs restaurants de la ville est le *Hung Restaurant* (☎ 822268, 74-76 Đ Mau Than 68). Il est ouvert de l'heure du petit déjeuner jusque tard le soir, et semble toujours bondé. Même commentaire pour le *Hang Restaurant* (☎ 822416, 2 Đ Le Lai). Comme aucun des deux ne possède de carte en anglais ni de prix affichés, il vous faudra donc vous débrouiller pour vous faire comprendre.

LES ENVIRONS DE SOC TRANG
Pagode aux chauves-Souris

A environ 5 km à l'ouest de Soc Trang se situe la pagode aux Chauves-Souris (Chua Doi), l'un des sites les plus originaux du

delta du Mékong et l'une des étapes favorites des touristes locaux et étrangers. A
peine passée la voûte d'entrée de ce vaste
monastère, vous serez surpris par les cris
perçants de milliers de chauves-souris suspendues aux arbres fruitiers. Les plus
grandes pèsent environ 1 kg, et leur envergure peut atteindre 1,50 m.

Le matin, ces mangeuses de fruits font un
tapage du tonnerre. L'air s'emplit de leur
forte odeur, et mieux vaut ne pas séjourner
sous un arbre… Le soir, elles déploient
leurs ailes et vont envahir les vergers de la
région du delta, sous le regard consterné des
fermiers. Ils les piègent d'ailleurs et les
mangent. A l'intérieur du monastère, les
chauves-souris sont protégées, et c'est sans
doute pour cela qu'elles s'y plaisent autant.

Le meilleur moment pour visiter la
pagode est tôt le matin ou 1 heure avant le
coucher du soleil, lorsque les chauves-souris s'en donnent à cœur joie. Au crépuscule,
on peut les voir s'envoler des arbres par
centaines pour aller chasser.

Les bonzes sont chaleureux et ne réclament pas d'argent, mais rien n'empêche de
leur laisser une petite obole. Le temple ne
manque pas de charme, avec ses bouddhas
dorés et ses fresques offertes par des Vietnamiens d'outre-mer. Dans une des salles
apparaît la statue grandeur nature du moine
fondateur du temple.

On peut voir aussi un très beau bateau
khmer peint, du style de ceux que l'on utilise lors de la fête d'Oc Bom Boc.

Derrière la pagode, vous apercevrez une
étrange tombe, décorée d'une peinture figurant un cochon. Elle fut dressée en mémoire
d'un cochon qui avait l'originalité de posséder cinq ongles de pied (au lieu des quatre
habituels). L'animal est mort en juillet
1996, mais deux autres survivent avec la
même anomalie, que les moines élèvent
comme animaux de compagnie.

Des enfants mendient à l'entrée du
monastère, mais ils ne sont pas autorisés à y
pénétrer. Nous leur avons offert un paquet
de biscuits qu'ils ont dévorés comme s'ils
n'avaient pas mangé depuis huit jours.
C'était peut-être malheureusement le cas.

Un restaurant fait face à la pagode ; il ne
sert pas de viande de chauve-souris.

La pagode est à environ 4 km à l'ouest de
Soc Trang. Vous pouvez soit y aller à pied
(un peu moins d'1 heure) soit prendre une
moto-taxi. Environ 3 km après la sortie de
la ville en direction de la pagode, à la
fourche, il faut prendre à droite et continuer
encore 1 km.

Pagode Xa Lon (Sa Lon)

A 12 km de Soc Trang, sur la RN 1, en
direction de Camau, ce magnifique temple
khmer fondé il y a deux siècles a été entièrement rebâti en 1923. Trop petite, la
pagode a été ensuite agrandie par étapes de
1969 à 1985, au rythme des dons des
fidèles. Ses murs extérieurs, entièrement
recouverts de superbes tuiles en céramique,
sont particulièrement surprenants.

Comme dans les autres pagodes, la vie
des bonzes est austère : petit déjeuner à 6h
du matin, aumône jusqu'à 11h, prière, déjeuner à 12h, étude l'après-midi (pas de repas le
soir). Actuellement, 27 bonzes résident dans
la pagode, qui abrite une école où l'on étudie
le bouddhisme et le sanskrit ; comme l'expliquent les moines, tous les textes religieux
anciens sont rédigés dans cette langue.

Île My Phuoc

Le Hau Giang, bras méridional du Mékong,
n'est qu'à 15 km à l'est de Soc Trang. Là
vous prendrez un bateau qui vous conduira
rapidement à l'île My Phuoc. L'endroit est
isolé, mais convient particulièrement à la
culture des fruits. Les agences touristiques
d'État aiment faire visiter les vergers aux
étrangers. Vous pouvez le faire tout seul,
mais vous aurez besoin d'une moto pour
atteindre les rives.

BAC LIEU

Capitale de la province du même nom, Bac
Lieu est distante de Ho Chi Minh-Ville de
280 km. Sur les 800 000 habitants de la province, environ 8% sont d'origine chinoise
ou cambodgienne.

La ville possède encore quelques anciens
bâtiments, autrefois élégants mais aujour-

d'hui décrépis, témoignant de la présence coloniale française, telle l'imposante Maison Fop (qui sert aujourd'hui de centre sportif), mais c'est à peu près tout.

L'agriculture locale souffre beaucoup des infiltrations d'eau salée, et Bac Lieu ne respire pas l'aisance. La province, en revanche, est connue pour ses plantations de longaniers. Les paysans les plus dynamiques améliorent leur ordinaire grâce à la pêche, le ramassage des huîtres ou encore la production de sel (obtenu par l'évaporation de bassins d'eau de mer qui forment d'immenses champs de sel).

Pour les Vietnamiens, Bac Lieu a surtout le mérite d'abriter la tombe de Cao Van Lau, célèbre compositeur de *Da Co Hoai Long* ("la chanson nocturne du mari disparu"), qui aurait inspiré les mélodies romantiques *vong co* si prisées. La plupart des touristes étrangers ne vont pas voir la tombe ; ils viennent à Bac Lieu pour visiter l'étonnante réserve ornithologique, à quelques kilomètres de là.

Où se loger

Les hôtels sont presque tous situés près du rond-point d'où partent les routes de Soc Trang et Camau.

Le plus économique est le ***Bac Lieu I Hotel*** (☎ *822621, 4-6 Đ Hoang Van Thu*) : une chambre double avec ventil. et s.d.b. vous coûtera 7 $US, et de 15 à 18 $US avec la clim. Son nouveau voisin, l'élégant ***Bac Lieu II*** (☎ *822437, fax 823655*) fait payer de 20 à 30 $US pour une double avec clim. Il possède un restaurant au rez-de-chaussée, mais vous avez plutôt intérêt à aller essayer l'un des restaurants de poisson. En outre, le karaoke de l'hôtel est bruyant.

Si un congrès se tient en ville et que tous les hôtels sont pleins, essayez la *Bac Lieu Guest House* (☎ *823815, 8 Đ Ly Tu Trong*), à proximité. Les tarifs pour une chambre double avec ventil./clim. sont de 8/12 $US.

A environ 1 km du rond-point, sur la route de Soc Trang, le récent ***Hoang Cung Hotel*** (☎ *823362, 1B/5 Đ Tran Phu*) dispose de chambres propres à 10 $US avec ventil. ou de 15 à 20 $US avec clim.

LES ENVIRONS DE BAC LIEU
Réserve ornithologique de Bac Lieu

A 5 km de la ville, la réserve ornithologique de Bac Lieu (Vuon Chim Bac Lieu) abrite une bonne cinquantaine d'oiseaux, notamment une importante colonie de gracieux hérons blancs. C'est un des sites les plus intéressants de la région du delta, fort prisé des touristes vietnamiens. Les visiteurs étrangers sont rares, Bac Lieu étant certainement un endroit trop isolé.

Le nombre des oiseaux varie selon l'époque de l'année. Très nombreux à la saison des pluies, de mai à octobre approximativement, ils restent jusqu'en janvier pour nicher, puis s'envolent quasiment tous pour de plus vertes contrées, jusqu'à la saison des pluies suivante.

Beaucoup de visiteurs évitent la région du delta pendant cette saison à cause des inondations. Vous feriez un choix judicieux en optant pour décembre.

Même si le trajet n'est que de 5 km, vous devrez louer une moto, une jeep ou un autre véhicule tout-terrain pour atteindre la réserve, car la route est particulièrement mauvaise. Il arrive qu'un pont stratégique pour la traversée du canal soit emporté par de fortes pluies. Dans ce cas, vous devrez vous faire transporter de l'autre côté à bord d'un bateau. C'est parfait, sauf que le bateau est trop petit même pour transporter des motos – vous devez donc faire à pied les 1,5 km restants jusqu'à la réserve. Un nouveau pont finira bien par être construit un jour, et alors adieu la belle promenade !

Le reste de la visite s'effectue à travers une jungle très dense, où les moustiques font rage. N'oubliez pas de vous protéger. Le terrain est boueux par endroits ; ne venez pas en mocassins italiens et chaussettes blanches !

Pensez à emporter de l'eau, des jumelles, des pellicules et un appareil photo doté d'un téléobjectif puissant.

L'entrée de la réserve est payante (0,20 $US). Choisissez une visite guidée, pour éviter de vous perdre. Les guides ne sont pas payés, donnez-leur discrètement un pourboire (2 \$US suffiront). La plupart d'entre eux ne parlent que le vietnamien. Vous pouvez également organiser votre transport et réserver un guide à l'office du tourisme quelque peu assoupi de Bac Lieu (☎ 822437, fax 823655), installé dans le Bac Lieu I Hotel. Comptez 8 \$US pour le guide.

Pagode khmère Xiem Can
Sur la route de la réserve ornithologique, à 7 km de Bac Lieu, vous découvrirez la pagode khmère Xiem Can. Elle n'a rien d'extraordinaire ; celles de Tra Vinh ou de Soc Trang présentent plus d'intérêt.

Plage de Bac Lieu
A 10 km de la ville, cette même route conduit à la plage de Bac Lieu (Bai Bien Bac Lieu). Ne vous attendez pas à une étendue de sable blanc, spectacle exceptionnel dans le delta du Mékong. A l'endroit où la boue du marécage rencontre la mer, quelques coquillages et autres bestioles non identifiées rampent sur le sol. Ceux qui adorent barboter dans les flaques d'eau à marée basse seront ravis, et les habitants vous montreront peut-être les meilleurs endroits pour ramasser des huîtres.

Pagode Moi Hoa Binh
A 13 km au sud de Bac Lieu, sur la RN 1, cette pagode khmère (Chua Moi Hoa Binh, également appelée Se Rey Vongsa) se situe sur la gauche en direction de Camau ; vous ne pourrez pas rater son énorme tour.

Elle présente une architecture unique en son genre. Sa construction ne remonte qu'à 1952, et la tour, qui abrite les ossements des défunts, fut ajoutée en 1990. Vous serez sans doute impressionné par la vaste salle de réunion située devant la tour.

Son école accueille peu d'élèves, car la plupart des jeunes khmers de la province de Minh Hai vont à Soc Trang.

CAMAU
Bâtie sur les rives marécageuses de la rivière Ganh Hao, Camau est la capitale de la province du même nom (1,7 million d'habitants), qui occupe la pointe sud du delta du Mékong. Cette région n'est cultivée que depuis la fin du XVIIe siècle.

Camau s'étend au cœur du plus grand marais du Vietnam. Qui dit marais dit moustiques, et ceux de Camau ont la taille d'un oiseau-mouche ; il faudrait presque un fusil pour en venir à bout. Ces insectes sortent par légions à la tombée de la nuit, et l'on peut voir des touristes dîner sous une moustiquaire !

On dénombre beaucoup de Khmers de souche parmi les habitants de Camau ; cependant, cette région détient la plus faible densité de population du Vietnam en raison de son sol marécageux.

Ces dernières années, Camau a connu un développement rapide, mais la ville elle-même est plutôt morne. Ses policiers sont aussi notoirement corrompus et tracassiers. Le principal intérêt réside dans ses forêts et les marais environnants, que l'on peut explorer en bateau. C'est un paradis pour les ornithologues et les botanistes. Malheureusement, les tarifs astronomiques des hôtels, l'éloignement de Ho Chi Minh-Ville et les moustiques semblent décourager les touristes, peu nombreux dans la région.

Renseignements
Agences de voyages. Camau Tourist (Cong Ty Du Lich Minh Hai, ☎ 831828), 17 Đ Nguyen Van Hai, peut organiser d'intéressantes promenades en bateau de 2 jours/2 nuits pour Nam Can, Dat Mui (Cap Camau), les îles Da Bac et la forêt d'U-Minh.

Vous pouvez également y changer de l'argent, louer un bateau et faire proroger votre visa.

Argent. La Vietcombank (☎ 833398) se situe 2-3 Đ Ly Bon.

Zoo
Officiellement appelé "Parc forestier du 19 mai", le zoo de Camau, mal entretenu, abrite des animaux bien misérables. Son "jardin botanique" ressemble tout au plus à un terrain vague, envahi de mauvaises herbes et de cafés bruyants. Autant passer votre chemin !

Marché

Sur ce marché en gros, les animaux à vendre, y compris des tas entiers de poissons et de tortues, sont nettoyés, empaquetés, congelés et transportés par camion jusqu'à Ho Chi Minh-Ville.

Même si vous êtes végétarien, flâner sur ce marché ne manque pas d'intérêt. Toutefois, il y a fort à parier queles défenseurs des droits des animaux n'apprécieront guère ce genre de balade.

Temple caodai

Moins grand que celui de Tay Ninh, le temple caodai de Camau, situé Đ Phan Ngoc Hien, n'en est pas moins un lieu agréable, géré par des moines sympathiques. Construit en 1966, il semble encore assez actif.

Où se loger

A prestations égales, les hôtels de Camau sont souvent deux fois plus chers qu'ailleurs dans le delta.

DELTA DU MÉKONG

CAMAU

OÙ SE LOGER
3 Phuong Nam Hotel
10 Camau Hotel
12 Sao Mai Hotel
13 Hai Van Guesthouse
15 Tan Hung Guesthouse
20 Bong Hong Hotel
22 Camau Trade Union Hotel
26 Supermarket Hotel
27 Hai Chau Hotel

OÙ SE RESTAURER
5 Thanh Hung Cafe
6 Huong Que Restaurant
11 Hong Ky Restaurant

DIVERS
1 Embarcadère A (pour U-Minh, Thoi Binh et Tran Van Troi)
2 Temple protestant
4 Bureau de vente des billets de bus express pour Ho Chi Minh-Ville
7 Pagode Thien Hau
8 Église catholique
9 Police de l'immigration
14 Camau Tourist
16 Pagode Sac Tu Quan Am
17 Marché de rue
18 Vietcombank
19 Marché de Camau
21 Poste
23 Temple caodai
24 Église catholique
25 Hôpital
28 Embarcadère B (pour Ngoc Hien et Dam Doi)

Le **Camau Trade Union Hotel** (☎ *833 245, 9 Đ Luu TanTai*) est situé quasiment en face du temple caodai. Les chambres avec ventil. sont assez chères, à 13 \$US, et le tarif de celles avec clim. est encore plus exorbitant : de 23 à 35 \$US !

Pour les petits budgets, la **Tan Hung Guesthouse** (☎ *831622, 11 Đ Nguyen Van Hai*) propose des chambres assez sordides avec ventil. seulement et s.d.b. commune, mais à bas prix : 4 \$US par lit.

La **Hai Van Guesthouse** (☎ *832897, 18 Đ Phan Đinh Phung*) est une bonne adresse pour les voyageurs à petit budget qui ne s'offusquent pas d'un peu de poussière. Les chambres doubles/quadruples avec ventil. sont à 5/7 \$US.

Le **Bong Hong Hotel** (*12 Đ Quang Trung*) est vraiment épouvantable, et nous ne le recommandons pas. Ses chambres avec ventil./clim sont louées 10/18 \$US.

La façade du **Sao Mai Hotel** (☎ *831 035/834913, 38-40 Đ Phan Ngoc Hien*) est plus pimpante que son intérieur. Les chambres coûtent 8 \$US avec ventil. et de 15 à 22 \$US avec la clim., mais ne sentent pas très bon.

Les prestations sont meilleures au **Camau Hotel** (☎ *831165, fax 835075, 20 Đ Phan Ngoc Hien*). Il dispose de 2 chambres avec ventil. à 10 \$US. Les chambres avec clim. sont facturées de 15 à 28 \$US, petit déjeuner compris.

Le **Hai Chau Hotel** (☎ *831255, dans Đ Bay Thien*) est un petit hôtel privé. Il possède une chambre sans s.d.b. à 10 \$US. Celles avec s.d.b. valent entre 15 et 20 \$US.

Le **Phuong Nam Hotel** (☎ *831752, fax 834402, 91 Đ Phan Dinh Phung*) est un excellent établissement. Toutes les chambres ont la clim., une s.d.b. et l'eau chaude. Leur tarif varie de 17 à 30 \$US. A partir de 20 \$US, vous avez droit à la TV par satellite et au petit déjeuner.

Comme son nom l'indique, le **Supermarket Hotel** (*Khach San Sieu Thi*, ☎ *832 789, fax 836880*) est accolé à un grand supermarché. Il est entièrement climatisé ; les prix vont de 20 \$US pour une chambre simple avec eau froide à 30/45 \$US pour une double/triple.

Quelques hôtels très délabrés sont situés à proximité de la gare routière. Cherchez les enseignes *"nha tro"* ("dortoir" en vietnamien). Ce sont les endroits les moins chers de Camau, mais à ne retenir qu'en cas de dèche absolue.

Où se restaurer

Les crevettes sont la spécialité de Camau, la plupart provenant des élevages en bassins et des marais environnants.

Entre le Sao Mai Hotel et le Camau Hotel, le **Hong Ky Restaurant** (*28 Đ Phan Ngoc Hien*) est une adresse à retenir.

Plusieurs petits **restaurants** installés dans Đ Ly Bon, à l'entrée du marché, servent une nourriture correcte à petits prix.

Le sympathique restaurant en plein air du **Camau Trade Union Hotel** n'est pas mauvais, et son cadre est plus agréable que celui du marché. Vous pouvez aussi tenter votre chance dans les restaurants des hôtels Sao Mai, Camau et Phuong Nam.

Comment s'y rendre

Bus. Les bus de Ho Chi Minh-Ville à Camau partent de la gare routière Mien Tay, à An Lac. Le trajet dure 12 heures en bus ordinaire. Les express mettent 8 à 9 heures et partent au moins deux fois par jour.

La gare routière de Camau se situe à 2,5 km du centre, sur la RN 1 en direction de Ho Chi Minh-Ville. Il existe en ville un bureau de réservation des billets de bus express, dans Đ Nguyen Huu Le, à côté du Thanh Hung Cafe. Si vous achetez votre billet au moins 20 minutes avant le départ, on vous transportera gratuitement jusqu'à la gare routière.

Les billets coûtent 3,50 \$US, mais il se peut qu'on vous facture autant pour votre sac à dos s'il est volumineux. Des bus express partent tous les jours pour Ho Chi Minh-Ville à 5h, 6h30, 8h, 9h, 9h30, 10h et 10h30.

Voiture et moto. Située à l'extrême limite de la RN 1, c'est l'endroit le plus au sud du Vietnam que l'on puisse atteindre en bus ou en voiture. Les téméraires qui

Camau sauve l'ao dai

L'élégant costume traditionnel des femmes vietnamiennes se nomme *ao dai* (prononcez "ow-zai" dans le Nord et "ow-yai" dans le Sud). Cette longue tunique fendue sur les côtés se porte près du corps. Elle recouvre un pantalon large blanc ou noir. Conçue pour la chaleur, cette tenue est plus courante dans le sud du pays, particulièrement à Ho Chi Minh-Ville et dans le delta du Mékong. L'ao dai n'est pas adapté au travail dans les rizières. En revanche, les étudiantes et les employées de bureau le portent régulièrement.

Jadis costume traditionnel des hommes, ceux-ci ne le revêtent aujourd'hui qu'en de rares occasions (opéras et concerts) ; il est alors plus court et moins ajusté. A l'époque impériale, broderies et couleurs du brocart indiquaient le rang social de la personne. Le brocart doré et les dragons étaient réservés à l'empereur ; la couleur pourpre désignait les mandarins de haut rang ; le bleu, ceux d'un rang moins élevé.

L'ao dai se porte également pour les enterrements ; il est alors blanc ou noir (le blanc représente traditionnellement le deuil). Pour les mariages, les couleurs sont éclatantes, et la tunique ornée de broderies.

s'aventurent au-delà auront tôt fait de s'embourber dans les mangroves. Camau est à 178 km de Cantho (3 heures en voiture) et à 347 km de Ho Chi Minh-Ville (8 heures).

Bateau. Des bateaux assurent la liaison Camau-Ho Chi Minh-Ville, tous les quatre jours environ. La traversée dure 30 heures et n'est guère confortable.

Plus intéressant pour les voyageurs à petit budget, un bateau relie Camau à Rach Ghia en 12 heures (départ à 5h30).

Également fréquentés, les bateaux pour la forêt d'U-Minh partent de l'embarcadère A. Il vous faudra négocier sur place. Il peut être judicieux de demander aux hôtels d'organiser un circuit de groupe.

La jetée B sert d'embarcadère pour les vedettes à destination de Ngoc Hien, vers le Sud.

Comment circuler

De nombreux bateaux-taxis sont amarrés le long du canal, derrière le marché. Pour de plus longs trajets, recourez aux grandes embarcations qui partent d'un ensemble de jetées, près du marché. Vous pouvez vous joindre aux passagers qui descendent la rivière, ou louer le bateau entier pour environ 5 $US l'heure.

LES ENVIRONS DE CAMAU
Forêt d'U-Minh

La ville de Camau se niche au cœur de la forêt d'U-Minh, vaste mangrove de 1 000 km^2 s'étalant dans les provinces de Camau et de Kien Giang. Les habitants de la région utilisent certaines essences de la forêt pour obtenir du bois de construction, du charbon de bois, du chaume et du tanin. Ils recueillent également le miel et la cire des abeilles butinant les fleurs de palétuvier. La région foisonne littéralement de gibier d'eau. La forêt d'U-Minh est la plus grande mangrove du monde après le bassin amazonien. Pendant la guerre du Vietnam, c'était la cachette préférée des soldats vietcong, qui prenaient fréquemment en embuscade les bateaux de patrouille américains et posaient régulièrement des mines dans les canaux. Les Américains ont répliqué en pulvérisant des défoliants, et la forêt en a cruellement souffert.

Les premiers efforts de reboisement n'ont pas abouti, le sol contenant trop de produits toxiques. Les fortes chutes de pluie ont toutefois entraîné la dioxine vers la mer (où elle a sans aucun doute empoisonné les poissons), et les arbres ont fini par repousser. Beaucoup d'eucalyptus ont été replantés, car ils sont relativement résistants à la dioxine. Malheureusement, les villageois ont pris la relève de l'Agent orange, déboisant la mangrove pour y installer des élevages de crevettes et se fournir en charbon ainsi qu'en copeaux de bois. Le gouvernement est intervenu et a tenté de limiter ces activités, mais le conflit entre la nature et le développement économique se poursuit. Nul doute que cela va empirer, vu le rapide accroissement de la population vietnamienne.

La région est connue pour ses oiseaux, mais ceux-ci sont également victimes des mauvais traitements subis par l'environnement. Toutefois, les ornithologues prennent plaisir à visiter les environs de Camau en bateau. Sachez cependant que les oiseaux y sont nettement moins nombreux que les nuages de moustiques.

Camau Tourist propose des circuits d'une journée dans la forêt. Comptez 135 \$US par bateau (10 passagers au maximum), mais vous devez pouvoir négocier ou trouver moins cher en vous adressant directement à des particuliers à l'embarcadère.

Réserve ornithologique

A 45 km de Camau, la réserve ornithologique (Vuon Chim) abrite surtout des cigognes, encore que vous puissiez apercevoir d'autres volatiles plus petits qui nichent dans les grands arbres. N'oubliez pas que les oiseaux n'apprécient pas particulièrement les humains, et qu'ils quittent leur nid tôt le matin en quête de nourriture. Vos chances d'effectuer un "safari photo" restent assez minces.

Camau Tourist organise une excursion d'une journée en bateau. Comptez 120 \$US (pour 1 à 10 participants).

NAM CAN

Hormis son minuscule port de pêche (Tran De) et une île côtière (Hon Khoai), Nam Can a pour particularité d'être la ville la plus méridionale du Vietnam. Peu de touristes viennent jusqu'ici. Cette communauté isolée survit grâce à l'élevage des crevettes.

A la pointe méridionale du delta se trouve la réserve naturelle de Camau, parfois appelée réserve ornithologique de Ngoc Hien.

C'est l'une des régions les plus sauvages et les plus protégées du delta du Mékong, uniquement accessible par bateau. L'élevage de crevettes y est interdit.

Au sud de la réserve, vous découvrirez le minuscule village de pêcheurs de Tran De, qu'un ferry public relie à Nam Can. Si vous souhaitez à tout prix atteindre la pointe méridionale du Vietnam, il vous faudra prendre un bateau de Tran De à l'île de Hon Khoai (voir plus loin).

Dat Mui (cap Camau), à l'extrême sud-ouest du Vietnam, est un autre endroit isolé à visiter en bateau. Toutefois, peu de gens pensent que cela en vaut la peine.

Où se loger

A moins que n'ayez l'intention de camper, le seul hôtel de Nam Can, le *Nam Can Hotel* (☎ 877039), vous logera au tarif étranger (15/40 \$US).

Comment s'y rendre

La plupart des cartes du Vietnam indiquent une route reliant Camau à Nam Can. Il s'agit en réalité d'une piste boueuse et la plupart du temps inondée, encore que certains s'y soient risqués à moto. La meilleure façon de gagner Nam Can est d'emprunter une vedette à Camau. Comptez environ 4 heures de traversée, puis 4 heures supplémentaires jusqu'à Tran De.

ÎLE HON KHOAI

Située à 25 km de l'extrême-sud du Vietnam, cette île est véritablement le lieu le plus méridional. Contrairement au delta, désespérément plat et à l'agriculture intensive, l'île Hon Khoai est rocheuse, vallonnée et couverte d'arbres. Malheureusement, il s'agit d'une base militaire, et il vous faut un permis de visite. Pour l'obtenir, adressez-vous à la police de Camau, qui risque fort de vous refuser le laissez-passer et de vous suggérer de vous adresser à Camau Tourist. Cette agence s'occupera bien entendu des formalités moyennant finances.

En venant de Camau, il vous faudra d'abord vous rendre à Nam Can, où vous changerez de bateau pour Tran De. De là, vous prendrez un bateau de pêche pour l'île de Hon Khoai.

Le seul endroit où vous pourrez loger sur l'île n'est autre que la **pension militaire**.

LONG XUYEN

Capitale de la province d'An Giang, Long Xuyen compte environ 100 000 habitants. Ce fut un bastion de la secte Hoa Hao, fondée en 1939, qui préconise la sobriété du culte et s'insurge contre les temples ou tout autre intermédiaire entre les êtres humains et l'Être suprême. Jusqu'en 1956, les Hoa Hao eurent une armée qui joua un grand rôle dans la région. Le principal titre de gloire de Long Xuyen est d'être la ville natale du deuxième président du Vietnam, Ton Duc Thang.

Aujourd'hui, Long Xuyen est relativement prospère. Les touristes s'y arrêtent davantage pour changer leurs devises, passer la nuit ou le temps d'un repas que pour visiter les quelques sites alentour. Le marché, sur les berges du fleuve, est très animé ; on peut y louer un bateau pour environ 4 $US l'heure.

Un nouvel office du tourisme (Cong Ty Du Lich) est installé dans Đ Nguyen Van Cung, à côté du Long Xuyen Hotel. Les employés parlent un peu anglais et sont assez courtois mais, hormis vous remettre une photocopie du plan de la ville, ils ne vous seront pas d'une grande aide.

Église catholique

Cette belle église moderne possède un clocher de 50 m de haut. C'est l'une des plus grandes du delta. Construite entre 1966 et 1973 au milieu du triangle formé par Đ Tran Hung Dao, Đ Hung Vuong et Đ Nguyen Hue A, elle peut accueillir 1 000 fidèles. Elle ouvre ses portes de 4h à 20h (messes en semaine de 4h30 à 5h30 et de 18h à 19h, le dimanche de 5h à 6h30, de 15h30 à 17h et de 18h à 19h30).

Temple protestant

C'est dans cette petite structure moderne du 4 Đ Hung Vuong qu'a lieu le culte dominical, de 10h à 12h.

Musée An Giang

Ce petit musée somnolent cherche à promouvoir la province de An Giang. On peut y voir des photographies et des effets personnels de Ton Duc Thang, quelques objets de la cité d'Oc-Eo, près de Rach Gia (voir la rubrique *Les environs de Rach Gia*, plus loin dans ce chapitre), ainsi que des panneaux sur l'histoire de la région des années 30 à nos jours.

Le musée (Bao Tang An Giang) n'est ouvert que les mardi, jeudi et dimanche, et seulement de 8h à 10h ! En revanche, l'entrée est libre.

District de Cho Moi

Sur l'autre rive du fleuve, face à Long Xuyen, sont cultivés bananiers, durians, goyaviers, jacquiers, longaniers, manguiers, mangoustaniers et pruniers.

Les femmes qui vivent ici ont la réputation d'être les plus belles du delta.

Pour accéder au district de Cho Moi, prenez le bateau à l'embarcadère des ferries, au bas de Đ Nguyen Hue.

Où se loger

Si les bas prix sont votre principal critère, le *Phat Thanh Hotel* (☎ 841708, 2 Đ Ly Tu Trong) propose des chambres simples avec ventil. à 3/5 $US, et des doubles avec clim. à 9 $US. Tarifs et prestations identiques chez ses voisins, le *Thien Huong Hotel* (☎ 843152) et le *Binh Dan Hotel* (☎ 844 557), au n° 12.

Deux hôtels sympathiques à envisager : le *An Long Hotel* (☎ 843298, 281 Đ Tran Hung Dao) et le *Thuy Tien Hotel* (☎ 843 882), au 283 A, qui facturent tous les deux 5 $US pour une double avec ventil. et de 9 à 14 $US pour une double avec clim.

Le *Thai Binh Hotel II* (☎ 847078, 4-8 Đ Nguyen Hue A) est un établissement privé pratiquant des prix raisonnables : les chambres avec ventil. et eau froide coûtent 6 $US, et celles avec clim. et eau chaude de 10 à 15 $US.

Propriété de l'État, le *Thai Binh Hotel I* (☎ 841184, 12-14 Đ Nguyen Hue A) se délabre un peu. Il possède un vaste restaurant et un karaoke. Il loue ses chambres simples 5 \$US et ses doubles avec clim. de 10 à 12 \$US.

Le *Xuan Phuong Hotel* (☎ 841041, 68 Ð Nguyen Trai) est assez fonctionnel. Ses chambres doubles avec clim. et eau froide valent entre 15 et 20 \$US.

Autre établissement convenable, le *An Giang Hotel* (☎ 841297, 40 Ð Hai Ba Trung) dispose de simples/doubles avec ventil. à 9/13 \$US, et de doubles avec clim. à 14/17 \$US.

Le *Long Xuyen Hotel* (17 Ð Nguyen Van Cung) loue des chambres avec ventil. et s.d.b. pour 10 \$US, et de 13 à 20 \$US avec la clim. Vous pouvez même prendre une assurance sur la vie facultative pour 0,08 \$US par jour.

Au *Cuu Long Hotel* (☎ 841365, fax 843 176, 15 Ð Nguyen Van Cung), toutes les chambres ont la clim. et l'eau chaude. Celles avec TV (chaînes vietnamiennes uniquement) coûtent entre 22 et 30 \$US. Celles sans fenêtre sont à 20 \$US.

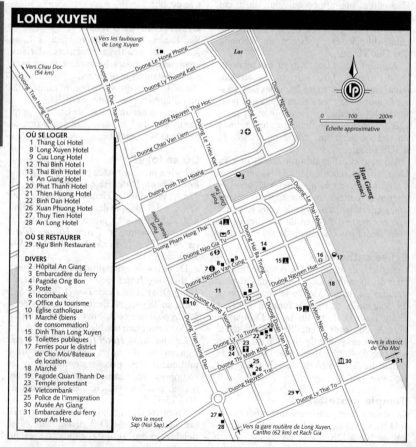

LONG XUYEN

DELTA DU MÉKONG

OÙ SE LOGER
1 Thang Loi Hotel
8 Long Xuyen Hotel
9 Cuu Long Hotel
12 Thai Binh Hotel I
13 Thai Binh Hotel II
14 An Giang Hotel
20 Phat Thanh Hotel
21 Thien Huong Hotel
22 Binh Dan Hotel
26 Xuan Phuong Hotel
27 Thuy Tien Hotel
28 An Long Hotel

OÙ SE RESTAURER
29 Ngu Binh Restaurant

DIVERS
2 Hôpital An Giang
3 Embarcadère du ferry
4 Pagode Ong Bon
5 Poste
6 Incombank
7 Office du tourisme
10 Église catholique
11 Marché (biens de consommation)
15 Dinh Than Long Xuyen
16 Toilettes publiques
17 Ferries pour le district de Cho Moi/Bateaux de location
18 Marché
19 Pagode Quan Thanh De
23 Temple protestant
24 Vietcombank
25 Police de l'immigration
30 Musée An Giang
31 Embarcadère du ferry pour An Hoa

Un peu excentré, le **Thang Loi Hotel** (☎ *852637, fax 852568, 1 Đ Le Hong Phong*) est un hôtel très vaste, doté d'un bon restaurant. Les doubles/triples avec ventil. coûtent 9/10 \$US, et les doubles avec clim. de 12 à 20 \$US.

Où se restaurer

Le meilleur restaurant de la ville est le **Ngu Binh** (☎ *842432, 328/4 Đ Hung Vuong*). Son propriétaire, M. Thach, était le chef cuisinier du Long Xuyen Hotel avant de prendre la direction de cet établissement. Il n'y a pas de carte en anglais (pour le moment), mais vous pouvez commander du *bo kho* (curry de bœuf), ou des *cha gio tom cua* (rouleaux de printemps aux crevettes et au crabe).

Le restaurant du **Kim Tinh Hotel** propose une excellente cuisine vietnamienne très bon marché. Le **Xuan Phuong Hotel** possède également un restaurant agréable, de même que les hôtels **An Giang**, **Cuu Long**, **Long Xuyen** et **Thai Binh**.

Comment s'y rendre

Bus. Les bus reliant Ho Chi Minh-Ville à Long Xuyen partent de la gare routière Mien Tay, à An Lac.

La gare routière de Long Xuyen (Ben Xe Long Xuyen ; ☎ 852125) se situe au sud de la ville, face au 96/3B Đ Tran Hung Dao. Des bus rejoignent Camau, Cantho, Chau Doc, Ha Tien, Ho Chi Minh-Ville et Rach Gia.

Voiture et moto. Long Xuyen se trouve à 62 km de Cantho, à 126 km de Mytho et à 189 km de Ho Chi Minh-Ville.

Bateau. Pour accéder au ferry de Long Xuyen depuis Đ Pham Hong Thai, traversez le pont Duy Tan puis tournez à droite. Des ferries de passagers se rendent à Cho Vam, Dong Tien, Hong Ngu, Kien Luong, Lai Vung, Rach Gia, Sa Dec et Tan Chau.

Un ferry dessert la province d'An Giang au départ de Ho Chi Minh-Ville. Renseignez-vous à l'embarcadère An Hoa, à Ho Chi Minh-Ville.

Comment circuler

Le meilleur moyen est d'emprunter un *xe dap loi* (petite charrette tirée par une bicyclette) ou un *xe Honda loi* (une charrette tirée par une moto).

Des ferries assurent la traversée de Long Xuyen au district de Cho Moi (sur l'autre rive du fleuve), au départ de l'embarcadère des ferries, près du marché (départs toutes les demi-heures de 4h à 18h30).

CHAU DOC

Chau Doc est une ville commerçante de 60 000 habitants, au bord du fleuve, non loin de la frontière cambodgienne. Autrefois célèbre pour ses courses de pirogues, elle compte dans sa population de nombreux Chinois, Cham et Khmers. Chacune de ces ethnies possède son temple, que vous ne manquerez pas de visiter.

Temple Chau Phu

Situé à l'angle de Đ Nguyen Van Thoai et de Đ Gia Long, le temple Chau Phu (Dinh Than Chau Phu) fut construit en 1926, en mémoire de Thoai Ngoc Hau (1761-1829), haut dignitaire de la dynastie des Nguyen, qui repose au mont Sam (voir la section *Les environs de Chau Doc*). Le bâtiment est orné de motifs vietnamiens et chinois.

A l'intérieur, de nombreuses épitaphes retracent les principaux événements de la vie des défunts auxquels elles sont consacrées.

Église de Chau Doc

Près de l'embarcadère des ferries de Phu Hiep, cette petite église catholique, face au 459 Đ Lien Tinh Lo 10, date de 1920 (messes en semaine à 5h et 17h ; le dimanche à 7h et 16h).

Mosquées

Dans le hameau du même nom, la mosquée de Chau Giang s'orne de dômes et d'arcades et rassemble la communauté musulmane cham de la région. Pour y accéder, empruntez un ferry à l'embarcadère de Chau Giang, au sud de Chau Doc et traversez le Bassac. Ensuite, parcourez 30 mètres dos au fleuve, puis tournez à gauche et mar-

DELTA DU MÉKONG

chez encore 50 mètres. Du même côté du fleuve, la mosquée Mubarak (Thanh Duong Hoi Giao) abrite une école coranique. Les visiteurs sont admis, mais, si vous n'êtes pas musulman, évitez d'y pénétrer pendant les appels à la prière (cinq fois par jour).

La région de Chau Doc compte d'autres petites mosquées accessibles par bateau ; vous aurez sans doute besoin des services d'un guide pour les découvrir toutes.

Maisons flottantes

Très courantes dans la région de Chau Doc, ces maisons flottent sur des bidons vides et sont tout à la fois un logis et un gagne-pain. Les habitants installent sous chaque maison de grandes nasses dans lesquelles ils élèvent des poissons. Ceux-ci restent dans leur milieu naturel et se nourrissent des restes de cuisine. La pêche à portée de la main, voilà le bonheur !

Vous pourrez mieux voir ces maisons flottantes en louant un bateau.

Où se loger

Notre adresse préférée est l'agréable *Thuan Loi Hotel* (☎ 866134, 18 Đ Tran Hung Dao), au bord du fleuve. Dans cet hôtel récent, les doubles avec ventil. coûtent 7 $US, et 12 ou 13 $US avec la clim. La terrasse du troisième étage est idéale pour observer la vie animée du fleuve.

La *Guesthouse 44* (☎ 866540, 44 Đ Doc Phu Thu) est une adresse connue de longue date des voyageurs à petit budget, mais elle commence à faire son âge. Ses chambres avec ventil. et s.d.b. (eau froide) valent entre 4 et 7 $US.

Encore moins chic, la *Cong Doan Guesthouse* (☎ 866477) est sale, bruyante et ne possède ni clim. ni s.d.b. privées, mais elle ne demande que 2 et 3 $US pour une simple et 4 $US pour une double.

Le *Thai Binh Hotel* (☎ 866221, 37 Đ Nguyen Van Thoai) est bon marché : les simples/doubles avec ventil. sont louées 4/7 $US. Une chambre pour 4 personnes, sans s.d.b. mais avec toilettes, est proposée à 11 $US.

L'*Hotel 92* (92 Đ Nguyen Van Thoai) a bonne allure et ne contient que 6 chambres, toutes avec s.d.b. et eau froide. Son unique chambre avec ventil. coûte 6 $US, et celles avec la clim. 12 $US.

Le *Chau Doc Hotel* (☎ 866484, 17 Đ Doc Phu Thu) est vaste et agréable. Comptez 4 $US pour une chambre avec ventil., 6/10 $US pour une chambre avec eau froide et ventil./clim, et 12 $US pour une triple avec clim.

Le *My Loc Hotel* (☎ 866167, 51B Đ Nguyen Van Thoai), très fréquenté, propose des doubles avec ventil. et s.d.b. à 7 $US, et des doubles avec clim., s.d.b. et eau froide à 10 $US. Une chambre à 4 lits coûte 17 $US. Le petit déjeuner est inclus dans le prix, mais pas le café.

Le *Thanh Tra Hotel* (☎ 866788, 77 Đ Thu Khoa Nghia) est souvent occupé par des groupes organisés. Les doubles avec ventil. et s.d.b. eau froide/eau chaude coûtent 7/10 $US, celles avec clim. et s.d.b. eau froide/eau chaude 10/20 $US.

Le *Victoria Chau Doc* (☎ 810111, fax 829259, 293C Tran Van Kheo Cai Khe), sur les rives du fleuve tout près de l'embarcadère du ferry de Chau Giang, est sans conteste l'hôtel le plus luxueux de la ville. Il vous en coûtera 75 $US pour une chambre et 100 $US pour une suite.

Où se restaurer

On peut manger une excellente cuisine vietnamienne à petits prix au *marché* de Chau Doc, qui s'étend le long de Đ Bach Dang.

Le *Lam Hung Ky Restaurant* (71 Đ Chi Lang) sert les meilleurs plats chinois et vietnamiens de la ville. Tout près, le *Hong Phat Restaurant* (79 Đ Chi Lang) prépare également une bonne cuisine chinoise et vietnamienne. Tous deux pratiquent des prix raisonnables.

Non loin de là, le *Truong Van Restaurant* et le *Thanh Restaurant* sont également à noter.

En face de la Guesthouse 44, le *My Quang Cafe* se distingue par son accueil agréable.

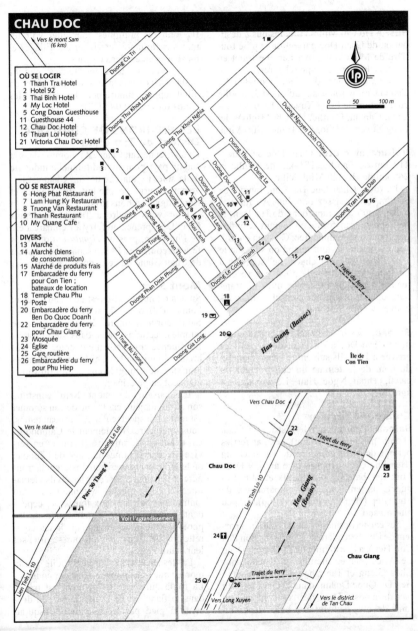

CHAU DOC

OÙ SE LOGER
1 Thanh Tra Hotel
2 Hotel 92
3 Thai Binh Hotel
4 My Loc Hotel
5 Cong Doan Guesthouse
11 Guesthouse 44
12 Chau Doc Hotel
16 Thuan Loi Hotel
21 Victoria Chau Doc Hotel

OÙ SE RESTAURER
6 Hong Phat Restaurant
7 Lam Hung Ky Restaurant
8 Truong Van Restaurant
9 Thanh Restaurant
10 My Quang Cafe

DIVERS
13 Marché
14 Marché (biens
   de consommation)
15 Marché de produits frais
17 Embarcadère du ferry
   pour Con Tien ;
   bateaux de location
18 Temple Chau Phu
19 Poste
20 Embarcadère du ferry
   Ben Do Quoc Doanh
22 Embarcadère du ferry
   pour Chau Giang
23 Mosquée
24 Église
25 Gare routière
26 Embarcadère du ferry
   pour Phu Hiep

Vers le mont Sam
(6 km)

Duong Cu Tri

Duong Thu Khoa Huan

Duong Thu Khoa Nghia

Duong Nguyen Dinh Chieu

Duong Thuong Dang Le

Duong Doc Phu Thu

Duong Bach Dang

Duong Chi Lang

Duong Phan Van Vang

Duong Nguyen Huu Canh

Duong Nguyen Van Thoai

Duong Quang Trung

Duong Phan Dinh Phung

Duong Tran Hung Dao

Duong Le Cong Thanh

Duong Gia Long

D Trang Nu Vuong

Vers le stade

Duong Le Loi

Parc 30 Thang 4

Lien Tinh Lo 10

Voir l'agrandissement

Hau Giang (Bassac)

Île de
Con Tien

0   50   100 m

Vers Chau Doc

Trajet du ferry

Chau Doc

Hau Giang (Bassac)

Trajet du ferry

Chau Giang

Lien Tinh Lo 10

Trajet du ferry

Vers Long Xuyen

Vers le district
de Tan Chau

DELTA DU MÉKONG

Comment s'y rendre

Bus. A Ho Chi Minh-Ville, les bus à destination de Chau Doc partent de la gare routière de Mien Tay, à An Lac. Le trajet en express dure en principe 6 heures.

La gare routière de Chau Doc (Ben Xe Chau Doc) se trouve au sud-ouest de la ville en direction de Long Xuyen. Des bus rejoignent Camau, Cantho, Ho Chi Minh-Ville, Long Xuyen, Mytho, Soc Trang et Tra Vinh.

Voiture et moto. Chau Doc se situe à 117 km de Cantho, 181 km de Mytho et 245 km de Ho Chi Minh-Ville.

La route Chau Doc-Ha Tien, longue de 90 km, est en assez bon état. Au fur et à mesure qu'on se rapproche de Ha Tien, le paysage se transforme en mangrove infertile et quasiment inhabitée. C'est un endroit peu rassurant, surtout quand on sait que le Cambodge et son chaos ne sont qu'à quelques kilomètres. Il n'est pas recommandé de s'y promener de nuit. Le trajet dure une demi-journée ; en chemin, vous pouvez visiter Ba Chuc.

Bateau. Des bateaux relient quotidiennement Chau Doc à Ha Tien (départ à 7h et arrivée à 17h). Ils suivent le canal Vinh Te, du nom de la femme du constructeur du canal, Thoai Ngoc Hau. Le voyage est agréable.

Comment circuler

Bateau. Pour gagner le district de Chau Giang (par le Hau Giang), les car-ferries partent de l'embarcadère de Chau Giang (Ben Pha Chau Giang), face au 419 Đ Le Loi ; des bateaux plus petits et plus fréquents partent, eux, de l'embarcadère de Phu Hiep (Ben Pha FB Phu Hiep), un peu plus au sud.

Les car-ferries pour l'île de Con Tien partent de l'embarcadère de Con Tien (Ben Pha Con Tien), à l'extrémité de Đ Thuong Dang Le. Vous pouvez prendre un bateau pour Chau Giang et Tan Chau à l'embarcadère Ben Do Quoc Doanh, dans Đ Gia Long, en face de la poste. Des bateaux privés (où l'on rame debout) peuvent être loués dans l'un

ou l'autre de ces lieux pour 5 $US l'heure. Ils sont très pratiques pour aller voir les maisons flottantes et visiter les villages et mosquées cham des environs.

Le prix de tous les ferries publics (0,04 $US) double la nuit. Il faut prendre un billet supplémentaire pour les vélos ou les motos (environ 0,08 $US).

LES ENVIRONS DE CHAU DOC
District de Tan Chau

Le district de Tan Chau est renommé dans le sud du pays pour sa traditionnelle industrie de la soie. Le marché de Tan Chau est largement fourni en produits thaïlandais et cambodgiens à bons prix.

Pour vous rendre à Tan Chau depuis Chau Doc, prenez un ferry à l'embarcadère de Phu Hiep, puis un *Honda om* qui vous fera parcourir les 18 km séparant le district de Chau Giang de celui de Tan Chau.

Mont Sam

Situé à 6 km au sud-ouest de Chau Doc, au bout de Đ Bao Ho Thoai, le mont Sam (Nui Sam) abrite nombre de pagodes et de temples, certains bâtis dans des grottes. L'influence Chinoise est évidente. De nombreux Chinois de Ho Chi Minh-Ville et des touristes de Hong Kong et de Taiwan y viennent en pèlerinage.

L'ascension du mont Sam constitue son attrait majeur, car la vue de son sommet est tout à fait spectaculaire. Par beau temps, vous apercevrez facilement le Cambodge. Un avant-poste militaire (toujours en service) occupe la cime, héritage de l'époque où les Khmers rouges franchissaient la frontière et venaient massacrer les civils vietnamiens. Les soldats vietnamiens sont maintenant habitués aux touristes ; cependant, demandez-leur la permission de les photographier, moyennant quelques cigarettes, et ne faites rien qui puisse offenser leur statut militaire.

La descente se révèle plus facile que la montée que vous pouvez effectuer en moto. La route qui mène au sommet est tracée dans le flanc est de la montagne ; la descente à pied par le flanc nord jusqu'au temple principal se fait donc tranquillement. Des dinosaures de céramique "ornent" la route. Heureusement, les quelques petits reliquaires et pavillons ajoutent un certain charme au lieu.

Pagode Tay An. Cette pagode (Chua Tay An) est célèbre pour la délicatesse de ses centaines de statuettes, pour la plupart en bois. Son architecture reflète en partie une influence hindoue ou islamique. Le premier bonze responsable de cette pagode, fondée en 1847, venait de la pagode de Giac Lam, à Ho Chi Minh-Ville. Tay An a été reconstruite en 1958.

Le portique est de style vietnamien traditionnel. Au-dessus du toit à deux niveaux, les statues représentent des lions et deux dragons se disputant des perles, des chrysanthèmes, des abricotiers et des fleurs de lotus.

Plus loin, vous verrez une statue de Quan Am Thi Kinh, gardienne de la Mère et de l'Enfant (voir l'encadré sur Quan Am Thi Kinh dans le chapitre *Ho Chi Minh-Ville*).

Devant la pagode, notez les représentations d'un éléphant noir à deux défenses et d'un éléphant blanc à six défenses. De nombreuses tombes de bonzes entourent l'édifice. A l'intérieur, on remarque des statues de Bouddha ornées de petites lampes disco assez kitsch.

Temple de la déesse Chua Xu. Fondé vers 1820, il fait face au mont Sam, près de la pagode Tay An. Le bâtiment d'origine était en bambou et en feuillage. La dernière reconstruction remonte à 1972.

Selon la légende, une statue de la déesse Chua Xu s'élevait au sommet du mont Sam quand, au début du XIXᵉ siècle, les troupes du Siam envahirent la région. Trouvant la statue à leur goût, les soldats décidèrent de l'emporter. Comme elle s'alourdissait, ils durent l'abandonner au bord du chemin. Des paysans la trouvèrent et décidèrent de la rapporter au village pour lui construire une temple. Hélas ! Impossible de la déplacer. Apparut alors une jeune fille possédée par un esprit, qui

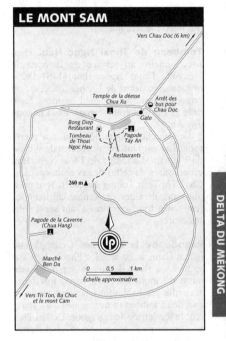

LE MONT SAM

déclara être la déesse Chua Xu. Elle leur dit que seules quarante vierges étaient autorisées à descendre la statue de la montagne ; ce qui fut fait. Une fois dans la plaine, la statue devint plus pesante, et les vierges la posèrent. Les paysans en conclurent que la déesse souhaitait un temple à cet emplacement et se mirent tout de suite à l'ouvrage.

Une autre légende raconte que l'épouse de Thoai Ngoc Hau, l'architecte du canal de Vinh Tre, avait juré d'ériger un temple à la fin des travaux, qui avaient coûté tant de vies. Elle mourut avant de pouvoir accomplir son vœu, mais son mari prit la relève et fit construire le temple de la déesse Chua Xu.

Il est fréquent que des porcs rôtis (entiers) soient apportés en offrande, ce qui permet d'intéressantes photographies. Une fois par an, du 23ᵉ au 26ᵉ jour du 4ᵉ mois lunaire, le temple se transforme en haut lieu de pèlerinage. Les fidèles affluent, dormant sur des matelas dans le dortoir à deux étages qui jouxte le temple.

Tombeau de Thoai Ngoc Hau Haut fonctionnaire au service de la dynastie Nguyen, Thoai Ngoc Hau (1761-1829) ordonna, au début de l'année 1829, qu'on érige son tombeau au pied du mont Sam, près de l'actuel emplacement de la pagode Tay An.

Les marches sont taillées dans une pierre rouge (*da ong*) insolite provenant du sud-est du Vietnam. La tombe de Thoai Ngoc Hau est entourée de celles de ses deux épouses, Chau Thi Te et Truong Thi Miet. Tout près, plusieurs dizaines de tombes abritent les restes des fonctionnaires ayant servi sous ses ordres.

Pagode de la caverne. Cette pagode (Chua Hang, aussi appelée Phuoc Dien Tu) se niche à flanc de coteau sur le versant ouest du mont Sam. Sa partie inférieure accueille les habitations des bonzes ainsi que deux tombeaux hexagonaux où reposent la fondatrice de la pagode, Le Thi Tho, une couturière, et un ancien chef bonze nommé Thich Hua Thien.

La partie supérieure est divisée en deux : le sanctuaire principal, contenant des statues d'A Di Da (Bouddha du Passé) et du Bouddha Thich Ca (Sakyamuni, le Bouddha historique), et la caverne, derrière le sanctuaire. Ne manquez pas de voir, au fond de la caverne, l'autel dédié à Quan The Am Bo Tat, déesse de la Miséricorde.

Le Thi Tho quitta la pagode Tay An voici une cinquantaine d'années pour se consacrer à la méditation. La légende veut qu'à son arrivée, elle trouva deux énormes serpents, l'un blanc, l'autre vert foncé. Le Thi Tho les convertit aussitôt, et les serpents menèrent alors une vie pieuse. Ils disparurent lorsqu'elle mourut.

BA CHUC

Tout proche de la frontière cambodgienne, le site de Ba Chuc a reçu l'appellation de "Pagode aux ossements", en souvenir des horreurs perpétrées par les Khmers rouges.

Entre 1975 et 1978, ils traversèrent régulièrement la frontière pour massacrer gratuitement des civils. Et que dire du million de Cambodgiens qu'ils ont exterminés ?

Du 12 au 30 avril 1978, les Khmers rouges massacrèrent 3 157 civils à Ba Chuc, dont beaucoup furent torturés à mort. Deux personnes seulement survécurent. Ces atrocités ont certainement été l'une des raisons qui ont motivé l'invasion du Cambodge par les Vietnamiens fin 1978.

Le temple et la pagode des "crânes" (qui abrite les crânes des malheureux) sont les deux principaux bâtiments de Ba Chuc. L'endroit n'est pas sans évoquer le camp d'extermination cambodgien de Choeung Ek, où sont exposés plusieurs milliers de crânes des victimes des Khmers rouges. A proximité de la pagode, le temple montre des photos atroces prises peu après le massacre. Le spectacle, à la fois fascinant et horrible, n'est pas destiné aux émotifs.

La route qui mène au site depuis Chau Doc est en piteux état et boueuse une grande partie de l'année. Jeep ou moto sont recommandées. Si le gouvernement reconnaît l'intérêt touristique du lieu, peut-être envisagera-t-il de remettre la route en état.

Pour arriver à Ba Chuc, suivez la route de terre qui relie Chau Doc à Ha Tien. Prenez ensuite la RN 3T sur 4 km.

RACH GIA

Cette dynamique cité portuaire du golfe de Siam est le chef-lieu de la province de Kien Giang. La ville compte 150 000 habitants, dont de nombreux Chinois et Khmers.

La pêche et l'agriculture ont procuré à Rach Gia une certaine prospérité. L'accès à la mer et la proximité du Cambodge et de la Thaïlande favorisent la contrebande. Autrefois, la région de Rach Gia était célèbre pour sa production de grandes plumes destinées à la confection des éventails de cérémonie à la cour impériale ; cette activité ne risque guère de renaître.

Pour la plupart des étrangers, Rach Gia n'est en fait qu'une ville-étape où ils s'arrêtent une nuit, avant de rejoindre l'île Phu Quoc.

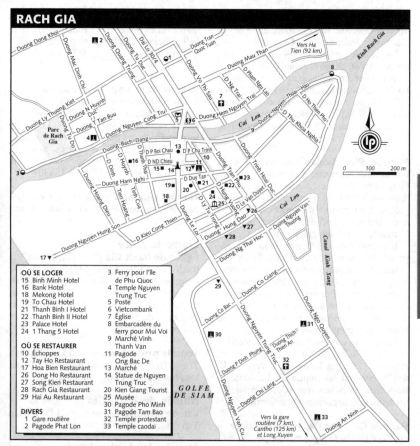

RACH GIA

OÙ SE LOGER
15 Binh Minh Hotel
16 Bank Hotel
18 Mekong Hotel
19 To Chau Hotel
21 Thanh Binh I Hotel
22 Thanh Binh II Hotel
23 Palace Hotel
24 1 Thang 5 Hotel

OÙ SE RESTAURER
10 Échoppes
12 Tay Ho Restaurant
17 Hoa Bien Restaurant
26 Dong Ho Restaurant
27 Song Kien Restaurant
28 Rach Gia Restaurant
29 Hai Au Restaurant

DIVERS
1 Gare routière
2 Pagode Phat Lon

3 Ferry pour l'île
de Phu Quoc
4 Temple Nguyen
Trung Truc
5 Poste
6 Vietcombank
7 Église
8 Embarcadère du
ferry pour Mui Voi
9 Marché Vinh
Thanh Van
11 Pagode
Ong Bac De
13 Marché
14 Statue de Nguyen
Trung Truc
20 Kien Giang Tourist
25 Musée
30 Pagode Pho Minh
31 Pagode Tam Bao
32 Temple protestant
33 Temple caodai

GOLFE DE SIAM

DELTA DU MÉKONG

Renseignements

Agences de voyages. En face du Thanh Binh I Hotel, Kien Giang Tourist (Cong Ty Du Lich Kien Giang ; ☎ 862081 ; fax 862 111), 12 Đ Ly Tu Trong, est l'organisme touristique officiel de la province.

Argent. Rach Gia est la dernière ville où l'on peut changer de l'argent avant Ha Tien ou l'île Phu Quoc. La Vietcombank (Ngan Hang Ngoai Thuong Viet Nam, ☎ 863427) fait l'angle de Đ 207 et de Đ Duy Tan.

Pagodes et temples

Temple Nguyen Trung Truc. Il est dédié à la mémoire de Nguyen Trung Truc, leader de la résistance vietnamienne contre les Français dans les années 1860. Un de ses nombreux exploits consista à diriger le groupe de patriotes qui incendia le bateau de guerre, *L'Espérance*. Ce n'est que huit ans plus tard, en recourant à un stratagème peu honorable, que les Français l'attrapèrent : ils prirent sa mère et d'autres civils en otage et menacèrent de les fusiller si Nguyen Trung

Truc ne se rendait pas. Le résistant se rendit et fut exécuté le 27 octobre 1868 sur la place du marché de Rach Gia.

Le temple originel, très simple, était surmonté d'un toit de chaume. Il a été agrandi au fil des années, et plusieurs fois reconstruit. La dernière reconstruction a eu lieu de 1964 à 1970. Un portrait du héros trône sur l'autel, au centre de la pièce principale.

Le temple, situé 18 Ð Nguyen Cong Tru, est ouvert de 7h à 18h.

Pagode Phat Lon. Cette vaste pagode bouddhique hinayana, dont le nom signifie Grand Bouddha, a été fondée il y a environ deux siècles par la communauté cambodgienne. La trentaine de bonzes qui y résident sont tous d'origine khmère, mais les Vietnamiens la fréquentent aussi.

L'intérieur du sanctuaire (*vihara*) comprend des statues de Bouddha Thich Ca, portant des chapeaux pointus de styles cambodgien et thaï. Huit petits autels bordent le grand vestibule. Les deux tours situées près de l'entrée servent à la crémation des corps des bonzes. De nombreuses tombes de bonzes entourent la pagode.

Les prières ont lieu tous les jours de 4h à 6h et de 17h à 19h. La pagode, située en retrait de Ð Quang Trung, est ouverte de 4h à 17h pendant les septième, huitième et neuvième mois lunaires (l'été), mais les visiteurs sont accueillis toute l'année.

Pagode Ong Bac De. Elle a été érigée au centre-ville, 14 Ð Nguyen Du, par la communauté chinoise de Rach Gia, voici environ un siècle. Une statue d'Ong Bac De, réincarnation de l'empereur de Jade, trône sur l'autel central. A gauche se dresse Ong Bon, gardien du bonheur et de la vertu, et à droite Quan Cong (Kuan Kung en chinois).

Pagode Pho Minh. A l'angle de Ð Co Bac et de Ð Nguyen Van Cu, cette petite pagode construite en 1967 est entretenue par deux bonzesses. Vous y verrez un grand Bouddha Thich Ca (Sakyamuni) de style thaï, offert en 1971 par une organisation bouddhiste thaïlandaise. Un peu plus loin se trouve un Bouddha Thich Ca de style vietnamien. Les bonzesses habitent derrière le hall principal. La pagode ouvre de 6h à 22h (prières tous les jours de 3h30 à 4h30 et de 18h30 à 19h30).

Pagode Tam Bao. Proche de l'angle de Ð Thich Thien An et Ð Tran Phu, elle a été fondée au début du XIXe siècle. Sa dernière reconstruction remonte à 1913. Le jardin surprend avec ses arbres taillés en forme de dragons, de biches et autres animaux (ouvert de 6h à 20h ; prières tous les jours de 4h30 à 5h30 et de 17h30 à 18h30).

Temple caodai. Ce petit temple, qui date de 1969, se trouve 189 Ð Nguyen Trung Truc.

Lieux de culte
Église de Rach Gia (Nha Tho Chanh Toa Rach Gia). Elle a été édifiée en brique rouge, en 1918, face au marché Vinh Thanh Van, sur la rive nord de la rivière (messes en semaine de 5h à 6h et de 17h à 18h, le dimanche de 5h à 6h, de 7h à 8h, de 16h à 17h et de 17h à 18h).

Temple protestant. Situé 133 Ð Nguyen Trung Truc, il fut construit en 1972 (culte tous les dimanches de 10h à 12h).

Musée de Rach Gia
Rénové récemment, il se situe 21 Ð Nguyen Van Troi.

Marché Vinh Thanh Van
Le principal marché de Rach Gia s'étend à l'est de Ð Tran Phu, le long de Ð Nguyen Thoai Hau, Ð Trinh Hoai Duc et Ð Thu Khoa Nghia.

Le marché des produits de luxe se trouve entre Ð Hoang Hoa Tham et Ð Pham Hong Thai.

Où se loger
L'hôtel le moins cher, le *Mekong Hotel* (☎ 863499, *131 Ð Nguyen Hung*), fait penser à une prison. Il ne fait payer ses "cellules" que 2,50 $US.

Le **Thanh Binh I Hotel** (☎ 863053, 11 Đ Ly Tu Trong) est correct, mais sans charme particulier. Les chambres avec ventil. sont proposées 6 $US. Chacune possède une baignoire-douche avec eau froide, mais les toilettes sont dans le couloir.

Un cran au-dessus, le **Thanh Binh Hotel II** (☎ 861921, 119 Đ Nguyen Hung Son) propose des chambres avec ventil. pour 4 et 5 $US. Celles dotées de la clim. sont louées entre 10 et 12 $US.

Toutes les chambres du **Binh Minh Hotel** (☎ 862154, 48 Đ Pham Hong Thai) ont une s.d.b. Celles avec ventil. ne coûtent que de 7 à 8 $US, celles avec clim. entre 9 et 10 $US.

Le **1 Thang 5 Hotel** (☎ 862103, 38 Đ Nguyen Hung Son) porte le nom du 1er mai, fête internationale du travail. A l'image des célébrations de cette fête, l'hôtel a beaucoup décliné et aurait besoin d'être rénové. Il est bon marché, avec des doubles climatisées de 8 à 13 $US.

Le **To Chau Hotel** (☎ 863718, 4F Đ Le Loi) ne contient que des chambres avec clim. et s.d.b. Avec eau froide, elles sont facturées de 6 à 8 $US, et de 9 à 20 $US avec eau chaude. Si vous voyagez avec une voiture de location, votre chauffeur sera heureux d'apprendre que l'hôtel possède un garage.

Le **Palace Hotel** (☎ 863049, 41 Đ Tran Phu) est un bon établissement. Paradoxalement, les chambres les moins chères, au dernier étage, sont les seules à disposer d'une terrasse. Comptez 8 $US pour une chambre avec ventil. et de 15 à 24 $US pour une chambre avec s.d.b. et clim.

Autre hôtel haut de gamme, le **Bank Hotel** (Nha Khach Ngan Hang, ☎ 862214, fax 869877, 7 Đ Huynh Tinh Cua) propose des chambres avec clim. et eau froide à 17 $US et de 23 à 29 $US avec eau chaude.

Où se restaurer
Rach Gia est réputée pour les fruits de mer, les blancs de seiche, le *ca thieu* (tranches de poisson séché), le nuoc mam (saumure de poisson) et le poivre noir.

Pour déguster du cerf, de la tortue, du cobra, de l'anguille, des grenouilles ou de la seiche (ainsi que des plats plus habituels), allez au **Hoa Bien Restaurant**, au bord de l'eau, à l'extrémité ouest de Đ Nguyen Hung Son. Il n'y a pas de plage de sable, mais le restaurant met des transats à la disposition des clients pour admirer la vue.

Le **Tay Ho Restaurant** (16 Đ Nguyen Du) sert une bonne cuisine chinoise et vietnamienne. Le **Dong Ho Restaurant** (124 Đ Tran Phu) propose des plats chinois, vietnamiens et occidentaux.

Vous pouvez encore essayer le **Rach Gia Restaurant**, près de la rivière Con Lai, au croisement de Đ Ly Tu Trong et de Đ Tran Hung Đao, et le **Song Kien Restaurant**, à un pâté de maisons à l'intersection de Đ Tran Hung Đao et Đ Hung Vuong. Le **Hai Au Restaurant** est à l'angle de Đ Nguyen Trung Truc et de Đ Nguyen Van Cu.

Vous trouverez de bons petits plats pour une somme modique dans les *échoppes* situées le long de Đ Hung Vuong, entre Đ Bach Dang et Đ Le Hong Phong.

Les hôtels **Binh Minh**, **To Chau** et **1 Thang 5** possèdent tous trois un restaurant.

Comment s'y rendre
Avion. Vietnam Airlines assure un vol deux fois par semaine entre Ho Chi Minh-Ville et Rach Gia.

Bus. Les bus reliant Ho Chi Minh-Ville et Rach Gia partent de la gare routière Mien Tay à An Lac. Le trajet en bus express dure de 6 à 7 heures.

La gare routière principale de Rach Gia (Ben Xe Rach Soi) est 78 Đ Nguyen Trung Truc, à 7 km au sud de la ville en direction de Long Xuyen et Cantho. Des bus desservent depuis Rach Gia les villes de Cantho, Dong Thap, Ha Tien, Long Xuyen et Ho Chi Minh-Ville.

Des bus express partent tous les jours pour Cantho, Ha Tien et Ho Chi Minh-Ville depuis un second terminus (Ben Xe Ha Tien), situé plus près de la ville, 33 ĐL 30/4.

Voiture et moto. Rach Gia est à 92 km de Ha Tien, 125 km de Cantho et 248 km de Ho Chi Minh-Ville.

DELTA DU MÉKONG

Bateau. Les ferries à destination de l'île de Phu Quoc quittent le quai situé au parc de Rach Gia, à l'extrémité ouest de Đ Nguyen Cong Tru (voir plus loin la rubrique *Île de Phu Quoc*).

L'embarcadère de Mui Voi (*mui* signifie nez et *voi* éléphant, ce qui évoque la forme de l'île) est à l'extrémité nord-est de Đ Nguyen Thoai Hau. Les bateaux en partent tous les jours pour Camau (5h30), Chau Doc (17h30), Long Xuyen (12h30) et Tan Chau (16h30).

LES ENVIRONS DE RACH GIA
Cité antique d'Oc-Eo

Entre le Ier et le VIe siècle, Oc-Eo était une grande ville vouée au commerce. La région faisait alors partie de l'empire hindouisé de Founan, de même que le Sud du Vietnam, une grande partie du Cambodge et la péninsule malaise. Le peu que nous savons de cet empire, qui connut son apogée au Ve siècle, vient de sources chinoises contemporaines et des fouilles archéologiques effectuées à Oc-Eo. Celles-ci ont montré que la ville entretenait d'étroits contacts avec la Thaïlande, la Malaisie, l'Indonésie, la Perse et même l'Empire romain.

Oc-Eo avait développé un système très élaboré de canaux, à la fois pour l'irrigation et les transports, amenant les voyageurs chinois de l'époque à écrire qu'ils avaient traversé le Founan à la voile pour se rendre en Malaisie. La plupart des maisons étaient construites sur pilotis, et les rares fragments que l'on a pu retrouver révèlent le grand raffinement de cette civilisation. Des objets récupérés sur le site sont exposés au musée d'Histoire et au musée des Beaux-Arts de Ho Chi Minh-Ville, ainsi qu'au musée d'Histoire de Hanoi.

Il n'y a, en fait, pas grand-chose à voir sur le site. Les vestiges d'Oc-Eo s'étendent sur une colline, à 11 km à l'intérieur des terres, tout près du village de Vong The. On peut y accéder en jeep depuis le village de Hue Duc, à 8 km environ. Il vaut mieux visiter Oc-Eo pendant la saison sèche. Vous aurez peut-être besoin d'un laissez-passer. Pour de plus amples détails, consultez Kien Giang Tourist.

HA TIEN

Ha Tien (80 000 habitants) donne sur le golfe de Siam, à 8 km de la frontière cambodgienne. La région est réputée pour ses plages de sable blanc et ses villages de pêcheurs, mais aussi pour ses fruits de mer et son poivre noir. La beauté des roches calcaires en forme de tours rend le paysage absolument unique, sans comparaison avec le reste du delta. Les rochers sont creusés d'un véritable réseau de grottes, dont certaines abritent des temples. Les plantations de poivriers se déploient sur des collines peu pentues. Par beau temps, l'île Phu Quoc est visible depuis la côte.

Ha Tien a fait partie du Cambodge jusqu'en 1708, date à laquelle le gouverneur khmer Mac Cuu – un immigrant chinois – fit appel aux Vietnamiens pour contrer les attaques répétées des Thaï, alors appelés Siamois. C'est grâce à la protection des seigneurs Nguyen qu'il conserva le pouvoir. Son fils Mac Thien Tu lui succéda. Au cours du XVIIIe siècle, les Siamois effectuèrent plusieurs raids meurtriers sur la région. Rach Gia et la pointe méridionale du delta du Mékong tombèrent officiellement sous la coupe des Nguyen en 1798.

Sous le régime Khmer rouge, les soldats se sont livrés à des incursions particulièrement violentes sur cette portion du territoire vietnamien, massacrant des milliers de civils. Tous les habitants de Ha Tien et des environs, soit une dizaine de milliers de personnes, durent s'enfuir. C'est depuis

Attention

Ha Tien est sûre de jour comme de nuit, mais les zones rurales au nord-ouest de la ville, le long de la frontière cambodgienne, sont considérées comme dangereuses la nuit, surtout la plage de Mui Nai. Il est arrivé que des bandits khmers traversent la frontière pour commettre des cambriolages ou prendre des otages, afin de les rançonner.

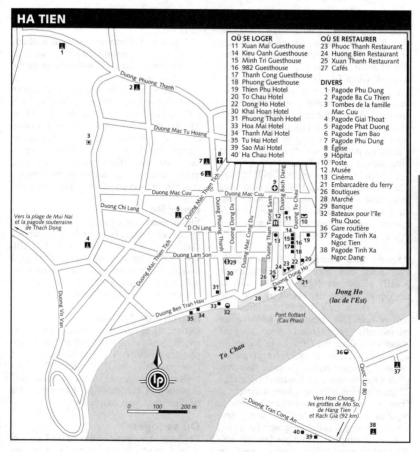

HA TIEN

OÙ SE LOGER
11 Xuan Mai Guesthouse
14 Kieu Oanh Guesthouse
15 Minh Tri Guesthouse
16 982 Guesthouse
17 Thanh Cong Guesthouse
18 Phuong Guesthouse
19 Thien Phu Hotel
20 To Chau Hotel
22 Dong Ho Hotel
30 Khai Hoan Hotel
31 Phuong Thanh Hotel
33 Hoa Mai Hotel
34 Thanh Mai Hotel
35 Tu Hai Hotel
39 Sao Mai Hotel
40 Ha Chau Hotel

OÙ SE RESTAURER
23 Phuoc Thanh Restaurant
24 Huong Bien Restaurant
25 Xuan Thanh Restaurant
27 Cafés

DIVERS
1 Pagode Phu Dung
2 Pagode Ba Cu Thien
3 Tombes de la famille
   Mac Cuu
4 Pagode Giai Thoat
5 Pagode Phat Duong
6 Pagode Tam Bao
7 Pagode Phu Dung
8 Église
9 Hôpital
10 Poste
12 Musée
13 Cinéma
21 Embarcadère du ferry
26 Boutiques
28 Marché
29 Banque
32 Bateaux pour l'île
   Phu Quoc
36 Gare routière
37 Pagode Tinh Xa
   Ngoc Tien
38 Pagode Tinh Xa
   Ngoc Dang

DELTA DU MÉKONG

cette période que les zones situées au nord de Ha Tien (le long de la frontière cambodgienne) sont semées de mines et de pièges actifs qu'il faudra enlever.

Pagodes et tombes
Tombes de la famille de Mac Cuu (Lang Mac Cuu).
Elles occupent un promontoire, non loin de la ville, appelé ici Nui Lang, la colline aux Tombes. Des dizaines de membres de la famille Mac Cuu tiennent compagnie à cet ancien seigneur de la

région. Dans la plus pure tradition chinoise, leurs tombeaux sont richement ornés de dragons, de phénix, de lions et de gardiens.

Le plus important, où figurent Thanh Long (le Dragon vert) et Bach Ho (le Tigre blanc), abrite Mac Cuu lui-même. L'empereur Gia Long en ordonna la construction en 1809.

La tombe de sa première épouse est entourée de dragons et de phénix. Au pied de la corniche s'élève un monument funéraire à la gloire de la dynastie Mac.

Pagode Tam Bao. Cette pagode, également connue sous le nom de Sac Tu Tam Bao Tu, a été fondée par le gouverneur Mac Cuu en 1730. Plusieurs bonzesses y résident actuellement. A l'entrée de la pagode, une statue de Quan The Am Bo Tat, déesse de la Miséricorde, se dresse sur une fleur de lotus au milieu d'une fontaine. Le sanctuaire abrite une magnifique statue en bronze peint d'A Di Da, Bouddha du Passé. Des tombes d'anciens bonzes entourent la pagode. A proximité s'élève un pan de l'ancienne muraille de la ville, élevée au XVIIIᵉ siècle.

La pagode Tam Bao se situe 328 Đ Phuong Thang et ouvre de 7h à 19h (prières tous les jours de 8h à 9h et de 14h à 15h). Du 15ᵉ jour du 4ᵉ mois lunaire au 15ᵉ jour du 7ᵉ mois lunaire – plus ou moins de mai à août –, les prières ont lieu six fois par jour.

Pagode Phu Dung. Également appelée Phu Cu Am Tu, elle a été fondée au milieu du XVIIIᵉ siècle par Nguyen Thi Xuan, la deuxième femme de Mac Cuu. Un seul bonze y réside de nos jours. Au milieu du hall principal se dresse une statue assez inhabituelle représentant neuf dragons entourant le Bouddha Thich Ca (Sakyamuni) à sa naissance. Remarquez sur la grande estrade, protégée par une cloche de verre, l'intéressante statue en bronze de Bouddha Thich Ca, rapportée de Chine. Derrière, à flanc de coteau, apparaissent les tombes de Nguyen Thi Xuan et de l'une de ses servantes, ainsi que celles de quatre bonzes.

Le petit temple (Dien Ngoc Hoang) derrière le hall principal est dédié à l'empereur de Jade taoïste. A l'intérieur se trouve Ngoc Hoang, entouré de Nam Tao, dieu de l'É-toile polaire du sud et de la Félicité (à droite) et de Bac Dao, dieu de l'Étoile polaire du nord et de la longévité (à gauche). Ces statues sont faites de papier mâché moulé sur une structure en bambou.

Pour y accéder, quittez Đ Phuong Thanh à hauteur du n°374 (ouverture de 6h à 22h ; prières de 4h à 5h et de 19h à 20h).

Pagode souterraine Thach Dong. Également connue sous le nom de Chua Thanh Van, cette pagode bouddhique est à 3,5 km de la ville.

A gauche de l'entrée, la stèle de la Haine (Bia Cam Thu) commémore le massacre de 130 personnes par les Khmers rouges de Pol Pot, le 14 mars 1979.

Plusieurs salles de la grotte contiennent des tablettes funéraires et des autels dédiés à Ngoc Hoang (l'empereur de Jade), Quan The Am Bo Tat (la déesse de la Miséricorde) et aux deux bonzes fondateurs de la pagode. Le vent crée des sons extraordinaires en passant dans les anfractuosités de la grotte. Vous apercevrez le Cambodge en plusieurs endroits, là où la grotte ouvre sur l'extérieur.

Dong Ho

Mot à mot *dong* signifie l'est et *ho* lac, et pourtant le Dong Ho est un bras de mer. Ce "lac" se situe à l'est de Ha Tien. Des collines granitiques le bordent à l'est et à l'ouest. Il serait, dit-on, d'une beauté toute spéciale les jours de pleine lune, au point que les fées viendraient danser à sa surface.

Marché de Ha Tien

Cet excellent marché s'étend le long de la rivière. Nous vous le conseillons, car la plupart des produits qu'on y vend viennent (en contrebande ?) de Thaïlande et du Cambodge, et les prix sont inférieurs à ceux pratiqués à Ho Chi Minh-Ville. La contrebande de cigarettes marche très fort.

Où se loger

Les hôtels pour petit budget de Ha Tien sont d'un confort très sommaire. Les pensions demandent environ 0,50 $US pour un "lit", et 2 $US pour une chambre "privée" (ce qui signifie que vous pourrez tirer un rideau entre vous et votre voisin). Citons par exemple la *Phuong Guesthouse*, la *Thanh Cong Guesthouse* et la *982 Guesthouse*, toutes dans Đ To Chau.

La *Xuan Mai Guesthouse* (☎ 852470, 1035 Đ Bach Dang) fait payer 0,80 $US pour un lit en dortoir, ou 4 $US pour une chambre-placard privée (avec ventil.).

La *Minh Tri Guesthouse* (☎ 852724, 982B Đ To Chau) est une solution un peu meilleure. Ses chambres valent de 4 à 6 $US (le prix double si vous voulez qu'on vous branche la clim.). La **Kieu Oanh Guesthouse** (☎ 852748), à côté au n°982A, pratique les mêmes tarifs pour les mêmes prestations.

Un peu plus haut de gamme, le **Thien Phu Hotel** (☎ 851144, 684 Đ Chi Lang) est un hôtel récent et propre. Les chambres avec ventil. sont facturées de 4 à 7 $US, et 12 $US pour une chambre à 3 lits pour 2 personnes.

Près du fleuve, dans Đ Ben Tran Hau, deux nouveaux établissements, le **Thanh Mai Hotel** et le **Tu Hai Hotel**, semblent convenables, mais ils sont parfois assaillis par l'odeur puissante des crevettes qui sèchent non loin de là. Ils demandent tous deux environ 5/10 $US pour une chambre avec ventil./clim.

Le **To Chau Hotel** (☎ 852148, Đ To Chau) appartient à l'État. Il a été récemment restauré et a désormais bonne allure. Les chambres avec ventil. sont à 5,50 $US ; les chambres doubles/triples avec clim. sont à 11/13 $US.

Le **Dong Ho Hotel** (☎ 852141) est une autre adresse correcte. Ses chambres avec ventil. sont proposées entre 4 et 6 $US, et la clim. est disponible pour 10 $US.

Le **Phuong Thanh Hotel** (☎ 852152) dispose de 11 chambres défraîchies avec ventil. à 3 $US. Les toilettes sont à l'extérieur.

Le **Khai Hoan Hotel** (☎ 852254, 239 Đ Phuong Thanh) est un établissement de qualité, où les chambres avec ventil. sont à 6 $US, et de 10 à 12 $US avec clim.

Situé au sud du pont flottant, dans Đ Tran Cong An, le **Sao Mai Hotel** (☎ 852740) est très joli. Il propose des chambres simples/doubles avec ventil. pour 6/8 $US. Pour la clim., comptez de 9 à 15 $US.

Juste à côté, un nouvel hôtel agréable, le **Ha Chau Hotel** (☎ 852670) dispose de chambres avec ventil./clim. à 5/10 $US.

Où se restaurer

La spécialité de Ha Tien est une variété de noix de coco sans lait qui ne pousse qu'au Cambodge et dans cette région du Vietnam. Tous les restaurants de la région vous serviront sa délicieuse chair dans un verre avec de la glace et du sucre. Les Cambodgiens ont longtemps prétendu que tout endroit où poussait ce fruit était territoire cambodgien, ce qui fut l'un des prétextes aux raids des Khmers rouges dans cette partie du Vietnam.

L'une des meilleures adresses de Ha Tien est l'agréable **Phuoc Thanh Restaurant** (☎ 852341), dans Đ Dong Ho, près du pont flottant. Essayez en particulier le calmar farci au bœuf. Il dispose également de 3 chambres, qu'il loue 0,60 $US pour un lit en dortoir et 2,50 $US pour une chambre privée avec ventil. Le **Huong Bien Restaurant**, juste à côté, n'est pas mal non plus.

Le **Xuan Thanh Restaurant**, en face du marché, à l'angle de Đ Ben Tran Hau et de Đ Tham Tuong Sanh, sert une cuisine excellente dans le cadre le plus salubre de la ville.

Comment s'y rendre

Bus. A Ho Chi Minh-Ville, les bus à destination de Ha Tien partent de la gare routière Mien Tay, à An Lac. Le trajet dure de 9 à 10 heures.

La gare routière de Ha Tien (Ben Xe Ha Tien) se trouve de l'autre côté du pont flottant en venant du centre-ville. Des bus desservent la province d'An Giang, Cantho (départs à 5h50 et 9h10), la province de Vinh Long, Ho Chi Minh-Ville (à 2h) et Rach Gia (5 fois par jour). Le trajet de Rach Gia à Ha Tien demande environ 5 heures.

Voiture et moto. Ha Tien se situe à 92 km de Rach Gia, 95 km de Chau Doc, 206 km de Cantho et 338 km de Ho Chi Minh-Ville.

Bateau. L'embarcadère se trouve non loin du To Chau Hotel, près du pont flottant. Des ferries quotidiens partent pour Chau Doc (environ 3 heures de voyage) à 6h. Vous pouvez venir en bateau depuis Ho Chi Minh-Ville en changeant à Chau Doc, mais le trajet n'en finit pas, et les bateaux n'ont rien de luxueux.

LES ENVIRONS DE HA TIEN
Plages
Les plages de cette région du Vietnam bordent le golfe de Siam. L'eau, incroyablement chaude et calme, est parfaite pour les nageurs et les plongeurs, mais sans espoir pour les surfeurs.

Mui Nai (péninsule de la Tête du cerf) se trouve à 4 km à l'ouest d'Ha Tien. On dit qu'elle ressemble à un cerf qui brame. Au sommet se dresse un phare. Les deux côtés de la péninsule sont bordés de sable fin. Des routes rejoignent Mui Nai depuis Ha Tien et depuis la pagode souterraine de Thach Dong.

La plage de No (Bai No), ourlée de cocotiers, vous attend à quelques kilomètres à l'ouest d'Ha Tien, non loin d'un village de pêcheurs. La plage des Bang (Bai Bang) consiste en une longue bande de sable noir ombragée d'arbres nommés *bang*.

Grotte Mo So
Elle se cache à 17 km de Ha Tien en direction de Rach Gia, à quelque 3 km de la route. Les trois salles de cette cavité sont reliées par un véritable labyrinthe souterrain. On peut y accéder à pied pendant la saison sèche et en canot à la saison des pluies.

Il est conseillé aux visiteurs de se munir d'une lampe-torche et d'être accompagnés par un guide local.

Grotte Hang Tien
Cette grotte historique servit de cachette à Nguyen Anh, le futur empereur Gia Long, en 1784, alors qu'il était poursuivi par les rebelles Tay Son. Ses soldats y découvrirent une cachette de pièces en zinc, d'où le nom donné à la grotte qui signifie "grotte aux Pièces". Située à 25 km d'Ha Tien, en direction de Rach Gia, elle est également accessible par bateau.

Île Hon Giang
A environ 15 km de Ha Tien, l'île Hon Giang possède une superbe plage isolée. Des petits bateaux vous y conduiront. De nombreuses petites îles parsèment la côte entre Rach Gia et la frontière cambodgienne.

Certains insulaires vivent du ramassage sur les falaises des précieux nids de *salanganes*, qui constituent l'ingrédient de la fameuse soupe chinoise aux "nids d'hirondelle".

HON CHONG
Également appelée Binh An, cette petite station balnéaire isolée bénéficie du plus beau littoral du delta. C'est une bourgade paisible – la plus grande partie de l'année –, peu visitée par les étrangers et qui mérite qu'on vienne y décompresser quelques jours.

Les principaux sites à découvrir sont la grotte de Chua Hang, la plage des Duong et l'île Nghe.

Nous sommes loin des 3 000 îles et grottes de la fantastique baie d'Along, mais les formations rocheuses sont très photogéniques. Si l'on excepte trois hideuses et énormes cimenteries crachant leur fumée sur la route de Ha Tien, le trajet par la côte permet d'admirer de beaux paysages.

Grotte de Chua Hang
Le temple bouddhique Hai Son Tu (temple de la Mer et de la Montagne), construit à flanc de colline, commande l'entrée de la grotte. Les visiteurs prient et brûlent des bâtons d'encens avant de passer derrière l'autel pour pénétrer dans la grotte, où se dresse une statue en plâtre de Quan The Am Bo Tat (la déesse de la Miséricorde).

De grosses stalactites creuses tintent comme des cloches si l'on tape dessus.

Plage des Duong
Cette plage (Bai Duong) s'étend au nord de la grotte de Chua Hang. Elle porte le nom des pins à longues aiguilles (*duong*) qui la bordent. Si la partie sud est très fréquentée des touristes vietnamiens (et leur karaoke chéri), les 3 km de plage sont beaux et paisibles.

Ne vous attendez pas à un sable fin et immaculé. Les eaux alentour charrient de lourds sédiments et, récemment, de la poussière de ciment. Le sol a tendance à se tasser et à se gorger de boue. Toutefois, l'eau est relativement claire. C'est d'ailleurs la seule plage au sud de Ho Chi Minh-Ville, hormis celles de l'île Phu Quoc, qui vous invite vraiment à la baignade. En outre, ses couchers de soleil sont extraordinaires.

De l'extrémité sud de la plage, très animée, près de la grotte de Chua Hang, vous apercevrez l'île du Père et du Fils (Hon Phu Tu) à quelques centaines de mètres au large. Par sa forme, on dit qu'elle évoque l'étreinte d'un père et de son fils. Cette colonne de pierre est juchée sur un "socle" érodé par les vagues, presque entièrement découvert à marée basse. Pour aller la voir de plus près, on peut louer un bateau à rames sur la rive.

Île Nghe

L'île Nghe est la plus belle de la région et lieu d'un pèlerinage bouddhique très couru. Près de la grande statue de Quan The Am Bo Tat (la déesse de la Miséricorde) qui regarde la mer, vous découvrirez un temple troglodytique (Chua Hang). Le lieu s'appelle Doc Lau Chuong.

Vous n'aurez guère de difficultés à dénicher un bateau pour aller sur l'île : à plusieurs, ce sera plus économique. Renseignez-vous dans les hôtels. Comptez environ 40 \$US pour la journée entière ; le bateau peut accueillir 10 personnes et la traversée dure 1 à 2 heures. On peut aussi louer une vedette au *Doi Xanh Restaurant*, au bord de l'eau, à 4,5 km de la grotte de Chua Hang sur la route de Ha Tien. Le propriétaire demande 50/100 \$US pour 1/2 journée/1 journée de cabotage. Son bateau a une capacité de 20 personnes.

A l'heure où nous rédigeons ce guide, les étrangers ne sont pas autorisés à séjourner dans l'île.

Où se loger

Attention ! les quelques hôtels de Hon Chong sont pris d'assaut lors des pèlerinages bouddhiques au cours de la quinzaine précédant la fête du Têt au mois suivant, ainsi qu'en mars et en avril.

Le premier établissement que vous apercevrez en arrivant à Hon Chong est la *Green House Guesthouse* (☎ 854369), une pension familiale toute neuve, perchée sur un tertre dominant la plage de Duong. Les jolies chambres, propres et avec la clim.,

sont louées 16 \$US, et vous pouvez vous faire servir des repas.

Allez voir aussi la *Hon Trem Guesthouse* (☎ *854331, fax 862111*), près du virage, environ 1 km avant la barrière de la plage. Cet établissement d'État dispose de chambres avec clim. dans un grand bungalow à 12 \$US, ou dans le bâtiment principal à 13 \$US. Le personnel prépare des repas sur demande, et le directeur parle anglais.

Le *Phuong Thao Hotel* (☎ *854357*), 200 m après la Green House, propose des chambres de style bungalow avec ventil./clim. pour 6/12 \$US.

Près de l'entrée de la grotte de Chua Hang, la *Huong Bien Guesthouse* fait payer 4/9 \$US pour des simples/doubles avec ventil. La sommaire *An Thuan Guesthouse* (☎ *854542*), non loin de là, est une solution économique : 4 \$US pour une double avec ventil. Ces deux pensions ne font marcher leur générateur que de 18h à 22h.

Le *Binh An Hotel* (☎ *854332, fax 854 338*), à 1 km en direction de la grotte de Chua Hang sur la même route que le Phuong Thao, est agréable et calme. Jardins et bâtiments sont entourés d'une enceinte, et toutes les chambres ont une s.d.b. Celles de l'ancienne aile sont un peu délabrées, mais bon marché (de 6 à 8 \$US) ; celles de la nouvelle aile, plus luxueuses, coûtent 16 \$US.

Où se restaurer

A part les plats préparés dans votre hôtel, les échoppes situées près de l'entrée de la grotte de Chua Hang vendent des poulets vivants. Après choix et paiement, il sera tué et rôti sous vos yeux.

Ne manquez pas de goûter les délicieuses noix de coco de Ha Tien.

Comment s'y rendre

La grotte de Chua Hong et la plage des Duong se trouvent à 32 km de Ha Tien, en direction de Rach Gia. L'embranchement de la route d'accès se situe sur la nationale, à Ba Hon, petite bourgade à l'ouest de la cimenterie de Kien Luong. Les bus peuvent vous déposer à Ba Hon, où vous louerez une moto.

On peut aussi venir à Hon Chong en bus direct depuis Rach Gia. Le trajet dure 4 heures et coûte 1 $US. Le départ de Rach Gia est à 10h depuis la gare routière de Ben Xe Ha Tien, dans Đ 30/4. Le bus repart de Hon Chong (devant la Huong Bien Guesthouse) pour Rach Gia à 4h.

ÎLE PHU QUOC

Montagneuse et verdoyante, l'île Phu Quoc (65 000 habitants) se niche au creux du golfe de Siam, à 45 km à l'ouest de Ha Tien et à 15 km au sud du littoral cambodgien. Elle fait partie de la province de Kien Giang. Sa forme évoque celle d'une larme de 48 km de long. Sa superficie atteint 1 320 km². Elle abrite certaines des plus fabuleuses plages du Vietnam, et ses eaux bleu-vert fourmillent d'une fantastique faune sous-marine.

Au grand dam des Vietnamiens, qui ont construit une base militaire au sud de l'île, le Cambodge revendique Phu Quoc, qu'il nomme Ko Tral.

Mgr Pigneau de Béhaine utilisa Phu Quoc comme base d'opérations de 1760 à 1780 pour soutenir le prince Nguyen Anh, futur empereur Gia Long, alors poursuivi par les rebelles Tay Son.

Lors de la guerre du Vietnam, peu de combats se déroulèrent à Phu Quoc, qui servit principalement de prison aux soldats vietcong capturés par les Américains.

L'île ne fait pas réellement partie du delta du Mékong. La culture la plus lucrative est celle du poivre vert, mais les habitants vivent traditionnellement des produits de la mer ; son excellente production de *nuoc mam* (saumure de poisson) est également réputée. Phu Quoc est encore fameuse pour ses chiens de chasse, qui ont réussi à décimer la plus grande partie de la faune de l'île. A ce qu'on dit, ces bâtards sont capables de sentir l'odeur de leur maître à plus de 1 km de distance.

Les formidables atouts touristiques de Phu Quoc restent encore inexploités. Les problèmes de transport, ainsi que l'occupation, par des bases militaires, de quelques-unes de ses plus belles plages, ont contribué à tenir les visiteurs à l'écart.

Au lieu de promouvoir le tourisme sur l'île, le gouvernement de Hanoi a imaginé la transformer en un "autre Singapour". Le projet, à moitié bâclé, mêle gratte-ciel, haute technologie et port industriel. D'après l'État vietnamien, Singapour et Phu Quoc étant deux îles tropicales de même superficie, elles devraient connaître un développement économique identique ; ce raisonnement a beaucoup amusé les Singapouriens et la Banque mondiale. Plus sérieusement, l'île pourrait devenir une "autre Bali", à condition qu'aucune industrie polluante ne soit implantée.

La saison des pluies à Phu Quoc dure de juillet à novembre. Les touristes affluent vers le milieu de l'hiver, lorsque le temps est clément et que la mer est calme ; c'est alors la canicule. Emportez lunettes de soleil et crème solaire, car mieux vaut aller à la plage ou se reposer à l'ombre que de s'aventurer à l'intérieur de l'île (à moins de prévoir au moins 2 litres d'eau).

Renseignements

Agences de voyages. Phu Quoc Tourist (☎ 846318, fax 847125) possède un bureau un peu assoupi au centre de Duong Dong. Les employés proposent des excursions en minibus et en bateau à des prix relativement élevés, et c'est à peu près tout ce qu'ils peuvent faire pour vous.

La plupart des voyageurs louent une moto pour se déplacer dans l'île. Pour l'instant, il n'y a qu'un seul guide à moto parlant anglais sur l'île, Tony, qui a été élevé dans une famille de militaires américains. Il parle un américain à la Al Pacino qui pourrait sans problème lui faire obtenir un rôle dans un film sur la Mafia. Il est facile à trouver (ou plutôt il vous trouvera facilement), mais vous pouvez aussi lui envoyer un fax au 077-846144, c/o Huynh Van Anh, si vous voulez mettre quelque chose sur pied.

Argent. Il n'y a aucun endroit sur l'île où l'on puisse changer des chèques de voyage, et le taux de change de l'Agricultural Bank est très défavorable. En d'autres termes, veillez à changer votre argent avant d'arri-

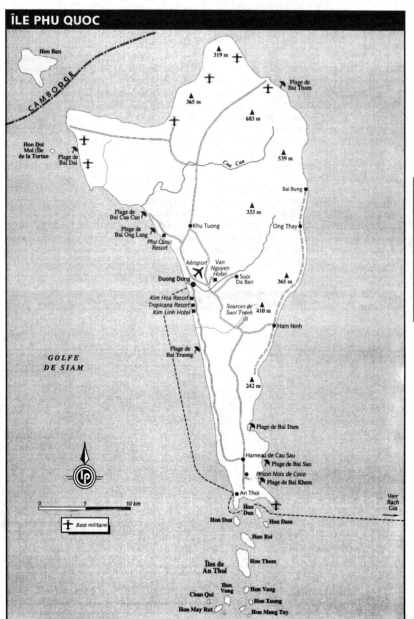

ÎLE PHU QUOC

Hon Ban

CAMBODGE

319 m

Plage de
Bai Thom

365 m

683 m

Hon Doi
Moi (Île
de la Tortue)

Plage de
Bai Dai

539 m

Cua Can

Bai Bung

333 m

Plage de
Bai Cua Can

Plage de
Bai Ong Lang

Phu Quoc
Resort

Khu Tuong

Ong Thay

Aéroport

Van
Nguyen
Hotel

Duong Dong

Suoi
Da Ban

365 m

Kim Hoa Resort
Tropicana Resort
Kim Linh Hotel

Sources de
Suoi Tranh

410 m

Ham Ninh

GOLFE
DE SIAM

Plage de
Bai Truong

242 m

Plage de Bai Dam

Hameau de Cau Sau

Plage de Bai Sao

Prison Noix de Coco

Plage de Bai Khem

0   5   10 km

An Thoi

Vers
Rach
Gia

Base militaire

Hon
Dua

Hon Dua

Hon Dam

Hon Roi

Hon Thom

Îles de
An Thoi

Hon
Vong

Hon Vang

Chan Quí

Hon Xuong

Hon May Rut

Hon Mong Tay

ver sur l'île. En revanche, vous pouvez bien entendu payer presque tout en dollars américains.

Duong Dong

Situé au milieu de la côte ouest de l'île, Duong Dong est le principal port de pêche et abrite la majorité des hôtels ainsi que l'aéroport. La ville ne recèle guère de sites touristiques, hormis peut-être le marché. Vous pourrez photographier la petite flotte de pêche depuis le pont voisin ; malheureusement, le port est assez sale.

Selon les brochures, le château Cau (Dinh Cau), composé d'un phare et d'un temple, constitue l'attraction touristique majeure. Construit en 1937, en l'honneur de Thien Hau, déesse de la Mer et protectrice des Pêcheurs, il vaut le coup d'œil mais n'est pas spectaculaire. Il offre une belle vue de l'entrée du port de Duong Dong.

Fabrique de nuoc mam

Si vous voulez sortir des sentiers battus, sachez que certains voyageurs ont apprécié leur visite de la distillerie Nuoc Mam Hung Thanh, la plus importante usine de *nuoc mam* de l'île. En apercevant les énormes cuves en bois, vous penserez peut-être avoir droit à une dégustation de vin, mais dès que vous aurez humé l'odeur pestilentielle qui s'en dégage, vous reviendrez vite sur terre (on s'y habitue d'ailleurs très vite).

La plus grande partie du nuoc mam produit ici sert à la consommation intérieure, mais il en part aussi une quantité étonnante à l'exportation, vers les cuisines des Vietnamiens de France, du Japon, des États-Unis et du Canada.

La fabrique est proche à pied du marché de Duong Dong. La visite est gratuite, mais vous avez intérêt à prendre un guide, sauf si vous parlez vietnamien. Si vous souhaitez

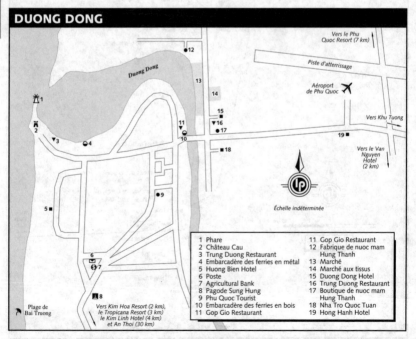

DUONG DONG

Vers le Phu Quoc Resort (7 km)
Piste d'atterrissage
Aéroport de Phu Quoc
Vers Khu Tuong
Vers le Van Nguyen Hotel (2 km)
Duong Dong
Échelle indéterminée
Plage de Bai Truong
Vers Kim Hoa Resort (2 km), le Tropicana Resort (3 km) le Kim Linh Hotel (4 km) et An Thoi (30 km)

1 Phare	11 Gop Gio Restaurant
2 Château Cau	12 Fabrique de nuoc mam
3 Trung Duong Restaurant	Hung Thanh
4 Embarcadère des ferries en métal	13 Marché
5 Huong Bien Hotel	14 Marché aux tissus
6 Poste	15 Duong Dong Hotel
7 Agricultural Bank	16 Trung Duong Restaurant
8 Pagode Sung Hung	17 Boutique de nuoc mam
9 Phu Quoc Tourist	Hung Thanh
10 Embarcadère des ferries en bois	18 Nha Tro Quoc Tuan
11 Gop Gio Restaurant	19 Hong Hanh Hotel

DELTA DU MÉKONG

vraiment en rapporter une bouteille à la maison en souvenir, essayez la boutique Hung Thanh, près du pont qui traverse le fleuve Duong Dong.

An Thoi

Principal port commercial de l'île, An Thoi se situe sur la pointe sud ; son marché mérite une rapide visite. Les bateaux pour le delta du Mékong (Ha Tien ou Rach Gia), et pour des excursions d'une journée dans les îles An Thoi, partent de cette ville.

Plages

Bai Truong. Cette longue plage (20 km) s'étire sur la côte ouest, de Duong Dong jusqu'aux abords d'An Thoi. La partie sud de la plage est appelée la baie de Tau Ru (Khoe Tau Ru). La mer est cristalline et la plage bordée de cocotiers.

On peut facilement y accéder à pied, en se dirigeant vers le sud à partir du château Cau. La portion isolée, à l'extrémité sud de l'île, est accessible en moto ou en vélo. La plage environnant le Kim Linh Hotel est particulièrement fréquentée. Quelques huttes de bambou vendent des boissons, mais il est plus prudent d'emporter de l'eau si vous envisagez une longue promenade sur la plage.

Les plages de la côte ouest de Phu Quoc sont les seules au Vietnam d'où vous pourrez contempler le coucher de soleil.

Bai Khem. Magnifique plage de sable blanc, Bai Khem (Bai Kem, "la plage de crème") semble saupoudrée de craie, mais elle manque cruellement d'ombre.

Nichée dans une crique au sud-est de l'île, loin de toute civilisation, c'est une zone militaire où les civils sont autorisés à pénétrer. Il faut bifurquer à l'embranchement où un panneau indique en anglais "Restricted Area – No Trespassing" (Défense d'entrer). La plage est à 28 km de Duong Dong et à 2 km d'An Thoi, ce qui implique qu'il faille s'y rendre soit à vélo soit à moto. Attachez bien votre deux-roues, car vous ne pourrez le surveiller de la plage – on recense toutefois peu de larcins dans cet endroit isolé.

Bai Sao et Bai Dam. Ces deux plages se trouvent au sud-est de l'île, au nord de Bai Khem.

Bai Cua Can. A 11 km de Duong Dong, c'est la plage la plus accessible du nord-ouest de l'île. Le trajet en moto reste tout de même assez pénible.

Autres plages. L'éloignement de Bai Dai, au nord-ouest, et de Bai Thom, au nord-est, les préserve des foules ; il faut bien 1 heure de moto sur de très mauvaises routes.

Toutes deux situées dans des zones militaires, elles ne sont ouvertes aux civils que le dimanche. Vous devez déposer votre passeport à la réception militaire de la base. La plupart des hôtels exigent également que vous leur laissiez votre passeport pendant la durée de votre séjour ! N'essayez surtout pas de vous faufiler sur les plages, renseignez-vous et respectez le règlement.

Suoi Da Ban

Comparée au delta du Mékong, l'île Phu Quoc est très peu arrosée. Toutefois, les collines recèlent quelques sources, la plus accessible étant Suoi Da Ban (littéralement, "le ruisseau à l'apparence de pierre"). Cette source d'eau vive tombe en cascade, dans un décor de grands rochers de granit. Certaines criques sont assez profondes pour se baigner. N'oubliez pas l'antimoustique ! Suoi Da Ban se situe au centre de l'île, vers le sud. L'entrée est gratuite (parking : 0,25 $US).

Réserves forestières

Le sol pauvre et sec de Phu Quoc a toujours découragé les agriculteurs, mais a été salvateur pour son environnement. Les arbres occupent 90% de la surface et sont aujourd'hui officiellement protégés ; ils constituent la dernière grande forêt du Sud du Vietnam.

La partie la plus dense de la forêt se situe dans la moitié nord de l'île et a été classée réserve forestière (Khu Rung Nguyen Sinh). Vous devrez emprunter une moto ou un VTT pour vous y rendre. Il y a quelques routes de terre, mais pas vraiment de sentiers de promenade.

Îles An Thoi (Quan Dao An Thoi)

Au sud de Phu Quoc, ces 15 îles et îlots peuvent se visiter en bateau charter. Leurs paysages sont superbes, et ce sont des lieux idéaux pour la pêche, la natation et la plongée de surface. Hon Thom (l'île des Ananas) est la plus grande de l'archipel avec ses 3 km de long. Hon Dua (l'île des Noix de coco), Hon Roi (l'île de la Lampe), Hon Vang (l'île de l'Écho), Hon May Rut (l'île du Nuage froid), Hon Dam (l'île de l'Ombre), Chan Qui (la Tortue jaune) et Hon Mong Tay (l'île du Petit Pistolet) font également partie de cet ensemble.

La plupart des bateaux partent d'An Thoi, sur l'île Phu Quoc, mais les hôtels de Duong Dong peuvent organiser des excursions. Le Tropicana Resort loue un grand bateau qui peut effectuer la traversée directement depuis la plage de Bai Truong. Le Kim Linh Hotel loue également deux bateaux à la journée ; le premier peut accueillir 8 à 10 personnes et le second 15 à 20 personnes. Le tarif est respectivement de 32/64 \$US.

La prison aux Noix de Coco

En sa qualité d'île isolée, sans grande importance économique, Phu Quoc a servi de prison à l'administration française, puis aux Américains. Elle abrita ainsi environ 40 000 prisonniers vietcong.

La prison aux Noix de Coco (Nha Lao Cay Dua) fut le principal pénitencier de l'île, près d'An Thoi. Bien qu'elle soit considérée comme site historique et qu'il soit projeté d'y ouvrir un musée, elle abrite toujours des prisonniers. Vous ne serez pas surpris d'apprendre qu'elle est fort peu visitée.

Où se loger

La palme est décernée au ravissant *Tropicana Resort* (☎ 847127, fax 847128), un nouvel établissement installé sur la plage de Bai Truong où l'on apprécie vraiment le calme et la tranquillité. Les six bungalows sommaires sont loués 20 \$US la nuit, et les six chambres avec ventil., dans un bâtiment proche, 15 \$US (le petit déjeuner et la navette depuis l'aéroport sont inclus dans

les prix). On peut contempler le coucher du soleil depuis son restaurant de première classe, et une piscine était en construction lors de notre passage. Le propriétaire, M. Cuong, est un homme sympathique qui parle parfaitement bien le français et assez bien l'anglais. Cet hôtel est le seul de l'île qui accepte les cartes de crédit.

A quelques centaines de mètres au sud du Tropicana, le *Kim Linh Hotel* (☎ 846611) reste le lieu de séjour favori des voyageurs à petit budget. Par conséquent, il est souvent complet. Pour pallier cet inconvénient, la direction loue des tentes sur la plage ou autorise l'installation de hamacs dans le restaurant, après la fermeture. Les chambres sont facturées 11 \$US avec ventil. et 15 \$US avec clim.

Évitez autant que possible le nouvel hôtel issu d'une joint-venture coréo-vietnamienne, situé à quelques centaines de mètres au sud du Kim Linh. Il a été entièrement conçu pour l'accueil des groupes sud-coréens en voyage organisé et, à moins d'être venu pour le karaoke et les rencontres féminines, vous pouvez vous dispenser d'y aller.

Propriété de l'État, le *Huong Bien Hotel* (☎ 846113) est un grand et bel établissement situé dans la partie ouest de Duong Dong, en bord de plage (pas la plus jolie partie, malheureusement). Son nom signifie "mer parfumée", allusion sans doute aux égouts du port de pêche de Duong Dong, qui se déversent non loin de là. Les tarifs vont de 10 à 20 \$US.

A courte distance à pied du Huong Bien, le *Kim Hoa Resort* (☎ 847039) faisait construire, lors de notre passage, 3 bungalows (18 \$US) et 9 chambres (10 \$US).

La plupart des voyageurs préfèrent s'installer près de la plage, mais il existe aussi plusieurs hôtels en ville si vous êtes allergique à l'air salé.

Le *Duong Dong Hotel* (☎ 846106) est proche du marché du même nom. Les chambres sont sombres et petites, mais le personnel est sympathique et l'emplacement vraiment central. Les chambres doubles coûtent 5 \$US (sans s.d.b.). A côté, le *Nha Tro Quoc Tuan* (☎ 847552), un peu plus haut de gamme, prend 3 $US pour une chambre, 5,50 $US avec toilettes privées.

Les voyageurs à petit budget ont surnommé l'*Army Hotel* "l'hôtel de l'enfer". Les chambres ne coûtent que 5 $US, mais elles sont si affreuses que même les soldats n'y séjournent pas. Les lits n'ont pas de matelas, et ne parlons pas des toilettes...

Juste en face de l'aéroport, le nouveau *Hong Hang Hotel* (☎ 847187) est très correct, mais éloigné de la plage. Les chambres doubles, propres, coûtent 8/15 $US avec ventil./clim.

Encore plus loin de la plage, l'agréable *Van Nguyen Hotel* (☎ 847133, fax 846229) est tranquille et possède des chambres immenses (toutes avec s.d.b.) avec balcon donnant sur la rivière Duong Dong. Celles avec ventil. coûtent 10 $US et celles avec clim. 15 $US.

Rares sont les touristes qui séjournent à An Thoi. Si vous débarquez tard du ferry ou embarquez tôt le matin, toutefois, vous trouverez un abri à la *Thanh Dat Guesthouse* (☎ 844022), également connue sous le nom de *Nha Khach Phuong Tham*. Ses chambres sont à 8 $US, et vous pouvez dormir en dortoir pour 2 $US par personne.

Renseignez-vous également au sujet du *Phu Quoc Resort*, qui devait ouvrir fin 1998 à 7 km au nord de Duong Dong, près du hameau de Ong Lang. Lors de notre passage, 20 bungalows étaient en construction en bord de plage, à l'ombre de palmiers, de manguiers et d'anacardiers.

Où se restaurer

Si vous cherchez une atmosphère romantique et une bonne cuisine, rien ne peut égaler le restaurant du *Tropicana Resort*, sous une véranda.

Pour un cadre plus typique (et plus bruyant), essayez les restaurants installés sur la plage devant le *Kim Linh Hotel*.

Le restaurant du *Huong Bien Hotel*, à Duong Dong, vous empêchera de mourir de faim – sans plus.

Près de l'embarcadère du ferry à Duong Dong, *Gop Gio* est un petit restaurant qui sert sans conteste les fruits de mer les plus frais (et les moins chers) de la ville. Autre adresse à essayer, le *Trung Duong Restaurant*, de l'autre côté du fleuve. Un autre restaurant portant la même appellation est situé près du château Cau ; il appartient à l'État, et n'est pas aussi bon.

Tout autour du marché de Duong Dong, de nombreuses *échoppes* proposent une nourriture bon marché.

Comment s'y rendre

Avion. Vietnam Airlines assure 4 vols par semaine entre Ho Chi Minh-Ville et Duong Dong, la principale ville de l'île. Certains font escale à Rach Gia, sur le continent. Souvent, les voyageurs traversent le delta du Mékong par la route, prennent un ferry pour l'île et, une fois bronzés et reposés, rentrent à Ho Chi Minh-Ville en 1 heure par avion (70 $US).

Bateau. Tous les bateaux arrivent et partent d'An Thoi, à la pointe sud de l'île.

Chaque matin, des ferries relient Rach Gia et Phu Quoc (140 km). Les départs ont lieu habituellement entre 8h et 10h, mais les horaires peuvent varier en fonction de la marée et du nombre de passagers. De toute façon, mieux vaut arriver tôt, à la fois pour être sûr d'embarquer et pour trouver un endroit où s'asseoir ou s'allonger. Évitez la plate-forme située au-dessus du moteur : elle a l'air confortable, mais c'est une véritable fournaise. Faites des provisions, solides et liquides, avant de partir.

À marée basse, le ferry ne peut accoster à Rach Gia. Passagers et marchandises sont alors transférés dans une petite navette, ce qui prend un certain temps. Aucun des bateaux de la flotte (3 antiquités en acier et 5 en bois du genre bateau de pêche) n'est très confortable. Ils sont souvent surchargés, tant en passagers (qui suspendent des hamacs dans tous les recoins possibles) qu'en marchandises (dont de bruyants coqs de combat et autres animaux exotiques). Bien que nous n'ayons entendu parler d'aucun incident, n'hésitez pas à envisager un transport aérien. Le billet coûte 5,50 $US, et le trajet pour An Thoi dure environ

DELTA DU MÉKONG

8 heures. La plupart des touristes descendent à An Thoi, d'où ils prennent une moto jusqu'à Duong Dong. Si vous n'êtes pas pressé, vous pouvez, pour 1 $US supplémentaire (acquitté lors de l'achat du billet), rester à bord jusqu'à Duong Dong, ce qui prend encore 1 heure 30 (plus environ 1 heure d'attente pour le déchargement des marchandises à An Thoi), mais vous aurez droit à une petite croisière au clair de lune le long de la côte.

En principe, des bateaux relient Phu Quoc à Ha Tien en 4 heures environ, mais la plupart des gens à qui nous avons posé la question à Ha Tien n'en avaient jamais entendu parler.

Comment circuler
Depuis/vers l'aéroport. Situé à quelques centaines de mètres du centre-ville, on peut s'y rendre à pied facilement si les bagages ne sont pas trop lourds.

La plupart des hôtels sont un peu plus loin de l'aéroport, surtout quand on doit parcourir la route venteuse qui est parallèle à Bai Trong.

Les conducteurs de moto-taxi qui stationnent à l'aéroport vous demanderont environ 1 $US pour vous conduire dans la plupart des hôtels, mais ils ont tendance à essayer de vous emmener là où ils pourront toucher une commission. Pour éviter cela, dites-leur que vous avez déjà réservé. Si vous ne voulez pas dépenser 1 $US, vous pouvez parcourir à pied les 300 m qui vous séparent du centre-ville, et si vous allez dans l'un des hôtels de Bai Trong, vous n'aurez qu'à longer la plage depuis le Huong Bien Hotel.

Bus. Le service est quasi inexistant entre An Thoi et Duong Dong (un bus toutes les 1 ou 2 heures). A l'arrivée du ferry, un bus relie An Thoi à Duong Dong (0,80 $US).

Moto. Ne les cherchez pas, ce sont elles qui vous trouvent ! Un marchandage poli s'impose. A l'intérieur de la ville, comptez 0,50 $US la course. Autrement, le tarif se situe autour de 0,80 $US pour 5 km. Le trajet Duong Dong-An Thoi ne devrait pas excéder 2 $US.

Une moto se loue 10 $US par jour. Ajoutez 5 $US pour les services d'un chauffeur. Cette formule est parfaite pour visiter l'île, et votre hôtel peut se charger de la location.

Les routes de l'île ne sont pas goudronnées, et vous serez sans doute couvert de poussière en fin de journée.

Bicyclette. Bravo si vous survivez à une journée de bicyclette sous le soleil tropical et sur les mauvaises routes ! Dans la plupart des hôtels, vous pourrez en louer une pour environ 1 $US par jour.

Langue

La langue vietnamienne (*kinh*) est un mélange d'éléments mon-khmers, thaï et chinois. Elle a emprunté un bon pourcentage de mots de base aux langues monotoniques mon-khmères. Des langues thaï, elle a adopté certains éléments de grammaire et la tonalité. Enfin le chinois a donné au vietnamien l'essentiel de son vocabulaire philosophique, littéraire, technique et gouvernemental, ainsi que son mode d'écriture traditionnel.

Entre 1980 et 1987, toute personne surprise en train d'étudier une langue occidentale risquait l'arrestation. Ceci faisait partie des mesures répressives à l'encontre des candidats à l'exil. Les choses ont changé, et les Vietnamiens étudient maintenant les langues étrangères avec passion. Si le chinois (cantonais et mandarin) reste la deuxième langue la plus couramment parlée, elle est talonnée par le français et l'anglais. C'est en partie une question de génération. Les personnes âgées de plus de 50 ans (ceux qui ont grandi pendant la période coloniale) se débrouillent mieux en français que les quadragénaires du Sud, qui ne pouvaient que parler anglais pour traiter avec les Américains.

Beaucoup de Vietnamiens parlant anglais – particulièrement tous les anciens soldats et officiers sud-vietnamiens – l'ont appris aux côtés des Américains pendant la guerre du Vietnam. Presque tous ont passé, après la réunification, une période allant de quelques mois à une quinzaine d'années dans des camps de rééducation.

Le chinois parlé (à la fois cantonais et mandarin) revient en force après des années de répression, d'autant plus qu'il faut bien accueillir tous les riches touristes et investisseurs de Taiwan et de Hong Kong. En outre, le commerce frontalier avec la Chine populaire a aussi augmenté rapidement. Ceux qui connaissent le chinois sont plus à même d'en tirer profit.

L'enseignement du russe s'est beaucoup développé au Vietnam après la réunifica-tion. Avec l'effondrement de l'URSS, en 1991, l'étude de cette langue a brutalement perdu sa raison d'être. La plupart des Vietnamiens qui avaient dû l'apprendre l'ont pratiquement oubliée.

L'écriture vietnamienne

Jusqu'au XIIIe siècle environ, la langue vietnamienne a utilisé les caractères chinois ordinaires (*chu nho*). Puis les Vietnamiens ont inventé leur propre système d'écriture (*chu nom* ou *nom*) en réunissant des caractères chinois ou en les utilisant uniquement pour leur importance phonétique. Les deux systèmes d'écriture ont en fait cohabité jusqu'au XXe siècle. On recourait au chu nho pour les affaires officielles et l'enseignement, mais la littérature populaire s'écrivait en chu nom.

Au XVIIe siècle fut créé le *quoc ngu*, qui est une graphie romanisée du vietnamien. Largement utilisée depuis la Première Guerre mondiale, cette notation nouvelle, sans idéogrammes, fut inventée par le brillant jésuite français Alexandre de Rhodes, qui pouvait prêcher en vietnamien six mois après son arrivée dans le pays en 1627. En remplaçant les caractères nom par le quoc ngu, le père de Rhodes a facilité la diffusion de l'Évangile. La romanisation de l'alphabet a également contribué à affaiblir le pouvoir des mandarins, pouvoir fondé sur un savoir traditionnel écrit en scriptes chu nho et chu nom, que le peuple ne savait pas déchiffrer.

Les Vietnamiens traitent chaque syllabe comme un mot à part entière. Ainsi, "Saï-gon" se dit "Sai Gon" et "Vietnam" s'écrit "Viet Nam". C'est un peu surprenant pour des étrangers. Cela peut faire croire, à tort, que le vietnamien est une langue monosyllabique dont chaque syllabe représente un mot complet. C'est effectivement le cas de l'écriture chinoise, où chaque syllabe est représentée par un caractère spécifique, lui-même considéré comme un mot doté d'une signification précise. En réalité, le vietnamien, comme le français, est une langue polysyllabique. Seulement, du fait qu'ils écrivent de manière monosyllabique, les Vietnamiens persistent à croire que leur langue l'est aussi…

Prononciation

La plupart des lettres de l'alphabet quoc ngu se prononcent comme les lettres de l'alphabet français. Les dictionnaires respectent l'ordre alphabétique, en y ajoutant les voyelles modifiées traitées comme des lettres à part entière. Les consonnes de l'alphabet vietnamien romanisé sont souvent prononcées comme en français, à quelques exceptions près. Cependant, *f*, *j*, *w* et *z* n'existent pas.

c	comme "k"
đ	barré : comme un d français
d	non barré : comme un "z" dans le Nord, comme un "y" dans le Sud
gi-	comme un "z" dans le Nord, comme un "y" dans le Sud
kh-	comme un "k" suivi d'une sorte de "y", à la fois guttural et aspiré
ng	comme en français
nh-	comme "gne" ou comme le "ñ" espagnol
ph-	comme un "f"
r	comme un "z" dans le Nord, comme un "y" roulé dans le Sud
s	comme un "s" dans le Nord, comme "ch" dans le Sud
tr-	comme "tch" dans le Nord, comme "tr" (roulé) dans le Sud
th-	comme un "t" très aspiré
x	comme un "s"
-ch	comme un "k" esquissé
-ng	comme "-ng", mais très fermé
-nh	comme "ngn"

Tons

Le plus dur, pour les Occidentaux découvrant le vietnamien, est d'apprendre à différencier les tons. Il en existe six en vietnamien parlé. Ceci veut dire que chaque syllabe peut se prononcer de six manières

différentes et signifier six choses différentes. Par exemple, le mot *ma* peut vouloir dire, selon le ton : fantôme, mais, mère, plant de riz, tombe, ou encore cheval. Dans le vietnamien écrit, les six tons de la langue parlée sont représentés par cinq signes diacritiques (le premier ton n'est pas représenté), à ne pas confondre avec les quatre autres signes diacritiques destinés à marquer certaines consonnes, comme le "*đ*" barré.

Les exemples suivants illustrent les 6 représentations diacritiques des tons :

Nom du ton	Exemple	
dấu ngang	*ma*	"fantôme"
dấu sắc	*má*	"mère"
dấu huyền	*mà*	"qui"
dấu hỏi	*mả*	"tombe"
dấu ngã	*mã*	"cheval"
dấu nặng	*mạ*	"plant de riz"

La représentation visuelle de ces tons donnerait à peu près ceci :

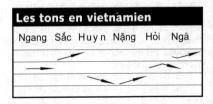

Les tons en vietnamien

Grammaire

La grammaire vietnamienne est assez simple mais elle présente une grande variété de structures possibles de phrases. Les nombres et les genres des substantifs sont généralement non explicites, de même que les temps et les modes des verbes. On a alors recours à des "mots-outils" (comme *cua* qui signifie "appartient à") et des classificateurs pour spécifier la relation d'un mot avec son voisin. Les verbes deviennent des noms avec le préfixe *su*.

Les questions se posent à la forme négative, comme dans "n'est-ce pas ?". Quand les Vietnamiens demandent : "C'est d'accord ?", ils disent : "C'est d'accord, n'est-ce pas ?" La réponse négative est : "Non, ce n'est pas d'accord", qui est la double négation de : "Oui, c'est d'accord." En revanche, la réponse affirmative consiste à dire : "Oui, ce n'est pas d'accord." La conséquence de tout ceci est la suivante : les questions posées à la forme négative peuvent vraiment porter à confusion.

Noms propres

Les noms vietnamiens se déclinent dans l'ordre suivant : le nom de famille, le deuxième prénom et le prénom usuel. Si Jean-Baptiste Camille Corot (le peintre) avait été vietnamien, il se serait appelé Corot Camille Jean-Baptiste. On l'aurait appelé dans les conversations M. Jean-Baptiste. Les Vietnamiens s'appellent en effet par leur prénom, mais omettre monsieur, madame ou mademoiselle est signe d'arrogance ou d'une grande intimité.

En vietnamien, monsieur se dit *Ong* si l'homme est de la génération de vos grands-parents, *Bac* s'il a l'âge de vos parents, *Chu* s'il est plus jeune que vos parents et *Anh* s'il s'agit d'un adolescent ou encore d'un jeune homme d'une vingtaine d'années. Madame se dit *Ba* si la dame est de l'âge de vos grands-parents, *Bac* si elle a l'âge de vos parents ou un peu moins. Mademoiselle se dit *Chi* ou *Em*. Si c'est une toute jeune fille, utilisez plutôt *Co*. Aux bonzes, on dit *Thay*, aux bonzesses *Ba*, aux prêtres catholiques *Cha* et aux religieuses catholiques *Co*.

Environ 300 noms de famille s'utilisent au Vietnam, mais près de la moitié des Vietnamiens s'appellent Nguyen ! Les femmes, en se mariant, adoptent généralement le nom de leur mari, mais pas toujours. Le nom du milieu peut être purement décoratif, ou indiquer le sexe de la personne qui le porte, ou même être utilisé par tous les hommes de la famille.

Un prénom se choisit avec beaucoup de soin pour qu'il forme un ensemble harmonieux avec le nom de famille et le second prénom, ainsi qu'avec les noms des autres membres de la famille. Voici quelques mots et expressions utiles. Pour une liste plus complète, reportez-vous au guide de conversation en anglais/vietnamien édité par Lonely Planet.

Quelques variations existent entre la région nord (N) et la région sud (S) du pays.

Pronoms

je	*tôi*
vous ou tu (à un homme âgé)	*(các) ông*
vous ou tu (à un femme âgée)	*(các) bà*
vous ou tu (à un homme de son âge)	*(các) anh*
vous ou tu (à une femme de son âge)	*(các) chi*
il	*cậu ấy/anh ấy* (N) *cậu đó/anh đó* (S)
elle	*chị ấy/cô ấy* (N) *chị đó/anh đó* (S)
nous	*chúng tôi*
ils ou elles	*họ*

Salutations et politesses

Bonjour	*Xin chào*
Comment allez-vous ?	*Có khoẻ không?*
Bien, merci	*Khoẻ, cám ơn.*
Bonne nuit	*Chúc ngủ ngon*
Pardon	*Xin lỗi*
(en formule de politesse)	
Merci	*Cám ơn*
Merci beaucoup	*Cám ơn rất nhiều*
Oui	*Vâng* (N) *Dạ* (S)
Non	*Không*

Mots utiles

changer de l'argent	*đổi tiền*
venir	*đến*
donner	*cho*
vite	*nhanh* (N) *mau* (S)
doucement	*chậm*
homme	*nam*
femme	*nữ*
comprendre	*hiểu*
Je ne comprends pas	*Tôi không hiểu*
J'ai besoin de...	*Tôi cần ...*

Phrases de base

Comment vous appelez-vous ?	*Tên là gì?*
Je m'appelle...	*Tên tôi là ...*
J'aime...	*Tôi thích ...*
Je n'aime pas...	*Tôi không thích ...*
Je veux...	*Tôi muốn ...*
Je ne veux pas...	*Tôi không muốn ...*

Comment circuler

A quelle heure part le premier bus ?	*Chuyến xe buèt sớm nhất chạy lúc mấy giờ ?*
A quelle heure part le dernier bus ?	*Chuyến xe buèt cuối cùng sẽ chạy lúc mấy giờ ?*
Combien de kilomètres y a-t-il jusqu'à...?	*Cách xa bao nhiêu ki-lô-mét ...?*
Combien de temps dure le voyage ?	*Chuyến đi sẽ mất bao lâu?*
Je veux aller à...	*Tôi muốn đi...*
A quelle heure arrive-t-il ?	*Mấy giờ đến?*
Aller	*Đi*
louer une voiture	*thuê xe hưi (N)* *muớn xe hưi (S)*
bus	*xe buèt*
gare routière	*bến xe*
cyclo-pousse	*xe xích lô*
carte	*bản đồ*
gare ferrovière	*ga xe lửa*
reçu	*biên lai*
couchette	*giường ngủ*
horaire	*thời biểu*
train	*xe lửa*

Dans la ville

bureau	*văn phòng*
poste	*bưu điện*
restaurant	*nhà hàng*
téléphone	*điện thoại*
tourisme	*du lịch*
boulevard	*đại lộ*
pont	*cầu*
route nationale	*xa lộ*
île	*đảo*
montagne	*núi*
route nationale 1	*Quốc Lộ 1*
rivière	*sông*

place (dans une ville)	*công viên*
rue	*đường/phố*
nord	*bắc*
sud	*nam*
est	*đông*
ouest	*tây*

Hébergement

hôtel	*khách sạn*
pension	*nhà khách*
Où y a-t-il un hôtel pas cher ?	*Ở đâu có khách sạn (rẻ tiền)?*
Combien coûte la chambre ?	*Giá một phòng là bao nhiêu?*
Je voudrais une chambre pas trop chère	*Tôi thích một phòng loại rẻ*
Je voudrais partir à 5h demain matin	*Tôi phải đi lúc (năm) giờ sáng mai*
climatisation	*máy lạnh*
salle de bains	*phòng tắm*
couverture	*mền*
ventilateur	*quạt máy*
eau chaude	*nước nóng*
blanchisserie	*giặt ủi*
moustiquaire	*mùng*
réception	*tiếp tân*
chambre	*phòng*
clé de la chambre	*chìa khóa phòng*
chambre luxueuse	*phòng loại 1*
chambre correcte	*phòng loại 2*
drap	*ra trải giường*
toilettes	*nhà vệ sinh*
papier toilettes	*giấy vệ sinh*
serviette de toilette	*khăn tắm*

Achats

Je veux acheter...	*Tôi muốn mua ...*
Combien cela coûte-t-il ?	*Cái này giá bao nhiêu?*
Je désire payer en dongs	*Tôi muốn trả bằng tiền Việt Nam*
acheter	*mua*
vendre	*bán*
bon marché	*rẻ tiền*
cher	*đắt tiền (N)* *mắc tiền (S)*

très cher	rất đắt (N)
	mắc qua (S)
marché	chợ
spirales d'encens	hương đốt chống muỗi (N)
	nhang chống muỗi (S)
produits antimoustiques	
thuốc chống muỗi	
serviettes hygiéniques	
băng vệ sinh	

Temps, dates et nombres

soir	chiều
maintenant	bây giờ
aujourd'hui	hôm nay
demain	ngày mai

lundi	Thứ hai
mardi	Thứ ba
mercredi	Thứ tư
jeudi	Thứ năm
vendredi	Thứ saú
samedi	Thứ bảy
dimanche	Chủ nhật

1	một
2	hai
3	ba
4	bốn
5	năm
6	sáu
7	bảy
8	tám
9	chín
10	mười
11	mười một
19	mười chín
20	hai mười
21	hai mười mốt
22	hai mười hai
30	ba mười
90	chín mười
100	một trăm
200	hai trăm
900	chín trăm
1000	một ngàn
10,000	mười ngàn

| un million | một triệu |
| deux millions | hai triệu |

| premier | thứ nhất |
| deuxième | thứ hai |

Santé

dentiste	nha sĩ
médecin	bác sĩ
hôpital	bệnh viện
pharmacie	nhà thuốc tây

mal de dos	đau lưng
diarrhée	tiêu chảy (N)
	ăa chảy (S)
étourdissement	chóng mặt
fièvre	cảm/cúm
mal de tête	nhức đầu
paludisme	sốt rét
mal de ventre	đau bụng
rage de dents	nhức răng
vomissements	ói/mửa

Urgences

A l'aide !
  Cứu tôi với!
Je suis malade
  Tôi bị đau (S) *Tôi bị ốm* (N)
SVP, appelez un docteur
  Làm ơn gọi bác sĩ
SVP, emmenez-moi à l'hôpital
  Làm ơn đưa tôi bệnh viện.
Au voleur !
  Cướp, cắp !
Au pickpocket !
  Móc túi!
police
  công an
bureau d'immigration
  phòng quản lề người nước ngoài

ALIMENTATION
Petit déjeuner

crêpe	bánh xèo ngọt
crêpe à la banane	bánh chuối
crêpe à l'ananas	bánh dứa (N)
	bánh khóm (S)
crêpe à la papaye	bánh đu đủ
crêpe à l'orange	bánh cam

crêpe nature	*bánh không nhân*
pain avec...	*bánh mì ...*
omelette	*trứng rán* (N)
	trứng chiên (S)
œufs frits	*trứng ốp la*
beurre	*bơ*
beurre et jambon	*bơ mứt*
jambon	*mứt*
fromage	*phomát* (N)
	phomai (S)
beurre et fromage	*bơ phomát*
beurre et miel	*bơ mật ong*
sandwich	*săn huết*

Déjeuner et dîner

nouilles et nouilles de riz
  mì, hủ tíu
soupe de nouilles au bœuf
  mì bò/phở bò (N)
  hủ tíu bò (S)
soupe de nouilles au poulet
  mì gà/phở gà (N)
  hủ tíu gà (S)
soupe de nouilles aux légumes
  mì rau/mì chay
soupe de nouilles au canard
et aux pousses de bambou
  bún măng
pommes de terre
  khoai tây
pommes de terre frites
  khoai rán (N)
  khoai chiên (S)
pommes de terre sautées à la tomate
  khoai xào cà chua
pommes de terre sautées au beurre
  khoai chiên bơ
plats en friture
  các món xào
nouilles frites au poulet
  mì xào gà/hủ tíu xào gà
nouilles frites au bœuf
  mì xào bò/hủ tíu xào bò
fritures variées
  mì xào thập cẩm
poulet
  gà
poulet rôti
  gà quay/gà rô-ti

salade au poulet
  gà xeù phay
poulet frit/sauce au champignon
  gà sốt nấm
beignets de poulet
  gà tẩm bột rán/chiên
poulet frit/sauce au citron
  gà rán/chiên sốt chanh
poulet au curry *gà cà-ri*

porc
  lợn/heo
brôchette de porc
  chả lợn xiên nướng/ chả heo nướng
porc frit aigre-doux
  lợn xào chua ngọt/heo xào chua ngọt
porc rôti
  thịt lợn quay (N)
  heo quay (S)
porc grillé
  thịt lợn nướng xả/heo nướng xả

bœuf	*thịt bò*
bifteck	*bít tết*
brochettes de bœuf	*bò xiên nướng*
bœuf épicé	*bò xào sả ớt*
bœuf frit à l'ananas	*bò xào dứa* (N)
	khóm (S)
bœuf frit à l'ail	*bò xào tỏi*

bœuf frit au gingembre
  bò nướng gừng
bœuf saignant au vinaigre
  bò nhúng giấm

ragoût (soupe amère et très chaude)	
lẩu	
ragoût de bœuf	*lẩu bò*
ragoût d'anguille	*lẩu lươn*
ragoût de poisson	*lẩu cá*
ragoût mixte	*lẩu thập cẩm*

rouleau de printemps
  nem (N)
  chả giò (S)
rouleau de printemps à la viande
  nem thịt (N)
  chả giò (S)
rouleau de printemps aux légumes
  nem rau (N)
  chả giò chay (S)

petit pâté de couenne de porc marinée
nem chua

pigeon
chim bồ câu
pigeon rôti
bồ câu quay
pigeon frit/sauce aux champignons
bồ câu xào nấm sốt

soupe	*súp*
soupe au poulet	*súp gà*
soupe à l'anguille	*súp lươn*
soupe mixte	*súp thập cẩm*
soupe au maïs	*súp ngô* (N)
	súp bắp (S)
soupe de légumes	*súp rau*

poisson
cá
poisson grillé au sucre de canne
chả cá bao mía
poisson frit à la sauce tomate
cá rán/chiên sốt cà
poisson frit aigre-doux
cá sốt chua ngọt
poisson frit au citron
cá rán/chiên chanh
poisson frit aux champignons
cá xào hành nấm rơm
poisson au gingembre cuit à la vapeur
cá hấp gừng
poisson bouilli
cá luộc
poisson grillé
cá nướng
poisson à la bière à la vapeur
cá hấp bia

crevettes
tôm
crevettes grillées à l'aigre-doux
tôm xào chua ngọt
crevettes grillées aux champignons
ôm xào nấm
crevettes grillées au sucre de canne
tôm bao mía (N)
chạo tôm (S)
beignets de crevettes
tôm tẩm bột/tôm hỏa tiễn

crevettes à la bière cuites à la vapeur
tôm hấp bia

crabe
cua
crabe salé frit
cua rang muối
crabe à la viande hachée
cua nhồi thịt
crabe à la bière cuit à la vapeur
cua hấp bia

calmar
mực
calmar frit
mực chiên
calmar frit aux champignons
mực xào nấm
calmar frit à l'ananas
mực xào dứa (N)
mực xào khóm (S)
calmar à la sauce aigre-douce
mực xào chua ngọt

anguille
lươn
anguille frite à la viande hachée
lươn cuốn thịt rán/chiên
anguille mijotée
lươn om/um (N/S)
anguille frite aux champignons
lươn xào nấm

escargots
ốc
escargots épicés
ốc xào sả ớt
escargots frits à l'ananas
ốc xào dứa (N)
ốc xào khóm (S)
escargots frits au totu et à la banane
ốc xào đậu phu (đậu hủ) chuối xanh

plat végétarien
các món chay
Je suis végétarien
Tôi là người ăn lạt (N)
Tôi là người ăn chay (S)
nouilles frites aux légumes
mì/hủ tíu xào rau

soupe de nouilles aux légumes
  mì/hủ tíu nấu rau
légumes frits | *rau xào*
légumes bouillis | *rau luộc*

légumes | *rau*
légumes amers | *dưa góp* (N)
 | *dưa chua* (S)
germes de soja frits | *giá xào*
soupe de légumes
(grand bol) | *canh rau*

salade | *rau sa lát*
légumes frits
aux champignons | *rau cải xào nấm*

tofu
  đậu phụ/đậu hủ
tofu frit à la viande hachée
  thòt nhồi đậu phụ/đậu hủ
tofu frit à la sauce tomate
  đậu phụ/đậu hủ sốt cà
tofu frit aux légumes
  đậu phụ/đậu hủ xào

riz | *cơm*
riz à la vapeur | *cơm trắng*
riz frit | *cơm rang thập cẩm* (N)
 | *cơm chiên* (S)
bouillie de riz | *cháo*

spécialités
et plats exotiques | *đặc sản*
homard | *con tôm hùm*
grenouille | *con ếch*
huître | *con sò*
chauve-souris | *con dơi*
cobra | *rắn hổ*
gecko (lézard) | *con tắc kè/kỳ nhông/*
 | *kỳ đà*

chèvre | *con dê*
pangolin | *con trúc/tê tê*
porc-épic | *con nhím*
python | *con trăn*
petit faon | *con nai tơ*
tortue | *con rùa*
venaison | *thịt nai*
sanglier | *con heo rừng*

Fruits

fruit | *trái cây*
abricot | *trái lê*
ananas | *trái khóm/trái dứa*
anone | *trái mảng cầu*
avocat | *trái bư*
banane | *trái chuối*
carambole | *trái khế*
cerise de Chine | *trái sê-ri*
clémentine | *trái quết*
citron | *trái chanh*
durian | *trái sầu riêng*
corossol | *trái thanh long*
fraise | *trái dâu*
goyave | *trái ổi*
jaquier | *trái mít*
jujube (datte chinoise) | *trái táo ta*
kaki | *trái hồng xiêm*
litchi | *trái vải*
longane | *trái nhãn*
mandarine | *trái quết*
mangoustan | *trái măng cụt*
noix de coco | *trái dừa*
orange | *trái cam*
papaye | *trái đu đủ*
pêche | *trái đào*
pomme | *trái táo* (N)/*bơm* (S)
prune | *trái mận/trái mơ*
pamplemousse | *trái bưởi*
ramboutan | *trái chôm chôm*
pastèque | *trái dưa hấu*
pomme d'eau | *trái roi đường* (N)
 | *trái mận* (S)
raisin | *trái nho*
salade de fruits | *sa lát hoa quả* (N)
 | *trái cây các loại* (S)
yaourt | *sữa chua* (N)
 | *da-ua* (S)
cocktail de fruits | *cốc-tai hoa quả*

Condiments

poivre | *tiêu xay*
sel | *muối*
sucre | *đường*
glace | *đá*
piments | *ớt trái*
piments rouges | *ớt*
sauce au soja | *xì dầu* (N)
 | *nước tường* (S)
sauce au poisson | *nước mắm*

BOISSONS

café	*cà phê*
café noir chaud	*cà phê đen nóng*
café au lait chaud	*nâu nóng* (N)
	cà phê sữa nóng (S)
café noir glacé	*cà phê đá*
café au lait glacé	*nâu đá* (N)
	cà phê sữa đá (S)
thé	*chè* (N)
	trà (S)
thé nature chaud	*chè đen nóng* (N)
	trà nóng (S)
thé au lait chaud	*chè đen sữa* (N)
	trà pha sữa (S)
thé au miel	*chè mật ong* (N)
	trà pha mật (S)
chocolat au lait	*cacao sữa*
chocolat chaud	*cacao nóng*
chocolat glacé	*cacao đá*
lait chaud	*sữa nóng*
lait glacé	*sữa đá*
jus de fruit	*nước quả/nước trái cây*
jus de citron chaud	*chanh nóng*
jus de citron glacé	*chanh đá*
jus d'orange chaud	*cam nóng*
jus d'orange glacé	*cam đá*
pur jus d'orange	*cam vắt*
nectar de fruit	*sinh tố/trái cây xay*
nectare de banane	*nước chuối xay*

milk-shake à la banane
   nước chuối sữa xay
cocktail orange-banane
   nước cam/chuối xay
milk-shake à la papaye
   nước đu đủ xay
milk-shake à l'ananas
   nước dứa (N)
   khóm xay (S)
cocktail de fruits
   sinh tố tổng hợp/nước thập cẩm xay
milk-shake à la mangue
   nước xoài xay

eau minérale
   nước khoáng (N)
   nước suối (S)

eau minérale citronnée
   khoáng chanh (N)
   suối chanh (S)

eau de source	*nước suối chai*
(grande/petite)	*(lớn/nhỏ)*
bière	*bia*
bière 333	*bia 333*
bière BGI	*bia BGI*
bière Carlsberg	*bia Carlsberg*
bière chinoise	*bia Trung Quốc*
bière Halida	*bia Halida*
bière Heineken	*bia Heineken*
bière Mastel	*bia Amstel*
bière San Miguel	*bia San Miguel*
bière Tiger	*bia Tiger*
Tiger (grande bouteille)	
	bia Tiger (chai to)

sodas en boîte	*thức uống đóng hộp*
Coca	*Coca Cola*
Pepsi	*Pepsi Cola*
7 Up	*7 Up*
jus d'orange en boîte	*cam hộp*
limonade	*soda chanh*
limonade sucrée	*soda chanh đường*

LANGUES DES HAUTS PLATEAUX

Il est difficile de répertorier avec précision les différentes tribus de montagnards. Les ethnologues effectuent généralement une classification linguistique, et distinguent trois groupes principaux (eux-mêmes divisés en vastes et complexes sous-groupes) : la famille austro-asiatique comprend les groupes linguistiques Viet Muong, Mon-Khmer, Thay-Thaï et Meo-Dzao ; la famille austronésienne parle les langues malayo-polynésiennes ; enfin, la famille sino-tibétaine est constituée des groupes linguistiques chinois et tibéto-birmans. Pour chaque langue parlée il existe en outre une multitude de variations dialectales.

Les mots et les phrases suivants vous seront probablement utiles pour communiquer avec les trois groupes ethniques des hauts plateaux. Si vous avez l'intention de séjourner un certain temps chez les Montagnards, nous ne saurions trop vous recommander de vous procurer le guide de conversation Lonely Planet en anglais *Hill Tribes of South-East Asia phrasebook*. Pour plus d'informations sur les tribus des Hauts Plateaux et leurs lieux d'habitation, reportez vous à la rubrique *Les minorités ethniques au Vietnam* du chapitre *Présentation du pays*.

Thay

Egalement connus sous le nom de Ngan, Pa Di, Phen, Thu Lao et Tho, les Thay font partie du groupe linguistique Thay-Thaï

Bonjour	*Pá prama*
Au revoir	*Pá paynó*
Oui	*Mi*
Non	*Boomi*
Merci	*Đay fon*
Comment vous appelez-vous ?	*Ten múng le xăng ma?*
D'où venez-vous ?	*Mu'ng du' te là ma?*
Combien cela coûte-t'il ?	*Ău ni ki lai tiên?*

Hmong

Les Hmong sont également appelés Meo, Mieu, Mong Do (Hmong blanc), Mong Du (Hmong noir), Mong Lenh (Hmong fleur) et Mong Si (Hmong rouge). Ils appartiennent au groupe linguistique Hmong Dao,

mais leur langue parlée ressemble au mandarin.

Bonjour	*Ti nấu* or *Caó cu*
Au revoir	*Caó mun'g chè*
Oui	*Có mua*
Non	*Chúi muá*
Merci	*Ô chờ*
Comment vous appelez-vous ?	*Caó be hua chan'g?*
D'où venez-vous ?	*Caó nhao từ tuả?*
Combien cela coûte-t-il ?	*Pớ chớ chá?*

Dao

Répondant également aux noms de Coc Mun, Coc Ngang, Dai Ban, Diu Mien, Dong, Kim Mien, Lan Ten, Lu Gang, Tieu Ban, Trai et Xa, cette tribu appartient au groupe linguistique Mong Dao.

Bonjour	*Puang tọi*
Au revoir	*Puang tọi*
Oui	*Mái*
Non	*Mái mái*
Merci	*Tở dun*
Comment vous appelez-vous ?	*Mang nhi búa chiên nay?*
D'où venez-vous ?	*May hải đo?*
Combien cela coûte-t-il ?	*Pchiả nhăng?*

Glossaire

A Di Da – bouddha du Passé
Agent orange – défoliant cancérigène et mutagène utilisé massivement pendant la *guerre du Vietnam*
am et duong – équivalents vietnamiens du yin et du yang
Amérasiens – enfants nés de l'union de soldats américains (blancs ou noirs) et de femmes asiatiques pendant la *guerre du Vietnam*
Annam – ancien nom chinois du Vietnam signifiant "Sud pacifié"
Annamites – terme utilisé par les Français pour désigner les Vietnamiens
ANV - armée nord-vietnamienne
ao dai - costume traditionnel des femmes vietnamiennes (et des hommes)
arhat – bonze ayant atteint le nirvana
ARVN – armée de la république du Vietnam (ancienne armée du Sud-Vietnam)

ba mu – douze "sages-femmes", enseignant chacune au nouveau-né une des aptitudes nécessaires à sa première année : sourire, téter, s'allonger sur le ventre, etc.
ban – village
bang – congrégation (dans la communauté chinoise)
Ba Tay – une Occidentale
binh dinh vo – art martial traditionnel pratiqué avec un bâton en bambou
bonze – moine bouddhiste vietnamien
Bouddha Di Lac– bouddha du Futur
Buu Dien – bureau de poste

Cai luong – théâtre moderne
caodaïsme – secte religieuse vietnamienne
can – cycle de 10 ans
can danh – couleur brune (littéralement "aile de cafard")
cay son – arbre dont on tire la résine pour la fabrication de la laque
Cham – habitants du *royaume de Champa* et leurs descendants
Champa – royaume hindou remontant à la fin du IIe siècle
Charlie – surnom donné par les soldats américains aux soldats vietcong
Chuan De – déesse bouddhiste du Pardon (en chinois : Guanyin)
Co Den – voir *Black Flags*
chu nho – idéogrammes de l'écriture chinoise
chu nom – (ou *nom*) anciens idéogrammes de l'écriture vietnamienne
Cochinchine – région sud du Vietnam à l'époque coloniale française
cow-boys – voleurs en moto
cu ly – racines de fougère utilisées pour stopper les saignements

danh de – jeu des chiffres illégaux
dau – huile
dinh – maison communale
DMZ – zone démilitarisée. No man's land qui séparait autrefois le Nord-Vietnam du Sud-Vietnam
doi moi – restructuration ou réforme économique
dong – grottes naturelles
dong chi – camarade
Drapeaux noirs – Co Den ; armée semi-autonome de Chinois, de Vietnamiens et de Montagnards

écocide – terme désignant les effets dévastateurs des herbicides utilisés pendant la *guerre du Vietnam*

fengshui – voir *phong thuy*
fléaux sociaux – campagne visant à combattre les idées "polluantes" de la société vietnamienne occidentalisée
FNL – Front national de libération, nom officiel du Viet-Cong
fléchette – arme expérimentale utilisée par l'armée américaine, pièce d'artillerie renfermant des milliers de traits acérés
fu – amulette
Funan – voir *Oc-Eo*
garuda – mot sanskrit désignant des êtres

célestes semblables aux griffons et se nourrissant de *naga*

gho – pirogue

giay phep di lai – permis de voyage intérieur

gom – céramique

GRP – Gouvernement révolutionnaire provisoire, institué par le Viet-Cong dans le Sud de 1969 à 1976

guerre américaine – nom donné par les Vietnamiens à ce que la plupart des autres nations appellent la "guerre du Vietnam"

hai dang – phare

han viet – littérature sino-vietnamienne

hat boi – théâtre classique du Sud

hat cheo – théâtre populaire

hat tuong – théâtre classique du Nord

Hoa – ethnie chinoise, la plus importante des minorités vietnamiennes

hoi quan – salles de rassemblement des congrégations chinoises

ho ca – aquarium

hoi – période de 60 ans

ho khau – sorte de permis de résidence requis pour s'inscrire dans une école, chercher un emploi, accéder à la propriété privée…

honda om – moto taxi

huyen – district rural

Indochine – nom qu'utilisaient les Français pour désigner leurs colonies asiatiques et qui englobait le Vietnam, le Cambodge et le Laos

kala-makara – divinité ayant la forme d'un monstre marin

kalan – sanctuaire

khach san – hôtel

Khmer – personne d'origine cambodgienne

kich noi – théâtre parlé

kinh – langue vietnamienne

Khong Tu – Confucius

ky – cycle de 12 ans

lang – famille de noblesse héréditaire qui dirige les terres communes et perçoit les récoltes et les taxes des habitants

lang tam – tombes

Libération – prise du Sud par le Nord en 1975. Les étrangers préfèrent le terme de "réunification"

lien Xo – littéralement "Union soviétique". Mot utilisé pour attirer l'attention d'un étranger

Ligue de la jeunesse révolutionnaire – premier groupe marxiste du Vietnam, prédécesseur du Parti communiste. Fondée par Ho Chi Minh en 1925 à Canton

lingam – phallus stylisé, symbole de la divinité hindoue Shiva

li xi – argent de la chance

MAAG – groupe de conseil et d'aide militaires (Military Assistance Advisory Group), créé pour entraîner les troupes auxquelles on confiait des armes américaines

mandapa – salle de méditation

manushi-bouddha – bouddha qui apparaissait sous forme humaine

mat cua – "œil bienveillant" chargé de protéger la maisonnée

MIA – porté disparu (missing in action)

Moi – terme péjoratif signifiant "sauvage", utilisé envers les membres des minorités ethniques montagnardes

Montagnards – habitants des montagnes ; le terme désigne aujourd'hui les minorités ethniques peuplant les régions reculées du Vietnam

muong – grand village composé de *quels*

naga – terme sanskrit, serpent géant, souvent représenté au-dessus du Bouddha

nam phai – pour hommes

napalm – essence solidifiée larguée sous forme de bombes, aux effets dévastateurs

nha hang – restaurant

nha khach – hôtel ou pension

nha nghi – pension

nha rong – maison sur pilotis utilisée par les Montagnards comme maison commune

nha tro – dortoir

Nom – voir *chu nom*

nui – montagne

nu phai – pour les femmes

nuoc dua – lait de coco

nuoc mam – sauce de poisson macéré assaisonnant les plats vietnamiens

nuoc suoi – eau minérale

Oc-Eo – (aussi appelé Funan) royaume hindouisé du sud du Vietnam entre le Ier et le VIe siècle

ODP – programme de départ organisé (Orderly Departure Program), exécuté sous la houlette de l'*UNHCR* et destiné à organiser l'installation en Occident des réfugiés politiques vietnamiens

Ong Tay – un Occidental

pagode – à l'origine, tour octogonale bouddhique. Terme utilisé au Vietnam pour désigner un temple

piste Ho Chi Minh – réseau de voies emprunté par l'ANV et le Viet-Cong pour approvisionner leurs combattants au Sud

phong thuy – littéralement, eau du vent ; terme désignant la géomancie et également connu sous son appellation chinoise, *fengshui*

Politburo – bureau politique, constitué d'une douzaine de membres du Parti, surveillant le fonctionnement du Parti au jour le jour et ayant le pouvoir de donner des directives au gouvernement

POW – prisonnier de guerre (prisoner of war)

programme de hameaux stratégiques – tentative infructueuse de l'armée américaine et du gouvernement sud-vietnamien visant à regrouper de force les paysans des zones "chaudes" dans des villages fortifiés, afin de mieux isoler le Viet-Cong

programme Phœnix – plan controversé de la CIA visant à éliminer les cadres du Viet-Cong par assassinat, capture ou retournement

PTSD – stress post-traumatique (post-traumatic stress disorder)

quan – district urbain

quel – hameau de maisons sur pilotis

quoc am – littérature vietnamienne moderne

quoc ngu – transcription phonétique du vietnamien en alphabet latin, actuellement en usage

rap – cinéma

RDV – République démocratique du Vietnam (ancien Nord-Vietnam)

roi can – marionnettes

roi nuoc – marionnettes aquatiques

RSV – République socialiste du Vietnam (nom officiel actuel)

ruou – vin

RVN – République du Vietnam (ancien Sud-Vietnam)

song – cours d'eau

Son then – couleur noire

Tam Giao – religion triple, mêlant le confucianisme, le bouddhisme, le taoïsme, les croyances chinoises et l'animisme vietnamien

Tao – la Voie, essence constituant toutes les choses

Têt – nouvel an lunaire vietnamien

thanh long – corossol ou "fruit du dragon"

Thich Ca – bouddha historique (Çakyamuni)

thung chai – embarcation circulaire en jonc rendue imperméable par du goudron

thuoc bac – médecine chinoise

toc hanh – bus express

Tonkin – nom donné au nord du Vietnam pendant la période coloniale française. Il existe un golfe du même nom

truyen khau – tradition orale

UNHCR – Haut-Commissariat des Nations unies pour les réfugiés (United Nations High Commission for Refugees)

Viet-Cong – terme (à l'origine péjoratif) pour désigner les communistes du Sud-Vietnam

Viet Kieu – Vietnamiens expatriés

Viet Minh – Ligue pour l'indépendance du Vietnam. Mouvement nationaliste qui a combattu les Japonais, puis les Français, avant de devenir communiste

VNQDD – Viet Nam Quoc Dan Dang ; parti nationaliste populaire

xang – essence

xe dap loi – voiture tirée par une bicyclette

xe Honda loi – voiture tirée par une moto

xe Lam – mini-camionnette à trois roues ou Lambretta

yang – génie

Remerciements

REMERCIEMENTS

Merci à tous les voyageurs qui ont pris le temps et la peine de nous écrire leurs expériences au Vietnam. Nous nous excusons par avance de tout nom mal orthographié.

Warwick Abrahams, John Abrahamsen, Ralph Acosta, Garry Adams, Haroon Akram-Lodhi, Mary Aldred, Simon Aliwell, Gaynor Allen, Claude Alphonse, Einar Anderson, Finn Andersson, Sallie Aprahamian, Richard Archer, Cathy Ashton, Richard Aspland, P Aubert, Carolyn Ayers, Eric Baber, Bruce Baldock, Richard Baldwin, RA Balmanoukian, Ben Bangs, Vera J Barad, Jean Baraduc, Sheila Barnes, Margaret Barrett, Kevin Barrows, Mandy Barton, Bhaskar Baruah, Clint Bauld, Zane Beallor, Gladys Beatty, Norman Bédard, Max Beeson, Jon & Suzanne Benjamin, P Berenguer, Steen Bergerud, A Bergmann, Annemiek Bergmans, Marie Bernardeau, Catherine Berryman, Melissa Beswick, Harry Biddulph, James Robert Bierman, Emma Birch, Michael K Birnmeyer, Fabio Biserna, Arne Bissing, Helen Black, Pax & Pam Blamey, Melissa Blanch, Jocelyn Blanchard, Adrian Bloch, Miranda Blum, Markus Bohnert, Ian & Kelly Bolton, Nicolas Bonner, Marc Bontemps, Chris Boomaars, Dennis Borg, Piet-Hein Bos, Peter Bottcher, Annick Bourget, Elizabeth Bowdrtch, Susan Boyd, Michael Brand, Josiane Braver, GM Bray, P & J Brenchley, Jennie Brightwell, Lynda Britz, Graeme Brock, R Brodbeck, Charlie Brooks, Paul Brown, A Bruce, Charles T Brumfield, Rachel Brun, Robin Buckley, Thom Burns, Françoise Cadiou, Warren Calhoun, Dick & Nanci Calvert, Samantha Cameron, Adam Camilleri, Tanya Campbell, Anne Cappodanno, Darren & Linden Caproli, Eduardo Cardellini Martino, Partick Carter, Jean François Cazaux, Lainie Chandler, Cyril Chantrier, Yvonne Chappell, Lawrence Chin, Leung Chi Tak, Vilma R Cirimele, Barrie Clarke, I Cliffe, Eduardo Coifman, Jill Cole, Tim Coles, Marie Coloccia, Chris Conley, Pol Conway, Daniel Cook, Stephen Coombs, J & T Cooney, Jim Cooper, Stanley Corbell, Ray Corness, Bert Corte, Siobhan Coshery, JP Coulerie, Tony Coulson, Tara Cowell, Angela Cox, Brian & Pat Croft, J Crowther, Julie Cunningham, Q & I Cutler, Ake Dahllof, Steve Daley, Trish Daley, Dave Dallimore, Hans & Mirjam Damen, Daniel, Paul R Danneberg, Monique Davidson, Ian Davison, Chantal Debondt, Antoine Delage, Jan & Hilga De loof, William De Prado, Alex Derom, Martin Derry, Erik De Ryk, John Devison, Martin de Vries, Scott Dickson, U Diehr, A Dietrich, Enza DiIorio, Francis Dix, Hoan Doan, John Dobinson, Nan Dodds, Annie Dore, Doug, Brenda Drinkwater, Julian Druce, A Duflos, Francois Dufort, Michael Dunphy, Jacob Dupont, Dr Christian Dupuis, Robin Dutt-Gupta, Frank Dutton, D Eargle, RW Earl, Sasha Earnheart-Gold, Delwyn Eason, Ann Eaton, Richard Edgell, Patrick Edington, Ellen Edmonds-Wilson, Michael Eisenstein, David Ellard, Louis Elliott, Steven Emmet, MJ Enderby, Mia Erkkila, M Evers, Paolo Fabbro, Jim Fairhall, Anne Falconnier, Brian Farrelly, Moira Farrelly, Claudine Fäsch, Stéphanie & Maxime Faure, Juliet Feibel, Peter Fellows, Bob Fenwick, Dean Fergie, Mel Ferguson, M. & Mme Fernandez, Hanne Finholt, K Fitzpatrick, Lars Flateboe, T Fletcher, Enid Flint, Mathew Ford, Julie Foreman, Kent Foster, Andy Fox, SM Franklin, Frans & Angela, Clare Freedman, Yves Freyermouth, Bill Fridl, Claire & Peter Frost, Walter Frost, Thilde Fruergaard, Mark Gadbois, Allen & Shari Gaerber, Hilary Gallagher, James Garber, Dinah Gardner, Simon & Christine Garrett, Joan Gates, Ann Gates, C Gellermann, S Genest, Barbara Gibbs, Chris Gierymski, Libby Gillingham, Hervé Girardot, Steve Golden, Lorne Goldman, Dan Goldthorp, David Goode, Albert Gordon, Ana Goshko, Nigel & Michelle Gough, Dean Gould, Jean-Paul Gourvennec, Brian Graham, Dominique Grall, N Gray, Francesca Greco, Julie & Barry Green, I & M Griffiths, Martine & Bruno Grosjean, Jacques Groulx, Isabella Gualano, D Gwilym-Williams, R Haggar, Shawn Hainsworth,

Rachael Hall, Stephen Haller, Eammon Hamilton, Grant Hamilton, Jan Hamilton, Steve Hammerton, Meredith Hamstead, Allan Hansell, Natasha Hanson, John Hanson, Inger Hansson, Ruth Harley, Lynne Harlow, Valerie Harridge, Leslie-Jane Harrower, Donald Hatch, Jonathan Hawke, Lucy Hayter, Andrew Heafield, P Healy, Gary Hedges, Marlies Heerdegen, Mr Fran Hegarty, Mary Helme, Carl Hemberg, Scott Hemphill, Elisabeth Heraud, Sally Herbert, TE Hesse, David Hill, Tim Hill, Peter Hill, Jeff Hill, Tanya Hines, Tony & Sue Hoare, Hanns & Luisa Hoefer, Rachel Hoey, George Hoey Morris, Judith & Colin Holbrook, Andrew Holder, Bevan Holland, Brian & Sue Holley, Niels Hollum, Mrs Gaylene Holt, Debbie Hooglond, Jeff Hopkins, Maura Horkan, Glenn Hornstein, I Hoskins, Bruce Houldsworth, Philip Howard, Martin Howard, Merilyn Howorth, Susanne Hrinkov, C Huber, Adrian Huber, Darril Hudson, Doug & Cathy Hull, Anna Hung, Lee Hunt, Simon Hylson-Smith, Sally Ingleton, Stephen Iremonger, Alice Iversen, Jerry Jackson, Larry W Jacobs, Aage Jacobsen, Christian Jacobsen, Kenneth & Britt Jademo, Christopher Jaensch, E Jahnichen, Derrick James, Jock Janice, Juliette Jaunin, H Javelle, Zena Jenkins, Ian Jenkins, Michelle Jeuken, Jevan & Louise, Javier Jimenez, Anders Johansen, Rob John, Steve Johnson, Ian Johnson, Lee Johnston, Dr PD & CE Johnston, John Jones, Ian Jones, Peter D Jones, Edward Jones, Wm Joseph Bruck-ner, Kate Judd, Richard Juterbock, Jeffrey Kadet, Peter Kapec, Bernhard Kasparek, S Katsanis, Louis B Katz, Gina Kaye, Jens Kayser, V Keks, Colette Kelly, K Kemmis-Betty, James Kennely, Margo Kerkvliet, Bill Kershaw, Jolanda Kersten, Charlie Kime, C Kimme, Susan Klock, David Kneser, Tracy Knights, Ingo Koeker, Michaela Köhler, Danielle Koning, Steven Kram, Albert Kromkamp, Mike Krosin, Ann Krumboltz, Laszlo Kuster, Heidi Kuttler, Kwong, Louise Lacombe, Scott Laderman, Tara Lally, Sylvio Lamarche, Benard Lambillon, John Lam-Po-Tang, Miles Lampson, Jane Lander, Jerry Landman, Mr Lane, Michael Lange, Brett & Jenni Lardner, Anne Larsen, Emma Latumahina, Vince Lau, Ian Laurenson, Christian Lauterburg, Linda Layfield, Nguyen Le

Bac, Christophe Le Cornu, Tim Lee, Angela Lee, Chris Lee, Tim Leffel, Justin Leibowitz, Tym Lenderking, Pierre Lerudulier, Murray S Levin, Steven Li, Wolfgang Liebe, Inge Light, Rosanna Lilwall, Julie Lim, Cathy Lincoln, Stuart Lindsay, Amanda Lister, Michael Litt, H Locke, Bas Lodewijks, Philip & Wendy Lomax, Helen Longhammer, A & JP Louis, Matt Love, Rebecca Loveless, Alex J Low, Annette Low, Hillary Lowe, Sam Lucero, Oanh Ly, Peter Lyden, Mary MacNeill, Julia MacRae, Dee Mahan, Stuart Malcolm, Mary Mallon, Marian Manders, Laurent & Jean-Michel Mangot, Amaya Manzano, Marita, Louise Marks, Neal Marsden, Nigel Marsh, N Marsh, Chloe Marshall, Judy Marshall, Kathy Martell, Philip Mason, Steven Mathieson, Karen & David Mathieson, Mr & Mrs Matropieri, Shisho Matsushima, Emmanuelle Maufrais, Michael McAuley, Mr & Mrs McBride, Barrie McCormick, Kevin McCourt, Susan McGee, Meredith & Tim McGlone, Craig McGrath, Kevin McIntyre, Tom McLaren, Tony McLeod, Dallas McMaugh, Paula McNamara, Christian Meier, M Meijer, Renee Melchert Thorpe, Spencer Melnick, Philip Merkle, Heather Merriam, Linda Merz, Antoine Mey-rignac, Dan Michaelis, Zenon Michniewicz, Alan Middlebrook, Peter Mijsberg, Jon Miller, Steve Miller, Ron Miller, Chad Miller, J Mindel, Michael Minen, Jock Moilliet, Rachel Moilliet, Kai Monkkonen, Shiela & Tom Mooney, Liliane Morel, Lin Morgan, David Morgan, Nick Morgan, Rachel Morris, Madeleine Morris, Lene Mortensen, Anne Mosher, Daniella Moss, Dave Mountain, Rory Mulholland, Andrea Munch, Annie Murphy, J Murphy, Barry Murphy, Paul Murray, Alastair Murray, Jean-Yves Musy, Rod Myers, Dean Myerson, Teena Myscowsky, Craig Napier, M, & Mme Navelior, Andrew Neale, Diane Nelson, Kerryn Newton, Nguyen NgocChinh, Huy Nguyen, Thao Nguyen, Daisy Nguye n, Trung Nguyen, B & C Nickel, Steven Nightingale, Ashok Nikapota, Nina, Kazuko Nishihara, Anders Nordstrom, Jane Norris, Katie Nulty, Shane Nunan, Omer Nuriel, Jenna Oakley, Quinn Okamoto, Alex Olah, S Oliver, Mrs B Oliver, B Page Leary, Yudi Palkova, Kerryn Palmer, Jade Palmer, A Parienty, Janine Parker, Alejandro

Parodi, David Parry, Clem Parry, Mel Parsonage, Steve Partridge, Mr Mike Pattison, Fiona I I Paul, I I Payern, Becky Payne, John & Diane Peake, Shirley Pearson, Gary & Llnda Pedersen, S Pegrum, Josep Penella, Benoit Perdu, Chris Peres, Annick Perrot, Tomas Persson, Kelli Peterson, Olivier Peyrat, I Pfalzgraf, Mark Pickens, Cyril Piddington, Rodney Pinder, E Pinero, Sophie Pith, Clive Porter, Judith Porter, Andreas Poulakidas, Sophie Poyen, Bill Powell, Duncan Priestley, Sibille Pritchard, Mark Procter, David Pryke, DC Purewal, Thierry Quenette, R Rabenstein, Daniel Radack, Petra Raddatz, Marc Raderer, John Rainy, Clifford Raisbeck, Clifford C Raisbeck MD, Bruce Ramsey, Jarmo Rautiola, Chad Raymond, Clive Reader, J Rebecca, Mady Reichliung, Pat Reiniz, Eduard Reitsema, Michèle Renault, T Renken, Rob Reynolds, Dan Rhodes, Adrian Rice, Clifford Rich, Manon Richard, D & C Riley, Jean Robert, Louise Roberts, Paul Robertson, Suzie Robin, Paul Robinson, Mark Robinson, Anne Rogers, Helen Rose, Bill Rose, H Rose, Sabine & Helmut Rosel, Dan Rosenberg, Matthew Ross, Neal Ross, Ther Tse Rozijan, G Ruff, John Ruiz Jr, Pablo Ruiz Monroy, V Ryan, Ann Ryckaert, Klaus Rydahl Pedersen, Marianne Rynefeldt-Skog, Isabel Sabugueiro, Alexandra Saidy, A Salomaa, Pierre Sapette, Jean-François Sauvenier, Jevan Sayer, Margie & Paul Scarpignato, M Scattini, Andrea Schenk, Anja Schiffrin, Anthony Schlesinger, Martin Schmidt, Jochen J Schnell, K Schoenban, Ivan Scholte, Ernst Schonmann, Mette Schou, Ralf Schramm, Sara Schroter, M Schultes, Humez Sebastien, Ron Settle, Peter & Florence Shaw, Thersa Shaw, Daniel Shaw, Betty Sheets, Wang Shifen, Phyl Shimeld, Shireen, Chern Siang Jye, Saverio Silva, JB Simonis, EB Simonis-Warmersdam, U Simonsen, David Simpson, Edward Simpson, Kaz Singer, J Slikker, Ken Sloane, Chad Smolinski, Margaret Smyth, M Snall, Audrey Sneddon, Jack Sneed, Patrick Sodergren, JF Somers, Richard Southern, K Spall, Peter Spano, L Spashett, David Spencer, A Spiers, Henrik Sponholtz, Alice Steiner, Fiona Stephens, Dave & Fiona Steward, J Stijnman, Marielle Stitzinger, Lucy Stockoe, GanLee Suan, Dagus Sudiro, Ashley Sutherland, Pieter Swart, W John Swartz, Kevin Taggart, S Taliah, A Tanenbaum, Lillian Tangen, Dr Truong Tan Nghiep, D Tapp, Simon Taskunas, J R Tattis, Tansy Tazewell, Adam Tenbrink, Bob Tennent, Anette Terlutter, Albino Teston Diaz, Priscilla The, Arleen Thomas, Nathan Thomas, Mark Thomas, Caroline Thomas, J M Thomson, Neil Todd, Adriana Totonelli, Margaret Traeger, Nathan Traller, Hanh Tran, Thanh-Tinh Tran, Philippa & Henrik Tribler, W Tross, Trung, Peter Tse, Tatyana Tsinberg, Jim Turner, Marc Turuow, J P Umber, Noam Urbach, Z Urquhart, Jean-Charles Urvoy, Hartger van Brakel, Bart van den Broek, Carel van der Bergh, Ineke van der Sar, Hans van der Stock, Mieke van Heesewijk, Robert van Hooff, Pascal van Hove, Tran Van Le, Fiona van Leeuwen, Luc van Mechlan, Daniel Vellingiri, Klaus Viitanen, Thierry Villaret, L Visseren, Antonio Vivaldi, Brandon R Vogt, Rob Vollmer, NH & Rene Voyer, Vuong Huu Nhan, Lisa Wachtell, B & J Walker, Stuart Walker, Ian Wallach, Mark Wallem, Brian Wallis, Michael Ward, Jocelyn Warn, M Wassenaar, Ian Waters, David Watkins, Sandra Watkins, Mike Watson, P Wayne Frey, Michael Weaver, Sheila Webb, Daniela & Daniel Weizand, Niel Welling, Nicholas Wellington, Ed Wenn, Jennifer West, Julie Westrupp, Natalie Wheatley, Annie White, Theresa White, Ms H Whiting, Mark & Joan Wierzba, Charles Wilding-White, Dr Annette Willems, Martin Williams, Bev Williams, E Winters, Silke Wirtz, Tom Witt, Judy & Chris Woods, Ms Fiona Woods, Penny Wright, Michael Wycks, Donald Yap, Angelina Yee, Tse Yin Lee, Sue Youngman, Elizabeth Yuan, Blaz Zabukovec, Ben Zabulis, Robert Zafran, Val Zogopoulos, LA Zook, J Zwaveling

LONELY PLANET

Guides Lonely Planet en français

L Les guides de voyage Lonely Planet en français sont distribués partout dans le monde, notamment en France, en Belgique, au Luxembourg, en Suisse et au Canada. Vous pouvez les commander dans toute librairie. Pour toute information complémentaire, contactez : Lonely Planet Publications – 1, rue du Dahomey, 75011 Paris – France.

Afrique du Sud • Amsterdam • Andalousie • Athènes et les îles grecques • Australie • Bali et Lombok • Brésil • Californie et Nevada • Cambodge • Chine • Cuba • Guadeloupe et ses îles • Guatemala et Belize • Inde • Indonésie • Jordanie et Syrie • Laos • Lisbonne • Londres • Louisiane • Madagascar et Comores • Malaisie et Singapour • Maroc• Martinique, Dominique et Sainte-Lucie • Mexique, le Sud • Myanmar (Birmanie) • Namibie • Népal • New York • Québec et Ontario • Pologne • Réunion et Maurice • Sénégal • Sri Lanka • Tahiti et la Polynésie française • Thaïlande • Turquie • Vietnam • Yémen • Zimbabwe et Botswana

---

Beaux livres

Sur la trace des rickshaws

L Livre anniversaire publié à l'occasion de nos 25 ans, "Sur la trace des rickshaws" est une enquête sur les pousse-pousses et les cyclo-pousses, véritables taxis du continent asiatique.

Par le truchement de l'image et du texte, cet ouvrage rend palpable l'univers méconnu des rickshaws et invitent à partager le quotidien de leurs conducteurs. Une sélection de plus de 200 photos éclatantes de couleur, tour à tour insolites ou poignantes, retrace le curieux périple à travers 12 villes d'Asie : Agra • Calcutta • Dhaka • Hanoi • Hong Kong •Jogjakarta • Macao • Manille • Pékin • Penang • Rangoon • Singapour.

En vente en librairie • Textes de Tony Wheeler et photographies de Richard l'Anson
195,00 FF - $C58.95 - UK£ 19.99 - US$ 34.95 - A$45.00

LONELY PLANET

Guides Lonely Planet en anglais

L Les guides de voyage Lonely Planet en anglais couvrent le monde entier. Six collections sont disponibles,

Vous pouvez les commander dans toute librairie en france comme à l'étranger. Contactez le bureaus Lonely Planet le plus proche.

travel guide	:	couverture complète d'un ou de plusieurs pays, avec des informations culturelles et pratiques
shoestring	:	pour tous ceux qui ont plus de temps que d'argent
walking guides	:	un descriptif complet des plus belles randonnées d'une région ou d'un pays
guides pisces	:	un descriptif complet des plus belles plongées d'une région
phrasebooks	:	guides de conversation, des langues les plus usuelles aux moins connues, avec un lexique bilingue
travel atlas	:	des cartes routières présentées dans un format pratique
travel literature	:	l'âme d'un pays restituée par la plume d'un écrivain

---

EUROPE Amsterdam • Andalucia • Austria • Baltic States phrasebook • Berlin • Britain • Central Europe on a shoestring • Central Europe phrasebook • Czech & Slovak Republics • Denmark • Dublin • Eastern Europe on a shoestring • Eastern Europe phrasebook • Estonia, Latvia & Lithuania • Finland • France • French phrasebook • Germany • German phrasebook • Greece • Greek phrasebook • Hungary • Iceland, Greenland & the Faroe Islands • Ireland • Italy • Italian phrasebook • Lisbon • London • Mediterranean Europe on a shoestring • Mediterranean Europe phrasebook • Paris • Poland • Portugal • Portugal travel atlas • Prague •Romania & Moldova • Russia, Ukraine & Belarus • Russian phrasebook • Scandinavian & Baltic Europe • Scandinavian Europe phrasebook • Slovenia • Spain • Spanish phrasebook • St Petersburg • Switzerland • Trekking in Spain • Ukranian phrasebook • Vienna • Walking in Britain • Walking in Italy • Walking in Switzerland • Western Europe • Western Europe phrasebook
travel literature : The Olive Grove : Travels in Greece

AMÉRIQUE DU NORD Alaska • Backpacking in Alaska • Baja California • California & Nevada • Canada • Deep South • Florida • Hawaii • Honolulu • Los Angeles • Miami • New England • New England USA • New Orléans • New York City • New York, New Jersey & Pennsylvania • Pacific Northwest USA • Rocky Mountains States • San Francisco • Seattle • Southwest USA • USA phrasebook • Washington, DC & The Capital Region
travel literature : Drive thru America

AMÉRIQUE CENTRALE ET CARAÏBES Bahamas, & Caicos • Bermuda • Central America on a shoestring • Costa Rica • Cuba • Eastern Caribbean • Guatemala, Belize & Yucatan : La Ruta Maya • Jamaica • Mexico • Mexico City • Panama
travel literature : Green Dreams : Travels in Central America

AMÉRIQUE DU SUD Argentina, Uruguay & Paraguay • Bolivia • Brazil • Brazilian phrasebook • Buenos • Chile & Easter Island • Chile & Easter Island travel atlas • Colombia • Ecuador & the Galapagos Islands • Latin American (Spanish) phrasebook • Peru • Quechua phrasebook • Rio de Janeiro • South America on a shoestring • Trekking in the Patagonian Andes • Venezuela
travel literature : Full Circle : a South American Journey

LONELY PLANET

AFRIQUE Africa – the South • Africa on a shoestring • Arabic (Egyptian) phrasebook • Arabic (Moroccan) phrasebook • Cairo • Cape Town • Central Africa • East Africa • Egypt • Egypt travel atlas • Ethiopian(Amharic) phrasebook • The Gambia & Senegal • Kenya • Kenya travel atlas • Malawi, Mozambique & Zambia • Morocco • North Africa • South Africa, Lesotho & Swaziland • South Africa travel atlas • Swahili phrasebook • Trekking in East Africa • West Africa • Zimbabwe, Botswana & Namibia • Zimbabwe, Botswana & Namibia travel atlas
travel literature : The Rainbird : A Central African Journey • Songs to an african Sunset : A Zimbabwean Story • Mali Blues : Travelling to an African Beat

ASIE DU NORD-EST Beijing • Cantonese phrasebook • China • Hong Kong, Macau & Gangzhou • Hong Kong • Japan • Japanese phrasebook • Japanese audio pack • Korea • Korean phrasebook • Kyoto • Mandarin phrasebook • Mongolia • Mongolian phrasebook • North-East Asia on a shoestring • Seoul • South West China • Taiwan • Tibet • Tibetan phrasebook • Tokyo

ASIE CENTRALE ET MOYEN-ORIENT Arab Gulf States • Central Asia • Iran • Israel & Palestinian Territories • Israel & Palestinian Territories travel atlas • Istanbul • Jerusalem • Jordan & Syria • Jordan, Syria & Lebanon travel atlas • Lebanon • Middle East on a shoestring • Turkey • Turkish phrasebook • Turkey travel atlas • Yemen
travel literature : The Gates of Damascus • Kingdom of the Film Stars : Journey into Jordan

OCÉAN INDIEN Madagascar & Comoros • Maldives • Mauritius, Réunion & Seychelles

SOUS-CONTINENT INDIEN Bangladesh • Bengali phrasebook • Bhutan • Delhi • Goa • Hindi/Urdu phrasebook • India • India & Bangladesh travel atlas • Indian Himalaya • Karakoram Highway • Nepal • Nepali phrasebook • Pakistan • Rajastan • South India • Sri Lanka • Sri Lanka phrasebook • Trekking in the Indian Himalaya • Trekking in the Karakoram & Hindukush • Trekking in the Nepal Himalaya
travel literature : In Rajasthan • Shopping for Buddhas

ASIE DU SUD-EST Bali & Lombok • Bangkok city guide • Burmese phrasebook • Cambodia • Ho Chi Minh City (Saigon) • Indonesia • Indonesian phrasebook • Indonesian audio pack • Jakarta • Java • Lao phrasebook • Laos • Laos travel atlas • Malay phrasebook • Malaysia, Singapore & Brunei • Myanmar (Burma) • Philippines • Pilipino phrasebook • Singapore • South-East Asia on a shoestring • South-East Asia phrasebook • Thai phrasebook • Thai audio pack • Thai Hill Tribes phrasebook • Thailand • Thailand's Islands & Beaches • Thailand travel atlas • Vietnam • Vietnamese phrasebook • Vietnam travel atlas

AUSTRALIE ET PACIFIQUE Australia • Australian phrasebook • Bushwalking in Australia • Bushwalking in Papua New Guinea • Fiji • Fijian phrasebook • Islands of Australia's Great Barrier Reef • Melbourne • Micronesia • New Caledonia • New South Wales & the ACT • New Zealand • Northern Territory • Outback Australia • Papua New Guinea • Papua New Guinea (Pidgin) phrasebook • Queensland • Rarotonga & the Cook Islands • Samoa: American & Western • Solomon Islands • South Australia • Sydney • Tahiti & French Polynesia • Tasmania • Tonga • Tramping in New Zealand • Vanuatu • Victoria • Western Australia

ÉGALEMENT DISPONIBLE Antartica • Brief Encounter : Stories of love, Sex & Tracel • Chasing Rickshaws • Not the Only Planet : Travel Stories from Science Fiction • Travel with Children

3615 lonelyplanet (1,29 F/mn)

U Un site d'informations inédites, pour mieux préparer son voyage. Entièrement renouvellé tous les 15 jours, le 3615 lonelyplanet propose non seulement la liste actualisée de tous les guides Lonely Planet disponibles en français et en anglais mais aussi une multitude d'informations à consulter avant de partir, des rebondissements politiques aux dernières perturbations climatiques, des nouvelles ouvertures de frontières aux toutes récentes découvertes de sites archélogiques.

Pour que vous ne ratiez pas l'immanquable, nous avons également répertorié, commenté et daté des centaines de fêtes et de festivals aux quatre coins du monde.

Lorsqu'enfin vous saurez où partir, rendez-vous à la t rubrique Grand Jeu pour gagner le guide Lonely Planet de votre choix.

- Lonely Planet de A à Z
- Nos guides
- Starting Block - Préparez votre voyage
- La planète bouge - Infos de dernière minutes
- Les Festivals de l'année
- Parlez dans le poste
- Le Journal de Lonely Planet
- Grand Jeu

Le journal de Lonely Planet

P Parce que vous nous envoyez quotidiennement des centaines de lettres pour nous faire part de vos impressions, nous publions chaque trimestre le Journal de Lonely Planet afin de vous les faire partager.

Un journal parsemé de conseils en tout genre avec un concentré d'informations de dernière minutes (passage de frontière, visas, santé, sécurité...), des sujets d'actualité et des discussions sur tous les problèmes politiques ou écologiques sur lesquels il faut s'informer avant de partir.

Le Journal de Lonely Planet est gratuit. Pour vous abonner, écrivez-nous :

Lonely Planet France – 1, rue du Dahomey – 75011 Paris – France

Lonely planet en ligne

www.lonelyplanet.com et maintenant www.lonelyplanet.fr

Avec près de 2 millions de visiteurs mensuels, le site de Lonely Planet est l'un des sites de voyage les plus populaires au monde.

La recette de son succès est simple : une équipe de 15 personnes travaille à plein temps à l'enrichir quotidiennement. Près de 200 destinations sont passées au crible (avec carte intéractive et galerie photos) afin de vous permettre de mieux préparer votre voyage. Vous trouverez également des fiches de mises à jour écrites par nos auteurs afin de compléter les informations publiées dans nos guides. Le site de Lonely Planet vous offre l'accès à un des plus grands forums, réunissant des centaines de milliers de voyageurs : idéal pour partager vos expériences, chercher des renseignements spécifiques ou rencontrer des compagnons de voyage. Les liens que nous suggérons vous permettent de découvrir le meilleur du net.

Pour faciliter la tâche de nos lecteurs francophones, nous venons d'ouvrir un site en français : www.lonelyplanet.fr. Venez le découvrir et contribuer à sa qualité en participant notamment à son forum.

Élu meilleur site voyage par l'Express Magazine en décembre 98 (@@@@@).

"Sans doute le plus simple pour préparer un voyage, trouver des idées, s'alanguir sur des destinations de rêve." **Libération**

Index

Les références des cartes sont
en **gras**

LÉGENDE DES CARTES

LIMITES ET FRONTIÈRES

▬▪▬▪▬▪▬ ....Internationales
▬▪▪▬▪▪▬ .... Régionales

HYDROGRAPHIE

.... Bande côtière
.... Rivière ou ruisseau
.... Lac
.... Lac intermittent
.... Lac salé
.... Canal
⊚ →» .... Source, rapides
↓↓ .... Chutes
.... Marais

ROUTES ET TRANSPORT

.... Autoroute
.... Route nationale
.... Route principale
============ Route non bitumée
.... Voie express
.... Voie rapide
.... Route (ville)
.... Rue, allée

.... Zone piétonnière
⇒========= .... Tunnel
| | | ● ← Voie de chemin de fer
▬▬▬▬▬ .... Tramway
╫─╫─╫─╫ .... Téléphérique
────────── .... Sentier pédestre
.... Circuit pédestre
────────── .... Route de ferry

TOPOGRAPHIE

.... Bâtiment
✿ .... Parc et jardin
+ + × .... Cimetière

.... Marché
.... Plage ou désert
.... Zone construite

SYMBOLES

◐ **CAPITALE** .... Capitale nationale
◉ **CAPITALE** .... Capitale régionale
● **VILLE** .... Grande ville
● **Ville** .... Ville
● Village ....Village
○ .... Site touristique

■ .... Où se loger
▼ .... Où se restaurer
Å .... Camping
⊕ .... Caravaning
▣ .... Refuge
⌂ .... Abris
♟ .... Café et bar

✈ .... Aéroport
∴ .... Site archéologique
⊖ .... Banque
⌐ .... Plage
⌐ . Réserve ornithologique
⚡ .... Passage de frontière
Ä .... Château fort
⌒ .... Grotte
🛈 .... Église
Falaise ou escarpement
◷ .... Ambassade
⊕ .... Hôpital
Fortifications
⚑ .... Monument
◖ .... Mosquée

▲ ...... Montagne ou colline
血 .... Musée
♣ .... Parc national
← .... Rue à sens unique
🅿 .... Station-service
★ .... Commissariat
✉ .... Poste
❖ .... Centre commercial
)(................................ Col
▭ .... Piscine
☎ .... Téléphone
🛕 .... Temple ou pagode
🛈 ...... Office du tourisme
◕ .... Transport
🐃 .... Zoo

Note : tous les symboles ne sont pas utilisés dans cet ouvrage

BUREAUX LONELY PLANET

Australie
PO Box 617, Hawthorn,
3122 Victoria
☎ (03) 9 9819 1877 ; Fax (03) 9 9819 6459
e-mail : talk2us@lonelyplanet.com.au

États-Unis
150 Linden Street,
Oakland CA 94607
☎ (510) 893 8555 ; Fax (510) 893 85 72
N° Vert : 800 275-8555
e-mail : info@lonelyplanet.com

Royaume-Uni et Irlande
Spring House, 10 A Spring Place,
London NW5 3BH
☎ (0171) 728 48 00 ; Fax (0171) 428 48 28
e-mail : go@lonelyplanet.co.uk

France
1, rue du Dahomey,
75011 Paris
☎ 01 55 25 33 00 ; Fax 01 55 25 33 01
e-mail : bip@lonelyplanet.fr
Minitel 3615 lonelyplanet (1,29 FF/mn)

World Wide Web : http://www.lonelyplanet.com et http://www.lonelyplanet.fr